Bougainville
fin 16

G

6874

VOYAGES

AUTOUR

DU MONDE.

Paris — Impr. Lahure et Cie, rue [illegible]

VOYAGES

AUTOUR

DU MONDE

ET

EN OCEANIE

PAR

BOUGAINVILLE — COOK — LAPÉROUSE — MARION — BAUDIN
FREYCINET — DUPERREY — DUMONT-D'URVILLE.

ILLUSTRÉS

PAR BOCOURT ET CH. METTAIS.

REVUS ET TRADUITS

PAR

M. ALBERT-MONTÉMONT

PARIS. - 1855.

CHEZ J. BRY AINÉ, ÉDITEUR,

27, Rue Guénégaud, 27.

R.F.

BOUGAINVILLE.

(1766-1769.)

PRÉLIMINAIRE.

—

Avant de dire un mot du voyageur qui va nous occuper, il n'est, peut-être, pas inutile d'expliquer pourquoi nous commençons cette nouvelle publication par les *Voyages autour du Monde.* Presque toujours ils concernent plusieurs des cinq parties du globe, soit par les îles qu'on y rattache, et où les voyageurs se sont arrêtés dans leurs traversées, soit à cause des relâches nombreuses qui ont eu lieu dans les ports des grands continents; de semblables *voyages*, que l'on pourrait appeler *généraux*, n'appartiennent, en effet, pas plus à un continent qu'à un autre, et il paraît convenable de les donner avant ceux qui concernent les deux grands continents terrestres et le troisième continent appelé Monde maritime.

Le premier navigateur qui ait effectué le tour du monde est le Portugais Magellan, résultat immense pour la géographie obtenu en 1519; mais la relation qui, sous le rapport pittoresque, devait effacer toutes les autres, est celle de Bougainville.

Notre premier circumnavigateur français naquit à Paris, le 11 novembre 1729. Il manifesta de bonne heure une rapidité de conception et une finesse de tact tout-à-fait merveilleuses. Ses parents le destinaient au barreau, mais il avait plus de goût pour les mathématiques et les voyages. En 1755 il passa à Londres en qualité de secrétaire d'ambassade, puis au Canada, avec le grade d'officier de dragons. A la retraite de Québec, il devint colonel, et de retour en France, il prit du service à l'armée d'Allemagne, en 1761.

Après la paix, son activité prodigieuse lui fit ambitionner la gloire du marin. C'est alors que, bientôt, il partit de Nantes, à bord de la frégate *la Boudeuse*, pour rejoindre aux îles Malouines la flûte *l'Etoile*. Il fit ensuite le tour du monde, et nous traça un délicieux tableau de l'île de Taïti, cette nouvelle Cythère, depuis lors si souvent visitée, et où récemment le brave amiral Dupetit-Thouars a su planter notre glorieux pavillon, sous le protectorat de la mère-patrie.

Rentré en France, Bougainville fut élevé au rang de chef d'escadre. Devenu membre de l'Institut, en 1796, il fut nommé sénateur en 1800, et il mourut avec le titre de comte de l'Empire, le 31 août 1811, ayant atteint sa 89e année, sans avoir éprouvé les infirmités de la vieillesse, et laissant une belle et juste renommée.

RELATION DU VOYAGE.

—

PREMIÈRE PARTIE.

DU DÉPART DE FRANCE A LA SORTIE DU DÉTROIT DE MAGELLAN.

Départ de Nantes. Relâche à Brest. Route de Brest à Monte-Video. Jonction avec les frégates espagnoles pour la remise des îles Malouines.

Dans le mois de février 1764, la France avait commencé un établissement aux îles Malouines. L'Espagne revendiqua ces îles, comme étant une dépendance du continent de l'Amérique méridionale; et son droit ayant été reconnu par le roi, je reçus ordre d'aller remettre notre établissement aux Espagnols, et de me rendre ensuite aux Indes orientales, en traversant la mer du Sud entre les tropiques. On me donna pour cette expédition le commandement de la frégate *la Boudeuse*, de vingt-six canons de douze, et je devais être joint aux îles Malouines par la flûte *l'Etoile*, destinée à m'apporter les vivres nécessaires à notre longue navigation, et à me suivre pendant le reste de la campagne. Le retard que diverses circonstances ont mis à la jonction de cette flûte avec moi a allongé ma campagne de près de huit mois.

Dans les premiers jours du mois de novembre 1766, je me rendis à Nantes, où *la Boudeuse* venait d'être construite, et où M. Duclos Guyot, capitaine de brûlot, mon second, en faisait l'armement. Le 5 de ce mois nous descendîmes de Paimbœuf à Mindin pour achever de l'armer, et, le 15, nous fîmes voile de cette rade pour nous rendre à la rivière de la Plata. Je devais y trouver les deux frégates espagnoles *la Esmeralda* et *la Liebre*, sorties du Ferrol le 17 octobre, et dont le commandant était chargé de recevoir les îles Malouines au nom de Sa Majesté Catholique.

Le 17 nous essuyâmes un coup de vent violent, qui nous rompit notre petit mât et ensuite le grand : ce qui nous mettait dans l'impossibilité de continuer notre route. Je pris le parti de relâcher à Brest, où nous entrâmes par le passage d'Iroise, le 21 novembre.

Le 5 décembre, nous appareillâmes de la rade de Brest. Mon état-major était composé de onze officiers, trois volontaires, et l'équipage de deux cent trois matelots, officiers mariniers, soldats, mousses et domestiques. M. le prince de Nassau Sieghen avait obtenu du roi la permission de faire cette campagne. A quatre heures après midi le milieu de l'île d'Ouessant me restait au nord-quart-nord-est du compas, à la distance d'environ cinq lieues et demie, et ce fut d'où je pris mon point de départ sur *le Neptune Français*, dont je me suis toujours servi dans le cours du voyage.

Le 17, après midi, on eut connaissance des Salvages, le 18 de l'île de Palme, et le 19 de l'île de Fer. Ce qu'on nomme *les Salvages* est une petite île d'environ une lieue d'étendue de l'est à l'ouest. Elle est basse au milieu, mais à chaque extrémité s'élève un mondrain. Une chaîne de roches, dont quelques-unes paraissent au-dessus de l'eau, s'étendent du côté de l'ouest à deux lieues de l'île. Il y a aussi du côté de l'est quelques brisants, mais qui ne s'en écartent pas beaucoup.

La vue de cet écueil nous avait avertis d'une grande erreur dans l'estime de notre route; mais je ne voulus l'apprécier qu'après avoir eu connaissance des îles Canaries, dont la position est exactement déterminée. La vue de l'île de Fer me donna avec certitude cette correction que j'attendais. Le 19, à midi, j'observai 28 deg. 2 min. lat. boréale; et, en la faisant cadrer avec le relèvement de l'île de Fer, pris à cette même heure, je trouvai une différence de 4 deg. 7 min., valant, par le parallèle de 28 deg. 2 min., environ soixante-douze lieues, dont j'étais plus est que mon estime. Cette erreur est fréquente dans la traversée du cap Finistère aux Canaries; et je l'avais éprouvée en d'autres voyages, les courants, par le travers du détroit de Gibraltar, portant à l'est avec rapidité.

Je pris un nouveau point de départ le 19 décembre. Notre route n'eut depuis rien de particulier jusqu'à notre attérage à la rivière de la Plata : elle me fournit quelques observations intéressantes pour les navigateurs.

Au nord et au sud de la Ligne nous avions eu presque constamment, par les hauteurs observées, des différences nord assez grandes, quoiqu'il soit plus ordinaire de les y éprouver sud. Nous eûmes lieu d'en soupçonner la cause, lorsque, le 18 janvier après midi, nous traversâmes un banc de frai de poissons qui s'étendait à perte de vue du sud-ouest-quart-ouest au nord-est-quart-est, sur une ligne d'un blanc rougeâtre, large d'environ deux brasses. Sa rencontre nous avertissait que depuis plusieurs jours les courants portaient au nord-est-quart-est, car tous les poissons déposent leurs œufs sur les côtes, d'où les courants les détachent et les entraînent dans leur lit en haute mer. En observant ces différences nord dont je viens de parler, je n'en avais point inféré qu'elles nécessitassent avec elles des différences ouest : aussi quand, le 29 janvier au soir, on vit la terre, j'estimais à midi qu'elle me restait à douze ou quinze lieues de distance, ce qui me fit naître la réflexion suivante.

Un grand nombre de navigateurs se sont plaints depuis longtemps, et se plaignent encore, que les cartes marquent les côtes du Brésil beaucoup trop à l'est. Ils se fondent sur ce que, dans leurs différentes traversées, ils ont souvent aperçu ces côtes, lorsqu'ils croyaient en être encore à quatre-vingts ou cent lieues. Ils ajoutent qu'ils ont éprouvé plusieurs fois que, dans ces parages, les courants les avaient portés dans le sud-ouest, et ils aiment mieux taxer d'erreur les observations astronomiques et les cartes, que d'en croire susceptible l'estime de leur route.

Nous aurions pu, d'après un pareil raisonnement, conclure le contraire dans notre traversée à la rivière de la Plata, si un heureux hasard ne nous eût indiqué la raison des différences nord que nous éprouvions. Il était évident que le banc de frai de poissons que nous rencontrâmes le 29 était soumis à la direction d'un courant; et son éloignement des côtes prouvait que ce courant régnait depuis plusieurs jours. Il était donc la cause des erreurs constantes de notre route; les courants que les navigateurs ont souvent éprouvé porter au sud-ouest, dans ces parages, sont donc sujets à des variations, et prennent quelquefois une direction contraire.

Sur cette observation bien constatée, comme notre route était à peu près le sud-ouest, je fus autorisé à corriger nos erreurs sur la distance, en la faisant cadrer avec l'observation de latitude, et à ne pas corriger l'aire du vent. Je dois à cette méthode d'avoir eu connaissance de terre, presqu'au moment où me la montrait mon estime.

La nuit du 17 au 18 nous prîmes deux oiseaux, dont l'espèce est connue des marins sous le nom de *charbonniers*. Ils sont de la grosseur d'un pigeon ; ils ont le plumage d'un gris foncé, le dessus de la tête blanc, entouré d'un cordon d'un gris plus noir que le reste du corps, le bec effilé, long de deux pouces et un peu recourbé par le bout, les yeux vifs, les pattes jaunes, semblables à celles des canards, la queue très fournie de plumes et arrondie par le bout, les ailes fort découpées, et chacune d'environ huit ou neuf pouces d'étendue. Les jours suivants nous vîmes beaucoup de ces oiseaux.

Depuis le 27 janvier nous avions le fond, et, le 29 au soir, nous vîmes la terre sans qu'il nous fût permis de la bien reconnaître, parce que le jour était sur son déclin, et que les terres de cette côte sont fort basses. La nuit fut obscure, avec de la pluie et du tonnerre. Le 30, les premiers rayons du jour naissant nous firent apercevoir les montagnes des Maldonades. Alors il nous fut facile de reconnaître que la terre vue la veille était l'île de Lobos. Toutefois, comme notre latitude d'arrivée était 34 degrés 16 minutes 20 secondes, nous devions la prendre pour le cap Sainte-Marie, que M. Bellin place par 35 degrés 15 minutes, tandis que sa latitude vraie est 34 degrés 55 minutes.

Les Maldonades sont les premières terres hautes qu'on voit sur la côte du nord, après être entré dans la rivière de la Plata, et les seules presque jusqu'à Monte-Video. A l'est de ces montagnes il y a mouillage sur une côte très basse. C'est une anse en partie couverte par un îlot. On travaille depuis quelques années, dans les environs, à une mine d'or peu riche; on y trouve aussi des pierres assez transparentes. A deux lieues, dans l'intérieur, est une ville nouvellement bâtie, peuplée entièrement de Portugais déserteurs, et nommée *Pueblo-Nuevo*.

Le 31, à onze heures du matin, nous mouillâmes dans la baie de Monte-Video. Les deux frégates espagnoles destinées à prendre possession des îles Malouines étaient dans cette rade depuis un mois. Leur commandant était nommé gouverneur de ces îles. Nous nous rendîmes ensemble à Buenos-Ayres, afin d'y concerter avec le gouverneur général les mesures nécessaires pour la cession de l'établissement que je devais livrer aux Espagnols. Nous n'y séjournâmes pas longtemps, et je fus de retour à Monte-Video le 16 février.

Nous avions fait le voyage de Buenos-Ayres, M. le prince de Nassau et moi, en remontant la rivière dans une goëlette; mais comme pour revenir de même nous aurions eu le vent debout, nous passâmes la rivière vis-à-vis de Buenos-Ayres, au-dessus de la colonie du Saint-Sacrement, et fîmes par terre le reste de la route jusqu'à Monte-Video, où nous avions laissé la frégate. Nous traversâmes ces plaines immenses (1) dans lesquelles on se conduit par le coup d'œil, dirigeant son chemin de manière à ne pas manquer les gués des rivières, chassant devant soi trente ou quarante chevaux, parmi lesquels il faut prendre avec un lacs son relai, lorsque celui qu'on monte est fatigué, se nourrissant de viande presque crue, et passant les nuits dans des cabanes faites de cuir, où le sommeil est à chaque instant interrompu par les hurlements des tigres qui rôdent aux environs. Je n'oublierai de ma vie la façon dont nous passâmes la rivière de Sainte-Lucie, rivière fort profonde, très rapide et beaucoup plus large que n'est la Seine vis-à-vis des Invalides. On vous fait entrer dans un canot étroit et long, et dont un des bords est de moitié plus haut que l'autre; on force ensuite deux chevaux d'entrer dans l'eau, l'un à tribord, l'autre à babord du canot, et le maître du bac tout nu, précaution fort sage assurément, mais peu propre à rassurer ceux qui ne savent pas nager, soutient de son mieux au-dessus de la rivière la tête des deux chevaux, dont la besogne alors est de vous passer à la nage de l'autre côté, s'ils en ont la force.

Don Ruis, capitaine de vaisseau espagnol, chargé de prendre possession des Malouines, arriva à Monte-Video peu de jours après nous. Il y vint en même temps deux goëlettes chargées, l'une de bois et de rafraîchissements, l'autre de biscuit et de farine, que nous embarquâmes en remplacement de notre consommation depuis Brest. On avait employé le temps du séjour à Monte-Video à calfater le bâtiment, à raccommoder le jeu des voiles qui avaient servi pendant la traversée, et à remplir d'eau les barriques d'armement. Nous mîmes aussi dans la cale tous nos canons, à l'exception de quatre que nous conservâmes pour les signaux : ce qui nous donna de la place pour prendre à bord une plus grande quantité de bestiaux. Les frégates espagnoles étant également prêtes, nous nous disposâmes à sortir de la rivière de la Plata.

Détails sur les établissements des Espagnols dans la rivière de la Plata.

Le Rio de la Plata, ou la rivière d'Argent, ne coule point sous le même nom depuis sa source. Elle sort, dit-on, du lac Xarayès, vers le 16e deg. 30 min. sud, sous le nom de *Paraguay*, qu'elle donne à une immense étendue de pays qu'elle traverse. Elle se joint vers le 27e deg. avec le Parana, dont elle prend le nom avec les eaux. Elle coule ensuite droit au sud jusque par le 34e deg.; elle y reçoit l'Uruguay, et prend son cours à l'est sous le nom de la Plata, qu'elle conserve enfin jusqu'à la mer (2).

Les géographes jésuites, qui les premiers ont attribué l'origine de ce grand fleuve au lac Xarayès, se sont trompés, et les autres écrivains ont suivi leur erreur à cet égard. L'existence de ce lac, qu'on a depuis cherché vainement, est aujourd'hui reconnue fabuleuse (1). Le marquis de Valdelirios et don Georges Menezès ayant été nommés, l'un par l'Espagne, l'autre par le Portugal, pour régler dans ces contrées les limites des possessions respectives des deux puissances, plusieurs officiers espagnols et portugais parcoururent, depuis 1751 jusqu'en 1755, toute cette portion de l'Amérique. Une partie des Espagnols remonta le fleuve du Paraguay, comptant entrer par cette voie dans le lac Xarayès. Les Portugais, de leur côté, partant de Matogrosso, établissement de leur nation sur la frontière intérieure du Brésil par 12 deg. lat. sud, s'embarquèrent sur une rivière nommée *Caourou*, que les mêmes cartes des jésuites marquent se jeter aussi dans le lac Xarayès. Ils furent fort étonnés les uns et les autres de se rencontrer sur le Paraguay, par les 14 degrés latitude sud, et sans avoir vu aucun lac. Ils vérifièrent que ce qu'on avait pris pour un lac est une vaste étendue de pays très bas, lequel, en certain temps de l'année, est couvert par les inondations du fleuve. Le Paraguay, ou Rio de la Plata, prend sa source entre le 5e et le 6e degré latitude australe (2), à peu près à égale distance des deux mers, et dans les mêmes montagnes d'où sort la Madeira, qui va perdre ses eaux dans celles de l'Amazone. Le Parana et l'Uruguay naissent tous deux dans le Brésil : l'Uruguay dans la capitainie de Saint-Vincent, le Parana près de la mer Atlantique, dans les montagnes qui sont à l'est-nord-est de Rio-Janeiro, d'où il prend son cours vers l'ouest, et ensuite tourne au sud.

Diaz de Solis, grand pilote de Castille, entra le premier dans le Rio de la Plata en 1515. Il lui donna son nom, et le fleuve le conserva jusqu'en 1526. Cette année, Sébastien Cabot, étant parti d'Espagne, avec le titre de grand pilote de Castille, à la tête d'une escadre de cinq vaisseaux, qu'il devait conduire aux Moluques par le détroit de Magellan, entra dans le Rio de la Plata qu'il nomma ainsi, parce que, l'ayant remonté jusqu'au-dessus du confluent du Paraguay et du Parana, il tira beaucoup d'or et d'argent des Indiens qui en habitaient les bords (3).

Toutefois, ce ne fut qu'en 1535 que la cour d'Espagne prit enfin le parti de renvoyer une flotte dans la rivière de la Plata. Don Pedro de Mendoze, grand-échanson de l'empereur Charles-Quint, fut chargé du commandement de la flotte, et nommé gouverneur général de tous les pays qui seraient découverts jusqu'à la mer du Sud. Il jeta sous de mauvais auspices les premiers fondements de Buenos-Ayres à la rive droite du fleuve, quelques lieues au-dessous de son confluent avec l'Uruguay, et son expédition ne fut qu'une suite de malheurs qui se terminèrent par sa mort. Cependant quelques détachements espagnols de la troupe de Mendoze, qui avaient remonté le fleuve, fondèrent en 1538, à trois cents lieues de son embouchure, sur la rive occidentale, la ville de l'Assomption,

(1) Ces plaines, qui se nomment *Pampas*, s'étendent de l'est à l'ouest, depuis l'Atlantique jusqu'aux Andes. A. M.

(2) Le Rio de la Plata, ou la rivière d'Argent, est proprement l'embouchure ou l'æstuaire de deux grands fleuves, le Parana et l'Uruguay. L'embouchure du Rio de la Plata, dont le courant se fait sentir en mer à 50 lieues du rivage, a une largeur d'environ 10 lieues. L'entrée de ce vaste canal est dangereuse, à cause des bancs de sable qui l'encombrent et des coups de vent qui, sous le nom de *pamperos*, arrivent des Pampas ou plaines du voisinage. A. M.

(1) Ce lac n'est point fabuleux, comme le croit Bougainville; mais il résulte des débordements du Paraguay, qui, dans la saison pluvieuse, sur le plateau dit *Campos Parexis*, forment ce lac, lequel n'a, il est vrai, qu'une existence temporaire. A. M.

(2) Il y a erreur dans cette indication; car, même au-delà du 10e degré latitude sud, la pente des eaux est septentrionale, et tous les courants se dirigent vers le nord. Ceux qui viennent au sud commencent vers le 13e degré latitude sud dans les monts Parexis. A. M.

(3) L'accumulation des sables a depuis bien restreint cette navigation, qui n'est plus aujourd'hui (1852) praticable que pour les petits navires. A. M.

aujourd'hui capitale du Paraguay (1). L'année suivante, les habitants de Buenos-Ayres, qui n'avaient cessé depuis sa fondation d'être en proie à toutes les horreurs de la famine et aux incursions des Indiens, l'abandonnèrent et se rendirent à l'Assomption. Cette dernière colonie fit des progrès assez rapides; mais enfin la nécessité d'avoir à l'entrée du fleuve un port qui pût servir de retraite aux vaisseaux qui y apportaient des troupes et des munitions procura le rétablissement de Buenos-Ayres. Don Pedro Ortiz de Zarate, gouverneur du Paraguay, la rebâtit en 1580, au même lieu où l'infortuné Mendoze l'avait auparavant placée. Il y fixa sa demeure. Elle devint l'entrepôt des vaisseaux d'Europe, et successivement la capitale de toutes ces provinces, le siége d'un évêque et la résidence du gouverneur général (2).

Buenos-Ayres est située par 34 degrés 35 minutes latitude australe: sa longitude est de 61 degrés 5 minutes à l'ouest de Paris. Cette ville, régulièrement bâtie, est beaucoup plus grande qu'il semble qu'elle ne devrait l'être, vu le nombre de ses habitants, qui ne passe pas 20,000, blancs, nègres et métis (3). La forme des maisons est ce qui lui donne tant d'étendue. Si l'on excepte les couvents, les édifices publics, et cinq ou six maisons particulières, toutes les autres sont très basses et n'ont absolument que le rez-de-chaussée (4). Elles ont d'ailleurs de vastes cours, et presque toutes des jardins. La citadelle, qui renferme le gouvernement, est située sur le bord de la rivière, et forme un des côtés de la place principale : celui qui lui est opposé est occupé par l'hôtel-de-ville. La cathédrale et l'évêché sont sur cette même place, où se tient chaque jour le marché public.

Il n'y a point de port à Buenos-Ayres, pas même un môle pour faciliter l'abordage des bateaux (5). Les vaisseaux ne peuvent s'approcher de la ville à plus de trois lieues. Ils y déchargent leurs cargaisons dans des goëlettes, qui entrent dans une petite rivière nommée *Rio-Chuelo*, d'où les marchandises sont portées en charrois dans la ville, qui en est à un quart de lieue. Les vaisseaux qui doivent caréner ou prendre un chargement à Buenos-Ayres se rendent à la Encenada de Baragan, espèce de port situé à neuf ou dix lieues dans l'est-sud-est de cette ville.

Il y a dans Buenos-Ayres un grand nombre de communautés religieuses des deux sexes. L'année y est remplie de fêtes de saints, qu'on célèbre par des processions et des feux d'artifice. Les cérémonies du culte tiennent lieu de spectacles (6). Les moines nomment les premières dames de la ville majordomes, de leurs fondateurs et de la Vierge. Cette charge leur donne le droit et le soin de parer l'église, d'habiller la statue et de porter l'habit de l'ordre. C'est, pour un étranger, un spectacle assez singulier de voir, dans les églises de Saint-François ou de Saint-Dominique, des dames de tout âge assister aux offices avec l'habit de ces saints instituteurs.

Les jésuites offraient à la piété des femmes un moyen de sanctification plus austère que les précédents. Ils avaient, attenant à leur couvent, une maison nommée *la Casa de los exercicios de las mugeres*, c'est-à-dire *la Maison des exercices des femmes*. Les femmes et les filles, sans le consentement des maris ou des parents, venaient s'y sanctifier par une retraite de douze jours. Elles y étaient logées et nourries aux dépens de la compagnie. Nul homme ne pénétrait dans ce sanctuaire, s'il n'était revêtu de l'habit de saint Ignace; les domestiques même du sexe féminin n'y pouvaient accompagner leurs maîtresses. Les exercices pratiqués dans ce lieu saint étaient la méditation, la prière, les catéchismes, la confession et la flagellation. On nous a fait remarquer les murs de la chapelle encore teints du sang que faisaient, nous a-t-on dit, rejaillir les disciplines dont la pénitence armait les mains de ces Madeleines (1).

Au reste, la charité des moines ne fait point ici acception des personnes. Il y a des cérémonies sacrées pour les esclaves, et les Dominicains ont établi une confrérie de nègres. Ils ont leurs chapelles, leurs messes, leurs fêtes, et un enterrement assez décent : pour tout cela il n'en coûte annuellement que quatre réaux (2) par nègre agrégé. Les nègres reconnaissent pour patrons saint Benoît de Palerme et la Vierge, peut-être à cause de ces mots de l'Ecriture : *Nigra sum, sed formosa filia Jerusalem.*

Les dehors de Buenos-Ayres sont bien cultivés. Les habitants de la ville y ont presque tous des maisons de campagne qu'ils nomment *quintas*, et leurs environs fournissent abondamment toutes les denrées nécessaires à la vie. J'en excepte le vin, qu'ils font venir d'Espagne, ou qu'ils tirent de Mendoza, vignoble situé à deux cents lieues de Buenos-Ayres (3). Ces environs cultivés ne s'étendent pas fort loin : si l'on s'éloigne seulement à trois lieues de la ville, on ne trouve plus que des campagnes immenses, abandonnées à une multitude innombrable de chevaux et de bœufs, qui en sont les seuls habitants (4). A peine, en parcourant cette vaste contrée, y rencontre-t-on quelques chaumières éparses, bâties, moins pour rendre le pays habitable, que pour constater aux divers particuliers la propriété du terrain, ou plutôt celle des bestiaux qui le couvrent. Les voyageurs qui le traversent n'ont aucune retraite, et sont obligés de coucher dans les mêmes charrettes qui les transportent, et qui sont les seules voitures dont on se serve ici pour les longues routes. Ceux qui voyagent à cheval, ce qu'on appelle aller à *la légère*, sont le plus souvent exposés à coucher au bivouac, au milieu des champs (5).

Tout le pays est uni, sans montagnes et sans autres bois que celui des arbres fruitiers. Situé sous le climat de la plus heureuse température, il serait un des plus abondants de l'univers en toutes sortes de productions s'il était cultivé. Le peu de froment et de maïs qu'on y sème y rapporte beaucoup plus que dans nos meilleures terres de France. Malgré ce cri de la nature, presque tout est inculte, les environs des habitations comme les terres les plus éloignées; ou si le hasard fait rencontrer quelques cultivateurs, ce sont des nègres esclaves. Au reste, les chevaux et les bestiaux sont en si grande abondance dans ces campagnes, que ceux qui piquent les bœufs attelés aux charrettes sont à cheval (6), et que les habitants ou les voyageurs, lorsqu'ils ont faim, tuent un bœuf, en prennent ce qu'ils peuvent en manger, et abandonnent

(1) A cette époque les vaisseaux pouvaient encore remonter jusqu'à la ville de l'Assomption. Ils s'arrêtent maintenant à Monte-Video ou à Buenos-Ayres. A. M.

(2) Elle est aujourd'hui (1852) la capitale d'un État indépendant fondé, en 1820, par les indigènes sous le titre de *République Argentine*, ou des *Provinces-Unies de la Plata.*

(3) Cette population est aujourd'hui (1852) de plus de 80,000 habitants, dont 45,000 Français et à peu près autant d'Anglais. A. M.

(4) Elles sont très incommodes : les murs en sont humides, moisis et décolorés par l'influence du climat. Elles n'ont ni lambris ni cheminées. A. M.

(5) Il est question d'un port artificiel, qui donnerait une nouvelle activité à cette ville florissante. A. M.

(6) Il y a maintenant à Buenos-Ayres un théâtre desservi par des acteurs français, car la langue française est très goûtée dans cette grande ville. Au théâtre, les femmes occupent les loges, et les hommes le parterre. A. M.

(1) Bougainville a passé sous silence les débauches qui se commettaient dans ces asiles mystérieux. A. M.

(2) Le réal vaut 50 centimes. A. M.

(3) Au pied des Andes du Chili. A. M.

(4) Il y a bien quelques hommes, mais sans habitations fixes : ils ont seulement des huttes temporaires qu'ils construisent et abandonnent avec la même facilité. A. M.

(5) Il sera question plus tard, dans d'autres voyages, de ces plaines immenses nommées *Pampas*, dont nous donnerons la description dans la série des voyages spéciaux. A. M.

(6) Les mendiants eux-mêmes demandent l'aumône à cheval jusque dans les rues de Buenos-Ayres. A. M.

le reste, qui devient la proie des chiens sauvages et des tigres : ce sont les seuls animaux dangereux de ce pays.

Les chiens ont été apportés d'Europe : la facilité de se nourrir en pleine campagne leur a fait quitter les habitations, et ils se sont multipliés à l'infini. Ils se rassemblent souvent en troupe pour aller attaquer un taureau, même un homme à cheval, s'ils sont pressés par la faim. Les tigres ne sont pas en grande quantité, excepté dans les lieux boisés, et il n'y a que les bords des petites rivières qui le soient. On connaît l'adresse des habitants de ces contrées à se servir du lacs (1); et il est certain qu'il y a des Espagnols qui ne craignent pas d'enlacer les tigres; il ne l'est pas moins que plusieurs finissent par être la proie de ces redoutables animaux. J'ai vu à Monte-Video une espèce de chat-tigre, dont le poil assez long est gris-blanc. L'animal est très bas sur jambes et peut avoir cinq pieds de longueur : il est dangereux, mais fort rare.

Le bois est très cher à Buenos-Ayres et à Monte-Video. On ne trouve dans les environs que quelques petits bois à peine propres à brûler. Tout ce qui est nécessaire pour la charpente des maisons, la construction et le radoub des embarcations qui naviguent dans la rivière, vient du Paraguay en radeaux. Il serait toutefois facile de tirer du haut pays tous les bois propres à la construction des plus grands navires. De Montegrande, où sont les plus beaux, on les transporterait en cajeux par l'Ybicui, dans l'Uruguay; et depuis le Salto-Chico de l'Uruguay, des bâtiments, faits exprès pour cet usage, les amèneraient à tel endroit de la rivière où l'on aurait établi des chantiers.

Les naturels qui habitent cette partie de l'Amérique, au nord et au sud de la rivière de la Plata, sont du nombre de ceux qui n'ont pu être encore subjugués par les Espagnols, et qu'ils nomment *Indios bravos*. Ils sont d'une taille médiocre, fort laids et presque tous galeux. Leur couleur est très basanée, et la graisse dont ils se frottent continuellement les rend encore plus noirs. Ils n'ont d'autre vêtement qu'un grand manteau de peau de chevreuil, qui leur descend jusqu'aux talons, et dans lequel ils s'enveloppent. Les peaux dont il est composé sont très bien passées : ils mettent le poil en dedans, et le dehors est peint de diverses couleurs. La marque distinctive des caciques est un bandeau de cuir dont ils se ceignent le front : il est découpé en forme de couronne et orné de plaques de cuivre. Leurs armes sont l'arc et la flèche : ils se servent aussi du lacs et de boules (2). Ces Indiens passent leur vie à cheval et n'ont pas de demeures fixes, du moins auprès des établissements espagnols. Ils y viennent quelquefois avec leurs femmes pour y acheter de l'eau-de-vie, et ils ne cessent d'en boire que quand l'ivresse les laisse absolument sans mouvement. Pour se procurer des liqueurs fortes, ils vendent armes, pelleteries, chevaux; et quand ils ont épuisé leurs moyens, ils s'emparent des premiers chevaux qu'ils trouvent auprès des habitations, et s'éloignent. Quelquefois ils se rassemblent en troupes de deux ou trois cents pour venir enlever des bestiaux sur les terres des Espagnols, ou pour attaquer les caravanes des voyageurs.

Il s'est formé, depuis quelques années, dans le nord de la rivière, une tribu de brigands, qui pourra devenir plus dangereuse aux Espagnols s'ils ne prennent des mesures promptes pour la détruire (3). Quelques malfaiteurs échappés à la justice s'étaient retirés dans le nord des Maldonades; des déserteurs se sont joints à eux : insensiblement le nombre s'est accru; ils ont pris des femmes chez les Indiens, et commencé une race qui ne vit que de pillage. Ils viennent enlever des bestiaux dans les possessions espagnoles pour les conduire sur les frontières du Brésil, où ils les échangent avec les Paulistes (1), contre des armes et des vêtements.

(1) Courroie tressée, dont un bout est attaché à la selle du cheval, et l'autre forme un nœud coulant. C'est ce qu'on appelle le *lasso*. A. M.

(2) Deux pierres rondes de la grosseur d'un boulet du poids de un kilog. enchâssées l'une et l'autre dans une bande de cuir, et attachées à chacune des extrémités d'un boyau cordonné long d'environ deux mètres. Ils se servent à cheval de cette arme comme d'une fronde, et en atteignent jusqu'à 200 pas l'animal qu'ils poursuivent. A. M.

(3) La prophétie de Bougainville s'est accomplie en 1820, époque où ces individus se réunirent les indigènes contre les Espagnols. A. M.

Le gouverneur général de la province de la Plata réside, comme nous l'avons dit, à Buenos-Ayres. Dans tout ce qui ne regarde pas la mer, il est censé dépendre du vice-roi du Pérou (2); mais l'éloignement rend cette dépendance presque nulle, et elle n'existe réellement que pour l'argent qu'il est obligé de tirer des mines du Potosi, argent qui ne viendra plus en pièces cornues, depuis qu'on a établi cette année même dans le Potosi un hôtel des monnaies. Les gouvernements particuliers du Tucuman et du Paraguay, dont les principaux établissements sont Santa-Fé, Corrientes, Salta, Tujus, Corduba, Mendoza et l'Assomption, dépendent, ainsi que les fameuses missions des jésuites, du gouverneur général de Buenos-Ayres. Cette vaste province comprend, en un mot, toutes les possessions espagnoles à l'est des Cordilières, depuis la rivière des Amazones jusqu'au détroit de Magellan (3).

La ville de Monte-Video, établie depuis quarante ans, est située à la rive septentrionale du fleuve, trente lieues au-dessus de son embouchure, et bâtie sur une presqu'île qui défend des vents d'est une baie d'environ deux lieues de profondeur sur une de largeur à son entrée. A la pointe occidentale de cette baie est un mont isolé, assez élevé, lequel sert de reconnaissance et a donné le nom à la ville; les autres terres qui l'environnent sont très basses. Le côté de la plaine est défendu par une citadelle : plusieurs batteries protégent le côté de la mer et le mouillage; il y en a même une au fond de la baie sur une île fort petite, appelée l'*île aux Français*. Le mouillage de Monte-Video est sûr, quoiqu'on y essuie quelquefois des pamperos, tourmentes de vent de sud-ouest souvent accompagnées d'orages affreux.

Les environs de Monte-Video sont presque incultes, et ne fournissent ni froment ni maïs. Il faut faire venir de Buenos-Ayres la farine, le biscuit et les autres provisions nécessaires aux vaisseaux. Dans les jardins, soit de la ville, soit des maisons qui en sont voisines, on ne cultive presque aucun légume; on y trouve seulement des melons, des courges, des figues, des pêches, des pommes et des coings en grande quantité. Les bestiaux y sont dans la même abondance que dans le reste de ce pays, ce qui, joint à la salubrité de l'air, rend la relâche à Monte-Video excellente pour les équipages.

Départ de Monte-Video. Navigation jusqu'aux îles Malouines. Leur remise aux Espagnols. Détails historiques sur ces îles.

Le 28 février 1767, nous appareillâmes de Monte-Video avec les deux frégates espagnoles et une tartane chargée de bestiaux. Nous eûmes, pendant la traversée aux Malouines, des vents variables du nord-ouest au sud-ouest, presque toujours gros temps et mauvaise mer. Le 21, à quatre heures après midi, nous eûmes connaissance des Sébaldes; et bientôt après nous vîmes la terre des Malouines. Le 23 au soir, nous en-

(1) Race de brigands sortis du Brésil, et nommés *Paulistes*, du lieu appelé *San-Pablo*, qui est leur principale habitation. A. M.

(2) Il n'existe plus aujourd'hui d'autorité espagnole d'aucune sorte dans l'Amérique du Sud. A. M.

(3) Tout le Brésil est maintenant un empire constitutionnel, depuis l'Amazone jusque près de Monte-Video, qui lui-même forme un Etat indépendant sous le nom de *Bande orientale*. La République Argentine s'étend du fleuve de la Plata jusqu'à la Terre de Feu. A. M.

trâmes et mouillâmes dans la grande baie, où mouillèrent aussi, le 24, les deux frégates espagnoles.

Le 1er avril, je livrai notre établissement aux Espagnols, qui en prirent possession en arborant l'étendard d'Espagne, que la terre et les vaisseaux saluèrent de vingt-un coups de canon au lever et au coucher du soleil. J'avais lu aux Français habitants de cette colonie naissante une lettre du roi, par laquelle Sa Majesté leur permettait d'y rester sous la domination du roi catholique. Quelques familles profitèrent de cette permission : le reste, avec l'état-major, fut embarqué sur les frégates espagnoles, lesquelles appareillèrent pour Monte-Video le 27 au matin. Pour moi, je fus contraint de rester aux Malouines à attendre l'*Etoile*, sans laquelle je ne pouvais continuer mon voyage.

On en peut attribuer la première découverte au célèbre Améric Vespuce, qui, dans son troisième voyage pour la découverte de l'Amérique, en parcourut la côte du nord au mois d'avril 1502. Il ignorait, à la vérité, si elle appartenait à une île, ou si elle faisait partie du continent; mais il est facile de conclure de la route qu'il avait suivie, de la latitude à laquelle il était arrivé, de la description même qu'il donne de cette côte, que c'était celle des Malouines. Beauchesne Gouin, revenant de la mer du Sud en 1700, a mouillé dans la partie orientale des Malouines, croyant être aux Sébaldes. Beauchesne vit d'abord une seule île d'une immense étendue, et ce ne fut qu'après en être sorti qu'il s'en présenta à lui deux autres petites. Il parcourut un terrain humide couvert d'étangs et de lacs d'eau douce, couvert d'oies, de sarcelles, de canards et de bécassines; il n'y vit point de bois : tout cela convient à merveille aux Malouines. Les Sébaldes, au contraire, sont trois petites îles pierreuses, où Guillaume Dampier, allant dans la mer du Sud en 1683, chercha vainement à faire de l'eau, et où il ne put trouver un bon mouillage.

Les îles Malouines, jusqu'à nos jours, n'étaient que très imparfaitement connues. La plupart des relations nous les dépeignent comme un pays couvert de bois. Richard Hawkins, qui en avait visité la côte septentrionale, à laquelle il donna le nom de *Virginie d'Hawkins*, et qui l'a assez bien décrite, assurait qu'elle était peuplée, et prétendait y avoir vu des feux. Au commencement de ce siècle, *le Saint-Louis*, navire de Saint-Malo, mouilla à la côte du sud-est, dans une mauvaise baie, à l'abri de quelques petites îles, qu'on appela *îles d'Anican*, du nom de l'armateur, mais il n'y séjourna que pour faire de l'eau, et continua sa route sans s'embarrasser de les reconnaître.

Cependant leur position heureuse pour servir de relâche aux vaisseaux qui vont dans la mer du Sud, et d'échelle pour la découverte des terres australes, avait frappé les navigateurs de toutes les nations.

La même illusion qui avait fait croire à Hawkins, à Wood Roggers et aux autres, que ces îles étaient couvertes de bois, agit aussi sur mes compagnons de voyage et sur moi. Nous vîmes avec surprise, en débarquant, que ce que nous avions pris pour du bois en cinglant le long de la côte n'était autre chose que des touffes de joncs forté levées et fort rapprochées les unes des autres. Leur pied, en se desséchant, reçoit la couleur d'herbe morte jusqu'à une toise environ de hauteur, et de là sort une touffe de joncs d'un beau vert qui couronne ce pied : de sorte que, dans l'éloignement, les tiges réunies présentent l'aspect d'un bois de médiocre hauteur. Ces joncs ne croissent qu'au bord de la mer et sur les petites îles. Les montagnes de la grande terre sont, dans quelques endroits, couvertes entièrement de bruyères, qu'on prend aisément de loin pour du taillis.

Les diverses courses que j'ordonnai aussitôt, et que j'entrepris moi-même dans l'île, couchant tous à la belle étoile, et vivant de notre chasse, ne nous procurèrent la découverte d'aucune espèce de bois, ni d'aucune trace que cette terre eût été jamais fréquentée par quelque navire. Je trouvai seulement, et en abondance, une excellente tourbe qui pouvait suppléer au bois, tant pour le chauffage que pour la forge; et je parcourus des plaines immenses coupées partout de petites rivières d'une eau parfaite. La nature, d'ailleurs, n'offrait pour la subsistance des hommes que la pêche et plusieurs sortes de gibier de terre et d'eau. A la vérité ce gibier était en grande quantité et facile à prendre. Ce fut un spectacle singulier de voir à notre arrivée tous les animaux, jusqu'alors seuls habitants de l'île, s'approcher de nous sans crainte, et ne témoigner d'autres mouvements que ceux que la curiosité inspire à la vue d'un objet inconnu. Les oiseaux se laissaient prendre à la main; quelques-uns venaient d'eux-mêmes se poser sur les gens qui étaient arrêtés: tant il est vrai que l'homme ne porte point empreint un caractère de férocité qui fasse reconnaître en lui, par le seul instinct, aux animaux faibles, l'être qui se nourrit de leur sang. Cette confiance ne leur a pas duré longtemps : ils eurent bientôt appris à se méfier de leur plus cruel ennemi.

Détails sur l'histoire naturelle des îles Malouines.

La première fois que nous mîmes pied à terre sur ces îles, rien de séduisant ne s'offrit à nos regards; et à l'exception de la beauté du port dans lequel nous étions, nous ne savions trop ce qui pourrait nous retenir sur cette terre, ingrate en apparence. Un horizon terminé par des montagnes pelées; des terrains entrecoupés par la mer et dont elle semble se disputer l'empire, des campagnes inanimées, faute d'habitants; point de bois capables de rassurer ceux qui se destinaient à être les premiers colons; un vaste silence, quelquefois interrompu par les cris des monstres marins; partout une triste uniformité : que d'objets décourageants et qui paraissaient annoncer que la nature se refuserait aux efforts de l'espèce humaine dans des lieux si sauvages! Cependant le temps et l'expérience nous apprirent que le travail et la constance n'y seraient pas sans fruit. Des baies immenses à l'abri des vents par ces mêmes montagnes qui répandent de leur sein les cascades et les ruisseaux; des prairies couvertes de gras pâturages, faits pour alimenter des troupeaux nombreux, des lacs et des étangs pour les abreuver; point de contestations pour la propriété du lieu; point d'animaux à craindre par leur férocité, leur venin ou leur importunité; une quantité innombrable d'amphibies les plus utiles, d'oiseaux et de poissons du meilleur goût; une matière combustible pour suppléer au défaut de bois; des plantes reconnues spécifiques aux maladies des navigateurs; un climat salubre par sa température également éloignée du chaud et du froid, et bien plus propre à former des hommes robustes et sains que ces contrées enchanteresses où la chaleur et l'abondance, qui en est la suite, ne tendent qu'à énerver leurs habitants : telles furent les ressources que la nature nous présenta. Elles effacèrent bientôt les traits qu'un premier aspect avait imprimés, et justifièrent la tentative.

On pourrait ajouter que les Anglais, dans leur relation du port Egmont, n'ont pas balancé à dire que le pays adjacent offre tout ce qui est nécessaire pour un bon établissement.

Les îles Malouines se trouvent placées entre 51 et 52 degrés et demi de latitude méridionale, 61 et demi et 65 et demi de longitude occidentale du méridien de Paris. Elles sont éloignées de la côte de l'Amérique ou des Patagons et de l'entrée du détroit de Magellan d'environ quatre-vingts à quatre-vingt-dix lieues.

Les ports que nous avons reconnus réunissent l'étendue et l'abri. Un fond tenace, et des îles heureusement situées pour opposer des obstacles à la fureur des vagues, contribuent à les rendre sûrs et aisés à défendre : ils ont de petites baies pour retirer les moindres embarcations. Les ruisseaux se rendent à la côte, de manière que la provision d'eau douce peut se faire avec la plus grande expédition.

Les marées, assujéties à tous les mouvements d'une

mer environnante, ne sont jamais élevées dans des temps fixes, et qu'il ait été possible de calculer. On a seulement remarqué qu'elles avaient trois vicissitudes déterminées avant l'instant de leur plein : les marins appelaient ces vicissitudes *varvodes*. La mer alors, en moins d'un quart d'heure, monte et baisse trois fois comme par secousses, surtout dans les temps des solstices, des équinoxes et des pleines lunes.

Le peu de matière minérale trouvée aux îles Malouines répond de la salubrité des eaux ; elles sont partout commodément placées, aucune plante d'un caractère dangereux n'infecte les lieux où elles coulent ; c'est ordinairement sur du gravier ou sur du sable, et quelquefois sur des lits de tourbe, qui leur laissent à la vérité une petite couleur jaunâtre, mais sans en diminuer la qualité ni la légèreté.

Il y a partout dans les plaines plus de profondeur qu'il n'en faut à la terre pour souffrir la charrue. Le sol est tellement entrelacé de racines d'herbes, jusqu'à près d'un pied, qu'il était indispensable, avant de cultiver, d'enlever cette couche et de la diviser pour la dessécher et la brûler. On sait que ce procédé est merveilleux pour améliorer les terres.

Tous les bords de la mer et des îles de l'intérieur sont couverts d'une espèce d'herbe que l'on nomma improprement *glaïeuls ;* c'est plutôt une sorte de gramen. Elle est du plus beau vert et a plus de six pieds de hauteur. C'est la retraite des lions et des loups marins ; elle nous servait d'abri comme à eux dans nos voyages. En un instant on était logé : leurs tiges inclinées et réunies formaient un toit, et leur paille sèche un assez bon lit. Ce fut aussi avec cette plante que nous couvrîmes nos maisons ; le pied en est sucré, nourrissant, et préféré à toute autre pâture par les bestiaux.

Les bruyères, les arbustes, et la plante que nous nommâmes *gommier*, sont, apr s cette grande herbe, les seuls objets qu'on distingue dans les campagnes. Le gommier, plante nouvelle et inconnue en Europe, est d'un vert de pomme et n'a en rien la figure d'une plante ; on le prendrait plutôt pour une loupe ou excroissance de terre de cette couleur ; il ne laisse voir ni pied, ni branches, ni feuilles. Sa surface, de forme convexe, présente un tissu si serré, qu'on n'y peut rien introduire sans déchirement. Notre premier mouvement était de nous asseoir ou de monter dessus ; sa hauteur n'est guère de plus d'un pied et demi. Il nous portait aussi sûrement qu'une pierre sans être foulée par le poids. Sa largeur s'étend d'une manière disproportionnée à sa forme ; il y a des gommiers qui ont plus de six pieds de diamètre sans en être plus hauts. Leur circonférence n'est régulière que dans les petites plantes, qui représentent assez la moitié d'une sphère ; mais lorsqu'elles se sont accrues, elles sont terminées par des bosses et des creux sans aucune régularité. C'est en plusieurs endroits de leur surface que l'on voit en gouttes de la grosseur d'un pois une matière tenace et jaunâtre, qui fut d'abord appelée *gomme ;* mais comme elle ne peut se dissoudre totalement que dans les spiritueux, elle fut appelée *gomme-résine*. Son odeur est forte, assez aromatique, et approche de celle de la térébenthine.

Après cette plante extraordinaire on en rencontrait une d'une utilité éprouvée, et qui lui a valu son nom ; elle forme un petit arbrisseau, et quelquefois rampe sous les herbes et le long des côtes. Nous la goûtâmes par fantaisie, et nous lui trouvâmes un goût de sapinette ; ce qui nous donna l'idée d'essayer d'en faire de la bière. Nous avions apporté une certaine quantité de mélasse et de grains. Les procédés que nous employâmes réussirent au-delà de nos souhaits, et l'habitant, une fois instruit, ne manqua jamais de cette boisson, que la plante rendait anti-scorbutique. On l'employa très spécifiquement dans des bains que l'on faisait prendre aux malades qui venaient de la mer. Sa feuille est petite et dentelée, d'un vert clair. Lorsqu'on la brise entre les doigts, elle se réduit en une espèce de farine un peu glutineuse et d'une odeur aromatique.

Une espèce de céleri ou persil sauvage très abondante, une quantité d'oseille, de cresson de terre et de cétérach à feuilles ondées, fournissaient, avec cette plante, tout ce qu'on pouvait désirer contre le scorbut.

Deux petits fruits, dont l'un, inconnu, ressemble assez à une mûre, l'autre, de la grosseur d'un pois et nommé *lucet*, à cause de sa conformité avec celui que l'on trouve dans l'Amérique septentrionale, étaient les seuls que l'automne nous fournît. Ceux des bruyères n'étaient mangeables que pour les enfants, qui mangent les plus mauvais fruits, et pour le gibier. La plante de celui que nous nommâmes *mûre* est rampante : sa feuille ressemble à celle du charme ; elle prolonge ses branches et se reproduit comme les fraisiers. Le lucet est aussi rampant ; il porte ses fruits le long de ses branches garnies de petites feuilles parfaitement lisses, rondes et couleur de myrte. Ces fruits sont blancs et colorés de rouge du côté exposé au soleil ; ils ont le goût aromatisé et l'odeur de fleur d'orange, ainsi que les feuilles, dont l'infusion prise avec du lait a paru très agréable. Cette plante se cache sous les herbes et se plaît dans les lieux humides ; on en trouve une quantité prodigieuse aux environs des lacs.

Parmi plusieurs autres plantes qu'aucun besoin ne nous engagea à examiner, il y avait beaucoup de fleurs, mais toutes inodores, à l'exception d'une seule, qui est blanche et de l'odeur de la tubéreuse. Nous trouvâmes aussi une véritable violette d'un jaune de jonquille. Ce que l'on peut remarquer, c'est qu'on n'a jamais rencontré aucune plante bulbeuse ou à ognon. Une autre singularité, ce fut que dans la partie méridionale de l'île habitée, au-delà d'une chaîne de montagnes qui la coupe de l'est à l'ouest, on vit qu'il n'y a, pour ainsi dire, point de gommier résineux, et qu'à leur place on rencontrait en grande quantité une plante d'une même forme et d'un vert tout différent, n'ayant pas la même solidité, ne produisant aucune résine, et couverte dans sa saison de belles fleurs jaunes. Cette plante, facile à ouvrir, est composée, comme l'autre, de jets qui partent tous d'un même pied, et vont se terminer à sa surface. En repassant les montagnes on trouva un peu au-dessous de leur sommet une grande espèce de scolopendre ou de cétérach.

Quant aux plantes marines elles étaient plutôt un objet incommode qu'utile. La mer est presque toute couverte de goëmons dans le port, surtout près des côtes, dont les canots avaient de la peine à approcher : ils ne rendent d'autre service que de rompre la lame lorsque la mer est grosse. On comptait en tirer un grand parti pour fumer les terres. Les marées nous apportaient plusieurs espèces de corallines très variées et des plus belles couleurs : elles ont mérité une place dans les cabinets des curieux, ainsi que les éponges et les coquilles.

On ne voit qu'une seule espèce de quadrupède sur ces îles : elle tient du loup et du renard. Les oiseaux sont innombrables ; ils habitent indifféremment la terre et les eaux. Les lions et les loups marins sont les seuls amphibies. Toutes les côtes abondent en poissons, la plupart peu connus. Les baleines occupent la haute mer : quelques-unes s'échouent quelquefois dans le fond des baies, où l'on voit leurs débris. D'autres ossements énormes, placés bien avant dans les terres, et que la fureur des flots n'a jamais été capable de porter si loin, prouvent, ou que la mer a baissé, ou que les terres se sont élevées.

Le loup-renard, ainsi nommé parce qu'il se creuse un terrier, et que sa queue est plus longue et plus fournie de poils que celle du loup, habite dans les dunes, sur le bord de la mer. Il suit le gibier, et se fait des routes avec intelligence, toujours par le plus court chemin, d'une baie à l'autre. A notre première descente à terre nous ne doutâmes point que ce ne fussent des sentiers d'habitants. Il y a apparence que cet animal jeûne une partie de l'année, tant il est maigre et rare. Il est de la taille d'un chien ordinaire, dont il a aussi l'aboiement, mais faible.

Je me croyais transporté dans le jardin d'Éden.

Les oiseaux et les poissons ne manquent pas d'ennemis qui troublent leur tranquillité : ces ennemis des oiseaux sont : le loup, qui détruit beaucoup d'œufs et de petits, les aigles, les éperviers, les émouchets et les chouettes. Les poissons sont encore plus maltraités : sans parler des baleines, qui, comme on sait, ne se nourrissant que de frelin, en détruisent prodigieusement, ils ont à craindre les amphibies, et cette quantité d'oiseaux pêcheurs, dont les uns se tiennent constamment en sentinelles sur les rochers, et les autres planent sans cesse au-dessus des eaux.

Parmi les oiseaux à pieds palmés le cygne tient le premier rang. Il ne diffère de ceux d'Europe que par son cou, d'un noir velouté, qui fait un admirable contraste avec la blancheur du reste de son corps; ses pattes sont couleur de chair. Cette espèce de cygne se trouve aussi dans la rivière de la Plata et au détroit de Magellan, où j'en ai tué un dans le fond du port Galland.

Quatre espèces d'oies sauvages formaient une de nos plus grandes richesses. La première ne fait que pâturer ; on lui donna improprement le nom d'*outarde*. Ses jambes élevées lui sont nécessaires pour se tirer des grandes herbes, et son long cou pour observer le danger; sa démarche est légère, ainsi que son vol; elle n'a point le cri désagréable de son espèce. Le plumage du mâle est blanc, avec des mélanges de noir et de cendré sur le dos et les ailes. La femelle est fauve, et ses ailes sont parées de couleurs changeantes; elle pond ordinairement six œufs. Leur chair, saine, nourrissante et de bon goût, devint notre principale nourriture.

Deux espèces de canards et deux de sarcelles embellissent les étangs et les ruisseaux. Les premiers diffèrent peu de ceux de nos climats. On en tua quelques-uns tout noirs et d'autres tout blancs. Quant aux sarcelles, l'une, à bec bleu, est de la taille des canards; l'autre est beaucoup plus petite. On en vit qui avaient les plumes du ventre teintes d'incarnat. Ces espèces sont de la plus grande abondance et du meilleur goût.

Il y a, de plus, deux espèces de plongeons de la petite taille. L'une a le dos de couleur cendrée et le ventre blanc; les plumes du ventre sont si soyeuses, si brillantes, et d'un tissu si serré, que nous les prîmes pour le grèbe, dont on fait des manchons précieux : cette espèce est rare. L'autre, plus commune, est toute brune, ayant le ventre un peu plus clair que le dos. Les yeux de ces animaux sont semblables à des rubis. Leur vivacité surprenante augmente encore par l'opposition du cercle de plumes blanches qui les entoure et qui leur a fait donner le nom de *plongeons à lunettes*. Ils font deux petits, sans doute trop délicats pour souffrir la fraîcheur de l'eau lorsqu'ils n'ont encore que le duvet, car alors la mère les voiture sur son dos.

Ils se défendaient avec des haches et des sabres.

Deux espèces d'oiseaux, que l'on nomma *becs-scies*, on ne sait pas pourquoi, ne diffèrent entre elles que par la taille et quelquefois parce qu'il s'en trouve à ventre brun parmi tous les autres, qui l'ont ordinairement blanc. Le reste du plumage est d'un noir tirant sur le bleu très foncé; leur forme et les plumes du ventre, aussi serrées et aussi soyeuses que celles du plongeon blanc, les rapprochent de cette espèce; ce que l'on n'oserait cependant pas assurer. Ils ont le bec assez long et pointu, et les pieds palmés sans séparation, avec un caractère remarquable, le premier doigt étant le plus long des trois, et la membrane qui les joint se terminant à rien au troisième. Leurs pieds sont couleur de chair. Ces animaux sont de grands destructeurs de poissons. Ils se placent sur les rochers, ils s'y rassemblent par nombreuses familles et y font leur ponte. Comme leur chair est très mangeable, on en fit des tueries de deux ou trois cents, et la grande quantité de leurs œufs offrit encore une ressource dans le besoin. Ils se défiaient si peu des chasseurs, qu'il suffisait d'aller à eux avec des bâtons. Ils ont pour ennemi un oiseau de proie à pieds palmés, ayant plus de sept pieds d'envergure, le bec long et fort, caractérisé par deux tuyaux, de même manière que le bec, lesquels sont percés dans toute leur longueur. Cet animal est celui que les Espagnols appellent *quebranta-huessos*.

Une quantité de mauves ou monettes de couleurs très variées et très agréables, de caniarts et d'équerrets, presque tous d'un plumage gris, et vivant par familles, viennent planer sur les eaux et fondent sur le poisson avec une vitesse extraordinaire. Ils nous servaient à reconnaître les temps propres à la pêche de la sardine; il suffisait de les tenir un moment suspendus, et ils rendaient encore dans sa forme ce poisson qu'ils ne venaient que d'avaler. Le reste de l'année ils se nourrissent d'autres espèces de petits poissons. Ils pondent autour des étangs, sur des plantes vertes assez semblables aux nénuphars, une grande quantité d'œufs très bons et très sains.

On distingua trois espèces de pinguins : la première, remarquable par sa taille et la beauté de son plumage, ne vit point par familles comme la seconde, qui est la même que celle décrite dans le voyage du lord Anson. Ce pinguin de la première classe aime la solitude et les endroits écartés. Son bec, plus long et plus délié que celui des pinguins de la seconde espèce, les plumes de son dos d'un bleu plus clair, son ventre d'une blancheur éblouissante, une palatine jonquille qui part de la tête et va terminer les nuances du blanc et du bleu pour se réunir ensuite sur l'estomac, son cou très long, quand il lui plaît de chanter, son allure assez légère, lui donnent un air de noblesse et de magnificence singulières. La troisième espèce habite par familles, comme la seconde, sur de hauts rochers dont elle partage le terrain avec les becs-scies; ils y pondent aussi. Les caractères qui les distinguent des deux autres sont leur petitesse, leur couleur fauve, un toupet de plumes de couleur d'or, plus courtes que celles des aigrettes, et qu'ils relèvent lorsqu'ils sont irrités, et enfin d'autres petites plumes de même couleur qui leur servent de sourcils. On les nomma ***pinguins-sauteurs*** : en effet, ils ne se transportent que par sauts et par bonds. Cette espèce a dans toute sa contenance plus de vivacité que les deux autres.

Trois espèces d'alcyons, qui se montrent rarement, ne nous annonçaient pas les tempêtes comme ceux qu'on voit à la mer. Ce sont cependant les mêmes animaux, au dire des marins; la plus petite espèce en a tous les caractères. Si c'est un véritable alcyon, on peut être assuré qu'il fait son nid à terre, d'où l'on nous en a rapporté des petits n'ayant que le duvet, et parfaitement ressemblant à père et mère. La seconde espèce ne diffère que par la grosseur; elle est un peu moindre qu'un pigeon. Ces deux espèces sont noires, avec quelques plumes blanches sous le ventre. Quant à la troisième, qu'on nomma d'abord *pigeon blanc*, ayant tout le plumage de cette couleur et le bec rouge, on peut conjecturer que c'est un véritable alcyon blanc, à cause de sa conformité avec les deux autres.

Trois espèces d'aigles, dont les plus forts ont le plumage d'un blanc sale, et les autres sont noirs, à pattes jaunes et blanches, font la guerre aux bécassines et aux petits oiseaux; ils n'ont ni la taille ni les serres assez fortes pour en attaquer d'autres. Une quantité d'éperviers et d'émouchets, et quelques chouettes, sont encore les persécuteurs du petit gibier. Les variétés de leurs plumages sont riches et présentent toutes sortes de couleurs.

On rencontre toute l'année, au bord de la mer, un oiseau assez semblable au corlieu. On le nomma *pie de mer*, à cause de son plumage noir et blanc; ses autres caractères distinctifs sont d'avoir le bec d'un rouge de corail et les pattes blanches. Il ne quitte guère les rochers qui découvrent à basse mer, et se nourrit de petites chevrettes. Il a un sifflement aisé à imiter; ce qui fut par la suite utile à nos chasseurs et pernicieux pour lui.

Les lions et les loups marins occupent tous les bords de la mer et se logent, comme on l'a dit, dans ces grandes herbes nommées *glaïeuls*. Leur troupe innombrable se transporte à plus d'une lieue sur le terrain pour y jouir de l'herbe fraîche et du soleil. Il paraît que le lion décrit dans le voyage du lord Anson devrait être, à cause de sa trompe, regardé plutôt comme une espèce d'éléphant marin, d'autant plus qu'il n'a pas de crinière, qu'il est de la plus grande taille, ayant jusqu'à vingt-deux pieds de longueur, et qu'il y en a une autre espèce beaucoup plus petite, sans trompe, et caractérisée par une crinière de plus longs poils que ceux du reste du corps, qu'on pourrait regarder comme le vrai lion. Le loup marin ordinaire n'a ni crinière ni trompe: ainsi ce sont trois espèces bien aisées à distinguer. Le poil de tous ces animaux ne recouvre point un duvet, tel qu'on le trouve sur ceux qu'on pêche dans l'Amérique septentrionale et dans la rivière de la Plata. Leur huile et leurs peaux avaient déjà formé une branche de commerce.

Nous n'avons pas pu connaître une grande quantité d'espèces de poissons. Nous nommâmes celui que nous pêchions le plus communément *muge* ou *mulet*, auquel il ressemble assez. Il s'en trouve de trois pieds de longueur, qu'on séchait. Le poisson que nos pêcheurs appelaient *gradeau* est aussi très commun; il y en a de plus d'un pied de long. La sardine ne monte qu'au commencement de l'hiver. Les mulets, poursuivis par les loups marins, se creusent des trous dans les terres vaseuses qui bordent les ruisseaux où ils se réfugient, et nous les prenions avec facilité, en enlevant la couche de terre tourbeuse qui couvre leurs retraites.

Enfin, pour présenter un objet de comparaison avec une île cultivée en Europe, on peut citer ce que dit Puffendorf en parlant de l'Irlande, située à la même latitude, dans l'hémisphère boréal, que les îles Malouines, dans l'autre hémisphère; savoir : que cette île est agréable par la bonté et la sérénité de son air : la chaleur et le froid n'y sont jamais excessifs. Le pays, bien coupé de lacs et de rivières, offre de grandes plaines couvertes de pâturages excellents, point de bêtes venimeuses, les rivières et les lacs poissonneux.

Navigation des îles Malouines à Rio-Janeiro. Jonction de *la Boudeuse* avec *l'Etoile*.

Cependant j'attendais vainement *l'Etoile* aux îles Malouines : les mois de mars et d'avril s'étaient écoulés sans que cette flûte y fût venue. Je ne pouvais entreprendre de traverser l'océan Pacifique avec ma seule frégate, incapable de porter pour plus de six mois de vivres à son équipage. J'attendis encore la flûte pendant tout le mois de mai. Voyant alors qu'il ne me restait plus de vivres que pour deux mois, j'appareillai des îles Malouines le 2 juin pour me rendre à Rio-Janeiro. Nous eûmes dans cette traversée un temps favorable. Le 20 juin, après midi, nous vîmes les hauts mornes de la côte du Brésil, et le 21 nous reconnûmes l'entrée de Rio-Janeiro.

Je me hâtai de faire notre eau, de prendre à bord de *l'Etoile* les provisions dont je ne pouvais me passer, et d'embarquer des rafraîchissements.

Nous avions joui pendant notre séjour à Rio-Janeiro du printemps des poètes. La vue de cette baie donnera toujours le plaisir le plus vif aux voyageurs, surtout à ceux qui, comme nous, auront été longtemps privés de la vue des bois, des habitations, et qui auront vécu dans des climats où le calme et le soleil sont rares. Rien n'est plus riche que le coup-d'œil des paysages qui s'offrent de toutes parts, et c'eût été pour nous une vraie satisfaction de jouir de cette charmante contrée. Rio-Janeiro est l'entrepôt et le débouché principal des richesses du Brésil. Les mines sont les plus voisines de la ville, dont elles sont distantes environ de soixante-quinze lieues. Elles rendent au roi, tous les ans, pour son droit de quint, au moins cent douze arobes d'or. L'année 1762 elles en rapportèrent cent dix-neuf (1). Sous la capitainie des mines générales on comprend celles de Rio des Morts, de Sabara et de Sero-Frio. Cette dernière, outre l'or qu'on en retire, produit encore tous les diamants qui proviennent du Brésil. Ils se trouvent dans le fond d'une rivière, qu'on a soin de détourner pour séparer ensuite d'avec les cailloux qu'elle roule dans son lit, les diamants, les topazes, les chrysolithes et autres pierres de qualités inférieures.

L'arrivée des flottes rend le commerce de Rio-Janeiro très florissant, principalement la flotte de Lisbonne (2). Celle de Porto est chargée seulement de vins, eaux-de vie, vinaigre, de denrées de bouche, et de quelques toiles grossières fabriquées dans cette ville ou aux environs. Aussitôt après l'arrivée des flottes, toutes les marchandises qu'elles apportent sont conduites à la douane, où elles paient au roi dix pour cent. En un mot, les mines du Brésil ne produisent point d'argent : tout celui que les Portugais possèdent provient de cette contrebande.

Départ de Rio-Janeiro. Second voyage à Monte-Video.

Le 14 juillet 1767 nous appareillâmes de Rio-Janeiro et fûmes contraints, le vent nous manquant, de remouiller dans la rade. Nous sortîmes le 15. Le 29 nous entrâmes dans la rivière de la Plata et vîmes les Maldonades, et nous mouillâmes le 31, après-midi, dans la baie de Monte-Video.

(1) Ce revenu entre aujourd'hui dans le trésor public. A. M.

(2) Rio-Janeiro ne commerce plus aujourd'hui avec Lisbonne que sur un pied d'égalité. A. M.

Comme nous devions rester dans la rivière de la Plata jusqu'à la révolution de l'équinoxe, nous prîmes des logements à Monte-Video, où nous établîmes aussi nos ouvriers et un hôpital. Ces premiers soins remplis, je me rendis à Buenos-Ayres, le 11 août, pour y accélérer la fourniture des vivres qui nous étaient nécessaires, et dont fut chargé le munitionnaire général du roi d'Espagne, au même prix que portait son traité avec Sa Majesté Catholique.

Nous appareillâmes toutefois le 8 septembre, à cinq heures et demie du matin, de même que *le Carmen* que nous laissâmes passer devant nous. Je fis route pour doubler un banc de pierre, lequel est à deux lieues de Monte-Video nord et sud.

Départ de Monte-Video. Navigation jusqu'au cap des Vierges. Entrée dans le détroit. Entrevue avec les Patagons. Navigation jusqu'à l'île Sainte-Elisabeth.

Le radoub et le chargement de *l'Etoile* nous avaient coûté tout le mois d'octobre et des frais considérables : ce ne fut qu'à la fin de ce mois que nous pûmes solder avec le munitionnaire général et les autres fournisseurs espagnols. Je pris le parti de les payer avec l'argent qui m'avait été remboursé pour la cession des îles Malouines.

Le 31 octobre, au point du jour, je rejoignis, à quelques lieues de la Encenada, *l'Etoile*, qui en avait appareillé la veille pour Monte-Video. Nous y mouillâmes le 3 novembre à sept heures du soir.

Nous employâmes quelques jours à embarquer à bord de *la Boudeuse* tous les vivres qu'elle pouvait contenir; à recalfater ses hauts, opération que l'absence de ces calfats nécessaires à *l'Etoile* n'avait pas permis de faire plus tôt ; à raccommoder la chaloupe de *l'Etoile;* à faire couper l'herbe pour nos bestiaux, et à déblayer tout ce que nous avions à terre. La journée se passa en préparatifs pour appareiller, et nous l'eussions fait le même jour, si nous n'eussions pas été échoués. Le 11, la mer ayant monté, les bâtiments flottèrent, et nous allâmes mouiller à la tête de la rade, où l'on est toujours à flot. Les deux jours suivants, le gros temps ne nous permit pas de faire voile; mais ce délai ne fut pas en pure perte. Il arriva de Buenos-Ayres une goëlette chargée de farine, et nous y en prîmes soixante quintaux, qu'on trouva moyen de loger encore dans les navires. Nous y avions, toute compensation faite, des vivres pour dix mois : il est vrai que la plus grande partie des boissons était en eau-de-vie. Les équipages jouissaient de la meilleure santé.

Le 14 novembre nous appareillâmes de Monte-Video. Le 27, nous étions à l'entrée du détroit de Magellan, en face du cap des Vierges.

Le 1er et le 2 décembre, les vents furent favorables, la mer grosse et le temps brumeux; nous forcions de voiles pendant le jour, et nous passions la nuit sous la misaine. Nous vîmes pendant tout ce temps des damiers, des quebranta-huessos; et, ce qui est de mauvais augure dans toutes les mers du globe, des alcyons qui disparaissent quand la mer est belle et le ciel serein. Nous vîmes aussi des loups marins, des pinguins et une grande quantité de baleines. Quelques-uns de ces monstrueux animaux paraissaient avoir l'écaille couverte de ces vermiculaires blancs qui s'attachent à la carène des vieux vaisseaux qu'on laisse pourrir dans les ports. Le 30 novembre, deux oiseaux blancs, semblables à de gros pigeons, étaient venus se poser sur nos vergues. J'avais déjà vu une troupe de ces animaux traverser la baie des Malouines.

Nous reconnûmes le cap des Vierges le 2 décembre après midi, et nous le relevâmes au sud, environ à sept lieues de distance. J'avais observé, à midi, 52 degrés de latitude australe, et j'étais alors par 52 degrés 3 minutes 30 secondes de latitude, et 71 degrés 12 minutes 20 secondes de longitude à l'ouest de Paris. Cette position du vaisseau, jointe au relèvement, place le cap des Vierges par 52 degrés 23 minutes de latitude, et 71 degrés 25 minutes 20 secondes de longitude occidentale de Paris.

Le cap des Vierges est une terre unie d'une hauteur médiocre; il est coupé à pic à son extrémité. A neuf heures et demie du soir nous avions amené à l'ouest la pointe septentrionale de l'entrée du détroit sur laquelle est une chaîne de rochers qui s'étend à une lieue au large. Le 6, nous reconnûmes le cap de Possession dans l'ouest. Ce nom sans doute lui est resté en mémoire de ce que le brave Sarmiento y a construit, en 1580, pour la couronne d'Espagne, un fort qu'il nomma *Nombre de Jésus*, fort dont il ne reste aucune trace. Le cap est bien reconnaissable : c'est la première terre avancée depuis la pointe septentrionale de l'entrée du détroit; il est plus sud que le reste de la côte, qui forme ensuite entre ce cap et le premier goulet un grand enfoncement nommé la baie de Possession : nous avions aussi la vue de la Terre de Feu. Le cap Possession est situé par 52 degrés 25 minutes.

Le 7, à midi, nous étions encore sous le cap de Possession. Le cap d'Orange nous restait dans le sud-ouest, environ à six lieues. Ce cap, remarquable par un mondrain assez élevé et coupé du côté de la mer, forme au sud l'entrée du premier goulet. Sa pointe est dangereuse par une batture qui s'étend dans le nord-est du cap, au moins à trois lieues au large : j'ai vu fort distinctement la mer briser dessus. A une heure après midi le vent avait passé au nord-nord-ouest, et nous en profitâmes pour faire bonne route. A deux heures et demie nous étions parvenus à l'entrée du goulet.

La baie de Possession est ouverte à tous les vents et n'offre que de très mauvais mouillages. Dans le fond de cette baie s'élèvent cinq mondrains, dont un est assez considérable : les quatre autres sont petits et aigus. Nous les avons nommés *le Père et les Quatre fils Aymon;* ils servent de remarque essentielle dans cette partie du détroit.

Le 8, nous passâmes le premier goulet (1), malgré le vent qui était directement debout et très violent. Nous vîmes alors les Patagons, qui toute la nuit avaient entretenu des feux au fond de la baie de Possession, et qui élevèrent un pavillon blanc sur une hauteur.

Nous aperçûmes aussi fort distinctement, lorsque nous fûmes dans le goulet, une vingtaine d'hommes sur la Terre de Feu. Ils étaient couverts de peaux et couraient à toutes jambes le long de la côte en suivant notre route; ils paraissaient même de temps en temps nous faire des signes avec la main, comme s'ils eussent désiré que nous allassions à eux. Selon le rapport des Espagnols, la nation qui habite cette partie de la Terre de Feu n'a rien des mœurs cruelles de la plupart des sauvages. Ils accueillirent avec beaucoup d'humanité l'équipage du vaisseau *la Conception*, qui se perdit sur leurs côtes en 1765; ils lui aidèrent même à sauver une partie des marchandises de la cargaison et à élever des hangars pour les mettre à l'abri.

A midi nous étions sortis du premier goulet. Le vent s'était rangé au sud, et la marée continuait à nous élever dans l'ouest. A trois heures l'un et l'autre nous manquèrent, et nous mouillâmes dans la baie Boucault, et, mettant pied à terre, nous vîmes venir à nous six Américains à cheval et au grand galop. Ils descendirent de cheval à cinquante pas, et sur-le-champ accoururent au-devant de nous en criant *chaoua*. En nous joignant ils tendaient les mains et les appuyaient contre les nôtres. Ils nous serraient ensuite entre leurs bras, répétant à tue-tête *chaoua*, *chaoua*, *chaoua*, que nous répétions comme eux. Ces bonnes gens parurent très joyeux de notre arrivée. Deux des leurs, qui tremblaient en venant à nous, ne

(1) Depuis le cap des Vierges jusqu'à l'entrée du premier goulet on peut compter 15 lieues, et le détroit y est partout large de 5 à 7 lieues.

La longueur du premier goulet est d'environ 3 lieues de longueur, et sa largeur d'une lieue. A. M.

furent pas longtemps sans se rassurer. Après beaucoup de caresses réciproques, nous fîmes apporter de nos canots des galettes et un peu de pain frais, que nous leur distribuâmes et qu'ils mangèrent avec avidité. A chaque instant leur nombre augmentait; bientôt il s'en ramassa une trentaine, parmi lesquels il y avait quelques jeunes gens et un enfant de huit à dix ans. Tous vinrent à nous avec confiance et nous firent les mêmes caresses que les premiers. Ils ne paraissaient point étonnés de nous voir, et, en imitant avec la voix le bruit de nos fusils, ils nous faisaient entendre que ces armes leur étaient connues. Ils paraissaient attentifs à faire ce qui pouvait nous plaire.

Nous échangeâmes quelques bagatelles précieuses à leurs yeux contre des peaux de guanaques et de vigognes. Ils nous demandèrent par signes du tabac à fumer, et le rouge semblait les charmer : aussitôt qu'ils apercevaient sur nous quelque chose de cette couleur, ils venaient passer la main dessus et témoignaient en avoir grande envie. Au reste à chaque chose qu'on leur donnait, à chaque caresse qu'on leur faisait, le *chaoua* recommençait ; c'étaient des cris à étourdir. On s'avisa de leur faire boire de l'eau-de-vie, en ne leur en laissant prendre qu'une gorgée à chacun : dès qu'ils l'avaient avalée, ils se frappaient avec la main sur la gorge et poussaient en soufflant un son tremblant et inarticulé qu'ils terminaient par un roulement avec les lèvres. Tous firent la même cérémonie, qui nous donna un spectacle assez bizarre.

Ces Américains sont d'une belle taille; parmi ceux que nous avons vus aucun n'était au-dessous de cinq pieds cinq ou six pouces, ni au-dessus de cinq pieds neuf ou dix pouces : les gens de l'*Etoile* en avaient vu dans le précédent voyage plusieurs de six pieds. Ce qui m'a paru être gigantesque en eux, c'est leur énorme carrure, la grosseur de leur tête et l'épaisseur de leurs membres. Ils sont robustes et bien nourris, leurs nerfs sont tendus, leur chair est ferme et soutenue ; c'est l'homme qui, livré à la nature et à un aliment plein de sucs, a pris tout l'accroissement dont il est susceptible. Leur figure n'est ni dure ni désagréable, plusieurs l'ont jolie ; leur visage est rond et un peu plat; leurs yeux sont vifs ; leurs dents extrêmement blanches n'auraient pour Paris que le défaut d'être larges ; ils portent de longs cheveux noirs attachés sur le sommet de la tête. J'en ai vu qui avaient sous le nez des moustaches plus longues que fournies. Leur couleur est bronzée comme l'est sans exception celle de tous les Américains, tant de ceux qui habitent la zône torride que de ceux qui y naissent dans les zônes tempérées et glaciales. Quelques-uns avaient les joues peintes en rouge. Il nous a paru que leur langue était douce, et rien n'annonce en eux un caractère féroce. Nous n'avons point vu leurs femmes; peut-être allaient-elles venir ; car ils voulaient toujours que nous attendissions, et ils avaient fait partir un des leurs du côté d'un grand feu, auprès duquel paraissait être leur camp, à une lieue de l'endroit où nous étions, nous montrant qu'il en allait arriver quelqu'un.

L'habillement de ces Patagons est le même à peu près que celui des Indiens de la rivière de la Plata : c'est un simple bragué de cuir qui leur couvre les parties naturelles, et un grand manteau de peaux de guanaques ou de sourillos, attaché autour du corps avec une ceinture. Il descend jusqu'aux talons et ils laissent communément retomber en arrière la partie faite pour couvrir les épaules : de sorte que, malgré la rigueur du climat, ils sont presque toujours nus de la ceinture en haut. L'habitude les a sans doute rendus insensibles au froid ; car, quoique nous fussions ici en été, le thermomètre de Réaumur n'y avait encore monté qu'un seul jour à 10 degrés au-dessus de la congélation. Ils ont des espèces de bottines de cuir de cheval ouvertes par derrière, et deux ou trois avaient autour du jarret un cercle de cuivre d'environ deux pouces de largeur. Quelques-uns de nos messieurs ont aussi remarqué que deux des plus jeunes avaient de ces grains de rassade dont on fait des colliers.

Les seules armes que nous leur ayons vues sont deux cailloux ronds attachés aux deux bouts d'un boyau cordonné, semblables à ceux dont on se sert dans cette partie de l'Amérique, et que nous avons décrits plus haut. Ils avaient aussi de petits couteaux de fer, dont la lame était épaisse d'un pouce et demi à deux pouces : ces couteaux, de fabrique anglaise, leur avaient vraisemblablement été donnés par le commodore Byron. Leurs chevaux, petits et fort maigres, étaient scellés et bridés à la manière des habitants de la rivière de la Plata. Un Patagon avait à sa selle des clous dorés, des étriers de bois recouverts d'une lame de cuivre, une bride en cuir tressé, enfin tout un harnais espagnol. Leur nourriture principale paraît être la moelle et la chair de guanaques et de vigognes. Plusieurs en avaient des quartiers attachés sur leurs chevaux, et nous leur en avons vu manger des morceaux crus. Ils avaient aussi avec eux des chiens petits et vilains, lesquels, ainsi que leurs chevaux, boivent de l'eau de mer, l'eau douce étant fort rare sur cette côte et même sur le terrain.

Aucun d'eux ne paraissait avoir de supériorité sur les autres ; ils ne témoignaient même aucune espèce de déférence pour deux ou trois vieillards qui étaient dans cette bande. Il est très remarquable que plusieurs nous ont dit les mots espagnols suivants : *mañana, muchacho, bueno chico, capitan* (1). Je crois que cette nation mène la même vie que les Tartares. Errants dans les plaines immenses de l'Amérique méridionale, sans cesse à cheval, hommes, femmes et enfants suivent le gibier ou les bestiaux, dont ces plaines sont couvertes, se vêtant et se cabanant avec des peaux : ils ont encore vraisemblablement avec les Tartares cette ressemblance, qu'ils vont piller les caravanes des voyageurs. Je terminerai cet article en disant que nous avons depuis trouvé, dans la mer Pacifique, une nation d'une taille plus élevée que ne l'est celle des Patagons.

Le 11, à midi, nous passâmes le second goulet (2), et bientôt nous parvînmes au mouillage dans le nord de l'île Sainte-Elisabeth, où nous ancrâmes à deux milles de terre.

Le vent contraire, accompagné de grains violents, de pluie et de grêle, nous força de passer ici le 11 et le 12. Ce dernier jour, après midi, nous mîmes un canot dehors pour aller sur l'île Sainte-Elisabeth. Nous débarquâmes dans la partie du nord-est de l'île. Ses côtes sont élevées et à pic, excepté à la pointe du sud-ouest et à celle du sud-est, où les terres s'abaissent. On peut cependant aborder partout, attendu que sous les terres coupées il règne une petite plage. Le terrain de l'île est fort sec : nous n'y trouvâmes d'autre eau que celle d'un petit étang dans la partie sud-ouest, et elle y était saumâtre. Nous vîmes aussi plusieurs marais asséchés, où la terre est en quelques endroits couverte d'une légère croûte de sel. Nous rencontrâmes des outardes, mais en petit nombre, et si farouches, que l'on ne put jamais les approcher assez pour les tirer : elles étaient cependant sur leurs œufs. Il paraît que les sauvages viennent dans cette île : nous y avons trouvé un chien mort, des traces de feu, et les débris de plusieurs repas de coquillages. Il n'y a point de bois, et on ne peut y faire du feu qu'avec une espèce de petite bruyère.

Navigation depuis l'île Sainte-Elisabeth jusqu'à la sortie du détroit de Magellan.

Nous allions entrer dans la partie boisée du détroit de Magellan, et les premiers pas difficiles étaient fran-

(1) Manne, enfant, bon petit, capitaine. A. M.

(2) De la sortie du premier goulet à l'entrée du second il y a 6 à 7 lieues, et la largeur du détroit y est aussi d'environ 7 lieues. Le second goulet a environ une lieue et demie de largeur, et 3 ou 4 de longueur. A. M.

chis. Ce ne fut que le 13, après midi, que, le vent étant venu au nord-ouest, nous appareillâmes malgré sa violence, et fîmes route dans le canal qui sépare l'île Sainte-Elisabeth des îles Saint-Barthélemi et aux Lions. Il fallait soutenir de la voile, quoiqu'il nous vînt presque continuellement de cruelles rafales par-dessus les hautes terres de Sainte-Elisabeth, que nous étions contraints de ranger pour éviter les battures qui se prolongent autour de deux autres îles (1). La marée en canal portait au sud, et nous parut très forte. Nous vînmes attaquer la terre du continent au-dessous du cap Noir : c'est où la côte commence à être couverte de bois, et le coup d'œil en est ici assez agréable. Elle court vers le sud, et les marées n'y sont plus aussi sensibles.

Après bien des difficultés, nous mouillâmes à un mille de terre, dans une baie que je nommai la *baie Duclos* (2), du nom de M. Duclos Guyot, capitaine de brûlot, mon second dans ce voyage. Cette baie, ouverte à l'est, a très peu d'enfoncement. Sa pointe du nord avance un peu plus au large que celle du sud, et de l'une à l'autre il peut y avoir une lieue de distance. C'est un excellent mouillage, puisque les vents d'ouest qui sont ici les vents régnants, et qui soufflent avec impétuosité, viennent par-dessus la côte, laquelle y est fort élevée. Deux petites rivières se déchargent dans la baie : l'eau est saumâtre à leur embouchure; mais à cinq cents pas au-dessus elle est très bonne. Une espèce de prairie règne le long du débarquement, lequel est de sable. Les bois s'élèvent ensuite en amphithéâtre; mais le pays est presque dénué d'animaux. Nous y avons parcouru une grande étendue de terrain sans avoir d'autre gibier que deux ou trois bécassines, quelques sarcelles, canards et outardes, en fort petite quantité. Nous y avons aussi aperçu quelques perruches : nous n'aurions pas cru qu'on en pût trouver dans un climat aussi froid.

Nous trouvâmes à l'embouchure de la rivière la plus méridionale sept cabanes faites avec des branches d'arbres entrelacées et de la forme d'un four; elles paraissaient récemment construites et étaient remplies de coquilles calcinées, de moules et de lépas. Nous remontâmes cette rivière assez loin, et nous vîmes quelques traces d'hommes. Pendant le temps que nous passâmes à terre, la mer y monta d'un pied, et le courant alors venait de la mer orientale; observation contraire à celles qui avaient été faites depuis le cap des Vierges, puisque nous avions vu jusque-là les eaux augmenter, lorsque le courant sortait du détroit. Mais il me semble, d'après diverses observations, que, lorsqu'on a passé les goulets, les marées cessent d'être réglées dans toute la partie du détroit qui court nord et sud. La quantité de canaux dont est coupée la Terre de Feu paraît devoir produire dans le mouvement des eaux une grande irrégularité. Pendant les deux jours que nous passâmes dans ce mouillage, le thermomètre aria de 8 à 5 degrés. Le 15 à midi, nous y observâmes 53 degrés 20 minutes de latitude.

Le 16, nous passâmes la pointe Sainte-Anne (3) et le cap Rond. La première est unie, d'une médiocre hauteur, et couvre une baie profonde, où l'ancrage est sûr et commode. C'est cette baie à laquelle le malheureux sort de la colonie de Philippeville, établie vers l'an 1581 par Sarmiento, a fait donner le nom de *port Famine*. Le cap Rond est une terre élevée et remarquable par la forme que désigne son nom. Les côtes dans tout cet espace sont boisées et escarpées; celles de la Terre de Feu paraissent hachées par plusieurs détroits. Leur aspect est horrible; les montagnes y sont couvertes d'une neige bleue aussi ancienne que le monde. Entre le cap Rond et le cap Forward il y a quatre baies dans lesquelles on peut mouiller.

Deux de ces baies sont séparées par un cap dont la singularité fixa notre attention, et mérite une description particulière. Ce cap, élevé de plus de cent cinquante pieds au-dessus du niveau de la mer, est tout entier composé de couches horizontales de coquilles pétrifiées. J'ai sondé en canot au pied de ce monument qui atteste les grands changements arrivés à notre globe, et je n'y ai pas trouvé de fond avec une ligne de cent brasses.

Le vent nous conduisit jusqu'à une lieue et demie du *cap Forward;* alors le calme survint et dura deux heures. J'en profitai pour aller dans le petit canot visiter les environs du cap Forward, y prendre des sondes et des relèvements. Ce cap est la pointe la plus méridionale de l'Amérique et de tous les continents connus. D'après de bonnes observations nous avons conclu sa latitude australe de 54 degrés 5 minutes 45 secondes. Il présente une surface à deux têtes d'environ trois quarts de lieue, dont la tête orientale est plus élevée que celle de l'ouest. La mer est presque sans fond sous le cap; toutefois, entre les deux têtes, dans une espèce de petite baie embellie par un ruisseau assez considérable, on pourrait mouiller par quinze brasses; mais ce mouillage, dangereux si le vent était au sud, ne doit servir que dans un cas forcé. Tout le cap est un rocher vif et taillé à pic : sa cime élevée est couverte de neige. Il y croît cependant quelques arbres dont les racines s'étendent dans les crevasses, et s'y nourrissent d'une éternelle humidité. Nous avons abordé au-dessous du cap à une petite pointe de roches sur laquelle nous eûmes peine à trouver place pour quatre personnes. Sur ce point qui termine ou commence un vaste continent, nous arborâmes le pavillon de notre bateau.

Nous revînmes à bord à six heures du soir, et peu de temps après, les vents ayant passé au sud-ouest, je vins chercher le mouillage dans la baie nommée par M. de Gennes *baie Française*. A huit heures et demie du soir nous y jetâmes l'ancre. Comme nous avions besoin de nous munir d'eau et de bois pour la traversée de la mer Pacifique, et que le reste du détroit m'était inconnu, n'étant venu dans mon premier voyage que jusqu'auprès de la baie Française, je me déterminai à y faire nos provisions, d'autant plus que M. de Gennes la représente comme très sûre et fort commode pour ce travail : ainsi dès le soir même nous mîmes tous nos bateaux à la mer.

Le 17, à deux heures après midi, nous passâmes au large de l'îlot de la baie française; nous donnâmes ensuite dans une passe fort étroite et dans laquelle il y a grand fond entre la pointe du nord de cette baie et une île élevée, longue d'un demi-quart de lieue. Cette passe conduit à l'entrée de la baie Bougainville qui est encore couverte par deux autres îlots dont le plus considérable a mérité le non d'*îlot de l'Observatoire* (1). La baie ouverte au sud-est est longue de deux cents toises et large de cinquante; de hautes montagnes l'environnent et la défendent de tous les vents : aussi la mer y est-elle toujours comme l'eau d'un bassin.

Nous mouillâmes, à trois heures, à l'entrée de la baie; le 18, au matin, j'établis un camp à terre pour la garde des travailleurs et des divers effets qu'il y fallait descendre; on débarqua aussi toutes les pièces à eau pour les rebattre et les soufrer; on disposa des mares pour les lavandiers, et on échoua notre chaloupe qui avait besoin d'un raboud. Nous passâmes le reste du mois de décembre dans cette baie où nous fîmes fort

(1) De la sortie du second goulet à la pointe nord-est de l'île Sainte-Elisabeth il y a près de 4 lieues, et de cette île au cap Noir il y a une demi-lieue. A. M.

(2) Du cap Noir à la baie Duclos il y à 7 lieues. Vis-à-vis de la baie Duclos, il y a dans la Terre de Feu un enfoncement immense. Le cap Monmouth en fait la pointe septentrionale. A. M.

(3) De la baie Duclos à la pointe Sainte-Anne il y a environ 5 lieues, et la même distance entre la pointe de l'île Sainte-Anne au cap Rond. Depuis le second goulet jusqu'au cap Rond, la largeur du détroit varie depuis 7 lieues jusqu'à 5. Il se rétrécit au cap Rond, où il n'a guère plus de 3 lieues. A. M.

(1) Du cap Rond à l'îlot de l'Observatoire la distance est de 4 lieues. A. M.

commodément notre bois et même des planches. Tout y facilitait cet ouvrage : les chemins se trouvaient pratiqués dans la forêt, et il y avait plus d'arbres abattus qu'il ne nous en fallait, reste du travail de l'équipage de *l'Aigle* en 1765.

Nous fîmes plusieurs voyages pour reconnaître les côtes voisines du continent de la Terre de Feu. En longeant la Terre de Feu, nous aperçûmes des naturels et plusieurs feux paraître et s'éteindre ; ensuite il restèrent allumés, et nous distinguâmes ces sauvages sur la pointe basse d'une baie, où j étais déterminé à m'arrêter. Nous allâmes aussitôt à leurs feux, et je reconnus la même horde de sauvages que j'avais déjà vue à mon premier voyage dans le détroit. Nous les avions alors nommés *Pecherais,* parce que ce fut le premier mot qu'ils prononcèrent en nous abordant, et que sans cesse ils nous le répétaient, comme les Patagons répètent le mot *chaoua*. La même cause nous leur a fait laisser cette fois le même nom.

Le 31 décembre, nous relevâmes le cap Forward (1) à l'est-quart-nord-est, le cap Holland (2) à l'ouest-nord-ouest. De midi à six heures du soir nous doublâmes le cap Holland. Il ventait peu, et la brise ayant molli sur le soir, le temps d'ailleurs étant fort sombre, je pris le parti d'aller mouiller dans la rade du port Galland, où nous ancrâmes à dix heures, ayant le cap Galland au sud-ouest.

Nous commençâmes l'année 1768 dans cette baie, nommée baie *Fortescue,* au fond de laquelle est le port Galland (3).

Les Pecherais dont j'ai parlé sont petits, vilains, maigres et d'une puanteur insupportable. Ils sont presque nus, n'ayant pour vêtement que de mauvaises peaux de loups marins trop petites pour les envelopper, peaux qui servent également, et de toits à leurs cabanes, et de voiles à leurs pirogues. Ils ont aussi quelques peaux de guanaques, mais en fort petite quantité. Leurs femmes sont hideuses, et les hommes semblent avoir pour elles peu d'égards. Ce sont elles qui voguent dans les pirogues et qui prennent soin de les entretenir, au point d'aller à la nage, malgré le froid, vider l'eau qui peut y entrer dans les goëmons qui servent de port à ces pirogues assez loin du rivage ; à terre, elles ramassent le bois et les coquillages, sans que les hommes prennent aucune part au travail. Les femmes même qui ont des enfants à la mamelle ne sont pas exemptes de ces corvées. Elles portent sur le dos les enfants pliés dans la peau qui leur sert de vêtement.

Leurs pirogues sont d'écorces mal liées avec des joncs et de la mousse dans les coutures. Il y a au milieu un petit foyer de sable où ils entretiennent toujours un peu de feu. Leurs armes sont des arcs faits, ainsi que les flèches, avec le bois d'une épine-vinette à feuille de houx qui est commune dans le détroit ; la corde est de boyau, et les flèches sont armées de pointes de pierre, taillées avec assez d'art ; mais ces armes sont plutôt contre le gibier que contre des ennemis : elles sont aussi faibles que les bras destinés à s'en servir. Nous leur avons vu de plus des os de poisson longs d'un pied, aiguisés par le bout et dentelés sur un des côtés. Est-ce un poignard ? Je crois plutôt que c'est un instrument de pêche. Ils l'adaptent à une longue perche et s'en servent en manière de harpon. Ces sauvages habitent pêle-mêle, hommes, femmes et enfants, dans les cabanes au milieu desquelles est allumé le feu. Ils se nourrissent principalement de coquillages ; cependant ils ont des chiens et puis des lacs faits de barbe de baleine.

(1) Depuis l'îlot de l'Observatoire jusqu'au cap Forward il y a environ 6 lieues, et le détroit y a 3 et 4 lieues de large. A. M.

(2) Du cap Forward au cap Hollan il y a 5 lieues, et du cap Holland au cap Galland, 8 lieues. A. M.

(3) La baie de Fortescue a 2 milles de large, et présente un beau mouillage dans le port Galland où débouchent trois rivières. A. M.

Le 16, nous appareillâmes avec la marée favorable. Mais nous passâmes tout le jour à louvoyer entre l'île Rupert et une pointe du continent qu'on nomme la *pointe du Passage*, pour attendre le jusant avec lequel j'espérais gagner, ou le mouillage de la baie Dauphine, à l'île de Louis-le-Grand, ou celui de la baie Elisabeth (1).

Le 25, nous passâmes à mi-canal, suivant les sinuosités de cette partie du détroit que Narborough nomme avec raison *le Bras-Tortueux*. Entre les îles Royales et le continent le détroit peut avoir deux lieues. Il n'y a pas plus d'une lieue de canal entre l'île Rupert et la pointe du passage ; ensuite une lieue et demie entre l'île de Louis-le-Grand et la baie Elisabeth, sur la pointe orientale de laquelle il y a une batture couverte de goëmons qui avance un quart de lieue au large.

Depuis la baie Elisabeth la côte court à l'ouest-nord-ouest pendant environ deux lieues jusqu'à la rivière que Narborough appelle *Batchelor*, et Beauchesne *du Massacre*, à l'embouchure de laquelle il y a un mouillage. Cette rivière est facile à reconnaître : elle sort d'une vallée profonde ; à l'ouest, elle a une montagne fort élevée ; sa pointe occidentale est basse et couverte de bois, et la côte y est sablonneuse. De la rivière du Massacre à l'entrée du faux détroit ou canal Saint-Jérôme, j'estime trois lieues de distance. L'entrée de ce canal paraît avoir une demi-lieue de largeur, et dans le fond on voit les terres revenir vers le nord. Quand on est par le travers de la rivière du Massacre on n'aperçoit que ce faux détroit, et il est facile de le prendre pour le véritable, ce qui même nous arriva, parce que la côte alors revient à l'ouest-quart-sud-ouest et l'ouest-sud-ouest jusqu'au cap Quade, qui, s'avançant beaucoup, paraît croisé avec la pointe occidentale de l'île Louis-le-Grand, et ne laisse point apercevoir de débouché. Au reste, une route sûre pour ne pas manquer le véritable canal est de suivre toujours la côte de Louis-le-Grand, qu'on peut ranger de près sans aucun danger. La distance du canal Saint-Jérôme au cap Quade est d'environ quatre lieues, vers la pointe de l'île Louis-le-Grand.

Cette île peut avoir quatre lieues de longueur. Sa côte septentrionale court à l'ouest-nord-ouest jusqu'à la baie Dauphine, dont la profondeur est d'environ deux milles sur une demi-lieue d'ouverture ; elle court ensuite à l'ouest jusqu'à son extrémité occidentale, nommée *cap Saint-Louis*. Comme, après avoir reconnu notre erreur au sujet du faux détroit, nous rangeâmes l'île de Louis-le-Grand à un mille d'éloignement, nous reconnûmes fort distinctement le fort Phélippeaux, qui nous parut une anse fort commode et bien à l'abri.

Depuis le cap Quade, le détroit s'avance dans l'ouest-nord-ouest et nord-ouest-quart-ouest sans détour sensible, ce qui lui a fait donner le nom de *Longue-Rue*. La figure du cap Quade est remarquable : il est composé de rochers escarpés, dont ceux qui forment sa tête chenue ne ressemblent pas mal à d'antiques ruines. Jusqu'à lui, les côtes sont partout boisées, et la verdure des arbres adoucit l'aspect des cimes gelées des montagnes. Le cap Quade doublé, le pays change de nature. Le détroit n'est plus bordé des deux côtés que par des rochers arides sur lesquels il n'y a pas apparence de terre. Leur sommet élevé est toujours couvert de neige, et les vallées profondes sont remplies par d'immenses amas de glaces dont la couleur atteste l'antiquité. Narborough, frappé de cet horrible aspect, nomma cette partie *la Désolation du Sud ;* aussi ne saurait-on rien imaginer de plus affreux.

Lorsqu'on est par le travers du cap Quade, la côte de la Terre de Feu paraît terminée par un cap avancé qui est le cap Monday, lequel j'estime être à quinze lieues du cap Quade. A la côte du continent on aperçoit trois caps auxquels nous avons imposé des noms. Le premier, que sa figure nous fit nommer *cap Fendu*,

(1) Du port Galland à la baie Élisabeth, on compte environ 4 lieues. A. M.

est à cinq lieues environ du cap Quade, entre deux belles baies où l'ancrage est très sûr, si le fond y est aussi bon que nous a paru être l'abri. Les deux autres caps ont reçu les noms de nos vaisseaux, le *cap de l'Etoile* à trois lieues dans l'ouest du cap Fendu, et le *cap de la Boudeuse* dans le même gisement et la même distance avec celui de *l'Etoile*. Toutes ces terres sont hautes et escarpées. Les deux côtes paraissaient saines et garnies de bons mouillages, mais heureusement le vent favorable pour notre route ne nous a pas laissé le temps de les sonder. Le détroit dans la Longue-Rue peut avoir deux lieues de largeur; il se rétrécit vis-à-vis du cap Monday, où le canal n'a guère plus de quatre milles.

Enfin, à midi, nous eûmes connaissance du cap des Piliers (1) et des Evangélistes : on ne voyait ces derniers que du haut des mâts. A mesure que nous avancions du côté du cap des Piliers, nous découvrions avec joie un horizon immense qui n'était plus borné par les terres, et une grosse lame venant de l'ouest nous annonçait le grand Océan.

Lorsqu'on a dépassé le cap Monday, la côte septentrionale se courbe en arc, et le canal s'ouvre jusqu'à quatre, cinq et six lieues de largeur. Je compte environ seize lieues du cap Monday au cap des Piliers qui termine la côte méridionale du détroit. La direction du canal entre ces deux caps est l'ouest-quart-nord-ouest. La côte du sud y est haute et escarpée; celle du nord est bordée d'îles et de rochers qui en rendent l'approche dangereuse. La dernière terre dont on ait la vue à la côte du nord est le cap des Victoires, lequel paraît être de médiocre hauteur, ainsi que le cap Désiré qui est en dehors du détroit à la Terre de Feu, environ à deux lieues dans le sud-ouest du cap des Piliers. La côte entre ces deux caps est bordée, à près d'une lieue au large, de plusieurs îlots ou brisants connus sous le nom des *Douze-Apôtres*.

Le cap des Piliers est une terre très élevée, ou plutôt une grosse masse de rochers, qui se termine par deux roches coupées en forme de tours, inclinées vers le nord-ouest, et qui font la pointe du cap. A six ou sept lieues dans le nord-ouest de ce cap on voit quatre îlots nommés *les Évangélistes* : trois sont ras; le quatrième, qui a la figure d'une meule de foin, est assez éloigné des autres. Ils sont dans le sud-sud-ouest, et à quatre ou cinq lieues du cap des Victoires.

A 7 heures le cap des Piliers était doublé; à 8 heures nous étions entièrement dégagés des terres, et un bon vent de nord nous faisait avancer à pleines voiles dans la mer Occidentale. Nous fîmes alors un relèvement d'où je pris mon point de départ par 52 degrés 50 minutes de latitude australe, et 79 degrés 9 minutes de longitude occidentale de Paris.

C'est ainsi qu'après avoir essuyé pendant vingt-six jours, au port Galland, des temps constamment mauvais et contraires, trente-six heures de bon vent, tel que jamais nous n'eussions osé l'espérer, ont suffi pour nous amener dans la mer Pacifique, exemple, que je crois être unique, d'une navigation sans mouillage depuis le port Galland jusqu'au débouquement.

J'estime la *longueur entière du détroit*, depuis le cap des Vierges jusqu'au cap des Piliers, d'environ *cent quatorze lieues*. Nous avons employé *cinquante-deux jours* à les faire. Je répéterai ici que, depuis le cap des Vierges jusqu'au cap Noir, nous avons observé constamment que le flot porte dans l'est, et le jusant ou l'èbe dans l'ouest, et que les marées y sont très fortes; qu'elles ne sont pas à beaucoup près aussi rapides depuis le cap Noir jusqu'au port Galland, et que leur cours y est irrégulier; qu'enfin, depuis le port Galland jusqu'au cap Quade, les courants sont violents; que nous ne les avons pas trouvés fort sensibles depuis ce cap jusqu'à celui des Piliers, mais que dans toute cette partie depuis le port Galland les eaux sont assujéties à la même loi qui les meut depuis le cap des Vierges, c'est-à-dire que le flot y court vers la mer de l'est, et le jusant vers celle de l'ouest. Je dois en même temps avertir que cette assertion sur la direction des marées dans le détroit de Magellan est absolument contraire à ce que les autres navigateurs disent y avoir observé à cet égard; ce ne serait cependant pas le cas d'avoir chacun son avis.

Malgré les difficultés que nous avons essuyées dans le passage du détroit de Magellan, je conseillerai toujours de préférer cette route à celle du cap Horn depuis le mois de septembre jusqu'à la fin de mars. Pendant les autres mois de l'année, quand les nuits sont de seize, dix-sept et dix-huit heures, je prendrais le parti de passer à mer ouverte. Le vent contraire et la grosse mer ne sont pas des dangers, au lieu qu'il n'est pas sage de se mettre dans le cas de naviguer à tâtons entre des terres. On sera sans doute retenu quelque temps dans le détroit, mais ce retard n'est pas en pure perte. On y trouve en abondance de l'eau, du bois et des coquillages, quelquefois aussi de très bons poissons; et assurément je ne doute pas que le scorbut ne fît plus de dégât dans un équipage qui serait parvenu à la mer Occidentale en doublant le cap Horn que dans celui qui y serait entré par le détroit de Magellan : lorsque nous en sortîmes, nous n'avions personne sur les cadres.

—

SECONDE PARTIE.

DEPUIS L'ENTRÉE DE LA MER OCCIDENTALE JUSQU'AU RETOUR EN FRANCE.

Navigation depuis le détroit de Magellan jusqu'à l'arrivée à l'île Taïti (1). Découvertes qui la précèdent.

Depuis notre entrée dans la mer Occidentale, après quelques jours de vents variables, nous trouvâmes les vents d'ouest qui conduisent ordinairement jusque par le 30e degré; j'avais pourtant résolu d'aller à l'île Juan Fernandez, pour tâcher d'y faire de bonnes observations astronomiques. Je voulais ainsi établir un point de départ assuré pour traverser cet océan immense, dont l'étendue est marquée diversement par les différents navigateurs. La rencontre accélérée des vents de sud et de sud-est me fit renoncer à cette relâche, qui eût allongé mon chemin.

Le 30 janvier, je dirigeai ma route pour reconnaître la terre que Davis, flibustier anglais, vit en 1686, sur le parallèle de 27 à 28 degrés sud, et qu'en 1722, Roggewin, Hollandais, chercha vainement. J'en continuai la recherche jusqu'au 17 février. J'avais passé le 14 sur cette terre, suivant la carte de M. Bellin (2).

Nous courûmes pendant le mois de mars le parallèle des premières terres et îles marquées sous le nom d'*îles de Quiros*. Le 21 nous prîmes un thon dans l'estomac duquel on trouva, non encore digérés, quelques petits poissons dont les espèces ne s'éloignent jamais des côtes. C'était un indice du voisinage de quelques terres. Effectivement le 22, à six heures du matin, on eut en même temps connaissance et de quatre îlots et d'une petite île qui nous restait à quatre lieues dans l'ouest. Je nommai les quatre îlots *les Quatre Facardins* : et comme ils étaient trop au vent, je fis courir sur la petite île qui était devant nous. A mesure que nous l'approchâmes, nous découvrîmes qu'elle est bordée d'une

(1) Cap Pillar ou Pilares, extrémité occidentale du détroit de Magellan, comme le cap des Vierges en est l'extrémité orientale. A. M.

(1) Les premiers navigateurs, questionnant les naturels sur le nom de leur île, ceux-ci répondirent : *O Taïti*, c'est Taïti. Il faut donc écrire *Taïti* sans *O*, malgré les relations anglaises. A. M.

(2) Cette île est située entre le 27e et le 28e degré latitude sud, et 113 degrés de longitude occidentale du méridien de Paris. A. M.

1. L'Aigrette. — 2. L'Alcyon. — 3. Pingouin. — 4. La Pie de mer.

plage de sable très unie, et que tout l'intérieur est couvert de bois touffus, au-dessus desquels s'élèvent les tiges fécondes des cocotiers.

Le 25, au matin, nous pûmes accoster la terre, que nous reconnûmes être une île très basse, laquelle s'étendait du sud-est au nord-ouest, dans une étendue d'environ vingt-quatre milles. Jusqu'au 27 nous continuâmes à naviguer au milieu d'îles basses et en partie noyées. Nous en examinâmes encore quatre, toutes de la même nature, toutes inabordables, et qui ne méritaient pas que nous perdissions notre temps à les visiter. J'ai nommé l'*Archipel dangereux* cet amas d'îles. Nous en avons vu onze; elles sont probablement en plus grand nombre. La navigation est extrêmement périlleuse au milieu de ces terres basses, hérissées de brisants et semées d'écueils, où il convient d'user, la nuit surtout, des plus grandes précautions.

Je me déterminai à faire reprendre du sud à la route, afin de sortir de ces parages dangereux. Effectivement, dès le 28 nous cessâmes de voir des terres. Quiros a le premier découvert, en 1606, la partie méridionale de cette chaîne d'îles, qui s'étend sur l'ouest-nord-ouest, et dans laquelle l'amiral Roggewin s'est trouvé engagé en 1722, vers le quinzième parallèle; il la nomma le *Labyrinthe*.

Le 2 avril, à dix heures du matin, nous aperçûmes dans le nord-nord-est une montagne haute et fort escarpée qui nous parut isolée; je la nommai *le Boudoir* ou *le Pic de la Boudeuse*. Nous courions au nord pour la reconnaître, lorsque nous eûmes la vue d'une autre terre (1) dont la côte non moins élevée offrait à nos yeux une étendue indéterminée. Nous avions le plus urgent besoin d'une relâche qui nous procurât du bois et des rafraîchissements, et l'on se flattait de les trouver sur cette terre. Il fit presque calme tout le jour.

Pendant la nuit du 3 au 4 nous louvoyâmes pour nous élever dans le nord. Des feux que nous vîmes avec joie briller de toutes parts sur la côte nous apprirent qu'elle était habitée. Le 4, au lever de l'aurore, nous reconnûmes que les deux terres, qui la veille nous avaient paru séparées, étaient unies ensemble par une terre plus basse qui se courbait en arc et formait une baie ouverte au nord-est. Nous courions à pleines voiles vers la terre, présentant le navire au vent de cette baie, lorsque nous aperçûmes une pirogue qui venait du large et voguait vers la côte, se servant de sa voile et de ses pagaies. Elle nous passa de l'avant et se joignit à une infinité d'autres qui de toutes les parties de l'île accouraient au-devant de nous. L'une d'elles précédait les autres; elle était conduite par douze hommes nus qui nous présentèrent des branches de bananiers, et leurs démonstrations attestaient que c'était là le ra-

(1) L'île de Taïti. A. M.

Sur ce point qui termine ou commence un vaste continent, nous arborâmes le pavillon de notre bateau.....

meau d'olivier. Nous leur répondîmes par tous les signes d'amitié dont nous pûmes nous aviser; alors ils accostèrent le navire, et l'un d'eux, remarquable par son énorme chevelure hérissée en rayons, nous offrit avec son rameau de paix un petit cochon et un régime de bananes. Nous acceptâmes son présent, qu'il attacha à une corde qu'on lui jeta; nous lui donnâmes des bonnets et des mouchoirs, et ces premiers présents furent le gage de notre alliance avec ce peuple.

Bientôt plus de cent pirogues de grandeurs différentes, et toutes à balancier, environnèrent les deux vaisseaux. Elles étaient chargées de cocos, de bananes et d'autres fruits du pays. L'échange de ces fruits délicieux pour nous contre toutes sortes de bagatelles se fit avec bonne foi, mais sans qu'aucun des insulaires voulût monter à bord. Il fallait entrer dans leurs pirogues ou montrer de loin les objets d'échange. Lorsqu'on était d'accord, on leur envoyait au bout d'une corde un panier ou un filet; ils y mettaient leurs effets, et nous les nôtres, donnant ou recevant indifféremment avant que d'avoir donné ou reçu, avec une bonne foi qui nous fit bien augurer de leur caractère. D'ailleurs nous ne vîmes aucune espèce d'armes dans leurs pirogues, où il n'y avait point de femmes à cette première entrevue. Les pirogues restèrent le long des navires jusqu'à ce que les approches de la nuit nous fissent revirer au large : toutes alors se retirèrent.

Nous tâchâmes dans la nuit de nous élever au nord, n'écartant jamais la terre de plus de trois lieues. Tout le rivage fut jusqu'à près de minuit, ainsi qu'il l'avait été la nuit précédente, garni de petits feux à peu de distance les uns des autres : on eût dit que c'était une illumination faite à dessein, et nous l'accompagnâmes de plusieurs fusées tirées des deux vaisseaux.

La journée du 5 se passa à louvoyer, afin de gagner au vent de l'île, et à faire sonder par les bateaux pour trouver un mouillage. L'aspect de cette côte élevée en amphithéâtre nous offrait le plus riant spectacle. Quoique les montagnes y soient d'une grande hauteur, le rocher n'y montre nulle part son aride nudité : tout y est couvert de bois. A peine en crûmes-nous nos yeux lorsque nous découvrîmes un pic chargé d'arbres jusqu'à sa cime isolée, qui s'élevait au niveau des montagnes dans l'intérieur de la partie méridionale de l'île. Il ne paraissait pas avoir plus de trente toises de diamètre, et il diminuait de grosseur en montant; on l'eût pris de loin pour une pyramide d'une hauteur immense que la main d'un décorateur habile aurait parée de guirlandes de feuillage. Les terrains moins élevés sont entrecoupés de prairies et de bosquets, et dans toute l'étendue de la côte il règne sur les bords de la mer, au pied du pays haut, une lisière de terre basse et unie, couverte de plantations. C'est là qu'au milieu des bananiers, des cocotiers et d'autres arbres chargés de fruits, nous apercevions les maisons des insulaires.

Comme nous prolongions la côte, nos yeux furent frappés de la vue d'une belle cascade qui s'élançait du haut des montagnes et précipitait à la mer ses eaux écumantes. Un village était bâti au pied, et la côte y paraissait sans brisants. Nous désirions tous pouvoir mouiller à portée de ce beau lieu ; sans cesse on sondait des navires, et nos bateaux sondaient jusqu'à terre : on ne trouva dans cette partie qu'un amas de roches, et il fallut se résoudre à chercher ailleurs un mouillage.

Le 6 au matin nous étions parvenus à l'extrémité septentrionale de l'île. Une seconde île s'offrit à nous ; mais la vue de plusieurs brisants qui paraissaient défendre le passage entre les deux îles me détermina à revenir sur mes pas chercher un mouillage dans la première baie que nous avions vue le jour de notre atterrage. A une lieue de la pointe du nord, nos canots reconnurent dans un récif une coupure large de deux encâblures au plus, dans laquelle il y avait de trente à trente-cinq brasses d'eau, et en dedans une rade assez vaste où le fond variait depuis neuf brasses jusqu'à trente. Cette rade était bornée au sud par un récif qui, partant de terre, allait se joindre à celui qui bordait la côte, d'où coulaient plusieurs petites rivières. Sur le récif du côté du nord il y a trois îlots.

Je me décidai à mouiller dans cette rade, et sur-le-champ nous fîmes route pour y entrer : c'était l'île *Taïti*.

A mesure que nous avions approché de la terre, les insulaires avaient environné les navires. L'affluence des pirogues fut si grande autour des vaisseaux, que nous eûmes beaucoup de peine à nous amarrer au milieu de la foule et du bruit. Tous venaient en criant *tayo*, qui veut dire *ami*, et en nous donnant mille témoignages d'amitié. Tous demandaient des clous et des pendants d'oreilles. Les pirogues étaient remplies de femmes, qui ne le cèdent pas pour l'agrément de la figure au plus grand nombre des Européennes, et qui, pour la beauté du corps, pourraient le disputer à toutes avec avantage. La plupart de ces nymphes étaient nues, car les hommes et les vieilles qui les accompagnaient leur avaient ôté la pagne dont ordinairement elles s'enveloppent. Elles nous firent d'abord, de leurs pirogues, des agaceries où, malgré leur naïveté, on découvrait quelque embarras ; soit que la nature ait partout embelli le sexe d'une timidité ingénue, soit que, même dans les pays où règne encore la franchise de l'âge d'or, les femmes paraissent ne pas vouloir ce qu'elles désirent le plus. Les hommes, plus simples ou plus libres, s'énoncèrent bientôt clairement : ils nous pressaient de choisir une femme, de la suivre à terre, et leurs gestes non équivoques démontraient la manière dont il fallait faire connaissance avec elle. Je le demande : comment retenir au travail, au milieu d'un spectacle pareil, quatre cents Français, jeunes, marins, et qui, depuis six mois, n'avaient point vu de femmes ? Malgré toutes les précautions que nous pûmes prendre, il entra à bord une jeune fille, qui vint sur le gaillard d'arrière se placer à une des écoutilles qui sont au-dessus du cabestan : cette écoutille était ouverte pour donner de l'air à ceux qui viraient. La jeune fille laissa tomber négligemment une pagne qui la couvrait, et parut aux yeux de tous telle que Vénus se fit voir au berger phrygien : elle en avait la forme céleste. Matelots et soldats s'empressaient pour parvenir à l'écoutille, et jamais cabestan ne fut viré avec une pareille activité.

Nos soins réussirent cependant à contenir ces hommes ensorcelés ; le moins difficile n'avait pas été de parvenir à se contenir soi-même. Un seul Français, mon cuisinier, qui, malgré les défenses, avait trouvé le moyen de s'échapper, nous revint bientôt plus mort que vif. A peine eut-il mis pied à terre avec la belle qu'il avait choisie, qu'il se vit entouré par une foule d'Indiens qui le déshabillèrent dans un instant, et le mirent nu de la tête aux pieds. Il se crut perdu mille fois, ne sachant où aboutiraient les exclamations de ce peuple, qui examinait en tumulte toutes les parties de son corps. Après l'avoir bien considéré, ils lui rendirent ses habits, remirent dans ses poches tout ce qu'ils en avaient tiré, et firent approcher la fille, en le pressant de contenter les désirs qui l'avaient amené à terre avec elle : ce fut en vain. Il fallut que les insulaires ramenassent à bord le pauvre cuisinier, qui me dit que j'aurais beau le réprimander, je ne lui ferais jamais autant de peur qu'il venait d'en avoir à terre.

Séjour dans l'île Taïti. Détail du bien et du mal qui nous y arrive.

Lorsque nous fûmes amarrés, je descendis à terre avec plusieurs officiers, afin de reconnaître un lieu propre à faire de l'eau. Nous fûmes reçus par une foule d'hommes et de femmes qui ne se lassaient point de nous considérer. Les plus hardis venaient nous toucher ; ils écartaient même nos vêtements, comme pour vérifier si nous étions absolument faits comme eux : aucun ne portait d'armes, pas même de bâton. Ils ne savaient comment exprimer leur joie de nous recevoir. Le chef de ce canton nous conduisit dans sa maison et nous y introduisit. Il y avait dedans cinq ou six femmes et un vieillard vénérable. Les femmes nous saluèrent en portant la main sur la poitrine, et criant plusieurs fois *tayo*. Le vieillard était père de notre hôte. Il n'avait du grand âge que ce caractère respectable qu'impriment les ans sur une belle figure : sa tête, ornée de cheveux blancs et d'une longue barbe, tout son corps nerveux et rempli, ne montraient aucune ride, aucun signe de décrépitude. Cet homme vénérable parut s'apercevoir à peine de notre arrivée ; il se retira même sans répondre à nos caresses, sans témoigner ni frayeur, ni étonnement, ni curiosité. Fort éloigné de prendre part à l'espèce d'extase que notre vue causait à tout ce peuple, son air rêveur et soucieux semblait annoncer qu'il craignait que ces jours heureux, écoulés pour lui dans le sein du repos, ne fussent troublés par l'arrivée d'une nouvelle race.

On nous laissa la liberté de considérer l'intérieur de la maison. Elle n'avait aucun meuble, aucun ornement qui la distinguât des cases ordinaires, si ce n'est sa grandeur. Elle pouvait avoir quatre-vingts pieds de long sur vingt pieds de large. Nous y remarquâmes un cylindre d'osier, long de trois ou quatre pieds et garni de plumes noires, lequel était suspendu au toit, et deux figures de bois, que nous prîmes pour des idoles : l'une, c'était le dieu, était debout contre un des piliers : la déesse était vis-à-vis, inclinée le long du mur, qu'elle surpassait en hauteur, et attachée aux roseaux qui le forment. Ces figures, mal faites et sans proportions, avaient environ trois pieds de haut, mais elles tenaient à un piédestal cylindrique, vidé dans l'intérieur et sculpté à jour. Il était fait en forme de tour, et pouvait avoir de six à sept pieds de hauteur sur environ un pied de diamètre ; le tout était d'un bois noir fort dur.

Le chef nous proposa ensuite de nous asseoir sur l'herbe en dehors de sa maison, où il fit apporter des fruits, du poisson grillé et de l'eau. Pendant le repas il envoya chercher quelques pièces d'étoffe, et deux grands colliers faits d'osier et recouverts de plumes noires et de dents de requin. Leur forme ne ressemble pas mal à celle de ces fraises immenses qu'on portait du temps de François Ier.

Le chef et tout le peuple nous accompagnèrent jusqu'à nos bateaux. Prêts à y arriver, nous fûmes arrêtés par un insulaire d'une belle figure, qui, couché sous un arbre, nous offrit de partager le gazon qui lui servait de siége : nous l'acceptâmes. Cet homme alors se pencha vers nous, et, d'un air tendre, aux accords d'une flûte dans laquelle un autre Indien soufflait avec le nez, il nous chanta lentement une chanson, sans doute anacréontique, scène charmante, et digne du pinceau de Boucher. Quatre insulaires vinrent avec confiance souper et coucher à bord. Nous leur fîmes entendre flûte, basse, violon, et nous leur donnâmes un feu d'artifice composé de fusées et de serpenteaux. Ce spectacle leur causa une surprise mêlée d'effroi.

Le 7, au matin, le chef, dont le nom est Ereti, vint à bord. Il nous apporta un cochon, des poules et un pistolet qui avait été pris la veille chez lui : cet acte de justice nous en donna bonne idée. Cependant nous fîmes dans la matinée toutes nos dispositions pour descendre à terre nos malades et nos pièces à l'eau, et les y laisser en établissant une garde pour leur sûreté. Je descendis l'après-midi avec armes et bagages, et nous commençâmes à dresser le camp sur les bords d'une petite rivière où nous devions faire notre eau. Ereti vit la troupe sous les armes, et les préparatifs du campement sans paraître d'abord surpris ni mécontent. Toutefois, quelques heures après, il vint à moi accompagné de son père et des principaux du canton qui lui avaient fait des représentations à cet égard, et me fit entendre que notre séjour à terre leur déplaisait, que nous étions les maîtres d'y venir le jour tant que nous voudrions, mais qu'il fallait coucher la nuit à bord de nos vaisseaux. J'insistai sur l'établissement du camp, lui faisant comprendre qu'il nous était nécessaire pour faire de l'eau, du bois, et rendre plus faciles les échanges entre les deux nations. Ils tinrent alors un second conseil, à l'issue duquel Ereti vint me demander si nous resterions ici toujours ou si nous comptions repartir, et dans quel temps. Je lui répondis que nous mettrions à la voile dans dix-huit jours, en signe duquel nombre je lui donnai dix-huit petites pierres. Sur cela nouvelle conférence à laquelle on me fit appeler. Un homme grave, et qui paraissait avoir du poids dans le conseil, voulait réduire à neuf les jours de notre campement : j'insistai pour le nombre que j'avais demandé, et enfin ils y consentirent.

De ce moment la joie se rétablit; Ereti même nous offrit un hangar immense tout près de la rivière, sous lequel était quelques pirogues qu'il en fit enlever sur-le-champ. Nous dressâmes dans ce hangar les tentes pour nos scorbutiques, au nombre de trente-quatre, douze de *la Boudeuse* et vingt-deux de *l'Étoile*, et quelques autres nécessaires au service. La garde fut composée de trente soldats, et je fis aussi descendre des fusils pour armer les travailleurs et les malades. Je restai à terre la première nuit, qu'Ereti voulut aussi passer dans nos tentes. Il fit apporter son souper qu'il joignit au nôtre, chassa la foule qui entourait le camp, et ne retint avec lui que cinq ou six de ses amis. Après souper, il demanda des fusées, et elles lui firent au moins autant de peur que de plaisir. Sur la fin de la nuit il envoya chercher une de ses femmes qu'il fit coucher dans la tente de M. de Nassau.

La journée suivante se passa à perfectionner notre camp. Le hangar était bien fait et parfaitement couvert d'une espèce de natte. Nous n'y laissâmes qu'une issue à laquelle nous mîmes une barrière et un corps-de-garde. Ereti, ses femmes et ses amis, avaient seuls la permission d'entrer : la foule se tenait en dehors du hangar. Un de nos gens, une baguette à la main, suffisait pour la faire écarter. C'était là que les insulaires apportaient de toutes parts des fruits, des poules, des cochons, du poisson et des pièces de toile qu'ils échangeaient contre des clous, des outils, des perles fausses, des boutons, et mille autres bagatelles qui étaient des trésors pour eux. Au reste, ils examinaient attentivement ce qui pouvait nous plaire; ils virent que nous cueillions des plantes antiscorbutiques et qu'on s'occupait aussi à chercher des coquilles. Les femmes et les enfants ne tardèrent pas à nous apporter à l'envi des paquets des mêmes plantes qu'ils nous avaient vus ramasser, et des paniers remplis de coquilles de toutes les espèces : on payait leurs peines à peu de frais.

Ce même jour, je demandai au chef de m'indiquer du bois que je pusse couper. Le pays bas où nous étions n'est couvert que d'arbres fruitiers, et d'une espèce de bois plein de gomme et de peu de consistance : le bois dur vient sur les montagnes. Ereti me marqua les arbres que je pouvais couper, et m'indiqua même de quel côté il les fallait faire tomber en les abattant. Au reste, les insulaires nous aidaient beaucoup dans nos travaux. Nos ouvriers abattaient les arbres et les mettaient en bûches, que les habitants du pays transportaient aux bateaux; ils aidaient de même à faire l'eau, emplissant les pièces et les conduisant aux chaloupes. On leur donnait pour salaire des clous, dont le nombre se proportionnait au travail qu'ils avaient fait. La seule gêne qu'on eût, c'est qu'il fallait sans cesse avoir l'œil à tout ce qu'on apportait à terre, à ses poches même; car il n'y a point en Europe de plus adroits filous que les gens de ce pays.

Cependant il ne semble pas que le vol soit ordinaire entre eux. Rien ne ferme dans leurs maisons; tout y est à terre ou suspendu, sans serrure ni gardiens. Sans doute la curiosité pour des objets nouveaux excitait en eux de violents désirs, et d'ailleurs il y a partout de la canaille. On avait volé les deux premières nuits, malgré les sentinelles et les patrouilles, auxquelles on avait même jeté quelques pierres. Les voleurs se cachaient dans un marais couvert d'herbes et de roseaux, qui s'étendait derrière notre camp. On le nettoya en partie, et j'ordonnai à l'officier de garde de faire tirer sur les voleurs qui viendraient dorénavant. Ereti lui-même me dit de le faire, mais il eut grand soin de montrer plusieurs fois où était sa maison, en recommandant bien de tirer du côté opposé. J'envoyais aussi tous les soirs trois de nos bateaux armés de pierriers et d'espingoles se mouiller devant le camp.

Au vol près, tout se passait de la manière la plus amiable. Chaque jour nos gens se promenaient dans le pays sans armes, seuls ou par petites bandes. On les invitait à entrer dans les maisons; on leur y donnait à manger; mais ce n'est pas à une collation légère que se borne ici la civilité des maîtres de maison; ils leur offraient de jeunes filles; la case se remplissait à l'instant d'une foule curieuse d'hommes et de femmes qui faisaient un cercle autour de l'hôte et de la jeune victime du devoir hospitalier; la terre se jonchait de feuillages et de fleurs, et des musiciens chantaient aux accords de la flûte un hymne de réjouissance. Vénus est ici la déesse de l'hospitalité; son culte n'y admet point de mystères, et chaque jouissance est une fête pour la nation. Ils étaient surpris de l'embarras qu'on témoignait : nos mœurs ont proscrit cette publicité.

J'ai plusieurs fois été, moi second ou troisième, me promener dans l'intérieur. Je me croyais transporté dans le jardin d'Eden : nous parcourions une plaine de gazon, couverte de beaux arbres fruitiers, et coupée de petites rivières qui entretiennent une fraîcheur délicieuse, sans aucun des inconvénients qu'entraîne l'humidité. Un peuple nombreux y jouit des trésors que la nature verse à pleines mains sur lui. Nous trouvions des troupes d'hommes et de femmes assises à l'ombre des vergers; tous nous saluaient avec amitié; ceux que nous rencontrions dans les chemins se rangeaient à côté pour nous laisser passer; partout nous voyions régner l'hospitalité, le repos, une joie douce, et toutes les apparences du bonheur.

Je fis présent au chef du canton où nous étions d'un couple de dindes et de canards, mâles et femelles; c'était le denier de la veuve. Je lui proposai aussi de faire un jardin à notre manière et d'y semer différentes graines, proposition qui fut reçue avec joie. En peu de temps Ereti fit préparer et entourer de palissades le terrain qu'avaient choisi nos jardiniers. Je le fis bêcher : ils admiraient nos outils de jardinage. Ils ont bien aussi autour de leurs maisons des espèces de potagers garnis de giraumons, de patates, d'ignames et d'autres racines. Nous leur avons semé du blé, de l'orge, de l'avoine, du riz, du maïs, des ognons et des graines potagères de toute espèce. Ce peuple nous a paru aimer l'agriculture, et on l'accoutumerait facilement à tirer parti du sol le plus fertile de l'univers.

Les premiers jours de notre arrivée j'eus la visite du chef d'un canton voisin, qui vint à bord avec un présent de fruits, de cochons, de poules et d'étoffes. Ce seigneur, nommé Toutaa, est d'une belle figure et d'une taille extraordinaire. Il était accompagné de quelques-uns de ses parents, presque tous hommes de six pieds. Je leur fis présent de clous, d'outils, de perles fausses et d'étoffes de soie. Il fallut lui rendre sa visite chez lui; nous fûmes bien accueillis, et l'honnête Toutaa m'offrit une de ses femmes, fort jeune et assez jolie. L'assemblée était nombreuse et les musiciens avaient déjà entonné les chants de l'hyménée : telle est la manière de recevoir les visites de cérémonie.

Le canot que j'avais envoyé pour reconnaître le côté du nord était revenu avec la bonne nouvelle qu'il y avait trouvé un très beau passage. Il était alors trop tard pour en profiter ce même jour; la nuit s'avançait. Heureusement elle fut tranquille à terre et à la mer. Le 14 au matin, les vents étant à l'est, j'ordonnai à l'*Etoile*, qui avait son eau faite et tout son monde à bord, d'appareiller et de sortir par la nouvelle passe du nord. Nous ne pouvions mettre à la voile par cette passe qu'après la flûte mouillée au nord de nous. A onze heures elle appareilla; je gardai sa chaloupe et ses deux petites ancres. Nous levâmes alors notre grande ancre, et à deux heures après midi nous eûmes la satisfaction de découvrir l'*Etoile* en dehors de tous les récifs.

Nous travaillâmes tout le jour et une partie de la nuit à finir notre eau, à déblayer l'hôpital et le camp. J'enfouis près du hangar un acte de prise de possession, inscrit sur une planche de chêne, avec une bouteille bien fermée et lutée contenant les noms des officiers des deux navires. J'ai suivi cette même méthode pour toutes les terres découvertes dans le cours de ce voyage. Il était deux heures du matin avant que tout fût à bord : la nuit fut assez orageuse pour nous causer encore de l'inquiétude, malgré la grande quantité d'ancres que nous avions à la mer.

Le 15, à six heures du matin, les vents étant de terre, et le ciel à l'orage, nous laissâmes les deux chaloupes pour lever les ancres; et dès que nous fûmes dehors, j'envoyai les deux canots armés pour protéger le travail des chaloupes. Nous étions à un quart de lieue au large, et nous commencions à nous féliciter d'être heureusement sortis d'un mouillage qui nous avait causé de vives inquiétudes, lorsque, le vent ayant cessé tout d'un coup, la marée et une grosse lame de l'est commencèrent à nous entraîner sur les récifs sous le vent de la passe. Le pis aller des naufrages qui nous avaient menacés jusqu'ici avait été de passer nos jours dans une île embellie de tous les dons de la nature, et de changer les douceurs de notre patrie contre une vie paisible et exempte de soins; mais ici le naufrage se présentait sous un aspect plus cruel; le vaisseau, porté rapidement sur les récifs, n'y eût pas résisté deux minutes à la violence de la mer, et quelques-uns des meilleurs nageurs eussent à peine sauvé leur vie. J'avais, dès le premier instant du danger, rappelé canots et chaloupes pour nous remorquer. Ils arrivèrent au moment où, n'étant pas à plus de cinquante toises du récif, notre situation paraissait désespérée, d'autant qu'il n'y avait pas à mouiller. Une brise de l'ouest, qui s'éleva dans le même instant, nous rendit l'espérance : en effet elle fraîchit peu à peu, et à neuf heures du matin nous étions absolument hors de danger.

Je renvoyai sur-le-champ les bateaux à la recherche des ancres, et je restai à louvoyer pour les attendre. L'après-midi nous rejoignîmes l'*Etoile*. A cinq heures du soir, notre chaloupe arriva ayant à bord la grosse ancre et le câble de l'*Etoile* qu'elle lui porta. Notre canot, celui de l'*Etoile*, et sa chaloupe, revinrent peu de temps après. Un mouillage de neuf jours nous a coûté six ancres, perte que nous n'aurions pas essuyée si nous eussions été munis de quelques chaînes de fer.

Maintenant que les navires sont en sûreté, arrêtons-nous un instant pour recevoir les adieux des insulaires. Dès l'aube du jour, lorsqu'ils aperçurent que nous mettions à la voile, Ereti avait sauté seul dans la première pirogue qu'il avait trouvée sur le rivage, et s'était rendu à bord. En y arrivant il nous embrassa tous; il nous tenait quelques instants entre ses bras, versant des larmes et paraissant très affecté de notre départ. Peu de temps après, sa grande pirogue vint à bord chargée de rafraîchissements de toute espèce; ses femmes étaient dedans, et avec elles ce même insulaire qui le premier jour de notre atterrage était venu s'établir à bord de l'*Etoile*. Ereti alla le prendre par la main, et il me le présenta, en me faisant entendre que cet homme, dont le nom est Aotourou (1), voulait nous suivre, et me priant d'y consentir. Il le présenta ensuite à tous les officiers chacun en particulier, disant que c'était son ami qu'il confiait à ses amis, et il nous le recommanda avec les plus grandes marques d'intérêt. On fit encore à Ereti des présents de toute espèce : après quoi il prit congé de nous et alla rejoindre ses femmes, lesquelles ne cessèrent de pleurer tout le temps que la pirogue fut le long du bord. Il y avait aussi dedans une jeune et jolie fille que l'insulaire qui venait avec nous alla embrasser. Il lui donna trois perles qu'il avait à ses oreilles, la baisa encore une fois, et, malgré les larmes de cette jeune fille, son épouse ou son amante, il s'arracha de ses bras et remonta dans le vaisseau. Nous quittâmes ainsi ce bon peuple, et je ne fus pas moins surpris du chagrin que leur causait notre départ, que je l'avais été de leur confiance affectueuse à notre arrivée.

Description de la nouvelle île. Mœurs et caractères de ses habitants.

L'île, à laquelle on avait d'abord donné le nom de *Nouvelle-Cythère*, reçoit de ses habitants celui de *Taïti*. Sa latitude est par 17 degrés 35 minutes 3 secondes, et sa longitude par 150 degrés 40 minutes 17 secondes à l'ouest de Paris.

Entre la pointe du sud-est et un autre gros cap qui s'avance dans le nord, on voit une baie ouverte au nord-est, laquelle a trois ou quatre lieues de profondeur. Ses côtes s'abaissent insensiblement jusqu'au fond de la baie où elles ont peu d'élévation, et paraissent former le canton le plus beau de l'île et le plus habité. Le reste de la côte est élevé, et elle semble en général être toute bordée par un récif inégalement couvert d'eau, et qui forme en quelques endroits de petits îlots sur lesquels les insulaires entretiennent des feux pendant la nuit, pour la pêche et la sûreté de leur navigation. Quelques coupures donnent de distance en distance l'entrée en dedans du récif. La partie nord-ouest nous est inconnue.

La hauteur des montagnes qui occupent tout l'intérieur de Taïti est surprenante, eu égard à l'étendue de l'île. Loin d'en rendre l'aspect triste et sauvage, elles servent à l'embellir, en variant à chaque pas les points de vue, et présentant de riches paysages couverts des productions de la nature, avec ce désordre dont l'art ne sut jamais imiter l'agrément. De là sortent une infinité de petites rivières qui fertilisent le pays, et ne servent pas moins à la commodité des habitants qu'à l'ornement des campagnes. Tout le plat pays, depuis les bords de la mer jusqu'aux montagnes, est consacré aux arbres fruitiers, sous lesquels, comme je l'ai dit, sont bâties les maisons des Taïtiens, dispersées sans aucun ordre et sans former jamais de village; on croit être dans les Champs-Elysées. Des sentiers publics,

(1) Marion fut chargé de reconduire Aotourou dans sa patrie; mais cet Indien mourut de la petite-vérole dans une relâche à Madagascar. A. M.

pratiqués avec intelligence et soigneusement entretenus, rendent partout les communications faciles.

Les principales productions de l'île sont le coco, le banane, le fruit à pain, l'igname, le curassol, le giraumon et plusieurs autres racines et fruits particuliers au pays, beaucoup de cannes à sucre qu'on ne cultive point, une espèce d'indigo sauvage, une très belle teinture rouge et jaune. Aotourou, pendant qu'il a été avec nous, a reconnu et nommé plusieurs de nos fruits et de nos légumes, ainsi qu'un assez grand nombre de plantes que les curieux cultivent dans les serres chaudes. Le bois propre à travailler croît dans les montagnes, et les insulaires en font peu d'usage; ils ne l'emploient que pour leurs grandes pirogues, qu'ils construisent de bois de cèdre. Nous leur avons aussi vu des piques d'un bois noir, dur et pesant, qui ressemble au bois de fer. Ils se servent, pour bâtir les pirogues ordinaires, de l'arbre qui porte le fruit à pain : c'est un bois qui ne se fend point; mais il est si mou et si plein de gomme qu'il ne fait que se mâcher sous l'outil.

Au reste, quoique cette île soit remplie de très hautes montagnes, la quantité d'arbres et de plantes dont elles sont partout couvertes ne semble pas annoncer que leur sein renferme des mines. Il est du moins certain que les insulaires ne connaissent point les métaux. Ils donnent à tous ceux que nous leur avons montrés le même nom d'*aouri*, dont ils se servaient pour nous demander du fer. Mais cette connaissance du fer d'où leur vient-elle? Je dirai bientôt ce que je pense à cet égard. Je ne connais ici qu'un seul article de commerce riche : ce sont de très belles perles. Les principaux chefs en font porter aux oreilles à leurs femmes et à leurs enfants; mais ils les ont tenues cachées pendant notre séjour chez eux. Ils font avec les écailles de ces huîtres perlières des espèces de castagnettes qui sont un de leurs instruments de danse.

Nous n'avons vu d'autres quadrupèdes que des cochons, des chiens d'une espèce petite, mais jolie, et des rats en grande quantité. Les habitants ont des poules domestiques absolument semblables aux nôtres. Nous avons aussi vu des tourterelles vertes charmantes, de gros pigeons d'un beau plumage bleu de roi et d'un très bon goût, et des perruches fort petites, mais fort singulières par le mélange de bleu et de rouge qui colorie leurs plumes. Ils ne nourrissent leurs cochons et leurs volailles qu'avec des bananes. Entre ce qui en a été consommé dans le séjour à terre et ce qui a été embarqué dans les deux navires, on a troqué plus de huit cents têtes de volailles, et près de cent cinquante cochons; encore, sans les travaux inquiétants des dernières journées, en aurait-on eu beaucoup plus; car les habitants en apportaient de jour en jour un plus grand nombre.

Nous n'avons pas éprouvé de grandes chaleurs dans cette île. Pendant notre séjour le thermomètre de Réaumur n'a jamais monté à plus de 22 degrés, et il a été quelquefois à 18 degrés. Le soleil, il est vrai, était déjà à 8 ou 9 degrés de l'autre côté de l'équateur. Mais un avantage inestimable de cette île, c'est de n'y être pas infesté par cette légion odieuse d'insectes qui font le supplice des pays situés entre les tropiques : nous n'y avons vu non plus aucun animal venimeux. D'ailleurs le climat est si sain que, malgré les travaux pénibles que nous y avons faits, et quoique nos gens y fussent continuellement dans l'eau et au grand soleil, qu'ils couchassent sur le sol nu et à la belle étoile, personne n'y est tombé malade. Les scorbutiques que nous avions débarqués et qui n'y ont pas eu une seule nuit tranquille, y ont repris des forces, et s'y sont rétablis en aussi peu de temps, au point que quelques-uns ont été depuis parfaitement guéris à bord. Au reste la santé et la force des insulaires, qui habitent des maisons ouvertes à tous les vents et couvrent à peine de quelques feuillages la terre qui leur sert de lit, l'heureuse vieillesse à laquelle ils parviennent sans aucune incommodité, la finesse de tous leurs sens et la beauté singulière de leurs dents qu'ils conservent dans le plus grand âge, quelles meilleures preuves et de la salubrité de l'air et de la bonté du régime que suivent les habitants?

Les végétaux et le poisson sont leur principale nourriture; ils mangent rarement de la viande : les enfants et les jeunes filles n'en mangent jamais, et ce régime sans doute contribue beaucoup à les tenir exempts de presque toutes nos maladies. J'en dirais autant de leur boisson; ils n'en connaissent d'autre que l'eau. L'odeur seule du vin et de l'eau-de-vie leur donnait de la répugnance; ils en témoignaient aussi pour le tabac, les épiceries, et en général pour toutes les choses fortes.

Le peuple de Taïti est composé de deux races d'hommes très différentes, qui cependant ont la même langue, les mêmes mœurs, et qui paraissent se mêler ensemble sans distinction. La première, et c'est la plus nombreuse, produit des hommes de la plus grande taille; il est ordinaire d'en voir de six pieds et plus. Je n'ai jamais rencontré d'hommes mieux faits ni mieux proportionnés; pour peindre Hercule et Mars on ne trouverait nulle part d'aussi beaux modèles. Rien ne distingue leurs traits de ceux des Européens, et s'ils étaient vêtus, s'ils vivaient moins à l'air et au grand soleil, ils seraient aussi blancs que nous. En général leurs cheveux sont noirs. La seconde race est d'une taille médiocre, a les cheveux crépus et durs comme du crin; sa couleur et ses traits diffèrent peu de ceux des mulâtres. Le Taïtien qui s'est embarqué avec nous est de cette seconde race, quoique son père soit chef d'un canton; mais il possède en intelligence ce qui lui manque du côté de la beauté.

Les uns et les autres se laissent croître la partie inférieure de la barbe; mais ils ont tous les moustaches et le haut des joues rasés Ils laissent aussi toute leur longueur aux ongles, excepté à celui du doigt du milieu de la main droite. Quelques-uns se coupent les cheveux très court; d'autres les laissent croître et les portent attachés sur le sommet de la tête. Tous ont l'habitude de se les oindre, ainsi que la barbe, avec de l'huile de coco. Je n'ai rencontré qu'un seul homme estropié et qui paraissait l'avoir été par une chute. Notre chirurgien-major m'a assuré qu'il avait vu sur plusieurs les traces de la petite-vérole, et j'avais pris toutes les mesures possibles pour que nous ne leur communicassions pas l'autre, ne pouvant supposer qu'ils en fussent attaqués (1).

On voit souvent les Taïtiens nus, sans autre vêtement qu'une ceinture qui leur couvre les parties naturelles. Cependant les principaux s'enveloppent ordinairement dans une grande pièce d'étoffe qu'ils laissent tomber jusqu'aux genoux. C'est aussi là le seul habillement des femmes, et elles savent l'arranger avec assez d'art pour rendre ce simple ajustement susceptible de coquetterie (2). Comme les Taïtiennes ne vont jamais au soleil sans être couvertes, et qu'un petit chapeau de cannes, garni de fleurs, défend leur visage de ses rayons, elles sont beaucoup plus blanches que les hommes. Elles ont les traits assez délicats; mais ce qui les distingue, c'est la beauté de leurs corps, dont les contours n'ont point été défigurés par quinze ans de tortures.

Au reste, tandis qu'en Europe les femmes se peignent en rouge les joues, celles de Taïti se peignent

(1) Malheureusement cette seconde maladie (la syphilis) n'a que trop bien pénétré depuis dans cette île, avec d'autres vices européens. Sur six Taïtiens il paraît que cinq sont atteints du virus, et les femmes mariées n'osent s'en faire guérir, de peur d'être accusées d'adultère, ce que les missionnaires anglais sont parvenus à faire considérer comme un crime, ainsi que je l'ai rapporté d'après un journal de Sidney de 1827, en mon *Voyage dans les cinq parties du monde*, t. VI, p. 328. A. M.

(2) Hommes et femmes sont maintenant habillés à l'européenne; toutefois les hommes n'en sont pas encore venus à porter culotte. A. M.

d'un bleu foncé les reins et les fesses : c'est une parure et en même temps une marque de distinction. Les hommes sont soumis à la même mode. Je ne sais comment ils s'impriment ces traits ineffaçables : je pense que c'est en piquant la peau et y versant le suc de certaines herbes, ainsi que je l'ai vu pratiquer aux indigènes du Canada. Il est à remarquer que de tout temps on a trouvé cette peinture à la mode chez les peuples voisins encore de l'état de nature. Quand César fit sa première descente en Angleterre, il trouva établi cet usage de se peindre : *Omnes vero Britanni se vitro inficiunt, quod cœruleum efficit colorem* (1). Un auteur donne pour cause de cet usage général le besoin où l'on est dans les pays incultes de se garantir ainsi de la piqûre des insectes caustiques qui s'y multiplient au-delà de l'imagination. Cette cause n'existe point à Taïti, puisque, comme nous l'avons dit plus haut, on y est exempt de ces insectes insupportables. L'usage de se peindre y est donc une mode comme à Paris. Un autre usage de Taïti, commun aux hommes et aux femmes, c'est de se percer les oreilles, et d'y porter des perles ou des fleurs de toute espèce. La plus grande propreté embellit encore ce peuple aimable : ils se baignent sans cesse, et jamais ils ne mangent ni ne boivent sans se laver avant et après.

Le caractère de la nation nous a paru être doux et bienfaisant. Il ne semble pas qu'il y ait dans l'île aucune guerre civile, aucune haine particulière, quoique le pays soit divisé en petits cantons qui ont chacun leur seigneur indépendant. Il est probable que les Taïtiens pratiquent entre eux une bonne foi dont ils ne doutent point : qu'ils soient chez eux ou non, jour ou nuit, les maisons sont ouvertes. Chacun cueille les fruits sur le premier arbre qu'il rencontre, en prend dans la maison où il entre. Il paraîtrait que pour les choses absolument nécessaires à la vie il n'y a point de propriété, et que tout est à tous. Avec nous ils étaient filous habiles, mais d'une timidité qui les faisait fuir à la moindre menace. Au reste on a vu que les chefs n'approuvaient point ces vols, qu'ils nous pressaient au contraire de tuer ceux qui les commettaient. Ereti cependant n'usait point de cette sévérité qu'il nous recommandait. Lui dénoncions-nous quelque voleur, il le poursuivait lui-même à toutes jambes; l'homme fuyait, et s'il était joint, ce qui arrivait ordinairement, car Ereti était infatigable à la course, quelques coups de bâton et une restitution forcée étaient le seul châtiment du coupable. Je ne croyais pas même qu'ils connussent de punition plus forte, attendu que, quand ils voyaient mettre quelqu'un de nos gens aux fers, ils en témoignaient une peine sensible; mais j'ai su depuis, à n'en pas douter, qu'ils ont l'usage de pendre les voleurs à des arbres, ainsi qu'on le pratique dans nos armées.

Ils sont presque toujours en guerre avec les habitants des îles voisines. Nous avons vu les grandes pirogues qui leur servent pour les descentes et même pour des combats de mer. Ils ont pour armes l'arc, la fronde, et une espèce de pique d'un bois fort dur. La guerre se fait chez eux d'une manière cruelle. Suivant ce que nous a appris Aotourou, ils tuent les hommes et les enfants mâles pris dans les combats; ils leur lèvent la peau du menton avec la barbe, qu'ils portent comme un trophée de victoire. Ils conservent seulement les femmes et les filles, que les vainqueurs ne dédaignent pas d'admettre dans leur lit : Aotourou lui-même était le fils d'un chef taïtien et d'une captive de l'île Oopoa, île voisine et souvent ennemie de Taïti. J'attribue à ce mélange la différence que nous avons remarquée dans l'espèce des hommes. J'ignore, au reste, comme ils pansent leurs blessures : nos chirurgiens en ont admiré les cicatrices.

J'exposerai à la fin de ce chapitre ce que j'ai pu entrevoir sur la forme de leur gouvernement, sur l'étendue du pouvoir qu'ont leurs petits souverains, sur l'espèce de distinction qui existe entre les principaux chefs et le peuple, sur le lien enfin qui réunit sous la même autorité cette multitude d'hommes robustes qui ont si peu de besoins. Je remarquerai seulement ici que, dans les circonstances délicates, le seigneur du canton ne décide point sans l'avis du conseil. On a vu qu'il avait fallu une délibération des principaux de la nation lorsqu'il s'était agi de l'établissement de notre camp à terre. J'ajouterai que le chef paraît être obéi sans réplique par tout le monde, et que les notables ont aussi des gens qui les servent, sur lesquels ils ont de l'autorité (1).

Il est fort difficile de donner des éclaircissements sur leur religion. Nous avons vu chez eux des statues de bois que nous avons prises pour des idoles; mais quel culte leur rendent-ils? La seule cérémonie religieuse dont nous ayons été témoins regarde les morts : ils en conservent longtemps les cadavres étendus sur une espèce d'échafaud que couvre un hangar. L'infection qu'ils répandent n'empêche pas les femmes d'aller pleurer auprès du corps une partie du jour, et d'oindre d'huile de coco les froides reliques de leur affection. Celles dont nous étions connus nous ont laissé quelquefois approcher de ce lieu consacré aux mânes : *Emoé* (*il dort*), nous disaient-elles. Lorsqu'il ne reste plus que les squelettes on les transporte dans la maison, et j'ignore combien de temps on les y conserve. Je sais seulement, parce que je l'ai vu, qu'alors un homme considéré dans la nation vient y exercer son ministère sacré, et que dans ces lugubres cérémonies il porte des ornements assez recherchés.

Nous avons fait sur sa religion beaucoup de questions à Aotourou, et nous avons cru comprendre qu'en général ses compatriotes sont fort superstitieux ; que les prêtres ont chez eux la plus redoutable autorité ; que, indépendamment d'un être supérieur, nommé *Eri t-Era* (*le roi du soleil* ou *de lumière*), être qu'ils ne représentent par aucune image matérielle, ils admettent plusieurs divinités, les unes bienfaisantes, les autres malfaisantes; que le nom de ces divinités ou génies est *Eatoua ;* qu'ils attachent à chaque action importante de la vie un bon génie et un mauvais, lesquels y président et décident du succès ou du malheur. Ce que nous avons compris avec certitude, c'est que, quand la lune présente un certain aspect, qu'ils nomment *Malama Tamaï* (*Lune en état de guerre*), aspect qui ne nous a pas montré de caractère distinctif qui puisse nous servir à le définir, ils sacrifient des victimes humaines (2). De tous les usages, un de ceux qui me surprend le plus, c'est l'habitude qu'ils ont de saluer ceux qui éternuent, en leur disant : *Evaroua-t-Eatoua* (*que le bon Eatoua te réveille*), ou bien, *que le mauvais Eatoua ne t'endorme pas*. Voilà des traces d'une origine commune avec les nations de l'ancien continent. Au reste, c'est surtout en traitant de la religion des peuples que le scepticisme est raisonnable, puisqu'il n'y a point de matière dans laquelle il soit plus facile de prendre la lueur pour l'évidence.

La polygamie paraît générale chez eux, du moins parmi les principaux (3). Comme leur seule passion est l'amour, le grand nombre des femmes est le seul luxe

(1) Tous les Bretons se teignent le corps avec un pastel qui leur donne une couleur bleue. A. M.

(1) Il existe aujourd'hui un parlement à Taïti avec les autres formes du gouvernement représentatif, sous le protectorat de la France. A. M.

(2) On sait que les Taïtiens ont depuis été convertis au christianisme par les missionnaires, mais qu'en perdant leur culte, peut-être parfois barbare et qu'il ne faut pas regretter, ils ont reçu d'autres vices européens qui ont bien altéré l'innocence de leurs mœurs et l'enjouement de leur caractère. A. M.

(3) La polygamie règne ou est tolérée dans toute l'Océanie. Dans quelques archipels, comme celui de Mindana, règne la polyandrie, et chaque femme y a deux maris. A. M.

des riches. Les enfants partagent également les soins du père et de la mère. Ce n'est pas l'usage à Taïti que les hommes, uniquement occupés de la pêche et de la guerre, laissent au sexe le plus faible les travaux pénibles du ménage et de la culture. Ici une douce oisiveté est le partage des femmes, et le soin de plaire leur plus sérieuse occupation. Je ne saurais assurer si le mariage est un engagement civil ou consacré par la religion, s'il est indissoluble ou sujet au divorce. Quoi qu'il en soit, les femmes doivent à leurs maris une soumission entière : elles laveraient dans leur sang une infidélité commise sans l'aveu de l'époux. Son consentement, il est vrai, n'est pas difficile à obtenir, et la jalousie est ici un sentiment si étranger, que le mari est ordinairement le premier à presser sa femme de se livrer. Une fille n'éprouve à cet égard aucune gêne : tout l'invite à suivre le penchant de son cœur ou la loi de ses sens, et les applaudissements publics honorent sa défaite. Il ne semble pas que le grand nombre d'amants passagers qu'elle peut avoir eus l'empêche de trouver ensuite un mari. Pourquoi résisterait-elle à l'influence du climat, à la séduction de l'exemple? L'air qu'on respire, les chants, la danse, presque toujours accompagnée de postures lascives : tout rappelle à chaque instant les douceurs de l'amour, tout crie de s'y livrer. Ils dansent au son d'une espèce de tambour, et lorsqu'ils chantent ils accompagnent la voix avec une flûte très douce à trois ou quatre trous, dans laquelle, comme nous l'avons déjà dit, ils soufflent avec le nez. Ils ont aussi une espèce de lutte qui est en même temps exercice et jeu.

Cette habitude de vivre continuellement dans le plaisir donne aux Taïtiens un penchant marqué pour cette douce plaisanterie, fille du repos et de la joie (1). Ils en contractent aussi dans le caractère une légèreté dont nous étions tous les jours étonnés. Tout les frappe, rien ne les occupe; au milieu des objets que nous leur présentions nous n'avons jamais réussi à fixer deux minutes de suite l'attention d'aucun d'eux. Il semble que la moindre réflexion leur soit un travail insupportable, et qu'ils fuient encore plus les fatigues de l'esprit que celles du corps.

Je ne les accuserai cependant pas de manquer d'intelligence. Leur adresse et leur industrie dans le peu d'ouvrages nécessaires dont ne sauraient les dispenser l'abondance du pays et la beauté du climat démentiraient ce témoignage. On est étonné de l'art avec lequel sont faits les instruments pour la pêche : leurs hameçons sont de nacre, aussi délicatement travaillée que s'ils avaient le secours de nos outils; leurs filets sont absolument semblables aux nôtres, et tissus avec du fil de pite (2). Nous avons admiré la charpente de leurs vastes maisons, et la disposition des feuilles de latanier, qui en font la couverture.

Ils ont deux espèces de pirogues : les unes, petites et peu travaillées, sont faites d'un seul tronc d'arbre creusé; les autres, beaucoup plus grandes, sont travaillées avec art. Un arbre creusé fait, comme aux premières, le fond de la grande pirogue depuis l'avant jusqu'aux deux tiers environ de sa longueur; un second forme la partie de l'arrière, qui est courbe et fort relevée, de sorte que l'extrémité de la poupe se trouve à cinq ou six pieds au-dessus de l'eau. Ces deux pièces sont assemblées bout à bout en arc de cercle, et, comme pour assurer cet écart ils n'ont pas le secours des clous, ils percent en plusieurs endroits l'extrémité des deux pièces, et ils y passent des tresses de fil de coco, dont ils font de fortes liures. Les côtés de la pirogue sont relevés par deux bordages d'environ un pied de largeur, cousus sur le fond et l'un avec l'autre par des liures semblables aux précédentes. Ils remplissent les coutures de fil de coco, sans mettre aucun enduit sur le calfatage. Une planche qui couvre l'avant de la pirogue, et qui a cinq ou six pieds de saillie, l'empêche de se plonger dans l'eau lorsque la mer est grosse. Pour rendre ces légères barques moins sujettes à chavirer, ils mettent un balancier sur un des côtés : ce n'est autre chose qu'une pièce de bois assez longue portée sur deux traverses de quatre à cinq pieds de long, dont l'autre bout est amarré sur la pirogue. Lorsqu'elle est à la voile, une planche s'étend en dehors de l'autre côté du balancier. Son usage est pour y amarrer un cordage qui soutient le mât, et rendre la pirogue moins volage en plaçant au bout de la planche un homme ou un poids.

Leur industrie paraît davantage dans le moyen dont ils usent pour rendre ces bâtiments propres à les transporter aux îles voisines, avec lesquelles ils communiquent, sans avoir dans cette navigation d'autres guides que les étoiles. Ils lient ensemble deux grandes pirogues, côte à côte, à quatre pieds environ de distance, par le moyen de quelques traverses fortement amarrées sur les deux bords. Par-dessus l'arrière de ces deux bâtiments ainsi joints, ils posent un pavillon d'une charpente très légère, couvert par un toit de roseaux. Cette chambre les met à l'abri de la pluie et du soleil, et leur fournit en même temps un lieu propre à tenir leurs provisions sèches. Ces doubles pirogues sont capables de contenir un grand nombre de personnes, et ne risquent jamais de chavirer. Ce sont celles dont nous avons toujours vu les chefs se servir; elles vont, ainsi que les pirogues simples, à la rame et à la voile. Les voiles sont composées de nattes étendues sur un carré de roseaux, dont un des angles est arrondi.

Les Taïtiens n'ont d'autre outil pour tous ces ouvrages qu'une herminette, dont le tranchant est fait avec une pierre noire très dure. Elle est absolument de la même forme que celle de nos charpentiers, et ils s'en servent avec beaucoup d'adresse. Ils emploient, pour percer les bois, des morceaux de coquille fort aigus.

La fabrique des étoffes singulières qui composent leurs vêtements n'est pas le moindre de leurs arts. Elles sont tissues avec l'écorce d'un arbuste que tous les habitants cultivent autour de leurs maisons. Un morceau de bois dur, équarri et rayé sur ses quatre faces par des traits de différentes grosseurs, leur sert à battre cette écorce sur une planche très unie. Ils y jettent un peu d'eau en la battant, et ils parviennent ainsi à former une étoffe très égale et très fine, de la nature du papier, mais beaucoup plus souple et moins sujette à être déchirée. Ils lui donnent une grande largeur. Ils en ont plusieurs sortes, plus ou moins épaisses, mais toutes fabriquées avec la même matière; j'ignore la méthode dont ils se servent pour les teindre.

Je n'ai épargné ni l'argent ni les soins pour rendre à mon Indien son séjour à Paris agréable et utile. Il y est resté onze mois, pendant lesquels il n'a témoigné aucun ennui.

Quoiqu'il estropiât à peine quelques mots de notre langue, tous les jours il sortait seul, il parcourait la ville, et jamais il ne s'est égaré. Souvent il faisait des emplettes, et presque jamais il n'a payé les choses au-delà de leur valeur. Le seul de nos spectacles qui lui plût était l'Opéra : car il aimait passionnément la danse. Il connaissait parfaitement les jours de ce spectacle; il y allait seul, payait à la porte comme tout le monde, et sa place favorite était dans les corridors. Parmi le grand nombre de personnes qui ont désiré le voir, il a toujours remarqué ceux qui lui ont fait du bien, et son cœur reconnaissant ne les oubliait pas. Il était particulièrement attaché à madame la duchesse de Choiseul qui

(1) En modifiant cette habitude, et en adoptant une partie des mœurs britanniques, les Taïtiens sont devenus sérieux, il semblerait maintenant que ce n'est plus le même peuple. Cependant, depuis le protectorat de la France, ces insulaires ont repris une partie de leurs douces habitudes et de leur bonne humeur. A. M.

(2) Espèce d'aloès à soie. A. M.

Quelques-uns venaient d'eux-mêmes se poser sur les gens qui étaient arrêtés...

l'a comblé de bienfaits, et surtout de marques d'intérêt et d'amitié auxquelles il était infiniment plus sensible qu'aux présents. Aussi allait-il de lui-même voir cette généreuse bienfaitrice toutes les fois qu'il savait qu'elle était à Paris.

Il en est parti au mois de mars 1770, et il a été s'embarquer à La Rochelle pour l'île de France. Il a été confié, pendant cette traversée, aux soins d'un négociant armateur. Le ministère a ordonné au gouverneur et à l'intendant de l'île de France de renvoyer de là Aotourou dans son île. J'ai donné un mémoire fort détaillé sur la route à faire pour s'y rendre, et trente-six mille francs (c'est le tiers de mon bien) pour armer le navire destiné à cette navigation. Madame la duchesse de Choiseul a porté l'humanité jusqu'à consacrer une somme d'argent pour transporter à Taïti un grand nombre d'outils de première nécessité, des graines et des bestiaux (1).

J'ai déjà dit que les Taïtiens reconnaissent un Être suprême qu'aucune image factice ne saurait représenter, et des divinités subalternes de deux *métiers*, comme dit Amyot, représentées par des figures de bois. Ils prient au lever et au coucher du soleil ; mais ils ont en détail un grand nombre de pratiques superstitieuses pour conjurer l'influence des mauvais génies. La comète, visible à Paris en 1769, et qu'Aotourou (2) a fort bien remarquée, m'a donné lieu d'apprendre que les Taïtiens connaissaient ces astres qui ne reparaissent, m'a-t-il dit, qu'après un grand nombre de lunes. Ils nomment les comètes *evetou eave*, et n'attachent à leur apparition aucune idée sinistre. Il n'en est pas de même de ces espèces de météores qu'ici le peuple croit être des étoiles qui filent. Les Taïtiens, qui les nomment *epao*, les croient un génie malfaisant *eatoua toa*.

Au reste, les gens instruits de cette nation, sans être astronomes, comme l'ont prétendu nos gazettes, ont une nomenclature de constellations les plus remarquables, ils en reconnaissent le mouvement diurne, et ils s'en servent pour diriger leur route en pleine mer d'une île à une autre. Dans cette navigation, quelque-

(1) Nous avons dit ailleurs que le capitaine Marion, chargé en 1771 de reconduire Aotourou de l'île de France à Taïti, le perdit à Madagascar, où il mourut de la petite-vérole. A. M.

(2) Il s'appelait également Poutavery. C'est ainsi que le désigne M. Poivre, intendant de l'île de France en 1770. Un touchant épisode concernant cet Indien a embelli le poème des *Jardins* de l'abbé Delille. A. M.

Une seconde décharge les mit en fuite.....

fois de plus de trois cents lieues, ils perdent toute vue de terre. Leur boussole est le cours du soleil pendant le jour, et la position des étoiles pendant les nuits, presque toujours belles entre les tropiques.

J'ai dit plus haut que les habitants de Taïti nous avaient paru vivre dans un bonheur digne d'envie. Nous les avions crus presque égaux entre eux, ou du moins jouissant d'une liberté qui n'était soumise qu'aux lois établies pour le bonheur de tous. Je me trompais : la distinction des rangs est fort marquée à Taïti, et la disproportion est cruelle. Les rois et les grands ont droit de vie et de mort sur leurs esclaves et sur leurs valets ; je serais même tenté de croire qu'ils ont aussi ce droit barbare sur les gens du peuple, qu'ils nomment *Tata-einou* (*hommes vils*) : toujours est-il sûr que c'est dans cette classe infortunée qu'on prend les victimes pour les sacrifices humains (1). La viande et les poissons sont réservés à la table des grands ; le peuple ne vit que de légumes et de fruits. Jusqu'à la manière de s'éclairer dans la nuit, elle différencie les états, et l'espèce de bois qui brûle pour les gens considérables n'est pas la même que celle dont il est permis au peuple de se servir. Les rois seuls peuvent planter devant leurs maisons l'arbre que nous nommons le *saule pleureur* ou l'*arbre du grand seigneur*. On sait qu'en courbant les branches de cet arbre et les plantant en terre, on donne à son ombre la direction et l'étendue qu'on désire ; à Taïti il est la salle à manger des rois.

Les seigneurs ont des livrées pour leurs valets. Suivant que la qualité des maîtres est plus ou moins élevée, les valets portent plus ou moins haut la pièce d'étoffe dont ils se ceignent. Cette ceinture prend immédiatement sous les bras aux valets des chefs, elle ne couvre que les reins aux valets de la dernière classe des nobles. Les heures ordinaires des repas sont lorsque le soleil passe au méridien et lorsqu'il est couché. Les hommes ne mangent point avec les femmes, celles-ci servent seulement aux hommes les mets que les valets ont apprêtés.

A Taïti, on porte régulièrement le deuil qui se nomme *eeva*. Toute la nation porte le deuil de ses rois. Le deuil des pères est fort long. Les femmes portent celui des maris, sans que ceux-ci leur rendent la pareille. Les marques de deuil sont de porter sur la tête une coif-

(1) Les missionnaires ont obtenu l'abolition de cette coutume barbare, comme la suppression du droit de vie et de mort des grands sur leurs sujets. C'est là peut-être le seul bien qu'ils aient fait à ce peuple autrefois si charmant. A. M.

fure de plumes dont la couleur est consacrée à la mort, et de se couvrir le visage d'un voile. Quand les gens en deuil sortent de leurs maisons, ils sont précédés de plusieurs esclaves qui battent des castagnettes d'une certaine manière; leur son lugubre avertit tout le monde de se ranger, soit qu'on respecte la douleur des gens en deuil, soit qu'on craigne leur approche comme sinistre et malencontreuse. Au reste, il en est à Taïti comme partout ailleurs; on y abuse des usages les plus respectables. Aotourou m'a dit que cet attirail du deuil était favorable aux rendez-vous, sans doute avec les femmes dont les maris sont peu complaisants. Cette claquette dont le son respecté écarte tout le monde, ce voile qui cache le visage, assurent aux amants le secret et l'impunité.

Dans les maladies un peu graves, tous les proches parents se rassemblent chez le malade. Ils y mangent et y couchent tant que le danger subsiste: chacun le soigne et le veille à son tour. Ils ont aussi l'usage de saigner; mais ce n'est ni au bras ni au pied. Un *taoua*, c'est-à-dire un médecin ou prêtre inférieur, frappe avec un bois tranchant sur le crâne du malade; il ouvre par ce moyen la veine sagittale, et lorsqu'il en a coulé suffisamment de sang, il ceint la tête d'un bandeau qui assujétit l'ouverture; le lendemain il lave la plaie avec de l'eau.

La langue de Taïti est douce, harmonieuse et facile à prononcer. Les mots n'en sont presque composés que de voyelles sans aspiration; on n'y rencontre point de syllabes muettes, sourdes ou nasales, ni cette quantité d'articulations qui rendent certaines langues si difficiles: aussi notre Taïtien ne pouvait-il parvenir à prononcer le français. Les mêmes causes qui font accuser notre langue d'être peu musicale la rendaient inaccessible à ses organes: on eût plutôt réussi à lui faire prononcer l'espagnol ou l'italien. Au reste, la langue de cette île est assez abondante.

J'ai appris d'Aotourou qu'environ huit mois avant notre arrivée dans son île, un vaisseau anglais y avait abordé. C'est celui que commandait M. Wallis. Le même hasard qui nous a fait découvrir cette île y a conduit les Anglais, pendant que nous étions à la rivière de la Plata. Ils y ont séjourné un mois, et, à l'exception d'une attaque que leur ont faite les insulaires qui se flattaient d'enlever le vaisseau, tout s'est passé à l'amiable. Voilà, sans doute, d'où proviennent et la connaissance du fer, que nous avons trouvée aux Taïtiens, et le nom d'*aouri* qu'ils lui donnent, nom assez semblable pour le son au mot anglais *iron* (*fer*), qui se prononce *aïron*. J'ignore maintenant si les Taïtiens, avec la connaissance du fer, doivent aussi aux Anglais celle des maux vénériens que nous y avons trouvés naturalisés.

Les Anglais ont fait depuis un second voyage à Taïti, qu'ils nomment *Otahitee*. Ils y ont observé le passage de Vénus le 4 juin 1769, et leur séjour dans cette île a été de trois mois. C'est faussement qu'ils avancent que nous y sommes toujours restés avec pavillon espagnol. Nous n'avions aucune raison de cacher le nôtre: c'est avec tout aussi peu de fondement qu'ils nous accusent d'avoir porté aux malheureux Taïtiens la maladie que nous pourrions sans doute plus justement soupçonner leur avoir été communiquée par l'équipage de M. Wallis. Les Anglais avaient emmené deux insulaires qui sont morts en chemin.

Départ de Taïti. Découverte de nouvelles îles. Navigation jusqu'à la sortie des grandes Cyclades.

On a vu combien la relâche à Taïti avait été mélangée de bien et de mal; l'inquiétude et le danger y avaient accompagné nos pas jusqu'aux derniers instants, mais ce pays était pour nous comme un ami que nous aimions avec ses défauts. Le 16 avril 1768, à huit heures du matin, nous étions environ à dix lieues dans le nord-est de sa pointe septentrionale, et je pris de là mon point de départ.

Le 3 mai, nous découvrîmes une nouvelle terre fort élevée. Avant le coucher du soleil nous reconnûmes trois îles, dont une beaucoup plus considérable que les deux autres. Pendant la nuit, que la lune rendait claire, nous conservâmes la vue de la terre; nous courûmes dessus au jour, et nous prolongeâmes la côte orientale de la grande île, depuis sa pointe du sud jusqu'à celle du nord. C'est son plus grand côté qui peut avoir trois lieues; l'île en a deux de l'est à l'ouest. Ses côtes sont partout escarpées, et ce n'est, à proprement parler, qu'une montagne élevée, couverte d'arbres jusqu'au sommet, sans vallée ni plage. La mer brisait fortement le long de la rive. Nous y vîmes des feux, quelques cabanes couvertes de joncs et terminées en pointe, construites à l'ombre des cocotiers, et une trentaine d'hommes qui couraient sur le bord de la mer. Les deux petites îles sont à une lieue de la grande. Un bras de mer peu large les sépare; et à la pointe ouest de la plus occidentale, il y a un îlot. Elles n'ont pas plus d'une demi-lieue chacune, et leur côte est également haute et escarpée. Le milieu de ces îles est par 14 degrés 11 minutes de latitude australe, et 170 degrés 30 minutes de longitude à l'ouest de Paris.

A midi je faisais route pour passer entre ces petites îles et la grande, lorsque la vue d'une pirogue qui venait à nous me fit mettre en panne pour l'attendre. Elle s'approcha à une portée de pistolet du vaisseau sans vouloir l'accoster, malgré tous les signes d'amitié dont nous pouvions nous aviser vis-à-vis des cinq hommes qui la conduisaient. Ils étaient nus, à l'exception des parties naturelles, et nous montraient des cocos et des racines. Notre Taïtien se mit nu comme eux, et leur parla sa langue, mais ils ne l'entendirent pas; ce n'est plus ici la même nation.

Ces insulaires nous ont paru de stature médiocre, mais agiles et dispos. Ils ont la poitrine et les cuisses jusqu'au-dessus du genou peintes d'un bleu foncé; leur couleur est bronzée. Nous en avons remarqué un beaucoup plus blanc que les autres. Ils se coupent ou s'arrachent la barbe: un seul la portait un peu longue. Tous en général avaient les cheveux noirs et relevés sur la tête. Leurs pirogues sont faites avec assez d'art et munies d'un balancier. Elles n'ont point l'avant ni l'arrière relevés, ni pontés l'un et l'autre, et sur le milieu de ces ponts il y a une rangée de chevilles terminées en forme de gros clous, mais dont les têtes sont recouvertes de beaux limas d'une blancheur éclatante. La voile de leur pirogue est composée de plusieurs nattes et pièces triangulaires. Ces pirogues nous ont suivis assez au large, lorsque nous avons éventé nos voiles; il en est même venu quelques-unes des deux petites îles, et dans l'une il y avait une femme vieille et laide.

Dès six heures du matin nous avions eu la connaissance d'une autre terre dans l'ouest; sa côte courait au sud-ouest, et nous parut avoir au moins autant d'élévation et d'étendue que la première, avec laquelle elle gît à peu près est et ouest du monde, à la distance d'environ douze lieues. Nous distinguâmes à la pointe du nord-est deux petites îles de grandeur inégale.

La longitude de ces îles est à peu près la même par laquelle s'estimait être Abel Tasman, lorsqu'il découvrit les îles d'Amsterdam et de Rotterdam, des Pilstart, du prince Guillaume, et les bas-fonds de Fleemskerk. C'est aussi celle qu'on assigne, à peu de chose près, aux îles de Salomon. D'ailleurs les pirogues que nous avons vues voguer au large et dans le sud semblent indiquer d'autres îles dans cette partie. Ainsi, ces terres paraissent former une chaîne étendue sous le même méridien que nous avons nommée l'*archipel des Navigateurs*. Les îles qui le composent gisent sous le quatorzième parallèle austral, entre 171 et 172 degrés de longitude à l'ouest de Paris.

Le 22, nous reconnûmes deux îles. La plus méridionale, qui paraissait avoir environ douze lieues de longueur, reçut le nom du jour, *île de la Pentecôte*. La seconde fut appelée *île Aurore*.

Le 23, nous aperçûmes des insulaires de deux couleurs, noirs et mulâtres. Leurs lèvres sont épaisses, leurs cheveux cotonneux, quelques-uns même ont la laine jaune. Ils sont petits, vilains, mal faits, et la plupart rongés de lèpre, circonstance qui nous a fait nommer leur île l'*île des Lépreux*. Il parut peu de femmes, et elles n'étaient pas moins dégoûtantes que les hommes. Ils sont nus : à peine se couvrent-ils d'une natte les parties naturelles. Les femmes ont aussi des écharpes pour porter leurs enfants sur le dos. Nous avons vu quelques-uns des tissus qui les composent, sur lesquels étaient de fort jolis dessins faits avec une belle teinture cramoisie. J'ai remarqué qu'aucun d'eux n'avait de barbe. Ils se percent les narines pour y pendre quelques ornements; ils portent aux bras, en forme de bracelets, une dent de babiroussa, ou un grand anneau d'une matière que je crois de l'ivoire, et au cou des plaques d'écaille de tortue, qu'ils nous ont fait entendre être commune sur leur rivage.

Leurs armes sont l'arc et la flèche, des massues de bois de fer, et des pierres qu'ils lancent sans fronde. Les flèches sont des roseaux armés d'une longue pointe d'os très aiguë. Quelques-unes de ces pointes sont carrées et garnies sur les arêtes de petites pointes couchées en arrière qui empêchent de pouvoir retirer la flèche de la plaie. Ils ont encore des sabres de bois de fer. Leurs pirogues ne nous ont pas approchés. Elles nous ont paru de loin faites et voilées comme celles des îles des Navigateurs.

Le 29 au matin, nous ne vîmes plus de terres : nous avions gouverné sur l'ouest-nord-ouest. Je nommai ces terres que nous venions de découvrir l'*Archipel des grandes Cyclades*. A en juger par ce que nous en avons parcouru et par ce que nous avons aperçu dans le lointain, il contient au moins 3 degrés en latitude du 15e au 11e, et 5 en longitude depuis le 166e degré jusqu'au 171e à l'est de Paris. Je croirais même volontiers que c'est son extrémité septentrionale que Roggewin a vue sous le 11e parallèle, et qu'il a nommée *Tienhoven* et *Groningue*. Pour nous, quand nous y atterrîmes, tout devait nous persuader que nous étions à la terre australe du Saint-Esprit.

Navigation depuis les grandes Cyclades. Découverte du golfe de la Louisiade. Découverte de nouvelles îles. Relâche à la Nouvelle-Bretagne.

Depuis le 29 mai que nous cessâmes de voir la terre, je fis route à l'ouest, et nous vîmes différentes terres, sans nous y arrêter.

Nous vîmes la terre le 25 juin au lever du soleil; cette terre présentait un gros cap, que nous atteignîmes le 26. Nous appelâmes ce cap, après lequel nous avions si longtemps espéré, le *cap de la Délivrance*, et le golfe dont il fait la pointe orientale, le *golfe de la Louisiade*. C'est une terre que nous avons bien acquis le droit de nommer. Tant que nous avons été enfoncés dans ce golfe, les courants nous ont assez régulièrement portés dans l'est. Le 26 et le 27, le vent fut très grand frais, la mer affreuse, le temps par grains et fort obscur. Il ne fut pas possible de faire du chemin pendant la nuit.

Nous avons imaginé plusieurs fois, pendant les jours de tribulation passés dans le golfe de la Louisiade, qu'il pouvait bien y avoir au fond de ce golfe un détroit qui nous aurait ouvert un passage fort court dans la mer des Moluques; mais, dans la situation où nous nous trouvions relativement aux vivres et à la santé des équipages, nous ne pouvions courir les hasards de la recherche. En effet, s'il n'eût pas existé, nous étions presque sans ressources. Cependant le passage existe, et les Anglais, en côtoyant la Nouvelle-Hollande, ont trouvé par 10 degrés 36 minutes de latitude australe, 141 degrés 44 minutes à l'est de Londres, ce détroit qui sépare la Nouvelle-Hollande de la nouvelle-Guinée; mais ils ont éprouvé, comme nous, que la navigation de ces parages est hérissée de difficultés, et ils ont été au moment d'y perdre leur vaisseau l'*Endeavour*. Nous avons été environ à quarante lieues de l'embouchure orientale de ce détroit.

Nous nous étions élevés environ soixante lieues dans le nord depuis le cap de la Délivrance, lorsque le 28, au matin, on découvrit la terre dans le nord-ouest, à neuf ou dix lieues de distance. C'étaient deux îles, dont la plus méridionale restait, à huit heures, dans le nord-ouest. Une autre côte longue et élevée se fit apercevoir en même temps, depuis l'est-sud-est jusqu'à l'est-nord-est.

Vers les dix heures, une douzaine de pirogues de différentes grandeurs vinrent assez près des navires, sans toutefois vouloir les accoster. Il y avait vingt-deux hommes dans la plus grande, dans les moyennes huit ou dix, deux ou trois dans les plus petites. Ces pirogues paraissaient bien faites. Elles ont l'avant et l'arrière fort relevés; ce sont les premières que nous ayons vues dans ces mers sans balancier. Ces insulaires sont aussi noirs que les nègres d'Afrique; ils ont les cheveux crépus, mais longs, quelques-uns de couleur rousse. Ils portent des bracelets, et des plaques au front et sur le cou; j'ignore de quelle matière : elle m'a paru être blanche. Ils sont armés d'arcs et de zagaies; ils faisaient de grands cris, et il parut que leurs dispositions n'étaient pas pacifiques. La côte ouverte est presque inabordable; la vague y brise partout, les montagnes viennent s'y terminer au bord de la mer, et le sol est entièrement couvert de bois. Dans de petites anses il y a quelques cabanes, mais en petit nombre : les insulaires habitent dans la montagne.

Le 1er juillet, à six heures du matin, nous nous retrouvâmes au même point où nous étions la veille à l'entrée de la nuit : preuve qu'il y avait un flux et reflux. Nous gouvernâmes au nord-ouest. A dix heures nous donnâmes dans un passage large environ de quatre à cinq lieues, entre la côte prolongée jusqu'ici à l'est et les terres occidentales. Une marée très forte, qui porte sud-est et nord-ouest, forme, au milieu de ce passage, un ras qui le traverse, et où la mer s'élève en brise, comme s'il y avait des roches à fleur d'eau. Je le nommai *ras Denis*, du nom de mon maître d'équipage. *L'Etoile* le passa deux heures après nous.

En continuant notre navigation nous découvrîmes une île et une baie que j'appelai *île* et *baie Choiseul*. La presqu'île du nord était entièrement couverte de cocotiers.

Après être sortis du passage, nous vîmes dans l'ouest une côte longue et montueuse, dont les sommets se perdaient dans les nues. Le 2 juillet au soir, nous voyions encore les terres de l'île Choiseul. Le 3 au matin, nous ne voyions plus que la nouvelle côte, qui est d'une hauteur surprenante. Sa partie septentrionale nous parut alors terminée par une pointe qui s'abaisse insensiblement, et forme un cap remarquable. Je lui ai donné le nom de *cap l'Averdi*. Il nous restait, le 3 à midi, environ à douze lieues dans l'ouest. Les nuages qui couvraient les sommets des terres se dissipèrent au coucher du soleil, et nous laissèrent apercevoir des cimes de montagnes d'une hauteur prodigieuse. Le 4, les premiers rayons du jour nous firent voir des terres plus occidentales que le cap l'Averdi. C'était une nouvelle côte moins élevée que l'autre, et courant au nord-nord-ouest. Entre la pointe sud-sud-est de cette terre et le cap l'Averdi, il restait un vaste espace formant ou un passage ou un golfe considérable. Dans ces parages nous aperçûmes des nègres entièrement nus. Ils ont les cheveux crépus et courts, les oreilles percées et fort allongées. Plusieurs avaient la laine des cheveux peinte en rouge, et des taches blanches en différents endroits du corps. Il paraît qu'ils mâchent du bétel, puisque leurs dents sont rouges. Nous avons vu que les habitants de l'île Choiseul en font aussi usage; car on trouva dans leurs pirogues de petits sacs où il y en avait des feuilles, avec de l'arec et de la chaux. On a eu de ceux-ci des arcs longs de six pieds et des flèches armées d'un bois fort dur. Leurs pirogues sont plus petites que celles de l'anse des Guerriers, et nous fûmes surpris de ne trouver aucune ressemblance dans leur construction. Ces dernières ont l'avant et l'arrière peu relevés; elles sont sans balancier, mais assez larges pour que deux hommes y nagent en couple. Cette île, que nous avons appelée *Bouka*, paraît être extrêmement peuplée, si l'on en juge par la quantité de cases dont elle est couverte, et par les apparences de culture que nous y avons aperçues. Une belle plaine à mi-côte, toute plantée de cocotiers et d'autres arbres, nous offrait la plus agréable perspective, et je désirais fort trouver un mouillage sur cette côte; mais le vent contraire et un courant rapide qui portait dans le nord-ouest nous en éloignaient visiblement. Pendant la nuit nous tînmes le plus près, gouvernant au sud-sud-ouest, et le lendemain au matin l'île Bouka était déjà bien loin de nous dans l'est et le sud-est. La veille, au soir, on avait aperçu du haut des mâts une petite île qui fut relevée depuis le nord-ouest jusqu'au nord-ouest-quart-ouest du compas. Au reste, nous ne pouvions être loin de la Nouvelle-Bretagne, et c'était là que nous comptions trouver une relâche.

Nous eûmes connaissance, le 5, après midi, de deux petites îles. La côte en était élevée et paraissait renfermer plusieurs baies. Comme nous n'avions plus ni eau ni bois, et que nos malades empiraient, je résolus de m'arrêter ici, et nous courûmes toute la nuit les bords les plus avantageux pour nous conserver cette terre sous le vent. Le 6, au point du jour, nous en étions à cinq ou six lieues, et nous portâmes dessus dans le même moment où nous découvrions une nouvelle terre haute et de belle apparence dans l'ouest-sud-ouest de celle-ci, depuis dix-huit jusqu'à douze et dix lieues de distance. Enfin nous mouillâmes, par trente-cinq brasses d'eau, dans ce port de la nouvelle Bretagne.

Nous envoyâmes à terre nos pièces à l'eau; nous y dressâmes quelques tentes, et l'on commença à faire l'eau, le bois et les lessives, toutes choses de première nécessité. Le débarquement était magnifique, sur un sable fin, sans aucune roche ni vague. L'intérieur du port, dans un espace de quatre cents pas, contenait quatre ruisseaux. Nous en prîmes trois pour notre usage, un destiné à faire l'eau de *la Boudeuse*, un second pour celle de *l'Etoile*, le troisième pour laver. Le bois se trouvait au bord de la mer, et il y en avait de plusieurs espèces, toutes très bonnes pour brûler, quelques-unes superbes pour les ouvrages de charpente, de menuiserie et même de tabletterie. Les deux vaisseaux étaient à portée de la voix l'un de l'autre et de la rive. D'ailleurs le port et ses environs, fort au loin, étaient inhabités: ce qui nous procurait une paix et une liberté précieuses. Ainsi nous ne pouvions désirer un ancrage plus sûr, un lieu plus commode pour faire l'eau, le bois et les diverses réparations dont les navires avaient le plus urgent besoin, et pour laisser errer à leur fantaisie nos scorbutiques dans les bois.

Le premier jour, sur les bords d'une petite rivière, éloignée de notre camp d'environ un quart de lieue, on trouva une pirogue comme en station, et deux cabanes. La pirogue était à balancier, fort légère et en bon état. Il y avait à côté les débris de plusieurs feux, de gros coquillages calcinés, et des carcasses de têtes d'animaux, que M. de Commerçon nous dit être de sangliers. Il n'y avait pas longtemps que les sauvages étaient venus dans cet endroit car on trouva dans les cabanes des figues, des bananes encore fraîches. On crut même entendre des cris d'hommes dans les montagnes; mais on a depuis vérifié qu'on avait pris pour tels les gémissements de gros ramiers huppés, d'un plumage azur, et qu'on nomme dans les Moluques l'*oiseau couronné*. Nous fîmes au bord de cette rivière une rencontre plus extraordinaire: un matelot de mon canot, cherchant des coquilles, y trouva enterré dans le sable un morceau d'une plaque de plomb qui paraissait être peu ancienne. Les sauvages avaient sans doute arraché la plaque et l'avaient mise en morceaux.

Nous avons enterré une inscription dans un coin de ce port, et nous l'avons nommé *le port Proslin*. Il est situé par 4 degrés 49 minutes 27 secondes de latitude australe, et 149 degrés 44 minutes 15 secondes de longitude à l'est de Paris.

On tuait journellement des serpents, des scorpions et une grande quantité d'insectes d'une espèce singulière. Ils sont longs comme le doigt, cuirassés sur le corps; ils ont six pattes, des pointes saillantes des côtés et une queue fort longue. On m'apporta aussi un animal qui nous parut extraordinaire. C'est un insecte d'environ trois pouces de long, de la famille des mantes. Presque toutes les parties de son corps sont composées d'un tissu que, même en y regardant de près, on prendrait pour des feuilles. Chacune de ses ailes est la moitié d'une feuille, laquelle est entière quand les ailes sont rapprochées, le dessous de son corps est une feuille d'une couleur plus morte que le dessus. L'animal a deux antennes et six pattes, dont les parties supérieures sont aussi des portions de feuille.

On trouvait aussi un grand nombre de coquilles, dont plusieurs étaient fort belles. On récolta dans un même endroit dix marteaux, espèce, dit-on, fort rare (1). Aussi le zèle des curieux était-il fort vif. Il fut ralenti par l'accident arrivé à un de nos matelots, lequel, en échouant la seine, fut piqué dans l'eau par une espèce de serpent. L'effet du venin se manifesta une demi-heure après. Le matelot ressentit des douleurs violentes dans tout le corps. L'endroit de la morsure, qui était au côté gauche, devint livide et enfla à vue d'œil. Quatre ou cinq scarifications en tirèrent beaucoup de sang déjà dissous. Aussitôt qu'on cessait de faire promener par force le malade les convulsions le prenaient. Il souffrit horriblement pendant cinq ou six heures. Enfin la thériaque et l'eau de Luce, qu'on lui avait administrées dès la première demi-heure, provoquèrent une sueur abondante et le tirèrent d'affaire.

Cette aventure rendit tout le monde plus circonspect à se mettre dans l'eau. Notre Taïtien suivit avec curiosité le malade pendant tout le traitement. Il nous fit entendre que dans son pays il y avait, le long de la côte, des serpents qui mordaient les hommes à la mer, et que tous ceux qui étaient mordus en mouraient. Ils ont une médecine; mais je la crois fort peu avancée. Il fut émerveillé de voir le matelot, quatre ou cinq jours après son accident, revenir au travail. Fort souvent, en examinant les productions de nos arts, et les moyens divers par lesquels ils augmentent nos facultés et multiplient nos forces, cet insulaire tombait dans

(1) Ils furent trouvés dans une anse de la grande île qui forme cette baie, et que pour cette raison on a nommée l'*île aux Marteaux*. A. M.

l'admiration de ce qu'il voyait, et rougissait pour son pays : *aouaou Taïti* (*fi de Taïti*), nous disait-il avec douleur. Cependant il n'aimait pas à marquer qu'il sentait notre supériorité sur sa nation.

On découvrit, dans les derniers jours de notre relâche, quelques pommes de mangles et des prunes monbin ; c'eût été un secours utile, si l'on en eût eu connaissance plus tôt. On trouva aussi une espèce de lierre aromatique, auquel les chirurgiens crurent reconnaître une vertu antiscorbutique : du moins les malades qui en firent des infusions et s'en lavèrent ont-ils éprouvé quelque soulagement.

Nous allâmes tous voir une cascade merveilleuse qui fournissait les eaux du ruisseau de *l'Etoile*. L'art s'efforcerait en vain de produire dans le palais des rois ce que la nature a jeté ici dans un coin inhabité. Nous en admirâmes les groupes saillants dont les gradations presque régulières précipitent et diversifient la chute des eaux. Nous suivions avec surprise tous ces massifs variés pour la figure et qui forment cent bassins inégaux, où sont reçues les nappes de cristal coloriées par des arbres immenses, dont quelques-uns ont le pied dans les bassins mêmes. C'est bien assez qu'il existe des hommes privilégiés, dont le pinceau hardi peut nous tracer l'image de ces beautés inimitables. Cette cascade mériterait le plus grand peintre.

Le 25, nous venions mouiller à la pointe de la baie que Dampier nomma *baie Saint-George*. Plus heureux que nous, il y avait trouvé pour relâcher un canton habité qui lui procura des rafraîchissements, et dont les productions lui firent concevoir de grandes espérances sur ce pays ; et nous, qui étions tout aussi pauvres que lui, nous sommes tombés dans un désert, qui n'a fourni à nos besoins que du bois et de l'eau.

Navigation depuis le port Praslin jusqu'aux Moluques. Relâche à Boero.

Nous eûmes constamment la vue de la Nouvelle-Bretagne jusqu'au 3 août. La côte prenait de plus en plus de l'ouest. Le 29, au matin, nous nous en trouvâmes plus près que nous n'avions encore été. Ce voisinage nous valut la visite de quelques pirogues : deux vinrent à la portée de la voix de la frégate, cinq autres s'approchèrent de *l'Etoile*. Elles étaient montées chacune par cinq ou six hommes noirs, à cheveux crépus et laineux ; quelques-uns les avaient poudrés de blanc. Ils portent la barbe assez longue, et des ornements blancs aux bras en forme de bracelets. Des feuilles d'arbres couvrent, tant bien que mal, leur nudité. Ils sont grands et paraissent agiles et robustes. Ils nous montraient une espèce de pain et nous engageaient par signes à venir à terre. Nous les invitions à venir à bord ; mais nos invitations, le don même de quelques morceaux d'étoffe jetés à la mer, ne leur inspirèrent pas la confiance de nous accoster. Ils ramassèrent ce qu'on avait jeté, et, pour remercîment, l'un deux, avec une fronde, nous lança une pierre qui ne vint pas jusqu'à bord. Nous ne voulûmes pas leur rendre le mal pour le mal, et ils se retirèrent en frappant tous ensemble sur leurs canots avec de grands cris. Leurs pirogues sont longues, étroites et à balancier. Toutes ont l'avant et l'arrière plus ou moins ornés de sculptures peintes en rouge, qui font honneur à leur adresse.

Le 4, après midi, nous reconnûmes distinctement deux îles que je crois être celles que Dampier nomme *île Mathias* et *île Orageuse*. L'île Mathias, haute et montagneuse, s'étend sur le nord-ouest huit à neuf lieues; l'autre n'en a pas plus de trois ou quatre, et entre les deux est un îlot. Une île que l'on crut apercevoir le 5, à deux heures du matin, dans l'ouest, nous fit reprendre du nord. On ne se trompait pas, et à dix heures la brume, qui jusqu'alors avait été épaisse, s'étant dissipée, nous aperçûmes dans le sud-est-quart-sud cette île, qui est petite et basse. Les marées cessèrent alors de porter sur le sud et sur l'est ; ce qui semblait venir de ce que nous avions dépassé la pointe septentrionale de la Nouvelle-Bretagne, que les Hollandais nomment *cap Solomaswer*. Nous n'étions plus alors que par 0 degré 41 minutes de latitude méridionale.

Le 7, nous vîmes une terre basse, ou île plate couverte d'arbres et longue d'environ 3 lieues; il y avait sur cette île une grande quantité de cocotiers, et le bord de la mer présentait un si grand nombre de cases, qu'on pouvait juger de là qu'elle était extrêmement peuplée. Ces cases sont hautes, presque carrées et bien couvertes. Elles nous parurent plus vastes et plus belles que ne sont ordinairement des cabanes de roseaux, et nous crûmes revoir les maisons de Taïti. On découvrait un grand nombre de pirogues occupées à la pêche tout autour de l'île : aucune ne parut se déranger pour nous voir passer ; et nous jugeâmes que ces habitants, qui n'étaient pas curieux, étaient contents de leur sort. Nous nommâmes cette île *l'île des Anachorètes*.

Le 11, à midi, étant par 2 degrés 17 minutes de latitude australe, nous aperçûmes dans le sud une côte élevée qui nous parut être celle de la Nouvelle-Guinée. Quelques heures après on la vit plus clairement. C'est une terre haute et montueuse qui dans cette partie s'étend sur l'ouest-nord-ouest. Le 12, à midi, nous étions environ à dix lieues des terres les plus voisines de nous. Il était impossible de détailler la côte à cette distance ; il nous parut seulement une grande baie vers 2 degrés 25 minutes de latitude sud, et des terres basses dans le fond qu'on ne découvrait que du haut des mâts. Nous jugeâmes aussi, par la vitesse avec laquelle nous doublions les terres, que les courants nous étaient devenus favorables; mais, pour apprécier avec quelque justesse la différence qu'ils occasionnaient dans l'estime de notre route, il eût fallu cingler moins loin de la côte. Nous continuâmes à la prolonger à dix ou douze lieues de distance. Son gisement était toujours sur l'ouest-nord-ouest, et sa hauteur prodigieuse. Nous y remarquâmes surtout deux pics très élevés, voisins l'un de l'autre, et qui surpassent en hauteur toutes les autres montagnes. Nous les avons nommés *les deux Cyclopes*. Nous eûmes occasion de remarquer que les marées portaient sur le nord-ouest. Effectivement nous nous trouvâmes le jour suivant plus éloignés de la côte de la Nouvelle-Guinée, qui revient ici sur l'ouest. Le 14, au point du jour, nous découvrîmes deux îles, et un îlot qui paraissait entre deux, mais plus au sud.

Nous avancions peu chaque journée. Depuis que nous étions sur la côte de la Nouvelle-Guinée nous avions assez régulièrement une faible brise d'est ou de nord-est, qui commençait vers deux ou trois heures après midi, et durait environ jusque vers minuit. A cette brise succédait un intervalle plus ou moins long de calme, qui était suivi de la brise de terre, laquelle se terminait aussi vers midi par deux ou trois heures de calme. Nous revîmes le 15, au matin, la plus occidentale des deux îles que nous avions reconnues la veille. Nous découvrîmes en même temps d'autres terres qui nous parurent îles, terres fort basses, par-dessus lesquelles nous apercevions, dans une perspective éloignée, les hautes montagnes du continent. La plus élevée se détachait des autres, et nous la nommâmes *le géant Moulineau*. Nous donnâmes le nom de *la nymphe Alie* à la plus occidentale des îles basses dans le nord-ouest de Moulineau.

Un ras de marée sembla indiquer ici ou une grande rivière dans le continent, ou un passage qui couperait les terres de la Nouvelle-Guinée, passage dont l'ouverture serait presque nord et sud. Notre longitude, le 15 à midi, était de 136 degrés 16 minutes 30 secondes à l'est de Paris. Nous observâmes le même jour 1 degré 17 minutes de latitude australe.

Le 20, nous passâmes la Ligne pour la seconde fois de la campagne. Les courants continuaient à nous éloigner des terres. Nous n'en vîmes point le 20 ni le 21. Il nous devenait cependant essentiel de rallier la côte et de la ranger d'assez près pour ne pas commettre quelque erreur dangereuse qui nous fît manquer le débouquement dans la mer des Indes, et nous engageât dans l'un des golfes de Gilolo. Le 21, nous eûmes connaissance d'une côte plus élevée qu'aucune autre partie de la Nouvelle-Guinée que nous eussions encore vue.

Le canal par lequel nous débouquâmes le 25 enfin dans cette nuit peut avoir de deux à trois lieues de large. Il est borné à l'ouest par un amas d'îles et d'îlots assez élevés. Sa côte de l'est, que nous avions prise au premier coup d'œil pour la pointe occidentale de la grande île, n'est aussi qu'un amas de petites îles et de rochers qui, de loin, semblent former une seule masse, et les séparations entre ces îles présentent d'abord l'aspect de belles baies : c'est ce que nous reconnaissions à chaque bordée que nous rapportions sur ces terres. Ce ne fut qu'à quatre heures et demie du matin que nous parvînmes à doubler les îlots les plus sud du nouveau passage que nous nommâmes *le passage des Français*. Il gît par 0 degré 15 min. de latit. sud, entre le 128e degré et le 129e de longit. à l'est de Paris.

Le 27, nous entrions enfin dans l'archipel des Moluques. Nous découvrîmes cinq ou six îles. Le 28, au matin, nous aperçûmes cinq autres petites îles sur lesquelles nous courûmes. On aperçut aussi alors une nouvelle île dans l'ouest-sud-ouest, à sept ou huit lieues. Nous ressentîmes pendant ces vingt-quatre heures plusieurs fortes marées. Nous n'eûmes connaissance que d'une seule île dans l'ouest et à dix ou douze lieues de nous, jusqu'au 30 après midi, que nous aperçûmes dans le sud et à un grand éloignement une terre considérable. Le courant, qui nous servait mieux que le vent, nous en approcha dans la nuit, et le 31 au point du jour nous nous en trouvâmes à sept ou huit lieues. C'était l'*île Céram*. Sa côte en partie boisée, défrichée en partie, courait à peu près est et ouest, sans que nous la vissions terminée. C'est une île très haute, des montagnes énormes s'élèvent sur le terrain de distance en distance, et le grand nombre de feux que nous y vîmes de tous côtés annonce qu'elle est fort peuplée.

Je remarquerai, à l'occasion de la contrariété que nous éprouvions depuis longtemps de la part des vents, que dans les Moluques on appelle mousson du nord celles de l'ouest, et mousson du sud celles de l'est, parce que pendant la première les vents soufflent plus ordinairement du nord-nord-ouest que de l'ouest, et pendant la seconde ils viennent le plus souvent du sud-sud-est. Ces vents règnent alors de même dans les îles des Papous et sur la côte de la Nouvelle-Guinée : nous le savions par une triste expérience, ayant employé trente-six jours à faire quatre cent cinquante lieues.

Le 1er septembre 1768, la lumière du jour naissant nous montra que nous étions à l'entrée d'une baie dans laquelle il y avait plusieurs feux. Bientôt après, nous aperçûmes deux embarcations à la voile, de la forme des bateaux malais. Le terrain du fond de la baie est bas et uni, entouré de hautes montagnes, et la baie est semée de plusieurs îles. Il nous fallut gouverner à l'ouest-nord-ouest pour en doubler une assez grande, sur la pointe de laquelle on voit un îlot et un banc de sable, avec une batture qui parut s'allonger une lieue au large. Cette île se nomme *Bonao* : elle est coupée en deux par un canal fort étroit.

A dix heures du soir nous eûmes connaissance des terres de l'île *Boero* par des feux qui étaient allumés, et comme mon projet était de m'y arrêter, nous passâmes la nuit sur les bords pour nous en tenir à portée et au vent, si nous pouvions. Je savais que les Hollandais avaient sur cette île un comptoir faible, quoique assez riche en rafraîchissements.

Ce ne fut pas sans d'excessifs mouvements de joie que nous découvrîmes à la pointe du jour l'entrée du golfe de *Cajeli*. C'est où les Hollandais ont leur établissement : c'était le terme où devaient finir nos plus grandes misères. Le scorbut avait fait parmi nous de cruels ravages depuis notre départ du port Praslin.

Le résident hollandais nous offrit à souper, et certes nous l'acceptâmes. Le spectacle du plaisir et de l'avidité avec lesquels nous le dévorions lui prouva mieux que nos paroles que ce n'était pas sans raison que nous criions à la faim. Tous les Hollandais en étaient en extase : ils n'osaient manger dans la crainte de nous faire tort. Il faut avoir été marin et réduit aux extrémités que nous éprouvions depuis plusieurs mois pour se faire une idée de la sensation que produit la vue de salades et d'un bon souper sur des gens en pareil état. Ce souper fut pour moi un des plus délicieux instants de mes jours, d'autant que j'avais envoyé à bord des vaisseaux de quoi y faire souper tout le monde aussi bien que nous.

Il fut réglé que nous aurions journellement du cerf pour entretenir nos équipages à la viande fraîche pendant le séjour : qu'on nous donnerait en partant dix-huit bœufs, quelques moutons et à peu près autant de volailles que nous en demanderions. Il fallut suppléer au pain par du riz : c'est la nourriture des Hollandais. Les insulaires vivent de pain de sagou, qu'ils tirent du cœur d'un palmier auquel ils donnent ce nom ; ce pain ressemble à la cassave. Nous ne pûmes avoir cette abondance de légumes qui nous eût été si salutaire : les gens du pays n'en cultivent point. Le résident voulut bien en fournir, pour les malades, du jardin de la Compagnie.

Au reste tout ici appartient à la Compagnie, directement ou indirectement, gros et menu bétail, grains et denrées de toute espèce. Elle seule vend et achète. La chasse même du cerf n'est pas libre : le résident seul en a le droit. Il donne à ses chasseurs trois coups de poudre et de plomb, pour lesquels ils doivent apporter deux animaux qu'on leur paie alors six sous pièce. S'ils n'en rapportent qu'un on retient, sur ce qui leur est dû, le prix d'un coup de poudre ou de plomb.

Dès le 3 au matin nous établîmes nos malades à terre pour y coucher pendant notre séjour. Nous envoyions aussi journellement la plus grande partie des équipages se promener et se divertir. Je fis faire l'eau des navires et les divers transports par des esclaves de la Compagnie que le résident nous loua à la journée.

Nous eûmes pendant notre relâche ici le plus beau temps du monde. Le thermomètre y montait ordinairement à 23 degrés dans la plus grande chaleur du jour ; la brise du nord-est au sud-est le jour changeait sur le soir ; elle venait alors de terre, et les nuits étaient fort fraîches. Nous eûmes occasion de connaître l'intérieur de l'île ; on nous permit d'y faire plusieurs chasses de cerfs, par battues, auxquelles nous prîmes un grand plaisir. Le pays est charmant, entrecoupé de bosquets, de plaines et de coteaux dont les vallons sont arrosés par de jolies rivières. Les Hollandais y ont apporté les premiers cerfs, qui s'y sont prodigieusement multipliés, et dont la chair est excellente. Il y a aussi un grand nombre de sangliers, et quelques espèces de gibier à plumes.

On donne à l'île de Boero ou Burro environ dix-huit lieues de l'est à l'ouest, et treize du nord au sud. Elle était autrefois soumise au roi de Ternate, lequel en tirait tribut. Le lieu principal est Cajeli, situé au fond du golfe de ce nom, dans une plaine marécageuse, qui s'étend près de quatre milles entre les rivières Sowcill et Abbo. Cette dernière est la plus grande de l'île, et toutefois ses eaux sont fort troubles. Le débarquement est ici très incommode, surtout de basse mer, pendant laquelle il faut que les bateaux s'arrêtent fort loin de la plage. La loge hollandaise, et quatorze habitations d'Indiens, autrefois dispersées en divers endroits de l'île, mais aujourd'hui réunies autour du comptoir, forment le bourg de Cajeli. On y avait d'abord construit un fort en pierre : un accident le fit sauter en 1689, et depuis ce temps on s'y contente d'une enceinte de faibles palissades, garnies de six canons de petit calibre, tant bien que mal en batterie : c'est ce qu'on appelle *le fort de la Défense*, et j'ai pris ce nom pour un sobriquet. La garnison, aux ordres du résident, est composée d'un sergent et de vingt-cinq hommes : sur toute l'île il n'y a pas cinquante blancs. Quelques autres négreries, où l'on cultive du riz, y sont répandues.

Les naturels du pays se divisent en deux classes, les Maures et les Alfouriens. Les premiers sont réunis sous la loge et soumis entièrement aux Hollandais, qui leur inspirent une grande crainte des nations étrangères. Ils sont observateurs zélés de la loi de Mahomet, c'est-à-dire qu'ils se lavent souvent, ne mangent point de porc, et prennent autant de femmes qu'ils en peuvent nourrir. Ajoutez à cela qu'ils en paraissent fort jaloux et les tiennent renfermées. Leur nourriture est le sagou, quelques fruits et du poisson. Les jours de fête, ils se régalent avec du riz que la Compagnie leur vend ; leurs chefs ou *orancaies* se tiennent auprès du résident, qui paraît avoir pour eux quelques égards, et qui contient le peuple par leur moyen. La Compagnie a su semer parmi ces chefs des habitants un levain de jalousie réciproque qui assure l'esclavage général, et la politique qu'elle observe ici relativement aux naturels est la même dans tous ses autres comptoirs. Si un chef forme quelque complot, un autre le découvre et en avertit aussitôt les Hollandais.

Ces Maures, au reste, sont vilains, paresseux et peu guerriers. Ils ont une extrême frayeur des Papous qui viennent quelquefois, au nombre de deux ou trois cents, brûler les habitations, enlever ce qu'ils peuvent et surtout des esclaves. Les Hollandais ne font point faire le service d'esclave aux naturels de Boero. La Compagnie tire ceux dont elle se sert ou de Célèbes, ou de Céram, les habitants de ces deux îles se vendant réciproquement.

Route depuis Boero jusqu'à Batavia; séjour à Batavia et à l'île de France. Retour en France.

Le 7, nous rangeâmes la côte de Boero environ à une lieue et demie de distance. Nous avions aperçu le 8 au matin les îles de Kilan et de Manipa. Depuis la terre basse que l'on trouve à la sortie du golfe de Cajeli, la côte est fort élevée. Le 9, nous eûmes connaissance, dans la matinée, de l'île de Xullabessie. Elle est peu considérable, et les Hollandais y ont un comptoir dans une redoute nommée *Claverblad* ou *le Trèfle*.

Le 12, nous passâmes devant un superbe port qui est à la côte de Célèbes. Cette terre offre un coup d'œil charmant par la variété des terrains bas, des coteaux et des montagnes. La verdure y embellit le paysage, et tout annonce une contrée riche. Bientôt après l'île de Pangasani et les îlots qui en sont au nord se détachèrent, et nous distinguâmes les divers canaux qu'ils présentent. Les hautes montagnes des Célèbes paraissaient au-dessus et dans le nord de ces terres. C'est par cette longue île de Pangasani et par celle de Button qu'est ensuite formé le détroit.

Le 26, les rayons du soleil levant nous montrèrent la côte de Java, et à sept heures et demie on vit du haut des mâts les îles Rochit, environ à sept lieues de distance.

Le 27, nous gouvernâmes sur le milieu de l'île d'Edam, une des îles de la baie de Batavia, et bientôt nous mouillâmes dans cette baie. C'est ainsi qu'après avoir tenu la mer pendant dix mois et demi, depuis notre départ de Monte-Video, nous arrivâmes le 28 septembre 1768 dans une des plus belles colonies de l'univers, où nous nous regardâmes tous comme ayant terminé notre voyage.

Batavia, suivant mon estime, est par 6 degrés 11 minutes de latitude australe, et 104 degrés 52 minutes de longitude orientale du méridien de Paris.

Le 16 octobre, j'appareillai seul de la rade de Batavia. Le 19, nous sortîmes du détroit de la Sonde, passant au nord de l'île du Prince. Nous observâmes à midi 6 degrés 30 minutes de latitude australe. Le 20, je fis route pour l'île de France, où j'arrivais le 8 novembre, j'en repartis un mois après ; et le 8 janvier 1769, nous avions connaissance du cap False, et bientôt après la vue des terres du cap de Bonne-Espérance.

Munis de bons vivres, de vins et de rafraîchissements de toute espèce, nous appareillâmes de la rade du Cap le 17 après midi. Nous passâmes entre l'île Roben et la côte : c'est de là que je pris mon point de départ par 33 degrés 40 minutes de latitude sud, et 15 degrés 48 minutes de longitude orientale de Paris.

Je dirigeai ma route pour prendre connaissance de l'île Sainte Hélène, afin de m'assurer la relâche à l'Ascension, relâche qui devait faire le salut de mon équipage. Effectivement nous en eûmes la vue le 29, à deux heures après midi, et le relèvement que nous en fîmes ne nous donna de différence avec l'estime de notre route que huit ou dix lieues. La nuit du 3 au 4 février 1769, étant par la latitude de l'Ascension, nous vîmes l'île à peu près à neuf lieues de distance, et à onze heures nous mouillâmes dans l'ancre du nord-ouest. Nous étions à ce mouillage par 7 degrés 54 minutes de latitude sud, et 16 degrés 19 minutes de longitude occidentale de Paris.

A peine eûmes-nous jeté l'ancre que je fis mettre les bateaux à la mer, et partir trois détachements pour la pêche de la tortue. Tout nous promettait une pêche favorable. Il n'y avait point d'autre navire que le nôtre, la saison était avantageuse, et nous entrions en nouvelle lune.

On m'apporta dans l'après-midi la bouteille qui renferme le papier sur lequel s'inscrivent ordinairement les vaisseaux de toute nation qui relâchent à l'Ascension. Cette bouteille se dépose dans la cavité d'un des rochers de cette baie, où elle est également à l'abri des vagues et de la pluie. J'y trouvai écrit *le Swallow*, ce vaisseau anglais commandé par M. Carteret, que je désirais rejoindre. Il était arrivé ici le 31 janvier, et reparti le 1er février : c'étaient déjà six jours que nous lui avions gagnés depuis le cap de Bonne-Espérance. J'inscrivis *la Boudeuse*, et je renvoyai la bouteille.

La journée du 5 se passa à jumeller nos mâts et à embarquer les tortues : la pêche fut abondante.

Le 6, à trois heures du matin, les tortues et les bateaux étant embarqués, nous commençâmes à lever nos ancres. A cinq heures nous étions sous voiles, enchantés de notre pêche et de l'espoir que notre premier mouillage serait dorénavant dans notre patrie. Combien nous avions fait de ces mouillages depuis le départ de Brest !

En partant de l'Ascension, je tins le vent pour ranger les îles du cap Vert d'aussi près qu'il me serait possible. Le 11 au matin, nous passâmes la Ligne, pour la sixième fois dans ce voyage, par 20 degrés de longitude.

Nous comptions passer dans l'est des îles Açores, lorsque le 4 mars, dans la matinée, nous eûmes connaissance de l'île Tercère, que nous doublâmes dans la journée en la rangeant de fort près.

Je corrigeai ma longitude en quittant Tercère. Nous eûmes fond le 13 après midi, et le 14 au matin la vue d'Ouessant. Je pris le parti de faire vent arrière, et de conduire la frégate à Saint-Malo. C'était alors le port le plus voisin qui pût nous servir d'asile. J'y entrai le 16 après midi, n'ayant perdu que sept hommes pendant deux ans et quatre mois écoulés depuis notre sortie de Nantes.

Nous avons tous été voir une cascade merveilleuse qui fournissait les eaux du ruisseau de l'*Étoile*.....

FIN DU VOYAGE DE BOUGAINVILLE.

Paris. — Imp. Lacour et Cᵉ, rue Soufflot, 16.

BIBLIOTHÈQUE IMPÉRIALE R.F.

LA PÉROUSE.

(1785-1790.)

PRÉLIMINAIRE.

Jean-François Galaup de La Pérouse, chef d'escadre, naquit à Alby en 1741. Entré dès ses jeunes ans dans l'école de la marine, ses premiers regards se tournèrent vers les navigateurs célèbres qui avaient illustré leur patrie, et il prit dès lors la résolution de marcher sur leurs traces; mais, ne pouvant avancer qu'à pas lents dans cette route difficile, il se prépara, en se nourrissant d'avance de leurs travaux, à les égaler un jour. Il joignit de bonne heure l'expérience à la théorie : il avait déjà fait dix-huit campagnes quand le commandement de la dernière expédition lui fut confié. Garde de la marine le 19 novembre 1756, il fit d'abord cinq campagnes de guerre, les quatre premières sur *le Célèbre, la Pomone, le Zéphyr* et *le Cerf*, et la cinquième sur *le Formidable*, commandé par Saint-André du Verger. Ce vaisseau faisait partie de l'escadre aux ordres du maréchal de Conflans, lorsqu'elle fut jointe à la hauteur de Belle-Ile par l'escadre anglaise. Les vaisseaux de l'arrière-garde, *le Magnifique, le Héros* et *le Formidable* furent attaqués et environnés par huit ou dix vaisseaux ennemis. Le combat s'engagea et devint général : il fut si terrible, que huit vaisseaux anglais ou français coulèrent bas pendant l'action, ou allèrent se perdre et se brûler sur les côtes de France. Le seul vaisseau *le Formidable*, plus maltraité que les autres, fut pris après la plus vigoureuse défense. La Pérouse se conduisit avec une grande bravoure dans ce combat, où il fut grièvement blessé.

Rendu à sa patrie, il fit dans le même grade, sur le vaisseau *le Robuste*, trois nouvelles campagnes : il s'y distingua dans plusieurs circonstances; et son mérite naissant commença à fixer les regards de ses chefs.

Le 1er octobre 1764, il fut promu au grade d'enseigne de vaisseau. Un homme moins actif eût profité des douceurs de la paix; mais sa passion pour son état ne lui permettait pas de prendre du repos. Il suffit, pour juger de sa constante activité, de parcourir le simple tableau de son existence militaire depuis cette époque jusqu'en 1777. Il était, en 1765, sur la flûte *l'Adour*; en 1766, sur la flûte *le Gave*; en 1767, commandant la flûte *l'Adour*; en 1768, commandant *la Dorothée*; en 1769, commandant *le Bugalet*; en 1771, sur *la Belle-Poule*; en 1772, *ibid.*; en 1773, 74, 75, 76, 77, commandant la flûte *la Seine* et *les Deux-Amis* sur la côte de Malabar; lieutenant, depuis le 4 avril 1777.

L'année 1778 vit rallumer la guerre entre la France et l'Angleterre : les hostilités commencèrent le 17 juin, par le combat de *la Belle-Poule*.

En 1779, La Pérouse commandait *l'Amazone*, qui faisait partie de l'escadre aux ordres du vice-amiral d'Estaing. Voulant protéger la descente des troupes à la Grenade, il y mouilla à portée de pistolet d'une batterie ennemie. Lors du combat de cette escadre contre celle de l'amiral Byron, il fut chargé de porter les ordres du général dans toute la ligne. Enfin, il prit sur la côte de la Nouvelle-Angleterre la frégate *l'Ariel*, et contribua à la prise de *l'Experiment*.

Nommé capitaine le 4 avril 1780, il commandait la frégate *l'Astrée*, lorsque, se trouvant en croisière avec *l'Hermione*, commandée par le capitaine la Touche, il livra, le 21 juillet, un combat très opiniâtre à six bâtiments de guerre anglais, à six lieues du cap nord de l'île Royale. Cinq de ces bâtiments, *l'Allégeance* de vingt-quatre canons, *le Vernon* de même force, *le Charlestown* de vingt-huit, *le Jack* de quatorze, et *le Vautour* de vingt, formèrent une ligne pour l'attendre; le sixième, *le Thompson* de dix-huit, resta hors de la portée du canon. Les deux frégates coururent ensemble sur l'ennemi, toutes voiles dehors. Il était sept heures du soir lorsqu'elles tirèrent le premier coup de canon. Elles prolongèrent la ligne anglaise sous le vent, pour lui ôter tout espoir de fuir. *Le Thompson* restait constamment au vent. Les deux frégates manœuvrèrent avec tant d'habileté, que le désordre se mit bientôt dans l'escadrille anglaise: au bout d'une demi-heure, *le Charlestown*, frégate commandante, et *le Jack*, furent obligés de se rendre; les trois autres bâtiments auraient éprouvé le même sort, si la nuit ne les eût dérobés à la poursuite des deux frégates.

L'année suivante, le gouvernement français forma le projet de prendre et de détruire les établissements des Anglais dans la baie d'Hudson. La Pérouse était propre à remplir cette mission pénible dans des mers difficiles: il reçut ordre de partir du cap Français, le 31 mai 1782. Il commandait *le Sceptre*, de soixante-quatorze canons, et il était suivi des frégates *l'Astrée* et *l'Engageante*, de trente-six canons chacune, commandées par les capitaines de Langle et la Jaille; il avait à bord de ces bâtiments deux cent cinquante hommes d'infanterie, quarante hommes d'artillerie, quatre canons de campagne, deux mortiers et trois cents bombes.

Le 17 juillet, il eut connaissance de l'île de la Résolution; mais à peine eut-il fait vingt-cinq lieues dans le détroit d'Hudson, que ses vaisseaux se trouvèrent engagés dans les glaces, où ils furent considérablement endommagés.

Le 30, après avoir constamment lutté contre des obstacles de toute espèce, il vit le cap Walsingam, situé à la partie la plus occidentale du détroit. Pour arriver promptement au fort du Prince-de-Wales, qu'il se proposait d'attaquer d'abord, il n'avait pas un instant à perdre, la rigueur de la saison obligeant tous les vaisseaux d'abandonner cette mer dans les premiers jours de septembre: mais dès qu'il fut entré dans la baie d'Hudson, les brumes l'enveloppèrent; et le 3 août, à la première éclaircie, il se vit environné de glaces à perte de vue, ce qui le força de mettre à la cape. Cependant il triompha de ces obstacles; et le 8 au soir, ayant découvert le pavillon du Prince-de-Wales, les bâtiments français s'en approchèrent en sondant jusqu'à une lieue et demie, et y mouillèrent.

Un officier envoyé pour reconnaître les approches du fort rapporta que les bâtiments pouvaient s'embosser à très peu de distance. La Pérouse, ne doutant pas que *le Sceptre* seul ne pût facilement réduire les ennemis s'ils résistaient, fit ses préparatifs pour effectuer une descente pendant la nuit. Quoique contrariées par la marée et l'obscurité, les chaloupes abordèrent sans obstacle à trois quarts de lieue du fort. La Pérouse, ne voyant aucune disposition défensive, quoique le fort parût en état de faire une vigoureuse résistance, fit sommer l'ennemi: les portes furent ouvertes, le gouverneur et la garnison se rendirent à discrétion.

Cette partie de ses ordres exécutée, il mit, le 11 août, à la voile, pour se rendre au fort d'York: il éprouva, pour y parvenir, des difficultés plus grandes encore que celles qu'il avait rencontrées précédemment: il naviguait par six ou sept brasses, sur une côte parsemée d'écueils. Après avoir couru les plus grands risques, *le Sceptre* et les deux frégates découvrirent l'entrée de la rivière de Nelson, et mouillèrent, le 20 août, à environ cinq lieues de terre.

La Pérouse avait pris trois bateaux pontés au fort du Prince-de-Wales: il les envoya, avec le canot *du Sceptre*, prendre connaissance de la rivière des Hayes, près de laquelle est le fort d'York.

Le 21 août, les troupes s'embarquèrent dans les chaloupes; et La Pérouse, n'ayant rien à craindre par mer des ennemis, crut devoir présider au débarquement.

L'île des Hayes, où est le fort d'York, est située à l'embouchure d'une grande rivière qu'elle divise en deux branches: celle qui passe devant le fort s'appelle *la rivière des Hayes*, et l'autre, *la rivière Nelson*. Le commandant français savait que tout les moyens de défense étaient établis sur la première; il y avait, de plus, un vaisseau de la Compagnie d'Hudson, portant vingt-cinq canons de neuf, mouillé à son embouchure. Il se décida à pénétrer par la rivière Nelson, quoique ses troupes eussent à faire de ce côté une marche d'environ quatre lieues; mais il y gagnait l'avantage de rendre inutiles les batteries placées sur la rivière des Hayes.

On arriva, le 21 au soir, à l'embouchure de la rivière Nelson, avec deux cent cinquante hommes de troupes, les mortiers, les canons, et des vivres pour huit jours, afin de ne pas avoir besoin de recourir aux vaisseaux, avec lesquels il était très difficile de communiquer. La Pérouse donna ordre aux chaloupes de mouiller par trois brasses à l'entrée de la rivière, et il s'avança dans son canot avec son second de Langle, le commandant des troupes de débarquement Rostaing, et le capitaine du génie Monneron, pour sonder la rivière et en visiter les bords, où il craignait que les ennemis n'eussent préparé quelques moyens de défense.

Cette opération prouva que la rive était inabordable: les plus petits canots ne pouvaient approcher qu'à environ cent toises, et le fond qui restait à parcourir était de vase molle. Il jugea donc à propos d'attendre le jour et de rester à l'ancre: mais la marée perdant beaucoup plus qu'on ne l'avait présumé, les chaloupes restèrent à sec à trois heures du matin.

Irritées par cet obstacle, bien loin d'en être découragées, toutes les troupes débarquèrent: et après avoir fait un quart de lieue dans la boue jusqu'à mi-jambe, elles arrivèrent enfin sur un pré, où elles se rangèrent en bataille: de là elles marchèrent vers un bois, où l'on comptait trouver un sentier sec qui conduirait au fort. On n'en découvrit aucun, et toute la journée fut employée à la recherche de chemins qui n'existaient point.

La Pérouse ordonna au capitaine du génie Monneron d'en tracer un à la boussole au milieu du bois. Ce travail extrêmement pénible exécuté servit à faire connaître qu'il y avait deux lieues de marais à traverser, pendant lesquelles on enfoncerait souvent dans la vase jusqu'aux genoux. Un coup de vent qui survint pendant la nuit força La Pérouse inquiet à rejoindre ses bâtiments. Il se rendit sur le rivage; mais la tempête continuant, il ne put s'embarquer. Il profita d'un intervalle, et parvint le lendemain à son bord, une heure avant un second coup de vent. Un officier, parti en même temps que lui, fit naufrage; il eut, ainsi que les gens de son équipage, le bonheur de gagner la terre; mais ils ne purent revenir à bord qu'au bout de trois jours, nus et mourant de faim.

Cependant les troupes arrivèrent devant le fort le 24 au matin, après une marche des plus pénibles, et il fut rendu à la première sommation. La Pérouse fit détruire le fort, et donna l'ordre aux troupes de se rembarquer sur-le-champ.

Cet ordre fut contrarié par un nouveau coup de vent, qui fit courir les plus grands dangers aux vaisseaux. Enfin le beau temps revint, et les troupes se rembarquèrent. La Pérouse, ayant à bord les gouverneurs des forts du Prince-de-Wales et d'York, mit à la voile pour s'éloigner de ces parages, livrés aux glaces et aux tempêtes, où des succès militaires obtenus sans éprouver la moindre résistance avaient été précédés de tant de peines, de périls et de fatigues.

Si La Pérouse, comme militaire, fut obligé, pour se conformer à des ordres rigoureux, de détruire des possessions alors ennemies, il n'oublia pas en même temps les égards qu'on doit au malheur. Ayant su qu'à son approche des Anglais avaient fui dans les bois, et que son départ, vu la destruction des établissements, les exposait à mourir de faim et à tomber sans défense entre les mains des sauvages, il eut l'humanité de leur laisser des vivres et des armes.

Est-il à ce sujet un éloge plus flatteur que cet aveu sincère d'un marin anglais, dans sa relation d'un voyage à Botany-Bay! «On doit se rappeler avec reconnaissance, en Angleterre surtout, cet homme humain et généreux, pour la conduite qu'il a tenue lorsque l'ordre fut donné de détruire notre établissement de la baie d'Hudson, dans le cours de la dernière guerre.»

Après un témoignage aussi juste et aussi vrai, et lorsque l'Angleterre a si bien mérité des amis des sciences et des arts par son empressement à publier les résultats des voyages de découvertes qu'elle a ordonnés, aurons-nous à reprocher à un autre militaire anglais d'avoir manqué à ses engagements envers La Pérouse!

Le gouverneur Hearn avait fait, en 1772, un voyage par terre, vers le nord, en partant du fort Churchill dans la baie d'Hudson; le journal manuscrit en fut trouvé par La Pérouse dans les papiers de ce gouverneur, qui insista pour qu'il lui fût laissé comme sa propriété particulière. Ce voyage ayant été fait néanmoins par ordre de la Compagnie d'Hudson dans la vue d'acquérir des connaissances sur la partie du nord de l'Amérique, le journal pouvait bien être censé appartenir à cette Compagnie, et par conséquent être dévolu au vainqueur: cependant La Pérouse céda par bonté aux instances du gouverneur Hearn; il lui rendit le manuscrit, mais à la condition expresse de le faire imprimer et publier dès qu'il serait de retour en Angleterre. Cette condition ne fut point remplie.

L'époque du rétablissement de la paix avec l'Angleterre en 1783 termina cette campagne. L'infatigable La Pérouse ne jouit pas d'un long repos; une plus importante campagne l'attendait: hélas! ce devait être la dernière. Il était destiné à commander l'expédition autour du monde, en 1785, dont les préparatifs se faisaient à Brest.

Jusqu'ici on n'a considéré dans La Pérouse que le militaire et le navigateur; mais il mérite également d'être connu par ses qualités personnelles, car il n'était pas moins propre à se concilier les hommes de tous les pays, ou à s'en faire respecter, qu'à prévoir et à vaincre les obstacles qu'il est donné à la sagesse humaine de surmonter.

Réunissant à la vivacité des habitants des pays méridionaux un esprit agréable et un caractère égal, sa douceur et son aimable gaîté le firent toujours rechercher avec empressement: d'un autre côté, mûri par une longue expérience, il joignait à une prudence rare cette fermeté de caractère qui est le partage d'une âme forte, et qui, augmentée par le genre de vie pénible des marins, le rendait capable de tenter et de conduire avec succès les plus grandes entreprises.

D'après la réunion de ces diverses qualités, le lecteur, témoin de sa patience rigoureuse dans les travaux commandés par les circonstances, des conseils sévères que sa prévoyance lui dictait, des mesures de précaution qu'il prenait avec les peuples, sera peu étonné de la conduite bienfaisante et modérée autant que circonspecte de La Pérouse à leur égard, de la confiance, quelquefois même de la déférence qu'il témoignait à ses officiers, et de ses soins paternels envers ses équipages: rien de ce qui pouvait les intéresser, soit en prévenant leurs peines, soit en procurant leur bien-être, n'échappait à sa surveillance, à sa sollicitude. Ne voulant pas faire d'une entreprise scientifique une spéculation mercantile, et laissant tout entier le bénéfice des objets de traite au profit des seuls matelots de l'équipage, il se réservait pour lui la satisfaction d'avoir été utile à sa patrie et aux sciences. Secondé parfaitement dans ses soins pour le maintien de leur santé, aucun navigateur n'a fait une campagne aussi longue, n'a parcouru un développement de route si étendu, en changeant sans cesse de climat, avec des équipages aussi sains, puisqu'à leur arrivée à la Nouvelle-Hollande, après trente mois de campagne et plus de seize mille lieues de route, ils étaient aussi bien portants qu'à leur départ de Brest.

Maître de lui-même, ne se laissant jamais aller aux premières impressions, il fut à portée de pratiquer, surtout dans cette campagne, les préceptes d'une saine philosophie, ami de l'humanité; s'attachant à suivre cet article de ses instructions, gravé dans son cœur, qui lui ordonnait d'éviter de répandre une seule goutte de sang; l'ayant suivi constamment dans un aussi long voyage, avec un succès dû à ses principes; et, lorsque attaqué par une horde barbare de sauvages, il eut perdu son second, un naturaliste et dix hommes des deux équipages, malgré les moyens puissants de vengeance qu'il avait entre les mains, et tant de motifs excusables pour en user, contenant la fureur des équipages, et craignant de frapper une seule victime innocente parmi des milliers de coupables.

Équitable et modeste autant qu'éclairé, on verra avec quel respect il parlait de l'immortel Cook, et comme il cherchait à rendre justice aux grands hommes qui avaient parcouru la même carrière.

Également juste envers tous, La Pérouse, dans son journal et sa correspondance, dispense avec équité les éloges auxquels ont droit ses coopérateurs. Il cite aussi les étrangers qui, dans les différentes parties du monde, l'ont bien accueilli, et lui ont procuré des secours. A son tour, justement apprécié par les marins anglais qui avaient eu occasion de le connaître, ils lui ont donné un témoignage d'estime non équivoque dans leurs écrits.

La Pérouse, d'après ses dernières lettres de Botany-Bay, devait être rendu à l'Ile-de-France en 1788. Les deux années suivantes s'étant écoulées, les événements importants qui occupaient et fixaient l'attention de la France entière ne purent la détourner du sort qui semblait menacer nos navigateurs. Les premières réclamations à cet égard, les premiers accents de la crainte et de la douleur, se firent entendre à la barre de l'assemblée nationale, par l'organe des membres de la Société d'histoire naturelle, au mois de février 1791.

La demande de la Société d'histoire naturelle, accueillie avec le plus vif intérêt, fut suivie de près par la loi qui ordonna l'armement de deux frégates pour aller à la recherche de La Pérouse.

Les motifs d'après lesquels le décret fut rendu, le 9 février, exprimaient assez l'intérêt tendre et touchant qu'inspiraient nos navigateurs, et l'empressement avec lequel, désirant le retrouver, on saisissait une simple lueur d'espérance, sans songer aux grands sacrifices que leur recherche exigeait.

A peine les navires envoyés à la recherche de La Pérouse furent-ils partis, que le bruit se répandit qu'un capitaine hollandais, passant devant les îles de l'Amirauté, à l'ouest de la Nouvelle-Irlande, avait aperçu une pirogue montée par des naturels qui lui avaient paru revêtus d'uniformes de la marine française.

Le général d'Entrecasteaux, qui commandait la nouvelle expédition, ayant relâché au cap de Bonne-Espérance, eut connaissance de ce rapport: malgré son peu d'authenticité et de vraisemblance, il n'hésita pas un seul instant; il changea son projet de route pour voler au lieu indiqué. Son empressement n'ayant eu aucun succès, il recommença sa recherche dans l'ordre prescrit par ses instructions, et il l'acheva sans pouvoir obtenir le moindre renseignement ni acquérir la moindre probabilité sur le sort de notre infortuné navigateur.

On a diversement raisonné en France sur la cause de sa perte: mais La Pérouse a dû probablement périr, par un mauvais temps, sur les nombreux récifs dont les archipels qu'il avait encore à explorer doivent être et ont en effet été reconnus parsemés par le général d'Entrecasteaux. La manière dont les deux frégates ont toujours navigué à la portée de la voix aura rendu commun à toutes deux le même écueil; elles auront éprouvé le malheur dont elles avaient été si près le 6 novembre 1786, et auront été englouties sans pouvoir aborder à aucune terre (1).

L'assemblée nationale ne se borna point à décréter l'envoi de vaisseaux à la recherche de la Pérouse, elle ordonna aussi que les relations et cartes envoyées par La Pérouse, de la partie de son voyage jusqu'à Botany-Bay, seraient imprimées et gravées aux dépens de la nation; qu'aussitôt que l'édition serait finie, et qu'on en aurait retiré les exemplaires dont le roi voudrait disposer, le surplus serait adressé à madame de La Pérouse en témoignage de satisfaction du dévoûment de M. de La Pérouse à la chose publique et à l'accroissement des connaissances humaines et des découvertes utiles; elles décréta enfin que La Pérouse resterait porté sur l'état de la marine jusqu'au retour des bâtiments envoyés à sa recherche, et que ses appointements continueraient à être payés à sa femme, suivant la disposition qu'il en avait faite avant son départ.

—

RELATION DU VOYAGE.

Objet de l'armement des deux frégates. Séjour dans la rade de Brest. Traversée de Brest à Madère et à Téneriffe. Séjour dans ces deux îles. Voyage au Pic. Arrivée à la Trinité. Relâche à l'île Sainte-Catherine sur la côte du Brésil.

L'ancien esprit de découvertes paraissait entièrement éteint. Le voyage d'Ellis à la baie d'Hudson, en 1747, n'avait pas répondu aux espérances de ceux qui avaient avancé des fonds pour cette entreprise. Le capitaine Bouvet avait cru apercevoir, le 1er janvier 1739, une terre par les 54 degrés de latitude sud : il paraît aujourd'hui probable que ne n'était qu'un banc de glace; et cette méprise a retardé les progrès de la géographie, Des faiseurs de systèmes, qui, du fond de leurs cabinets, tracent la figure des continents et des îles, avaient conclu que le prétendu cap de la Circoncision était la pointe septentrionale des terres australes, dont l'existence leur paraissait démontrée comme nécessaire à l'équilibre du globe (2).

Ces deux voyages devaient avec raison décourager des particuliers qui, par un simple esprit de curiosité, sacrifiaient des sommes considérables à un intérêt qui avait cessé depuis longtemps de fixer les yeux des différentes puissances maritimes de l'Europe.

En 1764, l'Angleterre ordonna une nouvelle expédition dont le commandement fut confié au commodore Byron. Les relations de ce voyage, ainsi que celles des navigateurs Wallis, Carteret et Cook, sont généralement connues.

Au mois de novembre 1766, M. de Bougainville partit de Nantes, avec la frégate *la Boudeuse* et la flûte *l'Etoile*. Il suivit à peu près la même route que les navigateurs anglais; il découvrit plusieurs îles; et son voyage, écrit avec intérêt, n'a pas peu servi à donner aux Français ce goût des découvertes, qui venait de renaître avec tant d'énergie en Angleterre.

En 1771, M. de Kerguelen fut expédié pour un voyage vers le continent austral dont l'existence, à cette époque, n'était pas même contestée des géographes. En décembre de la même année, il eut connaissance d'une île : le mauvais temps l'empêcha d'en achever la découverte. Plein des idées de tous les savants de l'Europe, il ne douta pas qu'il n'eût aperçu un cap des terres australes. Son empressement à venir annoncer cette nouvelle ne lui permit pas de différer un instant son retour; il fut reçu en France comme un nouveau Christophe Colomb. On équipa tout de suite un vaisseau de guerre et une frégate pour continuer cette importante découverte : ce choix extraordinaire de bâtiments suffirait seul pour démontrer que l'enthousiasme exclut la réflexion. M. de Kerguelen eut ordre d'aller lever le plan du prétendu continent qu'il avait aperçu : on sait le mauvais succès de ce second voyage; mais le capitaine Cook, le premier des navigateurs, n'aurait pu réussir dans une pareille entreprise avec un vaisseau de soixante-quatre canons, une frégate de trente-deux, et sept cents hommes d'équipage : peut-être n'aurait-il point accepté ce commandement, ou il aurait fait adopter d'autres idées. Enfin, M. de Kerguelen revint en France aussi peu instruit que la première fois. On ne s'occupa plus de découvertes. Le roi mourut pendant le cours de cette expédition. La guerre de 1778 tourna tous les regards vers des objets bien opposés : on n'oublia pas cependant que nos ennemis avaient en mer *la Découverte* et *la Résolution*, et que le capitaine Cook, travaillant à l'agrandissement des connaissances humaines, devait être l'ami de toutes les nations de l'Europe (1).

L'objet principal de la guerre de 1778 était d'assurer la tranquillité des mers : il fut rempli par la paix de 1783. Ce même esprit de justice qui avait fait prendre les armes, pour que les pavillons des nations les plus faibles sur mer y fussent respectés à l'égal de ceux de France et d'Angleterre, devait pendant la paix se porter vers ce qui peut contribuer au plus grand bien-être de tous les hommes. Les sciences, en adoucissant les mœurs, ont peut-être plus que les bonnes lois contribué au bonheur de la société.

Les voyages de divers navigateurs anglais, en étendant nos connaissances, avaient mérité la juste admiration du monde entier : l'Europe avait apprécié les talents et le grand caractère du capitaine Cook. Mais dans un champ aussi vaste, il restera pendant bien des siècles de nouvelles connaissances à acquérir; des côtes à relever, des plantes, des arbres, des poissons, des oiseaux à décrire; des minéraux, des volcans à observer; des peuples à étudier, et peut-être à rendre plus heureux : car enfin, une plante farineuse, un fruit de plus, sont des bienfaits inestimables pour les habitants des îles de la mer du Sud.

Ces différentes réflexions firent adopter le projet d'un voyage autour du monde : des savants de tous les genres furent employés dans cette expédition. M. Dagelet, de l'Académie des sciences, et M. Monge (2), l'un et l'autre professeurs de mathématiques à l'École militaire, furent embarqués en qualité d'astronomes, le premier sur *la Boussole*, et le second sur *l'Astrolabe*.

(1) Ces conjectures ont été en quelque sorte pleinement vérifiées par le voyage de *l'Astrolabe*, exécuté de 1826 à 1829, sous le commandement de M. le capitaine Dumont d'Urville, qui a retrouvé plusieurs débris du naufrage de La Pérouse dans les récifs de l'île Vanikoro, située entre l'archipel Salomon et les Nouvelles-Hébrides, à 10 ou 12 degrés de latitude sud, et vers le 165e de longitude est. A. M

(2) Néanmoins, sans prétendre que le cap de la Circoncision, découvert par Lozier Bouvet, appartienne à un banc de glace plutôt qu'à une île, les premiers voyages de Cook autour du pôle austral paraissent avoir assez décidé la question. A. M.

(1) A l'époque des hostilités de 1778 contre l'Angleterre, il fut ordonné à tout bâtiment français qui rencontrerait *la Découverte* et *la Résolution*, commandées par le capitaine Cook, de les laisser librement passer sans les visiter; et, bien loin de les traiter en ennemies, de leur fournir tous les secours dont elles pourraient avoir besoin. C'est ainsi qu'une grande nation montre un respect religieux pour les progrès des sciences et des découvertes utiles. A. M.

(2) La santé de Monge devint si mauvaise de Brest à Téneriffe, qu'il fut obligé de débarquer et de retourner en France, où il devait, dans le sanctuaire des sciences, éterniser son nom. A. M.

M. de Lamanon, de l'Académie de Turin, correspondant de l'Académie des sciences, fut chargé de la partie de l'histoire naturelle de la terre et de son atmosphère, connue sous le nom de *géologie*. M. l'abbé Mongès, chanoine régulier de Sainte-Geneviève, rédacteur du journal de physique, devait examiner les minéraux, en faire l'analyse, et contribuer au progrès des différentes parties de la physique. M. de Jussieu désigna M. de la Martinière, docteur en médecine de la faculté de Montpellier, pour la partie de la botanique; il lui fut adjoint un jardinier du Jardin du Roi pour cultiver et conserver les plantes et graines de différentes espèces que nous aurions la possibilité de rapporter en Europe : sur le choix qu'en fit M. Thouin, M. Collignon fut embarqué pour remplir ces fonctions. MM. Prevost, oncle et neveu, furent chargés de peindre tout ce qui concerne l'histoire naturelle. M. Dufresne, grand naturaliste, et très habile dans l'art de classer les différentes productions de la nature, nous fut donné par M. le contrôleur général. Enfin, M. Duché de Vancy reçut ordre de s'embarquer pour peindre les costumes, les paysages, et généralement tout ce qu'il est souvent impossible de décrire. Les compagnies savantes du royaume s'empressèrent de donner dans cette occasion des témoignages de leur zèle et de leur amour pour le progrès des sciences et des arts. L'Académie des sciences, la Société de médecine, adressèrent chacune un mémoire à M. le maréchal de Castries, sur les observations les plus importantes que nous aurions à faire pendant cette campagne.

M. l'abbé Tessier, de l'Académie des sciences, proposa un moyen pour préserver l'eau douce de la corruption. M. du Fourni, ingénieur-architecte, nous fit part aussi de ses observations sur les arbres et sur le nivellement des eaux de la mer. M. le Dru nous proposa dans un mémoire de faire plusieurs observations sur l'aimant, par différentes latitudes et longitudes; il y joignit une boussole d'inclinaison de sa composition, qu'il nous pria de comparer avec le résultat que nous donneraient les deux boussoles qui nous furent prêtées par les commissaires du bureau des longitudes de Londres. Je dois ici témoigner ma reconnaissance au chevalier Banks, qui, ayant appris que M. de Monneron ne trouvait point à Londres de boussole d'inclinaison, voulut bien nous faire prêter celles qui avaient servi au célèbre capitaine Cook. Je reçus ces instruments avec un sentiment de respect religieux pour la mémoire de ce grand homme.

M. de Monneron, capitaine au corps du génie, qui m'avait suivi dans mon expédition de la baie d'Hudson, fut embarqué en qualité d'ingénieur en chef; son amitié pour moi, autant que son goût pour les voyages, le détermina à solliciter cette place : il fut chargé de lever les plans, d'examiner les positions. M. Bernizet, ingénieur-géographe, lui fut adjoint pour cette partie.

Enfin M. de Fleurieu, ancien capitaine de vaisseau, directeur des ports et arsenaux, dressa lui-même les cartes qui devaient nous servir pendant le voyage; il y joignit un volume entier des notes les plus savantes, et des discussions sur les différents voyageurs, depuis Christophe Colomb jusqu'à nos jours. Je lui dois un témoignage public de reconnaissance pour les lumières que je tiens de lui, et pour l'amitié dont il m'a si souvent donné des preuves (1).

M. le maréchal de Castries, ministre de la marine, qui m'avait désigné au roi pour ce commandement, avait donné les ordres les plus formels dans les ports, pour que tout ce qui pouvait contribuer au succès de cette campagne nous fût accordé. M. d'Hector, lieutenant-général commandant la marine à Brest, répondit à ses vues, et suivit le détail de mon armement comme s'il avait dû commander lui-même. J'avais eu le choix de tous les officiers; je désignai pour le commandement de *l'Astrolabe* M. de Langle, capitaine de vaisseau, qui montait *l'Astrée* dans mon expédition de la baie d'Hudson, et qui m'avait, dans cette occasion, donné les plus grandes preuves de talent et de caractère. Cent officiers se proposèrent à M. de Langle et à moi pour faire cette campagne; tous ceux dont nous fîmes choix étaient distingués par leurs connaissances: enfin, le 26 juin 1785, mes instructions me furent remises. Je partis le 1er juillet pour Brest, où j'arrivai le 4.

Nous fûmes en rade le 11, mais les vents d'ouest nous retinrent jusqu'au 1er d'août. Je mis à la voile de la rade de Brest, le même jour. Ma traversée jusqu'à Madère n'eut rien d'intéressant; nous y mouillâmes le 13; les vents nous furent constamment favorables. Pendant les belles nuits de cette traversée, M. de Lamanon observa les points lumineux qui sont dans l'eau de la mer, et qui proviennent, selon mon opinion, de la dissolution des corps marins. Si des insectes produisaient cette lumière, comme l'assurent plusieurs physiciens, ils ne seraient pas répandus avec cette profusion depuis le pôle jusqu'à l'équateur, et ils affecteraient certains climats (1).

Notre traversée de Madère jusqu'à Ténériffe ne fut que de trois jours; nous y mouillâmes le 19 août. J'eus connaissance, le 18 au matin, de l'île Salvage, dont je rangeai la partie de l'est à environ une demi-lieue: elle est très saine. Cette île est entièrement brûlée; il n'y a pas un seul arbre; elle paraît formée par des couches de lave et d'autres matières volcaniques. Sa longitude occidentale est par 18 degrés 13 minutes, et sa latitude nord par 30 degrés 15 minutes.

Le 30 août au matin, je mis à la voile avec un vent de nord-nord-est assez frais. Nous avions pris à bord de chaque bâtiment soixante pipes de vin : cette opération nous avait obligés de désarrimer la moitié de notre cale pour trouver les tonneaux vides qui étaient destinés à le contenir. Ce vin venait d'Orotava, petite ville qui est de l'autre côté de l'île.

Nous ne pûmes faire route qu'à trois heures après midi du 30 août. Nous étions encore plus encombrés d'effets qu'à notre départ de Brest; mais chaque jour devait les diminuer, et nous n'avions plus que du bois et de l'eau à trouver jusqu'à notre arrivée aux îles de la mer du Sud. Je comptais me pourvoir de ces deux articles à la Trinité; car j'étais décidé à ne pas relâcher aux îles du cap Vert, qui, dans cette saison, sont malsaines, et la santé de nos équipages était le premier des biens.

La traversée jusqu'à la ligne n'eut rien de remarquable. Les vents alizés nous quittèrent par les 14 degrés nord, et furent constamment de l'ouest au sud-ouest jusqu'à la ligne : ils me forcèrent de suivre la côte d'Afrique, que je prolongeai à environ soixante lieues de distance.

Nous coupâmes l'équateur le 29 septembre, par 8 degrés de longitude occidentale: j'aurais désiré, d'après mes instructions, pouvoir le passer beaucoup plus à l'ouest; mais heureusement les vents nous portèrent toujours vers l'est. Sans cette circonstance, il m'eût été impossible de prendre connaissance de la Trinité; car nous trouvâmes les vents de sud-est à la ligne, et ils m'ont constamment suivi jusque par les 20 deg. 25 min. de latitude sud.

Le 16 octobre, à dix heures du matin, nous aperçûmes les îles Martin-Vas; puis nous fîmes route au plus

(1) Les sciences et les arts doivent plus particulièrement partager les regrets de l'Europe entière sur la perte de nos navigateurs; l'immense collection faite par les savants et une partie des mémoires ont péri avec eux. A. M.

(1) On ne doute plus maintenant de l'existence des polypes ou animaux lumineux dans l'eau de la mer. On a observé aux Maldives et sur la côte du Malabar, lieux où la mer est plus lumineuse que dans les parages dont parle notre navigateur, que l'eau était parsemée de quantité de petits animaux vivants, lumineux, laissant échapper une liqueur huileuse qui surnageait, et répandait une lumière phosphorique quand elle était agitée. A. M.

près, vers l'île de la Trinité, distante de Martin-Vas d'environ neuf lieues dans l'ouest-quart-sud-ouest. Ces îles Martin-Vas ne sont, à proprement parler, que des rochers; le plus gros peut avoir un quart de lieue de tour : il y a trois îlots séparés entre eux par de très petites distances, lesquels, vus d'un peu loin, paraissent comme cinq têtes.

Au coucher du soleil, je vis l'île de la Trinité; mais assuré de ne pouvoir trouver dans cette île ni l'eau ni le bois dont j'avais besoin, je me décidai tout de suite à faire route pour l'île Sainte-Catherine, sur la côte du Brésil. C'était l'ancienne relâche des bâtiments français qui allaient dans la mer du Sud. Frézier et l'amiral Anson y trouvèrent abondamment à se pourvoir du nécessaire. Ce fut pour ne pas perdre un seul jour que je donnai la préférence à l'île Sainte-Catherine sur Rio-Janeiro, où les différentes formalités auraient exigé plus de temps qu'il n'en fallait pour faire l'eau et le bois qui nous manquaient.

Description de l'île Sainte-Catherine. Observation et événements pendant notre relâche. Départ de l'île Sainte-Catherine. Arrivée à la Conception.

L'île Sainte-Catherine, où je mouillai le 6 novembre, s'étend depuis les 27 degrés 19 minutes 10 secondes de latitude sud jusqu'aux 27 degrés 49 minutes; sa largeur de l'est à l'ouest n'est que de deux lieues; elle n'est séparée du continent, dans l'endroit le plus resserré, que par un canal de deux cents toises. C'est sur la pointe de ce goulet qu'est bâtie la ville de Nostra-Senhora-do-Desterro, capitale de cette capitainerie, où le gouverneur fait sa résidence; elle contient au plus 3,000 âmes et environ quatre cents maisons : l'aspect en est fort agréable. Suivant la relation de Frézier, cette île servait, en 1712, de retraite à des vagabonds qui s'y sauvaient des différentes parties du Brésil; ils n'étaient sujets du Portugal que de nom, et ils ne reconnaissaient aucune autorité. Le pays est si fertile, qu'ils pouvaient subsister sans aucun secours des colonies voisines; et ils étaient si dénués d'argent qu'ils ne pouvaient tenter la cupidité du gouverneur général du Brésil, ni lui inspirer l'envie de les soumettre. Les vaisseaux qui relâchaient chez eux ne leur donnaient, en échange de leurs provisions, que des habits et des chemises dont ils manquaient absolument. Ce n'est que vers 1740 que la cour de Lisbonne établit un gouvernement régulier dans l'île Sainte-Catherine et les terres adjacentes du continent.

Ce gouvernement s'étend soixante lieues du nord au sud, depuis la rivière San-Francisco jusqu'à Rio-Grande; sa population est de 20,000 âmes. J'ai vu dans les familles un si grand nombre d'enfants que je crois qu'elle sera bientôt plus considérable. Le terrain est extrêmement fertile, et produit presque de lui-même toutes sortes de fruits, de légumes et de grains : il est couvert d'arbres toujours verts; mais ils sont tellement entremêlés de ronces et de lianes qu'il n'est pas possible de traverser ces forêts, à moins d'y pratiquer un sentier avec des haches : on a d'ailleurs à craindre les serpents dont la morsure est mortelle. Les habitations, tant sur l'île que sur le continent, sont toutes sur le bord de la mer : les bois qui les environnent ont une odeur délicieuse par la grande quantité d'orangers, d'arbres et d'arbustes aromatiques dont ils sont remplis.

Ainsi que je l'ai dit, j'avais donné la préférence à l'île Sainte-Catherine sur Rio-Janeiro, pour éviter seulement les formalités des grandes villes qui occasionnent toujours une perte de temps; mais l'expérience m'apprit que cette relâche réunissait bien d'autres avantages. Les vivres de toute espèce y étaient dans la plus grande abondance; un gros bœuf coûtait huit piastres, un cochon, pesant cent cinquante livres, en coûtait quatre; on avait deux dindons pour une piastre; il ne fallait que jeter le filet pour le retirer plein de poissons; on apportait à bord et on nous y vendait cinq cents oranges pour moins d'une demi-piastre, et les légumes étaient aussi à un prix très modéré. Le fait suivant donnera une idée de l'hospitalité de ce bon peuple. Mon canot ayant été renversé par la lame dans une anse où je faisais couper du bois, les habitants qui aidèrent à le sauver forcèrent nos matelots naufragés à se mettre dans leurs lits, couchèrent à terre sur des nattes au milieu de la chambre où ils exerçaient cette touchante hospitalité. Peu de jours après ils rapportèrent à mon bord les voiles, les mâts, le grappin et le pavillon de ce canot, objets très précieux pour eux, et qui leur auraient été de la plus grande utilité dans leurs pirogues. Leurs mœurs sont douces; ils sont bons, polis, obligeants, mais superstitieux et jaloux de leurs femmes qui ne paraissent jamais en public.

Nos officiers tuèrent à la chasse plusieurs oiseaux variés des plus brillantes couleurs, entre autres un rollier d'un très beau bleu, qui n'a point été décrit par M. de Buffon : il est très commun dans ce pays.

Suivant nos observations, la pointe la plus est et la plus nord de l'île Sainte-Catherine peut être fixée par 49 degrés 49 minutes de longitude occidentale, et 27 degrés 19 minutes de latitude sud.

Le 16 au soir, tout étant embarqué, j'envoyai mes paquets au gouverneur qui avait bien voulu se charger de les faire parvenir à Lisbonne, où je les adressai à M. de Saint-Marc, notre consul général : chacun eut la permission d'écrire à sa famille et à ses amis. Nous nous flattions de mettre à la voile le lendemain; mais les vents de nord, qui nous auraient été si favorables si nous eussions été en pleine mer, nous retinrent au fond de la baie jusqu'au 19 novembre. J'appareillai à la pointe du jour; le calme me força de remouiller pendant quelques heures, et je ne fus en dehors de toutes les îles qu'à l'entrée de la nuit.

Nous avions acheté à Sainte-Catherine assez de bœufs, de cochons et de volailles pour nourrir l'équipage en mer pendant plus d'un mois, et nous avions ajouté des orangers et des citronniers à notre collection d'arbres, qui, depuis notre départ de Brest, s'était parfaitement conservée dans les caisses faites à Paris sous les yeux et par les soins de M. Thouin. Notre jardinier était aussi pourvu de pepins d'oranges et de citrons, de graines de coton, de maïs, de riz, et généralement de tous les comestibles qui, d'après les relations des navigateurs, manquent au habitants des îles de la mer du Sud, et sont plus analogues à leur climat et à leur manière de vivre que les plantes potagères de France, dont nous portions aussi une immense quantité de graines.

Le 7 décembre, j'étais sur le parallèle prétendu de l'île Grande, par 44 degrés 38 minutes de latitude sud, et 34 degrés de longitude occidentale, suivant une observation de distances faite le jour précédent. Nous voyions passer des goëmons, et nous étions depuis plusieurs jours entourés d'oiseaux, mais de l'espèce des albatros et des pétrels, qui n'approchent jamais des terres que dans la saison de la ponte.

Ces faibles indices de terre entretenaient cependant nos espérances, et nous consolaient des mers affreuses dans lesquelles nous naviguions; mais je n'étais pas sans inquiétude en considérant que j'avais encore 35 degrés à remonter dans l'ouest jusqu'au détroit de Le Maire, où il m'importait beaucoup d'arriver avant la fin de janvier.

Le 14 janvier 1786, nous eûmes enfin la sonde de la côte des Patagons, par 47 degrés 50 minutes de latitude sud, et 64 degrés 37 minutes de longitude occidentale, suivant nos dernières observations de distances : nous n'avons jamais laissé échapper l'occasion d'en faire lorsque le temps a été favorable.

Le 21, nous eûmes connaissance du cap Beau-Temps, ou de la pointe du nord de la rivière de Gallegos, sur la même côte des Patagons : nous étions à environ trois lieues de terre. Nous prolongeâmes cette côte à trois et cinq lieues de distance.

Le 22, nous relevâmes à midi le cap des Vierges, à quatre lieues dans l'ouest : cette terre est basse, sans aucune verdure. Le capitaine Cook a déterminé avec la plus grande précision la latitude et la longitude des différents caps de cette terre.

Le 25, à deux heures, je relevai à une lieue au sud le cap San-Diego qui forme la pointe occidentale du détroit de Le Maire. J'avais prolongé depuis le matin la terre à cette distance, et j'avais suivi, sur la carte du capitaine Cook, la baie où M. Banks débarqua pour aller chercher des plantes pendant que *la Résolution* l'attendait sous voiles.

Comme il ventait bon frais du nord, j'étais le maître de me rapprocher de la Terre de Feu : je la prolongeai à une petite demi-lieue. Je trouvai le vent si favorable et la saison si avancée que je me déterminai tout de suite à abandonner la relâche de la baie de Bon-Succès, et à faire route sans perdre un instant pour doubler le cap Horn.

Durant notre navigation dans le détroit, à une demi-lieue de la Terre de Feu, nous fûmes entourés de baleines. On s'apercevait qu'elles n'avaient jamais été inquiétées ; nos vaisseaux ne les effrayaient point ; elles nageaient majestueusement à la portée du pistolet de nos frégates : elles seront souveraines de ces mers jusqu'au moment où des pêcheurs iront leur faire la même guerre qu'au Spitzberg ou au Groënland. Je doute qu'il y ait un meilleur endroit dans le monde pour cette pêche : les bâtiments seraient mouillés dans de bonnes baies, ayant de l'eau, du bois, quelques herbes antiscorbutiques et des oiseaux de mer ; les canots de ces mêmes bâtiments, sans s'éloigner d'une lieue, pourraient prendre toutes les baleines dont ils auraient besoin pour composer la cargaison de leurs vaisseaux.

L'horizon était si embrumé dans la partie de l'est, que nous n'avions pas aperçu la Terre des Etats, dont nous étions cependant à moins de cinq lieues, puisque c'est la largeur totale du détroit. Nous avons serré la Terre de Feu d'assez près pour apercevoir, avec nos lunettes, des sauvages qui attisaient de grands feux, seule manière qu'ils aient d'exprimer leurs désirs de voir relâcher les vaisseaux.

Je doublai le cap Horn avec beaucoup plus de facilité que je n'avais osé l'imaginer. Je suis convaincu aujourd'hui que cette navigation est comme celle de toutes les latitudes élevées : les difficultés qu'on s'attend à rencontrer sont l'effet d'un ancien préjugé qui doit disparaître, et que la lecture du voyage de l'amiral Anson n'a pas peu contribué à conserver parmi les marins.

Le 9 de février 1786, j'étais par le travers du détroit de Magellan dans la mer du Sud, faisant route pour l'île de Juan-Fernandez : j'avais passé, suivant mon estime, sur la prétendue terre de Drake ; mais j'avais perdu peu de temps à cette recherche, parce que j'étais convaincu qu'elle n'existait pas.

Différentes considérations me déterminèrent à préférer la Conception à l'île de Juan-Fernandez. Je savais que cette partie du Chili était très abondante en grains, qu'ils y étaient à meilleur marché que dans aucune contrée de l'Europe, et que j'y trouverais en abondance, et au prix le plus modéré, tous les autres comestibles : je dirigeai en conséquence ma route un peu plus à l'est.

Le 22 au soir, j'eus connaissance de l'île Mocha, qui est à environ cinquante lieues dans le sud de la Conception. Nous eûmes bientôt connaissance des Mamelles de Biobio : ce sont deux montagnes peu élevées dont le nom indique la forme. Il faut gouverner un peu au nord des Mamelles sur la pointe de Talcaguana : cette pointe forme l'entrée occidentale de la baie de la Conception, qui s'étend environ trois lieues de l'est à l'ouest, et autant en profondeur du nord au sud ; mais cette entrée est rétrécie par l'île de Quiquirine, qui est placée au milieu et forme deux entrées. Celle de l'est est la plus sûre et la seule pratiquée ; elle a environ une lieue de large : celle de l'ouest, entre l'île de Quiquirine et la pointe de Talcaguana, n'a guère qu'un quart de lieue : elle est remplie de rochers, et on ne doit y passer qu'avec un bon pilote.

Nous continuâmes à louvoyer pour approcher le fond de la baie ; et à neuf heures du soir nous mouillâmes à environ une lieue dans le nord-est du mouillage de Talcaguana que nous devions prendre le lendemain. Vers dix heures du soir, M. Postigo, capitaine de frégate de la marine d'Espagne, vint à mon bord, dépêché par le commandant de la Conception. Il y coucha, et il partit à la pointe du jour pour aller rendre compte de sa commission : il désigna auparavant au pilote du pays l'ancrage où il convenait de nous mouiller ; et, avant de monter à cheval, il envoya à bord de la viande fraîche, des fruits, des légumes en plus grande abondance que nous n'en avions besoin pour tout l'équipage dont la bonne santé parut le surprendre. Jamais peut-être aucun vaisseau n'avait doublé le cap Horn et n'était arrivé au Chili sans avoir des malades ; et il n'y en avait pas un seul sur nos deux bâtiments.

A sept heures du matin nous appareillâmes, nous faisant remorquer par nos canots et chaloupes ; nous mouillâmes dans l'anse de Talcaguana à onze heures, le 24 du mois de février.

Depuis notre arrivée sur la côte du Chili, nous avions fait chaque jour des observations de distances : nous avons reconnu la pointe du nord de l'île Sainte-Marie, située par 37 degrés 1 minute de latitude sud, et 75 degrés 55 minutes 45 second s de longitude occidentale ; le milieu du village de Talcaguana, par 36 degrés 42 minutes 21 secondes de latitude, et 75 degrés 20 minutes de longitude.

Description de la Conception. Mœurs et coutumes des habitants. Départ de Talcaguana. Arrivée à l'île de Pâques.

La baie de la Conception est une des plus commodes qu'on puisse rencontrer dans aucune partie du monde ; la mer y est tranquille ; il n'y a presque point de courants, quoique la marée y monte de six pieds trois pouces : elle est haute les jours de nouvelle et de pleine lune, à une heure 45 minutes. Cette baie n'est ouverte qu'au vent du nord, qui n'y souffle que pendant l'hiver de ces climats, c'est-à-dire depuis la fin de mai jusqu'en octobre : c'est la saison des pluies qui sont continuelles durant cette mousson ; car on peut donner ce nom à ces vents constants auxquels succèdent des vents de sud qui durent le reste de l'année, et sont suivis du plus beau temps. Le seul mouillage où l'on soit à l'abri des vents de nord-est pendant l'hiver est devant le village de Talcaguana, sur la côte du sud-ouest : c'est d'ailleurs aujourd'hui le seul établissement espagnol de cette baie, l'ancienne ville de la Conception, ayant été renversée par un tremblement de terre en 1751. Elle était bâtie à l'embouchure de la rivière de Saint-Pierre, dans l'est de Talcaguana : on en voit encore les ruines qui ne dureront pas autant que celles de Palmire, tous les bâtiments du pays n'étant construits qu'en torchis ou en briques cuites au soleil : les couvertures sont en tuiles creuses, comme dans plusieurs provinces méridionales.

Après la destruction de cette ville qui fut plutôt engloutie par la mer que renversée par les secousses de la terre, les habitants se dispersèrent et campèrent sur les hauteurs des environs. Ce ne fut qu'en 1763 qu'ils firent choix d'un nouvel emplacement à un quart de lieue de la rivière de Biobio, et à trois lieues de l'ancienne Conception et du village de Talcahuano. Ils y bâtirent une nouvelle ville ; l'évêché, la cathédrale, les maisons religieuses y furent transférés. Elle a une grande étendue, parce que les maisons n'ont qu'un seul étage, afin de mieux résister aux tremblements de terre qui se renouvellent presque tous les ans.

Cette nouvelle ville contient environ dix mille habitants : c'est la demeure de l'évêque et du mestre-de-camp, gouverneur militaire. Cet évêché confine au nord avec

Perdrix mâle et femelle de la Californie.

celui de Santiago, capitale du Chili, où le gouverneur général fait sa résidence (1). Il est borné à l'est par les Cordilières, et s'étend au sud jusqu'au détroit de Magellan; mais ses vraies limites sont la rivière de Biobio, à un quart de lieue de la ville. Tout le pays au sud de ladite rivière appartient aux Indiens, à l'exception de l'île Chiloé et d'un petit arrondissement autour de Baldivia (2).

Il n'est point dans l'univers de terrain plus fertile que celui de cette partie du Chili : le blé y rapporte soixante pour un; la vigne produit avec la même abondance; les campagnes sont couvertes de troupeaux innombrables qui, sans aucun soin, y multiplient au-delà de toute expression. Le seul travail est d'enclore de barrières les propriétés de chaque particulier, et de laisser dans ces enceintes les bœufs, les chevaux, les mules et les moutons. Le prix ordinaire d'un gros bœuf est de huit piastres; celui d'un mouton de trois quarts de piastre; mais il n'y a point d'acheteurs, et les habitants sont dans l'usage de faire tuer tous les ans une grande quantité de bœufs dont on conserve les cuirs et le suif : ces deux articles sont envoyés à Lima. On boucane aussi quelques viandes pour la consommation des équipages qui naviguent sur les petits bâtiments caboteurs de la mer du Sud.

Aucune maladie n'est particulière à ce pays; mais il en est une qui est assez commune et que je n'ose nommer. Ceux qui sont assez heureux pour s'en garantir parviennent à un âge très avancé : il y a à la Conception plusieurs centenaires.

Ce pays produit un peu d'or. Presque toutes les rivières y sont aurifères. L'habitant, en lavant de la terre, peut, dit-on, gagner chaque jour une demi-piastre; mais, comme les comestibles sont très abondants, il n'est excité au travail par aucun vrai besoin. Sans communication avec les étrangers, il ne connaît ni nos arts ni notre luxe, et il ne peut rien désirer avec assez de force pour vaincre son inertie. Les terres restent en friche. Les plus actifs sont ceux qui donnent quelques heures au lavage du sable des rivières, ce qui les dispense d'apprendre aucun métier : aussi les maisons des habitants les plus riches sont-elles sans aucun meuble, et tous les ouvriers de la Conception sont étrangers (1).

(1) On sait que depuis dix-huit ou dix-neuf ans le Chili forme une république, plusieurs fois modifiée, et que sont venues affermir les autres républiques américaines fondées ou consolidées par le génie de Bolivar. A. M.

(2) Ou Valdivia.

(1) Nous verrons, par les voyages récents que nous donnerons en traitant spécialement de l'Amérique, les progrès que la civilisation a faits dans ce pays depuis le passage de La Pérouse. La relation du capitaine Basile Hall offrira surtout un puissant aliment à la curiosité du lecteur. A. M.

Mouillage aux îles Mowée.

La parure des femmes consiste en une jupe plissée de ces anciennes étoffes d'or ou d'argent qu'on fabriquait autrefois à Lyon. Ces jupes, qui sont réservées pour les grandes occasions, peuvent, comme les diamants, être substituées dans les familles, et passer des grand'mères aux petites-filles : d'ailleurs ces parures sont à la portée d'un petit nombre de citoyennes ; les autres ont à peine de quoi se vêtir.

La paresse, bien plus que la crédulité et la superstition, a peuplé ce royaume de couvents de filles et d'hommes : ceux-ci jouissent d'une beaucoup plus grande liberté que dans aucun autre pays ; et le malheur de n'avoir rien à faire, de ne tenir à aucune famille, d'être célibataires par état sans être séparés du monde, et de vivre retirés dans leurs cellules, les a rendus et devait les rendre les plus mauvais sujets de l'Amérique. Leur effronterie ne peut être exprimée : j'en ai vu rester au bal jusqu'à minuit, à la vérité éloignés de la bonne compagnie, et placés parmi les valets. Personne plus que ces mêmes religieux ne donnait à nos jeunes gens des renseignements plus exacts sur des endroits que des prêtres n'auraient du connaître que pour en interdire l'entrée.

Le peuple de la Conception est très voleur, et les femmes y sont très complaisantes. C'est une race dégénérée mêlée d'Indiens ; mais les habitants du premier état, les vrais Espagnols, sont extrêmement polis et obligeants. Je manquerais à toute reconnaissance si je ne les peignais avec les vraies couleurs qui conviennent à leur caractère.

Le costume de ces dames, très différent de celui auquel nos yeux étaient accoutumés, consiste en une jupe plissée qui laisse à découvert la moité de la jambe, et qui est fort au-dessous de la ceinture ; des bas rayés de rouge, de bleu et de blanc ; des souliers si courts que tous les doigts sont repliés, en sorte que le pied est presque rond. Leurs cheveux sont sans poudre, ceux de derrière divisés en petites tresses qui tombent sur leurs épaules. Leur corset est ordinairement d'une étoffe d'or ou d'argent ; il est recouvert de deux mantilles, la première, de mousseline, et la seconde qui est par-dessus, de laine de différentes couleurs, jaune, bleu ou rose : ces mantilles de laine enveloppent la tête des dames lorsqu'elles sont dans la rue et qu'il fait froid ; mais, dans les appartements, elles ont l'usage de les mettre sur leurs genoux ; et il y a un jeu de mantille de mousseline qu'on place et replace sans cesse, auquel les dames de la Conception ont beaucoup de grâce. Elles sont généralement jolies et d'une politesse si aimable, qu'il n'est certainement aucune ville maritime en Europe où des navigateurs étrangers puissent être reçus avec autant d'affection et d'aménité.

Les Indiens du Chili ne sont plus ces anciens Américains auxquels les armes des Européens inspiraient la terreur : la multiplication des chevaux qui se sont répandus dans l'intérieur des déserts immenses de l'Amérique, celle des bœufs et des moutons, qui est aussi extrêmement considérable, ont fait de ces peuples de vrais Arabes, que l'on peut comparer en tout à ceux qui habitent les déserts de l'Arabie. Sans cesse à cheval, des courses de deux cents lieues sont pour eux de très petits voyages : ils marchent avec leurs troupeaux ; ils se nourrissent de leur chair, de leur lait et quelquefois de leur sang (1) ; ils se couvrent de leur peau dont ils se font des casques, des cuirasses et des boucliers. Ainsi l'introduction de deux animaux domestiques en Amérique a eu l'influence la plus marquée sur les mœurs de tous les peuples qui habitent depuis Santiago jusqu'au détroit de Magellan ; ils ne suivent presque plus aucun de leurs anciens usages ; ils ne se nourrissent plus des mêmes fruits ; ils n'ont plus les mêmes vêtements ; et ils ont une ressemblance bien plus marquée avec les Tartares ou avec les habitants des bords de la mer Rouge, qu'avec leurs ancêtres qui vivaient il y a deux siècles.

J'avais annoncé, le jour de mon arrivée, que je mettrais à la voile le 15 de mars, et que si, avant cette époque, les bâtiments étaient réparés, nos vivres, notre eau et notre bois embarqués, chacun aurait la liberté d'aller se promener à terre : rien n'était plus propre à hâter le travail que cette promesse, dont je craignais autant l'effet que les matelots le désiraient, parce que le vin est très commun au Chili, que chaque maison du village de Talcaguana est un cabaret, et que les femmes y sont presque aussi complaisantes qu'à Taïti : il n'y eut cependant aucun désordre, et mon chirurgien ne m'a point annoncé que cette liberté eût eu des suites fâcheuses.

Le 19, les vents du sud me permirent de m'éloigner de terre ; je dirigeai ma route à l'est de Juan-Fernandez dont je ne pris pas connaissance, parce que sa position avait été fixée d'après les observations du père Feuillée à la Conception.

Le 23, j'étais par 30 degrés 29 minutes de latitude sud, et 85 degrés 51 minutes de longitude occidentale.

Le 8 avril, à deux heures après midi, j'eus connaissance de l'île de Pâques. Je prolongai la côte, en cherchant la baie de Cook : c'est celle de l'île qui est le plus à l'abri des vents du nord au sud, par l'est ; elle n'est ouverte qu'aux vents d'ouest ; et le temps était si beau, que j'avais l'espoir qu'ils ne souffleraient pas de plusieurs jours. A onze heures du matin je n'étais plus qu'à une lieue du mouillage, et bientôt je pus laisser tomber l'ancre.

Description de l'île de Pâques. Mœurs et coutumes des habitants.

La baie de Cook, dans l'île d'Easter ou de Pâques, est située par 27 degrés 11 minutes de latitude sud, et 111 degrés 55 minutes 30 secondes de longitude occidentale. C'est le seul mouillage à l'abri des vents de sud-est et d'est, qui sont les vents ordinaires dans ces parages.

A la pointe du jour, je fis tout disposer pour notre descente à terre. Quatre ou cinq cents Indiens nous attendaient sur le rivage : ils étaient sans armes, quelques-uns couverts de pièces d'étoffes blanches ou jaunes, mais le plus grand nombre était nu ; plusieurs étaient tatoués et avaient le visage peint d'une couleur rouge ; leurs cris et leur physionomie exprimaient la joie : ils s'avancèrent pour nous donner la main et faciliter notre descente.

L'île, dans cette partie, est élevée d'environ vingt pieds ; les montagnes sont à sept ou huit cents toises dans l'intérieur, et du pied de ces montagnes le terrain s'abaisse en pente douce vers la mer. Cet espace est couvert d'une herbe que je crois propre à nourrir les bestiaux ; cette herbe recouvre de grosses pierres qui ne sont que posées sur la terre. Elles m'ont paru absolument les mêmes que celles de l'Ile-de-France, appelées dans le pays *giraumons*, parce que le plus grand nombre est de la grosseur de ce fruit ; et ces pierres, que nous trouvions si incommodes en marchant, sont un bienfait de la nature : elles conservent à la terre sa fraîcheur et son humidité, et suppléent en partie à l'ombre salutaire des arbres que ces habitants ont eu l'imprudence de couper, dans des temps sans doute très reculés, ce qui a exposé leur sol à être calciné par l'ardeur du soleil, et les a réduits à n'avoir ni ravins, ni ruisseaux, ni sources. Ils ignoraient que, dans les petites îles, au milieu d'un océan immense, la fraîcheur de la terre couverte d'arbres peut seule arrêter, condenser les nuages et entretenir ainsi sur les montagnes une pluie presque continuelle, qui se répand en sources ou en ruisseaux dans les différents quartiers. Les îles qui sont privées de cet avantage sont réduites à une sécheresse horrible, qui peu à peu en détruit les plantes, les arbustes, et les rend presque inhabitables. Il est vraisemblable que les autres îles de la mer du Sud ne sont arrosées que parce que, très heureusement, il s'y est trouvé des montagnes inaccessibles où il a été impossible de couper du bois : ainsi la nature n'a été plus libérale pour ces derniers insulaires qu'en leur paraissant plus avare, puisqu'elle s'est réservé des endroits où ils n'ont pu atteindre. Un long séjour à l'Ile-de-France, qui ressemble si fort à l'île de Pâques, m'a appris que les arbres n'y repoussent jamais à moins d'être abrités des vents de mer par d'autres arbres ou par des enceintes de murailles ; et c'est cette connaissance qui m'a découvert la cause de la dévastation de l'île de Pâques.

Notre premier soin, après avoir débarqué, fut de former une enceinte avec des soldats armés, rangés en cercle. Nous enjoignîmes aux habitants de laisser cet espace vide ; nous y dressâmes une tente ; je fis descendre à terre les présents que je leur destinais, ainsi que les différents bestiaux : mais comme j'avais expressément défendu de tirer, et que mes ordres portaient de ne pas même éloigner à coups de crosse de fusil les Indiens qui seraient trop incommodes, bientôt les soldats furent eux-mêmes exposés à la rapacité de ces insulaires, dont le nombre s'était accru : ils étaient au moins huit cents, et dedans ce nombre il y avait bien certainement cent cinquante femmes. La physionomie de beaucoup de ces femmes était agréable ; elles offraient leurs faveurs à tous ceux qui voulaient leur faire quelque présent.

Les Indiens nous engageaient à les accepter : quelques-uns d'entre eux donnèrent l'exemple des plaisirs qu'elles pouvaient procurer. Ils n'étaient séparés des spectateurs que par une simple couverture d'étoffe du pays ; et pendant les agaceries de ces femmes, on enlevait nos chapeaux sur nos têtes et les mouchoirs de nos poches. Tous paraissaient complices des vols qu'on nous faisait ; car, à peine étaient-ils commis, que, comme une volée d'oiseaux, ils s'enfuyaient au même instant : mais, voyant que nous ne faisions aucun usage de nos fusils, ils revenaient quelques minutes après ; ils recommençaient leurs caresses, et épiaient le moment de faire un nouveau larcin : ce manége dura toute la matinée. Comme nous devions partir dans la nuit, et qu'un si court espace de temps ne nous permettait pas de nous occuper de leur éducation, nous prîmes le parti de nous amuser des ruses que ces insulaires employaient pour nous voler ; et afin d'ôter tout prétexte à aucune voie de fait qui aurait pu avoir des suites funestes, j'annonçai que je ferais rendre aux soldats et aux matelots les chapeaux qui seraient enlevés. Ces Indiens étaient sans armes : trois ou quatre, sur un si grand nombre, avaient une espèce de massue de bois très peu redoutable : quelques-uns paraissaient avoir une légère autorité sur les autres. Je les pris pour des chefs, et leur distribuai des médailles que j'attachai à leur cou avec une chaîne : mais je m'aper-

(1) On m'a assuré qu'ils saignaient quelquefois leurs bœufs et leurs chevaux, et qu'ils en buvaient le sang.

çus bientôt qu'ils étaient précisément les plus insignes voleurs ; et quoiqu'ils eussent l'air de poursuivre ceux qui enlevaient nos mouchoirs, il était facile de voir que c'était avec l'intention la plus décidée de ne pas les joindre.

Tous les monuments qui existent aujourd'hui à l'île de Pâques paraissent très anciens : ils sont placés dans des moraïs, autant qu'on en peut juger par la grande quantité d'ossements qu'on trouve à côté. On ne peut douter que la forme de leur gouvernement actuel n'ait tellement égalisé les conditions qu'il n'existe plus de chef assez considérable pour qu'un grand nombre d'hommes s'occupent du soin de conserver sa mémoire en lui érigeant une statue. On a substitué à ces colosses de petits monceaux de pierres en pyramide ; celle du sommet est blanchie d'une eau de chaux. Ces espèces de mausolées qui sont l'ouvrage d'une heure pour un seul homme, sont empilés sur le bord de la mer ; et un Indien, en se couchant à terre, nous a désigné clairement que ces pierres couvraient un tombeau : levant ensuite les mains vers le ciel, il a voulu évidemment exprimer qu'ils croyaient à une autre vie.

Ces bustes de taille colossale, dont j'ai donné les dimensions, et qui prouvent bien le peu de progrès qu'ils ont faits dans la sculpture, sont d'une production volcanique, connue des naturalistes sous le nom de *lapillo* : c'est une pierre si tendre et si légère que quelques officiers du capitaine Cook ont cru qu'elle pouvait être factice et composée d'une espèce de mortier qui s'était durci à l'air. Il ne reste plus qu'à expliquer comment on est parvenu à élever sans point d'appui un poids aussi considérable : mais nous sommes certains que c'est une pierre volcanique fort légère, et qu'avec des leviers de cinq ou six toises, et glissant des pierres dessous, on peut, comme l'explique très bien le capitaine Cook, parvenir à élever un poids encore plus considérable, et cent hommes suffisent pour cette opération : il n'y aurait pas d'espace pour le travail d'un plus grand nombre.

Ainsi le merveilleux disparaît ; on rend à la nature sa pierre de lapillo, qui n'est point factice ; et on a lieu de croire que, s'il n'y a plus de nouveaux monuments dans l'île, c'est que toutes les conditions y sont égales, et qu'on est peu jaloux d'être roi d'un peuple qui est presque nu, qui vit de patates et d'ignames ; et réciproquement, ces Indiens ne pouvant être en guerre, puisqu'ils n'ont pas de voisins, n'ont pas besoin d'un chef qui ait une autorité un peu étendue.

Il y a vraisemblablement dans chaque district un chef qui veille plus particulièrement aux plantations. Le capitaine Cook a cru que ce chef en était le propriétaire ; mais si ce célèbre navigateur a eu quelque peine à se procurer une quantité considérable de patates et d'ignames, on doit moins l'attribuer à la disette de ces comestibles qu'à la nécessité de réunir un consentement presque général pour les vendre.

Quant aux femmes, je n'ose prononcer si elles sont communes à tout un district, et les enfants à la république : il est certain qu'aucun Indien ne paraissait avoir sur aucune femme l'autorité d'un mari ; et si c'est le bien particulier de chacun, ils en sont très prodigues.

Quelques maisons sont souterraines, mais les autres sont construites avec des joncs, ce qui prouve qu'il y a dans l'intérieur de l'île des endroits marécageux : ces joncs sont très artistement arrangés, et garantissent parfaitement de la pluie. L'édifice est porté sur un socle de pierres de taille (1) de dix-huit pouces d'épaisseur, dans lequel on a creusé, à distances égales, des trous où entrent des perches qui forment la charpente en se repliant en voûte : des paillassons de jonc garnissent l'espace qui est entre ces perches.

Je ne doute pas qu'à d'autres époques ces insulaires n'aient eu les mêmes productions qu'aux îles de la Société. Les arbres à fruit auront péri par la sécheresse, ainsi que les cochons et les chiens, auxquels l'eau est absolument nécessaire. Mais l'homme, qui, au détroit d'Hudson, boit de l'huile de baleine, s'accoutume à tout ; et j'ai vu les naturels de l'île de Pâques boire de l'eau de mer comme les albatros du cap Horn. Nous étions dans la saison humide ; on trouvait un peu d'eau saumâtre dans des trous au bord de la mer : ils nous l'offraient dans des calebasses, mais elle rebutait les plus altérés. Je ne me flatte pas que les cochons dont je leur ai fait présent multiplient ; mais j'espère que les chèvres et les brebis, qui boivent peu et aiment le sel, y réussiront.

Il est certain que ces peuples n'ont pas sur le vol les mêmes idées que nous ; ils n'y attachent vraisemblablement aucune honte ; mais ils savent très bien qu'ils commettent une action injuste, puisqu'ils prennent la fuite à l'instant, pour éviter le châtiment qu'ils craignaient sans doute, et que nous n'aurions pas manqué de leur infliger, en le proportionnant au délit, si nous eussions eu quelque séjour à faire dans cette île ; car notre extrême douceur aurait fini par avoir des suites fâcheuses.

Ces insulaires faisaient violence à de jeunes filles de treize à quatorze ans pour les entraîner auprès de nous, dans l'espoir d'en recevoir le salaire ; la répugnance de ces jeunes Indiennes était une preuve qu'on violait à leur égard la loi du pays. Aucun Français n'a usé du droit barbare qu'on lui donnait : et s'il y a eu quelques moments donnés à la nature, le désir et le consentement étaient réciproques, et les femmes en ont fait les premiers frais.

Les champs sont cultivés avec beaucoup d'intelligence. Ces insulaires arrachent les herbes, les amoncellent, les brûlent, et ils fertilisent ainsi la terre de leurs cendres. Les bananiers sont alignés au cordeau. Ils cultivent aussi le solanum ou la morelle ; mais j'ignore à quel usage ils l'emploient : si je leur connaissais des vases qui pussent résister au feu, je croirais que, comme à Madagascar ou à l'Ile-de-France, ils la mangent en guise d'épinards ; mais ils n'ont d'autre manière de faire cuire leurs aliments que celle des îles de la Société, en creusant un trou en terre, et en couvrant leurs patates ou leurs ignames de pierres brûlantes et de charbons mêlés de terre ; en sorte que tout ce qu'ils mangent est cuit comme au four.

Nous ne rencontrâmes à l'île de Pâques d'autre arbuste que le mûrier à papier (1) et le mimosa. Il y avait aussi des champs assez considérables de morelle, que ces peuples m'ont paru cultiver dans les terres épuisées par les ignames et les patates.

Ces insulaires sont hospitaliers ; ils nous ont présenté plusieurs fois des patates et des cannes à sucre ; mais ils n'ont jamais manqué l'occasion de nous voler lorsqu'ils ont pu le faire impunément. A peine la dixième partie de l'île est-elle cultivée ; les terrains défrichés ont la forme d'un carré long très régulier, sans aucune espèce de clôture ; le reste de l'île, jusqu'au sommet des montagnes, est couvert d'une herbe verte fort grossière. Nous étions dans la saison humide ; nous trouvâmes la terre humectée à un pied de profondeur ; quelques trous dans les collines contenaient un peu d'eau douce ; mais nous ne rencontrâmes nulle part une eau courante : le terrain paraît d'une bonne qualité, il serait d'une végétation encore plus forte, s'il était arrosé. Nous n'avons connu à ces peuples aucun instrument dont ils puissent se servir pour cultiver leurs champs ; il est vraisemblable qu'après les avoir nettoyés ils y font des trous avec des piquets de bois, et qu'ils plantent ainsi leurs patates et leurs ignames. On rencontre très rarement quelques buissons de mimosa dont les plus fortes tiges

(1) Ces pierres ne sont pas du grès, mais des laves solides. A. M.

(1) *Morus papyrifera*, abondant au Japon, où l'on en prépare l'écorce pour servir de papier. Cette écorce, extrêmement ligneuse, sert aux femmes de la Louisiane à faire différents ouvrages avec la soie qu'elles en retirent, la feuille en est bonne pour la nourriture des vers à soie. Cet arbre croît maintenant en France. A. M.

n'ont que trois pouces de diamètre. Les conjectures qu'on peut former sur le gouvernement de ce peuple sont qu'ils ne composent entre eux qu'une seule nation divisée en autant de district qu'ils y a de moraïs, parce que les hameaux sont bâtis à côté de ces cimetières. Il paraît que les productions de la terre sont communes à tous les habitants du même district; et comme les hommes offrent sans aucune délicatesse les femmes aux étrangers, on pourrait croire qu'elles n'appartiennent à aucun homme en particulier, et que lorsque les enfants sont sevrés, on les livre à d'autres femmes qui sont chargées, dans chaque district, de leur éducation physique.

On rencontre deux fois plus d'hommes que de femmes. Si en effet elles ne sont pas en moindre nombre, c'est parce que, plus casanières que les hommes, elles sortent moins de leurs maisons. La population entière peut être évaluée à deux mille personnes. Plusieurs maisons que nous vîmes en construction et le nombre des enfants doivent faire penser qu'elle ne diminue pas; cependant il y a lieu de croire que cette population était plus considérable lorsque l'île était boisée. Si ces insulaires avaient l'industrie de construire des citernes, ils remédieraient par-là à l'un des plus grands malheurs de leur situation, et ils prolongeraient peut-être le cours de leur vie. On ne voit pas dans cette île un seul homme qui paraisse âgé de plus de soixante-cinq ans, si toutefois on peut juger de l'âge d'un peuple que l'on connaît si peu, et dont la manière de vivre est si différente de la nôtre.

Départ de l'île de Pâques. Arrivée aux îles Sandwich. Mouillage dans la baie de Keriporepo de l'île de Mowée. Départ.

En partant de la baie Cook dans l'île de Pâques, le 10 avril 1786, au soir, je fis route au nord, et prolongeai la côte de cette île à une lieue de distance, au clair de la lune : nous ne la perdîmes de vue que le lendemain à deux heures du soir, et nous en étions à vingt lieues. Nous naviguions dans des mers inconnues. Notre route était à peu près parallèle à celle du capitaine Cook en 1777, lorsqu'il fit voile des îles de la Société pour la côte du nord-ouest de l'Amérique; mais nous étions environ huit cents lieues plus à l'est. Je me flattais, dans un trajet de près de deux mille lieues, de faire quelque découverte; il y avait sans cesse des matelots au haut des mâts, et j'avais promis un prix à celui qui le premier apercevrait la terre. Afin de découvrir un plus grand espace, nos frégates marchaient de front pendant le jour, laissant entre elles un intervalle de trois ou quatre lieues.

Le 7 mai, par 3 degrés de latitude nord, nous aperçûmes beaucoup d'oiseaux de l'espèce des pétrels, avec des frégates et des paille-en-cul : ces deux dernières espèces s'éloignent, dit-on, peu de terre. Nous voyions aussi beaucoup de tortues passer le long du bord : *l'Astrolabe* en prit deux, qu'elle partagea avec nous, et qui étaient fort bonnes. Les oiseaux et les tortues nous suivirent jusque par les 14 degrés, et je ne doute pas que nous n'ayons passé auprès de quelque île vraisemblablement inhabitée, car un rocher au milieu des mers sert plutôt de repaire à ces animaux qu'un pays cultivé.

Le 15, j'étais par 19 degrés 17 minutes de latitude nord, et 130 degrés de longitude occidentale, c'est-à-dire par la même latitude que le groupe d'île placé sur les cartes espagnoles, ainsi que par celle des îles Sandwich, mais cent lieues plus à l'est que les premiers, et quatre cent soixante à l'est des autres. Croyant rendre un service important à la géographie, si je parvenais à enlever des cartes ces noms oiseux qui désignent des îles qui n'existent pas, et éternisent des erreurs très préjudiciables à la navigation, je voulus, afin de ne laisser aucun doute, prolonger ma route jusqu'aux îles Sandwich; je formai même le projet de passer entre l'île d'Owhyhée et celle de Mowée, que les Anglais n'ont pas été à portée d'explorer, et je me proposai de descendre à terre à Mowée, d'y traiter de quelques comestibles, et d'en partir sans perdre un instant. Je savais qu'en ne suivant que partiellement mon plan, et ne parcourant que deux cents lieues sur cette ligne, il resterait encore des incrédules, et je voulus qu'on n'eût pas la plus légère objection à me faire.

Le 18 mai, j'étais par 20 degrés de latitude nord, et 139 degrés de longitude occidentale, précisément sur l'île Desgraciada des Espagnols, et je n'avais encore aucun indice de terre.

Le 20, j'avais coupé par le milieu le groupe entier de los Majos, et je n'avais jamais eu moins d'apparence d'être dans les environs d'aucune île : je continuai de courir à l'ouest sur ce parallèle entre 20 et 21 degrés; enfin, le 28 au matin, j'eus connaissance des montagnes de l'île d'Owhyhée, qui étaient couvertes de neige, et bientôt après, de celles de Mowée, un peu moins élevées que celles de l'autre île.

L'aspect de l'île Mowée était ravissant; j'en prolongeai la côte à une lieue; elle court dans le canal au sud-ouest-quart-ouest. Nous voyions l'eau se précipiter en cascades de la cîme des montagnes, et descendre à la mer après avoir arrosé les habitations des Indiens. Elles sont si multipliées, qu'on pourrait prendre un espace de trois à quatre lieues pour un seul village; mais toutes les cases sont sur le bord de la mer, et les montagnes en sont si rapprochées, que le terrain habitable m'a paru avoir moins d'une demi-lieue de profondeur. Il faut être marin et réduit, comme nous, dans ces climats brûlants, à une bouteille d'eau par jour, pour se faire une idée des sensations que nous éprouvions. Les arbres qui couronnaient les montagnes, la verdure, les bananiers qu'on apercevait autour des habitations, tout produisait sur nos sens un charme inexprimable; mais la mer brisait sur la côte avec la plus grande force, et, nouveaux Tantales, nous étions réduits à désirer et à dévorer des yeux ce qu'il nous était impossible d'atteindre.

Environ 150 pirogues se détachèrent de la côte; elles abordèrent l'une des deux frégates; mais notre vitesse était si grande, qu'elle se remplissaient d'eau le long du bord : les Indiens étaient obligés de larguer la corde que nous leur avions filée; ils se jetaient à la nage; ils couraient d'abord après leurs cochons, et, les rapportant dans leurs bras, ils soulevaient avec leurs épaules leurs pirogues, en vidaient l'eau, et y remontaient gaîment, cherchant, à force de pagaies, à regagner auprès de nos frégates le poste qu'ils avaient été obligés d'abandonner, et qui dans l'instant avait été occupé par d'autres auxquels le même accident était aussi arrivé. Nous vîmes ainsi renverser successivement plus de quarante pirogues; et quoique le commerce que nous faisions avec ces bons Indiens convînt infiniment aux uns et aux autres, il nous fut impossible de nous procurer plus de quinze cochons et quelques fruits, et nous manquâmes l'occasion de traiter de près de trois cents autres.

Les pirogues étaient à balancier; chacune avait de trois à cinq hommes. Les moyennes pouvaient avoir vingt-quatre pieds de longueur, un pied seulement de largeur, et à peu près autant de profondeur : nous en pesâmes une de cette dimension, dont le poids n'excédait pas cinquante livres. C'est avec ces frêles bâtiments que les habitants de ces îles font des trajets de soixante lieues, traversent des canaux qui ont vingt lieues de largeur, comme celui entre Atooi et Wohaou, où la mer est fort grosse; mais ils sont si bons nageurs, qu'on ne peut leur comparer que les phoques et les loups marins.

Ces Indiens échangèrent avec nous des fruits et des cochons contre des morceaux de fer. Cette habitude du commerce, cette connaissance du fer qu'ils ne doivent pas aux Anglais, d'après leur aveu, sont de nouvelles preuves de la fréquentation que ces peuples ont eue anciennement avec les Espagnols (1). Cette nation

(1) Il paraît certain que ces îles ont été découvertes pour la première fois par Gaëtan, en 1542. Ce navigateur partit

avait, il y a un siècle, de très fortes raisons pour ne pas faire connaître ces îles, parce que les mers occidentales de l'Amérique étaient infestées de pirates qui auraient trouvé des vivres chez les insulaires, et qui, au contraire, par la difficulté de s'en procurer, étaient obligés de courir à l'ouest vers les mers des Indes ou de retourner dans la mer Atlantique par le cap Horn. Lorsque la navigation des Espagnols à l'occident a été réduite au seul galion de Manille, je crois que ce vaisseau, qui était extrêmement riche, a été contraint par les propriétaires à faire une route fixe qui diminuât leurs risques. Ainsi, peu à peu, cette nation a perdu peut-être jusqu'au souvenir de ces îles, conservées sur la carte générale du troisième voyage de Cook, par le lieutenant Roberts, avec leur ancienne position à 15 degrés plus à l'est que les îles Sandwich; mais leur identité avec ces dernières me paraissant démontrée, j'ai cru devoir en nettoyer la surface de la mer.

On connaît par les relations anglaises la forme du gouvernement des habitants des îles Sandwich. L'extrême subordination qui règne parmi eux est une preuve qu'il y a une puissance très reconnue qui s'étend graduellement du roi au plus petit chef, et qui pèse sur la classe du peuple. Mon imagination se plaisait à les comparer aux Indiens de l'île de Pâques, dont l'industrie est au moins aussi avancée. Les monuments de ses derniers montrent même plus d'intelligence; leurs étoffes sont mieux fabriquées, leurs maisons mieux construites; mais leur gouvernement est si vicieux que personne n'a droit d'arrêter le désordre. Ils ne reconnaissent aucune autorité; et quoique je ne les croie pas méchants, il n'est que trop ordinaire à la licence d'entraîner des suites fâcheuses et souvent funestes (1).

En faisant le rapprochement de ces deux peuples, tous les avantages étaient en faveur de celui des îles Sandwich, quoique tous mes préjugés fussent contre lui, à cause de la mort du capitaine Cook. Il est plus naturel à des navigateurs de regretter un aussi grand homme, que d'examiner de sang-froid si quelque imprudence de sa part n'a pas, en quelque sorte, contraint les habitants d'Owhyhée à recourir à une juste défense.

Le 30 mai, à huit heures du matin, cent vingt personnes environ, hommes ou femmes, nous attendaient sur le rivage. Les soldats débarquèrent les premiers avec leurs officiers; nous fixâmes l'espace que nous voulions nous réserver: les soldats avaient la baïonnette au bout du fusil, et faisaient le service avec autant d'exactitude qu'en présence de l'ennemi. Ces formes ne produisirent aucune impression sur les habitants: les femmes nous témoignaient par les gestes les plus expressifs qu'il n'était aucune marque de bienveillance qu'elles ne fussent disposées à nous donner; et les hommes, dans une attitude respectueuse, cherchaient à pénétrer le motif de notre visite, afin de prévenir nos désirs.

Deux Indiens, qui paraissaient avoir quelque autorité sur les autres, s'avancèrent. Ils me firent très gravement une assez longue harangue dont je ne compris pas un mot, et ils m'offrirent chacun en présent un cochon que j'acceptai. Je leur donnai, à mon tour, des médailles, des haches et d'autres morceaux de fer, objets d'un prix inestimable pour eux. Mes libéralités firent un très grand effet: les femmes redoublèrent de caresses, mais elles étaient peu séduisantes; leurs traits n'avaient aucune délicatesse, et leur costume permettait d'apercevoir, chez le plus grand nombre, les traces des ravages occasionnés par la maladie vénérienne. Comme aucune femme n'était venue à bord dans les pirogues, je crus qu'elles attribuaient aux Européens les maux dont elles portaient les marques; mais je m'aperçus bientôt que ce souvenir, en le supposant réel, n'avait laissé dans leur âme aucune espèce de ressentiment.

Quoique les Français fussent les premiers qui, dans ces derniers temps, eussent abordé sur l'île de Mowée, je ne crus pas devoir en prendre possession au nom du roi. Le sol de l'île n'est composé que de détriments de lave et autres matières volcaniques; les habitants ne boivent que de l'eau saumâtre, puisée dans des puits peu profonds, et si peu abondants, que chacun ne pourrait pas fournir une demi-barrique d'eau par jour. Nous rencontrâmes dans notre promenade quatre petits villages de dix à douze maisons; elles sont construites et couvertes en paille, et ont la forme de celles de nos paysans les plus pauvres: les toits sont à deux pentes: la porte, placée dans le pignon, n'a que trois pieds et demi d'élévation, et l'on ne peut y entrer sans être courbé; elle est fermée par une simple claie que chacun peut ouvrir.

Le lecteur ne doit pas s'attendre à trouver ici des détails sur un peuple que les relations anglaises nous ont si bien fait connaître: ces navigateurs ont passé dans ces îles quatre mois, et nous n'y sommes restés que quelques heures; ils avaient de plus l'avantage d'entendre la langue du pays: nous devons donc nous borner à raconter notre propre histoire.

Le 1er juin, à six heures du soir, nous étions en dehors de toutes les îles; nous avions employé moins de quarante-huit heures à cette reconnaissance, et quinze jours au plus pour éclaircir un point de géographie qui m'a paru très important, puisqu'il enlève des cartes cinq ou six îles qui n'existent pas. Les poissons qui nous avaient suivis depuis les environs de l'île de Pâques jusqu'au mouillage disparurent. Un fait assez digne d'attention, c'est que le même banc de poissons a fait quinze cents lieues à la suite de nos frégates: plusieurs bonites, blessées par nos foènes (1), portaient sur le dos un signalement auquel il était impossible de se méprendre; et nous reconnaissions ainsi chaque jour, les mêmes poissons que nous avions vus la veille. Je ne doute pas que, sans notre relâche aux îles Sandwich, ils ne nous eussent suivis encore deux ou trois cents lieues, c'est-à-dire jusqu'à la température à laquelle ils n'auraient pu résister.

Départ des îles Sandwich. Indiens de l'approche de la côte d'Amérique. Reconnaissance du mont Saint-Élie. Découverte de la baie de Monti. Les canots vont reconnaître l'entrée d'une grande rivière, à laquelle nous conservons le nom de *rivière de Behring*. Reconnaissance d'une baie très profonde. Description de cette baie à laquelle je donne le nom de *baie* ou *port des Français*. Mœurs et coutumes des habitants.

Les vents d'est continuèrent jusque par les 30 degrés de latitude nord, je fis route au nord. Le 6 juin, le ciel devint blanchâtre et terne: tout annonçait que nous étions sortis de la zône des vents alizés. Les brumes commencèrent le 9 juin par 34 degrés de latitude nord, et il n'y eut pas une éclaircie jusqu'au 14 du même mois, par 41 degrés.

Depuis notre départ des îles Sandwich jusqu'à notre atterrage sur le mont Saint-Élie, les vents ne cessèrent pas un instant de nous être favorables. A mesure que nous avancions au nord et que nous approchions de l'Amérique, nous voyions passer des algues d'une espèce absolument nouvelle pour nous: une boule de

du port de la Nativité sur la côte occidentale du Mexique, par 20 degrés de latitude nord. Il fit route à l'ouest, et, après avoir parcouru neuf cents lieues, il eut connaissance d'un groupe d'îles habitées par des sauvages presque nus. Ces îles étaient bordées de corail; il y avait des cocos et plusieurs autres fruits, mais ni or ni argent. Il les nomma les *Iles des Rois*, vraisemblablement du jour où il fit cette découverte; et il nomma *Iles des Jardins* celles qu'il trouva vingt lieues plus à l'ouest. A. M.

(1) Les îles Sandwich ont aujourd'hui (1852) un gouvernement représentatif, à l'instar de la Grande-Bretagne. A. M.

(1) Trident avec lequel on harponne le poisson. A. M.

la grosseur d'une orange terminait un tuyau de quarante à cinquante pieds de longueur. Cette algue ressemblait, mais très en grand, à la tige d'un ognon qui est monté en graine. Les baleines de la plus grande espèce, les plongeons et les canards nous annoncèrent aussi l'approche d'une terre; enfin elle se montra à nous le 23 juin à quatre heures du matin. Le brouillard, en se dissipant, nous permit d'apercevoir tout d'un coup une longue chaîne de montagnes couvertes de neige, que nous aurions pu voir de trente lieues plus loin si le temps eût été clair. Nous reconnûmes le mont Saint-Élie de Behring, dont la pointe paraissait au-dessus des nuages. Nous avions observé à midi 59 degrés 21 minutes de latitude nord; la longitude occidentale par nos horloges marines était 143 degrés 22 minutes.

Le 28, nous observâmes 59 degrés 19 minutes de latitude nord, et 142 degrés 41 minutes de longitude occidentale, suivant nos horloges. A cinq heures, nous n'étions qu'à trois lieues de terre, et M. Dagelet détermina la hauteur du mont Saint-Élie à dix-neuf cent quatre-vingts toises, et sa disposition, à huit lieues dans l'intérieur des terres (1).

Le 29 juin, nous observâmes 59 degrés 20 minutes de latitude nord; la longitude occidentale par nos horloges était 142 degrés 2 minutes; nous avions fait pendant vingt-quatre heures huit lieues à l'est. Les vents du sud et les brumes continuèrent toute la journée du 29, et le temps ne s'éclaircit que le 30 vers midi; mais nous aperçûmes par instants les terres basses dont je ne me suis jamais éloigné de plus de quatre lieues. Nous étions, suivant notre point, à cinq ou six lieues dans l'est de la baie à laquelle le capitaine Cook a donné le nom de *baie de Behring*. Notre hauteur observée était de 58 degrés 55 minutes, et nos horloges donnaient 141 degrés 48 minutes de longitude.

En voyant cette baie, j'ai pensé que ce pouvait être celle où Behring avait abordé. Il serait alors plus vraisemblable d'attribuer la perte de l'équipage de son canot à la fureur de la mer qu'à la barbarie des Indiens (2). J'ai conservé à cette rivière le nom de *rivière de Behring*, et il me paraît que la baie de ce nom n'existe pas, et que le capitaine Cook l'a plutôt soupçonnée qu'aperçue, puisqu'il en a passé à dix ou douze lieues (3).

Le 1er juillet, à midi, j'appareillai avec une petite brise du sud-ouest, prolongeant la terre à deux ou trois lieues. Nous avions observé au mouillage 59 degrés 7 minutes de latitude nord, et 141 degrés 17 minutes de longitude occidentale, suivant nos horloges; l'entrée de la rivière me restait alors au nord 17 degrés est, et le cap Beau-Temps à l'est 5 degrés sud. Nous prolongeâmes la terre avec une petite brise de l'ouest, à deux ou trois lieues de distance.

Le 2, à midi, je relevai le mont Beau-Temps; nous observâmes 58 degrés 36 minutes de latitude; la longitude des horloges était de 140 degrés 31 minutes, et notre distance de terre de deux lieues. A midi nous vîmes un nouveau port qui avait trois ou quatre lieues d'enfoncement. Je me déterminai à faire route vers la passe.

Ce port n'avait jamais été aperçu par aucun navigateur: il est situé à trente-trois lieues au nord-ouest de celui de los Remedios, dernier terme des navigations espagnoles, à environ deux cent vingt-quatre lieues de Nootka, et à cent lieues de Williams-Sound (1). La tranquillité de l'intérieur de cette baie était bien séduisante pour nous qui étions dans l'absolue nécessité de faire et de changer presque entièrement notre arrimage, afin d'en arracher six canons placés à fond de cale, et sans lesquels il était imprudent de naviguer dans les mers de la Chine, fréquemment infestées de pirates. J'imposai à ce lieu le nom de *port des Français*.

Pendant notre séjour forcé à l'entrée de la baie, nous fûmes sans cesse entourés de pirogues de sauvages. Ils nous proposaient, en échange de notre fer, du poisson, des peaux de loutres ou d'autres animaux, ainsi que différents petits meubles de leur costume; ils avaient l'air, à notre grand étonnement, d'être très accoutumés au trafic, et ils faisaient aussi bien leur marché que les plus habiles acheteurs d'Europe. De tous les articles de commerce, ils ne désiraient ardemment que le fer; ils acceptèrent aussi quelques rassades; mais elles servaient plutôt à conclure un marché qu'à former la base de l'échange.

Dès que nous fûmes établis derrière l'île, presque tous les sauvages de la baie s'y rendirent. Le bruit de notre arrivée se répandit bientôt aux environs: nous vîmes arriver plusieurs pirogues chargées d'une quantité très considérable de peaux de loutres, que ces Indiens échangèrent contre des haches, des herminettes et du fer en barre. Ils nous donnaient leurs saumons pour des morceaux de vieux cercles; mais bientôt ils devinrent plus difficiles, et nous ne pûmes nous procurer ce poisson qu'avec des clous ou quelques petits instruments de fer. Je crois qu'il n'est aucune contrée où la loutre de mer soit plus commune que dans cette partie de l'Amérique.

La loutre de mer est un animal amphibie, plus connu par la beauté de sa peau que par la description exacte de l'individu. Les Indiens du port des Français l'appellent *skecter;* les Russes lui donnent le nom de *colrymorski* (2), et ils distinguent les femelles par le mot de *maska*. Quelques naturalistes en ont parlé sous la dénomination de *saricovienne;* mais la description de la saricovienne de M. Buffon ne convient nullement à cet animal, qui ne ressemble ni à la loutre du Canada ni à celle d'Europe.

Le fond de la baie des Français est peut-être le lieu le plus extraordinaire de la terre. Pour en avoir une idée, qu'on se représente un bassin d'eau d'une profondeur qu'on ne peut mesurer au milieu, bordé par des montagnes à pic, d'une hauteur excessive, couvertes de neige, sans un brin d'herbe sur cet amas immense de rochers condamnés par la nature à une stérilité éternelle. Je n'ai jamais vu un souffle de vent rider la surface de cette eau; elle n'est troublée que par la chute d'énormes morceaux de glace qui se détachent très fréquemment de cinq différents glaciers, et qui font en tombant un bruit qui retentit au loin dans les montagnes. L'air y est si tranquille et le silence si profond, que la simple voix d'un homme se fait entendre à une demi-lieue, ainsi que le bruit de quelques oiseaux de mer qui déposent leurs œufs dans le creux des rochers.

Continuation de notre séjour au port des Français. Au moment d'en partir nous éprouvons le plus affreux malheur. Départ.

Le chef revint à bord, mieux accompagné et plus paré qu'à son ordinaire. Après beaucoup de chansons

(1) Cook dit, dans son troisième Voyage, que le mont Saint-Élie est à douze lieues dans l'intérieur des terres, par 60 degrés 27 minutes de latitude, et 219 degrés de longitude, méridien de Greenwich. A. M.

(2) Il y a ici double erreur: d'abord c'est le capitaine Tscherikow, et non le capitaine Behring, qui perdit ses canots; ensuite il éprouva ce malheur par 56 degrés de latitude, ainsi que le rapporte Muller. A. M.

(3) Le lieu que La Pérouse désigne sous le nom de *rivière de Behring* est sans contredit la baie de Behring de Cook. A. M.

(1) Depuis que La Pérouse a exploré la côte nord-ouest de l'Amérique, du mont Saint-Élie jusqu'à Monterey, deux navigateurs anglais ont fait à peu près la même route, mais l'un et l'autre dans des vues purement commerciales. C'étaient Dixon en 1786, et Meares en 1789. A. M.

(2) Se on Coxe, *botry-morsky*, ou *castor de mer;* la femelle, *matka*, et les petits qui n'ont pas cinq mois, *medviedky*, etc. A. M.

et de danses, il proposa de me vendre l'île sur laquelle était mon observatoire, se réservant sans doute tacitement, pour lui et les autres Indiens, le droit de nous y voler. Il était plus que douteux que le chef fût propriétaire d'aucun terrain : le gouvernement de ces peuples est tel, que le pays doit appartenir à la société entière ; cependant, comme beaucoup de sauvages étaient témoins de ce marché, j'avais droit de penser qu'ils y donnaient leur sanction, et j'acceptai l'offre du chef, convaincu d'ailleurs que le contrat de cette vente pourrait être cassé par plusieurs tribunaux, si jamais la nation plaidait contre nous ; car nous n'avions aucune preuve que les témoins fussent ses représentants, et le chef le vrai propriétaire. Quoi qu'il en soit, je lui donnai plusieurs aunes de drap rouge, des haches, des herminettes, du fer en barre, des clous; je fis aussi des présents à toute sa suite. Le marché ainsi conclu et soldé, j'envoyai prendre possession de l'île avec les formalités ordinaires; je fis enterrer au pied d'une roche une bouteille qui contenait une inscription relative à cette prise de possession, et je mis auprès une des médailles de bronze qui avaient été frappées en France avant notre départ.

Le plus grand des malheurs, celui qu'il était le plus impossible de prévoir, nous attendait à ce terme. C'est avec la plus vive douleur que je vais tracer l'histoire d'un désastre mille fois plus cruel que les maladies et tous les autres événements des plus longues navigations.

A dix heures du matin, je vis revenir notre petit canot. Un peu surpris, parce que je ne l'attendais pas sitôt, je demandai à M. Boutin, avant qu'il fût monté à bord, s'il y avait quelque chose de nouveau ; je craignis dans ce premier instant quelque attaque des sauvages : l'air de M. Boutin n'était pas propre à me rassurer; la plus vive douleur était peinte sur son visage. Il m'apprit bientôt le naufrage affreux dont il venait d'être témoin, et auquel il n'avait échappé que parce que la fermeté de son caractère lui avait permis de voir toutes les ressources qui restaient dans un si extrême péril. Entraîné, en suivant son commandant, au milieu des brisants qui portaient dans la passe, pendant que la marée sortait avec une vitesse de trois ou quatre lieues par heure, il imagina de présenter à la lame l'arrière de son canot qui, de cette manière, poussé par cette lame, et lui cédant, pouvait ne pas se remplir, mais devait cependant être entraîné au dehors, à reculons, par la marée. Bientôt il vit les brisants de l'avant de son canot, et il se trouva dans la grande mer. Plus occupé du salut de ses camarades que du sien propre, il parcourut le bord des brisants, dans l'espoir de sauver quelqu'un; il s'y rengagea même, mais il fut repoussé par la marée; enfin il monta sur les épaules de M. Mouton, afin de découvrir un plus grand espace: vain espoir, tout avait été englouti.... et M. Boutin rentra à la marée étale. La mer étant devenue belle, cet officier avait conservé quelque espérance pour la biscayenne que commandait M. d'Escures, mon premier lieutenant; il n'avait vu périr que la nôtre. M. de Marchainville était dans ce moment à un grand quart de lieue du danger, c'est-à-dire dans une mer aussi parfaitement tranquille que celle du port le mieux fermé ; mais ce jeune officier, poussé par une générosité sans doute imprudente, puisque tout secours était impossible dans ces circonstances, ayant l'âme trop élevée, le courage trop grand pour faire cette réflexion lorsque ses amis étaient dans un si extrême danger, vola à leur secours, se jeta dans les mêmes brisants, et, victime de sa générosité et de la désobéissance formelle de son chef, périt comme lui.

Bientôt M. de Langle arriva à mon bord, aussi accablé de douleur que moi-même, et m'apprit, en versant des larmes, que le malheur était encore infiniment plus grand que je ne croyais. Depuis notre départ de France, il s'était fait une loi inviolable de ne jamais détacher les deux frères (1) pour une même corvée, et il avait cédé, dans cette seule occasion, au désir qu'ils avaient témoigné d'aller se promener et chasser ensemble ; car c'était presque sous ce point de vue que nous avions envisagé l'un et l'autre la course de nos canots, que nous croyions aussi peu exposés que dans la rade de Brest lorsque le temps est très beau.

Les pirogues des sauvages vinrent dans ce même moment nous annoncer ce funeste événement; les signes de ces hommes grossiers exprimaient qu'ils avaient vu périr les deux canots, et que tout secours avait été impossible.

Il ne nous restait plus qu'à quitter promptement un pays qui nous avait été si funeste; mais nous devions encore quelques jours aux familles de nos malheureux amis. Un départ trop précipité aurait laissé des inquiétudes, des doutes en Europe ; on n'aurait pas réfléchi que le courant ne s'étend au plus qu'à une lieue en dehors de la passe ; que ni les canots ni les naufragés n'avaient pu être entraînés qu'à cette distance, et que la fureur de la mer en cet endroit ne laissait aucun espoir de leur retour. Si, contre toute vraisemblance, quelqu'un d'eux avait pu y revenir, comme ce ne pouvait être que dans les environs de la baie, je formai la résolution d'attendre encore plusieurs jours ; mais je quittai le mouillage de l'île, et je pris celui du platin de sable qui est à l'entrée, sur la côte de l'ouest. Je mis cinq jours à faire ce trajet qui n'est que d'une lieue, pendant lesquels nous essuyâmes un coup de vent d'est qui nous aurait mis dans un très grand danger si nous n'eussions été mouillés sur un bon fond de vase : heureusement nos ancres ne chassèrent pas, car nous étions à moins d'une encâblure de terre. Les vents contraires nous retinrent plus longtemps que je n'avais projeté de rester, et nous ne mîmes à la voile que le 30 juillet, dix-huit jours après l'événement qu'il m'a été si pénible de décrire, et dont le souvenir me rendra éternellement malheureux. Avant notre départ, nous érigeâmes sur l'île du milieu de la baie, à laquelle je donnai le nom d'*île du Cénotaphe*, un monument à la mémoire des vingt-un braves marins que nous venions de perdre.

Notre séjour à l'entrée de la baie nous procura sur les mœurs et les divers usages des sauvages beaucoup de connaissances qu'il nous eût été impossible d'acquérir dans l'autre mouillage : nos vaisseaux étaient à l'ancre auprès de leurs villages: nous les visitions plusieurs fois chaque jour, et chaque jour nous avions à nous en plaindre, quoique notre conduite à leur égard ne se fût jamais démentie, et que nous n'eussions pas cessé de leur donner des preuves de douceur et de bienveillance.

Description du port des Français. Ses productions végétales et minérales, oiseaux, poissons, coquilles, quadrupèdes. Mœurs et coutumes des Indiens.

La baie ou plutôt le port auquel j'ai donné le nom de *port des Français* est situé par 58 degrés 37 minutes de latitude nord, et 139 degrés 50 minutes de longitude occidentale. La mer y monte de sept pieds et demi aux nouvelles et pleines lunes : elle est haute à une heure. Les vents du large, ou peut-être d'autres causes, agissent si puissamment sur le courant de la passe, que j'ai vu le flot y entrer comme le fleuve le plus rapide; et, dans d'autres circonstances, quoique aux mêmes époques de la lune, il pouvait être refoulé par un canot.

Le climat de cette côte m'a paru infiniment plus doux que celui de la baie d'Hudson par cette même latitude. Nous avons mesuré des pins de six pieds de diamètre, et de cent quarante pieds de hauteur. Ceux de même espèce ne sont, au fort de Wale et au fort d'York, que d'une dimension à peine suffisante pour des boute-hors.

La végétation est aussi très vigoureuse pendant trois ou quatre mois de l'année: je serais peu surpris d'y

(1) Laborde Marchainville et Laborde Boutervilliers. A. M.

Nous aperçûmes bientôt des sauvages qui nous faisaient des signes d'amitié, en étendant et faisant voltiger des manteaux blancs.....

voir réussir le blé de Russie, et une infinité de plantes usuelles. Nous avons trouvé en abondance le céleri, l'oseille à feuille ronde, le lupin, le pois sauvage, la millefeuille, la chicorée, le mimulus. Chaque jour et à chaque repas, la chaudière de l'équipage en était remplie ; nous en mangions dans la soupe, dans les ragoûts, en salade, et ces herbes n'ont pas peu contribué à nous maintenir dans notre bonne santé. On voyait parmi ces plantes potagères presque toutes celles des prairies et des montagnes de France : l'angélique, le bouton d'or, la violette, plusieurs espèces de gramen propres aux fourrages. On aurait pu, sans aucun danger, faire cuire et manger de toutes ces herbes, si elles n'avaient pas été mêlées avec quelques pieds d'une ciguë très vivace, sur laquelle nous n'avons fait aucune expérience.

Les bois sont remplis de fraises, de fambroises, de groseilles ; on y trouve le sureau à grappes, le saule nain, différentes espèces de bruyères qui croissent à l'ombre, le peuplier-baumier, le peuplier-liard, le saule-marsaul, le charme, et enfin de ces superbes pins avec lesquels on pourrait faire les mâtures de nos plus grands vaisseaux. Aucune production végétale de cette contrée n'est étrangère à l'Europe.

Les rivières étaient remplies de truites et de saumons ; mais nous ne prîmes dans la baie que des flétans (1), dont quelques-uns pesaient plus de cent livres, de petites vieilles (2), une seule raie, des caplans (3) et quelques plies. Comme nous préférions les saumons et les truites à tous ces poissons, et que les Indiens nous en vendaient en plus grande quantité que nous ne pouvions en consommer, nous avons très peu pêché, et seulement à la ligne: nos occupations ne nous ont jamais permis de jeter la seine, qui exigeait, pour être tirée à terre, les forces réunies de vingt-cinq ou trente hommes. Les moules sont entassées avec profusion sur la partie du rivage qui découvre à la basse mer, et les rochers sont mailletés de petits lépas assez curieux. On trouve aussi dans le creux de ces rochers différentes espèces de buccins et d'autres limaçons de mer.

Nos chasseurs virent dans les bois des ours, des martres, des écureuils ; et les Indiens nous vendirent des

(1) Ou faitan, poisson plat, plus allongé et moins carré que le turbot, dont la peau supérieure est couverte de petites écailles. Ceux qu'on prend en Europe sont beaucoup moins gros. A. M.

(2) Poisson qui, au coup d'œil et au goût, est semblable à la morue ; mais ordinairement plus gros et aussi facile à prendre à cause de son avidité. A. M.

(3) Ce poisson ressemble au merlan, quoiqu'un peu large; sa chair est molle, de bon goût, et facile à digérer. Il abonde sur les côtes de Provence, où il est connu sous le nom de *capelan*. A. M.

BIBLIOTHÈQUE NATIONALE R.F. IMPRIMÉS

Monuments des îles de Pâques.

peaux d'ours noirs et bruns, de lynx du Canada, d'hermines, de martres, de petits-gris, d'écureuils, de castors, de marmottes du Canada ou monax, et de renards roux. M. de Lamanon prit aussi une musaraigne ou rat d'eau en vie. Nous vîmes des peaux tannées d'orignals ou d'élans, et une corne de bouquetin ; mais la pelleterie la plus précieuse et la plus commune est celle de la loutre de mer, de loup et d'ours marins. Les oiseaux sont peu variés, mais les individus y sont assez multipliés. Les bois taillis étaient pleins de fauvettes, de rossignols, de merles, de gelinottes; nous étions dans la saison de leurs amours, et leur chant me parut fort agréable. On voyait planer dans les airs l'aigle à tête blanche, le corbeau de la grande espèce; nous surprîmes et tuâmes un martin-pêcheur, et nous aperçûmes un très beau geai bleu, avec quelques colibris. L'hirondelle ou martinet et l'huîtrier noir font leur nid dans le creux des rochers sur le bord de la mer. Le goëland, le guillemot à pattes rouges, les cormorans, quelques canards et des plongeons de la grande espèce et de la petite sont les seuls oiseaux de mer que nous ayons vus.

Mais si les productions végétales et animales de cette contrée la rapprochent de beaucoup d'autres, son aspect ne peut être comparé, et je doute que les profondes vallées des Alpes et des Pyrénées offrent un tableau si effrayant, mais en même temps si pittoresque.

La nature devait à un pays aussi affreux des habitants qui différassent autant des peuples civilisés que le site que je viens de décrire diffère de nos plaines cultivées : aussi grossiers et aussi barbares que le sol est rocailleux et agreste, ils n'habitent cette terre que pour la dépeupler ; en guerre avec tous les animaux, ils méprisent les substances végétales qui naissent autour d'eux. J'ai vu des femmes et des enfants manger quelques fraises et quelques framboises ; mais c'est sans doute un mets insipide pour ces hommes qui ne sont sur la terre que comme les vautours dans les airs, ou les loups et les tigres dans les forêts.

Leurs arts sont assez avancés, et leur civilisation à cet égard a fait de grands progrès ; mais celle qui polit les mœurs, adoucit la férocité, est encore dans l'enfance. La manière dont ils vivent, excluant toute subordination, fait qu'ils sont continuellement agités par la crainte ou par la vengeance : colères et prompts à s'irriter, je les ai vus sans cesse le poignard à la main les uns contre les autres. Exposés à mourir de faim l'hiver, parce que la chasse peut n'être pas heureuse, ils sont pendant l'été dans la plus grande abondance, pouvant prendre en moins d'une heure le poisson nécessaire à la subsistance de leur famille; oisifs le reste de la journée, ils la passent au jeu, pour lequel ils ont une passion aussi violente que quelques habitants de nos grandes villes : c'est la grande source de leurs querelles. Cette peuplade s'anéantirait entièrement, si à tous ces vices destructeurs elle joignait le malheur de connaître l'usage de quelque liqueur enivrante.

Les philosophes se récrieraient en vain contre ce tableau. Ils font leurs livres au coin de leur feu, et je voyage depuis trente ans : je suis témoin des injustices et de la fourberie de ces peuples qu'on nous peint si bons, parce qu'ils sont très près de la nature ; mais cette nature n'est sublime que dans ses masses ; elle néglige tous les détails. Il est impossible de pénétrer dans les bois que la main des hommes civilisés n'a point élagués ; de traverser les plaines remplies de pierres, de rochers, et inondées de marais impraticables ; de faire société enfin avec l'homme de la nature, parce qu'il est barbare, méchant et fourbe. Confirmé dans cette opinion par ma triste expérience, je n'ai pas cru néanmoins devoir user des forces dont la direction m'était confiée pour repousser l'injustice de ces sauvages, et pour leur apprendre qu'il est un droit des gens qu'on ne viole jamais impunément.

Je crois pouvoir assurer que ce port n'est habité que pendant la belle saison, et que les Indiens n'y passent jamais l'hiver ; je n'ai pas vu une seule cabane à l'abri de la pluie ; et, quoiqu'il n'y ait jamais eu ensemble dans la baie trois cents Indiens, nous avons été visités par sept ou huit cents autres.

Les pirogues entraient et sortaient continuellement, et emportaient ou rapportaient chacune leur maison et leurs meubles, qui consistent en beaucoup de petits coffres dans lesquels ils renferment leurs effets les plus précieux. Ces coffres sont placés à l'entrée de leurs cabanes qui sont d'ailleurs d'une malpropreté et d'une puanteur, à laquelle ne peut être comparée la tanière d'aucun animal connu. Ils ne s'écartent jamais de deux pas pour aucun besoin : ils ne cherchent dans ces occasions ni l'ombre, ni le mystère; ils continuent la conversation qu'ils ont commencée, comme s'ils n'avaient pas un instant à perdre; et, lorsque c'est pendant le repas, ils reprennent leur place dont ils n'ont jamais été éloignés d'une toise (1). Les vases de bois dans lesquels ils font cuire leurs poissons ne sont jamais lavés ; ils leur servent de marmite, de plat et d'assiette : comme ces vases ne peuvent aller au feu, ils font bouillir l'eau avec des cailloux rougis, qu'ils renouvellent jusqu'à l'entière cuisson de leurs aliments. Ils connaissent aussi la manière de les rôtir : elle ne diffère pas de celle de nos soldats dans les camps.

Les chiens sont les seuls animaux avec lesquels ils aient fait alliance : il y en a assez ordinairement trois ou quatre par cabane ; ils sont petits, et ressemblent au chien de berger de M. de Buffon : ils n'aboient presque pas ; ils ont un sifflement fort approchant de l'adive du Bengale (2), et ils sont si sauvages qu'ils paraissent être aux autres chiens ce que leurs maîtres sont aux peuples civilisés.

Les hommes se percent le cartilage du nez et des oreilles : ils y attachent différents petits ornements; ils se font des cicatrices sur les bras et sur la poitrine avec un instrument de fer très tranchant, qu'ils aiguisent en le passant sur leurs dents comme sur une pierre : ils ont les dents limées jusqu'au ras des gencives, et ils se servent, pour cette opération, d'un grès arrondi ayant la forme d'une langue. L'ocre, le noir de fumée, la plombagine, mêlés avec l'huile de loup marin, leur servent à se peindre le visage et le reste du corps d'une manière effroyable. Lorsqu'ils sont en grande cérémonie, leurs cheveux sont longs, poudrés et tressés avec le duvet des oiseaux de mer : c'est leur plus grand luxe, et il est peut-être réservé aux chefs de famille. Une simple peau couvre leurs épaules; le reste du corps est absolument nu, à l'exception de la tête, qu'ils couvrent ordinairement avec un petit chapeau de paille très artistement tressé : mais quelquefois ils placent sur leur tête des bonnets à deux cornes, des plumes d'aigle, et enfin des têtes d'ours entières, dans lesquelles ils ont enchâssé une calotte de bois. Ces différentes coiffures sont extrêmement variées; mais elles ont pour objet principal, comme presque tous leurs autres usages, de les rendre effrayan s, peut-être afin d imposer davantage à leurs ennemis.

Quelques Indiens avaient des chemises entières de peau de loutre, et l'habillement ordinaire du grand chef était une chemise de peau d'orignal tannée, bordée d'une frange de sabots de daim et de becs d'oiseaux, qui imitaient le bruit des grelots lorsqu'ils dansaient : ce même habillement est très connu des sauvages du Canada, et des autres nations qui habitent les parties orientales de l'Amérique (1).

Je n'ai vu de tatouage que sur les bras de quelques femmes : celles-ci ont un usage qui les rend hideuses, et que j'aurais peine à croire si je n'en avais été le témoin. Toutes, sans exception, ont la lèvre inférieure fendue au ras des gencives, dans toute la largeur de la bouche : elles portent une espèce d'écuelle de bois sans anses qui appuie contre les gencives, à laquelle cette lèvre fendue sert de bourrelet en dehors, de manière que la partie inférieure de la bouche est saillante de deux ou trois pouces (2). Les jeunes filles n'ont qu'une aiguille dans la lèvre inférieure, et les femmes mariées ont seules le droit de l'écuelle (3). Nous les

(1) L'intérieur de ces maisons offre, dit le capitaine Dixon, un tableau parfait de la malpropreté et de l'indolence de ceux qui les habitent. Cook nous a aussi dépeint, dans son troisième Voyage, la malpropreté de l'intérieur des maisons des habitants de l'entrée de Nootka. La malpropreté et la puanteur de leurs habitations égalent, dit-il, au moins le désordre qu'on y remarque; les cabanes sont aussi sales que des étables à cochons; on respire partout, dans les environs, une odeur de poisson, d'huile et de fumée. A. M.

(2) Animal sauvage, carnassier et dangereux, tenant du loup et du chien. Il est commun en Asie; il aboie la nuit comme le chien, mais avec moins de force; sa peau est jaunâtre, on en fait de belles fourrures. A. M.

(1) Suivant Dixon, le chef, qui dirige toujours le concert vocal, endosse un habit large, fait de peau d'élan tannée. Autour de l'extrémité inférieure de cet habit se trouvent une et quelquefois deux rangées de grenailles sèches ou de becs d'oiseaux qui occasionnent un cliquetis à chaque pas qu'il fait. A. M.

(2) Cet usage paraît général parmi les peuplades qui habitent sur la côte nord-ouest de l'Amérique depuis le 50e degré jusqu'au 61e; il s'étend même chez les sauvages des îles aux Renards et des îles Aléoutiennes.

Au port Mulgrave, 59 degrés 33 minutes de latitude nord, 142 degrés 20 minutes de longitude occidentale, méridien de Paris, les insulaires se font une ouverture dans la partie épaisse de la lèvre inférieure, qui est continuée par degrés en une ligne parallèle à la bouche, et d'une longueur semblable : ils insèrent dans cette ouverture une pièce de bois de forme elliptique, et d'environ un demi-pouce d'épaisseur; la surface en est creusée de chaque côté, à peu près comme une cuiller, excepté que le creux n'est pas aussi profond.

A l'entrée de Norfolk, 57 degrés 3 minutes de latitude nord, 137 degrés 5 minutes de longitude occidentale, méridien de Paris, suivant le même Dixon, les femmes ornent aussi, ou plutôt défigurent leur lèvre; et il semble que celles qui sont décorées d'une large pièce de bois soient plus généralement respectées par leurs amis et par la nation en général.

A l'île d'Yppa, l'une des îles de la Reine Charlotte, 53 degrés 48 minutes de latitude nord, 135 degrés 20 minutes de longitude occidentale, méridien de Paris, le même capitaine vit plusieurs femmes dont les lèvres inférieures étaient défigurées de même que celles des femmes du port Mulgrave et de l'entrée de Norfolk. A. M.

(3) Le mariage chez ces sauvages ne devant être sujet à d'autres formalités qu'à celles qui sont prescrites par la nature, l'écuelle est plutôt une marque de puberté ou de maternité qu'un signe de considération ou de la propriété exclusive d'un seul homme.

Quand les filles parviennent à l'âge de quatorze ou quinze ans, on commence à percer le centre de la lèvre inférieure dans la partie épaisse et voisine de la bouche, et on y introduit un fil d'archal pour empêcher l'ouverture de se fermer. Cette incision est ensuite prolongée de temps en temps, parallèlement à la bouche; et le morceau de bois qu'on y attache est augmenté en proportion. A. M.

avons quelquefois engagées à quitter cet ornement : elles s'y déterminaient avec peine ; elles faisaient alors le même geste et témoignaient le même embarras qu'une femme d'Europe dont on découvrirait la gorge. La lèvre inférieure tombait alors sur le menton, et ce second tableau ne valait guère mieux que le premier.

Ces femmes, les plus dégoûtantes qu'il y ait sur la terre, couvertes de peaux puantes et souvent point tannées, ne laissèrent pas d'exciter des désirs chez quelques personnes, à la vérité très privilégiées : elles firent d'abord des difficultés et assurèrent par des gestes qu'elles s'exposaient à perdre la vie; mais, vaincues par des présents, elles voulurent avoir le soleil pour témoin et refusèrent de se cacher dans les bois (1). On ne peut douter que cet astre ne soit le dieu de ces peuples : ils lui adressent très fréquemment des prières ; mais je n'ai vu ni temple, ni prêtres, ni la trace d'aucun culte.

La taille de ces Indiens est à peu près comme la nôtre; les traits de leur visage sont très variés, et n'offrent de caractère particulier que dans l'expression de leurs yeux, qui n'annoncent jamais un sentiment doux. La couleur de leur peau est très brune, parce qu'elle est sans cesse exposée à l'air; mais leurs enfants naissent aussi blancs que les nôtres : ils ont de la barbe, moins à la vérité que les Européens, mais assez cependant pour qu'il soit impossible d'en douter.

Mes voyages m'ont mis à portée de comparer les différents peuples, et j'ose assurer que les Indiens du port des Français ne sont point Esquimaux. Ils ont évidemment une origine commune avec tous les habitants de l'intérieur du Canada et des parties septentrionales de l'Amérique.

Des usages absolument différents, une physionomie très particulière distinguent les Esquimaux des autres Américains. Les premiers me paraissent ressembler aux Groënlandais; ils habitent la côte de Labrador, le détroit d'Hudson, et une lisière de terre dans toute l'étendue de l'Amérique, jusqu'à la presqu'île d'Alaska. Il est fort douteux que l'Asie ou le Groënland aient été la première patrie de ces peuples : c'est une question oiseuse à agiter, et le problème ne sera jamais résolu d'une manière sans réplique. Il suffit de dire que les Esquimaux sont un peuple beaucoup plus pêcheur que chasseur, préférant l'huile au sang et peut-être à tout, mangeant très ordinairement le poisson cru : leurs pirogues sont toujours bordées avec des peaux de loups marins très étendues; ils sont si adroits qu'ils ne diffèrent presque pas des phoques. Ils se retournent dans l'eau avec la même agilité que les amphibies; leur face est carrée, leurs yeux et leurs pieds petits, leur poitrine large, leur taille courte. Aucun de ces caractères ne paraît convenir aux indigènes de la baie des Français: ils sont beaucoup plus grands, maigres, point robustes, et maladroits dans la construction de leurs pirogues, qui sont formées avec un arbre creusé, relevé de chaque côté par une planche.

Ils pêchent, comme nous, en barrant les rivières, ou à la ligne ; mais leur manière de pratiquer cette dernière pêche est assez ingénieuse : ils attachent à chaque ligne une grosse vessie de loup marin, et ils l'abandonnent ainsi sur l'eau. Chaque pirogue jette douze ou quinze lignes : à mesure que le poisson est pris, il entraîne la vessie, et la pirogue court après; ainsi, deux hommes peuvent surveiller douze ou quinze lignes sans avoir l'ennui de les tenir à la main.

Les Américains du port des Français savent forger le fer, façonner le cuivre, filer le poil de différents animaux et fabriquer à l'aiguille, avec cette laine, un tissu pareil à notre tapisserie; ils entremêlent dans ce tissu des lanières de peau de loutre, ce qui fait ressembler leurs manteaux à la peluche de soie la plus fine. Nulle part on ne tresse avec plus d'art des chapeaux et des paniers de jonc; ils y figurent des dessins assez agréables; ils sculptent aussi très passablement toutes sortes de figures d'hommes, d'animaux, en bois ou en pierre, marquettent, avec des opercules de coquilles, des coffres dont la forme est assez élégante; ils taillent en bijoux la pierre serpentine, et lui donnent le poli du marbre.

Leurs armes sont le poignard que j'ai déjà décrit, une lance de bois durci au feu, ou de fer, suivant la richesse du propriétaire; et enfin l'arc et les flèches, qui sont ordinairement armées d'une pointe de cuivre : mais les arcs n'ont rien de particulier, et ils sont beaucoup moins forts que ceux de plusieurs autres nations.

Ces Indiens ont une grande passion pour le jeu : celui auquel ils se livrent avec une extrême fureur est absolument un jeu de hasard. Ils ont trente bûchettes, ayant chacune des marques différentes comme nos dés; ils en cachent sept : chacun joue à son tour, et celui qui approche le plus du nombre tracé sur les sept bûchettes gagne l'enjeu convenu, qui est ordinairement un morceau de fer ou une hache. Ce jeu les rend tristes et sérieux. Je les ai cependant entendus chanter très souvent; et lorsque le chef venait me visiter, il faisait ordinairement le tour du bâtiment en chantant, les bras étendus en forme de croix et en signe d'amitié : il montait ensuite à bord et y jouait une pantomime qui exprimait ou des combats, ou des surprises, ou la mort. L'air qui avait précédé cette danse était agréable et assez harmonieux.

Nos caractères ne peuvent exprimer la langue de ces peuples : ils ont à la vérité quelques articulations semblables aux nôtres; mais plusieurs nous sont absolument étrangères : ils ne font aucun usage des consonnes B, F, X, J, D, P, V; et, malgré leur talent pour l'imitation, ils n'ont jamais pu prononcer les quatre premières. Il en a été de même pour l'L mouillé et le GN mouillé : ils articulaient la lettre R comme si elle eût été double, et en grasseyant beaucoup; ils prononcent le *chr* des Allemands avec autant de dureté que les Suisses de certains cantons. Ils ont aussi un son articulé très difficile à saisir : on ne pouvait entreprendre de l'imiter sans exciter leur rire. Le grasseyement, le grand nombre de K, et les consonnes doubles rendent cette langue très dure. Elle est moins gutturale chez les hommes que chez les femmes, qui ne peuvent prononcer les labiales à cause de la rouelle de bois nommée *kentaga*, qu'elles enchâssent dans la lèvre inférieure.

On s'aperçoit moins de la rudesse de leur langue lorsqu'ils chantent. Ils ont des interjections pour exprimer les sentiments d'admiration, de colère ou de plaisir; je ne crois pas qu'ils aient des articles, car je n'ai point trouvé de mots qui revinssent souvent et qui servissent à lier leurs discours. Ils connaissent les rapports numériques; ils ont des nombres, sans cependant distinguer le pluriel du singulier, ni par aucune différence dans la terminaison, ni par des articles. Leurs noms collectifs sont en très petit nombre; ils n'ont pas assez généralisé leurs idées pour avoir des mots un peu abstraits, ils ne les ont pas assez particularisées pour ne pas donner le même nom à des choses très distinctes : ainsi chez eux *kaaga* signifie également tête et visage, et *alcaou* chef et ami.

Je finirai l'article de ces peuples en disant que nous n'avons aperçu chez eux aucune trace d'anthropophagie; mais c'est une coutume si générale chez les Indiens de l'Amérique, que j'aurais peut-être encore ce trait à ajouter à leur tableau, s'ils eussent été en guerre et qu'ils eussent fait un prisonnier (1).

(1) Les détails que donne Dixon sont si conformes, en général, à ceux qu'a donnés La Pérouse, qu'on a de la peine à concevoir d'où peut provenir la différente manière dont ils ont apprécié les charmes du sexe féminin. A. M.

(1) Le capitaine J. Meares a prouvé, par la relation de ses voyages, que les peuples qui habitent la côte nord-ouest de l'Amérique sont des cannibales. A. M.

Départ du port des Français. Exploration de la côte d'Amérique. Baie des Iles du capitaine Cook. Port de los Remedios et de Bucarelli du pilote Maurelle. Iles de la Croyère. Iles San-Carlos. Description de la côte depuis Cross-Sound jusqu'au cap Hector. Reconnaissance d'un grand golfe ou canal, et détermination exacte de sa largeur. Iles Sartine. Pointe boisée du capitaine Cook. Iles Necker. Arrivée à Monterey.

Le séjour forcé que je venais de faire dans le port des Français m'avait contraint de changer le plan de ma navigation sur la côte d'Amérique : j'avais encore le temps de la prolonger et d'en déterminer la direction ; mais il m'était impossible de songer à aucune autre relâche, et moins encore à reconnaître chaque baie : toutes mes combinaisons devaient être subordonnées à la nécessité absolue d'arriver à Manille à la fin de janvier, et à la Chine dans le courant de février, afin de pouvoir employer l'été suivant à la reconnaissance des côtes de Tartarie, du Japon, du Kamtschatka et jusqu'aux îles Aléoutiennes.

Nous reprîmes la mer, et le 4 août 1786, nous reconnûmes parfaitement l'entrée de Cross-Sound, qui me parut former deux baies très profondes, où il est vraisemblable que les vaisseaux trouveraient un bon mouillage.

C'est à Cross-Sound que se terminent les hautes montagnes couvertes de neige, dont les pics ont de treize à quatorze cents toises d'élévation. Les terres qui bordent la mer au sud-est de Cross-Sound, bien qu'encore élevées de huit ou neuf cents toises, sont couvertes d'arbres jusqu'au sommet; et la chaîne des montagnes primitives me parut s'enfoncer beaucoup dans l'intérieur de l'Amérique. Au coucher du soleil, je relevai la pointe de l'ouest de Cross-Sound : le mont Beau-Temps et le mont Crillon me restaient au nord-ouest. Cette dernière montagne, presque aussi élevée que le mont Beau-Temps, est au nord de Cross-Sound, comme le mont Beau-Temps est au nord de la baie des Français : elles servent de reconnaissance au port qu'elles avoisinent.

Je relevai, le 5, un cap qui est au sud de l'entrée de Cross-Sound ; je l'appelai *cap Cross* (1). Nous avions par le travers une infinité de petites îles basses très boisées ; nous n'apercevions plus des montagnes couvertes de neige. J'approchai les petites îles, jusqu'à voir de dessus le pont les brisants de la côte, et je reconnus entre elles plusieurs passages qui devaient former de bonnes rades. C'est à cette partie de l'Amérique que le capitaine Cook a donné le nom de *baie des Iles*.

Le 7 nous apercevions le côté du cap Enganno, opposé à celui que nous avions prolongé la veille. Le mont Saint-Hyacinthe (2) était parfaitement prononcé, et nous découvrions, à l'est de ce mont, une large baie dont un brouillard nous cachait la profondeur ; mais elle est si ouverte aux vents du sud et du sud-est, qui sont les plus dangereux, que les navigateurs doivent craindre d'y mouiller (3). Les terres sont couvertes d'arbres, et de la même élévation que celle au sud de Cross-Sound; un peu de neige en couvre les sommets, et ils sont si pointus et si multipliés, qu'il suffit d'un petit déplacement pour en changer l'aspect. Ces sommets sont à quelques lieues dans l'intérieur, et paraissent en troisième plan ; des collines leur sont adossées, et celles-ci sont liées à une terre basse et ondulée qui se termine à la mer.

Depuis la fin de ces îles jusqu'au nouveau cap, nous vîmes deux larges baies (1) qui paraissaient d'une très grande profondeur ; je donnai à ce dernier cap le nom de *cap Tschirikow*, en l'honneur du célèbre navigateur russe qui, en 1741, aborda dans cette même partie de l'Amérique. Derrière ce cap, on trouve à l'est une large et profonde baie que je nommai aussi *baie Tschirikow*.

A sept heures du soir j'eus connaissance d'un groupe de cinq îlots (2), séparés du continent par un canal de quatre ou cinq lieues, et dont ni le capitaine Cook ni le pilote Maurelle n'ont fait mention : j'appelai ce groupe *îles de la Croyère*, du nom du géographe fançais de Lisle de la Croyère, qui s'était embarqué avec le capitaine Tschirikow, et qui mourut pendant cette campagne.

Le 9, continuant à prolonger la terre à trois lieues, j'ai eu connaissance des îles San-Carlos : la plus considérable court sud-est et nord-ouest, et peut avoir dix lieues de circonférence. Une longue chaîne la lie à d'autres petits îlots très bas qui s'avancent beaucoup dans le canal. Je suis persuadé cependant qu'il reste un passage assez large (3); mais je n'en étais pas assez certain pour l'essayer, d'autant qu'il fallait y aller vent arrière ; et si mes conjectures sur ce passage n'eussent pas été fondées, il m'eût été très difficile de doubler au large les îles San-Carlos, et j'aurais perdu un temps très précieux. Je rangeai à une demi-lieue celle qui était le plus en dehors ; et comme à midi j'en étais à cette distance, est et ouest de la pointe du sud-est, nous déterminâmes sa position, avec la plus grande précision, à 54 degrés 48 minutes de latitude nord, et 136 degrés 19 minutes de longitude occidentale.

Le 18, j'eus connaissance d'une baie si profonde que je n'apercevais pas les terres qui la terminaient : je lui donnai le nom de *baie de la Touche*. Elle est située par 52 degrés 39 minutes de latitude nord, et 134 degrés 49 minutes de longitude occidentale : je ne doute pas qu'elle n'offre un très bon mouillage.

Le 19 au soir, nous eûmes connaissance d'un cap qui paraissait terminer la côte d'Amérique. L'horizon était très clair, et nous n'apercevions au-delà que quatre ou cinq petits îlots auxquels je donnai le nom d'*îles Kerouart*, et j'appelai la pointe *cap Hector* (4). La côte que je suivais depuis deux cents lieues finissait ici, et formait vraisemblablement l'ouverture d'un golfe ou d'un canal fort large, puisque je n'apercevais point de terre dans l'est quoique le temps fût très clair. Je dirigeai ma route au nord, afin de découvrir le revers des terres que je venais de prolonger à l'est. Je rangeai à une lieue les îlots Kerouart et le cap Hector, et je traversai des courants très forts; ils m'obligèrent même d'arriver, et de m'éloigner de la côte. Le cap Hector, qui forme l'entrée de ce nouveau canal, me parut un point très intéressant à déterminer : sa latitude nord est par 51 degrés 57 minutes 20 secondes ; et sa longitude ouest, suivant nos horloges marines, par 133 degrés 37 minutes.

La nuit ne me permit pas d'avancer davantage vers le nord, et je me tins bord sur bord. Au jour, je repris ma route de la veille : le temps était très clair. Je vis le revers de la baie de la Touche, auquel je donnai le nom de *cap Buache*, et plus de vingt lieues de la côte orientale que j'avais prolongée les jours précédents. Je

(1) Cook l'a également appelé *cap Cross;* mais il en fixe la latitude à 59 degrés 57 minutes. Cette différence doit provenir de la configuration de la côte, qui, dans cette partie, présente plusieurs caps. A. M.

(2) Le mont Saint-Hyacinthe et le cap Enganno des Espagnols sont le mont Edgecumbe et le cap Edgecumbe de Cook. A. M.

(3) Dixon y jeta l'ancre pour y traiter des pelleteries; il lui imposa le nom d'*entrée de Norfolk*. Sa latitude nord est de 57 degrés 3 minutes, et sa longitude occidentale, réduite au méridien de Paris, de 138 degrés 16 minutes. A. M.

(1) Ces deux baies, que La Pérouse a nommées *port Necker* et *port Guibert*, sont si rapprochées qu'on ne peut savoir dans laquelle a relâché Dixon; mais ce navigateur ayant parcouru la côte à droite et à gauche de son mouillage, qu'il a appelé *port Banks*, n'a trouvé que des baies beaucoup plus petites que celle où il était, et entièrement inhabitées. La latitude du port Banks est de 56 degrés 35 minutes, et sa longitude occidentale, réduite au méridien de Paris, est de 137 degrés 20 minutes. A. M.

(2) Dixon a marqué ces cinq îlots sur sa carte sous le nom d'*îles Brumeuses*. D'après la détermination de La Pérouse, elles gisent par 55 degrés 50 minutes de latitude nord, et 137 degrés 11 minutes de longitude ouest. A. M.

(3) Dixon l'a vu de même, et il s'en est servi pour tracer, en partie au hasard, le détroit auquel il a donné son nom. A. M.

(4) C'est le cap Saint-James de Dixon. A. M.

voulus déterminer avec précision la largeur est et ouest de ce canal ou golfe, comme on voudra l'appeler : je la trouvai de la largeur d'environ trente lieues, comprises entre le cap Hector et le cap Fleurieu (1), du nom que j'avais donné à l'île la plus sud-est du nouveau groupe que je venais de découvrir sur la côte orientale de ce canal.

Je changeai de route afin de ne pas m'enfoncer dans un golfe dont j'aurais eu beaucoup de peine à sortir ; je reconnus bientôt que cette terre était formée de plusieurs groupes d'îles qui s'étendaient du continent aux îles du large. J'en passai à un tiers de lieue : on y voyait de l'herbe et du bois flotté sur la côte. La latitude et la longitude de l'île la plus à l'ouest sont 50 degrés 56 minutes et 130 degrés 38 minutes. Je nommai ces différents groupes *îles Sartine* (2). Il est vraisemblable qu'on trouverait entre elles un passage ; mais il ne serait pas prudent de s'y engager sans précaution.

Le 5 septembre, notre latitude était 42 degrés 58 minutes 56 secondes, et la longitude 127 degrés 5 minutes 20 secondes. Nous étions par le travers de neuf petites îles ou rochers éloignés d'environ une lieue du cap Blanc, qui restait au nord-est un quart est. Je les nommai *îles Necker*.

Le 13, nous aperçûmes la terre très embrumée et très près de nous. Il était impossible de la reconnaître : j'en approchai à une lieue. Je suivis alors la côte de très près, et, à trois heures après midi, nous eûmes connaissance du fort de Monterey, et de deux bâtiments à trois mâts qui étaient dans la rade. Les vents contraires nous forcèrent de mouiller à deux lieues au large, et le lendemain nous laissâmes tomber l'ancre à deux encâblures de terre.

Description de la baie de Monterey. Mœurs et usages des Indiens convertis et des Indiens indépendants. Grains, fruits, légumes de toute espèce. Quadrupèdes, oiseaux, poissons, coquilles, etc.

La baie de Monterey, formée par la pointe du Nouvel-An au nord, et par celle des Cyprès au sud, a huit lieues d'ouverture dans cette direction, et à peu près six d'enfoncement dans l'est, où les terres sont basses et sablonneuses. La mer y roule jusqu'au pied des dunes de sable dont la côte est bordée, avec un bruit que nous avons entendu de plus d'une lieue. Les terres du nord et du sud de cette baie sont élevées et couvertes d'arbres.

La mer était couverte de pélicans. Il paraît que ces oiseaux ne s'éloignent jamais de plus de cinq ou six lieues de terre, et les navigateurs qui les rencontreront pendant la brume doivent être certains qu'ils en sont tout au plus à cette distance. Nous en aperçûmes pour la première fois dans la baie de Monterey, et j'ai appris depuis qu'ils étaient très communs sur toute la côte de la Californie : les Espagnols les appellent *alkatræ*.

Les Indiens de Monterey, petits, faibles et approchant de la couleur des nègres, sont très adroits à tirer de l'arc. Ils tuèrent devant nous les oiseaux les plus petits. Il est vrai que leur patience pour les approcher est inexprimable : ils se cachent et se glissent en quelque sorte auprès du gibier, et ne le tirent guère qu'à quinze pas.

Leur industrie contre la grosse bête est encore plus admirable. Nous vîmes un Indien, ayant une tête de cerf attachée sur la sienne, marcher à quatre pattes, avoir l'air de brouter l'herbe, et jouer cette pantomime avec une telle vérité, que tous nos chasseurs l'auraient tiré à trente pas, s'ils n'eussent été prévenus. Ils approchent ainsi le troupeau de cerfs à la plus petite portée, et les tuent à coups de flèches.

Lorette est le seul presidio de l'ancienne Californie sur la côte de l'est de cette presqu'île. La garnison est de cinquante-quatre cavaliers, qui fournissent de petits détachements aux quinze missions, desservies par des pères dominicains, qui ont succédé aux jésuites et aux franciscains (1).

Avant l'établissement des Espagnols, les Indiens de la Californie ne cultivaient qu'un peu de maïs, et vivaient presque uniquement de pêche et de chasse. Nul pays n'est plus abondant en poisson et gibier de toute espèce : les lièvres, les lapins et les cerfs y sont très communs ; les loutres de mer et les loups marins s'y trouvent en aussi grande abondance qu'au nord, et l'on y tue pendant l'hiver une très grande quantité d'ours, de renards, de loups et de chats sauvages. Les bois taillis et les plaines sont couverts de petites perdrix grises huppées, qui, comme celles d'Europe, vivent en société, mais par compagnies de trois ou quatre cents : elles sont grasses et de fort bon goût.

Les arbres servent d'habitation aux plus charmants oiseaux. Parmi les oiseaux de proie, on voyait l'aigle à tête blanche, le grand faucon et le petit, l'autour, l'épervier, le vautour noir, le grand-duc et le corbeau. On trouvait sur les étangs et sur le bord de la mer le canard, le pélican gris et blanc à huppe jaune, différentes espèces de goëlands, des cormorans, des courlis, des pluviers à collier, de petites mouettes de mer et des hérons ; enfin nous tuâmes et empaillâmes un promérops, que le plus grand nombre des ornithologistes croyaient appartenir à l'ancien continent.

Cette terre est aussi d'une fertilité inexprimable : les légumes de toute espèce y réussissent parfaitement. Nous enrichîmes les jardins du gouverneur et des missions de différentes graines que nous avions apportées de Paris : elles s'étaient parfaitement conservées, et leur procureront de nouvelles jouissances.

Les récoltes de maïs, d'orge, de blé et de pois, ne peuvent être comparées qu'à celles du Chili. Nos cultivateurs d'Europe ne peuvent avoir aucune idée d'une pareille fertilité ; le produit moyen du blé est de soixante-dix à quatre-vingts pour un ; les extrêmes soixante et cent. Les arbres fruitiers y sont encore très rares, mais le climat leur convient infiniment. Il diffère peu de celui de nos provinces méridionales de France, du moins le froid n'y est jamais plus vif, mais les chaleurs de l'été y sont beaucoup plus modérées, à cause des brouillards continuels qui règnent dans ces contrées, et qui procurent à cette terre une humidité très favorable à la végétation.

Les arbres des forêts sont le pin à pignon, le cyprès, le chêne vert et le platane d'occident : ils sont clairsemés, et une pelouse, sur laquelle il est très agréable de marcher, couvre la terre de ces forêts. On y rencontre des lacunes de plusieurs lieues, formant de vastes plaines couvertes de toute sorte de gibier. La terre, quoique très végétale, est sablonneuse et légère, et doit, je crois, sa fertilité à l'humidité de l'air, car elle est fort mal arrosée. Le courant d'eau le plus à portée du presidio en est éloigné de deux lieues : ce ruisseau, qui coule auprès de la mission de Saint-Charles, est appelé par les anciens navigateurs *rivière du Carmel*, qui procure une boisson saine et agréable.

Les cabanes des Indiens de Monterey sont les plus misérables qu'on puisse rencontrer chez aucun peuple. Elles sont rondes, de six pieds de diamètre sur quatre de hauteur. Quelques piquets de la grosseur du bras, fixés en terre, et qui se rapprochent en voûte par le haut, en composent la charpente ; huit ou dix bottes de paille mal arrangées sur ces piquets garantissent bien ou mal les habitants de la pluie ou du vent, et plus de la moitié de cette cabane reste découverte lorsque le temps

(1) Dixon l'a appelé *cap Cos*. Il gît par 51 degrés 45 minutes de latitude nord, et 131 degrés 15 minutes de longitude ouest. A. M.

(2) Iles de Berreford de Dixon, dont il fixe la latitude nord à 50 degrés 52 minutes, et la longitude occidentale, réduite au méridien de Paris, à 132 degrés 3 minutes. A. M.

(1) Monterey dépend toujours du Mexique ; mais les missionnaires en ont disparu pour faire place aux autorités républicaines. A. M.

est beau : leur seule précaution est d'avoir chacun près de leur case deux ou trois bottes de paille en réserve.

Les Indiens de Monterey se lèvent avec le soleil, vont à la prière et à la messe des missionnaires, qui durent une heure, et pendant ce temps-là on fait cuire au milieu de la place, dans trois grandes chaudières, de la farine d'orge, dont le grain a été rôti avant d'être moulu : cette espèce de bouillie, que les Indiens appellent *atole*, et qu'ils aiment beaucoup, n'est assaisonnée ni de beurre ni de sel, et serait pour nous un mets fort insipide.

Chaque cabane envoie prendre la ration de tous ses habitants dans un vase d'écorce : il n'y a ni confusion ni désordre; et lorsque les chaudières sont vides, on distribue le gratin aux enfants qui ont le mieux retenu les leçons du catéchisme.

Ce repas dure trois quarts d'heure, après quoi ils se rendent tous au travail. Les uns vont labourer la terre avec des bœufs, d'autres bêcher le jardin; chacun enfin est employé aux différents besoins de l'habitation, et toujours sous la surveillance d'un ou de deux religieux.

Les femmes ne sont guère chargées que du soin de leur ménage, de celui de leurs enfants, et de faire rôtir et moudre les grains : cette dernière opération est très pénible et très longue, parce qu'elles n'ont d'autres moyens pour y parvenir que d'écraser le grain sur une pierre avec un cylindre.

A midi les cloches annoncent le dîner : les Indiens laissent alors leur ouvrage, et envoient prendre leur ration dans le même vase que pour le déjeuner; mais cette seconde bouillie est plus épaisse que la première : on y mêle au blé et au maïs des pois et des fèves. Les Indiens lui donnent le nom de *poussole*. Ils retournent au travail depuis deux heures jusqu'à quatre ou cinq; ils font ensuite la prière du soir qui dure près d'une heure, et qui est suivie d'une nouvelle ration d'atole, pareille à celle du déjeuner. Ces trois distributions suffisent à la subsistance du plus grand nombre de ces Indiens. La science de cette cuisine consiste à faire rôtir le grain avant de le réduire en farine. Comme les Indiennes n'ont point de vases de terre ni de métal pour cette opération, elles la font dans des corbeilles d'écorce sur de petits charbons allumés. Elles tournent ces espèces de vases avec tant d'adresse et de rapidité, qu'elles parviennent à faire enfler et crever le grain sans brûler la corbeille, quoiqu'elle soit d'une matière très combustible; et nous pouvons assurer que le café le mieux brûlé n'approche pas de l'égalité de torréfaction que les Indiennes savent donner à leur grain. On le leur distribue tous les matins, et la plus petite infidélité, lorsqu'elles le rendent, est punie par des coups de fouet : mais il est assez rare qu'elles s'y exposent. Ces punitions sont ordonnées par des magistrats indiens appelés *caciques*.

Les femmes élèvent autour de leurs cabanes quelques poules dont elles donnent les œufs à leurs enfants : ces poules sont la propriété des Indiens, ainsi que leurs habillements et les autres petits meubles de ménage et de chasse. Il n'y a pas d'exemple qu'ils se soient jamais volés entre eux, quoique leur fermeture ne consiste qu'en une simple botte de paille qu'ils mettent en travers de l'entrée lorsque tous les habitants sont absents.

Ces mœurs paraîtront patriarcales à quelques-uns de nos lecteurs; ils ne considéreront pas que, dans ces habitations, il n'est aucun ménage qui offre des objets capables de tenter la cupidité de la cabane voisine. La nourriture des Indiens étant assurée, il ne leur reste d'autre besoin que celui de donner la vie à des êtres qui doivent être aussi stupides qu'eux.

Les hommes des missions ont fait de plus grands sacrifices au christianisme que les femmes, parce que la polygamie leur était permise, et qu'ils étaient même dans l'usage d'épouser toutes les sœurs d'une famille. Les femmes ont acquis, au contraire, l'avantage de recevoir exclusivement les caresses d'un seul homme.

Les Indiens convertis ont conservé tous les anciens usages que leur nouvelle religion ne prohibe pas : mêmes cabanes, mêmes jeux, même habillement. Celui du plus riche consiste en un manteau de peau de loutre qui couvre ses reins et descend au-dessous des aines; les plus paresseux n'ont qu'un simple morceau de toile que la mission leur fournit pour cacher leur nudité, et un petit manteau de peau de lapin couvre leurs épaules et descend jusqu'à la ceinture : il est attaché avec une ficelle sous le menton. Le reste du corps est absolument nu, ainsi que la tête; quelques-uns cependant ont des chapeaux de paille très bien nattés.

L'habillement des femmes est un manteau de peau de cerf mal tannée. Celles des missions sont dans l'usage d'en faire un petit corset à manches : c'est leur seule parure, avec un petit tablier de jonc et une jupe de peau de cerf, qui couvre leurs reins et descend à mi-jambe. Les jeunes filles au-dessous de neuf ans n'ont qu'une simple ceinture, et les enfants de l'autre sexe sont tout nus.

Les cheveux des hommes et des femmes sont coupés à quatre ou cinq pouces de leur racine. Les Indiens des rancheries (1), n'ayant point d'instruments de fer, font cette opération avec des tisons allumés. Ils sont aussi dans l'usage de se peindre le corps en rouge et en noir lorsqu'ils sont en deuil. Les missionnaires ont proscrit la première de ces peintures, mais ils ont été obligés de tolérer l'autre, parce que ces peuples sont vivement attachés à leurs amis. Ils versent des larmes lorsqu'on leur en rappelle le souvenir, quoiqu'ils les aient perdus depuis longtemps; ils se croient même offensés si par inadvertance on a prononcé leur nom devant eux. Les liens de la famille ont moins de force que ceux de l'amitié : les enfants reconnaissent à peine leur père; ils abandonnent sa cabane lorsqu'ils sont capables de pourvoir à leur subsistance : mais ils conservent un plus long attachement pour leur mère qui les a élevés avec une extrême douceur, et ne les a battus que lorsqu'ils ont montré de la lâcheté dans leurs petits combats contre des enfants du même âge.

Les vieillards des rancheries qui ne sont plus en état de chasser vivent aux dépens de tout leur village, et sont assez généralement considérés. Les sauvages indépendants sont très fréquemment en guerre; mais la crainte des Espagnols leur fait respecter les missions, et ce n'est peut-être pas une des moindres causes de l'augmentation des villages chrétiens. Leurs armes sont l'arc et les flèches armées d'un silex très artistement travaillé : ces arcs en bois et doublés d'un nerf de bœuf sont très supérieurs à ceux des habitants de la baie des Français.

Ils ont deux jeux qui occupent tous leurs loisirs : le premier, auquel ils donnent le nom de *takersia*, consiste à jeter et à faire rouler un petit cercle de trois pouces de diamètre dans un espace de dix toises en carré, nettoyé d'herbe et entouré de fascines. Les deux joueurs tiennent chacun une baguette de la grosseur d'une canne ordinaire, et de cinq pieds de long : ils cherchent à faire passer cette baguette dans le cercle pendant qu'il est en mouvement : s'ils y réussissent, ils gagnent deux points; et si le cercle, en cessant de rouler, repose simplement sur leur bâton, ils en gagnent un : la partie est en trois points. Ce jeu leur fait faire un violent exercice, parce que le cercle ou les baguettes sont toujours en action.

L'autre jeu, nommé *toussi*, est plus tranquille : on le joue à quatre, deux de chaque côté. Chacun à son tour cache dans une de ses mains un morceau de bois, pendant que son partenaire fait mille gestes pour occuper l'attention des adversaires. Il est assez curieux pour un observateur de les voir accroupis les uns vis-à-vis des autres, gardant le plus profond silence, observant les traits du visage et les plus petites circonstances qui peuvent les aider à deviner la main qui cache le morceau de bois. Ils gagnent ou perdent un point suivant qu'ils ont bien ou mal rencontré; et ceux qui l'ont gagné ont droit de cacher à leur tour. La

(1) Nom des villages des Indiens indépendants. A. M.

partie est en cinq points : l'enjeu ordinaire est des rassades, et chez les Indiens indépendants, les faveurs de leurs femmes.

La loutre est un amphibie aussi commun sur toute la côte occidentale de l'Amérique, depuis le 28e degré jusqu'au 60e, que les loups marins sur la côte du Labrador et de la baie d'Hudson. Les Indiens, qui ne sont pas aussi bons marins que les Esquimaux, et dont les canots, à Monterey, ne sont faits que de joncs, les prennent à terre avec des lacs, ou les assomment à coups de bâton lorsqu'ils les trouvent éloignées du rivage. Pour cet effet, ils se tiennent cachés derrière des roches, car au moindre bruit cet animal s'effraie et plonge tout de suite dans l'eau.

La Nouvelle-Californie, malgré sa fertilité, ne compte pas encore un seul habitant (1); quelques soldats, mariés avec des Indiennes, qui demeurent dans l'intérieur des forts ou qui sont répandus comme des escouades de maréchaussée dans les différentes missions, constituent jusqu'à présent toute la nation espagnole de cette partie de l'Amérique.

Il n'est peut-être aucun pays où les différents idiomes soient aussi multipliés que dans la Californie septentrionale. Les nombreuses peuplades qui divisent cette contrée, quoique très près les unes des autres, vivent isolées et ont chacune une langue particulière. C'est la difficulté de les apprendre toutes qui console les missionnaires de n'en savoir aucune : ils ont besoin d'un interprète pour leurs sermons et leurs exhortations à l'heure de la mort.

Monterey et la mission de San-Carlos qui en dépend comprennent le pays des Achastliens et des Ecclemachs. Les deux langues de ces peuples, en partie réunis dans la même mission, en formeraient bientôt une troisième, si les Indiens chrétiens cessaient de communiquer avec ceux des rancheries. La langue des Achastliens est proportionnée au faible développement de leur intelligence. Comme ils ont peu d'idées abstraites, ils ont peu de mots pour les exprimer.

Ils se servent de leurs doigts pour compter jusqu'à dix : peu d'entre eux peuvent le faire de mémoire et indépendamment de quelque signe matériel. S'ils veulent exprimer le nombre qui succède à huit, ils commencent par compter avec leurs doigts, un, deux, etc., et s'arrêtent lorsqu'ils ont prononcé neuf: il est rare qu'ils parviennent au nombre cinq sans ce secours.

Le pays des Ecclemachs s'étend à plus de vingt lieues à l'est de Monterey. La langue de ses habitants diffère absolument de toutes celles de leurs voisins : elle a même plus de rapport avec nos langues européennes qu'avec celles de l'Amérique. Ce phénomène grammatical, le plus curieux à cet égard qui ait encore été observé sur ce continent, intéressera peut-être les savants qui cherchent dans la comparaison des langues l'histoire de la transplantation des peuples.

Départ de Monterey. — Projet de la route à suivre en traversant l'Océan occidental jusqu'à la Chine.

En partant de Monterey, je formai le projet de diriger ma route au sud-ouest, jusque par 28 degrés de latitude, parallèle sur lequel quelques géographes ont placé l'île de Nostra-Segnora-de-la-Gorta. Toutes mes recherches, pour connaître le voyageur qui a fait anciennement cette découverte, ont été infructueuses.

Ma traversée fut d'abord très heureuse : les vents du nord-est succédèrent au vent de nord-ouest, et je ne doutai pas que nous n'eussions atteint la région des vents constants : mais dès le 18 octobre 1786, ils passèrent à l'ouest, et ils y furent aussi opiniâtres que dans les hautes latitudes, ne variant que du nord-ouest au sud-ouest. Je luttai pendant huit ou dix jours contre ces obstacles, profitant des différentes variations pour m'élever à l'ouest, et gagner enfin la longitude sur laquelle je m'étais proposé d'arriver.

Le 3 novembre, par 24 degrés 4 minutes de latitude nord, et 165 degrés 2 minutes de longitude occidentale, nous fûmes environnés d'oiseaux du genre des fous, des frégates et des hirondelles de mer, qui généralement s'éloignent peu de terre ; nous naviguâmes avec plus de précaution, faisant petites voiles la nuit ; et le 4 novembre, au soir, nous eûmes connaissance d'une île très petite, et qui n'était en quelque sorte qu'un rocher de cinq cents toises environ de longueur, et tout au plus de soixante d'élévation : on n'y voyait pas un seul arbre, mais il y avait beaucoup d'herbe vers le sommet. J'en approchai à un tiers de lieue ; les bords étaient à pic comme un mur, et la mer brisait partout avec force ; ainsi il ne fut pas possible de songer à y débarquer. Nous avons presque entièrement fait le tour de cette île. Sa latitude et sa longitude sont de 23 degrés 34 minutes nord, et 166 degrés 52 minutes à l'occident de Paris : je l'ai nommée *île Necker* (1). Si sa stérilité la rend peu importante, sa position précise devient très intéressante aux navigateurs auxquels elle pourrait devenir funeste.

Nous eûmes connaissance des îles Mariannes le 14 décembre. J'avais dirigé ma route dans le dessein de passer entre l'île de la Mira et les îles Déserte et des Jardins ; mais leurs noms oiseux occupent sur les cartes des espaces où il n'y eut jamais de terre, et trompent ainsi les navigateurs qui les rencontreront peut-être un jour à plusieurs degrés au nord ou au sud. L'île de l'Assomption elle-même, qui fait partie d'un groupe d'îles si connues, sur lesquelles nous avons une histoire en plusieurs volumes, est placée sur la carte des jésuites, copiée par tous les géographes, 30 minutes trop au nord. Sa véritable position est par 19 degrés 45 minutes de latitude nord, et 143 degrés 15 minutes de longitude orientale.

Le 28 décembre, nous eûmes connaissance des îles Bashées (2), dont l'amiral Byron a donné une détermination en longitude qui n'est point exacte. Celle du capitaine Wallis approche plus de la vérité. Nous passâmes à une lieue des deux rochers qui sont le plus au nord. Ils doivent être appelés *îlots*, malgré l'autorité de Dampier, parce que le moins gros a une demi-lieue de tour ; et quoiqu'il ne soit point boisé, on aperçoit beaucoup d'herbes du côté de l'est. La longitude orientale de cet îlot est par 119 degrés 41 minutes, et sa latitude nord par 21 degrés 9 minutes 13 secondes. Je ne me proposai pas de relâcher à ces îles, les Bashées ayant déjà été visitées plusieurs fois, et rien ne pouvant nous y intéresser. Après en avoir déterminé la position, je continuai donc ma route vers la Chine, et le 1er janvier 1787, je trouvai fond par soixante brasses. Le lendemain, nous fûmes environnés d'un très grand nombre de bateaux pêcheurs ; le 2, nous eûmes connaissance de la Pierre-Blanche. Nous mouillâmes le soir au nord de l'île Ling-ting, et le 3 dans la rade de Macao.

Arrivée à Macao. — Séjour dans la rade du Typa. — Description de Macao. — Son gouvernement.

Les Chinois qui nous avaient pilotés devant Macao refusèrent de nous conduire au mouillage du Typa : ils montrèrent le plus grand empressement de s'en aller avec leurs bateaux, et nous avons appris depuis que, s'ils avaient été aperçus, le mandarin de Macao aurait exigé de chacun d'eux la moitié de la somme qu'ils avaient reçue. Ces sortes de contributions sont

(1) Aujourd'hui, c'est-à-dire en 1852, la Nouvelle-Californie compte à Monterey, sa capitale, environ 3,000 indigènes. A. M.

(1) Cette découverte appartient exclusivement à La Pérouse. A. M.

(2) Iles Bashées ou Bachi, ainsi nommées par Guillaume Dampier, du nom d'une liqueur enivrante qu'on y boit abondamment. A. M.

Nous aperçûmes des feux dans l'île.

assez ordinairement précédées de plusieurs volées de coups de bâton. Ce peuple, dont les lois sont si vantées en Europe, est peut-être le plus malheureux, le plus vexé et le plus arbitrairement gouverné qu'il y ait sur la terre, si toutefois on peut juger du gouvernement chinois par le despotisme du mandarin de Macao.

Nous mouillâmes à côté d'une flûte française qui venait de Manille; elle était destinée à naviguer sur les côtes de l'est, et à y protéger notre commerce. Nous eûmes donc enfin, après dix-huit mois, le plaisir de rencontrer, non-seulement des compatriotes, mais même des camarades et des connaissances.

Les Chinois font avec les Européens un commerce de cinquante millions, dont les deux cinquièmes sont soldés en argent, le reste en draps anglais, en calin de Batavia ou de Malac, en coton de Surate ou du Bengale, en opium de Patna, en bois de sandal, et en poivre de la côte de Malabar. On apporte aussi d'Europe quelques objets de luxe, comme glaces de la plus grande dimension, montres de Genève, corail, perles fines; mais ces derniers articles doivent à peine être comptés, et ne peuvent être vendus avec quelque avantage qu'en très petite quantité. On ne rapporte en échange de toutes ces richesses que du thé vert ou noir, avec quelques caisses de soie écrue pour les manufactures européennes; car je compte pour rien les porcelaines qui lestent les vaisseaux, et les étoffes de soie qui ne procurent presque aucun bénéfice. Aucune nation ne fait certainement un commerce aussi avantageux avec les étrangers, et il n'en est point cependant qui impose des conditions aussi dures, qui multiplie avec plus d'audace les vexations, les gênes de toute espèce : il ne se boit pas une tasse de thé en Europe qui n'ait coûté une humiliation à ceux qui l'ont acheté à Canton, qui l'ont embarqué, et ont sillonné la moitié du globe pour apporter cette feuille dans nos marchés.

Les Portugais ont encore plus que tous les autres peuples à se plaindre des Chinois : on sait à quel titre respectable ils sont possesseurs de Macao. Le don de l'emplacement de cette ville est un monument de la reconnaissance de l'empereur Camhy : elle fut donnée aux Portugais pour avoir détruit, dans les îles de Canton, les pirates qui infestaient les mers et ravageaient toutes les côtes de la Chine.

Macao, situé à l'embouchure du Tigre, peut recevoir dans sa rade, à l'entrée du Typa, des vaisseaux de soixante-quatre canons, et dans son port, qui est sous la ville et communique avec la rivière en remontant dans l'est, des vaisseaux de sept à huit cents tonneaux à moitié chargés. Sa latitude nord est de 22 degrés 12 minutes 40 secondes, et sa longitude orientale de 111 degrés 19 minutes 30 secondes.

L'entrée de ce port est défendue par une forteresse à

Tombeau Orotchys.

deux batteries, qu'il faut ranger en entrant à une portée de pistolet. Trois petits forts, dont deux armés de douze canons et un de six, garantissent la partie méridionale de la ville de toute entreprise chinoise. Ces fortifications, qui sont dans le plus mauvais état, seraient peu redoutables à des Européens; mais elles peuvent imposer à toutes les forces maritimes des Chinois. Il y a de plus une montagne qui domine la plage et sur laquelle un détachement pourrait soutenir un très long siége. Les Portugais de Macao, plus religieux que militaires, ont bâti une église sur les ruines d'un fort qui couronnait cette montagne et formait un poste inexpugnable.

Le côté de terre est défendu par deux forteresses : l'une est armée de quarante canons et peut contenir mille hommes de garnison. Elle a une citerne, deux sources d'eau vive, et des casemates pour renfermer les munitions de guerre et de bouche. L'autre forteresse, sur laquelle on compte trente canons, ne peut comporter plus de trois cents hommes; elle a une source qui est très abondante et ne tarit jamais. Ces deux citadelles commandent tout le pays. Les limites portugaises s'étendent à peine à une lieue de distance de la ville. Elles sont bordées d'une muraille gardée par un mandarin avec quelques soldats. Ce mandarin est le vrai gouverneur de Macao, celui auquel obéissent les Chinois. Il n'a pas le droit de coucher dans l'enceinte des limites, mais il peut visiter la place et même les fortifications, inspecter les douanes, etc. Dans ces occasions, les Portugais lui doivent un salut de cinq coups de canon; mais aucun Européen ne peut faire un pas sur le territoire chinois au-delà de la muraille. Une imprudence le mettrait à la discrétion des Chinois qui pourraient, ou le retenir prisonnier, ou exiger de lui une grosse somme : quelques officiers de nos frégates s'y sont cependant exposés, et cette petite légèreté n'a eu aucune suite fâcheuse (1).

La population entière de Macao peut être évaluée à vingt mille âmes, dont cent Portugais de naissance sur deux mille métis ou Portugais indiens; autant d'esclaves cafres qui leur servent de domestiques; le reste est chinois, et s'occupe du commerce et de différents métiers qui rendent ces mêmes Portugais tributaires de leur industrie. Ceux-ci, quoique presque tous mulâtres, se croiraient déshonorés s'ils exerçaient quelque art mécanique et faisaient ainsi subsister leur famille; mais leur amour-propre n'est pas révolté de solliciter

(1) Depuis 1846, où les Anglais, forcés d'en venir à des représailles, s'avancèrent jusque près de Nankin, la Chine a dû ouvrir aux Européens cinq ports de commerce, où l'Angleterre, la France et les Etats-Unis ont placé des consuls. Le gouvernement chinois a, en outre, cédé à celui de la Grande-Bretagne l'île de Hong-Kong, en face de Canton. A. M.

sans cesse et avec importunité la charité des passants.

Le vice-roi de Goa nomme à toutes les places civiles et militaires de Macao. Le gouverneur est de son choix, ainsi que tous les sénateurs qui partagent l'autorité civile : la garnison est de cent quatre-vingts cipayes indiens et cent vingt hommes de milice. Le service de cette garde consiste à faire la nuit des patrouilles : les soldats sont armés de bâtons, l'officier seul a droit d'avoir une épée; mais, dans aucun cas, il ne peut en faire usage contre un Chinois.

Le sénat de Macao est composé du gouverneur, qui en est le président, et de trois *vereadores*, qui sont les vérificateurs des finances de la ville, dont les revenus consistent dans les droits imposés sur les marchandises qui entrent à Macao, par les seuls vaisseaux portugais.

Après les trois *vereadores* viennent deux juges des orphelins, chargés des biens vacants, de l'exécution des testaments, de la nomination des tuteurs, et généralement de toutes les discussions relatives aux successions : on peut appeler de leur sentence à Goa.

Les autres causes civiles ou criminelles sont attribuées aussi, en première instance, à deux sénateurs nommés juges. Un trésorier reçoit le produit des douanes, et paie, sur les ordonnances du sénat, les appointements et les différentes dépenses, qui ne peuvent cependant être ordonnancées que par le vice-roi de Goa si elles excèdent trois mille piastres.

La magistrature la plus importante est celle du procureur de la ville. Il est intermédiaire entre le gouvernement portugais et le gouvernement chinois : il répond à tous les étrangers qui hivernent à Macao, reçoit et fait parvenir à leur gouvernement respectif les plaintes réciproques des deux nations, dont un greffier, qui n'a point voix délibérative, tient registre, ainsi que de toutes les délibérations du conseil. Il est le seul dont la place soit inamovible : celle du gouverneur dure trois ans, les autres magistrats sont changés chaque année.

L'aspect de cette ville est très riant. Il reste de son ancienne opulence plusieurs belles maisons louées aux subrécargues des différentes compagnies, qui sont obligés de passer l'hiver à Macao, les Chinois les forçant de quitter Canton lorsque le dernier vaisseau de leur nation en est parti, et ne leur permettant d'y retourner qu'avec les vaisseaux qui arrivent d'Europe à la mousson suivante.

Il est inutile de dire que le mandarin de Macao ne demanda rien pour notre séjour dans la rade du Typa, qui ne fait plus partie, ainsi que les différentes îles, des possessions portugaises. Le climat de cette rade est fort inégal dans cette saison : le thermomètre variait de huit degrés d'un jour à l'autre. Nous eûmes presque tous la fièvre avec de gros rhumes, qui cédèrent à la belle température de l'île de Luçon : nous l'aperçûmes le 15 février 1787. Nous étions partis de Macao le 5 à huit heures du matin, avec un vent du nord qui nous aurait permis de passer entre les îles, si j'eusse eu un pilote; mais, voulant épargner cette dépense, qui est assez considérable, je suivis la route ordinaire, et je passai au sud de la grande Ladrone. Nous avions embarqué sur chaque frégate six matelots chinois, en remplacement de ceux que nous avions eu le malheur de perdre lors du naufrage de nos canots.

Nous eûmes connaissance de l'île de Luçon le 14 février par 18 degrés 14 minutes. Nous nous flattions de n'avoir plus qu'à descendre la côte avec des vents de nord-est jusqu'à l'entrée de Manille : mais les vents de mousson ne pénétrèrent pas le long de la terre : ils furent variables du nord-ouest au sud-ouest pendant plusieurs jours. Les courants portèrent aussi au nord, et jusqu'au 19 février, nous n'avançâmes pas d'une lieue par jour. Enfin, les vents du nord ayant fraîchi, nous longeâmes la côte des Ilocos à deux lieues, et nous aperçûmes le port de Sainte-Croix. Nous doublâmes, le 20, le cap Bulinao, et relevâmes, le 21, la pointe Capones. Nous prolongeâmes notre bordée jusqu'au sud de l'île de Marivelle, et nous dirigeâmes notre route entre cette île et celle de la Monha, et, les vents nous étant contraires, nous prîmes alors le parti de relâcher dans le port de Marivelle.

Le 28, nous mouillâmes dans le port de Cavite, à deux encâblures de la ville. Notre traversée de Macao à Cavite fut de vingt-trois jours, et elle eût été bien plus longue si, suivant l'usage des anciens navigateurs portugais et espagnols, nous nous fussions obstinés à vouloir passer au nord du banc de Pratas.

Arrivée à Cavite. Détails sur Cavite et sur son arsenal. Description de Manille et de ses environs. Sa population. Séjour à Manille. Etat militaire de l'île de Luçon.

Nous avions à peine mouillé à l'entrée du port de Cavite, qu'un officier vint à bord, de la part du commandant de cette place, pour nous prier de ne pas communiquer avec la terre, jusqu'à l'arrivée des ordres du gouverneur général, auquel il se proposait de dépêcher un courrier dès qu'il serait informé des motifs de notre relâche. Nous répondîmes que nous désirions des vivres et la permission de réparer nos frégates, pour continuer notre campagne le plus promptement possible : mais avant le départ de l'officier espagnol, le commandant de la baie (1) arriva de Manille, d'où l'on avait aperçu nos vaisseaux. Il nous apprit qu'on y était informé de notre arrivée dans les mers de la Chine, et que les lettres du ministre d'Espagne nous avaient annoncés au gouverneur général depuis plusieurs mois. Cet officier ajouta que la saison permettait de mouiller devant Manille, où nous trouverions réunis tous les agréments et toutes les ressources qu'il est possible de se procurer aux Philippines; mais nous étions à l'ancre devant un arsenal, à une portée de fusil de terre, et rien ne pouvait compenser ces avantages.

Cavite, à trois lieues dans le sud-ouest de Manille, était autrefois un lieu assez considérable; mais, aux Philippines comme en Europe, les grandes villes pompent en quelque sorte les petites; et il n'y reste plus aujourd'hui que le commandant de l'arsenal, un contador, deux lieutenants de port, le commandant de la place, cent cinquante hommes de garnison, et les officiers attachés à cette troupe (2).

Tous les autres habitants sont métis ou indiens, attachés à l'arsenal, et forment, avec leur famille, qui est ordinairement très nombreuse, une population d'environ quatre mille âmes, réparties dans la ville et dans le faubourg Saint-Roch. On y compte deux paroisses, et trois couvents d'hommes, occupés chacun par deux religieux, quoique trente pussent y loger commodément. Les jésuites y possédaient autrefois une très belle maison : la compagnie de commerce nouvellement établie par le gouvernement s'en est emparée. En général, on n'y voit plus que des ruines. Les anciens édifices en pierre sont abandonnés, ou occupés par des Indiens qui ne les réparent point; et Cavite, la seconde ville des Philippines, la capitale d'une province de son nom, n'offre aux yeux qu'un monceau de ruines; toutefois, il n'en est pas de même du port qui est bien tenu.

La ville de Manille, y compris ses faubourgs, est très considérable. On évalue sa population à trente-huit mille âmes (3), parmi lesquelles on compte à peine mille ou

(1) Le commandant de la baie est, en Espagne, le chef des douaniers. Il a un grade militaire; celui de Manille a rang de capitaine. A. M.

(2) Cavite compte aujourd'hui 1852 environ 3,000 habitants, et Manille 38,000. Rien de plus romantique, rien de plus riant que le point de vue dont on jouit du chemin qui mène de Cavite à Manille. A. M.

(3) C'est encore en 1852 à peu près le même nombre d'habitants. Manille est vaste : elle renferme plusieurs belles églises. Les maisons sont bâties sur pilotis, à cause de la fréquence des tremblements de terre. Les maisons des indigènes s'élèvent sur des poteaux à six pieds de terre :

douze cents Espagnols : les autres sont métis, indiens ou chinois, cultivant tous les arts, et s'exerçant à tous les genres d'industrie. Les familles espagnoles les moins riches ont une ou plusieurs voitures. Deux très beaux chevaux coûtent trente piastres, leur nourriture et les gages d'un cocher six piastres par mois : ainsi il n'est aucun pays où la dépense d'un carrosse soit moins considérable, et en même temps plus nécessaire. Les environs de Manille sont ravissants : la plus belle rivière y serpente, et se divise en différents canaux, dont les deux principaux conduisent à cette fameuse lagune ou lac de Bay, qui est à sept lieues dans l'intérieur, bordé de plus de cent villages indiens, situés au milieu du territoire le plus fertile (1).

Manille, bâtie sur le bord de la baie de son nom qui a plus de vingt-cinq lieues de tour, est à l'embouchure d'une rivière, navigable jusqu'au lac d'où elle tire sa source : c'est peut-être la ville de l'univers le plus heureusement située. Tous les comestibles s'y trouvent dans la plus grande abondance et au meilleur marché ; mais les habillements, les quincailleries d'Europe, les meubles s'y vendent à un prix excessif. Le défaut d'émulation, les prohibitions, les gênes de toute espèce mises sur le commerce y rendent les productions et les marchandises de l'Inde et de la Chine au moins aussi chères qu'en Europe.

Trois millions d'habitants peuplent ces différentes îles, et celle de Luçon en contient à peu près le tiers (2). Ces peuples ne m'ont paru en rien inférieurs à ceux d'Europe : ils cultivent la terre avec intelligence, sont charpentiers, menuisiers, forgerons, orfèvres, tisserands, maçons, etc. J'ai parcouru leurs villages : je les ai trouvés bons, hospitaliers, affables; et quoique les Espagnols en parlent avec mépris et les traitent de même, j'ai reconnu que les vices qu'ils mettent sur le compte des Indiens doivent être imputés au gouvernement qu'ils ont établi parmi eux. On sait que l'avidité de l'or, et l'esprit de conquête dont les Espagnols et les Portugais étaient animés, il y a deux siècles, faisaient parcourir à des aventuriers de ces deux nations les différentes mers et les îles des deux hémisphères, dans la seule vue d'y rencontrer ce riche métal.

Les distinctions les plus bizarres sont établies et maintenues avec la plus grande sévérité. Le nombre des chevaux attelés aux voitures est fixé pour chaque état; les cochers doivent s'arrêter devant le plus grand nombre, et le seul caprice d'un oidore peut retenir en file derrière sa voiture toutes celles qui ont le malheur de se trouver sur le même chemin. Tant de vices dans ce gouvernement, tant de vexations qui en sont la suite, n'ont cependant pu anéantir entièrement les avantages du climat : les paysans ont encore un air de bonheur, qu'on ne rencontre pas dans nos villages d'Europe; leurs maisons sont d'une propreté admirable, ombragées par des arbres fruitiers qui croissent sans culture. L'impôt que paie chaque chef de famille est très modéré : il se borne à cinq réaux et demi, en y comprenant les droits de l'église que la nation perçoit; tous les évêques, chanoines et curés sont salariés par le gouvernement, mais ils ont établi un casuel qui compense la modicité de leurs traitements.

Le peuple a une passion si immodérée pour le tabac qu'il n'est pas d'instant dans la journée où un homme ou une femme n'ait un cigarre à la bouche : les enfants à peine sortis du berceau contractent cette habitude. Le tabac de l'île Luçon est le meilleur de l'Asie. Chacun en cultivait autour de sa maison pour sa consommation, et le petit nombre de bâtiments étrangers qui avaient la permission d'aborder à Manille en transportaient dans toutes les parties de l'Inde.

La terre, aux Philippines, ne se refuse à aucune des productions les plus précieuses : neuf cent mille individus des deux sexes, dans l'île de Luçon, peuvent être encouragés à la cultiver. Ce climat permet de faire dix récoltes de soie par an, tandis que celui de la Chine laisse à peine l'espérance de deux.

Le coton, l'indigo, les cannes à sucre, le café, naissent sans culture sous les pas de l'habitant qui les dédaigne. Tout annonce que les épiceries n'y seraient pas inférieures à celles des Moluques.

Le seul établissement militaire des Espagnols dans les Philippines méridionales est celui de Samboangan dans l'île de Mindanao, où ils entretiennent une garnison de cent cinquante hommes, commandée par un gouverneur militaire à la nomination du gouverneur général de Manille. Il n'y a dans les autres îles que quelques villages défendus par de mauvaises batteries servies par des milices et commandées par des alcades au choix du gouverneur général, mais susceptibles d'être pris parmi toutes les classes des citoyens qui ne sont pas militaires. Les véritables maîtres des différentes îles où sont situés les villages espagnols les auraient bientôt détruits, s'ils n'avaient pas un très grand intérêt à les conserver.

Les Mores ou Mahométans sont en paix dans leurs propres îles ; mais ils expédient des bâtiments pour pirater sur les côtes de celle de Luçon, et les alcades achètent un très grand nombre des esclaves faits par ces pirates ; ce qui dispense ceux-ci de les apporter à Batavia, où ils n'en trouveraient qu'un beaucoup moindre prix. Ces détails peignent mieux la faiblesse du gouvernement des Philippines que tous les raisonnements des différents voyageurs. Les lecteurs s'apercevront que les Espagnols sont trop faibles pour protéger le commerce de leurs possessions : tous leurs bienfaits envers ces peuples n'ont eu jusqu'à présent pour objet que leur bonheur dans l'autre vie.

Le 21 mars 1787, tous nos travaux étaient finis à Cavite, nos canots construits, nos voiles réparées, et nos salaisons mises en barils. Nous avions à bord du sel et du vinaigre d'Europe, et nous n'achetâmes des Espagnols que des cochons à un prix très modéré.

Les communications entre Manille et la Chine sont si fréquentes que, chaque semaine, nous recevions des nouvelles de Macao. Le 3 avril, nous embarquâmes tous nos instruments d'astronomie.

Avant de mettre à la voile, je crus devoir aller avec M. de Langle faire nos remercîments au gouverneur général, de la célérité avec laquelle ses ordres avaient été exécutés, et plus particulièrement encore à l'intendant, de qui nous avions reçu tant de marques d'intérêt et de bienveillance. Ces devoirs remplis, nous profitâmes l'un et l'autre d'un séjour de quarante-huit heures chez M. Sebier pour aller visiter en canot ou en voiture les environs de Manille. On n'y rencontre ni superbes maisons, ni parcs, ni jardins; mais la nature y est si belle, qu'un simple village indien sur le bord de la rivière, une maison à l'européenne, entourée de quelques arbres, forment un coup d'œil plus pittoresque que celui de nos plus magnifiques châteaux ; et l'imagination la moins vive se peint toujours le bonheur à côté de cette riante simplicité. Les Espagnols sont presque tous dans l'usage d'abandonner le séjour de la ville après les fêtes de Pâques, et de passer la saison brûlante à la campagne. Ils n'ont pas cherché à embellir un pays qui n'avait pas besoin d'art : une maison propre et spacieuse, bâtie sur le bord de l'eau, avec des bains très commodes, d'ailleurs sans avenues, sans jardins, mais ombragée de quelques arbres fruitiers : voilà la demeure des citoyens les plus riches; et ce serait un des lieux de la terre les plus agréables à habiter, si un gouvernement plus modéré

celles sont en bambous fendus, et couvertes de feuilles; on y pénètre au moyen d'une échelle. A. M.

(1) Les environs de Manille offrent de très beaux sites, surtout entre cette capitale des Philippines et le port de Cavite. Les objets nécessaires s'y trouvent en grande abondance; les chevaux y sont petits, mais infatigables et peu chers : ce qui permet à la plupart des familles espagnoles d'avoir un équipage. A. M.

(2) Il paraît que ce nombre est aujourd'hui double, car on donne, en 1852, aux Philippines six millions d'habitants, répartis sur dix-neuf mille lieues carrées. A. M.

et quelques préjugés de moins assuraient davantage la liberté civile de chaque habitant.

La petite garnison de Samboangan, dans l'île de Mindanao, n'est pas prise sur celle de l'île Luçon, qui se compose d'un régiment; on a formé, pour les îles Mariannes et pour celle de Mindanao', deux corps de cent cinquante hommes chacun, qui sont invariablement attachés à ces colonies.

Départ de Cavite. Nous mouillons à deux lieues au large de l'ancien fort Zélande. Nous appareillons le lendemain. Détails sur les îles Pescadores ou Pong-Hou. Reconnaissance de l'île Botol Tabaco-xima. Nous prolongeons l'île Kumi, qui fait partie du royaume de Likeu. Les frégates entrent dans la mer du Japon, et prolongent la côte de Chine. Nous faisons route pour l'île Quelpaert. Nous prolongeons la côte de Corée. Détails sur l'île Quelpaert, la Corée, etc. Découverte de l'île Dagelet.

Le 9 avril, suivant notre manière de compter, et le 10, suivant celle des Manillois, nous mîmes sous voile et nous eûmes connaissance de l'île Formose le 21 avril. Nous éprouvâmes, dans le canal qui la sépare de celle de Luçon, des lits de marée très violents. Le 22, je relevai l'île de Lamay, qui est à la pointe du sud-ouest de Formose, à l'est un quart sud-est, à la distance d'environ trois lieues.

Je dirigeai ma route vers les îles méridionales des Pescadores, qui s'étendent par 23 degrés 12 minutes latitude nord. Ces îles sont un amas de rochers qui affectent toutes sortes de figures; une entre autres ressemble parfaitement à la tour de Cordouan qui est à l'entrée de la rivière de Bordeaux, et l'on jurerait que ce rocher est taillé par la main des hommes. Parmi ces îlots nous avons compté cinq îles d'une hauteur moyenne, qui paraissaient comme des dunes de sable. Nous n'y avons aperçu aucun arbre.

Je revins à l'est-sud-est pour passer dans le canal entre Formose et les îles Bashées. Le 1er mai, nous restâmes à mi-canal entre les îles Bashées et celle de Botol Tabaco-Xima. Ce canal est de seize lieues, nos observations ayant placé la pointe du sud-est de Botol Tabaco-Xima à 21 degrés 57 minutes de latitude nord, et 119 degrés 32 minutes de longitude orientale. Les vents nous ayant permis d'approcher cette île à deux tiers de lieue, j'aperçus distinctement trois villages sur la côte méridionale, et une pirogue parut faire route sur nous.

L'île Formose, à laquelle aucun voyageur connu n'a abordé, peut avoir quatre lieues de tour. Elle est séparée par un canal d'une demi-lieue d'un îlot ou très gros rocher, sur lequel on apercevait un peu de verdure avec quelques broussailles, mais qui n'est ni habité ni habitable. L'île, au contraire, paraît contenir une assez grande quantité d'habitants, puisque nous avons compté trois villages considérables dans l'espace d'une lieue. Elle est boisée depuis le tiers de son élévation, prise du bord de la mer, jusqu'à la cime, qui nous parut coiffée des plus grands arbres. L'espace de terrain compris entre ces forêts et le sable du rivage conserve une pente encore très rapide. Il était du plus beau vert et cultivé en plusieurs endroits, quoique sillonné par les ravins que forment les torrents qui descendent des montagnes.

Sortis de l'archipel des îles de Likeu, et nous allions entrer dans une mer plus vaste, entre le Japon et la Chine, où quelques géographes prétendent qu'on trouve toujours fond. Cette observation est exacte; mais ce n'a guère été que par 24 degrés 4 minutes que la sonde a commencé à rapporter soixante-dix brasses; et depuis cette latitude jusque par-delà le canal du Japon, nous n'avons plus cessé de naviguer sur le fond : la côte de Chine est même si plate, que, par les 31 degrés, nous n'avions que vingt-cinq brasses à plus de trente lieues de terre.

Je continuai ma route, et j'aperçus bientôt la pointe du nord-est de l'île Quelpaert à l'ouest; je fixai ma route au nord-nord-est pour approcher Corée. Nous vîmes différentes îles ou rochers qui forment une chaîne de plus de quinze lieues en avant du continent de Corée, par 35 degrés 15 minutes de latitude nord, et 127 degrés 7 minutes de longitude orientale. Une brume épaisse nous cachait le continent, qui n'en est pas éloigné de plus de cinq à six lieues. Nous en eûmes la vue le lendemain, vers onze heures du matin : il paraissait derrière les îlots ou rochers dont il était encore bordé.

Le 25 mai, nous passâmes le détroit de Corée. Le canal qui sépare la côte du continent de celle du Japon peut avoir quinze lieues; mais il est rétréci jusqu'à dix lieues, par des rochers qui, depuis l'île Quelpaert, n'ont pas cessé de border la côte méridionale de Corée, et qui ont fini seulement lorsque nous avons eu doublé la pointe du sud-est de cette presqu'île. En sorte que nous avons pu suivre le continent de très près, voir les maisons et les villes qui sont sur le bord de la mer, et reconnaître l'entrée des baies. Nous vîmes sur des sommets de montagnes quelques fortifications qui ressemblent parfaitement à des forts européens, et il est vraisemblable que les plus grands moyens de défense des Coréens sont dirigés contre les Japonais. Cette partie de la côte est très belle pour la navigation, car on n'y aperçoit aucun danger, à trois lieues au large; mais le pays est montueux et paraît très aride : la neige n'était pas entièrement fondue dans certaines ravines, et la terre semblait peu susceptible de culture. Les habitations sont cependant très multipliées : nous comptâmes une douzaine de champans ou sommes qui naviguaient le long de la côte. Ces sommes ne paraissaient différer en rien de celles des Chinois; leurs voiles étaient pareillement faites de nattes.

Après avoir dépassé la partie la plus orientale et déterminé la côte la plus intéressante de Corée, je crus devoir diriger ma route sur la pointe du sud-ouest de l'île Niphon (1). Le 27, j'aperçus dans le nord-nord-est une île qui n'était portée sur aucune carte, et qui paraissait éloignée de la côte de Corée d'environ vingt lieues : je fis route afin de reconnaître cette île, que je nommai *île Dagelet*, du nom de cet astronome qui la découvrit le premier. Elle n'a guère que trois lieues de circonférence : sa pointe nord-est gît par 37 degrés 25 minutes de latitude nord, et 129 degrés 2 minutes de longitude orientale; elle est très escarpée, mais couverte, depuis la cime jusqu'au bord de la mer, des plus beaux arbres.

Route vers la partie du nord-ouest du Japon. Vue du cap Noto et de l'île Jootsi-Sima. Rencontre de plusieurs bâtiments japonais et chinois. Nous retournons vers la côte de Tartarie. Relâche à la baie de Ternai. Relâche à la baie de Suffren.

Le 30 mai 1787, je dirigeai ma route à l'est vers le Japon; mais ce ne fut qu'à bien petites journées que j'approchai de la côte. Le 2 juin, par 37 degrés 38 minutes de latitude nord, et 132 degrés 10 minutes de longitude orientale, suivant nos horloges marines, nous eûmes connaissance de deux bâtiments japonais, dont un passa à la portée de notre voix : il avait vingt hommes d'équipage, tous vêtus de soutanes bleues, de la forme de celles de nos prêtres. Ce bâtiment, du port d'environ cent tonneaux, avait un seul mât très élevé, planté au milieu, et qui paraissait n'être qu'un

(1) La grandede île Niphon, avec celles de Kiu-Siu et de Sikohf, constitue ce qu'on nomme l'*empire du Japon*. L'île Niphon a trois cent vingt-cinq lieues de long sur huit à cinquante de large. Sa capitale est Iedo, au fond d'un golfe du même nom, dans la partie sud-est de l'île, et c'est aussi la capitale de l'empire japonais. L'île Kiu-Siu a quatre-vingts lieues de long, et celle de Sikohf ou Sikoki, soixante. Des traités de géographie apprendront le surplus au lecteur. A. M.

fagot de mâtereaux réunis par des cercles de cuivre et des rostures. Sa voile était de toile.

Le 6, nous eûmes connaissance du cap Noto et de l'île Jootsi-Sima (1), qui en est séparée par un canal d'environ cinq lieues. Le temps était clair et l'horizon très étendu ; quoiqu'à six lieues de la terre, nous en distinguions les détails, les arbres, les rivières et les éboulements. Des îlots ou rochers que nous côtoyâmes à deux lieues, et qui étaient liés entre eux par des chaînes de roches à fleur d'eau, nous empêchèrent d'approcher plus près de la côte.

Nos observations placent le cap Noto par 37 degrés 36 minutes de latitude nord, et 135 degrés 34 minutes de longitude orientale; l'île Jootsi-Sima par 37 degrés 51 minutes de latitude, et 135 degrés 20 minutes de longitude; un îlot ou rocher qui est à l'ouest du cap Noto par 37 degrés 36 minutes de latitude, et 135 degrés 14 minutes de longitude; et la pointe la plus sud qui était à notre vue, sur l'île Niphon, par 37 degrés 18 minutes de latitude, et 135 degrés 5 minutes de longitude.

Le 23 je fis route pour une baie que je voyais dans l'ouest-nord-ouest, et où il était vraisemblable que nous trouverions un bon mouillage. Nous y laissâmes tomber l'ancre à six heures du soir, à une demi-lieue du rivage. Je la nommai *baie de Ternai* : elle est située par 45 degrés 13 minutes de latitude nord, et 135 degrés 9 minutes de longitude orientale.

Partis de Manille depuis soixante-quinze jours, nous avions, à la vérité, prolongé les côtes de l'île Quelpaert, de Corée, du Japon ; mais ces contrées, habitées par des peuples barbares envers les étrangers, ne nous avaient pas permis de songer à y relâcher. Nous savions au contraire que les Tartares étaient hospitaliers, et nos forces suffisaient d'ailleurs pour imposer aux petites peuplades que nous pouvions rencontrer sur le bord de la mer. Nous brûlions d'impatience d'aller reconnaître cette terre, dont notre imagination était occupée depuis notre départ de France : c'était la seule partie du globe qui eût échappé à l'activité infatigable du capitaine Cook.

Chacune des cinq anses qui forment le contour de la baie de Ternai offrait un lieu commode pour étendre la seine, et avait un ruisseau auprès duquel notre cuisine était établie : les poissons n'avaient qu'un saut à faire des bords de la mer dans nos marmites. Nous prîmes des morues, des grondeurs, des truites, des saumons, des harengs, des plies : nos equipages en eurent abondamment à chaque repas. Ce poisson et les différentes herbes qui l'assaisonnèrent, pendant les trois jours de notre relâche, furent au moins un préservatif contre les atteintes du scorbut; car personne de l'équipage n'en avait eu jusqu'alors aucun symptôme, malgré l'humidité froide occasionnée par des brumes presque continuelles, que nous avions combattue avec des brasiers placés sous les hamacs des matelots, lorsque le temps ne permettait pas de faire branle-bas.

Ce fut à la suite d'une de ces parties de pêche, que nous découvrîmes, sur le bord d'un ruisseau, un tombeau tartare, placé à côté d'une case ruinée et presque enterré dans l'herbe. Notre curiosité nous porta à l'ouvrir, et nous y vîmes deux personnes placées l'une à côté de l'autre. Leurs têtes étaient couvertes d'une calotte de taffetas; leurs corps, enveloppés dans une peau d'ours, avaient une ceinture de cette même peau, à laquelle pendaient de petites monnaies chinoises et différents bijoux de cuivre. Des rassades bleues étaient répandues et comme semées dans ce tombeau. Nous y trouvâmes aussi dix ou douze espèces de bracelets d'argent, du poids de deux gros chacun, que nous apprîmes par la suite être des pendants d'oreilles; une hache de fer, un couteau du même métal, une cuiller de bois, un peigne, un petit sac de nankin bleu, plein de riz. Rien n'était encore dans l'état de décomposition, et l'on ne pouvait guère donner plus d'un an d'ancienneté à ce monument. Sa construction nous parut inférieure à celle des tombeaux de la baie des Français; elle ne consistait qu'en un petit mulon formé de tronçons d'arbres, revêtu d'écorce de bouleau ; on avait laissé entre eux un vide pour y déposer les deux cadavres. Nous eûmes grand soin de les recouvrir, remettant religieusement chaque chose à sa place, après avoir seulement emporté une très petite partie des divers objets contenus dans ce tombeau, afin de constater notre découverte. Nous ne pouvions pas douter que les Tartares chasseurs ne fissent de fréquentes descentes dans cette baie : une pirogue, laissée auprès de ce monument, nous annonçait qu'ils y venaient par mer, sans doute de l'embouchure de quelque rivière que nous n'avions pas encore aperçue.

(1) Tous les géographes jusqu'à ce jour ont donné le nom de *Jootsi-Sima* à l'île qui est dans le nord-est du cap Noto. La Pérouse attribue ici ce même nom à une autre île qu'il a reconnue à cinq lieues dans le nord-ouest de ce cap, et qui est marquée sur toutes les cartes sans y être nommée. A. M.

Les monnaies chinoises, le nankin bleu, le taffetas, les calottes, prouvent que ces peuples sont en commerce réglé avec ceux de la Chine, et il est vraisemblable qu'ils sont sujets aussi de cet empire.

Le riz renfermé dans le petit sac de nankin bleu désigne une coutume chinoise fondée sur l'opinion d'une continuation de besoins dans l'autre vie : enfin, la hache, le couteau, la tunique de peau d'ours, le peigne, tous ces objets ont un rapport très marqué avec ceux dont se servent les Indiens de l'Amérique.

Le spectacle ravissant que nous présentait cette partie de la Tartarie orientale n'avait cependant rien d'intéressant pour nos botanistes et nos lithologistes. Les plantes y sont absolument les mêmes que celles de France et les substances dont le sol est composé n'en diffèrent pas davantage. Les oiseaux de mer et de terre étaient aussi fort rares; nous vîmes cependant des corbeaux, des tourterelles, des cailles, des bergeronnettes, des hirondelles, des gobe-mouches, des albatros, des goëlands, des macareux, des butors et des canards; mais la nature n'était point animée par le vol d'oiseaux innombrables qu'on rencontre en d'autres pays inhabités. A la baie de Ternai, ils étaient solitaires, et le plus sombre silence régnait dans l'intérieur des bois. Les coquilles n'étaient pas moins rares : nous ne trouvâmes sur le sable que des détriments de moules, de lépas, de limaçons et de pourpres.

Enfin, le 27 juin au matin, je mis à la voile, et je prolongeai la côte à deux tiers de lieue du rivage, assez près pour distinguer l'embouchure du plus petit ruisseau. Nous fîmes aussi cinquante lieues avec le plus beau temps que des navigateurs puissent désirer. Les vents qui passèrent au nord le 29, à onze heures du soir, m'obligèrent de prendre la bordée de l'est, et de m'éloigner ainsi de terre : nous étions alors par 46 degrés 50 minutes de latitude nord.

Le 4 nous vîmes une grande baie, dans laquelle coulait une rivière de quinze toises de largeur.

La descente était facile, et le fond montait graduellement jusqu'au rivage. L'aspect du pays est à peu près le même que celui de la baie de Ternai, et quoiqu'à trois degrés plus au nord, les productions de la terre et les substances dont elle est composée n'en diffèrent que très peu. Je donnai à cette baie le nom de *baie de Suffren*.

Nous continuons de faire route au nord. Côte de l'île Ségalien. Relâche à la baie de Langle. Mœurs et coutumes des habitants. Arrivée à la baie de Castries sur la côte de Tartarie

J'appareillai de la baie de Suffren avec une petite brise du nord-est, à l'aide de laquelle je crus pouvoir m'éloigner de la côte. Cette baie est située par 47 degrés 51 minutes de latitude nord, et 137 degrés 25 minutes de longitude orientale.

Le 5, nous eûmes connaissance d'une île qui paraissait très étendue, et qui formait avec la Tartarie une ouverture de 30 degrés. Nous ne distinguions aucune pointe de l'île, et ne pouvions relever que des sommets, qui, s'étendant jusqu'au sud-est, annonçaient que nous étions déjà assez avancés dans le canal qui la sépare du continent. Notre latitude était dans ce moment de 48 degrés 35 minutes, et celle de *l'Astrolabe*, qui avait chassé deux lieues en avant, de 48 degrés 40 minutes. Je pensai d'abord que c'était l'île Ségalien, dont la partie méridionale avait été placée par les géographes deux degrés trop au nord. L'aspect de cette terre était bien différent de celui de la Tartarie : on n'y apercevait que des rochers arides, dont les cavités conservaient encore de la neige; mais nous en étions à une trop grande distance pour découvrir les terres basses, qui pouvaient, comme celles du continent, être couvertes d'arbres et de verdure. Je donnai à la plus élevée de ces montagnes, qui se termine comme le soupirail d'un fourneau, le nom de *pic Lamanon*, à cause de sa forme volcanique, et parce que le physicien de ce nom a fait une étude particulière de différentes matières mises en fusion par le feu des volcans.

La baie où nous étions mouillés reçut le nom de *baie de Langle*, du nom de ce capitaine qui l'avait découverte et y avait mis pied à terre le premier.

Le 14 juillet, je dirigeai ma route au nord-ouest, vers la côte de Tartarie. Nous laissâmes tomber l'ancre à l'ouest d'une très bonne baie, à deux milles du rivage. Je nommai cette baie, la meilleure dans laquelle nous ayons mouillé depuis notre départ de Manille, *baie d'Estaing* : elle est située par 48 degrés 59 minutes de latitude nord, et 140 degrés 32 minutes de longitude orientale. Nos canots y abordèrent à quatre heures du soir, au pied de dix ou douze cabanes, placées sans aucun ordre, à une assez grande distance les unes des autres, et à cent pas environ du bord de la mer.

Les productions et les substances du sol de la baie d'Estaing ne diffèrent presque point de celles de la baie de Langle. Le saumon y était aussi commun, et chaque cabane avait son magasin. Nous découvrîmes que ces peuples consomment la tête, la queue et l'épine du dos, et qu'ils boucanent et font sécher, pour être vendus aux Mantcheoux, les deux côtés du ventre de ce poisson, dont ils ne servent que le fumet, qui infecte leurs maisons, leurs meubles, leurs habillements et jusqu'aux herbes qui environnent leurs villages.

Le 22 au soir, je mouillai à une lieue de terre, par trente-sept brasses, fond de vase. J'étais par le travers d'une petite rivière. On voyait à trois lieues au nord un pic très remarquable. Sa base est sur le bord de la mer, et son sommet, de quelque côté qu'on l'aperçoive, conserve la forme la plus régulière; il est couvert d'arbres et de verdure jusqu'à la cime. Je lui ai donné le nom *pic la Martinière*, parce qu'il offre un beau champ aux recherches de la botanique, enrichie par le savant de ce nom.

La végétation était encore plus vigoureuse que dans les baies où nous avions abordé; les arbres étaient d'une plus forte dimension; le céleri et le cresson croissaient en abondance sur les bords d'un ruisseau que je nommai *le ruisseau du Saumon*. Je continuai à prolonger de très près l'île, qui ne se terminait jamais au nord, quoique chaque pointe un peu avancée que j'apercevais m'en laissât l'espoir.

Le 23, nous observâmes 50 degrés 54 minutes de latitude nord, et notre longitude n'avait presque pas changé depuis la baie de Langle. Nous relevâmes par cette latitude une très bonne baie, la seule, depuis que nous prolongions cette île, qui offrît aux vaisseaux un abri assuré contre les vents du canal. Quelques habitations paraissaient çà et là sur le rivage, auprès d'un ravin qui marquait le lit d'une rivière un peu plus considérable que celles que nous avions déjà vues : je ne jugeai pas à propos de reconnaître plus particulièrement cette baie, que j'ai nommée *baie de la Jonquière*; j'en ai cependant traversé la largeur.

Le 28 juillet au soir, la brume s'étant dissipée, nous nous trouvâmes sur la côte de Tartarie, à l'ouverture d'une baie qui paraissait très profonde et offrait un mouillage sûr et commode. Nous manquions absolument de bois, et notre provision d'eau était fort diminuée : je pris le parti d'y relâcher, et je fis signal à *l'Astrolabe* de sonder en avant. Nous mouillâmes à la pointe du nord de cette baie, à cinq heures du soir, par onze brasses, fond de vase. M. de Langle, ayant de suite fait mettre son canot à la mer, sonda lui-même cette rade, et me rapporta qu'elle offrait le meilleur abri possible, derrière quatre îles qui la garantissaient des vents du large. Il était descendu dans un village de Tartares, où il avait été très bien accueilli. Il avait découvert une aiguade où l'eau la plus limpide pouvait tomber en cascade dans nos chaloupes; et ces îles, dont le bon mouillage ne devait être éloigné que de trois encâblures, étaient couvertes de bois. D'après le rapport de M. de Langle, je donnai ordre de tout disposer pour entrer au fond de la baie à la pointe du jour; et nous y mouillâmes à huit heures du matin. Cette baie fut nommée *baie de Castries*.

Relâche à la baie de Castries. Description de cette baie et d'un village tartare. Mœurs et coutumes des habitants. Leur respect pour les tombeaux et les propriétés. Extrême confiance qu'ils nous inspirent. Leur tendresse pour leurs enfants. Leur union entre eux. Rencontre de quatre pirogues étrangères dans cette baie. Détails géographiques que nous donnent les équipages. Productions de la baie de Castries.

L'impossibilité reconnue de débouquer au nord de l'île Ségalien ouvrait un nouvel ordre d'événements devant nous : il était fort douteux que nous pussions arriver cette année au Kamtschatka.

La baie de Castries, dans laquelle nous venions de mouiller, est située au fond d'un golfe, et éloignée de deux cents lieues du détroit de Sangaar, la seule porte dont nous fussions certains pour sortir des mers du Japon.

La baie de Castries est la seule de toutes celles que nous avons visitées sur la côte de Tartarie qui mérite la qualification de baie; elle assure un abri aux vaisseaux contre le mauvais temps, et il serait possible d'y passer l'hiver. Lorsque la marée est basse, on a à lutter contre des herbes (1), entre lesquelles il ne reste que deux ou trois pieds d'eau, et qui opposent aux efforts des canotiers une résistance invincible.

Il n'y a point de mer plus fertile en fucus de différentes espèces, et la végétation de nos plus belles prairies n'est ni plus verte ni plus fourrée. Un grand enfoncement, sur lequel était le village tartare, et que nous supposâmes d'abord assez profond pour recevoir nos vaisseaux, parce que la mer était haute lorsque nous mouillâmes au fond de la baie, ne fut plus pour nous, deux heures après, qu'une vaste prairie d'herbes marines; on y voyait sauter des saumons qui sortaient d'un ruisseau dont les eaux se perdaient dans ces herbes, et où nous en avons pris plus de deux mille en un jour.

Les habitants, dont ce poisson est la subsistance la plus abondante et la plus assurée, voyaient les succès de notre pêche sans inquiétude, parce qu'ils étaient certains sans doute que la quantité en est inépuisable. Nous débarquâmes au pied de leur village, le lendemain de notre arrivée dans la baie; M. de Langle nous y avait précédés, et ses présents nous y procurèrent des amis.

(1) Ces herbes marines ou fucus sont absolument les mêmes que celles qui servent à Marseille à emballer les différentes caisses d'huile ou de liqueur : c'est le *goémon*, *goesmon* ou *gouesmon*. A. M.

On ne peut rencontrer dans aucune partie du monde une peuplade d'hommes meilleurs. Le chef, ou le plus vieux, vint nous recevoir sur la plage, avec quelques autres habitants. Il se prosterna jusqu'à terre en nous saluant à la manière des Chinois, et nous conduisit ensuite dans sa cabane, où étaient sa femme, ses belles-filles, ses enfants et ses petits-enfants. Il fit étendre une natte propre, sur laquelle il nous proposa de nous asseoir; et une petite graine, que nous n'avons pu reconnaître, fut mise dans une chaudière sur le feu, avec du saumon, pour nous être offerte. Cette graine est leur mets le plus précieux. Ils nous firent comprendre qu'elle venait du pays des Mantchoux : ils donnent exclusivement ce nom aux peuples qui habitent à sept ou huit journées dans le haut du fleuve Ségalien, et qui communiquent directement avec les Chinois. Ils firent comprendre par signes qu'ils étaient de la nation des Orotchys, et, nous montrant quatre pirogues étrangères, que nous avions vues arriver le même jour dans la baie, et qui s'étaient arrêtées devant leur village, ils en nommèrent les équipages des *Bitchys*; ils nous désignaient que ces derniers habitaient plus au sud, mais peut-être à moins de sept à huit lieues; car ces nations, comme celles du Canada, changent de nom et de langage à chaque bourgade. Ces étrangers avaient allumé du feu sur le sable, au bord de la mer, auprès du village des Orotchys : ils y faisaient cuire leur graine et leur poisson dans une chaudière de fer, suspendue par un crochet de même métal à un trépied formé par trois bâtons liés ensemble. Ils arrivaient du fleuve Ségalien, et rapportaient dans leur pays des nankins et de la graine qu'ils avaient eus probablement en échange de l'huile, du poisson séché, et peut-être de quelques peaux d'ours ou d'élans, seuls quadrupèdes, avec les chiens et les écureils, dont nous ayons aperçu les dépouilles.

Ces peuples sembleraient, ainsi que ceux de l'île Ségalien, ne reconnaître aucun chef, et n'être soumis à aucun gouvernement. La douceur de leurs mœurs, leur respect pour les vieillards, peuvent rendre parmi eux cette anarchie sans inconvénient. Nous n'avons jamais été témoins de la plus petite querelle. Leur affection réciproque, leur tendresse pour leurs enfants offraient à nos yeux un spectacle touchant; mais nos sens étaient révoltés par l'odeur fétide de ce saumon, dont les maisons, ainsi que leurs environs, se trouvaient remplies. Les os en étaient épars, et le sang répandu autour du foyer : des chiens avides, quoique assez doux et familiers, léchaient et dévoraient ces restes.

Ce peuple est d'une malpropreté et d'une puanteur révoltantes; il n'en existe peut-être pas de plus faiblement constitué, ni d'une physionomie plus éloignée des formes auxquelles nous attachons l'idée de la beauté. Leur taille moyenne est au-dessous de quatre pieds dix pouces; leur corps est grêle, leur voix faible et aiguë, comme celle des enfants; ils ont les os des joues saillants, les yeux petits, chassieux et fendus diagonalement; la bouche large, le nez écrasé, le menton court, presque imberbe, et une peau olivâtre vernissée d'huile et de fumée. Ils laissent croître leurs cheveux, et ils les tressent à peu près comme nous. Ceux des femmes leur tombent épars sur les épaules, et le portrait que je viens de tracer convient autant à leur physionomie qu'à celle des hommes, dont il serait difficile de les distinguer, si une légère différence dans l'habillement, et une gorge qui n'est serrée par aucune ceinture, n'annonçaient leur sexe. Elles ne sont cependant assujéties à aucun travail forcé qui ait pu, comme chez les Indiens de l'Amérique, altérer l'élégance de leurs traits, si la nature les eût pourvues de cet avantage. Tous leurs soins se bornent à tailler et à coudre leurs habits, à disposer le poisson pour être séché, et à soigner leurs enfants, à qui elles donnent à téter jusqu'à l'âge de trois ou quatre ans. Ma surprise fut extrême d'en voir un de cet âge qui, après avoir bandé un petit arc, tiré assez juste une flèche, donné des coups de bâton à un chien, se jeta sur le sein de sa mère, et y prit la place d'un enfant de cinq à six mois qui s'était endormi sur ses genoux.

Ce sexe paraît jouir parmi eux d'une assez grande considération. Ils n'ont jamais conclu aucun marché avec nous sans le consentement de leurs femmes; les pendants d'oreilles d'argent et les bijoux de cuivre servant à orner leurs habits sont uniquement réservés aux femmes et aux petites filles. Les hommes et les petits garçons sont vêtus d'une camisole de nankin, ou de peau de chien ou de poisson, taillée comme les chemises des charretiers. Si elle descend au-dessous du genou, ils n'ont point de caleçon : dans le cas contraire, ils en portent à la chinoise qui descendent jusqu'au gras de la jambe. Tous ont des bottes de peau de loup marin; mais ils les conservent pour l'hiver, et ils portent dans tous les temps et à tout âge, même à la mamelle, une ceinture de cuir à laquelle sont attachés un couteau à gaîne, un briquet, un petit sac pour contenir du tabac et une pipe.

Le costume des femmes est un peu différent : elles sont enveloppées d'une large robe de nankin ou de peau de saumon qu'elles ont l'art de tanner parfaitement et de rendre extrêmement souple. Cet habillement leur descend jusqu'à la cheville du pied, et il est quelquefois bordé d'une frange de petits ornements de cuivre qui font un bruit semblable à celui des grelots. Les saumons dont la peau sert à leur habillement ne se pêchent pas en été, et pèsent trente ou quarante livres. Ceux que nous venions de prendre au mois de juillet étaient du poids de trois ou quatre livres seulement; mais leur nombre et la délicatesse de leur goût compensaient ce désavantage : nous croyons tous n'en avoir jamais mangé de meilleurs.

Les indigènes ne cultivent aucune plante; ils paraissent cependant aimer beaucoup les substances végétales : la graine des Mantchoux, qui pourrait bien être un petit millet mondé, faisait leurs délices. Ils ramassent avec soin différentes racines spontanées, qu'ils font sécher pour leur provision d'hiver, entre autres celle du lis jaune ou saranne, qui est un véritable ognon. Très inférieurs, par leur constitution physique et par leur industrie, aux habitants de l'île Ségalien, ils n'ont pas, comme ces derniers, l'usage de la navette, et ne sont vêtus que des étoffes chinoises les plus communes, et des dépouilles de quelques animaux terrestres ou de loups marins. Nous avons tué un de ces derniers à coups de bâton : il ne différait en rien de ceux de la côte de Labrador et de la baie d'Hudson. Notre jardinier le trouva endormi sur le bord de la mer.

Départ de la baie de Castries. Découverte du détroit qui sépare le Jesso de l'Oku-Jesso (1). Relâche à la baie de Crillon sur la pointe de l'île Tchoka ou Ségalien. Nous traversons le détroit et reconnaissons toutes les découvertes faites par les Hollandais du Kastricum. Ile des Etats. Détroit d'Uriès. Terre de la Compagnie. Ile des Quatre-Frères. Ile de Marikan. Nous traversons les Kuriles et faisons route pour le Kamtschatka.

Le 2 août 1787, ainsi que je l'avais annoncé, nous mîmes à la voile avec une petite brise de l'ouest. Je m'attachai plus particulièrement à reconnaître la petite partie de la côte de Tartarie, que nous avions perdue de vue depuis le 49e degré jusqu'au 50e, parce que nous avions serré de très près l'île Ségalien. Je prolongeai donc, au retour, la côte du continent, jusqu'au point de notre dernier relèvement à vue du pic Lamanon. Le 9 août, nous aperçûmes dans le sud-ouest une petite île plate, qui formait, avec celle de Ségalien, un canal d'environ six lieues. Je l'appelai *île Monneron*, du nom de l'officier du génie employé dans cette expédition.

(1) Ce détroit, que La Pérouse a découvert entre le Jesso et l'Oku-Jesso, est généralement appelé *détroit de La Pérouse*. A. M.

Avec le bout de sa pique il dessina la côte.

Nous dirigeâmes notre route entre ces deux îles, et bientôt nous eûmes connaissance d'un pic dont l'élévation était au moins de mille ou douze cents toises. Il paraissait n'être composé que d'un roc vif, et conserver de la neige dans ses fentes; on n'y apercevait ni arbres ni verdure : je l'ai nommé *pic de Langle* (1). Nous voyions en même temps d'autres terres plus basses. La côte de l'île Ségalien se terminait en pointe. On n'y remarquait plus de doubles montagnes : tout annonçait que nous touchions à son extrémité méridionale, et que les terres du pic étaient sur une autre île. Nous mouillâmes le soir avec cette espérance, qui devint une certitude le lendemain, où le calme nous força de mouiller, à la pointe méridionale de l'île Ségalien.

Cette pointe, que j'ai nommée *cap Crillon*, est située par 45 degrés 57 minutes de latitude nord, et 140 degrés 34 minutes de longitude orientale : elle termine cette île, une des plus étendues du nord au sud qui soient sur le globe, séparée de la Tartarie par une manche qui finit au nord par des bancs, entre lesquels il n'y a point de passage pour les vaisseaux, mais où il reste vraisemblablement quelque chenal pour des pirogues, entre ces grandes herbes marines qui obstruent le détroit. Cette même île est l'Oku-Jesso (1), et l'île de Chicha, qui était par notre travers, séparée de celle de Ségalien par un canal de douze lieues, et du Japon par le détroit de Sangaar, est le Jesso des Japonais, et s'étend au sud jusqu'au détroit de Sangaar.

La chaîne des îles Kuriles est beaucoup plus orientale, et forme, avec le Jesso et l'Oku-Jesso, une seconde mer qui communique avec celle d'Okhotsk, et d'où on ne peut pénétrer sur la côte de Tartarie, qu'en traversant ou le détroit que nous venions de découvrir par 45 degrés 40 minutes, ou celui de Sangaar, après avoir débouqué entre les Kuriles.

C'est au cap Crillon que nous reçûmes à bord, pour la première fois, la visite des insulaires; car, sur l'une ou l'autre des côtes, ils avaient reçu la nôtre sans la moindre curiosité ou le moindre désir de voir nos vaisseaux. Ceux-ci montrèrent d'abord quelque défiance, et ne s'approchèrent que lorsque nous leur eûmes prononcé plusieurs mots du vocabulaire que M. Lavaux avait fait à la baie de Langle. Si leur crainte fut d'abord

(1) Ce pic est par 45 degrés 15 minutes de latitude nord. Le capitaine Uriès, commandant *le Kastricum*, en abordant la terre de Jesso, au mois de juin 1643, aperçut aussi un pic remarquable par 44 degrés 50 minutes de latitude, qu'il nomma *pic Antoine*. Ces pics sont situés au sud du détroit de La Pérouse. A. M.

(1) Oku-Jesso signifie Haut-Jesso ou Jesso du nord. Les Chinois l'appellent *Ta-Han*. A. M.

BIBLIOTHÈQUE NATIONALE R.F. IMPR.

Ils ne s'arrêtèrent qu'à trois heures après midi, sur le bord même du cratère.

assez grande, leur confiance devint bientôt extrême. Ils montèrent sur nos vaisseaux comme s'ils eussent été chez leurs meilleurs amis, s'assirent en rond sur le gaillard, y fumèrent leurs pipes. Nous les comblâmes de présents : je leur fis donner des nankins, des étoffes de soie, des outils de fer, des rassades, du tabac, et généralement tout ce qui me paraissait leur être agréable. Mais je m'aperçus bientôt que l'eau-de-vie et le tabac étaient pour eux les denrées les plus précieuses : ce fut néanmoins celles que je leur fis distribuer le plus sobrement, parce que le tabac était nécessaire à nos équipages, et que je craignais les suites de l'eau-de-vie.

Nous remarquâmes encore plus particulièrement dans la baie de Crillon que les figures de ces insulaires sont belles et d'une proportion de traits fort régulière ; ils étaient fortement constitués et taillés en hommes vigoureux. Leur barbe descend sur la poitrine, et ils ont les bras, le cou et le dos couverts de poils : j'en fais la remarque, parce que c'est un caractère général, car on trouverait facilement en Europe plusieurs individus aussi velus que ces insulaires. Je crois leur taille moyenne inférieure d'environ un pouce à celle des Français ; mais on s'en aperçoit difficilement, parce que la juste proportion des parties de leur corps, leurs différents muscles fortement prononcés, les font paraître en général de beaux hommes. Leur peau est aussi basanée que celle des Algériens ou des autres peuples de la côte de Barbarie.

Leurs manières sont graves, et leurs remercîments étaient exprimés par des gestes nobles ; mais leurs instances pour obtenir de nouveaux présents furent répétées jusqu'à l'importunité. Leur reconnaissance n'alla jamais jusqu'à nous offrir, à leur tour, même du saumon, dont leurs pirogues étaient remplies, et qu'ils remportèrent en partie à terre, parce que nous avions refusé le prix excessif qu'ils en demandaient : ils avaient cependant reçu en pur don des toiles, des étoffes, des instruments de fer, des rassades, etc. La joie d'avoir rencontré un détroit autre que celui de Sangaar nous avait rendus généreux : nous ne pûmes nous empêcher de remarquer combien, à l'égard de la gratitude, ces insulaires différaient des Orotchys de la baie de Castries, qui, loin de solliciter des présents, les refusaient souvent avec obstination, et faisaient les plus vives instances pour qu'on leur permît de s'acquitter. Si leur morale est en cela bien inférieure à celle de ces Tartares, ils ont sur eux, par le physique et par leur industrie, une supériorité bien décidée.

Tous les habits de ces insulaires sont tissus de leurs propres mains ; leurs maisons offrent une propreté et une élégance dont celles du continent n'approchent pas ; leurs meubles sont artistement travaillés, et presque tous de fabrique japonaise. Ils ont un objet de commerce très important, inconnu dans la manche de Tartarie, et dont l'échange leur procure toutes leurs richesses : c'est l'huile de baleine. Ils en récoltent des quantités considérables. Leur manière de l'extraire n'est cependant pas la plus économique : elle consiste à couper par morceaux la chaire des baleines et à la laisser pourrir en plein air sur un talus exposé au soleil. L'huile qui en découle est reçue dans des vases d'écorce ou dans des outres de peau de loup marin. Il est à remarquer que nous n'avons pas vu une seule baleine sur la côte occidentale de l'île, et que ce cétacé abonde sur celle de l'est. Il est difficile de douter que ces insulaires ne soient une race d'hommes absolument différente de celle que nous avons observée sur le continent, quoiqu'ils n'en soient séparés que par un canal de trois ou quatre lieues, obstrué par des bancs de sable et de goëmon. Ils ont cependant la même manière de vivre : la chasse, et plus particulièrement la pêche, fournissent presque entièrement à leur subsistance. Ils laissent en friche la terre la plus fertile, et ils ont vraisemblablement, les uns et les autres, dédaigné l'éducation des troupeaux, qu'ils auraient pu faire venir du haut du fleuve Ségalien ou du Japon. Mais un même régime diététique a formé des constitutions bien différentes. Il est vrai que le froid des îles est moins rigoureux par la même latitude que celui des continents : cette seule cause ne peut cependant avoir produit une différence si remarquable.

Je pense donc que l'origine des Bitchys, des Orotchys et des autres Tartares du bord de la mer, jusqu'aux environs de la côte septentrionale du Ségalien, leur est commune avec celle des Kamtschadales, des Kuriaques et de ces espèces d'hommes qui, comme les Lapons et les Samoïèdes, sont à l'espèce humaine ce que leurs bouleaux et leurs sapins rabougris sont aux arbres des forêts plus méridionales. Les habitants de l'île Ségalien sont, au contraire, très supérieurs par leur physique aux Japonais, aux Chinois et aux Tartares Mantchoux ; leurs traits sont plus réguliers et approchent davantage des formes européennes. Au surplus, il est très difficile de fouiller et de savoir lire dans les archives du monde, pour découvrir l'origine des peuples ; et les voyageurs doivent laisser les systèmes à ceux qui lisent leurs relations.

Continuant à naviguer, nous aperçûmes bientôt le golfe auquel le Kastricum a donné le même nom d'Aniva : il est formé par le cap de ce nom et le cap Crillon.

Le 20, nous aperçûmes l'île de la Compagnie, et reconnûmes le détroit d'Uriès, qui était cependant très embrumé. Nous prolongeâmes, à trois ou quatre lieues, la côte septentrionale de l'île de la Compagnie : elle est aride, sans arbres ni verdure ; elle nous parut inhabitée et inhabitable. Le soir, nous étions au nord de cette île, terminée par un cap très escarpé, que j'ai nommé *cap Kastricum*, du nom du vaisseau à qui l'on doit cette découverte. Nous apercevions au-delà quatre petites îles ou îlots, et au nord un large canal qui paraissait ouvert à l'est-nord-est, et formait la séparation des Kuriles d'avec l'île de la Compagnie, dont le nom doit être religieusement conservé, et prévaloir sur ceux qui ont pu lui avoir été imposés par les Russes, plus de cent après le voyage du capitaine Uriès.

Comme j'avais le projet de sortir des Kuriles par la passe que je supposais au nord de l'île Marikan, je fis route pour approcher la pointe du nord-est de cette île. Les vents du nord me décidèrent à débouquer par le canal qui est au sud de l'île Marikan et au nord des Quatre-Frères. Il m'avait paru large ; sa direction était, au sud, parallèle à peu près à celle du canal d'Uriès, ce qui m'éloignait de ma route ; mais les vents ne me laissaient pas le choix d'un autre parti ; et les jours clairs étaient si rares, que je crus devoir profiter du seul que nous eussions eu depuis dix jours.

Nous forçâmes de voiles pendant la nuit pour arriver à l'entrée de ce canal ; il ventait fort peu, et la mer était extrêmement grosse. Au jour, nous relevâmes au sud-est, à environ deux lieues de distance, la pointe du sud-ouest de Marikan, que j'ai nommée *cap Rollin*, du nom de notre chirurgien-major. Le courant nous entraînait sensiblement vers le milieu du canal, et nous avançâmes d'environ cinq lieues vers l'est-sud-est, sans qu'il y eût assez de vent pour gouverner. Nous apercevions dans le sud-ouest les îles des Quatre-Frères, et comme de très bonnes observations de longitude nous permettaient d'en déterminer la position, ainsi que celle du cap Rollin de l'île Marikan, nous nous sommes assurés que la largeur du canal est d'environ quinze lieues. La nuit fut très belle ; les vents se fixèrent à l'est-nord-est, et nous donnâmes dans la passe au clair de lune : je l'ai nommée *canal de la Boussole*, et je crois que ce canal est le plus beau de tous ceux qu'on peut rencontrer entre les Kuriles.

Comme la saison s'avançait, je me décidai à faire route pour le Kamtschatka, et à abandonner l'exploration des Kuriles septentrionales. Nous avions déterminé les plus méridionales : c'étaient celles qui avaient laissé des incertitudes aux géographes. La position géographique de l'île Marikan était bien fixée, ainsi que celle de la pointe de Lopatka. Nous fîmes route au nord, et le 6 septembre, au soir, nous eûmes connaissance de l'entrée de la baie d'Avatscha ou Saint-Pierre-et-Saint-Paul. Nous entrâmes dans la baie le 7, à deux heures après midi.

A peine avions-nous mouillé, que nous vîmes monter à bord le bon curé de Paratounka, avec sa femme et tous ses enfants. Dès lors nous prévîmes que nous pourrions voir paraître et qu'il nous serait facile de remettre sur la scène une partie des personnages dont il est question dans le dernier voyage de Cook.

Nouveaux détails sur la côte orientale de la Tartarie. Différences physiques entre les insulaires de ces contrées et les continentaux. Pauvreté du pays. Langue des habitants de l'île de Tchoka ou Ségalien.

Notre navigation, depuis Manille jusqu'à l'île Quelpaert, sur la côte méridionale de la Corée, n'était nouvelle que pour nous, car les Hollandais font depuis longtemps le commerce du Japon et envoient tous les ans un vaisseau ou deux à Nangasacki ; mais j'ignore s'ils dirigent leur route par le canal de Formose, ou s'ils passent dans l'est de cette île. On m'a assuré que les capitaines faisaient serment, avant leur départ de Batavia, de tenir secrets les détails de leur navigation, et de ne permettre à personne de prendre copie des cartes manuscrites qui leur sont remises (1).

Quoique les mers de Tartarie que nous avons explorées soient les limites du continent le plus anciennement habité, elles étaient aussi ignorées des Européens que le détroit d'Anian ou l'archipel de Saint-Lazare ; et les jésuites, dont les relations nous ont si bien fait connaître la Chine, n'avaient pu donner aucun éclaircissement sur la partie orientale de ce vaste empire. On n'avait pas permis à ceux qui faisaient le voyage de Tartarie de s'approcher des bords de la mer : cette précaution et la défense faite dans tous les temps par l'empereur du Japon de naviguer au nord de ses Etats étaient un motif de croire que cette partie de l'Asie recélait des richesses, que la politique japonaise et chinoise craignait de laisser connaître aux Européens. Les détails des chapitres précédents ont dû prouver aux lecteurs que la côte de la Tartarie orientale est encore moins habitée que celle du nord de l'Amérique. Séparée, en quelque sorte, du

(1) Il y a soixante-cinq ans que La Pérouse parlait ainsi, et rien n'est encore changé dans les rapports des Japonais avec les Hollandais. Le Japon n'est guère mieux connu aujourd'hui qu'il ne l'était alors, grâce à l'espèce d'interdit lancé par le jaune empire contre les Européens autres que les Bataves, depuis que les jésuites avaient essayé de convertir au christianisme les sujets du Daïre. A. M.

continent par le fleuve Ségalien, dont le cours est presque parallèle à sa direction, et par des montagnes inaccessibles, elle n'a jamais été visitée des Chinois et des Japonais, que vers les bords, du côté de la mer. Le très petit nombre d'habitants qu'on y rencontre tirent leur origine des peuples qui sont au nord de l'Asie, et ils n'ont rien de commun à cet égard avec les Tartares Mantchoux, et encore moins avec les insulaires de l'Oku-Jesso, du Jesso et des Kuriles.

On sent qu'un pareil pays, adossé à des montagnes éloignées de moins de vingt lieues des bords de la mer, ne peut avoir de rivière considérable : le fleuve Ségalien, qui est au-delà, reçoit toutes les eaux dont la partie est dirigée vers l'ouest; celles qui coulent à l'est se divisent en ruisseaux dans toutes les vallées, et il n'est aucun pays mieux arrosé, ni d'une fraîcheur plus ravissante pendant la belle saison. Je n'évalue pas à trois mille habitants le nombre total des individus composant les petites peuplades de cette contrée, depuis le point sur lequel nous avons atteri, par les 42 degrés, jusqu'à la baie de Castries, aux environs de l'embouchure du fleuve Ségalien. Cette rivière, que les Tartares Mantchoux ont descendue en pirogues jusqu'à la mer, d'où ils se sont répandus sur les côtes, au nord et au sud, forme la seule voie ouverte au commerce de l'intérieur. Elle est à la vérité très fréquentée aujourd'hui : il n'y a peut-être pas un seul individu sur cette partie du continent, et sur les îles de Jesso et d'Oku-Jesso, qui ne connaisse le Ségalien, comme les habitants de l'Egypte et de la Judée connaissaient le Nil; mais le commerce ne s'y fait qu'à huit ou dix journées dans le haut de cette rivière. Il paraît que son embouchure, comme celle du Gange, offre des bords inhabités; et l'on doit sans doute l'attribuer à la stérilité du pays, qui est presque noyé, couvert de marais, et où les troupeaux, la principale richesse des Tartares, ne peuvent trouver une subsistance salubre.

Quelques peaux d'ours et d'élans, dont ces peuples étaient vêtus, ne me laissent pas douter qu'ils ne fassent, l'hiver, la chasse à ces animaux; mais les continentaux sont en général trop faibles pour oser les attaquer avec leurs flèches. Ils nous ont exprimé par signes qu'ils leur tendaient des piéges, en attachant une amorce à un arc fortement bandé : l'animal, en dévorant cette amorce, fait partir une détente qui pousse une flèche dirigée vers l'appât. Les insulaires, plus généreux parce qu'ils sont plus robustes, paraissaient s'enorgueillir de plusieurs cicatrices qu'ils se plaisaient à nous montrer, en nous faisant entendre qu'ils avaient combattu des ours avec des pieux, après les avoir blessés à coups de flèches.

Les pirogues sont faites d'un sapin creusé, et peuvent contenir sept ou huit personnes. Ils les manœuvrent avec des avirons très légers, et entreprennent, sur ces frêles bâtiments, des voyages de deux cents lieues, depuis l'extrémité méridionale de l'Oku-Jesso, par les 42 degrés, jusqu'au fleuve Ségalien, par 53 degrés : mais ils ne s'éloignent jamais de terre d'une portée de pistolet, excepté lorsqu'ils traversent la mer d'une île à l'autre; et ils attendent pour cela un calme absolu.

Je n'essaierai point d'expliquer comment le Jesso, l'Oku-Jesso et toutes les Kuriles sont peuplés d'une race d'hommes différente de celle des Japonais, des Chinois, des Kamtschadales et des Tartares, dont les Oku-Jessois ne sont séparés au nord que par un canal peu large et peu profond. En ma qualité de voyageur, je rapporte les faits et j indique les différences : assez d'autres réduiront ces données en système. Quoique je n'aie point abordé aux Kuriles, je suis certain, d'après les relations des Russes, et l'identité du langage des Kuriliens avec celui des habitants de l'île Tchoka, que les naturels des Kuriles et ceux du Jesso et de l'Oku-Jesso ont une origine commune. Leurs mœurs, leur manière de vivre diffèrent aussi très peu de celles des continentaux : mais la nature a imprimé une différence si marquée dans le physique de ces deux peuples, que cette empreinte, mieux qu'une médaille ou tout autre monument, est une preuve incontestable que cette partie du continent n'a point peuplé ces îles, et que leurs habitants sont une colonie peut-être même étrangère à l'Asie.

Quoique l'Oku-Jesso soit à plus de cent cinquante lieues à l'occident des Kuriles, et qu'il soit impossible de faire cette traversée avec d'aussi frêles bâtiments que leurs pirogues de sapin, ils peuvent cependant communiquer ensemble avec facilité, parce que toutes ces îles, séparées entre elles par des canaux plus ou moins larges, forment une espèce de cercle, et qu'aucun de ces canaux ne présente une étendue de quinze lieues : il serait donc possible d'aller en pirogue du Kamtschatka à l'embouchure du fleuve Ségalien, en suivant la chaîne de ces îles jusqu'à l'île Marikan, et passant de l'île Marikan à celles des Quatre-Frères, de la Compagnie, des Etats, du Jesso, et enfin de l'Oku-Jesso, et d'atteindre ainsi les limites de la Tartarie russe. Mais on prononcerait vainement chez tous ces insulaires les noms de Jesso et d'Oku-Jesso, qui vraisemblablement sont japonais : ni les Tartares ni les prétendus Jessois et Oku-Jessois n'en ont connaissance. Ceux-ci donnent à leur île le nom de *Tchoka*, et au Jesso celui de *Chicha*. Cette confusion de noms nuit beaucoup aux progrès de la géographie, ou du moins fatigue très inutilement la mémoire. Je crois que, lorsque les noms du pays sont connus, ils doivent être religieusement conservés, ou, à leur défaut, ceux qui ont été donnés par les plus anciens navigateurs : je n'ai jamais songé à la vaine et ridicule gloire d'imposer un nom nouveau.

A l'égard de la langue des habitants de l'île Tchoka, nous dirons que plusieurs mots de cette langue se prononcent de la gorge, mais la prononciation doit en être douce, et ressembler à celle des personnes qui grasseyent légèrement. Le *qs*, qui se trouve au commencement de quelques mots, sert à exprimer un certain sifflement qu'il est nécessaire de faire sentir avant d'articuler les syllabes qui le suivent.

Si dans cette langue il y a quelque différence du singulier au pluriel, la prononciation ne l'exprime pas.

Je n'ai vu danser ni entendu chanter ces insulaires; mais ils savent tous tirer des sons agréables de la tige principale d'un grand céleri ou d'une espèce d'euphorbe ouverte par les deux extrémités; ils soufflent par le petit bout : ces sons imitent assez bien les tons adoucis de la trompette. L'air qu'ils jouent est indéterminé : c'est une suite de tons hauts et bas, dont la totalité peut aller à une octave et demie ou deux octaves, c'est-à-dire à douze ou seize notes. Nous ne leur avons pas reconnu d'autre instrument de musique.

Mouillage dans la baie d'Avatscha. Arrivée du gouverneur d'Okhotsk au hâvre de Saint-Pierre-et-Saint-Paul. Bal des Kamtschadales. Départ de la baie d'Avatscha.

Nous n'étions pas encore affourchés devant le port de Saint-Pierre-et-Saint-Paul, lorsque nous reçûmes la visite du toyon ou chef du village, et de plusieurs autres habitants : ils nous apportaient chacun quelques présents en saumons ou en raies, et nous offraient leurs services pour aller chasser aux ours ou aux canards, dont les étangs et les rivières sont couverts. Nous acceptâmes ces offres, nous leur prêtâmes des fusils; nous leur donnâmes de la poudre et du plomb, et nous ne manquâmes pas de gibier pendant notre séjour dans la baie d'Avatscha.

Nous fîmes différentes parties de chasse sur les rivières d'Avastcha et de Paratounka; car notre ambition était de tuer des ours, des rennes ou des algalis. Il fallut cependant nous contenter de quelques canards ou sarcelles qui ne valaient pas les courses longues et pénibles que nous faisions pour un si chétif gibier. Nous fûmes plus heureux par nos amis les Kamtschadales. Ils nous apportèrent, pendant notre séjour, quatre ours, un algali et un renne, avec une telle quantité de plongeons et de macareux, que nous en distribuâmes à tous nos équipages, qui étaient déjà lassés de poisson. Un seul coup de filet, que nous donnions très près de nos frégates, aurait suffi à la subsistance de six bâtiments; mais les espèces de poissons étaient peu variées : nous ne prîmes guère que de petites morues, des harengs, des plies et des saumons.

Le gouverneur du Kamstchatka nous donna un bal où toutes les femmes du pays furent invitées. Si l'assemblée ne fut pas nombreuse, elle était au moins extraordinaire : treize femmes, vêtues d'étoffes de soie, dont dix Kamtschadales avec de gros visages, de petits yeux et des nez plats, étaient assises sur des bancs autour de l'appartement; les Kamtschadales avaient, ainsi que les Russes, des mouchoirs de soie qui leur enveloppaient la tête, à peu près comme les portent les femmes mulâtres de nos colonies. On commença par des danses russes, dont les airs sont très agréables, et qui ressemblent beaucoup à la cosaque qu'on a dansée à Paris il y a peu d'années.

Les danses kamtschadales leur succédèrent; elles ne peuvent être comparées qu'à celles des convulsionnaires du fameux tombeau de Saint-Médard : il ne faut que des bras, des épaules, et presque point de jambes aux danseurs de cette partie de l'Asie. Les danseuses kamtschadales, par leurs convulsions et leurs mouvements de contraction, inspirent un sentiment pénible à tous les spectateurs; il est encore plus vivement excité par le cri de douleur qui sort du creux de la poitrine de ces danseuses, qui n'ont que cette musique pour mesure de leurs mouvements. Leur fatigue est telle pendant cet exercice, qu'elles sont toutes dégouttantes de sueur, et restent étendues par terre sans avoir la force de se relever. Les abondantes exhalaisons qui émanent de leur corps parfument l'appartement d'une odeur d'huile et de poisson, à laquelle des nez européens sont trop peu accoutumés pour en sentir les délices.

Comme les danses de tous les peuples ont toujours été imitatives, et qu'elles ne sont en quelque sorte que des pantomimes, je demandai ce qu'avaient voulu exprimer deux de ces femmes qui venaient de faire un exercice si violent. On me répondit qu'elles avaient figuré une chasse d'ours : la femme qui se roulait à terre représentait l'animal, et l'autre, qui tournait autour d'elle, le chasseur. Mais les ours, s'ils parlaient et voyaient une pareille pantomime, auraient beaucoup à se plaindre d'être si grossièrement imités.

Cette danse, presque aussi fatigante pour les spectateurs que pour les acteurs, était à peine finie, qu'un cri de joie annonça l'arrivée du courrier d'Okhotsk : il était chargé d'une grosse malle remplie de nos paquets. Le bal fut interrompu, et chaque danseuse renvoyée avec un verre d'eau-de-vie, digne rafraîchissement de ces Terpsichores.

On peut dire, à la louange des Russes, que, quoiqu'ils aient établi dans ces âpres climats un gouvernement despotique, il est tempéré par des principes de douceur et d'équité qui en rendent les inconvénients nuls. Les Russes n'ont pas de reproches d'atrocité à se faire, comme les Anglais au Bengale, et les Espagnols au Mexique et au Pérou. L'impôt qu'ils lèvent sur les Kamtschadales est si léger, qu'il ne peut être considéré que comme un tribut de reconnaissance envers la Russie; et le produit d'une demi-journée de chasse acquitte l'impôt d'une année. On est surpris de voir dans ces chaumières, plus misérables à la vue que celles du hameau le plus pauvre de nos pays de montagnes, une circulation d'espèces qui paraît d'autant plus considérable qu'elle n'existe que parmi un petit nombre d'habitants. Ils consomment si peu d'effets de Russie et de Chine, que la balance du commerce est absolument en leur faveur, et qu'il faut nécessairement leur payer en roubles l'excédant de ce qui leur est dû. Les pelleteries, au Kamtschatka, sont à un prix beaucoup plus haut qu'à Canton, ce qui prouve que, jusqu'à présent, les marchés de Kiakta ne se sont pas ressentis des avantages du nouveau débouché qui s'est ouvert en Chine.

La baie d'Avatscha est certainement la plus belle, la plus commode, la plus sûre qu'il soit possible de rencontrer dans aucune partie du monde. L'entrée en est étroite, et les bâtiments seraient forcés de passer sous le canon des forts qu'on pourrait y établir; la tenue y est excellente, le fond est de vase; deux ports vastes, l'un sur la côte de l'est et l'autre sur celle de l'ouest, pourraient recevoir tous les vaisseaux de la marine de France et d'Angleterre. Les rivières d'Avatscha et de Paratounka ont leur embouchure dans cette baie, mais elles sont embarrassées de bancs, et l'on ne peut y entrer qu'à la pleine mer.

Le village de Saint-Pierre-et-Saint-Paul est situé sur une langue de terre qui, semblable à une jetée faite de main d'homme, forme derrière ce village un petit port, fermé comme un cirque, dans lequel trois ou quatre bâtiments désarmés peuvent passer l'hiver. L'ouverture de cette espèce de bassin est de moins de vingt-cinq toises; et la nature ne peut rien offrir de plus sûr et de plus commode.

La religion grecque a été établie parmi les Kamtschadales sans persécution, sans violence, et avec une extrême facilité. Le curé de Paratounka est fils d'un Kamtschadale et d'une Russe. Il débite ses prières et son catéchisme avec une bonhomie qui est fort du goût des indigènes; ceux-ci reconnaissent ses soins par des offrandes ou des aumônes, mais ils ne lui paient point de dîmes. Le rit grec permet aux prêtres de se marier : d'où l'on peut conclure que les curés en ont de meilleures mœurs.

Il nous donna divers détails sur les Kuriles, dont il est aussi curé, et où il fait une tournée tous les ans. Les Russes ont trouvé plus commode de substituer des numéros aux anciens noms de ces îles, sur lesquels les auteurs ont beaucoup varié. Ainsi ils disent : la première, la deuxième, etc., jusqu'à la vingt-unième; cette dernière est celle qui termine les prétentions des Russes.

Des vingt-une îles qui appartiennent à la Russie, quatre seulement sont habitées : la première, la deuxième, la treizième et la quatorzième; ces deux dernières pourraient n'être comptées que pour une, parce que les habitants de la treizième passent tout l'hiver sur la quatorzième, et reviennent sur la treizième passer l'été; les autres sont absolument inhabitées, et les insulaires n'y abordent en pirogue que pour la chasse des loutres et des renards. Plusieurs de ces dernières îles ne sont que des îlots ou de gros rochers, et l'on ne trouve de bois sur aucune. Les courants sont très violents entre les îles et à l'ouvert des canaux, dont quelques-uns sont embarrassés de roches à fleur d'eau. Le curé n'a jamais fait le voyage d'Avatscha aux Kuriles qu'en pirogue, que les Russes appellent *baidar*; et il nous a dit qu'il avait été plusieurs fois sur le point de faire naufrage, et surtout de mourir de faim, ayant été poussé hors de vue de terre; mais il est persuadé que son eau bénite et son étole l'ont préservé du danger.

Les habitants réunis des quatre îles habitées forment au plus une population de quatorze cents personnes. Ils sont très velus, portent de longues barbes, et ne vivent que de phoques, de poisson et de chasse; ils viennent d'être dispensés, pour dix ans, de payer le tribut qu'ils doivent à la Russie, parce que les loutres sont devenues très rares sur ces îles : au surplus, ils sont bons, hospitaliers, dociles, et ils ont tous embrassé la religion chrétienne. Les insulaires plus méridionaux, et indépendants, traversent quelquefois en pirogue les canaux qui les séparent des Kuriles russes, pour y échanger quelques marchandises du Japon contre des pelleteries.

Le froid nous avertissait qu'il était temps de songer à partir; le terrain, que nous avions trouvé à notre arrivée, le 7 septembre, du plus beau vert, était aussi jaune et aussi brûlé, le 25 du même mois, qu'il l'est à la fin de décembre aux environs de Paris; toutes les montagnes élevées de deux cents toises au-dessus du niveau de la mer étaient couvertes de neige. Je donnai ordre de tout disposer pour le départ, et nous mîmes sous voiles le 29.

Détails sommaires sur le Kamtschatka. Nous coupons la ligne pour la troisième fois. Nous avons connaissance des îles des Navigateurs, après avoir passé sur l'île du Danger de Byron, et nous mouillons à l'île Maouna.

Ce n'est point aux navigateurs étrangers que la Russie doit ses découvertes et ses établissements sur les côtes de la Tartarie orientale, et sur celle de la presqu'île du Kamtschatka. Les Russes, aussi avides de pelleteries que les Espagnols d'or et d'argent, ont, depuis très longtemps, entrepris par terre les voyages les plus longs et les plus difficiles, pour se procurer les précieuses dépouilles des zibelines, des renards et des loutres de mer; mais, plus soldats que chasseurs, il leur a paru plus commode d'assujétir les indigènes à un tribut, en les subjuguant, que de partager avec eux les fatigues de la chasse. Ils ne découvrirent la presqu'île du Kamtschatka que sur la fin du dernier siècle: leur première expédition contre la liberté de ses malheureux habitants eut lieu en 1696. L'autorité de la Russie ne fut pleinement reconnue dans toute la presqu'île qu'en 1711; les Kamtschadales acceptèrent alors les conditions d'un tribut assez léger, et qui suffit à peine pour solder les frais d'administration: trois cents zibelines, deux cents peaux de renard gris ou rouges, quelques peaux de loutres, forment les revenus de la Russie dans cette partie de l'Asie, où elle entretient environ quatre cents soldats, presque tous cosaques ou sibériens, et plusieurs officiers qui commandent dans les différents districts.

Les glaces ne s'étendent jamais dans la baie d'Avatscha qu'à trois ou quatre cents toises du rivage. Il arrive souvent, pendant l'hiver, que les vents de terre font dériver celles qui embarrassent l'embouchure des rivières de Paratounka et d'Avatscha, et la navigation en devient alors praticable. Comme l'hiver est généralement moins rigoureux au Kamschatka qu'à Pétersbourg et dans plusieurs provinces de l'empire de Russie, les Russes en parlent comme les Français de celui de Provence: mais les neiges dont nous étions environnés dès le 20 septembre, la gelée blanche dont la terre était couverte tous les matins, et la verdure qui était aussi fanée que l'est celle des environs de Paris au mois de janvier, tout nous faisait pressentir que l'hiver doit y être d'une rigueur insupportable pour les peuples méridionaux de l'Europe.

Nous étions cependant, à certains égards, moins frileux que les habitants, Russes ou Kamtschadales, de l'ostrog de Saint-Pierre-et-Saint-Paul. Ils étaient vêtus des fourrures les plus épaisses, et la température de l'intérieur de leurs isbas, dans lesquels ils ont toujours des poêles allumés, était de 28 ou 30 degrés au-dessus de la glace. Nous ne pouvions respirer dans un air aussi chaud, et le lieutenant avait le soin d'ouvrir ses fenêtres lorsque nous étions dans son appartement. Ces peuples se sont accoutumés aux extrêmes: on sait que leur usage, en Europe comme en Asie, est de prendre des bains de vapeur dans des étuves, d'où ils sortent couverts de sueur, et vont ensuite se rouler sur la neige.

Les Kamtschadales ont adopté cet usage, ainsi que beaucoup d'autres, de leurs vainqueurs: et sous très peu d'années, ce caractère primitif qui les distinguait des Russes d'une manière si marquée sera entièrement effacé. Leur population n'excède pas aujourd'hui quatre mille âmes, dans toute la presqu'île, qui s'étend cependant depuis le 51e degré jusqu'au 63e, sur une largeur de plusieurs degrés en longitude: ainsi l'on voit qu'il y a plusieurs lieues carrées par individu. Ils ne cultivent aucune production de la terre; et la préférence qu'ils ont donnée aux chiens sur le renne pour le service des traîneaux les empêche d'élever ni cochons, ni moutons, ni jeunes rennes, ni poulains, ni veaux, parce que ces animaux seraient dévorés avant qu'ils eussent acquis des forces suffisantes pour se défendre. Le poisson est la base de la nourriture de leurs chiens d'attelage, qui font cependant jusqu'à vingt-quatre lieues par jour: on ne leur donne à manger que lorsqu'ils ont achevé leur course.

La baie d'Avatscha ressemble beaucoup à celle de Brest, mais elle lui est infiniment supérieure par la qualité du fond, qui est de vase; son entrée est aussi plus étroite, et conséquemment plus facile à défendre. Les marées dans cette baie sont très régulières: la mer est haute à trois heures et demie, aux nouvelles et pleines lunes; son élévation dans le hâvre est de quatre pieds.

Je dirigeai ma navigation vers l'hémisphère sud, dans ce vaste champ de découvertes où les routes des Quiros, des Mindana, des Tasman, etc., sont croisées en tous sens par celles des navigateurs modernes, et où chacun de ceux-ci a ajouté quelques îles nouvelles aux îles déjà connues, mais sur lesquelles la curiosité des Européens avait à désirer des détails plus circonstanciés que ceux qui se trouvent dans les relations des premiers navigateurs. On sait que, dans cette partie du Grand-Océan équatorial, il existe une zône de 12 à 15 degrés environ du nord au sud, et de 140 degrés de l'est à l'ouest, parsemée d'îles qui sont, sur le globe terrestre, ce qu'est la voie lactée dans le ciel. Le langage, les mœurs de leurs habitants ne nous sont plus inconnus; et les observations qui ont été faites par les derniers voyageurs nous permettent même de former des conjectures probables sur l'origine de ces peuples, qu'on peut attribuer aux Malais, comme celle de différentes colonies des côtes d'Espagne et d'Afrique, aux Phéniciens. C'est dans cet archipel que mes instructions m'ordonnaient de naviguer pendant la troisième année de notre campagne. La partie occidentale et méridionale de la Nouvelle-Calédonie, dont la côte orientale fut découverte par le capitaine Cook dans son second voyage; les îles du sud de l'archipel des Arsacides, dont celles du nord avaient été reconnues par Surville; la partie septentrionale des terres de la Louisiade, que M. de Bougainville n'avait pu explorer, mais dont il avait, le premier, prolongé la côte du sud-est: tous ces points de géographie avaient principalement fixé l'attention du gouvernement, et il m'était enjoint d'en marquer les limites, et de les assujétir à des déterminations précises de latitude et de longitude. Les îles de la Société, celles des Amis, celles des Hébrides, etc., étaient connues et ne pouvaient plus intéresser la curiosité des Européens; mais comme elles offraient des ressources en vivres, il m'était permis d'y relâcher suivant le besoin que j'en aurais; et l'on avait présumé, avec raison, qu'en sortant du Kamschatka j'aurais une bien petite provision de vivres frais, si nécessaires à la conservation de la santé des marins.

Le premier novembre 1787, par 26 degrés 27 minutes de latitude nord, et 175 degrés 38 minutes de longitude occidentale, nous vîmes un grand nombre d'oiseaux, entre autres des courlieux et des pluviers, espèces qui ne s'éloignent jamais de terre. Bientôt nous atteignîmes le tropique: le ciel devenait plus beau, et notre horizon était très étendu. Nous n'aperçûmes aucune terre; mais nous vîmes tous les jours des oiseaux de rivage qu'on ne rencontre jamais à une grande distance. Le 4 novembre, nous étions par 23 degrés 40 minutes de latitude nord, et 170 degrés 58 minutes 47 secondes de longitude occidentale. Le 5, nous coupâmes la ligne de notre route de Monterey à Macao; le 6, celle du capitaine Clerke, des îles Sandwich au Kamtschatka. Le 9, nous passâmes sur la pointe méridionale de Villa-Lobos.

A mesure que nous avancions dans l'hémisphère sud, les fous, les frégates, les hirondelles de mer et les paille-en-cul volaient autour des bâtimens : nous les prîmes pour les avant-coureurs de quelque île que nous avions une extrême impatience de rencontrer. Nous murmurions de la fatalité qui nous avait fait parcourir, depuis notre départ du Kamtschatka, une longue ligne sans faire la plus petite découverte. Ces oiseaux, dont la quantité devint innombrable lorsque nous eûmes atteint les 4 degrés de latitude sud, nous donnaient, à chaque instant, l'espoir de rencontrer quelque terre; mais, quoique l'horizon fût de la plus vaste étendue, aucune ne s'offrait à notre vue.

Le 3 décembre, nous étions par 11 degrés 34 minutes 47 secondes de latitude sud, et 170 degrés 7 minutes 1 seconde de longitude occidentale, précisément sur le parallèle de l'île de la Belle-Nation de Quiros, et un degré plus à l'est. J'aurais voulu courir quelques degrés dans l'ouest pour la rencontrer; mais les vents soufflaient directement de cette partie; et l'île est placée d'une manière trop incertaine pour la chercher en louvoyant : je crus donc devoir profiter de ces mêmes vents d'ouest pour atteindre le parallèle des îles des Navigateurs de Bougainville, qui sont une découverte des Français, et où nous pouvions espérer de trouver quelques rafraîchissements dont nous avions grand besoin.

Nous eûmes connaissance de l'île la plus orientale de cet archipel, le 6 décembre, à trois heures après midi. Nous fîmes route pour l'approcher, jusqu'à onze heures du soir, et nous nous tînmes bord sur bord le reste de la nuit. Comme je me proposais d'y mouiller si j'y trouvais un ancrage, je passai par le canal qui est entre la grande et la petite île que M. de Bougainville avait laissées dans le sud : il est étroit et n'a guère qu'une lieue de largeur, mais il paraissait sain et sans aucun danger. Nous étions dans la passe à midi, et nous y observâmes, à un mille de la côte, 14 degrés 7 minutes de latitude méridionale. La pointe du sud de l'une de ces îles nous restait alors au sud 36 degrés ouest : ainsi la pointe méridionale de cette île est située par 14 degrés 8 minutes de latitude sud.

Nous n'aperçûmes de pirogues que lorsque nous fûmes dans le canal. Nous avions vu des habitations au vent de l'île; et un groupe considérable d'Indiens, assis en rond sous des cocotiers, paraissaient jouir, sans émotion, du spectacle que la vue de nos frégates leur donnait : ils ne lancèrent alors aucune pirogue à la mer, et ne nous suivirent pas le long du rivage. Cette terre, d'environ deux cents toises d'élévation, est très escarpée, et couverte, jusqu'à la cime, de grands arbres, parmi lesquels nous distinguions un grand nombre de cocotiers. Les maisons en sont bâties à peu près à mi-côte; et, dans cette position, les insulaires y respirent un air plus tempéré. Nous remarquions auprès quelques terres défrichées, qui devaient être plantées vraisemblablement en patates ou en ignames; mais en totalité cette île paraît peu fertile, et dans toute autre partie de la mer du Sud je l'aurais crue inhabitée. Mon erreur eût été d'autant plus grande, que même deux petites îles qui forment le côté occidental du canal par lequel nous avons passé, ont aussi leurs habitants. Nous vîmes s'en détacher cinq pirogues qui se joignirent à onze autres, sorties de l'île de l'est. Les pirogues, après avoir fait plusieurs fois le tour de nos deux bâtiments avec un air de méfiance, se hasardèrent enfin à nous approcher et à former avec nous quelques échanges, mais si peu considérables, que nous n'en obtînmes qu'une vingtaine de cocos et deux poules-sultanes bleues. Ces insulaires étaient, comme tous ceux de la mer du Sud, de mauvaise foi dans leur commerce; et lorsqu'ils avaient reçu d'avance le prix de leurs cocos, il était rare qu'ils ne s'éloignassent pas sans avoir livré les objets d'échange convenus. Ces vols étaient, à la vérité, de bien peu d'importance, et quelques colliers de rassade, avec de petits coupons de drap rouge, ne valaient guère la peine d'être réclamés.

Ces insulaires sont généralement grands, et leur taille moyenne me parut être de cinq pieds sept ou huit pouces. La couleur de leur peau est à peu près celle des Algériens ou des autres peuples de la côte de Barbarie : leurs cheveux sont longs et retroussés sur le sommet de la tête. Leur physionomie paraissait peu agréable. Je ne vis que deux femmes, et leurs traits n'avaient pas plus de délicatesse.

Quoique les pirogues de ces insulaires soient artistement construites, et qu'elles forment une preuve de leur habileté à travailler le bois, nous ne pûmes jamais parvenir à leur faire accepter nos haches ni aucun instrument de fer : ils préféraient quelques grains de verre, qui ne pouvaient leur être d'aucune utilité, à tout ce que nous leur offrions en fer et en étoffes. Ils nous vendirent un vase de bois, rempli d'huile de coco. Ce vase avait absolument la forme d'un de nos pots de terre, et un ouvrier européen n'aurait jamais cru pouvoir le façonner autrement que sur le tour. Leurs cordes sont rondes et tressées comme nos chaînes de montres; leurs nattes sont très fines, mais leurs étoffes inférieures, par la couleur et le tissu, à celles des îles de Pâques et de Sandwich : il paraît d'ailleurs qu'elles sont fort rares, car tous ces insulaires étaient absolument nus, et ils ne nous en vendirent que deux pièces.

Nous n'atteignîmes la pointe du nord-est de l'île Maouna qu'à cinq heures du soir.

Le 9 décembre au matin, je rapprochai la terre, et nous la prolongeâmes à une demi-lieue de distance. Elle est environnée d'un récif de corail, sur lequel la mer brisait avec fureur; mais ce récif touchait presque le rivage, et la côte formait différentes petites anses, devant lesquelles on voyait des intervalles par où pouvaient passer les pirogues, et même vraisemblablement nos canots et chaloupes. Nous découvrions des villages nombreux au fond de chacune de ces anses, d'où il était sorti une innombrable quantité de pirogues chargées de cochons, de cocos et d'autres fruits que nous changions contre des verroteries. Une abondance aussi grande augmentait le désir que j'avais d'y mouiller; nous voyions d'ailleurs l'eau tomber en cascades du haut des montagnes au pied des villages. Tant de biens ne me rendaient pas difficile sur l'ancrage : je fis serrer la côte de plus près; et à quatre heures, ayant trouvé, à un mille du rivage et par trente brasses, un banc composé de coquillages pourris et de très peu de corail, nous y laissâmes tomber l'ancre; mais nous fûmes ballottés par une houle très forte qui portait à terre, quoique le temps vînt de la côte. Nous mîmes aussitôt nos canots à la mer; et le même jour, M. de Langle et plusieurs officiers, avec trois canots armés des deux frégates, descendirent au village, où ils furent reçus des habitants de la manière la plus amicale.

Mœurs, coutumes, arts et usages des insulaires de Maouna. Contraste de ce pays riant et fertile avec la férocité de ses habitants. M. de Langle, voulant faire de l'eau, descend à terre avec quatre chaloupes armées. Il est assassiné. Onze personnes des deux équipages éprouvent le même sort. Récit de cet événement.

Le lendemain, le lever du soleil m'annonça une belle journée : je formai la résolution d'en profiter pour reconnaître le pays, observer les habitants dans leurs propres foyers, faire de l'eau, et appareiller ensuite, la prudence ne me permettant pas de passer une seconde nuit dans ce mouillage. M. de Langle avait aussi trouvé cet ancrage trop dangereux pour y faire un plus long séjour : il fut donc convenu que nous appareillerions dans l'après-midi, et que la matinée, qui était très belle, serait employée, en partie, à traiter des fruits et des cochons. Dès la pointe du jour, les insulaires avaient conduit autour des deux frégates cent pirogues remplies de différentes provisions qu'ils ne voulaient échanger que contre des rassades : c'étaient pour eux des diamants du plus grand prix. Ils dédaignaient nos haches, nos étoffes et tous nos autres articles de traite. Pendant qu'une partie de l'équipage était occupée à contenir les Indiens, et à faire le commerce avec eux, le reste remplissait les canots et les chaloupes de futailles vides pour aller faire de l'eau.

M de Langle voulut, avec son petit canot, aller se promener dans une seconde anse, éloignée de notre aiguade d'environ une lieue, et cette promenade, d'où il revint enchanté, transporté par la beauté du village qu'il avait visité, fut, comme on le verra, la cause de nos malheurs.

Les femmes, dont quelques-unes étaient très jolies, offraient, avec leurs fruits et leurs poules, leurs faveurs à tous ceux qui avaient des rassades à leur donner. Bientôt elles essayèrent de traverser la haie des soldats, et ceux-ci les repoussaient trop faiblement pour les arrêter. Leurs manières étaient douces, gaies et engageantes. Des Européens qui ont fait le tour du monde, des Français surtout n'ont point d'armes contre de pareilles attaques. Elles parvinrent sans beaucoup de peine à percer les rangs : alors les hommes s'approchèrent, et la confusion augmenta; mais des Indiens, que nous prîmes pour des chefs, parurent armés de bâtons, et rétablirent l'ordre : chacun retourna à son poste, et le marché recommença, à la grande satisfaction des vendeurs et des acheteurs.

Cependant il s'était passé dans notre chaloupe une scène qui était une véritable hostilité, et que je voulus réprimer sans effusion de sang. Un Indien était monté sur l'arrière de notre chaloupe : là il s'était emparé d'un maillet, et en avait asséné plusieurs coups sur les bras et le dos d'un de nos matelots. J'ordonnai à quatre des plus forts marins de s'élancer sur lui, et de le jeter à la mer, ce qui fut exécuté sur-le-champ. Les autres insulaires parurent improuver la conduite de leur compatriote, et cette rixe n'eut point de suite. Peut-être un exemple de sévérité eût-il été nécessaire pour imposer davantage à ces peuples, et leur faire connaître combien la force de nos armes l'emportait sur leurs forces individuelles; car leur taille, d'environ cinq pieds dix pouces, leurs membres, fortement prononcés et dans les proportions les plus colossales, leur donnaient d'eux-mêmes une idée de supériorité qui nous rendait bien peu redoutables à leurs yeux; mais, n'ayant que très peu de temps à rester parmi ces insulaires, je ne crus pas devoir infliger de peine plus grave à celui d'entre eux qui nous avait offensés, et, pour leur donner quelque idée de notre puissance, je me contentai de faire acheter trois pigeons, qui furent lancés en l'air et tués à coups de fusil devant l'assemblée. Cette action parut leur avoir inspiré quelque crainte, et j'avoue que j'attendais plus de ce sentiment que de celui de la bienveillance, dont l'homme à peine sorti de l'état sauvage est rarement susceptible.

Pendant que tout se passait avec la plus grande tranquillité, et que nos futailles se remplissaient d'eau, je crus pouvoir m'écarter d'environ deux cents pas pour aller visiter un village charmant, placé au milieu d'un bois, ou plutôt d'un verger, dont les arbres étaient chargés de fruits. Les maisons étaient placées sur la circonférence d'un cercle d'environ cent cinquante toises de diamètre, dont le centre formait une vaste place, tapissée de la plus belle verdure : les arbres qui l'ombrageaient entretenaient une fraîcheur délicieuse. Des femmes, des enfants, des vieillards m'accompagnaient et m'engageaient à entrer dans leurs maisons. Ils étendaient les nattes les plus fines et les plus fraîches sur le sol, formé par de petits cailloux choisis, et qu'ils avaient élevé d'environ deux pieds pour se garantir de l'humidité. J'entrai dans la plus belle de ces cases, qui, vraisemblablement, appartenait au chef, et ma surprise fut extrême de voir un vaste cabinet de treillis aussi bien exécuté qu'aucun de ceux des environs de Paris. Le meilleur architecte n'aurait pu donner une courbure plus élégante aux extrémités de l'ellipse qui terminait cette case : un rang de colonnes, à cinq pieds de distance les unes des autres, en formait le pourtour. Ces colonnes étaient faites de troncs d'arbres très proprement travaillés, entre lesquels des nattes fines, artistement recouvertes les unes par les autres en écailles de poisson, s'élevaient ou se baissaient avec des cordes, comme nos jalousies : le reste de la maison était couvert de feuilles de cocotier.

Ce pays charmant réunissait encore le double avantage d'une terre fertile sans culture, et d'un climat qui n'exigeait aucun vêtement. Des arbres à pain, des cocos, des bananes, des goyaves, des oranges présentaient à ces peuples fortunés une nourriture saine et abondante; des poules, des cochons, des chiens, qui vivaient de l'excédant de ces fruits, leur offraient une agréable variété de mets. Ils étaient si riches, ils avaient si peu de besoins, qu'ils dédaignaient nos instruments de fer et nos étoffes, et ne voulaient que des rassades : comblés de biens réels, ils ne désiraient que des inutilités.

Ils avaient vendu à notre marché plus de deux cents pigeons-ramiers privés, qui ne voulaient manger que dans la main; ils avaient aussi échangé les tourterelles et les perruches les plus charmantes, aussi privées que les pigeons. Quelle imagination ne se peindrait le bonheur dans un séjour aussi délicieux! Ces insulaires, disions-nous sans cesse, sont sans doute les plus heureux habitants de la terre : entourés de leurs femmes et de leurs enfants, ils coulent au sein du repos des jours purs et tranquilles; ils n'ont d'autre soin que celui d'élever des oiseaux, et, comme le premier homme, de cueillir, sans aucun travail, les fruits qui croissent sur leurs têtes. Nous nous trompions : ce beau séjour n'était pas celui de l'innocence. Nous n'apercevions, à la vérité, aucune arme; mais les corps de ces Indiens, couverts de cicatrices, prouvaient qu'ils étaient souvent en guerre ou en querelles entre eux, et leurs traits annonçaient une férocité qu'on n'apercevait pas dans la physionomie des femmes. La nature avait sans doute laissé cette empreinte sur la figure des Indiens pour avertir que l'homme presque sauvage et dans l'anarchie est un être plus méchant que les animaux les plus féroces.

M. de Langle revint au même instant de sa promenade. Il me rapporta qu'il était descendu dans un superbe port de bateaux, situé au pied d'un village charmant, et près d'une cascade de l'eau la plus limpide. En passant à son bord il avait donné des ordres pour appareiller : il en sentait comme moi la nécessité; mais il insista avec la plus grande force pour que nous restassions bord sur bord, à une lieue de la côte, et que nous fissions encore quelques chaloupées d'eau avant de nous éloigner de l'île. J'eus beau lui représenter que nous n'en avions pas le moindre besoin, il avait adopté le système du capitaine Cook : il croyait que l'eau fraîche était cent fois préférable à celle que nous avions dans la cale; et, comme quelques personnes de son équipage avaient de légers symptômes de scorbut, il pensait, avec raison, que nous leur devions tous les moyens de soulagement. Aucune île d'ailleurs ne pouvait être comparée à celle-ci pour l'abondance des provisions. Les deux frégates avaient déjà traité de plus de cinq cents cochons, une grande quantité de poules, de pigeons et de fruits, et tant de biens ne nous avaient coûté que quelques grains de verre.

Je sentais la vérité de ces réflexions, mais un secret pressentiment m'empêcha d'abord d'y acquiescer. Je lui dis que je trouvais ces insulaires trop turbulents pour risquer d'envoyer à terre des canots et des chaloupes qui ne pouvaient être soutenus par le feu de nos vaisseaux; que notre modération n'avait servi qu'à accroître la hardiesse de ces Indiens, qui ne calculaient que nos forces individuelles, très inférieures aux leurs; mais rien ne put ébranler la résolution de M. de Langle. Il me dit que ma résistance me rendrait responsable des progrès du scorbut qui commençait à se manifester avec assez de violence, et que d'ailleurs le port dont il me parlait était beaucoup plus commode que celui de notre aiguade; il me pria enfin de permettre

Massacre de Maouna. Mort de M. de Langle.

qu'il se mît à la tête de la première expédition, m'assurant que dans trois heures il serait de retour à bord avec toutes les embarcations pleines d'eau. M. de Langle était un homme d'un jugement si solide et d'une telle capacité, que ces considérations, plus que tout autre motif, déterminèrent mon consentement, ou plutôt firent céder ma volonté à la sienne. Je lui promis donc que nous tiendrions bord sur bord toute la nuit, que nous expédierions le lendemain nos deux chaloupes et nos deux canots, armés comme il le jugerait à propos, et que le tout serait à ses ordres.

Les chaloupes débordèrent l'*Astrolabe* à midi et demi, et, en moins de trois quarts d'heure, elles furent arrivées au lieu de l'aiguade. Quelle fut la surprise de tous les officiers, celle de M. de Langle lui-même, de trouver, au lieu d'une baie vaste et commode, une anse remplie de corail, dans laquelle on ne pénétrait que par un canal tortueux de moins de vingt-cinq pieds de largeur, et où la houle déferlait comme sur une barre! Lorsqu'ils furent en dedans, ils n'eurent pas trois pieds d'eau.

Il mit à terre avec la plus grande tranquillité les pièces à eau des quatre embarcations; ses soldats établirent le meilleur ordre sur le rivage; ils formèrent une haie qui laissa un espace libre à nos travailleurs; mais ce calme ne fut pas de longue durée. Plusieurs des pirogues qui avaient vendu leurs provisions à nos vaisseaux étaient retournées à terre, et toutes avaient abordé dans la baie de l'aiguade, en sorte que, peu à peu elle s'était remplie : au lieu de deux cents habitants, y compris les femmes et les enfants, que M. de Langle y avait rencontrés en arrivant à une heure et demie, il s'en trouva mille ou douze cents à trois heures.

Il commençait à sentir qu'il serait bientôt forcé à se défendre : déjà les pierres volaient, et ces Indiens, qui n'avaient de l'eau que jusqu'aux genoux, entouraient les chaloupes à moins d'une toise de distance : les soldats, qui étaient embarqués, faisaient de vains efforts pour les écarter. Si la crainte de commencer les hostilités et d'être accusé de barbarie n'eût arrêté M. de Langle, il eût sans doute ordonné de faire sur les Indiens une décharge de mousqueterie et de pierriers qui aurait certainement éloigné cette multitude; mais il se flattait de les contenir sans effusion de sang, et il fut victime de son humanité. Bientôt une grêle de pierres, lancées à une très petite distance avec la vigueur d'une fronde, atteignit presque tous ceux qui étaient dans la chaloupe. M. de Langle n'eut que le temps de tirer ses deux coups de fusil; il fut renversé, et tomba malheureusement du côté de babord de la chaloupe, où plus de deux cents Indiens le massacrèrent sur-le-champ à coups de massues et de pierres. Lorsqu'il fut mort, ils l'attachèrent par un de ses bras à un tollet

Chou palmiste. — 2. Bananier. — 3 Cocotier.

de la chaloupe, afin, sans doute, de profiter plus sûrement de ses dépouilles. La chaloupe de *la Boussole*, commandée par M. Boutin, était échouée à deux toises de celle de *l'Astrolabe*, et elles laissaient, parallèlement entre elles, un petit canal qui n'était pas occupé par les Indiens : c'est par là que se sauvèrent à la nage tous les blessés qui eurent le bonheur de ne pas tomber du côté du large; ils gagnèrent nos canots qui, étant très heureusement restés à flot, se trouvèrent à portée de sauver quarante-neuf hommes sur les soixante-un qui composaient l'expédition.

Cet événement fit naître aux insulaires l'idée de troubler les blessés dans leur retraite : ils se portèrent en grand nombre vers les récifs de l'entrée, dont les canots devaient nécessairement passer à dix pieds de distance. On épuisa sur ces forcenés le peu de munitions qui restaient; et les canots sortirent enfin de cet antre, plus affreux, par sa situation perfide et par la cruauté de ses habitants, que le repaire des tigres et des lions.

Ils arrivèrent à bord à cinq heures, et nous apprirent cet événement désastreux. Nous avions dans ce moment, autour de nous, cent pirogues, où les naturels vendaient des provisions avec une sécurité qui prouvait leur innocence : mais c'étaient les frères, les enfants, les compatriotes de ces barbares assassins; et j'avoue que j'eus besoin de toute ma raison pour contenir la colère dont j'étais animé, et pour empêcher nos équipages de les massacrer. Déjà les soldats avaient sauté sur les canons, sur les armes : j'arrêtai ces mouvements qui, cependant, étaient bien pardonnables, et je fis tirer un seul coup de canon à poudre, pour avertir les pirogues de s'éloigner. Une petite embarcation, partie de la côte, leur fit part, sans doute, de ce qui venait de se passer : car, en moins d'une heure, il ne resta aucune pirogue à notre vue.

J'avais de la peine à m'arracher d'un lieu si funeste, et à laisser les corps de nos compagnons massacrés. Je perdais un ancien ami, homme plein d'esprit, de jugement, de connaissances, et l'un des meilleurs officiers de la marine française. Son humanité avait causé sa mort : s'il eût osé se permettre de faire tirer sur les premiers Indiens qui entrèrent dans l'eau pour environner les chaloupes, il eût prévenu sa perte, celle de M. de Lamanon et des dix autres victimes de la férocité indienne. Vingt personnes des deux frégates étaient en outre grièvement blessées, et cet événement nous privait pour l'instant de trente-deux hommes et de deux chaloupes, les seuls bâtiments à rames qui pussent contenir un nombre assez considérable d'hommes armés pour tenter une descente.

Ces considérations dirigèrent ma conduite ultérieure : le plus petit échec m'eût forcé de brûler une des deux frégates pour armer l'autre. J'avais à la vérité une chaloupe en pièces, mais je ne pouvais la monter qu'à ma première relâche. S'il n'avait fallu à ma colère que le massacre de quelques Indiens, j'avais eu occasion de détruire, de couler bas, de briser cent pirogues qui contenaient plus de cinq cents personnes; mais je craignis de me tromper au choix des victimes : le cri de ma conscience leur sauva la vie.

Je fis route, le 14 décembre 1787, pour une troisième île que j'apercevais à l'ouest-quart-nord-ouest, et dont M. de Bougainville avait eu connaissance du haut des mâts seulement, parce que le mauvais temps l'en avait écarté : elle est séparée de celle de Maouna par un canal de neuf lieues. Les Indiens nous avaient donné les noms des dix îles qui composent leur archipel; ils en avaient marqué grossièrement la place sur un papier, et quoiqu'on ne puisse guère compter sur le plan qu'ils en tracèrent, il paraît cependant probable que les peuples de ces diverses îles forment entre eux une espèce de confédération, et qu'ils communiquent très fréquemment ensemble.

Les découvertes ultérieures que nous avons faites ne nous permettent pas de douter que cet archipel ne soit plus considérable, aussi peuplé et aussi abondant en vivres que celui de la Société; il est même vraisemblable qu'on y trouverait de très bons mouillages. Mais n'ayant plus de chaloupes, et voyant l'état de fermentation des équipages, je formai la résolution de ne mouiller qu'à la baie Botanique, dans la Nouvelle-Hollande, où je me proposais de construire une nouvelle chaloupe avec les pièces que j'avais à bord. Je voulais, néanmoins, pour le progrès de la géographie, explorer les différentes îles que je rencontrerais, et déterminer exactement leur longitude et leur latitude. J'espérais aussi pouvoir commercer avec ces insulaires en restant bord sur bord près de leurs îles. Je laisse volontiers à d'autres le soin d'écrire l'histoire très peu intéressante de ces peuples barbares. Un séjour de vingt-quatre heures et la relation de nos malheurs suffisent pour faire connaître leurs mœurs atroces, leurs arts, et les productions d'un des plus beaux pays de la nature.

Départ de l'île Maouna. Description de l'île d'Oyolava. Vue de l'île de Pola. Nouveaux détails sur les mœurs, les arts, les usages des naturels de ces îles, et sur les productions de leur sol. Rencontre des îles des Cocos et des Traîtres.

Le 15 décembre 1787, je fis route vers l'île d'Oyolava, dont nous avions eu connaissance cinq jours avant d'atteindre le mouillage qui nous fut si funeste. M. de Bougainville en avait reconnu de très loin la partie méridionale. Cette île est séparée de celle de Maouna ou du Massacre par un canal d'environ neuf lieues, et l'île de Taïti peut à peine lui être comparée pour la beauté, l'étendue, la fertilité et l'immense population. Parvenus à la distance de trois lieues de sa pointe du nord-est, nous fûmes environnés d'une innombrable quantité de pirogues, chargées de fruits à pain, de cocos, de bananes, de cannes à sucre, de pigeons, de poules-sultanes, mais de très peu de cochons. Les habitants de cette île ressemblaient beaucoup à ceux de l'île Maouna, qui nous avaient si horriblement trahis. Leur costume, leurs traits, leur taille gigantesque en différaient si peu, que nos matelots crurent reconnaître plusieurs des assassins, et j'eus beaucoup de peine à les empêcher de tirer sur eux : mais j'étais certain que leur colère les aveuglait; et une vengeance que je n'avais pas cru pouvoir me permettre sur des pirogues de l'île même de Maouna, au moment où j'appris cet affreux événement, ne pouvait être licitement exercée quatre jours après dans une autre île, à quinze lieues du champ de bataille. Je parvins donc à apaiser cette fermentation, et nous continuâmes nos échanges. Il y régna beaucoup plus de tranquillité et de bonne foi qu'à l'île de Maouna, parce que les plus petites injustices étaient punies par des coups, ou réprimées par des paroles et des gestes menaçants.

La présence des femmes et des enfants qui se trouvaient parmi ces insulaires pouvait faire présumer qu'ils n'avaient aucune mauvaise intention; mais nous avions de trop puissants motifs pour ne plus nous fier à ces apparences, et nous étions disposés à repousser le plus petit acte d'hostilité d'une manière qui eût rendu les navigateurs redoutables à ces insulaires. Je suis assez porté à croire que nous sommes les premiers qui ayons commercé avec ces peuples. Ils n'avaient aucune connaissance du fer : ils rejetèrent constamment celui que nous leur offrîmes, et ils préféraient un seul grain de rassade à une hache, ou à un clou de six pouces : ils étaient riches des biens de la nature, et ne recherchaient dans leurs échanges que des superfluités et des objets de luxe. Parmi un assez grand nombre de femmes, j'en remarquai deux ou trois d'une physionomie agréable. Leurs cheveux, ornés de fleurs et d'un ruban vert en forme de bandeau, étaient tressés avec de l'herbe et de la mousse; leur taille était élégante, la forme de leurs bras arrondie et dans les plus justes proportions; leurs yeux, leur physionomie, leurs gestes annonçaient de la douceur, tandis que ceux des hommes peignaient la surprise et la férocité.

Nous avions appris des insulaires de Maouna que l'archipel des Navigateurs est composé de dix îles, savoir : Opoun, la plus à l'est, Léoné, Fanfoué, Maouna, Oyolava, Calinassé, Pola, Shika, Ossamo et Ouera; mais la suite de notre navigation nous a appris que deux de ces trois îles pouvaient être celles des Cocos et des Traîtres (1), placées, d'après les observations du capitaine Wallis, 1 degré 15 minutes trop à l'ouest.

Opoun, la plus méridionale comme la plus orientale de ces îles, est par 14 degrés 7 minutes de latitude sud, et par 171 degrés 27 minutes 7 secondes de longitude occidentale. Plusieurs géographes attribuent à Roggewin la découverte de ces îles, auxquelles, selon eux, il donna, en 1721, le nom d'*îles Beauman*; mais ni les détails historiques sur ces peuples, ni la position géographique que l'historien du Voyage de Roggewin assigne à ces îles, ne s'accordent avec cette opinion. Je suis fondé à croire que les îles Beauman ne sont pas les mêmes que celles auxquelles M. de Bougainville a donné le nom d'*îles des Navigateurs*; il me paraît cependant nécessaire de leur conserver cette dénomination, si l'on ne veut porter dans la géographie une confusion très nuisible au progrès de cette science.

Ces îles, situées vers le 14e degré de latitude sud, et entre les 171 et 175 degrés de longitude occidentale, forment un des plus beaux archipels de la mer du Sud, aussi intéressant par ses arts, ses productions et sa population, que les îles de la Société ou celles des Amis, dont les voyageurs anglais nous ont laissé une description qui ne laisse rien à désirer. Quant à la moralité de ces peuples, quoique nous ne les ayons vus qu'un instant, nous avons appris, par nos malheurs, à bien connaître leur caractère, et nous ne craignons pas d'assurer qu'on chercherait en vain à exciter, par des bienfaits, la reconnaissance de ces âmes féroces, qui ne peuvent être contenues que par la crainte.

Ces insulaires sont les plus grands et les mieux faits que nous ayons encore rencontrés : leur taille ordinaire est de cinq pieds neuf, dix ou onze pouces; mais ils sont moins étonnants encore par leur taille que par les proportions colossales des différentes parties de leur corps. Les hommes ont le corps peint ou tatoué, de manière qu'on les croirait habillés, quoiqu'ils soient presque nus : ils ont seulement autour des reins une ceinture d'herbes marines, qui leur descend jusqu'aux genoux, et qui les fait ressembler à ces fleuves de la fable qu'on nous dépeint entourés de roseaux. Leurs cheveux sont très longs; ils les retroussent souvent

(1) Wallis a nommé ces îles *Boscawen* et *Keppel*. A. M.

autour de la tête, et ajoutent ainsi à la férocité de leur physionomie. Elle exprime toujours ou l'étonnement ou la colère; la moindre dispute entre eux est suivie de coups de bâton, de massue, ou de pagaie, et souvent, sans doute, elle coûte la vie aux combattants. Ils sont presque tous couverts de cicatrices qui ne peuvent être que la suite de ces combats particuliers.

La taille des femmes est proportionnée à celle des hommes. Elles sont grandes, sveltes, et ont de la grâce; mais elles perdent, avant la fin de leur printemps, cette douceur d'expression, ces formes élégantes, dont la nature n'a pas brisé l'empreinte chez ces peuples barbares, mais qu'elle paraît ne leur laisser qu'un instant et à regret. Parmi un très grand nombre de femmes que j'ai été à portée de voir, je n'en ai distingué que peu de jolies : l'air grossièrement effronté des autres, l'indécence de leurs mouvements, et l'offre rebutante qu'elles faisaient de leurs faveurs les rendaient bien dignes d'être les mères ou les femmes des êtres féroces qui nous environnaient.

Le très petit nombre de ces jeunes et jolies insulaires dont je viens de parler eut bientôt fixé l'attention de quelques Français, qui, malgré ma défense, avaient cherché à former des liaisons avec elles. Les regards de nos Français exprimaient des désirs qui furent bientôt devinés; de vieilles femmes se chargèrent de la négociation : l'autel fut dressé dans la case du village la plus apparente. Toutes les jalousies furent baissées, et les curieux écartés, la victime fut placée entre les bras d'un vieillard, qui, pendant la cérémonie, l'exhortait à modérer l'expression de sa douleur. Les matrones chantaient et hurlaient, et le sacrifice fut consommé en leur présence et sous les auspices du vieillard qui servait d'autel et de prêtre. Toutes les femmes et les enfants du village étaient autour de la maison, soulevant légèrement les jalousies, et cherchant les plus petites ouvertures entre les nattes, pour jouir de ce spectacle. Quoi qu'en aient pu dire les voyageurs qui nous ont précédés, je suis convaincu que, au moins dans les îles des Navigateurs, les jeunes filles, avant d'être mariées, sont maîtresses de leurs faveurs, et que leur complaisance ne les déshonore pas; il est même plus que vraisemblable qu'en se mariant, elles n'ont aucun compte à rendre de leur conduite passée, mais je ne doute pas qu'elles ne soient obligées à plus de réserve lorsqu'elles ont un mari.

Parmi quinze ou dix-huit cents insulaires que nous eûmes occasion d'observer, trente, au moins, s'annoncèrent à nous comme des chefs. Ils exerçaient une espèce de police, et donnaient de grands coups de bâton; mais l'ordre qu'ils avaient l'air de vouloir établir était transgressé en moins d'une minute : jamais souverains ne furent moins obéis; jamais l'insubordination et l'anarchie n'excitèrent plus de désordres.

C'est avec raison que M. de Bougainville les a nommés *les Navigateurs :* tous leurs voyages se font en pirogue, et ils ne vont jamais à pied d'un village à l'autre. Ces villages sont tous situés dans des anses sur les bords de la mer, et n'ont de sentiers que pour pénétrer dans l'intérieur du pays. Les îles que nous avons visitées étaient couvertes, jusqu'à la cime, d'arbres chargés de fruits, sur lesquels reposaient des pigeons-ramiers, des tourterelles vertes, couleur de rose, et de différentes couleurs. Nous y avons vu des perruches charmantes, une espèce de merle, et même des perdrix : ces insulaires soulagent l'ennui de leur oisiveté en apprivoisant des oiseaux : leurs maisons étaient pleines de pigeons-ramiers, qu'ils échangèrent avec nous par centaines; ils nous vendirent aussi plus de trois cents poules-sultanes du plus beau plumage.

L'imagination la plus riante se peindrait difficilement des sites plus agréables que ceux des villages de ces insulaires : toutes les maisons sont bâties sous des arbres à fruit, qui entretiennent dans ces demeures une fraîcheur délicieuse. Elles sont situées au bord d'un ruisseau qui descend des montagnes, et le long duquel est pratiqué un sentier qui s'enfonce dans l'intérieur de l'île. Leur architecture a pour objet principal de les préserver de la chaleur, et j'ai déjà dit qu'ils savaient y joindre l'élégance. Ces maisons sont assez grandes pour loger plusieurs familles; elles sont entourées de jalousies qui se lèvent du côté du vent et se ferment du côté du soleil. Les insulaires dorment sur des nattes très fines, très propres, et parfaitement à l'abri de l'humidité. Nous n'avons aperçu aucun moraï, et nous ne pouvons rien dire de leurs cérémonies religieuses.

Les cochons, les chiens, les poules, les oiseaux et le poisson abondent dans ces îles. Elles sont couvertes aussi de cocotiers, de goyaviers, de bananiers, et d'un autre arbre qui produit une grosse amande qu'on mange cuite, et à laquelle nous avons trouvé le goût du marron; les cannes à sucre y croissent spontanément sur le bord des rivières; mais elles sont aqueuses et moins sucrées que celles de nos colonies : cette différence vient sans doute de ce qu'elles se multiplient à l'ombre, sur un terrain trop gras et qui n'a jamais été travaillé. On y trouve aussi des souches dont les racines approchent beaucoup de celles de l'igname ou du camagnoc.

Ces îles sont extrêmement fertiles, et je crois leur population très considérable. Celles de l'est, Opoun, Léoné, Fanfoué, sont petites, les deux dernières surtout n'ont qu'environ cinq milles de circonférence; mais Maouna, Oyolava et Pola doivent être comptées parmi les plus grandes et les plus belles îles de la mer du Sud. Les relations des différents voyageurs n'offrent rien à l'imagination qui puisse être comparé à la beauté et à l'immensité du village sous le vent duquel nous mîmes en panne, sur la côte du nord d'Oyolava. Quoiqu'il fût presque nuit lorsque nous y arrivâmes, nous fûmes en un instant environnés de pirogues, que la curiosité ou le désir de commercer avec nous avait fait sortir de leurs ports. Plusieurs n'apportaient rien : elles venaient seulement jouir d'un coup d'œil nouveau pour elles. Il y en avait d'extrêmement petites qui ne contenaient qu'un seul homme : ces dernières étaient très ornées; comme elles tournaient autour des bâtiments sans faire aucun commerce, nous les appelions les *cabriolets :* elles en avaient les inconvénients, car le plus petit choc des autres pirogues les faisait chavirer à chaque instant.

Nous vîmes aussi de très près la grande et superbe île de Pola; mais nous n'eûmes aucune relation avec ses habitants. Le 20 décembre, je vis au sud deux îles, que je reconnus bien parfaitement pour être les îles des Cocos et des Traîtres de Schouten.

L'île des Cocos a la forme d'un pain de sucre très élevé; elle est couverte d'arbres jusqu'à la cime, et son diamètre est à peu près d'une lieue. Elle est séparée de l'île des Traîtres par un canal d'environ trois milles, coupé lui-même par un îlot que nous vîmes à la pointe du nord-est de cette dernière île. Celle-ci est basse et plate, et a seulement vers le milieu un morne assez élevé : un canal de cent cinquante toises d'ouverture la divise en deux parties.

Chaque île que nous apercevions nous rappelait un trait de perfidie de la part des insulaires : les équipages de Roggewin avaient été attaqués et lapidés aux îles de la Récréation, dans l'est de celles des Navigateurs; ceux de Schouten à l'île des Traîtres, qui était à notre vue et au sud de l'île Maouna, où nous avions été nous-mêmes assassinés d'une manière si atroce. Ces réflexions avaient changé nos manières d'agir à l'égard des Indiens : nous réprimions par la force les plus petits vols et les plus petites injustices; nous leur montrions par l'effet de nos armes que la fuite ne les sauverait pas de notre ressentiment; nous leur refusions la permission de monter à bord, et nous menacions de punir de mort ceux qui oseraient y venir malgré nous. Cette conduite était cent fois préférable à notre modération passée; et si nous avons quelque regret à former, c'est d'être arrivés chez ces peuples avec des principes de douceur et de patience : la raison et le bon sens disent qu'on a le droit d'employer la force contre l'homme dont l'intention bien connue serait d'être votre assassin s'il n'était retenu par la crainte.

Départ des îles des Navigateurs. Nous dirigeons notre route vers celles des amis. Rencontre de l'île Vavao et de différentes îles de cet archipel. Les habitants de Tongatabou s'empressent de venir à bord et de lier commerce avec nous. Nous mouillons à l'île Norfolk. Description de cette île. Arrivée à Botany-Bay.

Les vents de nord-nord-ouest nous suivirent au-delà de l'archipel des Amis. Ils étaient toujours pluvieux, et souvent aussi forts que les vents d'ouest qu'on rencontre l'hiver sur les côtes de Bretagne. Nous savions très bien que nous étions dans la saison de l'hivernage, et conséquemment des orages et des ouragans ; mais nous ne nous étions pas attendus à éprouver des temps aussi constamment mauvais. Le 27 décembre nous découvrîmes l'île de Vavao, dont la pointe septentrionale nous restait, à midi, précisément à l'ouest : notre latitude était de 18 degrés 34 minutes. Cette île, que le capitaine Cook n'avait jamais visitée, mais dont il avait eu connaissance par le rapport des habitants des îles des Amis, est une des plus considérables de cet archipel : elle est à peu près égale, en étendue, à celle de Tongatabou ; mais elle a sur elle un avantage, c'est que, plus élevée, elle ne manque point d'eau douce ; elle est au centre d'un grand nombre d'autres îles qui doivent porter les noms dont le capitaine Cook a donné la liste, mais qu'il nous serait difficile de classer.

Le 27, j'arrivai vers l'île de Vavao qu'on n'apercevait que du haut des mâts. Elle est la plus considérable de l'archipel des Amis : les autres îles éparses au nord ou à l'ouest ne peuvent être comparées à cette dernière. Vers midi j'étais à l'entrée du port dans lequel le navigateur Maurelle avait mouillé ; il est formé par de petites îles assez élevées qui laissent entre elles des passages étroits, mais très profonds, et mettent les vaisseaux parfaitement à l'abri des vents du large. Ce port est très supérieur à celui de Tongatabou.

Continuant notre route, nous mîmes l'île Kao par le milieu de l'île Toofoa, de sorte que la première ne paraissait être que le sommet de la seconde, et nous la relevâmes ainsi au nord 27 degrés est. L'île Kao est environ trois fois plus élevée que l'autre, et ressemble au soupirail d'un volcan : sa base nous parut avoir moins de deux milles de diamètre. Nous observâmes aussi sur la pointe du nord-est de l'île Toofoa, du côté du canal qui la sépare de Kao, un pays absolument brûlé, noir comme du charbon, dénué d'arbres et de toute verdure, et qui vraisemblablement aura été ravagé par les débordements de lave. Nous eûmes connaissance, l'après-midi, des deux îles de Hoonga-tonga et de Hoonga-hapaee : elles sont comprises dans une carte des îles des Amis.

Le 31 décembre, nous reconnûmes la pointe de Van-Diémen, et le banc des Brisants, qui est au large de cette pointe : elle nous restait, à midi, à l'est, à environ deux lieues. Comme les vents étaient au nord, je fis gouverner sur la côte méridionale de l'île, qui est très saine et dont on peut s'approcher à trois portées de fusil. La mer brisait avec fureur sur toute la côte, mais ces brisants étaient à terre, et nous apercevions au-delà les vergers les plus riants. Toute l'île paraissait cultivée ; les arbres bordaient les champs, qui étaient du plus beau vert. Il est vrai que nous étions alors dans la saison des pluies.

Les cases des insulaires n'étaient pas rassemblées en village, mais éparses dans les champs, comme les maisons de campagne dans nos plaines les mieux cultivées. Bientôt sept ou huit pirogues furent lancées à la mer et s'avancèrent vers nos frégates ; mais ces insulaires, plus cultivateurs que marins, les manœuvraient avec timidité. Ils n'osaient approcher de nos bâtiments, quoiqu'ils fussent en panne, et que la mer fût très belle : ils se jetaient à la nage, à huit ou dix toises de nos frégates, tenant dans chaque main des noix de coco, qu'ils échangeaient de bonne foi contre des morceaux de fer, des clous, ou de petites haches.

Des cent cinquante îles qui composent l'archipel des Amis, le plus grand nombre ne consiste qu'en rochers inhabités et inhabitables, et je ne craindrais pas d'avancer que la seule île d'Oyolava l'emporte en population, en fertilité et en forces réelles, sur toutes ces îles réunies, où les insulaires sont obligés d'arroser de leurs sueurs les champs qui fournissent à leur subsistance. C'est peut-être à ce besoin d'agriculture qu'ils doivent les progrès de leur civilisation, et la naissance de quelques arts qui compensent la force naturelle qui leur manque, et les garantissent de l'invasion de leurs voisins. Nous n'avons cependant vu chez eux d'autre arme que des *patous-patous* ; nous leur en achetâmes plusieurs, qui ne pesaient pas le tiers de ceux que nous nous étions procurés à Maouna, et dont les habitants des îles des Amis n'auraient pas eu la force de se servir.

La coutume de se couper les deux phalanges du petit doigt est aussi répandue chez ces peuples qu'aux îles des Cocos et des Traîtres ; et cette marque de douleur pour la perte d'un parent ou d'un ami est presque inconnue aux îles des Navigateurs.

Le 1er janvier 1788, à l'entrée de la nuit, je pris le parti d'arriver à l'ouest-sud-ouest, et de courir sur Botany-Bay, en prenant une route qui n'eût encore été suivie par aucun navigateur. Il n'entrait point dans mon plan de reconnaître l'île Plistard, découverte par Tasman, et dont le capitaine Cook avait déterminé la position ; mais les vents, ayant passé du nord à l'ouest-sud-ouest, me forcèrent de prendre la bordée du sud, et le 2 au matin j'aperçus cette île, dont la plus grande largeur est d'un quart de lieue. Elle est fort escarpée, n'a que quelques arbres sur la côte du nord-est, et ne peut servir de retraite qu'à des oiseaux de mer.

Le 13, nous eûmes connaissance de l'île Norfolk et des deux îlots qui sont à sa pointe méridionale. La mer était si grosse, et depuis si longtemps, que j'eus peu d'espoir de rencontrer un abri sur la côte du nord-est, quoique les vents fussent dans ce moment au sud. Cependant, en approchant, je trouvai une mer plus tranquille, et je me décidai à laisser tomber l'ancre à un mille de terre.

L'île Norfolk, quoique très escarpée, n'est guère élevée de plus de soixante-dix ou quatre-vingts toises au-dessus du niveau de la mer : les pins dont elle est remplie sont vraisemblablement de la même espèce que ceux de la Nouvelle-Calédonie ou de la Nouvelle-Zélande. Le capitaine Cook dit qu'il y trouva beaucoup de choux-palmistes ; et le désir de nous en procurer n'était pas un des moindres motifs de l'envie que nous avions eue d'y relâcher. Il est probable que les palmiers qui donnent ces choux sont très petits, car nous n'aperçûmes aucun arbre de cette espèce. Comme cette île n'est pas habitée, elle est couverte d'oiseaux de mer et particulièrement de paille-en-queue, qui ont tous leur longue plume rouge ; on y voyait aussi beaucoup de fous et de goëlettes, mais pas une frégate. Un banc de sable, sur lequel il y a de vingt à trente brasses d'eau, s'étend à trois ou quatre lieues au nord et à l'est de cette île, et peut-être même tout autour ; mais nous ne sondâmes pas dans l'ouest. Pendant que nous étions au mouillage, nous prîmes sur le banc quelques poissons rouges, de l'espèce qu'on nomme *capitaine* à l'Ile-de-France, ou *sarde*, et qui nous procurèrent un excellent repas.

Le 17 janvier, nous étions sous voile, et par 31 degrés 28 minutes de latitude sud, et 159 degrés 15 minutes de longitude orientale, nous fûmes environnés d'une innombrable quantité de goëlettes qui nous faisaient soupçonner que nous passions auprès de quelque île ou rocher ; et il y eut plusieurs paris pour la découverte d'une nouvelle terre avant notre arrivée à Botany-Bay, dont nous n'étions cependant qu'à cent quatre-vingts lieues. Ces oiseaux nous suivirent jusqu'à quatre-vingts lieues de la Nouvelle-Hollande, et il est assez vraisemblable que nous avions laissé derrière nous quelque îlot ou rocher qui sert d'asile à ces sortes d'oiseaux, car ils sont beaucoup moins nombreux auprès d'une terre habitée. Depuis l'île de Norfolk jusqu'à la vue de Botany-Bay, nous sondâmes tous les soirs en filant deux cents brasses, et nous ne commençâmes à trouver fond qu'à huit lieues de la côte, par quatre-vingt-dix brasses. Nous en eûmes connaissance le 23 janvier : elle était peu élevée, et il n'est guère possible de l'apercevoir de plus de douze lieues. Les vents devinrent alors très variables, et nous éprouvâmes, comme le capitaine Cook, des courants qui nous portèrent chaque jour 15 minutes au sud de notre estime ; en sorte que nous passâmes la journée du 21 à louvoyer à la vue de Botany-Bay, sans pouvoir doubler la pointe Solander, qui nous restait à une lieue au nord : les vents soufflaient avec force de cette partie, et nos bâtiments étaient trop mauvais voiliers pour vaincre à la fois la force du vent et des courants ; mais nous eûmes ce même jour un spectacle bien nouveau pour nous depuis notre départ de Manille, ce fut celui d'une flotte anglaise, mouillée dans Botany-Bay, dont nous distinguions les flammes et le pavillon.

Des Européens sont tous compatriotes à cette distance de leur pays, et nous avions la plus vive impatience de gagner le mouillage ; mais le temps fut si brumeux le lendemain, qu'il nous fut impossible de reconnaître la terre, et nous n'atteignîmes le mouillage que le 26 janvier, à neuf heures du matin : je laissai tomber l'ancre à un mille de la côte du nord.

Ici se termine le journal de La Pérouse. Nous ne répéterons point ce que nous avons dit dans le discours préliminaire sur le sort de cet illustre infortuné; mais nous mettrons sous les yeux de nos lecteurs la dernière lettre qu'il écrivit de Botany-Bay au ministre de la marine, pour l'informer de la route qu'il allait tenir avant d'arriver à l'Ile-de-France.

Botany-Bay, 7 février 1788.

. . . . . « Je remonterai aux îles des Amis, et je « ferai absolument tout ce qui m'est enjoint par mes « instructions, relativement à la partie méridionale de « la Nouvelle-Calédonie, à l'île Santa-Cruz de Mindana, « à la côte du sud de la terre des Arsacides de Surville, « et à la terre de la Louisiade de Bougainville, en cher- « chant à connaître si cette dernière fait partie de la « Nouvelle-Guinée, ou si elle en est séparée. Je pas- « serai, à la fin de juillet 1788, entre la Nouvelle-Gui- « née et la Nouvelle-Hollande, par un autre canal que « celui de l'*Endeavour*, si toutefois il en existe un. Je « visiterai, pendant le mois de septembre et une partie « d'octobre, le golfe de la Carpentarie et toute la côte « occidentale de la Nouvelle-Hollande jusqu'à la terre « de Diémen ; mais de manière, cependant, qu'il me « soit possible de remonter au nord, assez tôt pour ar- « river au commencement de décembre 1788 à l'Ile- « de-France. »

—

Ainsi que nous le redirons en donnant la relation des voyages de l'amiral Dumont d'Urville, il était réservé à ce navigateur célèbre de retrouver, dans l'île de Vanikoro, les débris du naufrage de l'infortuné La Pérouse.

FIN DU VOYAGE DE LA PÉROUSE.

MARION.

(1771-1772.)

Si La Pérouse venait de naufrager sur les récifs inhospitaliers de l'île de Vanikoro, dans le Grand-Océan, Marion avait été, dix ans auparavant, dévoré par les cannibales de la Nouvelle-Zélande. Nous donnerons seulement quelques traits de la relation de ce navigateur, qui avait eu pour mission de reconduire à Taïti le jeune Indien que Bougainville avait amené en France, et que la petite vérole fit mourir à l'île Bourbon.

Le capitaine Marion, ayant deux vaisseaux sous ses ordres, avec la mission de chercher de nouvelles terres dans la mer du Sud, fit voile pour le cap de Bonne-Espérance, d'où il se dirigea vers le sud, et ne découvrit rien jusqu'au 7 janvier 1772, où la latitude observée lui indiqua qu'il était dans le parallèle des îles de Marse-Veen et Dina de Van-Kelen. Le lendemain il vit un grand nombre de goëlettes. La vue de ces oiseaux fit présumer qu'on n'était pas fort éloigné de ces îles, et que c'étaient peut-être les terres découvertes par Gonneville en 1503 ; mais on n'aperçut rien. La latitude observée était de 45 degrés 43 minutes, et la longitude de 28 degrés 46 minutes à l'est du méridien de Paris.

Quoique le mois de janvier, dans l'hémisphère austral, réponde au mois de juillet de l'hémisphère boréal, l'équipage ressentit un froid violent, et il tomba beaucoup de neige.

On vogua toujours vers le sud, et le 24 janvier on vit de nouvelles terres qui parurent d'abord former deux îles, et qu'un brouillard déroba ensuite. Leur latitude était par 46 degrés 5 minutes sud, et leur longitude par 42 degrés est. Marion les nomma les *îles Froides*, parce qu'alors il faisait très froid.

On découvrit une autre île au sud-est, qui parut beaucoup plus élevée et plus montueuse que la première, mais plus petite : Marion la nomma *île Aride*. Elle est à neuf lieues environ de la première, dont le capitaine fit prendre possession en lui imposant le nom de *Prise de possession*. La latitude était par 46 degrés 30 minutes, et la longitude par 43 degrés est.

En partant de l'île de la Prise de possession, la route fut constamment par le parallèle de 46 à 47 degrés de latitude sud. Le 2 février on se trouva par 47 degrés 20 minutes latitude sud, et par 62 longitude est, c'est-à-dire 1 degré 18 minutes au nord des terres australes découvertes plus tard par deux autres navires français. Le 10, on observa 45 degrés 30 minutes de latitude sud, et 80 degrés 30 minutes longitude est. On changea de route et l'on atteignit la terre de Van-Diémen. On mouilla dans une baie nommée par Abel Tasman *baie de Frédéric-Henri*, laquelle, selon ce navigateur, est par 43 degrés 10 minutes latitude sud.

On demeura six jours dans la baie de Henri, sans avoir pu trouver d'eau douce ni le bois nécessaire à la réparation d'un bâtiment : on fit donc voile pour la Nouvelle-Zélande, où l'on atterra le 24 février, près d'une côte surmontée d'un pic, que Marion appela le *pic Mascarin*, du nom du vaisseau qu'il montait. Ce pic est situé par 39 degrés 6 minutes latitude sud, et 164 degrés longitude est. On mouilla dans un port (1)

(1) Ce port a été nommé par Cook le *port des Iles*. A. M.

assez commode, dans la partie septentrionale, nommé par les naturels *Eakenomaouci*.

Peu de jours après, dans ce port, le capitaine Marion fit diverses courses le long des côtes, et même dans l'intérieur du pays, pour chercher des arbres propres à faire des mâts pour le vaisseau *le Castries*; des sauvages l'accompagnaient partout. Le 23 mai M. Marion trouva une forêt de cèdres magnifiques, deux lieues dans l'intérieur des terres, et à portée d'une baie éloignée d'environ une lieue et demie de nos vaisseaux. Laissons maintenant parler l'auteur de la relation.

Les sauvages étaient toujours parmi nous dans ces différents postes et sur nos deux vaisseaux; ils nous fournissaient, en échange de clous, du poisson, des cailles, des pigeons ramiers, des canards sauvages; ils mangeaient avec nos matelots; ils les aidaient dans leurs travaux, et toutes les fois qu'ils mettaient la main à l'œuvre, on s'en apercevait bien, car ils sont prodigieusement forts, et leur aide soulageait beaucoup nos équipages.

Nos jeunes gens, attirés par les caresses et par la facilité de leurs filles, parcouraient tous les jours les villages, faisaient même des courses dans les terres pour aller à la chasse des canards, emmenant avec eux des sauvages qui les portaient dans les marais et aux passages des rivières, avec la même facilité qu'un homme fort porterait un enfant. Il leur est arrivé quelquefois de s'écarter fort loin, de parvenir chez des sauvages d'un autre canton, d'y trouver des villages beaucoup plus considérables que ceux qui étaient dans notre port. Ils y ont trouvé des hommes plus blancs qui les ont bien reçus, et sont revenus pendant la nuit, au travers des forêts, accompagnés d'une troupe de sauvages, qui les portaient lorsqu'ils étaient fatigués.

Malgré ces preuves d'amitié de la part des sauvages, nous étions un peu sur nos gardes, et nos bateaux n'allaient jamais à terre que bien armés; nous ne laissions pas aborder nos vaisseaux par les sauvages avec leurs armes. Mais enfin la confiance s'établit au point que M. Marion ordonna de désarmer les chaloupes et les canots lorsqu'ils iraient à terre. Je fis tout ce qui dépendit de moi (c'est M. Rochon qui parle) pour faire rétracter cet ordre; et malgré les caresses des sauvages, je n'oubliais jamais que notre devancier, Abel Tasman, avait nommé *baie des Meurtriers* celle où il avait atterré dans la Nouvelle-Zélande. Nous ignorions que M. Cook l'eût visitée et reconnue tout entière; nous ignorions qu'il y avait trouvé des anthropophages, et qu'il avait failli être tué dans le même port où nous étions mouillés.

M. Marion, parvenu à la plus grande sécurité, faisait son bonheur de vivre au milieu de ces sauvages. Quand il était dans le vaisseau, la chambre du conseil en était toujours pleine; il les caressait, et à l'aide du vocabulaire de Taïti, il tâchait de se faire entendre d'eux; il les comblait de présents. De leur côté, ils connaissaient parfaitement M. Marion pour le chef des deux vaisseaux; ils savaient qu'il aimait le turbot, et tous les jours ils lui en apportaient de fort beaux. Dès qu'il témoignait désirer quelque chose il les trouvait toujours à ses ordres. Lorsqu'il allait à terre, tous l'accompagnaient avec un air de fête et des démonstrations de joie; les femmes, les filles, les enfants même, venaient lui faire des caresses: tous l'appelaient par son nom.

Le nommé Tacoury, chef du village du pays, lui avait amené sur le vaisseau son fils âgé d'environ quatorze ans, qu'il paraissait aimer beaucoup, et l'avait laissé passer la nuit dans le vaisseau.

Nous étions si familiers avec ces sauvages, que presque tous les officiers avaient parmi eux des amis particuliers qui les servaient et les accompagnaient partout. Si nous étions partis dans ce temps-là, nous eussions apporté en Europe l'idée la plus avantageuse de ces insulaires; nous les eussions peints dans nos relations comme le peuple le plus affable, le plus humain, le plus hospitalier qui existât sur la terre; mais nous eussions été bien dans l'erreur.

M. Marion avait fait des courses très éloignées dans son canot, et avait visité différentes baies habitées par d'autres sauvages, qui tous l'avaient bien accueilli. Enfin, le 12 juin, à deux heures après midi, il descendit à terre dans son canot, armé de douze hommes, emmenant avec lui deux jeunes officiers volontaires et le capitaine d'armes du vaisseau, en tout dix-sept personnes. Le chef Tacoury, un autre chef de cinq ou six sauvages, qui étaient sur le vaisseau, accompagnèrent M. Marion, dont le projet était d'aller manger des huîtres, et donner un coup de filet au pied du village de Tacoury.

Le soir M. Marion ne revint point, à son ordinaire, coucher à bord du vaisseau: on ne vit revenir personne du canot. On n'en fut pas inquiet: la confiance dans l'hospitalité des sauvages était si bien établie parmi nous, qu'on ne se défiait point d'eux.

Le lendemain, 13 juin, le vaisseau *le Castries* envoya sa chaloupe faire de l'eau et du bois. On aperçut à la mer un homme qui nageait: on lui envoya aussitôt du secours. Cet homme était un des chaloupiers qui s'était sauvé seul du massacre de tous ses camarades assommés par les sauvages; il avait deux coups de lance dans le côté, et était fort maltraité.

Il raconta que, lorsque la chaloupe allait aborder la terre le matin, les sauvages s'étaient présentés au rivage, sans armes, avec leurs démonstrations ordinaires d'amitié; qu'ils avaient même, suivant leur coutume, porté sur les épaules, de la chaloupe au rivage, les matelots qui avaient craint de se mouiller; qu'ils s'étaient montrés à l'ordinaire bons camarades; mais que les matelots s'étaient tous séparés les uns des autres pour ramasser chacun leur paquet de bois; qu'alors les sauvages, armés de casse-tête, de massues et de lances, s'étaient jetés avec fureur, par troupes de huit ou dix, sur chaque matelot, et les avaient massacrés; que lui, n'ayant affaire qu'à deux ou trois sauvages, s'était d'abord défendu, et avait reçu deux coups de lance; mais que, voyant venir à lui d'autres sauvages, et se trouvant plus près du bord de la mer, il s'était enfui et caché dans les broussailles; que là il avait vu tuer ses camarades; que les sauvages, après les avoir tués, les avaient dépouillés, leur avaient ouvert le ventre, et commençaient à les hacher en morceaux lorsqu'il avait pris le parti de tenter de gagner un des vaisseaux à la nage.

Après un rapport aussi affreux, on ne douta plus que M. Marion et ses seize hommes du canot, dont on n'avait aucune nouvelle, n'eussent éprouvé la même fin que les onze de la chaloupe.

Les officiers qui restaient à bord des deux vaisseaux s'assemblèrent pour aviser aux moyens de sauver les trois postes que nous avions à terre.

On expédia aussitôt la chaloupe *du Mascarin*, bien armée, avec un officier et un détachement de soldats commandés par un sergent. On découvrit en chemin la chaloupe du *Castries* et le canot de M. Marion échouant ensemble sous le village de Tacoury, et entourés de sauvages armés de haches, sabres et fusils, qu'ils avaient pris dans les deux bateaux après avoir égorgé nos gens.

L'officier, pour ne rien compromettre, ne s'arrêta pas à cet endroit, où il aurait pu facilement dissiper les sauvages et reprendre les bateaux; il craignait de ne pas arriver à temps au poste de la mâture destinée à réparer le vaisseau *le Castries*. Il se conforma à l'ordre qu'il avait reçu d'y porter promptement du secours, avec l'avis des événements tragiques de la veille et du matin.

Je fis aussitôt cesser les travaux, rassembler les armes, je fis charger les fusils et partager entre les matelots tout ce qu'ils pouvaient emporter; je fis faire un trou dans une de nos baraques pour enterrer le reste; je fis ensuite abattre la baraque, et donner ordre d'y mettre le feu pour cacher sous les cendres le peu d'outils et d'ustensiles que j'avais fait enterrer, faute de pouvoir les emporter.

Nos gens ne savaient rien des malheurs arrivés à M. Marion et à leurs camarades: j'avais besoin, pour nous tirer d'embarras, qu'ils conservassent leur tête: j'étais entouré de sauvages armés, et je ne m'en étais aperçu qu'au moment où le détachement m'avait joint et m'eut fait son rapport. Les sauvages, rassemblés par troupes, occupaient toutes les hauteurs.

Je partageai mon détachement, que je renforçai de matelots armés de fusils, partie à la tête, précédée du sergent, et partie à la queue. Les matelots chargés d'outils et d'effets étaient au centre : je faisais l'arrière-garde. Nous partîmes au nombre d'environ soixante hommes. Nous passâmes au travers de plusieurs troupes de sauvages, dont les différents chefs me répétaient souvent ces tristes paroles : *Tacoury maté Marion*, c'est-à-dire, *Tacoury a tué Marion*.

Nous fîmes près de deux lieues jusqu'au bord de la mer, sans être inquiétés par les sauvages. Le lieutenant Crozet, devenu chef depuis la mort du capitaine Marion, donna l'ordre aux matelots qui portaient les effets de s'embarquer les premiers; puis s'adressant à un chef, il lui fit signe, d'un air menaçant, de s'asseoir ainsi que ceux qui l'accompagnaient. Quoique les sauvages fussent au nombre de mille, cet ordre fut exécuté avec docilité. Cette précaution n'était pas inutile, car, dès que le lieutenant Crozet se mit dans l'eau pour entrer le dernier dans la chaloupe, les insulaires se levèrent ensemble, jetèrent le cri de guerre, lancèrent sur la chaloupe des pierres et des javelots. Pour repousser les agresseurs, on fit feu sur cet attroupement. Les sauvages voyaient tomber leurs chefs et leurs camarades avec une stupidité incroyable; ils ne comprenaient pas sans doute comment des armes qui ne les touchaient point, comme leurs casse-tête et leurs massues, pouvaient les atteindre à de si grandes distances. A chaque coup de fusil ils redoublaient leurs cris et leurs menaces. Après en avoir tué beaucoup, on rama vers le vaisseau, et les sauvages ne cessèrent pas leurs cris. Dès qu'on fut arrivé à bord du *Mascarin*, on expédia la chaloupe, afin d'aller relever le poste des malades sur l'île de Moutouaro.

Les malades furent heureusement ramenés sur les vaisseaux; les sauvages rôdèrent toute la nuit aux environs du poste; mais, voyant qu'on faisait bonne garde, ils n'osèrent rien entreprendre. Nous n'avions pas encore notre provision de bois et d'eau : J'envoyai, dit Crozet, à l'île de Moutouaro en chercher. Il y avait sur cette île un village d'environ trois cents insulaires: je donnai ordre à l'officier d'attaquer les habitants s'ils paraissaient disposés à commettre des hostilités, de brûler le village et de chasser les sauvages de l'île, afin d'assurer l'aiguade. Mes ordres furent ponctuellement exécutés. Le chef Malou, maître du village, qui était un de ceux avec lesquels nous avions vécu le plus familièrement, était présent avec cinq chefs des villages voisins; il s'agitait et il excitait de la voix les jeunes guerriers qui l'entouraient à fondre sur le détachement que j'avais envoyé; mais nos soldats, en ordre de combat, s'arrêtèrent à la portée du pistolet de la porte d'entrée du village. Là ils commencèrent à faire feu : aussitôt les guerriers prirent la fuite pour gagner leurs pirogues; le détachement les poursuivit la baïonnette dans les reins, tua cinquante sauvages et mit le feu au village; et par ce moyen les Français restèrent les maîtres de l'île. J'avais recommandé à nos officiers de faire leurs efforts pour nous amener quelques Indiens en vie, et de tâcher de prendre, de préférences des jeunes gens des deux sexes ou des enfants. J'avais même promis aux soldats et aux matelots cinquante piastres pour chaque insulaire qu'ils pourraient m'amener vivant; mais ces insulaires avaient eu soin de mettre en sûreté, avant le combat, leurs femmes et leurs enfants. Nos soldats tentèrent d'arrêter et de lier des blessés qui ne pouvaient fuir; mais ces cannibales étaient enragés : ils mordaient comme des bêtes féroces; d'autres rompaient, comme des fils, les cordes avec lesquelles on les liait: il n'y eut pas moyen d'en avoir un seul. Cependant le vaisseau *le Castries* n'avait encore ni mât de beaupré, ni mât de misaine; il n'était plus possible d'aller chercher dans la forêt la belle mâture de bois de cèdre que l'on avait préparée pour ce vaisseau : il fallut faire cette mâture de bois d'assemblage que l'on avait dans les vaisseaux.

Depuis le jour où Marion avait disparu, on voyait, des vaisseaux, les mouvements perpétuels des sauvages qui s'étaient retirés sur les montagnes. Ils avaient toujours les yeux dirigés sur nous, et nous entendions la voix de leurs sentinelles, qui se répondaient les unes aux autres avec des cris d'une force surprenante. La nuit ils faisaient des signaux par le moyen du feu.

Je donnai l'ordre à des officiers de confiance d'aller au village de Tacoury, et d'y prendre des renseignements sur le massacre de Marion et de ses compagnons d'infortune, afin de pouvoir constater la mort de cet officier par un procès-verbal, et de terminer leur expédition par mettre le feu au village, et d'enlever les grandes pirogues de guerre qui étaient échouées au pied du village, de les amener à la remorque ou de les détruire. Ces ordres furent ponctuellement exécutés. Tacoury s'était enfui : on le vit de loin et hors de la portée du fusil s'éloigner, portant sur les épaules le manteau de Marion, qui était de deux couleurs, écarlate et bleu. Le village était abandonné; il n'y restait que quelques vieillards assis sur le seuil de leur maison. On voulut les prendre captifs : un d'eux, sans paraître beaucoup s'émouvoir, frappa un soldat avec un javelot qu'il avait à côté de lui. On le tua, et on ne fit aucun mal aux autres qu'on laissa dans le village. On fouilla soigneusement toutes les maisons. On trouva dans la cuisine de Tacoury le crâne d'un homme qui avait été cuit depuis peu de jours, où il restait encore quelques parties charnues, dans lesquelles on voyait les empreintes des dents des anthropophages. On y trouva un morceau de cuisse humaine qui tenait à une broche de bois, et qui était aux trois quarts mangée.

Dans une autre maison, on trouva le corps d'une chemise, qu'on reconnut avoir été celle de Marion. Le col en était tout ensanglanté, et on y voyait trois ou quatre trous également tachés de sang sur le côté. Dans d'autres maisons, on retrouva des vêtements et des pistolets appartenant aux compagnons de cet infortuné capitaine; enfin on aperçut des armes du canot et un tas de lambeaux des hardes des matelots égorgés.

Après avoir ainsi rassemblé toutes les preuves de l'assassinat de Marion et de ses camarades, on mit le feu aux maisons des sauvages, dont on réduisit successivement plusieurs villages en cendres.

De retour aux vaisseaux, on s'apprêta bien vite à quitter ces bords inhospitaliers. Il fut décidé qu'on s'avancerait dans la mer du Sud, en se bornant à reconnaître les îles de Rotterdam et d'Amsterdam, pour ensuite relâcher aux Mariannes, regagner les Philippines et retourner à l'Ile-de-France : c'est ce qui fut exécuté.

En terminant cette relation et ces remarques, nous ne devons point cacher au lecteur que les savantes explorations de M. le commandant Dumont d'Urville pourront bien les faire oublier, mais il nous importait de constater la marche de la science, et sous ce rapport on nous saura gré d'en noter les progrès. Dans le voyage de *l'Astrolabe*, une des observations de M. d'Urville, au sujet de l'infortuné Marion, porte que les Nouveaux-Zélandais, toujours pleins d'un respect religieux pour la mémoire de ce dernier, reconnaissent lui devoir le cochon, les ognons, les raves, les choux et les navets, qu'ils possèdent aujourd'hui.

Après avoir ainsi rassemblé toutes les preuves de l'assassinat de Marion et de ses camarades, on mit le feu aux maisons des sauvages...

FIN DE LA RELATION DU VOYAGE DE MARION.

Paris. — Imp. Lacour et Cᵉ, rue Soufflot, 16.

DUMONT D'URVILLE.

(1822-1840.)

NOTICE BIOGRAPHIQUE.

Avant de faire connaître les trois voyages autour du monde accomplis par **Dumont d'Urville**, nous donnerons quelques détails sur sa vie, son caractère et ses travaux. Admis dans le commerce de son intelligence, et honoré d'une amitié qu'il ne prodiguait point, nous avons pu recueillir sur sa personne et ses penchants un grand nombre de faits, devenus de plus en plus intéressants par la renommée que ses belles découvertes et sa fin tragique ont attachée à son nom immortel.

Dumont d'Urville (Jules-Sébastien-César) naquit le 23 mai 1790, à Condé-sur-Noreau, département du Calvados. Le nom d'*Urville* provenait d'un fief noble qu'avait acquis un de ses ancêtres. Son père, allié par le mariage à l'ancienne famille de Croisilles, eut de cette union neuf enfants, dont cinq moururent en bas âge. Jules-Sébastien-César était un des derniers et d'une constitution fort grêle, qui se fortifia par degré, de manière à pouvoir un jour lutter avec succès contre les éléments. A deux ans il tomba dans un foyer ardent, et en garda au bras une trace qui ne devait s'effacer que dans la catastrophe du 8 mai 1842, où il devait, par une fatalité bizarre, périr à 52 ans dans la fournaise d'un chemin de fer!

M. de Croisilles, vicaire-général de Cambrai, qui allait être nommé évêque lorsque le culte fut supprimé, se retira près de sa sœur, en 1798, et se chargea exclusivement de l'instruction de son neveu. En moins de deux ans celui-ci traduisait déjà couramment Quinte-Curce et Virgile, en même temps qu'il savait l'arithmétique et la géographie. Les vies des hommes illustres de Plutarque et le théâtre de Racine étaient ses livres favoris; doué d'une grande mémoire, il récitait des tragédies entières. A douze ans il connaissait sa rhétorique, et en trois mois il avait appris l'algèbre du premier degré. Il s'adonna de bonne heure à la natation, qu'il aimait avec passion, et où il avait acquis une extrême habileté.

Son oncle étant appelé, par le rétablissement du culte, au vicariat général de Bayeux, emmena avec lui son neveu qu'il plaça dans l'école secondaire de cette ville. Le jeune élève y fit de rapides progrès dans le grec et les mathématiques. Alors il put connaître les voyages d'Anson, de Bougainville et de Cook. Cette lecture lui inspira le goût de la navigation, et comme un de ses condisciples (mort capitaine d'artillerie) rêvait d'être sénateur à cinquante ans, d'Urville paria avec lui qu'à cet âge il serait contre-amiral, prophétie qui s'est en effet accomplie.

Au mois de mai 1807, un jeune homme âgé de dix-sept ans, maigre, effilé, partait de Caen pour Brest, avec une lettre du préfet du Calvados pour son frère, M. le comte Caffarelli, préfet maritime. Après un an d'étude, il passe son examen et est reçu aspirant : c'était Dumont-d'Urville. Fier de ce premier grade, il revoit ses mathématiques, et apprend, tout seul, à l'aide d'une grammaire et d'un dictionnaire, l'anglais et l'allemand : en trois mois il parvient à traduire Young et Robertson; en six mois, Gessner.

Un nouvel examen fit avancer d'une classe Dumont d'Urville, qui fut envoyé à Toulon, où, le 28 mai 1812, il fut nommé enseigne de vaisseau. Deux ans après, il commençait sa carrière maritime à bord de la *Ville-de-*

 Paris. — Imp. Lacour et Cᵉ, rue Soufflot, 16.

Marseille, qui, en 1814, ramena de Sicile en France la famille d'Orléans.

L'année suivante, il épousa une jeune et belle Provençale, fille d'un horloger de Toulon, ange de grâce et de vertu, que la Providence allait rudement éprouver, et qui, dans les mêmes flammes du désastre de Meudon, devait mêler si lamentablement sa cendre à celle de son dernier enfant et de son loyal époux.

Trois ans après son mariage, Dumont d Urville accompagnait le capitaine Gautier, chargé du relèvement des côtes de la Méditerranée et de la mer Noire. Débarquant à Milo, une des îles de l'archipel grec, il fut conduit, par un heureux hasard, vers l'endroit où un pauvre berger venait de découvrir une belle statue : c'était la *Venus-Vitrix*, un des chefs d'œuvre de l'art, dont la description habilement colorée par la plume de d'Urville, décida l'ambassadeur de France à Constantinople, M. le marquis de Rivière, à en faire l'acquisition pour le musée du Louvre.

La reconnaissance des parages des mers du Levant avait habitué d'Urville à des recherches qu'il devait bientôt appliquer à un plus vaste théâtre : c'est le grand Océan dont il va embrasser le domaine dans ses trois voyages autour du monde.

Mais, pour le suivre sans interruption, il convient d'achever la notice biographique très rapide que nous lui consacrons. Disons seulement que dans le premier voyage, de 1822 à 1825, à bord de la *Coquille*, il fut chargé, comme lieutenant en premier, de tous les détails du service, pendant que le capitaine Duperrey dirigeait l'ensemble de l'expédition; que, dans le second voyage, de 1826 à 1829, il devint le chef de l'entreprise, à bord de l'*Astrolabe*, comme il le fut dans le troisième, de 1837 à 1840, à bord du même bâtiment.

Le premier voyage, qui avait duré trente-un mois treize jours, sur un parcours de vingt-quatre mille lieues, valut à la géographie la découverte de plusieurs îles, le relèvement de plusieurs autres et la reconnaissance des côtes de la Nouvelle-Guinée. Un grand nombre de travaux sur l'histoire naturelle, confiés à Dumont-d'Urville, furent accomplis également avec une rare habileté.

Le grade de capitaine de frégate venait de lui être accordé, lorsqu'à la fin de 1825, il obtint la nouvelle mission d'explorer l'Océan pacifique, pour aller à la recherche des débris du naufrage de La Pérouse; trente-huit ans s'étaient écoulés depuis le départ de celui-ci, dont les dernières nouvelles, datées du Port-Jackson ou de Botany-Bay, remontaient à 1788. D'Urville, quittant Toulon le 25 avril 1826, était à Hobart-Town, capitale de l'île de Diemen, le 12 octobre 1827. Il se porta sur l'île de Tukopia, puis sur Vanikoro, où il mouilla, le 21 février 1829. La transparence des eaux lui permit d'apercevoir sur les hauts-fonds les canons, les boulets, les armes et autres débris, qui ne laissèrent plus aucun doute sur le lieu où s'étaient perdus les vaisseaux de La Pérouse.

L'*Astrolabe* revint, le 25 mars 1829, à Marseille, terme d'un voyage d'environ vingt-cinq mille lieues, et qui avait duré trente-cinq mois, rapportant pour les sciences une cargaison énorme. Aussi dès le 8 août suivant, Dumont d'Urville recevait-il le titre de capitaine de vaisseau, avec mission de diriger toute la publication des diverses parties de l'expédition.

A la révolution de juillet 1830, il fut chargé de conduire outre-mer Charles X et sa famille, mission délicate qu'il sut dignement remplir. Il reprit aussitôt sa tâche de publicateur qu'il termina en 1835, année où il donnait aussi en deux volumes un voyage idéal ou pittoresque autour du monde, contenant le résumé général des voyages de découvertes, entreprise qui obtint un rapide écoulement.

Les vingt-quatre volumes du voyage de l'*Astrolabe* avec l'Atlas, étant mis au jour, d'Urville, qui ne pouvait demeurer longtemps dans l'inaction, quitta Paris pour reprendre bientôt la mer. L'*Astrolabe* et la *Zélée* furent confiées à cet habile marin, lequel, en septembre 1837, laissait une dernière fois les côtes de France et allait toucher, le 12 janvier suivant, celles du détroit de Magellan. Avant ce dernier départ, d'Urville avait eu à soutenir une triste polémique, dans les journaux, contre un savant, M. Arago, dont il repoussa, avec une légitime vivacité les injustes attaques.

Enfin, après une navigation périlleuse au sein des glaces, et après de nouvelles explorations dans la Nouvelle-Zélande et la Nouvelle-Guinée, d'Urville, qui, durant trente-huit mois, venait de parcourir plus de vingt-cinq mille lieues ou la moitié des mers dont le globe est couvert, de traverser sept fois l'équateur et de pénétrer à deux reprises sous le cercle polaire austral, jetait l'ancre à l'entrée de la rade de Toulon, dans la nuit du 6 au 7 septembre 1840.

Le célèbre marin retrouvait sa famille réduite alors à sa femme et à son dernier-né. Il revint avec eux à Paris, et la Société de géographie, dont il était une des lumières, lui décerna sa grande médaille d'or, comme au navigateur dont les travaux géographiques lui avaient paru les plus importants et les plus dignes de cette récompense. Il avait reçu, peu de mois auparavant, le brevet de contre-amiral, dignité longtemps désirée et objet du singulier pari dont nous avons parlé.

Etabli dans le voisinage du Luxembourg, et bornant sa société à celle de sa femme, de son fils et de quelques amis, d'Urville mettait en ordre les manuscrits de sa dernière expédition. Déjà les premiers volumes du *Voyage au pôle Sud* avaient paru, et sept mois s'étaient à peine écoulés depuis le retour de notre illustre ami, lorsque le 8 mai 1842, une horrible catastrophe vint le ravir à la science, à la patrie et à nos cœurs brisés par la douleur.

Que devait-il rester de l'amas d'ossements que nous retirâmes des wagons dévorés par la flamme, sur le chemin de fer de la rive gauche de Paris à Versailles, près de Meudon? Un tronc noirci, sans tête ni jambes, qui était peut-être l'enfant; un corps de femme, aussi tout noir, mais un peu conservé par la flanelle, corps qui était réellement celui de madame d'Urville; et enfin un troisième corps, un peu plus reconnaissable, où nous avons encore pu retrouver quelques traits de l'amiral. — Les funérailles furent célébrées avec pompe, au milieu d'une foule immense, dans le cimetière du Mont-Parnasse, où la Société de géographie allait, deux ans plus tard, élever, par souscription, un monument à la mémoire du Cook français. J'avais dit de ce martyr du savoir, dans une ode distribuée aux assistants, le jour de la première cérémonie funèbre :

Toi qui, sur les gouffres de l'onde,
Si longtemps avais su courir,
Trois fois tu fis le tour du monde;
Et sur un rail tu viens périr!
Hélas! combien le sort nous trompe!
Mortel, tu vas mourir sans pompe,
Ne laissant de toi qu'un lambeau!...
Mais le souvenir de ta gloire
Nous reste, comme ta mémoire;
Nos cœurs te servent de tombeau.

A la seconde cérémonie, où la Société de géographie m'avait autorisé à prendre la parole, je pus redire également :

Toi, noble ami, toi, sans attendre
Le plus terrible coup du sort,
A nos chants tu pouvais prétendre,
Et ne rien craindre de la mort.
Du haut des cieux, ombre plaintive,
Tu vois une foule attentive
Saluer ton buste vivant;
Permets qu'en ce jour mémorable,
Une amitié vive et durable
T'offre du cœur le soin fervent!

Terminons par un mot caractéristique cette esquisse incomplète sur notre illustre navigateur : d'Urville avait une constitution assez vigoureuse, la taille élevée, un abord froid, un regard pénétrant et la voix saccadée. Il était studieux et franc, tenace dans ses projets, très peu démonstratif, mais avait l'âme brûlante et sensible à l'excès : s'il a prouvé combien, dans ses longues absences, il restait fidèle à ses amitiés, nous lui prouvons, à notre tour, qu'il n'avait point nourri de son affection un cœur ingrat.

ALBERT-MONTÉMONT.

PREMIER VOYAGE.

(1822-1825.)

L'expédition à bord de la corvette la *Coquille* ayant eu lieu sous le commandement du capitaine Isidore Duperrey, dont d'Urville n'était que le compagnon, il en sera question ailleurs, et nous ne la mentionnons ici qu'en rappelant en passant qu'elle eut pour résultat géographique la découverte des îles Clermont-Tonnerre et Lostange, diverses reconnaissances sur la Nouvelle-Irlande et les îles Schouten de la Nouvelle-Guinée, plus le relèvement des îles Mulgraves, une visite à l'île Valan, la découverte des îles Duperrey et d'Urville, l'exploration du groupe d'Hogoleu et de l'île Tucker, et enfin, à la Nouvelle-Guinée, la reconnaissance de la côte qui s'étend de Dorey jusqu'à Bonne-Espérance.

SECOND VOYAGE.

(1826-1829.)

PRÉLIMINAIRE.

Ce second voyage de Dumont d'Urville est un des plus importants qui aient été entrepris pendant les trente premières années du XIXe siècle. Outre l'honneur d'avoir découvert les restes du naufrage de La Pérouse, d'Urville a su combler, dans ses nombreuses et périlleuses explorations, une foule de vides qui existaient encore sur les cartes du Grand-Océan. Il a exploré le premier toute la côte septentrionale de la Nouvelle-Guinée, dans une étendue de plus de quatre cents lieues; il a de même exploré, avec plus de détails que n'en avait donnés le capitaine Cook, environ la moitié du littoral de la Nouvelle-Zélande, dans un développement de trois cent soixante lieues. Il a fait la reconnaissance de la plus grande partie des îles Viti, vulgairement appelée *Fidji*, renfermant plus de cent îles ou îlots, jusqu'alors imparfaitement connus; il a exploré les îles Loyalty, dont l'existence était jusqu'alors très douteuse; il a relevé la partie méridionale de la Nouvelle-Bretagne dans une étendue de cent lieues environ; enfin il a exécuté diverses reconnaissances aux îles Carolines, sur les côtes de la Nouvelle-Hollande et dans les îles Moluques.

Voilà pour la géographie. Quant aux sciences naturelles, les richesses rapportées par Dumont d'Urville et ses dignes compagnons de voyage ont surpassé l'attente de l'Institut de France, et, suivant le rapport du célèbre Cuvier, les diverses collections de la corvette *l'Astrolabe*, montée par ces nouveaux Argonautes de la science, ont été plus considérables qu'il n'en avait été formé jusqu'à ce jour. L'administration du Jardin des Plantes s'est même trouvée dans l'embarras pour les classer : il a fallu descendre au rez-de-chaussée, et presque dans les souterrains; et les magasins même sont aujourd'hui tellement encombrés, ajoute le rapport, que l'on a été obligé de les diviser par des cloisons pour y multiplier des places.

Tels sont les fruits les plus notables de la circumnavigation du capitaine Dumont d'Urville : nous les retrouverons avec plus de détail dans l'analyse que nous allons tâcher d'en offrir; mais avant de suivre la narration du navigateur à travers l'immensité des flots, il ne sera peut-être pas inutile ni sans intérêt d'indiquer rapidement, comme l'a fait Dumont d'Urville lui-même dans son discours préliminaire, le titre de chacun de ses devanciers à la reconnaissance du monde savant.

Le premier qui s'élance sur le vaste Océan, dans l'espoir d'ouvrir la carrière aux explorateurs futurs, comme le hardi Colomb venait de le faire par la découverte du Nouveau-Monde, est Magellan, Portugais de naissance, au service de l'Espagne, et envoyé par l'empereur Charles-Quint avec la mission de chercher un passage par le sud vers l'océan Pacifique. Ce marin le découvre vers l'extrémité de l'Amérique australe, par 55 degrés de latitude sud. Il y pénètre, le franchit, et lui laisse son nom. Il en sort pour entrer dans la mer Pacifique, faisant route à l'ouest-nord-ouest jusqu'à l'équateur, qu'il coupe vers le 170e degré de longitude orientale du méridien de Paris. Dans cette longue traversée, il ne découvre que de petites îles, nommées par lui *îles Malheureuses*, et qui l'ont été en effet, puisqu'on ne les a pas retrouvées, à moins que ce ne soient l'île Sauvage de Cook, placée par 19 degrés 1 minute de latitude sud, et 172 degrés 30 minutes de longitude occidentale, et l'Enfant-Perdu, placé par 14 degrés 6 minutes de latitude sud, et 179 degrés 2 minutes de longitude orientale. Magellan arrive ensuite devant d'autres îles, dont les habitants, adonnés au vol, déterminent le navigateur à imposer à leur archipel le nom d'*îles des Larrons*, qui a été changé depuis en celui d'*îles Mariannes*, et puis encore en celui de *Philippines*, archipel où le navigateur portugais fut tué par les naturels, en défendant un de leurs rois contre un autre compétiteur. Cet événement tragique arriva le 7 avril 1521, et Cano, lieutenant de Magellan, ramena le vaisseau dans le port de l'Espagne.

Trois ans après, une seconde flotte espagnole, guidée par Carjaval et Ladrilleros, traverse le détroit de Magellan, et aborde à Lima, au Pérou, sans avoir fait aucune découverte. Il en est de même de Garcie de Loaise, parti de la Corogne en 1525 pour gagner le même détroit, et dont la flotte fut dispersée par une tempête. Il avait seulement reconnu, en passant, l'île Saint-Mathieu. Son successeur, Alphonse de Salazar, plus heureux, découvre la petite île de Saint-Barthélemi, l'une des Carolines, et quelques îles de l'archipel des Larrons.

En 1528, Alvar de Saavedra est envoyé à la recherche des îles de l'Épicerie, et découvre un amas d'îles qu'il nomme les *îles des Rois;* comme ensuite en revenant au Mexique, d'où il était parti, il aperçoit, à cent lieues l'île de Gilolo, les côtes d'une grande terre qu'il appelle *Nouvelle-Guinée*, parce qu'il l'a croit à l'opposite de la Guinée d'Afrique.

En 1533 Hurtado et Grijalva découvrent, à 20 degrés 30 minutes de latitude sud, une île que l'on nomme *Saint-Thomas*, parce qu'elle est vue le jour même de la fête de ce saint.

Onze ans plus tard, Juan Gaëtan aperçoit une foule d'îles dans la partie nord du Grand-Océan, mais sans leur assigner des dénominations précises.

Mendoça et Mendana, qui apparaissent à leur tour sur la scène du monde maritime, découvrent, dans la mer Pacifique, un archipel dont les richesses le font appeler *archipel des îles Salomon*. Mendana découvre aussi l'île Jésus, par 6 degrés 15 minutes de latitude sud; l'île Isabelle, par 9 degrés; l'île Malaïta, par 8 degrés de latitude sud; la Florida, par 9 degrés 30 minutes de latitude, et plusieurs autres qui paraissent être les terres des Arsacides, vues par Surville en 1769. Le même navigateur Mendana allait découvrir, en 1595, les Marquises de Mendoça, ou de Noukahiva, entre 9 à 10 degrés de latitude sud, îles que devaient revoir le capitaine Cook en 1774, les capitaines Marchand et Vancouver en 1791, Krusenstern en 1804, et David Porter en 1813.

En 1577 le célèbre amiral anglais Drake renouvelle l'audacieuse expédition de Magellan, tient la mer environ trois ans, espace de temps pendant lequel il note un grand nombre d'îles, mais sans leur assigner une position exacte. Il désigne seulement à l'extrémité de l'Amérique du sud, à la sortie du détroit de Magellan, plusieurs îles, auxquelles il donne le nom d'*Elisabéthides*, en l'honneur de la reine Élisabeth d'Angleterre.

En 1586, Thomas Candish ou Cavendish part de Plymouth, franchit l'Atlantique et le détroit de Magellan, arrive en Californie, traverse le Grand-Océan, vient mouiller aux îles des Larrons, sans faire aucune découverte notable, et retourne en Europe par les Molusques et le cap de Bonne-Espérance.

A cette époque les Hollandais commencent à déployer leur génie maritime : deux marins de cette nation, Simon de Cordes et Sébald de Wert, sont envoyés d'Amsterdam dans la mer du Sud, et ils pénètrent dans le détroit de Magellan. De Wert le franchit, et s'avance vers les côtes du Chili, d'où il fait voile pour le Japon, et aborde à Nangazaki, sans avoir fait de découvertes, non plus qu'Olivier de Noort, expédié en 1598 pour les mêmes parages, et qui, après avoir mouillé aux Philippines, avait repris la route d'Europe, et devait rentrer dans le port d'Amsterdam au commencement de 1601.

Le XVIe. siècle venait de marquer les premiers pas dans les découvertes maritimes; il était réservé au XVIIe. de les étendre et de les fixer. A la tête des navigateurs qui ouvrent cette glorieuse période, se présente Fernand de Quiros, pilote de Mendana. Il découvre, sous le nom de *Sagittaire*, l'île qui porte aujourd'hui le nom de *Taïti*. Il aperçoit l'Incarnation, par 25 degrés de latitude sud, à une demi-lieue du Pérou; la Dizaine, dans laquelle on a reconnu l'île d'Osnabruck, de Wallis; le Boudoir de Bougainville, l'île Maitéa de Cook, dans le sud-est de Taïti; l'île Saint-Jean-Baptiste, dans laquelle Cook pense avoir reconnu l'île de Pitcairn, découverte par Carteret; la terre australe du Saint-Esprit, qui fut le terme du voyage de Quiros, et qui a été reconnue depuis, d'abord par Bougainville, qui l'a nommée *archipel des Grandes-Cyclades*, et postérieurement par le capitaine Cook, de qui elle a reçu le nom de *Nouvelles Hébrides*, en conservant dans la partie du nord le nom de *terre du Saint-Esprit*.

En quittant cette terre, Quiros était retourné au Mexique; mais Torrès, son compagnon de voyage, fit route à l'ouest, et passa entre la Nouvelle-Hollande et la Nouvelle Guinée, pour donner son nom au détroit qui existe entre ces deux grandes terres.

Huit ans après Quiros, un autre navigateur, le Hollandais Georges Spilberg, envoyé aux Moluques, passe le détroit de Magellan, fait voile pour le Pérou, monte jusque vers les côtes du Mexique, et de là traverse le Grand-Océan pour toucher aux îles des Larrons, au commencement de 1616.

Presque vers le même temps, deux autres marins hollandais, Le Maire et Schouten, découvrent plus au sud du détroit de Magellan un autre passage, qui reçoit le nom de *détroit de Le Maire; ils doublent les premiers le cap Horn*, font route à l'ouest-nord-ouest jusqu'à neuf cent vingt-cinq lieues des côtes du Pérou, sans avoir vu aucune terre.

Ils découvrent ensuite : 1o l'île Hood, ou île des Chiens, par 15 degrés 12 minutes de latitude sud; 2o l'île des Cocos, par 16 degrés 40 minutes de latitude sud, à vingt-trois journées de l'île des Mouches; 3o l'île des Traîtres, par 16 degrés 5 minutes de latitude sud, à deux lieues au sud de l'île des Cocos; ces dernières, reconnues en 1767 par le capitaine Wallis, qui a donné le nom de *Boscawen* à l'île des Cocos, et celui de *Keppel* à l'île des Traîtres. Les mêmes navigateurs reconnurent encore plusieurs autres îles, notamment quatre petites îles avant d'aborder à la partie de la Nouvelle-Guinée qui est aujourd'hui nommée *Nouvelle-Irlande;* trois autres petites îles, couvertes d'arbres et situées dans les mêmes parages, avaient également reçu la dénomination d'*îles Vertes*.

Pendant que ces découvertes s'accomplissaient, divers points de la grande terre qui reçut le nom de *Nouvelle-Hollande* étaient reconnus par d'autres navigateurs hollandais, tels que Nuyts, Witt, Carpenter, Edels, Hertog, etc. Bientôt Jacques L'hermite fait à son tour d'utiles explorations aux environs du cap Horn, et remonte la mer Pacifique, pour aller mouiller à Guam, le 26 janvier 1625, sans avoir toutefois marqué cette traversée par aucune découverte.

Mais un autre navigateur de la même nation hollandaise, Abel Tasman, allait éterniser son nom, en découvrant les terres auxquelles il donna les désignations de *Van-Diémen* et *Nouvelle-Zélande;* l'île des Trois-Rois, placée par 34 degrés 12 minutes de latitude sud, et 190 degrés 40 minutes de longitude, à la suite et dans l'ouest d'une longue côte qu'il avait prolongée depuis la baie des Assassins de la Nouvelle-Zélande; l'île Pylstaart ou des Canards-Sauvages, située par 22 degrés 35 minutes de latitude sud, et 204 degrés 15 minutes de longitude; l'île d'Amsterdam, que le capitaine Cook a ensuite nommée île *Tonga-Tabou*, l'une des Amis; plusieurs autres îles des Amis, quelques-unes des îles Viti ou Fidji, les îles Ontong-Java, par 5 degrés 2 minutes de latitude sud; les îles du Prince Guillaume; l'île de Rotterdam, depuis nommée *Anamoucka*; les îles Marck, à trois journées des îles Ontong-Java; les îles Antoine, Caens, Gardener et Vischers. Il prolongeait aussi une partie de la côte de la Nouvelle-Guinée, après avoir vu l'île Schouten, et rentrait à Batavia, le 15 juin 1643.

Vingt ans plus tard, l'Anglais Cowley reconnaissait les îles Gallapagos près de l'équateur et leur donnait des noms particuliers. Un autre navigateur de la même nation fut plus heureux ou plus habile, le célèbre Dampier, qui, du reste, fort jeune encore, avait été un des compagnons de voyage de Cowley; il explore la côte septentrionale de la Nouvelle-Guinée, découvre deux îles qu'il nomme, l'une *île Mathias*, l'autre l'*Orageuse*, à cause des tourbillons et des coups de vent qu'il y essuie; reconnaît la côte orientale de la Nouvelle-Irlande et la côte méridionale de la Nouvelle-Bretagne, en franchissant, le premier, le détroit auquel est légué son nom, et qui sépare cette dernière terre de la Nouvelle-Guinée. Il sort de ce détroit pour découvrir ensuite les îles de la Couronne, du Volcan, et quelques autres. Il ne borne point là sa gloire; il veut dans un troisième voyage partager celle d'un autre de ses compatriotes, l'amiral Wood-Roggers, qui pénètre de la mer du Nord dans celle du sud, en doublant le cap Horn.

Wood-Roggers visite les îles Gallapagos, franchit l'océan Pacifique dans sa largeur, se rend aux îles Mariannes, et revient en Europe, après avoir, doublé le cap Horn, dans un moment où les Espagnols mettaient une si grande importance à la possession du détroit de Magellan, par lequel ils croyaient tenir la clef de la mer du Sud.

Deux ans après, la reconnaissance des îles Palaos ou Pelew est commencée par François Padilla. Vient ensuite Legentil de la Barbinais, qui, parti des côtes de France en 1614, passe le détroit de Le Maire et se rend au Pérou, d'où il fait voile pour les îles des Larrons, et revient de là en Europe, sans avoir fait aucune addition nouvelle à la géographie.

Cet honneur était réservé à l'amiral hollandais Roggewin, qui, en 1722, découvre: 1o l'île de Pâques, par 27 degrés 4 minutes de latitude sud, et 112 degrés 6 minutes de longitude ouest du méridien de Paris, île que le capitaine Cook a revue en 1770, et qu'il a nommée *Easter* ou *Pâques*; (1) 2º les îles Pernicieuses, par 14 degrés 4 minutes de latitude sud, à 800 lieues de course depuis l'île de Pâques, îles basses où Roggewin perdit un vaisseau, ce qui lui fit donner le nom de *Pernicieuses;* 3º l'île Aurore, à 8 lieues des îles Pernicieuses du côté de l'ouest; 4º l'île de Vesper ou du Soir, située dans le voisinage; 5º le Labyrinthe, groupe de six îles, de 30 lieues de tour, à 25 lieues à l'ouest des îles Pernicieuses. et qui paraît être le même que celui auquel le commodore Byron a donné le nom d'îles du Prince de Galles; 6º la Récréation, par 16 degrés de latitude sud, et 155 degrés 20 minutes de longitude ouest; 7º les îles de Bauman, par 15 degrés de latitude sud, et 173 degrés de longitude est; 8º l'île Solitaire, à une journée et demie des îles Bauman; 9º les îles Tienhoven et Groningue, assez considérables, et vues quelques jours après l'île Solitaire; 10º enfin les mille îles, dont un grand nombre sont encore à retrouver.

Ici s'arrêtent les entreprises dont l'unique but était la recherche de nouvelles terres et de productions rares. En effet, le voyage d'Anson, véritable expédition de flibustiers, ne fut d'aucun avantage pour la géographie, si ce n'est de procurer quelques détails sur divers mouillages peu connus. Un laps de temps de plus de quarante années s'écoule avant que le goût des découvertes maritimes se ranime en Europe. L'objet alors en devient plus précis; les connaissances nautiques seront perfectionnées, et la configuration du globe sera mieux étudiée. Quatre navigateurs anglais et un navigateur français ouvriront cette nouvelle carrière de gloire scientifique, savoir : Byron, Wallis, Carteret, Cook et Bougainville.

Le commodore Byron trace le premier la configution exacte du détroit de Magellan, et en dresse une carte détaillée. Il découvre ensuite dans la mer du Sud, et près de l'archipel Dangereux, les îles qu'il nomme *îles Désappointement*, parce qu'il ne peut y aborder et y prendre les rafraîchissements que leur aspect semblait promettre. Soixante-neuf lieues plus loin dans l'ouest, il découvre deux autres îles qu'il nomme *îles du Roi Georges*, mais que les indigènes appellent *îles Tiokea*. Il voit ensuite, entre l'île Pernicieuse et le labyrinthe de Roggewin, une île à laquelle il donne le nom d'*île du Prince de Galles*. Continuant à voguer à l'ouest-nord-ouest, il trouve deux petites îles, à l'une desquelles il donne le nom de *Duc d'York*, tandis que son équipage appelle l'autre *île Byron*.

Byron était à peine de retour en Angleterre, que le capitaine Wallis part avec le capitaine Carteret pour les mêmes parages. de la mer du Sud. Dans leur navigation séparée, le premier de ces marins aperçoit et nomme successivement l'île de la Reine Charlotte et l'île de la Pentecôte au sud-est de l'archipel Dangereux; il trouve aussi l'île de ce groupe qu'il nomme *île Egmont*. Enfin, le 19 juin 1767, il découvre la fameuse île de Taïti, à laquelle il impose le nom d'*île de Georges III*, qui ne lui est pas resté. Il voit ensuite les îles qu'il nomme *Scilly et Lord-Hood*, les îles Boscawen, Keppel, Wallis, et reconnaît les îles Pescadores.

Pendant ce temps, son compagnon Carteret découvre de son côté l'île qu'il appelle *Pitcairn*, nom d'un de ses officiers; l'île qu'il nomme *Evêque-d'Osnabruck*, les îles de Gloucester; et reconnait les îles de la Reine Charlotte, qui ne sont autres que l'archipel de Santa-Cruz de Mendana. Il signale encore les îles Gower, Simpson, Carteret, Hardy, Winchelsea; il fait une reconnaissance exacte du détroit qui sépare la Nouvelle-Irlande de la Nouvelle-Bretagne, et le nomme *canal Saint-Georges*. Il découvre, en outre, plusieurs autres îles a l'ouest de la Nouvelle-Irlande, comme la Nouvelle-Hanovre, les îles Portland et celles de l'Amirauté. En revenant en Europe il fait toute la géographie orientale de la côte de Célèbes, et rentre enfin dans sa patrie en passant devant l'Ile-de-France, le cap de Bonne-Espérance et l'île Sainte-Hélène.

Dans les mêmes années, notre célèbre Bougainville, après avoir restitué aux Espagnols les îles Malouines, où il avait fondé un établissement, franchit le détroit de Magellan, entre dans la mer Pacifique, la remonte jusque sous le tropique du Capricorne, fait ensuite route à l'ouest, et découvre les îles qu'il nomme les *Quatre-Facardins*, les *Lanciers*, la *Harpe;* les onze îles auxquelles il assigne la dénomination générale d'*archipel Dangereux;* visite la belle Taïti, qu'il nomme la *Nouvelle Cythère*, et dont il fait une description enchanteresse; découvre l'archipel des Navigateurs; retrouve les terres du Saint-Esprit de Quiros, qu'il appelle *Cyclades*; reconnait plusieurs des îles Solomon; et termine ses nombreuses découvertes par les îles de la Louisiade, des Anachorètes et de l'Échiquier.

Enfin l'astre du Capitaine Cook jette un éclat éblouissant sur la scène du monde maritime. Ce modèle des navigateurs modernes se livre pendant trois voyages aux plus brillantes explorations; il découvre ou vérifie une multitude d'îles ou d'îlots, qu'il serait trop long de mentionner ici; relève la côte orientale de la Nouvelle-Hollande, qu'il appelle *Nouvelle-Galles du Sud;* nomme et décrit les îles *Sandwich*, où une fin tragique termine sa glorieuse carrière.

Une autre célébrité non moins infortunée, c'est La Pérouse, dont les travaux géographiques eussent rivalisé avec ceux de Cook, s'il avait pu revoir la France. Ses papiers envoyés du Kamtschatka et de Botany-Bay nous ont appris qu'il avait découvert plusieurs îles dans le Grand-Océan, entre autres l'île Necker et quelques-unes de l'archipel des Navigateurs, outre de remarquables explorations sur la côte nord-ouest d'Amérique, sur celles du Japon, et dans la Manche de Tartarie.

Vers le même temps, le capitaine anglais Georges Bligh découvre au sud de la Nouvelle-Zélande le petit groupe des îles Bounty, l'île Whytoutaki, plusieurs des îles Fidji, un nouveau groupe au nord des Nouvelles-Hébrides, qu'il nomme *îles Banks*, et plusieurs îles nouvelles dans le détroit de Torres. Un autre de ses compatriotes, Edward Edwards, envoyé en 1790 à la recherche des compagnons mutinés de Bligh, découvre dans les mêmes mers les îles Ducie, Hood, Carysfort, York, Clarence, Grenville ou Rotouma, Mitre et Cherry.

Une spéculation commerciale fait partir de Marseille, en 1791, le capitaine Marchand, qui va reconnaître les îles Marquises de Mendoca ou de Noukahiva (1), que peu de semaines auparavant venait de visiter l'Américain Ingraham, comme encore allait les voir dans la même année le capitaine anglais Vancouver, fameux par sa reconnaissance détaillée de la côte nord-ouest d'Amérique.

C'était aussi vers le même temps que le général d'Entrecasteaux, un de nos hommes de mer qui ont rendu le plus de services à la géographie, envoyé à la recherche de La Pérouse, reconnaissait toute la côte occidentale de la Nouvelle-Calédonie, plusieurs des îles Salomon, le canal Saint-Georges, les îles de l'Amirauté, l'archipel Santa-Cruz, toute la partie septentrionale de la Louisiade, diverses îles au nord de la Nouvelle-Bretagne, une partie de la Nouvelle-Guinée, savantes explorations dans lesquelles se trouve comprise la découverte d'un grand nombre d'îles jusqu'alors inconnues.

Nous voudrions pouvoir citer également les travaux de l'Espagnol Malespina, mais les persécutions qu'il éprouva de son gouvernement ne lui permirent pas

(1) La Pérouse devait revoir l'île de Pâques en 1785. A. M.

(1) Ces îles de *Noukahiva* forment aujourd'hui (1852) le Botany-Bay de la France. C'est là qu'elle enverra désormais ses déportés. A. M.

de les publier. Nous indiquerons en passant les expéditions de Portlock et Dixon, et de Meares, sur la côte nord-ouest d'Amérique; celle de Wilson, qui, chargé de conduire en 1696 des missionnaires dans la Polynésie, découvrit les îles Crescent, Gambier, Serles, parmi les îles Basses; plusieurs îles dans l'archipel Fidji, notamment les îles Middleton, Direction, Ross, Clusters et Farewell; le groupe de Duff, près Santa-Cruz, et les îles Tucker, swede, Sisters, et les treize îles dans les Carolines.

Ainsi se terminent les découvertes maritimes de la fin du dix-huitième siècle. Le commencement du dix-neuvième se déroule d'une manière non moins éclatante pour la navigation. Le capitaine français Baudin et le capitaine russe de Krusenstern ouvrent les deux premiers cette nouvelle période de conquêtes pacifiques. Baudin relève près de la moitié du littoral de ce vaste continent appelé *Nouvelle-Hollande* (1), et qui forme aujourd'hui le point central de la cinquième partie du monde. Pendant le même temps, le capitaine Flinders exécutait sur les côtes de ce continent des reconnaissances non moins estimables, tandisque Krusenstern suivait ses explorations dans les mers boréales et dans l'océan équatorial, frayant ainsi la route aux découvertes que son lieutenant Kotzebue allait réaliser quinze ans plus tard, dans les mêmes parages, découvertes parmi lesquelles il faut placer en première ligne la chaîne des îles Radack.

Pendant que les États-Unis de l'Amérique du nord essayaient leur marine contre les flottes britanniques, et pendant que l'Américain David Porter, naviguant sur le Grand-Océan, visitait les îles Gallapagos et de Noukahiva, la France allait continuer son rôle brillant d'expéditions lointaines, en faisant partir successivement les capitaines de Freycinet et Duperrey, et de son côté l'Angleterre soutenait une noble et digne rivalité, en faisant relever par le capitaine King toutes les côtes de la Nouvelle-Hollande qui n'avaient pas encore été bien exactement explorées; puis elle en voyait le capitaine Beechey dans les mêmes mers, notamment vers le détroit de Behring, d'où le même navigateur devait porter son assistance à d'autres explorateurs de la même nation, qui cherchaient au nord-ouest de l'Amérique un passage, objet jusqu'à présent de si longs et de si opiniâtres efforts, en grande partie couronnés de succès par les capitaines Franklin, Parry et Ross.

—

RELATION.

Traversée de Toulon à la Nouvelle-Hollande.

Tel était sommairement l'état des découvertes maritimes, lorsque fut commandée l'expédition nouvelle dont nous avons maintenant à rendre compte.

Le capitaine Dumont d'Urville reçut à cet effet, en décembre 1825, le commandement de la corvette *l'Astrolabe*, destinée à explorer quelques-uns des principaux archipels du Grand-Océan, où *la Coquille*, commandée par M. Duperrey, n'avait pu séjourner, et plus particulièrement les côtes de la Nouvelle-Zélande et celles de la Nouvelle Guinée. Les instructions du voyage portaient que Dumont d'Urville, prenant sa route dans l'Atlantique vers l'hémisphère austral, et parvenu au sud du cap de Bonne-Espérance, se dirigerait directement vers le détroit de Bass, qui sépare la Nouvelle-Hollande de la terre de Van-Diémen, et gagnerait le port Jackson, chef-lieu des établissements anglais dans la Nouvelle-Galles du sud. Dumont d'Urville devait de là se rendre à la Nouvelle-Zélande, aux îles Tonga-Tabou, puis aux îles Fidji, à la Nouvelle-Calédonie, à la Louisiade et à la Nouvelle-Guinée, pour visiter les côtes de la Nouvelle-Bretagne, ensuite chercher les îles Carolines et en explorer la partie occidentale; enfin pour revenir de ce point à l'île-de-France, et opérer son retour à Toulon.

En explorant des terres encore peu connues, d'Urville avait également la mission de rechercher les traces de La Pérouse et de ses compagnons d'infortune. Un capitaine américain avait vu, entre les mains des naturels d'une île située dans l'intervalle de la Nouvelle-Calédonie à la Louisiade, une croix de Saint-Louis et des médailles qui lui avaient paru devoir provenir du naufrage de l'illustre navigateur. Ce faible indice pouvait amener à quelques découvertes, et rendre à sa patrie quelqu'un des malheureux naufragés. Ces indications avaient été communiquées à Dumont d'Urville. On n'avait encore aucune connaissance des renseignements du capitaine Dillon, parvenus en France longs-temps après le départ de *l'Astrolabe*, renseignements desquels il résultait qu'un matelot prussien, laissé aux îles Fidji en 1813, avait vu à l'île Tukopia deux Européens qu'il supposait être Français, dont un était armurier et l'autre charpentier, tous deux très vieux; ce matelot prussien ajoutait qu'il existait beaucoup de sabres, de piques, de cuillers d'argent à Tukopia. Le capitaine Dillon avait rapporté une poignée d'épée. Plus tard, la Compagnie des Indes orientales le chargea de retourner sur les lieux pour explorer les îles Malicolo, où l'on supposait que s'étaient perdus les deux bâtiments français, et en ramener les naufragés qui pourraient être encore vivants, mission que ce capitaine remplissait donc en même temps que le capitaine d'Urville terminait la sienne.

Dumont d'Urville venait de recevoir à Toulon les livres, les cartes et les instruments nécessaires à un voyage de long cours, avec une collection de médailles en argent et en bronze, et divers objets d'échange.

La corvette *la Coquille*, dont la solidité venait d'être éprouvée par le voyage de M. Duperrey, qui avait eu Dumont d'Urville pour second, fut mise à la disposition de ce dernier, et prit le nom de *l'Astrolabe*, c'est-à-dire celui du vaisseau que montait La Pérouse. Elle reçut un équipage de quatre-vingts hommes dont douze personnes d'état-major, parmi lesquels nous citerons MM. Jacquinot, lieutenant de vaisseau, Lottin, Greissien et Guilbert, enseignes de vaisseau. Les naturalistes et officiers de santé étaient MM. Quoy, Guaimard et Lesson, et le dessinateur, M. de Sainson. Il y avait en outre trois élèves de marine. L'équipage fut au complet le 17 avril 1826, et le 25 on fit voile de la rade de Toulon, en se dirigeant vers le détroit de Gibraltar.

Le 27 on avait en vue l'île de Minorque, et le 1er mai on découvrit les terres de Carthagène et la chaîne élevée des montagnes de Grenade dominant la côte orientale de la Péninsule ibérique. Le soir du même jour on vit le cap de Gates et la petite île Alboran, dont le sol est très bas et dénué de grande végétation.

Le 3 mai on découvrit les hauteurs du rocher de Gibraltar et du mont aux singes, formant ce qu'on appelait jadis les *colonnes d'Hercule*, vers la partie resserrée du détroit qui sépare l'Europe de l'Afrique, et joint la Méditerranée à l'Océan. Parvenue à l'entrée de ce détroit, la corvette *l'Astrolabe* eut à lutter dix-neuf jours contre la force du courant, et la dérive faillit la faire échouer au fond de la Mal-Bay, à quatre ou cinq cents toises au sud-est de Torre-Nueva. L'ancre fut relevée de cette station périlleuse, et put tomber le 21 au mouillage de Carnero ou Sandy-bay, sous le rocher de Gibraltar.

Dumont d'Urville s'empressa d'aller rendre visite au consul de France et au gouverneur anglais, duquel il obtint sur-le-champ la permission de visiter les forts. Il put contempler à loisir ce rocher fameux, percé dans toute son étendue de casemates, de magasins et de batteries et défendu par plus de six cents pièces de canon de gros calibre, fortifications qui ne pourraient être enlevées que par la famine ou la trahison, et qui le furent en partie à l'aide de celle-ci, quand l'Espagne dut les céder à l'Angleterre. Une race de singes, analogue

(1) C'est aujourd'hui l'*Australie* proprement dite, avec la terre de *Diémen*, aussi nommée Tasmanie. A. M.

à celle qui habite la côte d'Afrique, parcourait les flancs de ce rocher inaccessible. D'Urville ne manqua point de visiter la grotte de Saint-Michel, célèbre par ses gigantesques effets de cristallisation. Il visita aussi les jardins qui forment une promenade délicieuse, et reposent la vue fatiguée du spectacle monotone et sauvage du mont qui les couronne. D'Urville évalue à vingt mille âmes la population de Gibraltar, composée d'Anglais d'Espagnols, de Génois et de Juifs. La force de la garnison est d'environ cinq mille hommes de troupes régulières.

Le 25 mai, la corvette alla mouiller devant Algésiras, petite ville mal bâtie et malpropre sur la côté d'Espagne, mais où une eau abondante est amenée par un aqueduc traversant plusieurs ravins considérables. Dans le voisinage de cette ville se voit encore l'emplacement de l'antique cité Maure, sur les débris de laquelle les Castillans semèrent du sel, dans l'espoir superstitieux qu'il n'y croîtrait plus rien.

Après avoir visité le pont de la Mayorga et le pittoresque village de Saint-Roch, perché sur une colline dépourvue d'ombrages, et où beaucoup d'Anglais viennent passer l'été, d'Urville, de retour à bord de *l'Astrolabe*, fit voile de Gibraltar, doubla la pointe la Perle et la pointe Acebuche, passa devant Tarifa et se trouva bientôt à deux lieues au nord de la ville de Tanger sur la côte d'Afrique. Le 12 juin on aperçut les îles stériles de Salvages, petit groupe dont M. Lottin leva le plan détaillé, et qui sont couvertes d'une légion innombrable d'oiseaux, avec quelques broussailles rampantes sur les hauteurs. Le 14 on était mouillé sur la rade de Ténériffe, une des îles Canaries.

Dès le lendemain, le commandant de *l'Astrolabe* se mit en route, afin d'aller gravir le fameux pic de Ténériffe. Il arriva le 16 juin à Mantanza, endroit renommé par les désastres des Espagnols, qui combattaient contre les Guanches, anciens habitants de l'île. Le 17 il était à la petite île d'Orotava, d'où il fallut commencer à monter par un chemin très raide et pavé de laves glissantes. D'Urville eut occasion d'observer, à mesure qu'il s'élevait, les diverses régions de végétaux, depuis le maïs jusqu'à la bruyère et au cytise. Enfin il atteignit le pic à travers les laves, et eut devant les yeux le magnifique spectacle des îles voisines et de l'océan Atlantique.

On se rappelle que le pic de Ténériffe était dans l'origine un énorme volcan dont la bouche avait près de trois lieues de diamètre. Il y eut des affaissements successifs, et bientôt il ne resta plus que le cône immense qui a pris le nom de *pic*. Il n'y a pas plus de trente ans qu'il y eut des éruptions et qu'il vomit les laves.

Le 21 juin, d'Urville repartit de Ténériffe pour gagner les îles du cap Vert, devant lesquelles il arriva effectivement le 28. Il avait aperçu à sept lieues de distance l'île de Mai, qui est nue, généralement basse et bordée d'une ceinture de brisants. La corvette franchit le canal qui sépare cette île de Santiago et alla jeter l'ancre à La Praya, dont la ville et le fort sont assis sur une éminence qui entoure un vallon planté de quelques palmiers et cocotiers, ce qui constraste avec la sécheresse et l'aridité des montagnes voisines, spectacle modifié toutefois plus avant dans l'intérieur, où l'on rencontre des sites agréables. Santiago présente le même tableau stérile que La Praya, sauf un petit vallon qui semble mis dans ce cadre de rochers, comme une oasis au milieu du désert.

Le 30 juin, la corvette perdit de vue la terre et vogua au sud-sud-est pour couper la ligne équinoxiale, le 20 juillet suivant, sans oublier la joyeuse cérémonie du baptême des novices et les libations qu'il exige. Le 31, on distinguait les rochers de Martin-Vaz et l'île de de la Trinité, que l'on doubla par le sud, en contemplant le gros rocher de onze cents pieds de hauteur, incliné, isolé et nu, qui se montre vers la partie occidentale et qui a reçu des Anglais le nom de *Pain-de-Sucre*, et au pied duquel se trouvent les deux seuls mouillages de l'île, si toutefois, comme le fait remarquer d'Urville, on peut les appeler ainsi. La Pérouse s'y était arrêté en 1785. Près de là est un rocher de forme cylindrique, haut de huit cents pieds sur quatre-vingts ou cent de diamètre, presque entièrement détaché de la masse de l'île, tour naturelle qui ressemble à une autre Babel. L'île paraît totalement stérile, sauf une maigre verdure à l'anse du sud-est et quelques bouquets d'arbres dans les ravins.

Le 31 juillet, on quittait ce rivage, et le 2 août on passait le tropique du Capricorne. Le ciel et l'atmosphère n'offraient plus ce ton vaporeux et blanchâtre qui distingue d'ordinaire les régions équatoriales; ils ne devaient plus revêtir que la pureté claire et sereine des zônes tempérées. Le 4, par 27 degrés 30 minutes de latitude sud, le premier albatros se montre, les damiers et les pétrels deviennent communs; on court par un temps magnifique et une mer très belle sur la position assignée à l'île problématique de Saxembourg, et l'on n'aperçoit rien, d'où l'on peut conclure que cette île n'existe pas.

A mesure que l'on avance vers le sud, les damiers, ou espèce de pétrels, deviennent nombreux et on en prend par douzaine à la ligne, pendant qu'ils viennent se promener maladroitement sur le pont du navire. Le 15 on passe à distance du cap de Bonne-Espérance, que l'on double sans s'y arrêter, et l'on est presque sans cesse accompagné par les tempêtes d'hiver de l'hémisphère austral. La corvette cingle près des îles Saint-Paul et Amsterdam, sans les apercevoir, parce qu'il faisait un temps affreux. On sait qu'elles gisent par 39 degrés de latitude sud, et 70 degrés de longitude est.

Le 5 octobre, on aperçoit les côtes sud-ouest de la Nouvelle-Hollande; bientôt on se trouve devant les caps Leuwin et Hamelin, qui apparaissent alors comme des mondrains élevés et blanchâtres. Le 6, on avait passé à un mille de la pointe Hilliers de Flinders et gouverné sur le cap Horn. En approchant de ce cap on reconnaît une côte triste et stérile, mais bientôt on distingue parfaitement le Peak-Head et l'île de l'Eclipse, points qui annoncent le port du Roi Georges, situé au sud-ouest de la Nouvelle-Hollande. La corvette *l'Astrolabe*, rangeant l'île Seal et l'île de l'Observatoire, mouille enfin dans ce beau port, au hâvre de la Princesse Royale, après cent huit jours de navigation, sans avoir vu depuis les îles du cap Vert aucune autre terre que celle de la Trinité, mais sans toucher nulle part. Cette relâche, après un trajet de quatre mille lieues terrestres, était d'autant plus désirable que l'équipage venait de passer la moitié de ce temps au milieu des orages et d'une mer houleuse. La vue d'une côte riche de verdure, ombragée de beaux arbres et baignée par des flots tranquilles, constrastait d'une manière frappante avec le tableau de l'Océan toujours irrité sur sa nappe uniforme.

On trouva d'abord dans ce port les baleiniers qui y résident temporairement, et qui allaient fournir abondance de poissons à l'expédition française.

Nous ne dirons que peu de mots sur les habitans du port du Roi Georges. Ces naturels, peu nombreux et divisés en petites tribus d'au plus vingt individus chacune, sont en général d'une taille au-dessous de la moyenne, ont les membres très maigres et très exigus, sans doute par suite de leur abstinence fréquente et forcée; ont la tête grosse, les narines aplaties et écartées, la bouche grande, très fendue et ornée de belles dents, les cheveux frisés sans être laineux, la barbe rare et noire, la couleur générale entre le noir peu intense et le noir rougeâtre. Ils vivent de racines, de lésards et de serpents, comme de tout ce qu'ils peuvent rencontrer. Le kangarou leur fournit quelquefois sa chair pour aliment et sa peau pour unique vêtement, qu'ils portent sur l'épaule en forme de manteau court. Ces indigènes de la terre du Roi Georges sont très frileux, et, pour se préserver du froid, ils ont toujours avec eux un bâton de banksia desséché qui brûle lentement comme de l'amadou; il le mettent soit entre les jambes, soit sous leur manteau. Ils en enflamment souvent

Sainte-Croix de Ténériffe.

les lieux où ils passent et causent ainsi de vastes incendies. Voilà pourquoi on ne peut faire un pas dans l'intérieur des terres sans être noirci. Les huttes sont des niches arrondies et formées de branches d'arbres recourbées que l'on recouvre de feuillage. En un mot ces naturels vivent dans une profonde misère, et cependant ils ne manquent pas de gaîté.

En quittant le port du Roi Georges, la corvette *l'Astrolabe* fit voile pour le port Western, déjà connu par le voyage de Baudin ; elle y arriva le 12 novembre 1826. Ce port, situé dans le détroit de Bass, est vaste et formé par deux grandes îles nommées, l'une *île des Français*, et l'autre *île des Anglais*. Le sol est peu élevé et sablonneux. On n'y trouve que très peu d'eau douce.

La végétation est maigre et petite. On rencontre sur la plage bon nombre de cygnes noirs, de pélicans et de canards. On trouve aussi dans les terres un animal qu'on n'avait rencontré jusqu'ici que sur l'île de Van-Diémen, et qui s'appelle le koala. Les phoques abondent, et les jeunes, aussi caressants que les petits chiens, bêlent comme les chevreaux, et viennent sans crainte lorsqu'on les appelle. La mer paraît très poissonneuse.

La corvette *l'Astrolabe* quitta le port Western le 19 novembre 1826, pour se rendre au port Jackson, dans la Nouvelle-Galles du sud. Elle passa le 20 novembre devant le promontoire Wilson, et fit une courte station près des îles d'Hogan, ayant l'île Redondo et les deux îles Moncur directement à l'ouest du Monde. Le 25, elle reconnut, l'entrée de la baie Twofold et le mont Dromadaire avec ses sites charmants et ses ombrages délicieux. Elle relâcha trois jours dans la baie de Jervis, qui offre un bon mouillage du fond duquel on ne voit plus l'entrée, de manière que l'on est environné entièrement par les terres. Ce port n'est qu'à environ trente lieues du port Jackson, et à quinze lieues des plaines de Cow-Pasture. La végétation y est vigoureuse; on remarque de belle forêts qui viennent finir sur le rivage et qui recèlent un grand nombre d'oiseaux, notamment de perruches. Cette baie abonde en poissons, surtout en squales. Malheureusement elle n'a presque pas d'eau douce, et c'est pour cette raison, sans doute, que les Anglais n'y ont point fait d'établissement.

La corvette faisant voile de ce port arriva dans la baie de Sydney, au port Jackson, le 2 décembre 1826. C'est à partir de ce point que les grandes opérations de la campagne de d'Urville commencent; mais il y aura séjourné pendant quinze jours, afin de renouveler ses provisions, et il aura consacré deux chapitres entiers de son voyage à retracer l'histoire, les progrès et l'état actuel de la Nouvelle-Galles du sud, chapitres dont nous nous bornerons à rappeler quelques faits dans le peu de mots qui vont suivre.

On pénétra dans les belles forêts où l'infortuné Marion fut massacré.

Nouvelle-Galles du sud.

Après avoir perdu ses colonies aux Etats-Unis de l'Amérique du Nord, l'Angleterre songea sérieusement à une autre contrée pour y envoyer l'écume de sa population, notamment ses malfaiteurs. Le capitaine Cook, dans un de ses premiers voyages, avait fait un portrait séduisant de la rade et du voisinage de Botany-Bay; cette contrée où l'hiver commence au mois de mai, le printemps au mois de septembre, l'été en novembre et l'automne en mars. Ce fut donc vers ce point que le gouvernement britannique porta ses vues. En effet, la position était admirablement choisie : une intervalle immense existait entre elle et les colonies européennes les plus rapprochées; la population indigène était aussi chétive et rare que misérable; d'un autre côté, Botany-Bay, à distance à peu près égale des comptoirs de l'Inde, de la Chine et de l'Amérique, offrait de précieux avantages au commerce et à la navigation.

Une flottille de neuf bâtimens, sous le commandement d'Arthur Phillip, désigné pour être le gouverneur du nouvel établissement, fit voile d'Angleterre en 1786, et arriva le 20 janvier 1788 à Botany-Bay, avec environ mille déportés. Phillip jeta les fondements de la ville de Sydney; bientôt les semences d'Europe se naturalisèrent, et l'on fit d'abondantes récoltes. De nouveaux criminels furent amenés avec de nouvelles provisions. Une seconde ville, celle de Paramata, fut fondée en 1791. De nombreux transports se succédèrent; des marchés s'établirent dans les deux villes naissantes, et la pierre à chaux, découverte dans l'île Norfolk, où l'on avait établi une sorte d'annexe de Botany-Bay, permit aux habitans d'agrandir et de consolider les bâtisses. En 1792 commença à circuler le premier numéraire de la colonie. De véritables colons arrivèrent aussi d'Angleterre; on jeta les fondements d'une église à Sydney; les défrichements s'étendirent sur une grande échelle, et déjà en 1795 le maïs mûrissait sur les bords de la rivière Hawkesbury, lorsqu'en 1796, pour passer des besoins physiques aux plaisirs, se montait le premier spectacle à Sydney même.

Dans la même année un nouveau gouverneur, Hunter, succédait à Phillip, et faisait dresser le premier recensement des personnes et des bestiaux de la colonie. Une imprimerie était organisée, et les ordres du gouvernement étaient livrés pour la première fois à la presse. Deux navires allaient être construits au port Jackson, et un commerce d'échange prenait du développement. Un vaisseau arrivait en 1801 par le détroit de Bass avec des marchandises européennes, et, un an plus tard, l'expédition française commandée par le capitaine Baudin allait trouver dans la Nouvelle-Galles du sud environ quatorze mille convicts ou colons européens. Dès le mois de mars 1803 une gazette commençait à paraître à Sydney, en même temps que le gouverneur King fondait à Van-Diémen les villes de Hobart-Town et de port Dalrymple. En 1809 le gouverneur Lachlan Macquarie agrandissait la ville de Sydney, et en fondait cinq nouvelles dans l'intérieur des terres. La route de Sydney à Paramatta était rendue propre à la circulation des voitures publiques; en 1811 paraissait le premier almanach de la Nouvelle-Galles du sud. En 1814 on traversait les fameuses montagnes bleues jusqu'alors jugées infranchissables, et au-delà on découvrait des plaines immenses et une rivière sur les bords de laquelle, en 1814, on établissait la ville de Bathurst à cent trente-six milles de Sydney, capitale où dans la même année se fondait la première banque australienne, tandis que, l'année suivante, allait se rendre le premier jugement en forme contre un déporté coupable d'un nouveau crime.

Alors déjà la population de la Nouvelle-Galles du sud et de ses diverses dépendances excédait vingt mille âmes, dont seize mille dans la Nouvelle-Galles du sud proprement dite, et le reste dans la terre de Van-Diémen. Ce fut peu de temps après que *l'Uranie* parut devant le port Jackson. Le gouverneur Brisbane avait remplacé Macquarie et continué l'ouvrage de son prédécesseur. Il fut en 1825 remplacé à son tour par le major général Darling, et c'est ce dernier que Dumont d'Urville a trouvé en fonctions en arrivant dans cette colonie, qu'il a vue presque doublée depuis le passage de Baudin, en population ainsi qu'en richesse, après quarante ans d'existence. Aujourd'hui même, 1852, l'Australie anglaise, comprenant la Nouvelle-Galles du sud, les établissements au sud et au sud-ouest de la Nouvelle-Hollande, ainsi que la terre de Van-Diémen, compte près de soixante mille habitants, non compris les indigènes qui sont très peu nombreux, et sur lesquels d'Urville a recueilli de curieux détails dont nous ne rapporterons non plus que quelques traits substantiels.

Ces indigènes se distinguent par familles, qui ne reconnaissent d'autorité que celle des plus anciens. Ils n'adorent ni le soleil, ni la lune, ni les étoiles; ils n'ont de respect pour aucun animal particulier, oiseau ou poisson; néanmoins ils paraissent avoir une idée de la vie future, bien qu'elle n'ait aucune influence sur leur vie présente. Les deux sexes ont une taille au-dessous de la moyenne, les membres longs et grêles, notamment les individus qui habitent les bois, et qui sont obligés de grimper souvent sur les arbres pour chercher du miel ou des animaux. Armés d'une petite hache en pierre, ils font des entailles dans les arbres et, se tenant de la main gauche, parviennent quelquefois à cent pieds de hauteur. Les hommes ont les traits durs et repoussants, la narine percée pour y introduire un os ou un roseau, les cheveux ébouriffés et la barbe longue. Les femmes ne manquent pas d'une certaine délicatesse, ni même d'une certaine pudeur.

La couleur de la peau est d'un noir cuivré. Les deux sexes se la frottent d'huile de poisson qui les rend très puants. Ces sauvages garnissent leurs cheveux d'os de poisson et d'oiseau, de plumes, de morceaux de bois, de queues de chien et de dents de kangarou; ou bien ils se tressent les cheveux avec de la gomme, ce qui les rend analogues à des bouts de corde. Ils se barbouillent aussi le visage de terre rouge pour combattre, et de terre blanche pour danser. Ils ont en outre les flancs marqués par des lignes blanches, et le corps empreint de larges cicatrices.

Les femmes, dans leur première jeunesse, sont obligées de se couper deux phalanges du petit doigt de la main gauche; les jeunes filles qui n'auraient pas subi cette mutilation seraient traitées avec mépris. De leur côté les hommes s'arrachent une dent incisive de la mâchoire supérieure. Du reste, il n'existe dans ces deux sexes ni bossus ni tortus.

Les habitations ne consistent guère qu'en de simples branchages fixés en terre et imparfaitement abrités. Le foyer est placé à l'entrée, et l'intérieur est fort sale. Les naturels s'y étendent pêle-mêle, hommes, femmes et enfants. Ils font très peu de cas des maisons européennes; ils prétendent dormir plus à leur aise dans leurs huttes misérables. Les indigènes de la côte ne vivent guère que de poissons, et les hommes et les femmes se livrent à la pêche dans leurs pirogues en chantant quelques airs monotones. Ceux qui vivent dans les bois et sur les bords des rivières n'ont pour ainsi dire d'autre aliment que la racine de fougère et les fourmis, ou les œufs d'insectes. Ils sont très sales dans leur nourriture, et dévorent aussi bien les vers, les chenilles et la vermine, que tout autre aliment.

Les mariages se font d'ordinaire par enlèvement. Le garçon qui veut épouser une jeune fille la cherche dans une tribu étrangère, et même ennemie de la sienne. Il tâche de surprendre l'infortunée en l'absence de ses protecteurs naturels; il la renverse d'un coup de casse-tête, dont il lui meurtrit également les épaules, la gorge et autres parties du corps, en faisant à chaque coup jaillir le sang; il l'entraîne ensuite dans les bois avec toute la violence et la vitesse dont il est capable, sans s'inquiéter des blessures que les rochers, les cailloux ou les morceaux de bois peuvent lui faire dans la route; enfin il arrive au milieu des siens, viole la jeune fille en leur présence, et la déclare alors sa légitime épouse. La tribu de la jeune fille cherche à son tour des moyens de vengeance, et en manque rarement. Cette coutume est universelle, et les enfants déjà s'y exercent au milieu de leurs jeux.

La femme demeure esclave. Si la tribu voyage, les hommes sont en avant; et s'ils rencontrent des Européens, les femmes doivent se tenir à l'écart. La plus légère offense de la femme envers le mari est punie d'un coup de casse-tête: le sang coule et souvent même le crâne est fracturé. Quelquefois, mais rarement, la compagne ainsi maltraitée rend blessure pour blessure; mais toujours, après la querelle, les époux se rapprochent et se réconcilient comme s'il avaient constamment vécu en parfaite harmonie. D'un autre côté, le mari peut avoir autant de femmes qu'il en désire; toutefois ce nombre n'excède celui de deux que parmi les tribus les moins misérables.

Dans l'accouchement, le nouveau-né arrive au monde par la seule action de la nature, et sans que la mère obtienne aucun secours des femmes qui l'environnent; on lui verse seulement par intervalle de l'eau froide sur le bas-ventre. Quelques heures après les couches, elle marche déjà, et va même chercher du bois pour alimenter son foyer.

Après six semaines, l'enfant reçoit un nom d'oiseau ou de poisson, ou de tout autre objet le plus fréquemment sous la vue; il n'y a pour cela aucune cérémonie. A huit ans les enfants s'essaient déjà à ravir les petites fille comme leurs pères ont enlevé leurs mères, et ils ne se montrent guère plus tendres ni plus humains. A douze ou quinze ans on leur perce les narines pour, y introduire un morceau d'os ou de roseau. C'est à cet âge qu'on leur arrache aussi une des dents de devant, opération qui est accompagnée d'une assez longue cérémonie, dont d'Urville expose tous les détails.

Dès que les jeunes gens sont parvenus à la virilité, ils s'exercent à manier les casse-têtes, à se provoquer et à supporter la douleur. Le sang versé entraîne toujours une punition parmi les guerriers; l'agresseur est exposé aux coups de lance de ceux qui veulent le frapper. Il y a plus: à la mort d'une personne, homme ou femme, vieille ou jeune, on inflige aux amis du défunt une punition comme s'ils étaient coupables de ne l'avoir point conservé à la vie; quand le mari meurt, tué par un autre, sa veuve est contrainte à le venger sur quelqu'un des parents de celui qui a causé sa mort.

En général, les indigènes de la Nouvelle-Hollande, et même de la Nouvelle-Galles du sud et des environs de Sydney, doivent être mis au dernier échelon de l'espèce humaine par leur férocité et leurs superstitions. La jonglerie de leurs sorciers passe toute croyance.

Celui qui peut dormir près de la tombe d'un mort trouve cependant, de cette manière, le moyen d'être affranchi de la présence des esprits dans ses rêves. L'aspect d'un météore est toujours d'un sinistre augure. Le tonnerre et les éclairs font une grande peur à ces indigènes ; mais ils pensent qu'en chantant certaines paroles et en respirant avec force, ils peuvent conjurer la foudre.

Aux funérailles, on enterre les jeunes gens et on brûle les individus qui ont passé l'âge mûr. On se lamente beaucoup, les femmes principalement. Il est défendu de prononcer le nom du mort ; c'est une coutume que l'on observe avec rigueur.

Telle est à peu près la substance de quelques-uns des plus saillants détails consignés dans le voyage de Dumont d'Urville sur les naturels de la Nouvelles-Galles du sud ; nous allons maintenant le suivre à la Nouvelle-Zélande, après avoir toutefois extrait du voyage anglais de Cunningham, publié à Londres en 1827, quelques mots sur la race blanche qui peuple aujourd'hui la Nouvelle-Galles du sud, détails que nous retrouvons dans un numéro du *Journal des Voyages* de 1827, et dans le voyage même de d'Urville.

Notre société, dit M. Cunningham, est ici, comme en Angleterre, divisée en cercles ; mais la constitution particulière a encore multiplié ces divisions de classes, qui ont successivement reçu des baptêmes coloniaux. Nous avons d'abord nos *sterling* (1) et nos *currency* (2).

Ces noms furent d'abord inventés par un facétieux officier payeur d'un régiment de Sydney, la monnaie de change étant de son temps inférieure au cours de la livre sterling. A la première classe appartiennent les individus nés en Angleterre ; à la seconde ceux qui sont nés dans la colonie. Ces derniers sont aussi appelés *corn-stalks* (3), vu la promptitude de leur croissance. Telle est la première grande division. Ensuite nous avons nos *légitimates*, qui, par des raisons légales, se trouvent dans la colonie, et nos *illégitimates* qui ne sont point ainsi stigmatisés. Les *mérinos purs* sont une variété de cette dernière espèce, et se vantent d'avoir dans leurs veines le sang le plus pur. Nous possédons ensuite nos *titled characters* qui portent au dehors leurs *blushing honours* (4), ou qui sont largement décorés avec les P. B. ou les C. B. qui ornent leurs personnes, et les *untitled*, qui, ainsi que moi, n'ont ni marques, ni caractères imprimés sur l'homme extérieur. Les *titled* sont tous des fonctionnaires employés par le gouvernement dans l'utile office de balayer les rues ou de confectionner des briques, etc. Les lettres qui les décorent n'indiquent pas qu'ils appartiennent à quelque illustre corporation ou à l'ordre du Bain, mais seulement qu'ils peuvent réclamer les baraques des prisonniers ou les baraques des charretiers pour leurs demeures respectives. Les *convicts* nouvellement importés sont encore désignés sous le nom de *Canaries* (5), vu le plumage jaune dont on les couvre lors de leur débarquement (6) ; mais quand ils sont une fois convenablement domiciliés, on en parle plus respectueusement et on leur donne la loyale dénomination *d'homme du gouvermement*. Le mot de *convict* (7) se trouve, par une convention tacite, rayé du dictionnaire botanien, comme étant un terme trop chatouilleux pour ces latitudes sensitives. Il y a quelques années qu'un individu, transporté pour piraterie à la terre de Van-Diémen, mais qui depuis, par sa bonne conduite, avait mérité son émancipation, obtint du tribunal une sentence de 50 livres sterling de dommages contre un libelliste, qui avait cherché à jeter de l'odieux sur son caractère, en lui appliquant l'injurieuse épithète de *damn'd convict*. Et c'était à la fois une sentence juste et louable : car si un pareil langage était toléré dans la colonie, il y régnerait d'éternelles dissensions ; n'est ce point assez d'ailleurs qu'un individu subisse la peine à laquelle il a été condamné, sans avoir à supporter le reproche ou l'outrage? Et quand le terme de sa pénitence est expiré, il n'y a ni justice ni convenance à rappeler le délit dont l'expiation, réclamée par la vindicte publique, a été consommée.

Mais la principale division établie entre les classes libres de la colonie, en mettant de côté les dénominations *techniques*, est celle qui se maintient entre les immigrans arrivés de leur propre gré, et les émancipés venus par suite d'une condamnation, et qui ont ou reçu leur pardon, ou bien achevé leur temps de servitude. C'est entre quelques partis de ces deux classes qu'il y a eu de vifs et fréquents débats. Une subdivision de la première est appelée *exclusionist*, pour le soin qu'elle met à exclure de la société tous les émancipés, tandis que parmi ces derniers, il y a le parti *confusionist*, qui est accusé par les autres de vouloir tout confondre ou amalgamer. On a donc trouvé dans nos cercles, comme dans toutes les communes peu nombreuses, force haines particulières, des querelles et du scandale ; mais il s'est aussi à cet égard opéré depuis peu de notables améliorations. L'étiquette est encore plus rigoureusement observée dans nos cercles de fashionables que dans ceux de Londres même. Quand une dame a fait une visite, elle doit bien se garder de voir la même personne avant que la visite ne lui ait été rendue, sous peine d'être réputée sans savoir vivre. Les visites doivent se faire le soir ou après l'heure où on doit se coucher. Des cartes sont soigneusement distribuées, et les droits de préséance sont scrupuleusement maintenus parmi nos pointilleux *ultras*. Toute la colonie se trouva il y a quelques années en péril, et la rumeur était grande, parce qu'à un bal public on avait commencé à danser avant qu'une des principales dames, qui donnait le ton, fût arrivée. Heureusement la tempête qui éclatait déjà avec fureur fut apaisée par un adroit maître des cérémonies (1), qui parvint à calmer l'indignation de la belle, en lui disant qu'on n'avait nullement ouvert le bal, mais qu'on avait voulu seulement essayer l'élasticité du nouveau parquet de la salle, et qu'on l'attendait toujours pour commencer. L'orgueil de notre *ultra aristocratie* éclipserait celui de la noblesse anglaise. Un de mes amis commandant un navire de commerce, rencontrant dans la rue un avocat de Sydney auquel il avait été présenté quelques jours auparavent, mais à qui il n'avait pas rendu visite, s'approcha familièrement en lui souhaitant le bonjour. L'homme de loi se recule avec effroi comme si un serpent avait croisé son chemin, et lui dit : « Sur mon âme, je ne vous connais pas ! » La même chose m'était arrivée peu de temps après mon début dans la colonie. Me promenant avec une autre personne, nous rencontrâmes deux habitants de la ville : mon compagnon en prit un sous le bras pour lui dire quelque chose à l'écart, et je me trouvai en face de l'autre individu, que j'avais déjà rencontré en société. Je m'avisai de lui faire une question sur l'état des chemins vers un lieu où je comptais me rendre, et d'où il venait. Le fatal « sur mon âme, etc. » fut aussitôt prononcé. Peu fait encore à la hauteur coloniale, ma première idée fut que quelque mauvais plaisant avait crayonné sur mon habit les funestes lettres C B, mais il n'en était rien. En demandant depuis à qui j'avais eu affaire, et pensant au moins que c'était à un duc de la Sierra ou à un marquis d'Aquaro, j appris que l'homme qui m'avait ainsi rebuté était un sous-officier congédié, qui exploitait une petite ferme dans les environs.

On a cherché, je le sais, à faire prévaloir l'opinion que les Anglais, même les immigrants libres dans la colonie, étaient sujets à y prendre, comme par inoculation, les penchants les moins estimables. Je n'ai jamais été, dit encore M. Cunningham, dans le cas de m'apercevoir

(1) Dénomination prise de la livre sterling.
(2) Monnaie courante ou de change.
(3) Bled de Turquie
(4) Honneurs qui font rougir.
(5) Serins.
(6) Ils ont des jaquettes de cette couleur.
(7) Condamné.

(1) Il y en a toujours dans chaque grande réunion, à Sydney comme à Londres. A. M.

des effets de cette prétendue contagion. Plusieurs d'entre eux ne me montrent pas, il est vrai, une probité bien scrupuleuseuse dans leur conduite, mais cela peut être attribué aussi bien à leur premières habitudes dans leur pays natal qu'à une corruption récente Ce n'était point là cependant l'opinion de Samshoo, jeune garçon des Indes orientales au service d'un marchand qui le découvrit ici volant un sac de dollars. « Comment est-il possible, Samshoo, lui dit son maître étonné, que vous soyez devenu un tel coquin, vous qui m'avez si longtemps servi comme un honnête garçon? — Ah Massa! répondit celuici en se frottant les épaules, quand Samshoo vint ici, Samshoo était un honnête garçon, maintenant Samshoo est devenu un damné coquin ; tout le monde devient coquin ici, dans peu Massa deviendra coquin aussi. »

M. Cunningham décrit de la manière suivante la première ou seconde génération de la race blanche à la Nouvelle-Galles du sud.

« Nos jeunes coloniaux désignés comme nous l'avons dit par le nom de *currency*, en opposition avec celui de *sterling*, adopté par ceux qui sont nés dans la mère-patrie, forment une belle et intéressante race, et font honneur au pays qui les a vus naître. Leur nom seul est devenu un titre à l'estime de la partie saine et bien pensante de notre population. Il est cependant assez plaisant de voir les airs que se donnent quelque vieilles madonnas sterling à moitié ivres, dans leurs querelles avec les jeunes filles currency. « Comment osez-vous lever votre crête devant moi, qui suis, etc.? » La jeunesse se distingue en général par un caractère franc et ouvert, et l'on peut dire à son éloge qu'elle n'est nullement infectée des vices paternels. L'ivrognerie est presque inconnue parmi nos jeunes gens, et leur honnêteté est passée en proverbe ; le très petit nombre qui a eu des démêlés avec la justice a été entraîné par la funeste influence de parents pervers. Leur croissance est rapide; ils ont ainsi que les Américains la taille haute et svelte; leurs cheveux blonds et leurs yeux bleus rappellent une origine gothique; leur teint est d'un rouge pâle, et on les distingue facilement, même dans un âge avancé, des natifs d'Angleterre. Des joues d'un vif incarnat n'appartiennent point à ces climats brûlants, et, ainsi qu'en Amérique, un teint fleuri vous fait bientôt adresser la phrase banale : « Vous êtes, à ce que je vois, du vieux monde. » Les jeunes femmes perdent leurs dents de bonne heure, accident qu'elles ont encore en commun avec les créoles américaines, et cet accident se déclare comme chez celles-ci vers l'âge de puberté. Il faut croire que la race européenne n'est pas encore parfaitement acclimatée dans nos contrées australiennes; et comme presque tous les animaux et les végétaux même souffrent d'abord plus ou moins par la transplantation sous des latitudes différentes avant de s'y naturaliser entièrement, on a tout lieu d'espérer que cette calamité cessera quand deux ou trois générations nouvelles se seront succédé dans la colonie. Un de nos toasts les plus populaires et les plus souvent répétés, depuis que le major Golbourn le proposa le premier à un banquet de la société d'agriculture, est : *the currency lads* (1) ; et notre chanson favorite a été composée en honneur des *currency lasses* (2).

Les jeunes garçons des dernières classes aiment mieux s'engager dans le commerce ou la navigation, que de s'employer près des cultivateurs et devenir valets de ferme. Leur répugnance à ce dernier égard provient sans doute d'un sentiment d'orgueil et de la crainte d'être confondus avec les condamnés, qui sont pour la plupart livrés à l'exploitation des terres. Cette occupation est ainsi, en quelque sorte, considérée comme dégradante, par la même raison qui fait que dans nos colonies d'esclaves les blancs dédaignent tout genre de travail qui est exécuté par les noirs. C'est aussi en partie par orgueil ou par suite des sentiments hostiles qui leur sont inculpés dès l'enfance par leurs parents, que les jeunes gens ont une aversion insurmontable pour les offices de constables, et ne s'enrôlent jamais parmi les soldats.

Les jeunes filles sont en général d'un caractère doux, aimable et modeste; elles sont d'une grande simplicité, et, comme tous les enfants de la nature, crédules à l'excès et faciles à séduire. Celles de la dernière classe cherchent de bonne heure à entrer au service de quelque maison respectable, pour acquérir une sorte d'indépendance et échapper à la tutelle de leurs parents corrompus. Ainsi que nos braves filles d'Ecosse, elles aiment à déployer leurs belles chevelures blondes et bouclées, relevées par des peignes d'écaille de tortue, et n'en courent pas moins gaîment les pieds nus. Elles deviennent généralement d'excellentes domestiques ; leurs gages sont de dix à quinze livres sterling par an. Il faut bien convenir que la chasteté ne paraît pas être considérée par elles comme la plus essentielle des vertus, ce qui vient sans doute de ce que leurs parents ne la leur ont guère prêchée ni d'exemple ni de précepte, et que d'ailleurs elles ont à peu près la certitude que quelques brèches faites à cet égard n'empêchent ou ne retardent point le mariage. »

Revenons à Dumont d'Urville, et passons avec lui de la Nouvelle-Galles du sud à la Nouvelle-Zélande.

Nouvelle-Zélande.

La corvette *l'Astrolabe* quitta le port Jackson le 19 décembre 1826, et dirigea sa route vers la partie sud-ouest de Tavaï-Pounamou, la plus australe des deux grandes îles de la Nouvelle-Zélande. La traversée eût pu s'exécuter en huit jours d'un vent ordinaire, mais elle éprouva des vents contraires, une mer houleuse et de mauvais temps, de manière qu'elle ne put attérir que le 10 janvier 1827 sur la côte occidentale de Tavaï-Pounamou, à quelque distance dans le sud du cap Foul-Wind de Cook. Depuis lors *l'Astrolabe* côtoya le rivage à quatre ou six milles de distance, l'explora dans tout son développement les 11, 12 et 13, jusqu'au détroit de Cook, c'est-à-dire sur une étendue d'environ cinquante lieues. La carte de ces relèvements fut dressée par M. Gressien qui rectifia plusieurs détails échappés au capitaine Cook. Le 13, la corvette donna dans le détroit de Cook, en prolongeant à deux ou trois milles de distance sa côte méridionale. Après avoir contourné un banc dangereux, elle entra dans la baie Tasman, dont Cook n'avait aperçu que de fort loin l'entrée, et trouva qu'au lieu d'un petit enfoncement de trois à quatre milles de large sur quelques milles de profondeur qu'avait figuré Cook, c'était une baie de trente à quarante milles de largeur, et dont la profondeur échappait aux regards. Durant trois jours entiers *l'Astrolabe* y navigua à pleines voiles pour en contourner les bords. Le 16 janvier, elle mouilla deux ancres dans un petit hâvre fort commode et parfaitement sûr, situé sur la côte occidentale de cette baie, et qui reçut le nom d'*anse de l'Astrolabe*. La corvette y resta cinq jours, afin de remplacer l'eau et le bois, régler les montres et lever le plan du hâvre, ainsi que d'un second hâvre, peu éloigné dans le nord, et que d'Urville nomme *anse des Torrents*, à cause de trois beaux torrents qui s'y déchargent. Il avait vu le 12 janvier que l'enfoncement compris entre les terres du cap Farewell, d'une part, et celles du cap Stephens, de l'autre, et que le célèbre Cook avait nommé *baie des Aveugles*, se divise en deux bassins très distincts par une pointe remarquable que d'Urville appela *pointe de Séparation*, en laissant au bassin méridional le nom qui lui avait donné Cook, celui de *baie de Tasman*, laquelle, grâce à l'expédition française, venait ainsi de prendre sur les cartes un développement de cinquante milles de profondeur, avec des bords en général couverts d'une riche verdure, et le fond suivi d'une vallée considérable, d'un terrain très uniforme, où l'on aperçoit çà et là de beaux massifs d'arbres, vallée au-delà de laquelle règne une

(1) Garçons.
(2) Filles.

chaîne de montagnes énormes, dont plusieurs ont leurs cimes blanchies par des neiges éternelles.

Les naturels de ces parages semblaient avoir vu très peu d'Européens, et leurs relations avec les Français ne furent jamais hostiles. Plusieurs d'entre ces indigènes appartenaient au type le plus distingué de la race zélandaise, quoique leurs tribus parussent peu nombreuses et clairsemées sur les rives de la baie Tasman. On était là sur le théâtre du massacre de plusieurs matelots de Tasman et des compagnons de Furneaux, lui-même compagnon de Cook, mais on n'eut pas à se plaindre de ces naturels à la démarche fière, à l'abord franc et aux habitudes malheureusement encore cannibales.

Le 22 janvier la corvette remit à la voile, et gouverna vers la côte occidentale de la baie Tasman, sur une coupée qui offrait une communication avec la baie de l'Amirauté, passage étroit et périlleux où le commandant de *l'Astrolabe* montra une persévérance et une tenacité au dessus de tout éloge, pendant les six jours qu'il fallut employer à franchir ce détroit ou canal qui fut nommé *passe des Français*, et à la sortie duquel la corvette vogua tranquillement dans les eaux paisibles de la baie de l'Amirauté.

Elle fila rapidement devant les baies de la Reine Charlotte et Cloudy, dont on releva toutefois les entrées avec soin. On passa la nuit du 28 janvier dans l'entrée orientale du détroit de Cook, où les courants ont une si grande force. Le 29 on donna dans un vaste enfoncement situé immédiatement à l'ouest du cap Kawa-Kawa ou Palliser, et *l'Astrolabe* y mouilla le soir.

Dès le lendemain, 30 janvier, on commença la reconnaissance de la côte orientale de l'île septentrionale de la Nouvelle-Zélande, appelée *Ika-na mawi* par les naturels. Jusqu'au 8 février, cette reconnaissance s'opéra sans obstacles bien graves dans une étendue de cent vingt lieues environ. Mais lorsqu'on eut doublé le cap Waï-Apou, ou cap est de Cook, les bourrasques d'ouest et de sud-ouest qui s'élevèrent firent perdre plus de trente lieues sous le vent.

Le 14, une belle brise d'est permit à la corvette de se rapprocher de terre. Le 15, elle donna dans la baie spacieuse d'Abondance du capitaine Cook, et y gouverna par une mer tranquille. Le 16, un vent furieux, si commun sur les côtes de la Nouvelle-Zélande, et dont les naturels ont tellement peur qu'il se cachent dans leurs cabanes ou dans les antres des rochers pour en éviter les effets, se leva et devint un véritable tourbillon. Les lames, soulevées dans tous les sens à une hauteur prodigieuse, retombaient de toute leur masse et menaçaient à chaque instant d'engloutir la corvette. Ce ne fut qu'avec une peine extrême qu'on réussit à montrer un coin de voile pour gouverner le bâtiment, et cette situation critique dura plus de quatre heures, pendant lesquelles le salut de l'équipage ne tint qu'à un fil. Le vent devint enfin un peu maniable; l'horizon s'éclaircit et permit de reconnaître la position du bâtiment. Ce fut alors qu'on aperçut un brisant formidable à moins d'un tiers de mille de distance du vaisseau. Il fallut le doubler au risque de périr. En un moment toutes les voiles furent dehors; et bien que la mer ellemême fût horrible, on parvint à sortir de ce danger. Depuis lors la navigation de la corvette n'eut plus à essuyer que par intervalle le choc des vents contraires. Elle promena son pavillon dans tous les canaux de l'immense baie appelée *Kouraki* ou *Shouraki* par les naturels, et *rivière Tamise* par le capitaine Cook. On découvrit une trentaine d'îles nouvelles qui n'avaient pas encore figuré sur les cartes.

Le 21 février ont entrevit les îles Tawiti-Rahi, appelées *Pauvres-Chevaliers* par le capitaine Cook, et l'on gagna le mouillage de Wangari en prolongeant à demi-lieue de distance les îles Moro-Tiri. A peine *l'Astrolabe* avait jeté l'ancre que les naturels arrivèrent sur les pirogues dans l'intention de faire des échanges. Parmi ces indigènes s'en trouvait un qui avait été au port Jackson; il fut très prévenant envers les Français et leur fut très utile. Depuis le mouillage jusqu'à la pointe méridionale de la baie Wangari, la côte est basse et nue, et ne se relève qu'auprès du cap, où elle devient boisée.

Le 24, on suivit la côte en vérifiant les îles de l'ouest que le capitaine Cook n'avait vues qu'à la hâte. Le 25, on donna dans une passe sur laquelle se trouve une île basse à ses extrémités, avec une montagne au centre et une végétation très active. On se trouva ensuite dans un large bassin qui se divisait en deux canaux. On entra dans celui de l'ouest, et l'on prit terre pour tenter quelques excursions à pied dans l'intérieur. Le résultat des investigations fit connaître qu'en ces parages l'île Ika-na-Mawi est morcelée par une foule de canaux et de criques, formant autant de baies et de hâvres commodes.

Le 27, *l'Astrolabe* se trouva devant la belle île Waï-Heke, et donna dans un canal d'une demi-lieue de large, resserré par un îlot situé au milieu. Elle fila ensuite sur d'autres canaux inconnus, bordés d'une riche végétation, et passa durant deux heures entre des îles tantôt hautes et couvertes de superbes forêts, tantôt basses et tapissées d'une verdure modeste. On rentra dans le bassin de la baie Kouraki, ou plutôt Schouraki, un peu au sud de l'endroit que le capitaine Cook désigna sous le nom d'*îles de l'Ouest*. Dumont d'Urville donna le nom de *l'Astrolabe* au canal imposant que la corvette venait de parcourir dans toute sa longueur d'environ cinquante milles, et où l'on avait remarqué de superbes mouillages pour les navires de toutes les dimensions. A un mille de l'endroit où ce canal débouque dans la baie de Shouraki, autrement dite rivière Tamise, on aperçoit un rocher isolé, nu, sauvage, et où pullulent les cormorans.

Le 28 février, la corvette s'avança vers une autre baie, et reconnut d'autres îles. Elle mouilla ensuite devant la rivière Mogoïa, puis traversa un canal de sept à huit milles de largeur qui sépare les deux îles Shoutourou et Otsa : la première s'élevant rapidement de tous côtés en un sommet conique, et que l'on aperçoit de la baie Shouraki.

Le 4 mars, on doubla les îles Tawi-ti-Rahi, ou Pauvres-Chevaliers de Cook. Le 5, on était arrivé près du cap Bret de Cook, nommé *Kokako* par les naturels. Le 6, on découvrit les hauteurs du cap nord de la Nouvelle-Zélande; le 7 et le 8, on en fixa la latitude et la longitude, et Dumon-d'Urville lui donna le nom de *cap Otou*. Il est terminé à l'est par une petite île qu'une chaîne de rochers à fleur d'eau rejoint. Le cap qui vient après celui d'Otou se nomme Otahe, puis un autre qui est au nord-ouest, et auquel Tasman donna le nom de *cap Maria* de Van-Diémen, est le fameux Reinga, le Ténare des Nouveaux-Zélandais, dernière limite de leur monde connu, lieu où les âmes des morts, appelées Waidouas, viennent immédiatemont après leur trépas se rendre de tous les points de l'île de Ika-na-Mawi pour prendre leur essor vers leur dernière demeure, celle de la gloire brillante ou celle des ténèbres éternelles.

L'équipage *l'Astrolabe* ne fut point tenté de pénétrer dans ces abîmes de la superstition zélandaise; il ne se trouvait d'ailleurs aucun nouvel Enée qui voulût faire ce dangereux voyage, d'où il eût craint de ne pouvoir revenir, eût-il même possédé le rameau d'or du cygne de Mantoue; car ce rameau ne l'eût pas préservé de l'anthropophagie des naturels. La corvette s'éloigna donc de ces parages poétiquement terribles, et, revenant sur sa route, passa le 9 mars 1827 devant la plage de Sandy-Bay, pour ensuite arriver à la baie des Iles quatre jours après. Elle venait d'explorer en deux mois de temps près de quatre cents lieues de côtes, et d'en tracer les développements sur six grandes cartes, outre six plans particuliers de ports, accompagnés de sondes nombreuses et de toutes les indications utiles aux marins.

L'expédition française trouva dans la baie des Iles un certain nombre de missionnaires anglais, et put avec leur secours visiter le voisinage. On étudia les diverses classes d'animaux, les plantes et autres curiosités naturelles; et après les relèvements qui venaient d'être faits, le commandant de l'expédition put croire en toute assurance que désormais la géographie ne pourrait plus traiter de la Nouvelle-Zélande sans rappeler les travaux de *l'Astrolabe*.

La baie des Iles offrait sur son rivage des cultures en très bon état, et plus avant dans les terres des champs taboués, c'est-à-dire qu'il était défendu de traverser. On voyait des groupes de jeunes filles, qui, à demi nues et se tenant gracieusement par la main, répétaient des chants d'amour et folâtraient gaîment ensemble. On pénétra dans les belles forêts où l'infortuné Marion fut massacré et dévoré par les naturels. On visita le village de Pomare, où les maisons des naturels offraient des sculptures élégantes.

Nous reviendrons, au reste, sur cette baie en analysant le chapitre du voyage de Dumon-d'Urville, qui concernera la géographie proprement dite de la Nouvelle-Zélande; indiquons auparavant quelques traits d'un autre chapitre, ayant rapport à la partie historique des mêmes parages.

C'est au capitaine hollandais Tasman que l'on doit la découverte de la Nouvelle-Zélande. Il la trouva en 1642, après avoir déjà découvert une île de la Nouvelle-Hollande et qu'il avait appelée *terre Van-Diemen*.

Il aperçut d'abord les montagnes de Tavaï-Pounamou un peu au sud du cap Foul-Wind; il donna ensuite dans le détroit qui a reçu plus tard le nom de *détroit de Cook*, et mouilla dans une baie où les naturels lui tuèrent trois matelots. Il ne put descendre à terre, à cause de leurs hostilités continuelles. Il continua sa route au nord en prolongeant la côte occidentale de Ika-na-Mawi, et le 4 janvier 1643, il découvrit les îlots de Manawa-Tawi, situés à l'extrémité nord-ouest de cette grande île, peu loin du fameux cap Reinga, dont nous avons parlé et dont on pourrait dire avec le barde de Florence :

> Per me si va nella città dolente,
> Per me si va nell' eterno dolore.
> Lasciate ogni speranza voi ch' entrate (1).

Ne pouvant faire de l'eau sur cette terre dont il avait reconnu la côte dans une étendue de plus de deux cents lieues, Tasman s'en éloigna; et comme il supposait que ces mêmes terres qu'il venait de découvrir se liaient à la Terre des États, signalée par Le Maire et Schouten, à l'extrémité sud-est de la Terre de Feu, il donna le même nom de *Terre des États* à sa découverte; mais plus tard elle reçut celui de *Nouvelle-Zélande*, qui lui est resté.

Environ cent trente ans après cette même découverte, le capitaine Cook parut sur la côte orientale de la Nouvelle-Zélande. Il y resta près de six mois pour tracer une carte de la configuration du littoral. Il fut le premier à constater que cette grande terre australe se compose de deux îles d'une étendue à peu près égale; il traversa le détroit qui les sépare, et qui reçut le nom de *détroit de Cook*. Il découvrit plusieurs mouillages, entre autres ceux de la baie de Pauvreté, de Tolaga, de la baie Mercure, de la rivière Tamise, de la baie des Iles, du canal de la Reine Charlotte et de la baie de l'Amirauté.

Pendant qu'au mois de décembre 1769, Cook explorait ainsi la côte nord-est d'Ika-na-Mawi, le capitaine français Surville était mouillé dans la baie de Oudou-Oudou, dont il esquissa le plan. Le même Surville ayant vengé avec trop de cruauté peut-être les provocations des naturels, probablement fut cause des représailles qui eurent lieu en 1772 contre son compatriote, le capitaine Marion, qui, après quarante jours d'une bonne harmonie avec les Nouveaux-Zélandais, fut, sans aucune provocation de sa part, massacré et mangé par les cannibales ainsi que quatre-vingt-sept hommes de ses deux équipages. Ce massacre fut ensuite vengé immédiatement par les Français qui avaient échappé au carnage et qui incendièrent plusieurs villages et tuèrent une centaine de naturels, comme nous en avons au reste rapporté le détail dans la relation relative à Marion, placée à la fin du voyage de La Pérouse. Les sauvages ont gardé un souvenir respectueux de Marion, auquel ils sont redevables de la plupart des plantes potagères qui recouvrent le sol.

En 1773, Cook reparut sur les côtes de la Nouvelle-Zélande, et découvrit la baie Dusky (obscur), située au sud-ouest de l île de Tavaï-Pounamou.

Il relâcha ensuite dans le canal de la Reine Charlotte, où il déposa des cochons et des chèvres. Cinq mois plus tard il revit la côte d Ika-na-Mawi, pendant que son compagnon de voyage, le capitaine Furneaux, mouillait au canal de la Reine Charlotte où les naturels lui massacrèrent dix hommes de son équipage. En octobre 1774, Cook vint une troisième fois dans ce canal et y passa vingt jours. Trois ans après, il y revint encore, à son troisième voyage autour du monde, et recueillit quelques détails sur les mœurs et usages des Nouveaux-Zélandais. Vancouver à son tour vint, en 1791, relâcher à la baie Dusky, et deux ans plus tard, le général d'Entrecasteaux reconnaissait les îles des Rois et la côte septentrionale d'Ika na-Mawi dans une étendue d'environ vingt-cinq milles.

Ce fut vers le même temps que deux naturels de la Nouvelle-Zélande furent conduits à la Nouvelle-Galles du Sud par un navire anglais; ils en rapportèrent quelques semences de civilisation. En 1795, des baleiniers qui commençaient à fréquenter les côtes de la Nouvelle-Zélande découvrirent le détroit de Foveaux, lequel au sud sépare l'île Stewart de Tavaï-Pounamou, et ils reconnurent que l'île Banks de Cook n'était qu'une presqu'île. On dut également à ces aventuriers la découverte de plusieurs hâvres

De nouvelles relations s'établirent avec les naturels de la baie des Iles; le capitaine Stewart emmena un chef et cinq de ses fils à l'île Norfolk, d'où ils passèrent au port Jackson, vers l'année 1805. Ce chef revint à la Nouvelle-Zélande, avec un grand nombre d'outils et d instruments utiles. D'autres rapports se continuèrent ainsi, et des missionnaires s'établirent en 1808 dans la baie des Iles. Un chapelain anglais, M. Marsden, y conduisit plusieurs familles en 1814. Il y retourna plusieurs fois et toujours les naturels lui firent bon accueil.

Il finit par acheter un terrain de treize mille acres moyennant quarante-huit haches, et les établissements des missionnaires prirent de la consistance. Néanmoins, ils eurent souvent à souffrir des agressions et même des dévastations auxquelles se livrent les naturels pendant ou après les guerres que ces sauvages se faisaient entre eux. Ces missionnaires ont cependant réussi à obtenir quelque ascendant sur les Nouveaux-Zélandais, et s'ils étaient encore inquiétés par ceux-ci lors du passage de *l'Astrolabe*, en 1827, ils ont depuis quelque peu raffermi leur puissance religieuse. En 1831, ils avaient conféré le baptême à quelques insulaires, établi une presse et imprimé cinq cent cinquante exemplaires de l'Ancien et du Nouveau-Testament, en langue du pays.

Laissons-les continuer leurs conquêtes pacifiques, et donnons une idée géographique de la Nouvelle-Zélande en suivant les errements du voyage de d'Urville.

La Nouvelle-Zélande, formée, comme nous l'avons dit, de deux grandes îles, séparées l'une de l'autre par un détroit, repose entre 164 degrés — 176 degrés de longitude est, et 34 degrés 12 minutes — 34 degrés 48 minutes de latitude sud, sans toutefois occuper

(1) C'est par moi qu'on arrive à la cité des pleurs;
C'est là qu'on atteint d'éternelles douleurs :
Laissez toute espérance, en entrant, voyageurs. A. M.

cette surface entière ; car la superficie de ces terres australes qui forment nos antipodes se réduit à une bande de quatre cents lieues de longueur, sur vingt-cinq à trente de largeur moyenne. Cette bande est interrompue vers son centre par le détroit de Cook, dont la largeur varie de quatre à vingt-cinq lieues, L'île septentrionale se nomme *Ikanamawi*, et l'île méridionale, *Tavaï-Pounamou* ; cette dernière a dans son extrémité sud le détroit de Foveaux, qui les sépare de l'île Stewart.

La température de la Nouvelle-Zélande, du moins sur le littoral, se soutient entre 15 et 18 degrés du thermomètre centigrade. La baie des Iles, bien que située 13 degrés plus près de l'équateur que Paris, n'a guère que 2 degrés de plus de chaleur ; mais en hiver, le climat de cette baie n'est point sujet, non plus, à des froids aussi intenses et aussi prolongés que Paris, de même qu'en été les chaleurs sont moins grandes. Il est utile de rappeler que quand nous avons l'hiver à Paris, on a l'été à la Nouvelle Zéllande, *et vice versâ*.

Cette uniformité de température explique, dit d'Urville, pourquoi les arbres de la Nouvelle-Zélande conservent leurs feuilles jusqu'au milieu de l'hiver, et comment aux mois d'avril et de mai, qui sont leurs mois d'octobre et de novembre, on y voit encore en pleine floraison des plantes potagères. Cependant il n'est pas douteux que plus avant dans les terres le froid ne soit plus rigoureux, comme aussi la chaleur plus considérable.

Nulle part dans le monde, ajoute Dumont d'Urville, les vents ne règnent avec autant de fureur que sur les côtes de la Nouvelle-Zélande : Tasman le premier, Cook ensuite, puis Surville et Marion en éprouvèrent tour-à-tour la violence, et *la Coquille* en 1823, comme *l'Astrolabe* en 1827, eurent un échantillon de ces affreuses tourmentes.

Les premières terres qui annoncent l'approche de la Nouvelle-Zélande du côté du sud sont les Ambuches ou Snares, formant un groupe de sept petites îles escarpées que Vancouver découvrit par 48 degrés 3 minutes de latitude sud. A vingt lieues nord-est de ces îlots on trouve deux groupes de rochers fort dangereux, et que le capitaine Cook en 1769 nomma *les piéges* ou *traps*. Le cap Sud de la Nouvelle-Zélande de Cook forme aujourd'hui la pointe la plus australe de l'île Stewart, laquelle a une soixantaine de lieues de contour, et n'est pas encore bien connue. Le détroit de Foveaux qui la sépare de la grande île Tavaï-Pounamou a dix ou douze milles de largeur, avec des courants impétueux à l'une et l'autre de ses extrémités.

Quant à l'île Tavaï-Pounamou, nous en ferons le tour avec Dumont d'Urville, en allant comme lui d'abord à l'ouest, puis au nord.

Le port Macquarie, dont la baie se trouve sur le détroit de Foveaux, est encombré de bancs de sable, et exposé à des marées violentes. Il y a du phormium en abondance sur la côte, mais pas de bois. A vingt-cinq lieues à l'ouest-sud-ouest repose l'île Solander qui, élevée et stérile, se compose de deux îlots distincts. Plus loin à l'ouest-nord-ouest de la baie Paiha se déchargent dans la mer les eaux de la rivière Windsor, la seule que l'on remarque sur cette côte, et qui peut recevoir des chaloupes. Treize milles plus loin se voit la baie Préservation, qui n'est séparée que par une presqu'île peu considérable de la baie Chalky, laquelle s'étend à quinze ou seize milles dans les terres, et contient de bons mouillages. Une autre presqu'île au cap ouest de la Nouvelle-Zélande sépare la baie Chalky de la baie Dusky de Cook, dans laquelle on rencontre d'excellents mouillages. Le terrain qui environne cette dernière baie est montagneux et couvert d'arbres et de broussailles. Un peu plus loin est la baie Douteuse, et à un degré plus loin encore est la baie Trompeuse, dont la pointe nord, que forment des rochers élevés et rougeâtres, se distingue par une superbe cascade. A partir de là jusqu'à la pointe des rochers vers le nord-ouest de l'île Tavaï-Pounamou, *l'Astrolabe* reprend les explorations vagues de Cook ; elle trouve le cap Foul-Wind, formant une vallée de six ou sept milles de largeur, couverte de bois magnifiques. La corvette atteint ensuite au nord la pointe des rochers par 40 degrés 56 minutes de latitude sud, pointe élevée, boisée, et reconnaissable par quelques rochers situés près de terre. Trente-cinq milles plus loin se présente le cap Farewell ; et par 40 degrés 35 minutes de latitude sud, est une entrée barrée par des brisants, et que par cette raison d'Urville nomme *le Hâvre barré*.

Le capitaine Cook n'avait observé aucun indice d'habitants sur la côte occidentale de Tavaï-Pounamou, depuis la baie Dusky, extrémité sud-ouest de cette île, jusqu'au cap Farewell, extrémité nord-ouest. *L'Astrolabe* n'en dit pas davantage, Elle doubla le cap Stephens, qui, avec le cap Farewell, forme l'entrée de la baie Tasman, reconnue pour la première fois par Dumont d'Urville, qui lui trouva quarante milles de largeur de l'est à l'ouest sur quarante-cinq milles de profondeur du nord au sud, avec deux bons mouillages sur la partie occidentale, savoir, l'anse de l'Astrolabe et l'anse des Torrents. Cette baie présente de belles forêts et de nombreux courants d'eau limpide. Elle se termine dans le sud par une vaste plaine entourée au loin de hautes montagnes couvertes de neiges éternelles. Cette même baie communique par un canal et par une passe étroite avec la baie de l'Amirauté. La passe sépare de la grande terre l'île d'Urville, longue de vingt milles sur cinq à six milles de large, très montueuse et couverte de forêts. La baie de l'Amirauté, située à l'est de la baie Tasman, a quinze milles de largeur sur à peu près autant de profondeur.

Au sud de cette dernière baie et dans le détroit de Cook se trouve le canal de la Reine Charlotte, connu par les diverses relâches du capitaine Cook, et qui s'enfonce à vingt-cinq milles au loin dans les terres pour se réunir peut-être à quelque ramification de la baie de l'Amirauté ou de la baie Cloudy ; celle-ci, placée au sud de ce canal, est sur le même détroit de Cook. Le canton qui entoure le canal de la Reine Charlotte semble assez peuplé ; il se distingue par de vastes forêts et un terrain montueux. L'entrée de la baie Cloudy a environ cinq milles d'ouverture. Le cap Campbell, situé à douze milles à l'est-sud-ouest de cette baie, forme l'extrémité, nord-est de l'île Tavaï-Pounamou : elle se termine par une pointe basse, précédée d'un terrain plus élevé.

Depuis ce cap, la côte fuit au sud-ouest, mais *l'Astrolabe* n'a point exploré cette partie, et Cook lui-même ne l'avait vue qu'imparfaitement. A vingt-deux lieues du cap Campbell, le navigateur anglais mentionne une terre qui lui parut être une île située sur une côte fort élevée, terre qu'il nomma *Lookers-On*, c'est-à-dire *regardez-vers*, parce qu'il y reçut la visite de plusieurs naturels qui, satisfaits de l'avoir considéré, ne voulurent point l'accoster. En suivant la même côte de l'est à l'ouest, Cook rencontra, par 43 degrés 45 minutes de latitude sud, une terre de moyenne hauteur, à peu près circulaire, qu'il crut séparée de Tavaï-Pounamou, et qu'il nomma *île Banks*. Il a été reconnu depuis que cette île prétendue tient à la terre ferme, par un isthme bas et sablonneux.

Depuis la presqu'île de Banks, le capitaine Cook ne signale guère que le cap Saunders par 45 degrés 55 minutes de latitude sud. Il indique ensuite par 46 degrés 24 minutes de latitude sud un enfoncement qu'il nomme *hâvre Molineux*, qui paraît offrir un bon mouillage. Depuis ce hâvre on arrive à l'île Roua-Bouki, placée à l'extrémité sud-est de Tavaï-Pounamou, et à l'entrée orientale du détroit de Cook.

Par cette revue on voit que Tavaï-Pounamou a sa côte occidentale entièrement déserte ; ce n'est qu'à l'est du cap Farewell d'une part, et à l'est du cap-ouest de l'autre, que l'on commence à voir des habitants. Il paraît que les vents violents de l'ouest qui désolent la côte occidentale en éloignent tout séjour humain, pendant

Babiroussa.

que les montagnes de l'intérieur protégent la côte orientale contre les ouragans.

A l'égard du détroit de Cook, large de trente lieues à son entrée occidentale entre les caps Farewell et Borell, et qui affecte une direction générale du nord-ouest au sud-est, il se resserre graduellement pour former une espèce d'entonnoir qui n'a plus guère que dix milles de large dans sa partie la plus étroite, pour ensuite s'élargir de nouveau, et former une bouche de quarante milles à son entrée sud-est, entre les caps Campbell et Kawa-Kawa.

Quant à l'île Ika-na-Mawi, nous allons suivre également l'exploration qu'en a faite le capitaine d'Urville, en allant comme lui à l'ouest et au nord.

Le cap Kawa-Kawa, qui forme l'extrémité sud-est de cette grande île, se compose de hautes montagnes avec une pointe au sud. La baie Inutile est à l'est de ce cap : elle a environ vingt milles de large, sur dix de profondeur, et se trouve entièrement ouverte au vent du sud ; un cap en forme la pointe nord-ouest. De ce cap à celui de Borell, la côte est encore mal connue. On rencontre l'île Entry, située près de terre, et qu'on aperçoit facilement de l'entrée du canal de la Reine Charlotte. Le cap Borell est un des grands caps d'Ika-na-Mawi, et le mont Egmont qui le couronne forme un pic isolé, auquel on donne cinq mille pieds de hauteur. En avançant au nord, on trouve de petites îles que le capitaine Cook nomma *îles du Pain-de-Sucre*. On court ensuite vingt lieues de côte sans rien trouver de notable jusqu'à la pointe Albatros, près de laquelle est une petite île. Dix-huit milles plus au nord se présente une autre pointe couverte de bois, appelée à cause de cela *Woody-Head*, derrière laquelle paraît être l'embouchure d'une grande rivière appelée *Waï-Kato*. A partir de ce point, la côte court nord-nord-ouest jusqu'au cap Reinga ; elle est généralement occupée par des dunes de sable. Le cap Reinga, extrémité nord-ouest d'Ika-na-Mawi, a déjà été par nous cité plus haut comme le Ténare des Nouveaux-Zélandais.

De ce point, revenant du nord au sud par l'est, l'*Astrolabe* visita les divers lieux que nous avons déjà indiqués ailleurs. Nous rappellerons seulement le cap Otou, le cap Nord, comme faisant partie d'une presqu'île de cinq ou six milles de circonférence qui ne tient au reste de l'île Ika-na-Mawi que par un isthme étroit et sablonneux. Ce cap peut être aperçu à huit lieues de distance. En descendant au sud, on trouve une suite de dunes de sable blanc, et ces dunes forment une vaste baie que le capitaine d'Urville nomme *Sandy-Bay*. Cette baie est suivie de celle qui a pour nom *Nanga-Ounou*, dont le fond très considérable paraît atteindre presque la côte occidentale de Ika-na-Mawi. Une presqu'île étroite sépare cette baie de

11 81

R.F. IMPRIMÉS

L'Astrolabe fut souvent à deux doigts de sa perte.

Oudou-Oudou, dans laquelle Surville mouilla le premier. A onze milles au sud-ouest vient la jolie baie de Wangaroa, large à peine d'un quart de mille à son ouverture, mais s'élargissant bientôt en un vaste bassin de cinq ou six milles de longueur. Au sud de cette baie s'étend la célèbre *baie des Iles*, large de huit à dix milles à son entrée, et profonde de huit milles. Elle est ouverte au vent du nord-est, mais les îles nombreuses qui s'y trouvent dispersées présentent de sûrs abris aux vaisseaux. La baie des Iles est un des points les plus peuplés de la Nouvelle-Zélande. Au fond du canal Kidi-Kidi se trouve le chef-lieu des missions évangéliques. Il y a beaucoup de villages sur toute la côte et dans l'intérieur.

De la baie des Iles, on trouve au sud l'île Otea, à l'ouest de laquelle se développe la baie de Shouraki, formant de bons mouillages recherchés par les navires anglais. Un peu plus au sud vient la baie d'Abondance, dont le capitaine Cook, en 1770, trouva les côtes bien peuplées. Cette baie a vers l'est le cap Runaway (1), situé par 37° 33' de latitude sud, et 175° 48' de longitude est, lequel est formé par une presqu'île assez élevée. Le cap Est de Cook, qui n'en est éloigné que de huit milles, est appelé par les naturels *cap Waï-Apou*. A la suite de ce cap, la côte court au sud-sud-ouest jusqu'à la presqu'île Tera-Kako, longue de quinze milles du nord au sud, avec une largeur moyenne de cinq milles de l'est à l'ouest. Cette presqu'île est séparée de la grande terre par un isthme bas et étroit, ou peut-être même par un canal resserré. Elle se trouve à l'est de la baie d'Hawke, dans laquelle se déchargent, dit-on, plusieurs belles rivières. Cette baie se termine au sud-ouest par le cap Matana-Mawi, situé par 39° 41' de latitude sud, et 174° 48' de longitude est, pointe élevée, dépouillée et taillée à pic.

A partir de ce point, la terre continue de courir au sud-sud-ouest d'une manière assez uniforme jusqu'au cap Kawa-Kawa, dont nous avons parlé plus haut.

Telle est sommairement la géographie du littoral des deux grandes îles composant la Nouvelle-Zélande. Occupons-nous maintenant de ses habitants.

Les Nouveaux-Zélandais sont généralement bien constitués, bien pris dans leur taille, et doués d'une complexion vigoureuse. La coutume qu'ils ont de s'enduire le corps et le visage d'huile de poisson et d'ocre, et de s'exposer habituellement aux intempéries de l'air, fait prendre à leur peau une couleur plus foncée qu'elle ne l'est réellement. Les femmes sont proportionnellement courtes et ramassées dans leur taille; celles qui sont mariées ayant beaucoup à souffrir dans leurs couches perdent vite la fraîcheur qu'elles avaient étant

(1) S'enfuir, s'écouler. A. M.

 PARIS. — Imp. LACOUR et Cie, rue Soufflot, 16.

filles. Les jeunes esclaves sont en général plus belles que les femmes des chefs, parce qu'elles sont moins sujettes à avoir des enfants; quelques-unes passeraient pour jolies en Europe, malgré leur teint foncé et leur tatouage.

Exposés à toutes les vicissitudes de température, les Nouveaux-Zélandais sont proportionnellement sujets à moins de maladies que les Européens; mais ceux-ci leur ont apporté la syphilis qui cause parfois de grands ravages. Néanmoins ces naturels vivent longtemps; il en est qui parviennent à une vieillesse très avancée.

Les Nouveaux-Zélandais nous ont été représentés par les premiers voyageurs sous des couleurs généralement assez sombres; mais cela provenait en grande partie des agressions des Européens ou de l'ignorance des usages de ces enfants de la nature qui ont coutume de déployer un appareil militaire analogue à un défi pour recevoir la visite des étrangers; et il est de rigueur que ceux-ci rendent cette espèce de salut avant toute communication. Les Européens prirent d'abord cette cérémonie pour une insulte, et ils y répondirent par des coups de fusil ou même par des boulets : de là sans doute les catastrophes qui frappèrent les blancs à leur apparition dans ces climats, et de là aussi la réputation de cruauté et de perfidie qui paraît généralement attachée au caractère des Nouveaux-Zélandais. Rien, toutefois, ne peut justifier ou excuser leurs appétits de chair humaine.

Le capitaine Cook et ses dignes compagnons Banks, Forster et Anderson, ne se sont pas montrés aussi injustes que leurs devanciers envers les Nouveaux-Zélandais; ils leur ont trouvé un caractère affable, de bons procédés; ils ont vu des guerriers intrépides et hardis, souvent généreux et humains; enfin ils ont reconnu en eux des sentiments de bons parents et des amis très dévoués. Les voyageurs anglais, qui ont plus récemment visité ces parages, s'accordent à dire que si les Nouveaux-Zélandais sont fiers, orgueilleux, jaloux, colères, terribles et implacables dans leurs vengeances, ils montrent cependant de la sensibilité, de la sincérité, de la probité, du dévoûment et de la constance dans leurs affections. Il est vrai que ces bonnes qualités ne se trouvent guère que parmi les chefs ou les nobles, car le peuple, étant ici esclave, doit être plus avide, plus dissimulé et plus porté à de mauvaises actions.

Nous avons dit que les Nouveaux-Zélandais avaient un penchant décidé pour la vengeance : ce sentiment paraît chez eux fondé sur des idées superstitieuses; mais quelle qu'en soit la cause, jamais ils ne la laissent inassouvie, à moins qu'il n'intervienne une transaction entre eux et leurs ennemis.

Ces insulaires aiment beaucoup à rire et à plaisanter comme aussi à copier dans leurs gestes la tournure et les manières des Européens, en quoi ils réussissent d'une façon très comique. Néanmoins leur extérieur est habituellement sérieux et réfléchi.

Ces sauvages sont actifs, industrieux et persévérants dans leurs travaux; ils paraissent doués de dispositions égales à celles des Européens pour les arts mécaniques. Ils s'entendent de même très bien aux affaires de commerce.

Ce peuple aime les voyages lointains, mais sans oublier sa patrie, dont jamais il ne parle qu'avec attendrissement. Lorsqu'il la revoit après une longue absence, il s'abandonne à des transports de joie inexprimables.

Nous avons cité l'affection qui existe chez ces insulaires entre parents et amis : ce sentiment paraît souvent porté au suprême degré. A la mort d'une personne qui leur est chère, ils témoignent les regrets les plus vifs et l'affliction la plus profonde; ils vont même jusqu'à se déchirer le visage et le corps avec des pierres et des coquilles tranchantes : ils croient ne pouvoir témoigner plus dignement leur chagrin qu'en faisant jaillir leur propre sang, et en le mêlant aux larmes qu'ils répandent.

Beaucoup de voyageurs ont parlé de la prostitution du sexe féminin en racontant que ces peuples s'empressent de livrer leurs femmes et leurs filles aux marins pour des bagatelles. Le fait est inexact : les femmes d'un certain rang ne s'abandonnent pas avec autant de facilité, et les naturels n'offrent guère aux Européens que les filles de la classe du peuple; les chefs ne cèdent jamais qu'avec répugnance leurs propres filles à un étranger, bien qu'ils n'y attachent aucune idée de mal.

Un sentiment qui honore ces sauvages est leur profond respect pour les vieillards. Ces derniers ont toujours la place d'honneur dans les conseils, dans les festins et dans toutes les occasions d'apparat. Les jeunes gens les écoutent d'un air respectueux, et ce respect pour l'âge descend des chefs jusqu'aux hommes du bas peuple, car souvent ces mêmes chefs nourrissent des individus de cette classe, uniquement à cause de leur âge avancé.

Les Nouveaux-Zélandais sont très hospitaliers, comme l'attestent les missionnaires anglais qui ont isolément pénétré dans l'intérieur des terres. Lorsque ces naturels ont prononcé à des étrangers les mots : *aïre maï! aïre maï!* (viens! viens!) on est certain d'un bon accueil, et même de l'inviolabilité de sa personne. Tant que ces mots ne sont point sortis de leur bouche, on peut croire leurs intentions suspectes, et l'on doit se tenir sur ses gardes.

Au surplus, les fréquents rapports des Nouveaux-Zélandais avec les Européens, et l'introduction des armes à feu, ont modifié d'une manière bien défavorable le caractère de ces sauvages. Ils paraissent être devenus dissimulés, avares, défiants, exigeants, arrogants, surtout dans le voisinage de la baie des Iles.

Sous le rapport politique, les Nouveaux-Zélandais sont classés en tribus qui rappellent les anciens clans d'Ecosse. Chaque tribu reconnaît un chef pris invariablement parmi les *rangatiras* ou nobles. Il y a des rangatiras de tous les degrés, depuis celui qui a de grandes propriétés et beaucoup d'esclaves jusqu'à celui qui n'a que son titre de simple guerrier. Le peuple se compose des esclaves. Les chefs sont indépendants, et dirigent leurs tribus à leur guise; néanmoins leur autorité dépend plutôt de l'influence qu'ils ont acquise sur l'esprit des masses, soit par de grands exploits dans les combats, soit par une haute réputation de sagesse et d'expérience comme prêtres et prophètes, ou seulement par de grandes richesses en biens ou en esclaves.

Le droit de succession à l'autorité passe d'ordinaire du frère aîné au cadet, et revient ensuite aux enfants des aînés. Le préjugé de la naissance est si grand parmi les insulaires qu'il est impossible à un homme du peuple de parvenir au rang de noble ou de rangatira.

Les rangatiras sont très fiers de leurs prérogatives; ils ont soin de faire connaître leur dignité aux Européens en les abordant, et de demander à ceux-ci quelle est la leur. Ces nobles sauvages discernent promptement les différences de grades, et classent vite le capitaine et les autres officiers d'un vaisseau, suivant l'échelle des rangs qu'ils ont établis dans leur île.

Ces chefs zélandais, si chatouilleux quant à la préséance et au rang, vivent entre eux dans un état de guerre pour ainsi dire perpétuelle. Aussi la guerre est pour eux l'occupation la plus honorable. Le prétexte est toujours de réclamer de leur ennemi une satisfaction pour une offense réelle ou supposée. S'il la donne, l'agresseur se retire; autrement le combat commence, et c'est le plus souvent le dernier parti qu'on embrasse. Il résulte de ces guerres fréquentes une consommation énorme d'habitants, qui empêchera toujours la Nouvelle-Zélande d'être peuplée en proportion de sa vaste surface. Une seule bataille met hors de combat douze à quinze cents guerriers de chaque côté, et le champ de carnage laisse des centaines de morts que les vainqueurs déchirent et dévorent en poussant d'horribles cris de joie. Quand la mêlée est le plus affreuse, les femmes elles-mêmes y prennent une part active, comme ensuite elles ont part aux festins de ces cannibales, qui presque jamais n'accordent de merci aux guerriers tombés sous leurs mains.

Les Nouveaux-Zélandais ont une si haute idée de la valeur guerrière, que le nom de Bonaparte, arrivé jusqu'à eux par un de leur chef venu en Europe, n'est prononcé qu'avec admiration dans l'île. Ils ont même récemment donné ce nom à un de leurs plus fameux guerriers.

Il paraît qu'une revue des individus en état de porter les armes a lieu une ou deux fois par an dans chaque tribu. Les guerriers sont rangés par compagnie de cent hommes, et chaque compagnie est commandée par un rangatira.

Il paraît aussi que les chefs peuvent décider leurs querelles en combat singulier; un missionnaire anglais a décrit un de ces tournois qui avait eu lieu sur la baie des Iles.

La peine du talion est admise parmi les Nouveaux-Zélandais; la mort est payée par la mort, le sang par le sang, et le vol par le pillage. Dans l'adultère on punit de mort les deux coupables, à moins qu'il n'y ait une transaction entre les familles. En cas de condamnation à mort pour vol, on coupe la tête au voleur et on la suspend à un poteau en forme de croix.

Les Nouveaux-Zélandais n'ont pas d'occupations réglées; ils mangent et dorment quand il leur plaît. Ils aiment les récits de combats. Dans les festins les femmes sont admises près des hommes. Les esclaves présentent à boire dans des courges pleines d'eau. Les feuilles de fougère tiennent lieu de vaisselle, et les doigts de fourchettes.

On dort pêle-mêle et tout nus dans les cabanes pendant l'été; mais en hiver on a une couverture. L'oreiller est une solive et le matelas une natte de jonc.

Les jeunes gens se marient entre vingt et vingt-quatre ans. Les jeunes filles, tant qu'elles ne sont point mariées, peuvent accorder leurs faveurs à qui bon leur semble; aucune idée de crime n'est attachée à cette satisfaction des sens, pourvu que les convenances de rangs soient observées, car une relation intime entre un chef et une esclave serait regardée comme infâme. Une fois le mariage consommé, la femme ne peut plus avoir de commerce qu'avec son mari. La manière dont se règle la cérémonie nuptiale a différentes versions. Il paraît cependant que la plus accréditée consiste en une petite cour assidue et préliminaire entre les deux futurs. Quand la jeune personne est nubile, celui qui la recherche tâche par adresse d'obtenir ses faveurs; elle le laisse soupirer des jours et des nuits entières, afin d'éprouver sa constance et ses feux; mais dès qu'il est heureux, il appelle les gardiennes de la jeune fille, qui, après s'être assurées du fait, se retirent, et c'est alors que le mariage est définitivement conclu. Si la jeune fille a pleuré en recevant la visite du galant, et qu'elle pleure à la seconde fois, c'est une preuve qu'elle ne veut point de lui, et il doit renoncer à elle.

La polygamie est permise, mais il est rare que deux femmes habitent ensemble sous la même hutte. Quelque rangatiras opulents ont jusqu'à dix femmes. Il en est toujours une qui tient le premier rang. D'un autre côté les chefs, s'ils le veulent, épousent plusieurs sœurs à la fois; un chef zélandais avait épousé les quatre sœurs et avait en outre plusieurs autres femmes.

Quand le mari meurt, la loi zélandaise ne prescrit pas, comme dans l'Inde, aux veuves de se brûler sur son tombeau; il en est cependant qui mettent fin à leurs jours et se pendent à un arbre, action qui est toujours admirée et applaudie par les parents ou amis du défunt. Au surplus, si la veuve n'est point forcée à se détruire, elle ne peut se remarier avant d'avoir relevé les os du défunt, et les parents de celui-ci poussent quelquefois la barbarie jusqu'à tuer l'infortunée pour empêcher un second mariage. Ici, en outre, les femmes sont très sensibles aux reproches de leur mari, il en est qui vont se pendre après en avoir reçu même de très légers: c'est pousser le scrupule un peu loin.

A la Nouvelle-Zélande, il paraît que souvent les femmes accouchent en plein air et sans laisser échapper un seul cri. Les assistants des deux sexes, en voyant arriver l'enfant au monde, s'écrient: *Tane! tane!* La mère elle-même coupe le cordon ombilical, se lève ensuite et reprend immédiatement ses travaux comme à l'ordinaire.

Les mères sèvrent leurs enfants en se frottant l'extrémité du sein avec une racine amère. Le plus grand plaisir qu'on puisse faire à un Nouveau-Zélandais est d'offrir quelque chose à sa progéniture; de cette manière on gagne bien vite son amitié.

Nous avons dit que le tatouage se pratiquait dans la Nouvelle-Zélande. Il se distingue de celui des autres îles de l'Océanie, en ce que dans ces îles ce n'est qu'un ornement qui n'entame que la superficie de la peau, par une suite de piqûres, tandis qu'à la Nouvelle-Zélande se sont de véritables sillons creusés en entailles aux ciseaux. Les Nouveaux-Zélandais paraissent attacher beaucoup de prix à cette distinction. Dumont d'Urville indique avec détail comment se fait cette opération, appelée *moko*, et qui du reste n'est point permise aux hommes du peuple. Les femmes ne peuvent se tatouer le visage qu'aux sourcils, aux lèvres et au menton; mais il leur est loisible de s'imprimer des dessins sur les épaules et autres parties du corps.

Si des mœurs et coutumes zélandaises nous passons aux habitations de ces naturels, nous voyons, dans l'ouvrage de d'Urville, que les cases des chefs sont grandes, longues de quinze à dix-huit pieds, larges de huit ou dix, et hautes d'environ six pieds. L'intérieur est soutenu par des piliers. A l'une des extrémités se trouve, en guise de porte, une ouverture haute de trois pieds sur deux de large et qui se ferme par un battant à bascule. A côté et un peu plus haut que la porte est percée la fenêtre qui a deux pieds carrés, et qui se ferme par un treillis de joncs. Ces cases sont ornées de figures grotesques, plus ou moins bien sculptées. Le mobilier se borne à quelques instruments grossiers en os ou en pierre, à des corbeilles pour les provisions, à des courges destinées à contenir l'eau douce et des nattes suspendues aux parois. Les chefs d'un rang élevé ont ordinairement plusieurs cases, surtout lorsqu'ils ont plusieurs femmes et une nombreuse famille.

Les cabanes du peuple sont disséminées dans la campagne où elles forment des hameaux peu considérables. D'un autre côté, chaque tribu a son village fortifié, que l'on nomme *Pa*, et dans lequel tous les membres de la tribu se retranchent dans les moments de danger. Presque toujours ces forts sont établis sur des hauteurs, et entourés d'une double rangée de palissades avec des fossés intermédiaires. Quant à la nourriture, la racine de fougère en est la base, et c'est ici l'unique trait de ressemblance des fiers insulaires de la Nouvelle-Zélande avec les misérables indigènes de la Nouvelle-Hollande, en ce qui touche les aliments. La racine de fougère de la Nouvelle-Zélande a du reste un goût agréable et mucilagineux: c'est la manne du pays, et le seul aliment du pauvre. Les riches y ajoutent la patate douce, et à présent les pommes de terre. Ils mangent aussi le chien et le rat, seuls quadrupèdes vraiment indigènes de cette contrée australe.

Ils prennent encore quelques oiseaux et du poisson en abondance. En été ils le mangent tout frais; en hiver ils le mangent ordinairement sec. Ils réussissent quelquefois à prendre des requins, dont ils estiment beaucoup la chair. Enfin, puisqu'il faut le dire, les Nouveaux-Zélandais mangent avec délice la chair de leurs ennemis tués dans les combats. Ils égorgent même souvent de sang-froid leurs propres esclaves pour assouvir leur monstrueuse gloutonnerie. Ils préfèrent cent fois la chair humaine à celle du porc. La chair d'une femme ou d'un enfant est ce qu'ils trouvent de plus délicieux. Ils ne connaissent d'autre boisson que l'eau pure et détestent les liqueurs fortes des Européens; mais ils en aiment le thé, le café et le chocolat.

Quant à leur habillement, il se réduit, pour les deux sexes, à deux nattes carrées en chanvre de phormium, l'une pour envelopper les reins, l'autre pour couvrir les épaules. Les chefs ont leurs nattes beaucoup plus fines que celles du peuple. Personne ne porte ni chaussure ni coiffure. Trois ou quatre plumes blanches, fichées sur le chignon, forment l'attribut spécial des chefs ou des guerriers. Les jeunes filles coupent leurs cheveux ou les laissent flotter sur leurs épaules; les femmes mariées ont seules le droit de les attacher sur le sommet de la tête. Le rouge est la couleur privilégiée; les guerriers seuls ont le droit de porter la natte rouge, et les femmes la natte noire. Les enfants restent nus jusqu'à l'âge de huit ans. Les femmes laissent volontiers leur gorge à découvert; mais elles ne quittent jamais leur natte de dessous.

Les Nouveaux-Zélandais sont assez généralement beaucoup moins propres sur leur personne que les Polynésiens, parce qu'ils se baignent et se lavent moins fréquemment. Ils sont bien plus sujets à la vermine, et souvent elle envahit leur chevelure. On voit les femmes journellement occupées à donner la chasse aux poux, et croquer sans façon tous ceux qu'elles peuvent attraper.

N'oublions pas de dire que les Nouveaux-Zélandais aiment aussi la musique et la danse. Leurs instruments de musique se bornent à deux ou trois espèces de flûtes; mais leurs chants sont plus variés; ils sont d'ailleurs accompagnés de gestes qui ajoutent beaucoup au sens de leurs paroles. Ils emploient la trompette marine, percée d'un trou en guise de cornet pour s'appeler à de grandes distances ou pour s'exciter au combat.

Ils ont des chants particuliers pour célébrer les plaisirs de l'amour ou les exploits de leurs guerriers, ou la mort d'un parent, d'un ami, ou l'absence d'une personne qui leur est chère. Ils ont aussi des chants satiriques, et quelquefois leurs bardes improvisent des chansons en l'honneur des étrangers qui les visitent. En général leurs couplets ont un refrain que l'assemblée répète en se frappant la poitrine. Mais ce qui est le plus célèbre en ce genre, c'est un hymne qu'on exécute en chœur, au moment du combat, avant le sacrifice des victimes humaines, ainsi que dans les cérémonies et funérailles. Voilà la Marseillaise des Nouveaux-Zélandais.

Quant à la danse, elle accompagne le chant. Il est aussi des danses caractéristiques, où les acteurs roulent leurs yeux dans les orbites, sortent la langue de la bouche, font toutes sortes de contorsions et frappent lourdement la terre avec un bruit pareil aux marteaux des hideux enfants de Polyphème; hommes et femmes se livrent à la danse avec une fureur inouïe, les femmes pour exprimer leur amour, les guerriers pour peindre leurs exploits.

Il ne nous reste plus qu'à dire un mot sur la religion. Celle des Nouveaux-Zélandais semble un dédale inextricable. Ils donnent à leurs dieux le nom générique d'*atoua*. Ils paraissent avoir l'idée d'un dieu supérieur à tous les autres; ils ont de bons et de mauvais génies; ils accordent communément les honneurs et le titre d'*atoua* à leurs parents ou à leurs premiers chefs. Ils portent à leur cou des sortes d'amulettes; ils sont persuadés qu'une personne attaquée d'une maladie mortelle est tombée au pouvoir de l'atoua qui s'est introduit dans son corps sous la forme d'un lézard et qui lui ronge les entrailles, sans qu'il soit possible de lui résister; aussi le lézard inspire aux Nouveaux-Zélandais une frayeur telle qu'ils ne veulent pas le toucher. Le tonnerre est un immense poisson qui en se remuant produit le fracas qu'ils entendent. Les Nouveaux-Zélandais ont une confiance aveugle dans leurs prêtres ou *arikis*, lesquels peuvent calmer les orages, apaiser les vents, arrêter ou chasser certaines maladies. Souvent les chefs unissent à leurs fonctions civiles et militaires celles du sacerdoce, et n'en sont que plus inviolables, parce que tout homme qui entretient commerce avec les dieux est censé plus sacré, et voilà pourquoi les missionnaires évangéliques sont respectés même dans les fureurs de ces sauvages.

Ici les prêtres unissent à leurs priviléges sacerdotaux les attributs de médecins. Dès qu'une personne tombe dangereusement malade, le prêtre-médecin ne quitte plus le patient qu'il ne soit guéri ou enterré; les moyens curatifs sont des prières et des jongleries; quelquefois ils y ajoutent la diète absolue pour le malade, afin qu'il guérisse ou meure plus vite.

Les Nouveaux-Zélandais pensent qu'après la mort l'âme ou esprit, qu'ils nomment *waidoua*, est un souffle intérieur, entièrement distinct de la matière corporelle. Les deux substances jusqu'alors unies se séparent; le waidoua demeure trois jours à planer autour du corps, puis se rend au fameux rocher de Reinga, mot qui signifie départ; rocher que nous avons cité comme le Ténare de ces sauvages, et d'où un atoua emporte le waidoua au séjour de la gloire ou de la honte, pendant que le corps ou la partie impure de l'homme s'en va dans les ténèbres. Il ne s'agit pas ici de bien ou de mal comme nous l'entendons dans nos croyances religieuses, les Nouveaux-Zélandais ne connaissent point ces distinctions morales; ils ne voient que le vainqueur et le vaincu, l'honneur pour le premier et le déshonneur pour le second.

C'est avec ces idées superstitieuses qu'ils sont naturellement portés à dévorer le corps de leurs ennemis; ils croient qu'en agissant ainsi, ils absorberont l'âme de cet ennemi, la joindront à la leur et donneront à celle-ci plus de force. Aussi pensent-ils que plus un chef a dévoré d'ennemis d'un rang distingué dans ce monde, plus dans l'autre son waidoua triomphant sera heureux et digne d'envie. Au surplus ce bonheur futur ne consiste que dans de grands festins en poisson et en patates, et dans ces combats acharnés où les waidouas élus seront toujours vainqueurs.

Comme les Nouveaux-Zélandais croient que le waidoua se tient dans l'œil gauche, un guerrier qui vient de terrasser son rival ne manque jamais de lui arracher cet œil et de l'avaler. Il boit en outre du sang de cet ennemi pour éviter la fureur du waidoua vaincu; car celui-ci retrouve de la sorte, dans l'assimilation qui vient de s'opérer, une portion de l'aliment qui le nourrissait et qui dès lors l'empêche de nuire.

Ajoutons quelques mots sur le tabou et sur quelques autres cérémonies zélandaises.

Le *tabou* ou plus exactement *tapou*, à la Nouvelle-Zélande, est, comme dans d'autres îles de la Polynésie, un interdit que l'on met sur certaines choses ou même sur les personnes. Nul ne peut approcher et encore moins toucher la chose ou la personne tabouée. Un chef tire une grande ressource de ce *veto* indéfini. Veut-il écarter de sa maison, de ses champs, des voisins importuns, il taboue sa maison et ses champs; veut-il s'emparer d'un objet de prix, il le taboue.

Les Nouveaux-Zélandais ne peuvent souffrir aucune sorte de provisions dans leurs cabanes, surtout de celles qui proviennent d'êtres animés. Les premiers Européens qui voulurent se débarrasser de l'importunité de leurs hôtes, suspendirent au plafond de leurs cabanes un morceau de viande de cochon, dès ce moment les naturels s'en éloignèrent. Jamais ceux-ci ne prennent leurs repas dans l'intérieur des maisons, et ils ne le permettent pas non plus aux Européens qui vont les voir. Lorsque ceux-ci ont besoin de se rafraîchir, ne fût-ce que pour avaler un verre d'eau, ils sont obligés de sortir de la cabane. Allumer du feu dans les endroits où les provisions sont déposées serait un crime. Tous les ustensiles qui ont servi à une personne durant sa maladie ne peuvent plus servir et on les brise près du corps du défunt.

Les songes, surtout ceux des prêtres, sont d'une grande importance; souvent ils suffisent pour arrêter les entreprises les mieux concertées : résister aux inspirations d'un songe serait offenser les dieux.

Les Nouveaux-Zélandais rendent de grands honneurs à leurs morts, surtout quand ils sont d'un rang distingué. On garde le corps durant trois jours, parce que l'âme n'est censée le quitter qu'après le trépas. Ce troisième jour le corps est frotté d'huile comme de son vivant. On ploie les membres contre le ventre en les ramassant en un paquet, au lieu de laisser le cadavre étendu comme en Europe. On enterre ensuite le paquet et on le recouvre d'un tas de pierres en déposant sur la tombe du mort quelques vivres pour son waidoua qui est encore censé en avoir besoin. La cérémonie se termine par un festin où l'on chante les louanges du défunt.

Après la mort d'un chef, ses voisins se réunissent pour piller ses propriétés, et chacun s'empare de ce qui lui tombe sous la main. Quand c'est le premier chef d'une tribu, la tribu tout entière est exposée à être saccagée par les tribus voisines.

D'après ce que nous avons dit sur le waidoua, on conçoit l'horrible coutume de se repaître de chair humaine; c'est un résultat de la superstition zélandaise. Sur le champ de bataille, les cadavres des chefs sont toujours dévorés les premiers. Les Nouveaux-Zélandais pensent qu'il vaut mieux manger son ennemi que de le laisser pourrir à l'air. Ils conservent toujours les têtes après les avoir vidées et séchées au soleil; les cheveux, la barbe et les sourcils sont respectés. Les os du corps sont convertis en flûtes, hameçons et ustensiles de ménage. Nous avons déjà dit ailleurs qu'à la mort d'un chef, on immole souvent plusieurs esclaves sur son corps.

La plus grande marque de considération et d'affection d'un Zélandais est le *salut* qu'il nomme *shongui* et qui consiste à *frotter le bout de son nez contre le vôtre*, en exhalant doucement son haleine et en l'unissant à la vôtre, pour mettre son *waidoua* ou esprit et le vôtre en contact plus direct et plus intime.

A l'égard de la langue des Nouveaux-Zélandais, bornons-nous à dire qu'elle n'est ni dure ni désagréable, que même elle est assez douce dans la bouche des femmes, comme elle devient énergique dans celle des hommes. Elle n'a ni déclinaisons ni conjugaisons proprement dites; les mots se composent rarement de plus de deux syllabes et se terminent presque toujours par des voyelles.

Sous le rapport naturel, la Nouvelle-Zélande ne possède guère, en fait de mammifères, que le chien et le rat. Les oiseaux sont peu nombreux; les lézards sont à peu près les seuls reptiles du pays. Certains parages abondent en poissons. Les insectes sont assez rares, les plantes peu nombreuses. Nous renvoyons pour les détails de ce genre à l'ouvrage même de Dumont d'Urville, qui sur les autres points que nous n'avons pu qu'effleurer donne également des développements très étendus.

Suivons maintenant notre savant navigateur, dans sa traversée de la nouvelle-Zélande, à Tonga-Tabou.

Dumont d'Urville quitta la baie des Iles le 19 mars 1827, dans l'espérance de pouvoir se rendre à Tonga-Tabou en dix à douze jours; mais il fut bien trompé dans son calcul. D'abord, douze jours de calme continuel le retinrent dans le voisinage de la Nouvelle-Zélande, ordinairement si orageux; ensuite il eut des vents faibles et variables, qui ne permirent à la corvette d'avancer qu'avec beaucoup de lenteur. Cependant les 2, 3 et 4 avril *l'Astrolabe* passa près des îles Curtis, Macauley et Sunday, cette dernière étant l'île Raoul de d'Entrecasteaux.

Le 9, on eut connaissance de l'île Eoa. Le 16, on vit plusieurs des îles Hapaï, à l'est de l'île d'Anamouka. Le 10, on donna dans le canal de Tonga-Tabou, et lorsqu'on en eut parcouru la moitié, les vents poussèrent la corvette sur des coraux déchirants. *L'Astrolabe* y fut exposée plusieurs jours à une perte imminente; mais enfin elle parvint à sortir du danger, et put mouiller le 26 avril devant la petite île de Pangaï-Modou, après avoir eu à lutter douze grands jours contre la violence du vent, et après plus d'un mois d'une navigation pénible, depuis son départ de la Nouvelle-Zélande.

Tonga-Tabou.

Les îles Tonga furent découvertes en 1643 par le navigateur hollandais Tasman. Il mouilla devant l'île Tonga-Tabou, à laquelle il donna le nom d'*Amsterdam*, après avoir imposé ceux de Middelbourg et Rotterdam aux îles d'Eoa et de Namouka. Le capitaine Cook visita ces terres en 1773, et découvrit, l'année suivante, la plupart des petites îles situées au nord de Tonga-Tabou et qui portent le nom distinct d'*îles Hapaï*. En 1777, le même Cook visita les îles Tonga dans le plus grand détail. En 1781, le navigateur espagnol Maurelle découvrit Vavao et plusieurs îles voisines, toutes situées au nord de l'archipel Tonga. La Pérouse vit ces mêmes parages en 1787, et Bligh passa trois jours à l'île Namouka.

En 1797, le capitaine Wilson, qui conduisait des missionnaires aux îles de la Polynésie, passa aussi devant Tonga-Tabou, dont l'archipel avait reçu de Cook le nom bien peu mérité d'*Archipel des Amis*, car les insulaires se montrèrent depuis perfides et cruels dans leurs rapports avec les Européens; mais les relations que nous avons fait connaître ont donné à cet égard des explications suffisantes; nous ne les reproduirons pas, et nous allons seulement consigner ici en passant quelques-uns des principaux faits recueillis par Dumont d'Urville sur la géographie et les usages des îles Tonga.

L'archipel Tonga se compose d'une centaine d'îles ou îlots, situées par 17° 18' de latitude sud, et 176° 10'—178° de longitude ouest. Les trois îles Tonga-Tabou, Vavao et Eoa seules se distinguent par leur étendue, de quinze à vingt milles de longueur; sept autres ont de cinq à sept milles d'étenue moyenne; et le reste, de deux à trois milles de dimension. Plusieurs ne sont que des bancs de sable et de corail, couverts de quelques bouquets d'arbres : quelques-unes sont assez élevées; Eoa, Namouka et Vavao sont d'une hauteur médiocre, et Tonga-Tabou st une terre basse.

Tonga-Tabou, comme toutes les îles Hapaï, est entourée de récifs de corail dangereux; les autres en paraissent exemptes, parce que sans doute, le sol y est plus élevé et d'une constitution différente.

Tonga-Tabou jouit d'une température modérée; au mois d'avril et de mai, le thermomètre s'était maintenu entre 23 et 26° centigrades. D'un autre côté, les brises de mer qui soufflent régulièrement contribuent sans doute à tempérer l'excès de la chaleur. L'air d'ailleurs est pur et serein; mais les tremblements de terre sont fréquents. Le sol est d'une fertilité prodigieuse. L'eau douce est rare; mais en creusant à une certaine profondeur, on obtient en général de l'eau potable.

La population de Tonga-Tabou paraît être d'environ quinze mille habitants, dont quatre ou cinq mille en état de porter les armes.

Les habitants des îles Tonga sont en général grands, bien faits et bien proportionnés. Ils doivent la rotondité de leur corps à une nourriture saine et abondante, unie à un exercice modéré. Ils ont une physionomie agréable; ils sont plus sérieux que les Taïtiens et moins sauvages que les Nouveaux-Zélandais. Plusieurs ont le nez aquilin et les lèvres minces; presque tous ont les cheveux lisses et la peau d'un noir peu foncé. Les femmes ont la taille noble, les formes arrondies, les traits délicats et le teint presque blanc ou seulement basané.

Ces insulaires jouissent en général d'une bonne santé; quelques-uns pourtant sont sujets à la lèpre et à des éruptions cutanées. Les vieillards sont communs et ils conservent une vigueur et une agilité remarquables.

Nous avons vu dans la Nouvelle-Zélande que les indigènes avaient gagné à être connus : le contraire arrive quant aux naturels de Tonga. Ceux-ci avaient paru doux, polis, aimables, caressants et hospitaliers aux premiers navigateurs, et notamment au capitaine Cook, lequel avait, à cause de cela, comme nous l'avons dit, donné à leurs terres le nom d'*Iles des Amis*. Mais depuis on a reconnu leur perfidie, ainsi que nous l'avons déjà remarqué plus haut. Les insulaires sont généreux, complaisants et hospitaliers, sans doute, mais en même temps cupides, audacieux et profondément dissimulés. Du reste, ils paraissent susceptibles d'une force de caractère et d'une énergie surprenantes. Ils y ajoutent le mérite d'être modestes, car la jactance n'est point leur fait; et ils ne s'abandonnent point non plus à ces transports de fureur si habituels aux Nouveaux-Zélandais. Un refus ne les émeut pas; ils dévorent un affront sans y paraître sensibles; mais le souvenir en reste profondément gravé dans la mémoire, et ils ne manquent jamais de se venger aussitôt qu'ils en trouvent l'occasion.

Ces insulaires sont très attachés à leurs parents, à leurs amis et à leurs chefs. Ils ont entre eux des relations aussi douces qu'affectueuses. Ils traitent leurs femmes avec égard et leurs enfants avec une bonté paternelle. Les chefs témoignent sans cesse à leurs inférieurs beaucoup de bienveillance. Enfin ces indigènes respectent la vieillesse et lui prodiguent de tendres soins. Les rangs s'observent parmi eux. Le touï-tonga est un personnage très révéré et même sacré; c'est une espèce de pape qui semble avoir autant de puissance à Tonga que le saint père à Rome. Autrefois la noblesse à Tonga se transmettait par les femmes; quel que fût le rang du père, si la mère n'était point noble les enfants ne l'étaient point davantage : au contraire si le père n'était point noble et que la femme le fût, les enfants le devenaient de droit. Cet usage est encore observé dans quelques-unes des îles Tonga, comme nous l'apprennent d'autres voyageurs.

A Tonga-Tabou l'obéissance passive aux chefs est d'obligation rigoureuse; mais de leur côté les chefs doivent user d'une sage réserve, qui cependant ne les empêche point de punir leurs sujets à grands coups de bâton.

La danse et le chant constituent les principaux amusements du pays. On y ajoute quelques jeux dont d'Urville présente une description détaillée et complète. Un de ces jeux consiste à transporter une grosse pierre d'un endroit à un autre, sous l'eau, à la profondeur de dix pieds, en suivant le fond dans un trajet de soixante-quatre mètres et toujours en ligne droite.

Les habitants de Tonga aiment beaucoup la conversation et les parties de kava. On se rappelle que le kava ou ava est une espèce d'infusion que l'on obtient en exprimant le jus de certaines racines et en les mélangeant avec de l'eau. Il en résulte un breuvage fade, doucereux, piquant et d'une saveur nauséabonde, mais qui est fort goûté dans la Polynésie, notamment à Tonga, à Taïti, à Nonkahiva et aux îles Sandwich. Lorsqu'on en boit en trop grande quantité, il enivre; et à force d'en user on devient idiot. Dumont d'Urville décrit longuement les circonstances où le kava est servi; surtout dans les cérémonies politiques ou religieuses, et lors d'une visite importante. Les habitants de Tonga n'entreprennent jamais d'affaires graves, sans qu'elles soient précédées du kava. La plus grande marque de considération qu'ils puissent donner à un étranger dont ils reçoivent la visite est de lui faire servir le kava.

Les habitants de Tonga se distinguent parmi les Polynésiens dans la construction des pirogues, dans l'art de tailler les dents de la baleine pour en faire des colliers, dans la fabrication des filets et le ciselage des casse-têtes, dans la bâtisse des maisons, dans le tatouage et l'art de faire la barbe au moyen de coquilles. Presque toutes les professions deviennent héréditaires dans chaque famille.

Ces peuples dînent au lever et soupent au coucher du soleil. Ils se couchent dès que la nuit est venue, et se lèvent dès le retour de l'aube.

Quant aux mariages, ils ont lieu sans presque aucune cérémonie. Les jeunes filles sont libres de leurs faveurs, mais ne les prodiguent pas sans recevoir des cadeaux. Les femmes mariées sont généralement fidèles, si ce n'est dans les basses classes, où elles cèdent aux désirs des chefs plutôt pour éviter les suites de la colère de ceux-ci que par disposition à la débauche. En cas d'adultère, le mari peut tuer sa femme; cependant s'il veut divorcer, tout s'arrange, et celle-ci redevient libre dans le trafic de ses charmes.

Les chefs ont autant de femmes qu'ils en veulent, et elles prennent rang selon leur naissance. Toutes ces femmes sont traitées avec douceur. Celles qui épousent un homme d'un rang inférieur ont le droit de lui commander.

La circoncision se pratique aux îles Tonga, c'est-à-dire que l'on ôte un petit morceau de la partie supérieure du prépuce pour l'empêcher de recouvrir le gland. Cette opération est ici une raison de propreté.

Les insulaires de Tonga se tatouent diverses parties du corps, notamment le bas-ventre et les cuisses, mais en laissant la peau dans son état naturel, et sans lui faire d'incision, comme cela se pratique à la Nouvelle-Zélande.

Les maisons de ces naturels sont propres et solides. Elles ont la forme d'un ovale de trente pieds de longueur sur vingt de large, et douze ou quinze de hauteur pour les chefs. Celles du peuple sont plus petites. Le maître et la maîtresse de la maison couchent dans un espace à part; les autres membres de la famille dorment sur le plancher sans avoir d'endroits fixes. Les domestiques se retirent dans de petites cabanes voisines. Les nattes servent de lits et les vêtements de couvertures. Les meubles sont quelques bols en bois pour servir le kava, quelques gourdes pour contenir l'eau, des coques de coco pour renfermer l'huile dont on se frotte le corps, des coussinets et quelques escabeaux pour servir de siéges.

Les aliments ordinaires sont l'igname, le taro, la banane, les fruits à pain, la noix de coco, le poisson et les coquillages. On réserve pour les chefs les cochons, la volaille et les tortues. Le bas peuple mange les rats.

L'habillement des deux sexes ne consiste qu'en une pièce d'étoffe ou natte qui enveloppe le corps de manière à faire un tour et demi sur les reins, où il est arrêté par une ceinture. Jusqu'à sept ou huit ans les enfants vont tout nus. La coiffure varie suivant les goûts et les âges.

Au reste, l'habitude de se baigner chaque jour, et souvent plusieurs fois, fait que ces naturels sont très propres sur leur personne. Le soin qu'ils ont de se frotter le corps avec de l'huile parfumée rend leur peau douce et belle. Quant à leurs chants, ce sont des espèces de récitatifs se rapportant à quelque événement plus ou moins remarquable, ou bien ce sont des paroles adaptées à différentes sortes de danses ou de cérémonies. Ces chants ne sont pas dépourvus d'harmonie : ils offrent même beaucoup de variété dans les tons. Outre les flûtes, ces insulaires ont des tambours formés de troncs d'arbres, de trois à quatre pieds de long, et creux dans l'intérieur.

Les habitants de Tonga reconnaissent une foule de divinités portant le nom générique de *Hotoua*, et qui ont entre elles divers degrés de prééminence. Les divinités supérieures peuvent à leur gré distribuer le bien et le mal, et elles existent de toute éternité. Dumont d'Urville donne une liste des différentes divinités supérieures et inférieures; nous renvoyons à son ouvrage ceux de nos lecteurs qui voudraient acquérir des notions étendues et complètes à cet égard.

Suivant les habitants de Tonga-Tabou, l'âme humaine est une substance déliée et presque aériforme, qui se sépare du corps à l'instant même où la vie s'en échappe. Le cerveau n'est que le siége de la mémoire. Le courage est recélé dans le foie.

Les prêtres jouissent d'assez de considération ; ce sont eux qui rendent les oracles. On les regarde alors comme inspirés et comme recevant les communications de la divinité. On les consulte dans le cas de maladie ; mais si le malade au bout de trois jours ne va pas mieux, on le conduit à un autre prêtre, et de celui-ci à un autre, jusqu'à ce qu'il soit entièrement rétabli ou mort. Ces prêtres ne forment point un corps à part, et ils vivent confondus parmi le peuple sans avoir de costume spécial.

Le tabou existe aux îles Tonga comme à la Nouvelle-Zélande, ainsi qu'ailleurs dans la Polynésie. Le terrain consacré à un dieu ou devenu la sépulture d'un chef est taboué. On impose le tabou sur une pirogue si on veut la rendre plus propre et plus sûre pour les longs voyages. Il est défendu de combattre en un lieu qui vient d'être taboué. L'homme coupable d'un vol est contraint de se baigner dans certains endroits de la mer fréquentés par les requins ; et s'il est mordu ou dévoré, son crime demeure patent. Celui qui touche le corps d'un chef mort devient lui-même tabou, et il faut un intervalle de plusieurs lunes pour le relever de cette interdiction. Il est tabou de manger en présence d'un parent supérieur, à moins qu'il ne tourne le dos ; il est tabou de manger des vivres qu'un chef supérieur a touchés. En un mot, c'est à l'empire du tabou que les diverses classes de la société doivent la conservation de leurs priviléges respectifs.

On célèbre à Tonga une fête appelée *le Natchi*, et que le capitaine Cook a décrite longuement. C'est une cérémonie religieuse qui entraîne la consommation d'une quantité énorme de vivres, surtout si elle est accompagnée de quelques autres fêtes, comme le retour d'un chef après une longue absence, ou comme le mariage ou la mort d'un grand personnage. Une autre cérémonie analogue au natchi se pratique également pour faire des offrandes aux dieux des éléments. Enfin, une cérémonie barbare a lieu sous le nom de *Naudgia*, pour obtenir la guérison d'un parent malade : il faut ici que l'on étrangle un enfant, et que la victime soit offerte aux dieux. C'est d'ordinaire un parent de l'enfant ou du malade qui est chargé de l'égorger. On étrangle aussi un enfant lorsqu'un chef l'exige au nom du pays pour apaiser la colère des dieux. D'un autre côté, à la mort d'un chef, on a coutume d'enterrer la veuve avec le corps de son époux.

La cérémonie des funérailles demande peu de formalités quand il ne s'agit que d'un simple chef. Peu de temps après la mort on étend le cadavre par terre devant la maison, et un membre de la famille le lave avec de l'huile et de l'eau pour le rapporter dans la maison et le déposer sur un monceau d'étoffes. Les femmes du défunt se rangent autour de son corps, poussent des gémissements lugubres, se meurtrissent la poitrine et la figure, et se font quelquefois de cruelles déchirures pour exprimer la violence de leur chagrin. Le lendemain le corps est déposé dans le tombeau de famille, et les gémissements se renouvellent. Enfin, les fossoyeurs recouvrent de terre la dépouille mortelle, et par-dessus mettent des nattes en feuilles de cocotier. Chacun se retire alors chez soi, se coupe des cheveux et se brûle la peau des joues sur les pommettes avec un petit rouleau enflammé. Le deuil dure plusieurs lunes, pendant lesquelles on ne porte que des nattes pour vêtement.

Les charmes et les présages sont d'une grande influence dans les opinions religieuses de Tonga. Les éclairs et le tonnerre annoncent la guerre ou quelque grande catastrophe ; l'éternûment est aussi du plus mauvais augure. Une certaine espèce d'oiseau, analogue au martin-pêcheur, est d'un funeste pronostic lorsque dans son vol rapide il s'abat près d'une personne. Le toucher de certaines amulettes suffit pour donner la mort. Pour savoir si une personne relèvera de maladie, on fait tourner sur elle-même une noix de coco, en examinant avec soin sa position quand elle est revenue au repos.

Il ne faudrait pas croire cependant que les naturels de Tonga-Tabou se contentassent, dans leurs maladies ou leurs infirmités, de recourir aux prières, aux charmes et aux sacrifices. Ils prennent aussi des remèdes internes, comme certaines infusions de plantes. Ils ont également recours à la saignée, en se faisant des scarifications sur les bras et sur les jambes avec des coquilles tranchantes, ou une incision sur la poitrine, pour dégager le sang extravasé ou pour extraire la pointe barbelée d'une flèche rompue. Enfin, ils pratiquent aussi quelquefois la castration lorsque les testicules sont engorgés.

La langue des insulaires de Tonga est à peu près le même que celle des Nouveaux-Zélandais, sauf quelque différences très légères. Elle est douce, mélodieuse et moins monotone que celle de Taïti.

En résumé, sous le rapport physique Tonga-Tabou est une île basse couverte d'une recouche épaisse de bonne terre, où les végétaux se développent avec vigueur. Les cocotiers et les bananiers y sont très abondants. Le manque de montagnes et conséquemment de ruisseaux rend le pays monotone. Sauf le rat, il n'y a point de mammifères sauvages à Tonga-Tabou. Le martin-pêcheur, la poule d'eau, la tourterelle, le merle, la moucherolle, le chat-huant, sont à peu près les seuls oiseaux qu'on y rencontre Les habitants observent l'usage pratiqué à Taïti de changer de nom avec l'ami qu'ils ont choisi. L'île de Tonga-Tabou est gouvernée par plusieurs chefs indépendants les uns des autres, et qui entretiennent une cour nombreuse. Leurs courtisans se nomment *mata-boulais :* ce sont tout à la fois des conseillers et des gardes-du-corps.

Nous avons mentionné tout à l'heure la perfidie des insulaires de Tonga : Dumont d'Urville en eut un échantillon le 13 mai 1827, au moment où l'*Astrolabe* allait remettre à la voile, après que ces indigènes avaient été comblés de présents, et que de leur côté ils avaient montré des dispositions pacifiques, et même secouru l'équipage d'abord embarrassé au milieu des récifs aigus qu'élèvent insensiblement les petits mollusques vivant dans ces parages. Les naturels donc, jusqu'alors paisibles et affables, s'emparèrent ce jour-là, par une ruse inouïe, d'une des embarcations avec l'élève et les hommes qui la montaient ; c'est de la même manière qu'ils avaient tenté autrefois d'enlever le capitaine Cook, et plus tard le général d'Entrecasteaux. D'Urville dut recourir à des mesures coercitives pour contraindre ces barbares à rendre les Français prisonniers. Ils ne remirent d'abord que l'élève, et promirent d'amener les autres ; mais ils ne voulaient que gagner du temps pour se fortifier dans leur village sacré de Mafanga, et pour attirer l'équipage dans de nouvelles embûches. D'Urville fit approcher la corvette des récifs qui protégent ce lieu, et canonna vivement les insulaires assemblés au nombre de quatre à cinq mille dans cette espèce de fortification, armés de fusils, d'arcs, de lances et de casse-tête. Les deux premiers jours, ces sauvages, abrités par des retranchements de sable, purent braver l'artillerie française ; mais à la fin, lassés de ce genre de guerre passive pour eux, ils se déterminèrent à renvoyer, le 20, leurs prisonniers, lesquels rentrèrent à bord de la corvette, à l'exception de deux misérables qui aimèrent mieux rester dans l'île, où on leur avait sans doute promis de brillants avantages, au gré de leur cupide sensualité.

En s'éloignant de cette île, non moins dangereuse par ses habitants que par ses récifs, Dumont d'Urville avait appris de la reine du pays que les vaisseaux de La Pérouse avaient passé dix jours à Namouka ou Anamouka, et la déposition avait été accompagnée de détails assez positifs pour y ajouter foi. La route de

On s'occupa pendant deux jours de retirer du fond des eaux le plus d'objets qu'il fut possible.

l'*Astrolabe* fut alors dirigée vers les îles Viti ou Fidji, et puis vers la Nouvelle-Guinée.

Traversée de Tonga-Tabou à la Nouvelle-Guinée.

Durant vingt jours, Dumont d'Urville parcourut en divers sens l'archipel des îles Viti, improprement appelées *Fidji*, mot qui n'est qu'une corruption de Viti ou Biti en langue tonga, et y détermina la position et les contours de cent vingt îles ou îlots, dont plusieurs étaient entièrement ignorés avant lui, entre autres les îles Lauzala, Motougou, Totoua, les deux petites îles Nogoulao et Nogou-Lebou, le groupe entier d'Oumbenga, la pittoresque île de Vatou-Lelé, et un petit groupe voisin. Dans le cours de cette navigation, l'*Astrolabe* fut souvent à deux doigts de sa perte, à cause des brisants ou des hauts-fonds semés de pointes aiguës de corail qu'elle rencontra.

Nous ne suivrons pas l'explorateur dans les détails de ce périlleux travail qui a pris dix-huit jours entiers, indiquons-en seulement les principaux résultats.

La grande île septentrionale du groupe des îles de Viti se nomme *Vanoua-Lebou*, mot qui veut dire grande terre. La grande île du centre est appelée *Viti-Levou*, ce qui signifie grande Viti. La grande île méridionale est Kandabou, que par méprise le capitaine Bligh avait nommée *île Miwolla.* Toute la partie orientale de Viti-Levou n'offre que des terres basses et couvertes de cocotiers près du rivage ; ces terres s'élèvent rapidement vers l'ouest, où elles deviennent de hautes montagnes. L'île de Vatou-Lelé a neuf milles de long du nord au sud, et une largeur moyenne de deux milles ; elle est couverte d'une riche végétation, et les cocotiers dominent de leurs têtes mobiles les autres arbres qui ombragent le sol. Cette île est basse dans toute son étendue, excepté dans sa partie nord-ouest qui présente quelques falaises déchirées et taillées à pic.

Les indigènes de l'archipel Viti font partie de la race papoue qui règne à la Nouvelle-Guinée. Ce sont d'assez beaux hommes à peau noire tirant sur le chocolat. Ils ont le haut de la figure large, le nez et les lèvres grosses ; plusieurs ont une physionomie expressive ; quelques-uns de beaux traits ; tous la chevelure noire, très ample, très frisée, et dont ils prennent beaucoup de soin. Quelques-uns la colorent avec du charbon, d'autres la rougissent avec de la chaux, ou bien la blanchissent en la rendant blonde et en la faisant ressembler à du crin frisé. Ils se tatouent les bras et la poitrine en s'y creusant de petits trous qui, boursoufflés, ressemblent à une cerise, et qui sont quelquefois autant d'ulcères fort dégoûtants.

Les Vitiens fabriquent des vases de terre particuliers à leurs îles, et qu'on ne rencontre pas ailleurs. Ils

Comme nous étions en tête de la caravane, nous nous assîmes quelques minutes pour l'attendre.

pratiquent la circoncision ; ils mangent leurs ennemis tués dans les combats, et paraissent même, suivant M. Gaimard, porter l'anthropophagie beaucoup plus loin que les Nouveaux-Zélandais.

Leurs pirogues sont à balanciers, et vont à voile. Ils se passent de pagaies, et n'avancent que lentement.

Le roi des îles Viti réside à Embaou. Il possède à lui seul plus de cent femmes. On lui paie des tributs en dents de baleine qui sont la monnaie du pays, en pirogues, en jeunes filles de dix à douze ans, en étoffe de mûrier à papier, nattes, fils de coco pour les cordes, bananes, coquilles, poules, cochons, ignames, etc. Les coquilles blanches servent d'ornement.

Les Vitiens disent qu'à la mort l'âme va rejoindre un de leurs dieux qu'ils appellent *le créateur du soleil*, de la terre et de tout ce qui existe. L'âme de ceux qu'ils tuent ou qu'ils mangent, l'âme des suppliciés, comme celles des bons et des méchants, vont également rejoindre ce dieu. Il n'y a point de cérémonie ni à leur naissance, ni à leur mort. Le prêtre visite seulement les malades. On ne fait point de sacrifices humains: on offre seulement des cochons et des bananes aux dieux. On n'a point de fétiches, mais beaucoup de maisons sacrées. A la mort du roi ou de la reine, on se coupe un doigt de la main ou du pied. Quand les chefs sont malades, le peuple fait des présents aux prêtres. On boit le kava comme aux îles Tonga. A l'âge de quinze ans, on fend le prépuce à tous les garçons avec une coquille mince ou avec un couteau. On se marie de bonne heure, mais les époux ne cohabitent qu'à l'âge de vingt ans, lorsqu'ils ont déjà la barbe d'une certaine longueur ; si le mari partageait la couche de sa jeune femme avant cet âge, suivant leur croyance, il en mourrait. Les chefs ont depuis dix jusqu'à soixante femmes, tandis que les hommes du peuple n'en peuvent avoir qu'une seule.

Les femmes ne mangent point avec les hommes ; elles prennent leur nourriture à part, et après eux. Elles vont à la pêche à l'exclusion des hommes, et ont soin du ménage pendant que ceux-ci guerroient ou sont occupés de la construction des pirogues et des maisons.

On allume du feu par le frottement de deux morceaux de bois l'un contre l'autre. Les hommes ne se font point la barbe, mais ils se taillent les cheveux avec une dent de requin.

Le tatouage est général pour les deux sexes, et il se pratique avec un os de poule. Du reste, le corps est légèrement couvert. Les armes sont les flèches, les casse-tête et les lances. La nuit on s'éclaire au moyen de roseaux de cocos secs.

Les enfants, à leur naissance, reçoivent un nom qui plus tard est échangé pour un autre. A la mort d'un chef, on immole plusieurs femmes sur sa tombe. Nous avons déjà dit que les individus tués sur le champ de bataille sont dévorés à l'instant même et au milieu des chants de victoire. Pour ces repas, les Vitiens coupent les parties du corps en plusieurs morceaux, et les font cuire sur le feu après les avoir entourés de feuilles.

Lorsqu'on veut demander la paix ou envoyer un ambassadeur qui est choisi par les chefs, il offre en présent des dents de baleine, et l'arrangement se conclut. Les Vitiens ne changent pas de nom en signe d'amitié. Le vol est fréquent parmi eux, et il n'y a point de punition ; cependant si les chefs sont mécontents, on tue le coupable. Les rois particuliers des différentes îles Viti portent le titre de *tout*.

Quelques Vitiens entourent leurs cheveux d'étoffe blanche de mûrier-papier, disposée en forme de turban. Les cheveux eux-mêmes sont généralement bien arrangés, durs, épais, teints en noir, et quelquefois en rouge. Les dents de baleine sont les diamants du pays. Une brasse d'étoffe de mûrier-papier est la monnaie ordinaire, car on apprécie tout en brasses de mûrier-papier. Lorsqu'un chef tue quelqu'un il prend son nom.

En résumé, les Vitiens, féroces de leur nature, fortement constitués, ont un caractère mâle et des habitudes énergiques. La dureté de leurs traits devient encore plus marquante par la couleur noire de leur peau. Ils marchent presque nus, une étroite étoffe de ceinture dont ils entourent leurs reins étant leur seul vêtement. Ils portent des colliers de dents humaines, des bracelets aux bras et aux jambes. Quelques-uns se saupoudrent la chevelure avec du charbon ou de la chaux, et il en résulte que les cheveux noirs deviennent parfois d'un rouge ardent.

Reprenons la navigation de *l'Astrolabe*. Après avoir doublé presque toute l'étendue de l'île Viti-Levou, dont les côtes présentent un superbe coup d'œil, elle découvrit un groupe très nombreux de petites îles plus ou moins élevées et accompagnées de récifs. C'est alors que leurs positions furent exactement déterminées et que les noms de plus de trente de ces îles furent inscrits pour la première fois sur les cartes.

Ayant ainsi glorieusement accompli pour la science l'exploration des îles Viti, *l'Astrolabe* se dirigea sur la partie méridionale des îles Hébrides, et le 12 juin, elle apercevait la petite et haute île d'Erronan, pour voir le lendemain celle d'Anatom. Cette dernière île est surmontée de hautes montagnes qui ne laissent au rivage qu'une lisière de terre basse et étroite ; sur cette lisière on aperçoit çà et là quelques touffes de cocotiers, et surtout un grand nombre d'arbres presque dépourvus de feuillages et au tronc dépouillé ; ce qui, de loin, les ferait prendre pour des ossements blanchis qu'on a plantés debout. Les montagnes offrent de grands arbres et sont d'ailleurs couvertes de verdure.

Le 15 juin 1827, *l'Astrolabe* aperçut la plus méridionale des îles Loyalty, que depuis ce moment elle ne cessa de prolonger à quatre ou cinq milles de distance. Ces îles occupent une étendue de près de cent cinquante milles du sud-est au nord-ouest, et forment un archipel de quatre îles assez grandes et de dix à douze beaucoup plus petites. Toutes sont peu élevées, faiblement boisées, plus ou moins habitées, et produisent ce pin à forme bizarre que le capitaine Cook a décrit sur l'île des Pins au sud de la Nouvelle-Calédonie.

Dumont d'Urville conserva le nom de *Loyalty* au groupe entier dont il s'agit. Il laissa à l'île la plus méridionale le nom de *Britannia*, celui du navire qui est présumé les avoir découvertes le premier, et il donna aux trois suivantes les noms d'*îles Chabrol*, *Halgan* et *Tupinier*, pour rappeler les noms du ministre et des chefs de la marine française qui avaient arrêté et dirigé l'expédition de *l'Astrolabe*. La reconnaissance de ces îles fut complétée en cinq jours.

Les principales portions des îles Loyalty ont été déterminées avec soin par l'expédition de *l'Astrolabe*. L'île Halgan est située par 20° 33' 33" de latitude sud, et 161° 5' 50" de longitude est. L'île Chabrol est située par 20° 40' 25", et 164° 39' 40" est. L'île Britannia est située par 21° 21' 45" de latitude sud, et 165° 28' 18" de longitude.

Les îles Beaupré ne sont que la queue de cet archipel, à dix lieues duquel la corvette passa le 20 juin, en se portant directement sur la pointe septentrionale des récifs immenses qui ceignent au nord la Nouvelle-Calédonie. Dumont d'Urville explora sur cette côte l'espace qui n'avait pu être examiné par d'Entrecasteaux, et compléta ainsi la carte de ce groupe intéressant.

En continuant de naviguer vers le nord-ouest, pour se diriger sur la Louisiade, la corvette avait à franchir un grand espace de mer dégagé d'îles et d'écueils. Un capitaine anglais avait fait espérer qu'on pourrait y rencontrer un nouvel archipel ; mais *l'Astrolabe*, qui employa huit jours à faire ce trajet, ne découvrit rien qui annonçât le voisinage d'aucune terre, et dès lors on dut perdre tout espoir de rencontrer vers ces lieux aucune trace du naufrage de La Pérouse.

Le 29 juin, on aperçut les côtes de la Louisiade, et d'abord le cap de la Délivrance, extrémité sud de cet archipel, au sud-est de l'île Rossel. On découvrit en même temps une île peu élevée, d'un demi-mille d'étendue et éloignée de cinq à six milles de l'île Rossel, à laquelle on reconnut ensuite qu'elle était unie par un récif à fleur d'eau. Comme elle avait déjà été vue précédemment par le brick *l'Adèle*, Dumont d'Urville la nomma pour cette raison *île Adèle*.

Il fallait maintenant prolonger les côtes méridionales de la Louisiade et s'aventurer dans les périlleux canaux du détroit de Torrès ; mais dépourvu des moyens nécessaires pour se dégager au besoin des labyrinthes d'écueils dont ce passage est parsemé, d'Urville dut renoncer à ce projet. Alors, il prit le parti d'entreprendre sur-le-champ la reconnaissance des côtes méridionales de la Nouvelle-Bretagne, et septentrionales de la Nouvelle-Guinée, renvoyant à l'année suivante le trajet du détroit de Torrès.

Ainsi, dès qu'il eut déteminé la position de l'île Adèle, située à environ sept milles de l'île Rossel, et le cap de la Délivrance, situé par 11° 23' 25" de latitude sud, et 151° 56' 28" de longitude est, de même que plusieurs autres points de l'île Rossel, d'Urville dirigea le navire vers la Nouvelle-Bretagne.

Comme dans la route on devait passer à peu de distance d'un groupe d'îles récemment découvert et encore peu connu, les îles Laughlan, d'Urville gouverna de manière à en avoir connaissance. Il les aperçut le 1er juillet 1827, et mit trois jours à en lever le plan. Elles sont au nombre de neuf, toutes basses, peu étendues, très rapprochées les unes des autres, couvertes de cocotiers, parées de la plus riche verdure, et semblent autant de jardins semés au milieu de l'Océan. Près d'elles, c'est-à-dire à environ dix milles dans l'ouest, se montre un rocher assez élevé et que n'avait point reconnu le capitaine qui le premier avait découvert ce petit archipel.

Cette reconnaissance accomplie, d'Urville se dirigea vers le hâvre Carteret, qu'il ne put atteindre sans avoir éprouvé une grosse mer et un temps affreux.

Le 5 juillet, il avait gagné le canal Saint-Georges, et doublé l'île Leigh. Le 6, la corvette se trouvait dans le hâvre, et définitivement amarrée sous l'île aux Cocos, qui offre un plateau considérable assez uni, où il est facile de circuler à l'abri des grands végétaux dont les tiges se développent en colonnes déliées pour former un dôme aérien sur la tête du promeneur.

Le séjour de la corvette au hâvre Carteret fut de 13 jours, pendant lesquels on fit de nombreuses observations scientifiques et de nouvelles collections naturelles. On vit beaucoup de crocodiles sur les bords de la rade, et même on en prit un monstrueux qui avait douze pieds et demi de longueur, avec des dents et des griffes proportionnées à sa taille.

Le 19 juillet, d'Urville remit à la voile, en sortant du hâvre par la passe de l'ouest. Il traversa le canal Saint-Georges pour se porter sur le cap Palliser de la Nouvelle-Bretagne et y commencer l'exploration de cette grande île. On prolongea de très près toute la côte méridionale; on s'assura qu'il n'y avait point de passage au port Montagne, et que dans sa partie occidentale cette côte est bordée d'une foule d'îles basses et boisées, qui s'entrecroisent dans tous les sens. On détermina la position d'un grand nombre de ces îles; le 2 août, la corvette *l'Astrolabe* franchit le détroit de Dampier. Dans ce trajet elle toucha deux fois un banc de coraux dangereux, sans avoir heureusement éprouvé d'avarie.

Dès qu'on eut dépassé le détroit de Dampier, on commença la reconnaissance de la côte septentrionale de la Nouvelle-Guinée, en la prolongeant du 3 au 25 août, à quatre ou six milles de distance, dans tout son développement, c'est-à-dire dans une étendue de plus de trois cent cinquante lieues de longueur, sans y laisser de lacunes. On releva et détermina toute les îles qui la bordent et que l'on connaissait déjà; on en découvrit quinze à vingt autres plus rapprochées de la côte et que personne n'avait vues avant d'Urville. On reconnut l'entrée occidentale de la baie Geelvink, et continuant la navigation par le détroit à peine pratiqué de Jobie, on traça les contours de cette grande île, de Mysore, Bultig et de l'île Longue. Le 25 août, en terminant le travail où d'Entrecasteaux avait commencé le sien, on donna dans le hâvre de Dorey, pour y rattacher les longitudes aux observations faites sur ce point à la campagne précédente.

Dans toute son étendue, cette grande côte n'avait offert à Dumont d'Urville qu'une seule baie remarquable et susceptible de procurer un abri sûr en tout temps, aux vaisseaux qui voudraient y relâcher. Il lui donna le titre de *baie Humboldt*, en l'honneur du savant de ce nom. De chaque côté, comme deux sentinelles gigantesques, sont des montagnes que d'Urville a nommées les monts *Brongniard* et *Cordier*, lesquels signalent l'approche de cette baie aux navigateurs, à plus de vingt lieues de distance. Au reste, la même baie a son entrée parfaitement dessinée par deux pointes escarpées qui sont d'un effet imposant.

La relâche de *l'Astrolabe* à Dorey fut de onze jours, pendant lesquels la mission s'enrichit d'une foule de matériaux précieux. Les pirogues des naturels ne cessèrent d'environner la corvette, et ils se montrèrent bien plus familiers et bien plus communicatifs que lors du passage de *la Coquille*, ce qui favorisa les recherches et les excursions dans les terres.

Le 6 septembre, la corvette sortit du hâvre si pittoresque de Dorey, ou Doreï, et se dirigea vers l'île d'Amboine. Dans le trajet on observa la longitude de l'île Mispalu, et on détermina les petites îles Doïf, au sud de Gagui, qu'aucune des expéditions antérieures n'avait signalées.

Mais avant d'arriver à Amboine, il convient de présenter ici la substance des remarques faites par Dumont d'Urville sur le hâvre de Doreï et sur l'ensemble de la Nouvelle-Guinée.

Les navigateurs Saavedra, Gaëtan, Schouten, Tasman et Dampier avaient tour-à-tour exploré diverses parties de la Nouvelle-Guinée, mais les notions que leurs voyages avaient recueillies étaient encore très vagues, surtout à l'égard des indigènes. L'Anglais Forrest, en 1775, visita le hâvre de Doreï, et fut le premier à donner des renseignements exacts tant sur les naturels que sur les productions. En 1824, *la Coquille* parut aussi sur ces rivages dont M. Duperrey dressa une topographie très soignée.

Le hâvre Doreï est situé au sud du cap Mamori, lequel forme la pointe occidentale extérieure de l'entrée de la grande baie de Geelvink ou Geelwink. On pénètre dans ce hâvre, qui a un demi-mille de profondeur sur un canal de trois milles de longueur, ayant d'un côté la côte de la presqu'île Mamori, et de l'autre les îles Manna-Souari et Mamaspi. Ce bassin, quoique petit, peut contenir des vaisseaux de toutes les dimensions et leur présente un bon mouillage. Ses bords sont encadrés par de vastes forêts et de hautes fougères. La rive septentrionale se distingue par un sol riche, mal cultivé, car les Papous sont aussi paresseux que peu intelligents.

Ces indigènes ont le corps grêle, la taille moyenne et dégagée, la physionomie agréable, le tour du visage ovale, les pommettes saillantes, les lèvres minces, la bouche petite, le nez arrondi, la peau douce et d'un brun très foncé sans être noire. Le corps est peu velu, la barbe rare, les cheveux sont naturellement crépus par suite de l'habitude de les friser, ce qui leur donne l'air ébouriffés. Ce sont les Papous proprement dits, et qui constituent la majeure partie de la population des rivages, depuis l'île Waigiou jusqu'au hâvre de Doreï.

Une autre race, à laquelle d'Urville donne le nom de *Harfour*, a la figure presque carrée, aplatie et anguleuse, les traits heurtés, les pommettes saillantes, la bouche grande, les lèvres épaisses, le nez épaté, la peau rude d'un brun foncé, et la teinte sale et enfumée. Ces sauvages ont les cheveux relevés en chignons, ou bien ils les couvrent d'un morceau d'étoffe.

Il existe une troisième variété, petite, agile et vigoureuse, aux traits sauvages, aux yeux hagards, au teint fuligineux et maigre, pratiquant le tatouage par cicatrices, marchant ordinairement nus ou couverts seulement d'une ceinture, laissant flotter leurs cheveux à l'aventure, ou se bornant à les rouler en mèches. Il paraît que ce sont les véritables indigènes du pays.

Les Papous forment la masse du peuple; ils portent rarement les étoffes indiennes ou chinoises dont se couvrent les Métis. Les véritables indigènes paraissent très misérables et réduits même à un état de servitude ou tout au moins de domesticité.

Les habitants de Doreï sont soumis à l'autorité du sultan de Tidore qui, chaque année, malgré la distance, reçoit les tributs et les hommages de ses sujets lointains, tributs composés de tortues, d'oiseaux de paradis et d'esclaves des deux sexes.

Les naturels de Doreï ont quatre villages sur le bord de l'eau, chacun formé d'une quinzaine de maisons établies sur des pieux, chaque maison renfermant des cellules distinctes pour recevoir plusieurs familles. Ces maisons sont toutes construites en bois, grossièrement travaillées, et percées de toutes parts à jour, ce qui les rend chancelantes.

Les Papous sont très défiants, et surtout très jaloux de leurs femmes, qui cependant sont fort laides. Ils ont des idoles sur leurs tombeaux, et des amulettes qu'ils portent à leur cou et aux oreilles. Ils ont aussi quelques morceaux de sculptures grossières qui rappellent le style égyptien. Ils rendent une sorte de culte à leurs parents, dont les tombeaux sont gardés avec soin. Ces peuples fabriquent des nattes en feuilles de bananier. Leurs femmes travaillent et font une poterie grossière, les arcs et les flèches, la lance et un bouclier long, outre un couperet en acier qui sert à la fois d'armes et d'instruments tranchant pour tous les besoins journaliers.

La nourriture de ces sauvages consiste en chair de tortue, pain de sagou, poissons, coquillages, fruits et racines. On fait rôtir les aliments sur des charbons ardents, ou bien on les place sur des treillages élevés à une certaine hauteur au-dessus du foyer; ce dernier moyen est surtout employé pour cuire le poisson. Les Papous mâchent le bétel mélangé avec l'arek et la chaux. Ils pratiquent le tatouage en se faisant de petits dessins sur la peau, tandis que les Harfours la sillonnent d'incisions profondes. Tous portent des bracelets de coquillages ou d'écailles de tortue avec des bagues et des pendants d'oreilles de la même matière. Le comble de la richesse est d'avoir pour eux ces objets en argent. Ces naturels fabriquent de petits coffrets en paille peinte.

Les instruments de musique sont le tam-tam recouvert à une de ses extrémités par une peau de lézard. Les pirogues sont de toutes les formes, entre autres celles qu'on appelle *koro-koros*.

Les Papous n'élèvent que très peu de cochons et de volailles; mais les forêts fournissent beaucoup de ces premiers animaux dans l'état sauvage.

Les Papous ont des mœurs simples et douces; ils ne manquent point de sagacité ni même de finesse; cette dernière qualité va même quelquefois jusqu'à l'astuce. Les hommes sont petits, et ont le ventre gros. Les femmes, je le répète, sont laides sans aucune exception. Les deux sexes vont presque nus: l'usage du bétel leur gâte promptement la bouche et les dents.

Passons maintenant à l'île d'Amboine, où se trouvent les établissements hollandais: *l'Astrolabe* y arriva le 25 septembre 1827. Elle y trouva les moyens nécessaires de réparer les pertes qu'elle avait essuyées sur les récifs de Tonga-Tabou. Le commandant de l'expédition reçut de la part des autorités l'accueil le plus cordial; les officiers firent quelques excursions dans l'intérieur des terres pour enrichir les collections.

Enfin, après avoir réparé toutes les pertes et remplacé tous les vivres consommés, *l'Astrolabe* remit à la voile le 10 octobre 1827, et sortit des Moluques par les détroits d'Ombay, de Timor et de Simao, d'où elle dirigea sa course vers la Tasmanie ou terre de Van-Diémen. Le 20, elle se trouvait sur la position probable des prétendus Tryals, sans avoir pu rien remarquer. Le 29, la corvette rencontra les vents frais du nord-ouest à l'ouest qui la poussèrent avec rapidité vers les côtes de la Tasmanie. Le 16 décembre, elle mouilla à l'entrée du canal de d'Entrecasteaux, et, le 20, sous les murs de la ville naissante de Hobart-Town, sur les rives du beau fleuve Derwent, lequel n'offrait encore que de profondes solitudes aux compagnons de d'Entrecasteaux, tandis qu'il est maintenant couvert de riantes habitations et paré de florissantes cultures.

A Hobart-Town, où *l'Astrolabe* mouilla en décembre 1827, Dumont d'Urville ne comptait faire qu'une très courte relâche pour reprendre ensuite l'exploration de la Nouvelle-Zélande; mais ce fut là qu'il eut pour la première fois connaissance des découvertes du capitaine Dillon au sujet du naufrage de *La Pérouse*. Bien que le récit du marin anglais n'inspirât point une grande confiance, d'après l'opinion générale que l'on avait sur M. Dillon dans la colonie, à cause de l'emprisonnement que cet officier avait subi à Hobart-Town, comme ayant été convaincu d'excès de pouvoir envers un docteur Tytler, cependant Dumont d'Urville sentit combien il importait à la gloire de l'expédition de *l'Astrolabe* et à l'honneur de la marine comme de la nation française de constater ce qu'il pouvait y avoir de vrai ou de faux dans ces rapports. En conséquence il changea le plan de sa campagne, et résolut de se diriger vers les îles où l'on disait que le naufrage de *La Pérouse* avait eu lieu. Mais il fallut auparavant disposer la corvette pour cette navigation dangereuse, et d'Urville mit à profit le temps qui allait être consacré à ces préparatifs, en recueillant de précieux détails sur la colonie de Van-Diémen. Nous en offrirons ci-après l'analyse sommaire.

Tasmanie ou terre de Van-Diémen.

Pendant les quinze jours environ que Dumont d'Urville passa à Hobart-Town, il eut occasion d'y remarquer des changements brusques de température. Le thermomètre montait de 18 à 28° et suivait d'autres variations analogues. Déjà le capitaine Cook et le naturaliste Péron avaient tour-à-tour observé un phénomène semblable dans les mêmes parages: Péron l'attribue à l'existence des sables brûlants qu'il présumait situés dans l'intérieur de la Nouvelle-Hollande, et dont la température devait se communiquer aux vents qui passaient au-dessus de ces sables pour arriver à la terre de Van-Diémen; mais il paraît plus naturel d'admettre, avec le capitaine Baudin, que cette élévation subite de température provient de l'embrasement des forêts opéré par les naturels qui ont toujours à la main un bâton enflammé, et qui peuvent mettre ainsi le feu partout où ils passent. Les parties de l'atmosphère situées au-dessus de ces espaces embrasés doivent s'élever rapidement à une température très haute, et il suffit de plusieurs coups de vent violents pour transporter au loin ces masses d'air chaud.

La ville de Hobart-Town, capitale de la terre de Van-Diémen, a déjà une certaine étendue: ses maisons très escarpées n'ont généralement qu'un étage, sans compter le rez-de-chaussée; elles sont propres et régulières. Les rues n'étant point pavées rendent leur parcours pénible; quelques-unes ont pourtant des trottoirs; mais la poussière qui s'élève continuellement est désagréable pour les yeux. Le palais du gouvernement est situé sur le bord de la baie, et déjà entouré de beaux arbres qui en rendent le séjour plus riant. Nous reviendrons au reste tout à l'heure sur Hobart-Town; rappelons auparavant quelques traits concernant l'historique de Van-Diémen et de sa colonie.

Tasman fut le premier Européen qui découvrit cette grande île australe; il l'aperçut en 1642, et mouilla dans une baie de la côte orientale, et la nomma *baie de Frédérick Henri*. Il remarqua sur cette côte plusieurs indices d'habitations, mais ne vit point d'habitants. Il repartit en laissant à l'île entière le nom de *terre de Van-Diémen*, en l'honneur du gouverneur générale des possessions des Indes Hollandaises, résidant à Batavia, d'où Tasman lui-même avait fait voile avec ses deux navires.

La terre de Van-Diémen était pendant plus d'un siècle demeurée inconnue aux Européens, ou du moins inexplorée par eux, lorsque le capitaine français Marion vint en 1772 mouiller dans la même baie de Frédérick Henri. Il y aperçut des sauvages et eut d'abord des communications paisibles avec eux, mais ensuite il fallut en venir aux mains; les sauvages reculèrent devant la fusillade qu'ils avaient provoquée; et Marion, qui avait cherché vainement de l'eau et des arbres propres à faire des mâts, dut remettre à la voile après une relâche de six jours seulement. On se rappelle que cet infortuné Marion se rendit à la Nouvelle-Zélande, où il fut massacré et dévoré par les naturels.

L'année suivante le capitaine Furneaux, compagnon de Cook en son second voyage, aborda dans la baie de l'Aventure, située sur la côte occidentale de la grande baie des Tempêtes, placée elle-même au sud-est de la Tasmanie, vers le canal d'Entrecasteaux. Furneaux reconnut d'assez près la côte orientale, et en dressa une carte qui plus tard fut rectifiée par le capitaine Cook dans son troisième voyage, où il recueillit de nombreuses observations sur les productions naturelles du pays et sur les mœurs ou coutumes des habitants.

En 1788, le capitaine Bligh mouilla dans la même baie de l'Aventure, et y passa douze jours. Le capitaine Hunter y parut vers le même temps pour reconnaître à la voile quelques parties de cette terre. En 1789, le capitaine Cox découvrit la baie aux Huîtres sur l'île Maria, située au sud-est de la terre de Van-Diémen, terre que Vancouver ne fit qu'entrevoir en 1791.

Ce fut deux ans après que le général d'Entrecasteaux se présenta vers la partie méridionale, y consacra environ quarante jours à relever avec soin toute cette étendue de terre. Il parcourut en entier le beau canal qui reçut son nom, et quelques officiers de l'expédition s'avancèrent dans la rivière de Derwent jusqu'à l'endroit où, changeant son cours, elle se dirige vers l'ouest. D'Urville rend une éclatante justice aux magnifiques travaux de ce navigateur célèbre, lesquels n'ont rien laissé à faire à ses successeurs en ce qui concerne ce canal important.

En 1794, l'Anglais Hayes remonta fort avant la rivière à laquelle d'Entrecasteaux avait donné le nom de *rivière du Nord*, et que Hayes changea en celui de *rivière Derwent* qui a prévalu, par la raison toute simple, comme le remarque d'Urville, que les Anglais ont seuls profité des découvertes du navigateur français.

Tasman avait émis des doutes sur la jonction de la terre de Van-Diémen à la Nouvelle-Hollande : ces doutes subsistèrent jusqu'en 1797, où le chirurgien Bass, s'élançant dans une simple chaloupe de baleiniers, pénétra de l'est à l'ouest jusqu'à l'endroit appelé depuis *le port Western*, découvrit le détroit qui reçut son nom de *Bass*, et qui sépare la Nouvelle-Hollande de la Tasmanie. Cette découverte fut aussitôt vérifiée par le lieutenant Flinders, qui releva avec beaucoup d'exactitude les diverses parties de ce détroit pour ensuite, avec le même Bass, opérer la circumnavigation complète et détaillée de la terre de Van-Diémen.

En 1802, le capitaine français Baudin explora aussi la côte orientale et la côte septentrionale de cette grande île. C'est alors que la crainte de voir les Français y fonder une colonie détermina les Anglais du port Jackson à jeter sans retard les bases d'un établissement qui a depuis grandi à vue d'œil. Le siége de cet établissement se trouve aujourd'hui même à Hobart-Town, sur la côte orientale. Un autre établissement fut fondé en 1804 au port Dalrymple, sur la partie septentrionale.

Dans le principe, la colonie de Van-Diémen ne fut qu'une dépendance du gouvernement de la Nouvelle-Galles du sud, et les chefs ne prenaient que le titre de lieutenant-gouverneur; mais depuis 1825, le gouvernement anglais, ayant senti la nécessité de lever les entraves qui retardaient souvent l'administration des affaires et la décision des tribunaux, en même temps qu'elles nuisaient au commerce, a ordonné la séparation des deux colonies. Seulement le gouverneur général de la Nouvelle-Galles du Sud commande lorsqu'il paraît sur la terre de Van-Diémen.

La population actuelle de la terre de Van-Diémen excède vingt-cinq mille âmes, non compris les naturels, qui du reste sont peu nombreux. Les importations avaient dépassé 100,000 livres sterling en 1827, et déjà les exportations deviennent très considérables.

Le gouverneur de Van-Diémen est assisté dans ses fonctions par un conseil exécutif et par un conseil législatif. Le premier est formé de quatre membres qui sont : le chef de la justice, le secrétaire de la colonie, le trésorier et le chef de la police; le gouverneur est de droit président de ce conseil exécutif. Celui-ci est obligé de prendre l'avis de ce conseil pour les affaires importantes, mais il peut passer outre, sauf à en rendre compte au gouvernement anglais. Le conseil législatif est composé de sept membres, dont trois appartiennent déjà au conseil exécutif. Ce conseil législatif établit les impôts et vote les lois; ses séances ne sont point publiques, on n'en connaît le résultat que par la gazette.

La surface entière de la terre de Van-Diémen est maintenant partagée en deux grandes divisions : l'une, appelée *comté de Buckingham*, occupe la partie méridionale de l'île; l'autre, appelée *comté de Cornwall*, comprend toute la partie septentrionale. Ces deux grandes divisions paraissent avoir pour limite la rivière Macquarie dans la partie de son cours voisine de sa source. L'intérieur de ces comtés offre quelques établissements déjà florissants, mais les régions voisines des côtes sont encore inhabitées ou abandonnées aux peuplades indigènes, qui y persistent dans leurs coutumes sauvages et leurs hostilités contre les colons.

Nous avons dit plus haut que nous reviendrions à Hobart-Town, afin d'en compléter la description : c'est maintenant le cas de tenir notre promesse, et nous allons le faire.

Hobart-Town, capitale de la colonie entière de Van-Diémen, et en particulier chef-lieu du comté de Buckingham, est située sur la rive droite du fleuve Derwent, à environ trois lieues de son embouchure, et dans une plaine qui se développe au pied d'une montagne à laquelle on avait d'abord donné le nom de *montagne de la Table*, mais que l'on a ensuite changé en celui de *mont Wellington*. Cette ville en 1827 contenait déjà environ mille maisons et sept mille habitants, population que le grand nombre d'enfants et d'étrangers laissait permettre de voir doubler en peu d'années, en suivant le même progrès qu'aux États-Unis d'Amérique. Hobart-Town est longue d'un mille du nord au sud, et large d'un demi-mille. Les rues sont coupées à angle droit, larges, bien alignées, et les principales ont leurs chaussées macadamisées, c'est-à-dire formées d'un ciment de petits cailloux brisés qui la rendent très unie et très douce. Généralement les bâtisses sont en bois, isolées l'une de l'autre, et accompagnées chacune d'un petit jardin qui leur fait face; mais les nouveaux édifices de quelque étendue sont en briques ou en pierres, et quelques-uns ont deux étages. La pierre revient cher à tailler, aussi voit-on plusieurs maisons bâties en pierres brutes recrépies en plâtre. Un ruisseau abondant traverse Hobart-Town et entretient la propreté des rues, en même temps qu'il fait tourner un grand nombre de moulins.

Le hâvre de Hobart-Town est aussi commode que sûr. Une jetée magnifique établie sur sa droite facilite d'ailleurs les communications avec la ville. Sur la gauche est un petit fort en terre, appelé batterie Mulgrave, destiné à rendre les saluts aux vaisseaux qui viennent mouiller dans le bassin, au fond duquel sont l'arsenal, les magasins du gouvernement et les bureaux du commissariat. Au-dessus est le palais du gouverneur, bel et grand édifice environné de riantes pelouses, de jardins et de bosquets s'étendant jusque sur les rivages de l'Océan. Un peu plus loin s'élèvent l'église, le palais de justice et la prison, tandis que, sur une éminence et en dehors de la ville, se déploient les casernes, position d'où l'on a une vue complète de la cité, du hâvre et du fleuve. Il faut citer, en outre, mais dans la ville, la maison de réclusion, la maison de correction, l'hôpital, les bureaux de la poste, de la police et de la Compagnie de Van-Diémen, la chapelle catholique et divers établissements particuliers. Au sud de la ville et sur le mont Nelson, se trouve un télégraphe qui communique avec le fort Mulgrave. A quatre milles de Hobart-Town, c'est-à-dire à Sandy-Bay, on aperçoit quelques jolies métairies dans une situation pittoresque. Plus loin, à New-Town, et sur la route de Launceston, se voient les sites les plus ravissants de toute la terre de Van-Diémen; les montagnes élevées et déchirées qui dominent la rive opposée contrastent d'une manière frappante avec les cultures qui environnent ce hameau.

Dumont d'Urville décrit, avec de longs et intéressants développements, la route qui conduit de Hobart-Town à Launceston, et celle qui par un autre côté ramène de Launceston à Hobart-Town. On suit avec une curiosité soutenue les rives du Derwent et de quelques autres rivières. Enfin à Launceston, chef-lieu du comté de Cornwall, à cent vingt-trois milles de Hobart-Town, et qui fut fondée en 1804, on ne trouve encore qu'environ deux mille cinq cents habitants, au confluent de deux rivières nommées l'une *le Nort-Esh*, et l'autre *le Tamar*, à quarante-trois milles de la mer, qui, malgré cette distance, y monte encore de quinze pieds, lorsque d'ailleurs les navires de trois cent cinquante tonneaux peuvent y laisser tomber l'ancre à une portée de fusil de la jetée. C'est une ville à blé, et en effet, les exportations en blé pour Sidney dépassent annuellement cent mille boisseaux. Quelques bâtiments même portent du blé de Launceston à l'île Maurice, au cap de Bonne-Espérance et au Brésil. Cette ville au reste ne compte guère encore, en fait d'édifices, que l'église, un collége, un grand magasin neuf et les casernes. Les rues sont régulières, les maisons basses, la plupart en bois, et n'ayant que le rez-de-chaussée.

Après Launceston vient encore Georges-Town, petite ville située à trois milles de l'entrée du port Dalrymple, qui forme l'embouchure du Tamar sur sa rive orientale : ce n'est qu'un établissement militaire, parce que le terrain y est moins favorable aux cultures; on y garde un nombre considérable de condamnés. Il en existe également sur la côte occidentale de l'île Maria, au lieu appelé *le hâvre Macquarie*, qui est de même un établissement pénitentiaire, principalement pour les sujets incorrigibles. Du reste, les environs de ce hâvre passent pour affreux et impropres à toute espèce de culture.

Les établissements de la colonie de Van-Diémen sont jusqu'ici renfermés dans une longue vallée, qui règne depuis le port Dalrymple jusqu'à Hobart-Town, vallée bordée à l'est et à l'ouest par les montagnes, et n'occupant guère qu'un tiers de l'île. Nous avons déjà cité la montagne Wellington qui s'élève immédiatement au-dessus de Hobart-Town, et dont le sommet, haut de trois mille sept cent soixante-quatre pieds anglais, est couvert de neige neuf mois de l'année.

Parmi les rivières qui sillonnent la terre de Van-Diémen, il en est seulement deux que leur largeur et leur étendue doivent distinguer, savoir : le Derwent et le Tamar. Nous avons déjà cité le Derwent. Quant au fleuve Tamar, son cours présente un coup d'œil extrêmement pittoresque, surtout aux environs de Launceston. Le port Dalrymple forme son embouchure, obstruée par des rochers et des bancs de sable. La largeur de cette embouchure est de trois milles ; c'est à Launceston que les eaux réunies de deux rivières forment le Tamar.

Il y a plusieurs lacs dans l'intérieur de la terre de Van-Diémen, dont un sur le haut des montagnes de l'ouest et qui paraît avoir cinquante milles de circuit. Ses bords sont médiocrement boisés, et de l'une des rives on ne voit qu'à peine la rive opposée. Il paraît que ses eaux débordent par plusieurs issues, notamment lors des grandes pluies; et c'est à cette cause que l'on attribue l'irrégularité des marées dans le Derwent qui, dit-on, prend sa source à ce même lac, appelé *lac Braumont*.

Aucune île ne présente un aussi grand nombre de bons mouillages que la terre de Van-Diémen. Outre le canal d'Entrecasteaux et la baie des Tempêtes, qui présentent une foule de hâvres et d'abris, on a la baie des Huîtres, le port Montbazin sur l'île Maria, un beau hâvre dans la baie Fleurieu, le port Dalrymple, le hâvre Macquarie, le port Davey.

Toutes les îles qui accompagnent la terre de Van-Diémen sont très rapprochées de la côte. Les plus considérables sont les Bruny, Schouten, et celles qui se trouvent dans le détroit de Bass; les autres, comme Matzuykers, Mewstone, Pedra-Branca, Friars, Maurouard, Saint-Georges, ne sont que des îlots ou des rochers.

Sous le rapport végétal, on remarque peu de différence entre la terre de Van-Diémen et la Nouvelle-Hollande. En l'une et l'autre contrée on voit de beaux arbres. A Van-Diémen l'eucalyptus est le plus utile; son bois, qui atteint jusqu'à soixante-dix pieds de hauteur et qui est d'un grain dur et droit, sert principalement à la charpente des maisons, tandis que son écorce est employée à faire les cabanes pour les scieurs et les planteurs de bois. Le pin de la baie de l'Aventure est un bon bois de construction ; mais il est rare. Les mimosas présentent un aspect gracieux ; mais en général ils ont un ombrage maigre et la cime difforme : il y a loin de leur singulière apparence à la tête élégante de nos chênes et de nos ormes d'Europe.

Les plantes annuelles ou herbacées sont à peu près les mêmes qu'à la Nouvelle-Galles du sud. Quant aux fruits indigènes, on n'en rencontre pas. Il est vrai que dans les jardins on cultive ceux d'Europe, notamment les poires, les pommes, les prunes, les mûres, les framboises, les groseilles, les fraises, etc. D'un autre côté, les oranges sont plus rares qu'à Sydney, à cause de la différence du climat.

Les animaux sont le kangarou, l'opossum, l'écureuil, le phalanger, le wombat, le dasyure, le phascolome et l'échidné. On ne trouve pas le chien sauvage comme à la Nouvelle-Hollande, mais le grand dasyure parvient quelquefois jusqu'à six pieds et demi de longueur. Il fait de grands dégâts parmi le bétail ; cependant il est timide et fuit l'approche de l'homme. Les oiseaux sont à peu près les mêmes que ceux de la Nouvelle-Hollande. Les serpents se montrent en assez grand nombre, mais sont moins dangereux. Les côtes, les hâvres et les rivières abondent en excellents poissons.

Les naturels de la terre de Van-Diémen sont analogues à ceux de la Nouvelle-Hollande; ils vivent principalement de chasse et de pêche. Chaque tribu reconnaît un chef. Les huttes sont formées par trois pièces de bois fichées en terre et réunies au sommet par le moyen d'une corde. Deux des côtés de cette espèce de pyramide triangulaire sont garnis d'un treillis, et le tout est recouvert de chaume. Ces sauvages manient la lance avec adresse, mais ignorent l'usage du bâton à lancer, si utile aux naturels de la Nouvelle-Galles du sud. Le vêtement d'hiver est une peau de kangarou. En été, les hommes vont tout nus, mais les femmes gardent leurs vêtements sur leurs épaules et autour du corps, par le moyen d une corde.

Chez ces sauvages, les hommes ne s'arrachent point les deux dents de devant, et les femmes ne se coupent point la première phalange du petit doigt, comme le pratiquent les indigènes de la Nouvelle-Galles du sud. Ils offrent volontiers leurs femmes aux Européens, et il ne paraît pas non plus que les mariages aient lieu par enlèvement.

Les femmes de la terre de Van-Diémen sont, au reste, plus agréables que celles de la Nouvelle-Galles du sud ; elles ont les membres mieux proportionnés et les traits plus gracieux ; elles tiennent aussi leur corps plus propre. Enfin, elles sont en général plus soumises, plus douces et plus affectionnées, ce qui n'empêche cependant pas qu'elles soient traitées avec dureté et cruauté même par leurs maris. Voilà pourquoi souvent elles quittent leurs tribus pour s'attacher à des Européens; mais si elles ont le malheur de retomber sous la main de leurs bourreaux, ils les maltraitent de la manière la plus barbare, et font périr dans les flammes les enfants qu'elles auraient pu avoir des étrangers.

Une de ces femmes, qui avait demeuré plusieurs années avec un marin honnête, mais volage et aventureux, s'étant un jour un peu trop éloignée de lui avec son enfant au sein, tomba par mégarde au milieu des sauvages. Ceux-ci, en la reconnaissant, se jetèrent furieux sur elle, l'accablèrent de coups, lui arrachèrent son enfant qu'elle tenait dans ses bras, et le jetèrent dans un grand feu autour duquel ils étaient rassemblés. La malheureuse, comme inspirée par un courage surnaturel, fend la haie que formaient les barbares, se précipite dans le brasier allumé, en retire son enfant déjà pénétré par les flammes, et l'emporte échevelée au sein des bois, sur la rive opposée à l'endroit du rassemblement. Les sauvages la poursuivent ; mais la frayeur et la tendresse maternelle lui ont donné des ailes pour échapper, elle et son enfant, à une mort assurée. Ces monstres la cherchent longtemps sans pouvoir la trouver, et ils reviennent tranquillement s'endormir auprès de leur foyer brûlant. La pauvre femme, qui de sa cachette, avait l'œil ouvert sur tous leurs mouvements, profite du sommeil des sauvages pour s'esquiver doucement sur la pointe des pieds avec son enfant, et haletante, elle parvient à gagner la ville de Launceston, qui se trouvait à environ dix milles du lieu du danger. Une dame anglaise recueillit cette infortunée, comme elle en avait déjà élevé la fille aînée, et la pauvre mère put bientôt jouir tranquille des caresses de son nouvel enfant.

Les naturels de la terre de Van-Diémen ne se plient pas plus à la civilisation européenne que ceux de la Nouvelle-Galles du sud. Ces sauvages évitent toutes communications avec les Anglais, et ils se sont réfugiés dans les parties les plus montueuses et les plus inaccessibles; comme leur nombre décroît sensiblement, et qu'ils sont renfermés dans d'étroites limites, ils finiront vraisemblablement par s'éteindre devant leurs maîtres les Anglais, de la même manière qu'autrefois les Guanches, à Ténériffe, devant les Espagnols.

Nous quitterons ces rivages pour nous rendre avec Dumont d'Urville, vers le lieu du naufrage de l'infortuné La Pérouse.

Traversée de Hobart-Town à Vanikoro. Retour en Europe par les Mariannes.

Tous les préparatifs nécessaires pour une nouvelle navigation étant terminés, Dumont d'Urville remit à la voile de Hobart-Town, le 5 janvier 1828, en se dirigeant vers les îles Mallicolo de Dillon.

Le 20, il vit les îles Norfolk et Phillip. Le 26, l'*Astrolabe* passa à deux milles du rocher Mathew, que l'on reconnut pour un véritable volcan en pleine activité. Ce rocher a deux milles de circuit et quatre-vingts toises de hauteur. C'est peut-être, dit d'Urville, le plus petit des volcans isolés que l'on connaisse sur la surface du globe. Il est situé par 22 23' de latitude sud, et 168° 32' de longitude est.

Le 28 janvier, on aperçut l'île Erronan, devant laquelle on rattacha les opérations actuelles aux opérations précédentes. Le 9 février, on fixa la position des îles Fataka ou Mitre, et Anouda ou Cherry, et le 10 on arriva devant l'île de Tikopia, où le capitaine Dillon avait trouvé le matelot prussien dont le récit jeta une si grande lumière sur le naufrage de La Pérouse.

Dumont d'Urville, naturellement impatient de voir ce matelot, le fit venir et apprit de lui la confirmation des détails que le capitaine Dillon avait donnés, quant au fait essentiel du naufrage de La Pérouse. Ce Prussien, appelé Bushart, était depuis trois semaines revenu de la Nouvelle-Zélande à Tikopia. Il promit d'abord à Dumont d'Urville de l'accompagner à Vanikoro; mais plus tard, lorsqu'il fut question de tenir sa promesse, il y manqua. D'Urville ne put déterminer davantage aucun des naturels à lui servir de guide; tous s'excusaient en disant qu'ils avaient peur de la fièvre. Le commandant dut donc se contenter de deux matelots anglais déserteurs, établis depuis neuf mois à Tikopia.

Avant de quitter cette dernière île, ou, si l'on veut, cet îlot, de sept à huit milles de tour, située par 12° de latitude sud, tapissée de verdure, et où se balancent plusieurs bouquets de cocotiers, il ne sera peut-être pas sans intérêt pour le lecteur d'avoir une idée de ses habitants.

Les Tikopiens sont naturellement doux, gais et familiers, avec des habitudes analogues à celles des habitants de Tonga et de Rotouma. Ils sont grands, bien faits, tatoués sur la poitrine et sur le visage, et portent les cheveux longs et plats, en les saupoudrant de chaux, ce qui leur donne une teinte blafarde. Ils mâchent le bétel avec la feuille du piper et un peu de chaux, ce qui les empêche d'avoir de belles dents. Un petit nombre ont de petits anneaux d'écailles des tortue aux oreilles et dans la cloison du nez. Ils ne se nourrissent que de végétaux, ayant tué les cochons et les poules qui dévastaient leurs champs. Ils adoptent pour dieux différents animaux; la murène est pour eux le dieu de la mer. Cette race jaune rappelle un peu celle des Carolins pour la bonté et la gaîté. Il y a un grand-prêtre, lequel est ministre du chef principal de l'île : chaque chef a son dieu particulier. Avant de manger, le Tikopien jette par terre une portion de sa nourriture pour l'offrir aux dieux. A la mort d'un parent, on se déchire habituellement la peau jusqu'au sang. Le vol n'est puni que de la réprimande. Dans les cérémonies religieuses, les femmes ne peuvent prendre elles-mêmes leur nourriture; elles la reçoivent des hommes, qui la leur donnent négligemment derrière le dos. La polygamie est de règle; chaque homme peut avoir quatre femmes.

Les jeunes Tikopiens refusent de se marier avec les veuves; tandis que les veufs du pays ne veulent épouser que les jeunes filles. On réserve les veuves pour les étrangers. En cas d'infidélité de la part des femmes, on n'inflige pas de châtiment; mais si pourtant le mari le veut, il peut tuer sa femme, et c'est ce qu'il ne fait presque jamais.

Les Tikopiens n'aiment point la guerre, et ils évitent soigneusement les querelles. La lèpre est leur seule maladie. Les accouchements sont très faciles; on n'a jamais vu de femmes mourir en couches ni avorter. L'allaitement dure trois ans.

Les Tikopiens croient à une autre vie, et sont persuadés qu'ils vont tous au ciel après leur mort, car ils ne supposent point qu'il existe de méchants parmi eux. Ils n'ont ni augure ni devin. Avant d'enterrer les morts, ils leur peignent le corps avec une couleur rouge. Les chefs sont toujours ensevelis dans leur propre maison.

Enfin, les Tikopiens aiment beaucoup à se baigner et le font tous les jours. Ils n'aiment pas moins la danse et s'y livrent quelquefois toute la nuit, surtout quand il fait clair de lune.

Avant de parler à leurs chefs, lorsqu'ils ont quelque chose à leur demander, ces insulaires commencent toujours par baiser la terre devant eux.

Les rats et les roussettes sont les seuls mammifères de l'île Tikopia, laquelle a des colombes, des perroquets et des canards.

Les bons naturels de cette île, au nombre de quatre ou cinq cents distribués sous l'autorité de quatre chefs, virent s'éloigner à regret la corvette l'*Astrolabe*, se dirigeant vers les îles Vanikoro, devant lesquelles elle arriva le 12 février 1828, en prolongeant les récifs qui baignent la côte du sud, et en cherchant une issue pour pénétrer au-dedans. Les efforts de l'équipage ne purent la trouver, et l'on était déjà près de la côte occidentale, lorsqu'un vent d'ouest inattendu permit à la corvette de revenir au vent de l'île. Dumont d'Urville en profita pour chercher pendant trois jours l'île Taumako, fameuse par le voyage de Quiros, et dont les habitants de Tikopia, de même que ceux de Vanikoro, venaient de rappeler l'existence.

Le 19, l'*Astrolabe* se présenta de nouveau devant l'île de Vanikoro : le 21, elle entra dans un petit espace au milieu des récifs de la partie orientale, lequel espace fut nommé hâvre d'Ocili. Le 23, le grand canot alla explorer les récifs de l'ouest, et fit le tour entier de l'île, rapportant quelques débris que M. Gressien s'était procurés chez les insulaires, qui néanmoins avaient refusé de lui indiquer le lieu du naufrage de La Pérouse. Le 26, on renouvela les tentatives, et M. Jacquinot, en montrant un morceau de drap rouge, séduisit un des sauvages qui, pour l'obtenir, consentit à conduire le canot à l'endroit même où avait péri, sans doute, l'infortuné navigateur.

C'est là que le détachement de l'expédition aperçut, disséminés au fond de la mer, à trois ou quatre brasses, des ancres, des canons, des boulets, des saumons en fer et en plomb, principalement une immense quantité de plaques de ce dernier métal. Tout le bois avait disparu, et les objets plus minces, en cuivre ou en fer, étaient corrodés par la rouille et complétement défigurés.

Dumont d'Urville, instruit de cette découverte, envoya aussitôt la chaloupe sur le théâtre du naufrage, et conduisit la corvette dans la baie intérieure, à laquelle il donna le nom de baie Manevai. Cette manœuvre, difficile à travers un canal étroit, obstrué de coraux, bordé de brisants redoutables, nécessita deux jours entiers d'efforts opiniâtres. Enfin, le bâtiment fut amarré et à l'abri des coups de vent.

Cette opération terminée, on s'occupa, pendant deux jours, à retirer du fond des eaux le plus d'objets qu'il fut possible, entre autres une ancre de dix-huit cents

Perruche à dos bleu mâle (Nouvelle-Guinée).

livres, un canon court en fonte du calibre de huit, tous deux corrodés par la rouille et couverts d'une croûte épaisse de coraux; un saumon de plomb, et deux pierriers en cuivre en assez bon état de conservation.

La vue de ces objets et les renseignements obtenus des naturels achevèrent de convaincre Dumont d'Urville que les deux frégates de La Pérouse avaient péri sur les récifs de Vanikoro; cette opinion fut partagée par tous les officiers de *l'Astrolabe*.

Alors d'Urville conçut le généreux dessein d'élever, près du mouillage de la corvette, un monument à la mémoire des malheureux Français qui avaient naufragé près de ces rivages funestes. D'Urville choisit une petite touffe de mangliers verdoyants pour y placer le cénotaphe. L'érection de ce monument modeste, mais suffisant pour attester le passage de *l'Astrolabe* à Vanikoro et l'expression des regrets de l'équipage, fut commencée le 6 mars et achevée le 14. L'inauguration en fut consacrée par trois décharges de mousqueterie et une salve de vingt et un coups de canon.

Il fallait maintenant sortir de ce dangereux labyrinthe de récifs déchirants : on ne parvint qu'après de longues tentatives infructueuses à trouver un passage où *l'Astrolabe* pût se hasarder. Enfin, le 17 mars, à l'aide d'une faible brise, elle avança lentement, car il n'y avait plus guère à bord qu'une vingtaine d'hommes en état d'agir; le reste était malade ou grelotait la fièvre. Avec de si faibles ressources, Dumont d'Urville, atteint lui-même du mal, avait encore à surveiller les démarches plus que suspectes des naturels. A force d'habileté et de sang-froid il parvint à franchir le canal étroit et difficile qui offrait le seul passage praticable pour gagner le large; la moindre fausse manœuvre eût jeté la corvette sur des écueils, où elle eût eu le même sort que les vaisseaux de La Pérouse, en même temps que l'expédition eût été vraisemblablement massacrée par les indigènes, car on les vit s'armer de flèches, et se préparer au pillage dont ils avaient la perspective. Échappé donc à ce double danger, l'équipage ne put retenir sa joie, comparable, dit d'Urville, à celle des prisonniers arrachés aux tourments de la plus dure captivité.

D'après les notions recueillies des sauvages, il est probable que les frégates de La Pérouse échouèrent sur les brisants de Vanikoro par une nuit obscure et à la suite d'un coup de vent. L'un des navires toucha dans la partie méridionale où il coula en peu de temps, après qu'une trentaine d'hommes se furent sauvés sur le rivage. L'autre vaisseau échoua sous le vent de l'île et demeura longtemps en place. L'équipage entier put gagner terre, et construisit un petit navire avec les débris du grand. Ce travail exigea sept lunes, après lesquelles tous les Français seraient partis de Vanikoro, à l'exception de deux qui y moururent, au bout de deux années. Mais

BIBLIOTH. R.F. IMPR. NATION.

Le plus profond silence règne au milieu de ces plaines glacées....

en quel lieu la petite embarcation se rendit-elle? On l'ignore totalement.

Il faut suivre la relation de Dumont d'Urville, pour avoir une exacte idée de tous les dangers que *l'Astrolabe* eut à courir, et pour apprécier le courage de ce digne chef, qui rend lui-même un si noble témoignage à ses compagnons : cette relation a plus que l'intérêt du drame, c'est celui de la vérité ; nous ne pouvons qu'y renvoyer ceux de nos lecteurs qui aiment à rencontrer cette étonnante succession de périls et de gloire : notre seul rôle ici devait se borner à une simple analyse, et nous craindrions d'ailleurs d'affaiblir l'intérêt d'un semblable récit en le reproduisant par d'autres expressions, après celles de l'original. Nous devons nous contenter d'en extraire quelques faits de géographie et de mœurs concernant ce groupe d'îles, désormais destinées à une célébrité si grande et si redoutable dans les annales de la navigation.

Le groupe de Vanikoro se compose de quatre îles, dont deux assez grandes et fort élevées, et deux très petites, et qui toutes ensemble ne paraissent en former qu'une seule. Un récif de corail de trente à quarante milles de circuit les enveloppe comme une ceinture, à une certaine distance du rivage. Il existe à peine quelques intervalles ou coupures pour servir de passage et d'entrée dans les baies intérieures. Le lagon qui s'étend entre cette ceinture de coraux et la terre offre une nappe d'eau constamment paisible, tandis qu'au dehors la mer est souvent agitée. Le sol de l'île principale est montagneux, couvert d'épaisses forêts et d'une végétation très riche, par suite de l'éternelle humidité dont le terrain est imprégné, humidité due en partie à des pluies fréquentes qui font que l'atmosphère sur ce groupe est souvent brumeuse, et que le climat, qui ne paraît exercer aucune influence défavorable aux indigènes, est très fatal aux Européens.

Cette terre paraît avoir été vue pour la première fois en 1791, par le capitaine Edwards qui la nomma *île Pitt*; et c'est la même que le général d'Entrecasteaux appela *île de la Recherche* en 1793. M. Duperrey n'en avait passé qu'à cinq ou six lieues en 1828. Jamais les insulaires n'avaient vu de vaisseaux européens avant ceux de La Pérouse ; le capitaine Dillon fut le second navigateur qui aborda sur ce rivage, et d'Urville le troisième.

Dumont d'Urville a conservé à ce groupe d'îles le nom de *Vanikoro*, et à l'île la plus grande et la plus élevée celui d'*île de la Recherche*. Il a donné à la seconde île le nom de *Tavai*, qui est celui d'un de ses villages, et a laissé aux deux petites îles les noms de *Manevai* et *Nanoun-ha* qui leur sont attribués par les naturels. Païou et Vanou, dont parle M. Dillon, ne sont point des îles distinctes, mais seulement des districts de la grande île. Les naturels de Vanikoro sont grêles et petits, ont la peau noire, les cheveux enveloppés d'un morceau d'étoffe qui pend sur les épaules, le corps ceint d'une liane noire et luisante qui enveloppe les reins; les bras, les jambes et la tête sont ornés de bracelets, de colliers de coquilles ou de tresses de fleurs. Ils se percent les narines pour y introduire un os arrondi, et les oreilles pour y attacher un morceau de bois également rond. Ces sauvages ont toujours sur eux un arc et un paquet de flèches. Les hommes vont d'ordinaire entièrement nus, à l'exception du rotin tressé dont nous avons parlé, et auquel est suspendu un petit morceau de toile destiné à cacher les parties naturelles.

Les femmes sont d'une laideur extrême, et cependant ces sauvages en sont très jaloux. Elles ont comme eux la ceinture et le pagne. A peine en trouve-t-on une seule qui, même à quatorze ans, présente une ombre de beauté.

Les deux sexes mâchent la noix d'arec mêlée avec de la chaux, ce qui teint leurs lèvres en un rouge sanglant, et ce qui en même temps noircit et détruit leurs dents.

Les maisons, qui sont assez propres, ont de dix à vingt pieds de long sur six à dix de large. Elles sont soutenues par des pieux; le toit et les murailles sont en nattes fabriquées avec des feuilles de cocotier. Un foyer carré se trouve au centre de la cabane. Il en existe une plus grande que les autres, et qui sert de maison publique, où les hommes se réunissent pendant le jour pour fabriquer des flèches et tuer la vermine qui leur couvre la tête, tandis que les femmes vont chercher la nourriture, qui consiste principalement en poisson, ou fruits ou racines; car ici les porcs sont rares, et la superstition en a fait le mets exclusif des chefs.

La religion de ces sauvages est fort compliquée. Il paraît qu'ils reconnaissent différents dieux, et qu'il en existe un partout pour leur enlever le meilleur de ce qu'ils possèdent, et en faire profiter chacun des chefs de l'île. Ces sauvages font des consécrations à leurs dieux, et leur donnent une partie des présents qu'ils reçoivent.

La langue des habitants de Vanikoro n'a rien de dur à l'oreille; mais elle est particulière à ce groupe, et diffère essentiellement de celle des Polynésiens du voisinage.

Dès que *l'Astrolabe* fut sortie des récifs de Vanikoro, Dumont d'Urville voulut tenter une nouvelle recherche de l'île Tama-Taumako de Quiros; le mauvais temps s'y opposa. Le 19 mars, le vent ayant passé à l'ouest, il essaya d'en profiter pour se diriger au sud vers le port Jackson; mais, le 24, ce vent revint à l'est, accompagné de rafales violentes, et l'état des malades ne faisait qu'empirer. Il fallut renoncer à la route du sud, parce que d'ailleurs *l'Astrolabe* n'eût pas trouvé de mouillage convenable. Il n'y aurait pas eu moins de danger à prendre la route directe d'Amboine par le détroit de Torrès, à cause des écueils dont il est semé. Dans cette cruelle situation, d'Urville résolut de faire voile vers l'archipel des Mariannes, où il avait la certitude de procurer quelques soulagements à son équipage épuisé. Ce parti ne put toutefois avoir de commencement d'exécution que le 20 avril, où la corvette rencontra enfin les brises fraîches de l'est et du nord-est, qui la firent avancer vers l'île de Guam, la plus méridionale de cet archipel.

Dumont d'Urville avait dirigé sa route de manière à passer sur l'île Mattouchy ou Kennedy, située au nord-est de Vanikoro, vers 9° de latitude sud, et 166° de longitude est. Les brumes empêchèrent la corvette de voir cette île. Le 26 avril, elle traversa l'archipel des Carolines, où d'Urville traça le développement d'environ soixante-dix milles de côtes ou de brisants. Le 28, la corvette rangea, à une distance de deux milles environ, les îlots de Tamatau et de Fanadik, situés par environ 6° de latitude nord, et 147° de longitude est. Le 29, elle passa sur la position d'une autre île appelée *Lamoursek*, et ne vit aucun indice de terre, ce qui fait présumer qu'il y a eu erreur d'indication. Enfin, le 2 mai, *l'Astrolabe* laissa tomber l'ancre devant le hâvre de Umata, sur l'île de Guam.

Ici, d'Urville trouva l'accueil le plus affectueux et tous les moyens de pourvoir aux divers besoins de la corvette. Dès le lendemain elle était amarrée à poste fixe, et la chaloupe avait porté à terre tous les malades au nombre de quarante-deux. Ils se rétablirent lentement, car au bout de vingt-huit jours de repos, il n'y en eut guère que cinq ou six au rembarquement qui purent à l'instant même reprendre tout leur service. Mais avant de quitter Guam, disons que tout l'archipel des Mariannes obéit à un seul gouvernement nommé par le roi d'Espagne et renouvelé tous les cinq ans. Un magasin général est établi à Agagna, capitale de l'île de Guam; il est pourvu de tous les objets de l'industrie européenne, qui se vendent fort cher aux indigènes. Le gouverneur entretient une ombre de milice de cent à cent cinquante hommes mal habillés. Les principaux produits de l'île sont les cochons, les poules, le riz, le tabac, l'arow-root, les bananes, les patates, le sagou et quelques autres fruits. Le sol est très fertile, mais les indigènes sont trop indolents pour le bien cultiver; jamais peut-être on ne vit de population plus apathique et plus paresseuse. On ne compte guère qu'environ quatre mille âmes sur l'île entière de Guam, dont un mille pour la seule ville d'Agagna. D'Urville fait observer que cette population n'est point la dixième partie de ce que cette île pourrait contenir si elle était bien exploitée.

Le 30 mai 1828, *l'Astrolabe* remit à la voile, et se dirigea de Guam vers les îles Pelew. Le 1er juin, on vit une île basse de deux à trois milles de circuit, laquelle n'est portée sur aucune carte, et que d'Urville nomma *île Astrolabe*. Le 2, on reconnut un groupe considérable de petites îles basses, situées sur un même récif également inconnu; on y compte jusqu'à quatorze îles couvertes de cocotiers; des habitants, qui vinrent à bord de *l'Astrolabe*, dirent que leur groupe se nommait *Elivi*, et se composait d'une vingtaine d'îles. Le 3, on reconnut l'île d'Yap, et on en leva le plan. Le 5, on prolongea les récifs dangereux qui ceignent dans l'ouest le groupe encore peu connu des Matelatas. Le 7, on était devant les côtes des îles Pelew, dont on rangea la partie orientale à trois ou quatre milles de distance.

Des îles Pelew *l'Astrolabe* vogua vers la Nouvelle-Guinée, et arriva le 20 juin devant les îles Mispalu, situées au nord de la terre des Papous. De cette terre *l'Astrolabe* se dirigea au nord de l'île Waigiou, et passa près du groupe peu connu d'Ayou-Bala, dont d'Urville fit le relèvement complet, ainsi que du groupe Asia qui en est voisin. Il découvrit, entre Ayou-Bala et Syaud, une petite île basse isolée, et qui n'avait encore été mentionnée par aucun navigateur.

Le 23 juin, *l'Astrolabe* donnait dans le canal formé entre les îles Guébé et Gilolo pour reconnaître ensuite les îles Wida et Gourong. Le 27, elle passait dans le étroit de Gass et Kekek, et, le 30, elle louvoyait à l'entrée du détroit de Bourou. Comme les vents étaient contraires, d'Urville se décida à relâcher au village de Cayéli pour donner quelque repos à l'équipage, et pour y prendre des vivres frais.

Le 6 juillet, on remit à la voile, et, le 10, *l'Astrolabe* était encore une fois mouillée sous la rade d'Amboine.

De ce point, d'Urville était dans l'intention de continuer immédiatement sa route vers l'Ile-de-France en passant de nouveau par les canaux de Timor et d'Ombay; mais le gouverneur d'Amboine ayant proposé à Dumont d'Urville d'aller avec lui à l'île Célèbes, et cette île offrant beaucoup d'intérêt pour les sciences naturelles, d'Urville accepta l'offre du gouverneur. On partit donc, le 18 juillet, d'Amboine, et l'on doublait, le 26, la pointe septentrionale de Célèbes d'une part, et

Gilolo de l'autre, pour aller mouiller dans la baie Manado, en passant par le détroit de Banka. On jetait l'ancre dans cette baie, le 27.

A peine à terre, l'aimable gouverneur des Moluques, empressé de répondre aux désirs de d'Urville, fit arriver en quelques jours trois sapi-outangs ou vaches des bois, espèce intermédiaire entre les antilopes et les buffles, et divers autres animaux jusqu'alors inconnus aux naturalistes français. Ce gouverneur, appelé M. Merkus, parla aussi à d'Urville d'un beau lac situé à une grande hauteur dans l'intérieur des terres, et d'Urville se décida à le visiter.

Après cette promenade dans l'intérieur de l'île, où les savants de l'expédition recueillirent de nombreux matériaux en histoire naturelle, la cavalcade revint à Manado, où d'Urville fit immédiatement des préparatifs de départ.

Avant de quitter Célèbes, ajoutons sur cette île quelques détails nouveaux, fournis par un jeune voyageur, M. de Rienzi, qui y a fait récemment un long séjour, détails dont nous puisons la substance dans un recueil mensuel, la *France littéraire* de 1833.

« L'île de Célèbes se compose de quatre presqu'îles allongées, dirigées à l'ouest et au sud, liées par des isthmes étroits et séparées par trois baies profondes ; la première, au nord-est, se nomme *baie de Tomini*, ou *Gonong-Telon;* la seconde, à l'est, porte le nom de *Tolo ;* et la troisième, au sud-est, que les naturels appellent *Sionâ*, est désignée inexactement, même sur nos meilleures cartes, sous le nom de *Boni*.

« Célèbes a cent soixante-quinze lieues françaises en longueur, et quatre-vingt-quatre en largeur : ce qui lui donne une étendue d'environ quatorze mille sept cents lieues carrées. Les îles qui en dépendent sont nombreuses, mais presque toutes petites et mal connues.

« Célèbes a une superficie de quatre mille deux cent quatre-vingts milles carrés de vingt-cinq au degré ; elle est élevée, montagneuse, principalement au centre et au nord, où sont plusieurs volcans en éruption ; on ignore s'il en existe dans le midi.

« Sur la côte, trois rivières se précipitent au pied de rochers gigantesques et bizarres, et au milieu d'arbres rares et singuliers. La plus grande est la Chiurana qui sort d'un beau lac d'eau douce, nommé *Tapara Caradja*, dans le pays d'Ouadjou, traverse l'État de Boni, et se jette par différentes bouches dans le golfe de Sionâ.

« Les navires européens s'avancent assez haut dans cette belle rivière, qui coule sur un fond vaseux, et les *pros* des indigènes peuvent y naviguer dans l'intérieur jusqu'au Tapara Caradja. La seconde est la rivière Boli ; elle termine son cours à Boli, sur la côte septentrionale. La troisième se jette dans la mer, vers la côte nord-ouest, au sud et à une assez grande distance de Waardingen.

« Sur toute la côte méridionale il y a un grand nombre de rivières, navigables pendant l'espace d'environ deux à trois lieues dans l'intérieur des terres.

« Quoique l'île Célèbes soit entièrement située sous la zone torride, puisqu'elle est coupée par l'équateur, elle jouit d'un climat tempéré, grâce à ses golfes nombreux, aux pluies abondantes qui y règnent pendant le milieu de chaque mois, surtout ceux de juin et juillet ; grâce encore aux vents du nord qui y soufflent une grande partie de l'année.

« La mousson d'est dure depuis mai jusqu'à novembre, et la mousson opposée y règne le reste de l'année. Les marées y sont fort irrégulières.

« Il existe à Célèbes des mines de cuivre de bonne qualité, et de l'étain aussi pur que celui de Malaca, et même de Banka. Quelques montagnes donnent du cristal, d'autres du fer. La presqu'île septentrionale est riche en mines d'or.

« Les meilleurs ports de Célèbes sont ceux de Palo et ceux de Manado, la rade de Manghassar et celle de Bonthain : cette dernière, située au sud, a une grande baie, où les vaisseaux peuvent mouiller en sûreté pendant les deux moussons.

« D'épaisses forêts couvrent le pied des montagnes et même une partie de l'île. On y exploite le chêne et l'érable, le cèdre et le tek incorruptible pour la construction des navires. C'est là qu'on voit le redoutable *ipo* ou *upas*. Aucun oiseau n'embellit son feuillage perfide, et l'affreux boa même s'enfuit épouvanté quand il aperçoit les sommets de la liane et l'arbre de la mort, balançant dans l'air ses larges feuilles qui exhalent un horrible poison. Mais à côté de cet arbre maudit des condamnés à mort, croissent le géroflier et le muscadier, pour la possession desquels les Européens ont versé tant de sang ; le sagoutier, principale nourriture des peuples de l'Océanie, et dont le suc fournit la liqueur noirâtre et sucrée, nommée *goulan itan ;* le palmier dont on extrait une huile agréable et enivrante, le poivrier, l'ébénier, le calambung, le noyer et l'odoriférant sandal qui, étant fraîchement coupé, fournit une teinture d'un rouge très beau et très solide. On y trouve aussi le bambou, qui s'y élève jusqu'à quarante pieds de haut sur deux ou trois de diamètre. Les naturels en coupent les jeunes branches par tranches et les mangent en ragoût ou en salade. Lorsque le roseau colossal est arrivé à sa maturité, son écorce est très dure, et, quoique le tronc en soit creux, il est tellement solide qu'on l'emploie à la charpente des maisons. Des forêts de cocotiers, l'arbre le plus utile, parce qu'il sert à la nourriture, au vêtement et au logement de plusieurs tribus, forment des colonnades dont chaque colonne a son chapiteau couronné d'un élégant parasol. L'île produit le maïs, le riz blanc de rizière, le délicieux riz noir des coteaux, ainsi que la canne à sucre et le coton.

« Presque tous les arbres des tropiques étalent ici de toutes parts leurs trésors ; leurs fleurs embellissent ce nouvel Eden, qu'embaument aussi les roses, les œillets, les jasmins, les jonquilles et les tubéreuses ; mais c'est surtout la fleur du *bougna ghené mauro* qui charme la vue et l'odorat par l'éclat de ses couleurs et son parfum délicieux. Cette admirable fleur, particulière au pays de Mangkassar, ressemble un peu au lis ; on y trouve une essence fort recherchée qui est aussi employée à embaumer les morts ; s'il faut en croire les naturels, sa racine ligneuse et très amère est un excellent remède contre les fièvres intermittentes, assez communes dans la saison pluvieuse.

« On ne voit dans les forêts ni lions, ni tigres, ni éléphants, ni léopards ; mais beaucoup de sangliers, de cerfs, et même d'élans dont on a en vain nié l'existence dans cette île.

« Parmi les animaux domestiques sont des bœufs à bosse comme ceux de l'Inde, des vaches, des buffles, des chèvres, des moutons, des cochons et quelques chevaux. On y voit un nombre infini de singes plus dangereux qu'en tout autre pays. Le singe blanc se distingue des autres par sa malice et sa méchanceté. On prétend qu'il attaque la pudeur des femmes égarées dans l'île. Les serpents en dévorent une grande quantité. On y voit aussi le caméléon au front fourchu, le dragon ou reptile volant, et d'énormes boas qui sont très nombreux à Célèbes. Ceux-ci délivrent le pays des taupes, des rats, des mulots et de scorpions aussi gros que ceux de Tunis et d'Alger. La cobra di capella y est aussi terrible qu'à Ceylan. Une personne mordue par cette couleuvre perd la vie une heure après, si elle n'est secourue à l'instant.

« Parmi les oiseaux on remarque le kakatouâ blanc, le lori, plusieurs espèces de perroquets, le mina, l'oiseau de paradis, et un merveilleux oiseau vert, jaune, bleu et rouge, nommé *terau-joulon*, dont on doit distinguer l'adresse à combattre et à enlever les petits poissons qu'il porte dans son nid. Le faisan doré, le canard, les oies, les tourterelles, les poules, les pigeons y abondent et sont à vil prix, ainsi que le poisson de mer et d'eau douce. Les pluies fréquentes et l'ardeur du soleil équatorial donnent à toute la végétation une fécondité, une grâce, une verdure, une vigueur inconnues à nos tristes climats; les animaux s'y multiplient plus vite, les oiseaux enchantent les oreilles, les insectes éblouissent les yeux, les poissons tracent leurs cercles d'or, de rubis, de saphir et d'opale sur l'émeraude des flots. »

Tels sont les faits que nous procure la relation de M. de Rienzi sur l'île Célèbes. Nous pourrions bien lui contester d'abord les terribles effets qu'il attribue à l'arbre qui produit l'upas; ensuite l'existence de l'oiseau de paradis qu'on n'a point encore trouvé hors des terres des Papous, éloignées de plus de cent lieues de Célèbes; il eût dû en retour citer le babiroussa, espèce de sanglier très rare, dont aucun individu, même en peau préparée, n'était venu en France, et dont d'Urville a rapporté au Muséum d'histoire naturelle du Jardin-des-Plantes deux beaux individus vivants, mâle et femelle.

Le 4 août 1828, la corvette *l'Astrolabe* remit à la voile de Manado pour se rendre à Batavia. Elle passa le détroit de Banka, vit, du 7 au 10, Ternate et Tidore, franchit, le 19, le détroit d'Obi, et, le 20, cinglait entre Bourou et Xulla-Bessy pour arriver, le 29, à la rade de Batavia, où, depuis le célèbre Bougainville, aucune expédition scientifique de France ne s'était montrée. Dumont d'Urville y reçut l'accueil le plus distingué, mais ne resta que trois jours dans cette rade. Le 2 septembre, il poursuivit sa route à travers la mer des Indes, et arriva, le 29, à l'Ile-de-France. Il passa de cette île à l'île Bourbon et au cap de Bonne-Espérance, où il se trouvait à la fin de 1828. *L'Astrolabe* en repartit, le 2 janvier 1829, s'arrêta trente-six heures à Sainte-Hélène, et huit jours à l'Ascension, et, achevant de sillonner l'Océan Atlantique, rentra dans la Méditerranée, le 17 mars 1829, et à Marseille, le 25, du même mois, après une absence de près de trois années, et une course d'environ vingt-cinq mille lieues terrestres.

—

TROISIÈME VOYAGE.

VOYAGE AU PÔLE SUD ET DANS L'OCÉANIE.

(1837-1840.)

Le 7 septembre 1837, les corvettes *l'Astrolabe* et *la Zélée* quittèrent la rade de Toulon, ayant pour commandants, la première, le capitaine de vaisseau Dumont d'Urville, créé depuis contre-amiral, chef de l'expédition, et la seconde, M. Jaquinot, alors capitaine de corvette, aujourd'hui capitaine de vaisseau, et sous la direction duquel a été continuée l'impression de ce voyage après le décès de l'amiral.

Trois mois après, ces corvettes attaquaient le *détroit de Magellan*, pour le parcourir dans les deux tiers de son étendue, et relever tous les accidents de ce développement de plus de 100 lieues de côtes. Vingt-sept jours suffirent à ce travail, pendant lequel on fit plusieurs relâches, et l'on communiqua avec les Patagons. Dans une de ces relâches, le commandant de l'expédition trouva suspendu à un arbre de la plage un petit baril avec un poteau portant l'inscription *Post-office*. Il prit connaissance des papiers que renfermait ce baril, et vit que la première idée de ce bureau de poste en plein vent, due à un capitaine américain, remontait à 1833. Ce n'avait été d'abord qu'une bouteille; deux ans plus tard un autre navigateur y avait ajouté un poteau avec l'inscription, et, en 1837, un capitaine anglais substituait le baril à la bouteille. D'Urville créa un vrai *bureau de poste* au sommet de la presqu'île Santa-Anna. Une inscription qu'il fit mettre en très gros caractères portant ces mots : « *Boite aux lettres,* » pourra sans doute attirer plus d'une fois l'attention des navigateurs qui ne voudraient pas mouiller au Port-Famine. Il suspendit à un poteau une véritable boîte aux lettres bien conditionnée et doublée en zinc intérieurement. Du reste, il paraît, d'après une note du voyage, qu'on ne peut mouiller au Port-Famine sans apercevoir le poteau en question, dressé sur la colline en face du mouillage. Mais, indépendamment de cette boîte, le baril fut rétabli à sa place. Les officiers de l'expédition laissèrent des lettres dans ce bureau en plein air, avec l'espoir, qui s'est réalisé, qu'elles pourraient parvenir de cette manière en Europe, à leurs familles, lorsqu'ils allaient s'aventurer dans le périlleux labyrinthe des glaces antarctiques.

En examinant avec soin Port-Famine et ses alentours, Dumont d'Urville se convainquit de l'excellent choix qu'avait fait primitivement le navigateur espagnol Sarmiento pour établir sa colonie. Dans tout le détroit, ajoute le commandant, nul autre point n'aurait offert les mêmes avantages, soit pour la bonté et la sûreté du mouillage, soit pour les ressources de tout genre que l'on y peut trouver. Nulle part le sol ne paraît susceptible d'y être cultivé avec le même succès. Dumont d'Urville quitta ce lieu avec la persuasion qu'il serait de nouveau occupé pour ne plus être abandonné, et qu'alors le détroit de Magellan serait plus fréquenté, à cause de la navigation facile et douce qu'il offre, pendant que la traversée des mers du cap Horn est toujours pénible et souvent dangereuse.

Avant le capitaine Cook, nul navigateur n'avait quitté les côtes d'Europe avec le dessein de pénétrer dans les régions antarctiques. On tenait pour constant que des glaces immenses, continues, infranchissables, signalaient au loin les approches du pôle austral, et en défendaient l'accès aux hommes. Sauf quelques tentatives isolées, comme celle d'un vaisseau de Simon de Cordes, qui fut entraîné jusqu'au 64° lat. S., on avait renoncé à diriger des navigations de ce côté, lorsqu'en 1769 et 1770 le capitaine Kerguelen découvrit par 50° lat. S. et 70° long. O. un groupe d'îles qui reçut son nom. Ce fut vers cette époque, où le célèbre Cook avait déjà fait ses belles découvertes, que le gouvernement britannique le chargea d'une mission vers les plages australes. Cette mission fut remplie avec une constance et une intrépidité jusqu'alors sans égales. Cook parcourut une étendue de plus de cent degrés en longitude au-delà du parallèle de 60° de lat. S., et parvint deux fois à une latitude fort élevée, c'est-à-dire en 1773 à 67° 10' par le méridien de 38° E., et en 1774 à 71° 15' par le méridien de 109° O. Les terres de Sandwich furent l'unique découverte opérée dans cette longue et pénible exploration, qu'aucun navigateur n'osa depuis renouveler jusqu'en 1819, année où la Russie expédia le capitaine Bellinghausen pour exécuter une campagne de découvertes dans l'océan Pacifique et aux mers australes.

Le 22 décembre, au sud de la Nouvelle-Géorgie, le commandant russe découvrit une petite île volcanique par 52° 15' lat. S., et la nomma Traversey. Il atteignit le parallèle de 69° 30', où les glaces compactes durent le faire rebrousser vers le nord. En 1820, la tentative qu'il renouvela ne le porta que jusqu'à la latitude de 70° S., à 2 ou 3° à l'est du point où Cook avait lui-même franchi celle de 71°. En poursuivant sa route à l'est, Bellinghausen découvrit par 69° 30' deux îles qui furent nommées Alexandre Ier et Paul Ier, mais qu'il n'approcha point et qui se rattachent vraisemblablement aux terres de Graham, un peu plus tard découvertes par Biscoe. Le navigateur russe revint à Cronstadt en 1821.

Le 19 février 1819, le capitaine anglais Smith avait eu connaissance du groupe de New-South-Shetland, que Bransfield allait également reconnaître. Un autre capitaine anglais, Powell, découvrait en 1821, par 61° 40', les New-South-Orkney. Forster marquait en 1828 par 63° 26' lat S., 66° 26' long. O., le cap Possession avec la terre de Clarence plus au sud. En 1838, Biscoe trouvait, par 64° 45' lat. S., 68° 11' long. O., sa terre de Graham, et, par 65° 57' lat. S., 45° long. E., la terre d'Enderby. En février 1832, par 67° lat. S., 74° 18' long. O., il reconnaissait une île très élevée, qu'il nomma île Adélaïde. D'un autre côté, Weddell, en 1823, avait, ce qui est encore douteux, atteint le parallèle de 74° 15' S. par 36° 40' long. O.

Tel était, dans les régions australes, l'état des découvertes géographiques, lorsqu'en janvier 1838 *l'Astrolabe* et *la Zélée* s'élancèrent vers le sud. Elles trouvèrent par 65° une infranchissable banquise, c'est-à-dire un vaste banc, une immense plaine de glace compacte et immobile. Ce merveilleux spectacle frappa les yeux de nos marins, et voici dans quels termes en parle Dumont d'Urville :

« Sévère et grandiose au-delà de toute expression, tout en élevant l'imagination, il remplit le cœur d'un sentiment d'épouvante involontaire. Nulle part l'homme n'éprouve plus vivement la conviction de son impuissance. C'est un monde nouveau dont l'image se déploie à ses regards; mais un monde inerte, lugubre et silencieux, où tout le menace de l'anéantissement de ses facultés. Là, s'il avait le malheur de rester abandonné à lui-même, nulle ressource, nulle consolation, nulle étincelle d'espérance, ne pourraient adoucir ses derniers moments, et il devrait s'appliquer la fameuse inscription de la porte de l'Enfer de Dante : « *Lasciate ogni speranza, voi ch' entrate*; laissez toute espérance, vous qui pénétrez dans ces lieux. »

Les bords de la banquise, remarque d'Urville, sont ordinairement bien dessinés, et taillés à pic comme une muraille; mais quelquefois ils sont brisés, morcelés, et forment de petits canaux peu profonds ou de petites criques dans lesquelles des embarcations pourraient naviguer, mais non les corvettes. Alors les glaces voisines, agitées et travaillées par les lames, sont dans un mouvement perpétuel, qui, à la longue, amène leur destruction. La teinte habituelle de ces glaces est grisâtre, par l'effet d'une brume presque permanente. Mais s'il arrive que cette brume disparaisse et que les rayons du soleil puissent éclairer la scène, alors il en résulte des effets de mirage vraiment merveilleux. On dirait une grande cité se montrant au milieu des frimas, avec ses maisons, ses palais, ses fortifications et ses clochers. Quelquefois même on croirait avoir sous les yeux un joli village avec ses châteaux, ses arbres et ses riants bocages, saupoudrés d'une neige légère. Le silence le plus profond règne au milieu de ces plaines glacées, et la vie n'y est plus représentée que par quelques pétrels voltigeant sans bruit, ou par des baleines dont le souffle sourd et lugubre vient seul rompre, par intervalles, cette désolante monotonie.

Après avoir été emprisonnées pendant plus d'un mois au milieu de ces solitudes glacées, les deux corvettes parviennent à se frayer une issue et à regagner la mer libre. Elles vont ensuite explorer d'autres banquises, et, durant cette nouvelle exploration, elles découvrent par 63° 17' lat. S., 61° 18' long. O., dans les parages voisins ou peu éloignés des îles New-South-Orkney, une grande terre haute que d'Urville nomma *Terre Louis-Philippe*, afin de consacrer le nom du roi qui avait eu la première idée des recherches vers le pôle austral. Pour fortifier l'opinion qu'une chaîne de glaces peut en hiver lier la Terre Louis-Philippe aux îles New-South-Orkney et aux terres Sandwich, d'Urville ajoute que, selon lui, la glace ne saurait se former en pleine mer; mais que les masses de glaces libres, qu'une cause quelconque a pu détacher des terres pour les laisser flotter au gré des vents et des courants, facilitent singulièrement la formation des champs de glace : « d'abord, ajoute le célèbre marin, en contribuant à diminuer les agitations de la surface, et surtout en donnant un point d'appui aux glaces qui viennent à se former entre leurs flancs, et finissent par s'étendre au point d'aller s'unir aux glaces dont une autre montagne a été le noyau; de manière que cet ensemble de petits systèmes glacés peut former une vaste plaine solide, susceptible de lier entre elles des terres fort éloignées les unes des autres. »

Après la découverte de la Terre Louis-Philippe, *l'Astrolabe* et *la Zélée* traversent les îles New-South-Shetland, et viennent déposer leurs malades à la baie de Talcahuano, sur les côtes du Chili, où elles arrivent en avril 1838. Elles y font un séjour d'environ deux mois, puis elles reprennent la mer, et se dirigent aux *îles Manga-Réva ou Gambier*. On atteignit ces îles au commencement d'août 1838. On y rencontra des missionnaires français et une population inoffensive. Ces îles, découvertes en 1797 par le capitaine Wilson, qui leur donna le nom de Gambier, amiral anglais, n'avaient plus été visitées depuis lors jusqu'en 1826, année où le capitaine Beechey y mouilla. En 1834, deux missionnaires catholiques de la maison de Picpus, à Paris, y abordèrent sur un navire anglais, et entreprirent la conversion des naturels au christianisme, tâche dans laquelle ils ont en partie réussi.

Le groupe de Manga-Réva ou Gambier se compose d'une réunion de petites îles hautes, entourées par un immense brisant d'environ 40 milles de circuit, dont le sol est assez élevé pour former une bande verdoyante dans la moitié de son étendue, depuis le N.-O. jusqu'au S.-E., en passant par le nord. Cette bande de récifs laisse en divers endroits des solutions de continuité, ou du moins des espaces où les coraux ne sont pas assez près de la surface des eaux pour en interdire l'entrée à de grands navires. Les deux principales sont celles du S.-E. et du S.-O. Parmi les îles hautes, les seules qui soient habitées et même habitables, sont Manga-Réva, Taravaï, Aka-Marou et Av-Kena. La principale est Manga-Réva, qui n'a guère que 4 milles de longueur sur 1 mille de largeur moyenne. Dans sa partie méridionale seulement, où s'élève le mont Duff, sa largeur atteint 2 milles et demi, ce qui donne à l'île entière la forme de la coquille appelée huître-marteau. La surface est médiocrement brisée, et les pâturages y dominent. On y trouve assez abondamment de l'eau pour les habitants; mais cette eau est difficile à faire pour des navires en relâche.

Dans leur état primitif, ces îles ne nourrissaient aucun autre quadrupède que le rat. Les naturels l'affectionnaient, et il devint très nuisible; mais les missionnaires en détruisirent en grande partie la race en amenant avec eux des chats, qui, à leur tour, se sont multipliés au point de devenir incommodes. Les missionnaires ont aussi introduit les chèvres et les volailles.

Les deux corvettes quittèrent, le 15 août 1838, Manga-Réva, pour voguer vers l'*archipel des Marquises* ou de *Nouka-Hiva* ou *Noukahiva*, aujourd'hui possession française, qu'elles atteignirent le 20, après l'avoir aperçu dès le 16. La vue des bâtiments fit arriver à la nage autour d'eux une multitude de jeunes filles qui venaient offrir leurs faveurs. Elles pouvaient avoir de douze à dix-huit ans ; il y en avait de plus jeunes. Elles étaient dans l'état de nature, sans autre vêtement que le ceinturon étroit qui leur entoure les reins. En un moment, elles eurent envahi les corvettes ; mais des filets tendus par l'ordre exprès du commandant les empêchèrent d'avancer, et ce ne fut qu'à la nuit qu'elles furent admises dans les navires.

Les Noukahiviennes, dit la relation, sont généralement plus blanches que dans les autres archipels de l'Océanie. Avec des pieds et des mains bien tournés, une gorge bien placée, des yeux vifs et expressifs, plusieurs passeraient pour jolies en Europe. Les hommes sont mieux encore que les femmes ; plusieurs d'entre eux annoncent la vigueur, la force et même l'intelligence. Malheureusement, leur contact avec les Européens leur a fait perdre le peu de qualités qu'ils avaient, et leur a laissé en échange les vices de leurs hôtes. A la suite de la civilisation, les maladies ont aussi étendu rapidement leurs ravages au milieu de ces peuplades, qui occupent un degré élevé dans l'échelle des nations polynésiennes. Cette belle race de sauvages est grande, svelte, bien proportionnée ; elle a le nez droit, les lèvres médiocrement grosses, les dents fort blanches, le visage ovale ; la tête est nue, les cheveux sont noirs ; les sexes vont, je le répète, entièrement nus, sauf le petit maro ou ceinturon. Les lobes des oreilles sont percés pour y loger des ornements, c'est-à-dire le plus souvent une dent de porc. La peau n'est pas plus foncée que celle des Arabes, quoiqu'au premier coup d'œil le tatouage les fasse paraître presque noirs.

Les Noukahiviennes ignorent à peu près les idées de pudeur et de chasteté. S'unir à l'homme par amour, par besoin ou par intérêt, est pour elles un acte sans conséquence, puisqu'à leurs yeux une fille est maîtresse de son corps. Seulement, elles doivent faire partager les bénéfices qu'elles retirent du trafic de leurs charmes, et la femme n'est estimée parmi ces sauvages qu'en raison des petits profits qu'elle procure étant fille, et des passions qu'elle sait éteindre et rallumer lorsqu'elle est devenue femme (1). Les plus jeunes filles accompagnent leurs sœurs plus âgées dans leurs tendres ébats, pour être, dit le voyage, initiées de bonne heure aux rapports avec l'homme. Voilà l'éducation première du beau sexe des îles Marquises. La natation est la seconde, et il s'y livre chaque jour, par troupes, en joyeuses naïades qui ont soin de faire beaucoup de bruit pour éloigner le requin, ce redoutable ennemi de la plage noukahivienne, lequel pourrait les attaquer si elles s'aventuraient en silence sur les flots dont il aime le calme.

Noukahiva et tout le groupe des îles Marquises paraissent fort loin de subir la grande transformation morale déjà opérée à Taïti, aux Sandwich et dans les autres îles de la Polynésie. Les Noukahiviens tiennent à leurs mœurs primitives et à leurs usages : seulement, ils ont sucé nos vices, et ils se prêtent avec ardeur aux désordres de l'ivresse et du libertinage. Ils n'aiment pas les missionnaires, et disent que leurs guerriers Hapas et Taipiis les tueraient, s'ils changeaient leurs coutumes.

Les Noukahiviens n'allument pas de feu dans leurs cases ; ils cuisent leurs aliments sous une hutte basse, ouverte des deux côtés, et dont la fumée s'échappe sans obstacle. Le fruit à pain et le poisson forment leur principale nourriture ; les cochons sont nombreux, mais ils sont *taboués*, c'est-à-dire prohibés, depuis une fête solennelle où l'on en dévora un trop grand nombre. Si un homme est tabou pour une femme, elle ne peut pas mettre la main sur sa tête, ni manger avec lui ou en sa présence. Les pirogues sont tabouées pour les femmes ; elles ne peuvent pas y monter : c'est pourquoi les corvettes les virent arriver à la nage, tandis que les hommes étaient dans leurs pirogues. Certains oiseaux, certaines plantes, certains poissons, etc., sont tabous, et les naturels n'y touchent pas. Lorsque les femmes se sont frottées et jaunies avec la racine de curcuma et l'huile de coco, elles sont tabouées jusqu'à ce qu'elles aient été se laver dans l'eau des ruisseaux ou de la mer. Les jeunes filles ont surtout l'habitude de s'envelopper dans des nattes enduites de poussière de curcuma, pour se jaunir ainsi le corps, qui en exhale une odeur nauséabonde, considérée par ces Hébés polynésiennes comme un parfum délicieux.

Six tribus différentes se partagent l'île Nouka-Hiva, qui a donné son nom à l'archipel ; ce sont : les Nouhiva ou Taï, les Hapas, les Taipiis, les Ataioa, les Kaï-Hômé et les Atoupa. Des guerres continuelles, entremêlées de trêves momentanées, divisaient ces tribus, que notre domination a su depuis complétement pacifier (1).

Les objets de l'usage le plus commun, et que l'on rencontre dans toutes les cases, sont des nattes, des gourdes, des tasses en noix de coco, des berceaux pour les enfants, de petits coffres, des jattes en bois et des calebasses. Un morceau de bois rond et un battoir leur suffisent pour la fabrication de leurs étoffes. On les confectionne en les battant d'une main sur la pièce en bois, tandis que de l'autre main on les étend, et on y jette par intervalles quelques gouttes d'eau pour y entretenir l'humidité. Quand l'étoffe se déchire, il suffit de rapprocher les bords de la déchirure et de la battre pour les réunir.

L'ensemble des îles Marquises, situées par 7° 55'-10° 30' lat. S., 141°-143° 6' long. O., présente une population d'environ 20,000 habitants. Le climat est celui de tous les pays intertropicaux, bien que de grandes pluies et des coups de vent se succèdent de novembre en avril. La température moyenne est de 25 à 30° centigrades. L'arbre à pain, le cocotier, le bananier, le goyavier, sont les principales richesses de ces îles fortunées, devenues aujourd'hui, avons-nous dit, possessions françaises.

Le 3 septembre 1838, les corvettes *l'Astrolabe* et *la Zélée* quittent l'archipel des Marquises pour se rendre à *Taïti*, cette oasis merveilleuse, située par 18° 10'-16° 55' lat. S., 152°-154° long. O., et aujourd'hui placée sous le protectorat de la France, ainsi que tout *l'archipel de la Société*, dont Taïti est la principale île. Elle était dès le 9 en vue des deux navires, qui y jetèrent l'ancre le même jour.

Malgré toutes les prédications des missionnaires, la dépravation morale des Taïtiens et la prostitution des femmes parurent encore à Dumont d'Urville au-dessous de la vérité. Les chefs, dit-il, sont les premiers à offrir leurs femmes et leurs filles pour un tava ou un dollar, et leur avidité pour l'argent cherche à se satisfaire par les moyens les plus vils et les plus révoltants. D'un autre côté, les missionnaires, dont la puissance y était si grande il y a vingt ans, n'ont plus maintenant qu'une ombre d'autorité sur les indigènes, et l'immense église construite en 1823 est presqu'entièrement abandonnée. A l'arrivée des corvettes, les belles Taïtiennes renouvelèrent les scènes des Noukahiviennes auprès des matelots français ; le temps de la ferveur évangélique était déjà bien loin de leur souvenir.

Taïti n'est donc plus ce qu'elle était au siècle de Wallis, de Bougainville et de Cook. Ces rivages toujours verts, ces ruisseaux argentés, ces ravins profonds et boisés rappellent sans doute encore la reine de l'Océanie ; mais la population innocente, enfantine, douce, naïve et joyeuse, a fait place à une multitude sale et déguenillée, astucieuse et vile, débauchée et vénale. Ainsi donc, encore une fois, les missionnaires ont tout-à-fait manqué à leur mandat.

Papéiti, capitale de l'île et de tout l'archipel, a une apparence de ville. On y trouve un et même plusieurs palais, les consulats anglais, français et américain, avec les pavillons des nations qu'ils représentent ; un môle ou quai de débarquement, des hôtels, des boutiques, des enseignes, etc. ; en un mot, tout ce qui constitue une cité. Cependant le coup d'œil n'embrasse qu'une seule file de maisons ou cases qui bordent la grève. Le nombre de maisons pourvues de portes et de fenêtres n'est pas considérable. La plupart ne diffèrent en rien des cases ordinaires, construites en paille et en roseaux. Chaque habitation a du côté de la campagne un assez grand enclos ou jardin palissadé, ayant une issue sur la grande route de Matavaï, cette œuvre des

(1) C'est ce qui m'a permis de dire, dans un morceau de poésie sur les îles Marquises :

> La jalousie aux noirs tourments
> Sur ce rivage est encore ignorée ;
> Et plus une belle a d'amants,
> Plus de son sexe alors elle y semble honorée.
> L'homme est pour elle un vrai joujou
> Qu'elle prend, quitte à diverses reprises :
> Librement des cœurs le bijou
> Se promène aux îles Marquises. A. M.

(1) C'est à *Noukahiva* que la France, en 1850, a définitivement établi son Botany-Bay, ou lieu de déportation de ses condamnés d'un certain ordre. Au commencement de 1852, un premier convoi est parti de Lorient pour cette destination lointaine. A. M.

femmes pénitentes, que les missionnaires avaient surprises en conversations criminelles avec leurs galants, et qu'ils condamnaient à des travaux forcés. Papéiti n'est en réalité qu'un gros village de 1,500 habitants. Les ressources du pays consistent en bœufs, cochons, volailles et fruits; il y a une auberge tenue par un Anglais. Le protectorat de la France (1) a déjà introduit de nombreuses améliorations dans cet archipel, en commençant par la suppression des règlements tracassiers des méthodistes anglicans (2).

Dumont d'Urville s'éloigna de Taïti, le 16 septembre, pour aller visiter Apia, port de l'*île Opoulou*, que La Pérouse désigne sous le nom d'Oyo-Lava. Cette île semble à d'Urville, comme elle avait déjà paru à La Pérouse, bien supérieure à Taïti elle-même pour la beauté et la fertilité des terres. La côte est couverte de beaux arbres d'une admirable verdure, qui a bien plus de développement qu'à Taïti; partout on y distingue de belles plages de sable, de jolies anses, des villages populeux et parfaitement ombragés. Du rivage à l'intérieur, le terrain s'élève en pente assez douce pour pouvoir être habité et cultivé, si les indigènes étaient capables de travailler. C'est sous ce rapport surtout, ajoute d'Urville, que l'île Opoulou est bien supérieure à Taïti, dont les plages de la base sont seules praticables, tandis que l'intérieur est abrupt et si rocailleux que la culture en resterait toujours extrêmement pénible, si toutefois elle n'était pas impossible. Les villages, qui ne sont pas des villes, comme l'avait pensé La Pérouse, à moins qu'elles n'aient depuis disparu, sont généralement placés sur les pointes des terres, entourés d'admirables touffes de cocotiers, et souvent traversés par de jolis ruisseaux qui tombent quelquefois en cascades des montagnes voisines. Des églises ont été nouvellement bâties par les naturels, sous la direction des missionnaires anglais.

« Nos matelots, dit le chef de *l'Astrolabe*, habitués aux faciles beautés de Nouka-Hiva et de Taïti, ont voulu ici renouveler leurs galanteries; mais, à leur grande surprise, ils ont été désappointés. Les femmes, qui d'abord avaient semblé disposées à accepter les propositions des Français, ont refusé ensuite les provocations sérieuses, et elles paraissent se soumettre avec sincérité aux défenses de leur nouvelle religion. Mais elles indiquaient volontiers à nos hommes le chemin d'une tribu voisine, où ces peuplades, conservant leurs premières croyances, sont encore toutes disposées à trafiquer des faveurs de leurs femmes, et dès ce moment cette route a été souvent parcourue par les habitants des corvettes. »

Dumont d'Urville rectifie les noms des îles composant l'archipel des *Samoa*, dont dépend Opoulou. Il avait dans un autre voyage donné à ce groupe le nom d'Hamoa, d'après les insulaires de Tonga, qui ne prononcent jamais la lettre *s*, à laquelle ils substituent ordinairement la lettre *h*. Opoun s'appelle Olo-Singa; Leone, To-Hou; Fanfoue, Féti-Houta. Ces trois îles portent collectivement le nom de *Manoua*. Quant à l'archipel véritable de Samoa, l'île Maouna de La Pérouse est réellement Toutou-Ila, l'île des Pêcheurs, Ana-Moua; Oyo-Lava, Opoulou; puis Manano, Apo Jina; et enfin Sevai, que par erreur La Pérouse nomme Poua. On estime la population de ce groupe à 80,000 habitants; Sevai et Opoulou en contiendraient 25,000; Toutou-Ila, 10,000; Manano, 7,000; Apolina, 3,000. Le groupe de Manoua serait le moins habité. Ces îles ont chacune un chef ou arii, et sont indépendantes les unes des autres. Elles n'avaient pas de culte avant l'arrivée des missionnaires. De là cette facilité qu'ils ont eue à y faire accepter le christianisme. Auparavant les jeunes filles disposaient librement de leurs charmes, et les hommes avaient autant de femmes qu'ils pouvaient en nourrir. Un des chefs actuels, bien que chrétien, en a encore deux.

Les hommes de cet archipel sont en général grands et bien faits, vigoureux et hardis. Aucun des deux sexes n'a la figure tatouée, mais leurs cuisses sont couvertes de dessins. Leur corps est aussi tatoué fréquemment par des plaies et des cicatrices qui s'accordent mal avec la réputation qu'on leur a faite d'hommes pacifiques. On remarque de plus parmi eux, ce qu'on ne voit pas chez les peuples sauvages, des bossus, des boiteux, et surtout des borgnes. Les filles sont bien proportionnées, en général très jolies, mais avec un air décidé comme les hommes, dont elles ont presque les manières.

Ces insulaires ont des communications avec les îles Viti et les habitants de Tonga. Leurs maisons ou cases et leurs pirogues sont d'une construction élégante et légère. Les cochons abondent dans l'archipel et y sont à vil prix; les poules sont plus rares quoique peu chères; les coquilles sont très communes. Il existe à Samoa une grande espèce de serpent boa, de 2 à 3 mètres de longueur, mais qui n'est pas dangereux. Une belle espèce de ramier, bonne à manger, fourmille dans les bois.

La partie des naturels d'Opoulou qui ne s'est pas convertie à la religion chrétienne a conservé ses usages primitifs. Elle porte les cheveux longs, quelquefois relevés sur le sommet de la tête par un lien de feuilles ou d'écorces de cocotier. Une ceinture étroite sert d'unique vêtement. Le tatouage couvre presque tout le corps. Les convertis ont les cheveux coupés ras ou à la Titus.

De l'île Opoulou les corvettes firent vers l'île Vavao, dont le groupe entier compte environ 6,000 habitants. De là elles vont faire un séjour aux îles *Hapai* et aux îles *Viti*. Les Hapayens sont de beaux hommes; leurs femmes ont aussi des traits réguliers, une belle poitrine et des seins parfaits; mais elles tendent de bonne heure à l'obésité. Les Vitiens sont également de beaux hommes, bien qu'avec des formes un peu grêles. Ils ont la peau d'un brun jaunâtre, analogue à la couleur de la suie; leurs cheveux sont crépus, mais moins laineux que ceux des nègres. Le tatouage est ordinaire. Le Vitien, nu de la tête aux pieds, cache seulement les parties génitales avec une étroite bande d'étoffe. Les femmes ont une ceinture en paille. L'huile de coco est employée à lustrer la peau et la préserve de la piqûre des insectes. Les Vitiens sont encore cannibales, et n'en font pas mystère; dans leurs guerres, ils mangent impitoyablement leurs morts. Les enfants des deux sexes vont entièrement nus, et les jeunes filles ne mettent la ceinture d'herbe qu'à l'âge de puberté. La coiffure est très ébouriffée, côté unique vers lequel se porte la coquetterie des Vitiennes; les barbes de la ceinture tombent jusqu'à mi-cuisse, et c'est la seule concession qu'elles fassent à la pudeur. La polygamie est ici générale; la sultane favorite est seule exempte des durs ouvrages.

L'archipel des îles Viti est un des plus vastes et des plus nombreux de l'Océanie. La grande quantité des îles ou îlots qui le composent, et surtout la multiplicité des écueils qui en ombrent ses mers, et souvent réunis

(1) Ce protectorat, œuvre de l'amiral Dupetit-Thouars, est un des plus beaux faits de la vie de ce digne marin, qui, à la suite de démêlés avec la reine de Taïti, en 1844, suscités par le missionnaire Pritchard, alors prêtre, accoucheur et conseil de cette reine nominale, n'hésita point à prendre, au nom de la France, possession de cette île et de tout l'archipel de la Société. Depuis lors, un gouvernement français a été installé à Taïti, à la grande satisfaction des indigènes, lassés du joug des missionnaires anglais. A. M.

(1) C'est également à la grande satisfaction de la reine Pomaré que le drapeau tricolore a été arboré à Taïti; aussi ai-je pu lui dire, à cette occasion :

Gloire, gloire à toi, Pomaré,
De Taïti superbe reine,
Qui de ton pays rassuré
Rends notre France souveraine!
Les jeunes nymphes sans façon,
Que sur ton rivage on adore,
Avec toi vont à l'unisson
Fêter le drapeau tricolore. A. M.

On dirait une grande cité se montrant au milieu des frimas....

sent un grand nombre de terres, naguère séparées par les eaux, en font un des points les plus dangereux pour la navigation. Le Hollandais Tasman le découvrit en 1643. Un siècle après, il fut visité par Cook, puis par Bligh, Barber et Wilson; mais, en 1827, *l'Astrolabe* en fit seule une reconnaissance suivie et complète.

Cet archipel se compose principalement de deux grandes îles, Viti-Lebou, qui en occupe à peu près le centre, et Vanona-Lebou, qui le limite vers le nord. Ensuite viennent un grand nombre d'îles, dont quelques-unes sont encore importantes, et par leur étendue et par leur population. Toutes ces terres sont, du reste, généralement hautes, médiocrement boisées, et paraissent d'une grande fertilité. Sans aucun doute, observe d'Urville, elles doivent leur existence aux feux souterrains, et elles ont dû voir leurs sommets couronnés par plus d'un cratère aujourd'hui éteint. Des sources d'eaux chaudes y paraissent abondantes. Les îles basses y sont rares et de peu d'étendue. On dirait, ajoute d'Urville, que les polypiers qui en construisent la base ont commencé leur travail tout récemment. La population des îles Viti paraît nombreuse et entreprenante. Presque tout l'archipel est habité ; mais les îles voisines des tribus puissantes sont souvent dévastées par des guerres cruelles et incessantes. Les vaincus sont massacrés sans pitié, et ensuite dévorés par les vainqueurs.

Une des croyances des Vitiens, c'est que si un homme ou une fille se livrait à l'acte de la génération avant l'âge de dix-huit ou vingt ans, il mourrait immédiatement. Alors, souvent et malgré leurs désirs, les jeunes gens restent sages jusqu'à l'époque du mariage; et, à son tour, la jeune fille, si elle se marie, n'appartient qu'à son mari. Dans le cas contraire, elle reste libre de ses volontés, et dispose à son gré de ses faveurs. C'est grâce à cette croyance que la race des îles Viti s'est conservée avec toute sa beauté. Les femmes aiment beaucoup leurs enfants; la stérilité est rare, et on la regarde comme un grand malheur. La terre ici fournit presque sans travail une nourriture abondante, et les enfants sont une source de richesse en même temps qu'une jouissance vraie pour les parents. On a aux îles Viti un grand respect pour les morts, dont les corps sont déposés dans des moraïs, mais sans aucune prière; seulement on cherche à les placer le plus près possible de la maison de l'Esprit. Il faut ajouter que, malgré ce respect pour les morts, on tue les vieillards infirmes, et qui ne doivent plus traîner qu'une triste existence. Une fosse est préparée, la victime y descend, et son bourreau l'assomme d'un coup de massue.

Lorsqu'un chef meurt, on immole toujours sur sa tombe plusieurs de ses femmes. Les hommes et les femmes se coupent une phalange du pied ou de la main pour témoigner de leur douleur à la mort d'un

Cases des naturels (îles Viti).

chef ou d'un parent, et ils montrent avec honneur ces horribles blessures.

Comme aux iles Tonga, les habitants des îles Viti font usage du kava, breuvage enivrant qui est employé surtout dans les grandes occasions. Le tabou règne aux îles Viti comme aux îles Tonga; et c'est le grand-prêtre qui l'applique, après avoir consulté l'Esprit.

Dans les cas de maladies, les prêtres ou nambetti jouent encore un grand rôle : le malade les fait appeler et les charge d'aller porter une offrande dans la maison de l'Esprit, afin d'en obtenir sa guérison ; au cas de mort, l'offrande appartient à l'envoyé, mais il est rare que le malade attende patiemment la mort à la suite des souffrances. Lorsque le prêtre déclare qu'il ne croit plus à la guérison, le malade prie ses parents de l'aider à quitter la vie. On le porte dans une fosse, on le couvre de terre, en ne laissant visible que la tête, puis on l'étrangle, et on immole avec lui ses femmes, si sa fortune lui a permis d'en avoir un certain nombre.

Ajoutons que les naturels des îles Viti, sous un ciel de feu, aiment le *farniente* et le pratiquent largement. Les femmes sont chargées de tous les soins domestiques; elles cherchent et préparent la nourriture d'igname et de taro, sans que les hommes s'en mêlent. Enfin, comme aux îles Tonga, les Vitiens aiment la musique, ont des tambours et des flûtes, et exécutent des chants qui ne manquent ni d'expression ni d'harmonie. La conque leur sert pour appeler les guerriers aux armes.

En quittant l'archipel Viti, le 29 septembre 1838, d'Urville se dirigea vers les îles Salomon, en se livrant, dans sa traversée, à des explorations diverses, telles que la reconnaissance, 1° des terres que Surville appela terres des *Arsacides*, mais qui doivent conserver le nom de *Malaïta*, imposé par le premier découvreur Ortega; 2° des terres de *Guadalcanar*, suivies de la chaîne continue des îles de Sesarga, Florida, Buena-Vista et Galera, etc.

L'archipel des îles *Salomon*, découvert en 1567, par l'Espagnol Alvaro Mendana ne Neira, qui leur imposa ce nom à cause de l'idée qu'il s'était faite de leur richesse, s'étend du nord ouest au sud-est, sur un espace de 200 lieues, entre 0-10° latitude S. et 150°-160° longitude E. Il se compose de huit à dix îles principales, et de beaucoup d'autres moins considérables, dont le nombre n'est pas encore définitivement déterminé. La charpente de ces îles, d'après la relation que nous analysons, est presque partout la même : c'est une longue chaîne de montagnes souvent fort élevées, laquelle en forme le centre en courant dans la direction générale du groupe. De beaux versants viennent, par un plan peu incliné, s'étendre jusqu'au rivage, qui généralement se présente bas et souvent garni de palétuviers dont le pied est baigné par l'eau salée. Une végétation active et vigoureuse en couvre la totalité, et ce n'est que de distance en distance que l'on aperçoit de rares intervalles où le sol n'est couvert que de fougères, souvent incendiées par les indigènes. Les principales îles ont de belles plages surmontées au loin de hauts sommets, d'où descendent de superbes rivières qui fertilisent le sol.

Dumont d'Urville fait remarquer que les caractères physiques des Salomoniens sont très difficiles à indiquer, parce que, si leur ensemble est le même, il existe de nombreuses nuances, suivant les points de l'archipel où vivent les naturels. Ceux de Christoval sont en général petits et faibles, bien que parfaitement constitués. Ceux de l'île Isabelle semblent tenir d'une peuplade moins bien partagée. Ils ont la peau noire, sauf quelques-uns qui sont cuivrés. Les cheveux sont crépus et serrés, souvent ébouriffés à la manière des Papous. Le visage porte toujours un air de défiance. Les Salomoniens ne se tatouent point. Ils mâchent le bétel, ce qui noircit leurs dents, lesquelles autrement seraient très blanches : témoin les dents des femmes, qui s'abstiennent de ce végétal.

Le beau sexe salomonien n'est pas mieux traité par les hommes que dans les autres archipels habités par des sauvages. Il est parqué dans la maison des chefs ou founaki, et sert à leurs plaisirs. Il est chargé des travaux du ménage. Un homme n'est pas riche s'il n'a pas beaucoup de femmes. Il paraît avoir pour elles assez d'affection ; mais la possession d'une compagne n'est estimée par lui qu'en raison des plaisirs charnels qu'elle lui procure, et un mari, s'il est permis d'employer ce terme en des parages où le mariage n'est qu'un vain mot, s'inquiète peu qu'elle les prodigue à d'autres qu'à lui-même.

Les hommes vont entièrement nus, sauf le maro qui leur entoure les reins ; les femmes sont nues aussi, et elles accumulent sur leurs fesses une si grande quantité d'herbes sèches, recouverte par un morceau d'étoffe, qu'elles ont des postérieurs monstrueux. Voyez jusqu'où va se nicher la coquetterie! et que vont dire nos élégantes dont certaine crinoline ou addition postiche trouve ainsi une rivalité dans les herbes sèches des Salomoniennes?

L'industrie des Salomoniens ne brille point dans la construction des cases, mais dans les ornements, les armes et surtout les pirogues, qui sont d'une grande légèreté. Le maro est d'une étoffe grossière qui couvre à peine les parties naturelles. Par compensation à une complète nudité, les Salomoniens se barbouillent la figure et le corps avec de la chaux, et se font des peintures très burlesques. Les armes sont l'arc, les flèches, la lance en bois et le casse-tête. Leurs instruments de musique sont des flûtes, des bambous et des chalumeaux, et ils sont tellement musiciens que tous leurs mouvements se font en cadence.

Après la reconnaissance pénible et complète des îles Salomon, les deux corvettes poursuivent leur navigation, et vont explorer les îles *Monte-Verde* ou *Nougouor*, dont le groupe forme un cercle d'îles, d'îlots et de récifs. Les naturels appartiennent au type brun ou cuivré peu foncé. Leur taille est moyenne, leur visage un peu aplati ; le nez est large et peu saillant ; le front développé, mais fuyant ; leurs dents sont d'une éclatante blancheur ; enfin leur physionomie est douce et gracieuse. Ils portent les cheveux longs et lisses, flottants sur les épaules ou noués derrière la tête, sur laquelle sont posés de grands chapeaux chinois dont les ailes sont très relevées sur les côtés, et les bords courbés en arc de cercle. Ces insulaires ne se tatouent pas, et un simple maro en tissu de paille est leur unique vêtement, que même ils cèdent, du reste, volontiers pour une bagatelle.

En gouvernant vers les îles Hogoleu, on rencontra les îles *Dunkins*, dont les habitants ont le type carolin, le corps régulier, les membres sveltes, la peau cuivrée, la bouche petite, les dents belles et la physionomie assez agréable. Ils portent la barbe à la juive ; leurs cheveux longs, noirs et lisses, sont retroussés en chignon. Le haut de la tête est bien fait, le derrière un peu saillant. On trouve ensuite l'île *Tsis*, petite île volcanique peu élevée, dont le sol est presqu'entièrement couvert de cocotiers, d'arbres à pain, de pandanus et d'une grande variété de plantes. Elle est entourée d'un récif de corail qui en rend l'abordage difficile. Les naturels sont cuivrés et se teignent la peau.

Les corvettes traversent l'archipel Hogoleu, et après avoir exploré quelques parties des îles Carolines, elles voguent vers les Mariannes pour aller se reposer à *Gouahum*, qu'elles atteignent, le 1er janvier 1839. Elles en repartent le 13, passent au milieu des îles Pelew, touchent à Mindanao, puis à Sanguir, et de là se rendent directement à Ternate, où elles jettent l'ancre, le 2 février.

Ternate est, avec Tidor, la plus importante du groupe des îles Moluques, dont Gilolo est la plus grande. Cette île ne compte qu'environ 5,000 habitants, et Gilolo en a le double ; mais elle est, comme Tidor, la résidence d'un sultan. Le terrain des Moluques, bien qu'essentiellement volcanique, est riche et fécond ; de vastes plaines entourent le pied de ces volcans encore mal éteints, et se couvrent d'une riche végétation. Le volcan de Ternate a aujourd'hui le plus d'activité, et la lave en arrive quelquefois jusqu'à la mer. Malgré ce volcan, c'est l'île de Ternate même que les Hollandais ont choisie pour leur principal établissement dans les Moluques proprement dites. Cet établissement dépend du gouvernement général des Moluques, dont le siége est à Amboine. Ternate, Manado, Makassar, Banda, sont les points principaux de ce département, qui embrasse, sous le nom de gouvernement des Moluques, les grandes terres de Célèbes, celles de Céram, de Banda, et les Moluques proprement dites. Le gouverneur est tenu de faire des tournées annuelles dans les diverses parties soumises à sa domination.

Amboine, où les corvettes mouillèrent, le 5 février 1839, a sa capitale assise sur une plaine peu étendue derrière un fort, appelée fort Victoria. Elle est à peine visible de la mer ; pour y pénétrer on traverse le fort sur un pont-levis. Les principales rues offrent de belles maisons, et chaque maison a un jardin avec une cour derrière plantée de beaux arbres fruitiers. Le quartier chinois et le quartier malais sont plus rapprochés de la rivière, dont le lit est très large et qui joint la mer au nord du fort Victoria. Le palais du gouvernement est dans le beau parc de Batou-Cadja, où l'on trouve réunis tous les agréments de la vie sous le ciel embrasé des Moluques. La population de l'île est évaluée à 50,000 habitants, répartis entre les deux presqu'îles, qui forment une résidence de gouverneur proprement dite. On compte parmi eux un petit nombre d'Européens et de métis qui habitent presque tous la ville, puis des Chinois et des Malais de diverses îles ; le reste est composé de purs Amboinais qui ont en grande partie embrassé le christianisme.

Les Amboinais sont naturellement très indolents et très adonnés à leurs plaisirs, comme tous les peuples malais ; mais surtout depuis leur conversion à la religion chrétienne, ils satisfont leur goût effréné pour le vin de sagouer, que l'île produit en grande abondance. C'est un suc doux et rafraîchissant que l'arbre du même nom donne par incision, et qui par la fermentation se convertit en liqueur âcre et enivrante. La nourriture principale est la moelle du sagoutier, qui, broyée, lavée et séchée, devient une fécule dont on fait des galettes tenant lieu de pain. Le gouvernement hollandais retire des indigènes, outre le bénéfice de son monopole, un impôt personnel, un droit sur la vente du sel, de l'opium, du vin de sagouer et de l'arac. Il les assujétit à toutes les corvées, et ceux-ci les supportent sans murmure, parce qu'ils sont délivrés de la tyrannie de leurs anciens chefs natifs appelés Orang-Kayas,

Un petit nombre d'agents hollandais suffit à tout cela. La garnison d'Amboine n'est guère que de 500 soldats, dont 300 Européens et 200 Malais ou nègres. Ces troupes sont casernées dans le fort; chaque soldat a une femme avec lui et reçoit pour elle une ration de riz. Ces sortes de mariages temporaires sont tolérés par les mœurs très relâchées de ces colonies, et il est peu d'Européens qui n'aient une liaison de ce genre, qu'il peut rompre à sa guise et sans qu'on y trouve aucunement à redire.

Le 19 février 1839, on s'éloigna de l'île d'Amboine pour se diriger vers les îles *Banda*, que l'on atteignit, le 22. Rien n'est joli, selon la relation, comme le coup d'œil du port de Banda, limité par trois îles, Banda-Neira, Gounong-Api et la grande Banda ou île Lonthoir. L'île de Banda-Neira présente près du port une forêt d'une admirable verdure, qui encadre la vue pittoresque des habitations. La végétation de cette petite île contraste avec les flancs brûlés de Gounong-Api, qui la touche, et dont le sommet volcanique est sans cesse couronné d'un dôme de fumée.

La petite ville de Banda, bâtie sur l'île de Banda-Neira, dans une plaine élevée seulement de quelques mètres au-dessus du niveau de la mer, est coupée par deux rues principales parallèles entre elles et au rivage de la mer. Chacune des maisons, sur le premier plan, a un jardin, et elles sont entretenues avec un soin, une propreté admirables, comme toutes les habitations hollandaises. Aux deux extrémités de la ville sont des casernes, des hôpitaux et des magasins. Derrière se trouvent les quartiers malais et chinois. Au centre de Banda-Neira s'élève une petite colline qui domine l'île entière, et sur laquelle est le fort Belgica, qui commande au fort Nassau et à l'île entière. Quelques maisons de Banda-Neira, surtout celle du résident, rappellent ce que Ternate présente de plus confortable.

Le groupe de Banda, situé par 4° 31' lat. N., 127° 32' 37" long. E., est une excellente position militaire qui pourrait commander toute la mer des Moluques. Ce petit archipel fut conquis en 1621 par les Hollandais et réparti aux colons pour la culture du muscadier, qui est confiée à des esclaves malais ou javanis. On évalue, année commune, la récolte des îles Banda à 500,000 livres de muscade et 150,000 livres de macis. Le muscadier produit toute l'année, mais la grande récolte a lieu en août et novembre. Chaque arbre donne, année moyenne, 5 à 6 livres de muscade, et quelquefois le double et le triple

Bien que le sol des îles Banda soit couvert de cultures, et surtout de forêts de muscadiers, il ne saurait produire toutes les choses nécessaires à la vie : aussi la population, réduite à un petit nombre d'employés ou fermiers et à 5,000 esclaves, tire-t-elle de Batavia le riz et l'arac ou arack. On ne trouve dans le pays que du poisson salé et quelques légumes.

Nous avons nommé le muscadier : c'est un joli arbre qui n'est jamais grand; il a la forme d'une pyramide; sa feuille est petite, ovale et d'un vert tendre; le fruit est jaune, oblong et de la grosseur d'un petit abricot; fendu dans sa longueur, il laisse voir une pellicule du plus beau rouge, laquelle est le macis, qui enveloppe la noix de muscade.

Les indigènes de ces parages connaissent à fond les dehors de la supplication, mais non la reconnaissance; ils feront mille cajoleries pour obtenir une bagatelle, et dès qu'ils l'auront obtenue ils oublieront qui la leur a donnée. Les Australiens ont une taille au-dessous de la moyenne et des formes grêles; ils sont noirs comme les Africains, mais leurs cheveux ne sont pas aussi laineux ni leur nez aussi épaté. Tous sont privés d'une dent à la mâchoire supérieure : ils sont tatoués verticalement sur les épaules et sur les cuisses, et horizontalement sur la poitrine et le ventre. Ce tatouage est fait à l'aide de coquillages et par des incisions profondes sur le corps nu exposé à un climat brûlant.

Les Chinois font à Banda, comme dans toutes les colonies européennes, le commerce de détail avec les îles voisines et la côte de la Nouvelle-Guinée; ils en retirent du tripang, de la nacre et des perles, qu'ils échangent contre des objets d'industrie européenne. Les Malais fournissent les bras nécessaires à l'agriculture. Chaque planteur a ses embarcations avec lesquelles il apporte ses denrées dans les magasins du gouvernement.

Le 25 février 1839, *l'Astrolabe* et *la Zélée* quittèrent l'archipel de Banda, et, le 1er mars, elles apercevaient les hautes terres de la pointe sud-ouest de la Nouvelle-Guinée. Le 27, elles entraient dans la baie Rafles, vaste et profonde, et dont les terres sont décorées de belles forêts, particulières à ces régions australiennes. Les arbres ont des feuilles coriaces et glanduleuses, recouvertes d'une poudre blanche résineuse qui leur donne une teinte vert pâle d'une uniformité monotone et triste.

Vers les côtes de la Nouvelle-Guinée on avait rencontré sur le passage des corvettes les *îles Arrou*, terres basses où la végétation n'est pas moins belle qu'à la Nouvelle-Guinée, que l'on atteignit par la baie du Triton, peuplée d'une race mixte, issue de Malais et de Papous, vigoureuse, avec de grands yeux vifs et perçants. Autant la verdure à la baie Rafles paraissait uniforme, autant le sol était bas et l'aspect monotone, autant la baie Triton se montrait sous les formes les plus pittoresques, avec de hautes montagnes boisées de la base au sommet et séparées par d'étroits vallons. L'expédition quitta cette baie pour aller mouiller au *Dobo*, formé par les îles de *Wuma* et de *Wakan*, aux terres basses et uniformes et d'une médiocre grandeur. On vogua ensuite vers l'île *Céram*, dont les habitants recherchent les oiseaux de paradis, île dont le meilleur mouillage est à la baie de *Warrou*, dans laquelle les Hollandais d'Amboine ont une station.

Les habitants du village de Warrou, au nombre d'environ 300, et tous mahométans, ont une extrême horreur pour les cochons, et ils laissent pulluler dans les forêts ces animaux, qui dévastent les plantations non garanties par des clôtures. Le gouvernement des Moluques a pour vassal la partie orientale de Céram, île d'où les corvettes firent voile pour *Célèbes*, dont la côte forme la rade *Makassar*, sur laquelle s'étend la ville de ce nom, chef-lieu des possessions hollandaises dans ces parages, et résidence d'un gouverneur particulier.

La ville de Makassar a deux parties distinctes : le quartier malais et le quartier hollandais. La principale rue est un véritable bazar bordé de petites boutiques et d'ateliers. Le Campong-Bougis s'étend sur la plage, et se compose d'une file de maisons en joncs bâties sur pilotis. Le quartier européen a des rues larges, bien alignées, coupées à angles droits. Il est protégé par une muraille contre les attaques des indigènes; les rues qui aboutissent au boulevart sont défendues par des postes militaires et fermées par des portes. Il y a un fort avec garnison.

Les Makassars sont ignorants et paresseux; ils n'aiment guère que la pêche et la navigation, qui leur permet de se livrer à la piraterie. Tandis que le Malais et le Bouguis sommeillent, le Chinois se remue et fait tous les métiers, exploite tous les genres d'industrie. La ville de Makassar compte environ 25,000 habitants, qui, soumis à la loi mahométane, ont autant de femmes qu'ils en peuvent nourrir. Le pays donne une si grande quantité de riz, de sagou et de fruits, les eaux de la baie sont si poissonneuses, que les plus pauvres ont les moyens de nourrir une nombreuse famille. Tous les naturels mâchent le bétel, qui stimule les organes digestifs énervés par l'excès des chaleurs. L'eau-de-vie de coco et l'arac, autre liqueur forte résultant de la fermentation du riz avec un résidu de la canne à sucre et de noix de coco, sont également recherchées, et l'opium est de même en usage. L'arme favorite des habitants est le kris, sorte de poignard à lame droite, et les guerriers ont la lance, le sabre et le bouclier.

Les Makasses se livrent aux femmes avec une libidineuse furie ; du reste, les jeunes filles, parfaitement libres de leur corps, comme dans tout l'archipel indien, s'abandonnent à l'amour souvent même avant d'être nubiles : aussi les populations sont-elles chétives et énervées. Après les femmes, viennent le jeu et l'opium ; il y a des maisons tenues par les Chinois pour jouer et fumer. L'usage funeste de l'opium est répandu dans toute la Malaisie ; il rend lourd, hébété et stupide.

On pense que l'île Célèbes contient environ 2,400,000 âmes. Dans la province de Boni, la Hollande a 400,000 sujets dépendants immédiatement de son gouverneur ; les autres habitants sont gouvernés par leurs krains ou sultans.

Les productions de Célèbes sont principalement le coton, le café, le riz, le poivre, le bétel, le maïs, le manioc, le benjoin et le tabac. Les chevaux sont très recherchés et les meilleurs de toute l'Inde hollandaise. Nulle part peut-être les végétaux et la volaille ne sont à meilleur compte.

En quittant Makassar les corvettes se rendirent à *Batavia*, où elles mouillèrent, le 8 juin 1839.

Cette capitale des possessions hollandaises dans l'Océanie compte environ 60,000 âmes, non compris la garnison. Ce chiffre se divise en 4,000 Européens, 20,000 Javanais ou Malais, 30,000 Chinois, et 6,000 esclaves et Arabes. Batavia comprend la ville basse et la ville haute. La première est la partie commerciale ; un canal la sillonne dans tous les sens ; elle est la plus rapprochée de la rade, mais aussi la moins salubre et la moins agréable. La ville haute est composée d'habitations construites avec un grand luxe et entourées de jardins ; elle s'étend sur une vaste surface, ce qui nécessite l'usage des voitures pour se visiter. En effet, à Batavia on ne rencontre jamais personne dans les rues autrement qu'en équipage ; les Malais et les Chinois font seuls exception ; du moins, un Européen ne pourrait, par goût, par fantaisie ou comme besoin hygiénique d'exercice, y employer ses jambes sans être suivi de sa voiture. Nulle part les lois de l'étiquette ne sont observées avec plus de rigidité.

Les Chinois occupent un quartier entièrement séparé, ou plutôt une ville entière, formée de maisons entassées les unes sur les autres, avec des rues étroites et tortueuses, mais remplies de métiers et d'ateliers : ici c'est le travail, l'activité, tandis qu'ailleurs c'est le calme, le faste et l'indolence. Les Chinois sont très pacifiques, et cependant ils se feraient tuer pour une roupie. Les Chinois tiennent à Batavia de nombreux harems pour les Européens ; et, dans un climat si brûlant, les Javanaises trafiquent volontiers de leurs charmes avant de contracter un mariage où elles garderont la foi conjugale.

La relation que nous analysons renferme de curieux développements sur le mécanisme du gouvernement hollandais à Java. Le gouverneur général, dont le pouvoir est immense, y exerce les fonctions souveraines, assisté par un conseil des Indes, qui n'est guère que consultatif. Un directeur général des finances est chargé de l'administration des revenus et des dépenses de la colonie : un général commande les troupes ; un amiral est chef de la marine ; un procureur-général est placé près de la cour suprême de justice ; un directeur de l'intérieur a la police générale, et il existe un secrétaire général du gouvernement pour contresigner les décrets. La cour suprême approuve, réforme ou casse les jugements des tribunaux ordinaires qui siégent à Batavia, à Samarang et à Sourabaya, et qui se partagent entre eux toutes les provinces de l'île. Les Européens sont jugés d'après les lois hollandaises ; mais, pour les Javanais, les juges se font assister par le régent du pays et le prêtre javanais ; ils prononcent contre le coupable les peines établies par le Coran et les coutumes locales.

Dans chaque province, le résident préside une cour de justice, composée du secrétaire de la résidence, du régent indigène, qui commande sous ses ordres, et du principal prêtre musulman. Le résident remplit les fonctions de gouverneur, et fait exécuter les lois en même temps qu'il surveille les chefs indigènes, qui, du reste, persuadés comme ils le sont qu'ils doivent demeurer tributaires des nations de l'Occident, et habitués à la suprématie hollandaise, la préfèrent à toute autre, car elle est celle avec laquelle ils sympathisent le mieux.

De Batavia les corvettes firent voile (19 juin 1839) pour l'île de Sincapour ou Sincapore, en passant par les détroits de Banca et de Dryon. Déjà le lendemain, la vigie signalait la côte de Sumatra ; le soir, on avait rallié l'entrée du détroit de Banca ; le 26, on franchissait celui de Dryon ; le 27, au matin, on se trouvait dans celui de Malaca, et, le soir, on arrivait à Sincapour, comptoir et halte des bâtiments anglais dans les grandes Indes.

La ville de *Sincapour*, bâtie sur l'île du même nom, s'élève au fond d'une baie, sur un terrain plat ; elle se divise en plusieurs quartiers, séparés par un canal peu profond et d'un mille et demi de large, sur la droite duquel reposent les maisons de campagne des Européens, entourées de jardins. A gauche du canal est le quartier chinois, avec des maisons très rapprochées, ayant des galeries extérieures qui garantissent les magasins et les promeneurs des rayons brûlants du soleil. Presque toutes les boutiques sont sur les quais, et la pagode chinoise est un assez beau temple orné de colonnes en granit. Les édifices publics et magasins de l'Etat se trouvent dans le quartier européen, qui offre de belles et larges rues. Au fond du port se voient de petits bateaux dont la réunion forme une espèce de ville flottante habitée par les Malais, qui exercent la profession de pêcheurs et de bateliers.

La population de Sincapour, évaluée à 23,000 habitants, se compose d'Européens, de Chinois, de Malais, d'Arabes, d'Indous, de Malabars et de Siamois : tous font le commerce ; il y a peu d'industrie dans l'île, et l'agriculture est peu avancée. La position de la ville moderne est une des plus favorisées pour le commerce d'entrepôt, entre les mers de l'Inde et celles de la Chine ; c'est aujourd'hui un des marchés les plus importants du monde, et en même temps une excellente relâche pour les navires.

Le 2 juillet 1839, les deux corvettes se dirigèrent vers la grande île de *Bornéo*, qu'elles atteignirent le 8, à l'embouchure de la rivière de Sambas, où elles laissèrent tomber l'ancre. Le terrain de la côte de Bornéo est en général très plat ; il n'offre dans la rivière de Sambas que quelques hauteurs éparses ; le pays est riche en métaux et pierres précieuses ; les forêts sont remplies d'arbres fruitiers ; le sagoutier, le bois de fer, le bois d'ébène, abondent, ainsi que les joncs et les gommiers. Dans les montagnes et sur les îles se trouvent beaucoup de nids d'hirondelles si recherchés par les Chinois ; la mer fournit des tortues, des holothuries et des perles. La côte occidentale est généralement très riche ; mais les habitants sont encore barbares, notamment les Dayaks.

Ces sauvages cultivent la terre et font le commerce de la côte. Ils n'ensemencent jamais au-delà de leurs besoins présumés, et si la récolte est mauvaise, ils ont recours à des racines pour se nourrir. La canne à sucre n'est encore cultivée que par les Chinois. La culture du café n'a été introduite que récemment. Le sagou est très abondant, et il existe des forêts entières qui produisent cette denrée. Le blé de Turquie est un des principaux aliments des Malais et des Dayaks ; cette plante s'élève à une très grande hauteur, et les indigènes la nomment jagon. Les Chinois cultivent une espèce de patate appelée ocbie, et dont ils font leur aliment principal. Les Malais recherchent surtout cette patate pour faire des voyages. Le camphre de Bornéo est d'une excellente qualité, de même que le benjoin, que l'on exporte principalement à Java. Le bois de fer croît sur différents points de la côte, mais toujours dans le voisinage de la mer; ce bois est très lourd et très dur; souvent les outils se brisent avant de l'entamer. L'arbre à beurre, que les indigènes appellent tinkamang, produit une excellente huile, analogue à l'huile de coco; cet arbre est très grand et atteint des dimensions colossales. Le bois de laque est employé à Bornéo pour la teinture. Le nibong est une plante qui sert à couvrir les maisons. Le mangoustan croît sur la côte, ainsi que les pamplemousses. Les Chinois ont planté à Bornéo les premiers orangers, et ces arbres fruitiers s'y sont rapidement propagés. L'arbre à pain, nommé soukong, se trouve sur toute la côte occidentale et dans tout l'archipel Indien. L'ananas est très commun et d'un goût très agréable. Le pisang ou bananier fait à Bornéo la principale nourriture des indigènes. Enfin, il existe dans cette île un arbre appelé oupas, dont la gomme est un poison tellement violent qu'elle donne la mort en la touchant avec la main; les Dayaks l'emploient pour envenimer leurs flèches, armes si terribles dans les mains de ces peuples barbares.

L'île de Bornéo n'est pas moins riche en minéraux qu'en végétaux. Elle renferme des mines de diamants, que l'on trouve surtout dans le lit des rivières, du côté de Landak. Les Dayaks recueillent aussi de l'or dans les rivières. Le fer abonde sur différents points de la côte voisine de Billiton. On trouve de l'antimoine dans le lit des rivières.

Les tortues affluent sur la côte; les naturels leur font la chasse pour en avoir l'écaille, qui est très estimée. Lorsqu'ils parviennent à les atteindre, ils les mettent sur le dos au-dessus d'un petit feu jusqu'à ce que l'écaille se soit détachée de leur corps; l'animal en a bientôt repris une nouvelle, et elle peut même donner par année quatre fois des écailles. Il y a dans la partie septentrionale de riches bancs de perles. Enfin on recueille à Bornéo une grande quantité de pierres dites bézoard, qui se trouvent dans la tête de certains animaux, tels que les singes, les porcs-épics et les cerfs; on emploie cette pierre pour neutraliser les effets du poison.

Le 15 juillet, les corvettes quittèrent la rivière Sambas et cinglèrent vers la rade Béwan, un des meilleurs mouillages des îles *Solo*. La ville de Solo est située à l'embouchure d'une rivière qui se jette dans la mer au fond de la baie de Béwan. Toutes les maisons reposent sur l'eau, c'est-à-dire sur des pilotis; elles communiquent entre elles par des ponts en planches, très étroits, que l'on enlève à volonté. Vers l'est et le sud, ces maisons communiquent à terre ferme par des ponts en bambous. Il y a une petite forteresse à l'extrémité du canal.

Les habitants de Solo sont mahométans : aussi ne les voit-on presque jamais. Les indigènes appartiennent à la grande famille malaise; ils ont le visage large et plat, les yeux un peu bridés comme ceux des Javans, mais beaucoup moins que ceux des Chinois. Ils ont pour arme le coutelas ou criss, à lame droite, qui ne les quitte jamais. C'est dans la beauté et la richesse de ces armes qu'on distingue de la foule les divers chefs, lesquels sont, du reste, aussi sales et aussi déguenillés que le menu peuple. Ces insulaires font peu le commerce; il est encore dans les mains des Chinois.

Les îles Solo sont d'un aspect très pittoresque : la principale est d'une fertilité remarquable; elle produit tous les fruits et tous les légumes des pays intertropicaux, et nourrit une grande quantité de bœufs et de chevaux : on ne rencontre les campagnards que sur des bœufs ou des chevaux, seul moyen de transport dans un pays montagneux et privé de toute espèce de voie de communication. L'île principale compte environ 60,000 habitants, et la ville environ 6,000. Cette population est un mélange de Bouguis, de Bisayas et de Malais. Les montagnards sont agriculteurs et méprisent en général les peuplades de la côte; ils reconnaissent la suzeraineté du sultan de Solo.

Le 25 juillet, on fit voile vers l'île *Mindanao*, dont le principal mouillage est celui de Samboangan, qui a une rade assez sûre pendant la mousson de l'est. Le climat de ces parages est très sain, malgré les fièvres qui y règnent à certaines époques de l'année. Les habitants, au nombre d'environ 7,000, sont d'une belle taille, et professent en général le christianisme. La colonie est sous la domination espagnole. La relâche de Samboangan est excellente pour les navires qui, venant de Manille et des mers de la Chine, se dirigent ensuite vers le détroit de Makassar, pour gagner un des passages des îles de la Sonde.

La traversée de Samboangan à Samarang eut lieu par le détroit de Makassar; et, le 24 septembre 1839, on atteignait Samarang, port septentrional de la grande île de Java, à l'est de Batavia. On ne fit là qu'une courte relâche; on se rendit ensuite à la baie de Lampongs, située à l'extrémité orientale de l'île de *Sumatra*, sur le détroit de la Sonde, qui sépare Sumatra de Java. L'aspect de la terre charme l'œil; sur le bord de la mer on n'aperçoit d'abord que quelques habitations; le village de Lampongs est à quelques pas dans l'intérieur, et ses toitures sont dérobées à la vue par un épais feuillage. Là les corvettes furent entourées de pirogues, dont les naturels vinrent offrir à l'équipage le poivre récolté dans le district, puis des tortues et autres provisions. On devait rester sur cette rade jusqu'au 11 octobre; mais la dyssenterie ayant attaqué une partie de l'équipage, on dut songer à quitter bien vite un mouillage si funeste.

On en partit, le 10 octobre 1839. Dès le lendemain, douze matelots étaient en proie à de violentes coliques. Le 20, les malades allaient beaucoup mieux et ne devaient pas tarder à reprendre leur service. Le 2 novembre, on était par 28° 52' 30" de latitude S. et 92° 52' de longitude E. La dyssenterie continuait à faire des ravages sur les deux corvettes. Le 7, on perdit plusieurs matelots; on n'avançait que très lentement vers Hobart-Town, où l'on devait se rendre.

Retour à Hobart-Town.

Enfin, le 12 décembre, on atteignit ce port de la Tasmanie, si vivement désiré. Les équipages descendirent à terre, et dans peu de jours presque tous les malades se trouvèrent guéris.

L'île que Tasman, son premier découvreur, dota, en 1636, du nom de Van-Diémen, alors celui du gouverneur général des possessions hollandaises dans les grandes Indes, est située au sud de l'Australie, par 40° 35' 40" — 43° 38' 34" latitude S., et de 142° 23' — 146° 17' longitude E., et bornée au nord par le détroit de Bass, à l'est, à l'ouest et au sud par le grand Océan austral; elle présente une surface de 3,437 lieues carrées. Elle a un climat meilleur encore que celui de l'Australie, et sa capitale, Hobart-Town, située sur le détroit de Bass, réunit environ 15,000 habitants. L'île entière en compte 46,000, et se divise en deux provinces, celle du sud, dont Hobart-Town est le chef-lieu, et celle du nord, qui a pour chef-lieu Launceston. La Tasmanie ne renferme plus un seul de ses habitants primitifs; les Anglais les ont fait disparaître, en les traquant comme des bêtes fauves, et ils ont peuplé cette île de condamnés ou déportés de la mère-patrie. Le culte dominant est le protestantisme. Les évasions des convicts sont fort rares du côté de la terre; il y en a quelques-unes par le détroit de Bass, pour gagner la Nouvelle-Hollande, au moyen de petites embarcations secrètes.

Retour dans les glaces antarctiques.

Dans son séjour à Hobart-Town, le commandant d'Urville reçut la visite du capitaine Biscoe, qui venait de découvrir la terre d'Enderby, vers les régions australes. Le capitaine anglais ayant assuré d'Urville que plusieurs marins soupçonnaient des terres plus éloignées, celui-ci résolut de tenter une nouvelle expédition vers le pôle sud. Les équipages accueillirent ce projet avec enthousiasme, et, dès le 1er janvier 1840, on quittait Hobart-Town pour voguer vers le pôle antarctique.

Le 11, on avait dépassé le 51e parallèle sud; les albatros avaient disparu; les vents commençaient à souffler avec force; le 15, on fut assailli par des grains de neige; le 16, on rencontrait les premières glaces; le 18, on avait atteint le 64e degré de latitude sud; le 20, les corvettes étaient entourées de grosses glaces et d'oiseaux de mer, ainsi que de phoques à fourrure. On aperçut enfin une terre entièrement couverte de neige, qui s'étendait de l'est à l'ouest, et semblait s'abaisser par une pente assez douce vers la mer. Cette terre pouvait avoir 1,200 mètres de hauteur, sans offrir nulle part de sommet saillant. Le temps devint d'une sérénité admirable, et l'on put aborder plusieurs points de cette terre inconnue, située par 66° 30' lat. S.—138° 2' longitude. E. Elle se dessinait au loin et présentait l'image de la stérilité, mais semblait révéler un continent ou plusieurs terres s'étendant vers le pôle austral. Les embarcations envoyées par le commandant rapportèrent des fragments de roche qui ne laissèrent plus aucun doute, et constatèrent la nature de cette terre granitique, à laquelle d'Urville donna le nom de *terre Adélie*, afin de perpétuer le nom d'une épouse dévouée, qui avait consenti trois fois à une longue et cruelle séparation dans l'intérêt de la science et de la gloire du pays, et qui devait, deux ans plus tard, dans la paix de nos arts et au sein de nos plaisirs tranquilles, perpétuer son nom d'une autre manière, avec son époux et son fils, dans un horrible événement.

Après une reconnaissance longue et pénible des côtes accessibles de cette terre, après des luttes désespérées contre les banquises ou bancs de glaces, les deux corvettes appareillèrent, le 1er février 1840, pour le retour vers des contrées plus hospitalières. On mit le cap au nord, pour rallier Hobart-Town, où l'on arriva, le 17. N'oublions pas d'ajouter qu'au sortir des glaces, les corvettes avaient découvert une seconde terre, qui fut appelée *Clarie*, et qu'elles rapportaient la presque certitude d'avoir surpris la position mystérieuse du pôle magnétique.

Retour des glaces antarctiques.

Le bruit des nouvelles découvertes de Dumont d'Urville se répandit rapidement par la presse anglaise dans toute l'Australie. Nos rivaux cherchèrent à les lui contester; mais efforts impuissants! D'Urville est resté avant sa mort possesseur absolu et découvreur unique des terres Louis-Philippe, Adélie et Clarie. Les dernières découvertes de James Ross et de ses compagnons, parvenus ensuite jusqu'au 78e degré 4' de latitude S., n'ont rien enlevé au mérite de celles du commandant de *l'Astrolabe*. S'il a été moins heureux que ses successeurs, il n'a montré ni moins de lumières, ni moins de résolution; et lorsque le capitaine Ross publiera lui-même sa relation entière, il s'empressera sans doute de reconnaître les avantages qu'il a tirés de la découverte de la terre Adélie, en ce qu'elle lui indiquait en quelque sorte la nécessité de se rapprocher du pôle austral, et d'aller chercher dans l'est une route qu'on savait, grâce aux découvertes de Dumont d'Urville, ne pas exister sous le méridien d'Hobart-Town (1).

La relâche en ce dernier port fut courte; on en repartit, le 25 février 1840, pour voguer vers les îles *Auckland*, situées au sud-est, par environ 50° lat. S. et 165° long. E.; excellent point de relâche pour les baleiniers et les pêcheurs. Ces îles stériles, où, du reste, aucun intérêt évident et majeur n'appelle une population européenne, semblent réservées comme

(1) Le capitaine Ross, dans la publication de son dernier voyage, s'est empressé, en effet, de reconnaître les découvertes de Dumont d'Urville. A. M.

demeure éternelle aux oiseaux de mer. Elles se composent d'une île principale et de plusieurs petits îlots.

Reconnaissances et découvertes nouvelles.

La traversée des îles Auckland à la *Nouvelle-Zélande* s'opéra du 20 mars au 6 avril 1840. On mouilla dans la baie d'Akaroa, vaste mouillage que l'on quitta, le 12, afin d'aller faire un séjour dans la *Baie des Iles*, dont l'Angleterre venait de s'emparer. Dumont d'Urville avait décrit avec soin ces parages, et même presque toute la Nouvelle-Zélande, dans son précédent voyage, et il ne lui restait plus guère à dire à ce sujet. On repartit de ce port, le 4 mai, pour gagner, à travers l'Océan, la baie Coupang, de l'île *Timor*, en faisant la reconnaissance des îles *Loyalty*, de la *Louisiade* et du détroit de *Torrès*. Le 9 mai, on était dans les eaux tropicales; le 12, on avait en vue l'île *Britannia*, la plus méridionale des îles Loyalty; le 13, on relevait l'île *Chabrol*; le 22, l'île *Rossel*; le 23, l'île *Adèle*, pour commencer l'exploration de la partie méridionale de la *Louisiade*, terres qui, depuis leur découverte par Bougainville, n'avaient été revues par aucun des navigateurs qui avaient sillonné l'océan Pacifique et marqué leur passage par des travaux sérieux. Aussi présentaient-elles un nouveau champ d'exploration et une série de découvertes d'un haut intérêt pour la géographie. Laissons parler un moment notre célèbre navigateur dans le relevé de ces parages.

« Le 24 mai, nous nous dirigeâmes sur les îles du *Sud-Est*, dont les hauts sommets apparaissent de loin; mais nous trouvâmes la route barrée par un immense récif continu, que déjà nous avions vu la veille, et qui, suivant toute apparence, relie toutes ces terres entre elles. Les îles du Sud-Est se terminent à l'est par une pointe basse, dont nous ne pûmes pas fixer la position; sa partie occidentale est montueuse et très élevée. Au sud elle présente une presqu'île assez remarquable (presqu'île *Condé*), sur laquelle nous aperçûmes quelques naturels et un petit village, mais nous ne vîmes aucune pirogue et, par suite, nous ne pûmes avoir aucune communication. Dans la soirée, les îles du Sud-Est restaient déjà loin derrière nous. Une longue ligne d'îlots (îles du *Calvados*) se montrait dans le nord; le récif qui, jusque-là, s'était présenté à nous compacte et continu, sauf quelques coupures de peu d'importance, ne laissait plus voir que quelques pâtés isolés. La mer, au-delà de ces écueils, paraissait calme et profonde, mais j'évitai de m'y engager. Je me décidai à prendre le large pour passer la nuit et pour continuer notre exploration le lendemain.

« Nous vînmes attérir de bonne heure sur quelques îlots bas et boisés (îles *Montémont*) (1), nous les trouvâmes enclavés dans le récif, qui s'étendait dans l'ouest à une distance prodigieuse, en s'appuyant sur quelques îlots épars et couverts de verdure. Le dessin de cette contrée, laissé par Bougainville, était d'un bien faible secours pour guider notre navigation; cependant nous crûmes, dans la soirée, reconnaître l'îlot bas et boisé auquel il imposa le nom d'*Ouessant*. Devant nous s'élevaient plusieurs roches qui fixèrent la limite du travail de la journée (îles *Teste*), et qui, le lendemain, nous servirent d'excellent point de reconnaissance.

« La terre nous offrit, le 26, l'aspect le plus varié. Devant nous, et à petite distance, s'élevaient une foule de petites îles, dont la plupart étaient habitées: dans le lointain on apercevait de hauts sommets, qui sem-

(1) Les îles auxquelles Dumont d'Urville a bien voulu donner mon nom reposent ainsi dans le Grand-Océan, par 11° 17' de latitude sud, et 15° 3' de longitude est. J'ai composé pour mes sujets une constitution poétique; mais j'ai cru devoir, prudemment différer de la leur notifier en personne, parce qu'ayant conservé le goût de la chair humaine, ils auraient pu, sans égard pour ma dignité, quoique nominale, me mettre aussitôt à la broche. A. M

blaient appartenir à une même terre considérablement étendue; toutefois, à mesure que nous nous approchions, nous apercevions des canaux nombreux qui semblaient découper la côte, de manière à former une multitude d'îles. Il serait possible que cette partie de la côte, qui. comme on le verra plus tard, semble faire corps avec la Nouvelle-Guinée, ne fût composée que d'une réunion d'îles très rapprochées les unes des autres, et qui alors appartiendraient à l'archipel de la Louisiade. Ce problème ne sera entièrement résolu que lorsque ces terres, toutes françaises, auront été l'objet d'une reconnaissance spéciale.

« Le 27 mai, nous avions atteint le cul-de-sac de l'*Orangerie*, ainsi nommé par Bougainville, et qui limite à l'ouest le champ de ses découvertes. L'aspect que présente la terre en cet endroit répond parfaitement à la description pompeuse que nous en a laissée le découvreur français. Dans le fond de la baie, le terrain s'élève par une pente douce à partir du rivage, et laisse voir partout une magnifique végétation. Dans la baie, les eaux paraissent parfaitement tranquilles, et, sans aucun doute, on pourra y trouver d'excellents mouillages, à l'abri des hautes terres qui la bornent à l'est et à l'ouest, et qui, suivant toute probabilité, forment des îles séparées de la Nouvelle-Guinée par des canaux étroits. J'aurais volontiers cherché à mouiller sur ces terres, d'autant plus qu'elles paraissent habitées par une population nombreuse et intéressante à étudier; mais des douleurs d'entrailles ne me laissaient plus aucun repos, et je redoutais à chaque instant d'être forcé de m'arrêter dans les travaux que j'avais entrepris avant de les terminer; d'un autre côté, je savais que les pluies étaient très fréquentes dans ces parages; je pouvais donc, à chaque instant, voir nos travaux interrompus par des circonstances indépendantes de ma volonté.

« Cependant nous vîmes, par le travers du cul-de-sac de l'Orangerie, deux petites embarcations se diriger sur nous et continuer à pagayer avec persistance. Je donnai l'ordre de mettre le navire en panne pour les attendre. La première pirogue qui s'approcha de nous s'arrêta à une petite distance de *l'Astrolabe;* six hommes la montaient. L'un d'eux, qui probablement était un chef, se tenait debout au milieu de l'embarcation; il portait au bras et au cou des ornements faits avec des coquilles enlacées dans une même tresse; autour de la taille il avait une ceinture en écaille de tortue. Tous ces sauvages parlaient entre eux avec beaucoup de volubilité. La couleur de leur peau était d'un noir plus foncé que celui des habitants des îles Viti; leurs cheveux étaient crépus, leurs jambes grêles; aucun d'eux ne portait de barbe. Pour tout vêtement ils avaient une ceinture; leur taille était ordinaire; ils paraissaient vifs et vigoureux. Un seul parmi eux se faisait remarquer par une taille assez élevée; il portait un ornement bizarre qui traversait le cartilage du nez. La curiosité semblait les avoir seule amenés auprès de nous, et ils paraissaient très inoffensifs. Arrivés à quelque distance du navire, ils s'arrêtèrent, et alors ils cherchèrent par des signes à nous engager à aller à terre; ils nous présentaient des cocos, une hache en pierre et quelques coquilles, en nous désignant avec la main l'emplacement de leur village. De notre côté, nous leur montrions des miroirs et des objets de toute espèce qui semblaient vivement piquer leur curiosité. A l'aide d'une planche que nous laissâmes dériver jusqu'à eux, nous leur fîmes passer quelques-uns de ces objets qui semblaient exciter leur convoitise. Ils les regardèrent longtemps avant de s'en saisir, puis enfin ils les recueillirent avec une défiance extraordinaire, et finirent par témoigner une grande joie. D'autres pirogues s'étaient réunies peu à peu autour de nous; mais ces sauvages ne voulurent pas monter à bord, et, las de leurs hésitations, nous reprîmes notre route.

Le 23 mai, les corvettes s'avancèrent vers la Nouvelle-Guinée, à travers des récifs dangereux. Le 29, on découvrit une chaîne de hautes montagnes d'un effet très pittoresque; mais la crainte de s'engolfer et de ne pouvoir ensuite accoster les récifs du détroit de Torrès qu'avec beaucoup de difficulté fit abandonner une plus ample reconnaissance.

Le 30 mai, on aperçut les récifs de *Portlock*, placés comme une sentinelle avancée en avant de la grande barrière. « Ces récifs, dit le commandant d'Urville, sont fort dangereux sur toute leur longueur; ils s'élèvent à peine au-dessus du niveau des eaux; la mer y brise toujours avec violence, et le navire qui aurait le malheur d'y toucher serait rapidement détruit. On vira de bord, et, le 31, on donna dans la passe de *Bligh*, qui est vaste et spacieuse et n'offre aucun danger, si l'on est sûr de sa latitude. Un petit îlot de sable, appelé *Anchor-Key*, la limite vers le sud, et sert de point de reconnaissance. Après avoir dépassé cet îlot, on aperçut l'île *Darnley*, que les indigènes désignent sous le nom d'*Arroub*, et à deux milles de laquelle on laissa tomber l'ancre pour passer la nuit.

Le 1er juin, les deux corvettes reprirent leur course en passant près des îles Atagor, Hougar, Yarmouth et Dalrymple. Elles eurent bientôt devant elles la petite île *Warior*, que les naturels nomment *Toud*, devant laquelle *la Zélée* faillit rester échouée sur un récif. On sait que les récifs de coraux s'élèvent perpendiculairement du fond de la mer comme les murailles d'une maison; seulement, au lieu d'être polis comme elles, ces rochers de coraux présentent de fortes aspérités, et en touchant leurs parois un navire court le risque de se briser et de périr totalement sur place. Les deux bâtiments français eurent ici plus de dangers à courir qu'au milieu des banquises du pôle sud; après trente-quatre mois de campagne, et après avoir échappé aux périls sans nombre d'une longue navigation et être sortis victorieux des luttes les plus terribles dans les glaces, il eût été cruel de finir misérablement sur un récif madréporique sans nom. Enfin, grâce à un redoublement d'efforts désespérés et au retour d'une marée favorable qui redressa les navires, on put sortir des récifs de l'île de Toud, non toutefois sans de graves avaries.

L'île *Toud* est un pâté de coraux couvert d'arbres et entouré d'une belle plage; elle a un mille à peine dans sa plus grande longueur. On ne trouve sur cette île sablonneuse ni filet d'eau potable, ni cocos, ni production végétale propre à servir d'aliment. Pour se procurer de l'eau, les naturels recueillent avec soin, dans des coquilles ou feuilles de pandanus, l'eau des pluies, qui, du reste, sont assez abondantes dans ces parages. Ces naturels sont vigoureux et d'une taille assez élevée; mais ils mènent la vie la plus misérable; la pêche est leur principale ressource alimentaire. Ils vont entièrement nus; leur peau est noire, leurs cheveux sont crépus, leurs formes grêles; ils se font un tatouage en relief sur leurs épaules; ils paraissent doux et craintifs, mais devant des armes, et on suppose qu'ils seraient féroces s'ils étaient les plus forts.

La coquetterie ne semble pas étrangère au beau sexe de l'île Toud. Si les hommes y sont complétement nus, les femmes s'y parent des atours qu'elles peuvent rencontrer. Une d'elles vint près de *l'Astrolabe* dans tout l'éclat de ses charmes noirs, ayant au cou une sorte de hausse-col en nacre, les poignets serrés par des bracelets d'écaille, le lobe des oreilles et le nez percés de trous garnis de petites coquilles, les cheveux laineux couverts d'une poudre rouge. Elle s'épuisa en agaceries, en douces mines auprès des matelots français, qui furent assez peu galants pour ne pas y répondre. Honteuse alors de ses frais de toilette perdus et de ses avances inutiles, elle leur tourna le dos et rejoignit sa tribu, où elle trouva sans doute des consolateurs plus empressés, mais qui, peut-être, lui surent peu de gré de sa tentative; car les hommes de l'île Toud passent pour très jaloux de leurs femmes.

Retour en France.

Le 10 juin 1840, on dit adieu à ces sauvages, et le 19, on apercevait les hautes terres de l'île de *Timor;* le soir, on jetait l'ancre dans la baie de Coupang, vaste et profonde, où l'équipage put enfin se reposer de ses dernières et longues fatigues éprouvées dans le dangereux détroit de *Torrès*. On remit à la voile, on vogua de Timor à l'île Bourbon, et de ce point au cap de Bonne-Espérance et à Sainte-Hélène, d'où l'on reprit la route de France. Enfin, le 6 novembre 1840, les deux corvettes rentraient dans le port de Toulon, après une absence de trente-huit mois, ayant parcouru la moitié des mers qui couvrent le globe, traversé sept fois l'équateur, et pénétré à deux reprises sous le cercle polaire austral. Le 31 décembre, le ministre de la marine expédia le brevet de contre-amiral à Dumont d'Urville, capitaine de vaisseau depuis onze années; les officiers furent avancés d'un grade, les matelots d'une classe, et plusieurs décorations de la Légion-d'Honneur furent distribuées. Ce ne fut qu'au printemps de 1841 que l'amiral vint à Paris pour préparer la publication de sa relation et recevoir de la société de géographie sa grande médaille d'or, qui allait être aussi décernée, deux ans plus tard, au capitaine James Ross pour ses découvertes vers le 78e parallèle sud. L'infortuné Dumont d'Urville devait ignorer cette justice accordée à son heureux émule, auquel il l'eût rendue avec empressement lui-même, si la catastrophe du 8 mai 1842 ne l'eût enlevé à la science, au pays et à l'amitié.

Ile Céram, vue du village de Wairou.

FIN DES TROIS VOYAGES DE DUMONT D'URVILLE.

Paris. — Imp. Lacour et Cᵉ, rue Soufflot, 16.

BIBLIOTHÈQUE NATIONALE IMPRIMÉS R.F.

BAUDIN.

(1800-1804.)

PRÉLIMINAIRE.

La France a vu, dans la seconde moitié du XVIIIe siècle, s'effectuer les glorieuses circumnavigations de Bougainville, de La Pérouse, d'Entrecasteaux et Marchand; elle a de même, en ce genre de voyages, marqué dignement sa place à l'aurore du XIXe siècle. En effet, pendant que Napoléon triomphait dans les champs de Marengo et soumettait l'Italie à ses armes, une expédition qu'il avait envoyée dans le Grand-Océan, sous le commandement du capitaine Baudin, explorait les rivages de la Nouvelle-Hollande, ce cinquième continent dont l'étendue égale au moins celle de l'Europe. Plus tard, le capitaine de Freycinet, qui avait fait partie de cette première expédition, en dirigeait une lui-même sur une plus grande échelle encore; après lui est venu M. le capitaine Duperrey, dont le voyage a eu l'inappréciable avantage de fixer d'une manière certaine la position des milliers d'îles près desquelles avaient passé Roggewein et tant d'autres navigateurs qui tous, croyant les avoir aperçues les premiers, leur avaient tour-à-tour imposé des noms différents, lesquels en rendaient la reconnaissance confuse et difficile, pour ne pas dire problématique. A. Duperrey a succédé Dumont d'Urville, auquel la science doit un si beau travail sur la Nouvelle-Zélande et la Nouvelle-Guinée, et l'humanité la découverte des débris des vaisseaux de La Pérouse, puis un voyage au pôle sud, que déjà nous avons fait connaître. Enfin, quelques autres, sans ajouter aux découvertes antérieures, ont complété beaucoup de notions qui n'avaient pu l'être par leurs devanciers.

Nous allons offrir l'analyse des principales de ces explorations, toutes exécutées dans l'intérêt des sciences et pour la gloire du nom français; nous commencerons par celle du capitaine Baudin.

Les corvettes *le Géographe* et *le Naturaliste*, chargées par l'empereur Napoléon de faire des découvertes dans les régions australes, partirent du Havre le 17 octobre 1800, sous le commandement du capitaine Baudin. Elles se rendirent à l'Ile-de-France, et de là aux Moluques, à l'île de Timor, où elles mouillèrent le 21 septembre 1801, après avoir exploré quelques parties des côtes sud-ouest de la Nouvelle-Hollande, notamment la terre de Leuwin jusqu'alors inconnue, la terre d'Endracht et la terre de Witt. De Timor on passa vers le sud-est de la Nouvelle-Hollande, c'est-à-dire au port Jackson, et l'on fit une assez longue relâche en ce lieu principal des établissements anglais à la Nouvelle-Galles du sud.

En partant de ce point où ils s'étaient ravitaillés, les deux navires français se dirigèrent vers la terre de Diémen, en vue de laquelle ils arrivèrent le 13 janvier 1802. Ils doublèrent le cap sud de cette grande île pour aller mouiller dans l'est de l'île aux Perdrix, à l'entrée du canal d'Entrecasteaux. Ils découvrirent le port Buache et acquirent la certitude que la portion de terre désignée sous le nom d'*île Tasman* n'était qu'une presqu'île unie à la grande terre, et que dès lors il n'existait aucune communication directe entre la baie du Nord et la baie Marion.

On quitta le canal d'Entrecasteaux le 17 février, et, après avoir doublé le cap Raoul et le cap Pillar, on jeta l'ancre à l'entrée de la baie des Huîtres sur l'île Maria. Pendant le séjour des corvettes, on reconnut le port Frédérick-Hendrik de Tasman, puis le groupe d'îles connu sous le nom d'îles Schouten. On découvrit la baie Fleurieu et le port Monthazin, puis l'île Maurouard qui offrit un abri salutaire contre les fureurs de l'Océan, si terrible dans ces parages.

En s'en éloignant on prit la route du fameux détroit de Bass qui sépare la Nouvelle-Hollande de la terre de Van-Diémen, détroit qui fut découvert, en 1798, par un capitaine anglais, et qui a cinquante lieues de large du nord au sud, sur une longueur presque égale de l'ouest à l'est. Après l'avoir franchi de l'est à l'ouest, les vaisseaux français commencèrent la reconnaissance de la côte sud-ouest de la Nouvelle-Hollande, côte à laquelle fut donné le nom de *terre Napoléon*, mais que par jalousie les Anglais n'ont pas voulu lui confirmer.

Après ces périlleuses et magnifiques explorations sur lesquelles nous reviendrons tout à l'heure, il fallut, le 4 juin 1802, par suite de l'épuisement de l'équipage, aller prendre une nouvelle relâche au port Jackson dans la baie Botanique, non pas en repassant le détroit de Bass, comme c'eût été le chemin le plus court, mais en cherchant l'extrémité méridionale de la terre de Van-Diémen. Le 20 mai, on reconnut l'entrée de la baie de l'Aventure et les hautes colonnes du cap Cannelé en avant duquel se projette l'île aux Pingouins. Ici de superbes vallées aboutissent à la mer, d'innombrables ruisseaux descendent des montagnes que d'épaisses forêts tapissent jusque sur leurs derniers sommets, tandis que les contours du rivage sont agréablement dessinés par une superbe lisière d'arbres et d'arbrisseaux toujours verts : le calme de l'Océan au fond de la baie, la verdure et la fraîcheur des bois formaient un doux contraste avec l'aspect sauvage et sombre du cap Cannelé, et le tumulte des vagues qui mugissaient dans le lointain. Le 22 mai, on atteignit l'île Maria, que l'on doubla par le sud pour attaquer les îles Schouten. Ici les équipages eurent beaucoup à souffrir du mauvais temps et des maladies, et l'on se hâta de gagner le nord en faisant voile pour le port Jackson, où l'on arriva heureusement le 20 juin, pour y faire un séjour de cinq mois, espace de temps pendant lequel on radouba les vaisseaux et renouvela les provisions, tandis que les matelots recouvraient la santé qui les avait abandonnés.

Le 2 janvier 1803, les deux vaisseaux français repartirent pour la terre Napoléon qui fut derechef explorée. On imposa des noms français aux nouvelles découvertes; et après qu'elles furent accomplies on fit voile, le 6 mars, pour la terre de Nuyts et le port du Roi Georges. On prolongea ensuite la terre de Leuwin et la baie du Géographe pour aller reconnaître le port Leschenault situé dans le voisinage; puis on visita la terre d'Edels et celle de Witt, où l'on fit une reconnaissance de l'archipel Bonaparte. On mouilla, le 24 mars, auprès de l'île Cassini, île où s'étaient arrêtés les relèvements de l'année précédente, et l'on suspendit encore une fois les opérations pour aller faire un second séjour à Timor, et y chercher des rafraîchissements. On se retrouva, le 6 mai, 1803 devant cette île, dans la baie de Coupang, qui est aussi le nom de son port principal.

Le 3 juin suivant, les Français remirent à la voile et vinrent faire leurs dernières explorations à la terre de Witt. Parvenu, le 12 juin, à 13° 26' de latitude sud, et 124° de longitude est, on cingla directement vers la côte, et l'on aperçut bientôt le continent; mais on ne découvrit nulle part un lieu propre au débarquement. Il fut d'ailleurs impossible de prolonger la terre au sud-est, la mousson régnante se trouvant contraire à cette direction. On employa six jours entiers à s'avancer de vingt-cinq lieues dans le sens de la côte.

Le 21 juin, on aperçut de nouveau la terre entre le cap Usséjour et le cap Dombey, espace d'environ trente lieues.

Le 26, on parvint à la hauteur du cap Fourcroy, et le 28, à l'extrémité du cap Leoben, limite orientale de la terre de Witt.

Ici le capitaine Baudin, voyant bien qu'il ne pourrait entreprendre, en allant de l'ouest à l'est, la reconnaissance de la terre d'Arnheim, contiguë à celle de Witt, se décida à gagner le large, pour tâcher d'atteindre l'extrémité sud-ouest de la Nouvelle-Guinée. Il restait à explorer cinq cents lieues de côte, tant à la terre de Carpentarie qu'à la terre d'Arnheim, et le désir du commandant était de le faire; mais lui-même gravement incommodé d'un crachement de sang, lorsque les équipages n'avaient plus de vivres que pour vingt et un jours, et qu'il en eût fallu pour trois fois plus de temps, il y eut nécessité de renoncer à de plus longs travaux et de presser le retour des bâtiments vers le seul port où l'on pût trouver les ressources dont on avait un si impérieux besoin.

C'est dans cette déplorable situation que les deux corvettes, abandonnant les côtes de la Nouvelle-Hollande, voguèrent une troisième fois vers l'île de Timor, qu'elles revirent le 13 juillet 1803. Le 14, elles doublèrent au sud l'île Savu, et rentrèrent, le 7 août, au port de l'île de France.

Ici se termine réellement le voyage du capitaine Baudin; ce marin distingué mourut dans cette même île, après une cruelle maladie, le 2 septembre 1803, et eut pour remplaçant le capitaine Milius, qui ramena en Europe les deux corvettes, lesquelles revirent les côtes de France, et rentrèrent dans le port de Lorient, le 25 mars 1804, après une absence de quarante-un mois et demi. Elles avaient parcouru dans cet intervalle plus de dix-sept mille lieues marines, ou vingt-un mille lieues moyennes de France.

Le savant naturaliste Péron, qui avait fait partie de l'expédition, fut chargé par le ministre de l'intérieur de rédiger la relation du voyage et de mettre en ordre tout ce qui concernait les sciences naturelles; il s'acquitta de cette tâche avec zèle jusqu'à sa mort, qui arriva le 14 décembre 1810. Quant aux détails nautiques et géographiques, la rédaction en fut confiée par le ministre de la marine à M. de Freycinet, qui avait aussi fait le voyage comme enseigne de vaisseau, et qui depuis a lui-même commandé en chef une expédition que nous ferons bientôt connaître.

Celle de Baudin mérite que nous revenions sur les découvertes qu'elle a obtenues et les principaux lieux qui s'y trouvent mentionnés.

Ces lieux sont la terre de Van-Diémen, la terre Napoléon, la terre de Nuyts, celle de Leuwin, celle d'Edels, celle de Witt, la Nouvelle-Galles du sud, l'île de Timor et quelques autres.

La terre de Van-Diémen, découverte, le 24 novembre 1642, par Abel Tasman, qui l'appela ainsi du nom du gouverneur des possessions hollandaises dans les grandes Indes, ne fut bien connue qu'en 1797, à la suite des savantes explorations du capitaine Bass, dont le nom fut donné au détroit qui sépare cette terre du grand continent austral auquel on la croyait unie.

Elle s'étend de 40° 73' 40" à 43° 48' 34" de latitude sud, et de 140° 23' à 146° 17' de longitude orientale du méridien de Paris. Elle est bornée au nord par le détroit de Bass et celui de Banks; à l'est, à l'ouest et au sud par le Grand-Océan. Sa surface équivaut à trois mille quatre cent trente sept lieues moyennes de France. Deux grandes rivières, l'une au nord et l'autre au sud, portent leurs eaux dans l'Océan. La côte méridionale est assez élevée; c'est là que se trouve le bras de mer connu sous le nom de *canal d'Entrecasteaux*, lequel a douze lieues de longueur, et deux ports très commodes au fond de la baie, dite *de la Recherche*. Dans la partie sud-est, on voit le port

Buache, qui est très vaste et entouré de hauteurs inégales; il réunit la presqu'île Tasman à la presqu'île Forestier, et est séparé par un isthme de la baie Monge. Ce détroit conserve une largeur d'une à deux lieues, jusqu'à sa sortie dans l'océan méridional de la pointe Tasman. Il est libre de dangers et parfaitement sûr. Les rivages en sont de roches et ses eaux profondes.

Dans le nord-est de la baie Marion, est située l'île Maria, longue de sept milles et demi, sur une largeur bien moindre. A la côté orientale de la terre de Van-Diémen se trouve l'île Maurouard, et au nord de la même terre le port Dalrymple, sur la rivière Tamar, qui se jette dans le détroit de Bass. A la partie nord-ouest sont les îles Hunter, découvertes en 1798 par le capitaine Flinders, et dans le voisinage desquelles le capitaine Baudin découvrit l'île Fleurieu. Un peu plus haut, vers le nord des îles Hunter, se voit l'île King, la plus grande du détroit de Bass.

Le naturaliste Péron raconte que le fameux air de la *Marseillaise* fut chanté aux sauvages de la terre de Van-Diémen, qui prirent un extrême plaisir à l'entendre; ils manifestaient leur satisfaction par des gestes et des contorsions bizarres; à peine une strophe était finie que de grands cris d'admiration partaient de toutes les bouches à la fois. Ces sauvages étaient dans une nudité absolue; une jeune fille vint s'offrir au naturaliste, et ne voulait plus le quitter. En général, ces insulaires montraient une grande confiance et une naïveté touchante.

En pénétrant dans l'intérieur du pays, les Français admirèrent le singulier spectacle de forêts profondes, où la hache ne retentit jamais, où la végétation se développe sans obstacle, où règne une ombre éternellement mystérieuse, une grande fraîcheur et une humidité pénétrante; où croulent de vétusté ces arbres gigantesques, dont les vieux troncs se couvrent de lichens parasites, et dont l'intérieur recèle de froids reptiles et des milliers d'insectes; ces arbres qui forment quelquefois par leur chute des entassements naturels de trente pieds de haut, ou que l'on voit renversés sur le lit des torrents, et établissent ainsi des ponts tout prêts, mais dont le voyageur doit se défier. Ici les banksias se développent comme une charmante bordure à la lisière des bois; là se dessine le casuarina, aux feuillages si remarquables, aux rameaux si solides et si élégants; plus loin se montrent les xanthorrhées, dont la tige solitaire s'élève à douze ou quinze pieds au-dessus d'un tronc rabougri, d'où s'échappe une résine odorante; près de là des cycas, dont les noix, enveloppées d'un épiderme écarlate, renferment un venin dangereux.

En général, le sol est aussi fertile qu'abondant en pâturages. Partout où la culture a pénétré, toutes les espèces de grains d'Europe ont réussi. Mais, il faut le dire, avec un sol aussi riche, sous un climat aussi beau, il n'est peut-être aucun pays aussi pauvre en productions indigènes. Le principal des animaux est le kangarou. Le seul animal carnassier de quelque grandeur est une variété d'opossum, appelée *hyène-opossum*, parce qu'il a de la ressemblance avec la hyène; il atteint une grandeur de huit à neuf pieds, et la vue de l'homme ne le fait point fuir. Parmi les oiseaux on distingue l'ému, qui se rapproche de l'autruche. Les cygnes noirs sont nombreux dans les rivières et les baies; et les îles du détroit de Bass nourrissent une espèce d'oie. La terre de Van-Diémen fournit à peine un légume ou un fruit indigène qui soit mangeable; mais, en revanche, tous ceux d'Europe y sont excellents. Les chevaux qu'on y a introduits ont donné une race remarquable par la faculté de supporter la fatigue d'un long voyage. Des colons peuvent faire trente à quarante milles sans s'arrêter pour faire rafraîchir leurs chevaux. Cette qualité paraît être due à ce que ces animaux vivent en plein air le jour et la nuit, et ne sont pas énervés par la chaleur de l'écurie.

C'est au canal d'Entrecasteaux que Péron a réuni différentes notions sur les naturels, dans une relâche qui dura trente-six jours; il en recueillit d[illegible] dans l'île Maria, et il y trouva les hommes encore plus intraitables. Il en fut de même à l'île Schouten, un des points les plus remarquables de la côte orientale de la terre de Van-Diémen. Cette île Schouten se compose entièrement de hautes montagnes noires, qui laissent entre elles plusieurs vallées profondes et à pente rapide et glissante. Le revers oriental est absolument nu, sans aucune trace de verdure; une mer profonde baigne cette côte affreuse au regard.

Nous n'en dirons pas davantage sur la terre de Van-Diémen, parce que les relations postérieures à celles de Péron seront plus tard analysées, et parce que d'ailleurs ce savant s'est plus attaché à des détails d'histoire naturelle, qui formaient la spécialité de son travail. Nous allons donc passer à la Nouvelle-Hollande, cette terre qui a plus de neuf cents lieues moyennes de longueur, de vingt-cinq au degré, et de plus de sept cents lieues de largeur, avec une superficie de trente-huit mille quatre cent milles carrés, de quinze au degré, et une population d'à peine soixante mille habitants, car ici l'indigène se retrouve dans l'état le plus hideux de la nature inculte.

L'ensemble des côtes de la Nouvelle-Hollande, seules parties de ce territoire que l'on connaisse exactement, si l'on excepte la contrée sud-est appelée *Nouvelle Galles méridionale*, est partagé en neuf différents espaces principaux, nommés, savoir :

1° Au sud, la terre appelée par les Français de l'expédition Baudin *terre Napoléon*, commençant à l'extrémité méridionale du promontoire du capitaine Wilson, situé sur le détroit de Bass, vers le 144e degré de longitude orientale, et se prolongeant jusqu'au *cap des Adieux*, vers le 130e degré de la même longitude; espace depuis partagé en *terre de Grant* à l'est, *terre Baudin* au centre, et *terre Flinders* à l'ouest;

2° La terre de Nuyts, qui part du cap des Adieux et s'étend à l'ouest jusqu'à la terre de Leuwin, y compris le port du Roi Georges, lequel fut découvert par Vancouver en 1791;

3° La terre de Leuwin, qui vient ensuite et qui s'étend jusqu'à la rivière des Cygnes, terre dans laquelle se trouve la baie du Géographe, premier théâtre des travaux du capitaine Baudin;

4° La terre d'Edels, qui comprend la rivière des Cygnes et qui se prolonge au nord jusqu'à la baie des Chiens-Marins;

5° La terre d'Endracht, au nord de la précédente, et qui, en comprenant la baie des Chiens-Marins au sud, va se terminer vers le nord aux îles Forestier;

6° La terre de Witt, au nord de celle d'Endracht et qui s'étend jusqu'au golfe de Van-Diémen, terre qui fut découverte, en 1623, par le navigateur hollandais Guillaume de Witt, et sur la côte de laquelle débarqua le navigateur Dampier en 1699;

7° La terre d'Arnheim, au nord de celle de Witt, et comprenant celle de Diémen située sur le golfe du même nom;

8° La terre de Carpentarie, se développant le long du golfe de ce nom;

9° Enfin la terre dite *Nouvelle-Galles du sud*, commençant au cap York sur le détroit de Torrès au nord, et finissant au sud à la pointe Wilson, sur le détroit de Bass.

La terre Napoléon, qui comprend, comme nous l'avons expliqué, la terre Flinders, de Baudin et de Grant, fut explorée par l'expédition française, avec un soin minutieux, d'autant plus que les Anglais n'avaient pas poussé leurs recherches plus loin que le port Western, situé sur la partie nord-ouest du détroit de Bass, et à l'ouest du cap Wilson; d'où résultait que toute la portion comprise entre ce port et la terre de Nuyts était encore inconnue au moment où les Français se présentaient dans ces parages; ils eurent ainsi la gloire de résoudre par cette reconnaissance le problème de l'unité de la Nouvelle-Hollande.

Une baie à l'ouest du port Western fut appelée *baie*

Talleyrand, en l'honneur du célèbre diplomate français. Vers le 35e degré de latitude sud, et le 135e degré de longitude orientale, existe un golfe, qui fut appelé *golfe Bonaparte*, et que les Anglais ont depuis nommé *golfe Spencer*. A l'est de ce même golfe il en existe un autre, qui reçut le nom de *golfe Joséphine*, alors femme du premier consul; et entre ces deux golfes on voit au sud une île d'environ deux cent dix milles de tour, et que l'on nomma *île Decrès*, en l'honneur du ministre de la marine française de ce temps.

Le golfe Bonaparte ou Spencer s'enfonce de plus de deux cent milles dans le continent, et comporte plus de six cent milles dans le développement de ses côtes; il ressemble à l'embouchure d'un grand fleuve et se termine en se rétrécissant insensiblement vers le fond par des bancs de sable qui l'obstruent. Sur la côte occidentale de ce fond et tout près de sa pointe d'entrée, se voit un très beau port que les Français dotèrent du nom de *Champagny*, ministre alors de France, depuis duc de Cadore, et que les Anglais ont ensuite appelé *port Lincoln*. De là jusqu'au cap des Adieux, le rivage du continent offre beaucoup de petites baies sans importance, et où la nature est d'une grande monotonie.

L'île Decrès que nous venons de citer a une baie spacieuse, qui fut nommée *baie Bougainville*, propre à recevoir des flottes nombreuses et offrant plus de vingt milles d'ouverture. Le cap Delambre la termine à l'est. Quant à l'île même, elle ne présente, malgré son étendue considérable, aucune espèce de montagnes proprement dites. La côte méridionale se développe en collines à pentes unies et terminées à pic au bord de la mer, où elles s'élèvent presque partout comme un rempart; elles ont un aspect triste et sauvage. Cependant les rivages de la baie Bougainville sont tapissés de verdure et les collines revêtues de forêts, qui donnent à cette partie de l'île un air plus riant et plus agréable.

La côte du nord est aride et nue. L'île Decrès, la plus grande île de la Nouvelle-Hollande, étant, comme nous venons de le dire, dépourvue de montagnes et étrangère par conséquent à cette végétation active qui entretient l'humidité, paraît manquer généralement d'eau douce.

Nulle trace du séjour de l'homme ne se montre sur ces rivages, et l'expédition française n'y aperçut guère que les kangarous. Plusieurs de ces quadrupèdes étaient de la hauteur d'un homme, lorsque, assis sur les jambes de derrière et sur la queue, ils tenaient leur corps perpendiculaire. Favorisés par l'absence de tout ennemi, ils ont pu se multiplier dans cette île où ils forment de nombreux troupeaux. Les endroits qu'ils fréquentent sont tellement foulés, qu'on n'y peut découvrir un brin d'herbe. De larges sentiers ouverts au milieu des bois arrivent de l'intérieur au bord de la mer; ils se croisent en tout sens, et sont fortement battus; on dirait, en les voyant, qu'une peuplade nombreuse et active visite le voisinage. Cette abondance de kangarous est une ressource précieuse pour les vaisseaux qui relâcheront à l'île Decrès; car la chair de ces animaux est très salutaire. La même île compte parmi les oiseaux qu'elle possède beaucoup de casoars; ils sont très agiles à la course. Enfin l'île Decrès a ses rivages très poissonneux; on y trouve surtout une grande abondance d'huîtres excellentes.

Dans la terre de Nuyts se trouve le port du Roi Georges, qui n'est éloigné du cap de Nuyts que d'une vingtaine de lieues. Il a été souvent visité depuis l'expédition Baudin; sa position à l'extrémité sud-ouest de la Nouvelle-Hollande, ses ressources nombreuses sur un continent où elles sont rares, lui donnent une importance qu'on apprécie chaque jour davantage. Trois bassins principaux le composent : le premier, qui est le plus en dehors, se nomme *port du Roi Georges*, proprement dit; il sert de rade aux deux autres qui sont, *le hâvre aux Huîtres* et *le hâvre de la Princesse Royale*. La rade offre partout un abri assuré et un bon mouillage : il y a cependant par-ci par-là quelques bancs de sable. On aperçoit plusieurs étangs d'eau douce sur la presqu'île qui sépare la rade du port de la Princesse. Les marées sont ici fort irrégulières; la plus haute dans le jour est de trois pieds, et dans la nuit de sept à huit pieds.

Je consignerai ici quelques détails que j'ai traduits en 1832, d'une description donnée de ce port par un voyageur anglais, M. Scott-Nind, dans le journal de la Société royale de géographie de Londres.

La terre du Roi Georges, dont la baie ou le port, qu'on appelle en anglais *King George's sound*, se trouve par 35° 6' 20" latitude sud, et 118° 1' longitude est du méridien de Greenwich, est située sur la côte méridionale, et peu loin de l'extrémité sud-est de la Nouvelle-Hollande. Elle est convenablement placée pour le radoub et les approvisionnements des navires allant de la Nouvelle-Galles du sud, colonie sud-est de l'Australie, à la nouvelle colonie de la rivière des Cygnes (*Swan river*), fondée vers le sud-ouest; elle présente un hâvre excellent, peut-être même le seul bon port du voisinage de cette dernière colonie. La belle situation de ce hâvre que Vancouver visita le premier en 1792, que Flinders, Baudin, Freycinet, virent ensuite, dont l'expédition de d'Entrecasteaux a levé tous les plans, et où débouche la rivière des Français, détermina le gouvernement britannique à y former un établissement particulier en 1826.

L'aspect général de la contrée est triste, mais pittoresque. Les colonies qui s'élèvent derrière l'établissement sont couvertes d'arbustes assez beaux, mais la plupart frappés au cœur et impropres aux bâtisses; plus loin cependant, les montagnes ont des bois de bonne qualité.

Il serait difficile d'indiquer ici la succession des vents et des saisons, parce qu'elle n'est point uniforme. Les vents d'est commencent d'ordinaire à souffler en décembre, pour continuer de régner jusqu'à la fin de mars; cette période peut être considérée comme formant l'été. Ces vents d'est sont d'abord assez violents et accompagnés de pluie; à mesure que la saison avance, les vents du nord se montrent, et la chaleur au thermomètre de Fahrenheit marque jusqu'à 98° (1), pour persister ainsi pendant les mois de mars et d'avril, où dominent les vents d'ouest, qui durent jusqu'à la fin de juillet. Les vents sud-est règnent en août et septembre; les mois d'octobre et de novembre sont généralement beaux et signalés par des pluies fréquentes. Le vent chaud du nord qui se fait sentir à Sydney brûle aussi de temps à autre la terre du roi Georges, et pendant l'été il y a beaucoup de tonnerre et d'éclairs. Au total, le climat est beau, et il tombe assez de pluie pour les besoins de la végétation qui, dans la plaine, est, au surplus, un peu grossière. Venons aux habitants.

Les naturels de la terre du Roi Georges ont une taille moyenne, des membres grêles, et la plupart un abdomen protubérant. Leur seul habillement est une peau de kangarou, descendant jusque près du genou, jetée comme un manteau sur les épaules, et attachée à l'épaule droite avec un jonc, de manière à laisser la main droite libre de ses mouvements. Lorsqu'il pleut, la fourrure est en dehors. Quelques-uns de ces manteaux sont si étroits et si minces, que ceux qui les revêtent semblent marcher tout nus, et en particulier les enfants dont le mantelet n'est guère qu'une simple bande de peau. Les peaux plus larges sont pour les femmes. Les autres articles d'habillement sont la ceinture, les bracelets et la coiffe. La ceinture est une longue bande filée ou tissue de la fourrure de l'opossum, et tournée autour de la peau de kangarou, plusieurs centaines de fois. Une bande analogue est aussi quelquefois portée autour du bras gauche et de la tête, à laquelle encore certains chefs placent des plumes et des queues de chiens, ou bien ils roulent autour de leur tête leur longue chevelure; les femmes n'ont au-

(1) Environ 29 degrés 1/2 de Réaumur, et près de 37 degrés centigrade. A. M.

cun ornement et portent les cheveux courts; mais les filles ont parfois autour du cou un petit cordon de laine filée. Les deux sexes se frottent le visage et la partie supérieure du corps avec un fard rouge, mêlé de graisse, qui leur donne une odeur désagréable. Ils l'emploient, disent-ils, comme moyen de propreté et pour se garantir du soleil et de la pluie. Leur chevelure est souvent empreinte du même fard. Au moment où ils viennent de s'en frotter, ils ont une couleur de poussière de brique, et une singulière apparence.

En signe de deuil ils se peignent une bande blanche sur le front, en travers et en descendant sur les pommettes des joues. Les femmes s'appliquent la couleur blanche en larges taches.

Se peindre le corps n'est pas ici un signe de guerre, comme dans la Nouvelle-Galles du sud : cela n'est regardé que comme un ornement qu'on ne néglige presque jamais dans les danses ou lorsque les tribus se visitent réciproquement; on le pratique surtout dans les saisons de l'année où l'on peut se procurer de la graisse de poisson ou d'animaux. Cependant, il est quelques individus qui y ont bien rarement recours. Ici existe le même usage qu'à Sidney, celui de se faire des entailles ou balafres sur le corps, et de maintenir une profonde cicatrice, en forme de saillie, ce qui a lieu principalement sur les épaules et sur la poitrine, et ce qui est tout à la fois une marque propre à différentes tribus, ainsi qu'une honorable distinction personnelle. On se perfore également la cloison nasale pour y suspendre une plume ou quelque autre objet. Les ornements du costume, néanmoins, ne désignent pas un homme revêtu de quelque autorité, car les jeunes gens seuls les portent. Les blessures cicatrisées sur le corps sont aussi des marques de distinction plus relatives aux tribus qu'aux personnes.

Chaque homme de la tribu, lorsqu'il voyage ou va seulement à une certaine distance du campement, porte un bâton enflammé par un bout, afin de pouvoir allumer des feux, et en hiver tous en ont un sous leur manteau pour mieux se préserver du froid. C'est généralement un cône du *banksia grandis*, lequel a la propriété de rester allumé un temps considérable. Une écorce pourrie ou une espèce de bois vermoulu est aussi employée au même usage. Les naturels ont grand soin de conserver ce luminaire, et ils allumeront même un feu (par friction ou autrement) exprès pour le raviver.

Ils ont pour armes, soit des lances de deux ou trois espèces, qu'ils poussent avec un bâton approprié à ce dessein, soit un couteau (1), puis un marteau de pierre, et un *curl* ou arme courbée, unie, analogue au boumerang des naturels de la Nouvelle-Galles du sud. Les lances sont faites d'un long et mince bâton, épais d'un doigt, et d'un bois dur, poli avec soin, bien dressé et affermi encore dans le feu. Il y a de ces lances qui servent pour la pêche, en y adaptant un nerf de kangarou; elles ont huit pieds de longueur. Les lances de guerre sont plus longues et plus lourdes, étant à cinq ou six pouces de leur bout armées de pierres aiguës fixées avec de la gomme et analogues aux dents d'une scie. Chaque homme porte de deux à cinq lances.

Leurs huttes (2) consistent en quelques baguettes plantées dans le sol et formant un berceau de quatre pieds de hauteur sur cinq ou six de largeur. On en réunit quelquefois deux en une. On les couvre légèrement de feuilles vertes. Lors des pluies on y ajoute des morceaux d'écorce sur lesquels on place des pierres, afin que le vent ne puisse les emporter. Ces huttes se voient généralement dans les lieux abrités près des eaux, le derrière opposé au vent régnant, et avec un feu qui brûle constamment sur le devant. Chaque hutte renferme plusieurs individus qui y reposent enveloppés de leurs manteaux, pêle-mêle et par tas; on y voit également les chiens, admis à partager leurs couches.

Un campement se compose rarement de plus de sept ou huit huttes, car, excepté dans les temps de pêche et durant les chaleurs, où une multitude considérable se rassemble, le nombre des individus est d'ordinaire petit, et peu de huttes suffisent. Ce nombre excède rarement cinquante personnes. Les huttes sont disposées de manière à ce qu'on ne voie pas de l'une dans l'autre. Les hommes se tiennent seuls dans une; les enfants reposent avec les femmes dans une plus grande près des maris. Ces sortes de campements constituent plutôt des familles que des tribus. Elles quittent la côte en hiver et se retirent dans l'intérieur. Les naturels de l'intérieur viennent à leur tour sur la côte dans la saison de la pêche. Comme le pays n'abonde pas en aliments, ces naturels ne sont point stationnaires; ils vont d'un lieu à l'autre, suivant les provisions qu'ils peuvent s'y procurer. C'est en hiver et au printemps qu'ils sont le plus disséminés; mais à mesure que l'été approche, ils se réunissent en plus grande affluence. C'est pendant cette saison qu'ils amassent le plus de gibier, et ils y réussissent à merveille en mettant le feu tout autour des lieux où ils chassent, et en enveloppant ainsi leur proie sans leur laisser aucune issue. Les chasseurs, cachés par la fumée dans les sentiers les plus fréquentés des animaux, les tuent alors à leur passage, et ils en détruisent une quantité considérable. L'incendie quelquefois s'étend à plusieurs milles de distance.

Dès que le feu a passé quelque part, les indigènes se mettent à chercher parmi les cendres les lézards et les serpents détruits par milliers, et ils prennent aisément aussi dans leurs trous ceux qui ont échappé aux flammes.

A la chasse les chasseurs sont aidés de leurs chiens, qu'ils ont pris jeunes et élevés dans ce dessein, toutefois sans se donner beaucoup de peine et sans leur enseigner un mode de chasse particulier. Ces chiens paraissent avoir un flair très subtil, et ils s'élancent vers le gibier en le saisissant ou le faisant lever avec une étonnante dextérité, principalement les bandicouts, les petits kangarous et les opossums; mais pour chasser l'ému et le grand kangarou ils ne sont point assez agiles (1). Ces chiens vivent de végétaux, de racines, d'entrailles et d'os d'animaux. A certaines époques de disette, le chien est forcé de quitter son maître et de pourvoir à sa propre subsistance; mais il revient généralement au bout de quelques jours. Il aboie rarement (2), mais il mord ferme en happant à la manière du renard. C'est un très bon gardien domestique, et il attaque hardiment les étrangers Dans l'état sauvage les naturels le tuent pour en manger la chair. Ils mangent plus habituellement de la chair du kangarou, moins souvent de celle de l'ému, oiseau qu'ils

(1) Bâton armé de pierres aiguës fixées sur un lit de gomme à l'extrémité. A. M.

(2) Les huttes des Australiens diffèrent considérablement entre les diverses tribus; en général, elles sont d'une simple et grossière construction partout. A. M.

(1) On sait que l'opossum est un quadrupède qui saute d'arbre en arbre, en se donnant l'élan au moyen de sa queue, qu'il entortille à une branche; que le bandicout est une espèce de gros rat sans queue qui se blottit dans la terre ou dans le creux des arbres; qu'enfin le kangourou ou kangarou est un quadrupède tout-à-fait particulier à la Nouvelle-Hollande, et tournant sur sa queue, qui lui sert à la fois de siége et de trépied : un seul de ses bonds le transporte à plus de trente pieds L'émeu est un oiseau de six pieds de hauteur, et qui n'a ni langue, ni plumes, ni ailes : il est couvert d'une fourrure qui tient le milieu entre les poils et les plumes, et il a quelque chose sur les côtes qui ressemble à deux ailes, mais dont il ne peut jamais se servir pour voler; il court très vite. A. M.

(2) Cunningham, dans son Voyage à la Nouvelle-Galles du sud (*Two years in New-South-Wales*), dit que le chien de cette contrée n'aboie pas, mais hurle d'une façon lamentable en cherchant sa proie. A ce sujet, le tome VI de mon *Voyage dans les cinq parties du monde* présente de plus amples détails extraits du même ouvrage, publié en 1827. A. M.

épargnent souvent en hiver, au moment de la ponte. Les lézards composent leur nourriture de prédilection, et même la principale en certaines saisons. Ils mangent également des fourmis et surtout leurs œufs, qui ont un goût d'huile. Ils mangent même des serpents, dont quelques-uns sont venimeux, mais ils ont soin auparavant de leur écraser la tête et de vider l'estomac. Au printemps, la principale nourriture des indigènes se tire des œufs et des jeunes oiseaux, comme perroquets, faucons, ducs, cygnes, pigeons, etc. Ils prennent l'opossum en suivant la trace de ses griffes sur l'écorce jusqu'à son trou dans les arbres.

En été et en automne, les naturels de la terre du Roi Georges tirent de la pêche une grande partie de leurs aliments. Ils n'ont pas de canots et ne savent point nager, différant en cela des indigènes des autres parties du continent australien : aussi ne saisissent-ils que le poisson qui s'approche du rivage. Ils n'ont ni filet, ni crochet, ni ligne, et ne se servent que de la lance, qu'ils savent, il est vrai, manier avec une grande dextérité. C'est aux embouchures des ruisseaux ou des rivières que leur pêche est plus abondante (1). Quand elle dépasse leurs besoins présents, ils sèchent, rôtissent et gardent le restant dans des écorces. Ils prennent surtout beaucoup d'huîtres, parfois des veaux-marins, des tortues, et même des baleines que le hasard a jetées sur le rivage, et qui leur fournit une graisse copieuse, laquelle donne alors plus de saveur aux racines ou autres végétaux faisant aussi partie de leurs aliments.

Ainsi les indigènes de la terre du Roi Georges vivent des productions de la nature sans le secours de l'art; cette nourriture, variant dans les différentes saisons et les divers pays, pauvre en qualité, souvent rare, et parfois les obligeant à une vie vagabonde. La population est donc loin d'être considérable, et elle varie en apparences et en coutumes, suivant l'espèce de nourriture de la contrée. Il y a de nombreuses subdivisions dans les tribus, mais il est difficile de les distinguer, ayant toutes le même nom et le même district, sans aucune autre désignation. En temps de paix ils s'associent rarement, et leurs guerres ont lieu plutôt entre individus ou familles qu'entre tribus ou districts. Ils n'ont pas de camp ou de rendez-vous, ne reconnaissent aucun chef général, et ils s'assemblent ou se dispersent, suivant que la saison ou leur penchant les détermine.

Dans les temps de sécheresse, ils quittent le pays qu'ils habitent, s'il se trouve privé d'eau. Ils grimpent sur les arbres, afin d'étancher leur soif, en y pratiquant des trous et en extrayant la sève. Les femmes elles-mêmes ont recours à ce moyen.

La disette de vivres a occasionné quelques autres usages qui sont curieux et caractéristiques. Les hommes et les femmes s'en vont le matin de bonne heure en détachements séparés et composés de deux ou trois personnes, les femmes pour recueillir des racines ou des écrevisses, et les hommes avec leurs lances pour prendre du poisson ou tuer du gibier. Les femmes cuisent les racines ou ce qu'elles ont trouvé et les mangent, mais en réservent une partie pour les enfants et pour les hommes. Quand les hommes ont réussi à amasser un bon butin, ils allument un grand feu et mangent une portion de leur chasse. Les hommes mariés en réservent généralement une pour leurs femmes. Ils sont extrêmement jaloux de leurs aliments, ils les cachent et les mangent en silence et en secret; cependant si d'autres individus sont présents, ils leur en donnent ordinairement une faible partie. Les hommes amassent aussi des racines, mais plus souvent ils abandonnent ce soin à leurs compagnes.

Ils ont quelques idées superstitieuses à l'égard de la nourriture particulière aux différents âges et aux différents sexes. Ainsi les jeunes filles, après onze ou douze ans, ne mangent plus de bandicouts, ce mets nuirait à leur fécondité prochaine; les jeunes garçons ne mangent pas d'aigle noir, ils n'auraient point de belle barbe. Ils épargnent aussi le kangarou, et ne s'en nourrissent indifféremment que lorsqu'ils ont plus de trente ans. Les cailles sont la diète des vieillards. Abondance de chair de kangarou rend les femmes plus fécondes.

Les naturels de cette contrée paraissent aimer beaucoup leurs enfants et les punissent bien rarement. Mais ils ne sont pas aussi tendres pour les femmes, car on en voit souvent qui ont à la cuisse ou aux jambes de larges blessures que leur a faites la lance de leurs maris.

Les femmes sont très utiles à leurs maris, non seulement en leur procurant de la nourriture, mais aussi en leur préparant leurs vêtements, leurs huttes, et en remplissant d'autres devoirs domestiques. Elles ont peu d'ustensiles, et encore sont-ils grossièrement faits : un morceau d'écorce dont les deux bouts sont joints ensemble tient lieu de coupe; la griffe d'un kangarou sert d'aiguille; un roseau creux ou l'os d'une aile d'oiseau leur sert à pomper l'eau avec la bouche.

La polygamie est de pratique générale, chaque homme ayant un certain nombre de femmes; mais les usages intérieurs de ces naturels n'ont pu encore être bien connus. Les filles paraissent être à la disposition de leur père, et sont généralement fiancées dès leur enfance; il y en a même que l'on fiance avant d'être nées, et par conséquent avant que la mère soit sûre de mettre au monde une fille. En certains cas l'échange est mutuel. Il n'est pas rare que les hommes auxquels on fiance de jeunes filles soient d'un âge mûr ou même avancé, et possédant déjà plusieurs femmes. Il paraît qu'il n'y a point de cérémonies nuptiales. Dès le premier âge la jeune fille est amenée à son futur époux. Les prévenances et les présents sont plutôt pour son père que pour elle, qui reçoit seulement des bagatelles alimentaires; le père reçoit un manteau, et quelquefois des lances. A onze ou douze ans la jeune fiancée est définitivement remise à son époux.

Ceux qui volent des femmes pour en faire leurs compagnes, ce qui est commun parmi les naturels de la terre du Roi Georges, sont obligés de veiller davantage sur elles. Quelquefois ils usent de violence, et la jeune fille est enlevée malgré elle. En général, cependant, celles qu'on enlève ainsi appartiennent à de vieux maris, et le jeune couple s'unit dès lors par une inclination mutuelle; quelquefois même la tribu est dans le secret du ravisseur, car les parties souvent s'éclipsent du milieu d'elle, vont aussi loin que possible et changent continuellement de lieu pour échapper aux recherches du mari offensé. Si le couple a pu se soustraire à ces recherches jusqu'au moment où la femme enlevée est devenue enceinte, les amis, de part et d'autre, intercèdent; on fait des présents au mari, et elle est affranchie de son premier engagement. Il arrive souvent, toutefois, que la femme est retrouvée à temps, et alors le mari la punit sévèrement, jusqu'à lui percer la cuisse de sa lance.

L'infidélité est assez commune. Le mari veille d'un œil jaloux sur sa moitié, et au moindre soupçon il la châtie avec rigueur.

La majorité des hommes reste célibataire jusqu'à trente ans passés; quelques-uns plus longtemps. Les hommes vieux ont non-seulement plusieurs femmes, mais encore des femmes de tous les âges.

Cet inconvénient est compensé par un autre usage, qui permet de courtiser une femme du vivant de son mari, mais de l'aveu des conjoints, et à la condition qu'elle deviendra l'épouse du sigisbé après la mort du mari. Celui-ci reçoit alors quelques présents, ainsi que sa compagne, qui, au reste, les partage ordinairement avec lui. Cet usage se pratique ouvertement et au gré de tout le monde; mais il exige un certain décorum,

(1) Dumont-d'Urville a observé que ces sauvages élèvent des digues de pierres ou de branches d'arbres lors des marées, pour retenir le poisson et en prendre davantage au reflux. A. M.

afin de ne pas trop chatouiller la susceptibilité du légitime époux.

Lorsqu'un homme meurt, il est de règle que ses jeunes femmes se retirent dans la tribu de leurs pères durant la période du deuil, période où elles vivent presque dédaignées par ceux même auxquels elles doivent appartenir, et elles seraient punies exemplairement si elles allaient immédiatement avec eux, à moins que les deux amants ne s'en fussent tout de suite ailleurs. Il n'est pas rare qu'une femme consente jusqu'à avoir des accointances avec les plus proches parents de son mari, s'il y adhère.

Comme dans les autres tribus sauvages, les femmes de celles de la terre du Roi Georges souffrent peu dans leurs couches, et même, le jour qui suit celui de la délivrance, elles vont déjà chercher leur nourriture comme de coutume. L'enfant, recueilli dans un pan de manteau, est ensuite suspendu à l'épaule maternelle, et n'est couvert qu'au moment où il peut courir seul. S'il naît deux jumeaux, l'un des enfants est mis à mort, le mâle s'ils sont de sexes différents : les raisons que ces sauvages donnent d'une telle barbarie, c'est qu'une femme n'a point assez de lait pour nourrir deux enfants, et ne saurait non plus chercher assez de nourriture pour eux et pour elle à la fois. On allaite les enfants jusqu'à l'âge de quatre ou cinq ans ; mais bien avant qu'ils soient sevrés, on leur enseigne à se procurer déjà une portion de leur nourriture.

Une fille de neuf ou dix ans a la surintendance de toutes celles qui peuvent marcher ; elle les emmène avec elle, chacune ayant un petit bâton, colliger des racines dans le voisinage de leur campement. Si elles apercevaient un étranger, elles se cacheraient aussitôt dans les herbes en s'y couchant à plat ventre comme un lièvre. Plus âgées, elles accompagnent les femmes qui généralement les portent sur leurs épaules à califourchon.

Ordinairement ces sauvages dansent tout nus ; mais devant les Anglais, ils avaient leurs manteaux roulés autour des reins, laissant la partie supérieure du corps entièrement découverte. La face était peinte en rouge, et sur les bras comme sur le corps, on apercevait différentes figures peintes en blanc. Le blanc est la couleur habituelle ou l'emblème du deuil ; mais on l'emploie dans les danses, parce qu'elle est la plus voyante la nuit. Les médecins ou sorciers et les vieillards ne dansent jamais. Un feu s'allume sur un lieu bien apparent, et un vieillard se tient derrière, tandis qu'on danse devant, comme pour aller vers lui. Cette danse est accompagnée de beaucoup de contorsions, et représente communément la chasse et la mise à mort de divers animaux : aussi n'offre-t-elle ni élégance ni vélocité ; elle est au contraire bouffonne, et quelquefois peut-être symbolique. Le bruit qui se fait en dansant est loin d'être musical ; le danseur répète à chaque saut le mot *ouô, ouô*, sorte d'exclamation.

Les individus qui ont le plus d'influence parmi ces sauvages sont les *mulgaradocks*, ou médecins charlatans. Il y en a de plusieurs classes, lesquelles indiquent la nature et l'étendue du pouvoir de chacun. Un mulgaradock est regardé comme possédant le pouvoir de dissiper le vent ou la pluie, de faire descendre la foudre ou la maladie sur un objet quelconque de sa haine. Quand il essaie de calmer un orage, il se tient en plein air, agite les bras, secoue son manteau de peau, et gesticule violemment pendant assez longtemps. Il procède à peu près de même pour éloigner la maladie, en faisant moins de bruit, en pratiquant des frictions (1), souvent avec deux baguettes de bois vert auparavant chauffées au feu, et en lâchant par intervalles une bouffée de vent, soi-disant propre à enlever la douleur. On suppose que la main du mulgaradock peut conférer la force ou l'adresse, et il est fréquemment visité par les naturels qui désirent l'une ou l'autre. L'opération simplement consiste à lui tirer la main plusieurs fois de suite, avec une forte pression, de l'épaule aux doigts, et il l'étend alors jusqu'à ce que les articulations craquent. L'office habituel du mulgaradock est de guérir les blessures de lance, qui, du reste, inquiètent peu les naturels. Ces empiriques sont très adroits à extraire l'arme, après quoi ils appliquent un peu de poudre analogue à celle du fard, et bandent bien la plaie avec une écorce douce. Dans la diète du malade les degrés de la convalescence sont marqués par la nourriture qui lui est permise. D'abord, seulement des racines ; ensuite des lézards, puis du poisson, etc. On ne voit parmi les naturels nul cas de difformité, rarement des sourds ou des aveugles. Les défaillances n'alarment point.

Le traitement usité parmi eux pour la morsure d'un serpent est simple et rationnel. Ils fixent une ligature de jonc sur la partie du membre atteinte, élargissent la plaie avec la griffe d'un kangarou ou la pointe d'une lance, et sucent cette plaie, en la lavant souvent, ainsi que leur bouche, avec de l'eau. Dans les localités où ils ne trouvent pas d'eau, ils considèrent la succion comme dangereuse.

Dans leurs rencontres, les naturels font plusieurs circuits, et s'embrassent plusieurs fois en enveloppant de leurs bras le manteau de leur ami, qu'ils soulèvent de terre, et dont ils baisent les mains, ce que l'ami leur rend exactement. La baguette de bois vert paraît être toujours un symbole de paix, et elle figure dans les danses. Les querelles entre individus cessent à l'intervention des familles respectives.

Lorsqu'un homme est tué, sa tribu se réunit sur-le-champ autour de lui et jure de venger sa mort ; mais il leur est indifférent de tuer le principal coupable ou un autre homme de la tribu adverse. Pourtant la peine du talion s'étend beaucoup plus loin ; car si un homme périt par accident, en tombant d'un arbre, en plongeant dans la mer, ou de toute autre façon, les amis du défunt imputent sa mort à quelque mulgaradock d'une tribu ennemie, et ils tuent, pour le venger, un homme de cette tribu. Ainsi, lorsqu'un individu est sérieusement malade, et qu'il sent ne pouvoir en revenir, il tâche de tuer quelqu'un, espérant de la sorte échapper au danger.

Dans les combats singuliers ils emploient leurs marteaux, leurs bâtons longs ou courts ; et souvent sans doute les coups qu'ils portent seraient mortels ; mais ils semblent incapables d'asséner de bons coups lourds, ils frappent plutôt mollement comme des femmes. Ils n'usent pas de boucliers, mais ils sont extrêmement adroits à éviter les coups de lance.

Les querelles les plus fréquentes s'élèvent à l'occasion des femmes. Pour les déprédations sur les terres les uns des autres, ou pour toute cause légère, ces sauvages se contentent de coups de lance aux jambes ou aux cuisses, sans chercher à se tuer ; et dès qu'un individu, de part ou d'autre, est blessé, le combat cesse.

Dans quelques contrées de l'Australie, les indigènes ont des assemblées régulières pour se livrer bataille ; il n'en est pas ainsi chez ceux de la terre du Roi Georges. Leurs attaques, lorsqu'elles doivent être fatales, ont le plus fréquemment lieu la nuit, et toujours à la dérobée. Dès que l'ennemi s'approche, ils élèvent un cri, saisissent leurs lances, fondent sur lui en tumulte, repoussent leur barbe dans leur bouche, et font les plus hideuses grimaces, ainsi que des frénétiques. Un ou deux guerriers de part et d'autre se livrent combat, et durant la mêlée, on essaie de les séparer en courant autour d'eux. Ils poussent leurs lances en se tenant à quelques pas les uns des autres, et leur dextérité à les éviter est vraiment merveilleuse, car ils ne bougent presque jamais de place, ce qui fait que les lances, jetées devant l'un des deux partis, occasionnent des accidents inattendus. Pendant la lutte, les femmes et les enfants se tiennent éloignés du théâtre sanglant, et en grand nombre, afin de se protéger mutuellement. On

(1) Ces frictions n'ont pas lieu dans les cas de dyssenterie, qui sont assez fréquents ; on administre alors au patient de la gomme d'un arbre, et quelquefois des tiges vertes d'une certaine racine rouge. A. M.

Un campement se compose rarement de plus de sept ou huit huttes.

n'allume alors que bien rarement du feu, si ce n'est pour cuire les aliments, et on prend beaucoup de précautions pour n'être pas découvert. Les hommes non mariés sont d'ordinaire les guerriers attaquants. Ils voyagent par détachements de trois ou quatre, en laissant le moins de trace possible de leur marche, évitant les sentiers, de peur que l'empreinte de leurs pas ne les trahisse; car, de même que les autres sauvages, les Australiens ont une sagacité inouïe à suivre la trace d'un pas humain. Lorsqu'ils ont découvert un campement ennemi, ils attendent la nuit; alors ils approchent avec précaution en rampant sur les mains et les genoux, jusqu'à ce qu'ils aient trouvé la personne qu'ils cherchent, et aussitôt de leur lance ils lui traversent le corps. L'ennemi, qui est surpris de la sorte, à l'instant se met à fuir sans essayer de résistance, car dans les ténèbres de la nuit il ne peut discerner un ami d'un ennemi, et la lueur des feux ne sert qu'à exposer plus sûrement à des coups meurtriers. Les femmes et les enfants sont également sacrifiés, mais toujours en petit nombre. Néanmoins ces escarmouches continuelles affaiblissent considérablement la population indigène; car lorsqu'un individu tombe frappé, quelqu'un venge aussitôt sa mort. Après ses funérailles on lève le camp, on quitte le pays pour une certaine période, durant laquelle on a soin de ne pas prononcer le nom du mort, et en rappelant l'événement on se borne à mentionner les survivants; si on citait le nom du mort, on risquerait de voir son ombre.

Les *funérailles* sont accompagnées de lamentations bruyantes. On creuse une fosse de quatre pieds de long, trois de large et six de profondeur, au bas de laquelle on dépose une écorce, des rameaux verts, et le corps par-dessus, enveloppé de son manteau, les genoux repliés vers la poitrine et les bras croisés; on couvre le tout de nouvelles branches et d'écorce, enfin de terre pour remplir la fosse, qui est aussi marquée par des branches d'arbres, les lances, le couteau de pierre et le marteau du guerrier expiré. Les pleureurs gravent des cercles dans l'écorce des arbres voisins de la tombe, à la hauteur de six ou sept pieds du sol; enfin ils allument un petit feu en tête, recueillent quelques rameaux, en ayant soin de les bien nettoyer pour qu'aucune parcelle terreuse n'y soit adhérente. On se couvre la face en noir ou en blanc, on se fait quelques pustules au front, autour des tempes, et sur les os des joues, marques de deuil qu'on porte assez longtemps. On se coupe aussi le bout du nez, et on l'égratigne comme pour en faire couler des larmes. Durant le deuil, on ne porte ni ornements ni plumes. Il arrive souvent que deux personnes ont le même nom; à la mort de l'une d'elles, l'autre change le sien pour un certain temps, afin que celui du défunt ne puisse être proféré.

Un de ces sauvages, apercevant un matelot anglais dans un état d'ivresse la plus complète....

Une femme est également ensevelie avec tous ses accoutrements et ustensiles.

On pourra conclure de là que ces sauvages croient à la vie future. Le voyageur anglais qui nous a fourni ces détails n'y met aucun doute. Ils pensent, dit-il, qu'après la mort ils s'en vont vers la lune. Ils ont foi aux esprits, et prétendent même en avoir vu; ils croient aux présages; et le chant du coucou, par exemple, est un augure de mort.

Leur langue abonde en voyelles, et ne manque pas d'une certaine harmonie. Ils désignent par des noms particuliers, soit les saisons, en partant de juin, qui est pour eux le commencement de l'hiver; soit les vents, par sud, sud-ouest, nord, est, et nord-est; soit les tribus, les classes et les noms d'individus.

Du reste leur idiome diffère entièrement de celui des naturels de la côte orientale, et même de l'idiome des tribus voisines. En général, ils parlent vite, et souvent rompent la conversation par un chant dans lequel ils relatent telles circonstances du moment qui les intéressent. Ils ont aussi des chansons, pour ainsi dire, improvisées. Les femmes chantent plus souvent entre elles, et leurs chansons ne sont pas toujours décentes : les hommes sont de même enclins aux paroles graveleuses et satiriques. Dans leurs campements, dit M. Nind, ils faisaient toujours beaucoup de bruit; mais ce bruit cessait à l'approche d'un étranger, jusqu'à ce que l'on sût qui il était. A sa venue on paraissait joyeux, on le cajolait, on le flattait; on lui faisait d'abord quelques larcins, et puis des vols plus grands. Toutefois beaucoup d'articles étaient restitués, s'ils lui avaient été dérobés par des individus étrangers à la tribu au sein de laquelle il se trouvait.

Quittons maintenant le port du Roi Georges, et continuons notre rapide revue des côtes sud-ouest et ouest de la Nouvelle-Hollande.

Une affligeante aridité se montre sur la terre de Leuwin, jusqu'à la baie du Geographe, dont les rivages présentent quelques beaux arbres. On découvre de l'intérieur quelques hordes sauvages, analogues à celles du port du Roi Georges, et il faut aller à la rivière des Cygnes dans la terre d'Edels pour reposer sa vue fatiguée de l'aspect sombre et monotone qu'on avait devant soi.

La rivière des Cygnes fut découverte, en 1696, par le capitaine de navire hollandais Vlaming, qui était parti du Texel pour aller à la recherche d'un bâtiment de la Compagnie des Indes hollandaises que l'on supposait avoir péri sur la côte de la Nouvelle-Hollande, dans sa traversée du cap de Bonne-Espérance à Batavia. Comme en remontant cette rivière, le marin batave vit s'envoler un grand nombre de cygnes noirs, il lui donna tout naturellement le nom de ces oiseaux.

Vlaming ne visita point la contrée. Elle resta même

ignorée pendant tout le cours du dix huitième siècle, et ce fut seulement dans la première année du dix-neuvième que Baudin explora ses parages. Ils ont été de nouveau visités, en 1827, par le capitaine de vaisseau anglais Sterling. Le compte avantageux que cet officier rendit de la fertilité du sol décida l'Angleterre à y fonder une colonie.

Cet établissement n'a pas toutefois entièrement répondu aux espérances qu'il avait fait concevoir; le pays n'est point également fertile; en beaucoup de lieux il manque d'eau douce; il faut pénétrer au-delà de la première rangée des coteaux pour trouver un sol généralement productif. Cependant on a jeté les fondations d'une ville à l'embouchure de la rivière des Cygnes: cette fondation a été résolue en 1829, et la cité portera le nom de *Freemantle*, il y en aura une autre douze milles plus haut, et immédiatement au-dessus d'un endroit appelé *Melville Water*, sur la rive gauche de la rivière, elle se nommera la *ville de Perth*.

Le grand obstacle sera toujours la rareté de l'eau, surtout pendant trois ou quatre mois de l'été qui commence à la fin d'octobre; on pourra peut-être y suppléer en creusant des puits. Les endroits de ce territoire le plus favorisés sont les vallées étroites qui avoisinent des pics de granit isolés et les fonds bas où les eaux de la rivière débordent pour arroser d'excellents pâturages. Dans ces lieux on voit rarement le banksia, dont l'aspect est de si mauvais augure; mais les mimosas sont fréquents. On a trouvé quelques étangs ou petits lacs d'eau douce, à quarante ou cinquante milles dans les terres. Mais quant au littoral, c'est partout le même aspect que dans le voisinage de la rivière des Cygnes, c'est-à-dire une plage sablonneuse, défendue par plusieurs lignes de récifs de corail; le terrain est sablonneux et stérile, et absolument ingrat pour le colon. Le veau marin ou phoque velu est commun sur toutes les petites îles situées à une distance plus ou moins considérable du continent. Les kangarous sont également nombreux. La scène est d'ailleurs animée sur ces îles et un peu avant dans l'intérieur du continent, par des kangarous, des perroquets, des perruches, de gros corbeaux et des cygnes noirs, animaux les plus remarquables de ces parages où l'espèce humaine est en petit nombre, surtout plus avant dans les terres fermes, où le bois de charpente est en quantité inépuisable et de qualité parfaite; tandis que les pâturages fournissent une nourriture abondante aux moutons, aux chevaux, et au gros bétail. Le climat n'y est désagréable que dans les mois de janvier, février et mars, qui sont incommodes sans pourtant nuire à la santé, c'est alors que la chaleur est intense, et que les moustiques pullulent: mais ces inconvénients sont bien contrebalancés par tous les autres avantages; le climat, les ports, la position et l'étendue de cette contrée en feront sans doute un jour une possession riche et puissante, qui d'ailleurs pourra encore tirer des ressources du port du Roi Georges, où la température est plus égale et plus douce.

La baie des Chiens-Marins qui se trouve plus au nord, et que le capitaine anglais Dampier visita le premier, offre aussi plusieurs mouillages d'une sécurité parfaite, surtout vers la presqu'île Péron. Il est vrai que la végétation, vu le manque d'eau, y est en général bien peu vigoureuse, et que ses produits sont rares, à l'exception de la chicorée sauvage; mais on rencontre bon nombre de kangarous, dont la chair délicate ressemble à celle de nos lapins de garenne. Péron dit que ces kangarous sont extrêmement doux et timides, que le plus léger bruit les alarme, et que le souffle du vent suffit quelquefois pour les mettre en fuite. Il y a ici quantité de perruches, de tourterelles et d'hirondelles, et de petits oiseaux très sauvages, dont le chant n'est pas sans mélodie, et de plus des cygnes noirs, des pélicans, des goëlands, des aigles de mer et des courlieux.

Les îles de la baie des Chiens-Marins ne sont point habitées, mais la presqu'île Péron recèle quelques hordes peu nombreuses et fort misérables, qui ont pour abri des huttes construites de branches d'arbres recouvertes en terre, et quelquefois aussi des terriers, dernière espèce d'habitation à laquelle les indigènes ont recours, par suite des grandes variations de température et du passage brusque de chaleur et de froid, de jour et de nuit, qui portent coup à la santé et à la vigueur de l'homme. Le plus grand désavantage de la baie des Chiens-Marins est le manque absolu d'eau douce.

Le même inconvénient se retrouve sur les côtes de la terre de Witt, où il faut excepter cependant le groupe des îles Forestier, dont l'une, l'île Depuch, présente une assez belle végétation; mais en général le sol de la terre de Witt est d'une stérilité presque absolue, les plantes ou les fruits bons à manger y sont extrêmement rares; et comme une compensation bien funeste, on aperçoit des serpents de mer en profusion et de toutes dimensions. L'archipel Bonaparte, que le navigateur Saint-Allouarn visita pour la première fois, et nomma de son nom en 1772, et qui est situé à 5 degrés plus au nord, présente moins de stérilité, et même une agréable végétation.

Nous ne dirons rien de la terre de Carpentarie, puisque l'expédition française ne la visita point, ni de la Nouvelle-Galles du sud, parce qu'elle sera plus tard l'objet d'un examen spécial. Nous passerons également sous silence les détails que l'expédition Baudin a recueillis sur l'île de Timor, parce qu'il en a été question dans plusieurs autres voyages que notre collection a déjà fait connaître. D'un autre côté, le voyage de Baudin n'étant pas une circumnavigation, nous avons dû nous borner à en offrir ici les résultats sommaires.

FREYCINET.

(1817-1820).

Le principal objet de l'expédition de M. le capitaine de Freycinet avait été de rechercher la figure du globe et celle des éléments du magnétisme terrestre dans l'hémisphère austral. L'Académie des sciences avait en outre indiqué à l'attention de ce savant navigateur bon nombre de questions météorologiques. La géographie ne devait être que secondaire dans ce voyage, mais on nourrissait le juste espoir que beaucoup de points douteux seraient aussi complétés ou rectifiés. La corvette *l'Uranie*, ainsi destinée à faire le tour du monde, avait à bord vingt à vingt-cinq officiers, tant d'état-major que de santé, d'élèves de marine que d'aspirants, avec un nombre suffisant de matelots. On avait embarqué tous les instruments nécessaires aux expériences scientifiques, avec une grande quantité de cartes, et un choix de bons livres d'histoire naturelle, d'astronomie et autres. La corvette portait vingt canons, et en tout cent vingt hommes, dont cinquante au moins pouvaient exercer au besoin diverses professions. Elle était approvisionnée de vivres de la meilleure qualité, et de caisses en fer propres à contenir de l'eau pour la préserver de la putridité. On avait en outre à bord un alambic destiné à distiller en grand l'eau de la mer, quand on ne pourrait pas se procurer d'eau douce, précaution d'autant plus nécessaire qu'on se proposait de relâcher sur des parages où l'on ne trouverait pas d'eau potable; et c'était la première fois que la navigation allait recourir à cet ingénieux procédé français. Comme le vaisseau n'avait point de conserve, il reçut des rechanges de toutes espèces pour deux ans; il reçut également un assortiment considérable de quincaillerie, d'armes et de poudre de guerre, avec une somme de dix mille francs en piastres. Enfin l'équipage était pourvu de tablettes de gélatine pour les soupes, de légumes enfermés dans des vases en ferblanc ou en tôle, d'après les procédés de MM. Darcet et Appert, ainsi que des viandes préparées, et qui peuvent se conserver de la sorte pendant un nombre d'années indéterminé, ce qui dispensait d'embarquer des bestiaux vivants. Au moyen de toutes ces précautions, les marins étaient assurés d'avoir pendant tout le voyage une nourriture aussi saine qu'agréable.

L'expédition fit voile de Toulon le 17 septembre 1817, et arriva le 5 octobre devant cet énorme rocher de Gibraltar, qui forme l'extrémité méridionale de l'Europe, et ne tient à l'Espagne que par une langue de terre sablonneuse et très basse, rocher coupé à pic, haut d'environ quatre cents mètres, et hérissé de six cents pièces de canon en batteries du calibre de trente-six ou quarante-huit, rocher où l'Angleterre entretient une garnison de plus de cinq mille hommes.

La corvette quitta Gibraltar, le 14 octobre, pour voguer désormais dans le vaste sein de l'Océan. Elle arriva, le 22, à Sainte-Croix de l'île de Ténériffe, une des Canaries, ou îles Fortunées, près de la côte d'Afrique. Cette île Fortunée ne le fut guère pour *l'Uranie*, que l'on voulait forcer à une rigoureuse quarantaine à cause des maladies pestilentielles qui régnaient alors. Pour se soustraire à une pareille rigueur, la corvette s'éloigna de cette île, le 28 octobre, en naviguant vers l'ouest, mais hors de vue des îles du Cap-Vert.

Le 20 novembre 1817, on coupa l'équateur à 31 degrés environ de longitude occidentale du méridien de Paris. L'équipage ne manqua point de suivre l'usage des marins, en baptisant ceux des gens de mer qui franchissaient la ligne pour la première fois. Il y eut d'abondantes immersions d'eau salée sur les néophytes, et de copieuses libations d'eau de-vie parmi les matelots. Alors on continua la traversée, en faisant route vers le Brésil, et l'on arriva, le 6 décembre, devant sa capitale, Rio-Janeiro.

M. le capitaine de Freycinet présente une description très détaillée de cette métropole de l'empire brésilien, et de la province du même nom; les bornes d'une analyse, comme celle que nous avons promise de ce voyage, ne me permettraient pas de nous y arrêter longtemps: qu'il nous suffise d'indiquer ici quelques points sommaires de ce travail.

Ce fut le 26 janvier 1500 que l'Espagnol Pinçon parvint le premier sur les côtes du Brésil, c'est-à-dire huit ans après la découverte du Nouveau-Monde, par Christophe Colomb. Le navigateur portugais Cabral fut le second Européen qui aborda sur ce rivage; il y relâcha le 22 avril, c'est-à-dire trois mois après Pinçon, et prit possession du pays au nom du roi de Portugal. Trente-un ans plus tard, un autre marin portugais, le célèbre Souza, chargé d'explorer de nouveau les côtes brésiliennes, arriva à l'entrée de la baie qu'il prit pour l'embouchure d'une rivière; et comme c'était le 1er janvier, il lui donna le nom de *Rio-de Janeiro*, c'est-à-dire *rivière de Janvier*. M. de Freycinet donne l'historique des découvertes qui eurent lieu postérieurement, et conduit son esquisse jusqu'à l'année 1826.

Vient ensuite la description géographique et physique de la province de Rio-Janeiro, sous le rapport de ses montagnes, lacs, marais, îles, ports, rades, divisions politiques, villes et villages, climats, géologie, productions végétales, productions animales, et autres.

On lit avec intérêt ce que l'auteur nous dit des plantes nutritives et médicinales, et des animaux de cette province. Parmi les espèces redoutables figure la chauve-souris, appelée *vampire*, qui s'introduit pendant la nuit dans les écuries, s'attache à la veine jugulaire des bestiaux, et leur suce bien souvent une assez grande quantité de sang pour les faire périr sans que les victimes paraissent souffrir, et fassent aucun mouvement pour repousser de si dangereuses attaques. Les bestiaux parqués en plein air ont plus à craindre encore, et les hommes eux-mêmes ne sont pas à l'abri des atteintes de ces quadrupèdes malfaisants, qui la nuit viennent leur sucer le sang du gros orteil.

M. de Freycinet dit que les chèvres et les brebis dégénèrent rapidement au Brésil, et qu'il est très difficile de conserver des chiens à Rio-Janeiro, parce que ces animaux sont sujets à une sorte de gale et de toux qui les tuent promptement. Les tapirs ne sont pas rares, et les singes vont par troupes dans les bois; ils font entendre une espèce de mugissement très fort et très lugubre. Le dindon est ici sur sa terre natale. Les forêts sont peuplées d'une variété immense d'oiseaux qui reflètent les plus vives couleurs. Les oiseaux de rivage et de mer ne sont pas moins nombreux. Malheureusement il y a aussi beaucoup de reptiles venimeux; toutefois la vipère brésilienne ne se trouve guère que dans les forêts. Le boa constrictor, si redoutable, qui enlace les hommes et les animaux, les brise, les ramollit et les avale, est heureusement fort rare. Le serpent nommé *pouroucoucou* est le plus dangereux; il se trouve dans le voisinage de Rio-Janeiro. Le reptile le plus hideux est le crapaud cornu, large comme la forme d'un chapeau, doublant son volume, s'enflant à volonté, et ouvrant une gueule énorme, en faisant entendre un son criard; il fait plus de bruit que de mal. La fourmi est beaucoup plus à craindre pour les agriculteurs, parce qu'elle détruit en un moment les feuilles, les arbres et les semences.

La ville de Rio contenait, en 1818, plus de cent trente mille âmes; la province, trois cent soixante-quinze mille individus, et tout l'empire brésilien, quatre millions quatre cent soixante-onze mille habitants (1).

L'Uranie quitta Rio-Janeiro dans les premiers jours de janvier 1818, et fit voile vers le cap de Bonne-Espérance; elle jeta l'ancre dans la baie de la Table, le 7 mars suivant. M. de Freycinet s'y livra à d'importants travaux scientifiques, et alla visiter le fameux coteau de Constance, où l'on récolte un des meilleurs vins du monde. Les vignes y sont entourées d'allées de chênes et de pins. Le vin de Constance est blanc ou rouge, et l'on en recueille en grande abondance.

Après avoir achevé les opérations au Cap, M. de Freycinet reprit la mer, le 5 avril, pour se rendre à l'île de France, où il toucha au port Louis, le 5 mai 1818, et il y resta jusqu'au 16 juillet suivant.

Pendant ce séjour de près de deux mois et demi, ses compagnons et lui réunirent de nombreux renseignements sur cette île, qui naguère appartenait encore à la France, et dont les Anglais se rendirent maîtres pendant notre première révolution.

Les habitants de l'île de France sont blancs, ou noirs, ou métis, comme au Brésil. Les blancs ont ordinairement les formes européennes. Les créoles qui en sont nés ont des traits agréables. Les Malgaches, ou indigènes de Madagascar, ont la peau d'un noir foncé. Les Caffres ou Mosambiques sont moins adroits et moins intelligents que les Malgaches. Le créole mulâtre, ou sang mêlé, est d'une taille presque toujours égale à celle des blancs, mais il est moins fort, quoique supportant la fatigue et les privations. Les mulâtresses créoles sont bien faites, ont de beaux yeux, un grand pied, parce qu'elles ne portent point de chaussures dans les douze ou treize premières années de leur vie, la gorge médiocrement saillante, les cheveux longs et légèrement bouclés. Ici les filles sont pubères à onze ans, et les garçons à quatorze. M. de Freycinet fait observer que chez les femmes malgaches le flux périodique ne se déclare souvent qu'à une époque fort reculée, et alors elles deviennent mères sans avoir donné aucun signe de nubilité.

La longévité n'est point rare à l'île de France; on y compte des octogénaires; cependant le terme moyen

(1) Cette population est aujourd'hui (1852) presque doublée. A. M.

de la vie est entre cinquante et soixante ans. Les noirs vivent moins de temps, parce qu'ils sont plus adonnés au libertinage et à l'abus des liqueurs fortes.

L'île de France, aujourd'hui appelée *île Maurice*, comptait, en 1818, environ quatre-vingt mille âmes, dont sept mille blancs La langue française est toujours ici la plus répandue, et les femmes créoles la préfèrent à tou e autre, parce que c'est tout à la fois l'idiome de la conversation et de la galanterie. Du reste, ces créoles sont bonnes, aimantes autant que gracieuses; elles cultivent avec prédilection les arts d'agrément, bien que la toilette tienne chez elles le premier rang. Aussi, peu de dames se mettent avec plus de goût et de propreté que les créoles; mais en même temps celles-ci ont une grande propension à la débauche, et en général les filles mulâtresses vivent ici en état de concubinage.

Indépendamment du français, qui forme la base du langage, les noirs ont inventé une sorte de patois, qu'ils parlent avec une grande douceur, et dans lequel il existe des chansons fort naïves.

L'île produit à peu près quinze millions pesant de sucre, qui, à sept piastres le quintal, donnent un million cinquante mille piastres. Le total des revenus est de deux millions de piastres, et celui des dépenses annuelles, d'un million huit cent soixante-dix mille piastres.

L'autorité de la colonie est dans les mains du gouverneur qui en est le chef unique. Il a sous ses ordres le secrétaire du gouvernement, ou chef civil, et le commissaire de justice ou grand-juge. Il peut trancher sur tout, s'il le veut. Il y a bien le droit d'appel à Londres; mais les frais énormes qui en résulteraient pour le plaignant font qu'il se résigne presque toujours.

De l'île de France *l'Uranie* se rendit en trois jours à l'île Bourbon (1), où elle mouilla au port Saint-Denis, le 19 juillet 1818. Après huit jours de relâche sur cette rade, et cinq à celle de Saint-Paul, on remit sous voile le 2 août, et l'on fit route pour la baie des Chiens-Marins, située dans la terre d'Endracht, sur la côte occidentale de la Nouvelle-Hollande; on y arriva le 12 septembre suivant.

L'expédition française explora aussitôt le littoral de cette baie, notamment la partie orientale du hâvre Hamelin, au nord de la presqu'île Péron. Un canot fut expédié à l'île Dirck-Hatichs, et rencontra un énorme cétacé qui le mit en danger de périr. Les explorateurs visitèrent le cap de l'Inspection; mais comme la chaleur était forte et qu'ils manquaient d'eau, ils eurent horriblement à souffrir de la soif devant Dirck-Hatichs et le hâvre Montbazin; enfin, ils revinrent au vaisseau dans l'épuisement le plus déplorable. Heureusement, ils y trouvèrent de quoi se restaurer, et surtout se désaltérer avec de l'eau potable, qui venait d'être obtenue par le moyen de la distillation de l'eau de mer. L'alambic mis à terre avait donné en abondance de l'eau agréable à boire, et dégagée de tout principe nuisible à la santé.

M. de Freycinet a consacré un chapitre de son voyage à des remarques physiques et géologiques sur la baie des Chiens-Marins L'île de Dirck-Hatichs a été surtout l'objet de ses recherches, et il a examiné avec soin le sol du cap qui forme l'extrémité nord de la même île. Tout ce vaste enfoncement de la terre d'Endracht est couvert de maigres et chétifs arbrisseaux croissant dans le sable. Le sol est partout extrêmement dépourvu d'eau douce, ce qui, remarque le savant navigateur, tient d'un côté au peu d'élévation des terres, car aucune montagne n'apparaît aux limites d'un long horizon que dessine une simple ligne bleuâtre, et d'un autre côté aux terres sablonneuses qui absorbent les pluies et les vapeurs sans les condenser, ni les retenir. La presqu'île Péron n'offre non plus qu'un petit nombre d'arbres tortueux, à peine de douze pieds de hauteur, et quelques touffes de frêles arbrisseaux qui n accusent que trop bien l'aridité de cette terre ingrate. Nulle part ici on ne rencontre non plus de plantes alimentaires. Mais les kangarous grisâtres et de la taille d'un gros lièvre ne sont pas rares; on voit ici de fort belles colombes, des aigles blancs et des cygnes noirs; les baleines fourmillent à l'entrée de la baie pendant les mois d'août, juillet et septembre; enfin, les huîtres de la baie des Chiens-Marins sont excellentes, et les rochers des îles de l'Ouest en sont tapissés.

La baie des Chiens-Marins où *l'Uranie* avait mouillé offre l'aspect le plus affreux; d'immenses déserts de sable couvrent la côte, sans présenter aucun vestige de végétation. On a peine à croire que des hommes puissent habiter un sol pareil, et cependant l'expédition française en avait aperçu.

L'Uranie s'éloigna de ces rivages arides, le 28 septembre 1818, et vint prendre quelques rafraîchissements à l'île de Timor, devant laquelle elle arriva le 18 octobre, et mouilla à la baie de Coupang, chef-lieu des établissements hollandais. Elle y resta jusqu'au 23, et repartit pour Dillé, où réside, au nord de l'île, le gouverneur de la portion portugaise.

Les mers qui environnent Timor et les autres îles à épices, entre l'archipel d'Asie et les cô es de la Nouvelle-Hollande, contiennent beaucoup de cachalots ou baleines à sperma-ceti. Les grands cachalots ont jusqu'à soixante-quatre pieds de longueur, et peuvent fournir cent barils d huile et vingt-quatre barils d'adipocire. On rencontre aussi des requins énormes, et dont la force musculaire semble prodigieuse. L'un de ces poissons, presque entièrement suffoqué, ayant été hissé à bord, fendu de la tête à la queue, vidé de tous ses viscères, ayant perdu tout son sang, eut encore, étant jeté à la mer une demi-heure après, assez de vigueur pour nager de nouveau avec une vitesse capable d'entraîner deux hommes qui tenaient la corde à laquelle on l'avait amarré par la gueule et les ouïes, et pour bondir hors de l'eau comme font les marsouins.

L'Uranie, arrivée le 17 novembre 1818 à Dillé, mouilla dans ce port, et les gens de l équipage descendirent à terre le surlendemain. Le terrain de Dillé est humide et marécageux, mais les environs en sont pittoresques; la végétation y est fort active, malgré la rareté d'eau courante.

M. le capitaine de Freycinet consacre un chapitre entier à tracer l historique de l'île de Timor, dont il attribue la découverte à Cano, successeur de Magellan, et qui paraît y avoir abordé en 1522.

Il entre dans de longs détails sur la formation de la Compagnie hollandaise des Indes, qui exerça bientôt une grande influence sur les Moluques, notamment à Timor, où s'établirent deux puissances européennes, les Hollandais et les Portugais, les premiers à Coupang, au sud de l île, les seconds à Dillé, au nord, établissements qui se sont maintenus avec des chances plus ou moins brillantes sous le rapport commercial.

L île de Timor, située par 8° 20' à 8° 22' de latitude sud, et 121° 5' à 124° 45' de longitude est, a cent deux lieues moyennes de longueur, sur une largeur moyenne d'environ dix-neuf lieues, avec une surface de quinze cent quarante huit lieues moyennes carrées. Le pays, en général, est montueux et entrecoupé de petites vallées, le sol est arrosé par un grand nombre de rivières, dont celle de Coupang n'a guère que cinq lieues de cours, et dont l'embouchure est importante pour le ravitaillement des vaisseaux à Dillé; la rareté de l'eau oblige à creuser des puits. Il y a, dit-on, quelques lacs dans l'intérieur.

L'entrée de la rivière de Coupang est le seul port proprement dit qui existe à Timor; mais il y a plusieurs barachois, c'est-à-dire enceintes formées par des récifs, dans lesquels les navires peuvent se mettre à l'abri des fureurs de la mer.

Le gouvernement hollandais de Coupang a plusieurs autres îles voisines sous sa domination, notamment Rottie ou Rotti, située au sud, longue d'environ vingt lieues et large de treize, offrant une succession d'étroits

(1) Aujourd'hui l'île de la Réunion. A. M.

vallons et de montagnes peu élevées, ayant un peuple doux et facile, récoltant du riz en grande abondance ; Savu, à vingt lieues au nord-ouest de Rotti, hérissée de montagnes pierreuses et peu fournie d'eau ; Simao, petite île à l'entrée de la baie de Coupang ; Wetter, au nord de Dillé ; Roma, au nord-est de l'île Wetter ; Solor, possédée une partie par les Hollandais, et l'autre par les Portugais.

La saison des pluies à Timor comprend les mois de janvier, février et mars. L'humidité extrême qui existe alors occasionne beaucoup de maladies. La rosée et le serein ne sont pas non plus sans danger à Timor.

En venant des plaines sablonneuses et stériles de la Nouvelle-Hollande pour jeter l'ancre à Timor, M. de Freycinet ne put contenir son admiration à l'aspect de la verdure qui décore cette île ; mais s'il y fût arrivé des Moluques propres, c'est-à-dire du nord-est, son enthousiasme aurait été bien affaibli. C'est à ces différents points de départ qu'on doit attribuer la divergence d'opinions des navigateurs sur la fertilité de l'île de Timor. Quoi qu'il en soit, le peu de largeur de cette île, le peu de hauteur de ces montagnes et leur pente rapide qui ne permet point à l'humus de s'accumuler sur leurs flancs, tout porte à croire que la végétation ne répond pas à ce que la latitude pourrait faire espérer. Néanmoins dans l'intérieur du pays la verdure est très riche.

Parmi les productions végétales de Timor, le maïs occupe le premier rang et forme la base de la nourriture des indigènes. La mangue, l'ananas, la pomme de terre, le poivre et le café abondent également. Les rivages offrent de beaux palmiers. L'arbre à pain est très multiplié, et l'on en voit qui n'ont pas moins de soixante pieds de hauteur ; toutefois, le fruit à pain ou rima est moins recherché que celui qui se trouve dans la Polynésie. L'aréquier ou palmiste donne un chou fort estimé ; l'arrow-rout contient une fécule très nutritive, et qui fait généralement goûter cette plante ; le bananier donne un fruit long de sept à huit pouces, également très nourrissant et très salubre ; le cannellier croît ici à l'état sauvage, et la cannelle qu'il produit est de bonne qualité ; le cocotier est très répandu dans l'île. On fait à Timor un grand usage du safran d'Inde ou curcuma pour l'assaisonnement des mets, à cause de sa qualité aromatique ; le gingembre est une épice très abondante à Coupang ; l'igname est une plante dont il existe un grand nombre de variétés ; le latanier est un arbre qui fournit un chou très bon à manger ; le mahi, plante à gros tubercules, s'emploie à la nourriture des bestiaux : le manguier est un des plus beaux arbres de l'île, et ses fruits sont très aromatiques. On estime à Dillé la plante alimentaire appelée *manioc ;* le muscadier abonde à Timor, et cet arbre atteint jusqu'à cinquante pieds de hauteur ; le papayer donne une espèce de figue bonne à manger ; le piment qu'on récolte à Timor est le condiment obligé des mets dont on fait usage dans tout l'Archipel asiatique ; le tamarinier qui atteint à de hautes dimensions, ce qui rend cet arbre propre aux constructions navales, donne un fruit d'un goût acide et agréable. On cultive ici l'espèce de poivre appelé *bétel*, pour le mâcher comme le tabac. On voit des casuarinas qui ressemblent à des pains, et des eucalyptus de haute stature ; le tek occupe le premier rang parmi les bois de construction et de charpente ; le bois de rose est employé à l'ébénisterie, ainsi que l'ébène qui est commun dans les forêts de l'intérieur de l'île, comme l'est aussi le manglier dans les marécages qui sur un grand point bornent les rivages de la mer. Le bois de sandal abonde dans les parties élevés de l'île, et forme une des principales richesses du pays ; on extrait de cet arbre très parfumé une huile odorante que recherchent beaucoup les Chinois, tandis que son bois s'emploie dans l'ébénisterie à une foule d'ouvrages précieux.

Quant aux productions animales de l'île de Timor, il faut citer l'espèce de baleine, dite le cachalot ou baleine à sperma-ceti ; on la pêche en dedans et en dehors de la baie de Coupang. On sait que l'ambre gris se trouve parfois dans le corps de cet animal ; le buffle est ici indigène, mais il est très féroce ; le chat est exotique et redevenu sauvage ; le singe est très multiplié, et les indigènes s'en nourrissent comme d'un mets agréable ; l'alcyon est un des oiseaux les plus remarquables de Timor, et le nid gélatineux de cette hirondelle de mer forme un des mets les plus recherchés parmi les gastronomes chinois. On aperçoit à l'embouchure de la rivière et dans les marais qui avoisinent la mer des crocodiles longs de douze à quinze pieds. Il existe aussi dans l'intérieur des terres des serpents monstrueux, presque aussi gros que le corps d'un homme, et longs de vingt-cinq ou trente pieds. Il y en a de petits dont la morsure est promptement mortelle. On voit aussi quelquefois des serpents de mer qui nagent à la surface des eaux, comme Baudin rapporte qu'on en apercevait dans la baie des Chiens-Marins. Enfin il existe à Timor une espèce d'araignée dont la morsure pourrait être mortelle, si l'on n'y appliquait promptement certaines herbes qui en neutralisent le venin.

La population de Timor se compose d'abord de nègres à cheveux crépus, ensuite de colons chinois, portugais et hollandais, et puis des métis nés du croisement de ces différentes races.

Les nègres, qui sont les véritables indigènes de Timor, ne semblent pas nombreux, et se tiennent dans l'intérieur ; mais les métis constituent la partie notable de cette population. Les colons chinois se reconnaissent à leur teint olivâtre, à leur front aplati, à leurs yeux étroits et fendus obliquement. La ville de Coupang est principalement peuplée de Malais, et elle contient environ trois mille individus.

Les Timoriens de l'intérieur ont un aspect farouche, excepté les jeunes gens qui paraissent plus francs, et surtout les jeunes filles qui ont les formes agréables et une démarche gracieuse. Les deux sexes vont sans chaussure, ce qui procure une grande flexibilité à leurs pieds ; aussi montent-ils sur les cocotiers avec une promptitude étonnante. Les deux sexes sont précoces et ne vivent pas moins longtemps ; les filles deviennent adultes à huit et neuf ans, et les garçons avant quinze ans.

Le climat de Timor est très sain ; mais à Coupang, le voisinage de la rivière, et à Dillé, celui des marécages, occasionnent des fièvres épidémiques.

D'un autre côté, la malpropreté et la honteuse incurie des habitants rendent chez eux très communes les maladies de la peau, surtout la gale, les dartres et la lèpre. La syphilis est de même générale.

Les peuples de Timor vivaient dans un état complet de nudité : c'est ainsi que les compagnons de Magellan les trouvèrent, il y a près de trois siècles. Aujourd'hui l'usage des étoffes tissées est presque universel. A Coupang, le vêtement principal des Malais consiste en une pièce d'étoffe de coton qu'ils nomment *sarung*, et à laquelle nous appliquons le nom général de pagne ; elle forme une espèce de jupon que les hommes portent comme les femmes. Les enfants vont nus jusqu'à l'âge de dix ans. Les hommes ont sur l'épaule gauche un mouchoir en forme de sac où ils tiennent le bétel. A la maison, les femmes restent habituellement le sein découvert. A l'égard des Chinois, ils conservent le costume de leur mère-patrie.

Les habitations ne sont guère que de simples cabanes reposant sur le sol. Dans les parties les plus humides de l'île, où l'on a davantage à redouter les reptiles, on construit ces cabanes sur des pilotis qui élèvent le plancher depuis deux jusqu'à dix pieds et plus au-dessus de la terre. On y monte alors au moyen d'une échelle que l'on retire la nuit, et les habitants peuvent s'y livrer en pleine sécurité aux douceurs du sommeil. Les maisons des Chinois sont plus solides et mieux construites que celles des indigènes. Quant à celles des Européens, il en est quelques-unes en pierre.

A Timor on est dans l'usage de faire la sieste depuis

midi jusqu'à trois heures. En revanche, on se couche tard et on se lève matin, pour choisir le moment où l'on puisse respirer la fraîcheur. Il est vrai qu'on a recours aussi à l'usage des bains: on en prend tous les jours et on se lave les cheveux avec de l'eau de lessive, après quoi on se frotte le corps avec la râpure huileuse d'une noix de coco.

Les riches ont emprunté l'usage des Chinois, de laisser croître leurs ongles, et plus un ongle est long, plus on semble avoir d'agrément. Les rajahs ou rois de l'intérieur ont une ou plusieurs de leurs dents incisives couvertes d'une lame d'argent ou d'or.

Une des plus grandes marques d'amitié que puisse donner une des femmes de Timor à celui qui a mérité son affection, c'est de lui offrir la guirlande de fleurs odorantes qui orne ses cheveux, ou l'écharpe et le collier qui ont paré son sein. On se témoigne aussi de l'affection en se frottant le nez contre le nez et en aspirant avec force, ce qui revient à se flairer l'un l'autre.

Le Timorien est bon, craintif et hospitalier; mais il reste barbare dans ses inimitiés. Il a le jugement sain, quoique borné. Le Malais de Coupang est méfiant, intrépide et féroce, mais paresseux et sans ambition: il pousse la cruauté jusqu'à l'anthropophagie, et il a un fort penchant au vol. Pour le Chinois, il est plus fin, plus sensuel et plus laborieux; on peut le comparer au Juif: on découvre en lui la même cupidité, la même ruse et la même astuce.

Sous le rapport des croyances, le Timorien est très arriéré; il a foi aux songes, aux augures, aux jours heureux et malheureux, aux sorciers et aux talismans. On regarde comme sorciers, à Timor, tous les étrangers qui ont les cheveux rouges, et on leur attribue la plus grande puissance.

La polygamie est permise, mais n'est guère en usage que parmi les riches. La première femme est ordinairement l'égale de l'homme; les autres ne sont que des concubines qui lui restent soumises. Il y a aussi des filles riches qui épousent un homme d'une condition inférieure, pour le tenir alors sous leur dépendance. Dans tous les cas possibles, le divorce est permis, mais les cadeaux de part et d'autre ne se restituent point.

On a une grande vénération pour les tombeaux. Le corps des riches est ordinairement enfermé dans un cercueil en bois de tek ou de cèdre. On enterre les morts tantôt près de la cabane qu'ils habitaient de leur vivant, ou tantôt près de leur cimetière commun. A Coupang, quelques personnes ont des caveaux de famille. Des offrandes de riz, de maïs et d'eau, sont faites périodiquement sur ces tombes, afin que le mauvais Esprit, rencontrant là une nourriture facile, ne tourmente point l'âme du défunt. Les Chinois professent la religion de Confucius ou celle de Bouddah.

Enfin, chiquer le bétel, boire du thé, causer de choses futiles ou de galanterie, tels sont les plus doux passe temps des Timoriens. Ils ont aussi pour la danse un goût très prononcé, mais elle consiste moins dans le mouvement cadencé des jambes que dans celui du corps. Leur musique porte le caractère de leur native indolence.

Sous le rapport du commerce, l'île de Timor est très importante. Elle exporte le bois de sandal, le coton, la cire, le tripang, espèce de mollusque long de deux pieds, et de trois à quatre pouces de contour, et qui est très recherché à Canton. Elle exporte également les nids d'alcyons et l'huile de requin, comme aussi une grande variété d'épices. Le commerce portugais correspond directement à Macao, tandis que les Hollandais de Coupang entretiennent le leur avec Batavia.

Dans l'intérieur de l'île de Timor, le pouvoir suprême est entre les mains des rajahs, qui exercent sur leurs sujets une autorité despotique. La dignité de ces princes est héréditaire dans leurs familles, et ils se prétendent fils de Dieu. La mort est la punition d'une foule de petites offenses, et lorsque les coupables n'en sont pas jugés dignes, on les fait esclaves.

Nous bornerons là les détails que nous voulions extraire du voyage sur l'île de Timor, et nous allons suivre les explorations ultérieures de *l'Uranie*.

De cette île notre savant navigateur se dirigea vers le détroit de Bourou, en passant entre les îles Wetter et Roma.

Le 29 novembre 1818, il arriva devant l'île d'Amboine, et profita d'un vent favorable pour donner dans le détroit de Bourou sans visiter les autres îles dont il était environné. Il passa bientôt l'île Gasse qu'il prolongea du côté de l'est. Le 5, il eut connaissance des îles Gorongo et de Gilolo; mais un courant le fit dériver dans le sud-est jusqu'à l'île Pisang, près de laquelle il se trouvait le 7. C'est là qu'il eut quelques rapports avec des pirogues appartenant à l'île Guébé. Il profita de cette occasion pour observer les mœurs de ces insulaires, qu'il représente comme grands, bien faits, musculeux, ayant le teint noir-olivâtre, et faisant le commerce avec intelligence.

Le 12 décembre, *l'Uranie* put continuer sa route et franchit le passage de Gilolo, formé par l'île Guébé d'une part, et la petite île Mouhor de l'autre. Cette dernière paraît tenir par un banc à la pointe Tabo, extrémité orientale de l'île Gilolo. Le vaisseau fit ensuite apercevoir les basses terres de Balabalak et l'île Rouib. Au nord, un autre groupe d'îles assez étendu laissa bientôt découvrir que c'étaient les îles Vayag, assemblage de près de cinquante îles ou rochers, que M. de Freycinet fut le premier à reconnaître, et constituant la limite septentrionale d'un détroit qu'il nomma *passage de l'Uranie*. Il est borné au sud par Rouib, Balabalak, et quelques autres îles qui, n'étant pas connues auparavant des navigateurs, reçurent, de même que la plupart de celles qui composent le groupe Vayag, le nom de quelques-uns des compagnons de voyage de M. de Freycinet.

Un caractère singulier de ces îles, comme le dit M. de Freycinet, c'est que presque de tous côtés elles sont minées inférieurement, de manière que chacune d'elles l'est à sa base jusqu'à six ou sept pieds au niveau de la mer, circonstance, ajoute le voyageur, qui leur donne assez l'apparence de meules de paille reposant sur un cône tronqué renversé: toutes ces îles seraient inabordables si plusieurs n'avaient, d'intervalle en intervalle, de petites anses sablonneuses, seul point où l'on puisse débarquer. Une magnifique végétation couvre ces îles, et les îlots eux-mêmes n'en sont pas dépourvus.

En avançant vers l'est, on découvrit les montagnes de Vaigiou, dont une riche verdure tapisse jusqu'à la cime. Les falaises qui bordent la côte sont en général, comme les îles de Vayag, minées à leur base par les eaux de l'Océan. On distingue plusieurs grottes ou crevasses d'un aspect assez pittoresque.

Après avoir mouillé près de l'île Manouaran, *l'Uranie* fit route, le 15 décembre 1818, pour le hâvre Boni; mais le calme ayant suspendu la course du vaisseau, il fallut relâcher au hâvre de Rawak, dans la petite île de ce nom, près de Vaigiou, Nouvelle-Guinée, et presque exactement sous l'équateur. L'expédition y séjourna depuis le 16 décembre 1818 jusqu'au 5 janvier 1819. On profita de ce temps pour faire différentes courses à Vaigiou, Boni et Manouaran.

Toutes ces îles, c'est-à-dire Boni, Manouaran, Rawak et Vaigiou, mot que les naturels prononcent *Véghiou*, appartiennent aux îles des Papous. La petite île de Rawak, située par 1° 34" de latitude sud, et 128° 35' 4" de longitude est, est d'une forme irrégulièrement triangulaire; elle présente sur deux de ses côtés des enfoncements, dont l'un, celui de l'est, se nomme le *hâvre Rawak*: elle a un mille dans son plus grand diamètre; elle n'est séparée de Vaigiou que par un canal d'un quart de mille de largeur. Manouaran est à environ 3 milles au nord-ouest de Rawak; Boni, beaucoup plus voisin de Vaigiou, en est, ainsi que Rawak, une sorte d'appendice.

L'extrémité méridionale de Rawak forme une petite presqu'île, et a vers le centre quelques hauteurs peu considérables. L'île Manouaran n'est séparée de Vaigiou que par un canal d'environ 2 milles de large, et sur lequel passe l'équateur.

Quant à l'île Boni, elle est encore plus basse que les précédentes, et semble reposer sur une base d'écume; elle est d'ailleurs entourée de récifs très étendus sur lesquels l'Océan se brise avec fureur.

La végétation se montre dans ces parages avec une étonnante vigueur; le littoral de Vaigiou est garni de beaux arbres; il en est de même de l'île Manouaran et de la petite île Rawak. Partout les oiseaux sont de la grande espèce.

Quant aux habitants, ils sont généralement laids; ils ont le front aplati, la bouche grande, les yeux petits et enfoncés, le nez gros, écrasé du bout et se rabattant sur la lèvre supérieure, la barbe rare, le ventre gros, les membres inférieurs grêles, les cheveux ou lisses ou frisés, les dents belles, les lèvres épaisses et la peau du corps noir sanguin. En général ils sont de taille moyenne et appartiennent à la race des Papous.

Leurs maisons se composent de pieux enfoncés en terre, soutenant des traverses auxquelles sont fixées avec des liens d'écorce les feuilles de certains palmiers, qui forment également le toit; il n'y a d'autres ouvertures que la porte. Ces cabanes sont commodes, et la plupart à l'abri de l'humidité.

Ces insulaires vivent de sagou, de maïs, de coco, de bananes et de plusieurs autres fruits. Leur costume se réduit à une bande d'écorce de figuier. Les chefs se couvrent la tête d'un fichu ou d'un morceau d'étoffe. On a pour se garantir un ample chapeau conique, en forme de palmier. Les enfants vont entièrement nus. On fraternise en se donnant l'accolade en manière d'embrassement. La religion dominante paraît être le mahométisme. Les habitants de Rawak paraissent avoir une assez grande habitude du commerce.

Ce fut le 6 janvier 1819 que *l'Uranie* partit de Rawak pour se porter sur les îles Ayou, dont elle eut connaissance les 6 et 8 du même mois. Ces îles sont fort basses et entourées de brisants; les plus grandes sont boisées et semées de villages et de maisons éparses près de la mer. L'expédition ne s'y arrêta point; elle continua de voguer vers l'archipel des Carolines. Le 12 février, on vit les îles des Anachorètes, et le lendemain, celles de l'Amirauté. Le 15, on aperçut différentes îles de l'archipel, notamment celles de Poulouhot, Tamatam, Ollap, Fanadik, et une autre plus éloignée. On vit ensuite à l'horizon quelques barques, et bientôt plusieurs naturels vinrent à bord. Ils acceptaient tout ce qu'on leur offrait, sans rien prendre d'eux-mêmes. Ils mangeaient le biscuit avec plaisir; mais l'un d'eux, ayant pris un morceau de tabac pour un aliment et l'ayant mis dans sa bouche, le rejeta bientôt en faisant d'affreuses grimaces. La vue d'un miroir avait arraché un autre long cri d'étonnement. Ces insulaires sont vigoureux et pleins de gaîté; mais quelques-uns sont atteints de la lèpre.

L'expédition française ne resta point longtemps parmi les Carolines; elle se dirigea au nord vers l'archipel des Mariannes, dont elle atteignit la partie méridionale, c'est-à-dire l'île de Guam, le 17 mars 1819. M. le capitaine de Freycinet profita de son séjour dans cette dernière île pour recueillir de nombreux renseignements tant sur les Carolines que sur les Mariannes. Un chapitre entier de sa relation est consacré aux îles Carolines, et un autre aux îles Mariannes. Les bornes de cette analyse ne nous permettent que d'en donner une idée sommaire, d'autant plus que déjà plusieurs des relations antérieures comprises dans notre collection renferment sur ces îles beaucoup de développements, qui feraient ici double emploi avec ceux du voyage de M. de Freycinet, dont l'intention louable a été de réunir en un tout compacte les notions éparses qu'il avait rassemblées de toutes parts.

L'archipel des Carolines, connu d'abord sous le nom de *Palaos*, puis sous celui de *Nouvelles-Philippines*, s'étend du 3e au 12e parallèle nord, et du 129e au 171e degré de longitude est. Il se divise en plusieurs groupes, et la plupart de ces îles sont entourées de récifs qui en rendent l'abord difficile. L'arbre à pain et le cocotier y sont communs. La tortue, les holothuries ou tripangs y abondent.

Les naturels tiennent pour la couleur le milieu entre le noir-olivâtre et le rouge cuivré. Ils ont les cheveux longs, lisses ou crépus, la taille moyenne, les traits réguliers, le front haut, les yeux vifs, le nez large, la bouche grande, les dents grandes, les oreilles percées d'une large ouverture, et la physionomie douce. Ils se tatouent le corps; ils sont agiles et adroits, intelligents, confiants et intègres, humains, affectueux et reconnaissants. Ils vivent de fruits, de racines et de poissons, ainsi que de tortues, de coquillages, d'oiseaux et de poules, dont il paraît cependant qu'ils ne mangent pas les œufs. Ils aiment beaucoup les cocos: un seul de ces fruits paraît suffire à la nourriture journalière d'un homme en mer; mais sur terre ils prennent beaucoup plus d'aliments.

Ils vont très souvent nus, se débarrassant même assez volontiers du langouti d'étoffe tissée d'écorce de figuier qui leur entoure les reins. Les deux sexes ont un chapeau de forme conique en feuilles de vacoua, et portent des bracelets, des colliers et des fleurs: celles-ci sont attachées au lobe des oreilles ou à la cloison du nez. Des bandes de feuilles de palmier servent également à parer la tête ou à former des bracelets.

On évalue à 5.500 habitants la population des Carolines. Les insulaires croient à l'existence de trois divinités qu'ils font résider dans le ciel, et auxquelles ils offrent des cocos et des fruits de rima. Ils aiment beaucoup le chant. Ils sont très superstitieux: si, par exemple, ils ont dans leurs pirogues la queue d'une certaine raie, ils ne craignent plus de s'égarer en mer; la navigation serait mauvaise s'il se trouvait des bananes dans leurs barques; ils mourraient en chemin s'ils en mangeaient avant de partir. Ils croient qu'il y a un paradis pour les bons et un enfer pour les méchants. Ils prétendent que les âmes qui vont au ciel reviennent le quatrième jour sur la terre, et demeurent invisibles à leurs parents.

La polygamie est ici générale, et c'est un titre d'honneur que d'avoir beaucoup de femmes; c'est pour cela que le tamor ou chef de l'île Hogoleu est si vénéré. L'adultère s'expie au moyen d'un présent que l'on fait au mari; il peut d'ailleurs répudier sa femme lorsqu'il l'a reconnue infidèle, et la femme peut de même répudier son mari lorsqu'il cesse de lui plaire. A l'île Goulay, l'étranger qui y vient reçoit de son hôte la femme de celui-ci, qui la lui prête pendant la durée de cette visite. Le baiser ou signe de salutation entre deux personnes qui se rencontrent consiste à se flairer mutuellement la main ou le nez. Les bains y sont très en usage, et la danse fort goûtée. On se couche avec le soleil et on se lève avec l'aube. Le chef ou tamor est toujours endormi par le bruit d'un concert que lui donnent les jeunes gens.

La principale occupation des hommes est de construire des barques, de pêcher et de labourer la terre; le partage des femmes est de faire la cuisine et les autres travaux domestiques. Les Carolinois se distinguent surtout dans l'art de pêcher à la ligne et à l'hameçon. Ils prennent des poissons volants, et osent même attaquer la baleine. Le combat qu'ils livrent à ce monstrueux cétacé est pour eux un spectacle du plus haut intérêt; voici dans quels termes le père Cantova en parle dans les *Lettres édifiantes*:

« Dix ou douze de leurs îles, disposées en forme de cercle, forment une espèce de port où les eaux sont dans un calme perpétuel. Quand une baleine paraît dans ce golfe, les insulaires montent aussitôt sur leurs canots: se tenant du côté de la mer, ils avancent peu à peu en effrayant l'animal, et le poussent devant eux jusque sur des hauts-fonds non loin de terre. Alors les plus adroits se jettent à l'eau: quelques-uns dardent l'animal de leur lance, et les autres l'amarrent avec de

Les îles Malouines.

gros câbles dont les bouts sont fixés au rivage. Aussitôt s'élève un cri de joie parmi les spectateurs nombreux que la curiosité a attirés sur la côte. On traîne sur le sable la baleine, et un grand festin est la suite de cette victoire. »

Mais l'industrie dans laquelle les Carolinois déploient le plus d'habileté et d'adresse est sans contredit la construction de leurs pirogues ou pros.

Elles ont une coupe aussi agréable que gracieuse; toutes à peu près sont faites sur le même modèle et ne diffèrent que par les dimensions. Les plus grandes ont jusqu'à trente-six pieds de longueur, les petites onze pieds.

Les Carolinois sont d'habiles navigateurs; ils observent avec soin le cours du vent, et mettent une grande attention à veiller la durée et l'arrivée de la rafale. Du reste, la lame n'est jamais très grosse dans les mers intertropicales, et les vents non plus ne sont pas très violents. Le pilote en chef des pirogues se nomme Palougue, et celui des barques se nomme Targue.

Le gouvernement de Loursek et celui de Goulay sont monarchiques. Il paraît en être de même depuis les îles Palaos jusqu'aux îles Radak.

Indépendamment du roi, l'autorité se partage entre plusieurs familles nobles, dont les chefs se nomment *Tamors* ou *Tamoles*. Ils laissent croître leur barbe fort longue pour se concilier davantage le respect; ils commandent avec gravité et parlent peu; leurs paroles sont autant d'oracles et l'on exécute les ordres avec une foi et une obéissance aveugles; on leur baise les mains et les pieds avant de leur demander quelques grâces. La peine du talion est en usage, mais on se borne à exiler les malfaiteurs dans une autre île.

Passant des îles Carolines aux îles Mariannes, M. le capitaine de Freycinet retrace avec détail l'historique de celles-ci comme il l'avait fait des premières On se rappelle que Magellan fut le premier navigateur qui découvrit les îles Mariannes; après une navigation longue et périlleuse, il les aperçut le 6 mars 1521, et les nomma *îles des Larrons*, parce que les indigènes lui avaient dérobé un grand nombre d'articles. Legentil de la Barbinais fut le premier Français qui aborda à ces îles, et le navigateur espagnol Malaspina les vit en 1792. Mais déjà depuis longtemps l'archipel des Mariannes se trouvait en entier sous la domination espagnole. On lui avait donné ce nom d'*îles Mariannes*, en l'honneur de Marianne d'Autriche, femme de Philippe IV, roi d'Espagne.

Les îles Mariannes sont situées par 13° 10' 30" de latitude nord, et elles n'occupent en longitude qu'un espace de 1° 17'. Elles se trouvent à environ quatre cents lieues au nord-est des îles Philippines, et dans la partie septentrionale du Grand-Océan équinoxial. Elles sont au nombre de dix-sept.

1300

Mais l'un d'eux ayant pris un morceau de tabac pour un aliment.....

dont les principales se nomment *Guam* ou *Goam*, *Saypam*, *Rota* et *Tinian*. La capitale est Guam, qui a pris le nom de l'île même, laquelle a trente-une lieues moyennes de circonférence. Cette île contient plusieurs montagnes assez élevées, et quelques rivières, dont les plus fortes sont celles de Tarofofo et de Mangoia son confluent. A Rota, l'eau douce est rare, et Tenian manque d'eau courante. Guam est au contraire bien arrosée, et possède les ports les plus sûrs et les plus commodes de tout l'archipel. La ville principale de l'île de Guam se nomme *Agagna;* elle comptait, en 1818, quatre cent quarante-quatre maisons.

Les forêts de Guam ont de beaux arbres, et le sol est partout d'une grande fertilité. Il n'en est pas de même de Tinian, qui n'a rien d'agréable sous aucun rapport : il y a quelques beaux points de vue à Rota.

Les productions végétales les plus utiles de l'archipel et plus particulièrement de Guam sont l'aréquier, sorte de palmier, qui offre au consommateur la sommité herbacée de son front, connue sous le nom de *chou-palmiste;* le bananier, dont le fruit est très recherché; la canne à sucre; le cocotier, dont le chou est un comestible très salubre et dont la noix est très goûtée; le cycas, sorte de palmier, dont la moelle procure une excellente farine; le pastèque, dont le fruit est très agréable; la rima ou arbre à pain, dont le fruit, analogue à la pomme de terre, a le goût plus fin et plus agréable, etc.

Les productions animales ne sont pas moins abondantes aux Mariannes que les végétaux. Cependant il n'y existait jadis aucun grand quadrupède; les Espagnols y ont successivement introduit le cerf, le bœuf, le porc, la chèvre, le cheval et l'âne, ainsi que le chien. Les rats et les souris paraissent être les seuls quadrupèdes indigènes; ils sont très nombreux et très nuisibles; toutes les îles Mariannes en sont empestées. Parmi les oiseaux, on distingue la colombe, le corbeau, le héron, la poule apportée de Manille, le dindon apporté d'Amérique, le grimpereau, etc. Les rivages de la mer sont fertiles en poissons.

Les Mariannais sont de couleur basanée; ils ont les cheveux noirs et lisses. Ils se distinguent par beaucoup d'embonpoint et des formes athlétiques; ils sont excellents nageurs et plongeurs très habiles. Les garçons se marient vers quinze ans et les filles à douze. Les femmes sont très fécondes et les accouchements faciles. La lèpre afflige souvent les Mariannais; les femmes toutefois y sont moins sujettes que les hommes.

Ces insulaires vivent d'une manière frugale : le riz, le maïs, le coco, le poisson, le porc ou le cerf composent leur nourriture habituelle. Les hommes font quelquefois abus d'eau-de-vie de coco. Les convives mangent accroupis et assis sur leurs talons; on sert les mets dans de simples feuilles de bananier, et les doigts tiennent lieu de fourchettes. On fait par jour trois repas.

Les indigènes vont presque entièrement nus, car le langouti ou léger manteau jeté sur leurs épaules est bien plus un ornement qu'un vêtement. On se vêt davantage dans les villes, et les ornements et la parure n'y sont point épargnés. L'ornement des maisons est aussi en raison de l'opulence des propriétaires; on y dort habituellement neuf ou dix heures de suite. Nul habitant de Guam ne sort sans être muni de son briquet et de ses cigarres, car l'usage de fumer est ici général.

Deux mois furent employés par M. de Freycinet à recueillir des observations et à faire des expériences scientifiques pour l'objet principal de l'expédition. Dès qu'elles furent accomplies, il mit à la voile pour les îles Sandwich, où il atterrit, le 5 août 1819, sur l'île d'Owyhée, et mouilla trois jours après dans la baie de Karakakoua. Il avait coupé, le 18 juin, l'anti-méridien de Paris, c'est-à-dire que ce jour-là on eut midi à bord, tandis qu'en France, le même jour, on ne comptait que minuit. Tamehameha, roi des îles Sandwich, venait de mourir, son palais était réduit en cendres, la presque totalité des cochons de l'île avait été égorgée à l'occasion de ses obsèques, selon l'usage du pays; ce fut un véritable contre-temps pour le ravitaillement de la corvette. Rio-Rio, fils aîné du roi, venait d'être élevé au trône, et tous les chefs lui avaient prêté serment d'obéissance. Le jeune prince vint à bord de *l'Uranie*, et M. de Freycinet put ensuite obtenir les approvisionnements pour l'équipage.

Le capitaine français offrit des présents aux principaux dignitaires de l'île. Près du roi il trouva un Français nommé Rives qui servit d'interprète. La maison du prince n'était qu'une case de dix à douze pieds de long sur une largeur un peu moindre : le sol en était tapissé de nattes, suivant l'usage du pays. On y goûtait une extrême fraîcheur, malgré l'ardeur suffocante du soleil au dehors.

Après avoir visité trois des principales îles Sandwich, le capitaine de *l'Uranie* a formé un ensemble de ses diverses remarques, et en voici à peu près la substance:

L'archipel des Sandwich, nom qui leur fut donné par le capitaine Cook, en l'honneur d'un lord de l'amirauté anglaise, se compose de huit grandes îles et de trois îlots. Le groupe entier se trouve placé presque exactement sous le tropique du Cancer, par 19 et 22° de latitude nord, et 156 et 162° de longitude ouest. La plus grande et la plus orientale de ces îles est celle d'Owyhée, dont la surface est de trois mille quatre cent quarante-deux milles marins carrés. A l'ouest se trouve l'île Mowi, plus loin au nord l'île Morotoi, puis au nord-ouest l'île Wahou. La surface entière du groupe est de cinq mille quatre-vingt-dix-huit milles marins carrés. Toutes ces îles sont fort élevées, notamment celle d'Owyhée, dont la montagne la plus remarquable est celle de Mowna-Roa (mot qui veut dire montagne étendue); le sommet en est couvert de neiges perpétuelles, et n'a pas moins de quatre mille huit cent trente-huit mètres au-dessus du niveau de la mer. Un autre sommet voisin de celui-là dépasse cinq mille quatre cent quatre-vingt-six mètres; il s'appelle *Mowna-Kaah* (mot qui signifie montagne blanche ou mont blanc), par la raison sans doute qu'il est aussi couvert de neiges éternelles.

La côte orientale d'Owyhée est mieux arrosée que la côte occidentale. La rivière d'Onorourou dans l'île Mowi est assez remarquable; le port auquel elle a donné son nom est le rendez-vous des vaisseaux européens qui y trouvent un facile abri et des ressources abondantes pour le ravitaillement.

Les îles Sandwich présentent une assez grande fertilité; mais ce n'est pas la plus étendue qui est la plus féconde, parce qu'elle a beaucoup de volcans dans sa partie occidentale.

Les Sandwichiens se nourrissent de cannes à sucre, de bananes, de pastèques, de melons, de la racine du taro et de poisson. Les mets sont servis sur des nattes étendues par terre et autour desquelles les convives s'accroupissent pour manger sans fourchette ni cuiller, chacun trempant son doigt dans la bouillie, et le portant ainsi à la bouche. L'eau est la boisson ordinaire des hommes et des femmes; cependant ils savent tirer de la racine d'ava une liqueur enivrante, et d'ailleurs ils ont appris des Européens à fabriquer l'eau-de-vie de coco ou de canne à sucre. Le seul assaisonnement du poisson cru est l'eau de mer.

La population des îles Sandwich était, en 1825, d'environ cent quarante-un mille habitants, dont quatre-vingt-cinq mi le pour Owyhée, vingt mille pour Mowi, vingt mille pour Wagou, dix mille pour Atouaï, etc. La population blanche est encore peu considérable; il en est de même des métis.

Les Sandwichiens sont doux et inoffensifs; cependant ils se souillent encore du crime d'infanticide. Le père et la mère ont ici le droit de faire périr les fruits de leur union, et ils consomment souvent ce crime avec un horrible sang-froid. Les femmes ne craignent pas non plus de se faire avorter; on en voit même qui étranglent leurs nouveau-nés, ou les enterrent vivants, parfois à côté de leur couche, sans montrer ni pitié ni remords. Cette abominable pratique détruit annuellement plus de la moitié des enfants, sous le prétexte d'éviter une surcharge de bouches à nourrir. Il ne paraît pas toutefois que les Sandwichiens soient anthropophages.

Ces insulaires sont pleins de bienveillance envers l'étranger. Dans tous les lieux où les Français entrèrent pendant leurs courses, on s'empressait de leur offrir, dit M. de Freycinet, une des plus belles filles de la maison, comme ailleurs on invite à accepter du vin ou du café; les paroles d'usage en pareil cas étaient proférées à l'envi par les hommes, les femmes et les enfants; on eût dit qu'ils craignaient de n'être pas compris. Tout cela était pour obtenir en retour un petit cadeau. La jalousie, au reste, ne paraît pas ici exercer d'empire sur l'esprit des maris, non plus que sur celui des amants.

Les Sandwichiens aiment beaucoup à se réunir pour causer ensemble; les femmes se plaisent alors à se coucher sur le ventre pour être plus à leur aise. On sait qu'elles ne mangent pas avec les hommes, mais elles peuvent en partager la conversation. Le baiser de politesse se donne en s'entourant mutuellement le corps avec les bras, et l'on fait *toucher de son nez le nez de son ami*, de manière que les lèvres s'appliquent simplement l'une contre l'autre sans faire toutefois le moindre mouvement. Pour fêter le retour d'un ami ou d'un chef, on verse des pleurs simulés ou réels, et aux pleurs succèdent des chansons.

Le tabou est une espèce d'interdiction ou prohibition de certaines choses; l'enfreindre, c'est encourir la mort. Les temples, les idoles, les noms mêmes du roi et de leurs propriétés, une action quelconque dont on juge à propos que certaines personnes s'abstiennent, tout cela peut être taboué par le roi ou les prêtres. Des piquets garnis d'un morceau d'étoffe blanche marquent les limites d'un tabou.

Les lieux de refuge des Sandwichiens offrent un asile inviolable au fugitif. Là le meurtrier, l'homme qui a rompu le tabou, le voleur, trouvent protection et sûreté pour le temps qu'ils y demeurent. C'est là aussi que les femmes, les enfants se réfugient lorsque les hommes vont à la guerre.

Un signe de deuil fort répandu consiste à se tondre la tête chacun à sa manière et suivant son caprice.

Depuis la fin de 1819, le culte des idoles a été aboli dans la plupart des îles Sandwich, et les missionnaires américains se sont empressés d'y établir le christianisme. Des missionnaires français y arrivèrent aussi en 1827. C'est un fait digne de remarque qu'un peuple qui avait tant de foi à sa religion et à ses prêtres, y ait, en général, renoncé si facilement pour adopter une religion nouvelle : il est vrai que le christianisme le débarrassait de bien des tyrannies et de bien des atrocités, surtout des sacrifices humains. Les missionnaires se sont établis à Wahou, en 1820, et, assurés de l'appui des chefs, ils ont continué avec confiance l'exécution de leurs pieux desseins. Ils se sont rapidement familiarisés avec la langue du pays, et, en 1822, ils avaient déjà bon nombre de livres imprimés en cette langue. Il paraît que les efforts de ces pieux Argonautes de l'Évangile ne tendent pas à y abrutir le peuple en l'éclairant comme leurs frères à Taïti.

Il ne faudrait pas croire cependant qu'ils eussent entièrement réussi dans leurs projets; plusieurs îles du groupe renferment encore de nombreux adhérents à la foi primitive. En résultat, il semble que le christianisme n'a été favorisé par les grands que comme un moyen de retenir plus facilement sous le joug les classes inférieures du peuple. Les femmes ont embrassé la foi nouvelle avec le plus de prédilection, parce qu'elles peuvent maintenant manger de la viande de porc; tandis qu'auparavant elles étaient réduites à celle de chien, et privées toujours de la présence des hommes, avec qui elles ne craignent plus aujourd'hui de s'asseoir à la même table.

Le luxe a fait de grands progrès aux îles Sandwich, et surtout à Wahou. Les plus basses classes du peuple commencent à adopter divers articles de la parure européenne; les femmes recherchent la variété dans le costume, en prenant modèle sur la reine; elles tourmentent leurs maris ou leurs amants pour avoir toutes sortes de colifichets, et rien ne leur coûte pour obtenir ce qu'elles désirent : aussi les marchands doublent-ils promptement leurs bénéfices. Le capitaine russe Kotzebue rapporte qu'en 1826 il a vu lui-même de jeunes filles payer deux dollars espagnols un petit collier de grains de verre qui ne valait pas deux sous. Le dimanche, les habitants de Wahou qui vont à l'église sont parés de tout ce qu'ils peuvent se procurer de plus beau, et si le tableau de ces mascarades n'est pas aussi amusant qu'à Taïti, il est du moins assez comique. Au reste, les conversions deviennent plus rares à mesure que les persécutions augmentent, et on ne semble pas les épargner, grâce aux honteuses manœuvres des convertisseurs.

Les insulaires de Wahou aiment passionnément le jeu de maïta, sorte d'exercice propre au développement du corps. Ils aiment aussi le jeu nommé *horoua*, qui a de l'analogie avec nos montagnes russes. Ils passent le milieu du jour à dormir ou à manger, et se promènent peu. La natation est un de leurs plaisirs favoris : hommes, femmes et enfants y déploient beaucoup d'aisance et d'habileté; on les prendrait pour de vrais amphibies Il semble que ce soit pour eux plutôt un besoin qu'un amusement. Rien de plus intéressant que de les voir se livrer à l'exercice qu'ils appellent *hénalou*, c'est-à-dire monter les vagues; cet exercice, qui pour d'autres est effrayant, n'est pour eux qu'un jeu.

Les mêmes insulaires aiment beaucoup la danse, et les femmes y remplissent tous les principaux rôles. Mais ce n'est point par la souplesse du jarret et par des cabrioles que l'on passe pour habile dans cet exercice, le grand talent est de gesticuler en chantant. Ces danses sont très lascives, et toujours, je le répète, exécutées par des femmes, jamais par des hommes. Les chansons également sont pour la plupart très obscènes.

Un voyageur anglais décrit ainsi les cérémonies funèbres qui sont encore en usage dans quelques-unes des îles Sandwich.

Lorsqu'un chef vient à mourir, une foule d'insulaires se rassemblent devant la maison du défunt, et se forment en carré, tandis qu'un homme, coiffé d'un bonnet de plumes rouges, s'avance de l'intérieur de la maison, et mettant la tête hors de la porte, pousse de temps en temps des cris lamentables, qu'il accompagne de grimaces et de contorsions bizarres.

Une large natte est étendue par terre dans le carré; deux hommes et treize femmes viennent s'y asseoir sur trois rangs. Les mains et le cou des femmes sont ornés de plumes, et leurs épaules couvertes de larges feuilles. A l'un des coins du carré paraissent six enfants, portant de petites bannières blanches. Le corps du défunt est déposé dans une petite hutte, construite pour cet usage. On donne le signal de la cérémonie. Alors tous les assistants, accroupis sur leurs talons, entonnent un chant mélancolique, en agitant leurs corps et leurs bras en cadence. Les femmes du mort, assises à sa porte, répondent à ces chants par des lamentations et des cris.

Ces cérémonies préparatoires durent toute la journée. Ce n'est qu'à la nuit close que le corps est enlevé avec beaucoup de mystère; et l'on a grand soin d'éviter les regards des étrangers. L'auteur de la relation dont tous ses détails sont tirés, témoin d'une de ces solennités, s'aperçut que sa présence empêchait de la terminer; il se retira discrètement. A peine était-il hors de vue, qu'il entendit l'air retentir de gémissements, ou plutôt de hurlements lugubres. Quelques heures après, il rencontra plusieurs personnes qui revenaient des funérailles; elles avaient la partie inférieure du visage entièrement peinte en noir. Il les interrogea pour savoir quelles avaient été les dernières pratiques de la cérémonie, et en quel lieu on avait déposé le défunt? Pour toute réponse on lui dit : « Son esprit est allé à l'Eatova. » Il comprit qu'il s'agissait du séjour des âmes. Quant à la demeure des dépouilles mortelles, aucun voyageur n'a pu la découvrir.

Les Sandwichiens sont en général grands et bien faits; leur couleur est d'un brun foncé, et leur figure agréable. Ils ont le front haut, les yeux grands, noirs et vifs, la bouche grande, avec la lèvre supérieure un peu carrée. La barbe est rare chez les jeunes gens, mais commune chez les vieillards. Les femmes ont de très belles formes. Rien de plus gracieux que leurs épaules et leur sein, qui conserve jusque dans un âge avancé une fermeté bien rare en Europe. Elles sont nubiles de très bonne heure, et malheureusement se prostituent dès l'enfance. Cette prostitution se continue jusque dans un âge avancé; elle est encore aussi générale que du temps de Cook. A peine un vaisseau d'Europe aborde-t-il aux îles Sandwich, qu'il est assailli par des bandes de jeunes femmes arrivant dans des pirogues ou à la nage, et bientôt la santé de l'équipage en ressent l'effet. Le mélange du sang européen produit des mulâtres qui ont le teint jaune très clair.

Les pirogues ont le fond ici composé d'un arbre creusé et pointu vers les deux bouts; il est rehaussé par deux planches munies d'un balancier. Les pagaies ont la pèle arrondie. Ces pirogues sont remarquables pour la perfection du travail.

La langue des habitants des îles Sandwich est douce et harmonieuse, à cause du grand nombre de voyelles et du peu de consonnes qu'elle emploie. Elle est, en outre, par sa simplicité, très facile à apprendre. Cette langue est à peu près la même que celle des îles du Grand-Océan, et un Sandwichien peut comprendre et être compris aux îles Noukahiva et à Taïti comme chez lui.

Depuis que Tamehameha, le Napoléon des îles Sandwich, est parvenu à réunir toutes les îles sous sa domination, le gouvernement est devenu féodal, c'est-à-dire que tous les chefs qui possèdent, soit des îles entières, soit des portions d'îles, relèvent du souverain, qui demeure à Wahou. Toutefois, ce pouvoir ne paraît pas encore bien stable; les chefs, jadis monarques eux-mêmes, supportent avec peine le joug d'un seul; et d'un autre côté les missionnaires européens ne contribuent pas peu à maintenir ici des mésintelligences suivant le besoin de leurs intérêts privés.

L'archipel des Sandwich, auquel Dumont d'Urville a restitué le nom d'*Hawaï*, que lui donnent les naturels, et dont la principale île, celle d'Hawaï, autrement appelée par les Anglais *Owyhée*, a quatre-vingts milles de long sur soixante-dix-huit de large, avec le tiers de la population du groupe, qui compte en tout cent trente mille habitants, a depuis longtemps fixé l'attention de l'un et de l'autre hémisphère; près de mille étrangers, principalement Anglais et nord-Américains, sont maintenant (1852) établis à Wahou, l'une des plus intéressantes de ces îles. Pendant l'année 1832, le nombre des navires étrangers qui ont touché à cette île était de cent cinquante-cinq. Si le commerce avec la Chine devenait libre, cet archipel acquerrait une grande importance; il est convenablement placé pour un dépôt des marchandises de l'Inde et de la Chine qui serait destiné aux États-Unis d'Amérique. Alors le commerce de ces îles cesserait d'être monopolisé par quelques individus, et il pourrait même refluer jusque vers la Californie, le Pérou et le Chili.

Mais reprenons le fil de la relation de *l'Uranie*. La corvette quitta les îles Sandwich, le 30 août 1819, pour se diriger vers le port Jackson, dans la Nouvelle-Galles du Sud, côte orientale de la Nouvelle-Hollande ou Australie. On coupa l'équateur, le 7 octobre; le 19, on aperçut les îles du Danger, que Byron découvrit le 21 juin 1766 par 10° 15' de latitude sud, 169° 28' de longitude ouest de Greenwich, et M. de Freycinet rectifia la position géographique de ces îles, situées au nord de l'archipel Hamoa ou des Navigateurs. Deux jours après, étant à l'est de ce dernier archipel, *l'Uranie* découvrit un îlot qui n'était point marqué sur les cartes, et que M. de Freycinet appela *île Rose*, du nom de baptême de son épouse. C'est à peu près la seule et véritable découverte qui appartienne en propre et exclusivement à l'expédition de *l'Uranie*. On vit ensuite l'île Pyltstaart, la plus méridionale des îles Tonga ou des Amis, et située près du tropique du Capricorne. Après cette dernière île on atteignit les îles Howe, situées par 31° de latitude sud, et 150° de longitude est, à l'orient et en face du port Macquarie de la Nouvelle-Galles du Sud, et la corvette mouilla au port Jackson, dans la baie Botanique, le 18 novembre 1819. Elle y resta jusqu'au 25 décembre suivant, intervalle qui fut employé, comme dans les précédentes relâches, à des travaux scientifiques. M. de Freycinet se loue à cet égard des facilités que lui procura le gouverneur de la colonie anglaise, alors M. Macquarie.

En quittant le port Jackson, *l'Uranie* fut dirigée pour passer entre la terre de Van-Diémen et la Nouvelle-Zélande. Le 7 janvier 1820, l'extrémité méridionale de la Nouvelle-Zélande fut doublée à vue des îles Campbell, situées par 53° de latitude sud, et 166° de longitude est. De ces parages la corvette s'avança vers l'est, c'est-à-dire vers les côtes méridionales de la Terre de Feu. Le 5 février, elle les aperçut dans le voisinage du cap de la Désolation. Le temps alors était affreux, comme les rivages qui s'offraient à la vue, et l'impossibilité d'atteindre le hâvre de Noël obligea le vaisseau de faire route en doublant le cap Horn pour aller chercher la baie du Bon-Succès dans le détroit de Le Maire; mais à peine l'ancre y était-elle tombée, qu'un ouragan terrible fit dériver le bâtiment; il fallut couper le câble et sortir en toute hâte pour gagner les îles Malouines ou Falkland, qu'on atteignit, le 14 février, en touchant à la baie Française, où Bougainville avait établi sa colonie, en 1766. Malheureusement la corvette donna sur une roche sous-marine qui lui fit une crevasse et laissa l'entrée à une voie d'eau. Il fallut promptement jeter les embarcations à la mer, et la corvette échoua sur la plage, au fond de la baie Pernetti, le 15, à trois heures du matin. Ce désastre n'entraîna cependant la perte de personne; tous les travaux et tous les instruments de l'expédition furent sauvés; l'expédition elle-même était finie, pour ainsi dire, car il n'y avait plus à vérifier que quelques instruments.

Après la perte de l'*Uranie*, il ne restait à M. de Freycinet que la ressource d'envoyer sa chaloupe au Rio-de-la-Plata pour y chercher du secours, quand un incident inespéré vint changer tout-à-coup sa situation. Un navire américain, que de fortes avaries amenaient dans la même baie, se chargea de transporter à Rio-Janeiro l'équipage de la corvette, ses vivres et les produits de l'expédition. Tout fut prêt pour le départ, le 27 avril 1820; on fit voile aussitôt pour les côtes du Brésil, où l'on toucha vers la mi-juin à Rio-Janeiro. Après une relâche dans ce port jusque vers la mi-septembre, le bâtiment américain fut acheté par M. de Freycinet, qui le pavoisa sous le nom de *la Physicienne*, et l'expédition rentra au Hâvre, le 13 novembre 1820.

DUPERREY.

(1822-1825.)

—

Le voyage de M. le capitaine Duperrey, sur la corvette *la Coquille*, a eu d'importants résultats pour les sciences et la navigation; il a fait disparaître d'abord la grande confusion qui existait auparavant dans les noms de beaucoup d'archipels où îles de l'océan Pacifique, en assignant à chaque point sa véritable position, et en restituant à chaque navigateur ses propres découvertes. Il a donné ensuite la solution des divers phénomènes qu'éprouve le fluide appelé *magnétisme terrestre*, et c'est la première fois qu'on aura vu des notions précises à cet égard. M. Duperrey a tracé une carte de l'équateur magnétique, c'est-à-dire cette courbe le long de laquelle l'aiguille aimantée se place horizontalement, et déterminé l'intensité moyenne des deux hémisphères, en distribuant ce même fluide à l'aide de théorèmes qui élèvent l'illustre voyageur au rang des premiers physiciens de notre époque. D'un autre côté, son expédition n'a pas été non plus stérile en découvertes, comme on le verra dans l'analyse que nous allons offrir de cette expédition autour du monde.

La corvette *la Coquille*, bâtiment à trois mâts, ne tirant que douze ou treize pieds d'eau, adapté à l'objet du voyage, pourvu de tous les articles indispensables à une exploration de long cours, avec un matériel entièrement neuf, des caisses en fer pour renfermer des biscuits et des légumes, un alambic de trente litres devant servir à la distillation de l'eau de mer dans les cas imprévus; un four assez grand pour donner tous les jours du pain frais à l'équipage; une quantité suffisante d'articles d'échange pour avoir des rafraîchissements dans les contrées sauvages; enfin tous les instruments scientifiques indispensables pour les expériences qui allaient s'opérer; *la Coquille*, disons-nous, avec quinze mois de vivres de campagne, leva l'ancre par une belle matinée, le 11 août 1822, et sortit de la rade de Toulon pour se diriger vers le détroit de Gibraltar, qu'elle franchit, le 20, sans s'y arrêter. Elle arriva, le 28, à Ténériffe, l'une des îles Canaries.

On fit route, le 1er septembre 1822, dans la vue de reconnaître les îles du cap Vert. Le 2, on était en calme devant l'île de Gomère; on découvrait encore le pic de Ténériffe, qui, entièrement dégagé de nuages, se présentait aux regards dans toute sa majesté, en élevant sa tête dans les cieux, sur un fond d'azur éclatant. Le 8, on arriva devant l'île Saint-Antoine, l'une des îles du cap Vert. On en détermina la position, du moins la pointe nord, par 17° 11' 5" de latitude nord et 27° 35' 22" de longitude ouest. La corvette se dirigea de ce point vers l'île Brava, qui est située à 36 minutes de degré de Saint-Antoine, et dépendant du même archipel. Le 12, on était à cinquante lieues au sud de Santiago, et à plus de cent quarante lieues de la côte d'Afrique. A cette distance on rencontra l'hirondelle des cheminées et une tourterelle, qui, égarées sur l'océan Atlantique, vinrent voltiger autour de la corvette, dans l'espoir d'y trouver un asile, lorsque ces deux oiseaux n'y rencontrèrent que la balle meurtrière d'un fusil.

Bientôt, par une brise fraîche et un temps magnifique, et sous l'éclat du jour, la corvette franchit l'équateur. L'équipage s'empressa de célébrer, avec les immersions et libations d'usage, son entrée de l'hémisphère boréal dans l'hémisphère austral. Ce fut un véritable jour de fête, et les chants et les danses se prolongèrent encore bien avant dans la nuit. Dans ce passage de la ligne équinoxiale on vit beaucoup de tortues, de poissons volants et de bonites, qui jouaient sur les flots; des milliers de mollusques animaient les vastes solitudes de la plaine liquide, et formaient à toute heure des sujets de distractions inconnues à l'homme sédentaire. La phosphorescence de l'Océan qui, entre les tropiques, excite l'admiration du navigateur le plus froid, devint, à son tour, un motif d'attention et de charme. On attrapa quelques-uns de ces animaux microscopiques, dont l'éclat rejaillit sur la surface des mers, et qui disparaissaient comme l'étincelle en passant de l'obscurité profonde dans la splendeur de la lumière : c'était, sans contredit, un des plus beaux spectacles que ces parages pussent offrir à la vue.

Le 28, on vit soudain planer sur les mâts du navire l'oiseau messager des tropiques, étalant son plumage aussi blanc que la neige, et faisant ouïr son cri aigre et aussi monotone que celui de la mauve. On se trouvait alors par 6° 30' de latitude sud, et l'équipage considéra la visite du gracieux et rapide Phaëton comme un augure heureux pour la navigation. Le temps se maintint, en effet, constamment favorable, et M. Duperrey sut le mettre à profit pour ses travaux scientifiques. Il découvrit un point de l'équateur magnétique par 12° 27' 11" de latitude sud, et 26° 53' de longitude ouest. Le 6 octobre, il aperçut les îlots de Martin-Vaz et de la Trinidad, situés, les premiers, par 20° 27' 42" de latitude sud, et 31° 12' 58" de longitude ouest; le second, par 20° 30' 32" de latitude sud, et 31° 40' 57" de longitude ouest. Ces îlots sont des rochers élevés et nus. Celui que l'on appelle l'*île de la Trinidad* est une terre haute, que l'on aperçoit, par un temps clair, à dix-huit lieues de distance ; cette île offre seulement quelques arbustes vers la partie méridionale, et quelques mornes, dont l'un s'appelle *le Monument* et l'autre *le Pain de sucre*. La distance entre les îlots de Martin-Vaz et la Trinidad est d'environ neuf lieues. On avait supposé qu'il existait aussi vers le même parage une autre île, sous le nom d'*Ascençao;* mais on a depuis reconnu que la Trinidad et l'Ascençao ne sont qu'une même île.

En s'éloignant des îlots de Martin-Vaz et de la Trinidad, M. le capitaine Duperrey alla faire une relâche à l'île Sainte Catherine, sur la côte du Brésil. On l'aperçut, le 16 octobre, couronnée de ses épaisses forêts et parée de sa luxuriante verdure. On y mouilla le même jour et l'on y demeura jusqu'au 30.

M. Duperrey consacre un chapitre de son ouvrage à la baie de Sainte-Catherine et aux productions comme aux habitants de cette île, qu'un immense canal sépare du continent : canal très resserré, du reste, vers le milieu de sa longueur par les terres des pointes opposées. La baie dont il s'agit est défendue par quelques fortifications, notamment par une forteresse bâtie sur la petite île Anhatomirim, située par 25° 25' 32" de latitude sud, et 51° 1' 14" de longitude ouest. L'île Sainte-Catherine a trente milles d'étendue du nord au sud, et a quatre à huit milles de largeur. C'est un composé de montagnes, de plaines et de marais ; elle est arrosée par un bon nombre de rivières ; le sol offre une grande variété de plantes et de fleurs, et produit principalement du maïs, du manioc et du riz. Parmi les animaux domestiques on rencontre de grands troupeaux de bœufs et de vaches. Les rivages de la mer et le lit des rivières fournissent des poissons excellents. Nossa-Senhora-do-Desterro, capitale de l'île, sur la côte occidentale, a plusieurs belles rues arrosées par des ruisseaux, et compte environ six mille habitants ; mais l'île entière en contient dix-huit mille, qu'on distingue en trois classes : les mulâtres, les blancs et les noirs : ces derniers sont presque tous esclaves.

Le 30 octobre, la corvette *la Coquille* sortit de la baie de Sainte-Catherine, et fit voile pour les îles Malouines. A quarante milles environ, dans le sud-est, elle rencontra un grand espace de mer rougeâtre, couvert comme d'une poussière impalpable, au milieu de laquelle nageaient de petits globules de couleur rouge : c'étaient les œufs des myriades d'animalcules, imprimant à la surface des eaux ces teintes sanguinolentes, qui ont fait donner à diverses parties de mer le nom de *mer Rouge* ou *mer de Sang*.

M. Duperrey fait observer que ces petits crustacés se montrent dans certaines saisons sur les côtes du Chili et du Pérou, dans le voisinage du cap de Bonne-Espérance, de la Nouvelle-Hollande, des îles Moluques et dans quelques golfes, tels que ceux d'Arabie et de Californie, qui sans doute leur doivent les dénominations de *mer Rouge* et *mer Vermeille*; mais il paraît que l'on en découvre en plus grande abondance dans la partie de l'océan Atlantique qui baigne les côtes de l'Amérique méridionale, entre le tropique du Capricorne et le 48° degré de latitude sud, vers l'embouchure du Rio-de-la-Plata et le long des côtes Magellaniques.

Occupée de ces phénomènes aquatiques, l'expédition française, en continuant sa navigation vers le sud, arriva devant les îles Malouines, le 15 novembre 1822. Après en avoir reconnu l'île Soledad ou île Conti, on mouilla, le 20, au hâvre Saint-Louis, situé au fond de la baie Française, ainsi nommée par Bougainville, et située du côté oriental de la même île Soledad ; baie que les Espagnols nomment également *Soledad* et que les Anglais ont appelée *Berkeley Sound*.

Un séjour d'environ un mois sur cette île permit à l'expédition française d'en explorer l'intérieur et de recueillir sur l'archipel entier une foule de détails géographiques et autres dont nous offrons la substance.

Les îles Malouines, tour-à-tour nommées *îles de la Vierge*, *d'Hawkins*, *Falkland* ou de *la Soledad*, se composent de deux îles principales, la Soledad et Falkland, autour desquelles sont groupés une centaine d'îlots. Elles se trouvent à soixante-quinze lieues de la terre des Etats, et cent quarante du cap Horn ; les deux îles principales, Falkland et Soledad, sont séparées par un canal auquel les Espagnols ont donné le nom de *San-Carlos*. Le hâvre de Saint-Louis est situé sur l'île Soledad, par 51° 31' 48" de latitude sud, et 60° 34' 31" de longitude. L'étendue du groupe n'a pas moins de quarante lieues de longueur. La surface est formée de montagnes peu élevées, de collines onduleuses ou de vastes plaines ; cette surface est entièrement rase, et nul arbrisseau, dans l'île de la Soledad du moins, ne vient récréer la vue et rompre la monotonie du tableau : partout ici règne une solitude, et c'est à cause de cela, sans doute, que les Espagnols ont donné à l'île orientale le nom de *Soledad*. Elle a soixante dix-huit milles du nord-est au sud-ouest, et quarante-cinq dans sa plus grande largeur. Sa rivale, c'est-à-dire l'île Falkland, a cent milles de l'est à l'ouest, et soixante-dix-huit du nord au sud.

L'homme a déserté les rivages de cet archipel, ou n'y vient qu'en passant. Aussi, quelques animaux sont restés les seuls maîtres de ces îles australes et s'y sont propagés dans une paix profonde. Les bestiaux apportés par les Européens y sont redevenus sauvages ; on y trouve des oiseaux en quantité innombrable. Les rivières y sont très poissonneuses, et le port Saint-Louis est une excellente relâche pour les navigateurs, par les secours et provisions qu'ils sont assurés d'y trouver.

Les îles Malouines sont une sorte de terre promise pour les chasseurs; ils n'ont, en fait de gibier, que l'embarras du choix. Ce gibier, sans défiance, ne s'éloigne que lorsqu'on vient à le toucher. On peut tuer ainsi une grande quantité d'oiseaux, de lapins et de cochons sauvages. Les oiseaux de proie sont d'une telle audace, qu'ils arrachent du chasseur les volatiles que le plomb mortel a frappés. Les nigauds, espèce de cormorans très multipliés, et dont le nom indique assez la stupidité, se laissent tuer un à un sans que leurs compagnons prennent leur vol, et paraissent avoir la conscience du danger auquel ils sont exposés.

Ces rivages sont principalement peuplés d'oiseaux palmipèdes, dont les légions s'y multiplient depuis des siècles, malgré leurs ennemis actifs et voraces, parmi lesquels il faut citer le vautour, qui exhale une odeur horriblement infecte, pour attester son goût dépravé des cadavres. Le busard, autre espèce vorace des Malouines, se tient sur les dunes sablonneuses; il est sans cesse au guet, et dès qu'il aperçoit un oiseau, il fond sur lui avec la rapidité de l'éclair. Le passereau se montre aux îles Malouines, comme au cap Horn et aux îles Shetland. La grive habite les lieux où croissent de petits arbrisseaux, sous lesquels elle niche, et dont les baies servent à sa nourriture. Cet oiseau ne fuit point l'approche de l'homme, mais va sans crainte se percher à quelques pas de lui sur des mottes de gommier. L'étourneau des Malouines a cela de remarquable, que plus il est rapproché des latitudes tempérées, plus ses brillantes couleurs s'affaiblissent. Les échassiers abondent sur les rochers.

Le premier explorateur des Malouines fut Davis, le même qui a donné son nom au détroit qui sépare le Groënland du Labrador; compagnon de voyage de Cavendish, il fut jeté par un coup de vent sur ces îles, qu'il aperçut le 12 août 1592.

C'est donc à ces coups de vent que l'on a dû la découverte des Malouines: l'amiral hollandais Simon de Cordes y eut un de ses bâtiments poussé en 1599; Schouten et Le Maire, en 1615, virent cet archipel, et Beauchesne Gonin en eut connaissance en 1601. John Strong les explora le premier, en 1690, en traversant le canal de sept à douze milles de large qui partage les îles principales, et auquel il donna le nom de *Falkland*, que les Espagnols changèrent depuis en celui de *San-Carlos*, ainsi que nous l'avons dit plus haut. Cependant les Malouines étaient encore peu connues, lorsqu'en 1764 Bougainville alla y former un établissement, qu'il fallut trois ans après céder aux Espagnols.

Le manque de bois sur ces îles serait un grand obstacle aux relâches des bâtiments si la tourbe n'y était abondante. L'île Ship en renferme des couches inépuisables, et au besoin cette tourbe peut très bien remplacer le charbon.

Un des îlots, qui a été appelé *New-Island*, est devenu célèbre par le séjour solitaire d'un capitaine baleinier américain, nommé *Barnard*. Il s'y trouvait au commencement de 1814, avec son navire, lorsqu'il rencontra sur la côte méridionale l'équipage d'un bâtiment anglais naufragé, composé de trente personnes, hommes et femmes. Il les prit généreusement à son bord, et quoique les Etats-Unis d'Amérique fussent alors en guerre avec la Grande-Bretagne, il promit à ces naufragés de les déposer sur les côtes du Brésil, en opérant son retour dans sa patrie. Pour subvenir au complément de provisions devenu nécessaire, on allait souvent à la chasse. Un jour que le capitaine Barnard, avec quatre de ses hommes, faisait une excursion dans l'intérieur à cet effet, les Anglais coupèrent le câble, et, sans pitié pour leur libérateur, s'éloignèrent du rivage, emmenant le navire à Rio-Janeiro. L'officier américain ne revint de la chasse que pour apercevoir de loin son navire voguant à pleine voile sur l'Océan. Il resta dans l'île avec ses quatre compagnons sans aucune espèce de secours, car les ingrats qu'il avait arrachés à la mort ne lui avaient rien laissé. Heureusement qu'à son arrivée il avait planté des patates, et qu'un chien lui était demeuré. Le fidèle animal prenait de temps en temps quelques cochons sauvages. Les peaux de phoques servirent de vêtement. Barnard, avec le secours de ses compagnons, parvint aussi à élever une maison en pierre, qui existe encore. Mais pour comble de malheur, les quatre matelots, qu'il avait toujours traités avec douceur, conçurent un jour le projet d'enlever l'unique embarcation qu'il possédait, et ils l'abandonnèrent seul désormais sur ce rivage: l'espérance le soutint; il passait son temps à préparer des peaux de phoques, et à recueillir des provisions. Une ou deux fois par jour, il gravissait sur les rochers pour contempler la mer et chercher de l'œil quelque navire; mais sans cesse il redescendait déçu et accablé de tristesse. Après quelques mois d'absence, les matelots qui n'avaient pu réussir à s'évader revinrent à lui et il leur pardonna. Bientôt l'un d'eux osa comploter sa mort; mais par bonheur le projet fut déjoué. Barnard exila cet homme sur une petite île en lui donnant encore des provisions. Enfin, le repentir gagna le misérable, et Barnard ne trouva plus que des compagnons obéissants dans les quatre matelots qui partageaient sa destinée. Ils vécurent ainsi de gibier et de racines jusqu'à la fin de 1815, où, après deux ans de solitude et de souffrance, ce nouveau Robinson Crusoé fut pris à bord avec ses compagnons, par un baleinier anglais qui les ramena dans leur pays.

Le 16 décembre 1822, l'expédition à bord de la corvette *la Coquille*, ayant terminé ses travaux sur les îles Malouines, sortit de la baie Française, alla chercher la position du rocher de l'Aigle, sans pouvoir le découvrir, aperçut, le 28, la terre des Etats, et doubla, le 29, le cap Saint-Jean, situé par 54° 47' 10" de latitude sud, et 67° 8' 20" de longitude ouest, extrémité orientale de cette terre aux monts élevés, abruptes, aux rochers crevassés, noirs, dépouillés, et aux sommets couronnés de neiges éternelles, dont la blancheur éblouissante réfléchissait les rayons du soleil qui éclairait la base de ces rocs où la mer venait briser le courroux de ses flots. Il paraît que la terre des Etats, dont les côtes sont si tristes, est, dans l'intérieur, couverte de belles forêts et arrosée par de nombreux ruisseaux. Les bois sont accessibles; mais les montagnes présentent des flancs trop escarpés pour qu'il soit facile de les explorer. Il existe une belle rade à peu de distance de celles des îles du Nouvel-An. On y trouve quelques loutres et des phoques en grand nombre.

En s'éloignant de la terre des Etats, la corvette, franchissant le détroit de Le Maire qui sépare cette île de la Terre de Feu, coupa le méridien du cap Horn, le 31 décembre, par 57° 40' de latitude sud; et, le 6 janvier 1823, elle courait au nord vers la côte du Chili, ayant ainsi opéré sans obstacle un passage que l'amiral Anson avait dépeint sous des couleurs si sombres, et qui ne présente que les contrariétés ordinaires à toutes les hautes latitudes, passage qui paraît même s'effectuer avec plus de facilité dans les mois d'hiver qui, pour le cap Horn, sont ceux de juin, juillet et août, que dans toute autre saison de l'année.

Dès que *la Coquille* eut dépassé la côte occidentale de la Terre de Feu, elle trouva des vents et des courants sud-ouest qui accélérèrent sa route le long de la côte occidentale de l'Amérique du Sud, et, le 19 janvier, elle arriva en vue des îles de la Mocha et de Santa-Maria, dont on a coutume de prendre connaissance pour se rendre à la Conception, l'un des ports du Chili.

Le milieu de l'île de la Mocha se trouve placé par 38° 20' 30" de latitude sud, et 76° 21' 55" de longitude ouest. Cette île, située à environ quinze milles de distance du continent, a vingt-quatre milles de tour, est d'une hauteur moyenne, et se compose d'un groupe de monts qui, partant du centre, s'abaissent rapidement vers la mer. La côte septentrionale présente un assez bon mouillage; c'est le lieu habituel de relâche des baleiniers et des pêcheurs de phoques. On y rencontre de beaux chevaux et des cochons sauvages dont la viande passe pour être excellente. On y trouve également une eau pure et limpide qui jaillit de plusieurs sources, divers légumes et quelques fruits européens.

L'île Santa-Maria est basse, entourée de récifs, et présente, du côté du continent, un bon mouillage aux baleiniers qui viennent y établir le centre de leurs pêches. On peut s'y procurer du bois et de l'eau excellente. Cette île est située par 37° 6' 40" de latitude sud, et 75° 57' 30" de longitude ouest.

Le 20 janvier, *la Coquille* fut en vue de la Conception, dont la baie se révèle par deux montagnes placées à l'embouchure de la rivière Biobio, et qui, sans doute à cause de leur forme arrondie, ont reçu la dénomination de *Mamelles*. On reconnut ensuite le petit port Saint-Vincent et la presqu'île de Talcahuano, laquelle forme la partie occidentale de ladite baie, où se voit également l'île Quiriquina. La corvette alla jeter l'ancre devant le village de Talcahuano, qui était alors pour ainsi dire en combustion, à cause des révolutions politiques du Chili.

Au sud-est de Talcahuano, sur la rive droite du Biobio, et à trois milles de l'embouchure de cette rivière dans l'océan Pacifique, repose la ville de la Conception, que plusieurs voyageurs nomment aussi *la Motcha*. Ce n'est, à proprement parler, qu'une grande bourgade sans édifice remarquable, sans barrières, ni portes, ni fortifications autres que celles de la nature; la plupart de ses rues sont désertes ou ruinées, les maisons n'offrent qu'un seul étage, vu la fréquence des tremblements de terre; elles sont entourées de jardins clos de murs. Toutes les rues sont tirées au cordeau et se coupent à angles droits, ce qui forme pour leur ensemble un carré allongé, parfaitement régulier. L'intérieur des appartements est mal orné. L'hôtel du gouvernement et la cathédrale sont un peu plus apparents que le reste de la ville, dont la population, en 1823, était de dix mille âmes. Cette ville est bâtie dans une plaine unie, entourée de montagnes.

La rivière de Biobio est la limite naturelle des possessions de la république chilienne et du territoire des Araucanos, Indiens hardis, audacieux et entreprenants, dont les chefs portent le nom de *caciques*. Dans la guerre, leur cruauté est insatiable. Ils montent et domptent les chevaux sauvages avec une adresse infinie; ils sont tellement agiles que souvent, lorsqu'ils s'avancent pour combattre, ils sont, la lance à la main, placés le long des flancs de leur coursier; mais bientôt remontant sur le dos à l'aide d'une de leurs jambes, ils fondent sur l'ennemi et le blessent rapidement. Leurs femmes les suivent à la guerre, ramassent le butin, sellent et brident les chevaux. Le lasso ou corde de cuir pour prendre les animaux à la course est par eux jeté avec une dextérité merveilleuse. Ces sauvages ont la face rébarbative et le teint cuivré; cet air féroce contraste avec la douce physionomie du Chilien.

L'Araucanos ressemble à une furie quand les feux de l'amour ont embrasé son cœur; toute résistance est vaine; il lui faut assouvir sa délirante passion. A la Conception, un fils de cacique, dans un bal où il avait été admis, devenu soudain éperdûment amoureux de la fille d'un officier de l'armée chilienne, la demanda sur l'heure en mariage. Le père, ne voulant pas contrarier le penchant de sa fille, la laissa libre de prononcer; celle-ci poussa un cri d'effroi à cette déclaration inopinée, et cependant n'osa point refuser d'une manière positive. Comme elle balançait, l'Araucanos jura qu'il viendrait l'enlever avec ses guerriers, en mettant à feu et à sang le pays. Cette menace qu'il aurait accomplie détermina la demoiselle à céder au désir de ce farouche amant : elle préserva ainsi de nouveaux désastres sa ville natale et ses compatriotes, auxquels plus tard elle fut dans le cas de rendre plus d'un important service, en adoucissant la captivité des prisonniers faits dans les combats partiels, car elle était parvenue à inspirer de l'humanité à son barbare époux.

La Conception, comme tout le Chili en général, offrant une température douce et uniforme, passe pour une contrée fort salubre. Les Chiliens aiment beaucoup les plaisirs; les grâces que les belles Chiliennes déploient dans leurs danses les enivrent de volupté. Malheureusement le goût de fumer désenchante l'Européen, qui voit à la bouche de ces jeunes Armides pendre un cigarre ou une chique de maté ou d'herbe du Paraguay qui contribue à détruire l'émail des dents. D'un autre côté, la syphilis et la gale n'exercent ici que trop bien leur funeste et dégoûtant empire sur la majeure partie des habitants.

Après un accueil distingué et cordial de la part des autorités et des habitants de la Conception, la corvette *la Coquille* mit sous voile de Talcahuano, le 13 février 1823, et prit sa route vers le Pérou. Le 23, on reconnut la baie de Pisco, ensuite l'île San-Gallan, par 13° 49' 30" de latitude sud, et 78° 55' 25" de longitude ouest, point d'atterrissage pour les navires qui vont à Lima, île escarpée et généralement dépourvue de végétation, étendue d'environ deux milles dans toutes les dimensions, et offrant deux plateaux élevés. Les îles Ballesta et Chincha, situées dans le voisinage de l'île San-Gallan, forment deux petits groupes à l'entrée de la Baie de Pisco, et n'ont de remarquable qu'une couche prodigieusement épaisse d'excréments déposés par la multitude innombrable d'oiseaux de mer auxquels ces îles servent de refuge pendant la nuit, fiente que les Péruviens emploient comme engrais, sous le nom de *guano*, dans la culture du maïs.

En prolongeant la côte du Pérou, la corvette aperçut, le 25 février, les îles Pachacamac, ainsi que le Moro-Solar, situés à environ dix milles dans le sud de Lima; elle contourna ensuite la partie septentrionale de l'île Lorenzo pour aller, le 26, mouiller dans la baie de Callao, port de Lima, cette belle capitale du Pérou, sur les clochers de laquelle flottait alors le pavillon de l'indépendance.

La Coquille ne resta que peu de jours dans ce port: elle en repartit le 4 mars 1823, et fit route vers Payta en se tenant à distance de la côte. Le 9, elle reconnut l'anse de Sechura, dont l'ouverture s'étend du sud au nord depuis la pointe de la Aguja jusqu'à la petite île Lobos, située dans l'ouest de la silla de Payta. L'île Lobos a environ deux tiers de mille du nord-ouest au sud-est, et se trouve à peu près à la même distance du rivage. Le canal qui la sépare de la côte est rempli de roches à fleur d'eau qui en rendent le passage impraticable aux navires.

Payta, dont les environs présentent un caractère tout particulier, est une bourgade placée à l'extrémité septentrionale du Pérou, par 5° 6' 4" de latitude sud, et 83° 32' 28" de longitude ouest. Ce point de la côte n'a qu'une faible importance militaire, mais c'est de là que partirent Mendana et Fernand de Quiros, en 1595, pour leur second voyage de découvertes dans les mers du Sud. La baie de Payta n'a qu'un petit golfe, qui présente un mouillage sûr; quelques navires baleiniers ou contrebandiers sont les seuls qui viennent jeter l'ancre sur ce point qui n'offre aucune ressource. La bourgade est composée en grande partie de cabanes en terre, élevées dans un profond ravin sur le bord de la mer, et dominées par un immense plateau qui s'affaisse un peu vers le nord. L'aspect du terrain est affreux; il rappelle les déserts d'Afrique, avec cette différence qu'ils offrent encore par-ci par-là quelques bouquets de palmiers; tandis qu'aux alentours de Payta, l'œil ne découvre qu'une vaste plaine brûlée, où se montrent rarement sur les sables quelques herbes desséchées. A l'horizon au sud on découvre une chaîne de petites montagnes complétement nues, et au pied de laquelle on se dirige pour arriver à Piura, ville à quatorze lieues de Payta, distance entièrement occupée par des sables. Payta enfin n'a ni végétaux, ni eau douce, et l'on tire ces deux articles du village de Colon, situé au nord, et qui présente dans ses environs quelques chétifs arbrisseaux; ce village, qui du reste ne se compose que de cabanes construites en terre ou en bambous, est à deux lieues de Payta. L'eau se transporte dans de grandes calebasses à d'os d'ânes. Il existe un peu plus loin au nord une petite rivière, le Rio-del-Chira, qui va se perdre dans les marécages.

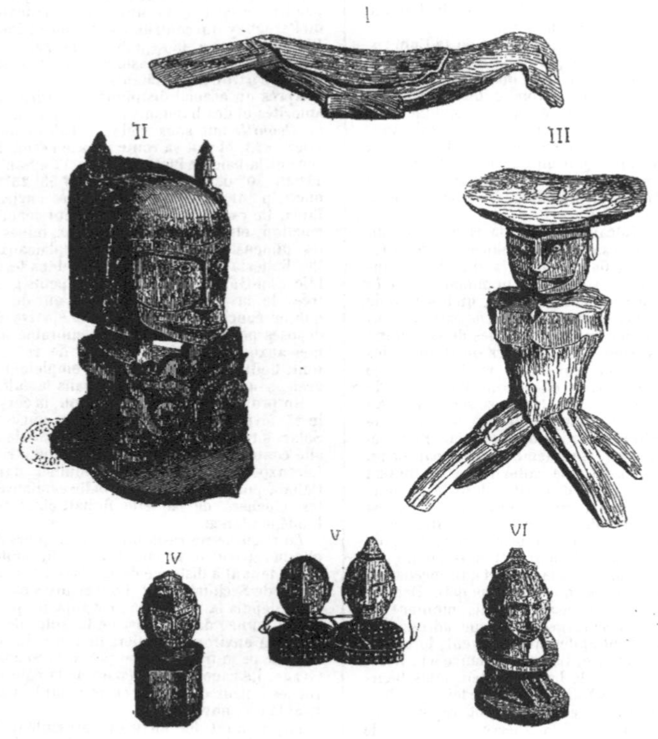

Idoles trouvées sur l'île Rawak.

La chaleur est ici très grande à trois heures du soir. Durant le séjour de la corvette, du 10 au 22 mars, le mercure atteignit jusqu'à 48° centigrades.

La mer paraît avoir récemment recouvert le sol de Payta, qui est tertiaire, et composé de bancs épais de débris fossiles.

En résumé, les sables qui environnent Payta sont brûlants comme ceux du Sahara ou grand désert d'Afrique; nulle rosée bienfaisante analogue au garna des côtes de Lima ne les rafraîchit, et les brumes épaisses qui s'élèvent de la mer passent au-dessus sans s'y vaporiser, car elles ne sont précipitées en pluies que sur les forêts des Andes. L'atmosphère de Payta, fait observer M. Lesson, est trop raréfiée pour permettre à l'humidité, maintenue dans ses couches supérieures, de se faire ressentir aux couches inférieures, et par suite pour aider la végétation à s'établir et à se propager. Il pleut un peu en hiver, et la surface du pays se couvre alors comme par enchantement de verdure; mais à peine les pluies ont-elles cessé que la pelouse magique de la veille disparaît, desséchée par les feux dévorants du soleil.

La corvette quitta ces parages inhospitaliers, le 22 mars, et fit route au sud-ouest, dans l'intention de découvrir le Trépied, petit groupe d'îles que les cartes anciennes placent par 18° de latitude sud, et 100° de longitude ouest. Le 1er avril 1823, on était sur le parallèle de ce groupe, mais on ne put l'apercevoir.

L'expédition fut plus favorisée dans l'archipel Dangereux : le 22 avril, elle découvrit une île basse bien boisée et bordée de roches dans toute son étendue. Après l'avoir parfaitement reconnue, M. Duperrey lui donna le nom d'*île Clermont-Tonnerre*, en l'honneur du ministre de la marine française de cette époque. Cette île est la plus orientale de l'archipel Dangereux : sa direction est est-sud-ouest et ouest-sud-ouest, sur une étendue de douze milles en longueur et de trois milles en largeur. Sa partie nord forme une chaussée circulaire non interrompue, bordée d'une belle plage de sable, et d'une végétation dans laquelle le cocotier se fait plus particulièrement remarquer. La portion du sud n'offre qu'un banc couvert de rochers et de petits îlots, et il existe un lagon entre ce banc et l'île proprement dite. Un mémoire de M. Duperrey, qui a bien voulu nous permettre d'y puiser ces détails, en l'absence de l'historique de son voyage dont la partie imprimée s'arrête au Chili, donne la position de l'île Clermont-Tonnerre par 18° 28' 10" de latitude sud, et 138° 46' 50" de longitude ouest.

Le 22 avril, M. Duperrey détermina la position de l'île Serles, découverte, en 1797, par le capitaine Wilson, dans son *Missionary Voyage*, et qui est évidemment la même que l'île aperçue, le 27 juin 1822, par le

Une ou deux fois par jour, il gravissait sur les rochers pour contempler la mer.....

capitaine John Bell. Cette même île Serles est située par 11° 20' 40" de latitude sud, et 139° 18' 40" de longitude ouest.

Le 24 avril, la corvette prolongea la partie septentrionale d'une île basse qui avait été aperçue la veille au coucher du soleil, et qui parut en tout semblable à l'île Clermont-Tonnerre; elle avait aussi un lagon et quelques habitants. Elle est située par 17° 19" de latitude sud, et 140° 42' 50" de longitude ouest. Evidemment l'île basse découverte, en 1822, par le capitaine David Clerk, et une autre île précédemment vue par le capitaine espagnol Bonecheo, en 1772, sont les mêmes que l'île de M. Duperrey, qui pour cette raison lui a conservé le nom de *Narcisse*, imposé par le navigateur espagnol, comme premier découvreur.

A côté de cette île s'en trouvent deux autres, que le capitaine Humphrey découvrit en 1822, et auxquelles M. Duperrey a donné les noms de *Humphrey*, en l'honneur du capitaine, et *Good-Hope*, nom du bâtiment qu'il montait.

Le 26, *la Coquille* découvrit une nouvelle île par 17° 54' 40" de latitude sud, et 143° 15' de longitude ouest. Cette île avait été aperçue en 1819, et nommée *Moller* par le capitaine russe Bellingshausen. Elle n'est pas peuplée; elle a du nord-est au sud-est environ quinze milles, et elle contourne aussi un immense lagon dans lequel il paraît que l'on peut pénétrer par le côté occidental. Sa végétation est magnifique, mais toute sa partie méridionale paraît être un chapelet de rochers et d'îlots placés sur un récif circulaire non interrompu.

Le soir du même jour, 26 avril, M. Duperrey aperçut l'île de *la Harpe*, ainsi nommée par Bougainville. Sa partie nord-ouest n'est qu'à dix milles de la partie sud-est de l'île Moller, et son aspect est le même.

M. Duperrey découvrit dans la matinée du 28 une île semblable aux précédentes, et qu'il nomma *Lostange*, en l'honneur d'un officier général de marine du même nom; elle gît par 18° 43' de latitude sud, et 144° 16' 30" de longitude ouest.

Le 2 mai 1823, il reconnut l'île haute d'Osnabruck, que Bougainville avait nommé le *pic de la Boudeuse*, qui était le nom de son vaisseau, île que les Taïtiens appellent *Maïtha;* elle est située par 17° 53' 5" de latitude sud, et 150° 25' 24" de longitude ouest.

Le 3 mai, *la Coquille* aperçut l'île enchanteresse de Taïti; elle atteignit la pointe Vénus à quatre heures du soir, et alla mouiller dans la baie de Matavae, auprès de l'établissement des missionnaires évangéliques, par 17° 29' 21" de latitude sud, et 151° 49' 18" de longitude ouest.

En débarquant à Taïti l'expédition française trouva en pleine vigueur un nouvel ordre de choses : les faux dieux avaient disparu, le culte d'Oro, qui exigeait toujours des sacrifices humains, était aboli; les Taïtiens, qui auparavant professaient déjà le dogme de l'immortalité de l'âme, venaient d'épurer leurs idées à cet égard au flambeau du christianisme; les étoiles n'étaient plus les enfants du soleil et de la lune, le soleil était redevenu lui-même une simple étoile, et la lune un petit satellite voyageant avec la planète de la terre autour du soleil. Le dieu Eatoua n'avait plus le pouvoir de renverser à son gré pendant la nuit les montagnes, d'entasser les rochers et de combler les rivières; ce n'était plus lui qui inspirait les songes : il avait été remplacé par l'ange Gabriel. Les morais ou cimetières venaient d'être bénits par les missionnaires, et les offrandes en poissons, chiens et porcs, avaient entièrement cessé, après seize années de guerres désastreuses que les partisans de la religion chrétienne eurent à soutenir pour triompher des idoles.

La relation imprimée du voyage de *la Coquille* s'arrêtant, à l'époque où nous écrivons, à la relâche au Chili, nous devons, pour combler de notre mieux cette lacune importante, puiser à différentes sources, indépendamment du *mémoire* dont nous avons parlé plus haut et que nous devons à l'extrême obligeance de M. Duperrey.

Néanmoins en ce qui concerne Taïti, nous nous dispenserons de plus amples détails, puisque nous ne pourrions que répéter ceux des relations plus récentes de Kotzebue et de Beechey. Nous allons donc nous éloigner de cette île justement célèbre, aujourd'hui le foyer de la civilisation polynésienne, et suivre *la Coquille* dans sa traversée de Taïti à l'île Borabora, située par 16° 30' 4" de latitude sud, et 154° 5' 56" de longitude ouest.

La corvette y arriva le 25 mai 1823, et aussitôt l'on dressa le plan topographique de cette île. Le 9 juin, toutes les recherches et la géographie de Borabora et des îles voisines étant terminées, la corvette partit pour la Nouvelle-Irlande. Dans les premiers jours de cette traversée, elle prit connaissance des îles Sauvage et Eoa; mais contrariée par les vents, elle ne put découvrir les îles Santa-Cruz que dans la journée du 2 août. Le 9, on releva l'île Bougainville, et l'on rangea la partie occidentale de l'île Bouka.

L'île Bougainville, ainsi nommée en l'honneur du navigateur français qui la découvrit en 1767, est haute, montueuse, avec de larges ravins sur ses bords; elle est séparée par un étroit canal de l'île Bouka, qui est située par 5° 14' de latitude sud, et 152° 14' 30' de longitude ouest, île dont la surface uniforme paraît à l'œil comme un vaste plateau assez élevé. L'aspect de cette dernière île est agréable, une riche verdure l'embellit de toutes parts; et des arbres majestueux, et surtout des cocotiers, la couronnent.

Ses habitants vont absolument nus; ils ont quelques pirogues, et des flèches en roseaux, à pointe de bois très dur. Ses naturels sont les Papouas, hauts de cinq pieds trois à quatre pouces, ayant la peau d'un brun-jaunâtre, les cheveux longs et frisés, et une corde qui leur entoure le ventre vis-à-vis du nombril.

La corvette *la Coquille* se rendit de l'île Bouka au port Praslin, situé par 4° 49' 48" de latitude sud, et 150° 28' 29" de longitude ouest sur l'île Tombara, dépendante du groupe de la Nouvelle-Irlande. Ce nom de port Praslin lui fut donné par Bougainville, en l'honneur d'un ministre de la marine, qui ordonna le premier voyage autour du monde qu'aient exécuté les Français. Ce port est parfaitement abrité de toutes parts et protégé par une ceinture de montagnes. Un canal de six milles marins sépare le port Praslin de l'anse aux Anglais.

Les arbres qui couvrent ce point de la côte sont constamment enveloppés de vapeurs. L'ancrage est sûr et commode, la mer unie comme une glace. De vastes forêts couvrent l'île en totalité et retiennent dans l'intérieur une humidité défendue des rayons du soleil par des dômes épais de verdure. A midi, la chaleur moyenne est de 26° du thermomètre centigrade. Les orages sont fréquents; ils se forment en un clin d'œil et se dissipent de même. Une végétation active et vigoureuse couvre le littoral et ne cesse que là où la mer lui dispute la possession du sol. D'éclatants papillons se croisent en tous sens sous des dômes de verdure; mais de froids reptiles se logent aussi sous les écorces crevassées des arbres qui tombent en vétusté.

Les rivages du port Praslin sont parcourus par un grand nombre de sources qui descendent des montagnes, entre autres la source appelée *cascade de Bougainville*. Dans le voisinage et au milieu de cette verdure éblouissante, on est souvent incommodé par la morsure de grosses fourmis très communes en ce lieu. Il y a une grande variété d'oiseaux; mais ce qui frappe l'étranger est le cri d'un corbeau, analogue à l'aboiement d'un chien.

Une île vaste comme la Nouvelle Irlande proprement dite nourrit sans doute plusieurs espèces de grands animaux; mais les Français n'aperçurent guère que les cochons et le couscou blanc, dont les naturels estiment beaucoup la chair : la baie abonde en poissons excellents.

Les Nouveaux-Irlandais ont la peau noire, une taille de cinq pieds un à deux pouces, une épaisse chevelure laineuse, retombant sur les épaules en mèches très frisées et disposées comme en tirebouchons. Les vieillards conservent leur barbe dans toute sa longueur. Ces naturels ont les dents corrodées par l'usage de manger du bétel; ils se frottent la peau avec de l'huile, ce qui lui donne une douceur veloutée. Tous vont entièrement nus, et laissent voir la villosité de leurs membres. Ils ignorent le procédé de la circoncision. Ces naturels sont peu confiants et se distinguent par leur perfidie et leur penchant au vol. Le tatouage leur est inconnu; mais ils se percent la cloison du nez pour y suspendre des ornements, comme un bâtonnet en os ou en bois. Les lobes des oreilles sont également troués pour y loger des rouleaux de cuir ou des couteaux.

L'industrie des Nouveaux-Irlandais n'est point variée. Des hommes qui vont nus et qui ne sentent point la nécessité du moindre voile pour se vêtir n'ont besoin que de satisfaire leur pure animalité. Cependant ils se sont créé de nombreux moyens d'attaque et de défense, car souvent ils se font la guerre entre eux, comme un besoin de destruction inhérent à leur barbarie. La plus meurtrière de leurs armes est le casse-tête ou le *silla*, large massue en bois rouge très dur, assommoir après lequel vient la sagaie, sorte de longue pique effilée et pointue. Pour paraître plus formidables, ils se mettent dans la bouche des touffes de fibres entortillées, qui imitent grossièrement des moustaches épaisses et volumineuses. Ils ont aussi des panaches de toutes couleurs.

Ces naturels cachent avec soin leurs femmes : ils paraissent avoir conservé des traditions musulmanes au milieu de leurs idées païennes. Ils ont chacun plusieurs épouses et semblent en être fort jaloux.

La construction de leurs pirogues est assez soignée; ils y emploient le fer, métal qu'ils préfèrent à tout dans leurs échanges. Ces pirogues sont étroites, mais sveltes et légères; elles peuvent recevoir sept ou huit hommes. Une grande pirogue peut contenir environ quarante combattants.

Le 21 août, *la Coquille* fit voile du port Praslin pour l'île Waigiou, en passant entre la Nouvelle-Irlande et l'île Amacata, nommée *île York* par Carteret. On fixa exactement plusieurs points remarquables, tels que le cap Saint-Georges, le hâvre Carteret, le port Hunter, situé à la partie nord-est de l'île Amacata, les trois sommets du cap Stéphens de la Nouvelle-Bretagne, connus sous le nom de *la Mère et les deux Filles*. Des relèvements furent pris, le 23, sur l'île Sandwich, et les journées des 26, 27 et 28 furent consacrées à la géographie des îles découvertes, en 1616, par Schouten, au nord-est de la Nouvelle-Guinée. Le 30, par un temps magnifique, on parcourut vainement le parallèle des îles Stéphens de Carteret : on ne put les trouver. M. Duperrey pense qu'elles n'existent pas, et que Carteret n'a eu connaissance que des îles de la Providence de Dampier. Il est d'ailleurs certain que les îles Freewill, vues par ce navigateur, sont les îles David.

Le 3 septembre, on aperçut la côte de la Nouvelle-Guinée. Le 6, la corvette donna dans le hâvre d'Offack, situé par 1° 47' de latitude sud, et 128° 22' 39" de longitude ouest, à la partie septentrionale de l'île Waigiou, et fut amarrée aux arbres du rivage. MM. d'Urville et de Blosseville découvrirent une baie méridionale qui reçut le nom de *Crusol*, en l'honneur du ministre de la marine.

Le 16, on partit pour l'île Caïeli ou île Bourou, en complétant dans le trajet, qui dura sept jours, la reconnaissance des îles Ine, Vayag, Syang, Joyi et Guebé, et en rectifiant les positions des îles Gag, Boo, Pisang, Lawn et Kakek, que l'on rencontre lorsque l'on se dirige sur le détroit de Bourou.

A peine eut-on jeté l'ancre à Caïeli, par 3° 22' 33" de latitude sud, et 124° 45' 59" de longitude ouest, que le résident holland is, malgré la défense de son gouvernement de ne recevoir aucun bâtiment étranger dans ce port, apprenant le but scientifique de l'expédition française, lui accorda toute facilité pour relâcher indistinctement dans toutes les possessions bataves.

Une brise favorable permit à la corvette de quitter Caïeli le 1er octobre, et la conduisit à Amboine, où elle mouilla, le 4 au soir, par 3° 41' 41" de latitude sud, et 125° 50' 51" de longitude ouest. Elle reprit bientôt la mer pour reconnaître la position géographique des îles du Volcan, Dog, Wetter, Babi, Cambi, Ombai et Penter; ensuite elle vit les îles Savu et Timor, et entreprit la traversée d'Amboine au port Jackson par le côté occidental de la Nouvelle-Hollande, et en doublant par le côté sud la terre de Van-Diémen. Ce trajet, que les vents contraires ne permirent pas de rendre fructueux pour la science, fut accompli le 17 janvier 1824, jour auquel *la Coquille* entra dans la baie de Sydney, autrement dite Botany-Bay.

Ici on dut reprendre la date d'Europe, car on comptait quatorze heures de moins que les habitants de cette colonie britannique. M. Duperrey détermina la position du fort Macquarie à Sydney par 33° 51' 40" de latitude sud, et 148° 50' 8" de longitude est.

Le 20 mars 1824, *la Coquille* appareilla de la rade du port Jackson pour se diriger vers la pointe septentrionale de la Nouvelle-Zélande, dont, le 2 avril suivant, elle reconnut la situation au cap Knuckle sur l'entrée de la baie Oudoudou (1), par 34° 50' de latitude sud, et 171° 7' de longitude est. A peine eut-on jeté l'ancre, que des pirogues chargées de plus de quatre cents naturels entourèrent la corvette. Le chef supérieur de l'Hippah vint offrir ses services, que l'on accepta, ce qui inspira sur-le-champ une grande confiance aux naturels, en les décidant à venir tous les jours sans armes à bord de *la Coquille*, et à servir avec empressement d'escortes aux officiers durant leurs excursions dans l'intérieur.

Le 4 avril, M. Duperrey fit établir un observatoire sur le milieu de la plage Tangata-Maté, par 35° 15' 16" de latitude sud, et 171° 51' 6" de longitude est, au pied de l'Hippah de Kolakava, précisément dans le lieu où le capitaine Marion fut assassiné en 1772, et à peu de distance de la rivière de Kidikidi, sur laquelle est situé l'établissement des missionnaires évangéliques.

Dès l'arrivée de la corvette, le chef de l'Hippah de Kidikidi vint faire visite à M. Duperrey, accompagné des principaux guerriers de sa tribu et d'un autre chef avec lequel il partage l'autorité souveraine dans la baie des îles. Les habitants de cette baie paraissent avoir du respect pour les missionnaires, mais ils n'en adoptent pas les principes, et ils n'ont encore opéré aucun changement bien sensible dans leurs mœurs et dans leur caractère. Leur superstition sanguinaire et l'état d'hostilité dans lequel ils se complaisent ne les engagent à puiser dans nos arts que les moyens de s'entre-détruire plus facilement: aussi la poudre et les armes à feu sont-ils les principaux articles qu'ils demandent en échange des productions de leur sol, et les Européens ne doivent qu'à ces sortes d'échanges la sécurité qu'ils trouvent sur ces rivages habités par des cannibales.

D'après les renseignements recueillis par MM. de Blosseville et Lesson, les naturels de la Nouvelle-Zélande sont d'une taille moyenne, bien constitués, grands et robustes, de couleur plus foncée que celle des mulâtres, et la teinte différente par les dessins qu'ils se font sur la peau. Leur physionomie est remarquable par son expression: elle est rarement franche et ouverte, et d'ordinaire les traits respirent une sombre férocité. Les dents sont du plus bel émail, petites et rangées avec beaucoup de régularité. La chevelure est longue, rude et noire, habituellement saupoudrée avec de la poussière d'ocre. La plupart de ces naturels conservent la barbe longue et flottante sur la poitrine. Les jeunes gens sont longtemps imberbes; ils se distinguent par des mouvements agiles et dispos, mais ils ont les jarrets de bonne heure engorgés par l'usage de s'accroupir sur les talons.

Les femmes sont généralement petites, quoique fortes et robustes. Elles considèrent le tatouage comme la prérogative de la noblesse. Les femmes mariées ont une taille plus haute que les filles esclaves, à cause, sans doute, de la prostitution à laquelle ces dernières sont condamnées dès qu'elles deviennent nubiles. En général les filles nobles ont les traits masculins, de grosses lèvres, la bouche large, le corps malpropre et imprégné d'odeur de poisson ou de phoque; mais elles rachètent ces désavantages par la blancheur de leurs dents et par des yeux noirs remplis de feu et pleins d'expression. Les jeunes Zélandaises, dont l'heureuse ignorance ne connaît point l'usage des corsets, ont les orbes de la poitrine aussi durs que le marbre, et qui, malgré leur volume, conservent longtemps leur élasticité et leur rectitude.

Les hommes et les femmes des côtes sont d'excellents nageurs, mais ce n'est que par nécessité, et rarement par plaisir, qu'ils se jettent à l'eau. Dans ce cas, les femmes conservent les pagnes de phormium ou lin, qui leur ceignent les reins; elles ne les quittent pas, même pour le sommeil : elles n'en changent que lorsque ces pagnes sont entièrement usées.

Il ne faut pas attendre de ces sauvages la franchise et l'abandon des heureux insulaires taïtiens. En effet, ces hommes, ainsi que nous l'avons déjà dit, sont traîtres, dissimulés, vindicatifs, et ils poussent ces vices à l'extrême. Les plus grands bienfaits, et l'amitié la plus longue, ne peuvent obtenir grâce auprès d'eux pour l'offense irréfléchie d'un moment : ils sont cannibales dans toute l'étendue du mot, et ont soin d'en faire un mystère: ils expliquent complaisamment leurs odieuses pratiques. Menteurs et voleurs, ils vivent dans une défiance continuelle. Leur perversité est poussée si loin, que l'idée du crime leur paraît étrangère. Si un chef dérobe quelque chose à un autre chef, la guerre éclate aussitôt entre les deux tribus; mais si le larcin n'est commis que sur un homme du peuple, celui-ci ne peut se dédommager que sur des individus de son rang; il n'a aucun recours contre un voleur illustre. La guerre est au surplus la passion dominante de ces peuplades avides de pillage; et c'est à leur système de destruction qu'il faut attribuer la population si peu considérable de leur pays.

Ils ont pour armes une grande pique, longue de vingt à trente pieds, une autre de dix à quatorze, et le pattou-pattou, qui est pour tous les naturels de la Nouvelle-Zélande ce que le couteau et le poignard sont pour les Italiens et les Espagnols.

Les enfants sont très gais, se témoignent beaucoup d'amitié, et déploient dans leurs exercices une grande agilité. Les jeunes gens ne sont réputés hommes faits que quand ils ont atteint l'âge de vingt ans; alors, s'ils

(1) Ile Lauriston. A. M.

ont appris à manier la lance et le pattou-pattou, et s'ils ont une certaine corpulence, on les tatoue entièrement, et ils sont proclamés guerriers.

Ici la polygamie est permise : en l'absence de leurs époux, les femmes prodiguent leurs faveurs sans aucune distinction; le mari se trouve même flatté de toutes les attentions qu'un blanc veut avoir pour sa femme. D'un autre côté, la vieillesse est l'objet d'un respect général.

Chasser, pêcher, bâtir, voilà les occupations habituelles des hommes. Ils ne portent jamais de fardeaux, ce sont les femmes qui en sont chargées. Ils se procurent du feu en frottant vivement un bâton pointu dans une rainure du même bois, dont la poussière s'enflamme en un instant.

Leurs pirogues sont bien construites et décorées de sculptures. Les pirogues de guerre ont de soixante-dix à cent pieds de longueur : c'est aussi le nombre des combattants et des rameurs; elles marchent avec une promptitude extraordinaire. La plupart des embarcations sont creusées dans un seul tronc d'arbre.

Les cabanes des Nouveaux-Zélandais sont petites et basses, et leurs villages ou hippahs se trouvent toujours sur des collines ou des lieux escarpés ou d'un difficile accès, afin de n'être point saccagés par surprise. Ces cabanes sont des gîtes où l'on ne peut pénétrer qu'en se traînant sur les genoux ou sur les mains, et les familles qu'elles abritent dorment pêle-mêle sur la paille et dans un espace très resserré, où la respiration de plusieurs individus entretient aisément la chaleur nécessaire pour combattre le froid du dehors.

L'industrie la plus perfectionnée des Nouveaux-Zélandais est la fabrication des étoffes et des paillassons, ainsi que les sacs en joncs où sont renfermées les provisions diverses. Les étoffes sont tissées de phormium, cette plante si utile qui pousse généralement près de la mer et dans les plaines basses et marécageuses; sa tige atteint quelquefois quatorze pieds de haut, mais la longueur des feuilles est rarement de plus de dix ou douze. La partie inférieure de la plante auprès des racines, qui pénètrent à deux pieds dans la terre, est extrêmement amère. Les femmes s'en servent lorsqu'elles veulent sevrer leurs enfants, en frottant avec le suc l'extrémité de leur sein.

La Nouvelle-Zélande, sans être placée sous de hautes latitudes, subit pourtant l'influence d'une température rigoureuse, par les vents furieux qui soufflent une grande partie de l'année et par la neige qui couvre les hauteurs : aussi les habitants font-ils des provisions d'hiver. La base de leur nourriture est la racine ligneuse d'une fougère qui croît dans les plaines. Les mets accessoires sont le poisson, le cochon, et plus souvent le chien : l'eau pure est la boisson habituelle.

Les Nouveaux-Zélandais ont un chant monotone et grave qui se compose de notes gutturales, lentes et entrecoupées; il est toujours accompagné de mouvements d'yeux et de gestes mesurés très significatifs. Leur danse est une pantomime dans laquelle les acteurs changent rarement de place, et qui consiste en mouvements des membres exécutés avec une grande précision. Le seul instrument de musique est une flûte en bois assez bien travaillée.

La religion des Nouveaux-Zélandais est un paganisme idolâtre. Ils ont un puissant dieu nommé *Atua*, ou maître du monde; les autres divinités lui sont subordonnées. Chaque naturel a son atua, ou espèce d'ange gardien. Les prêtres se nomment *arikis*, et leurs femmes remplissent les fonctions de prêtresses. On a une ferme croyance aux songes, et toutes les affaires se décident par les prêtres, seuls chargés d'interpréter les volontés célestes. Naissances, mariages, morts et jusqu'aux festins sacrés de chair humaine, tout est accompagné de cérémonies religieuses.

Les mariages se font par achats; le futur doit offrir des présents à la famille de la fiancée. Les gens du peuple n'ont guère qu'une femme; mais les riches en ont plusieurs. L'adultère est sévèrement puni lorsqu'il n'est point approuvé par le mari; il est vrai qu'on peut le gagner par des présents. Quant aux filles, elles sont maîtresses de leurs personnes et libres de faire autant d'heureux qu'il leur plaît.

Les jeunes filles esclaves, au contraire, sont vouées par leurs propriétaires à la prostitution, et les chefs eux-mêmes en tirent souvent un gros revenu.

Chaque tribu des Nouveaux-Zélandais forme une sorte de république, et chaque district est régi par un chef direct, dont le titre n'est reconnu qu'à la guerre. Dans son village, il n'a aucun pouvoir particulier ni aucun ordre à donner; seulement il ne fait rien et il a droit à une dîme sur les provisions des autres familles. Ordinairement on nomme chef celui qui est réputé le plus brave. Les prisonniers de guerre sont toujours dévorés après qu'on leur a coupé la tête, laquelle demeure au chef victorieux, qui la conserve comme un trophée. Les tribus séjournent sur le champ de carnage tant qu'elles ont de la chair humaine pour s'en nourrir; on s'y livre à la joie la plus épouvantable. Les chefs envoient à leurs familles des pièces du festin.

Si l'éloignement ne permet pas que ces morceaux arrivent sans être corrompus, ils les touchent avec un bâton sacré qu'ils expédient à leurs amis, pour qu'à leur tour ceux-ci touchent avec le bâton des racines et du poisson : ils pensent par ce moyen leur transmettre la propriété et la saveur de la chair humaine.

Si parfois on épargne quelques prisonniers, ce n'est que pour les réduire à la plus dure servitude, et ils peuvent être massacrés à la première volonté de leur maître.

La tête d'un chef sert en quelque sorte d'étendard à sa tribu : autant le parti vainqueur s'enorgueillit de la posséder, autant le parti vaincu et sa famille surtout s'en attristent. Ces têtes sont conservées avec un grand soin. Enfin les Nouveaux-Zélandais ont pour la mort la plus profonde indifférence, et ils la bravent avec un sang-froid étonnant. La pitié est pour eux un mot vide de sens, à moins qu'on ne la retrouve dans le cœur de quelques jeunes filles, comme on retrouve l'innocence dans le nid de la colombe.

Quittons maintenant ces rivages inhospitaliers et barbares, et suivons *la Coquille* dans sa traversée de la Nouvelle-Zélande à l'île Oualan, l'une des Carolines.

On remit sous voiles, le 17 avril 1824, pour se diriger vers les îles Gilbert, en prenant d'abord connaissance de l'île Rotouma et de quelques autres. Le 1er mai, on se trouva devant l'île Rotouma, située par 12° 39' 9" de latitude sud, et 174° 53' 18" de longitude est, île que le capitaine Edwards découvrit en 1791, et que le capitaine Wilson revit en 1797.

Cette petite île, appelée *Rotauma* par ses habitants, occupe une position solitaire au milieu d'un espace de mer libre à une distance notable des archipels des Amis et des Fidjis, d'une part, des Nouvelles-Hébrides et des terres de Salomon, d'autre part. Elle paraît volcanique; ses principaux pitons sont élevés, et la côte est défendue par un récif qui ne paraît offrir d'accès que pour les embarcations. On remarque le long des plages et sous une végétation très active une grande quantité de cases, dont les principales forment le village d'Epigi, situé auprès de la pointe sud-est.

Les naturels sont doux, bienveillants et dans cet état de simplicité primitive que présentèrent les Taïtiens à Bougainville et au capitaine Cook. Ce peuple, de même type que les Taïtiens, ne paraît point avoir de rits sanguinaires et inhumains, mais il est très adonné au vol qu'il regarde comme une action sans conséquence. C'était une transition bien consolante, à part ce dernier vice, que de passer des cannibales de la Nouvelle-Zélande aux simples et bons habitants de Rotouma; c'était une transition de la férocité la plus terrible à la douceur la plus enchanteresse. La physionomie des Rotoumans est pleine d'enjoûment et de gaîté; ces insulaires portent la chevelure longue relevée en grosse touffe sur le derrière de la tête; ils la dénouent en marque de respect et de déférence, sorte d'hommage qu'ils rendent à leurs chefs. Leurs yeux sont noirs, grands et brillants; leur nez est un peu épaté, leur bouche grande montre une double rangée de dents très blanches.

Ils ne portent point la barbe longue, ils la coupent avec des coquilles; seulement ils conservent une moustache courte sur la lèvre supérieure. Les lobes des oreilles sont percés pour y placer des herbes ou des fleurs odorantes. Leurs membres sont bien proportionnés, leur peau est douce et de couleur de cuivre clair. Ils sont très propres, car ils se tiennent fréquemment dans l'eau. Ces insulaires vont presque nus; ils n'ont qu'un étroit maro destiné à couvrir les parties naturelles. Ils vont généralement tête nue. Leurs femmes sont très jolies et supérieurement faites; ils pressèrent plusieurs fois, d'une voix douce et même toute féminine, les Français de venir passer la nuit dans leurs cabanes pour y dormir avec leurs femmes et leurs filles. Rien de plus naïf et de plus sérieux que les propositions de ces bons insulaires à l'égard de leurs belles compagnes.

Les Rotoumans ou Rotoumaïens ont le corps entièrement épilé; ils éprouvaient un grand dégoût en voyant les poitrines velues de nos marins. Ils se drapent le corps avec des nattes fines et bien travaillées. Ils fabriquent aussi avec des écorces d'arbres certaines étoffes analogues à celles des îles de la Société. Leur seule arme est le casse-tête, et leur principal ornement, le tatouage. Ils fabriquent aussi des filets, car ils sont très habiles pêcheurs; ils croient aux esprits. Entre eux ils se saluent en se touchant le nez; et quand ils traitent d'affaire, ou veulent agir avec politesse, ils ont soin de toujours s'asseoir; car la civilité, qui en Europe nous porte à nous tenir debout, serait chez eux un acte très impoli. Enfin les Rotoumans ont toujours le sourire sur les lèvres, sont bruyants comme les enfants, ont l'esprit très mobile, sont très serviables et très curieux; leur seul défaut, nous le répétons, est le vol. Si on les prend sur le fait, ils rient en restituant le larcin.

L'île de Rotouma est montagneuse, de médiocre hauteur et très riche en verdure, par conséquent très agréable à l'œil. Elle passe pour très fertile : elle abonde en vivres de toute espèce et de même nature que ceux des îles de la Société; elle produit conséquemment une profusion de fruits et de racines qui contribuent à l'aisance de la vie de ces heureux insulaires, en donnant à leur existence la mollesse indolente qui les caractérise.

La population de l'île paraît être d'environ quatre mille habitants.

Les Rotoumans ont un langage qui paraît avoir beaucoup de rapport avec celui des îles Tonga et de la Nouvelle-Zélande. Leur chant est très monotone; ils dansent en s'accompagnant de la voix et en faisant toutes sortes de gestes bizarres.

Les Français trouvèrent dans cette île plusieurs Anglais qui vivaient depuis deux mois au milieu de ces bons insulaires dont ils avaient adopté le costume, le tatouage et les mœurs. Ces Anglais, au nombre de huit, avaient été laissés par un navire sur ce rivage hospitalier. Le principal d'entre eux annonça que l'île est divisée en vingt-quatre districts, commandés par des chefs appelés par rang d'âge à gouverner l'île entière sous le titre de *chaou* (1). La durée des fonctions de ce chef supérieur est de vingt lunes. Il unit le pouvoir au sacerdoce, mais il ne peut rien entreprendre sans consulter le chef des districts. Il préside aux cérémonies de la naissance et du mariage, et il prononce lui-même la sentence de mort lorsqu'un individu a encouru cette peine. La nomination est consacrée par le plus ancien des chefs, qui lui verse de l'huile de coco sur la tête en présence de toute la population. Souvent il réunit les chefs, auxquels il fait rendre compte du nombre d'hommes de chaque canton en état de porter les armes, et il commande en personne les exercices militaires, soit à terre, soit dans les pirogues.

(1) Les Anglais écrivent *séhaou*. A. M.

Lorsque le chef reçoit le titre de *chaou*, il commet son district aux soins de son fils ou de son frère, et vient habiter le village d'Epipigi, où on lui élève une vaste maison, après avoir brûlé celle de son prédécesseur. S'il meurt dans ses fonctions, tous ses districts sont convoqués, deux enfants mâles sont sacrifiés et placés à ses côtés dans un tombeau que l'on érige sur le sommet de la plus haute montagne de l'île.

Les chefs des vingt-quatre districts forment une classe dans laquelle leur titre est héréditaire. Les districts sont leurs propriétés, mais ils sont obligés de fournir à la nourriture du chaou et de toute sa suite. S'ils tuent un cochon ou des poules, ils doivent, avant d'y toucher, offrir le morceau le plus délicat à celui qui occupe le premier rang. Ils n'ont qu'une seule femme et n'épousent jamais que les filles des autres chefs.

Ces mêmes chefs marient les jeunes filles à qui il leur plaît, et celles-ci ne sont pas libres de refuser celui qu'on leur destine pour époux; souvent même elles ne les ont jamais vus. Quant aux filles des chefs, l'aînée doit épouser un chef; les autres, l'homme que leur père désigne sans égard au rang. Le choix ainsi fait, les deux futurs époux, pendant une ou deux nuits, doivent coucher ensemble sur la même natte, mais sans que le mariage se consomme. Le jour où il doit s'accomplir, on les conduit au bord de la mer, et ils entrent dans l'eau. La fille se couche sur le dos, et l'homme lui lave le corps; ensuite celui-ci se couche de même, et la jeune fille lui en fait autant. Cette cérémonie a lieu devant un grand nombre de témoins des deux sexes. Alors les deux futurs époux sortent de la mer, et sont reconduits à la maison, où, à l'aide des instructions d'une femme âgée, la fleur de la virginité est enfin cueillie par l'époux. Si l'existence de ce trésor était problématique, le jeune homme pourrait renvoyer sa compagne et en choisir une autre. Parmi le peuple, une femme reconnue infidèle peut être mise à mort; mais les filles sont maîtresses de disposer de leurs faveurs au gré de leurs penchants. Il est vrai que la virginité étant précieuse à celles qui veulent se marier, il en est bon nombre qui se vantent de la conserver, et pour cela elles se poudrent le dessus de la tête avec de la chaux de corail, et les côtés du visage avec une couleur rouge : une fois mariées, elles abandonnent cette singulière parure.

A la mort d'une personne on expose son corps dans sa case sur une natte, où il reste un jour et une nuit; on le porte ensuite dans une fosse de cinq pieds de profondeur, et on rejette la terre sur sa dépouille mortelle. La veuve se coupe la chevelure et se fait des brûlures à la poitrine. Nous savons que si c'est un chef, on immole sur sa tombe deux garçons que l'on enterre avec lui.

La douceur et l'humanité de ces insulaires s'étendent jusqu'aux bêtes; ils ne souffrent pas qu'on tue une mouche, un rat, un serpent; toutefois ils ne respectent pas les moustiques, parce que sans doute ces insectes les incommodent un peu trop. A table les hommes mangent séparés des femmes, et ensuite celles-ci commencent leur repas, seules avec leurs enfants. La nuit on s'éclaire avec des branches de cocotiers bien sèches qui donnent une assez vive clarté.

L'affection que ces insulaires ont pour les Européens se manifesta, lorsqu'ils apprirent qu'un des huit Anglais qui se trouvaient dans cette île se décidait à partir avec l'expédition française. Ils le conjurèrent tous de rester, puisqu'ils lui avaient confié le titre de chef. Ils allèrent même jusqu'à prier M. Duperrey d'intervenir. Ils se calmèrent toutefois en apprenant que deux autres Européens, venus du port Jackson sur *la Coquille*, allaient demeurer dans cette île fortunée.

Nous la quitterons pour voguer avec la corvette vers les îles Cocal et Saint-Augustin, découvertes en 1781 par le capitaine Maurelle. La première est située par 6° 5' 33" de latitude sud, et 173° 53' de longitude est, et la seconde par 5° 39' 8" de latitude sud, et 173° 45' 58" de longitude est. L'île Saint-Augustin se compose de deux îles basses situées sur un même récif.

Après avoir déterminé la position de l'île Saint-Augustin, la corvette *la Coquille* fit voile vers l'archipel Gilbert, découvert par le capitaine anglais de ce nom en 1788. Ces îles sont communément désignées sous le nom collectif d'*îles Mulgraves* : mais elles forment deux archipels, l'un septentrional et l'autre méridional, auxquels M. Duperrey a conservé les noms des capitaines *Marschall* et *Gilbert*, qui les découvrirent les premiers.

L'archipel Gilbert est situé par 1° 20" de latitude sud, et 172° 40" de longitude est, et s'étend jusqu'au 10e degré de latitude septentrionale Il se compose des îles Drummond, Sydenham, Henderville, Woodle et autres

Les îles Drummond et Sydenham furent découvertes par le capitaine Bishop en 1799; M. Duperrey les reconnut, les 15 et 16 mai, en les plaçant, la première, par 1° 40" de latitude sud, et 172° 25' de longitude est; la seconde par 48' 20" de latitude sud. et 172° 12' 55" de longitude est. Il assigne à l'île Drummond une étendue de quarante milles du sud-est au nord-est: cette île présente sur cette étendue une bande très étroite, couverte de petites îles basses bien boisées, formant un chapelet autour d'un vaste lagon qui nous a paru fermé dans toute la partie occidentale. L'île Sydenham, que le brick *l'Elisabeth* revit en 1809, et dont le commandant la nomma *île Blaney*, n'a que vingt milles du sud-est au nord-est; c'est une bande d'îles basses bien boisées, dont le lagon au sud-ouest est fermé par une ligne de récifs. Un grand nombre de cases aperçues sur les plages des deux îles annonçait une assez forte population, mais les habitants paraissaient misérables. La couleur de leur peau est noire; ils ont les cheveux courts et la barbe peu fournie. Ils sont complétement nus; leur cou est entouré de colliers, et leur ventre serré par un cordonnet. Les insulaires ne montraient pas de bonne foi dans leurs échanges.

Les îles Henderville, Woodle et Hopper, que *la Coquille* visita ensuite, sont situées, la première par 6' 20" de latitude nord, et 171° 22' 33" de longitude est; la seconde par 11' 10" de latitude nord, et 171° 8' 54" de longitude est; la troisième par 19" de latitude nord, et 171° 42' 20" de longitude est. Les îles Henderville et Woodle sont séparées par un canal qui a cinq milles de largeur; elles ont la forme d'un fer à cheval, et sont bordées par une épaisse ceinture de récifs qu'un vaste lagon occupe dans le centre. On aperçoit çà et là quelques cabanes ou huttes grossières. Les naturels vont entièrement nus et s'épilent soigneusement la peau qui est fortement bronzée. Ils ont pour ornements des ceintures en coquilles. Leurs pirogues sont assez bien construites.

Quant à l'île Hopper, il paraît qu'elle est exactement identique avec l'île Simpson vue par *l'Elisabeth* en 1809; elle est assez étendue et présente une vaste baie à la partie occidentale.

Le 18, on reconnut l'île Hall par 0° 1' 0" de latitude nord, et 170° 36 13" de longitude est. La partie orientale offre une langue circulaire de sable très étroite, non interrompue et couverte de cocotiers. Il y avait quelques naturels sur le rivage, mais on n'aperçut aucune pirogue.

Le 19 et le 20 mai, on reconnut l'île Gilbert par 12' de latitude nord et 170° 48' 30" de longitude est; l'île Knoy par 1° 18' 10" de latitude nord, et 170° 40' de longitude est; les îles Charlotte par 1° 54' 37" de latitude nord, et 170° 26' 25" de longitude est; l'île Mathews par 2° 4' 30" de latitude nord, et 170° 56' de longitude est. Ces îles forment la partie septentrionale de l'archipel Gilbert, et l'amiral Krusenstern leur a donné le nom de *Scarborough* que commandait le capitaine anglais Marschall.

La Coquille alla ensuite rectifier la position des îles Marschall, et passa aux îles Mulgraves, devant lesquelles elle arriva le 26 mai. Elles se composent de plusieurs îles de différente grandeur, jointes par des roches et des bancs de sable; elles sont peu élevées, et la mer brise à une très petite distance des plages. Ces îles sont situées par 6° 7' de latitude nord, et 169° 36' de longitude est. Il faut y réunir les îles Bonham, situées par 6° de latitude nord, et 167° de longitude est, pour former ce qu'on appelle proprement l'*archipel Marschall*.

Le 30 mai, on quitta ces parages pour entrer dans le grand archipel des îles Carolines, et l'on vit successivement l'île Boston, l'île Oualan, les îles Mac-Askill, les îles Duperrey, les îles Duperrey, les îles Hogoleu, et plusieurs autres.

Le 30 mai, la corvette rencontra un navire baleinier américain, qui avait découvert, le 25, huit petites îles basses, par 4° 45' de latitude nord, et 165° 50' de longitude est. Le capitaine de ce navire avait donné au groupe le nom d'*îles Boston*, qui était celui du navire même. Le 3 juin 1824, la corvette atteignit la position de l'île *Oualan*, que le capitaine américain Crozer avait aperçue le 20 décembre 1804. Il lui avait donné le nom d'*île Strong*, en l'honneur d'un gouverneur du Massachusets, un des Etats de l'Union. Il n'eut pas de communication avec les naturels; ce fut donc pour la première fois qu'elle reçut des Européens lorsque les Français de *la Coquille* débarquèrent sur cette île, située par 5° 21' 32" de latitude nord, et 160° 48' 22" de longitude est.

L'île Oualan se trouve isolée, à une égale distance à peu près du groupe des Carolines proprement dites, et des archipels Marschall et Gilbert. Elle est entièrement bordée par un récif de corail, qui s'ouvre sur quelques points pour donner accès à de très bons mouillages compris entre le rivage et lui Le hâvre où *la Coquille* laissa tomber l'ancre reçut le nom de la corvette, il est placé sur la côte occidentale où la mer est calme et tranquille. Les montagnes d'Oualan, quoique revêtues jusqu'à leur sommet d'une végétation prodigieuse, décèlent une origine volcanique : la plus élevée a six cent soixante-dix-huit mètres de hauteur. Il descend de ces montagnes une quantité prodigieuse de ruisseaux. La chaleur du jour vaporise éternellement cette grande masse d'eau, dont le sol absorbe aussi une partie, ce qui fait qu'un très grand nombre de ces ruisseaux se sont creusé des lits étroits ombragés par de beaux arbres. L'abondance de l'eau, unie à la chaleur, rend l'île extrêmement féconde, et les productions végétales acquièrent ici des formes imposantes.

Les indigènes ont une physionomie douce, la taille moyenne, la couleur un peu foncée et l'abord agréable. Les femmes sont gracieuses et bien faites; elles brillent par la blancheur de leurs dents et la vivacité de leurs yeux, tout en conservant la pudeur qui inspire le respect. Mais si elles ont sous ce rapport un avantage sur les Nouvelles-Zélandaises, elles n'ont point la gorge aussi belle; les jeunes filles mêmes font peu d'exception à la règle.

L'île est régie par un chef suprême qui porte le titre de *urosse-tone*, les autres chefs se nomment simplement *urosses*. Ils commandent les divers districts de l'île, ou entourent l'urosse-tone ou roi, dans Lélé, village que l'on peut regarder comme la capitale de l'île. On ne prononce le nom de l'urosse-tone qu'avec la plus profonde vénération. On ne lui parle qu'à genoux, on ne l'approche qu'en rampant sur les mains, et on ne se relève que quand il s'est déjà éloigné.

Le village de Lélé, lieu principal de l'île, est partagé en rues et en quartiers, en même temps que le pourtour de l'île du même nom est enveloppé d'une ceinture de murailles composées de gros fragments de corail, et hautes de quinze à vingt pieds. C'est là que l'on enterre les chefs.

La corvette *la Coquille* appareilla, le 15 juin, d'Oualan, et reconnut, le 17, les îles Mac-Askill, découvertes, en 1809, par le capitaine anglais de ce nom. Ce sont de petites îles basses reposant sur le même récif, par 6° 36' de latitude nord, et 158° 27' de longitude est. Elles sont couvertes de nombreux végétaux et de beaux arbres: elles sont habitées: les insulaires manient avec habileté leurs pirogues. Ils apportèrent à l'expédition française une grande quantité de cocos, que l'on trouva délicieux.

Le 18 juin, la corvette découvrit trois îles basses, qui, n'étant pas portées sur les cartes, devinrent une conquête pour l'expédition de *la Coquille*, et les officiers leur donnèrent le nom d'*îles Duperrey*, en l'honneur de leur commandant. Elles reposent sur un même récif, et comprennent entre elles un lagon qui n'a d'accès que pour les pirogues. Les naturels nomment l'île du nord *Ougai*, celle de l'est *Mongoul*, et celle du sud *Aoura*. Le groupe est situé par 9° 39' de latitude nord, et 157° 29' 26" de longitude est.

Les habitants de ces îles sont grands, forts et bien constitués. Ils ont la peau souple, lisse et peu foncée en couleur; les cheveux noirs, ondulés et flottants sur les épaules; la physionomie ouverte et bienveillante, un air de gaîté continuel, et le sourire toujours sur la bouche, qui ne s'ouvre que pour laisser voir des dents du plus bel émail. Ils n'ont pour tout vêtement qu'un étroit maro, dont l'étoffe est teinte en jaune orangé très vif. Un tatouage compliqué leur couvre toute la surface du corps. Malheureusement ces insulaires sont sujets à la lèpre, maladie due à l'ichthyophagie.

Le 23 juin, *la Coquille* découvrit une nouvelle île basse que M. Duperrey nomma *île d'Urville*, parce que sans doute elle avait été aperçue d'abord par cet habile marin: elle gît par 7° 5' 18" de latitude nord, et 150° 16' 52" de longitude est; elle est couverte d'une magnifique végétation, mais elle n'a guère plus d'un mille d'étendue.

Le 24 juin, *la Coquille* aperçut à l'ouest-sud-est une terre haute, divisée en petits mondrains ou petites îles. Le 25, elle rangea la partie septentrionale, et reçut à bord les naturels de l'une de ces îles qui leur donnerent les noms de *Pise*, *Pisémeo*, *Ruac*, *Lamoil*, *Faluhu*, *Ulalu*, *Iros*, *Falang*, *Tol*, etc. La concordance de plusieurs de ces noms avec la carte de Cantova fit connaître que c'était le groupe Hogoleu, situé vers le 7e dégré de latitude nord et le 149e de longitude est.

Ce groupe considérable dont, avant le passage de la corvette *la Coquille*, on ne connaissait encore que l'île haute appelée *Dublon*, consiste en deux systèmes de petites îles hautes et au nombre de trente-sept, dont les pitons décèlent une origine volcanique. Elles sont couvertes d'une riche verdure et entourées d'un immense développement de récifs, tandis que des lagons profonds occupent l'intérieur. Les habitants sont en tout semblables aux Carolins déjà décrits par d'autres navigateurs; ils se montrèrent turbulents et hospitaliers. Tous avaient des chapeaux coniques faits en feuilles de vaquois et de ponchos, à la manière des Araucanos du Chili; ils n'avaient d'autres armes que des frondes tressées avec art; ils possédaient des pirogues à voiles; quelques-uns étaient tatoués sur la poitrine et sur les jambes; ils avaient les lobes des oreilles fendus et tiraillés par l'habitude d'y placer des bâtonnets. Ils se montrèrent pêcheurs habiles, et conduisaient leurs pirogues avec beaucoup d'adresse.

En s'éloignant de l'archipel Hogoleu, la corvette visita, le 30 juin, la petite île Tamatam, découverte ainsi que deux autres, en 1801, par le navigateur espagnol Ibargoitia. Les naturels ne diffèrent point de ceux d'Hogoleu, dont nous venons de citer l'archipel: maro, poncho, chapeau conique, oreilles trouées, tout paraît identique, de même que les colliers à grains noirs et blancs, longs de cinq pieds, et dont les naturels se servent comme de balanciers lorsqu'ils dansent. Ces indigènes se montrèrent d'assez bonne foi dans les marchés, mais ils décélèrent aussi leur penchant au vol.

Le 3 juillet, la corvette *la Coquille* découvrit une petite île basse, par 8° 11' 53" de latitude nord, et 147° 20' 10" de longitude est. Elle repose sur un plateau de corail d'environ un mille de diamètre.

Le 5, on prit connaissance de l'île Sataboual que le capitaine Wilson appela *Tucker*, du nom d'un matelot suédois qu'il y laissa. Elle est située par 7° 21' 52" de latitude nord, et 144° 46' 36" de longitude est. Elle n'a guère qu'un mille de diamètre. Ses habitants sont d'excellents marins qui font de fréquents voyages à Guam pour s'y procurer des instruments de fer, métal qu'ils nomment *louton*. Ces insulaires étaient complétement nus: trois ou quatre seulement avaient un chapeau chinois: quelques jeunes gens portaient des fleurs sur la tête.

La corvette rangea de près cette île, avec le projet de visiter ensuite les îles Lamoursek, Elat, Ifelouk, Guliay; mais la saison trop avancée ne le permit point. Il fallut donc voguer vers la Nouvelle-Guinée, et *la Coquille* mouilla, le 26 juillet, au hâvre de Doreri par 51° 43' de latitude sud, et 131° 45' 6" de longitude est.

La corvette quitta le hâvre de Doreri le 9 août 1824, et rangea la côte de la Nouvelle Guinée pour aller relever le cap de Bonne-Espérance de cette terre par 19' de latitude sud, et 130° 5' 21" de longitude est. Le 13, elle était devant l'île Rawak, par 1' 14" de latitude sud, et 128° 36' 25" de longitude est.

Continuant sa route vers les îles Moluques, elle vit successivement les îles Vayag au nord de Rouib, et les îles Guébé, Pisang et Bouron. Le 21, elle donna dans le détroit de Wigan-Wigan, compris entre les îles Toukan-Bessy et la partie sud est de l'île Boutoun. Le 24, elle passa le détroit de Salayer par 5° 41' 20" de latitude sud, et 118° 7' 45" de longitude est. Le 27, elle prit connaissance de la pointe orientale de Sadura, et, le 29 elle mouilla à l'entrée de la rivière de Sourabaya par 7° 12' 31" de latitude sud, et 110° 23' 2" de longitude est.

La corvette remit à la voile le 11 septembre, traversa; le 15, la baie de Batavia, était, le 27, au-delà du détroit de la Sonde, et mouillait, le 3 octobre, au Port-Louis de l'Ile-de-France. Elle en repartit, le 16 novembre, pour toucher, le 19, à la rade Saint-Denis de l'île Bourbon, la quitter, le 28, et atteindre, le 19, le cap de Bonne-Espérance.

Le 3 janvier 1825, elle mouilla devant Jamestown, port de l'île Sainte-Hélène, dont le roc brûlé s'élève au milieu de l'océan Atlantique avec ses flancs taillés en hautes murailles verticales. Cette île gît par 15° 55' de latitude sud, et 7° 59' 8" de longitude ouest, à douze cents milles des côtes d'Afrique, à neuf cents milles de celles d'Amérique, à six cents milles de l'île de l'Ascension et à douze cents milles de l'île Tristan d'Acunha. Sa plus grande longueur est de trois lieues, sa largeur de deux lieues, et sa circonférence de huit; cette île, par sa position géographique, est considérée par les Anglais comme leur Gibraltar des mers de l'Inde.

Vue de la mer, elle paraît triste et nue; mais quelques vallées y présentent une verdure agréable. Le climat est salubre et le ciel généralement serein. En avançant dans l'intérieur on rencontre des paysages romantiques, notamment dans la vallée de Sinn, si propre à inspirer de profondes réflexions, puisque c'est là que reposent, voilés par de grands saules pleureurs, les restes de Napoléon Bonaparte, près desquels veille nuit et jour une sentinelle anglaise.

Le 11 janvier 1825, la corvette *la Coquille* se dirigea sur l'île de l'Ascension qu'elle atteignit le 18, par 7° 55' de latitude sud, et 16° 44' 25" de longitude ouest.

Cette île est, comme Sainte-Hélène, sous la domination anglaise; elle était autrefois déserte: elle commence à offrir un coup d'œil intéressant pour l'observateur. L'Angleterre y entretient un poste militaire d'environ soixante hommes, poste relevé tous les trois ans, et destiné à conserver dans de vastes magasins les vivres de campagne et tous les matériaux nécessaires au ravitaillement des vaisseaux britanniques. La baie Sandy est défendue par quatorze canons de différents calibres; le sol de l'île est volcanique; une montagne assez élevée en occupe le centre, et ses flancs présentent aujourd'hui quelques traces de culture. Les contours de l'île sont très déchiquetés; il n'y a point de port proprement dit, et l'on mouille sous le vent. L'Ascension n'a commencé d'être habitée d'une manière fixe qu'en 1815, lorsque Napoléon fut transporté à Sainte-Hélène. Peu à peu, le nombre des habitants s'est augmenté; et lors du passage de *la Coquille*, ils étaient deux cent vingt-quatre hommes, non compris quelques femmes. Les Anglais, en prenant possession de cette île, y avaient trouvé beaucoup de chèvres et de chats sauvages; ils détruisirent ces derniers animaux et les remplacèrent par des cochons et des poules, en les abandonnant à leur prospérité naturelle. Malgré cette ressource, on est encore obligé d'envoyer tous les ans des vivres salés pour une grande partie de la garnison : les seuls aliments frais qu'on puisse distribuer sont des tortues, du poisson et des légumes. On a commencé à planter des arbres, car il n'y en avait pas de naturels à cette terre. L'eau est rare : on la recueille goutte à goutte en trois ou quatre endroits pendant huit mois de l'année, dans des tonneaux défoncés par un bout et communiquant entre eux par des conduits.

L'air qu'on respire à l'Ascension est très sain, la température y est agréable, et les convulsions de l'atmosphère ne s'y manifestent jamais. Les pluies sont rares; mais presque toujours une brume épaisse enveloppe le sommet de la plus haute montagne élevée de huit cent soixante-trois mètres au-dessus du niveau de la mer. La température de ce sommet diffère de dix à douze degrés de celle de la plaine. Dans la saison des pluies, qui est la plus fraîche, le minimum du thermomètre de Fahreinheit est sur la plage à 70°, et dans la plaine à 58°. Dans les autres saisons, le maximum de la chaleur est sur la plage à 92°, et sur la montagne de 80°; par conséquent il ne gèle jamais.

Le 28 janvier 1825, la corvette *la Coquille* sortit de la baie Sandy de l'Ascension, entra, le 9 mars, dans le détroit de Gibraltar, et, pénétrant dans la Méditerranée, vint mouiller à Marseille, le 24 du même mois de mars 1825, après une absence de trente-un mois treize jours, pendant lesquels elle avait parcouru vingt-quatre mille huit cent quatre-vingt-quatorze lieues sans avoir perdu un seul homme et sans avoir éprouvé d'avaries.

Les prisonniers de guerre sont toujours dévorés.....

FIN DES VOYAGES DE BAUDIN, FREYCINET ET DUPERREY.

Paris. — Imp. Lacour et Cie, rue Soufflot, 16.

R.F.

JACQUES COOK.

(1769-1780.)

VIE DU CAPITAINE COOK (1).

Le capitaine Cook naquit à Marton, petit village du comté d'York en Angleterre, le 27 octobre 1728. Son père vivait dans l'humble état de domestique à la campagne, où il avait épousé une fille nommée Grace, servant aussi dans une ferme. Le capitaine Cook était l'un des neuf enfants dont se composait la famille paternelle. Il commença à recevoir son éducation à Marton, où la maîtresse d'école du village lui apprit à lire. A peine âgé de huit ans, il fut transporté à Ayton par son père qui venait d'être fait premier domestique d'une autre ferme de cet endroit. C'est là que le jeune Cook apprit à écrire.

A treize ans on le mit en apprentissage chez un mercier de Staith, ville considérable par ses pêcheries, à dix milles au nord de Whitby. Ce métier convenait cependant très peu à ses inclinations. Il tournait sans cesse les yeux vers la mer, et sa passion ne pouvait pas manquer d'être augmentée par la situation de la ville où il était, et le genre de vie des personnes qu'il voyait fréquemment. Quelques mécontentements étant survenus entre son maître mercier et lui, il obtint son congé, et bientôt après il s'engagea lui-même pour sept ans avec des quakers, propriétaires de deux vaisseaux destinés au commerce du charbon. Presque tout le temps de son apprentissage fut employé sur l'un de ces vaisseaux; et, après cet apprentissage, il continua à naviguer en qualité de simple matelot, jusqu'au moment où l'un des propriétaires lui donna la place de contre-maître ou patron d'un de ses navires. Les premières années de la navigation de Cook n'offrent aucune particularité remarquable, si ce n'est qu'on distinguait déjà son esprit attentif et sa grande sagacité en tout.

Au printemps de 1755, la guerre étant déclarée entre l'Angleterre et la France, il y eut une presse de matelots. Le navire où était Cook se trouvait par hasard dans la Tamise. Le jeune matelot commença par se cacher; mais, réfléchissant ensuite qu'il lui serait presqu'impossible d'échapper à la presse, il se détermina tout de suite à entrer volontairement au service de la marine royale. Peut-être eut-il alors quelque pressentiment secret que, par son activité et son application, il pourrait s'élever au point où il est parvenu depuis.

En conséquence, il marcha droit à Wapping, quartier de Londres où était un rendez-vous de marins. Il s'adressa à un officier de vaisseau qui l'agréa. Au mois d'octobre 1755, ce vaisseau passa sous le commandement de Palliser, qui ne tarda pas à remarquer en Cook un homme de mer intelligent, actif et brave.

Le 10 mai 1759, Cook fut nommé maître d'équipage d'une frégate, et puis d'un vaisseau destiné pour le Canada. Pendant le siége de Québec les Anglais eurent besoin de faire sonder le canal du fleuve Saint-Laurent, entre l'île d'Orléans et la rive septentrionale,

(1) Nous pensons que le lecteur nous saura gré de placer ici quelques détails sur la vie de Cook, tirés de la biographie anglaise du docteur Kippis, traduite en 1789 par M. Castera, dont nous avons, en général, reproduit le travail, en l'abrégeant ou en en prenant la substance contenue dans un fort volume in-4°. A. M.

précisément vis-à-vis du cap de Montmorenci et de Beauport, où l'armée française était fortifiée. L'amiral anglais voulait par ce moyen savoir s'il pourrait placer des vaisseaux pour attaquer les batteries françaises, afin de couvrir l'armée du général Wolf, qui devait surprendre le camp.

Le capitaine Palliser, qui connaissait l'habileté et le courage de Cook, le proposa pour sonder le fleuve. Il ne pouvait exécuter cette entreprise que la nuit : il y travailla donc sept nuits de suite. A la fin il fut découvert par les Français, qui rassemblèrent plusieurs canots avec un grand nombre de sauvages pour l'attaquer et l'arrêter. Il eut beaucoup de peine à leur échapper. Obligé de forcer de rames il alla s'échouer sur le rivage de l'île d'Orléans, près de la garde de l'hôpital des Anglais. Plusieurs sauvages s'élançaient dans sa chaloupe par un bout, tandis qu'il sautait à terre par l'autre, et ils s'emparèrent de la chaloupe qu'ils ramenèrent en triomphe. Cependant Cook porta à l'amiral une carte du canal aussi exacte et aussi complète que s'il l'avait sondé après que les Anglais furent maîtres de Québec. Le capitaine Palliser était bien instruit qu'avant ce temps-là Cook n'avait jamais manié le pinceau, et qu'il ne savait pas même dessiner; mais telle était l'aptitude de notre marin, qu'il réussissait promptement dans tout ce qu'il voulait entreprendre.

Cook rendit encore aux Anglais un autre service important pendant que l'escadre britannique resta dans le fleuve Saint-Laurent. La navigation de ce fleuve est extrêmement difficile et dangereuse : elle l'était encore plus pour les Anglais qui, jusqu'alors, étrangers à cette partie de l'Amérique, n'avaient aucune carte exacte à laquelle ils pussent se fier. L'amiral Saunders ordonna que Cook fût employé à examiner les passages de la rivière au-dessous de Québec, qui offraient trop d'écueils aux navigateurs. Cook exécuta cette opération avec la même activité et la même intelligence que la première.

Après l'expédition de Québec, Cook fut nommé maître d'équipage à bord d'un vaisseau de guerre faisant partie d'une escadre en station à Hallifax. Pendant cette campagne, sa conduite lui mérita l'estime et l'amitié du chef, et les loisirs qu'il eut lui permirent d'acquérir des connaissances qui lui ont beaucoup servi depuis. C'est à Hallifax qu'il commença à lire Euclide et à s'appliquer de lui-même à l'étude de l'astronomie. Il avait peu de livres, mais son esprit le rendait capable de suppléer à beaucoup de choses, et de faire des progrès bien au-dessus de ceux qu'on pouvait attendre de la pénurie où il se trouvait.

Pendant que Cook était maître d'équipage du *Northumberland*, sous le commandement de lord Colwill, ce vaisseau se rendit à Terre-Neuve au mois de septembre 1762, pour aider à reprendre cette île dont les Français s'étaient emparés. L'île reprise, la flotte anglaise séjourna quelque temps à Placentia, pour fortifier cet endroit. Cook fut chargé de lever le plan du hâvre et des hauteurs de la place; et la manière dont il s'en acquitta attira sur lui l'attention de l'amiral Graves, gouverneur de Terre-Neuve, qui conçut la plus haute idée de son habileté.

Vers la fin de 1762, Cook retourna en Angleterre, et, le 21 décembre, il épousa miss Elisabeth Batts, femme aimable et digne de la tendre affection qu'il eut toujours pour elle : mais son genre de vie et les devoirs auxquels il s'était consacré ne lui permirent pas de goûter les douceurs du mariage sans de longues interruptions.

Au commencement de l'année 1763, Cook fut de nouveau envoyé à Terre-Neuve pour lever le plan de Saint-Pierre et de Miquelon, qui avaient été cédés aux Français par le traité de paix, et dont ils devaient prendre possession à une époque fixe. La mission remplie, Cook revint en Angleterre, et, l'année suivante, il repartit avec son ancien ami et premier protecteur, sir Hugh Palliser, nommé commodore et gouverneur de Terre-Neuve, dont il parcourut l'intérieur. Il fut constamment employé à titre d'ingénieur de la marine depuis 1764 jusqu'à 1767, excepté la saison de l'hiver qu'il venait passer en Angleterre. Pendant son séjour à Terre-Neuve, il eut une occasion de donner à la Société royale de Londres une preuve de ses progrès dans l'étude de l'astronomie, en publiant l'observation d'une éclipse de soleil.

Le goût des découvertes se ranimait ; Wallis et Carteret venaient d'accomplir leur voyage autour du monde : on résolut d'en entreprendre un nouveau, et Cook fut choisi pour l'effectuer, comme on le verra dans la relation.

C'était le *premier voyage* de Cook : il passa le cap Horn et arriva devant Taïti, le 11 juin 1769. C'est là que notre navigateur observa le passage de Vénus. Il reconnut dans les Taïtiens un peuple bon, mais voleur ; religieux, mais plein de superstitions ; respectant les morts, mais leur immolant quelquefois des vivants. Le séjour des Anglais dans cette île dura trois mois.

On visita ensuite les îles voisines, formant l'archipel auquel Cook donna le nom d'*îles de la Société*.

En le quittant, Cook visita beaucoup d'autres îles dans la partie australe de l'océan Pacifique, et alla faire une reconnaissance exacte de la Nouvelle-Zélande, d'où il revint pour exécuter le même travail sur la côte orientale de la Nouvelle-Hollande, partie qu'il nomma *Nouvelle-Galles méridionale*. C'est dans la relation même qu'il faudra lire les détails de ces savantes opérations.

Le retour de Cook en Angleterre fit concevoir de grands doutes sur l'existence d'un continent austral, existence qui préoccupait les esprits. La Société royale de Londres voulut résoudre le problème, et à sa demande le gouvernement britannique ordonna une seconde expédition. Cook en reçut le commandement. Il était engagé non-seulement à faire le tour du globe, mais à le faire dans les plus hautes latitudes sud.

Il partit le 13 juillet 1772, passa la ligne le 8 septembre, et arriva, le 17 janvier suivant, au 47e degré 15' latitude sud, où la glace lui ferma le passage. Quoique ce fût le milieu de l'été pour les parages où il naviguait, le froid était extrêmement violent et tout l'équipage en souffrit beaucoup.

Cook résolut, le 17 mars, d'abandonner ces hautes latitudes sud, et de se rendre à la Nouvelle-Zélande. Il visita en passant la côte orientale de la terre de Van-Diémen, et arriva, le 25, à sa destination.

Dans ce *deuxième voyage* Cook apprit que les Nouveaux-Zélandais, loin de contenir leurs femmes, comme il l'avait cru d'abord, les forçaient au contraire à se prostituer pour un clou ou quelque autre bagatelle, et qu'ils bravaient impudemment toute espèce de décence, lorsqu'au premier voyage il n'y avait eu cependant qu'un commerce en cachette. Le capitaine se convainquit de plus en plus de la férocité des naturels, chez qui l'anthropophagie est une coutume invétérée.

De la Nouvelle-Zélande notre navigateur fit voile pour Taïti, passa près de l'archipel Dangereux, et mouilla dans la baie de Matavaï, au mois d'août 1773, puis à l'île de Huaheine, une des îles de l'archipel de la Société. Pendant cette seconde visite le capitaine Cook eut occasion de bien connaître les lois et les mœurs du pays. Il s'assura que les femmes mariées et les jeunes filles se livraient moins facilement qu'on ne l'avait pensé aux plaisirs des sens. Il vit que presque tous les habitants étaient privés de leur petit doigt.

En quittant l'archipel de la Société, Cook visita les îles de Middlebourg et d'Amsterdam, et revint à la Nouvelle-Zélande pour y renouveler ses provisions. De là il essaya encore une navigation vers les hautes latitudes sud ; puis il se rapprocha de l'équateur, visita l'île de Pâques, ou autrement la terre de Davis ; puis encore l'archipel des Marquises, d'où il revint une troisième fois à Taïti.

Il en repartit, le 6 juin 1774, pour explorer d'autres îles, notamment Anamocka ou Rotterdam. La première chose qu'on vint lui présenter fut une jeune fille, qu'on mettait à sa discrétion. La vieille femme qui la lui offrait se fâcha de ce qu'il refusait une si belle créature. Elle était effectivement très jolie; mais notre navigateur trouva plus facile de résister à tant de charmes que d'endurer les injures de la vieille, et il se rembarqua.

Anamocka est l'une des îles que Tasman découvrit : ce navigateur hollandais la nomma *Rotterdam*. Elle est environnée de petites îles qui, avec celles de Middlebourg et de Pilstart, forment un groupe que le capitaine Cook appela l'*archipel des Amis*, à cause de la constante amitié qui règne entre leurs divers habitants, et à cause de leur conduite généreuse envers les étrangers.

Cook vint ensuite à Mallicollo, que le commandant d'Urville nomme *Vanikoro* : île qui, peu d'années après le passage de Cook, allait devenir la tombe de l'infortuné La Pérouse. Cook explora ensuite l'archipel des Grandes-Cyclades, qu'il fit mieux connaître que Bougainville, et qu'il appela du nom collectif de *Nouvelles-Hébrides*.

Il découvrit ensuite une terre qu'il appela *Nouvelle-Calédonie ;* puis une île déserte, qu'il nomma *île de Norforlk*, et qui a depuis été peuplée par des matelots anglais.

De l'île de Norforlk le capitaine Cook dirigea sa course vers la Nouvelle-Zélande, où il relâcha dans le canal de la Reine Charlotte. Il en repartit dans l'espoir de résoudre enfin la question sur l'existence d'un continent austral; mais il dut bientôt renoncer à cet espoir. Il doubla le cap Horn, et entra dans l'océan Atlantique. Il avait vu et nommé *la Thulé australe* comme étant la terre la plus avant au sud qu'il eût encore découverte. Il avait alors fait le tour de la mer du Sud dans les plus hautes latitudes, et il la traversa de manière à ne plus laisser croire qu'il y existât un continent, à moins qu'il ne fût sous le pôle et hors de la portée des navigateurs. En parcourant deux fois l'Océan qui s'étend sous les tropiques, il avait confirmé plusieurs anciennes découvertes, en avait fait beaucoup de nouvelles, et laissé peu de choses à ses successeurs. Enfin, il retourna en Angleterre par le cap de Bonne-Espérance, après avoir parcouru plus de vingt mille lieues de mer, ce qui est presque égal à trois fois la circonférence de la terre.

Rentré dans sa patrie, le capitaine Cook saisit avec empressement l'occasion de se distinguer dans un *troisième voyage* autour du monde, voyage qui devait avoir pour objet de découvrir un passage au nord. Mais, au lieu de chercher à entrer de l'océan Atlantique dans l'océan Pacifique, on voulut essayer de venir des mers australes dans notre océan, et le capitaine Cook eut ordre de traverser dans la mer Pacifique la chaîne des nouvelles îles qu'il avait déjà vues vers le tropique du Capricorne; de passer sous l'équateur dans le nord de cet océan, et de suivre ensuite la route qui lui paraîtrait la plus convenable pour trouver un passage.

Le 12 juillet 1776, Cook fit voile de Plymouth, passa devant Ténériffe et cingla vers le cap de Bonne-Espérance après avoir vu le Brésil. Il repartit du cap et prit la route du sud, visita l'île Kerguelen, d'où il se rendit à la terre de Van-Diémen, et de là à la Nouvelle-Zélande, où il arriva le 30 janvier 1777. Il y resta un mois; il en repartit pour aller prendre terre à l'île de Mangia, puis à l'île de Palmerston, et à celle de Tongatabou qu'il atteignit au commencement de mai.

Il en sortit le 10 juillet suivant; et après un séjour de trois mois aux îles des Amis, il se rendit dans celles de la Société pour aborder à Taïti, le 12 août 1777.

Dans ce dernier voyage, Cook fut témoin de plusieurs sacrifices de victimes humaines que les Taïtiens immolaient à leurs dieux, et il eut la preuve que cette horrible coutume était suivie dans presque toutes les îles semées au milieu du vaste océan Pacifique, notamment aux îles des Amis. On se rappelle combien les sacrifices de sang humain étaient autrefois communs dans notre ancien monde. Il n'y a presque point de nation qui en ait été exempte. Comme la réforme des pratiques religieuses est un des derniers efforts de l'esprit humain, la superstition peut exister encore après que les peuples sont éclairés. Il a fallu bien du temps pour que la civilisation enlevât au fanatisme sa cruauté, et le réduisît à des cérémonies, qui, quoique souvent ridicules, sont douces et innocentes quand on les compare aux rits barbares dont nous venons de parler. Au reste ces rits ont déjà cessé à Taïti, où le christianisme a été récemment inoculé.

Ce qui étonna le plus les Taïtiens fut de voir le capitaine Cook se promener à cheval dans la plaine de Montavaï. C'était assurément la première fois qu'ils jouissaient d'un pareil spectacle. La mère du roi de l'île, ses trois sœurs et huit autres jeunes femmes guérirent d'un rhumatisme le capitaine en l'étendant sur un lit et le pressant de la tête aux pieds avec leurs mains caressantes, opération qui dura environ un quart d'heure, et qui fut répétée le lendemain. Ce remède, appelé *romée*, est ici généralement pratiqué : les hommes le font quelquefois eux-mêmes, mais plus souvent ce sont les femmes.

Notre navigateur fit ses derniers adieux à Taïti, afin de voguer en octobre 1777 pour visiter l'île de Bolabola, d'où il sortit le 8 décembre, et continua de s'avancer vers le nord.

Au mois de janvier 1778, il atteignit un groupe d'îles qu'il appela *îles Sandwich*, en l'honneur du comte de Sandwich, lord de l'amirauté, son protecteur et son ami. Nous renvoyons à la relation les détails qu'il présente sur ces îles pittoresques. Le 2 février, poussant toujours vers le nord, il alla mouiller dans la baie de Noutka, dont le climat fut trouvé incomparablement plus doux que celui de la côte orientale de l'Amérique ne l'est dans la latitude parallèle. Après avoir avancé davantage, il jeta l'ancre d'abord auprès d'une île nommée *Ounalashka*, puis au cap du Prince de Galles (cap oriental), situé par 65° 46' latitude nord, et 195° 45' longitude est, pointe la plus orientale de la Sibérie, où il eut la gloire de vérifier le rapprochement des deux continents, rapprochement qui était encore à cette époque un sujet de doute.

De là il revint, par une navigation sinueuse, aux îles Sandwich. Ici une querelle pour vol commis par les sauvages termina ses jours à Owhyhée, où il tomba lâchement frappé par derrière de plusieurs coups de poignard. On ne put ravoir qu'une partie de ses membres auxquels on rendit les derniers devoirs. Le vaisseau revint, le 4 octobre 1778, en Europe, et y rapporta cette triste nouvelle, qui causa en Angleterre un deuil universel.

A un grand génie Cook unissait l'application, qui est le partage des hommes supérieurs. Ces qualités étaient accompagnées de connaissances très étendues. Il écrivait purement sa langue et était d'une persévérance à toute épreuve, grâce à la force invincible de son âme. Il savait se maîtriser dans les circonstances difficiles, et paraissait d'autant plus calme que le péril était plus grand. A de si beaux titres il joignait les plus aimables vertus : il était bon époux, tendre père, franc et constant ami, et possédait cette discrétion, cette réserve de caractère qui embellit tout le reste. Il avait plus de six pieds de haut, était bien fait, et son regard étincelait d'expression. Il avait six enfants, dont l'aîné a marché noblement sur les traces de son père, et la veuve obtint une pension proportionnée aux services de son illustre époux.

Albert-Montémont.

RELATION DES TROIS VOYAGES.

PREMIER VOYAGE.

(1769-1771.)

Un phénomène astronomique du plus grand intérêt, le passage de la planète de Vénus sur le disque du soleil, qui devait avoir lieu en juin 1769, absorbait les esprits. Le célèbre Lalande venait d'émettre l'opinion que le point le plus convenable pour observer ce phénomène serait une des îles de la mer du Sud. Cook arrivait du Canada, où son génie précoce avait jeté ses premières lueurs : il fut proposé à l'amirauté britannique pour guider le bâtiment qui devait porter les astronomes chargés d'aller vérifier le passage de l'astre. Il fut agréé, et reçut, avec le commandement de *l'Endeavour* (l'Entreprise), le grade de lieutenant de vaisseau.

Ce passage n'était pas toutefois l'unique motif de l'entreprise : les savants avaient créé des théories qu'il s'agissait de vérifier ou de détruire par l'observation des faits. L'un plaçait un continent dans l'hémisphère austral; l'autre ne voyait que des mers dans l'hémisphère boréal, et admettait une communication de la mer Pacifique à l'Atlantique par le nord-ouest, tout comme il en existait une par le sud-ouest; enfin, la découverte d'une île délicieuse et fortunée, où la beauté sans voile, nageant mollement sur les ondes autour des navires, invitait aux voluptés des sens. Les Européens qui y abordaient semblaient être le point de mire de tous les vaisseaux depuis le retour de Wallis et de Bougainville : ce fut de même le lieu qu'allait chercher le nouvel argonaute, mais dans l'unique désir de faire des découvertes.

Un homme généreux, Joseph Banks, dont le nom s'alliera éternellement à celui de Cook, s'offrit pour partager et ses périls et ses travaux, en faisant à lui seul la moitié des frais de l'entreprise, grâce à l'immense fortune qu'il possédait. Il avait déjà traversé l'Atlantique et visité les côtes du Labrador pour en étudier l'histoire naturelle. Revenu dans sa patrie au moment où l'on équipait *l'Endeavour*, il résolut de prendre part à cette expédition. Il ne désespérait pas de laisser parmi les nations grossières et sauvages qu'il pourrait découvrir des arts ou des instruments qui leur rendraient la vie plus douce, et qui les enrichiraient peut-être, jusqu'à un certain point, des connaissances ou au moins des productions de l'Europe.

Comme il était décidé à faire toutes les dépenses nécessaires pour l'exécution de son plan, il engagea le docteur Solander à l'accompagner dans ce voyage. Ce savant, natif de Suède, élevé sous le célèbre Linnée, de qui il porta en Angleterre des lettres de recommandation, obtint une place dans le Muséum britannique, institution publique qui venait de se former. Banks regarda comme très importante l'acquisition d'un pareil compagnon de voyage, et l'événement prouva qu'il ne s'était pas trompé. Il prit aussi avec lui deux peintres, l'un pour dessiner des paysages et des figures, et l'autre pour peindre les objets d'histoire naturelle qu'ils rencontreraient; enfin un secrétaire et quatre domestiques, dont deux étaient nègres.

Avant d'entrer dans le récit nous devons prévenir le lecteur que Banks tint un journal exact de son voyage, et que, lorsque Hawkesworth fut chargé par l'amirauté de publier la relation de Cook, il y réunit celle de Banks, nourrie de riches observations sur les mœurs et les productions que l'habile marin n'avait pas eu sans doute le temps de recueillir lui-même. Ainsi, la relation qui va suivre est due tout à la fois à Cook et à son digne compagnon de navigation : néanmoins Cook sera censé avoir tout colligé, tout réuni, et c'est lui seul qui parlera.

PREMIÈRE SECTION.

Passage de Plymouth à l'île Madère. Quelques détails sur cette île.

Après avoir reçu ma commission j'allai à bord, le 27 mai 1768, et pris le commandement du vaisseau qui était alors dans le bassin de Deptfort. Il fut bientôt en état de mettre en mer. Les vivres et les munitions ayant été embarqués, je descendis la rivière, le 30 juillet, et, le 13 août, je jetai l'ancre dans le rade de Plymouth.

Le 26 août, nous mîmes à la voile. Le 31, nous vîmes différents oiseaux que les navigateurs anglais appellent *poulets de la mère Carey*, et qu'ils regardent comme les avant-coureurs d'une tempête. Le 2 septembre, nous vîmes terre entre le cap Finistère et le cap Ortegal, sur la côte de Galice en Espagne. Le 5, par notre observation du soleil et de la lune, nous trouvâmes la latitude du cap Finistère à 42° 53' nord, et sa longitude à 8° 46' ouest du méridien de Greenwich, sur lequel nous calculerons toujours.

Le 12, nous découvrîmes les îles de Porto-Santo et de Madère, et le jour suivant nous jetâmes l'ancre dans la rade de Funchal.

L'île de Madère, vue de la mer, présente un très bel aspect : les flancs des collines sont entièrement couverts de vignes presque jusqu'à la hauteur où l'œil peut distinguer les objets; elles y sont vertes, tandis que tous les autres végétaux sont entièrement brûlés, excepté dans les endroits ombragés par la vigne et çà et là sur les bords des petits ruisseaux.

Le seul objet de commerce que Madère fournisse est le vin. On le fait d'une manière bien simple. Le raisin est jeté dans des vaisseaux de bois de forme carrée, dont la grandeur est proportionnée à l'étendue du vignoble auquel ils appartiennent. Les valets nus entrent dans la cuve, et, avec leurs pieds et leurs coudes, pressent le raisin le plus fortement qu'ils peuvent. Les grappes ainsi foulées sont ensuite mises en un tas et placées sous une pièce de bois carrée, qu'on presse avec un levier engagé par un bout, et à l'extrémité duquel on suspend une pierre. Les habitants ont fait si peu de progrès dans les arts, que ce n'est que très récemment qu'ils sont parvenus à donner à un vignoble la même espèce de fruit en greffant leurs vignes. Il semble qu'il y ait dans les esprits, ainsi que dans la matière, une sorte de force d'inertie qui résiste à tout changement.

La nature a trop fait pour ce beau pays, aussi l'industrie humaine et les arts y ont eu peu de progrès. Le sol y est riche; la plaine et les montagnes ont des climats si différents, qu'à peine y a-t-il une seule production recherchée du sol de l'Europe ou des deux Indes que la culture ne puisse donner ici. Les montagnes produisent presque sans culture les noix, les châtaignes et les pommes en grande abondance.

On trouve dans les jardins de la ville beaucoup de plantes des deux Indes, entre autres le bananier, le goyavier, le pommier à pain, l'ananas, le mangoustier, qui fleurissent et donnent leur fruit presque sans soins. Le blé est de la meilleure qualité, d'un beau et gros grain. L'île en pourrait produire en abondance; cependant les habitants tirent du dehors la plus grande partie de celui qu'ils consomment. Le mouton, le porc et le bœuf y sont excellents,

La ville de Funchal tire son nom de *funcho*, nom portugais de la plante appelée fenouil, qui croît en abondance sur les rochers voisins. Sa latitude est de 32° 33' 33" nord, et sa longitude de 16° 49' ouest. Elle est située au fond d'une baie, et, quoique plus vaste que l'étendue de l'île ne semble le comporter, elle est très mal bâtie. Les maisons des principaux habitants sont grandes, celles du peuple petites. Les rues sont étroites et les plus mal pavées que j'aie vues. Les églises sont chargées d'ornements, parmi lesquels on trouve plusieurs tableaux et des statues des saints les plus fêtés.

Les montagnes de ce pays sont très élevées : la plus haute, le pic Ruivo, dépasse cinq mille soixante-huit pieds, c'est-à-dire près d'un mille anglais perpendiculairement au-dessus de la plaine qui lui sert de base, et qui est plus haute qu'aucune terre de la Grande-Bretagne. Les côtes de ces montagnes sont, jusqu'à une certaine hauteur, couvertes de vignes, au-dessus desquelles se trouvent des bois de pins et de châtaigniers d'une étendue immense, et enfin plus haut des forêts d'arbres de différentes espèces inconnues en Europe, comme le *mirmulano* et le *paobranco*, dont les feuilles, surtout celles du dernier, sont si belles qu'elles seraient un grand ornement dans nos jardins.

On compte qu'il y a dans l'île environ 80,000 habitants (1). Les droits de douane rendent au roi de Portugal 20,000 livres sterling (2) par an, toutes dépenses payées. Ce revenu pourrait être aisément doublé par la vente des seules productions de l'île, sans parler des vins, si l'on mettait à profit la bonté du climat et l'étonnante fertilité du sol; mais cet objet est entièrement négligé par les Portugais. Dans le commerce des habitants de Madère et de Lisbonne, la balance est contre les premiers; de sorte que, toute la monnaie portugaise passant sans cesse à Lisbonne, les espèces courantes dans l'île sont toutes espagnoles. Il y a, à la vérité, quelques pièces de cuivre portugaises, mais si rares que nous n'en avons presque point vu.

Les rafraîchissements qu'on peut trouver en ce lieu sont l'eau, le vin, différentes espèces de fruits, des ognons en grande quantité, et quelques confitures. Pour la viande fraîche et la volaille, on ne peut en avoir qu'avec la permission du gouverneur, et à très haut prix.

Passage de Madère à Rio-Janeiro. Description du pays et divers incidents.

Le 21 septembre 1768, nous reconnûmes les îles appelées *les Salvages*, au nord des Canaries. La principale de ces îles étant à notre sud-ouest, je regarde ces îles comme gisant par 30° 11' de latitude nord, à cinquante-huit lieues de Funchal, dans la direction du sud-est.

Le 23, nous vîmes le pic de Ténériffe. La hauteur de cette montagne, d'où je pris un nouveau point de départ, a été déterminée par le docteur Heberden qui y est monté, à quinze mille trois cent quatre-vingt-seize pieds, c'est-à-dire à trois milles anglais moins cent quarante-huit verges, en comptant le mille pour mille sept cent soixante verges : son aspect au coucher du soleil nous frappa beaucoup. Quand le soleil fut sur l'horizon, et que le reste de l'île était à nos yeux du noir le plus foncé, la montagne réfléchissait encore les rayons de cet astre, et nous paraissait enflammée d'une couleur de feu que la peinture ne peut pas rendre. Elle ne jette point de feux visibles, mais non loin du sommet sont des crevasses d'où sort une chaleur si forte, qu'on n'y peut pas tenir la main. Nous avons reçu du docteur Heberden du sel qu'il a recueilli sur le sommet de la montagne, où l'on en trouve en grande quantité. Il suppose que c'est là le vrai natrum ou nitrum des anciens. Il nous donna aussi un peu de soufre natif très pur, qu'on trouve en abondance sur la surface de la terre.

Pendant notre traversée de Ténériffe à Bona-Vista nous vîmes un grand nombre de poissons volants, qui, des fenêtres de la chambre, nous paraissaient d'une beauté surprenante. Leurs côtés avaient la couleur et le brillant de l'argent bruni, mais ils perdaient à être vus de dessus le pont, parce qu'ils ont le dos d'une couleur obscure.

Nous prîmes aussi plusieurs de ces poissons à coquilles qu'on trouve flottants sur l'eau, particulièrement l'helix janthina et la violacea. Elles sont à peu près de la grosseur d'un limaçon, et sont soutenues sur la surface de l'eau par une petite grappe de bulles remplies d'air, formée par une substance gélatineuse d'un assez grand degré de viscosité. L'animal est ovipare, et ces espèces de vessies ou bulles lui servent aussi à déposer ses œufs. Il est probable qu'il ne va jamais à fond, et qu'il n'approche pas non plus volontairement du rivage; car sa coquille est extrêmement fragile et aussi mince que celle de quelques limaçons d'eau douce. Chaque coquille contient à peu près la valeur d'une cuiller à café de liqueur que l'animal jette aussitôt qu'on le touche, et qui est du rouge pourpre le plus beau qu'on puisse voir. Elle teint le linge, et il serait peut-être utile de rechercher si ce n'est pas là le pourpre des anciens, d'autant que ce testacé se trouve certainement dans la Méditerranée.

Le 25, nous passâmes la ligne avec les cérémonies accoutumées, par 29° 30' de longitude. Le 28, à midi, nous étions à la latitude de l'île Fernand Noronha, et par 32° 5' 16" de longitude ouest.

Le 29 au soir, nous observâmes ce phénomène lumineux de la mer dont les navigateurs ont parlé si souvent, et auquel on a donné tant de causes différentes, les uns supposant qu'il est l'effet du mouvement que des poissons donnent à l'eau en poursuivant leur proie; d'autres, que c'est une émanation que fournit la putréfaction des animaux marins, d'autres le rapportant à l'électricité, etc. Les jets de lumière ressemblent exactement à ceux des éclairs, quoiqu'un peu moins considérables. Ils sont si fréquents que, quelquefois, il y en a huit ou dix de visibles presque dans le même moment. Nous conjecturâmes que ce phénomène était dû à quelque animal lumineux. Nous fûmes confirmés dans cette opinion, lorsque ayant jeté un filet nous eûmes pris une espèce de medusa, que nous trouvâmes de la couleur d'un métal chauffé fortement, et qui rendait une lumière blanche. Avec ces animaux nous prîmes aussi des crabes très petits de trois espèces différentes, qui tous donnaient de la lumière comme les vers-luisants, quoique moins gros des neuf dixièmes. M. Banks, en examinant ces animaux, eut la satisfaction de trouver qu'ils étaient absolument inconnus aux naturalistes.

Comme plusieurs de nos provisions commençaient à nous manquer, je me déterminai à aller à Rio-Janeiro plutôt que dans tout autre port du Brésil ou des îles Falkland, sachant que j'y trouverais tout ce dont nous avions besoin, et ne doutant pas que nous n'y fussions bien reçus.

Le 8, à la pointe du jour, nous vîmes la côte du Brésil, et, vers les dix heures, nous mîmes à la cape. Nous parlâmes avec un bateau pêcheur, dont les gens nous dirent que la terre que nous voyions était au sud de Santo-Spirito et qu'elle dépendait de la capitainerie de cette place.

Nous louvoyâmes le long de la côte jusqu'au 12, et nous vîmes, à plusieurs reprises, une montagne remarquable près de Santo-Spirito. Nous aperçûmes ensuite le cap Saint-Thomas, et bientôt après une île qui est près du cap Frio et que quelques cartes nomment l'*île de Frio*. Cette île, étant fort élevée avec un

(1) Ce nombre s'est un peu accru depuis le passage de Cook : la population de Madère dépasse aujourd'hui cent mille âmes. A. M.

(2) Cinq cent mille francs. A. M.

vallon au milieu, semblait former deux îles lorsqu'on la voyait de loin. Ce jour-là nous tirâmes le long de la côte, vers Rio-Janeiro, et le lendemain, à neuf heures, nous fîmes voile vers le port. J'envoyai à la ville M. Hicks, mon premier lieutenant, sur la pinasse, afin d'avertir le gouverneur que nous arrivions pour prendre de l'eau et des rafraîchissements, et lui demander en même temps un pilote qui nous indiquât un endroit propre à mettre à l'ancre. Comme j'allais jeter l'ancre au-dessus de l'île de Cobras, qui est située devant la ville, la pinasse revint sans M. Hicks : elle avait à bord un officier portugais, mais point de pilote. Les gens du bateau me dirent que le vice-roi (1) retenait mon lieutenant jusqu'à ce que j'eusse débarqué.

Le 14, je débarquai. J'obtins permission du vice-roi d'acheter des provisions et des rafraîchissements pour le vaisseau, à condition toutefois que j'aurais un de ses gens pour me servir de facteur.

Le 1er décembre, après avoir pris à bord de l'eau et d'autres provisions, j'envoyai demander au vice-roi un pilote pour remettre en mer, et il me l'accorda. Les vents nous empêchant de sortir, nous prîmes à bord une grande quantité de bœuf frais, d'ignames et de légumes pour l'équipage.

Le 5, il faisait calme tout plat : nous levâmes l'ancre et nous remorquâmes le vaisseau hors de la baie. Nous ne fîmes pas voile avant le 7; et, lorsque nous eûmes passé le fort, le pilote demanda à être renvoyé : le bateau de garde, qui rôdait autour de nous dès notre arrivée dans ce lieu jusqu'ici, ne nous avait pas quittés; enfin ils s'en allèrent l'un et l'autre.

Nous restâmes dans ce parage depuis le 14 jusqu'au 7 du mois suivant, c'est-à-dire un peu plus de trois semaines. Pendant ce temps, M. Monkhouse, notre chirurgien, débarqua chaque jour pour nous acheter des provisions. Le docteur Solander alla à terre une fois; j'y allai moi-même à différentes reprises, et M. Banks pénétra dans la campagne, malgré la garde qui nous veillait. Aidé des instructions que m'ont données ces messieurs et de mes propres observations, je vais dire quelque chose de la ville et du pays qui l'environne.

Rio de Janeiro ou *la rivière de Janvier* a été probablement ainsi nommée, parce qu'elle fut découverte le jour de la fête de ce saint. La ville, qui est la capitale des États portugais en Amérique, a pris son nom de la rivière qu'on devrait plutôt appeler un bras de mer, puisqu'elle ne paraît recevoir aucun courant considérable d'eau douce. La capitale est située sur une plaine, au bord du Rio-Janeiro, à l'ouest de la baie et au pied de plusieurs autres montagnes qui s'élèvent en amphithéâtre derrière elle ; elle n'est point mal bâtie, et le plan n'en est pas mal dessiné ; les maisons sont communément de pierre et à deux étages, et chacune des maisons, suivant l'usage des Portugais, a un petit balcon devant les fenêtres et une jalousie devant le balcon. J'ai jugé que son circuit est d'environ trois milles; elle m'a paru aussi étendue que les plus grandes villes de province en Angleterre, sans en excepter Bristol et Liverpool. Les rues sont droites, assez larges, et coupées à angles droits; la plupart sont sur la même ligne que la citadelle appelée *Saint-Sébastien*, et bâtie sur une montagne qui commande la ville (2).

Les montagnes voisines fournissent à la ville de l'eau par le moyen d'un aqueduc (3) élevé sur deux rangs d'arches, et qu'on dit être en quelques endroits fort au-dessus des sources; l'eau est portée par des canaux à une fontaine qui se trouve dans la grande place devant le palais du vice-roi. Il y a continuellement autour de cette fontaine un grand nombre de personnes qui attendent leur tour pour puiser de l'eau, et les soldats qui sont en faction à la porte du gouverneur trouvent qu'il est très difficile d'y maintenir le bon ordre. L'eau de cette fontaine est pourtant si mauvaise que nous n'en bûmes pas avec plaisir, quoique nous fussions en mer depuis deux mois, et que pendant ce temps nous eussions été réduits à celle de nos tonneaux qui était presque toujours sale. Il y a dans quelques parties de la ville une eau de meilleure qualité, mais je n'ai pas pu savoir par quels moyens elle y arrivait.

Les églises y sont fort belles, et l'appareil religieux à Rio-Janeiro est plus rempli d'ostentation que dans aucun pays catholique de l'Europe. L'une des paroisses fait chaque jour une procession, où l'on étale différentes bannières très magnifiques et très précieuses : à tous les coins de rue il y a des mendiants qui récitent des prières en grande cérémonie.

La population de Rio-Janeiro, qui est considérable, est composée de Portugais, de nègres et de naturels du pays. La ville contient, à ce qu'on dit, 37,000 blancs et 629,000 noirs, dont plusieurs sont libres, c'est-à-dire 666,000 hommes (1). Par ce calcul, il y aurait dix-sept nègres pour un blanc.

Chacun conviendra, je pense, que les femmes des colonies espagnoles et portugaises dans l'Amérique méridionale accordent leurs faveurs plus facilement que celles de tous les autres pays civilisés de la terre. Quelques personnes ont si mauvaise opinion des femmes de Rio-Janeiro, qu'ils ne croient pas qu'il y en ait une seule honnête parmi elles. Cette condamnation est sûrement trop générale; mais l'expérience qu'acquit le docteur Solander pendant qu'il y séjourna ne lui a pas donné une grande idée de leur chasteté. Il m'a dit qu'à la nuit tombante elles paraissaient aux fenêtres, seules ou avec d'autres femmes, et que, pour distinguer les hommes qu'elles aimaient et qui passaient dans la rue, elles leur jetaient des bouquets ; que lui et deux Anglais de sa compagnie avaient reçu un si grand nombre de ces marques de faveur, qu'à la fin de la promenade, qui ne fut pas longue, leurs chapeaux étaient remplis de fleurs. Il faut avoir égard aux coutumes locales; ce qui est regardé dans un pays comme une familiarité indécente, n'est dans un autre qu'un simple acte de politesse.

Le peu de pays que nous avons vu dans les environs de la ville est on ne peut pas plus beau (2). Les endroits les plus sauvages sont couverts d'une grande quantité de fleurs, dont le nombre et la beauté surpassent celles des jardins les plus élégants de l'Angleterre.

On trouve sur les arbres et les buissons une multitude presque infinie d'oiseaux, dont la plupart sont couverts de plumages très brillants : on distingue surtout le colibri. Les insectes n'y sont pas moins abondants, et quelques-uns sont très beaux; ils sont plus agiles que ceux d'Europe. Cette observation doit s'entendre surtout des papillons qui volent ordinairement autour des sommets des arbres, et qu'il est par conséquent difficile d'attraper, excepté lorsqu'il s'élève un vent de mer fort, car alors ils se rapprochent de terre.

Nous vîmes peu de terres cultivées : la plupart étaient en friche, et il nous parut que, pour le reste, on y employait peu de soin et de travail. Ils ont de petits jardins où la plus grande partie de nos légumes d'Eu-

(1) Il est inutile de répéter ici ce que nous avons dit du Brésil dans les notes annexées au voyage de Bougainville : le lecteur se rappellera qu'il n'y a plus de vice-roi portugais au Brésil, et que ce territoire américain forme aujourd'hui un vaste empire. A. M.

(2) Rio-Janeiro est sur une grande baie qui forme un des plus beaux ports de l'Amérique. Depuis Cook, c'est-à-dire vers 1808, où la cour de Lisbonne se réfugia au Brésil, une ville neuve a été bâtie à l'ouest de la ville vieille, et offre de belles rues garnies de trottoirs. A. M.

(3) L'eau arrive à Rio par ce magnifique aqueduc, semblable à celui de Lisbonne et d'une demi-lieue de longueur. Il était déjà terminé depuis vingt-neuf ans, lors du passage de Cook. A. M.

(1) Ce nombre est bien exagéré. En tout cas aujourd'hui, la population de la ville de Rio-Janeiro n'est évaluée qu'à deux cent mille âmes, noirs et blancs compris. A. M.

(2) Les environs de Rio sont en effet renommés par les tableaux qu'y présente la nature. Entre les lieux les plus remarquables, on cite Boa-Vista, maison de plaisance de l'empereur, élevée sur une petite hauteur d'où l'œil s'étend sur toute la baie. A. M.

rope sont cultivés, surtout des choux, des pois, des fèves, des haricots, des turneps et des navets : ces légumes sont inférieurs aux nôtres. Le sol produit aussi des melons d'eau, des pommes de pin, des melons musqués, des oranges, des citrons, des bananes, des manjos, des mammaïs, des noix d'acajou, des noix, des jambos de deux espèces, dont l'une porte un petit fruit noir ; des cocos, des noix de palmier de deux espèces, l'une large et l'autre ronde, et des dattes. C'était la saison de tous ces fruits lorsque nous étions à Rio-Janeiro.

Les melons d'eau et les oranges sont, dans leur espèce, les meilleurs de tous ces fruits ; les pommes de pin sont fort inférieures à celles que j'ai mangées en Angleterre : elles sont, il est vrai, plus fondantes et plus douces, mais elles n'ont point de saveur.

La plupart des terres que nous avons vues dans les campagnes sont mises en pâturages. On y fait paître de nombreux bestiaux, mais qui sont si maigres, qu'un Anglais aurait de la peine à en manger. L'herbe, qui consiste principalement en cresson, est fort courte. Les chevaux et les moutons peuvent la brouter, mais il n'en est pas de même des bêtes, qui trouveraient difficilement de quoi s'y nourrir.

Nous n'avons pas reconnu d'autres manufactures que celles des hamacs de coton, qui servent ici de voitures, comme on emploie les chaises à porteurs parmi nous. Ce sont les Américains qui les fabriquent presque tous. Il y a des mines si remplies de pierres précieuses, qu'on ne permet pas d'en tirer au-delà d'une certaine quantité par an. On envoie pour cela des ouvriers qui y restent un mois, plus ou moins ; ils reviennent après en avoir ramassé la quantité fixée par le gouvernement.

Les pierres qu'on y trouve sont des diamants, des topazes de plusieurs espèces et des améthystes. Les ouvriers qui taillent ces pierres sont esclaves.

La monnaie courante à Rio-Janeiro est celle du Portugal, qui consiste principalement en pièces de 36 schellings (1). On frappe aussi dans la ville des pièces d'or et d'argent. Les monnaies d'argent sont d'un titre fort bas, et on les appelle *petacks*. Il y en a de différentes valeurs, qu'on distingue aisément par le nombre de réaux marqué sur l'un des revers. Il y a encore une monnaie de cuivre, comme celle du Portugal, qui vaut depuis 5 jusqu'à 10 réaux. Le réal est une monnaie de compte de ce royaume, dont dix valent environ un sou et demi de France.

Le port de Rio-Janeiro est situé à l'ouest-nord-ouest, à dix-huit lieues du cap Frio. On le distingue par une montagne en pain de sucre placée à l'extrémité occidentale de la baie. Comme toute la côte est très élevée et forme plusieurs pics, on reconnaît plus sûrement l'entrée du hâvre par les îles qui sont situées vis-à-vis, et dont l'une, appelée *Rodonda*, qui est haute et ronde comme une meule de foin, se trouve à deux lieues et demie au sud-ouest de l'entrée de la baie. Les deux première îles qu'on rencontre en venant de l'est ou du cap Frio semblent des rochers : elles sont près l'une de l'autre à environ quatre milles de la côte. A trois lieues à l'ouest de celles-ci il y en a deux autres qui sont également voisines; elles sont placées en dehors de la baie du côté oriental et tout près de la côte. Le hâvre est bon ; l'entrée n'en est pas large ; mais tous les jours, depuis dix heures ou midi jusqu'au soleil couchant, le vent de mer y souffle, ce qui donne aux bâtiments des facilités pour entrer. Il s'élargit à mesure qu'on approche de la ville, et il peut contenir la plus grande flotte par cinq ou six brasses d'eau, fond de vase. L'entrée du hâvre, dans la partie la plus étroite, est défendue par deux forts. Le principal est celui de Santa-Cruz, situé à la pointe orientale de la baie. On appelle *fort Lozia* celui qui est sur la pointe occidentale. Il est bâti sur un rocher qui entre dans la mer. Ils sont éloignés l'un de l'autre d'environ trois quarts de mille. Le canal n'a pourtant pas cette largeur, parce qu'au pied de chaque fort le fond est embarrassé par des rochers détachés : il n'y a de danger que dans cet endroit. Le canal étant fort étroit, le flux et le reflux de la marée y ont une force considérable, et l'on ne peut pas naviguer contre son courant sans un vent frais.

(1) Le schelling vaut 1 fr. 20 c. A. M.

Jamais nous n'avons vu une plus grande variété de poissons que dans la rivière de Janeiro et sur toute la côte. Il se passait rarement un jour sans qu'on en apportât une ou plusieurs espèces nouvelles à M. Banks. La baie est très propre à la pêche ; elle est remplie de petites îles et de pointes de terre avec un fond bas, où l'on peut facilement conduire la seine. Hors de la baie la mer abonde en dauphins et en grands maquereaux de différentes sortes, qui mordent très promptement à l'hameçon, et les habitants sont dans l'usage d'en avoir toujours un attaché à la queue de leurs bateaux. Quoique le climat soit chaud, le pays est très sain à Rio-Janeiro. Pendant que nous y séjournâmes le thermomètre ne s'éleva jamais au-dessus de 83° (1). Nous eûmes cependant des pluies fréquentes, et un jour un vent assez fort.

Rio-Janeiro est un très bon lieu de relâche pour les vaisseaux qui ont besoin de rafraîchissements. Le hâvre est commode et sûr. Excepté le pain et la farine de froment, on peut s'y procurer aisément des provisions. Pour suppléer au défaut du pain il y a des ignames et de la cassave en abondance. On y achète du bœuf frais ou salé pour environ 4 sous de France la livre. Les habitants salent ici leur bœuf en ôtant les os et en le coupant en larges tranches, mais minces, qu'ils saupoudrent ensuite de sel et qu'ils font sécher à l'ombre. Si on le tient sec il conserve sa bonté pendant longtemps à la mer. Il est rare de s'y procurer du mouton. Les cochons et la volaille sont chers. Le jardinage et les fruits sont très communs, mais, excepté la citrouille, on ne peut pas les garder en mer. On y achète du rhum, des sucres et des mélasses excellents, à un prix raisonnable. Le tabac est à bas prix, mais il est de mauvaise qualité. Il y a un chantier pour la construction des vaisseaux, et un ponton pour les mettre à la bande ; car, comme la marée ne s'élève jamais au-dessus de six pieds, il n'y a pas d'autre manière de visiter la quille.

Quand le bateau qui avait été envoyé à terre revint, nous montâmes à bord et nous remîmes en mer.

Passage de Rio-Janeiro à l'entrée du détroit de Le Maire. Description des habitants de la Terre de Feu.

Le 9 décembre 1768, nous observâmes que la mer était couverte de grandes bandes de couleur jaunâtre, dont plusieurs avaient un mille de long, et trois ou quatre cents verges de large. Nous puisâmes de cette eau ainsi colorée, et nous trouvâmes qu'elle était remplie d'une multitude innombrable d'atomes terminés en pointe et d'une couleur jaunâtre. Il n'y en avait aucun qui eût plus d'un quart de ligne de long. En les examinant au microscope ils paraissaient être des faisceaux de petites fibres entrelacées les unes dans les autres, et semblables au *nidus* de ces mouches aquatiques appelées *caddices*, du genre des *phryganea*. MM. Banks et Solander ne purent pas deviner si c'étaient des substances animales ou végétales, ni quelles étaient leur origine et leur destination. On avait remarqué le même phénomène auparavant, lorsque nous reconnûmes pour la première fois le continent de l'Amérique méridionale.

Le 11, nous prîmes à l'hameçon un goulu de mer, et pendant que nous l'examinions nous lui vîmes pousser en dehors et retirer à plusieurs reprises une partie de son corps, que nous jugeâmes être son estomac : c'était une femelle ; et après que nous l'eûmes ouverte on tira de son ventre six petits, dont cinq nagèrent avec vivacité

(1) 83 degrés Fahrenheit répondent à environ 23 degrés Réaumur. A. M.

A la fin cependant ils arrivèrent au feu.....

dans un tonneau rempli d'eau : le sixième nous parut mort depuis quelque temps.

Le 3 janvier 1769, étant par 4° 17' de latitude méridionale, et par 61° 29' 45" de longitude ouest, occupés à voir si nous n'apercevrions pas l'île de Pepys, nous crûmes pendant quelque temps voir une terre à l'est, et nous y courûmes. Il se passa plus de deux heures et demie avant que nous fussions convaincus que nous n'avions rien vu que cette espèce de brouillard appelé par les marins *terre de brume.*

Les gens de l'équipage commençaient à se plaindre du froid, et chacun d'eux reçut ce qu'on nomme une *jaquette magellanique*, et une paire de grandes chausses. La jaquette est faite d'une étoffe de laine épaisse, appelée *fearnought*, et qui est fournie par le gouvernement. Nous vîmes, de temps à autre, un grand nombre de pinguins, d'albatros, de veaux marins, de baleines et de marsouins. Le 11, après avoir passé les îles Falkland, nous découvrîmes à la distance d'environ quatre lieues la côte de la Terre de Feu, qui s'étendait de l'ouest au sud-est.

Le 14, nous entrâmes dans le détroit de Le Maire; les flots étaient si élevés à la hauteur du cap San-Diego, qu'on eût dit que les vagues frappaient sur un banc de rochers. Vers midi nous arrivâmes près de la terre, entre le cap San-Diego et le cap Saint-Vincent.

Entre autres productions que la nature étale dans ces lieux, on remarque l'écorce de Winter, espèce de cannelle, appelée *winterranea aromatics;* on la distingue aisément à sa feuille large ressemblant à celle du laurier, d'un vert pâle en dehors et bleuâtre en dedans. Les naturalistes connaissent les propriétés de l'écorce, qu'on dépouille facilement avec un os ou un bâton pointu; on peut s'en servir dans la cuisine comme d'une épicerie, et elle n'est pas moins agréable que saine. Il y a aussi beaucoup de céleri sauvage et de plantes anti-scorbutiques. Les arbres se ressemblent beaucoup : ce sont une espèce de bouleau, appelée *betula antarctica.* La tige a trente ou quarante pieds de long et deux ou trois pieds de diamètre, et l'on pourrait au besoin en faire des mâts de perroquet : la feuille en est petite, le bois blanc, et il se fend très droit. Nous y ajouterons une espèce de canneberges, rouges et blanches, qu'on y voit en grande quantité.

Passage du détroit de Le Maire. Description des habitants et des productions de la Terre de Feu.

Le 18 et le 19, la grosse mer nous empêcha de transporter à bord du bois et de l'eau; mais, le 20, le vent étant moins fort, nous envoyâmes la chaloupe au rivage, et MM. Banks et Solander y allèrent aussi. Ils débarquèrent au fond de la baie, et, tandis que mes

Tombeau Taïtien.

gens étaient occupés à couper des broussailles, ils poursuivirent leur grand objet, l'étude de la nature, et recueillirent beaucoup de plantes et de coquilles entièrement inconnues jusqu'à eux. Ils vinrent dîner à bord, et retournèrent ensuite dans le dessein de voir un village américain.

Le village consiste en une douzaine de huttes de la structure la plus grossière qu'on puisse imaginer. Ces cabanes ne sont autre chose que quelques pieux plantés en terre, inclinés les uns sur les autres par leurs sommets, et formant une espèce de cône semblable à nos ruches. Elles étaient couvertes du côté du vent par quelques branchages et par une espèce de foin; du côté sous le vent il y avait une ouverture d'environ la huitième partie du cercle, et qui servait de porte et de cheminée. Ces huttes étaient construites comme celles que nous avions vues dans la baie de Saint-Vincent, et dans l'une desquelles nous avions trouvé encore des restes de fou. Il n'y avait aucun meuble dans la cabane. Un peu de foin répandu à terre servait à la fois de siéges et de lits. De tous les ustensiles que l'adresse et le besoin ont introduits parmi les autres nations de sauvages, ceux-ci n'avaient qu'un panier à porter à la main, un sac pendant sur leur dos, et la vessie de quelque animal pour contenir de l'eau.

Les habitants de ce village formaient une petite tribu d'environ cinquante personnes des deux sexes et de tout âge. Ils sont d'une couleur approchant de la rouille de fer mêlée avec de l'huile : ils ont de longs cheveux noirs. Les hommes sont gros et mal faits : leur stature est de cinq pieds huit ou dix pouces. Les femmes sont plus petites et ne passent guère cinq pieds. Toute leur parure consiste dans une peau de guanaque ou de veau marin, jetée sur leurs épaules dans le même état où elle a été retirée de dessus l'animal; un morceau de la même peau qui leur enveloppe les pieds et qui se ferme comme une bourse au-dessus de la cheville, et un petit tablier qui tient lieu aux femmes de la feuille de figuier. Les hommes portent leur manteau ouvert; les femmes le lient autour de la ceinture avec une courroie. Mais quoiqu'elles soient à peu près nues, elles ont un grand désir de paraître belles. Elles peignent leur visage, les parties voisines des yeux communément en blanc, et le reste en lignes horizontales rouges et noires; mais tous les visages sont peints différemment. Il paraît d'ailleurs que cette toilette se fait avec plus de recherche et de soin dans certaines occasions.

Les deux Américains qui faisaient à MM. Banks et Solander les honneurs du village avaient le corps presque entièrement couvert de lignes noires dans tous les sens, ce qui faisait un coup d'œil fort extraordinaire. Les hommes et les femmes portent des bracelets de grains, tels qu'ils peuvent les faire avec de petites coquilles et des os. Les femmes en ont au poignet et au bas de la jambe; les hommes au poignet seulement; mais en revanche ils portent autour de la tête une espèce de réseau composé de fil brun. Ils paraissaient attacher une valeur très grande à tout ce qui est rouge, et préféraient un de nos grains de verroterie même à un couteau ou à une hache.

Il ne nous parut pas que ce peuple eût d'autre nourriture que les coquillages, car, quoique les veaux marins fréquentent leur côte, ils n'ont aucun instrument pour les prendre. Les coquillages sont ramassés par les femmes, dont l'occupation est de suivre la marée à mesure qu'elle descend, avec un panier dans une main, un bâton pointu et barbelé dans l'autre et un sac sur le dos; elles détachent les coquillages du rocher avec le bâton, et les mettent dans le panier, qu'elles vident ensuite dans le sac.

Leurs armes, qui consistent en un arc et des flèches, sont la seule chose que nous ayons trouvée chez ces sauvages qui présente quelque apparence d'industrie. L'arc était assez bien fait, et les flèches étaient les plus jolies que nous eussions jamais vues. Elles étaient de bois très bien poli, et la pointe était de verre ou de silex, barbelée, taillée et ajustée avec une grande adresse. Nous vîmes aussi chez eux plusieurs morceaux de verre et de cailloux non travaillés, et quelques marchandises d'Europe, comme des anneaux, des boutons, des draps et des toiles.

Nous n'avons vu sur cette terre aucun quadrupède, excepté des veaux marins, des lions marins et des chiens. C'est une chose digne de remarque que leurs chiens aboient, ce que ne font pas ceux qui sont originaires d'Amérique : nouvelle preuve que le peuple que nous y avons vu a eu quelque communication immédiate ou éloignée avec les habitants de l'Europe. Il y a cependant d'autres quadrupèdes dans l'intérieur du pays; car M. Banks, étant au sommet de la plus haute des montagnes qu'il parcourut dans son expédition à travers les bois, vit les traces d un grand animal sur la surface d'un terrain marécageux, mais sans pouvoir distinguer de quelle espèce il était.

On n'y trouve que fort peu d'oiseaux de terre; M. Banks n'en a vu aucun plus gros que nos merles; mais les oiseaux d'eau y sont en grande abondance, particulièrement les canards. Nous n'y avons presque point aperçu de poissons, et aucun de ceux que nous avons pris à l'hameçon ne s'est trouvé bon à manger; mais les coquillages, les lepas et les moules y sont en grande abondance.

Parmi les insectes, qui n'y sont pas nombreux, il n'y a ni cousins, ni moustiques, ni aucune espèce nuisible ou incommode, ce qu'on ne peut dire peut-être d'aucun autre pays inculte. Durant les bouffées de neige que nous avions tous les jours, ils se cachaient, et dès que le temps s'éclaircissait, ils reparaissaient avec toute la vigueur et l'agilité que le climat le plus chaud aurait pu leur donner.

MM. Banks et Solander ont trouvé une grande variété de plantes, dont la plus grande partie sont totalement différentes de toutes celles qui ont été décrites jusqu'ici. Outre le bouleau et l'arbre qui porte la cannelle de Winter, il y a le hêtre (*fagus antarctica*), qui, aussi bien que le bouleau, peut être employé pour la charpente.

On trouve le cresson en abondance dans les endroits humides, près des sources, et, généralement parlant, dans les environs du rivage, particulièrement au lieu de l'aiguade, dans la baie de Bon-Succès. Quand il est jeune, c'est alors qu'il est plus salutaire : il rampe sur la terre; ses feuilles sont d'un vert clair; elles sont disposées deux à deux, et opposées l'une à l'autre, avec une seule à l'extrémité, qui communément est la cinquième sur chaque tige. La plante sortant de cet état pousse des jets qui ont quelquefois deux pieds de haut, et qui portent à leur extrémité de petites fleurs blanches, lesquelles sont suivies de longues siliques. Toute la plante ressemble beaucoup à celle qu'on appelle en Angleterre *fleur de coucou*.

Le céleri sauvage est semblable à celui de nos jardins : ses fleurs sont blanches et placées de la même manière en petites touffes à l'extrémité des branches, mais les feuilles sont d'un vert plus foncé. Il croît près de la grève, communément sur le sol le plus voisin de celui qui est couvert par la haute marée. On peut le distinguer aisément par le goût qui tient du persil. Nous en avons beaucoup mangé, surtout dans la soupe, qui, assaisonnée ainsi, produisait les mêmes effets salutaires que les marins éprouvent de la nourriture végétale, après avoir été longtemps réduits aux aliments salés.

Le 22 janvier, vers les deux heures du matin, ayant achevé de mettre à bord l'eau et le bois, nous sortîmes de la baie pour continuer notre route dans le détroit.

Description générale de la partie sud-est de la Terre de Feu et du détroit de Le Maire. Passage à l'ouest dans les mers du Sud en tournant cette partie de l'Amérique.

Presque tous les écrivains qui ont parlé de la Terre de Feu la décrivent comme étant entièrement destituée de bois et couverte de neige : peut-être en effet est-elle couverte de neige en hiver, et ceux qui l'ont vue dans cette saison peuvent avoir été conduits, par l'aspect qu'elle présente alors, à croire qu'elle manque de bois. Le lord Anson y aborda au commencement de mars, qui répond à notre mois de septembre, et nous y étions au commencement de janvier, qui répond à notre mois de juillet. Cette circonstance peut expliquer la différence de son récit d'avec le nôtre. Nous eûmes la vue de cette terre à environ vingt-une lieues à l'ouest du détroit de Le Maire, et dès ce moment nous pouvions distinguer clairement les arbres avec nos lunettes. Quand nous en fûmes près, quoique nous vissions çà et là des espaces couverts de neige, les pentes des collines et les côtes voisines de la mer nous montraient la plus agréable verdure. Les hauteurs sont assez élevées, mais ne peuvent pas être appelées des montagnes, quoique leurs sommets soient entièrement nus. Le sol des vallées est riche et d'une grande profondeur. Au pied de toutes ces collines on trouve un petit ruisseau dont l'eau a une couleur rougeâtre, comme celle qui coule au travers de nos tourbières d'Angleterre; mais elle n'a aucun mauvais goût, et en tout nous avons éprouvé que c'était la meilleure que nous eussions trouvée dans notre voyage. Les terres les plus remarquables de la Terre de Feu sont une montagne en forme de pain de sucre, sur le côté ouest, non loin de la mer, et les trois hauteurs appelées *les Trois-Frères*, à environ neuf milles à l'ouest du cap San-Diego, pointe basse qui forme l'entrée septentrionale du détroit de Le Maire.

On dit, dans le voyage de l'amiral Anson, qu'il est difficile de déterminer exactement en mer le gisement du détroit sur la seule vue de la Terre de Feu, quelque bien connue qu'elle soit, sans avoir aussi la vue de la Terre des Etats; que quelques navigateurs ont été trompés par l'aspect de trois montagnes de la Terre des Etats, qu'ils ont prises pour les Trois-Frères de la Terre de Feu, erreur qui leur a fait dépasser le détroit. Mais tout vaisseau qui côtoie la Terre de Feu sans la perdre de vue ne peut manquer l'entrée du détroit, qui est par elle-même très aisée à reconnaître. Quant à la Terre des Etats, que forme le côté oriental, on peut la distinguer encore plus facilement, car il n'y a point de côte sur la Terre de Feu qui ressemble à celle-là. On ne peut manquer le détroit de Le Maire qu'en portant trop loin à l'est, et en perdant de vue la Terre de Feu.

Le détroit qui est borné à l'ouest par la Terre de Feu, et à l'est par l'extrémité ouest de la Terre des Etats, a e[illegible]n cinq lieues de long et autant de large.

La baie de Bon-Succès est à peu près vers le milieu du détroit, sur la Terre de Feu; on la découvre tout de suite en entrant dans le détroit par le nord; elle a une pointe au sud qui peut être reconnue par une trace sur la terre qui se montre comme une grande rade, conduisant de la mer dans l'intérieur du pays. L'entrée de la baie a une demi-lieue de large, et s'étend de l'est à l'ouest, environ deux milles et demi. On y trouve en abondance de très bon bois et de l'eau.

L'aspect de la Terre des Etats ne nous a point présenté l'horreur et l'air sauvage qu'on lui donne dans la relation du voyage de l'amiral Anson. La côte du nord paraît avoir des baies et des hâvres, et la terre, quand nous l'avons vue, n'était ni destituée de bois et de verdure, ni couverte de neige. L'île semble avoir environ douze lieues de long et cinq de large.

Sur la côte ouest du cap de Bon-Succès, qui forme l'entrée sud-ouest du détroit, gît la baie de Valentin, dont nous n'avons vu que l'entrée; de cette baie la terre s'étend à l'ouest-sud-ouest, à vingt ou trente lieues: elle paraît haute et montueuse, et forme différentes baies et anses.

A quatorze lieues au sud-ouest de la baie de Bon-Succès, et à deux ou trois lieues de la côte, on trouve New-Island ou l'Ile-Nouvelle. Sa longueur du nord-est au sud-ouest est d'environ deux lieues; elle est terminée au nord-est par un mondrain remarquable. L'île Evoust est située à sept lieues au sud-ouest de New-Island. Un peu à l'ouest du sud de cette île on rencontre les deux petites îles de Barnevelt, qui sont plates et près l'une de l'autre. Elles sont environnées en partie de rochers qui s'élèvent à différentes hauteurs au-dessus de la surface de la mer, et dont le gisement està vingt-quatre lieues du détroit de Le Maire. La pointe sud-ouest des îles de l'Hermite est à trois lieues sud-ouest-quart-sud des îles de Barnevelt. Ces îles de l'Hermite, qui sont assez hautes, gisent au sud-est et au nord-ouest. En les contemplant de plusieurs points de vue, on les prend pour une seule île ou pour une partie du continent.

Pour aller de la pointe sud-est des îles de l'Hermite au cap Horn, il faut tourner au sud-ouest-quart-sud dans un espace de trois lieues.

Il paraît sûr qu'on trouve dans la plupart de ces baies et passages, et peut-être dans tous, un bon mouillage, de l'eau et du bois. L'escadre hollandaise commandée par l'Hermite, en 1624, ne manqua pas d'entrer dans quelques-uns: ce fut Chapenham, vice-amiral de cette escadre, qui découvrit le premier que la terre du cap Horn était composée de plusieurs îles.

Le 26 janvier, nous partîmes du cap Horn, qui est situé à 55° 53' de latitude sud et à 68° 13' minutes de longitude ouest. Nous ne sommes allés que jusqu'à 60° 10' de latitude sud: notre longitude était alors de 74° 30' ouest.

Nous étions avancés alors à environ 12° à l'ouest et trois quarts et demi au nord du détroit de Magellan, après avoir mis trente jours pour faire le tour de la Terre de Feu et du cap Horn, depuis l'entrée orientale du détroit jusqu'à ce lieu. On craint tant de doubler le cap Horn, que, suivant l'opinion générale, il vaut mieux passer le détroit de Magellan; cependant après avoir quitté le détroit de Le Maire, nous ne fûmes pas obligés une seule fois de riser entièrement nos huniers. *Le Dauphin* (1), dans son dernier voyage, qu'il fit à la même saison de l'année que nous, fut trois mois à passer le détroit de Magellan, sans y comprendre le temps qu'il resta au port Famine. D'après les vents que nous eûmes, je suis persuadé que si nous avions pris notre route à travers ce passage, un séjour si long au milieu de ces mers aurait fatigué l'équipage et fort endommagé nos ancres, nos câbles, nos voiles et nos agrès, inconvénients que nous n'eûmes pas à souffrir. La traversée du détroit peut être préférable dans quelques circonstances, tandis que dans d'autres il vaudra mieux se tenir à l'est de la Terre des Etats.

(1) Le vaisseau de Wallis. A. M.

Suite du passage du cap Horn aux nouvelles îles découvertes dans la mer du Sud. Description et détails sur les habitants.

Le 1er mars 1769, après que nous eûmes quitté la terre du cap Horn, nous ne trouvâmes point de courant qui affectât la direction du vaisseau. Un grand nombre d'oiseaux volaient continuellement autour du vaisseau, comme cela est ordinaire. M. Banks en tua jusqu'à soixante-deux dans un jour.

Les albatros commencèrent à nous quitter, et depuis le 8 nous n'en vîmes plus. Nous continuâmes notre route sans qu'il nous arrivât rien de remarquable jusqu'au 24. Nous n'étions pas éloignés des îles qui furent découvertes par Quiros en 1606. Notre latitude était de 22° 11' sud, et la longitude de 127° 55' ouest.

Le 4, nous découvrîmes une île située au 18e degré 47' de latitude sud, et au 139e degré 28' de longitude ouest. Nous lui donnâmes le nom d'*île du Lagon*. Ensuite nous vîmes une île située par le 18e degré 35' de latitude sud, et au 139e degré 48' de longitude ouest, éloignée de l'île Lagon d'environ sept lieues, dans la direction de nord-ouest. Nous lui donnâmes le nom de *cap Thrumb*.

Nous continuâmes notre route, et, le 5, nous découvrîmes terre à l'ouest. C'était une île basse, beaucoup plus étendue qu'aucune de celles que nous avions vues auparavant: elle a dix ou douze lieues de circonférence. Plusieurs d'entre nous passèrent toute la soirée sur la grande hune à admirer sa figure extraordinaire: elle ressemblait exactement à un arc; le contour de l'arc et la corde étaient formés par la terre, et l'eau remplissait l'espace compris entre les deux; la corde était une grève plate, où nous ne reconnûmes aucun signe de végétation. Nous n'y vîmes que des tas de plantes marines, déposées en différentes couches, suivant que les marées, plus ou moins hautes, les y avaient placées. L'île nous parut avoir trois ou quatre lieues de long et deux cents verges au plus de large; mais elle était sûrement beaucoup plus large, parce qu'une plaine horizontale se voit toujours en perspective, ce qui en raccourcit l'étendue. Deux grandes touffes de cocotiers composaient les pointes ou extrémités de l'arc, et la plus grande partie de ce même arc était couverte d'arbres de hauteur, de figure et de couleur différentes. En d'autres endroits pourtant il nous sembla que le terrain était dépouillé et aussi bas que la corde.

Par la fumée que nous vîmes en différents endroits, nous reconnûmes que l'île était habitée: nous lui donnâmes le nom de *Bow-Island* ou *île de l'Arc*. Mon second lieutenant avait aperçu de dessus le tillac plusieurs naturels du pays, qui étaient sous les arbres, et distingué leurs maisons et quelques pirogues qu'ils avaient retirées sur le rivage; mais il fut le seul de l'équipage qui eut ce bonheur. La pointe orientale de cette île est située au 18e degré 23' de latitude sud et au 141e degré 12' de longitude ouest.

Le lendemain, 6, vers midi, nous vîmes terre une seconde fois à l'ouest; nous en approchâmes vers les trois heures: il nous parut que c'étaient deux îles ou plutôt un groupe d'îles qui s'étendaient du nord-ouest au sud-est dans un espace d'environ neuf lieues. Les deux plus grandes de ces îles sont séparées l'une de l'autre par un canal d'environ un demi-mille de large: elles sont environnées par des îles plus petites, auxquelles elles s'unissent par des récifs cachés sous l'eau.

Ces îles, placées dans toute sorte de directions, forment des cordons de terre longs et étroits: quelques-unes ont dix milles de longueur et même davantage, et il n'y en a aucune qui ait plus d'un quart de mille de large. Nous vîmes sur toutes des arbres de différentes espèces, et en particulier des cocotiers. La partie la plus sud-est de ces îles est située au 18e degré 12' de latitude sud, et au 142e degré 42' de longitude ouest, à vingt-cinq lieues à l'ouest-nord de l'extrémité occidentale de l'île de l'Arc. Nous rangeâmes la côte sud-ouest de cette île, et nous entrâmes dans une baie dont le gisement est au nord-ouest de la pointe la plus méridionale du groupe : on y trouve une mer unie et l'apparence d'un mouillage.

Le 7, à la pointe du jour et vers les six heures et demie du matin, nous découvrîmes au nord une autre île, qui nous parut avoir quatre milles de circonférence. Le terrain en était très bas, et il y avait une pièce d'eau au milieu. Nous crûmes apercevoir quelques bois : l'île nous parut couverte de verdure et agréable. Nous n'y vîmes ni cocotiers ni habitants, mais une grande quantité d'oiseaux : c'est pour cela que nous l'appelâmes l'*île des Oiseaux* ou *Bird-Island*. Elle est située au 17e degré 48' de latitude sud, et au 148e degré 35' de longitude ouest, à dix lieues ouest-nord de l'extrémité occidentale des groupes.

Le 8, vers les deux heures après midi, nous aperçûmes terre au nord ; et, au soleil couchant, nous nous trouvâmes vis-à-vis, et à environ deux lieues de distance. Elle ressemblait à une double rangée d'îles basses, couvertes de bois et jointes l'une à l'autre par des récifs, de manière qu'elle formait une seule île ovale ou en ellipse, avec un lac au milieu. Les petites îles et les récifs qui environnent le lac ont la forme d'une chaîne, et nous lui donnâmes pour cela le nom de *Chain-Island* (*île de la Chaîne*). Nous jugeâmes que sa longueur du nord-ouest au sud-est était d'environ cinq lieues, et qu'elle avait à peu près cinq milles de large. Les arbres que nous y vîmes parurent grands, et nous aperçûmes de la fumée entre ces arbres, preuve certaine que l'île était habitée. Le milieu de l'île est au 17e degré 23' de latitude sud, et au 145e degré 54' de longitude ouest, à quarante-cinq lieues à l'ouest-nord de l'île des Oiseaux.

Le 10, nous vîmes, à environ cinq lieues au nord-ouest-quart-ouest, l'île que les naturels du pays appellent *Maitea*, et à laquelle le capitaine Wallis, qui la découvrit le premier, donna le nom d'*île d'Osnabruck*. C'est une île élevée et ronde, qui n'a pas plus d'une lieue de circonférence ; elle est couverte d'arbres dans quelques endroits, et dans d'autres ce n'est qu'un rocher tout nu. En la regardant de ce point de vue où nous étions, elle ressemble à un chapeau dont la tête est très haute ; mais quand on la voit restant au nord, le sommet a la forme du toit d'une maison. Nous estimâmes qu'elle était au 17e degré 48' de latitude sud, et au 148e degré 10' de longitude ouest, à quarante-quatre lieues ouest-quart-sud-ouest de l'île de la Chaîne.

Arrivée de *l'Endeavour* à Taïti, appelé par le capitaine Wallis *île du roi George III*. Description de plusieurs incidents.

Le 11 avril 1769, nous reconnûmes l'île que le capitaine Wallis avait nommée *île du roi George III*. Nous naviguâmes à petites voiles pendant toute la nuit ; et, vers les sept heures du matin, nous mîmes à l'ancre dans la baie de Port-Royal, appelée par les naturels du pays *Matavaï*. Nous fûmes bientôt environnés par les pirogues des habitants de l'île qui nous apportaient des cocos, un fruit qui ressemble à la pomme, du fruit à pain, et quelques petits poissons qu'ils donnèrent en échange de nos verroteries. Ils avaient un cochon qu'ils ne voulaient nous céder que pour une hache : nous refusâmes de l'acheter, parce que, si nous leur en avions donné ce prix, ils n'auraient jamais voulu le diminuer dans la suite, et nous n'aurions pas pu par cet échange nous procurer tous les cochons dont nous avions besoin.

Le fruit à pain croît sur un arbre qui est à peu près de la grandeur d'un chêne moyen : ses feuilles, d'une figure ovale, ont souvent un pied et demi de long ; elles ont des sinuosités profondes commes celles du figuier, auxquelles elles ressemblent par la consistance, la couleur et le suc laiteux et blanchâtre qu'elles distillent lorsqu'on les rompt. Le fruit est à peu près de la grosseur et de la forme de la tête d'un enfant : sa surface est composée de réseaux qui ne sont pas fort différents de ceux de la truffe ; il est couvert d'une peau légère, et a un trognon de la grosseur du manche d'un petit couteau. La chair qu'on mange se trouve entre la peau et le trognon : elle est aussi blanche que la neige, et a un peu plus de consistance que le pain frais ; on la partage en trois ou quatre parts, et on la grille avant de la manger. Son goût, quoique insipide, a une douceur approchant assez de celle de la mie de pain de froment, mêlée avec un artichaut de Jérusalem.

Parmi les Indiens de Taïti (1) qui vinrent près du vaisseau, il y avait un vieillard nommé Owhaw, qui fut reconnu par M. Gore et par plusieurs autres qui avaient suivi le capitaine Wallis dans cette île.

Dès que le vaisseau fut assuré dans l'endroit où nous nous arrêtâmes, j'allai à terre avec MM. Banks et Solander, notre ami Owhaw et un détachement de soldats sous les armes. Plusieurs centaines d'habitants nous reçurent à la descente du bateau : ils annonçaient, au moins par leurs regards, que nous étions les bienvenus, quoiqu'ils fussent tellement intimidés, que le premier qui s'approcha de nous se prosterna si bas qu'il était presque rampant sur ses mains et ses genoux. C'est une chose remarquable, que cet Indien et ceux qui étaient venus dans les pirogues nous présentèrent le même symbole de paix qu'on sait avoir été en usage parmi les anciennes et puissantes nations de l'hémisphère septentrional, la branche verte d'un arbre. Nous le reçûmes avec des regards et des gestes d'amitié et de contentement. Lorsque nous observâmes que chacun d'eux tenait une branche à sa main, sur-le-champ nous en prîmes tous un rameau que nous tînmes dans les nôtres et de la même manière.

Ils marchèrent avec nous environ un demi-mille vers l'endroit où *le Dauphin*, conduit par Owhaw, avait fait son eau. Quand nous y fûmes arrivés, ils s'arrêtèrent, et mirent à nu le terrain en arrachant toutes les plantes : alors les principaux d'entre eux y jetèrent les branches vertes qu'ils tenaient, en nous invitant par signes à faire la même chose. Nous montrâmes à l'instant combien nous étions empressés à les satisfaire, et, afin de donner plus de pompe à la cérémonie, je fis ranger en bataille les soldats de marine, qui marchèrent en ordre et placèrent leurs rameaux sur ceux des Indiens, et nous suivîmes leur exemple. Nous continuâmes ensuite notre marche, et lorsque nous fûmes parvenus au lieu de l'aiguade, les Indiens nous firent entendre par signes que nous pouvions occuper ce canton ; mais nous ne le trouvâmes pas convenable.

Cette promenade dissipa la timidité des Indiens, que la supériorité de nos forces leur avait inspirée d'abord, et ils prirent de la familiarité. Ils quittèrent avec nous l'aiguade, et nous firent passer à travers les bois. Chemin faisant nous distribuâmes de la verroterie et d'autres petits présents, et nous eûmes la satisfaction de voir qu'ils leur faisaient beaucoup de plaisir. Notre détour fut de quatre à cinq milles, au milieu de bocages qui étaient chargés de noix de coco et de fruits à pain, et qui donnaient l'ombrage le plus agréable. Les habitations de ce peuple, situées sous un arbre, n'ont pour la plupart qu'un toit sans enceinte ni murailles, et toute la scène réalise ce que les fables poétiques nous racontent de l'Arcadie.

Dès le grand matin du 13, avant que nous fussions

(1) Cook écrit *Otaheetee*, que nous prononçons *Otahiti*; mais j'ai indiqué par une note au voyage de Bougainville qu'on devait seulement écrire *Taïti*, en supprimant la lettre *O*.. A. M.

sortis du vaisseau, quelques pirogues, dont la plupart venaient du côté de l'ouest, s'approchèrent de nous. Deux de ces pirogues étaient remplies d'Indiens qui, par leur maintien et leur habillement, paraissaient être d'un rang supérieur. Deux d'entre eux vinrent à bord et se choisirent parmi nous chacun un ami. L'un, qui s'appelait Matahah, prit M. Banks pour le sien, et l'autre s'adressa à moi : cette cérémonie consista à se dépouiller d'une grande partie de leurs habillements et à nous en revêtir. Nous présentâmes en retour à chacun une hache et quelques verroteries. Bientôt après, en nous montrant le sud-ouest, ils nous firent signe d'aller avec eux dans les endroits où ils demeuraient. Comme je voulais trouver un hâvre plus commode, et faire de nouvelles épreuves sur le caractère de ce peuple, j'y consentis.

Je fis équiper deux bateaux, et je m'embarquai accompagné de MM. Banks et Solander, de nos officiers et de nos deux amis indiens. Après un trajet d'environ une lieue, ils nous engagèrent par signes à débarquer, et nous firent entendre que c'était là le lieu de leur résidence. Nous descendîmes à terre au milieu d'un grand nombre de naturels du pays, qui nous menèrent dans une maison beaucoup plus longue que celles que nous avions vues jusqu'alors. Nous aperçûmes en entrant un homme d'un âge moyen, qui s'appelait, comme nous l'apprîmes ensuite, Tootahah. A l'instant on étendit des nattes, et l'on nous invita à nous asseoir vis-à-vis de lui. Dès que nous fûmes assis, Tootahah fit apporter un coq et une poule qu'il présenta à M. Banks et à moi : nous acceptâmes le présent, qui fut suivi bientôt après d'une pièce d'étoffe parfumée à leur manière, et dont ils eurent grand soin de nous faire remarquer l'odeur qui n'était point désagréable. La pièce que reçut M. Banks avait onze verges de long et deux de large; il donna en retour une cravate de soie garnie de dentelles et un mouchoir de poche. Tootahah se revêtit sur-le-champ de cette nouvelle parure, avec un air de complaisance et de satisfaction qu'il n'est pas possible de décrire. Mais il est temps de parler des femmes.

Après ces présents reçus et donnés, les femmes nous accompagnèrent à plusieurs grandes maisons que nous parcourûmes avec beaucoup de liberté : elles nous firent toute sorte de politesses, dont il nous était facile de profiter. Elles ne paraissaient avoir aucune espèce de scrupule qui nous empêchât de jouir des plaisirs qu'elles nous offraient. Excepté le toit, les maisons, comme je l'ai dit, sont ouvertes partout, et ne présentent aucun lieu retiré; mais les femmes, en nous montrant souvent les nattes étendues sur la terre, en s'y asseyant quelquefois, et en nous attirant vers elles, ne nous laissèrent aucun lieu de douter qu'elles s'embarrassaient beaucoup moins que nous d'être aperçues.

Nous prîmes enfin congé du chef notre ami, et nous dirigeâmes notre marche le long de la côte. Lorsque nous eûmes fait environ un mille de chemin, nous rencontrâmes un autre chef, appelé Toubouraï Tamaïdé, à la tête d'un grand nombre d'insulaires. Nous ratifiâmes avec lui un traité de paix, en suivant les cérémonies décrites plus haut et que nous avions mieux apprises. Après avoir reçu la branche qu'il nous présenta, et lui en avoir donné une autre en retour, nous mîmes la main sur la poitrine, en prononçant le mot *taïo*, qui signifie, à ce que nous pensions, *ami;* le chef nous fit entendre que, si nous voulions manger, il était prêt à nous donner des vivres. Nous acceptâmes son offre et nous dînâmes de très bon cœur avec du poisson, du fruit à pain, des cocos et des fruits du plane apprêtés à leur manière. Ils mangeaient du poisson cru et nous en présentèrent; mais ce mets n'était pas de notre goût, et nous le refusâmes.

Pendant cette visite, une femme de notre hôte, appelée Tomio, fit à M. Banks l'honneur de se placer près de lui sur la même natte. Tomio n'était pas dans la première fleur de l'âge, et elle ne nous parut point avoir jamais été remarquable par sa beauté : c'est pour cela, je pense, que M. Banks ne lui fit pas un accueil bien flatteur. Cette femme essuya une autre mortification : sans faire attention à la dignité de sa compagne, M. Banks, voyant parmi la foule une jolie petite fille, il lui fit signe de venir à lui; la jeune fille se fit un peu presser, et vint enfin s'asseoir de l'autre côté de M. Banks; il la chargea de petits présents et de toutes les brillantes bagatelles qui pouvaient lui faire plaisir. La princesse, quoique mortifiée de la préférence qu'on accordait à sa rivale, ne cessa pourtant pas ses attentions à l'égard de M. Banks : elle lui donnait le lait des cocos et toutes les friandises qui étaient à sa portée.

Lieu choisi pour notre observatoire et pour la construction d'un fort. Excursion dans les bois et suites de ce voyage. Construction du fort. Visites que nous rendirent plusieurs chefs à bord du vaisseau et à notre fort. Détails sur la musique des naturels du pays, et la manière dont ils disposent de leurs morts.

Le lendemain, 15, plusieurs des chefs que nous avions vus la veille vinrent à bord de notre vaisseau : ils nous apportèrent des cochons, du fruit à pain et d'autres rafraîchissements, et nous leur donnâmes en échange des haches, des toiles et les autres marchandises qui nous paraissaient leur faire le plus de plaisir.

Dans le petit voyage que je fis à l'ouest de l'île, je n'avais point trouvé de hâvre plus convenable que celui où nous étions; je me décidai à aller à terre, et à choisir un canton commandé par l'artillerie du vaisseau, où je pusse construire un petit fort pour notre défense, et me préparer à faire nos observations astronomiques.

Comme nous n'avions vu que deux cochons et point de volaille dans la promenade que nous fîmes lorsque nous débarquâmes dans cet endroit, nous soupçonnâmes qu'à notre arrivée ils avaient retiré ces animaux dans l'intérieur du pays; nous étions d'autant plus portés à le croire qu'Owhaw n'avait cessé de nous faire signe de ne pas aller dans les bois : c'est pour cela que, malgré son avis, nous résolûmes d'y pénétrer. Après avoir commandé treize soldats de marine et un officier subalterne pour garder la tente, nous partîmes suivis d'un grand nombre de Taïtiens.

Le 17, nous reçûmes une visite de nos deux chefs Toubouraï Tamaïdé et Tootahah, qui venaient de l'ouest de l'île. Ils apportaient avec eux comme emblèmes de la paix, non pas de simples branches de bananes, mais de jeunes arbres. Ils ne voulurent point se hasarder à venir à bord avant que nous les eussions acceptés. Chacun d'eux apportait encore, comme des dons propitiatoires, quelques fruits à pain et un cochon tout apprêté. Ce dernier présent nous fut d'autant plus agréable que nous ne pouvions pas toujours nous procurer de ces animaux. Nous donnâmes en retour à chacun de nos nobles bienfaiteurs une hache et un clou.

Le 18, à la pointe du jour, j'allai à terre avec tous les gens de l'équipage qui n'étaient pas absolument nécessaires à la garde du vaisseau. Nous commençâmes alors à construire notre fort : pendant que les uns étaient occupés à creuser les retranchements, d'autres coupaient les piquets et les fascines. Les naturels du pays qui s'étaient rassemblés autour de nous comme à l'ordinaire, loin d'empêcher nos travaux, nous aidèrent, au contraire, volontairement. Le terrain où nous construisîmes notre fort était sablonneux, ce qui nous obligea de renforcer nos retranchements avec du bois. Trois des côtés furent fortifiés de cette manière; le quatrième était bordé par une rivière, sur le rivage de laquelle je fis placer un certain nombre de tonneaux.

Le lendemain au matin, 19, notre ami Toubouraï Tamaïdé fit à M. Banks une visite dans sa tente : il amenait avec lui non-seulement sa femme et sa famille, mais encore le toit d'une maison, plusieurs matériaux pour la dresser, avec des ustensiles et des meubles de différentes sortes. Nous crûmes qu'il voulait par là fixer sa résidence dans notre voisinage. Cette marque de confiance et de bienveillance nous fit beaucoup de plaisir, et nous résolûmes de ne rien négliger pour augmenter encore l'attachement qu'il avait pour nous. Bientôt après son arrivée il prit M. Banks par la main, et il lui fit signe de l'accompagner dans les bois. M. Banks y consentit, et après avoir fait environ un quart de mille, ils trouvèrent une espèce de hangar qui appartenait à Toubouraï Tamaïdé, et qui paraissait lui servir de temps en temps de demeure.

Lorsqu'ils y furent entrés, le chef indien développa un paquet d'étoffes de son pays; il prit deux habits, l'un de drap rouge, l'autre d'une natte très bien faite; il en revêtit M. Banks, et, sans autre cérémonie, il le reconduisit sur-le-champ à la tente. Les gens de sa suite lui apportèrent bientôt du porc et du fruit à pain, qu'il mangea en trempant ses mets dans une eau salée qui lui servait de sauce; après son repas il se retira sur le lit de M. Banks, et y dormit l'espace d'une heure. L'après-midi, sa femme Tomio amena à la tente un jeune homme d'environ vingt-deux ans, d'une figure agréable : ils semblaient tous deux le reconnaître pour leur fils; mais nous découvrîmes par la suite que ce n'était pas leur enfant. Ce jeune homme et un autre chef qui nous était venu voir s'en allèrent le soir du côté de l'ouest, et Tabouraï Tamaïdé et sa femme s'en retournèrent à l'habitation située au bord du bois.

Le 22, Tootahah nous donna un essai de la musique de son pays : quatre personnes jouaient d'une flûte qui n'avaient que deux trous, et par conséquent ne pouvaient former que quatre notes en demi-tons. Ils jouaient de ces instruments à peu près comme on joue de la flûte traversière, excepté seulement que le musicien, au lieu de se servir de la bouche, soufflait avec une narine dans l'un des trous tandis qu'il bouchait l'autre avec son pouce. Quatre autres personnes joignirent leurs voix au son de ces instruments en gardant fort bien la mesure, mais on ne joua qu'un seul air pendant tout le concert.

Plusieurs des naturels du pays nous apportèrent des haches qu'ils avaient reçues du *Dauphin*, et nous prièrent de les aiguiser et de les raccommoder. Entre autres, il y en avait une qui, paraissant être fabriquée en France, donna lieu à beaucoup de conjectures. Après bien des recherches, nous apprîmes que depuis le départ du *Dauphin* un vaisseau avait abordé à Taïti : c'était la frégate *la Boudeuse*, commandée par M. de Bougainville.

Excursion à l'ouest de l'île. Récit de plusieurs incidents. Première entrevue avec Oberéa, femme qu'on disait être reine de l'île lors du voyage du *Dauphin*. Description du fort.

Le 24, MM. Banks et Solander examinèrent le pays à l'ouest, le long du rivage, dans un espace de plusieurs milles. Le terrain, dans les deux premiers milles qu'ils parcoururent, était plat et fertile. Ils rencontrèrent ensuite de petites montagnes qui s'étendaient jusqu'au bord de l'eau, et un peu plus loin ils en trouvèrent qui s'avançaient jusque dans la mer, de sorte qu'ils furent obligés de les gravir. Ces montagnes stériles occupaient une étendue d'environ trois milles, et aboutissaient à une grande plaine couverte d'assez belles maisons, habitées par des Indiens qui paraissaient vivre dans une grande aisance. A cet endroit coulait une rivière qui sortait d'une vallée profonde et agréable; elle était beaucoup plus considérable que celle qui était à côté de notre fort. Nos deux voyageurs la traversèrent, et, quoiqu'elle fût un peu éloignée de la mer, elle avait près de cent verges de largeur. Un mille au-delà de cette rivière la campagne était stérile, les rochers s'avançaient partout dans la mer, et MM. Banks et Solander se décidèrent à revenir. A l'instant où ils se disposaient à prendre ce parti, un des naturels du pays leur offrit des rafraîchissements, qu'ils acceptèrent. Ils s'aperçurent que cet homme était d'une race décrite par divers auteurs comme étant formée du mélange de plusieurs nations, mais différente de toutes. Il avait la peau d'un blanc mat, sans aucune apparence d'autre couleur, quoique quelques parties de son corps fussent un peu moins blanches que le reste. Ses cheveux, ses sourcils et sa barbe étaient aussi blancs que sa peau; ses yeux étaient rouges, et il semblait avoir la vue basse.

MM. Banks et Solander, en s'en revenant, rencontrèrent Toubouraï Tamaïdé et ses femmes qui, en les voyant, versèrent des larmes de joie, et pleurèrent pendant quelque temps avant que leur agitation pût se calmer.

Le 28, dès le grand matin et avant le jour, un grand nombre d'Indiens vinrent au fort; M. Banks ayant remarqué Terapo parmi les femmes, il alla vers elle et la fit entrer; il vit qu'elle avait les larmes aux yeux, et dès qu'elle fut dans le fort, ses pleurs commencèrent à couler en grande abondance. M. Banks lui en demanda la cause avec instance; mais, au lieu de lui répondre, elle tira de dessous son vêtement la dent d'un goulu de mer, dont elle se frappa cinq ou six fois la tête : un ruisseau de sang suivit bientôt les blessures. Terapo parla très haut pendant quelques minutes, d'un ton très triste, sans répondre en aucune manière aux demandes de M. Banks, qui les lui répétait toujours avec plus d'impatience et d'intérêt. Pendant cette scène, M. Banks fut fort surpris d'apercevoir les autres Indiens qui parlaient et riaient entre eux, et ne faisaient aucune attention à la douleur de la Taïtienne. Mais la conduite de cette femme fut encore plus extraordinaire : dès que les plaies eurent cessé de saigner, elle leva les yeux, regarda avec un sourire, et rassembla quelques pièces d'étoffe dont elle s'était servie pour étancher son sang; elle en fit un paquet, les emporta hors de la tente et les jeta dans la mer, ayant grand soin de les éparpiller, comme si elle eût voulu empêcher qu'on ne les vît, et faire oublier par là le souvenir de ce qui venait de se passer; elle se plongea ensuite dans la rivière, se lava tout le corps, et revint dans nos tentes avec autant de gaîté, et le visage aussi joyeux que s'il ne lui était rien arrivé.

Il n'est pas étrange que le chagrin de ces peuples sans art soit passager, et qu'ils expriment sur-le-champ et d'une manière forte les mouvements dont leur âme est agitée. Ils n'ont jamais appris à déguiser ou à cacher ce qu'ils sentent, et, comme ils n'ont point de ces pensées habituelles qui sans cesse rappellent le passé et anticipent sur l'avenir, ils sont affectés par toutes les variations du moment, ils en prennent le caractère, et changent de dispositions toutes les fois que les circonstances changent; ils ne suivent point de projet d'un jour à l'autre, et ne connaissent pas ces sujets continuels d'inquiétude et d'anxiété dont la pensée est la première qui s'empare de l'esprit quand on s'éveille, et la dernière qui le quitte au moment où l'on s'endort. Cependant si, tout considéré, l'on admet qu'ils sont plus heureux que nous, il faut dire que l'enfant est plus heureux que l'homme, et que nous avons perdu du côté de la félicité, en perfectionnant notre nature, en augmentant nos connaissances et en étendant nos vues.

Nous reçûmes un jour la visite d'une femme qui s'appelait Oberéa : elle nous parut avoir environ quarante ans. Elle était d'une taille élevée et forte; elle avait la peau blanche et les yeux pleins de sensibilité et d'intelligence : ses traits annonçaient qu'elle avait été belle dans sa jeunesse, mais il ne lui restait plus que les ruines de sa beauté.

Dès que nous connûmes sa dignité de reine de Taïti, nous lui proposâmes de la conduire au vaisseau : elle y consentit volontiers, et vint à bord accompagnée de deux hommes et de plusieurs femmes qui semblaient être de sa famille. Je la reçus avec toutes les marques de distinction qui pouvaient lui faire plaisir; je n'épargnai pas mes présents, et entre autres choses que je lui donnai, il y avait une poupée dont cette auguste personne parut surtout très contente. Après qu'Oberéa eut passé quelque temps dans le vaisseau, je la reconduisis à terre. Dès que nous eûmes débarqué, elle m'offrit un cochon et plusieurs fagots de plane, qu'elle fit porter au fort en une espèce de procession, dont elle et moi formions l'arrière-garde. En allant au fort, nous rencontrâmes Tootahah, qui semblait alors revêtu de l'autorité souveraine, quoiqu'il ne fût pas roi. Il ne parut pas content des égards que j'avais pour Oberéa; il devint si jaloux lorsqu'elle lui montra sa poupée, qu'afin de l'apaiser, je crus devoir lui en présenter une pareille. Il préféra alors une poupée à une hache, par un sentiment de jalousie enfantine; il voulait qu'on lui fît un don exactement semblable à celui qu'avait reçu la prétendue reine. Cette remarque est d'autant plus vraie, qu'au bout de très peu de temps ils n'attachèrent aucun prix aux poupées.

Le 29, assez tard dans la matinée, M. Banks alla faire sa cour à Oberéa : on lui dit qu'elle dormait encore et qu'elle était couchée sous le pavillon de sa pirogue. Il y alla dans le dessein de l'éveiller, et il crut pouvoir prendre cette liberté, sans crainte de l'offenser. En regardant à travers sa chambre, il fut fort surpris de voir dans son lit un beau jeune homme d'environ vingt-cinq ans, qui s'appelait Obadée. Il se retira en hâte et tout confus; mais on lui fit bientôt entendre que ces amours ne scandalisaient personne, et que chacun savait qu'Oberéa avait choisi Obadée pour lui prodiguer ses faveurs. Oberéa était trop polie pour souffrir que M. Banks l'attendît longtemps dans son antichambre : elle s'habilla elle-même plus promptement qu'à l'ordinaire; et, pour lui donner des marques d'une faveur spéciale, elle le revêtit d'un habillement d'étoffes fines, et vint ensuite avec lui dans nos tentes.

Observatoire dressé. Description d'un combat de lutte parmi les Taïtiens. Graines d'Europe semées dans l'île.

Le 1er mai, dans l'après-midi, nous dressâmes notre observatoire, et nous portâmes à terre, pour la première fois, quelques autres instruments.

Le 3, nous assistâmes à un combat de lutte entre les indigènes. Le chef était assis dans la partie supérieure de l'amphithéâtre, et les principales personnes de sa suite rangées en demi-cercle à ses côtés : c'étaient les juges qui devaient applaudir au vainqueur. On avait laissé des siéges pour nous, mais nous aimâmes mieux être en liberté parmi le reste des spectateurs.

Quand tout fut prêt, dix ou douze hommes que nous comprîmes être les combattants, et qui n'avaient d'autre vêtement qu'une ceinture d'étoffe, entrèrent dans l'arène. Ils en firent le tour lentement et les regards baissés, la main gauche sur la poitrine; de la droite, qui était ouverte, ils se frappaient souvent l'avant-bras gauche avec tant de raideur, que le coup produisait un son assez aigu : c'était un défi général que se faisaient les combattants les uns aux autres, ou qu'ils adressaient aux spectateurs. D'autres athlètes suivirent bientôt ceux-ci de la même manière : ils se donnèrent ensuite des défis particuliers, et chacun d'eux choisit son adversaire. Cette cérémonie consistait à joindre les bouts des doigts et à les appuyer sur sa poitrine, en remuant en même temps les coudes en haut et en bas avec beaucoup de promptitude; si l'homme à qui le lutteur s'adressait acceptait le cartel, il répétait les mêmes signes, et ils se mettaient tous deux sur-le-champ dans l'attitude du combat. Une minute après ils en venaient aux mains : excepté dans le premier moment, c'était une pure dispute de force. Chacun tâchait d'abord de saisir son adversaire par la cuisse, et s'il n'en venait pas à bout par la main, les cheveux, la ceinture ou autrement; ils s'accrochaient enfin sans dextérité ni grâce, jusqu'à ce que l'un des athlètes, profitant d'un moment avantageux, ou ayant plus de force dans les muscles, renversât l'autre. Lorsque le combat était fini les vieillards applaudissaient au vainqueur par quelques mots que toute l'assemblée répétait en chœur sur une espèce de chant, et la victoire était célébrée ordinairement par trois cris de joie. Le spectacle était suspendu alors pendant quelques minutes; ensuite un autre couple de lutteurs s'avançait dans l'arène, et combattait de la même manière. Après que le combat avait duré une minute, si l'un d'eux n'était pas mis à terre, ils se séparaient d'un commun accord, ou par l'intervention de leurs amis, et dans ce cas chacun étendait son bras en frappant l'air pour faire un nouveau défi au même rival ou à un autre. Tandis que les lutteurs étaient aux prises, une autre troupe exécutait une danse qui durait aussi l'espace d'une minute; mais les danseurs et les lutteurs, entièrement occupés de ce qu'ils faisaient, ne donnaient pas la moindre attention les uns aux autres. Nous observâmes avec plaisir que le vainqueur ne montrait jamais d'orgueil à l'égard de l'adversaire qu'il avait défait, et que le vaincu ne murmurait point de la gloire de son rival. Enfin, pendant tout le combat on voyait se soutenir la bienveillance et la bonne humeur, quoiqu'il y eût au moins cinq cents spectateurs, dont quelques-uns étaient des femmes : il est vrai qu'elles étaient en petit nombre; de plus, elles étaient toutes d'un rang distingué, et nous avons des raisons de croire qu'elles n'assistaient à ce spectacle que par égard pour nous.

Ces combats durèrent environ deux heures : pendant ce temps l'homme qui nous avait fait faire place lors de notre débarquement retenait les Indiens à une distance convenable, en frappant rudement de son bâton ceux qui s'avançaient trop. Nous nous informâmes de son état, et nous apprîmes que c'était un officier de Tootahah qui remplissait les fonctions de maître des cérémonies.

Les lecteurs qui connaissent les combats des athlètes de l'antiquité remarqueront sans doute une ressemblance grossière entre ces anciens jeux et les luttes des habitants d'une petite île située au milieu de l'océan Pacifique. Les dames peuvent se rappeler la description qu'en a donnée Fénelon dans son *Télémaque*. Quoiqu'il raconte des événements fabuleux, il a copié fidèlement les mœurs des anciens temps, d'après les auteurs qu'on regarde comme des historiens fidèles.

Quelques femmes viennent au fort. Cérémonies singulières. Les Taïtiens assistent au service divin que nous célébrons, et le soir ils nous donnent un spectacle très extraordinaire.

Le 12 mai, nous reçûmes la visite de quelques femmes que nous n'avions pas encore vues, et qui nous abordèrent avec des cérémonies très singulières. M. Banks faisait des échanges dans son bateau, à la porte du fort, accompagné de Tootahah, qui l'était venu voir le matin avec quelques autres naturels du pays. Entre neuf et dix heures, il arriva à l'endroit du débarquement une double pirogue dans laquelle étaient assis un homme et deux femmes. Les Indiens qui étaient autour de M. Banks lui dirent par signes d'aller à leur rencontre, ce qu'il fit sur-le-champ. Mais pendant qu'il sortait du bateau, l'homme et les deux femmes s'étaient déjà avancés jusqu'à quinze pas de lui. Ils s'arrêtèrent alors, et l'invitèrent par signes à faire la même chose. Ils jetèrent à terre une douzaine de jeunes planes et quelques autres petites plantes. M. Banks s'arrêta, et les Indiens s'étant rangés en haie à ses côtés, un Taïtien, qui semblait être un serviteur, passant et repassant à six reprises différentes, en remit une branche à chaque tour à M. Banks, prononçant toujours quelques paroles en la lui donnant,

Tootahah nous donne un essai de la musique de son pays.....

Tupia, qui était près de M. Banks, remplissait les fonctions de son maître de cérémonie : à mesure qu'il recevait les rameaux il les plaçait dans le bateau. Lorsque cette cérémonie fut achevée, un autre homme apporta un grand paquet d'étoffes qu'il étendit les unes après les autres sur la terre, dans l'espace qui était entre M. Banks et les Indiens qui lui rendaient visite. Il y avait neuf pièces : il en posa trois l'une sur l'autre, et alors une des femmes, appelée *Oorattooa*, la plus distinguée d'entre elles, monta sur ces tapis, et, relevant ses vêtements jusqu'à la ceinture, elle fit trois fois le tour à pas lents, avec beaucoup de sérieux et de sang-froid, et un air d'innocence et de simplicité qu'il n'est pas possible d'imaginer : elle laissa retomber ensuite ses vêtements, et alla se remettre à sa place. On étendit trois autres pièces sur les trois premières : elle remonta alors, et fit la même cérémonie qu'on vient de décrire. Enfin, les trois dernières pièces furent étendues sur les six premières, et elle en fit le tour pour la troisième fois avec les mêmes circonstances.

Les Taïtiens replièrent les étoffes et les offrirent à M. Banks comme un présent de la part de la femme, qui s'avança alors avec son ami pour le saluer. M. Banks fit à tous deux les dons qu'il jugeait devoir leur être le plus agréables. Ils restèrent dans la tente l'espace d'une heure, et s'en allèrent. Sur le soir nos officiers qui étaient au fort reçurent la visite d'Oberéa et d'une femme de sa suite, sa favorite, nommée *Otheothea* : c'était une fille d'une figure agréable.

Les Indiens, après avoir vu nos cérémonies religieuses, jugèrent à propos de nous montrer dans l'après-midi les leurs, qui étaient très différentes. Un jeune homme de près de six pieds et une jeune fille de onze à douze ans sacrifièrent à Vénus, devant plusieurs de nos gens et un grand nombre de naturels du pays, sans paraître attacher aucune idée d'indécence à leur action, et ne s'y livrant, au contraire, à ce qu'il nous semblait, que pour se conformer aux usages du pays. Parmi les spectateurs, il y avait plusieurs femmes d'un rang distingué, et en particulier Oberéa, qui, à proprement parler, présidait à la cérémonie; car elle donnait à la fille des instructions sur la manière dont elle devait jouer son rôle; mais, quoique la fille fût jeune, elle ne paraissait pas en avoir besoin.

Nous ne racontons pas cet événement comme un pur objet de curiosité, mais parce qu'il peut servir dans l'examen d'une question qui a été longtemps discutée par les philosophes. La honte qui accompagne certaines actions que tout le monde regarde comme innocentes en elles-mêmes est-elle imprimée dans le cœur de l'homme par la nature, ou provient-elle de l'habitude et de la coutume? Si la honte n'a d'autre origine que la coutume des nations, il ne sera peut-

Nous fûmes bientôt frappés de la vue d'un énorme bâtiment.....

être pas aisé de remonter à la source de cette coutume, quelque générale qu'elle soit; si cette honte est une suite de l'instinct naturel, il ne sera pas moins difficile de découvrir comment elle est anéantie ou sans force parmi ces peuples, chez qui on n'en trouve pas la moindre trace.

Après avoir reçu différents messages de Tootahah qui nous mandait que, si nous voulions lui rendre visite, il reconnaîtrait cette faveur par un présent de quatre cochons, j'envoyai M. Hicks, mon premier lieutenant, afin de voir s'il ne serait pas possible de s'en procurer quelques-uns sans cela; je lui ordonnai en même temps de faire à l'Indien toutes sortes de politesses. M. Hicks le trouva éloigné d'Éparre, dans un endroit appelé *Tottahah,* situé cinq milles plus à l'ouest. Le Taïtien le reçut avec beaucoup de cordialité; il lui montra sur-le-champ un cochon, et lui dit que dans la matinée on amènerait les trois autres qui étaient à quelque distance. M. Hicks attendit volontiers; mais comme les trois cochons ne venaient point, et qu'il ne jugea pas à propos de rester plus longtemps, il s'en revint avec celui qu'on lui avait donné.

Détail de différentes aventures. Préparatifs pour observer le passage de Vénus.

Comme le jour où nous devions faire nos observations astronomiques approchait, je résolus, d'envoyer deux détachements, afin d'observer le passage de Vénus dans différents endroits, espérant que, si nous ne réussissions pas à Taïti, nous aurions ailleurs un meilleur succès. Nous nous occupâmes donc à préparer nos instruments et à montrer l'usage qu'il en fallait faire à ceux de nos officiers que je me proposais d'envoyer dehors

Le 1er juin, deux jours avant le passage de Vénus, je fis partir pour Imao, dans la grande chaloupe, M. Core, et MM. Monkhouse et Sporing, à qui M. Green avait donné des instruments convenables. M. Banks jugea à propos d'aller avec eux.

Malgré toute la célérité qu'on mit pour équiper la chaloupe, elle ne fut prête que dans l'après-midi : nos gens qui étaient à bord, après avoir ramé la plus grande partie de la nuit, l'amenèrent enfin au-dessous de la terre d'Imao. A la pointe du jour du 2 ils virent une pirogue qu'ils appelèrent. Les Indiens qu'elle avait à bord leur montrèrent un passage à travers le récif : ils y entrèrent, et ils choisirent bientôt après, pour lieu de leur observatoire, un rocher de corail qui s'élevait hors de l'eau à environ cent cinquante verges de la côte. Ce rocher en avait quatre-vingts de long et vingt de large; on trouvait au milieu un lit de sable blanc assez étendu pour y placer les tentes. M. Gore et ses compagnons commencèrent à les dresser et à faire les autres préparatifs nécessaires pour l'opération importante du lendemain. Sur ces entrefaites, M. Banks, suivi des insulaires de Taïti et des autres Indiens qu'ils avaient rencontrés dans la pirogue, alla dans l'intérieur de l'île pour y acheter des provisions: il s'en procura effectivement une quantité suffisante avant la nuit. La soirée fut très belle; cependant l'inquiétude ne leur permit pas de prendre beaucoup de repos pendant la nuit. Chacun faisait la garde à son tour, l'espace d'une demi-heure, et allait satisfaire l'impatience des autres, et il leur rapportait la situation du temps. Quelquefois il encourageait leur espérance en disant que le ciel était serein, et d'autres fois il les alarmait en leur annonçant qu'il était couvert.

Ils furent debout dès la pointe du jour du 3, et ils eurent la satisfaction de voir le soleil se lever sans nuage. M. Banks, souhaitant alors un heureux succès à nos observateurs, M. Core et M. Monkhouse, retourna une seconde fois dans l'île pour en examiner les productions et y acheter des rafraîchissements. Pour faire ses échanges avec les naturels du pays, il se plaça sous un arbre, et, afin de n'être pas poussé par la foule, il traça autour de lui un cercle dans lequel il ne leur permit pas d'entrer.

Sur les huit heures il aperçut deux pirogues qui voguaient vers l'endroit où il était, et les insulaires lui firent entendre qu'elles appartenaient à Tarrao, roi de l'île, qui venait lui rendre visite. Dès que les pirogues s'approchèrent de la côte, le peuple se rangea en haie depuis le rivage jusqu'au lieu du marché, et Sa Majesté débarqua avec sa sœur nommée Nuna. Comme ils s'avançaient vers l'arbre sous lequel était M. Banks, il alla à leur rencontre, et il les introduisit en grande cérémonie dans le cercle dont il avait écarté les autres insulaires. C'est la coutume de ces peuples de s'asseoir pendant leurs conférences. M. Banks développa une espèce de turban d'étoffe de l'Inde qu'il portait sur sa tête en place de chapeau; il l'étendit à terre, et ils s'assirent tous ensemble. On apporta alors le présent royal qui était composé d'un chien, d'un cochon, de quelques fruits à pain, de noix de coco et d'autres choses pareilles. M. Banks envoya un bateau à l'observatoire pour y porter ce présent: les messagers revinrent avec une hache, une chemise et des verroteries qu'il offrit à Sa Majesté qui les reçut avec beaucoup de satisfaction.

Après le premier contact intérieur de Vénus avec le soleil, M. Banks retourna à l'observatoire, emmenant avec lui quelques-uns des principaux personnages de l'île, parmi lesquels il y avait trois jeunes femmes très belles. Il leur montra la planète au-dessus du soleil, et tâcha de leur faire entendre que ses compagnons et lui avaient quitté leur pays pour venir observer ce phénomène. Bientôt après, M. Banks retourna avec eux à l'île d'Imao; il y passa le reste de la journée à en examiner les productions, qu'il trouva à peu près les mêmes que celles de Taïti. Les hommes qu'il y vit ressemblaient aussi entièrement aux habitants de cette dernière île, et il en reconnut plusieurs pour les avoir déjà vus à Taïti : de manière que tous ceux avec qui il fit des échanges connaissaient ses marchandises et leur valeur.

L'observation fut faite avec un égal succès au fort, et par les personnes que j'avais envoyées à l'est de l'île. Depuis le lever du soleil jusqu'à son coucher, il n'y eut pas un seul nuage au ciel, et nous observâmes, M. Green, le docteur Solander et moi, tout le passage de Vénus avec la plus grande facilité. Le télescope de M. Green et le mien étaient de la même force, et celui du docteur Solander était plus grand. Nous vîmes tous autour de la planète une atmosphère ou brouillard nébuleux qui rendait moins distincts les temps des contacts, et surtout des contacts intérieurs, ce qui nous fit différer les uns des autres dans nos observations.

—

Description particulière des funérailles parmi les Taïtiens. Observations générales sur ce sujet. Détails sur la cuisine des Taïtiens. Divers incidents.

Le 5, nous célébrâmes l'anniversaire du jour de la naissance du roi. Plusieurs des chefs indiens assistèrent à cette fête; ils burent à la santé de Sa Majesté sous le nom de *Kihiargo*, qui était le son le plus approché qu'ils pouvaient rendre pour exprimer le roi George.

Il mourut pendant ce temps une vieille femme d'un certain rang; cet incident nous donna occasion de voir comment ils disposent des cadavres, et nous confirma dans l'opinion que ces peuples n'enterrent jamais leurs morts, contre la coutume de toutes les autres nations actuellement connues. Au milieu d'une petite place carrée, proprement palissadée de bambous, ils dressèrent sur deux poteaux le pavillon d'une pirogue, et ils placèrent le corps en dessous, sur un châssis tel que nous l'avons décrit plus haut. Le corps était couvert d'une belle étoffe, et l'on avait placé près de lui du fruit à pain, du poisson et d'autres provisions. Nous supposâmes que les aliments étaient préparés pour l'esprit du défunt, et que par conséquent ces Indiens ont quelques idées confuses de l'existence des âmes après la mort; mais, lorsque nous nous adressâmes à Toubouraï Tamaïdé, afin de nous instruire plus particulièrement sur cette matière, il nous dit que ces aliments étaient des offrandes qu'ils présentaient à leurs dieux : ils ne supposaient cependant pas que les dieux mangeassent, ainsi que les Juifs ne pensaient point que Jéhovah pût habiter dans une maison. Il faut regarder leur offrande de la même manière que le Temple de Jérusalem, c'est-à-dire comme un témoignage de respect et de reconnaissance, et un moyen de solliciter la présence plus immédiate de la Divinité. Vis-à-vis du carré, il y avait un endroit où les parents du défunt allaient payer le tribut de leur douleur; et au-dessous du pavillon, on trouvait une quantité innombrable de petites pièces d'étoffes, sur lesquelles les pleureurs avaient versé leurs larmes et leur sang; car, dans les transports de leur chagrin, c'est un usage universel parmi eux de se faire des blessures avec la dent d'un goulu de mer. A quelques pas de là on avait dressé deux petites huttes. Quelques parents du défunt demeurent habituellement dans l'une, et l'autre sert d'habitation au principal personnage du deuil, qui est toujours un homme revêtu d'un habillement singulier, et qui fait des cérémonies que nous rapporterons plus bas. On enterre ensuite les os des morts dans un lieu voisin de celui où l'on élève ainsi les cadavres pour les laisser tomber en pourriture.

Il est impossible de deviner ce qui peut avoir introduit parmi ces peuples l'usage d'élever le mort au-dessus de la terre, jusqu'à ce que la chair soit consumée par la putréfaction, et d'enterrer ensuite les os; mais c'est une chose digne de remarque, qu'Élien et Apollonius de Rhodes attribuent une coutume semblable aux anciens habitants de la Colchide, pays autrefois situé près du royaume de Pont en Asie, et qu'on appelle aujourd'hui la Mingrélie, excepté pourtant que cette manière de disposer des morts n'avait pas lieu pour les deux sexes : ils enterraient les femmes, mais ils enveloppaient les hommes morts dans une peau, et les suspendaient en l'air avec une chaîne. Cet usage des habitants de la Colchide avait sa source dans leur croyance religieuse. La terre et l'air étaient les principaux objets de leur culture, et l'on croit que, par une suite de quelque principe superstitieux, ils dévouaient leurs morts à ces deux éléments. Nous n'avons jamais pu découvrir positivement si les Taïtiens adoptent de pareils principes ; mais nous reconnûmes bientôt que les cimetières sont aussi des lieux où ils vont rendre une sorte de culte religieux.

Comme les Indiens depuis quelques jours nous apportaient du fruit à pain en moindre quantité qu'à l'ordinaire, nous en demandâmes la raison, et l'on nous dit que les arbres promettaient une récolte abondante, et que chacun avait alors cueilli une partie des fruits pour en faire une espèce de pâte aigrelette, que les naturels du pays appellent *mahie*, et qui, après avoir subi une fermentation, se conserve pendant un temps considérable, et leur sert d'aliment lorsque les fruits ne sont pas encore mûrs.

Le principal personnage du deuil devait faire, le 10, la cérémonie en l'honneur de la vieille femme dont nous avons déjà décrit le tombeau. M. Banks était si curieux de voir tous les mystères de la solennité, qu'il résolut de s'y charger d'un emploi, après qu'on lui eut dit qu'il ne pouvait pas y assister sans cette condition. Il alla donc le soir dans l'endroit où était déposé le corps, et il fut reçu par la fille de la défunte, quelques autres personnes et un jeune homme d'environ quatorze ans, qui se préparaient à la cérémonie. Toubouraï Tamaïdé en était le chef. La forme de son habillement était extrêmement bizarre, et pourtant lui seyait assez bien. On dépouilla M. Banks de ses vêtements à l'européenne. Les Indiens nouèrent autour de ses reins une pièce d'étoffe, et ils lui barbouillèrent tout le corps jusqu'aux épaules, avec du charbon et de l'eau, de manière qu'il était aussi noir qu'un nègre. Ils firent la même opération à plusieurs personnes, et entre autres à quelques femmes qu'on mit dans le même état de nudité que lui. Le jeune homme fut noirci partout, et ensuite le convoi se mit en marche.

Toubouraï Tamaïdé proférait près du corps quelques mots que nous avons jugés être une prière. Il récitait les mêmes paroles lorsqu'il fut arrivé dans sa maison; ils continuèrent ensuite leur route vers le fort, dont nous leur avions permis d'approcher dans cette occasion. Les Taïtiens ont coutume de s'enfuir avec la plus grande précipitation à l'arrivée du convoi. Dès qu'il fut aperçu de loin par ceux qui étaient aux environs du fort, ils allèrent se cacher dans les bois. Le convoi marcha du fort le long de la côte et mit en fuite une autre troupe d'Indiens qui étaient plus de cent, et qui se retirèrent tous dans le premier lieu écarté qu'ils purent rencontrer. Il traversa ensuite la rivière et entra dans les bois, passant devant plusieurs maisons qui étaient toutes désertes, et l'on ne vit pas un seul Taïtien pendant le reste de la procession qui dura plus d'une demi-heure. Ils appellent *nineveh* la fonction que faisait M. Banks: deux autres comme lui étaient chargés du même emploi. Comme les naturels du pays avaient tous disparu, ils allèrent dire au personnage principal du deuil: *imatata* (il n'y a personne); enfin on renvoya tous les gens du convoi se laver dans la rivière et prendre leurs habits ordinaires.

Le 14, on commit au fort un vol qui nous jeta dans de nouvelles difficultés et dans de nouveaux inconvénients. Au milieu de la nuit, un Taïtien trouva moyen de dérober un fourgon de fer, qui nous servait pour le four; on l'avait dressé par hasard contre la palissade, de sorte qu'on voyait en dehors le bout du manche. Nous apprîmes que le voleur, qui l'avait lorgné le soir, était venu secrètement sur les trois heures du matin, et que, guettant le moment où la sentinelle était détournée, il avait adroitement saisi le fourgon avec un grand bâton crochu, et l'avait tiré par-dessus la palissade. Je crus qu'il était important de tâcher de mettre fin à tous ces vols, en employant un moyen qui rendrait les naturels du pays intéressés eux-mêmes à les prévenir. J'avais donné ordre qu'on ne tirât pas sur eux, lors même qu'ils étaient pris en flagrant délit; j'avais pour cela plusieurs raisons: je ne pouvais pas donner aux soldats de garde un pouvoir de vie et de mort, dont ils seraient les maîtres de faire usage quand ils le voudraient, et j'avais déjà éprouvé qu'ils n'étaient que trop empressés à tuer légèrement lorsqu'ils en avaient la permission. Je ne croyais pas d'ailleurs que les vols que nous faisaient les Taïtiens fussent des crimes dignes de mort. Parce qu'on pend les voleurs en Angleterre, je ne pensai pas qu'on dût les fusiller à Taïti: c'eût été exécuter sur les naturels du pays une loi faite après coup; ils n'avaient point parmi eux de loi semblable, et il me sembla que nous n'avions pas droit de la leur imposer. En voulant jouir des avantages de la société civile, ils n'ont pas comme nous accepté pour condition de s'abstenir de vol sous peine d'être punis de mort. Je ne voulais point les exposer à nos armes à feu chargées de balles, et je ne me souciais pas trop qu'on tirât sur eux seulement avec de la poudre. Le bruit de l'explosion et la fumée les auraient d'abord alarmés, mais, dès qu'ils auraient vu qu'il ne leur en arrivait point de mal, ils auraient peut-être méprisé nos armes, et ils en seraient venus à des insultes que nous aurions été forcés de repousser d'une manière plus à craindre pour eux. Au contraire, en ne tirant jamais qu'à balle, nous pouvions les maintenir dans la crainte qu'ils avaient de nos armes à feu, et nous mettre à l'abri de leurs outrages. Il survint alors un incident que je regardai comme un expédient favorable à mon dessein. Une vingtaine de leurs pirogues étaient venues près de nous chargées de poisson: je les fis saisir sur-le-champ et conduire dans la rivière derrière le fort, et j'avertis tous les Taïtiens que nous allions les brûler, si on ne nous rendait pas le fourgon et les autres choses qu'ils avaient volées, depuis notre arrivée dans l'île. Je hasardai de publier cette menace, quoique je ne fusse pas dans le dessein de la mettre à exécution; je ne doutais pas qu'elle ne parvînt à ceux qui possédaient les effets qu'on nous avait dérobés, et que dans peu on ne nous les rapportât, puisque tous les Taïtiens y étaient intéressés. On rendit le fourgon, et ils firent de vives instances pour que je relâchasse les pirogues; mais je m'en tins toujours à mes premières conditions.

Le lendemain, 15, arriva, et on ne rapporta rien de plus: ce qui me surprit beaucoup, car les insulaires étaient dans le plus grand embarras pour leur poisson qui allait se gâter dans peu de temps. Je fus donc réduit à l'alternative désagréable de relâcher les pirogues contre ce que j'avais déclaré solennellement et en public, ou de les détenir au détriment de ceux qui étaient innocents, et sans que nous en retirassions aucun profit. J'avisai un expédient passager: je leur permis de prendre le poisson, mais je retins les pirogues. Cette permission produisit de nouveaux désordres et de nouvelles injustices; comme il n'était pas facile de distinguer à qui le poisson appartenait en particulier, ceux qui n'y avaient point de droit profitèrent de la circonstance et pillèrent les pirogues. Ils réitérèrent leurs sollicitations pour que je renvoyasse ces bâtiments; j'avais alors les plus fortes raisons de croire que les effets dérobés n'étaient pas dans l'île, ou que ceux qui souffraient par la détention des pirogues n'avaient pas assez d'influence sur les voleurs pour les engager à abandonner leur proie: je me décidai enfin à les relâcher, très mortifié du mauvais succès de mon projet.

Le 19, nous retenions toujours les pirogues. Nous reçûmes le soir une visite d'Oberéa, et nous fûmes très surpris en voyant qu'elle ne nous rapportait aucun des effets qu'on nous avait volés, car elle savait qu'elle était soupçonnée d'en avoir quelques-uns en garde. Elle dit, il est vrai, qu'Obadée, son favori, qu'elle avait renvoyé et battu, les avait emportés; mais elle semblait sentir qu'elle n'avait pas droit d'être crue sur sa parole; elle laissa voir les signes de crainte les plus marqués. Cependant elle les surmonta avec une résolution surprenante, et elle nous fit de très grandes instances pour que nous lui permissions de passer la nuit elle et sa suite dans la tente de M. Banks. Nous ne voulûmes pas y consentir: l'histoire des habits volés était trop récente, et d'ailleurs la tente était déjà remplie d'autres personnes. Aucun autre de nous ne fut disposé à la recevoir, et elle coucha dans sa pirogue très mortifiée et très mécontente.

Le lendemain, 20, dès le grand matin, elle revint au fort avec sa pirogue et ce qui y était contenu, se remettant en notre pouvoir avec une espèce de grandeur d'âme qui excita notre étonnement et notre admiration. Afin d'opérer plus efficacement la réconciliation, elle nous présenta un cochon et plusieurs autres choses, et entre autres un chien. Nous avions appris que les Indiens regardent cet animal comme une nourriture plus délicate que le porc, et nous résolûmes à cette occasion de vérifier l'expérience : nous remîmes le chien, qui était très gras, à Tupia, qui se chargea d'être le boucher et le cuisinier. Il le tua en lui serrant fortement avec ses mains le nez et le museau, opération qui dura plus d'un quart d'heure.

Pendant ce temps les Indiens firent un trou en terre d'environ un pied de profondeur, dans lequel on alluma du feu, et l'on y mit des couches alternatives de petites pierres et de bois pour le chauffer. Tupia tint pendant quelque temps le chien sur la flamme, et en le raclant avec une coquille tout le poil tomba comme s'il avait été échaudé dans une eau bouillante. Il le fendit avec la même coquille, et en tira les intestins, qui furent envoyés à la mer, où ils furent lavés avec soin et mis dans des coques de noix de coco, ainsi que le sang qu'on avait tiré du corps en l'ouvrant. On ôta le feu du trou lorsqu'il fut assez échauffé, et l'on mit au fond quelques-unes des pierres, qui n'étaient pas assez chaudes pour changer la couleur de ce qu'elles touchaient. On les couvrit de feuilles vertes, sur lesquelles on plaça le chien avec ses intestins ; on étendit sur l'animal une seconde couche de feuilles vertes et de pierres chaudes et on boucha le creux avec de la terre. En moins de quatre heures on le rouvrit, on en tira l'animal très bien cuit, et nous convînmes tous que c'était un excellent mets. On ne donne pas de viande aux chiens qu'on nourrit dans l'île pour la table, mais seulement des fruits à pain, des noix de coco, des ignames et d'autres végétaux. Les Taïtiens apprêtent de la même manière toutes les chairs et tous les poissons qu'ils mangent.

L'objet principal de l'ambition de ces peuples est d'avoir un magnifique moraï : celui-ci était un monument frappant du rang et du pouvoir d'Oberéa. Nous avons déjà remarqué que nous ne la trouvâmes pas revêtue de l'autorité qu'elle exerçait lors du voyage du *Dauphin ;* nous en savons à présent la raison. En allant de sa maison au moraï, le long de la côte de la mer, nous aperçûmes partout sous nos pieds une multitude d'ossements humains, surtout de côtes et de vertèbres : nous demandâmes l'explication d'un spectacle si étrange, et l'on nous dit que, dans le dernier mois de Owarahew, qui répond au mois de décembre 1768, quatre ou cinq mois avant notre arrivée, le peuple de Tiarrabou, péninsule sud-est de Taïti, avait fait une descente dans cet endroit, et tué un grand nombre d'habitants, dont nous voyions les os sur le rivage ; que, dans cette occasion, Oberéa, et Oamo, qui administrait alors le gouvernement de l'île pour son fils, s'étaient enfuis dans les montagnes ; que les vainqueurs avaient brûlé toutes les maisons qui étaient très grandes, et emmené les cochons et les autres animaux qu'ils avaient pu trouver. Nous apprîmes aussi que le dindon et l'oie que nous avions vus chez Mathiabo, le voleur de manteau, étaient au nombre des dépouilles. Cette histoire expliqua pourquoi nous les avions trouvés chez un peuple avec qui *le Dauphin* n'avait point eu de communication, ou du moins fort peu. Lorsque nous dîmes que nous avions vu à Tiarrabou des mâchoires d'hommes suspendues à une planche dans une longue maison, on nous répondit que les conquérants les avaient emportées comme des trophées de leur victoire. Les Taïtiens font parade des mâchoires de leurs ennemis, ainsi que les naturels de l'Amérique septentrionale portent en triomphe les chevelures des hommes qu'ils ont tués.

Le 1er juillet, nous retournâmes au port à Matavaï, après avoir fait le tour de l'île, que nous trouvâmes d'environ trente lieues, en y comprenant les deux péninsules. Nous nous plaignîmes alors de manquer de fruit à pain ; mais les Indiens nous assurèrent que la récolte de la dernière saison était presque épuisée, et que les fruits que nous avions vus sur les arbres ne seraient pas agréables avant trois mois ; ce qui nous fit comprendre pourquoi nous en avions trouvé si peu dans notre voyage.

Pendant que le fruit à pain mûrit dans les plaines, les Taïtiens tirent quelques secours des arbres qu'ils ont plantés sur les collines, afin d'avoir des aliments dans tous les temps ; mais la quantité n'en est pas suffisante pour prévenir la disette. Ils se nourrissent alors de la pâte aigrelette qu'ils appellent *mahie*, des fruits du plane sauvage et de noix d'ahée qui sont en maturité. A moins que les fruits à pain ne mûrissent quelquefois plus tôt, je ne puis pas expliquer pourquoi *le Dauphin*, qui était dans l'île à la même saison que nous, y en trouva une si grande abondance sur les arbres.

Les Indiens nos amis se rassemblèrent en foule autour de nous dès que nous fûmes de retour, et aucun ne s'approchait les mains vides. Quoique j'eusse résolu de rendre les pirogues détenues à ceux qui en étaient les propriétaires, on ne l'avait pas encore fait. Les Taïtiens les redemandèrent de nouveau, et enfin je les relâchai. Je ne puis m'empêcher de remarquer à cette occasion que ces peuples pratiquent de petites fraudes les uns envers les autres avec une mauvaise foi réfléchie, qui me donna beaucoup plus mauvaise opinion de leur caractère que les vols qu'ils commettaient en succombant aux tentations violentes qui les sollicitaient à s'approprier nos métaux et les productions de nos arts, qui ont pour eux un prix inestimable.

Expédition de M. Banks pour suivre le cours de la rivière. Vestiges d'un feu souterrain. Préparatifs pour quitter l'île.

Le 3, dès le grand matin, M. Banks, accompagné de quelques Taïtiens qui lui servaient de guides, partit pour suivre le cours de la rivière, en remontant la vallée d'où elle sort, et voir jusqu'où ses bords étaient habités. Ils rencontrèrent, dans les six premiers milles de chaque côté de la rivière, des maisons qui n'étaient pas éloignées les unes des autres. La vallée avait partout environ quatre cents verges de largeur entre les pieds des collines; on leur montra ensuite une maison qu'on dit être la dernière de celles qu'ils verraient.

Lorsqu'ils y arrivèrent, le propriétaire leur offrit pour rafraîchissements des cocos et d'autres fruits qu'ils acceptèrent : après s'y être arrêtés peu de temps, ils continuèrent leur route dans un espace assez long. Il n'est pas facile de compter les distances par un mauvais chemin ; mais ils crurent qu'ils avaient encore fait environ six milles. Ils passèrent souvent sous des voûtes formées par des fragments de rochers, où on leur dit que couchaient souvent les Indiens lorsqu'ils étaient surpris par la nuit. Ils trouvèrent bientôt après que des roches escarpées bordaient la rivière. Il en sortait une cascade qui formait un lac dont le courant était si rapide, que les Taïtiens assurèrent qu'il était impossible de le passer. Ils ne paraissaient pas connaître la vallée au-delà de cet endroit ; ils ne vont que sur le penchant des rochers et sur les plaines qui sont au sommet, où ils recueillent une grande quantité de fruits du plane sauvage, qu'ils appellent *vaé*. Le chemin qui conduisait des bords de la rivière sur ces rochers était effrayant; les côtés presque perpendiculaires avaient quelquefois cent pieds d'élévation ; les ruisseaux qui jaillissaient partout des fentes de la surface le rendaient d'ailleurs extrêmement glissant ; cependant, à travers ces précipices, on avait fait un sentier au moyen de longues pièces d'écorces d'*hibiscus tiliaceus*, dont les morceaux, joints les uns aux autres, servaient de corde à l'homme qui voulait y grimper. En la serrant fortement, il s'élevait d'une saillie de rochers à l'autre, où il n'y avait qu'un Indien ou une chèvre qui pût placer le pied.

Nous commençâmes alors à nous disposer à notre départ. Notre eau était déjà à bord, et nous avions examiné les provisions que nous devions mettre en mer. Sur ces entrefaites, nous reçûmes une autre visite d'Oamo et d'Oberéa, accompagnés de leur fils et de leur fille. Les Taïtiens témoignèrent leur respect en se découvrant la partie supérieure du corps, ainsi que nous l'avons dit plus haut. La fille, qui, à ce que nous comprîmes, s'appelait Toïmata, avait fort envie de voir le fort, mais son père ne voulut pas le lui permettre. Téarée, fils de Waheatua, souverain de Tiarrabou, péninsule sud-est de Taïti, était aussi avec nous lors de cette visite. Nous apprîmes le débarquement d'un autre Indien que nous ne nous attendions pas à voir, et dont nous ne désirions point la compagnie : c'était l'habile filou qui nous vola notre quart de nonante. On nous dit qu'il prétendait encore faire quelques tours d'adresse pendant la nuit : les Taïtiens s'offrirent tous avec beaucoup d'empressement à nous en garantir, et ils demandèrent pour cela la permission de coucher au fort ; ce qui produisit un si bon effet, que le voleur, désespérant du succès, abandonna son entreprise.

Le 13 juillet 1769, le vaisseau fut rempli des Taïtiens, nos amis, dès la pointe du jour, et il fut environné d'un grand nombre de pirogues qui portaient d'autres Indiens d'une classe inférieure. Nous levâmes l'ancre entre onze heures et midi ; et dès que le vaisseau fut sous voiles, les naturels du pays prirent congé de nous et versèrent des larmes, pénétrés d'une tristesse modeste et silencieuse qui avait quelque chose de très tendre et de très intéressant. Les Indiens qui étaient dans les pirogues semblaient au contraire se disputer à qui pousserait les plus grands cris ; mais il y entrait plus d'affectation que de véritable douleur. Tupia soutint cette scène avec une fermeté et une tranquillité vraiment admirables. Il est vrai qu'il pleura, mais les efforts qu'il fit pour cacher ses larmes faisaient encore plus d'honneur à son caractère. Il envoya par Othéothéa une chemise pour dernier présent à Potomaï, maîtresse favorite de Tootahah; il alla ensuite sur la grande hune avec M. Banks, et il fit des signes aux pirogues tant qu'il continua de les voir.

C'est ainsi que nous quittâmes l'île de Taïti et ses habitants, après un séjour de trois mois. Pendant la plus grande partie de ce temps, nous vécûmes dans l'amitié la plus cordiale, et nous nous rendîmes réciproquement toutes sortes de bons offices : les petits différends qui survinrent par intervalles ne firent pas plus de peine aux Indiens qu'à nous-mêmes. Ces disputes étaient toujours une suite de la situation et des circonstances où nous nous trouvions, des faiblesses de la nature humaine, de l'impossibilité de nous entendre mutuellement, et enfin du penchant des Taïtiens au vol, que nous ne pouvions ni tolérer ni prévenir. Excepté dans un seul cas, ces brouilleries n'entraînèrent pourtant point de conséquences fatales, et c'est à cet accident que sont dues les mesures que j'employai pour en prévenir d'autres pareilles qui pouvaient arriver dans la suite. J'espérais profiter de l'impression qu'aurait faite sur les Indiens la mort de ceux qui avaient péri dans leurs démêlés avec *le Dauphin*, et je comptais pouvoir séjourner dans l'île sans y répandre de sang. Notre trafic s'y fit avec autant d'ordre que dans les marchés les mieux réglés de l'Europe. Tous les échanges furent conduits surtout par M. Banks, qui était infatigable pour nous procurer des provisions et des rafraîchissements lorsqu'on pouvait en avoir ; mais, sur la fin de notre séjour, les denrées devinrent rares par la trop grande consommation que nous en faisions au fort et au vaisseau, et par l'approche de la saison où les noix de coco et les fruits à pain commencent à manquer.

Description particulière de l'île de Taïti, de ses productions et de ses habitants. Habillements, habitations, nourriture, vie domestique et amusements de ces insulaires.

Le capitaine Wallis, qui découvrit l'île de Taïti le 9 juin 1767, a déterminé la longitude de la baie de Port-Royal : nous avons reconnu qu'il ne s'était trompé que d'un demi-degré. Nous avons trouvé que la pointe Vénus, extrémité septentrionale de l'île et pointe orientale de la baie, gisait au 149e degré 30' de longitude. L'île est environnée par un récif de rochers de corail qui forme plusieurs baies et ports excellents ; le mouillage est assez vaste et l'eau assez profonde pour contenir un grand nombre des plus gros vaisseaux. La baie de Port-Royal, appelée par les naturels du pays *Matavaï*, et qui ne le cède en bonté à aucune autre de Taïti, peut facilement être reconnue au moyen d'une très haute montagne située au milieu de l'île et au sud de la pointe Vénus. Il n'y a dans toute l'île d'autre bois à brûler que celui des arbres fruitiers : il faut l'acheter des naturels du pays, ou bien se brouiller avec eux. On rencontre à l'ouest de cette baie quelques hâvres contigus à ceux que nous avons tracés.

Excepté la partie qui borde la mer, la surface du pays est très inégale : elle s'élève en hauteurs qui traversent le milieu de l'île et y forment des montagnes qu'on peut voir à soixante milles de distance. Entre le pied de ces montagnes et la mer, il y a une bordure de terre basse qui environne presque toute l'île, et il y a peu d'endroits où les hauteurs aboutissent directement sur les côtes de l'Océan. La largeur de cette bordure varie suivant les différents endroits, mais elle n'a nulle part plus d'un mille et demi : excepté sur le sommet des montagnes, le sol est partout extrêmement riche et fertile, arrosé par un grand nombre de ruisseaux d'une eau excellente, et couvert d'arbres fruitiers de diverses espèces qui ont un feuillage si épais et une tige si forte qu'ils forment un bois continu. Quoique la cime des montagnes soit en général stérile et brûlée par le soleil, la terre y donne cependant des productions en plusieurs endroits.

Quelques-unes des vallées et la terre basse qui est située entre le pied des montagnes et la mer sont les seules parties de l'île qui soient habitées, et l'on peut dire qu'elles sont très peuplées. Les maisons n'y forment pas de villages : elles sont rangées tout le long de la bordure à environ cinquante verges de distance les unes des autres, et environnées de petites plantations de plane, arbre qui fournit aux Taïtiens la matière première de leurs étoffes. Toute l'île, suivant le rapport de Tupia, qui sûrement la connaissait très bien, pouvait fournir six mille sept cent quatre-vingts combattants : d'où il est facile de calculer quelle était la population générale.

L'île de Taïti produit des fruits à pain, des noix de coco, des bananes de treize sortes et les meilleures que nous ayons mangées; des planes; un fruit assez ressemblant à la pomme, et qui est très agréable lorsqu'il est mûr ; des patates douces, des ignames, du cacao, une espèce d'arum; un fruit connu dans l'île sous le nom de *jambu*, et que les insulaires regardent comme le plus délicieux ; des cannes de sucre que les habitants mangent crues; une racine de l'espèce du salep qu'ils appellent *pea;* une plante nommée *étée*, et dont ils ne mangent que la racine; un fruit appelé par les naturels du pays *ahée*, qui croît en gousse comme la fève, et qui, lorsqu'il est rôti, a une saveur très ressemblante à celle de la châtaigne ; un arbre appelé *wharra*, qu'on nomme *pandanes* dans les Indes orientales, et dont le fruit approche de la pomme de pin ; un arbrisseau appelé *nono;* le *morinda*, qui produit aussi un fruit; une espèce de fougère dont on mange la racine et quelquefois les feuilles; une plante appelée *theve*, dont on mange la racine. Au reste, il n'y a que la classe inférieure des Taïtiens qui se nourrisse des fruits du nono, de la fougère et du theve ; à moins que ce ne soit dans un temps de disette, ils ne servent pas d'aliments aux autres insulaires. Tous ces fruits qui composent la nourriture des Taïtiens sont des productions spontanées de la nature, ou bien la culture se réduit à si peu de chose, qu'ils semblent exempts de l'anathème général qui porte que l'homme mangera son pain à la sueur de son front.

Les Taïtiens n'ont aucune espèce de fruits, de légumes ou de graines d'Europe (1).

Les cochons, les chiens et la volaille sont les seuls animaux apprivoisés de l'île. Excepté les canards, les pigeons, les perroquets, un petit nombre d'autres oiseaux et les rats, il n'y a point d'animaux sauvages. On n'y trouve aucun serpent, et point de quadrupèdes d'une race différente des deux dont nous venons de parler. La mer fournit à ces insulaires une grande quantité d'excellents poissons de toute sorte, ce qui est de tous les aliments celui qu'ils aiment le mieux. La pêche fait leur principale occupation.

Les Taïtiens sont d'une taille et d'une stature supérieures à celles des Européens. Les hommes sont grands, forts, bien membrus et bien faits. Le plus grand que nous ayons vu avait six pieds trois pouces et demi : il était habitant d'une île voisine appelée *Huaheine*. Les femmes d'un rang distingué sont en général au-dessus de notre taille moyenne ; mais celles d'une classe inférieure sont au-dessous, et quelques-unes même sont très petites : cette diminution dans la stature provient vraisemblablement de leur commerce trop prématuré avec les hommes. De toutes les circonstances qui peuvent affecter la taille, c'est la seule dans laquelle elles diffèrent des femmes d'un rang supérieur.

Leur teint naturel est cette espèce de teint brun clair ou olive, que plusieurs personnes d'Europe préfèrent au plus beau mélange de blanc et de rouge. Il est très foncé dans les habitants qui sont exposés à l'air et au soleil ; mais, dans ceux qui vivent à l'abri, et surtout chez les femmes d'une classe supérieure, il conserve sa nuance naturelle. Leur peau, délicate, est douce et polie, et ils n'ont point sur les joues les teintes que nous appelons du nom de *couleurs*. La forme de leur visage est agréable ; les os des joues ne sont pas élevés ; ils n'ont point les yeux creux, ni le front proéminent. Le seul trait qui ne réponde pas aux idées que nous avons de la beauté est le nez, qui en général est un peu aplati. Leurs yeux, et surtout ceux des femmes, sont pleins d'expression, quelquefois étincelants de feu ou remplis d'une douce sensibilité. Leurs dents sont aussi, presque sans exception, très égales et très blanches, et leur haleine est parfaitement pure.

Les cheveux sont ordinairement noirs et un peu rudes. Les hommes portent leur barbe de différentes manières ; cependant ils en arrachent toujours une grande partie, et ils ont grand soin de tenir le reste très propre. Les deux sexes ont aussi la coutume d'épiler tous les poils qui croissent sous les aisselles, et ils nous accusaient de malpropreté pour ne pas faire la même chose. Leurs mouvements sont remplis de vigueur et d'aisance ; leur démarche est agréable ; leurs manières sont nobles et généreuses, et leur conduite entre eux et envers les étrangers est affable et civile. Il semble qu'ils sont d'un caractère brave, sincère, sans soupçon ni perfidie, et sans penchant à la vengeance et à la cruauté. Nous eûmes en eux la même confiance qu'on a en ses meilleurs amis. Plusieurs d'entre nous, et en particulier M. Banks, passèrent souvent la nuit dans leurs maisons, au milieu des bois, sans être accompagnés de personne, et par conséquent entièrement à leur discrétion. Il faut pourtant convenir qu'ils sont tous voleurs ; mais, à cela près, ils n'ont à craindre la concurrence d'aucun autre peuple de la terre.

Dans la plupart des pays où les habitants ont des cheveux longs, les hommes ont coutume de les couper courts, et les femmes de tirer vanité de leur longueur. L'usage est cependant contraire à Taïti : les femmes les portent toujours coupés autour des oreilles, et les hommes, si l'on en excepte les pêcheurs, qui sont presque continuellement dans l'eau, les laissent flotter en grandes boucles sur leurs épaules, ou les relèvent en touffe sur le sommet de la tête.

Ils ont aussi coutume de s'oindre la tête avec ce qu'ils appellent du *monoe*, qui est une huile exprimée du coco, dans laquelle ils laissent infuser des herbes et des fleurs odoriférantes : comme l'huile est ordinairement rance, l'odeur est d'abord très désagréable pour un Européen. Comme ils vivent dans un pays chaud, sans connaître l'usage des peignes, ils ne peuvent pas tenir leurs têtes exemptes de vermine, que les enfants et la populace mangent quelquefois. Cet usage dégoûtant est entièrement différent du reste de leurs mœurs. Leur délicatesse et leur propreté à d'autres égards sont presque sans exemple ; et ceux à qui nous donnâmes des peignes se débarrassèrent bientôt de leurs poux avec un empressement qui nous fit voir qu'ils n'avaient pas moins d'aversion que nous pour cette vermine.

Ils impriment sur leurs corps des taches, suivant l'usage de plusieurs autres parties du monde : ce qu'ils appellent *tattow*. Ils piquent la peau aussi profondément qu'il leur est possible, sans en tirer du sang, avec un petit instrument qui a la forme d'une houe. La partie qui répond à la lame est composée d'un os ou d'une coquille qu'on a ratissée pour l'amincir, et qui est d'un quart de pouce à un pouce et demi de largeur. Le tranchant est partagé en dents ou pointes aiguës, qui sont depuis le nombre de trois jusqu'à vingt, suivant la grandeur de l'instrument. Lorsqu'ils veulent s'en servir ils plongent la dent dans une espèce de poudre faite avec le noir de fumée qui provient de l'huile de noix, qu'ils brûlent au lieu de chandelle, et qui est délayée avec de l'eau. On place sur la peau la dent ainsi préparée, et en frappant à petits coups sur le manche qui porte la lame avec un bâton, ils percent la peau et impriment dans le trou un noir qui y laisse une tache ineffaçable : l'opération est douloureuse, et il s'écoule quelques jours avant que les blessures soient guéries. On la fait aux jeunes gens des deux sexes, lorsqu'ils ont de douze à quatorze ans. On leur peint sur plusieurs parties du corps différentes figures, suivant le caprice des parents, ou peut-être suivant le rang qu'ils occupent dans l'île.

Il est étrange que ce peuple soit si jaloux d'avoir des marques qui ne sont pas des marques de distinction : je n'ai vu aucun Taïtien, homme ou femme, qui, dans un âge mûr, n'eût le corps ainsi peint (1).

Leur habillement est composé d'étoffe et de natte de différentes espèces, que nous décrirons en parlant de leurs manufactures. Ils portent dans les temps secs un habit d'étoffe qui ne résiste pas à l'eau ; et, dans les temps de pluie, ils en prennent un fait de natte. Ils arrangent leur vêtement de diverses manières, suivant leurs caprices ; car il n'est point taillé en forme régulière, et il n'y a jamais deux morceaux cousus ensemble. L'habillement des femmes les plus distinguées est composé de trois ou quatre pièces, l'une d'environ deux verges de large et onze de long, qu'elles enveloppent plusieurs fois autour des reins, de manière qu'elle pend en forme de jupon jusqu'au milieu de la jambe : on l'appelle *parou*. Les deux ou trois autres pièces, d'environ deux verges et demie de long et d'une de large, ont chacune un trou dans le milieu ; elles les mettent l'une sur l'une, et passant la tête à travers l'ouverture, les deux bouts retombent devant et derrière en scapulaire : ce vêtement, ouvert par les côtés, laisse les mouvements du bras en liberté : les Taïtiens donnent à ces pièces le nom de *tebuta*. Ils les rassemblent autour des

(1) Le long séjour des missionnaires à Taïti leur a, depuis lors, permis d'introduire dans cette île une certaine quantité de plantes européennes. A. M.

(1) Cette coutume paraît tenir à la superstition ; mais, depuis l'adoption du christianisme, elle a été abolie. A. M.

reins, et les serrent avec une ceinture d'une étoffe plus légère, qui est assez longue pour faire plusieurs fois le tour du corps. Ce vêtement ressemble exactement à celui des habitants du Pérou et du Chili, et que les Espagnols appellent *poncho*. L'habillement des hommes est le même que celui des femmes, excepté qu'au lieu de laisser pendre en jupon la pièce qui couvre les reins, ils la passent autour de leurs cuisses en forme de culotte, et on la nomme alors *maro*. Tel est le vêtement des Taïtiens de toutes les classes; et comme il est universellement le même quant à la forme, les hommes et les femmes d'un rang supérieur se distinguent par la quantité d'étoffe qu'ils portent (1). On en voit qui enveloppent autour d'eux plusieurs pièces d'étoffe de huit ou dix verges de long et de deux ou trois de large : quelques-uns en laissent flotter une grande pièce sur les épaules, comme une espèce de manteau; et, si ce sont de très grands personnages, et qu'ils veuillent paraître avec pompe, ils en mettent deux de cette manière.

Le peuple de la classe inférieure, qui n'a d'étoffe que la petite quantité que lui en donnent les tribus et les familles dont il dépend, est obligé d'être habillé plus à la légère. Dans la chaleur du jour il va presque nu; les femmes n'ont qu'un mince jupon, et les hommes qu'une ceinture qui couvre les reins. Comme la parure est toujours incommode, et surtout dans un pays chaud où elle consiste à mettre une couverture sur une autre, les femmes d'un certain rang se découvrent toujours vers le soir jusqu'à la ceinture, et elles se dépouillent de tout ce qu'elles portent sur la partie supérieure du corps avec aussi peu de scrupule que nos femmes quittent un double fichu. Lorsque les chefs nous rendaient visite, quoiqu'ils portassent sur les hanches plus d'étoffe qu'il n'en fallait pour habiller douze hommes, ils avaient d'ordinaire le reste du corps entièrement nu.

Leurs jambes et leurs pieds ne sont point couverts, mais ils garantissent leur visage du soleil au moyen de petits bonnets de natte ou de feuilles de noix de coco, qu'ils font dans quelques minutes lorsqu'ils en ont besoin. Ce n'est pourtant pas là toute leur coiffure : les femmes, en outre, portent quelquefois de petits turbans ou bien une autre parure qu'ils appellent *tomou*, et qui leur sied beaucoup mieux. Le tomou est composé de cheveux tressés en fils qui ne sont guère plus gros que de la soie à coudre. Ils placent parmi ces cheveux des fleurs de différente espèce, et en particulier du jasmin du Cap, dont ils ont toujours une grande quantité plantée près de leur maison. Les hommes qui relèvent leurs cheveux sur le sommet de la tête y mettent quelquefois la plume de la queue d'un oiseau du tropique; d'autres fois ils portent une espèce de guirlande bizarre, composée de diverses fleurs placées sur un morceau d'écorce de plane, ou collées avec de la gomme sur du bois. Ils portent aussi une sorte de perruque faite de cheveux d'homme et de poils de chien, ou peut-être de filasse de noix de coco, attachés sur un réseau qui se place sous les cheveux naturels, de manière que cette parure artificielle est suspendue par derrière. Excepté les fleurs, les Taïtiens connaissent peu d'autres ornements : les deux sexes ont des pendants d'oreilles, mais d'un seul côté. Lorsque nous arrivâmes dans l'île ils employaient pour cela de petites coquilles, des cailloux, des graines, des pois rouges ou de petites perles. Ils en enfilent trois dans un cordon; mais nos quincailleries servirent bientôt seules à cet usage.

Les enfants sont entièrement nus : les filles vont dans cet état jusqu'à l'âge de trois ou quatre ans, et les garçons jusqu'à celui de six ou sept.

Nous avons déjà eu occasion de parler des maisons ou plutôt des huttes de ce peuple : elles sont toutes bâties dans le bois entre la mer et les montagnes. Pour former l'emplacement de leurs cases, ils ne coupent des arbres qu'autant qu'il en faut pour empêcher que le chaume dont elles sont couvertes ne pourrisse par l'eau qui dégoutterait des branches, de manière qu'en sortant de sa cabane le Taïtien se trouve sous un ombrage le plus agréable qu'il soit possible d'imaginer. Ce sont partout des bocages de fruit à pain et de noix de coco sans broussailles, et entrecoupés de chaque côté par des sentiers qui conduisent d'une habitation à l'autre. Rien n'est plus délicieux que ces ombrages dans un climat si chaud, et il est impossible de trouver de plus belles promenades. Comme il n'y a point de broussailles, on y goûte la fraîcheur, un air pur y circule librement, et les maisons n'ayant point de murailles, elles reçoivent le zéphyr et les vents du côté qu'ils soufflent.

Ce peuple n'a pas besoin de lieu retiré; il n'a aucune idée de l'indécence, et il satisfait en public ses désirs et ses passions, avec aussi peu de scrupule que nous apaisons notre faim en mangeant avec nos parents et nos amis. Des hommes qui n'ont point d'idée de la pudeur par rapport aux actions ne peuvent pas en avoir relativement aux paroles : il n'est pas besoin de faire remarquer que la conversation de ces insulaires roule principalement sur ce qui est la source de leurs plus grands plaisirs, et que les deux sexes y parlent de tout sans retenue et dans les termes les plus simples (1).

Les végétaux forment la plus grande partie de leur nourriture. Nous avons déjà dit qu'excepté les cochons, les chiens et la volaille, ils n'ont point d'animaux apprivoisés; et ceux-là même n'y sont pas en grande quantité. Lorsqu'un chef tue un cochon, il le partage presque également entre ses sujets; et comme ils sont très nombreux, la portion qui revient à chaque individu dans ces festins qui n'arrivent pas souvent est nécessairement très petite. Les Taïtiens du commun se régalent plus fréquemment avec des chiens et de la volaille; je ne puis pas vanter beaucoup la saveur de leur volaille, mais nous convînmes tous qu'un chien de la mer du Sud était presque aussi bon qu'un agneau d'Angleterre. Ils ont probablement cet excellent goût parce qu'ils se nourrissent uniquement de végétaux.

La mer fournit à ces insulaires beaucoup de poissons de toute espèce; ils mangent crus les petits qu'ils attrapent, comme nous mangeons les huîtres, et ils tirent parti de toutes les productions de la mer. Ils aiment passionnément les écrevisses de mer, les cancres et les autres coquillages qu'ils trouvent sur la côte. Ils ne mangent pas seulement les insectes de mer, mais encore ce que les marins anglais appellent *blubbers* (2), quoiqu'ils soient si durs qu'il faille les laisser pourrir avant de pouvoir les mâcher. Parmi les végétaux qui leur servent d'aliments, le fruit à pain est le principal, et pour s'en procurer ils n'ont d'autre peine que celle de grimper sur un arbre. Cet arbre n'est pas tout-à-fait une production spontanée de la nature; mais le Taïtien qui, dans sa vie, en plante une douzaine, ce qui exige un travail d'une heure, remplit ses obligations à l'égard de ses contemporains et de la génération à venir, aussi parfaitement que l'habitant de nos climats moins tempérés qui laboure pendant le froid de l'hiver, moissonne à la chaleur de l'été toutes les

(1) Quelques notes par nous annexées au voyage de Bougainville ont déjà fait connaître plusieurs modifications aux usages et même aux vêtements des Taïtiens, aujourd'hui entièrement sous l'influence morale des missionnaires et du protectorat de la France. A. M.

(1) Les détails que vient de donner le voyageur ont été assez poétiquement reproduits dans ce passage de feu Deslandes :

Sous ce ciel éthéré, sur ces jeunes rivages,
Les maisons sont sans murs, les toits sont des feuillages;
L'air avec ses parfums rend le sommeil plus doux;
Les frères et les sœurs, et l'épouse et l'époux,
Sur un sol que jamais n'ont foulé les reptiles,
Ont des jours enchanteurs et des nuits plus tranquilles;
Ont des fêtes, des jeux, ont la paix et l'amour,
Et tous les vrais plaisirs enchantent leur séjour.

A. M.

(2) Sorte de poisson de mer. A. M.

Il alla ensuite sur la grande hune.....

fois que reviennent ces saisons, et qui, après avoir nourri sa famille, trouve moyen de laisser à ses enfants de l'argent et du bien.

Il est vrai qu'ils n'ont pas toute l'année du fruit à pain, mais les noix de coco, les bananes, les planes et beaucoup d'autres fruits suppléent à ce défaut.

On imagine bien que la cuisine chez ce peuple n'est pas un art bien perfectionné. Ils n'ont que deux manières de faire cuire leurs aliments : l'une de les griller et l'autre de les cuire au four. L'opération de griller quelque chose est si simple qu'il n'est pas besoin de la détailler ici. Ils apprêtent fort bien les cochons et les gros poissons, et, suivant nous, ils sont plus succulents et plus également cuits que dans nos meilleures cuisines d'Europe. Ils cuisent aussi du fruit à pain dans un four; il s'adoucit alors et devient assez semblable à une pomme de terre parbouillie, sans être pourtant aussi farineux qu'une pomme de terre de la meilleure espèce. Ils apprêtent le fruit à pain de trois manières; ils y mettent quelquefois de l'eau ou du lait de noix de coco, et le réduisent en pâte avec un caillou; d'autres fois ils le mêlent avec des fruits du plane mûrs ou des bananes, ou ils en font une pâte aigrelette qu'ils appellent *mahie*.

Le mahie supplée au fruit à pain lorsque la saison ne leur permet pas d'en avoir du frais; voici comment ils le font :

Ils cueillent le fruit avant qu'il soit parfaitement mûr, et, après l'avoir mis en tas, ils le couvrent exactement avec des feuilles : dans cet état, il subit une fermentation et devient d'une douceur désagréable; ils en ôtent tout le trognon et jettent ensuite le reste dans un trou qui est ordinairement creusé pour cet effet dans les habitations : ce creux est proprement garni d'herbe au fond et dans les côtés; ils couvrent le tout de feuilles et de grosses pierres : le fruit éprouve alors une seconde fermentation, prend un goût aigrelet, et se conserve ensuite pendant plusieurs mois. Ils le tirent du trou à mesure qu'ils en ont besoin, et, après l'avoir mis en boule, et l'avoir enveloppé de feuilles, ils le font cuire dans leur espèce de four : il se garde cinq ou six semaines ainsi apprêté. Les naturels du pays le mangent froid et chaud, et c'est communément un des mets de tous leurs repas. Il était pour nous d'un goût aussi désagréable qu'une olive fraîche, lorsqu'on en mange pour la première fois.

Le mabie se fait, comme la bière, par fermentation; et quelquefois, ainsi que dans nos brasseries, l'opération manque sans qu'on puisse en déterminer la cause : il est donc très naturel que ce peuple grossier joigne des idées et des cérémonies superstitieuses à ce travail : les vieilles femmes en sont chargées le plus souvent. Excepté ceux qui les aident, elles ne souffrent pas que personne touche rien de ce qu'elles emploient, et

Ils aperçurent tout-à-coup une curiosité naturelle....

même elles ne permettent point d'entrer dans cette partie de la maison où elles apprêtent ce fruit.

Tels sont leurs aliments, auxquels l'eau salée, qu'ils emploient dans tous leurs repas, sert de sauce universelle. Ceux qui vivent près de la mer vont en puiser lorsqu'ils en ont besoin ; et ceux qui habitent à quelque distance la conservent dans des vases de bambou, qu'ils dressent pour cet usage dans leur habitation. Ils ont pourtant une sauce autre que l'eau salée : ils en font une seconde avec l'amande de la noix de coco qu'ils laissent fermenter jusqu'à ce qu'elle se dissolve en pâte assez ressemblante à du beurre, et qu'ils pétrissent ensuite avec de l'eau salée. La saveur de cette sauce est très forte, et nous parut très désagréable lorsque nous en goûtâmes pour la première fois : quelques-uns de nos gens cependant ne la trouvèrent pas dans la suite si mauvaise, et même ils la préféraient à celle que nous employions dans nos repas, surtout quand elle était mêlée avec le poisson. Les Taïtiens semblaient la regarder comme une friandise, et ils ne s'en servaient point dans leurs repas ordinaires, soit parce qu'ils s'imaginent que c'est prodiguer mal à propos la noix de coco, ou que, lors de notre séjour dans l'île, elles ne fussent pas assez mûres pour cela.

En général, l'eau et le jus de la noix de coco forment toute leur boisson. Ils ignorent heureusement l'art de faire, par la fermentation, des liqueurs enivrantes ; ils ne mâchent aucun narcotique, comme les habitants de quelques autres pays font de l'opium, du bétel ou du tabac. Quelques-uns des insulaires burent librement de nos liqueurs fortes et s'enivrèrent de temps en temps ; mais ceux qui tombèrent dans l'ivresse étaient si peu disposés à réitérer la même débauche, que par la suite ils ne voulurent jamais avaler une goutte de la boisson qui les avait mis dans cet état. Nous avons cependant appris qu'ils s'enivrent quelquefois en buvant un jus exprimé des feuilles d'une plante qu'ils appellent *ava*.

Ils n'ont point de tables, mais leurs repas se font avec beaucoup de propreté : leurs mets sont trop simples et en trop petit nombre pour qu'il y règne de l'ostentation. Ils mangent ordinairement seuls ; cependant, lorsqu'un étranger leur rend visite, ils l'admettent quelquefois à manger avec eux. Je vais donner une description particulière du repas d'un de leurs principaux personnages.

Il s'assied sous un arbre voisin ou au côté de sa maison qui est à l'ombre, et l'on étend proprement sur la terre, en forme de nappe, une grande quantité de feuilles de fruit à pain ou de bananes. On met près de lui un panier qui contient sa provision, et deux coques de noix de coco, l'une remplie d'eau salée, et l'autre d'eau douce : la chair ou le poisson sont tout apprêtés et enveloppés de feuilles. Les gens de sa suite, qui ne sont pas en petit nombre, s'asseyent autour de lui, et, lorsque tout est prêt, il commence par laver ses mains et sa bouche avec de l'eau douce, ce qu'il répète presque continuellement pendant le repas; il tire ensuite du panier une partie de sa provision, qui est composée ordinairement d'un ou de deux petits poissons, de deux ou trois fruits à pain, de quatorze ou quinze bananes mûres, ou de six ou sept pommes. Il prend d'abord la moitié d'un fruit à pain, qu'il pèle et dont il arrache la chair avec ses ongles; il en met dans sa bouche autant qu'elle en peut contenir, et, pendant qu'il la mâche, il prend un de ses poissons qu'il morcelle dans de l'eau salée, et il place l'autre, ainsi que le reste du fruit à pain, sur les feuilles qui sont étendues devant lui. Il empoigne ensuite, avec tous les doigts d'une main, un petit morceau du poisson qui a été mis dans l'eau salée, et il le suce dans sa bouche de manière à en exprimer autant d'eau qu'il est possible : il en fait de même sur les autres morceaux, et entre chacun d'eux, au moins ordinairement, il hume un peu d'eau salée, qu'il puise dans une coque de noix de coco ou dans le creux de sa main. Sur ces entrefaites, un des gens de sa suite prépare une noix de coco verte, en détachant l'écorce extérieure avec ses dents, opération qui paraît très surprenante à un Européen; mais elle est si peu difficile que plusieurs d'entre nous en vinrent à bout avant notre départ de l'île, quoique auparavant ils pussent à peine casser une noisette. Lorsque le maître veut boire, il prend la noix de coco ainsi préparée, et, en y faisant un trou avec son doigt ou avec une pierre, il suce la liqueur qu'elle contient. Dès qu'il a mangé son fruit à pain et ses poissons, il passe aux fruits du plane dont il ne fait de chacun qu'une bouchée, quoiqu'il soit aussi gros qu'un pudding noir. S'il a des pommes au lieu de fruits du plane, il ne les goûte jamais à moins qu'elles ne soient pelées : pour cela un de ses domestiques ramasse à terre une des coquilles qui y sont toujours en quantité, et la lui porte; il commence à couper ou râcler la pelure, mais si maladroitement qu'il emporte une grande partie du fruit. Si, au lieu de poisson, son repas est composé de viande, il doit avoir pour la couper quelque instrument qui lui tienne lieu de couteau : dans ce cas, on lui présente un morceau de bambou qu'il partage transversalement avec ses ongles, et il découpe sa viande avec ces morceaux de bois. Pendant tout cet intervalle, quelques personnes de sa suite sont occupées à piler du fruit à pain avec un caillou sur un tronçon de bois. Lorsque le fruit à pain est pilé de cette manière et arrosé d'eau de temps en temps, il se réduit à la consistance d'une pâte molle; on le met alors dans un vase assez ressemblant à un baquet de boucher. On y mêle quelquefois de la banane ou du maïs, suivant le goût du maître, en y versant de l'eau de temps en temps et en l'exprimant ensuite avec la main. Le fruit à pain ainsi préparé ressemble assez à un flan épais. On en remplit une grande noix de coco qu'on met devant lui; il hume, comme nous sucerions une gelée, si nous n'avions point de cuiller pour la porter à la bouche. Le repas finit alors, et le maître se lave encore les mains et la bouche. On replace ensuite dans le panier ce qu'il a laissé, et l'on nettoie les noix de coco.

Ces peuples prennent une quantité prodigieuse d'aliments dans un seul repas. J'ai vu un homme manger deux ou trois poissons aussi grands qu'une perche, trois fruits à pain, dont chacun était plus gros que les deux poings; quatorze ou quinze fruits du plane ou bananes, qui avaient six ou sept pouces de long et quatre ou cinq de circonférence, et près d'une quarte de fruit à pain pilé, qui est aussi substantiel que le flan le plus épais.

Il est très surprenant que ce peuple, qui aime passionnément la société et surtout celle des femmes, s'en interdise les plaisirs dans les repas, quoique ce soit surtout à table que toutes les autres nations, policées et sauvages, aiment à jouir des agréments de la société. Nous avons souvent recherché comment les repas, qui partout ailleurs rassemblent les familles et les amis, les isolent à Taïti, et nous n'avons jamais rien pu apprendre sur cette matière. Ils mangent seuls, disent-ils, parce que cela est convenable; mais ils n'ont jamais entrepris de nous expliquer pourquoi il est convenable de manger seul. Telle est cependant la force de l'habitude, qu'ils témoignaient la plus grande répugnance et même de l'aversion de ce que nous mangions en société, surtout avec nos femmes, et des mêmes mets. Nous pensâmes d'abord que cette étrange singularité provenait de quelque opinion superstitieuse; mais ils nous ont toujours affirmé le contraire.

Dans leurs familles, deux frères, et même deux sœurs, ont chacun leur panier séparé, ainsi que les provisions et l'appareil de leurs repas. Lorsqu'ils vinrent nous rendre visite pour la première fois dans nos tentes, ils apportèrent tous un panier où étaient leurs aliments; et quand nous nous asseyions à table, ils sortaient, se plaçaient à terre à deux ou trois verges de distance les uns des autres; et, en se tournant le dos, chacun prenait son repas de son côté, sans proférer un seul mot.

Les femmes ne s'abstiennent pas seulement de manger avec les hommes et de prendre les mêmes aliments, leur nourriture est encore apprêtée en particulier par des garçons qu'on entretient pour cela, et qui, après avoir préparé les provisions, vont les déposer dans un hangar séparé, et assistent à leurs repas.

Les Taïtiens d'un moyen âge et d'un rang distingué dorment ordinairement après les repas et dans la chaleur du jour : ils sont extrêmement indolents, et ils n'ont pas d'autre occupation que de dormir et manger. Ceux qui sont plus âgés sont moins paresseux, et les jeunes garçons et les petites filles restent éveillés pendant tout le jour par l'activité et l'effervescence naturelle de leur âge.

En rapportant les incidents qui nous arrivèrent pendant notre séjour dans l'île, j'ai déjà parlé par occasion de leurs amusements, et en particulier de leurs musique, danse, combat de lutte et du maniement de l'arc. Ils se disputent aussi quelquefois à qui jettera le mieux une javeline. En lançant une flèche, ils ne visent point à un but, mais à la plus grande distance; en décochant la javeline, au contraire, ils ne cherchent pas à la pousser le plus loin possible, mais à frapper une marque qui est fixée : cette javeline est d'environ neuf pieds de long. Le tronc d'un plane, placé à environ vingt verges de distance, sert de but.

Les flûtes et les tambours sont les seuls instruments de musique qu'ils connaissent. Les flûtes sont faites d'un bambou creux d'environ un pied de long, et, comme nous l'avons déjà dit, elles n'ont que deux trous et par conséquent que quatre notes, avec lesquelles ils ne semblent avoir composé jusqu'ici qu'un air; ils appliquent à ces trous l'index de la main gauche et le doigt du milieu de la droite.

Le tambour est composé d'un tronc de bois de forme cylindrique, creusé, solide à l'un des bouts, et recouvert à l'autre avec la peau d'un goulu de mer. Ils n'ont d'autres baguettes que leurs mains, et ils ne connaissent point la manière d'accorder ensemble deux tambours de ton différent. Ils ont un expédient pour mettre à l'unisson les flûtes qui jouent ensemble : ils prennent une feuille qu'ils roulent et qu'ils appliquent à l'extrémité de la flûte la plus courte; ils la raccourcissent ou ils l'allongent, comme on tire les tuyaux des télescopes, jusqu'à ce qu'ils aient trouvé le ton qu'ils cherchent, ce dont leur oreille paraît juger avec beaucoup de délicatesse.

Ils joignent leurs voix à celle de ces instruments, et ils improvisent en chantant. Ils appellent *pehai* ou chanson chaque distique ou couplet. Ces vers sont ordinairement rimés, et lorsqu'ils étaient prononcés par les naturels du pays nous y reconnaissions un mètre.

Nous connaissons trop imparfaitement la langue de Taïti pour entreprendre de traduire ces vers. Ils s'amusent souvent à chanter des couplets lorsqu'ils sont seuls ou avec leur famille, et surtout quand il est nuit. Quoiqu'ils n'aient pas besoin de feu pour se chauffer, ils se servent pourtant d'une lumière artificielle entre le coucher du soleil et le temps où ils vont se reposer. Leurs chandelles sont faites d'une espèce de noix huileuse : ils en embrochent plusieurs dans une baguette. Après avoir allumé celle qui est à un des bouts, le feu prend ensuite à la seconde, en brûlant en même temps la partie de la brochette qui la traverse, comme la mèche de nos bougies. Lorsque la seconde est consumée, le feu se communique à la troisième, et ainsi de suite. Quelques-unes de ces chandelles brûlent pendant un temps considérable, et donnent une lumière assez forte. Les Taïtiens se couchent ordinairement une heure après que le crépuscule du soir est fini ; mais lorsqu'ils ont des étrangers qui passent la nuit dans leurs habitations, ils laissent communément une de ces chandelles allumée pendant la nuit, probablement pour être à portée de veiller sur celles de leurs femmes dont ils ne veulent pas faire les honneurs à leurs hôtes.

En d'autres pays, les petites filles et toutes les personnes du sexe qui ne sont pas mariées sont supposées ignorer entièrement les mystères de l'amour ; leur conduite et leur conversation sont soumises à la plus grande réserve, et l'on a soin d'écarter de leur esprit toutes les idées et les images qui tiennent à l'amour. Il arrive précisément ici le contraire : parmi les divertissements de ces insulaires il y a une danse appelée *timorodée*, exécutée par des jeunes filles toutes les fois qu'elles peuvent se rassembler au nombre de huit ou dix : cette danse est composée de postures et de gestes extrêmement lascifs, auxquels on accoutume les enfants dès leurs premières années ; elle est accompagnée d'ailleurs de paroles qui expriment encore plus clairement la lubricité. Les Taïtiens observent la mesure avec autant d'exactitude que nos meilleurs danseurs sur les théâtres d'Europe. Ces amusements, permis à une jeune fille, lui sont interdits dès le moment que, étant devenue femme, elle peut mettre en pratique les leçons et réaliser les symboles de la danse.

On ne peut pas supposer que ces peuples estiment beaucoup la chasteté : les hommes offrent aux étrangers leurs sœurs ou leurs filles par civilité ou en forme de récompense ; et l'infidélité conjugale, même dans la femme, n'est punie que par quelques paroles dures ou par des coups légers. Ils portent la licence des mœurs et la lubricité à un point que les autres nations, dont on a tant parlé depuis le commencement du monde jusqu'à présent, n'avaient pas encore atteint, et qu'il est impossible de concevoir.

Un nombre très considérable de Taïtiens des deux sexes forment des sociétés singulières, où toutes les femmes sont communes à tous les hommes : cet arrangement met dans leurs plaisirs une variété perpétuelle, dont ils ont tellement besoin, que le même homme et la même femme n'habitent guère plus de deux ou trois jours ensemble.

Ces sociétés sont distinguées sous le nom d'*Arreoy ;* ceux qui en font partie ont des assemblées auxquelles les autres insulaires n'assistent point. Les hommes s'y divertissent par des combats de lutte, et les femmes y dansent en liberté la timorodée, afin d'exciter en elles des désirs, qu'elles satisfont souvent sur-le-champ, comme on nous l'a raconté. Ceci n'est rien encore : si une de ces femmes devient enceinte, ce qui arrive plus rarement que si chacune habitait avec un seul homme, l'enfant est étouffé au moment de sa naissance, afin qu'il n'embarrasse point le père, et qu'il n'interrompe pas la mère dans les plaisirs de son abominable prostitution. Quelquefois cependant il arrive que la mère ressent pour son enfant la tendresse que la nature inspire à tous les animaux pour la conservation de leur progéniture, et elle surmonte alors par instinct la passion qui l'avait entraînée dans cette société ; mais, dans ce cas-là même, on ne lui permet pas de sauver la vie de son enfant, à moins qu'elle ne trouve un homme qui l'adopte comme étant de lui ; elle prévient alors le meurtre, mais l'homme et la femme étant censés, par cet acte, s'être donnés exclusivement l'un à l'autre, ils sont chassés de la communauté et perdent pour l'avenir tout droit aux priviléges et aux plaisirs de l'arreoy. La femme est appelée *whannownow (qui a fait des enfants)*, mot qu'ils emploient en cette occasion comme un terme de reproche, quoiqu'aux yeux de la sagesse, de l'humanité et de la saine raison, il n'y ait rien de plus honorable et de plus conforme aux sentiments qui distinguent l'homme de la brute (1).

Il ne faudrait pas attribuer à un peuple, sur de légères preuves, une pratique si horrible et si étrange ; mais j'en ai d'assez convaincantes pour justifier le récit que je viens de faire. Les Taïtiens, loin de regarder comme un déshonneur d'être agrégés à cette société, en tirent au contraire vanité, comme d'une grande distinction. Lorsqu'on nous a indiqué quelques personnes qui étaient membres d'un arreoy, nous leur avons fait, M. Banks et moi, des questions sur cette matière, et nous avons reçu de leur propre bouche les détails que je viens de rapporter. Plusieurs Indiens nous ont avoué qu'ils s'étaient agrégés à ces horribles sociétés, et que plusieurs de leurs enfants avaient été mis à mort.

Je ne dois pas terminer la description de la vie domestique des Taïtiens sans parler de leur extrême propreté. Si ce qui diminue le bien-être et augmente les maux de la vie est un vice, sûrement la propreté doit être rangée au nombre des vertus : le défaut de cette qualité détruit la beauté et la santé de l'homme, et mêle du dégoût jusque dans ses plaisirs les plus vifs. Les insulaires de Taïti se lavent constamment tout le corps dans une eau courante trois fois par jour, à quelque distance qu'ils soient de la mer ou d'une rivière : le matin, dès qu'ils sont levés, à midi et le soir avant de se coucher. J'ai déjà remarqué que dans leurs repas ils se lavent les mains et la bouche presque à chaque morceau qu'ils mangent : on ne trouve sur leurs vêtements et sur leur personne ni tache ni malpropreté ; de manière que dans une grande compagnie de Taïtiens on n'est jamais incommodé que de la chaleur, et il n'est peut-être pas possible d'en dire autant de nos assemblées les plus brillantes en Europe.

Des manufactures, des pirogues et de la navigation des Taïtiens.

Si la nécessité est la mère de l'invention, on ne peut pas supposer que l'industrie ait fait beaucoup de progrès dans les pays où la prodigalité de la nature a rendu ses secours presque superflus. On en retrouve cependant chez les Taïtiens quelques exemples, qui font d'autant plus d'honneur à leur activité et à leur adresse, qu'ils ne connaissent point l'usage des métaux pour faire des instruments.

L'étoffe qui leur sert d'habillement forme leur principale manufacture : leur manière de la fabriquer et de la teindre contient quelques détails qui peuvent être utiles même aux ouvriers d'Angleterre, et je donnerai pour cela un peu plus d'étendue à ma description.

Cette étoffe est de trois sortes, et composée de l'écorce de trois arbres différents, le mûrier dont on fait le papier chinois, le fruit à pain et un arbre qui ressemble au figuier sauvage des îles d'Amérique.

La plus belle et la plus blanche est faite avec le mûrier qu'ils appellent *aouta*. Elle sert de vêtement aux principaux personnages de l'île, et la couleur rouge est celle qu'elle prend le mieux. La seconde étoffe, fabriquée avec l'écorce du fruit à pain, nommé *ooroo*,

(1) Il est inutile de rappeler qu'aujourd'hui cette société lubrique n'existe que de nom à Taïti. A. M.

est inférieure à la première en blancheur et en douceur, et ce sont surtout les Taïtiens de la dernière classe qui en font usage. La troisième sorte, manufacturée avec l'écorce du figuier, est grossière et rude, et de la couleur du papier gris le plus foncé. Quoiqu'elle soit moins agréable à l'œil et au toucher que les deux autres, c'est pourtant la plus utile, parce qu'elle résiste à l'eau, avantage que n'ont pas les deux premières. La plus grande partie de cette troisième étoffe, qui est la plus rare, est parfumée, et les chefs de Taïti la portent pour les habits de deuil.

Ils ont grand soin de multiplier tous les arbres qui fournissent la matière première de ces étoffes; ils donnent surtout une attention particulière au mûrier, qui couvre la plus grande partie des terres cultivées. Ils ne s'en servent que lorsqu'il a deux ou trois ans, et qu'il est de six ou huit pieds de haut, et un peu plus gros que le pouce. Les Taïtiens croient que la meilleure qualité qu'il puisse avoir est d'être mince, droit, élevé et sans branches : lorsque la tige porte quelques feuilles basses, dont le germe pourrait produire une branche, ils les arrachent soigneusement.

Le fruit du figuier qui est employé pour teinture est à peu près aussi gros qu'un pois ordinaire, ou qu'une très petite groseille; et lorsqu'on en rompt la tige, il sort une liqueur laiteuse ressemblant au jus de nos figues, dont ce fruit est en effet une espèce. Les femmes reçoivent cette liqueur dans une petite quantité d'eau de coco, et il faut trois ou quatre quartes de ces petites figues pour en préparer ainsi une roquille. Dès qu'ils en ont tiré une quantité suffisante, on y trempe les feuilles de l'étou et on les met ensuite sur une feuille de plane; on les y retourne jusqu'à ce qu'elles soient plus flasques, et, quand elles sont parvenues à ce point, on les serre doucement, en augmentant la pression par degrés, de manière à ne pas rompre les feuilles. A mesure qu'elles deviennent plus molles et plus spongieuses, elles prennent plus de liqueur; dans l'espace d'environ cinq minutes la couleur commence à paraître sur les veines des feuilles, et dans dix minutes ou un peu plus elles en sont parfaitement saturées. Les insulaires les pressent alors aussi fortement qu'il leur est possible.

La fabrication des nattes est une autre manufacture considérable des Taïtiens. Il y en a quelques-unes qui sont plus belles et meilleures que celles que nous avons en Europe. Les plus grossières leur servent de lits, et ils portent les plus fines dans les temps humides.

Ils sont aussi très adroits à faire des paniers et des ouvrages d'osier. Leurs paniers sont de mille formes différentes, et il y en a quelques-uns très artistement travaillés. Ils s'occupent tous, hommes et femmes, à ce travail. Ils en fabriquent avec des feuilles de noix de coco dans l'espace de quelques minutes ; et les femmes, qui nous venaient voir de très grand matin, avaient coutume, dès que le soleil était élevé sur l'horizon, d'envoyer chercher quelques feuilles, dont elles formaient de petits chapeaux pour mettre leur visage à l'ombre : cette opération leur coûtait si peu de travail et de temps, que, lorsque le soleil baissait sur le soir, elles les jetaient là. Ces chapeaux cependant ne leur couvrent pas la tête : ils ne consistent qu'en une bande qui en fait le tour, et une corne avancée qui ombrage le front.

Les Taïtiens montrent une sagacité et une industrie extrêmes dans tous les expédients qu'ils emploient pour prendre des poissons. Ils ont des harpons de bambou dont la pointe est d'un bois dur, et ils frappent le poisson plus sûrement avec cet instrument que nous ne le pouvons faire avec nos harpons de fer, quoique les nôtres aient d'ailleurs l'avantage d'être attachés à une ligne, de manière que si le croc atteint le poisson, nous sommes sûrs de l'attraper, quand même il ne serait pas mortellement blessé.

La pierre dont ils forment le taillant de leurs haches est une espèce de basalte d'une couleur noirâtre ou grise, qui n'est pas très dure, mais qui ne s'égrène pourtant point facilement. Ces haches sont de différentes grandeurs : celles qui leur servent à abattre des bois pèsent de six à huit livres; d'autres qu'ils emploient pour sculpter sont du poids de sept ou huit onces. Comme il est nécessaire de les aiguiser presque à chaque instant, l'ouvrier a toujours près de lui pour cela une pierre et une noix de coco remplie d'eau.

Le travail le plus difficile pour les Taïtiens, c'est d'abattre un arbre ; c'est aussi celui où ils ressentent davantage le défaut de leurs instruments : cette besogne demande un certain nombre d'ouvriers, et le travail constant de plusieurs jours. Lorsque l'arbre est à bas, ils le fendent par les veines, dans toute sa longueur et toute sa largeur en planches de trois à quatre pouces d'épaisseur. Il faut remarquer que la plupart de ces arbres ont huit pieds de circonférence dans le tronc, et quarante dans les branches, et que l'épaisseur est à peu près la même dans toute leur longueur. Ils appellent *avie* l'arbre qui leur sert communément de bois de construction : la tige en est élevée et droite. Quelques-unes cependant des plus petites pirogues sont faites d'arbre à pain, qui est un bois léger, spongieux et qui se travaille aisément. Ils aplanissent les planches avec leurs haches très promptement, et ils sont si adroits qu'ils peuvent enlever une légère écorce sans donner un seul coup mal à propos. Comme ils ne connaissent point la manière de plier une planche, toutes les parties de la pirogue, creuses ou plates, sont taillées à la main.

On peut diviser en deux classes générales les pirogues ou canots dont se servent les habitants de Taïti et des îles voisines; ils appellent les unes *ivahahs* et les autres pahies.

L'ivahah, qu'ils emploient dans les petites excursions, a les côtés perpendiculaires et le fond plat ; et le pahie, qu'ils montent dans les voyages plus longs, a les côtés bombés et le fond en forme de quille. Les ivahahs sont tous de la même forme, mais d'une grandeur différente, et servent à divers usages. Leur longueur est de dix à soixante-douze pieds; mais la largeur ne suit pas cette proportion.

Dans leurs plus grands voyages, ils se dirigent sur le soleil pendant le jour, et sur les étoiles pendant la nuit pour gouverner. Ils distinguent toutes les étoiles séparément par des noms; ils connaissent dans quelles parties du ciel elles paraîtront à chacun des mois où elles sont visibles sur l'horizon ; ils savent aussi, avec plus de précision que ne le croira peut-être un astronome d'Europe, le temps de l'année où elles commencent à paraître ou à disparaître.

De la division du temps à Taïti. Manière de compter et de calculer les distances. Langue, maladies, funérailles et enterrements, religion, guerre, armes et gouvernement des Taïtiens.

Nous n'avons pas pu acquérir une connaissance parfaite de la manière dont les Taïtiens divisent le temps. Nous avons cependant observé que, lorsqu'ils parlent du temps passé ou à venir, ils n'emploient jamais d'autre terme que *malama*, qui signifie lune. Ils comptent treize de ces lunes, et recommencent ensuite par la première de cette révolution ; ce qui démontre qu'ils ont une notion de l'année solaire. Il nous a été impossible de découvrir comment ils calculent leurs mois, de façon que treize de ces mois répondent à l'année ; car ils disent que chaque mois a vingt-neuf jours, en y comprenant un de ces jours dans lequel la lune n'est pas visible. Ils nous ont annoncé souvent les fruits qui seraient de saison, et le temps qu'il ferait dans chacun de ces mois, pour lesquels ils ont des noms particuliers. Ils donnent un nom général à tous les mois pris ensemble, quoiqu'ils ne s'en servent que lorsqu'ils parlent des mystères de leur religion.

Le jour est divisé en douze parties, six pour le jour et six pour la nuit, et chaque partie est de deux heures. Ils déterminent ces divisions avec assez d'exactitude par l'élévation du soleil, lorsqu'il est au-dessus de l'horizon ; mais il y en a peu qui, pendant la nuit, à l'inspection des étoiles, puissent dire quelle heure il est.

En comptant ils vont d'un à dix, nombre des doigts des deux mains; et, quoiqu'ils aient pour chaque nombre un nom différent, ils prennent ordinairement leurs doigts un par un, et passent d'une main à l'autre, jusqu'à ce qu'ils soient parvenus au nombre qu'ils veulent exprimer. Nous avons observé en d'autres cas que, lorsqu'ils conversent entre eux, ils joignent à leurs paroles des gestes si expressifs, qu'un étranger peut facilement comprendre ce qu'ils disent.

Quand ils comptent au-delà de dix ils répètent le nom de ce nombre, et ils y ajoutent le mot *plus* : dix et un de plus signifie onze, dix et deux de plus signifie douze, et ainsi du reste, comme nous disons vingt-un, vingt-deux. S'ils arrivent à dix et dix de plus, ils ont une nouvelle dénomination pour ce nombre, ainsi que les Anglais comptent par vingtaines. Lorqu'ils calculent dix de ces vingtaines, ils ont un mot pour exprimer deux cents. Nous n'avons pas pu découvrir s'ils ont d'autres termes pour signifier un plus grand nombre ; il ne paraît pas qu'ils en aient besoin, car ces deux cents, dix fois répétés, montent à deux mille, quantité si forte pour eux, qu'elle ne se rencontre presque jamais dans leurs calculs.

Ils sont moins avancés dans l'art de mesurer les distances que dans celui de compter les nombres ; ils n'ont qu'un terme, qui répond à notre brasse. Lorsqu'ils parlent de la distance d'un lieu à un autre, ils l'expriment comme les Asiatiques, par le temps qu'il faut pour la parcourir.

La langue des Taïtiens est douce et mélodieuse : elle abonde en voyelles, et nous apprîmes aisément à la prononcer ; mais nous trouvâmes qu'il était très difficile de leur enseigner à prononcer un seul mot de la nôtre. Cette difficulté provenait peut-être, non-seulement de ce que l'anglais est rempli de consonnes, mais encore parce que cette langue a une composition particulière ; car ils prononçaient avec beaucoup de facilité les mots espagnols et italiens lorsqu'ils finissaient par des voyelles.

Il n'est pas besoin de dire qu'il y a peu de maladies chez un peuple dont la nourriture est si simple, et qui en général ne s'enivre presque jamais ; et si l'on en excepte quelques excès de colique qui leur arrivent même rarement, nous n'avons point vu de maladies critiques pendant notre séjour dans l'île. Les naturels du pays cependant sont sujets aux érysipèles et à une éruption cutanée de pustules écailleuses qui approchent beaucoup de la lèpre.

Il ne doit pas y avoir de médecins de profession dans un pays où l'intempérance ne produit pas de maladies; cependant, partout où l'homme souffre, il fait des efforts pour se soulager ; et lorsqu'il ignore également le remède et la cause de la maladie, il a recours à la superstition; ainsi il arrive qu'à Taïti et dans tous les autres pays qui ne sont pas ravagés par le luxe, ou polis par les connaissances, le soin des malades est confié aux prêtres. La méthode que suivent les prêtres de Taïti pour opérer la guérison consiste principalement en prières et en cérémonies. Lorsqu'ils visitent les malades, ils prononcent plusieurs fois certaines sentences qui paraissent être des formules établies pour ces occasions ; ils tressent en même temps très proprement les feuilles d'une noix de coco en différentes formes; ils attachent quelques-unes de ces figures aux doigts et aux pieds du malade, et ils laissent souvent derrière lui un petit nombre de branches du *thespecia populea*, qu'ils appellent *e'midho;* les prêtres répètent ces cérémonies jusqu'à ce que le malade meure ou recouvre la santé. S'il revient en santé, ils disent que les remèdes l'ont guéri ; et s'il meurt, ils déclarent que la maladie était incurable : ce en quoi peut-être ces médecins ne diffèrent pas beaucoup de ceux des autres pays.

Si nous jugeons de leurs connaissances en chirurgie par les larges cicatrices que nous leur avons vues quelquefois, nous devons supposer qu'ils ont fait plus de progrès dans cet art que dans la médecine, et que nos chirurgiens d'Europe auraient à peine l'avantage sur les leurs. Nous avons vu un homme dont le visage était entièrement défiguré par les suites de ses blessures; son nez, y compris l'os et le cartilage, était absolument ras; l'une de ses joues et l'un de ses yeux avaient reçu de si terribles coups qu'ils y avaient laissé un creux où le poing pouvait presque entrer, et où il ne restait pourtant point d'ulcères.

Le commerce des Taïtiens avec les habitants de l'Europe les a déjà infectés de la maladie vénérienne, cette peste terrible qui venge les cruautés que les Espagnols ont commises en Amérique. Il est certain que *le Dauphin*, *l'Endeavour* et les deux vaisseaux commandés par M. de Bougainville sont les seuls bâtiments européens qui aient abordé à Taïti, et ce sont les Anglais ou les Français qui y ont porté cette maladie. Le capitaine Wallis s'est justifié sur cet article dans la relation de son voyage (1).

En rapportant les incidents qui nous arrivèrent pendant notre séjour, il était impossible de ne pas anticiper sur les détails des coutumes, des opinions et de l'industrie de ce peuple dont nous traitons dans ce chapitre ; afin d'éviter les répétitions, je ne ferai que suppléer à ce que je pourrais avoir omis.

Nous avons déjà beaucoup parlé de la manière dont ils disposent de leurs morts : je dois observer encore ici qu'ils ont deux endroits où ils les déposent : l'un est un hangar où ils laissent pourrir la chair du cadavre, l'autre un lieu enclos par des murs, et où ils enterrent les ossements; ils donnent à ces hangars le nom de *tupapow*, et à leurs cimetières enclos celui de *morai;* les morais sont aussi des lieux destinés à une espèce de culte.

Dès qu'un Taïtien est mort, sa maison se remplit de parents qui déplorent cette perte, les uns par de grandes lamentations, et d'autres par des cris moins forts, mais qui sont des expressions plus naïves de la douleur. Les plus proches parents du défunt, qui sont réellement affectés par cet accident, restent en silence : le reste des insulaires qui composent l'assemblée profèrent de temps en temps en chœur des exclamations passionnées, et, le moment d'après, ils rient et parlent ensemble sans la moindre apparence de chagrin. Ils passent de cette manière le reste du jour de la mort et toute la nuit suivante. Le lendemain au matin, le cadavre, enveloppé d'étoffes, est conduit au bord de la mer sur une pierre que des hommes portent sur leurs épaules, et il est accompagné d'un prêtre qui, après avoir prié sur le corps, répète ses oraisons pendant la marche du convoi. Lorsqu'ils sont arrivés près de l'eau, ils déposent le défunt sur le rivage ; le prêtre réitère ses prières, et, prenant un peu d'eau dans ses mains, il la jette, non pas sur le corps, mais à côté. Ils remportent ensuite le cadavre à quarante ou cinquante verges de là, et bientôt après on le rapporte une seconde fois sur le rivage où l'on renouvelle les prières et les aspersions. Ils le portent et reportent ainsi plusieurs fois, et, tandis qu'ils font ces cérémonies, d'autres insulaires construisent un hangar et environnent de palissades un petit espace de terrain. Au centre de ce hangar ou tupapow, ils dressent des poteaux pour soutenir la bière et sur lesquels elle est à la fin placée ; on y laisse pourrir le cadavre jusqu'à ce que la chair soit entièrement détachée des os.

Quelques-uns des plus jeunes personnages du deuil se coupent les cheveux, et les jettent sous la bière avec les autres offrandes. Cette coutume est fondée sur ce que les Taïtiens, qui croient que l'âme subsiste après la mort, s'imaginent d'ailleurs qu'elle erre autour du lieu où l'on a déposé le corps auquel elle était unie ; qu'elle observe les actions des vivants, et goûte du plai-

(1) Oui ; mais Bougainville s'est encore mieux justifié, comme étant arrivé à Taïti après Wallis. A. M.

sir de voir ces témoignages de leur affection et de leur douleur.

Deux ou trois jours après que les femmes ont commencé ces cérémonies, les hommes prennent aussi le deuil; mais, avant ce temps, ils ne paraissent sentir en aucune manière la perte du défunt. Les plus proches parents se revêtent, chacun à leur tour, de l'habillement du deuil.

Nous n'avons pas encore expliqué pourquoi les Taïtiens s'enfuient à la vue du convoi. Le principal personnage du deuil porte un grand bâton plat, armé de la dent d'un goulu de mer, et, dans un transport frénétique que sa douleur est supposée lui inspirer, il court sur tout ce qu'il voit, et, s'il lui arrive d'attraper un Indien, il le frappe impitoyablement de son bâton, ce qui ne peut pas manquer de causer une blessure dangereuse.

Ces processions ou convois continuent à certains intervalles pendant cinq lunes, mais ils deviennent moins fréquents par degrés, à mesure que le terme de ce temps approche. Lorsqu'il est expiré, le reste du cadavre est tiré de la bière; ils ratissent et lavent très proprement les os, et les enterrent ensuite au dedans ou au dehors d'un morai, suivant le rang qu'occupait le mort. Si le défunt est un earee ou chef; ils n'enterrent pas son crâne avec le reste des os; ils l'enveloppent d'une belle étoffe et le mettent dans une espèce de boîte faite pour cela, qu'ils placent aussi dans le morai. Ce coffre est appelé la maison d'un docteur ou maître. Après cela le deuil cesse, à moins que quelques femmes ne soient toujours réellement affligées de la mort du défunt, et, dans ce cas, elles se font quelquefois tout-à-coup des blessures avec la dent d'un goulu, quelque part qu'elles se rencontrent.

Les Taïtiens croient que l'âme est immortelle, ou au moins qu'elle subsiste après la mort, et qu'il y a pour elle deux états de différents degrés de bonheur. Ils appellent *tavirua l'eray* le séjour le plus heureux; et ils donnent à l'autre le nom de *tiahoboo*. Ils ne les regardent pourtant pas comme des lieux où ils seront récompensés ou punis, suivant la conduite qu'ils auront tenue sur la terre, mais comme des asiles destinés aux différentes classes d'hommes qui se trouvent parmi eux. Ils s'imaginent que les chefs et les principaux personnages de l'île entreront dans le premier, et les Taïtiens d'un rang inférieur dans le second; car ils ne pensent pas que leurs actions ici-bas puissent avoir la moindre influence sur l'état futur, ni même qu'elles soient connues de leurs dieux en aucune manière. Si donc leur religion n'influe pas sur leurs mœurs, elle est au moins désintéressée, et les témoignages d'adoration et de respect qu'ils rendent aux dieux par des paroles ou des actions proviennent seulement du sentiment de leur propre faiblesse et de l'excellence ineffable des perfections divines.

Le caractère de prêtre, ou *tahowa*, est héréditaire dans les maisons. Cette classe d'hommes est nombreuse, et composée de Taïtiens de tous les rangs. Le chef des prêtres est ordinairement le fils cadet d'une famille distinguée, et ils le respectent presque autant que leurs rois. Les prêtres ont la plus grande partie du peu de connaissances qui sont répandues dans l'île; mais ces connaissances se bornent à savoir les noms et les rangs des différents *eatuas*, ou dieux subalternes, et les opinions sur l'origine des êtres, que la tradition a transmises dans leur ordre. Ces opinions sont exprimées en sentences détachées. Quelques prêtres en répètent un nombre incroyable, quoiqu'il s'y trouve très peu de mots dont ils se servent dans leur langage ordinaire.

Les prêtres cependant ont plus de lumières sur la navigation et l'astronomie que le reste du peuple, et le nom de *tahowa* ne signifie rien autre qu'un homme éclairé. Comme il y a des prêtres pour toutes les classes, ils n'officient que dans celle à laquelle ils sont attachés. Le *tahowa* d'une classe inférieure n'est jamais appelé pour faire ses fonctions par des insulaires qui sont membres d'une classe plus distinguée, et le prêtre d'une classe supérieure n'exerce jamais les siennes pour des hommes d'un rang plus bas (1).

Il nous paraît que le mariage à Taïti n'est qu'une convention entre l'homme et la femme, dont les prêtres ne se mêlent point. Dès qu'il est contracté, il semble qu'ils en tiennent les conditions; mais les parties se séparent quelquefois d'un commun accord, et, dans ce cas, le divorce se fait avec aussi peu d'appareil que le mariage.

Quoique les prêtres n'aient point imposé de taxes sur les Taïtiens pour une bénédiction nuptiale, ils se sont approprié deux cérémonies dont ils retirent des avantages considérables: l'une est le tattow, ou l'usage de se piquer la peau, et l'autre la circoncision, qui n'ont toutes deux aucun rapport avec la religion. Ce peuple a adopté la circoncision, sans autre motif que ceux de la propreté. Cette opération, à proprement parler, ne doit pas être appelée circoncision, parce qu'ils ne font pas au prépuce une amputation circulaire: ils le fendent seulement à travers la partie supérieure, pour empêcher qu'il ne se recouvre sur le gland. Comme les prêtres peuvent seuls faire les opérations du tattow et de la circoncision, et que c'est le plus grand de tous les déshonneurs que de ne pas porter des marques de l'un et de l'autre, on peut les regarder comme des cérémonies qui rapportent des honoraires au clergé, ainsi que nos mariages et nos baptêmes. Les insulaires paient ces rétributions libéralement et de bon cœur, non d'après un tarif fixé, mais suivant le rang et les facultés des parties ou de leurs amis (2).

Les morais, ainsi que nous l'avons déjà observé, sont tout à la fois des cimetières et des endroits de culte, et en cela nos églises n'y ressemblent que trop. Le Taïtien approche de son morai avec un respect et une dévotion qui feraient honte au chrétien. Il ne croit cependant pas que ce lieu renferme rien de sacré, mais il y va adorer une divinité invisible; et, quoiqu'il n'en attende point de récompenses et n'en craigne point de châtiments, il exprime toujours ses adorations et ses hommages de la manière la plus respectueuse et la plus humble.

Je n'ose pas assurer que ce peuple, qui ignore entièrement l'art d'écrire, et qui par conséquent ne peut avoir des lois fixées par un titre permanent, vive sous une forme régulière de gouvernement. Il règne cependant parmi eux une subordination qui ressemble beaucoup au premier de toutes les nations de l'Europe, lors du gouvernement féodal, qui accordait une liberté licencieuse à un petit nombre d'hommes, et soumettait le reste au plus vil esclavage (3).

Taïti est divisé en différents districts qui sont à peu près au nombre de cent: les earees sont seigneurs d'un ou de plusieurs de ces cantons; ils partagent leurs territoires entre les manahounis qui cultivent le terrain qu'ils tiennent sous le baron. Les Taïtiens de la dernière classe, appelés *toutous*, semblent être dans une situation approchant de celle des vilains dans les gouvernements féodaux: ils font tous les travaux pénibles; ils cultivent la terre sous les manahounis, qui ne sont que les cultivateurs de nom; ils vont chercher le bois

(1) Tous ces détails ne sont plus, en quelque sorte, aujourd'hui que de l'histoire à Taïti, où le christianisme est à peu près fixé; mais nous les conservons à cause des îles voisines où se pratiquent encore des usages analogues. A. M.

(2) Nous ignorons si les missionnaires ont maintenu ces usages si lucratifs pour le sacerdoce. A. M.

(3) Nous avons dit ailleurs que, depuis la présence des missionnaires à Taïti, il existe un parlement comme en Angleterre. Ces missionnaires, la plupart méthodistes, en introduisant le christianisme dans cet archipel, n'ont pas manqué d'y naturaliser en même temps leur bigotisme et leurs passions étroites. Nous jugerons mieux, au reste, les progrès que la civilisation a pu faire depuis Cook, dans cette oasis de la mer du Sud, lorsque nous donnerons l'analyse des voyages plus récents. A. M.

et l'eau, et, sous l'inspection de la maîtresse de famille, ils apprêtent les aliments; ce sont aussi eux qui pêchent le poisson.

Chacun des earees tient une espèce de cour, et a une suite nombreuse composée principalement des fils cadets de sa tribu. Quelques-uns de ceux-ci exercent dans la maison de l'earee des emplois particuliers; mais nous ne pouvons pas dire exactement de quelle nature ils sont.

Dans nos contrées d'Europe, un homme qui n'a point d'argent voit qu'il pourrait, avec ce métal, satisfaire tous ses désirs : les Taïtiens n'ont ni monnaie, ni aucun signe fictif qui y ressemble. Il n'y a, à ce qu'il paraît, dans l'île, aucun bien permanent dont la fraude ou la violence puissent s'emparer; et effectivement, si l'on retranche les crimes que la cupidité fait commettre aux peuples civilisés, il n'en restera pas beaucoup. Nous devons ajouter que, partout où les lois ne mettent point de restrictions au commerce des femmes, les hommes sont rarement tentés de devenir adultères, d'autant plus qu'une femme doit être rarement l'objet d'une préférence particulière sur les autres, dans un pays où elles sont moins distinguées par des ornements extérieurs et par les circonstances accidentelles qui résultent des raffinements de l'art et du sentiment.

Il est vrai que ces insulaires sont voleurs. Comme chez eux personne ne peut essuyer de grands dommages ou tirer de grands profits par le vol, il n'a pas été nécessaire de réprimer ce délit par les châtiments, qui, dans d'autres nations, sont absolument indispensables pour maintenir l'existence de la société. Tupia nous a dit pourtant que l'adultère et le vol se punissent quelquefois dans tous les cas d'injure ou de délit : la punition du coupable dépend de l'offensé. Le mari, dans un premier transport de ressentiment, punit quelquefois l'adultère de mort, lorsqu'il surprend les coupables en flagrant délit; mais s'il n'y a point de circonstances qui provoquent sa colère, la femme en est ordinairement quitte pour quelques coups. Comme la punition n'est autorisée par aucune loi, et qu'il n'y a point de magistrat chargé de la vindicte publique, les coupables échappent souvent au châtiment, à moins que l'offensé ne soit le plus fort. Cependant un chef punit de temps en temps ses sujets immédiats pour les fautes qu'ils commettent les uns envers les autres, et même il châtie des insulaires qui ne dépendent point de lui, lorsqu'ils sont supposés s'être rendus coupables de quelque délit dans son propre district.

—

DEUXIÈME SECTION.

Description de quelques îles situées dans le voisinage de Taïti. Divers incidents qui nous arrivèrent. Spectacle dramatique et plusieurs particularités relatives aux coutumes et mœurs des habitants.

Après nous être séparés de nos amis de Taïti, nous fîmes petites voiles avec de jolies brises et un beau temps; et Tupia nous dit que quatre des îles voisines, qu'il distinguait par les noms de *Huaheine, Ulietea, Otaha et Bolabola*, étaient à un jour ou deux de traversée de Taïti. Il ajouta que nous y trouverions en grande abondance des cochons, des volailles et d'autres rafraîchissements qui nous avaient un peu manqué sur la fin de notre séjour dans son île; mais comme nous avions découvert au nord, sur les montagnes de Taïti, une île appelée *Theturoa*, je dirigeai d'abord ma route de ce côté, afin de la voir de plus près. Elle gît au nord-ouest, à environ huit lieues de l'extrémité septentrionale de Taïti, sur laquelle nous avions observé le passage de Vénus, et que nous nommâmes pour cela *Pointe Vénus*. Nous trouvâmes que c'était une petite île basse, et Tupia nous apprit qu'elle n'avait point d'habitants fixes, mais que ses compatriotes la visitaient par occasion, et y allaient passer quelquefois deux ou trois jours pour pêcher. Nous résolûmes en conséquence de ne pas employer plus de temps à l'examiner et d'aller tout de suite vers Huaheine et Ulietea, que l'Indien, notre compagnon de voyage, disait être bien peuplées et aussi grandes que Taïti.

Le 14, à six heures du matin, la partie la plus occidentale d'Eimeo ou de l'île d'York nous restait au sud-sud-est, et le milieu de Taïti au sud-est à midi; nous avions le milieu de l'île d'York à l'est-sud-est; la baie de Port-Royal, dans l'île de Taïti, au sud-est, à soixante-un milles de distance; et au sud-sud-ouest une île appelée par les naturels du pays *Tapoamanao*, que nous jugeâmes être l'île de Saunders : nous vîmes aussi terre au nord-ouest, et Tupia nous dit que c'était Huaheine.

Le 16, nous étions devant l'île Huaheine. Quelques pirogues se détachèrent bientôt de la côte; mais les Indiens qu'elles portaient parurent effrayés, jusqu'à l'heure où, ayant aperçu Tupia, ils s'approchèrent de nous. Le roi de l'île et sa femme étaient dans une des pirogues qui s'avancèrent sur le côté du vaisseau. Leurs Majestés et quelques autres insulaires vinrent à bord, après que nous leur eûmes donné à plusieurs reprises des assurances d'amitié. Ils furent frappés d'abord d'étonnement, et tout ce qu'on leur montrait leur causait de la surprise; cependant ils ne firent point de questions, et semblaient satisfaits de ce que nous jugions à propos de leur montrer; ils ne firent pas même de recherches sur les objets de curiosité que paraissait devoir leur présenter un bâtiment tel que notre vaisseau, si nouveau et si vaste pour eux : ils se familiarisèrent cependant avec nous. On me fit entendre que le roi s'appelait *Orée*, et il me proposa, comme une marque d'amitié, de changer réciproquement de nom. J'y consentis volontiers; et, pendant le reste du temps que nous fûmes ensemble, il prit le nom de *Cookee*, car il prononçait ainsi Cook, et moi celui d'Orée. Nous trouvâmes que ces insulaires ressemblent beaucoup aux Taïtiens dans la figure, l'habillement, le langage, et toutes les autres circonstances, excepté, si l'on peut en croire Tupia, qu'ils ne sont pas voleurs.

Après dîner nous mîmes à l'ancre dans un hâvre petit, mais excellent, situé sur la côte occidentale de l'île, et que les naturels du pays appellent *Owharre*.

Le 17, nous visitâmes les collines, où les productions sont exactement les mêmes que celles de Taïti, excepté seulement que les roches et l'argile paraissent y être brûlées. Les habitations sont propres, et les hangars où ils retirent leurs pirogues sont d'une grandeur remarquable. Nous en mesurâmes un qui avait cinquante pas de long, dix de large et vingt-quatre pieds de haut : le tout formait une voûte aiguë par le faîte, comme celles de nos anciennes cathédrales, soutenue d'un côté par vingt-six, et de l'autre par trente piliers ou poteaux d'environ deux pieds de haut et d'un pied d'épaisseur. Sur la plupart de ces poteaux on avait sculpté grossièrement des têtes d'hommes et plusieurs figures d'imagination, assez ressemblantes à celles que nous voyons quelquefois imprimées avec des planches de bois au commencement et à la fin des vieux livres. Les arbres à pain et les cocotiers croissent en abondance dans les plaines ou terrains unis; les endroits cependant où il y a des marais d'eau salée et des lagunes ne produisent ni les uns ni les autres.

L'île Huaheine ou Huahene est située au 16e degré 43' de latitude sud, et au 150e degré 52' de longitude ouest de Greenwich; elle est éloignée de Taïti d'environ trente-une lieues au nord-ouest; elle a à peu près sept lieues de circonférence; sa surface est inégale et remplie de collines, elle a un port sûr et commode.

Les productions semblent mûrir un mois plus tôt à Huaheine qu'à Taïti, car nous y trouvâmes les noix de coco déjà pleines, et quelques fruits à pain de l'année prêts à manger. En mêlant les noix de coco avec des ignames, les habitants composent une nourriture qu'ils

Canards et cochons (île Taïti).

appellent *poe*. Ils réduisent en poudre ces deux fruits, et, après les avoir broyés ensemble, ils les mettent dans une auge avec des pierres chaudes, et ils en font une espèce de boudin huileux, que nos gens trouvaient très bon, surtout lorsqu'il était grillé.

Ces insulaires semblent être plus vigoureux et d'une stature plus grande que ceux de Taïti : M. Banks en mesura un qui avait six pieds trois pouces et demi de hauteur. Cependant ils sont si paresseux qu'il ne put pas les engager à monter avec lui sur les collines : ils disaient que la fatigue les tuerait s'ils entreprenaient cette course. Les femmes sont très jolies, et en général nous les trouvâmes plus belles que celles de Taïti, quoique nous n'en ayons vu aucune en particulier qui égalât en beauté quelques Taïtiennes. Les deux sexes sont moins timides et moins curieux que les Indiens de l'île que nous venions de quitter.

Nous fîmes voile ensuite pour l'île d'Ulietea, qui gît au sud-ouest, à environ sept ou huit lieues d'Huaheine, et à six heures et demie du soir nous étions à trois lieues du rivage, sur la côte orientale. Les naturels du pays nous abordèrent bientôt sur deux pirogues, dont chacune portait une femme et un cochon : nous crûmes que les insulaires voulaient nous donner des marques de confiance en envoyant ces deux femmes, et que les cochons nous étaient apportés en présent. Nous reçûmes les uns et les autres d'une manière reconnaissante, et nous donnâmes à chacune des femmes un clou de fiche et quelques colifichets, dont elles furent très satisfaites.

Nous n'avions jusqu'alors reçu aucune attaque des farouches habitants de Bolabola, que, malgré les craintes de Tupia, nous étions résolus de visiter. Sur les quatre heures de l'après-midi du 25, nous étions à une lieue d'Otaha, qui nous restait au nord-ouest. Il y a deux îlots appelés *Toahoutu* et *Whennuaia*, au nord et sur la côte orientale de l'extrémité de cette île. Tupia nous dit qu'entre ces deux îlots on trouve un canal qui conduit dans un très bon hâvre, situé en dedans du récif, et les apparences confirmaient son rapport.

Comme je découvris ce large canal entre Otaha et Bolabola, je me décidai à prendre cette entrée plutôt que de courir au nord de toutes les îles ; mais nous avions le vent debout, et je ne fis point de chemin.

Le 27, à midi, le pic de Bolabola nous restait au nord-ouest, et l'extrémité septentrionale d'Otaha à environ trois lieues. Le vent nous fut encore contraire pendant toute cette journée et la nuit suivante. Le 28, sur les six heures du matin, nous étions près de l'entrée du hâvre sur la côte orientale d'Otaha. Nous prîmes terre près de Bolabola.

Les femmes de cette île avaient le cou, les épaules et les bras nus ; la gorge était aussi découverte jusqu'à la hauteur de l'aisselle, et revêtue au-dessous d'une étoffe

Heppa (fort de la Nouvelle-Zélande).

noire qui leur serrait le corps. Elles avaient placé de chaque côté de la poitrine, près du bras, un petit plumet noir ressemblant aux bouquets de nos femmes. Elles avaient en outre sur les hanches un vêtement plissé qui se relevait sur le ventre, et retombait par le bas en grand jupon qui cachait entièrement leurs pieds, qu'elles remuaient avec autant de dextérité que nos danseurs de l'Opéra. Les plis au-dessus de la ceinture étaient alternativement bruns et blancs, et ceux du jupon tout blancs.

Dans cet équipage, elles s'avancèrent de côté en faisant des pas mesurés, très bien d'accord avec les tambours, qui battaient avec beaucoup de force et de vitesse. Bientôt après elles se mirent à remuer les hanches, en donnant à leur habillement un mouvement très vif. Elles continuèrent les mêmes mouvements pendant toute la danse, quoique le corps prît différentes attitudes. Elles se tenaient tantôt debout ou assises, et s'appuyaient quelquefois sur leurs genoux ou leurs coudes; elles remuaient en même temps les doigts avec une promptitude qu'il est presque impossible d'imaginer. Il faut pourtant convenir que l'habileté des danseuses et le plaisir que goûtèrent les spectateurs provenaient en grande partie de la lubricité de leurs postures et de leurs gestes, qui surpassaient tout ce que nous pouvons dire.

Entre les danses des femmes, les hommes exécutaient une espèce de farce dramatique où il y avait du dialogue et des danses; mais nous ne connaissions pas assez leur langue pour comprendre quel en était le sujet.

Nous passâmes la matinée du 9 à commercer avec les pirogues. Nous profitâmes alors d'une brise qui s'éleva de l'est; et, après avoir étanché notre voie d'eau et embarqué les provisions fraîches que nous avions achetées, nous fîmes voile pour sortir du hâvre. Tupia me pressa fortement à notre départ de tirer un coup de canon vers Bolabola : il voulait, suivant toute apparence, donner à ses ennemis cette marque de son ressentiment, et leur montrer la force de ses nouveaux alliés. Je crus devoir le contenter, quoique nous fussions à sept lieues de distance de l'île.

Pendant notre séjour aux environs de ces îles, nous consommâmes très peu de provisions du vaisseau; nous eûmes en abondance des cochons, des volailles, des fruits du plane et des ignames. Nous espérions que ces rafraîchissements nous serviraient beaucoup dans le cours de notre navigation vers le sud ; mais les cochons ne voulurent manger ni son, ni graines, ni légumes d'Europe, de manière que nous ne pûmes pas les conserver vivants. Les volailles furent bientôt attaquées d'une maladie à la tête, qu'elles tenaient entre leurs jambes jusqu'à ce qu'elles expirassent. Il ne faut pas beaucoup compter sur les animaux qu'on embarque dans ces parages, à moins qu'on ne découvre quelque nourriture du goût des cochons, et des remèdes contre la maladie des volailles.

J'appelai *îles de la Société* les six îles *Ulietea, Otaha, Bolabola, Huaheine, Tubai, Maurua*, qui sont contiguës les unes aux autres: je ne crus pas devoir leur donner à chacune en particulier d'autres noms que ceux qu'elles portent dans le pays.

Elles gisent entre le 16e degré 10', et le 16e degré 55' de latitude sud, et entre le 150e degré 57', et le 152e degré de longitude ouest du méridien de Greenwich. Ulietea et Otahasont situées à environ deux milles l'une de l'autre; elles sont toutes deux environnées par un récif de rochers de corail, de sorte qu'il n'est pas possible à un vaisseau de passer entre elles. Ce récif forme plusieurs excellents hâvres, dont à la vérité les entrées sont très étroites; mais il n'y a plus rien de dangereux pour un bâtiment lorsqu'il y est arrivé.

L'île d'Otaha a deux très bons hâvres, l'un sur le côté de l'est, et l'autre sur le côté de l'ouest. Les insulaires appellent *Ohamène* le premier dont nous avons déjà parlé; ils donnent le nom d'*Oherurua* à l'autre, qui gît vers le milieu du côté sud-ouest de l'île. Il est assez large et donne un bon mouillage: on y a la facilité de se procurer de l'eau douce.

L'île de Bolabola gît au nord-ouest d'Otaha, à quatre lieues; elle est environnée d'un récif de rochers et de plusieurs petites îles: le tout ensemble forme une circonférence d'environ huit lieues. On m'assura que, sur le côté sud-ouest de l'île, on trouve dans le récif un canal qui débouche dans un très bon hâvre. Cette île se fait remarquer par une haute montagne escarpée qui paraît presque perpendiculaire, et se termine au sommet en deux pics, dont l'un est plus élevé que l'autre.

Si l'on en excepte les côtes de la mer, la terre d'Ulietea et d'Otaha est montagneuse, entrecoupée et irrégulière; cependant les montagnes nous parurent vertes et agréables, et en plusieurs endroits couvertes de bois.

Nous continuâmes notre chemin sans qu'il nous arrivât rien de remarquable, jusqu'au 13 sur le midi, où nous vîmes terre au sud-est; et Tupia nous dit que c'était une île appelée *Oheteroa*. Vers les six heures du soir, nous en étions à deux ou trois lieues; sur quoi je fis petites voiles et louvoyai toute la nuit: le lendemain matin je naviguai vers la terre. Nous courûmes sous le vent de l'île en longeant la côte de près, et nous vîmes sur le rivage quelques naturels du pays qui n'étaient pourtant pas en grand nombre.

Cette île gît au 22e degré 27' de latitude sud, et au 150e degré 47' de longitude ouest du méridien de Greenwich. Elle a treize milles de circonférence; elle est plutôt élevée que basse, mais elle n'est ni peuplée ni fertile en proportion des autres que nous avons vues dans ces mers. Il nous parut que l'arbre appelé par les naturels du pays *etoa*, et dont ils font leurs armes, est la principale production du pays; nous en vîmes plusieurs plantations sur la côte, qui n'est pas environnée d'un récif, comme celle des îles voisines.

Les insulaires sont vigoureux, bien faits, et un peu plus bruns que ceux que nous venions de quitter. Ils ont sous les aisselles des marques noires aussi larges que la main, et dont le contour est formé par une ligne dentelée; ils portent aussi autour des bras et des jambes des cercles de la même couleur, mais moins larges: ils n'ont point d'autres marques ou figures sur le reste du corps.

Leur vêtement, ainsi que l'étoffe dont il est composé, était très différent de ceux que nous avions vus jusqu'alors; la matière première de cette étoffe est la même que celle dont les habitants des autres îles forment leur habillement. La plupart de ces étoffes que virent nos gens du bateau étaient teintes en jaune foncé, brillant, et enduites en dehors d'une espèce de vernis rouge ou couleur de plomb sombre: sur cette première couche, ils avaient peint avec une régularité étonnante des raies de différents dessins, assez semblables à nos soies rayées. L'étoffe peinte en rouge était rayée de noir, et celle qu'ils avaient peinte en couleur de plomb était rayée de blanc. Leur habit est une jaquette courte qui descend jusqu'aux genoux; il est d'une seule pièce d'étoffe, et n'a d'autre façon qu'un trou au milieu, dont la bordure est cousue à grands points: c'est la première fois que nous reconnûmes chez les insulaires de la mer du Sud l'usage d'une espèce d'aiguille. Ils passent leur tête dans ce trou, et les portions d'étoffe qui pendent devant et derrière sont assujéties sur le corps avec une pièce ou ceinture d'étoffe jaune, qui, tournant d'abord autour du cou, se croise sur la poitrine et retombe du côté des reins en forme de ceinture; cette première ceinture en couvrait une autre d'étoffe rouge. Cet habillement avait quelque chose d'agréable et de militaire. Quelques-uns des Indiens avaient des bonnets de plumes d'oiseau du tropique, comme nous l'avons déjà dit, et d'autres portaient autour de leur tête une pièce d'étoffe blanche ou couleur de plomb, en forme de petit turban: nos gens jugèrent que c'était la partie de leurs ajustements qui leur seyait le mieux.

Leurs armes sont de grandes lances faites d'etoa, bois très dur*: elles sont bien polies et aiguisées à l'un des bouts; quelques-unes ont près de vingt pieds de long, sans avoir plus de trois pouces de grosseur. Ils portent aussi une autre arme d'environ sept pieds de long, faite du même bois, et qui est tout à la fois un gros bâton et une pique: elle est polie et aiguisée en large pointe, comme la première. Lorsqu'ils s'attaquent les uns les autres, afin de se mettre à l'abri de ces armes, ils placent sous leurs vêtements, depuis le cou jusqu'à la ceinture, plusieurs nattes qui leur servent de cuirasse. Ces armes ne peuvent pas faire autant de mal que celles de la même espèce que nous avons vues dans les autres îles: ces dernières sont garnies à la pointe d'un os de pastenade, et les piques sont beaucoup plus pesantes. Cependant les autres instruments ou ouvrages que nous avons aperçus dans cette île sont supérieurs, dans leur genre, à ceux que nous avions vus ailleurs; la teinture de l'étoffe est d'une meilleure couleur, et elle est peinte avec plus de propreté et de goût; les massues sont mieux taillées et mieux polies. La pirogue qui s'approcha du bateau, quoique petite, était chargée de plus d'ornements et sa sculpture plus belle; entre autres décorations, nous y remarquâmes un petit cordon de plumes blanches, qui pendait en dehors de la poupe et de la proue, et qui était entièrement mouillé par l'écume de la mer.

Passage d'Oteroah à la Nouvelle-Zélande. Baie de Pauvreté.

Nous mîmes à la voile d'Oteroah le 15 août, et le vendredi, 25, nous célébrâmes l'anniversaire de notre départ de l'Angleterre en tirant un fromage de Chester d'un tiroir, où il avait été soigneusement renfermé pour cette occasion, et en même temps nous mîmes en perce un tonneau de bière forte qui se trouva excellente.

Le 27, étant par 28° 59' de latitude, et 169° 5' de longitude, nous vîmes un veau marin endormi sur l'eau et plusieurs paquets d'herbes marines; le lendemain, nous aperçûmes encore une plus grande quantité d'herbes marines, et, le 29, nous vîmes un oiseau que nous jugeâmes être un oiseau de terre, et qui ressemblait un peu à une bécassine, mais il avait le bec court.

Le 1er octobre, nous vîmes une quantité innombrable d'oiseaux, et un autre veau marin dormant au-dessus de l'eau. C'est une opinion générale que les veaux marins ne s'éloignent jamais beaucoup de terre, et ne se voient que dans les lieux où la sonde trouve fond; mais ceux que nous vîmes dans ces mers prouvent le contraire. Il est vrai cependant que les herbes marines étaient une indication sûre que la terre n'était pas éloignée.

Le lendemain, nous eûmes du calme, et nous mîmes le canot dehors pour sonder s'il y avait un courant, mais on n'en découvrit aucun. Notre latitude était de 37° 10', et notre longitude de 172° 54' ouest. Le 3, étant par 36° 36' de latitude et 173° 27' de longitude, nous vîmes encore plus de goëmons, et un autre morceau de bois couvert de bernacles. Le lendemain nous aperçûmes deux autres veaux marins et un oiseau brun, à peu près aussi gros qu'un corbeau et ayant sous l'aile quelques plumes blanches. M. Gore nous dit que cette espèce d'oiseau était très nombreuse dans le voisinage des îles Falkland, et nos gens lui donnèrent le nom de *port Egmont*.

Le 6 octobre, nous vîmes terre de la grande hune à l'ouest-quart-nord-ouest. Nous y courûmes sur-le-champ : vers le soir on pouvait, du tillac, reconnaître cette terre qui paraissait considérable. L'observation du soleil et de la lune donna pour la longitude du vaisseau 180° 55' ouest.

Le 7, nous eûmes un calme, et nous ne pûmes approcher de la terre que lentement. L'après-midi, il s'éleva une petite brise lorsque nous en étions encore à sept ou huit lieues. Cette terre nous parut plus grande à mesure que nous la vîmes plus distinctement : elle avait quatre ou cinq lignes de collines, s'élevant les unes au-dessus des autres, et, par-dessus, une chaîne de montagues qui nous parurent d'une énorme grandeur. Cette découverte donna lieu à beaucoup de conjectures; mais l'opinion générale était que nous avions trouvé ce qu'on a appelé *Terra australis incognita*. Vers les cinq heures nous vîmes l'ouverture d'une baie qui nous parut s'enfoncer assez loin dans l'intérieur : nous y portâmes sur-le-champ. Nous aperçûmes aussi de la fumée qui s'élevait de différentes parties de la côte. La nuit étant venue, nous louvoyâmes jusqu'à la pointe du jour du lendemain, où nous nous trouvâmes sous le vent de la baie, le vent étant au nord. Nous remarquâmes alors que les collines étaient couvertes de bois, et qu'il y avait dans les vallées de très gros arbres. A midi, nous voulûmes entrer dans la baie par la pointe qui est au sud-est; mais, n'ayant pas pu la doubler, nous virâmes de bord et reprîmes le large. Nous aperçûmes plusieurs pirogues qui se tenaient en travers de la baie, et qui bientôt gagnèrent le rivage sans paraître faire aucune attention au vaisseau. Nous découvrîmes aussi quelques maisons, petites, mais propres; et, près d'une de ces maisons, un grand nombre d'habitants rassemblés qui étaient assis sur la grève, et qui étaient, à ce que nous crûmes, les mêmes que nous avions vus dans les pirogues. Sur une petite péninsule située à la pointe nord-est, nous aperçûmes distinctement une palissade haute et régulière qui entourait tout le sommet d'une colline, et qui fut aussi le sujet de beaucoup de raisonnements et de spéculations : les uns jugeaient que c'était un parc de daims, et les autres un enclos pour des bœufs et des moutons.

Description de la baie de Pauvreté. Aspect du pays adjacent. Traversée de là au cap Turnagain et à Tolaga. Description du pays et de ses habitants.

Le 11, nous levâmes l'ancre à six heures, et nous quittâmes ce canton misérable, que les naturels du pays appellent *Taoneroa* ou Grand-Sable, et auquel je donnai le nom de *baie de Pauvreté*, parce que, de toutes les choses dont nous avions besoin, nous ne pûmes y trouver qu'un peu de bois. Cette baie est située au 38e degré 42' de latitude sud, et au 181e degré 36' de longitude ouest; elle a la forme d'un fer à cheval, et on peut la reconnaître au moyen d'une île qui en est tout près, au-dessous de la pointe nord-est. Les deux pointes qui en forment l'entrée sont élevées et de roches blanches et escarpées : elles gisent à une lieue et demie ou deux lieues nord-est et sud-ouest l'une de l'autre. La baie présente un bon mouillage, mais elle est ouverte au vent entre le sud et l'est. Dans un bon temps, les bateaux peuvent y entrer et en sortir à tous les instants de la marée; mais comme il y a une barre à l'entrée, ils ne peuvent ni entrer ni sortir lorsque la mer est grosse. Le côté du nord est le meilleur endroit pour l'attaquer, et il est toujours possible d'y entrer lorsque cela est impraticable par les autres côtés. La côte de la baie, un peu en dedans de son entrée, est une terre basse et sablonneuse; la surface du pays, à peu de distance par derrière, est agréablement coupée par des collines et des vallées couvertes partout de bois et de verdure. Ce canton nous parut être bien peuplé, surtout dans les vallées qui sont au haut de la baie. La vue s'étendait fort loin, jusqu'à des montagnes d'une hauteur prodigieuse; et dans tout cet espace, nous aperçûmes chaque jour une grande quantité de fumée s'élever en nuages.

J'appelai la pointe sud-ouest de la baie *cap du Jeune Nick*, du nom de Nicolas Gouny, mousse, qui, le premier, découvrit cette terre. A midi elle nous restait au nord-ouest, à trois ou quatre lieues de distance, et nous étions à environ trois milles de la côte. La grande terre s'étendait du nord-est au sud, et je résolus de suivre la direction de la côte au midi, jusqu'au 40e ou 41e degré de latitude, et ensuite de retourner au nord, si je ne rencontrais rien qui m'encourageât à avancer plus loin.

Quand nous fîmes voile nous étions au travers d'une pointe, depuis laquelle la terre court sud-sud-ouest, et que j'appelai *cap Table*, à raison de sa figure. Cette pointe gît sept lieues au sud de la baie de Pauvreté, au 39e degré 7' de latitude sud, et au 181e degré 36' de longitude ouest. Elle est d'une élévation considérable; elle se termine en angle aigu, et semble être entièrement plate au sommet,

En gouvernant le long de la côte, à la distance de deux ou trois milles au sud du cap, nos sondes furent de vingt à trente brasses, et nous avions entre nous et la côte une chaîne de rochers qui paraissaient à différentes hauteurs au-dessus de l'eau.

A midi le cap Table nous restait au nord-est, à environ quatre lieues, et nous avions au sud-ouest, à peu près à trois milles de distance, une petite île, qui était la terre la plus méridionale que nous aperçussions. Je donnai à cette île, que les naturels du pays appellent *Teahowray*, le nom d'*île de Portland*, à cause de la grande ressemblance qu'elle a avec Portland dans le canal de la Manche. Elle gît à environ un mille d'une pointe qui est sur la grande terre; mais il paraît y avoir une chaîne de rochers qui se prolongent d'une île à l'autre, au nord-est.

En longeant la côte nous vîmes sur l'île de Portland, ainsi que sur la côte de la Nouvelle-Zélande, les naturels du pays rassemblés en grand nombre. Nous distinguâmes aussi plusieurs terrains cultivés : quelques-uns semblaient avoir été fraîchement retournés et mis en sillons comme une terre labourée; d'autres étaient couverts de plantes à différents degrés de végétation. Nous aperçûmes en deux endroits, sur le sommet des collines, des palissades élevées, semblables à celles que nous avions vues sur la pointe nord-est de la baie de Pauvreté. Comme elles étaient rangées en ligne, sans enclore aucun espace, nous ne pûmes pas deviner leur usage, et nous supposâmes qu'elles pouvaient bien être l'ouvrage de la superstition.

Sur le midi nous vîmes paraître une autre pirogue montée par quatre hommes; elle s'approcha à environ un quart de mille de nous, et les Indiens qu'elle avait à bord nous parurent faire diverses cérémonies. L'un d'eux, qui était sur l'avant, semblait quelquefois demander et offrir la paix, et d'autres fois menacer de la guerre en agitant une arme qu'il tenait à la main; en d'autres instants il se mettait à danser ou à chanter. Tupia lui parla beaucoup, mais il ne put pas lui persuader de venir sur notre bâtiment.

Entre une heure et deux nous découvrîmes à l'ouest de Portland une terre qui se prolongeait au sud tant que la vue pouvait s'étendre, et le vaisseau, tournant autour de l'extrémité sud de l'île, tomba tout-à-coup sur un bas-fond inégal et raboteux. En peu de temps cependant nous nous tirâmes de danger, et nous eûmes de nouveau une eau profonde.

Quand nous eûmes fait le tour de Portland, nous gouvernâmes au nord-ouest vers la terre, avec une petite brise du nord-est qui tomba sur les cinq heures; nous fûmes obligés de mouiller ayant vingt-une brasses d'eau, fond de sable fin. La pointe sud de Portland nous restait au sud-est, à environ deux lieues, et nous avions au nord-est une pointe basse de la grande terre. Une baie profonde se prolonge dans la même direction que cette pointe basse; le cap Table est l'extrémité de la terre qui se trouve par derrière cette baie, de manière que, n'y ayant entre elle et la grande terre qu'une langue de terre basse et étroite, elle forme une péninsule. Le cap Table est la pointe nord, et Portland, la pointe sud de cette péninsule, que les naturels du pays appellent *Terakaco*.

Pendant que nous étions à l'ancre, deux nouvelles pirogues s'approchèrent de nous; l'une d'elles était armée, et l'autre était un petit bateau de pêche qui n'avait que quatre hommes à bord. Ils s'avancèrent si près, qu'ils entrèrent en conversation avec Tupia. Ils répondirent avec beaucoup de civilité à toutes les questions qu'il leur fit; mais il ne put pas leur persuader de venir dans notre bâtiment : ils s'avancèrent cependant assez pour recevoir plusieurs présents que nous leur jetâmes du vaisseau, et dont ils parurent fort contents, et ensuite ils s'en allèrent. Les Indiens tinrent pendant la nuit plusieurs feux allumés sur la côte, probablement pour nous montrer qu'ils étaient trop bien sur leurs gardes pour que nous puissions les surprendre.

Le 13, sur les cinq heures du matin, une brise s'élevant du nord, nous appareillâmes et nous gouvernâmes vers la terre. La côte forme une grande baie, dont Portland est la pointe nord-est, et la baie qui se prolonge derrière le cap Table, forme elle-même un bras. J'avais fort envie d'examiner ce bras, parce qu'il semblait y avoir un mouillage sûr; mais comme je n'en étais pas certain, et que le vent était près de sa fin, je ne voulus pas perdre de temps à faire cette tentative.

Je donnai le nom de *cap Kidnappers*, c'est-à-dire *voleur d'enfants*, au cap en travers duquel nous fûmes obligés de repousser les agressions des insulaires. Il est situé au 39e degré 43' de latitude, et au 182e degré 24' de longitude ouest. Il est très remarquable par deux rochers blancs qui ont la forme de meules de foin et d'autres, élevés et également blancs, qui sont de chaque côté. Il gît sud-ouest à treize lieues de l'île de Portland. Dans l'espace intermédiaire, se trouve la baie, dont il est la pointe méridionale, et que j'appelai *baie de Hawke*, en l'honneur de sir Edouard Hawke, alors premier lord de l'amirauté : nous y trouvâmes un bon mouillage. Depuis le cap Kidnappers la terre court sud-sud-ouest. Nous longeâmes la côte dans cette direction, avec une brise forte et un beau temps, en nous tenant à environ une lieue du rivage.

La pointe élevée et ronde qui avait des roches jaunâtres, et en travers de laquelle nous étions à midi, fut appelée *cap Turnagain*, c'est-à-dire *du retour*, parce que nous retournâmes en arrière lorsque nous y fûmes arrivés. Il gît au 40e degré 34' de latitude sud, et au 182e degré 55' de longitude ouest, à dix lieues au sud-sud-ouest et sud-ouest-demi-ouest du cap Kidnappers. La terre entre ces deux caps est d'une hauteur très inégale. En quelques endroits elle est élevée près de la mer, et elle a des rochers blancs; en d'autres elle est basse et remplie de grèves sablonneuses. La surface du pays n'est pas aussi bien couverte de bois que dans les environs de la baie de Hawke, mais elle ressemble plus aux dunes d'Angleterre. Cependant, suivant toute apparence, elle est bien peuplée, car en longeant la côte nous aperçûmes plusieurs villages, non-seulement dans les vallées, mais encore sur les sommets et les flancs des collines, et de la fumée en plusieurs autres endroits. La chaîne des montagnes s'étendait au sud au-delà de la portée de notre vue, et elle était partout marquée de neige.

Le 10, à quatre heures du matin, le cap Kidnappers nous restait au nord-ouest, à deux lieues de distance. Le soir, étant en travers d'une péninsule de l'île de Portland, appelée *Terakako*, une pirogue se détacha de cette côte, et atteignit avec beaucoup de peine notre vaisseau. Elle avait à bord cinq Indiens, dont deux semblaient être des chefs, et les trois autres des serviteurs. Les chefs se firent peu presser pour venir à bord, et ils ordonnèrent aux trois autres Indiens de rester dans leurs pirogues. Nous les traitâmes avec beaucoup d'amitié, et ils nous témoignèrent tout le plaisir que leur causait notre accueil.

Sur les trois heures je dépassai un cap remarquable, que j'appelai *Gable-End Foreland*, c'est-à-dire *promontoire du bord du toit*, parce que la roche blanche de la pointe ressemblait extrêmement au bord du toit d'une maison ; mais on peut le reconnaître également au moyen d'un rocher qui s'élève comme une cloche à peu de distance de là : il gît au nord-est à environ douze lieues du cap Table. La côte, dans l'espace intermédiaire, forme une baie en dedans de laquelle se trouve la baie de Pauvreté, à quatre lieues du promontoire dont on vient de parler, et à huit du cap. A cet endroit, trois pirogues s'avancèrent vers nous, et un Indien vint à bord : nous lui donnâmes quelques bagatelles, et il retourna bientôt à son canot qui, ainsi que les autres, revira vers la côte.

Le 20 au matin, je fis voile vers la côte, afin d'examiner deux baies qui paraissaient à environ deux lieues au nord du promontoire; je ne pus pas atteindre la plus méridionale, mais je mouillai dans l'autre sur les onze heures.

Dans notre promenade autour de la baie, nous trouvâmes deux petits courants d'eau douce. Cette découverte, jointe à la conduite amicale des Indiens, m'engagea à rester au moins un jour, afin de pouvoir remplir nos futailles vides, et de donner à M Banks une occasion d'examiner les productions du pays.

Les naturels du pays s'assirent près de nos gens et parurent fort satisfaits de les voir, mais ils ne se mêlèrent point avec eux ; ils firent cependant quelques échanges, particulièrement contre nos étoffes, et, peu de temps après, ils reprirent leurs occupations ordinaires, comme si aucun étranger n'avait été parmi eux. Dans la matinée, plusieurs de leurs pirogues allaient à la pêche, et chacun, au moment du dîner, retournait dans son habitation, d'où il sortait de nouveau après un certain temps.

Les femmes de cette baie se peignent le visage avec de l'ocre rouge et de l'huile, qui, étant ordinairement sur leurs joues et leur front dans un état d'humidité, se communique aisément à ceux qui jugent à propos de les embrasser : les nez de plusieurs de nos gens démontraient d'une manière évidente qu'elles n'avaient point d'aversion pour cette familiarité. Elles sont aussi coquettes que nos dames d'Europe les plus à la mode, et les jeunes filles aussi folâtres que des poulains qu'on n'a pas encore dressés. Elles portaient toutes un jupon, au-dessous duquel il y avait une ceinture faite de tiges d'herbes bien parfumées, à laquelle était attachée une petite touffe de feuilles de quelque plante odoriférante, qui servait de dernier retranchement à leur modestie. Les visages des hommes n'étaient pas peints aussi généralement ; cependant nous en vîmes un dont tout le corps et même les vêtements avaient été frottés d'ocre sèche, et il en tenait toujours à la main un morceau, avec lequel il renouvelait à chaque instant cette parure, dans les endroits où il supposait qu'il en manquait. Ils ne sont pas aussi propres sur leurs personnes que les Taïtiens, parce que la froidure du climat ne leur permet pas de se baigner aussi souvent ; mais nous avons remarqué qu'ils les surpassaient en un point, dont il n'y a peut-être pas d'exemple dans aucune autre nation d'Indiens. Chaque maison ou hameau, de trois ou quatre habitations, avait des lieux privés, de sorte qu'on ne voyait point d'ordures sur la terre; les restes de leurs repas, la litière et les autres ordures étaient aussi mises en tas de fumier, régulièrement disposés, dont ils se servent probablement comme d'engrais.

Comme il était extrêmement difficile de transporter de l'eau à bord, à cause de la houle, je résolus de ne pas séjourner plus longtemps à cet endroit : le lendemain, 22, à cinq heures du matin, je levai l'ancre et remis en mer.

Cette baie, qui est appelée *Tegadoo* par les naturels du pays, gît au 38e degré 10' de latitude sud ; mais comme elle n'est recommandable pour les navigateurs à aucun égard, il serait inutile d'en faire la description.

Le 29, nous gagnâmes une autre baie appelée *Tolaga* par les naturels du pays : elle est médiocrement large, et à l'abri de tous les vents, si l'on en excepte ceux qui soufflent du nord-est. Elle gît au 38e degré 22' de latitude sud, et à quatre lieues et demie au nord du promontoire Gable-End. Sur la pointe méridionale, il y a une petite île assez élevée, et si voisine de la grande terre, qu'au premier coup d'œil elle n'en paraît pas séparée.

Le peuple de cette île mange les chiens comme le font les Taïtiens, et il pare ses vêtements de leurs peaux, ainsi que nous portons des fourrures.

Je montai sur plusieurs collines dans l'espérance de voir le pays à découvert ; mais quand je fus parvenu au sommet je n'aperçus rien que des collines plus élevées qui s'étendaient à perte de vue. Les sommets de ces hauteurs ne produisent guère de plantes que la fougère; mais les flancs sont couverts de bois très épais et de verdure de différente espèce, entremêlée de quelques plantations. Le pays est abondant en plantes, et les bois sont remplis d'oiseaux d'une variété infinie.

Traversée de la baie de Tolaga à la baie de Mercure dans la Nouvelle-Zélande. Description de plusieurs vues du pays.

Le 30 octobre 1769, à une heure et demie, je remis à la voile et je gouvernai autour d'une petite île qui gît un mille à l'est de la pointe nord-est de la terre. Cette pointe est la partie la plus orientale de toute la côte. Je lui donnai le nom de *cap Est*, et j'appelai *île Est* l'île qui gît à la même hauteur. Sa circonférence est peu considérable : elle est élevée et ronde, et elle paraît nue et stérile. Le cap est élevé et couvert de roches blanches: il gît au 37e degré 43' 30" de latitude sud, et au 181e degré de longitude ouest. La terre, de la baie de Tolaga au cap Est, est d'une élévation moyenne, mais inégale.

Après que nous eûmes tourné le cap nous vîmes un grand nombre de villages et beaucoup de terres cultivées. Le pays en général semblait être plus fertile que celui que nous avions vu jusqu'alors : il était bas près de la mer, mais montueux dans l'intérieur. A six heures du soir, étant à quatre lieues à l'ouest du cap Est, nous dépassâmes une baie qui fut découverte pour la première fois par le lieutenant Hicks, et que j'appelai pour cela *baie de Hicks*.

Le 30, nous découvrîmes une terre qui ressemblait à une île, et qui nous restait à l'ouest; nous vîmes approcher vers nous cinq pirogues montées par plus de quarante hommes, tous armés avec des piques et des haches de bataille de leur pays, et qui poussaient des cris en nous faisant des menaces d'attaque. Ce spectacle nous causa beaucoup de chagrin, et certainement nous ne nous y attendions pas ; car nous espérions que la réputation de nos forces et de notre clémence se serait étendue plus loin. Quand une de ces pirogues eut presque atteint le vaisseau, une autre, d'une grosseur extraordinaire, la plus grande que nous eussions jamais vue, et remplie d'une foule d'Indiens armés aussi, se détacha de la côte et rama vers nous avec beaucoup de vitesse. A mesure qu'elle approchait, la première qui était plus près du vaisseau lui faisait des signes. Nous remarquâmes que cette seconde avait seize rameurs d'un côté, outre les hommes qui étaient assis, et d'autres rangés sur une ligne depuis l'avant jusqu'à la poupe, et qu'en tout elle contenait environ soixante Indiens. Comme ils dirigeaient leur marche précisément sur le vaisseau, nous voulûmes prévenir une attaque en leur montrant ce que nous étions en état de faire. En conséquence je fis tirer devant eux un canon chargé à mitraille, ce qui les fit arrêter; mais ils ne s'en retournèrent pas. On tira ensuite par-dessus leur tête un canon à boulet; et, en le voyant tomber, ils saisirent leurs pagaies et ils ramèrent vers la côte avec tant de précipitation, qu'ils paraissaient à peine se donner le temps de respirer. Le soir, trois ou quatre autres pirogues, ayant à bord des Indiens sans armes, vinrent au large, mais elles ne voulurent pas se hasarder à approcher à la portée du boulet. Le cap à la hauteur duquel nous avions été menacés d'hostilité fut appelé *cap Runaway*, c'est-à-dire *cap de la Fuite*, à cause de la retraite précipitée de nos ennemis. Il est situé au 37e degré 32' de latitude, et au 181e degré 48' de longitude. Pendant la navigation de ce jour nous reconnûmes que la terre qui nous restait à l'ouest, et qui le matin ressemblait à une île, en était véritablement une, et nous lui donnâmes le nom de *White-Island*, c'est-à-dire *île Blanche*.

Nous découvrîmes une île que les Indiens de la pirogue nommaient *Mowtohora*. Quoique élevée, elle avait peu de circonférence, et elle reposait à six milles de la Nouvelle-Zélande. Au sud-ouest de cette île, et, suivant toute apparence, près de la mer, on trouve une montagne élevée que j'appelai *mont Edgecomb*. Elle est située au 37e degré 59' de latitude, et au 193e degré 7' de longitude, au milieu d'une grande plaine qui la fait apercevoir plus facilement.

A dix heures et demie nous passâmes entre une île basse et plate et la grande terre : la distance entre l'un et l'autre côté était d'environ quatre milles. La grande terre, entre cette île plate et Mowtohora, est médiocrement élevée, mais unie, sans bois, et remplie de plantations et de villages. Les villages, plus grands que tous ceux que nous avions vus jusqu'alors, étaient situés sur des éminences près de la mer, fortifiés du côté de terre par un parapet et un fossé, environnés dans l'intérieur d'une haute palissade ; outre le parapet, le fossé et la palissade, il paraissait y avoir des espèces de fortifications. Tupia croyait que les petits enclos, bordés de palissades et de fossés, étaient des morais ou lieux de culte, mais nous pensâmes que c'étaient des forts, et nous en conclûmes que ces peuples avaient dans leur voisinage des ennemis, aux hostilités desquels ils étaient sans cesse exposés.

A deux heures nous dépassâmes une petite île haute, qui gît à quatre milles d'un cap élevé et rond qui est sur la grande terre. Depuis ce cap, la terre court nord-ouest aussi loin que peut s'étendre la vue, et elle a un aspect montueux et escarpé.

Nous passâmes la nuit au-dessous d'une autre île, que j'ai appelée *the Mayor* (*le Maire*). Le 3, à sept heures du matin, elle nous restait au sud-est, à six lieues, et nous avions au nord-est, à une lieue, un groupe de petites îles et de rochers, auxquels je donnai le nom de *Cour des Aldermen* : ils gisent dans une étendue d'environ une demi-lieue de chaque côté, et à cinq lieues de la grande terre. Dans l'espace intermédiaire, il y a un grand nombre d'autres îles, dont la plupart ne sont que des rochers stériles. La circonférence de quelques-unes de celles-ci est aussi petite que celle du monument de Londres (1), mais elles s'élèvent à une beaucoup plus grande hauteur, et quelques-unes sont inhabitées : elles gisent au 36e degré 37' de latitude. Le canton que nous dépassâmes le soir de la veille semblait être bien peuplé; nous aperçûmes plusieurs bourgades, et sur la grève des environs plusieurs centaines de grandes pirogues ; mais dès le 3, après avoir fait environ quinze lieues, le pays nous parut stérile et désert sur tout le côté que nous avions longé depuis le cap Turnagain. Les Indiens reconnaissaient un chef, qu'ils appelaient *Teratu*, et dont ils nous indiquaient de la main la résidence.

Après avoir examiné légèrement le pays, et chargé les deux bateaux de céleri, que nous trouvâmes en grande abondance près de la grève, nous revînmes à bord du vaisseau.

Le 15, je fis voile hors de la baie, et il y avait en même temps au côté de notre bâtiment plusieurs pirogues. Je donnai le nom de *baie de Mercure* à la baie que nous venions de quitter, parce que nous y observâmes le passage de Mercure sur le disque du soleil. Elle gît au 36e degré 44' de latitude sud, et au 184e 4' de longitude ouest : il y a plusieurs îles au sud et au nord, et une petite île ou rocher au milieu de l'entrée. On peut faire très commodément de l'eau et du bois en cet endroit, et il y a dans la rivière une quantité immense d'huîtres et d'autres coquillages : c'est pour cela que je l'ai appelée *rivière des Huîtres*. Cependant un vaisseau qui devrait relâcher ici pendant quelque temps pourrait choisir un endroit meilleur et plus sûr dans la rivière qui est au fond de la baie, et à laquelle je donnai le nom de *rivière des Palétuciers* (2), à cause du grand nombre de ces arbres qui sont dans les environs. Le sol, sur le côté est de la rivière et de la baie, est très stérile : il ne produit que de la fougère, et un petit nombre d'autres plantes qui croissent dans les mauvais sols. La terre, sur le côté nord-ouest, est couverte de bois, et le sol étant beaucoup plus fertile, il produirait sans doute toutes les denrées nécessaires à la vie s'il était cultivé. Il n'est pourtant pas aussi fécond que les terres que nous avons vues au sud, et les habitants, quoique nombreux, paraissent plus misérables : ils n'ont point de plantations; leurs pirogues sont médiocres et sans ornements, et ils couchent en plein air.

Nous trouvâmes en plusieurs parties de cette baie une grande quantité de sable ferrugineux, qui avait été jeté sur la côte par tous les petits ruisseaux d'eau douce qui viennent de l'intérieur du pays; ce qui démontre qu'on trouverait des mines de fer sans aller bien avant dans les terres. Cependant les habitants de ce canton, ainsi que ceux des autres parties de la côte que nous avons vus, ne connaissent point l'usage de ce métal, qui n'a pour eux aucune valeur : ils préféraient tous la bagatelle la plus inutile, non-seulement à un clou, mais même à tout autre instrument de fer.

Traversée de la baie de Mercure à la baie des Iles. Expédition le long de la rivière Tamise. Description des Indiens qui habitent ses bords. Beau bois de charpente qui y croît. Plusieurs entrevues avec les naturels du pays en différentes parties de la côte.

Je continuai à courir au plus près pendant deux jours, afin de gagner le dessous de la terre, et, le 18, sur les sept heures du matin, nous étions en travers d'un promontoire très remarquable, au 36e degré 36' de latitude, et au nord 48° ouest de la pointe septentrionale de la baie de Mercure ou de la pointe Mercure, qui était éloignée de neuf lieues. Il y avait sur cette pointe plusieurs Indiens qui semblaient faire peu d'attention à nous, mais qui parlaient ensemble avec beaucoup de vivacité. Environ une demi-heure après, plusieurs pirogues se détachèrent de différents endroits de la côte, et s'avancèrent vers le vaisseau : sur quoi les Indiens de la pointe mirent aussi une pirogue en mer, montée par vingt d'entre eux qui s'approchèrent des autres. Lorsque deux de ces pirogues, ayant environ soixante hommes à bord, furent assez près pour se faire entendre, les Indiens entonnèrent leur chanson de guerre ; mais, voyant que nous nous embarrassions fort peu de leurs menaces, ils nous jetèrent quelques pierres, et retournèrent ensuite vers le rivage. Nous comptions n'avoir plus rien à démêler avec eux, mais ils revinrent dans peu de temps, comme s'ils avaient enfin pris la résolution de nous provoquer à un combat, et ils s'excitèrent à la fureur en chantant leur chanson de guerre, ainsi qu'ils avaient fait auparavant.

Outre les îles qui étaient en dehors de nous, nous pouvions apercevoir une terre dans le sud-ouest jusqu'au nord-ouest, mais nous ne pûmes pas reconnaître si elle faisait partie de la grande terre ou si c'étaient de petites îles : cependant je résolus de suivre sa direction, dans la crainte de perdre la côte de la Nouvelle-Zélande.

Le 19, à la pointe du jour, le vent étant toujours favorable, nous appareillâmes et nous courûmes à petites voiles vers une ouverture ou baie, en rangeant le plus près qu'il nous était possible la côte de l'est. Après avoir fait environ cinq lieues depuis l'endroit où nous avions mouillé le soir de la veille, notre fond diminua par degrés jusqu'à dix brasses. Ne voulant pas continuer ma route avec moins d'eau, parce que c'était le moment du flot, et que le vent soufflait debout, je mis à l'ancre au milieu du canal, qui est à peu près de onze milles de large, et j'envoyai ensuite deux bateaux en avant pour faire sonder de chaque côté.

Le 20, à la pointe du jour, je partis accompagné de MM. Banks et Solander, et de Tupia, avec la pinasse et la chaloupe. Nous reconnûmes que la baie aboutissait à une rivière environ à neuf milles au-dessus de l'endroit où était le vaisseau ; nous entrâmes dans cette rivière au montant de la marée, et nous trouvâmes qu'à trois milles de son embouchure l'eau était parfaitement douce. Avant d'avoir parcouru le tiers de cette distance, nous rencontrâmes un village indien, bâti sur une levée de sable sec, et environné dans tout son contour d'une vase profonde, que peut-être les habitants regardaient comme un moyen de défense. Dès que ces Indiens nous aperçurent, ils accoururent en foule sur le rivage, et ils nous invitèrent à descendre : nous acceptâmes leur invitation, et nous leur rendîmes une visite malgré la vase. Ils nous reçurent à bras ouverts; mais notre séjour parmi eux ne pouvait pas être long, parce que nous avions en vue d'autres objets de curiosité.

Comme il y avait beaucoup de marécages, nous ne pénétrâmes pas fort loin ; mais nous trouvâmes plusieurs grands arbres d'autres espèces, qui nous étaient absolument inconnus.

La rivière que nous découvrîmes est aussi large que la Tamise à Greenwich, et le flot de la marée y est aussi fort. Il est vrai qu'elle n'est pas aussi profonde, mais elle a assez d'eau pour des bâtiments au-dessus d'une moyenne grandeur, et un fond de vase si mou, qu'en échouant sur la côte, un navire ne pourrait être endommagé.

Sur les trois heures nous nous rembarquâmes pour retourner au vaisseau avec le jusant, et nous appelâmes la rivière *Tamise*, parce qu'elle a quelque ressemblance avec la rivière d'Angleterre qui porte ce nom. Les habitants du village où nous avions débarqué, voyant que nous nous disposions à les quitter, s'approchèrent de nous dans leurs pirogues, et trafiquèrent d'une manière très amicale jusqu'à ce qu'ils nous eussent vendu la petite quantité de marchandises qu'ils avaient.

Quand je quittai le vaisseau, qui de nouveau fut con-

(1) Colonne qui a été érigée à Londres en mémoire du fameux incendie de 1666. A. M.
(2) Mangrove's River. A. M.

traint de mouiller à cause de la marée, il était environné de plusieurs pirogues, c'est pour cela que M. Banks aima mieux rester à bord et trafiquer avec les naturels du pays. Ils échangèrent leurs vêtements et leurs armes, surtout contre du papier, et ils se comportèrent d'une manière très pacifique et très honnête.

Le 24, à cinq heures du matin, nous levâmes l'ancre et nous appareillâmes. Comme le vent ne nous permit pas d'approcher de la terre, nous ne l'aperçûmes que légèrement et de fort loin, depuis le temps où nous mîmes à la voile jusqu'à midi, pendant une route de douze lieues, mais nous ne la perdîmes pas de vue une seule fois. Notre latitude par observation était de 36° 15' 20''; nous n'étions pas à plus de deux milles d'une pointe de terre de la Nouvelle-Zélande. La pointe de terre en travers de laquelle nous étions, et que j'ai appelée *pointe Rodney*, est l'extrémité nord-ouest de la rivière Tamise, et l'extrémité nord-est est formée par le promontoire que nous dépassâmes quand nous y entrâmes, et que j'ai nommé *cap Colwill*, en honneur du lord Colwill.

Le cap Colwill gît au 36e degré 25' de latitude, et au 194e de longitude. Il s'élève directement de la mer à une hauteur considérable, et il est remarquable par un rocher très haut qui est situé au sommet de la pointe, et qu'on peut distinguer à une très grande distance. La rivière n'a nulle part moins de trois lieues de large dans un espace de quatorze lieues au-dessus du cap : elle se resserre ensuite en un lit étroit, mais elle continue à rouler ses eaux dans la même direction à travers un pays bas et plat, ou une grande vallée qui est parallèle à la côte de la mer, et dont nous ne pûmes pas apercevoir l'extrémité. La terre est assez élevée et remplie de collines sur le côté oriental de la rivière à l'endroit où elle est large ; mais elle est basse sur le côté occidental. Elle est partout couverte de verdure et de bois, et elle paraissait très fertile, quoiqu'il n'y en eût que quelques petites portions de cultivées. A l'entrée de la partie étroite de la Tamise le sol est revêtu de palétuviers et d'autres arbrisseaux ; mais plus loin on trouve d'immenses forêts du bois dont j'ai parlé, et qui est peut-être le plus beau qu'il y ait dans le monde. En plusieurs endroits les arbres s'étendent jusqu'au bord de l'eau, et où ils finissent à peu de distance, l'espace intermédiaire est marécageux, comme quelques parties des rives de la Tamise en Angleterre. Il est probable que la rivière abonde en poissons, car nous y vîmes plusieurs piquets qu'on avait plantés afin d'y attacher des filets pour en attraper, mais nous ne savons pas de quelle espèce ils sont. Nous n'avons jamais trouvé dans cette rivière plus de vingt-six brasses, et cette profondeur diminue par degrés jusqu'à une brasse et demie. A l'embouchure du courant d'eau douce elle est de quatre à trois brasses ; mais il y a au-devant des bancs de sable. Malgré ces obstacles, un vaisseau qui tirerait une médiocre quantité d'eau pourrait remonter fort loin cette rivière avec le flot, car il s'élève perpendiculairement de près de dix pieds dans les pleines lunes et les nouvelles; la marée y est haute sur les neuf heures.

Six lieues en dedans du cap Colwill, au-dessous de la côte orientale, il y a plusieurs petites îles qui, conjointement avec la grande terre, semblent former plusieurs bons hâvres; et, vis-à-vis de ces îles, au-dessous de la côte ouest, on en trouve où il est également probable qu'il y a des hâvres sûrs; car on y est défendu contre la mer par une chaîne d'îles de différentes grandeurs qui gisent en travers de son embouchure, et que j'ai appelées pour cela *îles de Barrière*; elles s'étendent au nord-ouest et au sud-est à dix lieues. L'extrémité méridionale de cette chaîne est située au nord-est, à deux ou trois lieues du cap Colwill, au 36e degré 15' de latitude sud, et au 184e degré 53' de longitude ouest.

Les naturels du pays qui habitent les environs de cette rivière ne semblent pas être en grand nombre, proportionnellement à la vaste étendue du pays; mais ils sont forts, bien faits et actifs, et ils se peignent tout le corps, depuis la tête jusqu'aux pieds, avec de l'ocre rouge et de l'huile, ce que nous n'avions pas encore vu auparavant. Leurs pirogues sont grandes, bien construites et ornées de sculptures d'un aussi bon goût qu'aucune de celles que nous ayons rencontrées sur la côte.

Nous continuâmes à longer la côte jusqu'au soir, ayant la grande terre d'un côté et les îles de l'autre, et alors nous mouillâmes dans une baie, où nous prîmes près de cent poissons appelés *brêmes de mer*; ils pesaient de six à huit livres chacun, et par conséquent ils pouvaient servir à la nourriture de tout l'équipage pendant deux jours. Nous donnâmes à cet endroit le nom de *baie des Brêmes*, à cause du succès de notre pêche. Les deux pointes qui la forment gisent au nord et au sud, à cinq lieues l'une de l'autre. Elle est partout d'une assez grande largeur, et sa profondeur est de trois ou quatre lieues; il paraît y avoir au fond une rivière d'eau douce. La pointe septentrionale de la baie appelée *pointe des Brêmes* est une terre élevée et remarquable par plusieurs rochers pointus qui sont situés sur une même ligne au sommet de cette terre. On peut aussi la reconnaître au moyen de quelques petites îles appelées *la Poule et les Poussins* (1), qui se trouvent vis-à-vis, et dont l'une est élevée et se termine en deux pics. Elle gît au 35e degré 46' de latitude sud, et au nord 41° ouest, à dix-sept lieues et demie du cap Colwill.

La terre, entre la pointe Rodney et la pointe des Brêmes, dans une étendue de dix lieues, est basse et garnie de bouquets de bois avec des bancs de sable blanc entre la mer et la terre ferme. Nous n'y vîmes point d'habitants, mais seulement plusieurs feux pendant la nuit; et il y a toujours des hommes partout où il y a des feux.

Le 25, à la pointe du jour, nous quittâmes la baie, et nous gouvernâmes au nord le long de la côte; nous découvrîmes au nord-nord-est quelques petites îles auxquelles je donnai le nom de *Pauvres Chevaliers* (2). Nous étions alors à deux milles de la côte.

Le pays semblait être bas, mais bien boisé. Nous aperçûmes quelques maisons éparses, trois ou quatre bourgades fortifiées, et dans les environs une grande quantité de terres en culture.

A 3 heures nous dépassâmes une pointe occidentale de la grande terre, pointe que je nommai *cap Bret*. La terre de ce cap est beaucoup plus élevée qu'aucune partie de la côte adjacente. Il y a à la pointe un mondrain élevé et rond; et au nord-est-quart-nord, à environ un mille, on trouve une petite île élevée ou un rocher, qui, ainsi que plusieurs autres que j'ai déjà décrits, était percé de part en part, de manière qu'il ressemblait à l'arche d'un pont. Ce cap, ou au moins quelque partie de ce canton, est appelé *Motugogogo* par les naturels du pays, et il gît au 35e degré 10' 30'', et au 185e degré 25' de longitude ouest. On voit au côté ouest une baie large et assez profonde qui a sa direction sud-ouest-quart-ouest, et dans laquelle il semblait y avoir plusieurs petites îles. La pointe qui forme l'entrée nord-ouest est située à l'ouest-quart-nord-ouest, à trois ou quatre lieues du cap Bret, et je la distinguai par le nom de *pointe Pococke*. Nous aperçûmes plusieurs villages au côté occidental de la baie, tant sur les îles que sur la terre de la Nouvelle-Zélande, et plusieurs pirogues très grandes s'avancèrent vers nous. Elles étaient remplies d'Indiens qui avaient meilleur air que tous ceux que nous avions vus auparavant: ils étaient tous vigoureux et bien faits; leurs cheveux noirs étaient attachés en touffes au sommet de la tête, et garnis de plumes blanches.

Dans chacune des pirogues il y avait deux ou trois chefs dont les vêtements étaient de la meilleure espèce d'étoffe, et recouverts de peau de chien, de manière qu'ils présentaient un coup d'œil agréable. La plupart

(1) Hen and Chickens. A. M.
(2) Poor Knights. A. M.

Et à chaque instant la mer se préparait à nous engloutir....

de ces Indiens étaient marqués d'amoco comme ceux qui étaient venus auparavant au côté du vaisseau. Leur manière de commercer était également frauduleuse; et, comme nous négligeâmes de les punir ou de les effrayer, un des officiers de poupe, qui avait été trompé, eut recours pour se venger à un expédient qui était à la fois cruel et comique: il prit une ligne de pêche, et, quand l'homme qui l'avait friponné eut approché sa pirogue très près du vaisseau, il jeta son plomb avec tant d'adresse, que l'hameçon saisit le voleur par le dos; il tira ensuite la ligne; mais l'Indien se cramponnant sur la pirogue, l'hameçon rompit à la tige, et la barbe resta dans la chair.

Le lendemain au matin, 27, à huit heures, nous étions à un mille d'un groupe d'îles qui gisent au-dessous et tout près de la grande terre, et notre distance du cap Bret était de vingt-deux milles au nord-ouest. Plusieurs pirogues s'approchèrent de nous et nous vendirent quelques poissons que nous appelons *cavalles:* c'est pour cette raison que j'ai donné le même nom aux îles. Ces Indiens étaient très insolents; ils nous faisaient souvent des menaces, même lorsqu'ils nous vendaient leur poisson; et, quand de nouvelles pirogues les eurent joints, ils se mirent à nous jeter des pierres. Nous tirâmes sur eux à petit plomb, et l'un des assaillants fut blessé pendant qu'il tenait à sa main une pierre qu'il se disposait à lancer dans le vaisseau. Ils ne cessèrent pourtant pas leur attaque jusqu'à ce que quelques autres eurent été blessés: ils s'en allèrent alors et nous portâmes au large.

Les vents contraires et les calmes nous retinrent plusieurs jours dans cette baie. Pendant ce temps nous continuâmes à communiquer avec les naturels du pays, sans trouble et sans brouillerie: ils venaient souvent autour du vaisseau, et nous débarquions fréquemment sur la grande terre et sur les îles. En mettant un jour à terre sur la côte de la Nouvelle-Zélande, un vieillard nous montra l'instrument dont ils se servent pour peindre des taches sur leur corps: cet instrument ressemblait en tout à celui que les Taïtiens emploient au même usage. Nous vîmes aussi l'homme qui avait été blessé lorsqu'il entreprit de voler notre bouée: la balle, après avoir percé la partie charnue de son bras, lui avait effleuré la poitrine; mais au moyen de la diète, le meilleur de tous les régimes, et laissant agir la nature, le meilleur des chirurgiens, l'Indien ne semblait ressentir ni douleur ni crainte sur les suites de sa plaie, qui était en bon état.

Nous trouvâmes dans leurs plantations le morus papyrifera, avec lequel ces peuples, ainsi que les Taïtiens, fabriquent des étoffes; mais cette plante semblait y être rare, et nous n'y vîmes aucun morceau d'étoffe assez considérable pour pouvoir servir à un autre usage qu'à celui d'orner leurs oreilles.

Kangourou.

Nous mîmes un jour à terre dans une partie très éloignée de la baie, et les Indiens prirent sur-le-champ la fuite, excepté un vieillard qui nous accompagna partout où nous allâmes, et qui parut fort satisfait des petits présents que nous lui fîmes. Nous arrivâmes enfin à un petit fort, bâti sur un rocher qui était environné par la mer à la marée haute, et où l'on ne pouvait monter que par une échelle. Nous aperçûmes lorsque nous en approchâmes, que le vieillard nous regardait avec inquiétude ; et quand nous lui fîmes entendre que nous avions envie d'y entrer, il nous dit que sa femme y était. Il vit bien que cette réponse ne diminuait pas notre curiosité, et après avoir hésité pendant quelque temps, il nous dit qu'il nous y accompagnerait, si nous promettions de ne commettre aucune indécence. Nous le lui promîmes de bon cœur, et à l'instant il monta le premier pour nous guider. L'échelle était composée de morceaux de bois attachés à une perche; mais il était difficile et dangereux de s'en servir. En entrant, nous trouvâmes trois femmes qui, au moment qu'elles nous aperçurent, eurent peur et fondirent en larmes. Quelques paroles amicales et des présents eurent bientôt dissipé leur terreur et ramené leur gaîté. Nous examinâmes la maison du vieillard, ainsi que deux autres, les seules qui se trouvassent dans la forteresse; et après avoir fait de nouveaux dons, nous nous séparâmes de ces bons Indiens, très contents les uns des autres.

Le 5 décembre, à quatre heures du matin, nous levâmes l'ancre avec une petite brise; la baie que nous quittions gît au côté ouest du cap Bret, et je la nommai la *baie des Iles*, à cause du grand nombre d'îles qui bordent ses côtes et qui forment plusieurs hâvres également sûrs et commodes, où il y a assez de place et de fond pour contenir toute une flotte. Celui dans lequel nous mouillâmes gît au côté sud-ouest de l'île la plus sud-ouest, appelée *Matuaro*, au côté sud-est de la baie. On y trouve un bon mouillage et des rafraîchissements de toute espèce. Ce n'était pas alors la saison des racines ; mais nous eûmes en abondance du poisson, que nous achetâmes cependant, pour la plupart, des naturels du pays; car nous ne pûmes en attraper que très peu au filet ou à la ligne. Quand nous montrâmes aux Indiens notre seine telle qu'en ont les vaisseaux du roi, ils s'en moquèrent en riant, et ils étalèrent en triomphe la leur, qui était véritablement d'une grandeur énorme et faite d'une espèce d'herbe très forte. Elle avait cinq brasses de profondeur, et à en juger par l'espace qu'elle occupait, elle n'avait pas moins de trois ou quatre cents brasses de long. La pêche semblait être la principale occupation de la vie dans cette partie du pays. Nous vîmes aux environs de toutes leurs bourgades un grand nombre de filets mis en tas comme des meules de foin et couverts d'herbes pour les garantir du mauvais temps; et dans presque toutes les maisons où nous entrâmes, nous aperçûmes quelques insulaires occupés à en fabriquer.

Traversée de la baie des Iles au canal de la Reine Charlotte, en tournant le cap Nord. Description de cette partie de la côte.

Le 7 décembre 1769, notre latitude était de 34° 59' sud, et notre longitude de 185° 36' ouest. Nous rangeâmes de près les îles Cavalles. Le lendemain je mis le cap vers la côte, dont nous étions éloignés d'environ cinq lieues. Le 9, nous étions assez près de la terre, à sept lieues à l'ouest des Cavalles, où nous trouvâmes une baie profonde, et la terre semblait y être basse et unie. Je donnai à cette baie le nom de *baie Douteuse:* l'entrée en est formée par deux pointes éloignées de cinq milles l'une de l'autre.

Pendant le calme, plusieurs pirogues s'avancèrent vers nous; mais les Indiens ayant entendu parler de nos canons, nous eûmes beaucoup de peine à les engager à venir sous notre poupe. Après avoir acheté quelques-unes de leurs étoffes ainsi que leur poisson, nous fîmes quelques demandes sur leur pays; et, à l'aide de Tupia, nous apprîmes qu'en naviguant trois jours sur leurs pirogues ils arrivaient à un endroit appelé *Moore-Whennua*, et que de là la terre tournait un peu au sud. Nous conclûmes que ce lieu était la terre découverte par Tasman, et appelée *cap Maria-Van-Diémen*.

Le 11, dès le grand matin, nous arrivâmes vers la terre à sept lieues à l'ouest de la baie Douteuse, dont le fond n'est pas fort éloigné du fond d'une autre grande baie que la côte forme en cet endroit: il n'en est séparé que par une langue de terre assez basse, qui fait une péninsule que j'ai appelée *pointe de la Jointure* (1). Vers le milieu de cette baie, à laquelle nous avons donné le nom de *baie de Sable* (2), il y a une haute montagne qui est sur une côte éloignée, et que j'ai nommée *mont du Chameau* (3). La latitude est de 34° 51' sud, et de 186° 50' de longitude. La terre, dans les environs, est extrêmement stérile, et, excepté le mont du Chameau, elle est très basse. Le sol ne semble être composé que d'un sable blanc, amassé en petites collines irrégulières, et formant des cordons étroits et parallèles à la côte. Quelque stérile que soit ce canton, il n'est pas sans habitants. Nous vîmes un village sur le côté oriental. Nous aperçûmes aussi cinq pirogues remplies d'Indiens qui ramèrent après le vaisseau, mais qui ne purent pas l'atteindre.

Le 16, nous découvrîmes une terre qui nous restait au sud-sud-ouest. Le 17, nous mîmes le cap sur cette terre, dont nous étions éloignés d'environ dix lieues. Je donnai à cette pointe de terre le nom de *cap Nord*, parce que c'est l'extrémité septentrionale de la Nouvelle-Zélande. Il gît au 34e degré 22' de latitude sud, et au 186e degré 54' de longitude ouest, et à 31 lieues au nord, 63° ouest du cap Bret. Il forme la pointe septentrionale de la baie de Sable, et c'est une péninsule qui s'avance ou nord-est, à environ deux milles, et qui se termine en mondrain aplati au sommet. L'isthme qui joint cette pointe à la grande terre est très bas; c'est pour cela que la terre du cap, aperçue de différents points de vue, a l'apparence d'une île. Elle est encore plus remarquable quand on la voit du sud: on croit découvrir une île élevée et ronde à la pointe sud-est du cap, mais c'est encore une illusion; car ce qui paraît une île est seulement une colline arrondie, jointe au cap par une langue de terre basse et étroite. Nous découvrîmes sur le cap un heppah ou village et un petit nombre d'habitants.

Nous continuâmes à louvoyer vers le nord-ouest jusqu'au 21 à midi, quand le cap Nord nous restait au sud-est, à trente-huit lieues. Notre situation ne varia que de peu de lieues jusqu'au 23: alors, vers les sept heures du soir, nous découvrîmes une terre qui nous restait au sud-quart-est. A onze heures du lendemain au matin, nous la revîmes une seconde fois nous restant au sud-sud-est, à huit lieues de distance. Nous mîmes alors le cap au sud-ouest, et à quatre heures nous avions au sud-est-quart-sud, à quatre lieues, cette terre, que nous reconnûmes être une petite île, avec d'autres îles ou rochers encore plus petits, gisant en travers de l'extrémité nord-est de la première, et découvert autrefois par Tasman, qui les appela les *Trois Rois*. La principale île est située au 34e degré 12' de latitude sud, et au 187e degré 48' de longitude ouest, et elle est éloignée du cap Nord de quatorze ou quinze lieues.

Le 1er janvier 1770, à six heures du matin, nous virâmes vent devant pour porter à l'est, les Trois-Rois nous restant au nord-ouest-quart-nord. Nous arrivâmes à midi, et mîmes le cap à l'ouest, étant au 34e degré 37' de latitude sud: les Trois-Rois nous restaient au nord-ouest quart-nord, à dix ou onze lieues, et le cap Maria-Van-Diémen au nord-est, à environ quatre lieues et demie.

A cinq heures du soir, ayant une brise fraîche de l'ouest, nous virâmes vent devant et portâmes au sud: le cap Nord nous restait alors au nord-est, et nous découvrions une pointe qui gît à trois lieues à l'ouest-quart-nord-ouest de ce cap.

Ce cap, ainsi que je l'ai déjà fait observer, est l'extrémité la plus septentrionale de ce pays et la pointe la plus orientale d'une péninsule qui se prolonge nord-ouest et nord-ouest-quart-nord, à dix-sept ou dix-huit lieues, et dont le cap Maria-Van-Diémen forme la pointe la plus occidentale. Le cap Maria gît au 34e degré 40' de latitude sud, et au 187e degré 8' de longitude ouest, et depuis cette pointe la terre court sud-est-quart-sud, et sud-est au-delà du mont du Chameau, et elle forme partout une côte stérile composée de bancs de sable blanc.

Le 4, nous étions à environ cinq lieues de la terre et en travers d'un endroit qui gît au 36e degré 25' de latitude, et qui avait l'apparence d'une baie ou d'un canal. Il nous restait à l'est; et, afin d'en apercevoir une plus grande étendue, nous continuâmes de gouverner sur la même direction jusqu'à onze heures, temps où n'en étions plus éloignés que de trois lieues. Nous découvrîmes alors que ce n'était ni un canal ni une baie, mais une étendue de terre basse, bordée de chaque côté par des terres plus hautes, ce qui produisait l'illusion. Nous étions au 36e degré 31' de latitude sud, et au 185e degré 50' de longitude ouest. Vers le 35e degré 45' de latitude sud, il y a, tout près de la mer, plusieurs monticules élevés au midi desquels la côte est encore haute, et présente l'aspect le plus désert et le plus stérile que l'on puisse imaginer. On n'y aperçoit rien que des collines de sable sans une tache de verdure, et une vaste mer, chassée par les vents d'ouest, y brisant en lames terribles, donne à cette côte un air sauvage et effrayant qui jette dans l'esprit des idées de danger et de solitude, et affecte l'âme des sentiments du malheur et de la mort. Depuis cet endroit je gouvernai au nord, déterminé de ne plus approcher à la même distance de la côte, à moins que le vent ne fût très favorable. J'augmentai de voiles, espérant le lendemain, à midi, me trouver fort avant au large, et nous parcourûmes cent deux milles au nord ouest: notre latitude était de 35° 10' sud.

Le 6, à la pointe du jour, nous découvrîmes au nord-nord est, à huit ou neuf lieues, une terre que nous jugeâmes être le cap Maria; l'après-midi du 7, elle nous restait à l'est. Nous continuâmes notre route au sud-est jusqu'à huit heures du soir, ayant parcouru sept lieues depuis le midi de la veille, avec un vent du nord-nord-est et du nord, et étant à trois ou quatre lieues de la terre qui semblait être basse et sablonneuse.

(1) Knuckle-Point. A. M.
(2) Sandy-Bay. A. M.
(3) Camel-Mount. A. M.

Le 10, à la pointe du jour, nous nous trouvâmes entre deux et trois lieues de la terre, qui, commençant à prendre une meilleure apparence, s'élevait en petites pentes et était couverte d'arbres et de verdure. Nous aperçûmes de la fumée en un endroit et un certain nombre de maisons, mais le canton parut être peu peuplé. A neuf heures nous étions en travers d'une pointe qui s'élève doucement de la mer jusqu'à une hauteur considérable. Je donnai le nom de *pointe Boisée* (1) à cette pointe qui gît au 37e degré 43' de latitude. A onze milles au sud-ouest de cette même pointe, il y a une très petite île sur laquelle nous vîmes un grand nombre de mouettes, et que j'appelai pour cela *île des Mouettes* (2). A midi une pointe élevée et escarpée nous restait à l'est-nord-est, à environ une lieue et demie, et je la nommai *pointe Albatros:* elle gît au 38e degré 40' latitude sud, et au 184e degré 42' de longitude ouest. La terre la plus méridionale qui fût en vue était une très haute montagne fort ressemblante au pic de Ténériffe.

Le 13, nous découvrîmes pendant quelques minutes le sommet d'un pic qui s'élevait au-dessus des nuées, et qui était couvert de neige : il nous restait alors au nord-est. Il gît au 39e degré 6' de latitude sud, et au 185e degré 15' de longitude ouest, et je l'appelai *mont Egmont* , en l'honneur du comte de ce nom. Il paraît avoir une base fort large, et s'élever par degrés : il avoisine la mer. Le pays qui l'environne est plat et d'un aspect agréable. Il est aisé de le reconnaître à la verdure et au bois dont il est couvert, et la côte au-dessous forme un grand cap que j'ai nommé *cap Egmont*. Il gît au sud-sud-ouest-demi-ouest, à vingt-sept lieues de la pointe Albatros, et sur son côté septentrional il y a deux petites îles situées près d'une pointe remarquable qui est sur la grande terre, et qui s'élève à une hauteur considérable, en forme de pain de sucre. Au sud du cap la terre paraît former partout une côte escarpée.

Séjour dans le canal de la Reine Charlotte. Passage à travers le détroit qui sépare les deux îles, et retour au cap Turnagain. Horrible coutume des habitants. Mélodie remarquable des oiseaux. Visite faite à un heppah, et plusieurs autres particularités.

Lorsque nous allâmes à terre, les Indiens étaient occupés à apprêter leurs aliments, et ils faisaient cuire alors un chien dans leur four : il y avait près de là plusieurs paniers de provisions. En jetant par hasard les yeux sur un de ces paniers, à mesure que nous passions, nous aperçûmes deux os entièrement rongés, qui ne nous parurent pas être des os de chien, et que nous reconnûmes pour des os humains après les avoir examinés de plus près. Ce spectacle nous frappa d'horreur, quoiqu'il ne fît que confirmer ce que nous avions ouï dire plusieurs fois depuis notre arrivée sur la côte. Comme il était sûr que c'étaient véritablement des os humains, il ne nous fut pas possible de douter que la chair qui les couvrait n'eût été mangée. On les avait trouvés dans un panier de provisions. la chair qui restait semblait manifestement avoir été apprêtée au feu, et l'on voyait, sur les cartilages, les marques des dents qui y avaient mordu. Cependant, pour confirmer des conjectures que tout rendait si vraisemblables, nous chargeâmes Tupia de demander ce que c'était que ces os, et les Indiens répondirent, sans hésiter en aucune manière, que c'étaient des os d'homme. On leur demanda ensuite ce qu'était devenue la chair, et ils répliquèrent qu'ils l'avaient mangée. « Mais, dit Tupia, pourquoi n'avez-vous pas mangé le corps de la femme que nous avons vu flotter sur l'eau ? Cette femme, répondirent-ils, est morte de maladie; d'ailleurs elle était notre parente, et nous ne mangeons que les corps de nos ennemis qui sont tués dans une bataille. » En nous informant qui était l'homme dont nous avions trouvé les os, ils nous dirent qu'environ cinq jours auparavant une pirogue. montée par sept de leurs ennemis, était venue dans la baie, et que cet homme était un des sept qu'ils avaient tués.

Nous vîmes une femme dont les bras, les jambes et les cuisses avaient été déchirés en plusieurs endroits d'une manière effrayante. On nous dit qu'elle s'était fait elle-même ces blessures, comme un témoignage de la douleur que lui causait la mort de son mari, tué et mangé depuis peu par d'autres habitants qui étaient venus les attaquer d'un canton de l'île. situé à l'est, et que nos Indiens montraient avec le doigt.

Le vaisseau mouillait à un peu moins d'un quart de mille de la côte, et le matin du 17 nous fûmes éveillés par le chant des oiseaux : leur nombre était incroyable, et ils semblaient se disputer à qui ferait entendre les sons les plus agréables. Cette mélodie sauvage était infiniment supérieure à toutes celles de même espèce que nous avions entendues jusqu'alors : elle ressemblait à celle que produiraient de petites cloches parfaitement d'accord, et peut être que la distance et l'eau qui se trouvaient entre nous et le lieu du concert ajoutaient à l'agrément de leur ramage. En faisant quelques recherches, nous apprîmes que dans ce pays les oiseaux commencent toujours à chanter à environ deux heures après minuit, qu'ils continuent leur musique jusqu'au lever du soleil, et qu'ils demeurent en silence pendant le reste du jour, comme nos rossignols. Parmi les naturels que nous vîmes se trouva le vieillard qui vint à bord de notre vaisseau. Tupia le questionna sur l'usage de manger la chair humaine, et les Indiens répétèrent ce qu'ils nous avaient déjà dit : « Mais, ajouta Tupia, où sont les têtes? les mangez-vous aussi? — Nous ne mangeons que la cervelle, répondit le vieillard, et demain je vous apporterai quelques têtes pour vous convaincre que nous vous avons dit la vérité. » Après avoir conversé quelque temps avec notre Taïtien, ils lui dirent qu'ils s'attendaient à voir dans peu arriver leurs ennemis, pour venger la mort des sept qui avaient été tués et mangés (1).

Le 18, nous nous embarquâmes dans la pinasse pour examiner la baie, qui était d'une vaste étendue et composée d'une infinité de petits hâvres et d'anses dans toutes les directions. Nous bornâmes notre excursion au côté occidental, et comme le canton où nous débarquâmes était couvert d'une forêt impénétrable, nous ne pûmes rien voir de remarquable. Nous tuâmes cependant un grand nombre de cormorans, que nous vîmes perchés sur leurs nids dans les arbres, et qui, étant rôtis ou cuits à l'étuvée, nous donnèrent un excellent mets. En nous en revenant, nous aperçûmes un seul Indien dans une pirogue ; nous ramâmes vers lui, et, à notre grande surprise, il ne fit pas la moindre attention à nous; lors même que nous fûmes près de lui, il continua son occupation, s'embarrassant aussi peu de nous que si nous eussions été invisibles : il ne paraissait cependant ni stupide ni de mauvaise humeur. Nous le priâmes de tirer son filet hors de l'eau, afin que

(1) Woody-Point. A. M.

(2) Gall-Island, A. M.

(1) Les missionnaires, qui sont parvenus à s'installer sur quelques points de la côte de la Nouvelle-Zélande, ont depuis quelque temps réussi à obtenir des naturels l'abolition partielle de cette coutume barbare. En effet, suivant le voyageur américain Morell, revenu en 1831 de son voyage autour du monde, les Nouveaux-Zélandais d'Tahino'mave, qui massacrèrent et dévorèrent l'équipage du capitaine Marion et le capitaine lui-même, et qui, en 1809, en firent autant de l'équipage du navire anglais Boyd , sont devenus aujourd'hui bons et humains, ont appris à lire et à écrire en anglais et dans leur propre langue, à laquelle les missionnaires ont appliqué un système grammatical. Déjà il existe un commerce d'échange entre les naturels de cette île et les établissements anglais de la terre de Van-Diémen et de la Nouvelle-Galles du Sud. Il faut espérer qu'à mesure que la civilisation pénétrera dans ces contrées, l'anthropophagie et d'autres coutumes atroces en disparaîtront. A. M.

nous pussions l'examiner, et il fit sur-le-champ ce que nous demandions : ce filet était de forme circulaire, étendu par deux cerceaux, et il avait sept ou huit pieds de diamètre. Le haut en était ouvert, et au fond étaient attachées des oreilles de mer pour servir d'appât. Il faisait tomber ce fond dans la mer, comme s'il l'eût étendu à terre, et quand il croyait avoir attiré assez de poissons, il tirait doucement son filet jusqu'à ce qu'il fût près de la surface de l'eau, de manière que les poissons étaient soulevés sans s'en apercevoir; et alors il donnait tout-à-coup une secousse qui les enveloppait dans le filet : par cette méthode très simple, il avait pris une grande quantité de poissons. Il est vrai qu'ils sont si abondants dans cette baie que la pêche n'y exige ni beaucoup de travail, ni beaucoup d'adresse.

Ce jour-là même, quelques-uns de nos gens trouvèrent aux bords du bois, près d'un creux ou four, trois os de hanches d'hommes qu'ils rapportèrent à bord : nouvelle preuve que ces peuples mangent la chair humaine. M. Monkhouse, notre chirurgien, rapporta aussi, d'un endroit où il avait vu plusieurs maisons désertes, les cheveux d'un homme, qu'il avait trouvés parmi plusieurs autres choses suspendues à des branches d'arbres.

Le 19, quelques Indiens vinrent près de nous, d'une autre partie de la baie, où ils dirent qu'il y avait un bourg que nous n'avions pas vu. Ils apportaient une grande quantité de poissons qu'ils nous vendirent pour des clous, dont ils avaient alors appris à se servir, et, dans ces échanges, ils ne commirent aucune fraude.

Notre vieillard tint sa promesse, le 2 au matin, et nous apporta à bord quatre des sept têtes d'hommes dont nous avons déjà parlé. Les cheveux et la chair y étaient encore en entier, mais nous remarquâmes qu'on en avait tiré la cervelle. La chair était molle et on l'avait préservée de la putréfaction en employant quelque expédient, car elle n'avait point d'odeur désagréable. M. Banks acheta une de ces têtes, mais le vieillard la lui vendit avec beaucoup de répugnance, et nous ne pûmes pas venir à bout de l'engager à nous en céder une seconde : ces peuples les conservent probablement comme des trophées, ainsi que les Américains montrent en triomphe les chevelures, et les insulaires des mers du Sud, les mâchoires de leurs ennemis. En examinant la tête qu'acheta M. Banks, nous remarquâmes qu'elle avait reçu sur les tempes un coup qui avait fracturé le crâne.

Le 22, dans une excursion, je vis la mer sur le côté oriental du pays, et, un peu à l'est de l'entrée du canal où mouillait le vaisseau, un passage qui conduisait au côté de l'ouest. La grande terre qui gît sur le côté oriental de ce golfe semblait être un chemin étroit de collines très hautes, et faire partie du côté sud-ouest du détroit; sur le côté opposé, elle paraissait courir à l'est aussi loin que pouvait s'étendre la vue ; et au sud-est, il y avait l'apparence d'une ouverture à la mer qui lavait la côte orientale : à l'est du canal, j'aperçus aussi quelques îles que j'avais prises auparavant pour une partie de la grande terre.

Après avoir fait cette découverte, je descendis la colline, et ayant pris quelques rafraîchissements, nous retournâmes au vaisseau. Dans notre route, nous examinâmes les hâvres et les anses situés derrière les les que j'avais découvertes de la colline, et nous rencontrâmes un village composé de plusieurs maisons qui nous parurent abandonnées depuis longtemps. Nous vîmes aussi un autre village inhabité; mais le jour étant trop avancé pour pouvoir le visiter, nous nous hâtâmes de regagner le vaisseau, où nous arrivâmes entre huit et neuf heures du soir.

J'employai la journée du 23 à examiner les environs, et sur une des îles où je débarquai, je vis plusieurs maisons qui paraissaient également désertes depuis longtemps, et je n'aperçus aucune trace d'habitants.

Le 24, nous allâmes visiter dans le *heppah* ou village bâti sur la pointe de l'île, près du lieu de notre mouillage, ceux qui nous étaient venus voir lors de notre arrivée dans la baie. Ils nous reçurent avec toute la confiance et la civilité possibles, et nous montrèrent toutes les parties de leurs habitations, qui étaient propres et commodes. L'île ou rocher sur lequel ce bourg est situé est séparé de la grande terre par une brèche ou fissure si étroite qu'un homme pourrait presque sauter d'un bord à l'autre. Les côtés en sont si escarpés, que toute fortification artificielle y est presque inutile ; on y avait cependant élevé une légère palissade et une petite plate-forme vers la partie du rocher où l'accès était le moins difficile.

Les Indiens nous apportèrent plusieurs os humains dont ils avaient mangé la chair, et qu'ils offrirent de nous vendre ; car ces os étaient devenus un article de commerce par la curiosité de ceux d'entre nous qui en avaient acheté, comme des preuves de l'abominable usage que plusieurs personnes ont refusé de croire, malgré le rapport des voyageurs. Nous remarquâmes avec surprise, dans une partie de ce village, une croix exactement semblable à celle d'un crucifix. Elle était ornée de plumes, et quand nous demandâmes pourquoi elle avait été dressée, on nous dit que c'était un monument élevé à un homme qui était mort. Ils nous avaient dit auparavant qu'ils n'enterraient pas leurs morts, et qu'ils les jetaient dans la mer; mais lorsque nous demandâmes ce qu'était devenu le cadavre de cet Indien, en mémoire duquel on avait érigé cette croix, ils ne voulurent pas nous répondre.

Quand nous quittâmes ces insulaires, nous allâmes à l'autre extrémité de l'île, et, après y avoir pris de l'eau, nous nous rendîmes de là sur la grande terre où nous vîmes plusieurs maisons, mais sans habitants, si l'on en excepte un petit nombre qui étaient sur quelques pirogues dispersées, et qui semblaient pêcher. Dès que nous eûmes examiné ce canton, nous retournâmes dîner au vaisseau.

Le 25, en débarquant sur la côte d'une petite anse pour tuer des cormorans, nous rencontrâmes une grande famille de ces Indiens qui ont coutume de se disperser parmi les différentes criques et baies, où ils peuvent se procurer une plus grande quantité de poissons, et qui ne laissent qu'un petit nombre de leurs camarades dans le heppah, où ils se réfugient tous en temps de danger. Quelques-uns de ces naturels firent un chemin assez considérable pour venir à notre rencontre, et ils nous invitèrent à aller avec eux vers leurs compagnons; ce à quoi nous consentîmes de bon cœur. Nous trouvâmes qu'ils étaient au nombre d'environ trente hommes, femmes et enfants, qui nous reçurent tous avec toutes les démonstrations possibles d'amitié. Nous leur distribuâmes quelques rubans et des verroteries, et en retour ils nous embrassèrent, jeunes et vieux, hommes et femmes; ils nous donnèrent aussi des poissons, et, après avoir passé quelque temps avec eux, nous retournâmes au vaisseau, charmés de notre nouvelle connaissance.

Le 26, après avoir débarqué à un endroit convenable, nous gravîmes sur une colline très haute, du sommet de laquelle nous aperçûmes distinctement tout le détroit, ainsi que la terre sur la côte opposée que nous jugeâmes être à environ quatre lieues. Je résolus de chercher un passage avec le vaisseau dès que nous remettrions en mer. Nous trouvâmes au haut de cette colline un tas de pierres avec lesquelles nous construisîmes une pyramide, où nous laissâmes quelques balles de fusil, du petit plomb, des verroteries et d'autres choses propres à résister aux injures du temps.

Nous allâmes au bourg dont nous avaient parlé les Indiens qui vinrent nous voir le 19. Ce bourg, ainsi que les autres que nous avions vus auparavant, était bâti sur une petite île ou rocher d'un accès si difficile que nous courûmes des dangers pour satisfaire notre curiosité. Ces Indiens nous reçurent à bras ouverts ; ils nous conduisirent dans tous les endroits de ce village, et ils nous montrèrent tout ce qu'il contenait. Il était composé de quatre-vingts à cent maisons, et n'avait qu'une plate-forme de guerre. Nous donnâmes à nos hôtes quelques clous, des rubans et du papier : ce qui leur fit tant de plaisir que, lors de notre départ, ils remplirent notre bateau de poissons secs, dont nous nous aperçûmes qu'ils avaient rassemblé de grandes quantités.

Le 30, dès le grand matin, j'envoyai un bateau à l'une des îles pour chercher du céleri ; et pendant que nos gens en cueillirent, une vingtaine d'Indiens, hommes, femmes et enfants, débarquèrent près de quelques huttes désertes. Dès qu'ils furent sur la côte, cinq ou six femmes s'assirent ensemble à terre et se mirent à se faire des blessures effrayantes sur les jambes, les bras et le visage, avec des coquilles et des morceaux pointus de talc ou de jaspe. Nous imaginâmes que leurs maris avaient été tués depuis par leurs ennemis. Pendant qu'elles faisaient cette horrible cérémonie, les hommes, sans y faire la moindre attention, et sans être touchés en aucune manière de leur état, travaillaient à réparer les huttes.

Le charpentier ayant préparé deux poteaux, qu'on devait placer comme des monuments de notre arrivée dans cet endroit, j'y fis mettre le nom du vaisseau et la date de l'année et du mois de notre débarquement. L'un d'eux fut dressé au lieu de l'aiguade ; on arbora au sommet le pavillon d'union, et je fis porter l'autre sur l'île la plus voisine, qui est appelée *Motuara* par les naturels du pays.

Je plaçai le poteau sur la partie la plus élevée de l'île, et j'y arborai ensuite le pavillon d'union. Je donnai à ce canal le nom de *canal de la Reine Charlotte*, et je pris en même temps une possession formelle de ce pays, ainsi que des environs, au nom et pour le service du roi George III. Nous bûmes alors une bouteille de vin au nom de Sa Majesté, et nous donnâmes la bouteille au vieillard qui nous avait accompagnés sur la colline, et qui fut enchanté de ce présent.

Pendant qu'on dressait le poteau, nous fîmes au vieillard des questions sur le passage dans la mer orientale, et il nous en confirma l'existence : nous lui en fîmes ensuite d'autres sur la terre au sud-ouest du détroit où nous étions alors. Cette terre, répondit-il, est composée de whennuas ou îles, dont on peut faire le tour en peu de jours, et on l'appelle *Tovy Poemammou :* ce mot, traduit littéralement, signifie *eau de talc vert;* et probablement, si nous avions mieux entendu ce qu'il disait, nous aurions reconnu que *Poemammou* n'était pas le nom général de tout le district du sud, mais un mot qui désignait quelque endroit particulier, où ils rassemblent le talc vert ou la pierre dont ils font leurs ornements et leurs outils. Il ajouta qu'il y avait aussi un troisième whennua, qu'il appelait *Eaheinomauwe*, sur le côté est du détroit, dont on ne peut faire le tour que dans plusieurs lunes, et il donnait le nom de *Tierra Witte* à la terre qui bordait le détroit. Lorsque nous eûmes dressé notre poteau et appris cette particularité, nous retournâmes à bord du vaisseau, et nous emmenâmes avec nous le vieillard, qui était suivi de sa pirogue, sur laquelle il s'en retourna après dîner.

Le 5 septembre 1770, nous appareillâmes ; mais, le vent tombant, nous fûmes obligés de mouiller de nouveau un peu au-dessous de Motuara.

Le 6, sur les six heures du matin, une brise légère s'éleva au nord, et nous remîmes à la voile : mais le vent étant variable, nous ne gagnâmes qu'un peu au-delà du travers de Motuara. L'après-midi cependant, un vent plus fort du nord-ouest nous porta hors du canal que je vais décrire.

L'entrée du canal de la Reine Charlotte gît au 41e degré de latitude sud, et au 184e degré 45' de longitude ouest, et à peu près au milieu du côté sud-ouest du détroit où il est situé. La terre de la pointe sud-est du canal, appelée par les naturels du pays *Koamaroo*, et à la hauteur de laquelle il y a deux petites îles et quelques rochers, forme la pointe la plus étroite du détroit. De la pointe nord-ouest, un récif de rochers, dont une partie est au-dessus de l'eau et l'autre au-dessous, se prolonge à environ deux milles dans la direction du nord-est-quart-nord : ces pointes suffisent pour faire reconnaître le canal. A l'entrée il a trois lieues de large ; il court sud-ouest dans un espace d'au moins dix lieues, et il contient quelques-uns des plus beaux hâvres qu'il soit possible de trouver. La terre qui fait le hâvre ou l'anse dans laquelle nous mouillâmes est appelée *Totarranue* par les Indiens : le hâvre lui-même, que j'ai nommé *Ship-Cove*, c'est-à-dire *anse du Vaisseau*, n'est inférieur, pour la commodité ou la sûreté, à aucun autre du canal ; il gît sur le côté ouest du canal ; et c'est la plus méridionale des trois anses qui soient en dedans de l'île de Motuara, qui est à l'est relativement à l'anse. On peut entrer dans l'anse du Vaisseau, ou entre Motuara et une île longue appelée *Hamote* par les naturels du pays, ou entre Motuara et la côte occidentale. Le flot vient à travers le détroit du sud-est, et porte avec force sur la pointe nord-ouest et sur le récif qui gît en son travers. Le jusant court avec une rapidité encore plus grande au sud-est.

Dans les environs de ce canal, la terre, qui est si élevée que nous l'aperçûmes à la distance de vingt lieues, est composée entièrement de hautes collines et de vallées profondes, couvertes d'un grand nombre d'excellents bois, propre pour toutes sortes d'ouvrages, excepté des mâts, car ils sont trop durs et trop pesants pour cela. La mer abonde en poissons de toute espèce, de sorte que, sans sortir de l'anse où nous mouillâmes, nous en prîmes chaque jour à la seine, à l'hameçon et à la ligne, assez pour en servir à tout l'équipage ; et le long de la côte nous trouvâmes une grande quantité de cormorans et quelques autres oiseaux sauvages, que la longue habitude où nous étions de vivre de provisions salées nous fit trouver excellents.

Le nombre des habitants surpassait à peine quatre cents. Ils vivent dispersés le long des côtes dans les endroits où ils peuvent se procurer plus facilement du poisson et de la racine de fougère dont ils font leur nourriture, car nous ne vîmes point de terrain cultivé. Lorsqu'ils sont menacés de quelque danger, ils se retirent dans leurs heppahs ou forts. Nous les trouvâmes d'abord dans cette situation et ils y restèrent encore quelque temps après notre arrivée. Ils sont pauvres en comparaison des autres Indiens de ce pays, et leurs pirogues sont sans ornements. Le peu de trafic que nous fîmes avec eux consista entièrement en poissons, et véritablement ils n'avaient guère autre chose qu'ils pussent nous vendre. Ils semblaient cependant avoir quelque connaissance du fer, connaissance que n'avaient par les habitants des autres pays, car ils changèrent volontiers leurs poissons contre des clous, et même ils semblèrent quelquefois les préférer à toutes les autres choses que nous pouvions leur donner ; ce qui n'était pas toujours arrivé chez les autres. Ils aimèrent d'abord passionnément le papier, mais quand ils virent qu'il se gâtait s'il venait à se mouiller, ils ne voulurent plus le prendre. Ils ne paraissaient pas attacher beaucoup de valeur à l'étoffe de Taïti, mais ils estimaient fort le gros drap d'Angleterre, et le kersey rouge ; ce qui prouve qu'ils avaient assez de bon sens pour apprécier les marchandises que nous leur offrions, éloge qu'on ne peut pas faire de quelques-uns de leurs voisins qui avaient d'ailleurs meilleure mine. Nous avons déjà parlé de leur habillement et surtout de leur coiffure de plumes qui leur seyait assez bien.

Dès que nous eûmes débouqué le canal, je mis le cap à l'est, afin d'être avancé dans le détroit avant l'arrivée du jusant. A sept heures du soir, les deux petites îles qui gisent à la hauteur du cap Koamaroo, pointe sud-est du canal de la Reine Charlotte, nous restaient à l'est à environ quatre milles. Nous avions presque calme alors ; mais, à l'aide du jusant qui commença bientôt, nous fûmes portés dans peu de temps, par la rapidité du courant, tout près d'une des îles, qui était un rocher s'élevant presque perpendiculairement de la mer. Nous profitâmes du jusant, et en peu de temps nous fûmes entraînés à travers la partie la plus étroite du détroit : nous mîmes ensuite le cap vers la terre la plus méridionale qui était en vue. On voyait paraître sur cette terre une montagne d'une hauteur prodigieuse et couve te de neige.

La partie la plus étroite du détroit, à travers laquelle nous avions été poussés avec tant de rapidité, gît entre le cap Tiérawitte, sur la côte d'Eaheinomauwe, et le cap Koamaroo. Je jugeai que la distance entre les deux caps est de quatre ou cinq lieues.

Environ neuf lieues au nord du cap Tiérawitte, et au-dessous de la même côte, il y a une île élevée et remarquable, qu'on peut apercevoir distinctement depuis le canal de la Reine Charlotte, dont elle est éloignée de six ou sept lieues. J'ai appelé *île de l'Entrée* (*Entry-Island*) cette île que nous reconnûmes lorsque nous la dépassâmes le 14 janvier.

Sur le côté oriental du cap Tiérawitte, la terre court sud-est l'espace d'environ huit lieues : elle se termine en pointe, et c'est la portion la plus méridionale qui soit sur Eaheinomauwe. Je donnai à cette pointe le nom de *cap Palliser*, en honneur de mon digne ami le capitaine Palliser. Il gît au 41e degré 34' de latitude sud, et au 183e degré 58' de longitude ouest. Nous nous trouvions à environ trois lieues de la côte, et en travers d'une baie profonde, que je nommai *bay Cloudy*, c'est-à-dire *baie Nébuleuse*, et au fond de laquelle paraissait une terre basse et couverte de grands arbres.

A trois heures de l'après-midi nous étions vis-à-vis de la pointe la plus méridionale de la terre que nous avions vue à midi, et que j'appelai *cap Campbell*. Il gît au sud-quart-sud-ouest, à douze ou treize lieues du cap Koamaroo, au 41e degré 44' de latitude sud, et au 183e 45' de longitude ouest, et il forme l'entrée méridionale du détroit avec le cap Palliser, dont il est éloigné de treize à quatorze lieues.

Le 8, à neuf heures du matin, nous étions en travers du cap Palliser, et nous trouvâmes que la terre courait nord-est vers le cap Turnagain, que je jugeai être éloigné d'environ vingt-six lieues : cependant, comme le temps était brumeux et que nous ne pouvions pas apercevoir au-delà de quatre ou cinq lieues, je continuai toujours à porter au nord-est avec une brise légère du sud ; et, à midi, le cap Palliser nous restait nord-ouest à la distance de trois lieues.

Route depuis le cap Turnagain en allant vers le sud, le long de la côte orientale de Poemammoo, autour du cap Sud, et en retournant à l'entrée occidentale du détroit de Cook, ce qui complète la circumnavigation de la Nouvelle-Zélande. Description de la côte et de la baie de l'Amirauté. Départ de la Nouvelle-Zélande, et diverses particularités.

Le 9 février 1770, à quatre heures après midi, nous virâmes de bord pour porter au sud-ouest, et nous continuâmes à faire voile vers le sud, jusqu'au coucher du soleil, le 11, quand une brise fraîche du nord-est nous rechassa le long du cap Palliser. Entre ce cap et le cap Turnagain, la terre près de la côte est en plusieurs endroits basse et plate, couverte de verdure et d'un aspect agréable ; mais à une plus grande distance de la mer, elle s'élève en collines. La terre située entre le cap Palliser et le cap Tiérawitte est haute et se termine en pointe ; il nous parut aussi qu'elle y forme deux baies ; mais nous étions trop éloignés de cette partie de la côte pour juger exactement des apparences.

Le 14, à huit heures du matin, nous n'avions parcouru que vingt-une lieues sud-ouest, depuis le midi de la veille, et nous eûmes calme. Nous étions alors en travers de la montagne de neige, qui n'est pas éloignée du cap Campbell ; et du cap Koamaroo, ainsi que du cap Palliser, on voit clairement et la montagne de neige et cette chaîne. Elles sont éloignées du cap Koamaroo de vingt-deux lieues au sud-sud-ouest, et de trente lieues à l'ouest-sud ouest du cap Palliser ; elles sont assez hautes pour être aperçues à une beaucoup plus grande distance. Le même jour, à midi, nous étions au 42e degré 34' de latitude sud. La terre la plus méridionale que nous vissions nous restait au sud-ouest, et nous avions au nord-nord-ouest, à environ cinq ou six lieues, une terre basse qui semblait être une île, et qui est située sous le pied de la chaîne de montagnes.

Quand les Indiens approchèrent de notre vaisseau pour la première fois, les uns s'étaient tenus éloignés par un sentiment mêlé de crainte et d'étonnement ; les autres s'étaient annoncés par des actes d'hostilité, en nous lançant des pierres ; l'Indien que nous avions trouvé seul dans un bateau, occupé à pêcher, parut nous regarder comme indignes de son attention, et d'autres, presque sans y être invités, étaient venus à bord avec l'air de la plus grande confiance et de l'amitié. D'après la conduite de ces derniers qui nous étaient venus rendre visite, je donnai le nom de *Lookers-on*, c'est-à-dire *Spectateurs* à la terre d'où ils étaient partis, et qui, ainsi que je l'ai déjà fait observer, avait l'apparence d'une île.

Le 16, à la pointe du jour, nous découvrîmes une terre qui semblait détachée de la côte sur laquelle nous étions ; nous gouvernâmes dessus. A midi nous étions au 43e degré 19' de latitude sud, et le pic de la montagne de neige nous restait au nord est, à vingt-sept lieues. Nous avions à l'ouest l'extrémité occidentale de la terre que nous pouvions apercevoir, et la terre que nous avions découverte le matin semblait une île.

Cette île, à laquelle je donnai le nom de M. Banks, gît à environ cinq lieues de la côte de Tovy-Poemammou ; la pointe méridionale est au sud-ouest du pic le plus élevé de la montagne de neige ; elle est située au 43e degré 32' de latitude sud, et au 186e degré 30' de longitude ouest. Elle est d'une forme circulaire, et a environ vingt-quatre lieues de tour ; sa hauteur est assez considérable pour qu'on puisse l'apercevoir à douze ou quinze lieues de distance. Sa surface est irrégulière et brisée ; elle paraît être plutôt stérile que féconde : cependant elle était habitée, car nous vîmes de la fumée dans un endroit et quelques naturels du pays répandus çà et là dans un autre.

A midi nous étions au 44e degré 7' de latitude sud, et nous avions au nord, à la distance de cinq lieues, la pointe médionale de l'île de Banks. Vers les sept heures du soir nous avions parcouru vingt-huit milles, et ne voyant d'autre terre que celle que nous avions laissée par derrière, nous portâmes au sud ouest, et nous suivîmes cette route jusqu'au lendemain à midi, quand nous nous trouvâmes au 45e degré 16' de latitude, la pointe méridionale de l'île de Banks nous restant au nord-ouest, à vingt-huit lieues. Comme nous n'apercevions encore aucun signe de terre au sud, et que je crus, d'après le récit des Indiens qui habitent le canal de la Reine Charlotte, que nous avions porté assez loin dans cette direction pour doubler toutes les terres que nous avions laissées par derrière, je gouvernai à l'ouest.

Le 23, à midi, notre latitude était de 44° 38' sud, et notre longitude de l'île de Banks, 1° 31' ouest. Toute la nuit nous longeâmes la côte.

Le 24, nous vîmes la terre s'étendre jusqu'au sud-ouest. Nous étions au 45e degré 22' de latitude sud : et la terre parut grossièrement entrecoupée de collines et de vallées. Nous gouvernâmes sud-sud ouest et sud-ouest avec un vent frais du nord, en tenant le cap vers la terre.

Le 25, dès le grand matin, nous fîmes voile. La pointe de terre au sud nous restait au nord à trois lieues, et nous trouvâmes que la terre s'étendait au sud-ouest de cette pointe, à laquelle j'ai donné le nom de cap *Saunders*, en l'honneur de sir Charles Saunders. Notre latitude était de 45° 35' sud, et notre longitude de 189° 4' ouest.

Le 1er mars, nous étions au 48e degré de latitude sud, et au 188e degré de longitude ouest : et, ne voyant aucune apparence de terre, nous virâmes de bord et mîmes le cap au nord, avec de grosses lames du sud-ouest. Le lendemain, 2, à midi, notre latitude était de 46° 42' sud, et le cap Saunders nous restait au nord-ouest, à la distance de quatre-vingt-six milles.

Le 6, à midi, nous étions à peu près dans la même situation que le midi de la veille. Le 7, à midi, nous étions au 47e degré 6' de latitude sud, et nous avions fait douze milles à l'est pendant les vingt-quatre dernières heures. Nous portâmes à l'ouest le reste du jour, et le lendemain jusqu'au coucher du soleil; alors les deux terres nous restaient du nord-est à l'ouest à la distance d'environ sept ou huit lieues. Le 9, nous découvrîmes à notre avant une bande de rochers, sur lesquels la mer brisait à une hauteur considérable; le vent nous mit en état de dépasser tous ces rochers.

A environ trois lieues au nord de ce premier banc, il y en a un autre qu'on rencontre à trois lieues de la côte, et sur lequel la mer brise avec une houle furieuse. Je donnai à ces rochers le nom de *traps*, c'est-à-dire *piéges*, à cause de leur situation très propre à surprendre les navigateurs peu attentifs. Le 9, à midi, nous étions au 47e degré 26' de latitude sud. La terre que nous voyions, et qui avait l'apparence d'une île, s'étendait du nord-est au nord-ouest, et semblait être éloignée de la grande terre d'environ cinq lieues. Cette terre est élevée et stérile : nous n'y vîmes que quelques arbrisseaux répandus çà et là, et pas un seul arbre. Elle était cependant remarquable par un grand nombre de taches blanches, que je pris pour du marbre, parce qu'elles réfléchissaient les rayons du soleil. Nous avions observé d'autres taches de même espèce en différentes parties de ce pays, et en particulier dans la baie de Mercure. Nous continuâmes à porter à l'ouest en serrant le vent. Je donnai le nom de *cap Sud* à la pointe qui gît au 47e degré 19' de latitude sud, et au 192e degré 12' de longitude ouest. La terre la plus occidentale se trouva être une île située à la hauteur de la pointe de la principale de ces terres.

Nous virâmes de bord pour porter au nord, sans apercevoir de terre. Notre latitude était de 47° 33' sud, et notre longitude de 59° à l'ouest du cap Sud. Nous gouvernâmes au nord-nord-est, en serrant le vent, ne voyant toujours point de terre jusqu'à deux heures du lendemain au matin, 11, lorsque nous découvrîmes une île qui nous restait au nord-ouest, à la distance d'environ cinq lieues. Environ deux heures après nous vîmes une terre à l'avant, sur quoi nous virâmes et portâmes au large jusqu'à six heures, après quoi nous courûmes sur la terre pour l'examiner de plus près. A onze heures nous n'en étions plus qu'à trois lieues; mais, le vent paraissant tourner sur la côte, je revirai pour reprendre le large et porter au sud. Nous avions navigué jusqu'alors autour de la terre que nous avions découverte le 5, et qui ne nous paraissait pas être jointe à la Nouvelle-Zélande, qu'elle a au nord. Nous trouvant d'ailleurs de l'autre côté de ce que nous avions supposé être la mer, une baie ou une terre basse, la situation des lieux offrait la même apparence; mais, quand je me mis à en tracer le plan sur le papier, je ne trouvai aucune raison de supposer que ce fût une île; je pensai, au contraire, qu'elle faisait partie de la grande terre. A midi l'extrémité occidentale de la grande terre nous restait au nord-ouest, et nous avions au sud-ouest, à peu près à cinq lieues de distance, l'île que nous avions aperçue le matin. Elle gît au 46e degré 91' de latitude sud, et au 192e degré 49' de longitude ouest. Ce n'est qu'un rocher stérile d'environ un mille de circuit, d'une hauteur remarquable, et situé à cinq lieues de la grande terre. Je l'appelai *île de Solander*, du nom de notre savant naturaliste. La côte de la grande terre court à l'est-sud-est et ouest-nord-ouest de cette île, et forme une large baie ouverte, où il ne nous parut pas qu'il y eût aucun hâvre ou abri pour les vaisseaux contre les vents du sud-ouest et du sud.

La surface du pays est coupée par des montagnes escarpées d'une hauteur considérable, et au sommet desquelles on aperçoit plusieurs endroits couverts de neige. Elle n'est cependant pas entièrement stérile, car nous découvrîmes du bois non-seulement dans les vallées, mais même sur les terrains plus élevés; mais nous n'y vîmes rien qui indiquât qu'elle fût habitée.

Le 13, je courus vers une baie dans laquelle il semblait y avoir un bon mouillage; mais, environ une heure après, je trouvai que la distance était trop grande pour y arriver avant la nuit, et, le vent soufflant trop fort pour former cette entreprise en sûreté pendant la nuit, je rangeai la côte.

Cette baie, que j'appelai *Dusky-Bay*, c'est-à-dire *baie Sombre*, gît au 45e degré 47' de latitude sud. Elle a environ trois ou quatre milles de largeur à l'entrée, et elle paraît être aussi profonde que large. Elle contient plusieurs îles, derrière lesquelles il doit y avoir un abri contre tous les vents, quoique peut-être il n'y ait pas assez d'eau pour y mouiller. Lorsque la pointe septentrionale de cette baie reste sud-sud-est, elle est très remarquable au moyen de cinq rochers élevés et en forme de pic, qui sont situés en son travers, et qui ont l'apparence des quatre doigts et du pouce de la main d'un homme : c'est pour cela que je l'appelai *point Five-Fingers*, c'est-à-dire *la pointe des Cinq-Doigts*.

Au soleil couchant, la terre la plus méridionale que nous vissions nous restait précisément au sud, à la distance d'environ cinq ou six lieues; et comme c'est la pointe de terre la plus occidentale de toute la côte, je l'appelai *cap Ouest*. Il gît à peu près à trois lieues au sud de la baie Sombre, au 45e degré 54' de latitude sud, et au 193e degré 17' de longitude ouest. La terre de ce cap est médiocrement élevée près de la mer, et n'a rien de remarquable à l'entour, si ce n'est un rocher très blanc qui est situé à deux ou trois lieues au sud.

Le 14, à quatre heures du matin, nous fîmes voile le long de la côte, dans la direction du nord-nord-est, avec une brise modérée. A midi, notre latitude était de 45° 13' sud. Nous venions de dépasser un petit goulet débouchant dans une terre où il semblait y avoir un hâvre très sûr et très commode, formé par une île qui est située au milieu de l'ouverture à l'est. L'ouverture gît au 45e degré 16' de latitude sud; la terre par derrière est remplie de montagnes dont les sommets étaient couverts de neige qui paraissait être tombée depuis peu : et, en effet, le temps avait été très froid pendant les deux derniers jours. De chaque côté de l'ouverture, la terre s'élève presque perpendiculairement de la mer à une hauteur prodigieuse.

Nous rangeâmes la côte à l'ouest, en nous tenant à la distance de deux ou trois lieues du rivage. A midi du 14, nous étions au 44e degré 47 de latitude, n'ayant parcouru pendant les vingt-quatre dernières heures que douze lieues dans la direction du nord-est.

Nous continuâmes à gouverner le long de la côte dans cette direction. Le 15, nous portâmes vers la terre, et, lorsque le jour parut, nous vîmes quelque chose qui semblait être un canal; mais, en approchant de plus près, nous reconnûmes que ce n'était qu'une vallée profonde entre deux hautes terres. Le 16, la pointe la plus septentrionale de la terre qui fût en vue nous restait au nord-est, à la distance de dix milles; notre latitude était de 44° 5', et notre longitude du cap Ouest de 2° 8' est. Nous dépassâmes la pointe, et nous trouvâmes qu'elle était formée de rochers élevés et rougeâtres, d'où tombe une cascade qui se partage en quatre petits ruisseaux : je lui donnai pour cela le nom de *pointe de la Cascade*. De cette pointe, la terre court d'abord nord-est, et ensuite un peu plus au nord. A huit lieues à l'est-nord-est de la pointe de la Cascade, et à peu de distance de la côte, il y a une petite île basse.

Nous continuâmes à porter à l'ouest jusqu'à deux heures du matin, du 20, quand nous fîmes une bordée à l'est, et ensuite nous remîmes le cap à l'ouest jusqu'à

Et le feu fit un progrès très rapide....

midi. Nous étions au 42e degré 23' de latitude, et au 3e degré 55' de longitude à l'est du cap ouest. Nous virâmes alors, et nous portâmes à l'est avec un vent frais. Le 21, à midi, nous étions au 41e degré 37' de latitude, et au 5e degré 42' de longitude à l'est du cap Ouest.

Ayant achevé le tour de ce pays, il fallut penser à le quitter; mais comme j'avais à bord trente pièces d'eau vides, je ne pouvais pas partir sans les remplir. J'entrai dans une baie qui est située entre le canal de la Reine Charlotte et une île ; j'en laissai trois autres qui se trouvent au-dessous de la côte occidentale, à trois ou quatre milles de l'entrée. Le 28, dès qu'il fut jour, je pris un bateau et j'allai à terre pour chercher une aiguade et un lieu convenable pour le vaisseau, et je trouvai l'un et l'autre à ma grande satisfaction.

Le 30, nos provisions d'eau étant à peu près complètes, je fis touer le vaisseau hors de l'anse, afin d'avoir plus de place pour remettre à la voile, et à midi je m'embarquai dans la pinasse pour examiner la baie autant que le temps me le permettait.

Le 31 mars 1770, nous appareillâmes à la pointe du jour, et nous remîmes en mer avec l'avantage d'un vent frais de sud-est et d'un temps clair. Nous prîmes notre point de départ du cap oriental que nous avions vu le 23 à midi, et que j'appelai pour cela *cap Farewell*, c'est-à-dire *cap d'Adieu*.

J'appelai *baie de l'Amirauté* la baie hors de laquelle nous venions de faire voile, et je donnai le nom de *cap Stephens* à la pointe nord-est, et celui de *cap Jackson* à la pointe sud-est, en l'honneur des deux officiers qui étaient alors secrétaires de l'amirauté.

On peut reconnaître aisément la baie de l'Amirauté au moyen de l'île dont on vient de parler. Elle gît à deux milles au nord-est du cap Stephens par 40° 37' de latitude sud, et 185° 6' de longitude ouest, et elle est d'une hauteur considérable. Entre cette île et le cap d'Adieu, qui sont éloignés l'un de l'autre de quatorze ou quinze lieues, dans la direction de l'ouest-nord-ouest et de l'est-sud-est, la côte forme une grande baie profonde dont nous pouvions à peine apercevoir le fond pendant que nous cinglions en droite ligne d'un cap à l'autre. Il est cependant probable que sa profondeur est moindre qu'elle ne nous paraissait être ; car, comme nous y trouvâmes l'eau plus basse que dans aucun autre endroit situé à la même distance de toute autre partie de la côte, il y a lieu de supposer que la terre, au fond de laquelle elle se trouve placée, est basse, et que par conséquent on ne peut pas la distinguer aisément. Je l'ai appelée pour cela *Blind-Bay*, c'est-à-dire *baie des Aveugles*, et je pense que c'est la même qui a été nommée par Tasman *baie des Assassins*.

Je vais donner une description de ce pays et de ses

Vue du cap Montagns de la Table.

habitants, de leurs mœurs et de leurs usages, autant que nous avons pu nous en instruire pendant que nous faisions le tour de la côte.

Description générale de la Nouvelle-Zélande. Découvertes, situation, climat et productions de cette île.

La Nouvelle-Zélande (1) fut découverte pour la première fois, le 13 décembre 1642, par Abel-Janson Tasman, navigateur hollandais, dont on a souvent cité le nom dans la relation de ce voyage. Il traversa la côte orientale de cette contrée, depuis le 34e degré jusqu'au 43e de latitude. Il entra dans le détroit qui partage les deux iles, et qui est appelé *le détroit de Cook;* mais, ayant été attaqué par les naturels du pays bientôt après qu'il eut mis à l'ancre dans l'endroit auquel il donna le nom de baie des Assassins, il ne débarqua jamais à terre. Il appela ce pays *la Terre des États*, en l'honneur des états-généraux, et on le distingue communément sous le nom de *Nouvelle Zélande.* Toute cette contrée, si l'on excepte cette partie de la côte qu'aperçut Tasman sans quitter son vaisseau, étant restée entièrement inconnue depuis le temps de ce navigateur jusqu'au voyage de *l'Endeavour*, plusieurs auteurs ont supposé qu'elle faisait partie d'un continent méridional. Cependant on connaît à présent qu'elle est composée de deux grandes îles séparées l'une de l'autre par un détroit ou passage qui a environ quatre ou cinq lieues de largeur.

Ces îles sont situées entre le 34e degré et le 48e de latitude sud, et entre le 181e et le 194e le longitude ouest du médecin de Greenwich.

La plus septentrionale de ces îles est appelée par les naturels du pays *Eaheinomauwe*, et la plus méridionale *Tovy* ou *Tavaï Poemammou.* La saison et les circonstances ne m'ont pas permis de passer dans les environs de cette dernière île autant de temps que j'en ai mis à examiner l'autre. D'ailleurs, nous avons essuyé

(1) La nouvelle-Zélande se compose de deux grandes îles renfermées entre les 164—176° longitude ouest du méridien de Paris, et 34° 12'—48° latitude sud. Leur superficie se réduit à une bande de terre de quatre cents lieues de long sur vingt-cinq à trente lieues de largeur moyenne; bande coupée vers son centre par un canal appelé le *détroit de Cook.* L'île australe se nomme *Tavai-Pounamou*, et l'île septentrionale *Ika-na-mauwi.* C'est là que se trouvent nos antipodes. Les naturels ont en général une taille plus imposante que les Européens : poitrine large, muscles saillants, membres nerveux, traits réguliers, teint clair, chevelure longue et naturellement bouclée, humeur railleuse et gaie : voilà leurs traits et leur caractère distinctifs. Ils n'aiment pas les liqueurs enivrantes, mais ils recherchent beaucoup le tabac. A. M.

PARIS. — Imp. LACOUR et Cie, rue Soufflot, 16.

des tempêtes si violentes, qu'il était également difficile et dangereux de se tenir près de la côte.

Tovy Poenammou est, pour la plus grande partie, un pays montueux, et, selon toute apparence, stérile. Nous n'avons découvert sur toute l'île d'autres habitants que les insulaires que nous vîmes dans le canal de la Reine Charlotte, et ceux qui s'avancèrent vers nous au-dessous des montagnes de neige, et nous n'avons aperçu d'autres traces de population que les feux qui furent vus à l'ouest du cap Saunders.

Eaheinomauwe a un aspect plus avantageux. Le terrain, il est vrai, est rempli de collines et même de montagnes; mais les unes et les autres sont couvertes de bois, et chaque vallée a un ruisseau d'eau douce. Le sol de ces vallées, ainsi que des plaines, parmi lesquelles il y en a un grand nombre où il ne croît point de bois, est en général léger, mais fertile, et toutes les graines, plantes et fruits d'Europe y viendraient avec le plus grand succès. Les végétaux qu'on y trouve nous ont fait croire que les hivers y sont plus doux qu'en Angleterre. Nous avons reconnu que l'été n'y était pas plus chaud, quoique la chaleur fût plus uniforme; de sorte que, si les Européens formaient un établissement dans ce pays, il leur en coûterait peu de soins et de travaux pour y faire croître en grande abondance tout ce dont on a besoin.

Excepté les chiens et les rats, il n'y a point de quadrupèdes dans ce pays, du moins nous n'en avons pas vu d'autres, et les rats sont même en si petit nombre, que plusieurs de nos gens n'en ont jamais aperçu un seul. Les chiens vivent avec les hommes, qui les nourrissent uniquement pour les manger. Il se peut, à la vérité, qu'il y ait des quadrupèdes que nous n'ayons pas découverts; mais cela n'est pas probable. En effet, l'objet principal de la vanité des naturels du pays, par rapport à leur habillement, est de se revêtir des peaux et de la fourrure des animaux qu'ils ont : or, nous ne leur avons jamais vu porter la peau d'aucun animal que celle des chiens et des oiseaux. Il y a des veaux marins sur la côte, et nous avons découvert une fois un lion de mer; mais nous croyons qu'on en prend bien rarement; car, quoique nous ayons vu quelques naturels porter sur leur poitrine et estimer beaucoup des dents de ces poissons, travaillées en forme d'aiguilles de tête, nous n'en avons remarqué aucun qui fût revêtu de leur peau. On trouve aussi des baleines sur cette côte; mais les insulaires ne semblent pas avoir des instruments ou des secrets pour les prendre; cependant nous avons vu des patous-patous faits d'os de baleine, ou de quelque autre animal dont l'os avait exactement la même apparence.

Les espèces d'oiseaux qu'on trouve dans la Nouvelle-Zélande ne sont pas en grand nombre, et, si l'on en excepte la mouette, peut-être n'y en a-t-il point qui soient exactement les mêmes que celles d'Europe. Il est vrai qu'il y a des canards et des cormorans de plusieurs sortes, et qu'ils sont assez ressemblants à ceux d'Europe, pour être appelés du même nom par les personnes qui ne les ont pas examinés avec beaucoup d'attention. Il y a aussi des faucons, des chouettes et des cailles qui, à la première vue, diffèrent très peu de ceux d'Europe; et plusieurs petits oiseaux dont le chant, ainsi que nous l'avons déjà dit dans le cours de cette narration, est beaucoup plus mélodieux qu'aucun de ceux que nous ayons jamais entendus.

On voit, de temps en temps, sur la côte de la mer, plusieurs oiseaux de l'Océan, et en particulier des albatros, des fous, des pintades et un petit nombre de pingouins, et qui sont ce que les Français appellent *nuance*, et semblent être une espèce mitoyenne entre l'oiseau et le poisson; car leurs plumes, surtout celles de leurs ailes, diffèrent peu des écailles; peut-être même faut-il regarder comme des nageoires leurs ailes elles-mêmes dont ils se servent seulement pour plonger, et non pour accélérer leur mouvement, même lorsqu'ils se posent sur la surface de l'eau.

Les insectes n'y sont pas en plus grande abondance que les oiseaux : ils se réduisent à un petit nombre de papillons et d'escarbots : à des mouches de chair très ressemblantes à celles d'Europe, et à des espèces de mosquites et de mouches de sable, qui sont peut-être exactement les mêmes que celles de l'Amérique septentrionale. Nous n'avons cependant pas vu beaucoup de mosquites ni de mouches de sable, qui sont regardées avec raison comme une malédiction dans tout pays où elles abondent. Il est vrai que nous en trouvâmes un petit nombre dans presque tous les endroits où nous allâmes à terre; mais elles nous causèrent si peu d'incommodité, que nous ne fîmes pas usage des précautions que nous avions imaginées pour mettre nos visages à l'abri de leurs piqûres.

Si les animaux sont rares sur la terre, on en trouve en revanche une très grande quantité dans la mer : toutes les criques fourmillent de poissons très sains, et d'un goût aussi agréable que ceux d'Europe. Partout où le vaisseau mettait à l'ancre, et dans tous les endroits qu'un vent léger nous faisait dépasser, surtout au sud, nous pouvions, avec la ligne et l'hameçon, en pêcher assez pour en servir à tout l'équipage. Quand nous mouillions, la ligne nous en procurait près des rochers une abondante provision, et avec la seine nous en prenions encore davantage; de sorte que, dans les deux fois que nous mîmes à l'ancre au détroit de Cook, chaque chambrée du vaisseau qui ne fut pas paresseuse ou sans prévoyance, en put saler assez pour en manger plusieurs semaines après que nous eûmes remis en mer. La diversité des poissons était égale à leur abondance : nous avions du maquereau de plusieurs espèces, une entre autres qui est exactement la même que celle d'Angleterre. Ces poissons se trouvent en troupes innombrables sur les bas-fonds, et ils sont pris au filet par les naturels du pays, qui nous en vendirent à très bas prix. Il y a encore des poissons de plusieurs sortes que nous n'avions jamais vus auparavant; mais les matelots eurent bientôt donné des noms à tous; de sorte que nous parlions ici aussi familièrement de brochets, de raies, de brêmes, de merlans et de plusieurs autres qu'en Angleterre: et quoiqu'ils ne soient pas de la même famille, il faut convenir qu'ils ne sont pas indignes du nom qu'on leur a donné. Le mets le plus délicat que nous procurait la mer, même en cet endroit, était une espèce de homard, probablement la même que celle qui, suivant le voyage du lord Anson, fut trouvée à l'île de Juan Fernandez, mais seulement un peu moins grosse. Ce homard diffère en plusieurs points de l'écrevisse de mer d'Angleterre : il a un plus grand nombre de pointes sur le dos, et il est rouge lors même qu'il sort de l'eau. Nous en achetâmes une grande quantité des naturels du pays qui habitent au nord : ils les prennent en plongeant près de la côte, et les dégagent avec leurs pieds du fond où ils se tiennent.

Nous avions aussi un poisson que Frézier, dans son *Voyage au continent espagnol de l'Amérique méridionale*, a décrit sous les noms d'*éléphant*, de *pejegallo* ou *poisson-coq*, et dont nous mangeâmes de très bon cœur la chair, quoique peu délicate. Nous y avons aussi trouvé plusieurs espèces de raies ou de pastenades, qui sont encore moins délicates que l'éléphant; mais nous avons eu en revanche différentes sortes de chiens de mer, tachetés de blanc, qui ont une saveur exactement semblable à celle de nos meilleures raies, mais beaucoup plus agréable. Enfin, un poisson plat qui ressemble aux soles et aux carrelets, des anguilles et des congres de différentes espèces; plusieurs autres, que les navigateurs qui visiteront par la suite cette côte ne manqueront pas d'y trouver, et en outre beaucoup de poissons à coquille, et en particulier des clams, des pétoncles et des huîtres.

Les arbres occupent le premier rang parmi les productions végétales de ce pays : il s'y trouve des forêts d'une grande étendue, remplies de bois de charpente les plus droits, les plus beaux et les plus gros que nous ayons jamais vus. La grosseur, le grain et la dureté apparente de ces bois les rendent propres pour toute espèce de bâtiments, et même pour tout ouvrage, si l'on en excepte la mâture : j'ai déjà fait observer que pour ce dernier usage ils sont trop durs et trop pesants. Il y a un arbre en particulier qui, lorsque nous étions sur la côte, se faisait distinguer par une fleur écarlate qui semblait être un assemblage de plusieurs fibres : il est à peu près de la grosseur d'un chêne; le bois en est extrêmement dur et pesant, et excellent pour tous les ouvrages de moulin. On trouve un autre arbre très élevé et très droit qui croît dans les marais : il est assez épais pour en faire des mâts de vaisseaux, quelque forts qu'ils soient, et, si l'on peut en juger par le grain, il paraît très solide. J'ai dit plus haut que notre charpentier pensait que cet arbre ressemble au pin: il est probable qu'on peut le rendre plus léger en l'entaillant, et alors on en ferait les plus beaux mâts du monde. Il a une feuille assez ressemblante à celle de l'if, et il porte des baies dans de petites touffes.

La plus grande partie du pays est couverte de verdure. Quoiqu'il ne s'y trouve pas une grande variété de plantes, nos naturalistes furent très satisfaits de la quantité d'espèces nouvelles qu'ils découvrirent. D'environ quatre cents espèces qui ont été décrites jusqu'à présent par les botanistes, ou que nous avons vues ailleurs pendant le cours de ce voyage, nous n'y avons trouvé que le chardon, la morelle des Indes, une ou deux espèces de gramen, et les mêmes que celles d'Angleterre, deux ou trois sortes de fougère semblable à celle des îles de l'Amérique, et un petit nombre de plantes qu'on rencontre dans presque toutes les parties du monde.

On y trouve peu de végétaux comestibles; mais notre équipage, après avoir été longtemps en mer, mangea avec autant de plaisir que d'utilité du céleri sauvage et une espèce de cresson qui croît en grande abondance sur toutes les parties de la côte. Nous avons aussi rencontré une ou deux fois une plante semblable à celle que les gens de la campagne appellent en Angleterre *lamb's quarter* ou *fat-hen* (1), que nous fîmes bouillir en place de légumes. Nous eûmes le bonheur de trouver un jour un chou palmiste, qui nous procura un mets délicieux. Parmi les productions végétales qui semblent croître dans ce pays sans culture, nous n'en avons point vu d'autres qui soient bonnes à manger, si l'on en excepte la racine de fougère et une plante entièrement inconnue en Europe, dont les insulaires mangent, et que nous trouvâmes très désagréable. Parmi les plantes cultivées, nous n'en avons trouvé que trois bonnes à manger, les ignames, les patates douces et les cocos. Il y a des plantations de plusieurs acres d'ignames et de patates, et je crois qu'un vaisseau qui serait en cet endroit en automne, lors de la récolte, pourrait en acheter une aussi grande quantité qu'il le désirerait.

Les naturels du pays cultivent aussi les citrouilles, avec le fruit desquelles ils font des vases qui leur servent à différents usages. Nous y avons trouvé le mûrier à papier chinois, le même que celui dont les insulaires de la mer du Sud fabriquent leurs étoffes; mais il est si rare que, quoique les habitants de la Nouvelle-Zélande en fassent également une étoffe, ils n'en ont que ce qu'il en faut pour la porter comme un ornement dans les trous qu'ils font à leurs oreilles.

Parmi tous les arbres, les arbrisseaux et les plantes de ce pays, il n'y en a point qui porte de fruits, à moins qu'on ne veuille donner ce nom à une baie qui n'a ni douceur ni saveur, et que les enfants seuls prenaient la peine de recueillir. On y trouve une plante dont les habitants se servent en place de chanvre et de lin, et qui surpasse toutes celles qu'on emploie aux mêmes usages dans les autres pays. Il y a deux espèces de cette plante; les feuilles de toutes les deux ressemblent à celles des glaïeuls; mais les fleurs sont plus petites et les grappes en plus grand nombre : dans l'une elles sont jaunes, et dans l'autre, d'un rouge foncé. Leur habillement ordinaire est composé des feuilles de ces plantes sans beaucoup de préparations : ils en fabriquent d'ailleurs leurs cordons, leurs lignes et leurs cordages, qui sont beaucoup plus forts que tous ceux qu'on fait avec du chanvre, et auxquels ils ne peuvent pas être comparés. Ils tirent de la même plante, préparée d'une autre manière, de longues fibres minces, luisantes comme la soie, et aussi blanches que la neige; ils manufacturent leurs plus belles étoffes avec ces fibres qui sont aussi d'une force surprenante. Leurs filets, dont quelques-uns, comme je l'ai déjà remarqué, sont d'une grandeur énorme, sont formés de ces feuilles : tout le travail consiste à les couper en bandes de largeur convenable, qu'on noue ensemble.

(1) Quartier d'agneau ou poule grasse. A. M.

En arrivant pour la première fois sur la côte de ce pays, nous imaginâmes que la population était beaucoup plus considérable que nous ne l'avons trouvé dans la suite. La fumée que nous aperçûmes à une grande distance de la côte nous fit penser que l'intérieur était peuplé, et peut-être que nous ne nous trompions pas relativement au pays qui est situé derrière la baie de Pauvreté (1) et la baie d'Abondance (2), où les habitants nous ont paru être en plus grand nombre qu'ailleurs. Mais nous avons lieu de croire qu'en général cette grande île n'est habitée que sur les côtes de la mer, où nous ne trouvâmes même que très peu d'insulaires, et toute la côte occidentale, depuis le cap Maria, Van-Diémen, était entièrement déserte; de sorte que, tout considéré, le nombre des habitants de la Nouvelle-Zélande n'a aucune proportion avec l'étendue du pays.

Description des habitants de la Nouvelle-Zélande. Habitations, vêtements, parure, aliments, cuisine et manière de vivre.

La taille des habitants de la Nouvelle-Zélande est en général égale à celle des Européens les plus grands; ils ont les membres forts, charnus et bien proportionnés; mais ils ne sont pas aussi gras que les oisifs et voluptueux insulaires des mers du Sud; ils sont extraordinairement alertes et vigoureux, et l'on aperçoit dans tout ce qu'ils font une adresse et une dextérité de main peu communes. J'ai vu quinze pagaies travailler du côté d'une pirogue avec une vitesse incroyable, et cependant les rameurs gardaient aussi exactement la mesure que si tous leurs bras avaient été animés par une âme commune. Leur teint en général est brun; il y en a peu qui l'aient plus foncé que celui d'un Espagnol qui a été exposé au soleil, et celui du plus grand nombre l'est beaucoup moins. On n'aperçoit point dans les femmes la délicatesse d'organes qui est propre à leur sexe; mais leur voix est d'une douceur remarquable, et c'est par là qu'on les distingue principalement, car l'habillement des deux sexes est le même : elles ont pourtant, comme les femmes des autres pays, plus de gaîté, d'enjoûment et de vivacité dans la figure que les hommes. Les Zélandais ont les cheveux et la barbe noirs; leurs dents sont très régulières et aussi blanches que l'ivoire. Ils jouissent d'une santé robuste, et nous en avons vu plusieurs qui nous parurent fort âgés. Les traits des deux sexes sont beaux. Les hommes et les femmes semblent être d'un caractère doux et affable; ils se traitent les uns les autres de la manière la plus tendre et la plus affectueuse; mais ils sont implacables envers leurs ennemis, à qui, comme je l'ai déjà dit, ils ne font point de quartier. Peut-être paraîtra-t-il étrange qu'il y ait des guerres fréquentes dans un pays où il y a si peu d'avantages à obtenir par la victoire, et que chaque district d'une contrée habitée par un peuple si pacifique et si doux soit l'ennemi de tout ce qui l'environne; mais il est possible que, parmi ces insulaires, les vainqueurs retirent de leurs succès plus

(1) Poverty-Bay. A. M.
(2) Bay of Plenty. A. M.

d'avantages qu'on ne le croirait au premier coup d'œil, et qu'ils soient portés à des hostilités réciproques par des motifs que l'attachement et l'amitié ne sont pas capables de surmonter. Il paraît, par ce que nous avons déjà dit d'eux, que leur principale nourriture est le poisson, qu'ils ne peuvent se procurer que sur la côte de la mer, laquelle ne leur en fournit une quantité suffisante que dans un certain temps. Les tribus qui vivent dans l'intérieur des terres, s'il y en a quelques-unes, et même celles qui habitent la côte, doivent donc être souvent en danger de mourir de faim. Leur pays ne produit ni moutons, ni chèvres, ni cochons, ni bétail; ils n'ont point de volailles apprivoisées, ils ne connaissent pas l'art de prendre des oiseaux sauvages en assez grand nombre pour fournir à leur nourriture, si quelques voisins les empêchent de pêcher du poisson, qui supplée à presque toutes les autres nourritures animales. Excepté les chiens, ils n'ont pour leur subsistance que les végétaux que nous avons déjà décrits, et dont les principaux sont la racine de fougère, les ignames et les patates; d'où l'on voit que, si ces ressources viennent à leur manquer, la détresse doit être terrible.

Parmi les habitants de la côte eux-mêmes, plusieurs tribus doivent se trouver fréquemment dans une pareille disette, soit que leurs plantations n'aient pas réussi, soit qu'ils n'aient pas assez de provisions sèches dans la saison où ils ne peuvent prendre que peu de poissons. Ces réflexions nous mettent en état d'expliquer et le danger continuel où nous paraissent vivre tous les peuples de ce pays, et le soin qu'ils prennent de fortifier tous leurs villages : on pourrait même rendre raison de l'horrible usage de manger ceux d'entre eux qui sont tués dans les batailles; car le besoin de celui que la faim pousse au combat absorbe toute humanité et étouffe tous les sentiments qui l'empêcheraient de se soulager en dévorant le corps de son adversaire. Il faut remarquer néanmoins que, si cette explication de l'origine d'une coutume aussi barbare est juste, les maux dont elle est suivie ne finissent point avec la nécessité qui la fit naître. Dès que la faim eût introduit d'un côté cet usage, il fut nécessairement adopté de l'autre par la vengeance.

J'ai remarqué que les insulaires des mers du Sud n'avaient pas l'idée de l'indécence, soit par rapport aux objets, soit par rapport aux actions; il n'en était pas de même des habitants de la Nouvelle-Zélande : nous avons aperçu dans leur commerce et leur maintien autant de réserve, de décence et de modestie, relativement à des actions qu'ils ne croient pourtant pas criminelles, qu'on en trouve parmi les peuples les plus civilisés de l'Europe. Les femmes n'étaient pas inaccessibles, mais la manière dont elles se rendaient était aussi décente que celle dont une femme parmi nous cède aux désirs de son mari, et, suivant leurs idées, la stipulation du prix de leurs faveurs est aussi innocente. Lorsque quelqu'un de l'équipage faisait des propositions à une de leurs jeunes femmes, elle lui donnait à entendre qu'elle avait besoin du consentement de sa famille, et on l'obtenait ordinairement au moyen d'un présent convenable. Ces préliminaires une fois établis, il fallait encore traiter la femme pendant une nuit avec beaucoup de délicatesse; et l'amant qui s'avisait de prendre avec elle des libertés contraires à ces égards était bien sûr de ne pas réussir dans son projet.

Un de nos officiers s'étant adressé, pour avoir une femme, à une des meilleures familles du pays, en reçut une réponse qui, traduite en notre langue, répond exactement à ces termes : « Toutes ces jeunes femmes se trouveront fort honorées de vos déclarations; mais vous devez d'abord me faire un présent convenable, et venir ensuite coucher une nuit à terre avec nous; car la lumière du jour ne doit point être témoin de ce qui se passera entre vous » (1).

J'ai déjà dit plus haut qu'ils ne sont pas aussi propres sur leurs personnes que les Taïtiens, parce que, ne vivant pas dans un climat aussi chaud, ils ne se baignent pas si souvent. Mais l'huile dont ils oignent leurs cheveux, comme les Islandais, est ce qu'ils ont de plus dégoûtant. Cette huile est une graisse de poisson ou d'oiseau fondue : les habitants les plus distingués l'emploient fraîche, mais ceux d'une classe inférieure se servent de celle qui est rance, ce qui les rend presque aussi désagréables à l'odorat que des Hottentots. Leurs têtes ne sont pas exemptes de vermine, quoique nous ayons observé qu'ils connaissent l'usage des peignes d'os et de bois. Ils portent quequefois ces peignes dressés sur leurs cheveux comme un ornement, mode qui règne aujourd'hui chez les dames d'Angleterre. Les hommes ont ordinairement la barbe courte et les cheveux attachés au-dessus de la tête, et formant une touffe où ils placent des plumes d'oiseau, de différentes manières et suivant leur caprice. Il y en a qui les font avancer en pointe de chaque côté des joues, ce qui rendait à nos yeux leur figure difforme. Quelques-unes des femmes portent leurs cheveux courts, et d'autres les laissent flotter sur leurs épaules.

Les corps des deux sexes sont marqués de taches noires nommées *amoco;* ils emploient pour cela la même méthode dont on se sert à Taïti, et qu'on y appelle *tattow*, mais les hommes ont un plus grand nombre de ces marques que les femmes. Celles-ci ne peignent en général aucune partie de leur corps, si ce n'est les lèvres : cependant quelques-unes avaient ailleurs de petites taches noires. Les hommes, au contraire, semblent ajouter quelque chose tous les ans à ces bizarres ornements, de sorte que plusieurs d'entre eux, qui paraissaient d'un âge avancé, étaient presque couverts de ces taches, depuis la tête jusqu'aux pieds. Outre l'amoco, ils portent d'autres marques extraordinaires qu'ils s'impriment sur le corps par un moyen que nous ne connaissons pas : ce sont des sillons d'environ une ligne de profondeur et d'une largeur égale, tels qu'on en aperçoit sur un jeune arbre d'un an, où l'on a fait une incision. Les bords de ces sillons sont dentelés, toujours en suivant la même méthode, et, devenus parfaitement noirs, ils présentent un aspect effrayant. Le visage des vieillards est presque entièrement couvert de ces marques; les jeunes gens ne noircissent que leurs lèvres, comme les femmes; ils ont communément une tache noire sur une joue et sur un œil, et ils procèdent ainsi par degrés, jusqu'à ce qu'ils deviennent vieux, et par là plus respectables. Quoique nous fussions dégoûtés de l'horrible difformité que ces taches et ces sillons impriment au visage de l'homme, cette image de la Divinité, nous ne pouvions nous empêcher d'admirer l'art et la dextérité avec lesquels ils les impriment sur leur peau. Les marques du visage sont ordinairement spirales; elles sont tracées avec beaucoup de précision et même d'élégance, celles d'un côté correspondant exactement à celles de l'autre. Les marques du corps ressemblent un peu au feuillage de ces ornements de ciselure ancienne, et aux circonvolutions des ouvrages à filigrane; mais on aperçoit dans ces marques une telle fécondité d'imagination, que de cent hommes qui semblaient au premier coup d'œil porter exactement les mêmes figures, nous n'en trouvâmes pas deux qui en eussent de semblables. lorsque nous les examinâmes de près. Nous observâmes que la quantité et la forme de ces marques étaient différentes dans les diverses parties de la côte; et, comme les Taïtiens les placent principalement sur les fesses, dans la Nouvelle-Zélande c'était quelquefois la seule partie du corps où il n'y en eût point, et en général elle était moins marquée que les autres.

Ces peuples ne teignent pas seulement leur peau; ils y appliquent aussi de la peinture; car, comme je l'ai

(1) Dans son second voyage, le capitaine Cook se convainquit par lui-même des moyens coërcitifs employés par les Nouveaux-Zélandais pour obliger leurs femmes à se prostituer. A. M.

fait remarquer plus haut, ils barbouillent leur corps avec de l'ocre rouge; quelques-uns le frottent avec cette matière sèche, d'autres l'appliquent en larges taches, mêlé avec de l'huile, qui reste toujours humide: aussi n'était-il pas possible de les toucher sans remporter des marques de peinture, de sorte que les personnes de notre équipage qui donnaient quelques baisers aux femmes du pays en portaient les traces empreintes sur le visage.

L'habillement d'un habitant de la Nouvelle-Zélande est, au premier coup d'œil d'un étranger, le plus bizarre et le plus grossier qu'on puisse imaginer. Il est composé de feuilles d'une espèce de glaïeul, décrit parmi les productions végétales de ce pays : ils coupent les feuilles en trois ou quatre bandes, et, lorsqu'elles sont sèches, ils les enlacent les unes dans les autres, et en forment une espèce d'étoffe qui tient le milieu entre le roseau et le drap. Les bouts des feuilles, qui ont huit ou neuf pouces, s'élèvent en saillie à l'endroit de l'étoffe, comme la peluche ou les nattes qu'on étend sur nos escaliers. Il faut deux pièces de cette étoffe, si l'on peut lui donner ce nom, pour un habillement complet : l'une est attachée sur les épaules avec un cordon, et pend jusqu'aux genoux; ils attachent au bout de ce cordon une aiguille d'os, qui passe aisément à travers les deux parties de ce vêtement de dessus et les joint ensemble: l'autre pièce est enveloppée autour de la ceinture et pend presque à terre. Les hommes ne portent pourtant que dans des occasions particulières cet habit de dessous; mais ils ont une ceinture à laquelle pend une petite corde destinée à un usage très singulier. Les insulaires de la mer du Sud se fendent le prépuce, afin de l'empêcher de couvrir le gland; les habitants de la Nouvelle-Zélande ramènent au contraire le prépuce sur le gland ; et, afin de l'empêcher de se retirer par la contraction naturelle de cette partie, ils en nouent l'extrémité avec le cordon attaché à leur ceinture. Le gland paraissait être la seule partie de leur corps qu'ils fussent soigneux de cacher ; ils se dépouillaient sans le moindre scrupule de tous leurs vêtements, excepté de la ceinture et du cordon; mais ils étaient très confus lorsque, pour satisfaire notre curiosité, nous les priions de délier le cordon ; et ils n'y consentirent jamais qu'avec des marques de répugnance et de honte extrêmes. Quand ils n'ont que leurs vêtements de dessus, et qu'ils s'accroupissent, ils ressemblent un peu à une maison couverte de chaume. Quoique cette couverture soit désagréable, elle est bien adaptée à la manière de vivre d'hommes qui couchent souvent en plein air, sans avoir autre chose pour se mettre à l'abri de la pluie.

Les femmes, contre la coutume générale de leur sexe, semblent donner moins d'attention à leur habillement que les hommes. Elles portent ordinairement leurs cheveux courts comme je l'ai déjà dit, et, lorsqu'elles les laissent croître, elles ne les attachent jamais sur le sommet de la tête : elles n'y mettent pas non plus des plumes pour ornements. Leurs vêtements sont faits de la même matière et dans la même forme que ceux de l'autre sexe; mais celui d'en bas enveloppe toujours leur corps, excepté quand elles entrent en mer pour prendre des écrevisses; elles l'ôtent alors, mais elles ont grand soin de n'être pas vues par les hommes. Ayant débarqué un jour sur une petite île dans la baie de Tolaga, nous en surprîmes plusieurs dans cette occupation. La chaste Diane et ses nymphes ne peuvent pas avoir donné de plus grandes marques de confusion et de regret à la vue d'Actéon que ces femmes en témoignèrent à notre approche. Les unes se cachèrent parmi des rochers, et le reste se tapit dans la mer jusqu'à ce qu'elles eussent fait une ceinture et un tablier des herbes marines qu'elles purent trouver; et, lorsqu'elles en sortirent, nous remarquâmes que, même avec ce voile, leur modestie souffrait beaucoup de notre présence. J'ai déjà parlé plus haut de la ceinture et du tablier qu'elles portent communément.

Les deux sexes percent leurs oreilles, et en agrandissent les trous de manière qu'on peut y faire entrer au moins un doigt. Ils passent dans ces trous des ornements de différente espèce, de l'étoffe, des plumes, des os de grands oiseaux, et quelquefois un petit morceau de bois. Ils y mettaient ordinairement les clous que nous leur donnions, ainsi que toutes les autres choses qu'ils pouvaient y porter. Quelques femmes y mettent le duvet de l'albatros, qui est aussi blanc que la neige, et qui, étant relevé devant et derrière le trou en une touffe presque aussi grosse que le poing, forme un coup d'œil très singulier, et qui, quoiqua étrange, n'est pas désagréable. Outre les parures qu'ils font entrer dans les trous des oreilles, ils y en suspendent avec des cordons plusieurs autres, tels que des ciseaux ou des aiguilles de tête de talc vert, auxquels ils mettent un très haut prix, des ongles et des dents de leurs parents défunts, des dents de chien, et toutes les autres choses qu'ils peuvent se procurer, et qu'ils regardent comme étant de quelque valeur. Les femmes portent aussi des bracelets et des colliers composés d'os d'oiseaux, de coquillages ou d'autres substances qu'elles prennent et qu'elles enfilent en chapelet. Les hommes suspendent quelquefois à un cordon qui tourne autour de leur cou un morceau de talc vert ou d'os de baleine, à peu près de la forme d'une langue, et sur lequel on a grossièrement sculpté la figure d'un homme : ils estiment fort cet ornement.

Nous avons vu un Zélandais dont le cartilage qui sépare les narines, et que les anatomistes appellent *septum nasi*, était percé, et il y avait fait passer une plume qui s'avançait en saillie de chaque côté sur les joues. Il est probable qu'il avait adopté cette singularité bizarre comme un ornement; mais, parmi tous les Indiens que nous avons rencontrés, aucun n'en portait de semblable. Nous n'avons pas même remarqué à leurs nez de trou qui pût servir à un pareil usage.

Leurs habitations sont les plus grossiers et les moins industrieux de leurs ouvrages. Excepté en grandeur, elles sont à peine égales au chenil des chiens en Angleterre. Elles ont rarement plus de dix-huit ou vingt pieds de long, huit ou dix de large, et cinq ou six de haut, depuis la poutre, qui se prolonge d'une extrémité à l'autre, et qui forme le faîte, jusqu'à terre. La charpente est de bois, et ordinairement de perches minces. Les côtés et le toit sont composés d'herbes sèches et de foin, et il faut avouer que le tout est joint ensemble avec bien peu de solidité. Il y en a quelques-unes garnies en dedans d'écorces d'arbre, de sorte que, dans un temps froid, elles doivent procurer un très bon asile. Le toit est incliné comme celui de nos granges. La porte est à une des extrémités, et n'a que la hauteur suffisante pour admettre un homme qui se traîne en y entrant sur ses mains et ses genoux. Près de la porte il y a un trou carré qui sert à la fois de fenêtre et de cheminée; car le foyer est à cette extrémité, à peu près au milieu de l'habitation, et entre les deux côtés. Dans quelque partie visible, et ordinairement près de la porte, ils attachent une planche couverte de sculptures à leur manière. Cette planche a pour eux autant de prix qu'un tableau en a pour nous. Les côtés et le toit s'étendent à environ deux pieds en dehors de chaque extrémité, de manière qu'ils forment une espèce de porche où il y a des bancs pour l'usage de la famille. La partie du terrain qui est destinée pour le foyer est enfermée dans un carré creux entouré de petites cloisons de bois ou de pierre, et c'est au milieu qu'on allume le feu. Le long des côtés, dans l'intérieur de l'habitation, ils étendent un peu de paille, sur laquelle ils se couchent.

Leurs meubles et ustensiles sont en petit nombre, et un coffre les contient ordinairement tous, si l'on en excepte leurs paniers de provisions, les citrouilles où ils conservent de l'eau douce, et les maillets dont ils battent leur racine de fougère : ceux-ci sont déposés communément en dehors de la porte. Quelques outils grossiers, leurs habits, leurs armes, et les plumes qu'ils mettent dans leurs cheveux, composent le reste de leurs trésors. Ceux qui sont d'une classe distinguée, et dont la famille est nombreuse, ont trois ou quatre habitations enfermées dans une cour; les cloisons en sont faites avec des perches et du foin, et ont environ dix ou douze pieds de hauteur.

Quoique ces peuples soient assez bien défendus de l'inclémence du temps dans leurs habitations, lorsqu'ils font des excursions pour chercher des racines de fougère, ou pêcher du poisson, ils paraissent ne s'embarrasser en aucune manière d'avoir un abri. Ils s'en font quelquefois un contre le vent; d'autres fois ils ne prennent même pas cette précaution. Ils couchent sous des buissons avec leurs femmes et leurs enfants, leurs armes rangées autour d'eux.

Nous avons déjà fait l'énumération de ce qui compose leurs aliments : la racine de fougère est le principal; elle leur sert de pain. Elle croît sur les collines, et c'est à peu près la même que celle que produisent les communes élevées d'Angleterre, et qu'on appelle indifféremment en anglais *fern, braeken* ou *brakes*. Les oiseaux qu'ils mangent les jours de régal consistent surtout en pingouins, en albatros, et en un petit nombre d'autres espèces dont on a parlé dans le cours de cette relation.

Comme ils n'ont point de vase où ils puissent faire bouillir de l'eau, ils n'ont d'autre manière d'apprêter les aliments que de les cuire dans une espèce de four ou de les rôtir. Ils font des fours semblables à ceux des insulaires des mers du Sud, et quant à leur manière de rôtir les aliments, la longue broche à laquelle ils attachent la viande est placée obliquement vers le feu ; pour cela ils engagent l'extrémité de la broche sous une pierre, et ils la soutiennent à peu près dans le milieu avec une autre. Selon qu'ils approchent plus ou moins de l'extrémité cette seconde pierre, ils augmentent ou diminuent comme il leur plaît le degré d'obliquité de la broche.

Nous n'avons pas découvert qu'ils aient d'autre boisson que l'eau : si réellement ils ne font point usage de liqueurs enivrantes, ils sont en ce point plus heureux que tous les autres peuples que nous avions visités jusque-là, ou dont nous ayons jamais entendu parler.

Comme l'intempérance et le défaut d'exercice sont peut-être l'unique principe des maladies critiques ou chroniques, il ne paraîtra pas surprenant que ces peuples jouissent sans interruption d'une santé parfaite. Toutes les fois que nous sommes allés dans leurs bourgs, les enfants et les vieillards, les hommes et les femmes se rassemblaient autour de nous, excités par la même curiosité qui nous portait à les regarder. Nous n'en avons jamais aperçu un seul qui parût affecté de quelque maladie; et, parmi ceux que nous avons vus entièrement nus, nous n'avons jamais remarqué la plus légère éruption sur la peau, ni aucune trace de pustules ou de boutons.

Ce qui prouve encore que les habitants de ce pays sont exempts de maladie, c'est le grand nombre de vieillards que nous avons vus, et dont plusieurs, à en juger par la perte de leurs cheveux et de leurs dents, semblaient être très âgés. Cependant aucun n'était décrépit, et, quoiqu'ils n'eussent plus dans les muscles autant de force que les jeunes, ils n'étaient ni moins gais ni moins vifs.

Des pirogues et de la navigation des habitants de la Nouvelle-Zélande. Agriculture, armes et musique; gouvernement, religion et langage de ces insulaires.

L'industrie de ces peuples se montre dans leurs pirogues plus que dans toute autre chose : elles sont longues et étroites, et d'une forme très ressemblante aux bateaux dont on se sert pour la pêche de la baleine dans la Nouvelle-Angleterre. Les plus grandes de ces pirogues semblent être destinées principalement à la guerre, et elles portent de quarante à quatre-vingts ou cent hommes armés. Nous en mesurâmes une qui était à terre à Tolaga : elle avait soixante-huit pieds et demi de long, cinq de large, et trois et demi de profondeur. Le fond était aigu avec des côtés droits en forme de coins. Il était composé de trois longueurs creusées d'environ deux pouces, d'un pouce et demi d'épaisseur, et bien attachées ensemble par un fort cordage. Chaque côté était fait d'une seule planche de soixante-trois pieds de long, de dix ou douze pouces de large, et environ d'un pouce et un quart d'épaisseur; elles étaient toutes jointes fortement au fond, et avec beaucoup d'adresse. Ils avaient placé de chaque côté un nombre considérable de traverses d'un plat-bord à l'autre, afin de renforcer le bateau. L'ornement de l'avant de la pirogue s'avançait de cinq ou six pieds au-delà du corps du petit bâtiment, et il avait environ quatre pieds et demi de haut. Celui de la poupe était attaché sur l'extrémité de l'arrière, comme l'étambord d'un vaisseau l'est sur sa quille, et il avait environ quatorze pieds de haut, deux de large, et un pouce et demi d'épaisseur. Ils étaient composés tous deux de planches sculptées, dont le dessin était de beaucoup meilleur que l'exécution.

Toutes les pirogues sont construites d'après ce plan, si l'on en excepte un petit nombre d'autres que nous avons vues à Opoorage ou dans la baie de Mercure, et qui étaient d'une seule pièce et creusées au feu. Il y en a peu qui n'aient pas vingt pieds de long. Quelques-unes des plus petites ont des balanciers : ils en joignent de temps en temps deux ensemble; mais cela est très rare. La sculpture des ornements de la poupe et de la proue des petites pirogues, qui semblent destinées uniquement à la pêche, consiste dans la figure d'un homme dont le visage est aussi hideux qu'on puisse l'imaginer; il sort de la bouche une langue monstrueuse, et des coquillages blancs d'oreilles de mer lui servent d'yeux. Mais les plus grandes pirogues, qui semblent être leurs bâtiments de guerre, sont magnifiquement ornées d'ouvrages à jour, et couvertes de franges flottantes, de plumes noires qui forment un coup d'œil agréable; les planches du plat-bord sont aussi sculptées souvent dans un goût grotesque, et décorées de touffes de plumes blanches placées sur un fond noir.

Les pagaies des pirogues sont petites, légères et très proprement faites; la pale est de forme ovale, ou plutôt elle ressemble à une large feuille. Elle est pointue au bout, plus large au milieu, et elle diminue par degrés jusqu'à la tige. La pagaie a environ six pieds dans toute sa longueur : la tige, y compris la poignée, en comprend quatre, et la pale deux. Au moyen de ces rames, ils font marcher leurs pirogues avec une vitesse surprenante.

Ils ne sont pas fort habiles dans la navigation, ne connaissant point d'autre manière de faire voile que d'aller devant le vent. La voile, qui est de natte ou de réseau, est dressée entre deux perches élevées sur chaque plat-bord, et qui servent à la fois de mâts et de vergues. Deux cordes correspondent à nos écoutes, et sont par conséquent attachées au-dessus du sommet de chaque perche. Quelque grossier et quelque incommode que soit cet appareil, les pirogues marchent fort vite devant le vent : elles sont gouvernées par deux hommes assis sur la poupe, et qui tiennent pour cela chacun une pagaie dans leur main.

Quant à leurs outils, ils ont deux sortes de haches et des ciseaux qui leur servent aussi de tarières pour faire des trous. Comme ils n'ont point de métaux, leurs haches sont faites d'une pierre noire et dure, ou d'un talc vert compacte et qui ne casse pas. Leurs ciseaux sont composés d'ossements humains, ou de morceaux de jaspe qu'ils coupent dans un bloc en petites parties angulaires et pointues, ressemblant à nos pierres à fusil. Ils estiment leurs haches plus que tout le reste de ce qu'ils possèdent, et ils ne voulurent jamais nous en céder une seule, quelque échange que nous leur présentassions. Ils emploient leurs petits outils de jaspe pour finir leurs ouvrages les plus délicats : comme ils ne savent pas les aiguiser, ils s'en servent jusqu'à ce qu'ils soient entièrement émoussés, et alors ils les jettent là.

J'ai déjà fait mention de leurs filets, et surtout de leur seine, qui est d'une grandeur énorme. Nous en avons vu une qui semblait être l'ouvrage des habitants de tout un village; je crois aussi qu'elle leur appartenait en commun.

Leur culture est aussi parfaite qu'on a lieu de l'attendre d'un pays où un homme ne sème que pour lui, et où la terre donne à peine autant de fruits qu'il en faut pour la subsistance des habitants. Lorsque nous allâmes pour la première fois à Tegadoo, canton situé entre la baie de Pauvreté et le cap Est, leurs semences venaient d'être mises en terre, et n'avaient pas encore commencé à germer : le terreau était aussi uni que celui de nos jardins; chaque racine avait un petit mondrain rangé par lignes en quinconce régulier, et les chevilles de bois qui avaient servi pour cela étaient encore sur le champ. Nous n'avons pas eu occasion de voir travailler les laboureurs; mais nous avons examiné l'instrument qui leur sert à la fois de bêche et de charrue. Ce n'est qu'un long pieu étroit et aiguisé en tranchant à un des bouts, avec un petit morceau de bois attaché transversalement à peu de distance au-dessus du tranchant, afin que le pied puisse commodément le faire entrer dans la terre. Ils retournent des pièces de terre de six ou sept acres d'étendue avec cet instrument, quoiqu'il n'ait pas plus de trois pouces de large; mais comme le sol est léger et sablonneux, il fait peu de résistance.

C'est dans la partie septentrionale de la Nouvelle-Zélande que l'agriculture, l'art de fabriquer des étoffes et les autres arts de la paix, semblent être mieux connus et plus pratiqués. On en trouve peu de vestiges dans la partie méridionale, mais les arts qui appartiennent à la guerre sont très florissants sur toute la côte.

Leurs armes ne sont pas en grand nombre, mais elles sont très propres à détruire leurs ennemis; ils ont des lances, des dards, des haches de bataille et le patou-patou. La lance a quatorze ou quinze pieds de long; elle est pointue aux deux bouts, et quelquefois garnie d'un os; on l'empoigne par le milieu, de sorte que, la partie de derrière balançant celle de devant, elle porte un coup plus difficile à parer que celui d'une arme qu'on tient par un des bouts. Ces peuples n'ont ni frondes, ni arcs. Ils lancent le dard, ainsi que les pierres, avec la main; mais ils s'en servent rarement, si ce n'est pour la défense de leurs forts. Leurs combats dans les pirogues ou à terre se font ordinairement de corps à corps : le massacre doit par conséquent être fort grand, puisque, si le premier coup de quelques-unes de leurs armes porte, ils n'ont pas besoin d'en donner un second pour tuer leur ennemi. Ils paraissent mettre leur principale confiance dans l'arme appelée patou-patou, qui est attaché à leur poignet avec une forte courroie, de peur qu'on ne le leur arrache par force. Les principaux personnages du pays le pendent ordinairement à leur ceinture, comme un ornement militaire, et il fait partie de leur habillement, comme le poignard chez les Asiatiques et l'épée chez les Européens. Ils n'ont point d'armure défensive; mais, outre leurs armes, les chefs portent un bâton de distinction, comme nos officiers portent un sponton. C'était communément une côte de baleine, aussi blanche que la neige, et décorée de sculpture, de poil de chien et de plumes; c'était d'autres fois un bâton d'environ six pieds de long, orné de la même manière, et incrusté de coquillages ressemblant à la nacre de perle. Ceux qui portent ces marques de distinction sont ordinairement vieux, ou au moins ils ont passé le moyen âge; ils ont aussi sur le corps plus de taches d'amoco que les autres.

La danse de guerre consiste en un grand nombre de mouvements violents et de contorsions hideuses des membres. Le visage y joue un grand rôle : souvent ils font sortir de leur bouche une langue d'une longueur incroyable, et relèvent leurs paupières avec tant de force, qu'on aperçoit tout le blanc de l'œil en haut et en bas, de manière qu'il forme un cercle autour de l'iris. Ils ne négligent rien de tout ce qui peut rendre la figure de l'homme difforme et effroyable. Pendant cette danse, ils agitent leurs lances, ils ébranlent leurs dards, et frappent l'air avec leurs patous-patous. Cette horrible danse est accompagnée d'une chanson, sauvage il est vrai, mais qui n'est point désagréable, et dont chaque refrain se termine par un soupir élevé et profond qu'ils poussent de concert. Nous vîmes dans les mouvements des danseurs une force, une fermeté et une adresse que nous ne pûmes pas nous empêcher d'admirer. Dans leurs chansons ils gardent la mesure avec la plus grande exactitude : j'ai entendu plus de cent pagaies frapper à la fois avec tant de précision contre les côtés de leurs pirogues, qu'elles ne produisaient qu'un seul son, à chaque temps de leur musique.

Ils chantent quelquefois, pour s'amuser et sans l'accompagner de danse, une chanson qui n'est pas fort différente de celle-là; nous en avons entendu aussi de temps en temps d'autres chantées par les femmes, dont les voix sont d'une douceur et d'une mélodie remarquables, et ont un accent agréable et tendre : la mesure en est lente et la chute plaintive. Toute cette musique, autant que nous en pûmes juger sans avoir une grande connaissance de l'art, nous parut exécutée avec plus de goût qu'on n'a lieu de l'attendre de sauvages pauvres et errant dans un pays à moitié désert. Nous crûmes que leurs airs étaient à plusieurs parties; du moins est-il certain qu'ils étaient chantés par plusieurs voix ensemble.

Ils ont des instruments sonores, mais on peut à peine leur donner le nom d'instruments de musique : l'un est la coquille appelée la trompette de Triton, avec laquelle ils font un bruit qui n'est pas différent de celui que nos bergers tirent de la corne d'un bœuf; l'autre est une petite flûte de bois ressemblant à une quille d'enfant, mais beaucoup plus petite, et aussi peu harmonieuse que le sifflet que nous appelons *peawhistle*.

Après ce que j'ai déjà dit sur l'usage où sont ces Indiens de manger de la chair humaine, j'ajouterai seulement que, dans presque toutes les anses où nous débarquâmes, nous avons trouvé des os humains encore couverts de chair, près des endroits où l'on avait fait du feu, et que, parmi les têtes qui furent apportées à bord par le vieillard, quelques-unes semblaient avoir des yeux et des ornements dans leurs oreilles, comme si elles eussent été vivantes.

Les petites sociétés que nous trouvâmes dans les parties méridionales de la Nouvelle-Zélande semblaient avoir plusieurs choses en commun, et en particulier leurs belles étoffes et leurs filets de pêche. Elles conservaient leurs étoffes, qui étaient peut-être des dépouilles de guerre, dans une petite hutte, construite pour cet effet au milieu du bourg. Dans presque toutes les maisons nous vîmes des hommes travailler aux filets, dont ils rassemblaient ensuite les différentes parties pour les joindre ensemble. Les habitants de la Nouvelle-Zélande semblaient faire moins de cas des femmes que les insulaires de la mer du Sud. Nous remarquâmes que les deux sexes mangeaient ensemble, mais nous ne savons pas avec certitude la manière dont ils partagent entre eux les travaux. Je suis porté à croire que les hommes labourent la terre, font les filets, attrapent des oiseaux, vont dans les pirogues pour pêcher, et que les femmes recueillent la racine de fougère, rassemblent près de la grève les écrevisses de mer et les autres poissons à coquilles, apprêtent les aliments et fabriquent l'étoffe. Telles étaient du moins leurs occupations lorsque nous avons eu occasion de les observer, ce qui nous est arrivé rarement; car, en général, partout où nous allions, notre visite faisait un jour de fête : les hommes, les femmes et les enfants s'attroupaient autour de nous, ou pour satisfaire leur curiosité, ou pour acheter quelques-unes des précieuses mar-

Cette immense plaine était composée de différentes glaces....

chandises que nous portions avec nous, et qui consistaient principalement en clous, papiers et morceaux de verre.

On ne doit pas supposer que nous ayons pu acquérir des connaissances très étendues sur la religion de ces peuples. Ils reconnaissaient l'influence de plusieurs êtres supérieurs, dont l'un est suprême et les autres subordonnés, ils expliquent à peu près de la même manière que les Taïtiens l'origine du monde et la production du genre humain.

Nous n'avons pas pu savoir quels hommages ils rendent aux divinités qu'ils reconnaissent ; nous n'avons pas vu non plus de lieux destinés au culte public, comme les moraïs des insulaires de la mer du Sud. Cependant nous avons aperçu près d'une plantation de patates douces une petite place carrée, environnée de pierres, au milieu de laquelle on avait dressé un des pieux pointus qui leur servent de bêche, et auquel était suspendu un panier rempli de racines de fougère. En questionnant les naturels du pays sur cet objet, ils nous dirent que c'était une offrande adressée à leurs dieux. par laquelle on espérait les rendre plus propices et obtenir d'eux une récolte abondante.

Nous ne pouvons pas nous former une idée précise de la manière dont ils disposent de leurs morts. Les rapports qu'on nous a faits sur ce sujet ne sont point d'accord. Dans les parties septentrionales de la Nouvelle-Zélande, ils nous dirent qu'ils les enterraient, et dans la partie méridionale, nous apprimes qu'on le jetait dans la mer. Il est sûr que nous n'avons point vu de tombeaux dans le pays, et qu'ils affectaient de nous cacher, avec une espèce de secret mystérieux, tout ce qui est relatif à leurs morts. Mais, quels que soient leurs cimetières, les vivants sont eux-mêmes des espèces de monuments de deuil. A peine avons-nous vu une seule personne de l'un des deux sexes dont le corps n'eût pas quelques cicatrices des blessures qu'elle s'était faites comme un témoignage de sa douleur pour la perte d'un parent ou d'un ami. Quelques-unes de ces blessures étaient si récentes, que le sang n'était pas encore entièrement étanché; ce qui prouve que la mort avait frappé quelqu'un sur la côte pendant que nous y étions. Cela était d'autant plus extraordinaire, que nous n'avions point appris qu'on eût fait aucune cérémonie funéraire. Quelques-unes de ces cicatrices étaient très larges et très profondes, et nous avons trouvé plusieurs habitants dont elles défiguraient le visage. Nous avons encore observé dans ce pays un monument d'une autre espèce, je veux dire la croix qui était dressée près du canal de la Reine Charlotte.

Après avoir décrit, le mieux qu'il m'a été possible, les usages et les opinions des habitants de la Nouvelle-Zélande, ainsi que leurs pirogues, leurs filets leurs

Il se tenait avec sa massue à la main, sur la pointe d'un rocher....

meubles, leurs outils et leur habillement, je ferai remarquer seulement que les ressemblances que nous avons trouvées entre ce pays et les îles de la mer du Sud, relativement à ces différents objets, sont une forte preuve que tous ces insulaires ont la même origine, et que leurs ancêtres communs étaient natifs de la même contrée. Chacun de ces peuples croit par tradition que ses pères vinrent, il y a très longtemps, d'un autre pays, et ils pensent tous, d'après cette même tradition, que ce pays s'appelait *Heawise;* la conformité des langues paraît établir ce fait d'une manière incontestable.

La langue de la Nouvelle-Zélande et celle de Taïti sont radicalement les mêmes. Celles des parties septentrionale et méridionale de la Nouvelle-Zélande diffèrent par la prononciation, ainsi qu'on voit les mêmes mots anglais prononcés différemment dans le comté de Middlesex et celui d'York.

Le génie de la langue, surtout dans la partie méridionale de la Nouvelle-Zélande, est de mettre des articles devant les noms, ainsi que nous y plaçons *le*, *un*, etc. Les articles dont ils se servent communément sont *he* ou *ko;* c'est encore un usage commun parmi eux d'ajouter le mot *oeia* après un autre mot, comme une répétition de la même chose, surtout s'ils répondent à une question. D'après cette pratique, nos officiers, qui ne jugeaient des mots que par l'oreille, sans pouvoir appliquer une signification à chaque son, formèrent des mots d'une longueur énorme.

En admettant que le même pays a peuplé originairement ces îles, ainsi que celles des mers du Sud, il restera toujours à savoir quel est ce pays. Nous pensons unanimement que ces peuples ne viennent pas de l'Amérique, qui est située à l'est de ces contrées; et à moins qu'il n'y ait au sud un continent d'une médiocre étendue, il s'ensuivra qu'ils viennent de l'ouest.

TROISIÈME SECTION.

Traversée de la Nouvelle-Zélande à la baie de Botanique, sur la côte orientale de la Nouvelle-Hollande, appelée aujourd'hui *Nouvelle-Galles méridionale.*

Après avoir fait voile, le 31 mars 1770, du cap Farewell, situé au 40e degré 33' de latitude sud et au 186e degré de longitude occidentale, nous portâmes à l'ouest, et, le 2 avril à midi, nous reconnûmes par des observations que nous étions au 40e degré de latitude, et que notre longitude du cap Farewell était de 2° 31' ouest.

Dans le courant de la journée du 13, étant par 39° 23' de latitude sud, 204° 2' de longitude ouest, nous vîmes quelques poissons volants. Nous aperçûmes, le 15, un œuf et une mouette, et, comme ces oiseaux ne s'éloignent jamais beaucoup de terre, nous continuâmes à sonder toute la nuit sans trouver de fond.

Le 18, dans la matinée, nous vîmes deux poules de port Egmont et une pintade, signes certains du voisinage de la terre: en effet, notre longitude n'était qu'un degré à l'ouest du côté oriental de la terre de Van-Diémen, d'après la position que lui a assignée Tasman, que nous ne pouvons pas accuser d'erreur dans une traversée aussi courte que celle qui se trouve de cette terre à la Nouvelle-Zélande; et, suivant notre latitude, nous n'étions pas à plus de cinquante ou cinquante-cinq lieues du lieu d'où il partit.

Le 19, nous étions au 37e degré 58' de latitude sud, et au 210e degré 39' de longitude ouest. Je jugeai que la pointe la plus sud de la terre qui fût en vue, et qui nous restait à l'ouest-sud-ouest, était située au 38e degré de latitude, et au 211e degré 7' de longitude. Je lui donnai le nom de *pointe Hicks*, parce que M. Hicks, mon premier lieutenant, la découvrit le premier.

A midi, nous étions au 37e degré 50' de latitude, et au 210e degré 29' de longitude ouest. Les dernières terres s'étendaient du nord-ouest à l'est-nord-est, et une pointe qu'on y remarque aisément nous restait au nord-est, à environ quatre lieues. Cette pointe s'élève en mondrain rond qui ressemble beaucoup au *Ram-Head* (*Tête du Bélier*), située à l'entrée du goulet de Plymouth : c'est pour cela que je lui donnai le même nom. Ce que nous avions vu de la terre nous parut être bas et uni; la côte de la mer était d'un sable blanc, mais le pays dans l'intérieur était couvert de verdure et de bois.

A six heures du soir, la terre la plus septentrionale que nous eussions en vue nous restait nord-est, et nous avions à l'ouest, à deux lieues de distance, une île qui est tout près d'une pointe sur la grande terre. On peut reconnaître cette pointe, que j'appelai *cap Howe*, par le gisement de la côte, qui est nord d'un côté et sud-ouest de l'autre.

Le 20, à quatre heures du matin, nous fîmes voile le long de la côte au nord. Nous nous trouvâmes à midi au 36e degré 51' de latitude sud, au 209e degré 53' de longitude ouest et à environ trois lieues de la côte. Le temps étant clair nous vîmes distinctement le pays : il présente un coup d'œil agréable. La terre est médiocrement élevée et entrecoupée par des collines et des vallées, des hauteurs et des plaines; il y a un petit nombre de prairies de peu d'étendue, et qui sont en général couvertes de bois. La pente des collines et des hauteurs est douce, et les sommets n'en sont pas très hauts. Nous continuâmes à porter au nord le long de la côte avec un vent du sud. Dans l'après-midi nous vîmes de la fumée en plusieurs endroits, ce qui nous permit de ne pas douter que le pays ne fût habité.

Nous remîmes à la voile le 21, à quatre heures du matin, étant éloignés de terre d'environ cinq lieues. A six heures nous étions en travers d'une haute montagne, située près de la côte, et que j'appelai *mont Dromadaire*, à cause de sa figure. Au-dessous de cette montagne la côte forme une pointe à laquelle je donnai le nom de *pointe Dromadaire*. On trouve au-dessus de cette pointe un mondrain qui se termine en pic. Nous étions alors au 36e degré 18' de latitude sud, et au 209e degré 55' de longitude ouest.

Le 22 à midi, notre latitude était de 35° 27' sud, et notre longitude de 209° 23' ouest. Le cap Dromadaire nous restait au sud-ouest, à dix-neuf lieues, et nous avions au nord-ouest une montagne à pic, facile à distinguer, qui ressemble à un colombier carré avec un dôme au sommet, et à laquelle je donnai pour cela le nom de *Pigeon-House* (*Colombier*.) Une petite île basse, située au-dessous de la côte tout près du rivage, nous restait aussi au nord-ouest, à deux ou trois lieues de distance.

Le 25, nous fîmes voile vers le nord. A midi nous étions au 34e degré 22' de latitude sud, et au 208e degré 36' de longitude ouest, à trois ou quatre lieues de la côte. Depuis le midi de la veille et dans le courant de la journée, nous avançâmes de quarante-cinq milles au nord-est, et nous vîmes près de la grève de la fumée en plusieurs endroits. A environ deux lieues au nord du cap George, la côte semblait former une baie. Je donnai à la pointe septentrionale de cette baie, à raison de sa figure, le nom de *Long-Nose*, c'est-à-dire *Long-Nez :* elle est située au 35e degré 6' de latitude, et à environ huit lieues au nord de celle-ci, il y a une autre pointe, que j'appelai *Red-Point* ou *pointe Rouge*, eu égard à la couleur de la terre : elle est située au 34e degré 29' de latitude, et au 208e 45' de longitude ouest.

La grande quantité de plantes que MM. Banks et Solander rassemblèrent dans la baie de la Nouvelle-Galles du Sud, où nous atterrîmes, m'engagea à lui donner le nom de *baie de Botanique* (1). Elle est située au 34e degré de latitude sud, et au 208e degré 37' de longitude ouest. Elle est étendue, sûre et commode; on peut la reconnaître à l'aspect de la terre, qui, sur les bords de la mer, est presque unie et médiocrement élevée. En général, la côte est plus haute que dans l'intérieur du pays, et il y a près de la mer des rochers escarpés qui ont l'apparence d'une longue île située au-dessous de la côte. Le hâvre se trouve à peu près au milieu de cette terre, et, lorsqu'on en approche en venant du sud, on le découvre avant que le vaisseau arrive en face; mais on ne l'aperçoit pas sitôt en venant du nord. L'entrée a un peu plus d'un quart de mille de large, et sa direction est ouest-nord-ouest. Nous mouillâmes près de la côte méridionale, à environ un mille au-delà de l'entrée, afin de pouvoir mettre à la voile avec un vent du sud, et parce que je pensai que c'était la meilleure station pour faire de l'eau; mais je trouvai par la suite un très beau courant sur la côte du nord, dans la première anse sablonneuse qui est en dedans de l'île, devant laquelle un vaisseau pourrait mouiller presque entièrement environné de la terre, et s'y procurer de l'eau et du bois en grande abondance. Il y a partout beaucoup de bois, mais je n'ai vu que deux espèces d'arbres qui puissent être regardés comme bois de construction. Les arbres sont pour le moins aussi grands que le chêne d'Angleterre, et j'en vis un qui y ressemblait assez. C'est le même qui distille la gomme rouge, pareille au sang de dragon; le bois en est pesant, dur et brun, comme le *lignum vitæ*. L'autre a la tige grande et droite, à peu près comme le pin, et le bois, qui a de la ressemblance avec le chêne d'Amérique, en est dur et pesant aussi. Il y a quelques arbrisseaux et plusieurs sortes de palmiers; les palétuviers croissent en grande abondance près du fond de la baie.

Le pays, autant que nous avons pu le découvrir, est en général uni, bas et couvert de bois. Les bois sont remplis d'oiseaux d'une très grande beauté, surtout de perroquets; nous y avons vu des corneilles exactement les mêmes que celles d'Angleterre. Autour du fond du hâvre, où sont de grands bancs de sable et de vase, il y a beaucoup d'oiseaux aquatiques, dont la plupart nous étaient entièrement inconnus; un des plus remarquables était noir et blanc, plus gros qu'un cygne, et d'une figure un peu ressemblante à celle du pélican. On trouve sur ces bancs de sable et de vase de grandes quantités d'huîtres, de moules, de pétoncles et d'autres coquillages; ils semblent être la principale

(1) Telle est l'origine de *Botany-Bay*, lieu où les Anglais commencèrent à envoyer leurs déportés, en 1780, après l'émancipation de leurs colonies dans l'Amérique du Nord. Botany-Bay, plus connue aujourd'hui sous le nom de *Nouvelle-Galles du Sud*, n'avait pas un seul Européen à l'époque où le capitaine Cook y aborda; on y en compte à présent (1852) plus de 60,000. Il y en a en outre près de 30,000 dans la terre de Van-Diémen, qui dépend de la même colonie. A. M.

subsistance des habitants, qui vont dans les bas-fonds avec leurs pirogues, et les pêchent à la main. Nous n'avons pas remarqué qu'ils les mangeassent crus; mais ils ne vont pas toujours à terre pour les faire cuire, et ils font souvent pour cela du feu dans leurs pirogues. Ils ont cependant d'autres moyens de subsistance; ils prennent quantité de poissons, qu'ils harponnent avec des fouènes, ou qu'ils pêchent à l'hameçon et à la ligne. Tous les habitants que nous avons vus étaient entièrement nus. Ils ne paraissent pas être en grand nombre, ni vivre en société; mais, comme les animaux, ils sont dispersés le long de la côte et dans les bois. Nous n'avons acquis que très peu de connaissances sur leur manière de vivre, parce que nous n'avons jamais pu établir le moindre commerce avec eux. Après la première contestation, lors de notre débarquement, ils ne voulurent plus nous approcher d'assez près pour nous parler; et ils n'ont pas touché à un seul des présents que nous leur avions laissés dans les huttes et dans les autres endroits qu'ils fréquentaient.

Pendant mon séjour dans ce hâvre, je fis graver sur un des arbres, près du lieu de l'aiguade, le nom de notre vaisseau avec la date du jour et de l'année où nous arrivâmes.

La marée y est haute sur les huit heures, dans les pleines lunes et les nouvelles, et le flot s'élève et retombe perpendiculairement de quatre à cinq pieds.

Traversée de la baie de Botanique à la baie de la Trinité. Description du pays, de ses habitants et de ses productions.

A la pointe du jour, le 6 mai 1770, nous partîmes de la baie de Botanique, et gouvernâmes le long de la côte nord-nord-est : à midi notre latitude était de 33° 50' sud. Nous étions alors à deux ou trois milles de distance de la terre, et en travers d'une baie ou hâvre, où il nous sembla qu'il y avait un bon mouillage, et que j'appelai *port Jackson* (1). Ce hâvre gît à trois lieues au nord de la baie de Botanique. Au coucher du soleil, la terre la plus septentrionale que nous eussions en vue nous restait nord-est, et nous avions au nord-ouest, à quatre lieues, quelques terres rompues qui semblaient former une baie. Je donnai le nom de *Broken-Bay*, ou *baie Rompue*, à cette baie, qui est située au 33e degré 42'. Nous rangeâmes la côte nord-nord-est toute la nuit, à la distance d'environ trois lieues de terre.

Le 7, notre latitude était de 33° 22' sud; nous étions à environ trois lieues de la côte; la terre la plus septentrionale que nous eussions en vue nous restait au nord-est, et nous avions au sud-ouest, à cinq lieues de distance, quelques terres qui s'avançaient en trois pointes arrondies, et que j'appelai pour cela *cap des Trois-Pointes*. Notre longitude de la baie de Botanique était de 19' est. Dans l'après-midi, nous vîmes de la fumée en plusieurs endroits de la côte.

Le vent souffla toujours du nord jusqu'au matin du 10, et nous continuâmes de louvoyer avec très peu de changement dans notre situation à d'autres égards; mais un vent s'étant élevé alors du sud-ouest, nous avançâmes le long de la côte du nord le plus qu'il nous fut possible. Au lever du soleil, notre latitude était de 33° 2' sud. A neuf heures du matin, nous dépassâmes une montagne remarquable, située un peu avant dans l'intérieur du pays, et qui ressemble assez à la forme d'un chapeau; à midi, notre latitude était de 32° 53' sud, et notre longitude de 208° ouest. Nous étions éloignés d'environ deux lieues de la terre qui s'étendait du nord-est au sud-ouest, et un petit rocher ou île ronde, qui gît au-dessous de la terre, près de la côte, nous restait au sud-ouest, à trois ou quatre lieues. A quatre heures de l'après-midi, nous dépassâmes, à la distance d'environ un mille, une pointe basse de rocher que j'appelai *pointe Stephens*, et sur le côté septentrional de laquelle il y a une anse que je nommai *port Stephens*. En examinant de la grande hune cette anse, elle me parut être à l'abri de tous les vents : elle gît au 32e degré 40' de latitude, et au 207e degré 51' de longitude. A l'entrée, on trouve trois petites îles, dont deux sont élevées; et, sur la grande terre, près de la côte, il y a quelques montagnes hautes et rondes qui de loin semblent être des îles. Nous vîmes à peu de distance, dans l'intérieur des terres, de la fumée en plusieurs endroits; à cinq heures et demie, la terre la plus septentrionale que nous eussions en vue nous restait au nord-est, et la pointe Stephens, au sud-ouest, à quatre lieues. Nous étions alors à trois ou quatre lieues de la côte où s'élèvent deux mondrains. J'appelai cette pointe *cap Hawke*. Elle gît au 32e degré 14' de latitude sud, et au 207e degré 30' de longitude ouest. L'après-midi, pendant notre navigation le long de la terre, à peu de distance du rivage, nous aperçûmes de la fumée en plusieurs endroits, et même sur le sommet d'une montagne : c'était la première fois que nous en voyions sortir d'un lieu élevé depuis notre arrivée vers la côte. Nous aperçûmes trois montagnes élevées qui avaient quelque ressemblance entre elles; nous les appelâmes *les Trois-Frères*. Elles gisent par le 31e degré 40' de latitude, et on peut les découvrir à la distance de quatorze ou seize lieues.

Le 13, à midi, notre latitude était de 30° 45' ouest. Nous étions à trois ou quatre lieues de la côte, dont la partie la plus septentrionale nous restait au nord-ouest, et nous avions à l'ouest, à quatre lieues de distance, une pointe ou cap sur lequel nous vîmes des feux qui produisaient beaucoup de fumée. Je donnai à cette pointe le nom de *cap Smoky* ou *cap de la Fumée*. Il est d'une hauteur considérable, et sur le sommet de la pointe il y a un mondrain rond; derrière celui-ci on en voit deux autres beaucoup plus élevés et plus gros, et plus avant dans l'intérieur, la terre est très basse. Nous étions au 30e degré 31' de latitude sud, et au 206e degré 54' de longitude ouest. La latitude mesurée ce jour-là par observation n'était que de cinq milles plus au sud que celle que nous donnait le loch. Outre la fumée que nous vîmes sur le cap Smoky, nous en aperçûmes encore en plusieurs endroits le long de la côte.

A mesure que nous avancions au nord de la baie de Botanique, la terre s'élevait par degrés, de sorte qu'à la latitude de 30° 22' on peut la regarder comme un pays montueux. Entre cette latitude et la baie, elle présente une variété agréable de hauteurs, de collines, de vallées et de plaines toutes couvertes de bois, et semblables à celle dont j'ai donné une description particulière. La terre près de la côte est en général basse et sablonneuse, excepté les pointes qui sont de rocher, et sur plusieurs desquelles il y a de hautes montagnes qui, dans l'endroit où elles commencent à s'élever au-dessus de la surface de l'eau, semblent être des îles. L'après-midi nous avions entre nous et la terre quelques petites îles de rochers, dont la plus méridionale gît au 30e degré 10' de latitude, et la plus septentrionale au 29e degré 58', à un peu plus de deux lieues de la côte.

Le 15, notre latitude était de 28° 39' sud, et notre longitude de 206° 27' ouest. Une pointe élevée de terre, que je nommai *cap Byron*, nous restait au nord-ouest, à trois milles de distance. Elle gît par 28° 37' 30" de latitude sud, 206° 30' de longitude ouest, et on peut la reconnaître au moyen d'une montagne remarquable, terminée en pic aigu, qui est située dans l'intérieur et qui court au nord-ouest-quart-ouest du cap. Depuis cette pointe, la terre est élevée et montueuse dans l'intérieur, et basse près de la côte; elle est encore basse et unie aussi au sud de la pointe.

Continuant à avancer, nous vîmes une montagne à pic que j'appelai pour cela *Mount-Warning* ou *mont*

(1) C'est aujourd'hui le port de Sidney, capitale de l'Australie, et un des plus vivants de la Nouvelle-Hollande. A. M.

d'Avis. Elle gît à sept ou huit lieues dans l'intérieur des terres, au 28e degré 22' de latitude sud. La terre, dans les environs, est élevée et montueuse; mais le pic la domine assez pour être distingué d'abord de tout autre objet. J'ai nommé *pointe du Danger* la pointe à la hauteur de laquelle on rencontre des brisants. Au nord de cette pointe, la terre est basse et court nord-ouest-quart-nord; mais un peu plus loin elle court plus au nord.

Nous continuâmes notre route le long de la côte, et nous découvrîmes des brisants à babord. Au 27e degré 6' de latitude sud la terre fait une pointe. Sur le côté septentrional de cette pointe, la côte forme une baie large et ouverte que j'appelai *baie de Moreton*, au fond de laquelle la terre est si basse, que je pouvais à peine l'apercevoir du haut de la grande hune. Les brisants sont situés à trois ou quatre milles de la pointe.

Le 17, la terre qui était restée le plus au nord, la veille, nous restait alors au sud-sud-ouest, à six lieues de distance, et je lui donnai le nom de *cap Moreton*, parce que c'est la pointe septentrionale de la baie de Moreton. Sa latitude est de 26° 56', et sa longitude de 206° 28' du cap Moreton : la terre s'étend à l'ouest au-delà de la portée de la vue. Il y avait un petit espace où nous n'apercevions point alors de terre, et quelques personnes à bord ayant observé d'ailleurs que la mer avait une couleur plus pâle qu'à l'ordinaire, elles pensèrent que le fond de la baie de Moreton se terminait à une rivière. Trois montagnes sont situées au nord de ce lieu, au 26e degré 53' de latitude. Ces montagnes ne sont ni avancées dans l'intérieur de la terre, ni éloignées l'une de l'autre. Elles sont remarquables par la forme singulière de leur élévation qui ressemble beaucoup à une verrerie, et que j'appelai pour cela *Glass-Houses* ou *les Verreries*. La plus septentrionale des trois est la plus élevée et la plus grosse : il y a aussi derrière ces montagnes au nord d'autres collines à pic; mais elles ne sont pas, à beaucoup près, si remarquables.

Le 19, à midi, notre latitude était de 25° 4', et la terre la plus septentrionale que nous vissions nous restait au nord-ouest, à la distance de huit milles. Nous dépassâmes alors un cap ou pointe de terre noire et de forme ronde, sur laquelle un grand nombre de naturels du pays étaient assemblés, et que j'appelai pour cela *Indian-Head*, ou *pointe des Indiens*. Elle gît au 25e degré 3' de latitude. A environ quatre milles au nord-quart-nord-ouest de cette pointe, il y en a une autre semblable d'où la terre s'étend un peu plus à l'ouest. Près de la mer elle est basse et sablonneuse. On n'aperçoit rien par derrière, même en l'examinant de la grande hune. Nous vîmes plusieurs insulaires près de la pointe des Indiens. Il y eut pendant la nuit des feux sur la côte voisine, et de la fumée pendant le jour.

Le 20, notre latitude était de 20° 26' Nous avions au sud-ouest la pointe de laquelle un banc semblait partir. Je donnai à cette pointe le nom de *cap Sandy*, ou *cap sablonneux*, à cause de deux grands monceaux de sable blanc dont elle est couverte. Elle gît au 24e degré 45' de latitude, et au 206e degré 51' de longitude, et elle est assez élevée pour que dans un temps clair on l'aperçoive à la distance de douze lieues.

Nous nous tînmes le long du côté oriental du banc, jusqu'à deux heures après-midi ; alors jugeant que l'eau était assez profonde pour que le vaisseau pût passer, j'envoyai le bateau en avant afin de sonder ; et comme il nous fit le signal que la sonde rapportait plus de cinq brasses, nous serrâmes le vent et portâmes sur la queue du banc par six brasses. Nous étions alors au 24e degré 22' de latitude. J'appelai ce banc *Break-Sea-Spit* ou *Brise-Mer*, parce que nous avions alors une eau tranquille, tandis qu'au sud de ce banc, nous eûmes toujours une grosse mer du sud-est. Nous avions trouvé pendant les derniers jours plusieurs oiseaux de mer appelés *boubies*, ce qui ne nous était pas encore arrivé. Nous donnâmes au fond d'une baie profonde qui était au sud de nous et que j'appelai *baie d'Hervey*, en l'honneur du capitaine Hervey.

Le 22, en poursuivant notre route, nous découvrîmes avec nos lunettes que la terre était couverte de palmiers, arbres que nous n'avions pas vus depuis que nous avions quitté les îles situées entre les tropiques ; nous vîmes aussi deux Indiens qui se promenaient le long de la côte, et qui ne daignèrent pas faire la moindre attention à nous. Le soir, après avoir serré de près le vent, nous mîmes à l'ancre sur les huit heures.

Le lendemain, 23 j'allai à terre dès le grand matin, accompagné de MM. Banks et Solander, de nos officiers, de Tupia et d'un détachement de matelots, dans la vue d'examiner le pays.

Nous rencontrâmes sur la côte des espèces d'outardes ; nous en tirâmes une qui était aussi grosse qu'un coq d'Inde, et qui pesait dix-sept livres et demie. Nous convînmes tous que c'était le meilleur oiseau que nous eussions mangé depuis notre départ d'Angleterre, et, à cette occasion, nous donnâmes à l'anse le nom de *Bustard-Bay* ou *baie de l'Outarde*. Elle gît au 24e degré 4' de latitude, et au 208e degré 16' de longitude. La mer semblait abonder en poisson, mais malheureusement nous déchirâmes entièrement notre seine au premier jet. Nous trouvâmes sur les bancs de vase, et au-dessous des palétuviers, une quantité innombrable d'huîtres de toute espèce, et entre autres, le marteau et beaucoup de petites huîtres perlières.

Le 24, nous fîmes voile hors de la baie avec une petite brise. A midi notre latitude était de 23° 52' ; la partie septentrionale de la baie de l'Outarde nous restait à dix milles, au sud-est, et nous avions au nord-ouest la terre la plus septentrionale qui fût en vue. Notre longitude était de 208° 37', et nous étions éloignés de six milles de la côte la plus voisine.

Nous reconnûmes au nord-nord-ouest de nouvelles terres qui semblaient être des îles. A neuf heures, nous étions en travers de la pointe, à la distance d'un mille. J'ai trouvé que cette pointe gisait directement sous le tropique du Capricorne, et je lui donnai pour cela le nom de *cap du Capricorne*. Sa longitude est de 208° 58' ouest ; elle est d'une élévation considérable ; elle paraît blanche et stérile ; on peut la reconnaître au moyen de quelques îles situées au nord-ouest d'elle, et de quelques petits rochers qui sont à la distance d'environ une lieue au sud-est. Il nous sembla qu'il y avait un lagon sur le côté ouest du cap, et nous vîmes sur les deux bancs de sable qui formaient l'entrée un nombre incroyable de grands oiseaux ressemblant à des pélicans. A midi, notre latitude était de 23° 24' sud ; le cap du Capricorne nous restait au sud-est, à la distance de deux lieues, et nous avions au nord-est, à deux milles, une petite île. Nous étions éloignés d'environ quatre milles de la côte de la Nouvelle-Galles, qui, en cet endroit, près de la mer, est basse et sablonneuse, si l'on excepte les pointes qui sont élevées et de roche. L'intérieur du pays est montueux, et ne forme point un coup d'œil agréable.

En naviguant au nord-ouest nous vîmes bientôt une nouvelle terre dont la pointe la plus septentrionale qui fût en vue nous restait alors au nord-nord-ouest, à dix milles de distance. Je lui donnai le nom de *cap Manifold* (1), à cause de plusieurs hautes collines qu'on y aperçoit : il gît au 22e degré 43' de latitude sud, à environ dix-sept lieues au nord-ouest du cap du Capricorne. La côte forme, entre ces caps, une grande baie, que j'appelai *baie de Keppel*, et je nommai les îles *îles de Keppel*. Il y a un bon mouillage dans cette baie. Comme les îles et la grande terre sont habitées, il y a probablement de l'eau douce en plusieurs endroits. Nous vîmes de la fumée et des feux sur la grande terre, et nous aperçûmes des habitants sur les îles.

Le 28, à la pointe du jour, nous fîmes voile. La pointe visible la plus éloignée de la Nouvelle-Galles

(1) *Manifold* est un mot anglais qui signifie *plusieurs* ou *beaucoup*. A. M.

nous restait aussi au nord-ouest, à vingt-deux milles de distance ; mais nous pouvions découvrir plusieurs îles au nord de cette direction. A neuf heures du matin nous étions en travers de la pointe, que j'appelai le *cap Townshend*. Il gît au 22e degré 15' de latitude, et au 209e degré 43' de longitude : la terre est élevée et unie, et plutôt nue que boisée. Il y a au nord de ce cap plusieurs îles, à quatre ou cinq milles en mer.

Bientôt nous découvrîmes un golfe auquel je donnai le nom de *Thirsty-Sound*, ou *canal de la Soif*, parce que nous ne pûmes pas nous y procurer de l'eau douce. Il gît au 22e degré 10' de latitude sud, et au 210e degré 18' de longitude ouest. On peut le reconnaître au moyen d'un groupe de petites îles situées au-dessous de la côte, à la distance de deux à cinq lieues au nord-ouest, et par un autre groupe d'îles qui sont droit en face, à trois ou quatre lieues en mer. Sur chacune des pointes qui forment l'entrée, il y a une colline élevée et ronde qui, au nord-ouest, est une péninsule environnée par la mer à la marée haute. Elles sont toutes deux escarpées et éloignées entre elles d'environ deux milles. Ce golfe présente un bon mouillage, et il offre en outre, pour mettre un vaisseau à la bande, des endroits commodes, où, dans les hautes marées, l'eau s'élève jusqu'à seize ou dix-huit pieds. Le flot commence vers les onze heures, aux pleines lunes et aux nouvelles. J'ai déjà remarqué qu'il n'y a point d'eau douce, et que nous ne pûmes nous y procurer aucun rafraîchissement. Nous vîmes deux tortues, mais il nous fut impossible de les prendre, et nous n'attrapâmes ni poissons ni oiseaux, à l'exception de quelques petits oiseaux de terre. Nous y aperçûmes, il est vrai, les mêmes oiseaux aquatiques que dans la baie de Botanique, mais ils étaient si sauvages, que nous n'en tuâmes pas un seul.

Comme je n'avais aucune raison de rester en cet endroit, le 31 mai, à six heures du matin, je levai l'ancre et je remis en mer. Nous portâmes au nord-ouest, et nous nous tînmes en dehors du groupe d'îles situées le long de la côte et au nord-ouest du canal Thirsty, parce qu'il ne paraissait pas y avoir un passage sûr entre ces îles et la Nouvelle-Galles. Nous avions en même temps au large un certain nombre d'îles qui s'étendaient aussi loin que la portée de la vue. A midi, la pointe ouest du canal Thirsty, que j'ai appelée *Pier-Head*, ou *pointe Pier* (1), nous restait au sud-est, à cinq lieues. Notre latitude était de 21° 53'.

Nous appareillâmes et nous portâmes au nord-ouest. Nous voyions encore la grande terre, ainsi qu'un certain nombre d'îles tout autour de nous, dont quelques-unes sont situées au large aussi loin que l'œil pouvait atteindre. Nous apercevions entièrement le canal occidental qui est distingué dans la carte par le nom de *Broad-Sound*, ou *large Canal* : il a au moins neuf ou dix lieues de largeur à l'entrée. Il y a plusieurs îles à l'entrée et en dedans, et probablement aussi des bancs de sable. A midi, notre latitude était de 21° 29' sud. Une pointe de terre, située au 21e degré 30' de latitude, et au 210e degré 54' de longitude ouest, qui forme l'entrée nord-ouest du large Canal, et que j'ai nommée *cap Palmerston*, nous restait à l'ouest-nord-ouest, à la distance de trois lieues. Notre latitude était de 21° 27', et notre longitude de 210° 57'. Entre ce cap et le cap Townshend il y a une baie que j'ai appelée *bay of Inlets*, ou *baie des Canaux*. Nous continuâmes à porter à petites voiles au nord-ouest et nord-nord-ouest, suivant la direction de la terre, et nous avions un bateau en avant pour sonder.

A midi nous étions éloignés d'environ deux lieues de la grande terre, et de quatre des îles que nous avions au large. Notre latitude était de 20° 56', et un promontoire élevé, que je nommai *cap Hillsborough*, nous restait au nord-ouest, à sept milles de distance. La terre y est entrecoupée de montagnes, de collines, de plaines et de vallées, et paraît être bien couverte de verdure et de bois. Les îles situées parallèlement à la côte, à la distance de cinq à huit ou neuf milles, diffèrent beaucoup par l'élévation et l'étendue : à peine y en a-t-il une qui ait cinq lieues de circonférence, et la plupart n'ont pas plus de quatre milles. Outre cette chaîne d'îles qui sont à une certaine distance de la côte, il y en a beaucoup d'autres moindres au-dessous de la terre, et sur lesquelles nous aperçûmes de la fumée en plusieurs endroits. Nous continuâmes à ranger la côte.

Le 3 juin, nous mîmes à la voile pour porter à l'ouest. A huit heures du matin, nous découvrîmes une terre basse en travers de ce que nous avions pris pour une ouverture, et que nous reconnûmes être une baie d'environ cinq ou six lieues de profondeur. Il y avait à la même hauteur un détroit ou passage entre cette terre et une ou plusieurs grandes îles qui lui sont parallèles. Comme nous avions l'avantage du flot, nous portâmes vers ce passage, et à midi nous fûmes précisément en dedans de l'entrée. Notre latitude était de 20° 26' sud. Nous avions au sud-ouest la pointe septentrionale de la baie. Cette pointe, à laquelle j'ai donné le nom de *cap Conway*, gît au 26e degré 36' de latitude sud, et au 211e degré 28' de longitude ouest ; et j'appelai *baie de Repulse* la baie qui est située entre ce cap et le cap Hillsborough.

Nous gouvernâmes à travers le passage, que nous reconnûmes avoir de trois à sept milles de large, et de huit à neuf lieues de long. Il est formé à l'ouest par la grande terre, et à l'est par les îles, dont une a au moins cinq lieues de longueur. En le traversant nous avions un bon mouillage partout, et tout le passage peut être regardé comme un hâvre sûr, sans parler de plusieurs petites baies et anses qui sont de chaque côté, et où les vaisseaux peuvent séjourner comme dans un bassin. Le sol de la grande terre et des îles est élevé, entrecoupé par des collines, des vallées, des prairies et des bois, et la verdure qu'il présente forme un coup d'œil agréable. A six heures du soir nous étions presque en travers de l'extrémité septentrionale du passage. La pointe la plus nord-ouest de la terre qui fût en vue nous restait au nord-ouest ; et nous avions au nord-nord-est l'extrémité nord de l'île, avec une mer ouverte entre les deux pointes. Comme ce passage fut découvert le jour de la Pentecôte, je l'appelai *Whitsunday-Passage*, ou *passage de la Pentecôte* ; et je donnai aux îles qui le forment le nom d'*îles de Cumberland*, en l'honneur de son Altesse Royale le duc de Cumberland.

Le 4, à la pointe du jour, nous étions en travers de la pointe que nous apercevions plus au loin, au nord-ouest, le soir de la veille, et que je nommai le *cap Gloucester*. C'est un promontoire élevé qui gît au 19e degré 59' de latitude sud, et au 211e degré 49' de longitude ouest. On peut le reconnaître au moyen d'une île située au large au nord-ouest, qui en est éloignée de cinq ou six lieues, et que j'appelai *îl Holborne* : il y a encore d'autres îles au-dessous de la terre, entre l'île Holborne et le passage de la Pentecôte. Sur le côté ouest du cap Gloucester, la terre court sud-ouest et sud-sud-ouest, et forme une baie profonde, dont je pouvais à peine apercevoir le fond du haut de la grande hune : elle est très basse, et c'est une continuation de la terre que nous avions vue dans l'enfoncement de la baie Repulse. Je donnai à cette baie le nom de *baie d'Edgcombe* ; mais sans nous arrêter à l'examiner, nous continuâmes notre route à l'ouest vers la terre la plus éloignée qui fût à la portée de notre vue dans cette direction ; celle-ci nous restait à l'ouest-nord-ouest, et paraissait très élevée. A midi nous étions à environ trois lieues de la côte, et au 19e degré 47' de latitude sud. A six heures du soir nous étions en travers de la pointe la plus occidentale dont on vient de parler, à environ trois milles ; et, comme elle s'élève tout-à-coup au-dessus des basses terres qui l'environnent, je l'appelai *cap Upstart*. Il gît au 19e degré 39' de latitude sud, et au 212e degré 32' de lon-

(1) Ou tête du Port. A. M.

gitude ouest, et il est assez élevé pour qu'on puisse le découvrir à la distance de douze lieues.

Nous continuâmes à gouverner à l'ouest-nord-ouest, suivant la direction de la terre ; notre latitude était de 19° 1' sud, et nous nous trouvâmes précisément en travers de l'embouchure d'une baie qui s'étendait du sud-est au sud-ouest, à deux lieues de distance. Cette baie, que j'appelai *baie Cleveland*, nous parut avoir de cinq à six milles d'étendue de tous les côtés. Je donnai à la pointe de l'est le nom de *cap Cleveland*, et à la pointe ouest, qui semblait être une île, celui d'*île Magnétique*, parce que nous remarquâmes que le mouvement de l'aiguille se dérangeait à mesure que nous en approchions. Ces deux pointes sont élevées, ainsi que la grande terre au-delà, et le tout forme un terrain le plus rocailleux, le plus brisé et le plus stérile que nous ayons vu sur la côte. Le pays n'est pourtant pas sans habitants, car nous avons aperçu de la fumée en plusieurs endroits au fond de la baie.

Nous portâmes vers la terre la plus septentrionale qui fût en vue, en travers de laquelle nous nous trouvâmes, le 8 juin, à trois heures du matin, ayant dépassé toutes les îles trois ou quatre heures auparavant. Je donnai à cette terre, à cause de sa figure, le nom de *pointe Hillock* ou *pointe du Mondrain*. Elle est fort élevée, et on peut la reconnaître au moyen d'un mondrain ou rocher rond qui est joint à la pointe, mais qui semble en être détaché. Entre ce cap et l'île Magnétique, la côte forme une grande baie, que j'appelai *baie Hallifax;* il y a au-devant de son entrée le groupe d'îles dont on vient de parler, et quelques autres moins éloignées de la côte. Ces îles mettent à l'abri de tous les vents la baie, qui offre un bon mouillage.

Après avoir dépassé la pointe du Mondrain, nous nous trouvâmes bientôt en travers d'une pointe de terre que je nommai *cap Sandwich :* entre ces deux pointes la terre est très élevée, et la surface en est brisée et stérile.

Depuis le cap Sandwich la terre court ouest, et ensuite nord, formant une belle et grande baie que j'appelai *baie Rockingham*, et où il me parut y avoir un abri sûr et un bon mouillage; mais je ne m'arrêtai pas pour l'examiner. A midi notre latitude était de 17° 59', et nous étions en travers de la pointe septentrionale de la baie de Rockingham, qui nous restait à l'ouest à environ deux milles. Cette extrémité de la baie est formée par une île d'une hauteur considérable, distinguée par le nom d'*île Dunk*, et qui se trouve si près de la côte qu'il n'est pas aisé de reconnaître qu'elle n'en fait pas partie. Nous étions par le 213° degré 57' de longitude ouest.

Le 9, à six heures du matin, nous étions en travers de quelques petites îles que nous appelâmes *îles Frankland*, et qui sont à environ deux lieues de la terre principale. La pointe la plus éloignée qui fût en vue au nord nous restait au nord-ouest, et nous crûmes qu'elle faisait partie de la côte orientale de la Nouvelle-Hollande ; mais nous trouvâmes ensuite que c'était une île fort élevée et d'environ quatre milles de circonférence. Je passai avec le vaisseau entre cette île et une pointe de la terre principale dont elle est éloignée de deux milles. A midi nous étions au milieu du canal, au 16° degré 57' de latitude sud. J'appelai *cap Grafton* la pointe de la côte orientale de la Nouvelle-Hollande en travers de laquelle nous étions alors. Il gît au 16° degré 57' de latitude sud, et au 214° degré 6' de longitude ouest; la terre de ce cap, ainsi que toute la côte dans un espace d'environ vingt lieues au sud, est élevée, remplie de rochers et peu couverte de bois. Après avoir doublé le cap Grafton, nous trouvâmes une baie dans laquelle nous mîmes à l'ancre à environ deux milles de la côte. La pointe orientale de cette baie court sud-ouest; la pointe occidentale sud-est et une île basse, couverte de bois et de verdure, qui gît au large nord-est; cette île, située à trois ou quatre lieues du cap Grafton, est appelée dans la carte *Green-Island* ou *île Verte*.

Notre latitude était alors de 16° 20' sud, le cap Grafton nous restant au sud-est, à quarante milles, et nous avions au nord-ouest la pointe la plus septentrionale de la terre qui fût en vue. Entre cette pointe et le cap Grafton, la côte forme une grande baie, mais peu profonde, que j'appelai *baie de la Trinité*, parce qu'elle fut découverte le dimanche de la Trinité.

Situation dangereuse où se trouva le vaisseau dans sa traversée de la baie de la Trinité à la rivière Endeavour.

Jusqu'ici nous avions navigué sans accident sur cette côte dangereuse, où la mer, dans une étendue de 22° de latitude, c'est-à-dire de plus de treize cents milles, cache partout des bas-fonds qui se projettent brusquement du pied de la côte et des rochers qui s'élèvent tout-à-coup du fond en forme de pyramide. Jusque-là aucun des noms que nous avions donnés aux différentes parties du pays n'était un monument de détresse; mais en cet endroit nous commençâmes à connaître le malheur, et c'est pour cela que nous avons appelé *cap de Tribulation* la pointe la plus éloignée qu'en dernier lieu nous avions aperçue au nord.

Ce cap gît au 16° degré 6' de latitude sud et au 214° degré 39' de longitude ouest. Nous gouvernâmes à trois ou quatre lieues le long de la côte : nous découvrîmes au large deux îles situées au 16° degré de latitude sud, à environ six ou sept lieues de la grande terre. A six heures nous avions au nord-ouest deux îles basses et couvertes de bois que quelques-uns de nous prirent pour des rochers qui s'élevaient au-dessus de l'eau. Nous diminuâmes alors de voiles, et nous serrâmes le vent au plus près, en voguant à la hauteur de la côte : car c'était mon dessein de tenir le large toute la nuit, non-seulement pour éviter le danger que nous apercevions à l'avant, mais encore pour voir s'il y avait quelques îles en pleine mer, d'autant plus que nous étions très près de la latitude assignée aux îles découvertes par Quiros, et que des géographes, par des raisons que je ne connais pas, ont cru devoir joindre à cette terre. Nous avions l'avantage d'un bon vent et d'un clair de lune pendant la nuit. En portant au large depuis six heures jusqu'à près de neuf, notre eau devint plus profonde; mais pendant que nous étions à souper elle diminua tout-à-coup : j'ordonnai à chacun de se rendre à son poste, et tout était prêt pour virer de bord et mettre à l'ancre; mais la sonde marquant au jet suivant une eau profonde, nous conclûmes que nous avions passé sur l'extrémité des bas-fonds que nous avions vus au coucher du soleil, et qu'il n'y avait plus de danger. A onze heures moins quelques minutes l'eau baissa tout d'un coup, et, avant qu'on pût rejeter la sonde, le vaisseau toucha. En peu de moments tout l'équipage fut sur le tillac, et tous les visages exprimaient avec énergie l'horreur de notre situation. Comme nous avions gouverné au large avec une bonne brise l'espace de trois heures et demie, nous savions que nous ne pouvions pas être très près de la côte. Nous n'avions que trop de raisons de craindre que nous ne fussions sur un rocher de corail : ces rochers sont plus dangereux que les autres, parce que les pointes en sont aiguës, et que chaque partie de la surface est si raboteuse et si dure qu'elle brise et rompt tout ce qui s'y frotte, même légèrement.

Dans cet état nous abattîmes sur-le-champ toutes les voiles, et les bateaux furent mis en mer pour sonder autour du vaisseau. Nous découvrîmes bientôt que nos craintes n'avaient point exagéré notre malheur, et que, le bâtiment ayant été porté sur une bande de rochers, il était échoué dans un trou qui se trouvait au milieu. A notre grand regret nous ne pûmes jamais le mouvoir. Pendant tout ce temps il continua à battre contre le rocher avec beaucoup de violence, de sorte que nous avions de la peine à nous tenir sur nos jambes. Pour accroître notre malheur, nous vîmes à la lueur de la lune flotter autour de nous les planches du doublage de la quille, et enfin la fausse quille, et à chaque instant la mer se préparait à nous engloutir.

Il était impossibble de continuer longtemps le travail nécessaire pour que les pompes gagnassent sur la voie d'eau ; et, comme on ne pouvait pas en découvrir exactement la situation, nous n'avions point d'espoir de l'arrêter en dedans. Dans cet état M. de Monkhouse, un des officiers de poupe, me proposa un expédient dont il s'était servi à bord d'un vaisseau marchand, qui, ayant une voie qui faisait plus de quatre pieds d'eau par heure, fut pourtant ramené sain et sauf de la Virginie à Londres. Le maître du vaisseau avait eu tant de confiance dans cet expédient qu'il avait remis en mer son bâtiment, quoiqu'il connût son état, ne croyant pas qu'il fût nécessaire de boucher autrement sa voie d'eau. Je n'hésitai point à laisser à M. Monkhouse le soin d'employer le même expédient qu'on appelle *larder la bonnette*.

Cet expédient réussit si bien que notre voie d'eau fut fort diminuée, et qu'au lieu de gagner sur trois pompes, une seule suffit pour l'empêcher de faire des progrès. Cet événement fut pour nous une nouvelle source de confiance et de consolation : les gens de l'équipage témoignèrent presque autant de joie que s'ils eussent déjà été dans un port. Loin de borner dès lors leurs vues à faire échouer le vaisseau dans quelque hâvre d'une île ou d'un continent, et à construire de ses débris un petit bâtiment qui pût nous porter aux Indes orientales, ce qui avait été quelques moments auparavant le dernier objet de notre espoir, ils ne pensèrent plus qu'à ranger la côte de la Nouvelle-Hollande, afin de chercher un lieu convenable pour le radouber, et poursuivre ensuite notre voyage comme si rien ne fût arrivé.

Nous portâmes vers la terre jusqu'à environ six heures du soir du 12 juin, quand nous mîmes à l'ancre, à sept lieues de distance de la côte, et une lieue du banc de rochers sur lequel nous avions touché.

Ce banc de rochers, ou ce bas-fond, gît au 15e degré 46' de latitude sud, et à six ou sept lieues de la Nouvelle-Hollande. Ce n'est pas le seul bas-fond qu'il y ait sur cette partie de la côte, surtout au nord, et nous en avons vu un autre au sud, sur l'extrémité duquel nous passâmes, pendant que nous avions des sondes si inégales, environ deux heures avant d'échouer. Une partie de ce bas-fond est toujours au-dessus de l'eau, et a l'apparence d'un sable blanc. Une partie de celui qui manqua de nous faire périr est aussi à sec à la marée basse : il consiste ici en pierres de sable, mais tout le reste est un rocher de corail.

Le 13, nous passâmes tout près et en dehors de deux petites îles situées au 15e degré 41' de latitude sud, et à environ quatre lieues de la Nouvelle-Hollande : je les appelai *Hope-Islands*, ou *îles de l'Espérance*, parce que dans notre danger le dernier objet de notre espérance, ou plutôt de nos désirs, aurait été d'y aborder. A midi, nous étions à environ trois lieues de la terre, et au 15e degré 37' de latitude sud. Nous cherchâmes un hâvre où nous pussions nous radouber, et nous mîmes à l'ancre dans un hâvre convenable, où il y avait assez d'eau, et qui offrait d'ailleurs toutes les commodités qu'on pouvait désirer pour débarquer sur la côte, ou pour mettre le vaisseau à la bande. Heureusement la marée montait, et à une heure de l'après-midi le bâtiment flotta. Nous le remorquâmes bientôt dans le hâvre, et, après l'avoir amarré le long d'une grève escarpée au sud, nous portâmes à terre, avant la nuit.

Ce que nous fîmes sur la rivière Endeavour pendant qu'on y radoubait le vaisseau. Description du pays adjacent, de ses habitants et de ses productions

Le matin du 18, nous construisîmes un pont du vaisseau au rivage. La côte était si escarpée que le bâtiment flottait à vingt pieds de distance de la grève. Nous dressâmes aussi deux tentes à terre, une pour les malades et l'autre pour les provisions qui furent débarquées dans le courant de la journée. Nous y envoyâmes toutes les futailles vides et une partie de l'équipement. Dès que la tente pour les malades fut prête, ils allèrent à terre.

Le 19, je tirai les quatre canons qui étaient dans la cale, et je les fis monter sur le tillac. Je fis encore porter à terre une ancre de rechange, des câbles et le reste de l'équipement et du lest que renfermait la cale. L'après-midi on en sortit en outre tout le bagage des officiers et les futailles, de sorte qu'il n'y restait rien à l'avant et au milieu que les charbons et une petite quantité de lest de pierre. On dressa la forge, et le serrurier et son aide travaillèrent à faire des clous et les autres choses nécessaires pour la réparation du vaisseau. M. Banks traversa la rivière pour examiner le pays de l'autre côté : il trouva qu'il consistait principalement en collines de sable, et il vit quelques maisons d'Indiens qui avaient été habitées depuis peu. Il rencontra dans sa promenade de grandes troupes de pigeons et de corneilles : il tua plusieurs des premiers oiseaux, qui étaient extrêmement beaux ; mais les corneilles, qui sont exactement les mêmes que celles d'Angleterre, étaient si sauvages qu'il ne put pas les approcher assez pour les tirer.

Le 27, nous commençâmes à transporter quelques-uns des matériaux de l'arrière à l'avant du vaisseau, afin de le mettre en estive. Dans le même temps le serrurier continua de travailler à la forge, le charpentier calfata le bâtiment, et d'autres personnes remplirent les futailles et raccommodèrent les agrès. L'après-midi je remontai le hâvre dans la pinasse, et je tirai plusieurs fois la seine, mais je ne pris que vingt ou trente poissons, qui furent distribués aux malades et aux convalescents.

Le 28, M. Banks alla dans l'intérieur du pays avec quelques-uns des matelots, afin de leur montrer la plante qui est appelée dans les îles d'Amérique *chou caraïbe*, et qui nous fournissait un légume.

Le 29, à deux heures du matin, l'observation du premier satellite de Jupiter nous donna 214° 42' 30" ouest pour notre longitude : nous étions au 15e degré 26' de latitude sud. A la pointe du jour j'envoyai de nouveau le bateau pour pêcher à la seine, et l'après-midi il revint avec une assez grande quantité de poissons pour en donner une livre et demie à chaque personne de l'équipage.

Le premier juillet 1770, tout le monde eut la liberté d'aller à terre, excepté un homme de chaque chambrée, qui fut envoyé à la pêche. Elle fut encore heureuse, et les gens qui allèrent dans l'intérieur du pays nous firent la description de plusieurs animaux qu'ils avaient vus, sans pouvoir en attraper aucun. Ils aperçurent aussi un feu à environ un mille au-dessus de l'embouchure de la rivière. M. Gore, mon second lieutenant, trouva une coque de coco remplie de bernacles : elles venaient probablement de quelque île au-dessus du vent, peut-être de la terre *del Espiritù Santo de Quiros*, puisque nous étions alors dans la latitude où l'on dit qu'elle est située. Ce jour-là le thermomètre, à l'ombre, s'éleva à 87, c'est-à-dire plus haut qu'il n'était monté depuis notre arrivée sur la côte.

Vers les deux heures du lendemain matin, 12, l'esquif qu'on avait laissé sur le banc revint avec trois tortues et une grande raie. Comme il était probable qu'on pouvait continuer cette pêche avec avantage, je le renvoyai après le déjeuner pour en chercher une nouvelle provision. Bientôt après trois Indiens se hasardèrent à venir à la tente de Tupia, et ils furent si satisfaits de la réception qu'il leur fit, que l'un d'eux alla chercher dans sa pirogue deux autres de ses compatriotes que nous n'avions pas encore vus. A son retour il introduisit auprès de nous les nouveaux venus en les appelant par leur nom, cérémonie qu'ils n'omettaient jamais dans de pareilles occasions. Comme ils avaient

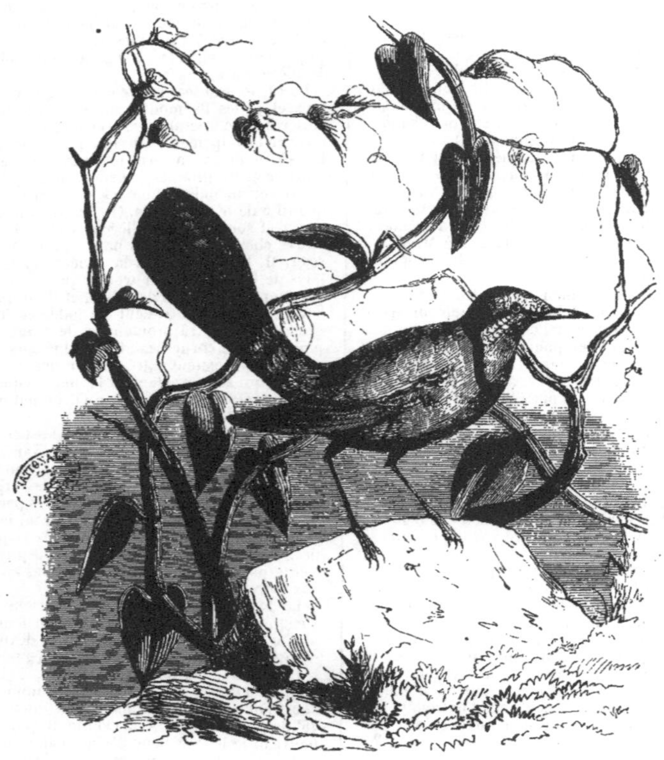

Traquet (Nouvelle-Hollande).

reçu avec beaucoup de plaisir le poisson qui fut jeté dans leur pirogue, lorsqu'ils s'approchèrent pour la première fois du vaisseau, nous leur en offrîmes encore quelques-uns et nous fûmes fort surpris de voir qu'ils les acceptaient avec la plus grande indifférence. Ils firent cependant signe à quelques-uns de nos gens de le leur apprêter, ce qui fut fait sur-le-champ; mais, après qu'ils en eurent un peu mangé, ils jetèrent le reste au chien de M. Banks : ils passèrent avec nous toute l'après-midi, sans vouloir jamais s'écarter de plus de vingt verges de leur pirogue.

Nous nous aperçûmes que la couleur de leur peau n'était pas aussi brune qu'elle nous avait paru d'abord : ce que nous avions pris pour leur teint n'était que l'effet de la poussière et de la fumée dans laquelle nous imaginâmes qu'ils. étaient obligés de dormir, malgré la chaleur du climat, parce qu'ils n'ont que ce seul moyen de se mettre à l'abri des mosquites. Entre autres choses que nous leur distribuâmes, quand nous les vîmes pour la première fois, il y avait quelques médailles que nous suspendîmes autour de leur cou avec un ruban : la fumée avait tellement terni ces rubans que nous ne pouvions pas distinguer aisément de quelle couleur ils avaient été, ce qui nous engagea à examiner plus particulièrement la couleur de leur peau. Tandis que ces Indiens étaient avec nous, nous en découvrîmes deux autres à environ deux cents verges sur la pointe de terre qui est du côté opposé de la rivière, et nous reconnûmes avec nos lunettes que c'étaient une femme et un enfant : la femme, comme le reste des insulaires, était entièrement nue. Nous observâmes qu'ils avaient tous les membres forts petits, et qu'ils étaient d'une activité et d'une agilité extrêmes. L'un de ceux-ci avait un collier de coquillages très bien fait, et un bracelet formé de plusieurs cordons, ressemblant à ce qu'on appelle en Angleterre *gymp* ou *guipure*. Ils portaient tous deux un morceau d'écorce attaché sur le devant du front, et l'os qu'ils avaient dans le nez leur défigurait le visage.

Leur langue nous a paru plus rude que celle des insulaires de la mer du Sud, et ils répétaient continuellement le mot *chercau*. D'après la manière dont ils le prononçaient, nous imaginâmes que ce terme exprimait l'admiration. Lorsqu'ils voyaient quelque chose de nouveau, ils s'écriaient : *cher, tut, tut, tut, tut*, paroles qui avaient probablement une signification pareille.

Leur pirogue, qui était très étroite, n'avait pas plus de dix pieds de long. Elle était garnie d'un balancier, et ressemblait beaucoup à celles des îles de la mer du Sud, quoiqu'elle fût beaucoup mieux faite Lorsqu'elle était dans une eau basse, ils la faisaient marcher avec de longues perches; et quand ils se trouvaient dans une eau profonde, ils se servaient pour cela de rames

1636.

BIBLIOTHÈQUE NATIONALE R.F. IMPRIMÉS

La lune brilla toute la nuit.....

d'environ quatre pieds de long. Elle ne contenait que quatre hommes, de sorte que les Indiens qui nous rendirent visite ce jour-là s'en allèrent en deux fois. Leurs javelines sont semblables à celles que nous avions vues dans la baie de Botanique, excepté qu'elles n'avaient qu'une seule pointe faite ordinairement de l'aiguillon de la pastenague, et barbelée avec deux ou trois os aigus du même poisson.

M. Gore, qui, ce jour-là, fit une promenade dans l'intérieur du pays avec son fusil, eut le bonheur de tuer un des quadrupèdes qui avaient été si souvent le sujet de nos spéculations. Cet animal n'a pas assez de rapport avec aucun autre déjà connu, pour qu'on puisse en faire la comparaison. Sa figure est très analogue à celle du gerbo, à qui il ressemble aussi par ses mouvements; mais sa grosseur est fort différente, le gerbo étant de la taille d'un rat ordinaire, et cet animal, parvenu à son entière croissance, de celle d'un mouton. Celui que tua mon lieutenant était jeune, et, comme il n'avait pas encore pris tout son accroissement, il ne pesait que trente-huit livres. La tête, le cou et les épaules sont très petits en proportion des autres parties du corps : la queue est presque aussi longue que le corps : elle est épaisse à sa naissance, et elle se termine en pointe à l'extrémité. Ses jambes de devant n'ont que huit pouces de long, et celles de derrière en ont vingt-deux; il marche par sauts et par bonds; il tient alors la tête droite, et ses pas sont fort longs : il replie ses jambes de devant tout près de la poitrine, et il ne paraît s'en servir que pour creuser la terre. La peau est couverte d'un poil court, gris ou couleur de souris foncé; il faut en excepter la tête et les oreilles, qui ont une légère ressemblance avec celles du lièvre. Cet animal est appelé *kangurou*(1) par les naturels du pays.

Le lendemain, 15, notre kangurou fut apprêté pour le dîner, et nous trouvâmes que c'était un excellent mets. On peut dire que nous faisions alors grande chère tous les jours, car nous avions des tortues en abondance.

Le 16, nous observâmes, le soir, une émersion du premier satellite de Jupiter, qui nous donna 214° 53' 45" pour notre longitude. L'observation faite le 19 juin nous avait donné 214° 42' 30" : en prenant le terme moyen de ces deux quantités, nous eûmes 214° 48' 7" et demie pour la longitude de cet endroit, à l'ouest du méridien de Greenwich.

Le lendemain, 18, à huit heures du matin, nous reçûmes la visite de plusieurs naturels du pays, qui étaient devenus alors extrêmement familiers. L'un d'eux, à notre prière, lança sa javeline, qui avait environ huit pieds de long; elle fendit l'air avec une

(1) Ou kangarou, selon Dumont d'Urville. A. M.

I. PARIS. — Imp. LACOUR et Cᵉ, rue Soufflot, 16.

promptitude et une raideur qui nous surprirent, quoique, dans sa direction, elle ne s'élevât pas au-dessus de quatre pieds de terre, et elle entra profondément dans un arbre placé à cinquante pas de distance. Ils se hasardèrent ensuite à venir à bord.

Le 19, dix autres naturels vinrent nous voir; ils habitaient pour la plupart le côté opposé de la rivière, où nous en aperçûmes encore six ou sept, parmi lesquels il y avait des femmes entièrement nues, ainsi que le reste des Indiens que nous avons rencontrés dans ce pays; ils apportaient avec eux un plus grand nombre de javelines qu'ils n'avaient encore fait auparavant, et, après les avoir placées sur un arbre, ils chargèrent un homme et un enfant de les garder. Les autres arrivèrent à bord. Nous remarquâmes bientôt qu'ils avaient résolu de se procurer une de nos tortues, qui étaient probablement une aussi grande friandise pour eux que pour nous. Ils nous la demandèrent d'abord par signes, et, sur notre refus, ils témoignèrent par leurs regards et par leurs gestes beaucoup de ressentiment et de colère.

Le 23, dès le grand matin, j'envoyai quelques personnes dans l'intérieur du pays, pour y cueillir l'espèce de légume dont nous avons parlé plus haut sous le nom de *indian kale*, c'est-à-dire *chou caraïbe*. Un de nos gens, s'étant séparé des autres, rencontra tout-à-coup quatre Indiens, trois hommes et un enfant, qu'il n'aperçut dans le bois qu'au moment où il se trouva devant eux. Ils avaient allumé du feu, et ils faisaient griller un oiseau et un quartier de kangurou, dont le reste était suspendu, ainsi qu'un catacois, à un arbre voisin. Notre homme, étant sans armes, fut d'abord très effrayé; mais il eut la présence d'esprit de ne pas s'enfuir, jugeant avec raison qu'il s'exposerait à un danger véritable s'il paraissait les redouter. Au contraire, il s'avança et s'assit près d'eux d'un air de gaîté et de bonne humeur. Il leur offrit son couteau, la seule chose qu'il eût et qu'il crût pouvoir leur faire plaisir; ils le reçurent, et, après l'avoir fait passer de main en main, ils le lui rendirent. Il leur fit signe alors qu'il allait les quitter; mais ils ne parurent pas disposés à y consentir. Cependant il dissimulait toujours ses craintes, et il s'assit de nouveau. Ils l'examinèrent avec beaucoup d'attention et de curiosité. Ses habits attirèrent surtout leurs regards: ils lui tâtèrent ensuite les mains et le visage, et ils se convainquirent enfin que son corps était fait comme le leur. Ils le traitèrent de la manière la plus honnête, et, après l'avoir retenu environ une demi-heure, ils lui dirent par signes qu'il pouvait partir. Il n'attendit pas une seconde permission; mais, comme il ne savait en les quittant quel chemin le conduirait directement au vaisseau, ils s'éloignèrent de leur feu pour lui servir de guides; car ils savaient bien d'où il venait.

M. Banks, parcourant la campagne, le 26, pour faire des recherches d'histoire naturelle, eut le bonheur de prendre un animal de la classe des opossum: c'était une femelle, et il prit en outre deux petits. Il trouva qu'il ressemblait beaucoup au quadrupède remarquable que M. de Buffon a décrit, dans son Histoire naturelle, sous le nom de *philander;* mais ce n'est pas le même.

Le 3, à six heures du matin, nous fîmes une tentative inutile pour touer le vaisseau hors du hâvre. Le 4, vers la même heure, nos efforts eurent un meilleur succès, et, sur les sept heures, nous remîmes à la voile, à l'aide d'une petite fraîcheur de terre, qui tomba bientôt et fut suivie de brises de mer, avec lesquelles nous portâmes au large, ayant la pinasse en avant qui sondait continuellement. L'esquif avait été envoyé au banc des tortues, pour y prendre le filet qu'on y avait laissé; mais comme le vent fraîchit, nous partîmes sans lui. Un peu avant midi, nous mîmes à l'ancre; je ne crois pas qu'il fût sûr de naviguer parmi les bas-fonds avant de les avoir examinés à marée basse, pour savoir de quel côté je devais gouverner. Je doutais encore s'il fallait retourner au sud, autour de tous les bas-fonds, ou chercher un passage à l'est ou au nord: tous ces partis me paraissaient alors également difficiles et dangereux. Nous avions au nord-ouest la pointe la plus septentrionale de la terre qui fût en vue, que je nommai le *cap Bedford*, et qui est située au 15e degré 16' de latitude sud, et au 214e degré 45' de longitude ouest. Au nord-est de ce cap, nous aperçevions une terre qui avait l'apparence de deux îles élevées; le banc de tortues nous restait à l'est, à la distance d'un mille.

Départ de la rivière Endeavour. Description particulière du hâvre où le vaisseau fut radoubé, du pays adjacent et de plusieurs îles près de la côte. Traversée de la rivière Endeavour à l'extrémité septentrionale de la Nouvelle-Galles. Dangers de cette navigation.

Je donnai le nom de *rivière Endeavour* au hâvre que nous venions de quitter. Ce n'est qu'un petit hâvre avec une barre ou crique, qui s'enfonce à trois ou quatre lieues dans un canal tortueux, et au fond duquel il y a un petit ruisseau d'eau douce. L'eau n'est pas assez profonde pour un vaisseau au-delà d'un mille dans l'intérieur de la barre. Sur le côté septentrional, le bord est si escarpé dans l'espace d'un quart de mille, qu'à la marée basse un vaisseau peut rester à flot, assez près de la côte pour qu'on y puisse aborder avec un pont, et la situation est extrêmement commode pour y mettre un bâtiment sur le côté. A la marée basse, il n'y a pas plus de neuf ou dix pieds d'eau sur la barre, ni plus de dix-sept ou dix-huit à la marée haute, de sorte que la différence entre la haute et la basse marée est d'environ neuf pieds. La marée est haute entre neuf ou dix heures, dans les nouvelles et les pleines lunes. Il faut remarquer que cette partie de la côte est tellement embarrassée par des bancs de sable, que l'entrée du hâvre est extrêmement difficile; l'endroit le plus sûr pour en approcher est du côté du sud. Il y a quelques terres élevées sur la pointe méridionale; mais la pointe du nord est formée par une grève basse et sablonneuse, qui s'étend à environ trois milles au nord, où la terre commence à devenir haute.

Les tortues furent le principal rafraîchissement que nous nous y procurâmes; mais, comme on ne peut pas en prendre sans aller à cinq lieues en mer, et que le temps était souvent orageux, nous n'en eûmes pas une grande abondance. Celles que nous prîmes, ainsi que les poissons, furent également partagées parmi toutes les personnes de l'équipage, et le dernier mousse en eut autant que moi. Je pense que tous les commandants qui entreprendront un voyage semblable à celui-ci reconnaîtront qu'il est de leur intérêt de suivre la même règle. Nous trouvâmes sur les grèves et sur les collines sablonneuses du pourpier en plusieurs endroits, et une espèce de fève, qui croît sur une tige rampant sur la terre. Le pourpier était très bon bouilli; et il ne faut pas mépriser les fèves, car elles furent très salutaires à nos malades. Cependant les meilleurs herbages qu'on puisse s'y procurer sont les choux, dont on a déjà parlé, et qu'on connaît dans les îles d'Amérique sous le nom de *chou caraïbe*. Cette plante, suivant nous, n'est pas fort inférieure à l'épinard, dont elle a un peu le goût.

Outre le kangurou (1) et l'opossum, dont il a déjà été fait mention plus haut, et une espèce de putois, il y a des loups sur cette partie de la côte, si nous n'avons pas été trompés par les pas que nous avons vus sur le terrain, et plusieurs sortes de serpents: quelques-uns des serpents sont venimeux, et les autres ne le sont pas. Il n'y a point d'animaux apprivoisés, si l'on excepte les chiens: nous n'en avons aperçu que deux ou trois, qui venaient souvent autour des tentes ronger les os et les restes d'aliments qui s'y trouvaient

(1) Ou *kangarou*, comme je l'ai dit plus haut. A. M.

par hasard; ces os semblaient être pour la plupart des os de kangurou. Nous n'avons vu qu'une fois un autre quadrupède; mais nous rencontrions des kangurous presque toutes les fois que nous allions dans les bois. Nous aperçûmes des volées d'oiseaux de terre, des milans, des faucons, des catacois de deux sortes, les uns blancs et les autres noirs, une très belle espèce de loriots, quelques perroquets, des pigeons de deux ou trois sortes, et plusieurs petits oiseaux inconnus en Europe. Les oiseaux aquatiques sont les hérons, des canards sifflants, qui se perchent et qui, à ce que je pense, se juchent sur les arbres; les oies sauvages, les corlieux, et un petit nombre d'autres qui n'y sont pas en grande quantité. La surface du pays dont on a eu occasion de parler plus haut est agréablement entrecoupée par des collines, des vallées, des prairies et des bois. Le sol des collines est dur, sec et pierreux; cependant, outre le bois, il produit une grosse herbe; celui des plaines et des vallées est en quelques endroits sablonneux, et argileux en d'autres, ou pierreux et rempli de rochers comme sur les collines : en général il est pourtant couvert, et il a la plus grande apparence de fertilité. Tout le pays, collines et vallées, bois et plaines, abonde en fourmilières, dont quelques-unes ont six ou huit pieds de haut, et douze ou seize de circonférence.

Il n'y pas beaucoup d'espèces différentes d'arbres : le gommier, que nous trouvâmes sur la partie méridionale de la côte, est le plus commun, mais il n'est pas grand. Tout le long et de chaque côté de la rivière, il y a un grand nombre de palétuviers, qui, en quelques endroits, s'étendent à un demi-mille dans l'intérieur des terres. Le pays est bien arrosé partout : il y a plusieurs beaux ruisseaux à peu de distance les uns des autres; mais il n'y en avait point au lieu de notre mouillage. Il faut remarquer que c'était alors la saison sèche, et que peut-être on y en trouverait en d'autres temps. Les sources, qui ne sont point éloignées, ne nous laissèrent pas manquer d'eau.

Ayant repris notre navigation, nous découvrîmes bientôt une île, et, comme nous ne vîmes dans cette île d'autres animaux que des lézards, je l'appelai *Lizard-Island* ou *Ile des Lézards*, les deux autres iles élevées, qui sont à quatre ou cinq milles de distance, sont petites en comparaison de celle-ci. Dans le voisinage, et surtout au sud-est, il y en a trois autres encore plus petites et basses, avec plusieurs bancs ou récifs.

Nous donnâmes à une autre ile le nom d'*Eagle-Island* ou *Ile de l'Aigle*.

Le 13, nous mîmes à la voile et nous portâmes au nord-est au large, vers l'extrémité nord-ouest de l'île des Lézards, en laissant l'île de l'Aigle au-dessus du vent, et quelques autres îles et bancs sous le vent. La pinasse marchait en avant pour connaître la profondeur d'eau que nous trouverions dans notre route.

Le changement de notre situation se manifesta sur tous les visages, parce qu'il était vivement senti par tout le monde. Nous avions été environ trois mois embarrassés dans des bancs et des rochers qui nous menaçaient à chaque instant du naufrage; passant souvent la nuit à l'ancre, et entendant la houle briser sur nous; chassant quelquefois sur nos ancres, et sachant que, si le câble rompait par quelques-uns des accidents auxquels une tempête presque continuelle nous exposait, nous péririons inévitablement en quelques minutes. Enfin, après avoir navigué trois cent soixante lieues, obligés d'avoir dans tous les instants un homme qui eût partout la sonde à la main, ce qui n'est peut-être jamais arrivé à aucun autre vaisseau, nous nous voyions dans une mer ouverte et dans une eau profonde. Le souvenir du danger passé et la sécurité dont nous jouissions alors nous rendirent notre gaîté.

Le passage ou canal par où nous débarquâmes dans la mer ouverte au-delà du récif, gît au 14e degré 32' de latitude sud, et on pourra toujours le reconnaître au moyen de trois îles élevées qui sont dans l'intérieur, et que j'ai appelées *îles de Direction*, parce qu'elles serviront à faire connaître aux navigateurs un passage sûr à travers le récif, jusqu'à la grande terre. Le canal gît au nord-est, à trois lieues de la pointe des Lézards; il a environ un tiers de mille de large, et sa longueur n'est pas plus considérable. L'île des Lézards, qui ainsi que je l'ai déjà fait observer, est la plus grande et la plus septentrionale des trois, présente un mouillage sûr au-dessous du côté nord-ouest, de l'eau douce et du bois à brûler. Les îles basses et les bancs situés entre cette île et la grande terre abondent en tortues et en poissons, qu'on peut probablement pêcher dans toutes les saisons de l'année, excepté quand le temps est très orageux : de sorte que, tout examiné, il n'y a peut-être pas sur toute la côte un meilleur endroit que cette île pour procurer des rafraîchissements aux vaisseaux. Je dois observer que nous trouvâmes sur cette île, ainsi que sur la grève de la rivière Endeavour et des environs, des bambous, des noix de coco, des pierres ponces et des graines de plantes qui ne croissent pas dans ce pays, et qu'on peut supposer que les vents alizés y avaient apportées de l'est. Les îles qui furent découvertes par Quiros, et qu'il appela *Australia del Espiritu Santo*, sont situées dans le même parallèle.

Dès que nous fûmes en dehors du récif nous mîmes à la cape, et après avoir remonté les bateaux à bord, nous passâmes toute la nuit sur les deux bords; car je ne voulais pas courir contre le vent avant le jour. Le 14 à midi, notre latitude était de 13° 46' sud, et alors nous ne découvrions point de terre. Le 15, nous gouvernâmes à l'ouest : je voulais me retrouver à la vue de la terre, afin d'être sûr de ne pas dépasser le passage, s'il y en avait, entre cette terre et la Nouvelle-Guinée. A midi, nous étions au 13e degré 2' de latitude sud, et au 216e degré de longitude ouest, à 1° 23' ouest du méridien de l'île des Lézards; nous n'apercevions point alors de terre, mais un peu avant une heure nous en vîmes du grand mât une qui nous restait à l'ouest-sud-ouest. A deux heures, nous en découvrîmes une seconde au nord-ouest de la première : il semblait que c'étaient des collines qui formaient des îles, mais nous jugeâmes que c'était une continuation de la Nouvelle-Galles. Sur les trois heures nous découvrîmes, entre la terre et le vaisseau, des brisants qui s'étendaient au sud, au-delà de la portée de la vue; mais, au nord, nous crûmes apercevoir qu'ils se terminaient en face de nous. Nous reconnûmes bientôt que ce que nous avions pris pour l'extrémité des brisants était seulement une coupure dans le récif; car nous les vîmes alors se prolongeant au nord, plus loin que la vue ne pouvait atteindre.

Le 16, les dangers que nous avions essuyés se renouvelèrent. Les vagues qui brisaient sur le récif nous en approchaient très promptement. Nous n'avions point de fonds pour jeter l'ancre, et pas un souffle de vent pour naviguer. Dans cette situation terrible, les bateaux étaient toute notre ressource. Pour aggraver nos malheurs, la pinasse était en radoub. Cependant on mit dehors la chaloupe et l'esquif, et je les envoyai en avant pour nous remorquer. Au moyen de cet expédient, nous parvînmes à mettre le cap du vaisseau au nord, ce qui pouvait au moins différer notre perte, s'il ne la prévenait pas. Il s'écoula six heures avant que cette opération fût achevée, et nous n'étions pas alors à plus de cent verges du rocher, sur lequel la même lame qui battait le côté du vaisseau brisait à une hauteur effrayante au moment où elle s'élevait; de sorte qu'entre nous et le naufrage il n'y avait qu'une épouvantable vallée d'eau qui n'était pas plus large que la base d'une vague, et même la mer sur laquelle nous étions n'avait point de fond. Pendant cette scène de détresse, le charpentier vint à bout de raccommoder la pinasse, qu'on mit dehors sur-le-champ, et que j'envoyai en avant pour aider les autres bateaux à nous touer. Tous nos efforts auraient été inutiles si, au moment de la crise qui devait décider de notre sort, il ne s'était pas élevé un petit vent si faible que, dans un autre temps nous ne nous en serions pas aperçus. Il fut cependant suffisant pour qu'à l'aide des bateaux nous pussions donner au vaisseau un petit mouvement oblique, et nous éloigner un peu du récif.

Dès que nous fûmes entrés en dedans du récif, nous mîmes à l'ancre. Telles sont les vicissitudes de la vie, que nous nous crûmes heureux alors d'avoir regagné une situation que deux jours auparavant nous étions impatients de quitter. Les rochers et les bancs sont toujours dangereux pour les navigateurs, même lorsque leur gisement est déterminé : ils le sont bien davantage dans des mers qu'on n'a pas encore parcourues, et ils sont plus périlleux dans la partie du globe où nous étions que dans toute autre ; car il s'y trouve des rochers de corail qui s'élèvent comme une muraille, presque perpendiculairement, d'une profondeur qu'on ne peut mesurer, et qui sont toujours couverts à la marée haute, et secs à la marée basse. D'ailleurs les lames énormes du vaste Océan méridional, rencontrant un si grand obstacle, se brisent avec une violence inconcevable, et forment une houle que les rochers et les tempêtes de l'hémisphère opposé ne peuvent pas produire. Notre vaisseau était mauvais voilier, et nous manquions de provisions de toute espèce, ce qui augmentait encore le danger que nous courions en naviguant sur les parties inconnues de cette mer. Animés cependant par l'espérance de la gloire qui couronne les découvertes des navigateurs, nous affrontions gaîment tous les périls, et nous nous soumettions de bon cœur à toutes les peines et à toutes les fatigues : nous aimions mieux nous exposer au reproche d'imprudence et de témérité que les hommes oisifs et voluptueux prodiguent si libéralement au courage et à l'intrépidité lorsque leurs efforts ont été sans succès, que d'abandonner une terre que nous savions être entièrement inconnue, et d'autoriser par là le reproche qu'on pourrait nous faire de timidité et de faiblesse.

Après nous être félicités d'avoir gagné le dedans du récif, quoique, peu de temps auparavant, nous eussions été fort satisfaits d'en être dehors, je résolus de ranger de près la grande terre dans la route que j'allais faire au nord, quoi qu'il en pût arriver ; car, si nous étions sortis encore une fois du récif, nous aurions peut-être été portés si loin de la côte, qu'il m'eût été impossible de déterminer si la Nouvelle-Hollande est jointe à la Nouvelle-Guinée, question que je formai le projet de décider depuis le premier moment où j'aperçus cette terre. Notre latitude était de 12° 38' sud, et notre longitude de 216° 45' ouest. La grande terre s'étendait du nord-ouest au sud-ouest, et la partie la plus voisine de nous était éloignée d'environ neuf lieues. J'appelai *canal de la Providence*, ou *Providential-Channel*, l'ouverture à travers laquelle nous avions passé, et qui nous restait alors à l'est-nord-est, à dix ou douze milles. Sur la grande terre en dedans de nous, il y avait un promontoire élevé, auquel je donnai le nom de *cap Weymouth*, et sur le côté septentrional duquel on trouve une baie que je nommai *baie Weymouth :* ils gisent au 12e degré 42' de latitude sud, et au 217e degré 15' de longitude ouest.

Entre l'endroit où nous étions et la grande terre il y avait plusieurs bancs, et quelques-uns en dehors de nous, outre le récif le plus éloigné que nous voyions de la grande hune se prolonger au nord-est. A deux heures de l'après-midi, nous aperçûmes un grand banc directement à notre avant, et qui s'étendait à trois ou quatre pointes de chaque côté ; sur quoi nous mîmes le cap au nord pour faire le tour de la pointe septentrionale de ce banc. Nous la doublâmes à quatre heures. Nous portâmes ensuite à l'ouest, et nous courûmes entre l'extrémité septentrionale de ce banc et un autre qui gît à deux milles au nord du premier.

A six heures et demie nous mîmes à l'ancre, la plus septentrionale des petites îles que nous voyions à midi nous restant au sud-ouest, à trois milles. Ces îles sont distinguées par le nom d'*îles de Forbes*. Elles sont situées à environ cinq lieues de la grande terre, qui forme en cet endroit une pointe élevée, que nous appelâmes *Bolt-Head*, ou *pointe Bolt*. De cette pointe la terre court plus à l'ouest : elle est basse et sablonneuse dans toute cette direction, élevée et montueuse au sud, même près de la mer.

Le 19, nous remîmes à la voile et nous gouvernâmes vers une île qui gît à une petite distance de la grande terre. Notre route fut bientôt interrompue par des bancs; cependant, à l'aide des bateaux et du guet que nous fîmes sur la grande hune, nous entrâmes dans un beau canal qui nous conduisit à l'île entre un très grand banc et plusieurs petits. Entre onze heures et midi, nous dépassâmes le côté nord-est de l'île, en le laissant entre nous et la grande terre, dont elle est éloignée d'environ sept ou huit milles. Cette île est à peu près d'une lieue de tour, et nous y vîmes cinq naturels du pays dont deux avaient des lances dans leurs mains : ils s'avancèrent sur une pointe et s'en retournèrent après avoir examiné le vaisseau pendant quelque temps. Au nord-est de cette île il y a plusieurs îles basses qui ne sont pas éloignées de la grande terre, et au nord et à l'est on en trouve plusieurs autres, ainsi que des bancs, de sorte que nous étions alors environnés de chaque côté; mais comme nous venions d'être exposés à des dangers beaucoup plus grands, nous étions familiarisés avec les rochers et les bancs de sable, et ils ne nous faisaient pas tant de peine. La grande terre semblait être basse et stérile, couverte de gros monceaux du même sable blanc très beau que nous avions trouvé sur l'île des Lézards, et en différentes parties de la Nouvelle-Galles méridionale. Les bateaux avaient vu plusieurs tortues sur les bancs qu'ils dépassèrent; mais le vent qui soufflait avec force ne leur permit d'en prendre aucune. A midi, notre latitude était de 12°, et notre longitude de 217° 25'.

La grande terre en dedans des îles dont on vient de parler forme une pointe que j'appelai *cap Grenville*. Elle gît au 11e degré 58' de latitude et au 217e degré 38' de longitude ; entre ce cap et la pointe Bolt, il y a une baie à laquelle je donnai le nom de *baie Temple*. A neuf lieues, au nord-est du cap Grenville, on trouve quelques îles élevées que je nommai *îles de sir Charles Hardy*, et j'appelai *îles Cockburn* celles qui sont à la hauteur du cap. Nous portâmes au nord-ouest vers quelques petites îles situées dans cette direction. Elles paraissent former plusieurs îles séparées ; mais en les approchant nous nous aperçûmes qu'elles étaient jointes ensemble par un grand récif. Nous gouvernâmes entre ces îles et les autres qui gisent à la hauteur de la grande terre. A quatre heures, nous découvrîmes quelques îles basses et des rochers qui nous restaient à l'ouest-nord-ouest, et nous courûmes directement dessus; à six heures et demie, nous mîmes à l'ancre à un mille de distance du côté nord-est de la plus septentrionale de ces îles. Elles gisent à quatre lieues au nord-ouest du cap Grenville; et, d'après le grand nombre d'oiseaux que nous y vîmes, je les appelai *Birds-Islands* ou *îles des Oiseaux*. Un peu avant le coucher du soleil, nous étions en vue de la grande terre qui paraissait partout très basse et sablonneuse.

Le 20, nous remîmes à la voile avec une brise fraîche de l'est, et nous portâmes au nord-nord-ouest vers quelques-unes des îles basses qui sont dans cette direction, mais nous fûmes obligés de serrer le vent au plus près pour doubler un banc que nous découvrîmes, d'autres nous restant en même temps à l'est.

Le 21, nous gouvernâmes au nord-nord-ouest vers la terre la plus septentrionale qui fût en vue : nous découvrîmes des bancs, et nous reconnûmes que la terre la plus septentrionale que nous avions prise pour une partie de la Nouvelle-Galles en était détachée, et que nous pouvions passer entre ces deux terres, en courant sous le vent des bancs alors tout près de nous.

La pointe de la grande terre qui forme le côté du canal à travers lequel nous avions passé à un endroit opposé à l'île est le promontoire septentrional du pays, et je l'appelai *cap d'York*. Sa longitude est de 218°

24' ouest; la latitude de la pointe septentrionale est de 10° 37', et celle de la pointe est de 10° 42' sud. La terre sur la pointe orientale et celle qui est au sud sont basses et très plates aussi loin que la vue peut atteindre, et paraissent stériles. Au sud du cap, la côte forme une grande baie ouverte, que j'appelai *baie de Newcastle*, et dans laquelle il y a quelques petites îles basses et des bancs; la terre adjacente est aussi très basse, plate et sablonneuse. Celle de la partie septentrionale du cap est plus montueuse; les vallées paraissent être couvertes de bois, et la côte forme quelques petites baies dans lesquelles il semble y avoir de bons mouillages. Près de la pointe orientale du cap on rencontre trois petites îles, depuis l'une desquelles un petit banc de rochers se prolonge dans la mer: il y a aussi une île tout près de la pointe septentrionale. L'île qui forme le détroit ou canal à travers lequel nous passâmes gît à environ quatre milles en dehors de celles-ci, qui, excepté deux, sont très petites: la plus méridionale est la plus grande, et beaucoup plus élevée qu'aucune partie de la grande terre. Nous aperçûmes sur le côté nord-ouest de cette île un endroit qui promet un bon mouillage, et des vallées qui annonçaient de l'eau et du bois. Ces îles sont appelées *îles d'York*. Au sud et sud-est, et même à l'est et au nord de ces îles, on en rencontre plusieurs autres qui sont basses, ainsi que des bancs de sable et des rochers.

Comme j'allais quitter la côte orientale de la Nouvelle-Hollande, que j'ai parcourue depuis le 38e degré de latitude jusqu'à cet endroit, et que sûrement aucun Européen n'avait encore visitée, j'arborai une seconde fois pavillon anglais, et, quoique j'eusse déjà pris possession de plusieurs parties en particulier, je pris alors possession, au nom du roi George III, de toute la côte orientale, depuis le 38e degré de latitude jusqu'à cet endroit situé au 10e degré et demi sud, ainsi que de toutes les baies, hâvres, rivières et îles qui en dépendent. Je donnai à ce pays le nom de *Nouvelle-Galles méridionale*. Nous fîmes trois décharges de nos fusils, et le vaisseau y répondit par trois volées de canons. Après avoir fini cette cérémonie sur cette île, que nous appelâmes *île de Possession*, nous restâmes à l'ancre pendant toute la nuit, et, entre sept et huit heures du lendemain matin, 22, nous aperçûmes trois ou quatre naturels du pays rassemblant sur la grève des poissons à coquille: à l'aide de nos lunettes nous découvrîmes que c'étaient des femmes entièrement nues, ainsi que tous les autres habitants de ce pays. A la marée basse, qui arriva sur les dix heures, nous mîmes à la voile et nous portâmes au sud-ouest avec une brise légère de l'est: l'île de Possession nous restait au nord-est, à quatre lieues; l'extrémité occidentale de la grande terre qui était en vue nous restait au sud-ouest, à quatre ou cinq lieues, et semblait être fort basse; et nous avions au nord-ouest, à huit milles, la pointe sud-ouest de la plus grande des îles sur le côté nord-ouest du passage. Je donnai à cette pointe le nom de *cap Cornwall*: il gît au 10e degré 43' de latitude sud, et au 219e degré de longitude ouest. Quelques terres basses situées vers le milieu du passage, et que j'appelai *îles de Wallis*, nous restaient alors à l'ouest-sud-ouest, à environ deux lieues: notre latitude était de 10° 46' sud. Nous continuâmes à avancer à l'ouest-nord-ouest avec le flot de la marée.

Comme nous avions peu de vent et que nous arrivions près d'une nouvelle île, nous y débarquâmes, M. Banks et moi; nous trouvâmes que, excepté quelques petits bouquets de bois, c'est un rocher stérile fréquenté par des oiseaux, qui la visitaient en si grand nombre, que leur fiente avait rendu sa surface presque entièrement blanche. La plus grande partie de ces oiseaux semblaient être des boubies; c'est pour cela que je l'appelai *île Booby*. Après y avoir resté peu de temps, nous retournâmes au vaisseau. Nous avions gagné l'ouest de Carpentarie ou de l'extrémité septentrionale de la Nouvelle-Hollande, et nous avions une mer ouverte à l'ouest: cette circonstance me faisait beaucoup de plaisir, non-seulement parce que les dangers et les fatigues du voyage approchaient de leur fin, mais encore parce qu'on ne pourrait plus douter si la Nouvelle-Hollande et la Nouvelle-Guinée sont deux îles séparées ou différentes parties de la même terre.

L'entrée nord-est de ce passage ou détroit gît au 10e degré 39' de latitude sud, et au 218e degré 36' de longitude ouest. Il est formé au sud-est par la grande terre ou l'extrémité septentrionale de la Nouvelle-Hollande, et au nord-ouest par un groupe d'îles que j'appelai *îles du Prince de Galles*. Il est probable que ces îles s'étendent jusqu'à la Nouvelle-Guinée: elles sont de hauteur et de circonférence fort différentes, et la plupart semblaient être bien couvertes de plantes et de bois.

Je donnai au canal ou passage que nous suivions le nom du vaisseau, c'est-à-dire le *détroit de l'Endeavour*. Sa longueur du nord-est au sud-ouest est de dix lieues, et il a environ cinq lieues de large, excepté à l'entrée nord-est où il a un peu moins de deux milles, parce qu'il est resserré par les îles qui sont situées dans cet endroit. Celle que j'ai nommée *île de Possession* n'est ni fort haute ni d'une grande étendue. Nous la laissâmes entre nous et la grande terre, en passant entre elle et deux petites îles rondes qui gisent à environ deux milles à son nord-ouest. Les deux petites îles, que j'appelai *îles de Wallis*, sont situées au milieu de l'entrée sud-ouest, et nous les laissâmes au sud.

Départ de la Nouvelle-Galles méridionale. Description particulière du pays, de ses productions et de ses habitants.

J'ai déjà rapporté dans le cours de ma narration plusieurs particularités sur ce pays, ses productions et ses habitants, parce qu'elles étaient tellement liées avec les événements qu'on ne pouvait pas les en séparer. Je vais en donner une description plus complète et plus circonstanciée.

La Nouvelle-Hollande, ou, comme j'ai appelé la côte orientale de ce pays, la *Nouvelle-Galles méridionale*, est beaucoup plus grande qu'aucune autre contrée du monde connu qui ne porte pas le nom d'un continent. La longueur de la côte, le long de laquelle nous avons navigué, réduite en ligne droite, ne comprend pas moins de 27°, c'est-à-dire près de deux mille milles, de sorte que sa surface en carré doit être beaucoup plus grande que celle de toute l'Europe. Au sud du 33e degré et du 34e, la terre est en général basse et unie; plus loin, au nord, elle est remplie de collines, mais on ne peut pas dire que dans aucune partie elle soit véritablement montueuse: les terrains élevés pris ensemble ne font qu'une petite portion de sa surface en comparaison des vallées et des plaines. En général elle est plutôt stérile que fertile; cependant les terres élevées sont entrecoupées de bois et de prairies, et les plaines et les vallées sont en plusieurs endroits couvertes de verdure. Le sol néanmoins est souvent sablonneux, et la plupart des savanes, surtout au nord, sont semées de rochers et stériles; sur les meilleurs terrains, la végétation est moins vigoureuse que dans la partie méridionale du pays; les arbres n'y sont pas si grands et les herbes y sont moins épaisses. L'herbe est ordinairement élevée, mais clairsemée, et les arbres, où ils sont le plus grands, sont rarement à moins de quarante pieds de distance les uns des autres: l'intérieur du pays, autant que nous avons pu l'examiner, n'est pas mieux boisé que la côte de la mer. Les bords des baies jusqu'à un mille au-delà de la grève, sont couverts de palétuviers, au dessous desquels le sol est une vase grasse toujours inondée par les hautes marées. Plus avant dans le pays, nous avons quelquefois rencontré des terrains marécageux sur lesquels l'herbe était très épaisse et très abondante, et d'autres fois des vallées revêtues de broussailles. Le sol dans quelques endroits nous a paru propre à recevoir quelques améliorations, mais la plus grande partie n'est pas susceptible d'une culture régulière. La côte, ou au moins cette partie qui gît au nord, à 25° sud, est remplie de bonnes baies et de hâvres, où les vaisseaux peuvent être parfaitement à l'abri de tous les vents.

Si nous pouvons juger du pays par l'aspect qu'il nous présentait tandis que nous y étions, c'est-à-dire au fort de la saison sèche, il est bien arrosé : nous y avons trouvé une quantité innombrables de petits ruisseaux et de sources, mais point de grandes rivières; il est probable cependant que ces ruisseaux deviennent plus considérables dans la saison pluvieuse. Le détroit de la Soif ou *Thirsty-Sound* a été le seul endroit où nous n'ayons pas pu nous procurer de l'eau douce; on trouve même dans les bois un ou deux petits lacs d'eau douce, quoique la surface du pays soit partout entrecoupée de criques salées et de terres qui portent des palétuviers.

Il n'y a pas beaucoup de différentes espèces d'arbres; on n'en trouve que deux sortes qu'on puisse appeler bois de charpente : le plus grand est le gommier qui croît dans tout le pays, et dont on a déjà parlé. Il a des feuilles étroites, assez semblables à celles du saule, et la gomme, ou plutôt la résine qu'il distille, est d'un rouge foncé et ressemble au sang de dragon. Il est possible que ce soit la même, car on sait que cette substance est produite par diverses plantes. Le bois de ces deux arbres est extrêmement dur et pesant. Outre ceux-ci, il y a un arbre couvert d'une écorce douce qu'il est facile de peler; et c'est la même dont on se sert dans les Indes orientales pour calfater les vaisseaux.

La Nouvelle-Hollande offre une grande variété de plantes capables d'enrichir la collection d'un botaniste, mais il y en a très peu qu'on puisse manger; entre autres, une petite plante à feuilles longues, étroites et épaisses, ressemblant à une espèce de jonc, appelée en Angleterre *queue de chat*, distille une résine d'un jaune brillant, exactement semblable à la gomme-gutte, excepté qu'elle ne tache pas. Elle exhale une odeur douce, mais nous n'avons pas eu occasion d'en distinguer les propriétés, non plus que celles de plusieurs autres plantes que les naturels du pays semblent connaître, puisqu'ils les distinguent par différents noms.

Nous vîmes plusieurs espèces de chauves souris, qui tiennent le milieu entre les oiseaux et les quadrupèdes, et en particulier une qui était plus grande qu'une perdrix. Nous n'avons pas été assez heureux pour en attraper une vivante ou morte; mais nous supposâmes que c'était la même que M. de Buffon a décrite sous le nom de *rouset* ou *rouget*.

Parmi les reptiles, il y a des serpents de différentes espèces, quelques-uns nuisibles, et d'autres qui ne font point de mal; des scorpions, des mille-pieds et des lézards. Les insectes sont en petit nombre : les mosquites et les fourmis sont les principaux. Il y a plusieurs espèces de fourmis : quelques-unes sont vertes, et vivent sur les arbres, où elles construisent des nids qui sont d'une grosseur moyenne entre celle de la tête d'un homme et son poing. Ces fourmilières sont d'une structure très curieuse : les fourmis les composent en pliant plusieurs feuilles, dont chacune est aussi large que la main ; elles en joignent les pointes ensemble avec une espèce de glu, de manière qu'elles forment une bourse. La substance visqueuse dont elles se servent pour cela est un suc animal ou colle, qui s'élabore dans leur corps. Nous n'avons pas pu observer la manière dont elles s'y prennent pour replier ces feuilles; mais nous en avons vu des milliers qui réunissaient toutes leurs forces pour les tenir dans cette position, tandis qu'un grand nombre d'autres étaient occupées à appliquer la colle qui devait les empêcher de retourner dans leur premier état.

Dampier est le seul auteur qui, jusqu'à présent, ait donné quelque description de la Nouvelle-Hollande et de ses habitants; et, quoiqu'en général ce soit un écrivain sur lequel on peut compter, cependant il s'est trompé ici en plusieurs endroits. Les peuples qu'il a vus habitaient, il est vrai, une partie de la côte très distante de celle que nous avons visitée; mais aussi nous avons aperçu des insulaires en différents endroits de la côte très éloignés les uns des autres; et, comme nous avons trouvé partout une uniformité parfaite dans la figure, les mœurs et les usages, il est raisonnable de supposer qu'il en est à peu près de même dans le reste du pays.

Le nombre des habitants de la Nouvelle-Hollande paraît être très petit en proportion de son étendue. Nous n'en avons vu trente ensemble qu'une seule fois; ce fut à la baie de Botanique, quand les hommes, les femmes et les enfants s'attroupèrent sur un rocher pour regarder le vaisseau qui passait. Lorsqu'ils formèrent le projet de nous attaquer, ils ne purent rassembler plus de quatorze ou quinze combattants, et nous n'avons jamais découvert assez de hangars ou de maisons réunies en village pour en former des troupes plus grandes. Il est vrai que nous n'avons parcouru que la côte de la mer sur le côté oriental, et qu'entre cette côte et la côte occidentale il y a une immense étendue de pays entièrement inconnu; mais on a les plus fortes raisons de croire que cet espace considérable est entièrement désert, ou, au moins, que la population y est plus faible que dans les cantons que nous avons examinés. Il est impossible que l'intérieur du pays donne dans toutes les saisons de la subsistance à ses habitants, à moins qu'il ne soit cultivé, et il est d'ailleurs de toute probabilité que les insulaires de la côte ignorassent entièrement l'art de la culture, si elle était pratiquée plus avant dans les terres. Il n'est pas non plus vraisemblable que, s'ils connaissaient cet art, on n'en retrouvât aucune trace parmi eux. Il est sûr que nous n'avons pas vu dans tout le pays un pied de terrain qui fût cultivé : d'où l'on peut conclure que cette partie de la contrée n'est habitée que dans les endroits où la mer fournit des aliments aux hommes.

Les deux sexes vont entièrement nus, et ils ne semblent pas plus regarder comme une indécence de découvrir tout leur corps, que nous d'exposer à la vue nos mains et notre visage. Leur principale parure consiste dans l'os qu'ils enfoncent à travers le cartilage qui sépare les deux narines l'une de l'autre. Toute la sagacité humaine ne peut pas expliquer par quel renversement de goût ils ont pensé que c'était un ornement, ni ce qui a pu les porter à souffrir la douleur et les incommodités qu'entraîne nécessairement cet usage, en supposant qu'ils ne l'ont pas adopté de quelque autre nation.

Les habitants de la Nouvelle-Hollande se nourrissent principalement de poisson : mais ils viennent quelquefois à bout de tuer des kangurous et même des oiseaux de différentes espèces, quoiqu'ils soient si sauvages qu'il nous était très difficile d'en approcher à une portée de fusil. L'igname est le seul végétal qu'on puisse regarder comme un de leurs aliments. Il est cependant hors de doute qu'ils mangent plusieurs des fruits que nous avons décrits au nombre des productions du pays, et nous en avons aperçu des restes autour des endroits où ils avaient allumé leurs feux.

Ils ne paraissent manger crue aucune nourriture animale; mais, comme ils n'ont point de vase pour la faire bouillir dans l'eau, ils la grillent sur les charbons, ou ils la font cuire dans un trou avec des pierres chaudes, de la même manière que les insulaires des mers du Sud.

Comme ils n'ont point de filet, ils n'attrapent le poisson qu'en le harponnant, ou avec une ligne et un hameçon : il faut en excepter seulement ceux qu'ils prennent dans les creux des rochers et des bancs de sable qui sont secs à la marée basse.

Les habitants de la Nouvelle Hollande produisent du feu avec beaucoup de facilité, et ils le répandent d'une manière surprenante. Afin de l'allumer, ils prennent deux morceaux de bois sec : l'un est un petit bâton d'environ huit ou neuf pouces de long, et l'autre morceau est plat; ils rendent obtuse la pointe du petit bâton, et, en le pressant sur l'autre, ils le tournent promptement dans leurs deux mains, comme nous tournons un moussoir de chocolat; ils élèvent souvent la main en haut en roulant le long du bâton, ensuite ils la redescendent en bas pour augmenter la pression autant qu'il est possible, et par cette méthode ils font du feu en moins de deux minutes, et la plus petite étincelle leur suffit pour la propager avec beaucoup de promptitude et de dextérité. Nous avons vu souvent un Indien courir le long de la côte, et, ne portant rien en apparence dans sa main, s'arrêter pour un instant à cinquante ou cent verges de distance, et laisser du feu derrière lui : nous apercevions d'abord la fumée et ensuite la flamme qui se communiquait tout de suite au bois et aux herbes sèches qui se trouvaient dans les environs. Nous avons eu la curiosité d'examiner un de ces semeurs de feu : nous vîmes qu'il mettait une étincelle dans de l'herbe sèche; après avoir été agitée pendant quelque temps, l'étincelle jeta de la flamme. Il en mit ensuite une autre à un endroit différent, dans de l'herbe qui s'enflamma de même, et ainsi dans toute sa route.

Il est remarquable que les habitants de la Terre de Feu produisent le feu par collision, et que les habitants, plus heureux, de la Nouvelle-Hollande, de la Nouvelle-Zélande et de Taïti, l'allument en frottant une substance combustible contre une autre. N'y a-t-il pas quelque raison de supposer que ces différentes opérations répondent à la manière suivant laquelle le hasard a fait connaître cet élément dans la zône torride et dans la zône glaciale? Chez les habitants sauvages d'un pays froid, il n'y a aucune opération de l'art ou aucun accident qui puisse faire croire que le feu s'y produit aussi aisément par frottement que dans un climat chaud où tous les corps sont chauds, secs et combustibles, et dans lesquels circule un feu caché que le plus léger mouvement suffit pour faire paraître au dehors. On peut donc imaginer que dans un pays froid le feu a été produit par la collision accidentelle de deux substances métalliques, et que, par cette raison, les habitants de cette contrée ont employé le même expédient pour le reproduire. Dans un pays chaud, au contraire, où deux corps inflammables s'allument aisément par le frottement, il est probable que le frottement de deux substances sembla les fit connaître le feu pour la première fois, et que l'art adopta ensuite la même opération pour produire le même effet.

Il n'est peut-être pas aisé de deviner par quels moyens les habitants de la Nouvelle-Hollande sont réduits à la quantité d'hommes qui subsistent dans ce pays. C'est aux navigateurs qui nous suivront à déterminer si, comme les insulaires de la Nouvelle-Zélande, ils se détruisent les uns les autres dans les combats qu'ils se livrent pour leur subsistance, ou si une famine accidentelle a diminué la population, ou enfin s'il y a quelque autre cause qui empêche l'accroissement de l'espèce humaine. Il est évident, par leurs armes, qu'ils ont entre eux des guerres : en supposant qu'ils ne se servent de leurs lances que pour harponner le poisson, ils ne peuvent employer le bouclier à un autre usage que pour se défendre contre les hommes; cependant nous n'y avons découvert d'autre marque d'hostilité que le bouclier percé par une javeline dont je viens de parler, et nous n'avons aperçu aucun Indien qui parût avoir été blessé par un ennemi. Nous ne pouvons pas décider s'ils sont courageux ou lâches. L'intrépidité avec laquelle deux d'entre eux s'opposèrent à notre débarquement dans la baie de Botanique pendant que nous avions deux bateaux armés, et même après qu'un d'entre eux eut été blessé avec du petit plomb, nous donne lieu de conclure que non-seulement ils sont naturellement braves, mais encore familiarisés avec les dangers des combats, et qu'ils sont, par habitude aussi bien que par nature, un peuple guerrier et audacieux. Cependant leur fuite précipitée de tous les autres endroits où nous approchâmes, sans que nous leur fissions aucune menace, et lors même qu'ils étaient au-delà de notre portée, semblerait prouver que leur caractère est d'une timidité et d'une pusillanimité extraordinaires, et que ceux-là seuls qui se sont battus par occasion ont subjugué cette disposition naturelle. J'ai fidèlement rapporté les faits; c'est au lecteur de juger par lui-même.

D'après ce que j'ai dit de notre commerce avec eux, on ne peut pas supposer que nous ayons acquis une grande connaissance de leur langage. Cependant nous avons pris quelque peine pour nous procurer plusieurs mots de la langue de la Nouvelle-Hollande, en questionnant les naturels. Quand nous voulions savoir le nom d'une pierre, nous la prenions dans nos mains, et nous leur faisions entendre par signes, le mieux qu'il nous était possible, que nous désirions savoir comment ils l'appelaient. Nous écrivions sur-le-champ le mot qu'ils prononçaient dans cette occasion.

Passage de la Nouvelle-Galles méridionale à la Nouvelle-Guinée. Description de ce qui nous arriva en débarquant sur ce dernier pays.

En quittant l'île Booby, le 23 août, nous gouvernâmes à l'ouest-nord-ouest. Le 24, à midi, notre latitude était de 10° 30' sud. Le 25, nous trouvâmes encore des bas-fonds que nous eûmes le bonheur d'éviter. Le 26, nous ne découvrîons plus de terre. Le 27, notre latitude par observation était de 9° 56' sud, notre longitude de 221° ouest. Nous suivîmes notre route au nord-ouest, forçâmes de voiles, et nous mîmes le cap au nord, afin de découvrir la terre de la Nouvelle-Guinée.

Le 29, une petite île basse, située à environ une lieue de la grande terre, nous restait au nord-ouest, à cinq milles. Cette île gît au 8e degré 13' de latitude sud, et au 221e degré 25' de longitude ouest ; elle est marquée dans les cartes sous les noms de *Barthélemi* et de *Whermoysen*. Quoique nous n'en fussions pas éloignés de la terre de plus de quatre lieues, cependant elle était si basse et si unie que nous pouvions à peine l'apercevoir de dessus le tillac. Elle paraissait cependant être bien couverte de bois, et entre autres arbres nous crûmes y distinguer le cocotier. Nous vîmes de la fumée en plusieurs endroits, ce qui nous fit connaître que cette partie du pays est habitée.

Nous dépassâmes une baie ou golfe, devant laquelle gît une petite île qui semble la mettre à l'abri des vents du sud ; mais je doute fort qu'il y ait assez d'eau pour un vaisseau : je ne pouvais pas entreprendre de décider cette question.

Nous portâmes au large jusqu'à minuit : nous nous trouvâmes alors à environ onze lieues de terre. Nous courûmes vers la terre jusqu'à cinq heures du matin du 30, et nous mîmes le cap du vaisseau au large, jusqu'à la pointe du jour, que nous vîmes la terre qui nous restait au nord-ouest, à environ quatre lieues. Nous gouvernâmes vers la terre que nous apercevions de dessus le tillac : nous jugeâmes qu'elle était éloignée d'environ quatre lieues, et qu'elle était encore très basse et couverte de bois. Nous apercevions toujours une grande quantité d'écume brune sur l'eau : et les marins, ne croyant plus que c'était du frai, lui trouvèrent un nouveau nom, et l'appelèrent *seasaw-dust* ou *sciure de mer*. A midi, notre latitude était de 8° 30' sud, notre longitude de 222° 34' ouest, et l'île Saint-Barthélemi nous restait au nord-est, à soixante-quatorze milles.

Jusqu'au 3 septembre nous continuâmes notre direction au nord avec une eau très basse, sur un banc de vase, et à une telle distance de la côte que nous pouvions à peine la découvrir du vaisseau.

Le 3 septembre, à la pointe du jour, nous vîmes la terre s'étendre du nord-est au sud-est, à environ quatre

La multitude nous reçut avec des acclamations de joie.....

lieues de distance. Nous lançâmes la pinasse en mer, et je m'embarquai avec onze personnes bien armées. Nous ramâmes directement vers la côte, mais l'eau était si basse que nous ne pûmes pas en approcher à plus de cent verges. Nous traversâmes le reste du chemin à gué, après avoir laissé deux des matelots pour prendre soin du bateau. Jusqu'ici nous n'avions découvert aucun signe d'habitants dans cet endroit; mais dès que nous fûmes à terre nous aperçûmes sur le sable des pas d'homme très récents, puisqu'ils étaient au-dessous de la marque de la marée haute. Nous en conclûmes que les Indiens n'étaient pas éloignés; mais, comme il y a un bois épais à cent verges du rivage, nous crûmes qu'il était nécessaire de marcher avec précaution, de peur de tomber dans une embuscade, et de ne pouvoir plus retourner au bateau.

Nous fîmes halte à un endroit qui gît au 6e degré 15' de latitude sud, à environ soixante-cinq lieues au nord-est du port Saint-Augustin ou cap Walche, et il est près de ce qu'on appelle *cap de la Colta de San-Bonaventura*. La terre, ainsi que sur toutes les autres parties de la côte, est très basse, et couverte d'une abondance de bois et d'herbes qui passe l'imagination. Nous vîmes le cocotier, l'arbre à pain et le plane très florissants, quoique les noix de coco fussent vertes, et que le fruit à pain ne fût pas encore mûr. Nous y trouvâmes d'ailleurs beaucoup d'arbres, de plantes et de buissons qui sont communs aux îles de la mer du Sud, à la Nouvelle-Zélande et à la Nouvelle-Hollande.

Passage de la Nouvelle-Guinée à l'île de Savu. Ce que nous fîmes dans cette île.

Depuis le 3 septembre 1770 nous portâmes à l'ouest. Le 4, nous étions au 6e degré 44' de latitude sud, et au 223e degré 51' de longitude ouest. Depuis le midi de la veille notre route fut sud-ouest, et nous fîmes cent vingt milles à l'ouest. Le 5, à midi, notre latitude était de 7° 25' sud, et notre longitude de 225° 41' ouest.

Le 6, nous dépassâmes une petite île qui nous restait à trois ou quatre milles de distance, et nous découvrîmes une autre île basse, qui s'étendait du nord-nord-ouest au nord-nord-est, à environ deux ou trois lieues de distance.

Nous continuâmes à gouverner à l'ouest-sud-ouest, en faisant quatre milles et demi par heure jusqu'à dix heures du soir. Nous découvrîmes la terre, qui s'étendait du nord-nord-ouest à l'ouest-nord-ouest, à cinq et six lieues : elle semblait unie et médiocrement élevée. D'après notre éloignement de la Nouvelle-Guinée, elle doit faire partie des îles Arrou ; mais elle gît un degré plus au sud qu'aucune de celles-ci n'est marquée

Ces deux Indiens, avant de partir, nous donnèrent le spectacle d'un *heiva*.....

dans les cartes, et suivant notre latitude, c'est Timor Laoet.

Le 7, nous nous trouvâmes au 9e degré 30' de latitude sud, et au 229e degré 34' de longitude ouest. Nous continuâmes notre route en gouvernant à l'ouest jusqu'au soir du 8. Le 9, notre latitude était de 9° 46' sud, et notre longitude de 232° 7' ouest. Pendant les deux derniers jours nous avions gouverné directement à l'ouest.

Le matin du 10, nous reconnûmes clairement que la terre que nous avions vue la veille au soir était Timor. A midi notre latitude était de 10° 1' sud ; nous étions au 233e degré 27' de longitude ouest. Le 11, nous étions bien assurés que la première terre que nous avions vue était Timor. La dernière île que nous venions de dépasser porte le nom de *Timor Laoet* ou *Laut*. *Laoet* est un mot de la langue malaie qui signifie *mer*, et les habitants du pays ont donné ce nom à l'île. La partie méridionale gît au 8e degré 15' de latitude sud, et au 228e degré 10' de longitude ouest.

Le 12, notre latitude était de 9° 36' sud. Ce même jour nous vîmes de la fumée sur la côte en plusieurs endroits, et, pendant la nuit, nous avions aperçu des feux. La terre paraissait très haute et disposée en collines, s'élevant par degrés les unes au-dessus des autres. Les collines sont en général couvertes de bois épais ; mais nous pouvions y distinguer des clairières d'une étendue considérable, et qui semblaient être l'ouvrage des hommes. A cinq heures de l'après-midi, nous étions à un demi-mille de la côte, en travers d'un petit golfe qui s'avançait dans la terre basse. Ce golfe gît au 9e degré 34' de latitude sud, et c'est probablement le même dans lequel Dampier entra avec sa chaloupe ; car l'eau n'y paraît pas assez profonde pour un vaisseau. La terre répond fort bien à la description qu'il en a donnée. Près de la grève, elle est couverte de grands arbres pyramidaux, qui suivant lui, ont l'apparence de pins. Derrière ceux-ci, il semble y avoir des criques d'eau salée et beaucoup de palétuviers, entremêlés cependant de cocotiers. La terre est plate sur le rivage, et semble, en quelques endroits, s'avancer à deux ou trois milles dans l'intérieur du pays, avant la rencontre de la première colline. Quoique nous n'aperçussions dans cette partie de l'île ni plantations ni maisons, la fertilité du sol et le nombre des feux nous firent juger qu'elle devait être bien peuplée.

Nous suivîmes la même route jusqu'à neuf heures du matin du 16, que nous vîmes la petite île appelée Rotte, et à midi l'île Semau (1), qui gît à la hauteur de l'extrémité méridionale de Timor, nous restait au nord-ouest.

Dampier, qui a donné une description fort étendue

(1) Simao, suivant Danville. A. M.

de l'île de Timor, dit qu'elle a soixante-dix lieues de long et seize de large, et que sa direction est à peu près nord-est et sud-ouest. J'ai trouvé que le côté oriental de l'île court presque nord-est-quart-est et sud-ouest-quart-ouest, et que l'extrémité méridionale gît au 10e degré 23' de latitude sud, et au 236e degré 5' de longitude ouest. Nous avons couru environ quarante-cinq lieues le long du côté oriental, et nous avons reconnu que cette navigation était absolument sans danger. La terre, qui est bordée par la mer, excepté près de l'extrémité méridionale, est basse dans un espace de deux ou trois milles en dedans du rivage, et entrecoupée en général de criques salées. Par derrière la terre basse il y a des montagnes qui s'élèvent les unes au-dessus des autres à une hauteur considérable.

Après avoir dépassé toutes les îles qui sont placées entre Timor et Java, dans les cartes que nous avions à bord, nous gouvernâmes à l'ouest jusqu'à six heures du lendemain au matin, 17, que nous aperçûmes, sans nous y attendre, une île qui nous restait à l'ouest-sud-ouest. Je crus d'abord que nous avions fait une nouvelle découverte. Nous courûmes directement dessus, et à dix heures nous étions près de son côté septentrional. Nous y aperçûmes des maisons, des cocotiers, et nous fûmes surpris fort agréablement d'y voir de nombreux troupeaux de moutons: c'était une tentation à laquelle, dans notre situation, nous ne pouvions pas résister, d'autant que plusieurs de nos gens se portaient assez mal, et murmuraient de ce que je n'avais pas touché à Timor. Je résolus donc d'entreprendre d'établir un commerce avec des habitants qui paraissaient si fort en état de nous fournir des provisions, afin de dissiper par-là la maladie et le mécontentement qui se répandaient parmi l'équipage.

A sept heures du soir nous jetâmes l'ancre dans une baie, à environ un mille de la côte. Lorsque nous entrâmes dans cette baie, nous découvrîmes une grande ville indienne, vers laquelle nous dirigeâmes notre route, en arborant une flamme sur le sommet du petit mât de hune. Bientôt après nous fûmes surpris de voir la ville arborer pavillon hollandais, et d'entendre trois coups de canon. Nous continuâmes cependant notre chemin tant que nous eûmes fond, et quand il nous manqua nous mîmes à l'ancre.

Le 18, dès qu'il fit jour, nous aperçûmes le même pavillon sur la grève, vis-à-vis du vaisseau. Je pensai que les Hollandais avaient un établissement dans cette île, et j'envoyai à terre M. Gore, mon lieutenant, rendre visite au gouverneur ou à la principale personne de la place, afin de lui apprendre qui nous étions, et par quelle raison nous avions touché à la côte. Il fut reçu en débarquant par une garde d'environ vingt ou trente Indiens armés de fusils, qui le conduisirent à la ville où le pavillon avait été arboré la veille. Ils emportèrent avec eux l'autre pavillon qui avait été placé sur le rivage, et marchèrent sans ordre.

Quand il fut arrivé, on l'introduisit chez le raja ou roi de l'île, à qui il dit, par un interprète portugais, que notre bâtiment était un vaisseau de guerre appartenant au roi de la Grande-Bretagne, et qu'aya t plusieurs malades à bord, nous avions besoin de quelques-uns des rafraîchissements que l'île fournit. Sa Majesté répliqua qu'elle était disposée à nous procurer tout ce que nous désirions, mais que, par l'alliance qu'elle avait faite avec la Compagnie hollandaise des Indes orientales, elle ne pouvait commercer avec aucun autre peuple, sans avoir au préalable obtenu son consentement. Le roi ajouta qu'il allait le demander sur-le-champ à l'agent de la Compagnie, qui était le seul blanc de l'île. Il envoya à cet homme, qui résidait à quelque distance dans l'intérieur des terres, une lettre par laquelle il l'informait de notre arrivée et de notre demande: sur ces entrefaites M. Gore me dépêcha un de ses gens pour m'apprendre sa position et l'état du traité. Au bout d'environ trois heures, le résident hollandais vint répondre en personne à la lettre qu'on lui avait adressée. Il s'appellait *Jean-Christophe Lange*, natif de Saxe. Il traita M. Gore avec beaucoup de politesse, et il l'assura que nous étions les maîtres d'acheter, des naturels du pays, tout ce qu'il nous plairait.

MM. Banks et Solander allèrent à terre et à la ville, qui est composée de plusieurs maisons, dont quelques-unes sont assez grandes. Ces maisons consistent uniquement en un toit couvert de feuilles de palmier et soutenu sur un plancher de bois par des colonnes d'environ quatre pieds de hauteur. Les habitants présentèrent à nos naturalistes un peu de leur vin de palmier qui était le suc frais de l'arbre, non fermenté; il avait une saveur douce, qui n'était pas désagréable, et MM. Banks et Solander, qui revinrent à bord bientôt après qu'il fut nuit, espérèrent que cette liqueur pourrait contribuer à la guérison de nos scorbutiques.

Le matin du 19, j'allai à terre, avec M. Banks et plusieurs des officiers, pour rendre au roi la visite qu'il nous avait faite; mais mon principal objet était de nous procurer quelques-uns des buffles, moutons et volailles qu'on nous avait promis d'amener sur le rivage. Nous parvînmes à tout arranger au gré de nos désirs.

Description particulière de l'île de Savu, de ses productions et de ses habitants.

Le milieu de cette île, appelée *Savu* par les naturels du pays, gît à peu près au 10e degré 35' de latitude sud: elle est peu connue; une ancienne carte la nomme *Sov*, et la confond avec Sandel Bosch. Rumphius parle d'une île de Saow, et il dit aussi que c'est la même que les Hollandais appellent *Sandel Bosch*. L'île de Savu est différente de celles dont on vient de faire mention, ainsi que de Timor, de Rotte et de toutes les autres îles que nous avons rencontrées dans ces mers, et qui sont placées à une assez grande distance de la véritable situation de Savu. Elle a environ huit lieues de long de l'est à l'ouest; je ne sais pas quelle est sa largeur, parce que je n'en ai examiné que le côté septentrional. Le hâvre dans lequel nous mouillâmes est appelé *Seba*, du nom du district où il est situé: il gît sur le côté nord-ouest de l'île. Il est à l'abri du vent alizé de sud-ouest, mais il est ouvert au nord-ouest. On nous apprit qu'il y a deux autres baies où les vaisseaux peuvent mettre à l'ancre; que la meilleure, appelée *Timo*, est sur le côté sud ouest de la pointe sud-est: on ne nous a dit ni le nom ni la situation de la troisième. La côte de la mer est basse en général, mais il y a des collines d'une élévation considérable au milieu de l'île. Nous étions sur la côte à la fin de la saison sèche; il n'y était point tombé de pluie pendant sept mois, et l'on nous a assuré que, lorsque cette sécheresse dure si long temps, on ne trouve pas dans toute l'île un seul courant d'eau douce, mais seulement de petites sources qui sont à une fort grande distance de la mer: cependant on ne peut rien imaginer de plus beau que l'aspect du pays, vu du lieu de notre mouillage. Le terrain uni près de la grève est rempli de cocotiers et d'une espèce de palmier appelé *arecas;* par derrière, les collines, qui s'élèvent insensiblement et avec régularité, sont richement couvertes jusqu'aux sommets de plantations de palmiers-éventails, qui forment des bocages presque impénétrables au soleil. Chaque pied de terrain entre les arbres est garni de verdure, de maïs, de millet et d'indigo; et lorsqu'on ne connaît pas la magnificence et la beauté des arbres qui ornent cette partie de la terre, il n'y a qu'une imagination forte qui puisse se peindre tous les charmes de cette perspective. La saison sèche commence en mars ou avril, et finit au mois d'octobre ou de novembre.

Le palmier-éventail, le cocotier, le tamarin, le limonier, l'oranger et le mangle sont les principaux arbres de cette île; et entre autres productions végétales, le sol fournit du maïs, du blé-sarrasin, du riz, du millet, des callivances et des melons d'eau. Nous y avons vu aussi une canne à sucre, quelques espèces de légumes d'Europe, et en particulier du céleri, de la marjolaine, du fenouil et de l'ail. Pour fournir aux besoins de luxe et de fantaisie, les insulaires de Savu ont du bétel, de l'arec, du tabac, du coton, de l'indigo et une petite quantité de cannelle, qu'ils semblent ne planter que par curiosité ; je doute même si c'est de la véritable cannelle, les Hollandais ayant un très grand soin de ne pas laisser hors des îles dont ils sont les maîtres les arbres qui produisent les épiceries. Outre les fruits que je viens de décrire, il y en a cependant plusieurs espèces d'autres, et en particulier le fruit doux du savonnier, qui est très connu dans les îles d'Amérique, et un petit fruit ovale appelé *blimbi :* ils croissent tous deux sur des arbrisseaux. Le blimbi a environ trois ou quatre pouces de long ; dans le milieu il est de l'épaisseur du doigt, et il se termine en pointe à chaque extrémité. Il est couvert d'une pellicule très mince, d'un vert clair, et l'intérieur contient un petit nombre de semences disposées en forme d'étoiles : sa saveur est peu forte et d'un acide agréable, mais on ne peut pas le manger cru. On dit qu'il est excellent mariné et cuit à l'étuvée : il nous donnait une sauce aigrelette très agréable pour nos aliments bouillis.

Parmi les animaux apprivoisés dans l'île, on compte le buffle, le mouton, la chèvre, le cochon, la poule, le pigeon, le cheval, l'âne, le chien et le chat, qui y sont tous en grande quantité. Les buffles diffèrent beaucoup des bêtes à cornes d'Europe : leurs oreilles sont plus grandes ; ils ont la peau presque sans poil ; leurs cornes sont recourbées l'une vers l'autre, et se prolongent toutes deux se rejetant en arrière, et ils n'ont point de fanons. Nous en avons aperçu plusieurs aussi gros que nos bœufs d'Europe qui ont pris tout leur accroissement.

Les chevaux ont onze à douze palmes de haut (1) ; mais, malgré leur petitesse, ils sont agiles et pleins de feu, surtout en marchant le pas, qui est leur allure commune. Les habitants les montent ordinairement sans selle, et ils n'ont pas d'autre bride qu'un licou. Les moutons sont de l'espèce qu'on appelle en Angleterre moutons de Bengale, et ils diffèrent des nôtres à plusieurs égards. Au lieu de laine, ils sont couverts de poil ; ils ont les oreilles très grandes et pendantes au-dessous des cornes ; leur museau est arqué : on croit qu'ils ont quelque ressemblance avec la chèvre, et c'est pour cela qu'on les appelle souvent *cabritos*. Leur chair est aussi maigre que celle du buffle, sans saveur, et elle nous parut plus mauvaise que celle de tous les moutons que nous ayons jamais mangés. En revanche nous n'avons point vu de cochons aussi gras que ceux de ce pays, quoiqu'on nous ait dit qu'ils se nourrissaient principalement de gousses de riz et de sirop de palmier dissous dans l'eau. Les volailles sont surtout de grosses poules, dont les œufs sont très petits.

Les naturels du pays sont d'une taille au-dessous de la moyenne ; les femmes surtout sont très petites et trapues : leur teint est d'un brun foncé, et leurs cheveux sont universellement noirs et lisses. Nous n'avons point remarqué de différence dans la couleur des riches et des pauvres, quoique, dans les îles de la mer du Sud, ceux qui sont plus exposés aux injures de l'air soient à peu près aussi bruns que les habitants de la Nouvelle-Hollande, tandis que les personnes d'un rang plus distingué ont le teint presque aussi beau que les Européens. Les hommes sont en général bien faits, vigoureux et actifs, et leurs traits, leur taille, sont plus variés qu'ils ne le sont communément entre les habitants d'un même pays. Les femmes, au contraire, ont toutes la même physionomie.

Les hommes attachent leurs cheveux au sommet de la tête avec un peigne, les femmes les nouent par-derrière d'une manière qui ne leur sied pas bien. Les deux sexes s'arrachent les poils sous les aisselles, et les hommes en font de même de leur barbe ; ceux d'un rang au-dessus du commun portent pour cela des pincettes d'argent suspendues à leur cou avec un cordon. Il y en a quelques-uns qui laissent quelques poils sur la lèvre supérieure ; mais ils les tiennent toujours courts.

L'habillement des deux sexes est d'une étoffe de coton, dont le fil, teint en différents bleus, produit une couleur changeante qui, à nos yeux, n'était point désagréable. Cette étoffe se fabrique dans le pays : leur vêtement est composé de deux pièces qui ont chacune environ deux verges de long, et une verge et demie de large. L'une se replie autour des reins, et l'autre couvre la partie supérieure du corps. Les hommes serrent sur la chair, à la réunion des cuisses, le bord inférieur de la pièce qui enveloppe leurs reins, en laissant l'autre bord plus lâche, de manière à former une espèce de ceinture plissée qui leur sert de poche, et où ils mettent leur couteau et les autres petits meubles qu'ils portent avec eux. Ils passent l'autre pièce en dessous de cette ceinture par-derrière, et ramènent l'un des bouts par-dessus l'épaule gauche, et l'autre par-dessus la droite, pour les faire tomber sur la poitrine et les rattacher à la ceinture par-devant ; de manière qu'en étendant ou en resserrant les plis, ils peuvent couvrir leur corps plus ou moins, suivant qu'ils le jugent à propos. Ils ont toujours les bras, les jambes et les pieds nus.

La différence de l'habillement des deux sexes consiste principalement dans la manière dont est arrangée la pièce qui sert de ceinture : les femmes, au lieu de serrer le bord inférieur et de laisser flotter en poche celui d'en haut, serrent au contraire la partie supérieure, et laissent retomber en jupon jusqu'aux genoux celle d'en bas. Elles ne passent pas non plus la pièce qui couvre le corps par-dessous la ceinture en devant, mais elles l'attachent sous les bras, et s'en couvrent la gorge avec la plus grande décence.

L'exemple de ces peuples prouve bien que l'amour de la parure est une passion universelle, car ils ont un très grand nombre d'ornements. Quelques personnes d'un rang au-dessus du commun portent des chaînes d'or autour de leur cou ; mais elles sont faites d'un fil tressé, et par conséquent légères et de peu de valeur. D'autres ont des bagues si usées qu'elles semblent leur avoir été transmises dans une suite de plusieurs générations.

Presque tous les hommes tracent leurs noms sur leurs bras en caractères ineffaçables d'une couleur noire, et les femmes s'impriment de la même manière au-dessous du pli du coude une figure carrée qui contient des dessins de fleurs. Nous fûmes frappés de la ressemblance qui se trouve entre ces marques et le tattow des insulaires de la mer du Sud ; et, faisant des recherches sur leur origine, nous apprîmes que les naturels du pays avaient adopté cet usage longtemps avant que les Européens arrivassent parmi eux, et que, dans les îles voisines, les habitants tracent des cercles sur leur cou et leur poitrine.

Les maisons de l'île de Savu sont toutes bâties sur le même plan : elles ne diffèrent que par l'étendue. Elles sont plus ou moins grandes en proportion du rang et de la richesse de celui qui en est le maître. Quelques-unes ont jusqu'à quatre cents pieds de long, et d'autres n'en ont pas plus de vingt : elles sont toutes élevées sur des piliers ou colonnes d'environ quatre pieds de haut, dont un des bouts est enfoncé en terre, et l'autre porte un plancher solide de bois ; de sorte qu'il y a entre le plancher et le terrain sur lequel est bâtie la maison un espace vide de quatre pieds. Ils placent sur ce plancher d'autres poteaux ou colonnes qui soutiennent un toit incliné, dont le faîte est semblable à celui de nos granges. Les bords inférieurs de ce toit, qui est couvert de feuilles de palmier, descendent à deux pieds du plancher ; l'intérieur est ordinairement divisé en trois parties égales. La partie du milieu, ou le centre, est enfermée des quatre côtés par une cloison qui s'élève d'environ six pieds au-dessus du plancher. Ils ménagent aussi quelquefois deux petites chambres dans les côtés : le reste de l'espace

(1) La palme valait environ huit pouces. A. M.

au-dessous du toit est ouvert, de façon qu'il admet librement l'air et la lumière.

Ces Indiens se nourrissent de tous les animaux apprivoisés du pays : le cochon est celui qu'ils estiment le plus, et le cheval tient le second rang ; après le cheval ils mettent le buffle au nombre des meilleurs aliments, ensuite la volaille, et ils préfèrent le chien et le chat au mouton et à la chèvre. Ils n'aiment pas le poisson ; il n'y a que les pauvres qui en mangent, et encore faut-il pour cela qu'ils se trouvent près du rivage. Lorsque leurs affaires les y conduisent, ils portent autour de leur ceinture un petit filet qui fait partie de leur habillement, et dont ils se servent pour prendre les petits poissons qui sont pour ainsi dire sous leur main.

J'ai fait mention plus haut des végétaux et des fruits comestibles de l'île ; mais le palmier-éventail demande une description particulière ; car, dans certains temps de l'année, c'est presque l'unique nourriture des hommes et des animaux. Les insulaires de Savu tirent de cet arbre une espèce de vin appelé *toddy* : ils coupent pour cela les bourgeons qui doivent produire des fleurs, peu de temps après qu'ils sont sortis de la tige, et ils attachent au-dessous de petits vases faits de feuilles si bien jointes l'une à l'autre, qu'ils reçoivent la liqueur sans la laisser s'écouler. Des hommes montent matin et soir sur les arbres pour recueillir le suc qui tombe dans ces vases, et qui sert de boisson ordinaire à tous les habitants : mais ils en tirent encore une beaucoup plus grande quantité que celle qu'ils emploient à cet usage, et de cet excédant ils font un sirop et du sucre grossier. La liqueur est appelée *dua* ou *duac*, et ils donnent au sirop et au sucre le nom de *gula*. Ils fabriquent le sirop en faisant bouillir la liqueur dans des pots de terre jusqu'à ce qu'elle soit suffisamment épaisse. Ce sirop ressemble beaucoup aux mélasses, mais il est un peu plus épais, et il a un goût plus agréable. Le sucre est d'un brun rougeâtre, et peut-être le même que le sucre jugata du continent de l'Inde. On le donne aux cochons, mêlé avec des gousses de riz, et ils deviennent énormément gras sans prendre aucune autre nourriture. On nous a dit que les habitants se servaient aussi de ce sirop pour engraisser leurs chiens et leurs volailles, et qu'eux-mêmes vivaient de ce seul aliment pendant plusieurs mois lorsque les autres récoltes leur manquaient, et que les provisions animales étaient rares.

L'apprêt de leurs aliments consiste ordinairement à les faire bouillir, et comme le bois à brûler est très rare, et qu'ils n'ont ni charbon ni tourbe, ils ont inventé un expédient qui n'est pas entièrement inconnu en Europe, mais qu'on n'emploie guère que dans les camps. Ils creusent par-dessous terre un trou dans une direction horizontale d'environ deux verges de long, comme le terrier d'un lapin, et ils font une grande ouverture à l'une des extrémités et une petite à l'autre. Ils mettent le feu par la première, et la seconde sert à donner une issue à l'air. Ils percent quelques trous ronds au-dessus de ce sillon creusé, et ils mettent sur ces trous des pots de terre qui sont larges au milieu et pointus vers le fond, de sorte que le feu agit sur une plus grande partie de leur surface. Chacun de ces pots contient ordinairement huit à dix gallons : on ne voit pas sans étonnement combien il faut peu de feu pour faire bouillir l'eau ; une feuille de palmier ou une tige de plante sèche, jetée de temps en temps dans le foyer, suffit pour cela. C'est de cette manière qu'ils cuisent tous leurs aliments, et qu'ils font leur sirop et leur sucre. Il paraît, par le voyage de Frézier dans la mer du Sud, que les Péruviens avaient une pratique à peu près semblable, et peut-être que les pauvres gens d'un pays où le bois est cher pourraient l'adopter avec avantage.

Les deux sexes sont dans la mauvaise et pernicieuse habitude de mâcher du bétel et de l'arec ; ils la contractent dès leur enfance, et depuis le matin jusqu'au soir ils ne font pas autre chose. Ils mêlent toujours avec le bétel et l'arec une espèce de chaux blanche faite de pierre de corail et de coquillages, et souvent une petite quantité de tabac, ce qui leur rend la bouche extrêmement dégoûtante à l'odorat et à la vue. Le tabac infecte leur haleine, et le bétel et la chaux pourrissent leurs dents et les noircissent comme du charbon. J'ai vu des hommes de vingt ou trente ans dont les dents de devant étaient cariées jusqu'à la gencive ; ils n'en avaient pas deux qui fussent exactement de la même longueur ni de la même épaisseur ; elles étaient rongées d'une manière inégale, comme le fer l'est par la rouille : ce qu'on attribue, si je ne me trompe, à l'habitude de mâcher des noix d'arec, dont l'enveloppe est dure et fibreuse; mais je crois que la chaux en est la seule cause. Les dents des Indiens ne sont ni ébranlées, ni rompues, ni hors de la gencive, comme elles le seraient sans doute s'ils mâchaient continuellement des substances dures ; mais elles se rongent peu à peu, ainsi que les métaux qu'on expose à l'action d'un acide puissant. Lors même qu'il ne paraît point de dents au-dessus de la gencive, la racine adhère toujours fortement à l'intérieur. Ceux qui soutiennent que le sucre gâte les dents des Européens ne se trompent peut-être pas ; car on sait que le sucre raffiné contient une quantité considérable de chaux ; et si l'on doute que la chaux détruise les os, de quelque espèce qu'ils soient, on peut s'en convaincre par l'expérience.

Lorsque les insulaires de Savu ne mâchent pas du bétel et de l'arec, ils fument. Voici comment ils s'y prennent pour cette opération : ils roulent un peu de tabac, ils le mettent au bout d'un tube d'environ six pouces de long, fait d'une feuille de palmier, et de la grosseur d'une plume d'oie. Comme la quantité de tabac que contiennent ces pipes est très petite, afin d'en augmenter l'effet ils avalent la fumée, ce qui arrive surtout aux femmes.

On ne connaît pas avec certitude l'époque où les naturels de l'île se sont réunis en société civile ; mais aujourd'hui elle est partagée en cinq principautés ou nigrées : Laai, Seba, Regecua, Timo et Massara, dont chacune est gouvernée par son rajah ou roi particulier. Le rajah de Seba, dans le domaine duquel nous débarquâmes, semblait avoir une grande autorité, sans être environné de beaucoup de pompe ou d'appareil, et sans qu'on parût avoir beaucoup de respect pour sa personne.

Nous n'avons pas découvert qu'il y eût parmi ces peuples un rang intermédiaire entre le rajah et les propriétaires des terres. Ceux-ci sont respectables en proportion de l'étendue de leurs possessions. Les classes inférieures sont composées de manufacturiers, de pauvres journaliers et d'esclaves. Les esclaves, comme les paysans de quelques parties de l'Europe, sont attachés à la glèbe. On les vend et on les transmet avec les terres ; mais, quoique le propriétaire soit le maître de vendre son esclave, il n'a point d'autre autorité sur sa personne ; il ne peut pas même le châtier sans l'aveu et le consentement du rajah. Certains propriétaires ont cinq cents esclaves, et d'autres n'en ont pas une demi-douzaine. La valeur commune d'un esclave est celle d'un cochon gras. Lorsqu'un homme de distinction paraît en public, il en a toujours deux ou un plus grand nombre à sa suite. L'un d'eux porte une épée ou un coutelas, dont la poignée est ordinairement d'argent et ornée de grandes touffes de crin de cheval ; un autre porte un sac qui contient du bétel, de l'arec ; de la chaux et du tabac. Cette suite compose toute leur magnificence, car le rajah lui-même n'a pas d'autres marques de distinction.

Une longue suite d'ancêtres respectables forme le principal objet de la vanité de ce peuple, ainsi que de tant d'autres ; et le respect pour l'antiquité semble être porté ici beaucoup plus loin que dans aucun autre pays. Une maison qui a été habitée pendant plusieurs générations devient presque sacrée, et il y a peu de marchandises de besoin et de luxe qui aient un aussi grand prix que les pierres sur lesquelles on s'est assis pendant longtemps, et qui par-là sont devenues polies.

Ceux qui peuvent acheter ces pierres, ou qui les acquièrent par héritage, les placent autour de leurs maisons, et elles servent de siéges aux personnes de la famille.

Chaque rajah dresse dans la principale ville de sa province, ou nigrée, une grande pierre qui sert de monument à son règne. Il y avait dans la première ville du canton de Seba, où nous étions, treize de ces pierres, outre plusieurs fragments d'autres qui y avaient été mises plus anciennement, et qui avaient été détruites par les années. Ces monuments semblent prouver que, depuis une époque fort éloignée, il y a dans cette partie de l'île quelque espèce d'établissement civil.

La religion de ces peuples est une espèce de paganisme absurde. Chaque homme choisit son dieu et détermine lui-même la manière dont il doit l'adorer, de façon qu'il y a presque autant de dieux et de cultes différents qu'il y a de personnes. On dit cependant que leur morale est irréprochable et qu'elle ne contredit point les principes du christianisme. Quoiqu'elle ne permette qu'une femme à chaque homme, le commerce illicite entre les deux sexes est en quelque manière inconnu parmi eux. Les exemples du vol y sont très rares, et ils sont si éloignés de se venger par l'assassinat d'une injure qu'on leur a faite, que, s'il s'élève des différends, ils n'en font pas même le sujet d'une querelle, de peur d'être provoqués à la vengeance dans la chaleur du premier mouvement; mais sur-le-champ ils renvoient l'affaire à la décision de leur roi.

Ces insulaires semblent jouir d'une bonne santé et d'une longue vie; quelques-uns d'entre eux étaient pourtant marqués de la petite vérole, qu'ils traitent avec la même précaution que la peste. Dès qu'une personne en est attaquée, ils la transportent dans un endroit solitaire très éloigné de toute habitation; ils laissent la maladie suivre son cours, et ils fournissent au patient des aliments qu'ils lui tendent au bout d'un grand bâton.

Nous connaissons très peu leur manière de vivre dans leur intérieur; dans un certain cas, leur délicatesse et leur propreté sont très remarquables. Plusieurs d'entre nous ont été à terre trois jours consécutifs dès le grand matin, et n'en sont revenus qu'au soir, sans avoir jamais aperçu le moindre vestige de leurs excréments; il est très difficile d'expliquer ce phénomène dans un pays si peuplé, et il n'y a peut-être point d'autre contrée du monde où l'on satisfasse à ce besoin d'une manière si secrète.

Pendant notre séjour à Savu nous avons fait plusieurs recherches sur les îles voisines; voici ce que nous en avons appris.

Il y a à l'ouest de Savu une petite île dont on ne nous a pas dit le nom; elle ne produit rien d'important, si ce n'est la noix d'arec, dont les Hollandais reçoivent annuellement une cargaison de deux sloops, en retour des présents qu'ils font aux insulaires.

Timor est le principal de ces établissements, et les résidents hollandais des autres îles y vont une fois par année pour arrêter leurs comptes. L'île est à peu près dans le même état que du temps de Dampier; les Hollandais y ont un fort et des magasins, et M. Lange (1) nous dit que nous y trouverions tout ce dont nous avions besoin, et que nous comptions nous procurer à Batavia, sans en excepter les provisions salées et l'arack. Les Portugais sont toujours les maîtres de plusieurs villes sur le côté septentrional de Timor, et en particulier de Lifao et de Sesial.

L'île de Rotte gît à peu près dans le même parallèle que Savu. Un facteur hollandais y fait son séjour pour conduire les naturels et veiller sur leurs récoltes, dont un des principaux articles est le sucre. Ils le fabriquaient autrefois en brisant seulement les cannes, et en faisant bouillir le suc jusqu'à ce qu'il fût réduit en sirop selon la même méthode qu'ils emploient pour le vin de palmier; mais depuis peu on a beaucoup perfectionné cette manufacture. L'établissement hollandais de Corcordia étend aussi son autorité sur les trois petites îles appelées, *the Solars* ou *les Solaires*. Elles sont plates et basses, et abondantes en toutes sortes de provisions; on dit que celle du milieu a un bon hâvre pour les vaisseaux. Ende, autre petite île à l'ouest des Solaires, appartient toujours aux Portugais, qui ont sur le côté oriental un port et une ville nommée *Larntuca*. Ils fréquentaient autrefois un hâvre sur le côté méridional, mais il a été entièrement négligé depuis quelque temps, parce qu'il est beaucoup moins bon que celui de Larntuca.

(1) Négociant européen alors établi à Timor. A. M.

Les habitants de chacune de ces petites îles parlent une langue qui leur est particulière; et les Hollandais, par politique, les empêchent autant qu'il est possible d'apprendre celle de leurs voisins. S'ils parlaient un langage commun, en communiquant les uns avec les autres, ils apprendraient à cultiver des productions qui leur seraient plus profitables que celles qu'ils tirent à présent de leurs terres, et qui seraient moins avantageuses aux Hollandais; mais leurs idiomes étant différents, ils ne peuvent pas s'éclairer mutuellement de leurs lumières, et la compagnie s'assure par-là le moyen de leur fournir elle-même les articles dont ils ont besoin, et d'en fixer le prix, qu'on peut raisonnablement supposer n'être pas modéré. C'est probablement dans la même vue que les Hollandais n'enseignent point leur langue aux naturels de ces pays, et qu'ils se sont donné la peine de traduire le Nouveau-Testament et des catéchismes en chaque langue de ces différentes îles; car, à mesure que le hollandais serait devenu la langue commune de la religion, il se serait bientôt répandu partout.

La langue qu'on parle à Savu a quelque analogie avec celles des îles de la mer du Sud. Plusieurs des mots sont exactement les mêmes; et les noms qui désignent les nombres dérivent manifestement des mêmes racines.

Traversée de l'île de Savu à Batavia. Récit de ce que nous y fîmes.

Nous mîmes à la voile le matin du 21 septembre 1770, et nous portâmes à l'ouest, le long de la côte septentrionale de l'île de Savu, et d'une autre petite île qui gît à l'ouest. A quatre heures de l'après-midi, nous découvrîmes, à notre sud-sud-ouest, à trois lieues, une petite île basse située au 10e degré 47' de latitude sud, et au 28e degré 218' de longitude ouest.

Nous étions le 22, à midi, par le 11e degré 10' de latitude sud, et le 249e degré 38' de longitude ouest. Dès que nous fûmes hors des îles, nous eûmes constamment une houle du sud: je pensai qu'elle n'était pas causée par un vent soufflant de ce rumb, mais que la position de la côte de la Nouvelle-Hollande lui donnait cette direction.

Le 1er octobre, nous avions au sud-est, à cinq lieues, la pointe de Java, ou l'extrémité occidentale de l'île. Bientôt après nous découvrîmes l'île du Prince au sud-est, et à dix heures celle de Cracata nous restait au nord-est. Cracata est une île remarquable, élevée, et qui se termine en pic.

Le 2, nous nous trouvâmes tout près de la côte de Java. Nous la longeâmes ensuite, et j'envoyai le bateau à terre, afin de tâcher d'en tirer quelques fruits pour Tupia, qui était très mal, et de l'herbe pour les buffles qui vivaient toujours. On nous rapporta quatre noix de coco, un petit paquet de fruits du plane acheté pour un schelling, et quelques herbages pour nos animaux, que les Indiens donnèrent si volontiers à nos gens, qu'ils les aidèrent à les couper. Le pays, qui est d'un aspect très agréable, semblait former un bois continuel.

A sept heures, il s'éleva une brise du sud-sud-ouest: nous en profitâmes pour appareiller, et nous portâmes au nord-est, entre l'île et le cap. Le 3, nous n'étions que vis-à-vis la pointe de Bantam.

Le 8, nous appareillâmes avec le vent de terre du sud, et nous dépassâmes un banc; mais, avant midi, nous fûmes obligés de mouiller de nouveau près d'une petite île qui est parmi celles qu'on appelle les *Mille-Iles*, et que nous ne trouvâmes marquée dans aucune carte. Pulo-Pare nous restait alors à l'est-nord-est, à six ou sept milles de distance.

MM. Banks et Solander débarquèrent sur l'île, qu'ils reconnurent n'avoir pas plus de cinq cents verges de long et cent de large; ils rencontrèrent cependant une maison et une petite plantation où, entre autres fruits, il y avait le *Palma-Christi*, dont on fait l'huile appelée *de Castor* dans les îles d'Amérique. Ils augmentèrent un peu leur collection de plantes, et ils tuèrent une chauve-souris qui avait trois pieds d'envergure, et quatre pluviers qui ressemblaient exactement au pluvier doré d'Angleterre.

Le 9, nous courûmes vers la rade de Batavia, où nous mouillâmes à quatre heures de l'après-midi.

Nous nous rendîmes sur-le-champ à la maison de M. Leith, le seul négociant anglais un peu considérable qui résidât dans cette ville : il nous reçut avec beaucoup de politesse, et nous invita à dîner.

A cinq heures de l'après-midi, je fus introduit chez le gouverneur général, qui me reçut fort honnêtement : il me dit qu'on me fournirait tout ce dont j'aurais besoin, et que le lendemain au matin ma requête serait mise sous les yeux du conseil, où je voudrais bien me rendre.

Après avoir souffert un délai de plusieurs jours, par des contre-temps et des méprises, le 18 au matin je levai l'ancre, et je fis voile vers Onrust. Peu de jours après nous allâmes le long du quai sur l'île de Cooper, qui est tout près d'Onrust, pour y débarquer notre équipement.

Le 5 novembre, après plusieurs délais, causés par l'arrivée des bâtiments hollandais qui venaient charger du poivre le long des quais, notre vaisseau entra dans le port, et le même jour, M. Monkhouse, homme plein de lumières et de raison, fut la première victime de ce climat malsain : l'état où nous nous trouvions aggravait encore le regret de sa perte. Le docteur Solander eut à peine la force d'assister à ses funérailles, et M. Banks ne pouvait pas sortir. Notre détresse était on ne peut pas plus grande, et l'avenir très effrayant.

Cependant on examina le fond de notre vaisseau, et on le trouva dans un état beaucoup plus mauvais que nous ne l'imaginions. Avec toutes ses avaries il avait fait plusieurs centaines de lieues, dans des parages où la navigation est aussi dangereuse qu'en aucune autre partie du globe. A combien de tourments nous échappâmes en ignorant qu'une partie considérable de la quille n'était plus que de l'épaisseur d'une semelle de soulier, et qu'entre nous et la mort il n'y avait qu'une barrière si mince et si fragile! Mais il semblait que nous n'avions été conservés jusqu'alors que pour périr ici. MM. Banks et Solander étaient si mal, que les médecins déclarèrent qu'il ne leur restait d'autre ressource que d'essayer l'air de la campagne. En conséquence, je louai pour eux, à environ deux milles de la ville, une maison qui appartenait au maître de l'auberge, qui s'engagea à leur fournir des provisions et des esclaves. Comme ils avaient déjà éprouvé qu'ils ne pouvaient pas se faire servir par ces esclaves, qui avaient d'autres maîtres, et qui étaient absolument sans attention et sans intérêt pour les malades, ils achetèrent chacun une femme malaise, dans l'espoir d'être mieux soignés. Ils ne se trompèrent pas, et ils retrouvèrent dans ces femmes, qui leur appartenaient en propre, toute la tendresse et les soins de leur sexe. Tandis qu'on faisait ces préparatifs, ils apprirent la mort de Tupia, qui succomba à son mal peu de jours après la perte de son valet, qu'il aimait avec l'attachement d'un père.

Le 14, la quille du vaisseau fut entièrement radoubée. Je manquerais à la justice qui est due aux officiers et aux ouvriers de ce chantier, si je ne déclarais pas que, suivant moi, il n'y en a point dans le monde où l'on puisse mettre un vaisseau à la bande plus sûrement, et avec plus de commodités et de promptitude, et le réparer avec plus de soin et d'adresse.

MM. Banks et Solander recouvraient peu à peu leur santé à leur maison de campagne, qui était exposée à la brise de mer, et en outre située sur un courant qui contribuait beaucoup au renouvellement de l'air. J'étais alors très mal, et il n'y avait plus dans tout l'équipage que dix personnes qui fussent en état de faire le service.

Cependant on se mit à gréer le vaisseau, et à conduire l'eau et l'équipement à bord. Nous fûmes obligés d'acheter de l'eau à Batavia.

Le vaisseau étant entièrement radoubé le 8 décembre, après que nous eûmes embarqué son eau et son équipement, et reconduit les malades à bord, nous remontâmes dans la rade de Batavia, et nous mîmes à l'ancre.

Depuis ce temps jusqu'au 24, nous nous occupâmes à mettre à bord le reste de l'eau et nos provisions, avec quelques nouvelles pompes, et à faire plusieurs autres préparatifs pour appareiller. Tous ces travaux auraient fini beaucoup plus tôt, si la maladie et la mort n'avaient pas mis hors de service ou enlevé un grand nombre de nos gens.

L'après-midi de la veille de Noël, je pris congé du gouverneur et de plusieurs des principaux habitants de la ville avec qui j'avais formé des liaisons, et dont j'ai reçu tous les secours et toutes les honnêtetés possibles; mais sur ces entrefaites il nous arriva un accident qui pouvait avoir des suites désagréables.

Le 26, à six heures du matin, nous appareillâmes et nous mîmes à la voile avec une petite brise du sud-ouest.

A notre départ, le nombre de nos malades montait à quarante, et le reste de l'équipage était très faible. Tout le monde avait été malade, excepté le voilier, vieillard de soixante-dix à quatre-vingts ans, et il est à remarquer que cet homme s'enivra tous les jours pendant notre relâche à Batavia. Nous y enterrâmes sept personnes : le chirurgien, trois matelots, le domestique de M. Green, Tupia et Tayeto, son valet. Tous furent victimes de l'insalubrité de l'air stagnant et putride du pays.

Description de Batavia et du pays adjacent. De ses fruits, de ses fleurs et de ses autres productions.

Batavia, la capitale des domaines hollandais dans l'Inde, à laquelle on ne peut comparer aucune autre ville des possessions européennes en Asie, est située sur le côté septentrional de l'île de Java, dans une plaine basse et marécageuse, où plusieurs petites rivières qui prennent leur source dans les montagnes appelées *Blaeuwen-Berg*, à environ quarante milles dans l'intérieur du pays, débouchent dans la mer, et où la côte forme une grande baie appelée *baie de Batavia*, à huit lieues du détroit de la Sonde. Elle gît au 6e degré 10' de latitude sud, et au 106e degré 50' de longitude ouest du méridien de Greenwich.

Les Hollandais semblent avoir choisi ce terrain pour la commodité de la navigation intérieure; et à cet égard, c'est véritablement une seconde Hollande, supérieure à tous les autres endroits du monde. Il y a très peu de rues qui n'aient un canal d'une largeur considérable, où l'eau est stagnante plutôt que courante, et dont plusieurs se prolongent à quelques milles dans l'intérieur du pays. Comme les maisons sont grandes et les rues larges, proportionnellement au nombre de maisons qu'elle contient, elle occupe une beaucoup plus grande étendue de terrain qu'aucune ville de l'Europe.

Les rues sont spacieuses et belles, et les bords des canaux sont plantés de rangées d'arbres qui forment un coup d'œil très agréable; mais les canaux et les arbres concourent à rendre cette ville malsaine. L'eau stagnante des canaux exhale dans la saison sèche une puanteur insupportable, et les arbres empêchent le renouvellement de l'air, qui pourrait dissiper jusqu'à un certain point les exhalaisons putrides. L'inconvénient est égal dans la saison pluvieuse; car alors ces réservoirs d'une eau corrompue sortent de leurs lits, inondent la partie basse de la ville, surtout dans le voisinage de l'hôtel où logent les étrangers, et remplissent les étages inférieurs des maisons où ils laissent une quantité inconcevable d'ordures et de vase. On nettoie quelquefois ces canaux; mais cette opération mal faite entraîne des suites aussi funestes que si l'on y laissait une eau croupissante. La boue noire qu'on tire du fond est déposée sur les bords, c'est-à-dire au milieu des rues, jusqu'à ce qu'elle ait acquis assez de consistance pour qu'on puisse la charger sur un bateau et l'enlever. Comme cette boue est composée principalement d'excréments humains qu'on jette dans les canaux tous les matins, parce qu'il n'y a pas de lieux privés dans toute la ville, elle empoisonne l'air au loin lorsqu'elle se sèche. Les eaux courantes elles-mêmes sont nuisibles à leur tour par la malpropreté des habitants. Ils traînent de temps en temps sur le rivage un cochon mort de maladie, ou le cadavre d'un cheval; et comme personne en particulier n'est chargé de nettoyer les rues, les cadavres y restent jusqu'à ce que le temps ou le hasard les ait consumés ou que quelque autre cause les emporte.

Les maisons sont en général bâties d'une manière très convenable au climat : elles consistent en une très grande chambre ou salle de plain-pied, avec deux portes aux extrémités qui sont ordinairement ouvertes. Ils ménagent à l'un des bouts de la salle un cabinet où le maître du logis travaille à ses affaires; et, au milieu de la maison, il y a une cour qui donne du jour à la salle, et y répand en même temps de l'air. D'un des coins de la salle, des escaliers conduisent à l'étage de dessus, où les chambres sont aussi spacieuses et aérées. Une galerie couverte, ménagée dans la cour, leur sert de salle à manger, et d'autres fois elle est occupée par les femmes esclaves, à qui on ne permet pas de s'asseoir ailleurs.

Les bâtiments publics sont, pour la plupart, vieux, lourds et de mauvais goût; mais la nouvelle église n'est pas sans élégance : elle a un dôme qu'on aperçoit à une grande distance en mer. Quoique l'édifice paraisse pesant, l'intérieur en est très beau : il est magnifiquement illuminé par des lustres, et l'on y voit un très grand orgue. La ville est fermée par un rempart de pierre médiocrement élevé; mais il est ancien et tombe en ruines dans plusieurs endroits. La muraille elle-même est environnée par une rivière qui a de cinquante à cent verges de large; le courant en est rapide et l'eau basse. De l'autre côté du rempart, dans l'intérieur, on trouve encore un canal d'une largeur inégale, de sorte qu'en entrant ou en sortant par les portes, il faut passer deux ponts. Il n'est pas permis aux gens oisifs ni aux étrangers de se promener sur les remparts, qui nous ont paru mal garnis de canons.

Le château, ou la citadelle, est situé à l'extrémité nord-est de la ville. Les murailles en sont plus élevées et plus épaisses que celles de la ville, surtout près de la place de débarquement, où il n'y a de l'eau que pour les bateaux, et qui est entièrement commandée par la forteresse, munie d'une artillerie nombreuse qui se présente d'une manière très imposante.

Le château contient des appartements pour le gouverneur général et tout le conseil de l'Inde, et il leur est enjoint de s'y réfugier en cas de siége. On y voit aussi de grands magasins où l'on dépose une quantité considérable de marchandises de la Compagnie, et en particulier celles qui viennent d'Europe : c'est là que travaillent tous ses facteurs. On y trouve encore beaucoup de canons.

Outre les fortifications de la ville, on rencontre, à vingt ou trente milles dans les environs, un grand nombre de forts : ils ne semblent être destinés qu'à tenir les naturels du pays en respect, et, en effet, ils ne sont propres qu'à cela. C'est dans la même vue que les Hollandais ont construit des espèces de maisons garnies chacune de huit canons, et qui sont situées de manière qu'elles commandent à la navigation de trois ou quatre canaux, et par conséquent aux chemins qui sont sur leurs bords. Quelques-unes se trouvent dans la ville, et c'est par le feu d'une de celles-ci que toutes les meilleures maisons des Chinois furent rasées en 1740, lors de leur révolte. Ces redoutes sont dispersées sur toutes les parties de l'île de Java et des autres îles dont la Compagnie s'est emparée dans ces mers.

Si les fortifications des Hollandais ne sont pas formidables en elles-mêmes, elles le sont du moins par leur situation, car elles sont placées parmi des marais, où les chemins, qui ne sont rien autre chose qu'une jetée entre un canal et un marais, peuvent être facilement détruits; ce qui arrêterait entièrement ou retarderait de beaucoup l'approche d'une grosse artillerie. Il serait extrêmement difficile, pour ne pas dire impossible, de transporter les canons dans des bateaux, puisqu'il faudrait qu'ils passassent sous le feu de l'artillerie du château, dont l'ennemi ne pourrait pas s'emparer. D'ailleurs, tout délai est mortel dans ce pays, et quiconque y arrêtera un ennemi le détruira infailliblement En moins d'une semaine, nous avons ressenti les effets de ce climat malsain, et en moins de quinze jours notre équipage fut incapable de faire le service. On nous a dit que, de cent soldats qui y arrivent d'Europe, il était rare qu'il en survécût cinquante la première année; que de ces cinquante, la moitié était à l'hôpital, et qu'il n'en restait pas dix en parfaite santé.

S'il est difficile d'attaquer Batavia par terre, il est absolument impossible d'en former le siége par mer, car l'eau est si basse qu'une chaloupe peut à peine s'approcher à la portée du canon des remparts, excepté dans un canal appelé *la Rivière*, défendu des deux côtés par des môles qui s'étendent à environ un demi-mille dans le hâvre. Il aboutit à l'autre extrémité sous le feu de la partie la plus forte du château, et sa communication avec les canaux qui entrecoupent la ville est interrompue par de grandes poutres flottantes, formant une chaîne qui se ferme tous les soirs à six heures, et qu'on n'ouvre jamais sous aucun prétexte avant le lendemain au matin. Le hâvre de Batavia passe pour le plus beau de l'Inde, et il semble que c'est avec raison : il est assez vaste pour contenir la plus grande flotte, et le fond en est si bon que l'ancre y tient jusqu'à ce que le câble pourrisse. La mer n'y est jamais incommode, et il n'a d'autre inconvénient que le bas-fond qui est entre la rade et la rivière. Quand la brise de mer souffle frais, elle produit une mer montante, dangereuse pour les bateaux. En dehors et autour du hâvre, il y a plusieurs îles dont les Hollandais se sont emparés, et qu'ils emploient à différents usages. Ils transportent dans l'une d'elles, appelée *Edam*, tous les Européens coupables de quelques crimes qui ne méritent pas la mort. Quelques-uns sont condamnés à y rester quatre-vingt-dix-neuf ans, d'autres quarante, vingt, ou moins, jusqu'à cinq, suivant la nature de leur délit. Pendant le temps de leur bannissement, on les occupe, comme esclaves, à faire des cordes et à d'autres travaux. Sur une autre île appelée *Purmerent*, ils ont construit un hôpital où l'on dit que les malades recouvrent la santé beaucoup plus promptement qu'à Batavia. Dans une troisième, nommée *Kuyper*, la Compagnie a des magasins pour le riz et d'autres marchandises de peu de valeur; et les vaisseaux étrangers qu'on met à la bande à Onrust, autre île dont on a déjà parlé, y déposent leurs cargaisons et leurs équipements sur des quais très commodes pour cela.

Le pays des environs de Batavia, dans un espace de quelques milles, est semé partout de maisons de campagne et de jardins. La plupart des jardins sont très grands, et, par une étrange fatalité, ils sont tous plan-

Il ressemblait à une colonne ou obélisque énorme.....

tés d'autant d'arbres que le terrain peut en porter, de sorte que l'île ne tire aucun avantage d'avoir été débarrassée des bois qui la couvraient autrefois, si l'on en excepte les fruits que lui procurent les arbres substitués aux anciens. Ces impénétrables forêts occupent un terrain plat qui s'étend à plusieurs milles au-delà des jardins, et qui est entrecoupé par des rivières et des canaux navigables pour les petits bâtiments. Ce n'est pas encore le plus grand inconvénient : tous les champs et jardins sont environnés d'un fossé, et, au milieu des terres cultivées, on trouve partout des marais, des fondrières et des amas d'eau saumâtre.

Il n'est pas étrange que les habitants d'un pareil pays soient familiarisés avec la maladie et la mort ; ils prennent des médecines de précaution presque aussi régulièrement que des repas, et chacun attend le retour des maladies comme nous attendons les saisons de l'année. Nous n'avons pas vu à Batavia un seul visage qui indiquât une santé parfaite; les joues des hommes et des femmes ne sont animées d'aucune couleur; les personnes du sexe seraient pourtant très jolies si, avec un air de maladie, on pouvait avoir quelque beauté. On y parle de la mort avec autant d'indifférence que dans un camp; et lorsqu'on annonce la mort de quelqu'un de connaissance, ils répondent communément : « Bon, il ne me devait rien; » ou bien : « Il faut que je me fasse payer de ses exécuteurs testamentaires ou de ses héritiers. »

La même situation et les circonstances qui rendent Batavia et ses environs malsains les rendent aussi le meilleur pays de la terre pour la culture des légumes. Le sol est fertile au-delà de ce qu'on peut imaginer; et les productions de besoin ou de luxe qu'il fournit sont, pour ainsi dire, innombrables.

Le riz, qu'on sait être le grain de ces pays, et qui sert de pain aux habitants, y croît en grande abondance; et je dois faire observer ici que, sur les parties montueuses de Java et de plusieurs des îles orientales, on cultive une espèce de riz entièrement inconnue dans les parties occidentales de l'Inde. Il est appelé par les naturels du pays *paddy gunug*, ou riz de montagne. Tandis que l'autre espèce doit être sous l'eau pendant les trois quarts du temps de sa croissance, on sème celle-ci sur des coteaux qui ne sont arrosés que par la pluie; il faut pourtant remarquer qu'on la sème au commencement de la saison pluvieuse, et qu'on la recueille au commencement de la sèche.

Il faut compter au nombre des productions de ce pays le blé d'Inde ou maïs, que les habitants recueillent avant qu'il soit mûr, et grillent en épi; beaucoup d'espèces différentes de haricots; des lentilles qu'ils appellent *cadjang*, et qui font une partie considérable de la nourriture du peuple: du millet, des ignames fon-

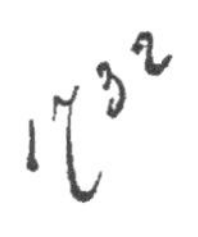

Ils remarquèrent que cette partie de l'île était remplie de statues gigantesques.

dantes, et d'autres sans suc ; des patates douces; des pommes de terre d'Europe, qui sont très bonnes, mais qu'on n'y cultive pas en grande quantité. On trouve dans les jardins des choux, des laitues et des concombres, des raves blanches de la Chine, qui cuisent presque aussi bien que le turneps; le fruit de la plante appelée *plante aux œufs*, des carottes, du persil, du céleri; le pois d'angole, qui est délicieux, lorsque après l'avoir rôti on le mange avec du poivre et du sel; une sorte de légume ressemblant à l'épinard, des ognons très petits, mais excellents; des asperges, et, en outre, quelques plantes d'Europe fort odoriférantes, telles que la sauge, l'hyssope et la rue. On y recueille avec très peu de culture des quantités immenses des plus belles et des plus grosses cannes à sucre qu'on puisse imaginer; et elles donnent beaucoup plus de sucre que celles des îles d'Amérique. Le sucre blanc s'y vend deux pences et demi la livre, et les mélasses servent à la fabrique de l'arack; elles sont le principal ingrédient de cette liqueur, ainsi que du rhum, en y ajoutant un peu de riz et de vin de coco, afin de lui donner quelque parfum. Il y croît encore de l'indigo, qui, se consommant dans le pays, ne fait pas une branche de commerce.

Mais les végétaux comestibles les plus abondants dans le pays sont les fruits : il n'y en a pas moins de trente-six espèces différentes.

La quantité de fruits qui se consomme à Batavia est incroyable : ceux qu'on expose publiquement en vente sont ordinairement trop mûrs.

Une grande quantité de terrains, dont plusieurs sont à une distance considérable de Batavia, et où l'on ne cultive que des fruits, approvisionnent la ville de cette denrée. Les gens de la campagne, à qui ces terres appartiennent, se rendent avec les habitants de la ville à deux grands marchés, dont l'un se tient le lundi, et l'autre le samedi. Ces foires se tiennent à des endroits fort éloignés l'un de l'autre, pour la commodité des différents districts; mais aucune des deux n'est distante de Batavia de plus de cinq milles. On peut y acheter les meilleurs fruits, et à plus bas prix : le spectacle du marché est très amusant. La quantité de fruits qu'on y amène est étonnante; il est ordinaire d'y voir arriver cinquante charriots des plus beaux ananas, entassés aussi négligemment que les turneps en Angleterre, et les autres fruits s'y trouvent avec la même profusion.

Les habitants de cette partie de l'Inde ont une espèce de luxe qui n'est guère pratiqué dans les autres pays : ils brûlent continuellement des bois aromatiques et des résines, et s'environnent d'odeurs en plaçant autour d'eux une grande quantité de fleurs; c'est peut-être un antidote qu'ils emploient contre les exhalaisons infectes de leurs fossés et de leurs canaux. Ils ont beaucoup de fleurs odoriférantes inconnues en Europe.

1. Paris.— Impr. Lacour et Cᵉ, rue Soufflot, 16.

On vend des fleurs dans les rues, tous les soirs au coucher du soleil. Elles sont disposées en guirlandes d'environ deux pieds de long, ou arrangées en bouquets de différentes formes, qui se séparent. Il y a encore dans les jardins particuliers plusieurs autres fleurs odoriférantes, qui n'y croissent pas en assez grande quantité pour être apportées au marché. Les personnes des deux sexes remplissent leurs cheveux et leurs habits de ces fleurs, mêlées avec les feuilles d'une plante appelée *pandang*, et coupées en petits morceaux. Ils poussent la recherche encore plus loin : ils répandent ce mélange sur leurs lits, de manière que la chambre dans laquelle ils couchent respire le plus délicat et le plus pur de tous les parfums; et, comme ils n'ont d'autre couverture qu'une simple pièce de toile fine, cette odeur n'est point altérée par la transpiration, qui n'est pas si abondante que lorsqu'on passe la nuit entre deux ou trois couvertures et des matelas.

Quant aux épiceries, Java ne produisait originairement que du poivre : on en envoie aujourd'hui en Europe pour de très grandes sommes. La quantité qu'on en consomme dans l'île est très petite, les habitants employant presque universellement à sa place du capsicum, ou, comme on l'appelle en Europe, du poivre de Cayenne. Les Hollandais s'étant emparés des clous de gérofle et des muscades, ils sont devenus trop chers pour que les autres habitants de ce pays, qui les aiment passionnément, en fassent un grand usage. Les clous de gérofle sont à présent confinés à Amboine et dans les petites îles situées dans les environs. On dit qu'originairement ils viennent de Machian ou Bachian, petite île fort éloignée de Java, à l'est, mais qui n'est qu'à quinze milles au nord de la ligne, et que de là les Hollandais, lors de leurs premiers établissements, les répandirent dans toutes les îles orientales. Ils stipulèrent par différents traités de paix, passés entre eux et les rois des îles conquises dont on vient de parler, que ceux-ci n'auraient qu'un certain nombre de gérofliers dans leurs domaines; et, dans les contestations qui survinrent, sous prétexte de punir la désobéissance de ces princes, ils diminuèrent la quantité permise des gérofliers, jusqu'à ce qu'enfin ils les eussent entièrement détruits. Les noix muscades ont été extirpées en quelque manière de toutes les îles, excepté de Banda, leur premier sol naturel, qui en approvisionne toutes les nations de la terre, et qui en fournirait également aux peuples d'un autre globe s'il y en avait un second où l'industrieux Hollandais pût transporter cette marchandise. Il est sûr qu'il y a très peu de ces arbres sur la côte de la Nouvelle-Guinée. Peut-être y a-t-il des gérofliers et des muscadiers sur les autres îles à l'est, mais les Hollandais et les autres Européens paraissent ne pas les regarder comme dignes d'être visitées.

Les animaux domestiques de ce pays, parmi les quadrupèdes, sont principalement les chevaux, les vaches, les buffles, les moutons, les chèvres et les cochons. Les chevaux sont petits, leur taille ne surpasse jamais celle des chevaux qu'on appelle en Angleterre *galloway;* mais ils sont agiles et pleins de feu, et on dit que les Européens les trouvèrent à Java, lorsqu'ils doublèrent pour la première fois le cap de Bonne-Espérance. On prétend que les bœufs sont de la même espèce que ceux d'Europe; cependant leur figure est si différente de celle des nôtres, que nous doutons qu'ils soient de la même race. Ils ont, il est vrai, le *palearia* ou le fanon, que les naturalistes donnent comme le caractère qui distingue l'espèce que nous avons en Europe; mais il est certain qu'on en trouve de sauvages non-seulement à Java, mais encore dans plusieurs des îles d'Orient. Celui que nous mangeâmes à Batavia avait une chair plus belle que le bœuf d'Europe, mais il était moins succulent et excessivement maigre. Les buffles y sont abondants. Les Hollandais n'en mangent jamais la chair; ils ne boivent pas non plus le lait des femelles, parce qu'ils sont persuadés que cette nourriture est malsaine et qu'elle tend à donner la fièvre, quoique les naturels du pays et les Chinois mangent de l'un et de l'autre sans en être incommodés. Les moutons sont de l'espèce de ceux qui ont de grandes oreilles pendantes et du poil au lieu de laine : la chair en est dure et coriace, et c'est, à tous égards, le plus mauvais mouton que nous ayons jamais mangé. Les chèvres ne sont pas meilleures que les moutons, mais les cochons, surtout ceux de la race chinoise, sont très bons, et si gras, qu'on y achète le maigre séparément.

Outre ces animaux qui sont domestiques, ils ont encore des chiens et des chats sauvages, ainsi que des chevaux et d'autres bestiaux, dans les montagnes de l'intérieur de l'île. On ne trouve plus de buffles sauvages dans aucune partie de Java, quoiqu'ils soient abondants à Macassar et dans plusieurs autres îles d'Orient. Les environs de Batavia sont très bien fournis de deux espèces de daims et de cochons sauvages très bons : les Portugais, qui les tuent, les vendent à un prix raisonnable.

On dit qu'il y a une grande quantité de tigres et quelques rhinocéros dans les montagnes et les lieux déserts de l'île : ces mêmes endroits nourrissent aussi des singes, qui ne sont qu'en petit nombre aux environs de Batavia.

On est étonné de l'abondance de poissons qui se trouve à Batavia : il y en a plusieurs d'excellents, et ils sont tous à bon marché, excepté le petit nombre de ceux qui sont rares. Là, comme dans les autres pays, la vanité l'emporte même sur la gourmandise : les seuls esclaves se nourrissent des poissons à bon marché, quoiqu'ils soient, la plupart, de la meilleure espèce, et les riches couvrent leurs tables de ceux qui sont chers, précisément parce qu'ils sont rares, car le plus souvent ils sont beaucoup moins bons que les premiers.

Il y a des tortues à Batavia, mais elles ne sont ni aussi tendres ni aussi grasses que celles des îles d'Amérique, même lorsqu'on mange celles-ci à Londres : telles qu'elles sont, nous les regardions comme un fort bon aliment; mais les Hollandais, singuliers en ce point comme en beaucoup d'autres choses, ne les mangent pas. Nous avons vu quelques lézards ou iguanes très grands : on nous a dit que quelques-uns étaient aussi gros que la cuisse d'un homme; et M. Banks en tua un qui avait cinq pieds de long. La chair de cet animal est une excellente nourriture.

La volaille y est très bonne et en grande abondance. Les poules, qui sont très grosses, les canards et les oies y sont à fort bon marché; les pigeons sont chers, et le prix des coqs-d'Inde est exorbitant. Nous avons trouvé quelquefois que la chair de ces animaux était maigre et sèche; mais cela provenait uniquement de ce qu'ils avaient été mal nourris; car ceux que nous nourrissions nous-mêmes étaient aussi bons qu'aucun de la même espèce que nous eussions mangé en Europe, et quelquefois ils nous ont paru meilleurs.

En général, le gibier volant y est rare : nous avons aperçu une fois dans les champs un canard sauvage, mais nous n'en n'avons jamais vu exposés en vente. Nous avons vu souvent des bécassines de deux espèces, dont l'une est exactement la même que celle d'Europe; et il y a une espèce de grives qu'on peut toujours acheter en grande quantité des Portugais, qui se sont approprié le commerce du gibier. Il est à remarquer que les bécassines se trouvent dans beaucoup plus de pays du monde qu'aucun autre oiseau : elles sont communes presque dans toute l'Europe, l'Asie, l'Afrique et l'Amérique.

La nature n'a pas accordé tant de boissons aux habitants de Java qu'à d'autres peuples placés dans les régions les moins fertiles du Nord. Il est vrai que les naturels de Java et la plupart des autres Indiens qui habitent cette île sont mahométans, et par conséquent ils n'ont pas beaucoup à regretter de ne point avoir de vin ; mais, comme si la prohibition de leur loi ne regardait que la manière de s'enivrer et non l'ivrognerie en elle-même, ils mâchent du bétel jusqu'à perdre entièrement la raison et la santé.

Détails sur les habitants de Batavia et du pays adjacent.

Quoique Batavia soit la capitale des domaines hollandais dans l'Inde, elle est si loin d'être peuplée de Hollandais, que, parmi les habitants européens de la ville et des environs, il n'y en a pas la cinquième partie qui soient natifs de Hollande ou d'extraction hollandaise. Les Portugais forment le plus grand nombre, et outre les Européens, il y a des Indiens de diverses nations, des Chinois et beaucoup d'esclaves nègres. On trouve dans les troupes des hommes de presque tous les pays de l'Europe, surtout des Anglais, des Français, autant d'Allemands que de toutes les autres nations. Les Hollandais, qui permettent aux autres Européens de gagner de l'argent, retiennent tout le pouvoir dans leurs mains, et possèdent par conséquent tous les emplois publics. Aucun homme, de quelque nation qu'il soit, ne peut aller s'y établir qu'en qualité de soldat au service de la Compagnie, et même, avant d'être reçu, il doit s'engager à y rester cinq ans. Cependant, dès qu'il a satisfait à cette formalité, il s'adresse au conseil, qui lui permet de s'absenter de son corps et de se livrer au genre de commerce que sa fortune et ses talents le mettent en état d'entreprendre, et c'est ce qui fait que tous les blancs de Batavia sont soldats.

Les femmes de toutes les nations peuvent s'établir à Batavia sans être soumises à aucune gêne; mais on nous a dit que pendant notre séjour il n'y en avait pas vingt qui fussent nées en Europe, et que les blanches qui y sont en assez grande quantité descendent de parents européens de la troisième ou quatrième génération; ce sont les restes de plusieurs familles qui sont venues successivement s'y fixer, et dont la ligne mâle s'est éteinte; car il est sûr que ce climat n'est pas si funeste aux femmes qu'aux hommes.

Ces femmes imitent en tout les Indiennes: leur habillement est composé des mêmes étoffes; elles arrangent leurs cheveux de la même manière, et elles se sont également asservies à l'habitude de mâcher du bétel.

Les marchands conduisent le commerce avec moins de peine peut-être que dans aucune autre partie du monde: chaque manufacture est dirigée par un Chinois qui vend le produit de leur travail au négociant résidant à Batavia, sans pouvoir le vendre à d'autres personnes.

Les naturels de l'île appellent les Portugais *Oranserane*, ou *hommes nazaréens*, pour les distinguer des autres Européens: *oran*, dans la langue du pays, signifie *homme*. Ils comprennent cependant les Portugais sous la dénomination générale de *caper* ou *kafir*, nom injurieux que les mahométans donnent à tous ceux qui ne professent pas leur religion. Quant aux Portugais, ils ont renoncé à la religion de Rome pour devenir luthériens; ils n'ont aucune communication avec la patrie de leurs ancêtres, et même ils ne la connaissent pas. Ils parlent, il est vrai, une langue corrompue du portugais; mais ils se servent beaucoup plus souvent de la langue malaise. On leur permet seulement de s'occuper aux travaux les plus vils; plusieurs vivent de la chasse, d'autres du métier de blanchisseur de linge, et quelques-uns sont artisans et ouvriers. Ils ont adopté tous les usages des Indiens, dont on les distingue principalement par les traits et la couleur; ils ont la peau beaucoup plus brune et le nez plus pointu: si l'on en excepte la manière d'arranger leurs cheveux, leur ajustement est absolument le même.

Les Indiens, mêlés avec les Hollandais et les Portugais à Batavia et dans le pays adjacent, ne sont pas javans comme on pourrait l'imaginer, mais natifs de différentes îles d'où la Compagnie importe des esclaves, et ils ont été affranchis eux-mêmes, ou ils descendent d'Indiens anciennement affranchis, et ils sont tous compris sous le nom général d'*Oranslam* ou *Isalam*, qui signifie *sectateurs de la vraie foi*. Cependant on distingue aisément les natifs de chaque pays particulier, et l'on peut les reconnaître, comme des esclaves à leur marque, par les vices et les vertus de leurs différentes nations. La plupart de ceux-ci sont employés à la culture des jardins et à la vente des fruits et des fleurs.

Ces Isalams sont d'une tempérance remarquable à l'égard de la nourriture: elle consiste surtout en riz bouilli, avec très peu de buffle, du poisson ou de la volaille, quelquefois du poisson sec, et des chevrettes sèches qu'on y apporte de la Chine; chaque plat est fortement assaisonné de poivre de Cayenne. Ils ont aussi plusieurs espèces de pâtisseries faites de farine de riz et d'autres substances que je ne connais pas, et ils mangent beaucoup de fruits et en particulier de ceux que produit le plane.

Malgré leur tempérance générale, leurs festins sont somptueux et magnifiques à leur manière. Comme ils sont mahométans, le vin et les liqueurs fortes ne font pas partie de leur régal en public, et ils n'en boivent pas souvent en particulier; ils se contentent de leur bétel et de leur opium.

Le mariage est la principale cérémonie d'apparat parmi eux. Les familles empruntent, à cette occasion, autant d'ornements d'or et d'argent qu'elles peuvent en trouver pour en parer les époux, de sorte que leurs habillements de noce sont très brillants et très magnifiques. Les fêtes que donnent les riches durent quelquefois quinze jours et quelquefois plus longtemps; pendant cet intervalle les femmes empêchent le mari d'avoir commerce avec son épouse, quoiqu'il soit marié dès le premier jour.

La langue que parlent presque tous ces peuples, de quelque pays qu'ils tirent leur origine, est le malais; au moins c'est le nom qu'on lui donne, et c'est probablement un dialecte très corrompu de celui qui est en usage à Malaca. Chaque petite île cependant a son langage particulier, et Java en a deux ou trois; mais cette espèce de langue franque est la seule qu'on y parle aujourd'hui, et l'on m'a dit qu'elle était usitée dans une grande partie des Indes orientales.

Les femmes portent tous les cheveux qui croissent sur leur tête; et, afin d'en augmenter la quantité, elles se servent d'huiles et d'autres ingrédients. Elles en ont beaucoup. Ils sont généralement noirs. Elles en forment une espèce de tresse circulaire sur le sommet de la tête, où elles l'attachent avec une aiguille d'une manière on ne peut pas plus élégante. La tresse de cheveux est surmontée d'une autre tresse de fleurs, dans laquelle le jasmin d'Arabie est agréablement entremêlé avec les étoiles d'or du Bonger Tanjong.

Les deux sexes se baignent constamment dans la rivière, au moins une fois par jour. Cet usage dans ce pays chaud est également nécessaire à la propreté et à la santé. Ils donnent aussi beaucoup d'attention à leurs dents, quoique leur couleur s'altère fortement par le bétel qu'ils mâchent. Par une opération très incommode et très pénible, ils en usent les extrémités, tant de celles de la mâchoire supérieure que de l'inférieure, avec une espèce de pierre à aiguiser, jusqu'à ce qu'elles soient parfaitement égales et polies, de sorte qu'ils leur font perdre au moins une demi-ligne de longueur. Ils font ensuite au milieu des dents de la mâchoire supérieure un sillon profond, parallèle aux gencives. La profondeur de ce sillon est au moins égale à la quatrième partie de l'épaisseur de la dent, de sorte qu'il peut aller fort au-delà de ce qu'on appelle l'émail, qu'on ne peut pas endommager, suivant les dentistes d'Europe, sans perdre la dent. Cependant nous n'en avons jamais vu une de gâtée parmi ces peuples, qui sont dans l'usage universel d'en sillonner ainsi l'émail. La noirceur qui y reste après l'opération s'enlève en la lavant, et la dent paraît alors aussi blanche que l'ivoire : ce qui n'est pourtant pas estimé comme un avantage par les belles et les petits-maîtres de ces nations.

Parmi les habitants de Batavia, après les Indiens, il faut ranger les Chinois, qui sont en très grand nombre dans cette place, mais qui possèdent très peu de bien ; plusieurs d'entre eux vivent en dedans des murailles et tiennent boutique. Nous avons déjà parlé des vendeurs de fruits de Passar-Pissang(1); d'autres étalent une grande quantité de marchandises européennes et chinoises : la plus grande partie cependant vit en dehors des murailles, dans un quartier qui leur est particulier, et qui est appelé le *camp chinois*. Plusieurs d'entre eux sont charpentiers, menuisiers, forgerons, tailleurs, cordonniers, teinturiers et brodeurs : ils y soutiennent la réputation d'hommes industrieux qu'on leur attribue universellement. Quelques-uns sont répandus dans la campagne des environs, où ils entretiennent des jardins, cultivent du riz et du sucre, ou nourrissent des vaches et des buffles, dont ils portent journellement le lait à la ville.

Il n'est rien de vil ou de malhonnête que l'appât du gain ne fasse entreprendre aux Chinois, pourvu qu'ils ne courent pas un trop grand danger d'être surpris. Quoiqu'ils travaillent avec beaucoup d'application, et qu'ils supportent patiemment toute espèce de fatigues, cependant ils n'ont pas plus tôt quitté leur ouvrage, qu'ils se mettent à jouer aux cartes, aux dés, ou à quelques autres jeux qu'ils ont inventés, et qui sont entièrement inconnus en Europe. Ils s'y adonnent avec tant d'ardeur, qu'ils prennent à peine le temps de manger et de dormir ; de sorte qu'il est aussi rare de voir un Chinois oisif que de rencontrer un Hollandais ou un Indien occupés.

Ils sont très polis, ou plutôt serviles, dans leurs manières ; et, de quelque rang qu'ils soient, leur habillement est toujours d'une propreté remarquable.

Ils ne sont pas difficiles sur le manger : leurs repas sont peu somptueux, quoique le petit nombre de riches se nourrissent de mets délicats. Le riz, avec très peu de viande ou de poisson, sert de nourriture aux pauvres, et ils ont en cela de grands avantages sur les Indiens mahométans, à qui la religion défend de manger plusieurs choses qu'ils pourraient aisément se procurer. Comme on ne leur a point imposé de défenses pareilles, outre le porc, ils mangent des chiens, des chats, des grenouilles, des lézards, des serpents de plusieurs sortes, et un grand nombre de poissons, qui ne font pas partie des aliments des autres habitants de ce pays. Ils y font entrer aussi plusieurs végétaux, auxquels un Européen ne toucherait jamais, à moins qu'il ne fût sur le point de mourir de faim.

Les Chinois ont une superstition singulière sur l'enterrement de leurs morts, car jamais, dans aucun cas, ils n'ouvrent la terre une seconde fois à l'endroit où un cadavre a été enterré.

Les esclaves forment une autre classe nombreuse parmi les habitants de ce pays ; les Hollandais, les Portugais et les Indiens d'un certain rang sont toujours suivis par des esclaves. On les tire de Sumatra, de Malaca et de presque toutes les îles à l'est. Les natifs de Java, dont un très petit nombre, comme je l'ai déjà fait remarquer, vivent dans les environs de Batavia, ne peuvent pas être réduits en servitude : les lois ont établi sur cette matière des peines très sévères, qui, à ce que je pense, sont très rarement violées. Le prix de ces esclaves est de dix à vingt livres sterling, mais les femmes en coûtent quelquefois cent, si elles ont de la beauté. Ces malheureux sont très paresseux ; et, comme ils font peu d'ouvrage, ils se contentent de peu de nourriture : ils vivent uniquement de riz bouilli et d'une petite quantité de poisson le moins cher. Etant originaires de différents pays, ils diffèrent extrêmement les uns des autres par la figure et le caractère. Les nègres d'Afrique, appelés *Papua*, sont les plus mauvais, et par conséquent ceux qu'on achète à meilleur marché : ils sont tous voleurs et incorrigibles. Il faut ranger ensuite les Bongis et les Macassars de l'île de Célèbes : ceux-ci sont fainéants au dernier point, et, quoiqu'ils ne soient pas si adonnés au vol que les nègres, ils ont un esprit vindicatif et cruel qui les rend extrêmement dangereux ; d'autant plus que, pour satisfaire leur ressentiment, ils n'hésitent pas à sacrifier leur vie. Les meilleurs esclaves et les plus chers viennent de Bali ; les plus belles femmes sont originaires de Nias, petite île sur la côte de Sumatra; mais leur constitution faible et délicate succombe bientôt à l'air malsain de Batavia. Il y a en outre des Malais et des esclaves de plusieurs autres dénominations, dont je ne me rappelle pas les différents caractères.

Les maîtres ont plein pouvoir d'infliger à leurs esclaves tous les châtiments qui ne les privent pas de la vie. Mais s'ils meurent par une suite de coups, quand même elle serait arrivée contre le dessein du propriétaire, il est jugé très sévèrement et condamné ordinairement à une peine capitale. C'est pour cela que le maître punit rarement lui-même son esclave : dans ce cas, ils s'adressent à un officier appelé *marineu*, et il y en a un d'établi dans chaque district. Le marineu est chargé d'apaiser les querelles et de mettre les délinquants en prison ; mais surtout d'arrêter les esclaves fugitifs et de les punir des crimes dont le maître les accuse après en avoir donné des preuves convenables. Le marineu en personne n'inflige pourtant pas le châtiment ; il y emploie des esclaves qui font les fonctions de bourreaux. Les hommes sont châtiés en public devant la porte de leur maître, et les femmes dans l'intérieur de la maison. On les punit à coups de fouet, dont le nombre est proportionné à l'offense qu'ils ont commise. On se sert pour cela de verges de rattans découpés en baguettes minces qui font jaillir le sang à chaque coup.

Le gouverneur de Batavia a le titre de gouverneur général des Indes. Les gouverneurs hollandais de tous les autres établissements lui sont subordonnés, et ils sont obligés d'aller à Batavia pour qu'il arrête leurs comptes. S'ils paraissent coupables ou négligents, il les punit en les retenant suivant son bon plaisir, quelquefois un an ou deux et quelquefois trois, car ils ne peuvent pas quitter la ville jusqu'à ce qu'il les renvoie. Après le gouverneur, les personnages les plus distingués sont les membres du Conseil, appelés *edele heeren*, et que les Anglais nomment par corruption *idoleers*. Ces idoleers exigent tant de respect, que quiconque les rencontre dans sa voiture est obligé de se lever, de faire une révérence, de faire détourner son carrosse sur un des côtés du chemin, et de s'y arrêter jusqu'à ce qu'ils soient passés. On exige les mêmes égards envers leurs femmes et leurs enfants, et les habitants les leur rendent communément.

La justice est administrée par un corps de magistrats divisé en plusieurs classes. Je ne connais point la manière dont ils décident les procès qui s'élèvent dans les affaires de propriété ; mais leurs jugements, dans les affaires criminelles, semblent être si sévères par rapport aux naturels du pays, et si doux relativement aux autres habitants, qu'ils en sont révoltants. Quel que puisse être le crime d'un chrétien, on lui fournit toujours le moyen de s'échapper avant de l'appeler en justice. S'il y comparaît, et qu'il soit convaincu d'un délit capital, il est rarement puni de mort ; tandis que les pauvres Indiens, au contraire, sont pendus, rompus vifs, et même empalés sans miséricorde.

Les Malais et les Chinois ont des juges particuliers sous le nom de *capitaine* et de *lieutenant* : ils décident dans les matières civiles, et on appelle de leur sentence au tribunal hollandais.

Ces deux peuples paient des impôts très considérables à la Compagnie, et celui qu'on exige d'eux pour avoir permission de porter les cheveux longs n'est pas le moindre : ils les acquittent tous les mois. Les Hol-

(1) Rue de Batavia exclusivement habitée par les fruitiers. A. M.

landais, afin de s'épargner l'embarras et la peine de les percevoir, arborent un pavillon au sommet d'une maison située au milieu de la ville, et les Chinois ont éprouvé qu'il est de leur intérêt d'y porter leur argent sans délai.

La monnaie courante à Batavia consiste en ducats de cent trente-deux stivers, en ducatons de quatre-vingts, en rixdales de l'empire de soixante, en roupies de Batavia de trente, en schellings de six, doubles cheys de deux stivers et demi, et en doits d'un quart de stiver. Les piastres espagnoles, pendant notre séjour, étaient à cinq schellings six pences.

Passage de Batavia au cap de Bonne-Espérance. Description de l'île du Prince et de ses habitants. Comparaison de la langue de ces insulaires avec celle des Malais et des Javans.

Le 27 décembre 1770, à six heures du matin, nous levâmes l'ancre et nous portâmes au large. Après avoir souffert beaucoup de délai par les vents contraires, nous doublâmes Pulo-Pare le 29, et nous mîmes le cap sur la terre. Nous atteignîmes bientôt une petite île située au milieu de la route, entre Batavia et Bantam, et qu'on appelle *île de Maneater*. Le lendemain, nous dépassâmes la première île Wapping, et ensuite Pulo-Babi. Le 31, nous gouvernâmes sur la côte de Sumatra, et le matin du 1er janvier 1771 nous courûmes sur celle de Java.

Nous continuâmes notre route, autant que le vent le permettait, jusqu'à trois heures de l'après-midi du 5 : nous mîmes alors à l'ancre sous le côté oriental de l'île du Prince, afin de faire de l'eau et du bois, et de nous procurer des rafraîchissements pour les malades, dont plusieurs étaient alors beaucoup plus mal qu'à notre départ de Batavia.

Nous étions prêts, le 14, à remettre en mer; nous avions à bord une bonne provision de rafraîchissements que nous avions achetés des naturels du pays, et qui consistait en tortues, volaille et poisson, en daims de deux espèces, les uns gros comme des moutons, les autres aussi petits que des lapins; en noix de coco, en fruits du plane, en citrons et autres végétaux. Il fallait pourtant manger les daims tout de suite, car nous ne pouvions guère les conserver en vie plus de vingt-quatre heures après les avoir embarqués. Nous achetâmes ces denrées principalement avec des piastres espagnoles (les naturels du pays semblaient attacher peu de valeur aux autres choses); de sorte que nos gens, qui avaient une permission générale de commercer, furent obligés, à leur grand désavantage, de substituer l'argent à de vieilles chemises et d'autres articles.

Le matin du 15 nous levâmes l'ancre avec une brise légère du nord et nous remîmes en mer. Le cap Java, d'où je pris mon point de départ, gît au 6e degré 49' de latitude sud, et au 253e degré 12' de longitude ouest. L'île du Prince, où nous séjournâmes environ dix jours, est appelée *Pulo Selan* dans la langue malaise, et *Pulo Paneitan* dans celle des habitants. C'est une île située à l'embouchure occidentale du détroit de la Sonde; elle est couverte de bois, et on en a défriché une très petite partie : il n'y a point de hauteur remarquable; cependant les Anglais donnent le nom de *Pic* à la petite éminence placée vis-à-vis du lieu de notre débarquement.

Les habitants sont javans, et leur rajah est sujet du sultan de Bantam. Leurs usages ressemblent beaucoup à ceux des Indiens des environs de Batavia, mais ils paraissent être plus jaloux de leurs femmes; car, pendant tout le temps de notre séjour, nous n'en avons jamais vu qu'une, qui se déroba à notre vue en fuyant dans les bois. Ils professent la religion mahométane : je crois pourtant qu'il n'y a point de mosquées dans toute l'île.

Ils se nourrissent à peu près des mêmes aliments que les Indiens de Batavia, et ils mangent en outre les noix du palmier appelé *cyas circinalis*, qui rendirent malades plusieurs de nos gens sur la côte de la Nouvelle-Hollande, et empoisonnèrent quelques-uns de nos cochons.

En remarquant que cette noix faisait partie de leur nourriture, nous leur demandâmes par quels moyens ils la privaient de sa qualité vénéneuse. Ils nous dirent qu'ils la coupaient d'abord en tranches minces qu'ils faisaient sécher au soleil, et qu'ils laissaient ensuite tremper dans de l'eau douce pendant trois mois; qu'après cette opération ils en exprimaient l'eau et les séchaient au soleil une seconde fois; mais nous apprîmes qu'ils ne mangent ce fruit que dans les temps de disette, et qu'ils le mêlent avec le riz, afin que leur provision de cette dernière denrée dure plus longtemps.

Les maisons de leurs villes sont portées sur des colonnes ou poteaux élevés de quatre ou cinq pieds au-dessus de terre. Il y a sur ces poteaux un plancher de cannes de bambou qui sont placées à quelque distance les unes des autres, de manière qu'elles admettent librement l'air par en bas. L'enceinte est aussi de bambous entrelacés en forme de claie, et mêlés de petits bâtons portant perpendiculairement sur les poutres qui forment la charpente du bâtiment ; le toit est incliné et la maison est si bien couverte de feuilles de palmier que la pluie et le soleil n'y peuvent pas pénétrer. Ce bâtiment est construit sur un terrain qui forme un carré long. La porte est au milieu d'un des côtés, et entre cette porte et l'extrémité de la maison à gauche il y a une fenêtre; à chacun des deux murs du bout est une cloison qui se prolonge vers le milieu, et qui, si elle était continuée jusqu'à l'autre, couperait la maison dans toute sa longueur en deux parties égales; mais elle est interrompue au milieu, de sorte que l'entre-deux se trouve vis-à-vis de la porte. Chaque partie de la maison, à droite et à gauche de la porte, est donc partagée en deux chambres, qui ont une ouverture sur le passage de la porte à la muraille du côté opposé. Les enfants couchent dans celle qui est à main gauche près de la porte ; on donne aux étrangers l'usage de celle qui y est opposée à main droite; le maître et sa femme occupent la partie intérieure à main gauche, et la quatrième enfin, opposée à celle-ci, sert de cuisine. Les maisons des pauvres et des riches ne diffèrent entre elles que par la grandeur : il faut en excepter seulement le palais du roi et la maison d'un homme qui s'appelle *Gundang*, et qui, par les richesses et l'autorité, est le premier personnage après le roi. Les parois de ces deux habitations sont des planches, au lieu de la palissade de bâtons et de bambous.

Arrivée au cap de Bonne-Espérance. Quelques remarques sur la traversée de la pointe Java à cet endroit. Description du cap de Sainte-Hélène et des Hottentots. Retour de *l'Endeavour* en Angleterre.

Le 15 mars, sur les dix heures du matin, nous mîmes à l'ancre en travers du cap de Bonne-Espérance. J'allai sur-le-champ rendre visite au gouverneur, qui me dit qu'on me fournirait tout ce que produit le pays. Mon premier soin fut de chercher à terre un endroit convenable pour les malades, qui n'étaient pas en petit nombre : je trouvai bientôt une maison, dont le propriétaire convint avec moi du prix pour le logement et la nourriture de chaque personne.

Pendant notre traversée de la pointe Java à cet endroit, nous avons fait très peu de remarques qui puissent être utiles aux navigateurs.

Peu de jours après notre départ de Java, nous vîmes des boubies autour du vaisseau pendant plusieurs nuits consécutives, et comme on sait que ces oiseaux vont se jucher le soir à terre, nous en conjecturâmes qu'il y avait quelque île dans les environs : c'est peut-être l'île de Selam, dont le nom et la situation sont marqués très diversement dans différentes cartes.

Après que les boubies nous eurent quittés, nous ne vîmes plus d'oiseaux avant d'arriver par le travers de Madagascar, ou au 27e degré trois quarts de latitude sud: nous aperçûmes alors un albatros, et depuis ce temps nous en découvrîmes tous les jours un grand nombre, ainsi que des oiseaux de plusieurs autres espèces, et en particulier un qui était à peu près de la grosseur d'un canard, d'une couleur très foncée, avec un bec jaunâtre. Ces oiseaux devinrent plus nombreux à mesure que nous approchâmes de la côte, et dès que les sondes ne rapportèrent plus de fond, nous vîmes des mouettes, que nous continuâmes d'apercevoir tant que nous fûmes sur ce banc, qui s'étend, à la hauteur du cap des Aiguilles, à la distance de quarante lieues, et qui a cent soixante lieues le long de la côte, à l'est du cap False. On ne connaît pas exactement l'étendue de ce banc : il est cependant utile pour servir de direction aux vaisseaux, et leur apprendre quand il faut gouverner vers la côte pour arriver à terre.

Nous relâchâmes au Cap jusqu'au 13 avril, pour laisser à nos malades le temps de se guérir, pour prendre des provisions, et pour faire au vaisseau et aux agrès plusieurs réparations nécessaires. Je rembarquai alors tous les malades, dont plusieurs étaient encore en danger. Après avoir pris congé du gouverneur, je démarrai le 14, et je me tins prêt à remettre à la voile.

La seule ville que les Hollandais aient bâtie au Cap est appelée *Ville du Cap*, à cause de sa situation; elle est composée d'environ mille maisons proprement construites en briques, et dont l'extérieur est ordinairement blanchi. Elles ne sont pourtant couvertes que de chaume, car la violence des vents sud-est rendrait tout autre toit incommode, embarrassant et dangereux. Les rues sont larges, commodes, et toutes coupées à angles droits. Il y a dans la rue principale un canal, sur chaque côté duquel est plantée une rangée de chênes qui sont assez bien venus, et qui donnent un ombrage agréable. Il y en a un second dans un autre endroit de la ville; mais la pente des lits de ces canaux est si rapide, que les écluses ne sont pas éloignées les unes des autres de plus de cinquante verges (1).

Les habitants hollandais y sont proportionnellement en bien plus grand nombre qu'à Batavia; et comme la ville se soutient principalement par l'abord des vaisseaux étrangers, auxquels elle fournit des rafraîchissements, chaque homme imite jusqu'à un certain point les mœurs et les usages de la nation avec laquelle il a le plus de commerce. Cependant les femmes observent avec tant de fidélité la mode de leur pays, qu'elles ne sortent jamais sans une chaufferette, que porte un domestique, afin de la placer sous les pieds de sa maîtresse partout où elle s'assied. Cette pratique est d'autant plus remarquable, que, parmi ces chaufferettes, il y en a très peu qui contiennent du feu, que le climat rend tout-à-fait inutile.

Les femmes sont en général très belles: elles ont la peau blanche et fine, et un teint qui annonce que leur constitution est saine, et qu'elles jouissent d'une parfaite santé. Elles sont les meilleures épouses du monde, en même temps qu'elles sont bonnes maîtresses de famille et excellentes mères : il n'y a presque point de maisons qui ne fourmillent d'enfants.

L'air est infiniment sain au Cap, de sorte que presque tous ceux qui y arrivent malades d'Europe recouvrent la santé en peu de temps; mais les maladies qu'on y apporte de l'Inde ne se guérissent pas si sûrement.

Malgré la stérilité naturelle du climat, l'industrie a fourni cette place de tout ce qui est nécessaire à la vie; elle y a même répandu dans la plus grande profusion les commodités de luxe. Le bœuf et le mouton y sont excellents, quoique ces animaux soient originaires du pays. Les vaches y sont plus petites que les nôtres; leur taille est plus élégante, et elles ont des cornes beaucoup plus longues et plus écartées. La toison des moutons est une substance mitoyenne entre la laine et le poil, et ils ont des queues d'une grosseur énorme. Nous en avons vu quelques-unes qui pesaient douze livres, et on nous a dit qu'il y en avait de beaucoup plus fortes. Ils font avec le lait de vache un très bon beurre, mais le fromage est fort inférieur au nôtre. Il y a des chèvres qu'on ne mange jamais, des cochons et beaucoup de volaille. On y trouve aussi des lièvres exactement semblables à ceux d'Europe, des gazelles de plusieurs espèces, des cailles de deux sortes, et des outardes qui ont de la saveur, mais point de suc. Les champs produisent de notre froment et de notre orge, et l'on cultive dans les jardins tous nos végétaux et nos fruits, outre ceux du plane, les goyaves, les jambos et quelques autres fruits de l'Inde, mais qui ne sont pas trop bons; les fruits du plane en particulier sont très mauvais, et les goyaves ne sont pas plus grosses que les groseilles. Les vignobles donnent encore des vins de plusieurs sortes, inférieurs à plusieurs de ceux d'Europe, si l'on en excepte celui de Constance, dont le véritable ne se fait que sur un seul canton, à environ dix milles de la ville. Il y a un autre vignoble tout près, où l'on fait du vin qu'on appelle du même nom, mais qui est fort au-dessous du premier.

A l'extrémité de la rue haute, la Compagnie a un jardin qui a environ deux tiers de mille de long; il est partagé par des allées qui se coupent à angles droits, et qui sont plantées de chênes taillés en palissades, excepté dans l'allée du milieu où on les laisse croître de toute leur hauteur : ces arbres produisent un ombrage agréable, et qui est recherché avec d'autant plus d'empressement que, excepté les plantations des bords des deux canaux, il n'y a pas à plusieurs milles de la ville un seul arbre qui puisse donner de l'ombre. La plus grande partie de ce jardin est employée à la culture des légumes; mais il y en a deux petits carrés destinés à la botanique, où il ne paraît pas y avoir la moitié autant de plantes qu'il y en avait lorsque Oldenland fit son catalogue. Au bout du jardin on trouve une ménagerie qui renferme plusieurs oiseaux et quadrupèdes qu'on n'a jamais vus en Europe.

Les deux sexes ont des colliers et quelquefois des bracelets de grains de verre, et les femmes entourent les chevilles de leurs pieds d'un cercle de cuir dur, afin de se défendre des épines dont le pays abonde partout : quelques-unes d'entre elles ont des sandales faites de bois ou d'écorce, mais le plus grand nombre ne porte point de chaussure.

Nous avions grande envie de décider la grande question agitée par les naturalistes, si les femmes de ce pays ont ce tablier de chair qui est appelé *sinus pudoris* : je vais rapporter ce que nous en avons appris. Un grand nombre de Hollandais et de Malais, qui avaient reçu des faveurs de plusieurs Hottentotes, en ont nié positivement l'existence; un médecin du Cap nous a déclaré qu'il en avait guéri plusieurs centaines attaquées de maladies vénériennes, et qu'il n'avait jamais vu un seul de ces tabliers, mais seulement deux appendices de chair, ou plutôt de peau, tenant à la partie supérieure des lèvres, et qui ressemblaient en quelque sorte aux tettes d'une vache, excepté qu'elles étaient plates. Il ajouta qu'elles pendaient devant les parties naturelles, et qu'elles étaient chez différentes femmes d'une longueur différente; que quelques-unes en avaient de longues d'un demi-pouce, et d'autres de trois ou quatre; qu'il imaginait que c'était là ce que des écrivains avaient appelé par exagération un *tablier*, qui descendait du bas ventre, assez bas pour que les parties naturelles n'eussent besoin d'aucun voile artificiel.

Il y a près de la ville un quai qui se prolonge à une distance convenable pour qu'on puisse y débarquer et embarquer commodément les marchandises. Des canaux

(1) Il y a eu de grandes améliorations dans cette ville ou colonie depuis qu'elle est occupée par les Anglais. A. M.

conduisent de l'eau à ce quai, et plusieurs bateaux peuvent y en puiser en même temps. La Compagnie entretient plusieurs grandes chaloupes, chargées de porter des provisions aux vaisseaux qui sont dans le hâvre. La baie est défendue par un fort carré, situé tout près de la grève, à l'est de la ville, et par plusieurs redoutes et batteries qui s'étendent le long de la côte des deux côtés du cap.

Le 25, nous levâmes l'ancre et nous continuâmes notre route sans qu'il nous arrivât rien de remarquable, et le 29 au matin nous traversâmes notre premier méridien, après avoir fait le tour du globe dans la direction de l'est à l'ouest. Nous avions par conséquent perdu un jour, que nous rétablîmes dans nos calculs à Batavia.

A la pointe du jour du 1er mai, nous découvrîmes l'île Sainte-Hélène, et à midi nous mîmes à l'ancre devant le fort James.

Cette île est située au milieu du vaste océan Atlantique, à quatre cents lieues de distance de la côte d'Afrique, et à six cents de celle d'Amérique. C'est le sommet d'une montagne immense, s'élevant hors de la mer, qui ; à peu de distance dans tous les environs, est d'une profondeur inconnue. L'île n'a pas plus de douze lieues de long et six de large.

On a toujours trouvé, sans exception, le siége des volcans au sommet des parties les plus élevées des pays où ils existent. L'Etna et le Vésuve sont les terres les plus hautes de tous leurs environs. L'Hécla est la montagne la plus élevée de l'Islande. On rencontre souvent des volcans au sommet des Andes de l'Amérique méridionale, et l'on sait que le pic de Ténériffe est sur un feu souterrain. Ces volcans sont encore allumés; mais il y a une quantité innombrable d'autres montagnes qui portent des marques évidentes d'un feu actuellement éteint, et qui l'est depuis les époques les plus reculées: il faut compter parmi celles-ci Sainte-Hélène, où les inégalités du sol dans sa surface extérieure sont manifestement des effets de l'affaissement de la terre; car les coteaux opposés, quoique toujours séparés par des vallées profondes et quelquefois très larges, présentent le même aspect et ont la même direction.

Nous aperçûmes une vallée appelée *vallée Chappel*, qui ressemble à une large tranchée, et dans cette vallée nous découvrîmes la ville. Le terrain de la vallée est revêtu d'une herbe clair-semée; mais les côtes sont aussi nues que les rochers qui gisent près de la mer. Il faut passer les premières collines avant qu'on trouve de la verdure dans les vallées, et qu'elles donnent quelques autres marques de fertilité (1).

La ville est située au bord de la mer, et la plus grande partie des maisons sont mal bâties; l'église, qui n'a jamais été qu'un chétif édifice, est aujourd'hui en ruines, et la halle est à peu près dans le même état.

Tous les blancs sont anglais, et comme la Compagnie des Indes orientales, à qui l'île appartient, ne leur permet pas de faire quelque trafic ou commerce pour leur propre compte, ils n'ont d'autre moyen de subsistance que de fournir des rafraîchissements aux vaisseaux qui y touchent. Ils ne tirent pourtant pas de la terre des récoltes proportionnées à la fertilité du sol et à la température du climat; si elle était cultivée convenablement, elle pourrait produire tous les fruits et les végétaux de l'Europe et de l'Inde.

Le 4 mai, à une heure après midi, nous sortîmes de la rade. Le 23 au matin, M. Hicks, mon premier lieutenant, mourut vers une heure après midi, et le soir nous jetâmes son corps à la mer avec les cérémonies accoutumées. La maladie qui mit fin à sa vie était une consomption, et comme il en était attaqué lorsque nous partîmes d'Angleterre, on peut dire avec vérité qu'il fut mourant pendant tout le voyage, quoique son dépérissement fût insensible jusqu'à notre arrivée à Batavia.

Nous continuâmes notre route sans accident jusqu'au 10, quand le même mousse qui découvrit la Nouvelle-Zélande pour la première fois aperçut la terre, que nous reconnûmes ensuite être la pointe Lizard. Le 11, nous remontâmes le canal; le 12, à six heures du soir, nous dépassâmes le cap Beachy; le lendemain à midi, nous étions en travers de Douvres; vers les trois heures nous mîmes à l'ancre aux dunes, et nous allâmes à terre à Deal.

(1) Il a paru un grand nombre de descriptions de Sainte-Hélène, depuis la captivité de Napoléon, qui y est mort le 5 mai 1821, et nous croyons inutile de reproduire toute celle de Cook. A. M.

SECOND VOYAGE.

(1773-1775.)

PRÉLIMINAIRE.

Le second voyage de Cook est une expédition plus extraordinaire encore que la première. C'est un beau spectacle de voir ce navigateur intrépide tenter l'approche du pôle austral dans toute la circonférence du globe; et, après avoir été repoussé de tous les côtés par les glaces, parcourir tous les parages de la mer du Sud, aller et revenir plusieurs fois sur ses traces, afin d'en découvrir et d'en reconnaître toutes les terres, sans se lasser jamais des obstacles, et sans que de nombreuses découvertes puissent le contenter. La postérité n'ignore point qu'il a trouvé plus de contrées dans la mer Pacifique et Atlantique que tous les autres navigateurs ensemble; car, sans parler de celles de son premier voyage, il nous a procuré, par celui-ci, la connaissance de la Nouvelle-Calédonie, des Nouvelles-Hébrides, des îles des Amis, de la Nouvelle-Géorgie, de la terre de Sandwich, de la Thulé australe, de la terre du Saint-Esprit, dont Quiros n'avait pas fait le tour, etc., etc.

Il n'a rien négligé de tout ce qui peut intéresser les sciences naturelles, et la navigation et la géographie en particulier; il a étudié, avec la plus grande exactitude, les mœurs des différents insulaires, et il a eu occasion de rectifier, sur cette matière, quelques erreurs de la relation de son premier voyage.

Nous consignerons ici quelques passages de l'introduction que le célèbre navigateur a mise en tête de sa relation, afin d'en indiquer l'objet.

Les puissances et les savants de l'Europe cherchent depuis longtemps, dit-il, à découvrir si la portion de l'hémisphère austral qu'on n'a point reconnue n'est qu'une immense plage d'eau, ou si elle renferme un autre continent, comme la géographie spéculative semblerait l'indiquer.

En ordonnant le voyage dont on publie ici la relation, Sa Majesté a eu pour premier objet de fixer l'opinion sur une matière si curieuse et si importante.

Pour donner au lecteur une idée nette de cette expédition, et le mettre en état de juger plus exactement quel en a été le succès, il est nécessaire de rappeler les différents voyages entrepris, avant le mien, dans la vue de faire des découvertes au sein de l'hémisphère austral.

Ferdinand Magellan, Portugais au service d'Espagne, fut le premier qui traversa la mer Pacifique. Après avoir appareillé de Séville avec cinq vaisseaux, le 10 avril 1519, il découvrit le détroit qui porte son nom, et entra, le 27 novembre, dans la mer du Sud.

Ils les mettent dans une huche, où j'ai vu les hommes et les cochons manger tous à la fois.

Il découvrit dans cette mer deux îles inhabitées, dont on ne connaît pas bien la position. Il passa ensuite la ligne, trouva les îles des Larrons, et s'avança jusqu'aux Philippines, sur l'une desquelles il fut tué dans une escarmouche avec les naturels du pays.

Son vaisseau, appelé *la Victoire*, fit le premier le tour du monde, et ce fut le seul de l'escadre qui surmonta les dangers et les obstacles de son héroïque entreprise.

Après que Magellan eut montré la route, les Espagnols firent plusieurs voyages d'Amérique à l'ouest, avant celui d'Alvaro Mendana de Neira, en 1595, le premier dont on puisse avec exactitude suivre la route; car on ne connaît pas assez précisément les expéditions antérieures. On sait cependant, en général, qu'ils découvrirent alors la Nouvelle-Guinée et les îles de Salomon, qui très probablement ne sont rien autres que le groupe comprenant ce qu'on a depuis nommé *Nouvelle-Bretagne*, *Nouvelle-Irlande*, etc.

Mendana fit voile de Callao avec quatre vaisseaux, le 9 avril 1595, dans le dessein de reconnaître ces îles; et il découvrit, en cinglant à l'ouest, les Marquises par 10° de latitude sud; l'île de Saint-Bernard, qui me semble avoir été nommée île du *Danger* par le commodore Byron; ensuite l'île Solitaire par 10° 40' de latitude sud, et 178° de longitude ouest; enfin Santa-Cruz, qui est certainement celle que le capitaine Carteret appelle l'*île d'Egmont*, et dans laquelle Mendana mourut avec la plupart de ses compagnons: Pedro Fernandez de Quiros, premier pilote, conduisit à Manille les restes malheureux de l'escadre.

On chargea le même Quiros d'une autre expédition, uniquement pour découvrir un continent austral, et il semble que c'est le premier Européen qui en ait conçu l'idée.

Il partit de Callao, le 21 décembre 1605, comme pilote de deux vaisseaux et d'une patache, commandés par Luis Paz de Torres. Gouvernant à l'ouest-sud-ouest, et étant, suivant leur estime, à mille lieues espagnoles de la côte d'Amérique, ils découvrirent, le 26 janvier 1606, une petite île basse par 25° de latitude sud. Deux jours après ils en découvrirent une autre, qui était élevée et qui avait une plaine au sommet: il est vraisemblable que c'est la même qui a été appelée, par le capitaine Carteret, *île de Pitcairn.*

Quiros, en quittant ces îles, semble avoir dirigé sa route vers l'île de la terre du Saint-Esprit. Chemin faisant, il découvrit plusieurs îles, et probablement quelques-unes de celles qui ont été vues par les derniers navigateurs.

Les deux vaisseaux se séparèrent au sortir de la baie de Saint-Philippe et de Jago. Quiros, avec le capitaine, porta au nord et retourna à la Nouvelle-Espagne, après avoir beaucoup souffert faute d'eau et de provisions.

Ils revinrent tous au vaisseau sur leurs pirogues, avec des tisons brûlants...

Torres, avec *l'Almiranta* et la patache, cingla à l'ouest, et il paraît être le premier qui navigua entre la Nouvelle-Hollande et la Nouvelle-Guinée.

Le Maire et Schouten tentèrent ensuite de nouvelles découvertes dans la mer du Sud. Ils firent voile du Texel, le 14 juin 1615, avec les vaisseaux *la Concorde* et *le Horn*. Un accident brûla ce dernier au port Désiré. Ils continuèrent leur voyage sur l'autre, et découvrirent le détroit qui porte le nom de Le Maire, et entrèrent les premiers dans la mer Pacifique par le cap Horn.

Ils découvrirent aussi l'île des Chiens par 15° 15' de latitude sud, et 136° 30' de longitude ouest; Sondre Grondt, par 15° de latitude sud, et 143° 10' de longitude ouest; Waterland, par 14° 46' de latitude sud, et 144° 10' de longitude ouest; à vingt-cinq lieues de celle-ci, l'île des Mouches, l'île des Traîtres et des Cocos, par 13° 43' de latitude sud, et 173° 13' de longitude ouest; 2° plus à l'ouest, l'île de l'Espérance: et par 14° 56' de latitude sud, et 179° 30' de longitude est, l'île de Horn. Ils rangèrent ensuite le côté septentrional de la Nouvelle-Bretagne et de la Nouvelle-Guinée, et arrivèrent à Batavia en octobre 1616.

Excepté quelques découvertes sur les côtes occidentales et septentrionales de la Nouvelle-Hollande, on ne fit aucune expédition importante dans la mer Pacifique, jusqu'en 1642 : le capitaine Tasman partit alors de Batavia, avec deux vaisseaux de la Compagnie hollandaise, et découvrit la terre de Van-Diémen, une petite partie de la côte occidentale de la Nouvelle-Zélande, les îles des Amis, et celles qu'on a nommées du Prince Guillaume.

En 1721, les Hollandais équipèrent trois vaisseaux pour tenter des découvertes dans la mer du Sud. Roggewin, qui les commandait, quitta le Texel le 21 août, et, arrivé dans cette mer, après avoir fait le tour du cap Horn, il découvrit l'île de Pâques, qui probablement avait déjà été vue, mais non pas reconnue par Davis. Ensuite, entre les 14° 41' et 15° 47' de latitude sud, et entre les 142 et les 150° de longitude ouest, il trouva plusieurs autres îles que je suppose être celles qui ont été aperçues par les derniers navigateurs anglais. Il découvrit encore deux îles, par 15° de latitude sud, et 170° de longitude ouest, qu'il nomma *îles de Baumen;* et enfin une île toute seule, par 13° 41' de latitude sud, et 171° 30' de longitude ouest. Ces trois îles sont indubitablement celles que M. de Bougainville a appelées *îles des Navigateurs*.

En 1738, la Compagnie française des Indes orientales envoya Lozier Bouvet, avec deux vaisseaux, *l'Aigle* et *la Marie*, pour faire des découvertes dans l'océan Atlantique méridional. Il appareilla du port de Lorient, le 19 juillet; il toucha à l'île Sainte-Catherine, et de là il porta au sud-est. Le 1er janvier 1739, il découvrit la terre, ou quelque chose qu'il prit pour une terre, par 54° de latitude sud, et 11° de longitude est. On verra, dans le cours de la relation suivante, que nous avons fait inutilement plusieurs tentatives pour la retrouver : il est donc très probable que Bouvet ne vit qu'une grande île de glace.

Après ce voyage de Bouvet, l'esprit de découvertes s'est éteint, jusqu'au moment où Sa Majesté régnante forma le projet d'envoyer des vaisseaux dans l'hémisphère austral.

Les entreprises exécutées sous ses auspices commencèrent en 1764. Le commodore Byron, qui commandait *le Dauphin* et *le Tamar*, appareilla des Dunes, le 21 juin, et, après avoir visité les îles Falkland, il entra par le détroit de Magellan dans la mer du Sud, où il découvrit les îles de Désappointement, l'île de Georges, celle du Prince de Galles, les îles du Danger, l'île d'York et celle de Byron.

Il revint en Angleterre, le 9 mai 1766. Au mois d'août suivant, on renvoya *le Dauphin*, sous le capitaine Wallis, avec *le Swallow*, commandé par le capitaine Carteret.

Ils marchèrent de conserve jusqu'à l'extrémité occidentale du détroit de Magellan, et ils se séparèrent à la vue de la grande mer du Sud.

Le capitaine Wallis fit route plus à l'ouest dans une latitude aussi élevée qu'aucun autre navigateur avant lui; mais il ne rencontra terre qu'en dedans du tropique, où il découvrit les îles de la Pentecôte, de la Reine Charlotte, d'Egmont, du duc de Glocester, du duc de Cumberland, de Maitéa, de Taïti, d'Eiméo, de Tapamanou, d'How, du Scilly de Boscawen, Keppel et Wallis. Il arriva en Angleterre au mois de mai 1768.

Le capitaine Carteret, son compagnon de voyage, suivit une route différente, et il découvrit les îles Osnabruck, Glocester, celles de la Reine Charlotte, l'île Carteret, celle de Gower et le détroit entre la Nouvelle-Bretagne et la Nouvelle-Irlande. Il arriva en Angleterre au mois de mars 1769.

M. de Bougainville fit voile de France au mois de novembre 1766, sur la frégate *la Boudeuse*, accompagné de la flûte *l'Etoile*. Après avoir passé quelque temps sur la côte du Brésil et aux îles Falkland, il entra dans la mer Pacifique par le détroit de Magellan en janvier 1768.

Il découvrit, dans cette mer, les quatre Facardins, l'île des Lanciers, celle de la Harpe, qui me semble la même que celle que j'ai nommée ensuite du Lagon, le Boudoir et l'île de l'Arc. Environ vingt lieues plus loin à l'ouest, il découvrit aussi quatre autres îles. Il rencontra ensuite Maitéa, Taïti, les îles des Navigateurs et l'Enfant-Perdu, qui étaient pour lui de nouvelles découvertes. De là, il passa entre les Hébrides; il découvrit la batture de Diane, et quelques autres; la terre du cap de la Délivrance, et différentes îles situées plus au nord. Il passa au nord de la Nouvelle-Irlande, toucha à Batavia, et arriva en France au mois de mars 1769.

Cette année fut remarquable par le passage de Vénus au-dessus du disque du soleil : ce phénomène, très important à l'astronomie, excita partout l'attention de ceux qui étudiaient cette science.

Au commencement de 1768, la Société royale de Londres présenta au roi un mémoire, dans lequel on exposait les avantages des observations exactes qu'on pourrait faire en différentes parties du monde, et surtout dans une latitude australe, entre les 140e et 180e degrés de longitude à l'ouest de l'observatoire royal de Greenwich. On ajouta que des vaisseaux équipés convenablement seraient nécessaires pour porter les observateurs aux parages qui leur seraient destinés, mais que la Société n'était pas en état de pourvoir aux dépenses d'une telle entreprise.

Sa Majesté, après avoir lu le mémoire, ordonna à l'amirauté de choisir des vaisseaux convenables pour cet objet. En conséquence, on acheta *l'Endeavour* : on l'arma pour une campagne au sud, et j'eus l'honneur d'en obtenir le commandement. Mais ce vaisseau étant parti pour les îles Falkland, l'amirauté résolut d'avoir deux vaisseaux que l'on nomma, l'un *la Résolution*, et l'autre *l'Aventure*.

Le 28 novembre 1771, je fus nommé au commandement de *la Résolution*, et Tobias Furneaux, qui avait été second lieutenant du capitaine Wallis, fut élevé à celui de *l'Aventure*.

PREMIÈRE SECTION.

Depuis notre départ d'Angleterre jusqu'au moment où nous avons quitté pour la première fois les îles de la Société.

Traversée de Deptford au cap de Bonne-Espérance. Récit de plusieurs incidents survenus dans la route. Séjour au Cap. Ce que nous y fîmes. Description du Cap.

Je fis voile de Deptford, le 9 avril 1772. Le vaisseau *la Résolution* descendit à Longreach, où *l'Aventure* me joignit le lendemain. Le 22 juin, tout fut prêt à remettre en mer : je fis voile alors de Sheerness, et le 3 juillet je rejoignis *l'Aventure* dans le canal de Plymouth.

Je reçus à Plymouth mes instructions, datées du 25 juin : on m'enjoignit de prendre le commandement de *la Résolution*, de me rendre avec promptitude à l'île de Madère, d'y embarquer du vin, et de marcher de là au cap de Bonne-Espérance, où je devais rafraîchir les équipages, et me fournir des provisions et des autres choses dont j'aurais besoin; de m'avancer au sud et de tâcher de retrouver le cap de la Circoncision, qu'on dit avoir été découvert par M. Bouvet, dans le cinquante-quatrième parallèle sud, et à environ 11° 20' de longitude est du méridien de Greenwich; si je rencontrais ce cap, de m'assurer s'il fait partie du continent (dispute qui a si fort occupé les géographes et les premiers navigateurs) ou si c'est une île; dans le premier cas, de ne rien négliger pour en parcourir la plus grande étendue possible, d'y faire les remarques et observations de toute espèce qui seraient de quelque utilité à la navigation et au commerce, et qui tendraient au progrès des sciences naturelles. Mes instructions portaient ensuite de tenter des découvertes à l'est ou à l'ouest, suivant la situation où je me trouverais, de tenir la latitude la plus élevée, et de m'approcher du pôle austral le plus qu'il me serait possible, et aussi longtemps que l'état des vaisseaux, la santé des équipages et les provisions le permettraient.

Le 13 juillet 1772, j'appareillai du canal de Plymouth, accompagné de *l'Aventure*. Je jetai un dernier regard sur les montagnes fertiles de l'Angleterre, et je me livrai aux émotions de tendresse qu'inspirait ce coup d'œil. La beauté du matin et le spectacle d'un vaisseau qui marche sur la mer attirèrent ensuite mon attention, et dissipèrent la tristesse des premières idées. Nous passâmes bientôt devant le fanal d'Eddistone, tour très élevée, qui est de la plus grande utilité à la navigation et au commerce. Il n'est pas possible de la contempler sans frissonner de crainte sur le sort des gardes solitaires qui sont souvent obligés d'y passer trois mois, privés de toute communication avec la Grande-Bretagne. La mort tragique de Winstanley, qui fut écrasé en un clin d'œil par la chute du premier édifice qu'il avait construit lui-même, et les mouvements de la tour actuelle, lorsqu'elle est assaillie par les vents et par les flots, saisissent d'épouvante.

Le 20 nous passâmes le cap Ortegal sur la côte de Galice en Espagne : les habitants du pays l'appellent *Ortiguera*, et c'est probablement le *promontorium trileucum* des anciens. Le pays des environs est montueux : il paraît blanc dans les endroits où il a des rocs pelés, et les sommets des montagnes sont couverts de bois. Je remarquai des champs de blé presque mûr et des cantons remplis de bruyère.

Le 22, nous aperçûmes le fanal près de la Corogne. Le 28, nous découvrîmes Porto-Santo, qui a environ cinq ou six lieues de long, et qui est stérile : la quantité de vignes qu'elle contient offrait cependant une belle nappe de verdure. On ne compte que sept cents habitants dans cette petite île, qui dépend du gouverneur de Madère.

Nous aperçûmes bientôt Madère, les îles désertes et Santa-Cruz. Les montagnes aux environs de cette ville sont coupées par un grand nombre de creux et de vallées profondes. Des maisons de campagne, heureusement situées parmi des vignes et des cyprès élevés, embellissent les coteaux, et tout le pays est très pittoresque.

Le soir du 29, je mouillai dans la rade de Funchal, à l'île de Madère. Funchal est bâti en forme d'amphithéâtre, autour de la baie, sur la pente des premières collines. L'œil plane aisément de la mer sur tous les bâtiments publics et particuliers. En général, le dehors des édifices est tout blanc; la plupart ont deux étages. Ils sont couverts de toits bas, et l'architecture a cette élégance orientale et une simplicité qu'on ne trouve pas dans nos maisons étroites, qui portent à leur sommet des toits escarpés et plusieurs rangs de cheminées. Il y a, du côté de la mer, différentes batteries et des plates-formes garnies de canons. Un vieux château, qui commande la rade, est situé au haut d'un rocher noir ; il est entouré d'eau à la marée haute. Un autre, qu'on nomme le château de *Saint-Jean*, est placé sur une éminence voisine, au-dessus de la ville. Les collines derrière Funchal, couvertes de vignes, de plantations, de bosquets, de maisons de plaisance et d'églises, ajoutent encore à la beauté du paysage. Ces lieux font penser aux jardins des fées, et ils donnent quelque idée des jardins suspendus de la reine Sémiramis.

L'île de Madère, qui a environ cinquante-cinq milles anglais de long et dix de large, fut découverte en 1419 par Gonzalès Zarco; et c'est sans fondement qu'on dit qu'elle l'a été par un Anglais nommé Machin. Funchal est la seule cité. L'île a d'ailleurs sept petites villes sans importance.

Le gouverneur est à la tête de tous les départements civils et militaires de cette île, de Porto-Santo, des Salvages et des îles désertes, où il y a seulement par occasion des huttes de pêcheurs, qui y vont quelque temps de l'année.

On trouve à Madère tous les animaux domestiques d'Europe : le mouton et le bœuf, quoique petits, sont d'un bon goût. Les chevaux, malgré leur petitesse, ont le pied sûr, et ils grimpent avec beaucoup d'agilité les chemins qui sont partout difficiles. Les habitants n'ont aucune espèce de voiture à roues : ils se servent à la ville de traîneaux formés de deux planches jointes par deux pièces de traverse, qui font un angle aigu à l'avant : on attelle des bœufs à ces traîneaux, qui transportent des futailles de vin et d'autres grosses marchandises d'un magasin à l'autre.

Il y a peu de quadrupèdes sauvages : je n'ai vu que le lapin gris ordinaire. Les oiseaux sont plus nombreux; j'y ai remarqué l'épervier, différentes corneilles, la pie, deux espèces d'alouettes, l'étourneau, l'oiseau appelé l'*emberiza citrinella;* les moineaux communs et les moineaux des montagnes, le hoche-queue jaune et le rouge-gorge, le pigeon ramier, deux espèces d'hirondelles, et le martinet. Cette dernière espèce y passe tout l'hiver, et disparaît seulement quelques jours quand le temps est très froid : elle se retire alors dans les fentes et les crevasses de rochers, et elle se montre au premier jour de soleil. La perdrix rouge est commune dans l'intérieur de l'île, où on la trouble peu.

Il n'y a aucun serpent à Madère, mais les maisons, les vignes et les jardins fourmillent de lézards. Les moines d'un des couvents se plaignent que ces animaux détruisent les fruits de leurs jardins.

Les côtes de Madère et des îles voisines, les Salvages et les Désertes, ne manquent pas de poisson; mais comme il n'y en a pas assez pour le carême, on tire de Gottembourg, sur des vaisseaux anglais, des harengs salés, de la morue de New-York et des autres ports d'Amérique.

Après avoir pris à bord de l'eau, du vin et d'autres articles, nous quittâmes Madère le 1er août. Le 4, nous dépassâmes l'île de Palma : elle est si haute qu'on la voit à douze ou quatorze lieues, et elle gît par 28° 38' de latitude nord, et 17° 58' de longitude ouest. Le lendemain nous aperçûmes l'île de Féro, et nous la passâmes à la distance de quatorze lieues : je jugeai qu'elle est par le 27° degré 42' de latitude nord, et 18° 9' de longitude ouest.

L'île de Palma fait partie du groupe qu'on appelle aujourd'hui *Canaries*, et que les anciens connaissaient sous le nom d'*insulæ Fortunatæ*, ou *îles Fortunées*. On les oublia en Europe jusqu'à la fin du quatorzième siècle. L'esprit de navigation se ranima alors, et quelques aventuriers les retrouvèrent. Les Biscayens, ayant débarqué sur Lanzarota, enlevèrent cent soixante-dix naturels du pays. Luis de la Cerda, noble espagnol, de la famille royale de Castille, obtint une bulle du pape, et s'arrogea en 1344 le titre de *prince des îles Fortunées*. Enfin un nommé Jean, baron de Béthencourt, aborda sur ces îles en 1402, prit possession de plusieurs, et s'appela *roi des Canaries*. Son neveu céda ses prétentions à don Henri, infant de Portugal : les Espagnols en sont aujourd'hui les maîtres.

Comme notre eau n'aurait pas duré jusqu'au cap de Bonne-Espérance, sans que je fusse obligé de diminuer la ration des équipages, je résolus de toucher à San-Iago pour en faire. Le 9 août, nous découvrîmes l'île de Bonavista. Le lendemain, nous laissâmes l'île Mayo à notre droite, et le même soir nous mouillâmes au Port-Praya, dans l'île San-Iago, la plus grande île du Cap-Vert. Ayant complété notre provision d'eau, et pris à bord des rafraîchissements, tels que des cochons, des chèvres, des volailles et des fruits, nous remîmes en mer.

Le Port-Praya est une petite baie située à peu près au milieu, du côté méridional de l'île de San-Iago, par 14° 53' 30" de longitude nord, et 23° 30' de longitude ouest. On peut le reconnaître surtout en venant de l'est par la colline la plus méridionale de l'île. Cette colline ronde, et dont le sommet est en forme de pic, se trouve un peu avant dans l'intérieur des terres, à l'ouest du port.

San-Iago a environ sept lieues de long. La capitale, qui porte le même nom, gît dans l'intérieur du pays, et c'est là que réside l'évêque de toutes les îles du Cap-Vert. San-Iago est divisé en quatre paroisses, et il y a environ quatre mille maisons, de façon que la population y est peu considérable.

Porto-Praya est situé sur un rocher escarpé, et nous y montâmes par un sentier qui va en serpentant. Les fortifications du côté de la mer sont vieilles et elles tombent en ruines, et du côté de terre, il n'y a qu'un mauvais parapet de pierre, sans ciment ni mortier, et à peine à la hauteur de la poitrine. On ne voit dans l'intérieur que quelques cabanes. Un assez bel édifice, à peu de distance du fort, appartient à une compagnie de marchands de Lisbonne, qui a le privilége exclusif du commerce de toutes les îles du Cap-Vert, et qui y entretient un agent. Cette compagnie tyrannise les habitants, et leur vend de mauvaises marchandises à un prix excessif.

En général, les îles du Cap-Vert sont montueuses; mais les collines inférieures, qui sont couvertes d'une belle verdure, ont une pente douce, et elles sont coupées par des vallées étendues. Il y a peu d'eau, et sur plusieurs on n'en trouve que dans des mares et dans des puits. San-Iago a cependant une rivière assez grande qui se décharge dans la mer à Ribeira, grande ville qui prend son nom de là. A Porto-Praya il n'y a qu'un seul puits entouré de pierres sans ciment ni mortier; l'eau y est vaseuse et saumâtre, et en si petite quantité, que nous le desséchâmes deux fois en un jour. La vallée, au côté du fort, semble être humide, et elle est plantée çà et là de cocotiers, de cannes à sucre, de bananiers, de cotonniers, de goyaviers et de papayers; mais différentes sortes de broussailles en couvrent la plus grande partie, et le reste est en pâturages.

Les capitaines, les astronomes et les maîtres d'équipage avaient passé la journée à faire des observations astronomiques sur le petit îlot nommé *île des Cailles* à cause de la grande quantité de ces oiseaux qui s'y trouve. Le commandant du fort nous apprit que les officiers d'une frégate française, qui essayaient des montres marines d'une nouvelle construction (1), avaient fait des observations sur ce même endroit.

Le 8 septembre, nous passâmes la ligne au 8e degré de longitude ouest. Nous n'oubliâmes pas la cérémonie de plonger dans l'eau, qui s'observe communément en cette occasion. Ceux des matelots qui ne l'avaient pas encore passée furent obligés de payer de l'eau-de-vie pour se racheter; ceux qui subirent l'immersion changèrent de linge et d'habits, et comme cela ne peut se faire trop souvent, surtout dans un temps chaud, l'ablution fut salutaire. Les liqueurs fortes que produisirent d'ailleurs les amendes augmentèrent encore la gaîté des matelots.

Depuis le 8 septembre jusqu'au 11 octobre nous vîmes journellement des oiseaux aquatiques de diverses espèces, et surtout beaucoup d'oiseaux du tropique. Nous trouvâmes aussi, à différents intervalles, la mer couverte d'animaux de la classe des *mollusca*, et dont l'un, de couleur bleue et de la forme d'un serpent, avait quatre pattes divisées en plusieurs branches. Nous en vîmes d'autres transparents comme des cristaux, et formant par leur union de longues chaînes.

Le 29, nous découvrîmes la terre du cap de Bonne-Espérance. La montagne de la Table, au-dessus de la ville du Cap, nous restait à douze ou quatorze lieues. Le ciel était alors obscurci par un brouillard; car autrement elle est si haute, qu'on aurait pu la découvrir à une distance beaucoup plus grande.

Nous forçâmes de voiles, dans l'espoir de gagner la baie avant la nuit; mais, voyant que cela était impossible, nous diminuâmes de voiles, et nous passâmes la nuit à louvoyer. Entre huit et neuf heures, toute la mer devint subitement éclairée, ou, comme disent les matelots, tout en feu. Ce phénomène est assez commun, mais on n'en connaît pas aussi généralement la cause. M. Banks et le docteur Solander m'avaient persuadé qu'il était produit par des insectes de mer : M. Forster ne paraissait pas adopter la même opinion. Je fis donc tirer quelques seaux d'eau aux côtés du bâtiment, et nous y trouvâmes une quantité innombrable de petits insectes en forme de globe, à peu près de la grosseur d'une tête d'épingle ordinaire, et absolument transparents. Quoiqu'ils ne donnassent aucun signe de vie, nous étions convaincus qu'ils respiraient dans leur propre élément lorsqu'ils s'y trouvaient d'une manière convenable.

Ce coup d'œil était le plus grand et le plus singulier qu'on puisse imaginer : l'Océan, dans toute l'étendue de l'horizon, paraissait être en flammes; le sommet de chaque vague était éclairé par une lumière semblable à celle du phosphore, et une ligne lumineuse marquait fortement les flancs du vaisseau qui touchaient à la mer. Les grands corps de lumière se remuaient dans l'eau à côté de nous, quelquefois lentement, d'autres fois plus vite; tantôt ils suivaient la même direction que notre route, tantôt ils s'écartaient. En de certains moments nous remarquions clairement qu'ils avaient la forme de poissons; et lorsque ces gros corps lumineux approchaient des plus petits, ils les forçaient à se retirer en hâte. L'eau n'était plus lumineuse après un espace d'environ deux heures, et la conjecture la plus probable qu'on puisse former sur ces animalcules, c'est dire qu'ils sont le frai de quelque espèce de medusa ou d'ortie de mer; cependant ce sont peut-être des animaux d'un genre différent.

Le jour naissant nous fit voir un beau ciel; et, de concert avec *l'Aventure*, nous mouillâmes dans la baie de la Table, à un mille de distance du débarquement près du fort.

A peine eûmes-nous jeté l'ancre, que je reçus la visite du maître du port, de quelques autres officiers de la Compagnie, et de M. Brandt, qui nous apporta différentes choses très agréables à des gens venant de la mer. Le maître du port venait, suivant la coutume, examiner les vaisseaux, la santé des équipages, et reconnaître en particulier si la petite vérole était à bord, maladie qu'on craint par-dessus tout au Cap; c'est pour cela qu'il y a toujours un chirurgien parmi ceux qui font la visite.

J'envoyai sur-le-champ un officier chez le gouverneur, afin de l'informer de notre arrivée, et des raisons qui m'engageaient à relâcher au Cap. L'envoyé reçut une réponse très polie, et à son retour nous saluâmes la garnison de onze coups qui nous furent rendus. Bientôt après j'allai à terre moi-même, et je fis une visite au gouverneur, accompagné du capitaine Furneaux et des deux MM. Forster.

Nous étions vivement frappés du contraste qui est entre San-Iago et cette colonie. Nous avions vu là un pays d'une assez belle apparence, et susceptible d'une excellente culture, mais absolument négligé par ses habitants paresseux et opprimés. On aperçoit, au contraire, ici une ville propre et bien bâtie, au milieu d'un désert entouré de masses entrecoupées de montagnes noires et effrayantes, enfin le tableau de l'industrie la plus heureuse. Son aspect, du côté de la mer, n'est pas aussi pittoresque que celui de Funchal. Les magasins de la Compagnie sont tous au bord de l'eau, et les bâtiments particuliers sont répandus par-derrière sur un coteau légèrement incliné. Le fort, qui commande la rade, est au côté oriental de la ville, mais il ne paraît pas très difficile à prendre : il y a en outre plusieurs batteries des deux côtés. Les rues de la ville sont larges et régulières : les principales sont toutes plantées de chênes, et quelques-unes ont au milieu un canal d'eau courante, qu'on est obligé de ménager par des écluses à cause de sa petite quantité. Ces canaux, qui sont quelquefois à sec, occasionnent une odeur désagréable. On reconnaît d'une manière frappante le caractère naturel des Hollandais : ils remplissent toujours leurs établissements de canaux.

Le lendemain de notre arrivée, MM. Forster commencèrent des excursions botaniques dans la campagne aux environs de la ville. Le terrain s'élève insensiblement de tous les côtés, vers les trois montagnes qui entourent le fond de la baie : il est bas et uni seulement près du bord de la mer, et il devient un peu marécageux dans l'isthme entre la baie Fausse et celle de la Table, qui reçoit un ruisseau d'eau salée. La partie marécageuse a quelque verdure, mais elle est entremêlée de beaucoup de sable. Les cantons plus élevés, auxquels les bords de la mer donnent un aspect sec et horrible, sont cependant couverts d'une immense variété de plantes, et entre autres d'un nombre prodigieux de buissons : on y remarque à peine une ou deux espèces qui méritent le nom d'arbres. On voit aussi quelques petites plantations dans les endroits où un peu d'eau humecte la terre. Les buissons sont habités par des insectes de toute sorte, plusieurs espèces de lézards, des tortues de terre, des serpents et beaucoup de petits oiseaux.

La montagne de la Table fut l'objet d'une de leurs promenades. La route est très raide, fatigante et difficile, à cause des cailloux qui roulent sous vos pieds. Vers le milieu, ils entrèrent dans une vaste et effrayante crevasse, dont les côtés perpendiculaires sont garnis de rochers menaçants, empilés et couchés. De petits ruisseaux sortent des fentes, ou tombent des précipices en

(1) Il parlait de la frégate *l'Isis*, commandée par Fleurieu, à bord de laquelle était Pingré. A. M.

gouttes, et donnent la vie aux plantes et aux arbrisseaux qui remplissent le bas. D'autres végétaux qui croissent sur un sol plus sec, et qui semblent concentrer leur suc, répandaient une odeur aromatique, dont un vent frais faisait savourer le parfum. Enfin, après une marche de trois heures, ils atteignirent le sommet de la montagne. Il est presque de niveau, très stérile, et il n'y a point de terreau; plusieurs cavités étaient cependant remplies d'eau de pluie, ou contenaient un peu de terre végétale, d'où quelques plantes odoriférantes tiraient leur nourriture. Des antilopes, des babouins hurlants, des vautours solitaires et des crapauds habitent quelquefois les environs. La vue dont on jouit est très étendue et très pittoresque; la baie ne paraissait plus qu'un étang ou un bassin, et l'on prenait les vaisseaux pour de petites barques. La ville et les compartiments réguliers de ses jardins semblaient des ouvrages d'enfants. La croupe du Lion était alors une chaîne peu considérable. Au nord l'île Roben, les collines Blanches, les collines du Tigre, et au-delà une chaîne majestueuse de montagnes plus élevées arrêtaient la vue. Un groupe de masses brisées de rochers enferment la baie de Bois à l'ouest, et, se prolongeant au sud, forment un côté de la baie de la Table, et se terminent au fameux cap des Tempêtes, que le roi Emmanuel de Portugal nomma *le cap de Bonne-Espérance*. Au sud-est, l'horizon traversait l'isthme bas entre les deux baies : on distinguait au-delà la colonie des Hottentots appelée *la Hollande*, et les montagnes aux environs de Stellenbosch. Des plantations enfermées de toutes parts par d'immenses bruyères, et dont la verdure contrastait agréablement avec le reste du pays, formaient d'ailleurs un charmant coup d'œil : on apercevait Constance, célèbre parmi les modernes vignobles. Ils restèrent deux heures au sommet de la montagne, d'où l'air trop vif les obligea de descendre.

On fait au Cap des vins très variés : quoiqu'on parle beaucoup en Europe de celui de la plantation de Constance, on en boit peu; le vignoble en produit au plus trente léagres (1) par an, et chaque léagre se vend sur les lieux environ cinquante louis. Les plants ont été originairement apportés de Schiras en Perse. Les environs de cette plantation donnent plusieurs autres espèces de raisins, dont on tire un bon vin, qui passe en Europe pour le véritable constance. On y a aussi essayé des ceps français de Bourgogne, muscats et de Martignan : ils ont très bien réussi, et ils donnent quelquefois un vin supérieur à celui du sol naturel. Les principales familles boivent ordinairement un vin sec qui a un léger goût aigrelet agréable, et qui provient des plants de Madère transplantés. On fait beaucoup d'autres vins de qualités inférieures : ils sont assez bons, et on les vend à bon marché; de sorte que les matelots des vaisseaux de l'Inde s'y enivrent fort à leur aise pendant la relâche.

Le climat est si sain que les habitants ont peu de maladies, et les étrangers y recouvrent bientôt la santé. L'hiver est très doux au Cap, et il gèle rarement aux environs de la ville; mais sur les montagnes, et particulièrement sur celles qui sont bien avant dans le pays, il y a de fortes gelées, accompagnées de neige et de grêle. Un vent fort du sud-est y produit quelquefois une gelée pendant la nuit, même au mois de novembre, qui est leur printemps : les gros vents, qui soufflent au Cap dans toutes les saisons, causent des variations fréquentes dans l'atmosphère, et occasionnent beaucoup de rhumes. Malgré la chaleur, qui est souvent excessive, les habitants d'extraction hollandaise semblent avoir conservé leur tempérament naturel. Les deux sexes sont d'une corpulence remarquable, et l'excellente nourriture qu'ils prennent doit y contribuer.

Les Hottentots se sont retirés dans l'intérieur du pays, et leur kraal ou village le plus proche est à environ cent milles de la ville du Cap. Ils y viennent quelquefois avec leur bétail, ou ils amènent au marché les troupeaux des fermiers hollandais.

(1) Un léagre contient environ 108 gallons ou une pipe. A. M.

Départ du cap de Bonne-Espérance. Recherches du continent austral.

Après avoir enfin terminé nos affaires au Cap, et pris congé du gouverneur et de quelques-uns des principaux officiers, qui me donnèrent, de la manière la plus obligeante, tous les secours possibles, nous rentrâmes à bord le 22 novembre 1772 : nous levâmes l'ancre et mîmes à la voile.

Dès que nous fûmes en pleine mer je disposai ma route de manière à reconnaître le cap de la Circoncision. Le 24, nous étions par 35° 25' de latitude sud, et 29' à l'ouest du Cap. Nous avions autour de nous une grande quantité d'albatros : nous en prîmes plusieurs avec la ligne et l'hameçon amorcé d'un morceau de peau de mouton. Plusieurs personnes de l'équipage les trouvèrent très bons, quoiqu'on servît encore du mouton frais. Jugeant que nous arriverions bientôt dans un climat froid, je fis donner des braies à ceux qui en avaient besoin, et en outre la jaquette et les chausses de drap qu'avait accordées l'amirauté.

Comme nous entrions dans une mer qu'aucun navigateur n'avait encore parcourue, et qu'on ignorait où nous pourrions nous rafraîchir, je donnai les ordres les plus positifs de ne pas perdre mal à propos l'eau douce. On plaça une sentinelle à côté de la futaille du gaillard d'arrière. On ne lava plus qu'avec de l'eau salée.

Un grand nombre d'oiseaux du genre des pétrels et des hirondelles nous avaient accompagnés depuis le Cap, et la grosse mer et les vents semblaient en avoir amené encore davantage. Nous voyions surtout le pétrel du Cap, ou la pintade, et le pétrel bleu, ainsi nommé parce qu'il est d'une couleur gris-bleu. Son aile est coupée en travers par une bande de plumes noirâtres. Nous aperçûmes aussi de temps en temps plusieurs espèces d'albatros. Nous rencontrâmes encore le 7 des pinguins pour la première fois, et quelques touffes de goëmon, de l'espèce appelée *le bambou* de mer.

Le matin du 10, nous découvrîmes une île de glace à notre ouest, et à environ deux lieues au-dessus du vent, une autre masse qui ressemblait à une pointe de terre blanche. L'après-midi nous passâmes près d'une troisième qui avait deux mille pieds de long, quatre cents de large, et au moins deux cents pieds d'élévation. Suivant les expériences de Boyle et de Mairan, le volume de glace est à celui de la mer à peu près comme dix est à neuf; par conséquent, suivant les règles reconnues de l'hydrostatique, le volume de glace qui s'élève au-dessus de la surface de l'eau est à celui qui plonge au-dessous comme un est à neuf. En supposant que le morceau que nous vîmes fût d'une forme absolument régulière, sa profondeur au-dessous de l'eau devait être de dix-huit cents pieds, et sa hauteur entière de deux mille pieds, et, d'après les dimensions qu'on vient d'énoncer, toute la masse devait contenir seize cent millions de pieds cubes de glace.

Quand nous rencontrâmes cette première glace nous ne pouvions avoir que des conjectures sur sa formation; mais depuis que nous avons fait le tour du globe sans trouver le continent austral, dont en Europe on croyait l'existence, il nous paraît très vraisemblable que cette glace a été formée dans la mer : cette idée est d'autant plus raisonnable, qu'on sait, d'après un grand nombre d'expériences décisives, que *l'eau salée peut se geler*. Nous comprîmes alors la grande différence qui existe entre la température de l'hémisphère septentrional et celle de l'hémisphère austral. Nous étions alors au milieu de décembre, ce qui répond à notre mois de juin, par 51° 5' de latitude sud; cependant nous avions déjà dépassé plusieurs masses de glace, et le thermomètre se tenait à 36° Fahrenheit. Le défaut de terre dans l'hémisphère austral semble expliquer ce phénomène ; car la mer, étant un fluide transparent, absorbe les rayons du soleil au lieu de les réfléchir.

Nous avancions à travers les glaces brisées, tantôt dans une fausse baie, d'où il fallait rétrograder, tantôt devant une plaine immense de glace fixe. Nous apercevions des baleines, des veaux marins, des pinguins et des oiseaux blancs. On voyait d'ailleurs de toutes parts une quantité innombrable de hautes îles de glace. Une ligne de deux cent cinquante brasses ne donna point de fond.

Quelque périlleux qu'il soit de naviguer parmi des rochers flottants, si je puis employer cette expression, durant une brume épaisse, cela vaut encore mieux que d'être enfermé, dans les mêmes circonstances, par d'immenses plaines de glace. Le grand danger de ce dernier cas est de prendre fond, situation qui serait alarmante au-delà de tout ce qu'on peut dire.

C'est une opinion commune que la glace dont j'ai parlé se forme dans des baies ou des rivières. D'après cette supposition, nous crûmes que la terre n'était pas fort éloignée, et que même elle gisait au sud derrière la glace, qui seule nous empêchait d'en approcher. Comme nous en avions alors côtoyé les bords, l'espace de plus de trente lieues, sans trouver de passage au sud, je résolus de faire trente ou quarante lieues à l'est, de tâcher ensuite de marcher au sud, et, si je ne rencontrais ni terre ni autre obstacle, de gagner le derrière de cette plaine, et de terminer ainsi l'incertitude des physiciens : dans cette vue, je portai au nord-ouest.

Le spectacle de ces îles, qui entouraient de tous côtés le bâtiment, nous était devenu aussi familier que celui des brouillards et de la mer. Leur multitude cependant nous conduisit à de nouvelles observations. Nous étions sûrs de rencontrer de la glace dans tous les endroits où nous apercevions une forte réflexion de blanc sur les bords du firmament, près de l'horizon. La glace n'est pas entièrement blanche : elle est souvent teinte, surtout près de la mer, d'un beau bleu de saphir, ou plutôt de béryl et réfléchi de dessus l'eau. Cette couleur bleue paraissait quelquefois vingt ou trente pieds au-dessus de la surface, et provenait, suivant toute apparence, de diverses particules d'eau de la mer, qui s'étaient brisées contre la masse dans un temps orageux, et qui avaient pénétré dans ses interstices. Nous apercevions aussi sur les grandes îles de glace différents traits ou couches de blanc de six pouces ou un pied de haut, posés les uns par-dessus les autres ; ce qui semble confirmer l'opinion de l'accroissement et de l'accumulation ultérieure de ces masses énormes, par la chute de la neige à différents intervalles ; car la neige étant à petits grains ou à gros grains, en flocons légers ou pesants, produit les couleurs diverses des couches, suivant qu'elle est plus ou moins compacte.

Le 25, nous étions par 57° 50' de latitude sud, et 29° 32' de longitude : il gelait fortement, et quoique ce fût pour nous le milieu de l'été, je ne crois pas que, dans aucune partie de l'Angleterre, il y ait eu, en décembre, des jours aussi rigoureux. Nous passâmes à travers plusieurs bancs de glaces brisées et flottantes. Ils étaient en général étroits, mais d'une longueur considérable, et les glaces tellement jointes que le vaisseau avait peine à les rompre. Nous vîmes quelques pinguins. La chasse que nous leur fîmes était rarement heureuse : ces oiseaux plongent et restent longtemps sous l'eau, et, quand ils en sortent, ils parcourent une ligne droite avec une vitesse si prodigieuse qu'il est difficile de les atteindre.

Le matin du 27, nous rencontrâmes des glaces flottantes en plus grande quantité, mais non pas autant d'îles ; et celles que nous vîmes étaient petites. Le jour étant calme et agréable et la mer tranquille, nous mîmes en mer un bateau. M. Forster, qui le monta, tua un second pinguin et quelques pétrels. Nous étions alors par 58° 19' de latitude sud, et 24° 39' de longitude est.

Le 31 décembre, nous rencontrâmes des glaces flottantes, qui, bientôt après, nous obligèrent de revirer et de faire force de voiles au sud. La mer devint si grosse, qu'il était dangereux pour les vaisseaux de rester plus longtemps au milieu de ces glaces. Le péril s'accrut encore plus pour nous, quand nous découvrîmes une immense plaine au nord. Comme nous n'en étions pas à plus de deux ou trois milles, et que des glaces flottantes nous environnaient de tous côtés, il n'y avait pas de temps pour délibérer. Je revirai sur-le-champ, et je portai au sud. Nous fûmes bientôt dehors, mais non pas sans recevoir plusieurs coups violents des glaces flottantes, qui étaient de la plus grande étendue, et parmi lesquelles nous vîmes un veau marin. Nous étions alors par 60° 21' de latitude sud, et 13° 32' de longitude est.

Je continuai à gouverner est-sud-est jusqu'au 8 : nous étions par 61° 12' de latitude sud, et 31° 47' de longitude est. L'après-midi, nous passâmes une plus grande quantité d'îles de glaces que nous n'en avions eu depuis quelques jours. Ce spectacle nous était devenu si familier que souvent nous n'y faisions pas attention ; mais plus communément la brume nous empêchait de les voir.

Les îles de glace augmentèrent tellement à mesure que nous marchions vers le sud, que nous en comptâmes trente-huit à la fois, grandes et petites, outre des glaces flottantes en abondance. Nous étions par 67° 15' de latitude sud, nous ne pûmes pas avancer plus avant ; la glace était entièrement fermée au sud dans toute l'étendue de l'est à l'ouest-sud-ouest sans la moindre apparence d'ouverture. Cette immense plaine était composée de différentes glaces, telles que des collines élevées, des morceaux flottants ou brisés, mais serrés les uns contre les autres, et il y avait en outre ce qu'on appelle sur les vaisseaux du Groënland *des champs de glace*. Un radeau de cette dernière espèce était si étendu que, du haut du mât, je ne pouvais pas en voir l'extrémité. Il avait au moins de seize à dix-huit pieds d'élévation, et sa hauteur et sa surface semblaient être à peu près les mêmes. Nous aperçûmes plusieurs baleines jouant autour de cette glace, et deux jours auparavant nous avions remarqué plusieurs troupes de pintades brunes et blanches, que je nommai *pétrels antarctiques*, parce qu'elles paraissent indigènes de cette région.

Suite de nos recherches pour découvrir un continent austral entre le méridien du cap de Bonne-Espérance et la Nouvelle-Zélande. Arrivée de *la Résolution* dans la baie Dusky (1).

La rencontre de ce banc me fit penser qu'il serait imprudent de marcher plus loin au sud, d'autant mieux que l'été était à moitié passé, et qu'il aurait fallu quelque temps pour faire le tour de la glace, en supposant que ce projet fût praticable, ce qui est douteux. Je résolus donc de chercher directement la terre qui avait été découverte récemment par les Français ; et, comme les vents soufflaient toujours de l'est-quart-sud-est, je fus obligé de retourner au nord, sur quelque portion de la mer que j'avais déjà reconnue, et que, pour cette raison, je désirais éviter. Mais il me fut impossible de m'en éloigner, parce que notre route m'y reportait nécessairement.

Le 19, par 64° 12' de latitude sud, et 40° 15' de longitude est, un oiseau, que nous nommâmes, dans mon premier voyage, *poule du port Egmont*, parce qu'il y en a une grande quantité au port Egmont, aux îles Falkland, voltigea plusieurs fois sur le vaisseau, et nous quitta ensuite dans la direction du nord-est. Nous reconnûmes que c'était la grande mouette du nord, commune dans les latitudes élevées des deux hémisphères. Elle était épaisse et courte, à peu près de la

(1) Ce mot signifie *obscur*. A. M.

grosseur d'une grande corneille, d'une couleur brun foncé ou de chocolat, avec une raie blanchâtre, en forme de demi-lune au-dessous de chaque aile.

Le 29, notre latitude observée était de 52° 29' sud. Le 31, elle était de 50° 50' sud; et notre longitude de 56° 48' est.

Le temps sombre et brumeux continuait, et le vent était invariablement fixé au nord-ouest; de sorte que notre route ne put être que nord-est, et nous marchâmes dans cette direction jusqu'à quatre heures de l'après-midi du 1er février. Comme nous étions alors par 48° 50' minutes de latitude, et 58° 7' de longitude est, à peu près dans le parallèle de l'île Maurice, je m'attendais à trouver la terre qu'on disait avoir été découverte par les Français en janvier 1772 : n'en voyant pas le moindre signe, je cinglai à l'est.

Le 3 février, par 48° 56' de latitude sud, et 60° 47' de longitude est, et plus de 3° à l'est du méridien de l'île Maurice, je perdis l'espérance de découvrir une terre à l'est; et, comme le vent avait passé au nord, je me décidai à la chercher dans l'ouest.

Le 17 février, par un temps assez bon, un ciel clair et serein, et entre minuit et trois heures du matin, nous aperçûmes dans les cieux des clartés semblables à celles qu'on voit dans l'hémisphère septentrional, et qu'on appelle *aurore boréale*, ou *clartés septentrionales* : je n'avais pas encore ouï parler de l'aurore australe. L'officier de quart observa qu'elle se brisait quelquefois en rayons de forme spirale, et en forme circulaire, et qu'ensuite la lueur était très forte, et le spectacle très beau. Il ne put pas y remarquer une direction particulière; car elle paraissait en différents temps et en différentes parties du ciel, et elle répandait sa lumière sur toute l'atmosphère.

Dans la nuit du 20, l'aurore australe parut très brillante et très lumineuse. On la vit d'abord à l'est, un peu au-dessus de l'horizon, et bientôt après elle se répandit sur tout le firmament. Cette aurore australe différait des aurores boréales en ce qu'elle était toujours d'une couleur bleuâtre, au lieu que dans le nord elles prennent différentes teintes, et surtout une couleur de feu et de pourpre. Quelquefois elle cachait les étoiles, d'autres fois on les voyait à travers sa substance.

Le 23, nous étions par 61° 52' de latitude sud, et 95° 2' de longitude est. Je revirai et fis de petites bordées pendant la nuit, qui était extrêmement orageuse, épaisse et brumeuse, avec de la pluie neigeuse et de la neige. Environnés de périls de toutes parts, nous devions soupirer après la pointe du jour. Enfin, l'aurore vint encore augmenter nos alarmes en offrant à notre vue des montagnes escarpées de glace, que nous avions passées la nuit sans les apercevoir.

Tant de circonstances défavorables, jointes aux nuits sombres de cette saison avancée, m'empêchèrent d'exécuter la résolution que j'avais prise de passer encore une fois le cercle antarctique. En conséquence, le 24 février, à quatre heures du matin, je portai au nord avec un vent très fort, accompagné de neige et de pluie neigeuse, et une mer grosse, qui mit en pièces beaucoup d'îles de glace. Ce morcellement ne nous fut pas avantageux : nous eûmes au contraire un bien plus grand nombre de petits bancs à éviter. Les gros morceaux qui se détachent de ces îles, ne se voyant pendant la nuit que lorsqu'ils sont sous le vaisseau, sont bien plus dangereux que les îles elles-mêmes, qu'on aperçoit communément d'un peu plus loin, à cause de leur très haute élévation au-dessus de la surface de l'eau, à moins que le temps ne soit brumeux et sombre. Ces dangers cependant nous étaient devenus si familiers, qu'ils ne nous causaient pas de longues inquiétudes; d'ailleurs, ils étaient compensés par l'eau douce que ces îles de glace nous fournissaient très à propos, et sans laquelle nous aurions éprouvé de grands besoins. Leur aspect est aussi très pittoresque. Nous en avons vu qui avaient un creux au milieu, ressemblant à une caverne percée de part en part, et qui admettait le jour de l'autre côté. Plusieurs ressemblaient à un clocher, ou avaient une forme spirale. L'imagination comparait en liberté les autres à des objets connus.

Le 6, nous avions trois grandes îles de glace en vue : l'une surtout était plus large que toutes celles qui jusqu'alors s'étaient offertes à nos regards. Le côté en face de nous semblait avoir un mille d'étendue, et par conséquent elle n'avait pas moins de trois milles de circonférence. Nous étions par 59° 58' de latitude sud, et 118° 39' de longitude est.

Le 13, par 58° 59' de latitude, et 134° de longitude, le firmament était si clair à l'horizon, que nous découvrions un espace de plusieurs lieues autour de nous. Je portai toujours à l'est, inclinant vers le sud. Le 19, nous vîmes un veau marin, et vers midi quelques pinguins et une plus grande quantité de passe-pierres, par 55° 1' de latitude, et 152° 1' de longitude est : par 54° 4' de latitude, nous aperçûmes aussi une poule du port Egmont, et d'autres passe-pierres. Les navigateurs ont communément regardé ces rencontres comme des signes certains du voisinage de la terre; mais je ne puis point confirmer cette opinion. Nous n'eûmes alors connaissance d'aucune terre, et il n'est pas possible qu'il y en eût une plus proche que la Nouvelle-Zélande, ou la terre de Van-Diémen, dont nous étions éloignés de cent soixante lieues.

Comme le vent, qui soufflait toujours entre le nord et l'ouest, ne me permettait pas de toucher à la terre de Van-Diémen, je commandai la route sur la Nouvelle-Zélande.

Le 25, la terre de la Nouvelle-Zélande fut aperçue du haut des mâts, et à midi on la voyait de dessus le pont, s'étendant à la distance de dix lieues Comme je voulais mouiller à la baie Dusky, ou à tout autre port que je pourrais trouver, dans la partie méridionale de Tavaï Poenammoo, je gouvernai sur la terre à toutes voiles. Le lendemain, j'arrivai sur la terre, et nous entrâmes dans la baie de Dusky.

Ainsi se termina notre première campagne à la recherche des terres australes. Depuis notre départ du cap de Bonne-Espérance, jusqu'à notre arrivée à la Nouvelle-Zélande, nous essuyâmes toutes sortes de maux : les voiles et les agrès avaient été mis en pièces, le tangage et le roulis du vaisseau très violents, et ses œuvres mortes rompues par la véhémence des entorses. Les effets terribles de la tempête, peints avec tant d'expression et de force par l'habile rédacteur du voyage de l'amiral Anson, ne furent rien en comparaison de ce que nous eûmes d'ailleurs à souffrir. Contraints de combattre sans cesse l'âpreté d'un élément rigoureux, nous étions exposés à la pluie, à la grêle et à la neige; nos agrès étaient toujours couverts d'une glace qui coupait les mains de ceux qui étaient obligés de les toucher. Il nous fallut faire de l'eau avec des glaces, dont les particules salines engourdissaient et scarifiaient tour-à-tour les membres des matelots; nous courions le danger perpétuel de nous briser contre ces masses énormes de glace qui remplissent la mer australe : l'apparition fréquente et subite de ces périls tenait continuellement l'équipage en haleine pour manœuvrer le vaisseau avec promptitude et précision. Le long intervalle que nous passâmes au milieu des flots et le manque de provisions fraîches ne furent pas moins pénibles : les hameçons et les lignes qu'on avait distribués aux équipages avaient jusqu'alors été inutiles; car, dans ces latitudes élevées, on ne trouve d'autres poissons que des baleines; et il n'y a que sous la zône torride que l'on puisse pêcher, lorsque la profondeur de la mer est incommensurable. Le soleil se montrait très rarement, et l'obscurité du ciel et des brumes impénétrables, qui duraient quelquefois plusieurs semaines, inspiraient la tristesse et éloignaient la gaîté des matelots les plus joyeux.

Ce que nous fîmes dans la baie Dusky. Plusieurs entrevues avec les naturels du pays.

Le temps était délicieux et l'air très doux. Poussés

Il fut enfin obligé d'y monter lui-même, et pour se venger, il ne laissa pas une seule noix...

par un léger souffle de vent, nous avions passé devant un grand nombre d'îles couvertes de bois, et des arbres toujours verts offraient un contraste agréable avec la teinte jaune que l'automne répand sur les campagnes. Des troupes d'oiseaux de mer animaient les côtes, et tout le pays retentissait d'une musique formée par les oiseaux des forêts. Après avoir souhaité avec tant d'empressement de voir la terre, nos yeux ne pouvaient se rassasier de la contempler, et le visage de tout le monde annonçait la joie et la satisfaction.

De superbes points de vue dans le style de Salvator Rosa, des forêts antédiluviennes, de nombreuses cascades, qui se précipitaient de toutes parts avec un doux murmure, contribuaient d'ailleurs à notre bonheur, et les navigateurs, à la suite d'une longue campagne, sont si prévenus en faveur du pays le plus sauvage, que ce canton de la Nouvelle-Zélaude nous semblait le plus beau qu'ait produit la nature. Les voyageurs, après une grande détresse, ont tous ces idées, et c'est avec une chaleur d'imagination qu'ils ont vu les rochers escarpés de Juan Fernandez, et les forêts impénétrables de Tinian!

Dès le grand matin du 6, je partis pour reconnaître la baie; je fis surtout attention au côté septentrional, où je découvris une belle anse fort étendue, et au fond de laquelle est une rivière d'eau douce. On voit plusieurs jolies petites cascades sur le côté occidental; et les côtes sont si escarpées qu'un vaisseau pourrait s'en tenir assez près pour qu'on remplît les futailles sur le pont à l'aide d'un tuyau. On tua dans cette anse quatorze canards, outre d'autres oiseaux, et je l'ai appelée *anse des Canards* (1).

Le 12, les Zélandais vinrent en famille nous faire une visite. Comme ils approchaient de notre bâtiment avec beaucoup de précaution, j'allai à leur rencontre sur une chaloupe; et, dès que je fus près d'eux, j'entrai dans leur pirogue : mais je ne pus jamais les engager à venir aux côtés du vaisseau; et, enfin, je fus obligé de les laisser suivre leur inclination. Ils débarquèrent dans une petite anse, tout près de nous, et ensuite ils vinrent s'asseoir sur la côte en travers de *la Résolution*, d'où ils nous parlèrent. Je fis alors jouer les cornemuses et les fifres, et battre du tambour. Ils ne montrèrent aucune attention pour les deux premiers instruments; mais ils parurent attentifs au son du tambour. Malgré nos invitations et nos caresses, ils ne voulurent cependant pas se déterminer à monter à bord; mais ils conversèrent, sans se faire entendre, très familièrement avec les officiers et les matelots qui allaient près d'eux : ils avaient beaucoup plus d'égards pour quelques-uns de nos gens que pour d'autres, et nous avions lieu de croire qu'ils prenaient ceux-là

(1) Duck-Cove. A. M.

BIBLIOTHÈQUE IMPÉRIALE IMPR.

... Et bientôt une scène affreuse de carnage s'offrit à nos yeux...

pour des femmes. La jeune Zélandaise témoigna un attachement extraordinaire à un homme en particulier, jusqu'à ce qu'elle découvrît son sexe; mais dès lors elle ne voulut plus le souffrir près d'elle. Je ne sais si, par cette réserve, elle le punissait de s'être découvert en prenant quelque liberté, ou si ce fut un effet de sa pudeur.

Une cascade est à la pointe orientale de l'anse, et court sud-ouest l'espace de deux milles : je la nommai l'*anse de la Cascade*. On y trouve un bon mouillage, et tout ce qui est nécessaire à des navigateurs. A l'entrée, gît une île sur chaque côté de laquelle est un passage : celui du côté oriental est beaucoup plus large que l'autre. Un peu au-dessus de l'île, et près de la côte sud-est, il y a deux rochers couverts à la marée haute. C'est dans cette anse que nous vîmes, pour la première fois, les naturels du pays.

En retournant à bord, le soir, je reconnus que nos amis les Zélandais avaient établi leur habitation à environ cent verges de notre aiguade, ce qui était une grande marque de leur confiance en nous. Ce soir, les officiers allèrent à la chasse sur le côté septentrional de la baie, et ils menèrent avec eux le petit canot pour les transporter de place en place.

Le 13, M. Forster et moi, nous montâmes la pinasse, afin de reconnaître les îles et les rochers qui gisent à l'entrée de la baie. Je commençai par ceux qui sont sur le côté sud-est de l'île de l'Ancre. J'y trouvai une anse très serrée, à l'abri de tous les vents, que j'appelai l'*anse du Goûté* (1), parce que nous y mangeâmes une écrevisse, au bord d'un ruisseau agréable, où des arbres nous préservèrent du vent et du soleil. Les rameurs nous menèrent ensuite aux îles les plus intérieures. Nous y vîmes plusieurs veaux marins, et nous en tuâmes quatorze, que nous rapportâmes au vaisseau.

Il nous restait cinq oies de celles que nous avions apportées du cap de Bonne-Espérance, et le lendemain au matin, j'allai à l'anse des Oies, que j'ai ainsi nommée pour cela, et je les y laissai. Deux raisons me déterminèrent à choisir cette place : il n'y avait point d'habitants qui pussent les troubler; et, comme on y trouve beaucoup de nourriture, je suis persuadé qu'elles se multiplieront, qu'elles se répandront sur toute la Nouvelle-Zélande, et qu'enfin elles rempliront l'intention que j'ai eue en les y déposant. Nous passâmes la journée à chasser dans l'anse et aux environs, et à dix heures du soir nous fûmes de retour à bord. L'un de nos messieurs tua un héron blanc.

Le 27, je partis pour reconnaître le bras ou le goulet que je découvris le jour où je revins du fond de la baie. Après l'avoir remonté, ou plutôt descendu l'es-

(1) Luncheon-Cove. A. M.

I. PARIS. — Imp. LACOUR et Ce, rue Soufflot, 16.

pace de deux lieues, je trouvai qu'il communique à la mer, et qu'il offre aux vaisseaux qui vont au nord une meilleure sortie que celui par où j'étais entré. Nous tuâmes quarante-quatre autres oiseaux, pics de mer, canards, etc.; et cependant je ne m'écartai point d'un pied de ma route, et je ne perdis pas plus de temps qu'il n'en fallut pour les ramasser.

Nos tentes, nos munitions étaient à bord le 28; et je n'attendais que du vent pour sortir du hâvre, par le nouveau passage dont j'ai parlé, et par où je me proposais de rentrer en mer. Comme il n'y avait plus rien sur la côte, je mis le feu à divers endroits du terrain que nous avions occupé ; on le bêcha et on y sema différentes espèces de grains de jardin. Le sol ne promettait pas un grand succès à la plantation, mais je n'en trouvai point de meilleur.

Les améliorations que nous avions faites dans cet endroit annoncent bien la supériorité de puissance des hommes civilisés sur les hommes barbares. En peu de jours dix Européens avaient éclairci et défriché les bois, dans un espace de plus d'un acre : cinquante Nouveaux-Zélandais, avec leurs outils de pierre, n'auraient pas fait le même travail en trois mois. Ce canton, où une quantité innombrable de plantes entassées sans aucun ordre offraient l'image du chaos, était devenu, sous nos mains, un joli champ où cent vingt hommes exerçaient leur industrie sans relâche.

Le 29 avril, j'appareillai et débouquai entre l'extrémité orientale de l'île de l'Indien et l'extrémité ouest de l'île Longue. Il y eut calme, ce qui m'obligea de mouiller du côté nord de la dernière île. Le mauvais temps et l'examen de plusieurs entrées de la baie nous retardèrent quelques jours. Durant cet intervalle, je fus attaqué de la fièvre, et j'eus à l'aine une violente douleur qui se termina par une enflure au pied droit.

En remontant le nouveau bras, nous aperçûmes des deux côtés une foule de cascades, de poissons et beaucoup d'oiseaux. Les bois, composés principalement d'arbrisseaux, semblaient très nus : la plupart des feuilles étaient tombées, et un jaune pâle déparait ce qui en restait. Ces annonces de l'hiver ne se montraient pas encore dans les autres parties de la baie, et il est probable que les hautes montagnes des environs, couvertes de neige, contribuaient à cette décadence prématurée.

Baie Dusky. Description du pays voisin, de ses productions et de ses habitants.

Comme je connais peu d'endroits à la Nouvelle-Zélande qui offrent les rafraîchissements nécessaires aux marins en aussi grande abondance que la baie Dusky, la courte description que j'en vais faire, ainsi que du pays voisin, sera peut-être agréable aux lecteurs curieux, et, dans la suite, de quelque utilité aux navigateurs. Quoique cette contrée soit fort éloignée des bornes où s'arrête le commerce actuel du monde, on ne peut pas dire quel usage les siècles futurs feront des découvertes des modernes.

Il y a deux entrées dans cette baie. L'entrée méridionale est au côté nord du cap Ouest, par 45° 48' de latitude sud : elle est fermée au sud par la terre du Cap, et au septentrion par la pointe des Cinq-Doigts. Plusieurs rochers pointus qui gisent en son travers, et qui paraissent avoir la forme des cinq doigts de la main, quand on les regarde d'une certaine position, rendent cette pointe remarquable : c'est de là qu'elle a pris son nom. La terre de cette pointe se reconnaît encore mieux par le peu de ressemblance qu'elle a avec les terres voisines : c'est une péninsule étroite, qui court nord et sud; elle est d'une hauteur médiocre, partout égale, et partout couverte de bois.

Il n'est pas difficile d'entrer dans la baie de ce côté, parce qu'on aperçoit tous les dangers : cependant l'eau est trop profonde pour qu'on puisse y mouiller, excepté dans les anses et les hâvres, et très près des côtes, qui même en beaucoup d'endroits ne permettent pas de jeter l'ancre; mais les mouillages qu'on trouve sont également sûrs et commodes. Je ne connais point de hâvre pour deux ou trois vaisseaux meilleur que celui de Pickersgill : il gît sur la côte sud, en travers de l'extrémité occidentale de l'île des Indiens, qu'on distingue aisément des autres par sa plus grande proximité de cette côte. Il y a un passage qui mène des deux côtés de l'île au hâvre, devant lequel elle est située. Le passage est plus grand du côté oriental; mais il faut prendre garde à un rocher submergé qui est près de la grande terre, vis-à-vis cette extrémité de l'île. En serrant l'île de près, on évite le rocher, et on se tient sur un lieu propre au mouillage. L'anse de la Cascade est le mouillage qui suit de ce côté : il y a place pour une flotte entière, et un passage y mène de l'un ou de l'autre côté de l'île qui gît à l'entrée.

L'île la plus occidentale et la plus extérieure est la plus considérable par sa hauteur et par sa circonférence. Je l'ai appelée *Brise-Mer* (1), parce qu'elle met réellement cette entrée à l'abri de la violence de la houle sud-ouest ; à laquelle la seconde entrée est si exposée.

Le pays est extrêmement montueux, non-seulement aux environs de la baie Dusky, mais dans toute la partie sud de cette côte occidentale de Tavaï Poenammou. On ne trouve nulle part des sites plus sauvages ni plus escarpés : on ne voit dans l'intérieur que des sommets de montagnes d'une hauteur étonnante, et des rochers stériles absolument pelés, excepté où elles sont couvertes de neige; mais la terre qui touche la mer et toutes les îles sont revêtues d'un bois épais presque jusqu'au bord de l'eau. On n'aperçoit aucune prairie, et il n'y a de terrain plat qu'au fond des anses profondes, où un ruisseau tombe dans la mer. Tout est couvert de forêts ou de ronces : on ne trouve pas un seul endroit de pâturage. Il y a, comme dans le reste de la Nouvelle-Zélande, des arbres de différentes espèces, propres à l'architecture navale, à la bâtisse des maisons, à l'ébénisterie, et à plusieurs autres usages. La plupart de ces arbres ont de six à huit et dix pieds de tour, et de soixante à quatre-vingts ou cent pieds de hauteur, et ils sont assez gros pour en faire un grand mât d'un vaisseau de 50 canons.

Cette partie de la Nouvelle-Zélande, ainsi que toutes les autres, est remplie d'un grand nombre d'arbres et de buissons aromatiques, la plupart de l'espèce des myrtes; mais, au milieu de tant de variétés, je n'en ai pas rencontré un seul qui donnât du fruit bon à manger.

Les lianes, les ronces et les buissons, qui rendent presque impénétrable l'intérieur du pays, font croire que, dans les parties méridionales de la Nouvelle-Zélande, l'industrie des hommes n'a jamais mutilé les forêts, et qu'elles y conservent leur véritable état de nature.

En général aucune partie de la Nouvelle-Zélande ne contient autant d'oiseaux que la baie Dusky. Outre ceux dont on vient de parler, nous y avons trouvé des cormorans, des pies de mer, des albatros, des mouettes, des pinguins, des faucons, des pigeons et des parrots de deux espèces : l'une est petite et grise, et l'autre, grosse, de couleur gris-vert, avec une poitrine rougeâtre. Comme ces oiseaux ne se tiennent ordinairement que dans les climats chauds, nous fûmes fort surpris de les trouver à 46° de latitude, exposés à un temps froid et pluvieux.

Les pluies presque continuelles doivent être comptées parmi les autres inconvénients de cette baie. peut-être cependant n'arrivent-elles qu'à la saison de l'année où nous y étions; mais la situation du pays, l'élévation considérable et la proximité des montagnes feraient croire qu'il y pleut beaucoup dans tous les temps. L'équipage, exposé chaque jour à la pluie, n'en

(1) Break-Sea. A. M.

fut point incommodé; au contraire, ceux qui étaient malades ou indisposés lors du débarquement recouvrèrent peu à peu la santé, et tout le monde eut de la force et de la vigueur. On doit attribuer cet effet à la salubrité de l'endroit et aux provisions fraiches que j'y trouvai : la bière d'ailleurs n'y contribua pas peu. J'ai déjà fait remarquer que nous en fîmes d'abord avec une décoction de feuilles de sapinette ; mais elle était trop astringente, et nous y mêlâmes ensuite une quantité égale de plantes de thé (1), qui détruisit en partie la qualité astringente de l'autre, et fit une bière extrêmement molle. Nous la fabriquâmes de la même manière que la bière de sapinette.

Les habitants de cette baie sont de la même race que ceux des autres parties de la Nouvelle-Zélande; ils parlent la même langue, et ils observent à peu près les mêmes coutumes. Avant de recevoir des présents, ils sont dans l'usage d'en faire eux-mêmes, et sur cela ils ressemblent plus aux Taïtiens que le reste de leurs compatriotes. Il n'est pas aisé de deviner ce qui a pu engager trois ou quatre familles à s'éloigner ainsi de la société des autres hommes. Puisque nous avons rencontré quelques individus près de nos mouillages, il est probable que toute cette île méridionale est un peu habitée; mais, en comparant le nombre de ceux que nous vîmes avec tous les vestiges d'homme qui frappèrent nos regards en différentes parties de cette baie, on reconnait qu'ils mènent une vie errante; et, si l'on peut juger par l'apparence, il ne règne pas une amitié parfaite entre ces familles : car, s'il y a de l'intelligence, pourquoi ne se réunissent-elles pas en société, puisque cette réunion est naturelle à l'homme et aux animaux? En quittant un de ces Zélandais, il fit signe qu'il allait tuer des hommes. Leur intrépidité naturelle les excite souvent au carnage.

Traversée de la baie Dusky au canal de la Reine-Charlotte. Description de quelques trombes. Réunion de *l'Aventure* et de *la Résolution*.

En quittant la baie Dusky je fis route le long de la côte, sur le canal de la Reine Charlotte, où je m'attendais à trouver *l'Aventure*. A mesure que nous avancions, la hauteur des montagnes semblait diminuer.

Le 14, en travers du cap Foulwind, notre bon vent nous quitta, comme pour montrer que ce cap est appelé avec raison *Foulwind* (2). Nous vîmes de grandes troupes de petits pétrels plongeurs voltiger ou s'asseoir sur la surface de la mer, ou nager sous l'eau, à une distance considérable, avec une agilité étonnante. Bientôt après nous aperçûmes six trombes : quatre s'élevèrent et jaillirent entre nous et la terre; la cinquième était à notre gauche; la sixième parut d'abord dans le sud-ouest, au moins à la distance de deux ou trois milles du vaisseau : elle passa à cinquante verges de notre arrière sans produire sur nous aucun effet. Je jugeai le diamètre de la base de cette trombe d'environ cinquante ou soixante pieds. Sur cette base il se formait un tube ou colonne ronde, par où l'eau ou l'air, ou tous les deux ensemble étaient portés en jet spiral au haut des nuages. Elle était brillante et jaunâtre quand le soleil l'éclairait, et sa largeur s'accroissait un peu vers l'extrémité supérieure. Quelques personnes de l'équipage dirent avoir vu un oiseau dans une des trombes près de nous, et qui, en montant, était entraîné de force, et tournait comme le balancier d'un tourne-broche.

Selon Franklin, les trombes et les dragons de vent ont la même origine ; cette hypothèse semble probable, d'après ce que nous avons pu en juger. On m'a dit que le feu d'un canon les dissipe, et je suis d'autant plus fâché de ne l'avoir pas essayé que nous en étions assez proche, et que nous avions un canon tout prêt; mais, dès que le danger était passé, je ne pensais pas à nous en garantir, et j'étais trop occupé à contempler ces météores extraordinaires (1).

Dans la traversée du cap Farewel au cap Stephens, je vis mieux la côte que lors de mon voyage sur *l'Endeavour*, et j'observai qu'environ six lieues à l'est du premier cap, il y a une baie spacieuse qu'une pointe basse de terre met à couvert de la mer. C'est, je crois, la même où le capitaine Tasman mouilla le 18 décembre 1642, et qui fut appelée par lui la baie des *Assassins*, parce que les naturels du pays tuèrent quelques personnes de son équipage. La baie que j'ai nommée des *Aveugles* dans mon premier voyage gît au sud-est de celle-ci, et semble courir assez loin dans l'intérieur des terres au sud : la vue, de ce côté, n'est bornée par aucune terre. Le 18, à la pointe du jour, nous fûmes en travers du canal de la Reine Charlotte, où nous découvrîmes *l'Aventure* par les signaux qu'elle nous fit : il faudrait avoir été dans une situation pareille à la nôtre pour sentir notre joie.

Relâche dans le détroit de la Reine-Charlotte.

Comme je savais qu'on trouve dans ce canal du cochléaria, du céleri et d'autres végétaux, j'allai en chercher moi-même le lendemain de mon arrivée : j'en fis charger une chaloupe, et je retournai déjeuner à bord. Convaincu qu'on pourrait en cueillir assez pour les deux équipages, je donnai ordre d'en cuire avec du blé et des tablettes de bouillon portatives pour le déjeuner, avec les mêmes tablettes et des pois pour le dîner. L'expérience m'avait appris que ces végétaux ainsi apprêtés servent beaucoup à dissiper toutes les atteintes du scorbut.

Route de la Nouvelle-Zélande à Taïti, avec une description de quelques îles basses, supposées être les mêmes qui ont été vues par Bougainville.

Le 7 juin, nous appareillâmes de conserve avec *l'Aventure*. Le 8 nous étions hors du détroit.

Nous contemplions cette mer immense, que les premiers navigateurs avaient traversée sous la zône torride, et où les géographes supposaient une grande étendue de terre, qu'ils appelaient *Continent austral*. Avant le voyage de *l'Endeavour*, la Nouvelle-Zélande était regardée comme la côte occidentale de cette terre inconnue, et l'on disait que des îles prétendues découvertes près de l'Amérique en formaient les côtes orientales. Comme j'avais pénétré jusqu'au 4e degré sud sans trouver de terre, l'opinion publique restreignit le continent austral dans des bornes plus étroites, mais encore assez considérables pour occuper l'attention des navigateurs. Nous allions entrer au milieu de ces parages nouveaux, et cingler à l'est entre le 50e degré de latitude sud et le 40e ; plusieurs personnes de l'équipage croyaient que bientôt nous aborderions sur des côtes dont les productions précieuses nous ré-

(1) On imagina ce nom dans le premier voyage de Cook, parce qu'en place de thé, on se servait de la plante qui le représentait. A. M.

(2) Le mot anglais signifie *vent furieux*. A. M.

(1) Suivant Haüy, la trombe provient d'un nuage qui s'offre assez ordinairement sous la forme d'un cône renversé, dont la base adhère à d'autres nuages auxquels le cône est suspendu. Lorsque la trombe est produite audessus de la mer, l'eau qui lui correspond s'élève en formant un second cône dont l'axe est sur la même direction que celui du cône supérieur. L'eau qui se précipite de toutes les parties de la trombe, et à laquelle se joint quelquefois une grêle abondante, est lancée au loin par les vents impétueux qui se déchaînent à l'entour. Les ravages que produit ce météore sont affreux. S'il tombait sur un navire, il le submergerait à l'instant. S'il passe au-dessus d'une ville, il renverse les toits, les cheminées ou même les murs des maisons. La trombe est beaucoup plus rare sur terre que sur mer. A. M.

compenseraient de nos peines. Les officiers, qui ne pouvaient pas encore s'accoutumer aux provisions salées, tuèrent un chien noir. Nous en mangeâmes à dîner une cuisse rôtie, dont la saveur était exactement la même que celle du mouton.

Le 20, nous étions par 32° 30' de latitude, et 133° 40' de longitude ouest. Le temps était si chaud, qu'il fallut mettre ses habits les plus légers. Le mercure. dans le thermomètre, s'éleva, à midi, à 63° : il n'avait jamais été plus bas que 46°, et rarement à plus de 54° à cette époque du jour, depuis notre départ de la Nouvelle-Zélande. La gaîté de l'équipage se ranimait à mesure que nous approchions du tropique, et les matelots employaient leurs soirées à toutes sortes de jeux.

Le 12 août, à la pointe du jour, on vit terre au sud ; plus près on reconnut que c'était une île d'environ deux lieues d'étendue, dans la direction du nord-ouest, et revêtue de bois, par-dessus lesquels les cocotiers montraient leurs têtes élevées.

Je jugeai que c'était une des îles découvertes par M. de Bougainville. Elle gît à 17° 24' de latitude, et 141° 39' de longitude ouest ; et, d'après le nom du vaisseau, je l'appelai *île de la Résolution*. Les malades de *l'Aventure* me contraignaient à presser ma route pour Taïti, où j'étais sûr de rafraîchir les équipages. Je n'examinai pas cette île, qui semblait trop petite pour fournir à nos besoins ; mais je continuai de marcher à l'ouest, et à six heures du soir on aperçut du haut des mâts une seconde terre : c'était probablement une des autres îles qu'a découvertes M. de Bougainville. Je la nommai *île Douteuse*, et elle gît par 17° 20' de latitude, et 141° 38' de longitude ouest.

Le 12, au lever de l'aurore, nous découvrîmes terre droite à l'avant, à la distance d'environ deux milles ; de sorte que le jour naissant ne nous avertit qu'à temps du danger que nous courions. Il se trouva que c'était une de c·s îles basses ou à moitié submergées, ou plutôt un grand banc de corail de vingt lieues de tour. Il y avait une très petite portion de terre composée d'îlots rangés le long du côté septentrional, et réunis par les bancs de sable et les brisants : ces îlots étaient couverts de bois, parmi lesquels on distinguait seulement les cocotiers. Nous rangeâmes le côté méridional, à la distance d'un ou de deux milles du banc de corail, contre lequel la mer brisait et formait une houle terrible. Au milieu il y a un grand lac ou goulet de mer, sur lequel nous aperçûmes une pirogue à la voile.

L'eau, dans la partie de la lagune près de nous, était moins profonde ; mais elle l'était davantage au-dessous des bois : différence qu'on observait aisément par la couleur plus blanche et plus bleue du bassin. A l'aide de nos lunettes nous comptâmes six ou sept hommes sur la pirogue, et l'un d'eux, placé à l'arrière, gouvernait avec une pagaie. Ils ne semblaient pas s'être embarqués pour nous connaître, car ils n'approchèrent point du récif sud ; mais ils serrèrent de près la partie boisée de l'île.

Cette île, à laquelle j'ai donné le nom du capitaine Furneaux, gît par 17° 5' de latitude, et 143° 16' de longitude ouest. Sa position est à peu près la même que celle d'une des îles découvertes par M. de Bougainville.

Le 13, nous vîmes une autre de ces îles basses situées par 17° 4' de latitude, et 144° 30' de longitude ouest, et que j'appelai *île de l'Aventure*. M. de Bougainville nomme avec raison *archipel Dangereux* ce groupe d'îles basses et submergées. La tranquillité de la mer nous apprenait assez que nous en étions entourés, et qu'il ne fallait négliger aucune précaution, surtout la nuit, dans notre marche. Elles sont de niveau avec les flots dans les parties inférieures, et élevées à peine d'une verge ou deux dans les autres. Leur forme est souvent circulaire. Elles renferment à leur centre un bassin d'eau de la mer, et la profondeur de l'eau tout autour des côtes est incommensurable : les rochers s'élèvent perpendiculairement du fond. Elles produisent peu de chose : les cocotiers sont vraisemblablement ce qu'il y a de meilleur. Malgré cette stérilité, malgré leur peu d'étendue, la plupart sont habitées.

Dès que nous eûmes passé ces îles basses nous cinglâmes vers Taïti.

Arrivée des vaisseaux à Taïti.

Le 15 août, nous aperçûmes l'île d'Osnabruck ou Maitéa, découverte par le capitaine Wallis. Bientôt après je fis avertir le capitaine Furneaux que je voulais relâcher dans la baie Oaiti-Piha, près de l'extrémité sud-est de Taïti, afin de tirer de cette partie de l'île le plus de rafraîchissements qu'il serait possible, avant d'aller à Matavaï. Nous fîmes voile ensuite, et, à six heures du soir, nous vîmes cette île désirée.

Des montagnes sortaient du milieu des nuages dorés par le coucher du soleil. Tout le monde, excepté un matelot ou deux, qui ne pouvaient pas marcher, se rendit avec empressement sur le gaillard d'avant, pour contempler cette terre sur laquelle nous formions tant d'espérance, et qui enchante tous les navigateurs qui y ont abordé. Quiros, qui appareilla de Lima au Pérou, la découvrit probablement le premier en 1605. Il aperçut, le 10 février 1606, une île à laquelle il donna le nom de *Sagittaria*, et qui sans doute est Taïti. Le capitaine Wallis la reconnut ensuite, le 18 juin 1767, et il l'appela *île de George III*.

M. de Bougainville arriva dans la partie orientale, le 2 avril 1768, et il apprit le véritable nom de cette île. Touché de l'admirable caractère des insulaires, il passa dix jours parmi eux, et il en reçut le plus tendre accueil. J'y débarquai en avril 1759 pour observer le passage de Vénus, et je fis le tour de l'île. Un séjour de trois mois me procura l'occasion de vérifier les observations qu'on avait déjà publiées sur l'état du pays, le caractère et les mœurs des habitants.

Dans ce second voyage nous passâmes une nuit heureuse qui devait nous faire oublier les fatigues et l'inclémence du climat austral. La tristesse qui s'était emparée de nous se dissipait. L'image de la maladie et de la mort n'effrayait plus personne.

A la pointe du jour, nous jouîmes d'une de ces belles matinées que les poëtes de toutes les nations ont essayé de peindre. Un léger souffle de vent nous apportait de la terre un parfum délicieux, et ridait la surface des eaux. Les montagnes, couvertes de forêts, élevaient leurs têtes majestueuses, sur lesquelles nous apercevions déjà la lumière du soleil naissant ; très près de nous on voyait une allée de collines, d'une pente plus douce, mais boisées comme les premières, agréablement entremêlées de teintes vertes et brunes ; au pied, une plaine parée de fertiles arbres à pain, et par derrière une quantité innombrable de palmiers qui présidaient à ces bocages ravissants. Tout semblait dormir encore ; l'aurore ne faisait que poindre, et une obscurité paisible enveloppait le paysage. Nous distinguions cependant des maisons parmi les arbres et des pirogues sur la côte. A un demi-mille du rivage les vagues mugissaient contre un banc de rochers de niveau avec la mer, et rien n'égalait la tranquillité des flots dans l'intérieur du hâvre. L'astre du jour commençait à éclairer la plaine ; les insulaires se levaient, et animaient peu à peu cette scène charmante. A la vue de nos vaisseaux, plusieurs se hâtèrent de lancer leurs pirogues, et ramèrent près de nous qui avions tant de joie à les contempler. Nous ne pensions guère que nous allions courir le plus grand danger, et que la destruction menacerait bientôt les vaisseaux et les équipages sur les bords de cette rive fortunée. Nous avions les chaloupes en mer, afin de remorquer les vaisseaux au large ; mais tous les efforts ne purent pas les empêcher d'être portés près du récif.

Cependant les pirogues s'approchaient. L'une d'elles arriva au côté de *la Résolution* : elle était montée par deux hommes presque nus, qui avaient une espèce de turban sur la tête, et une ceinture autour des reins. Ils agitaient une large feuille verte en poussant des acclamations multipliées de *tayo* (1), que, sans connaître leur langue, je prenais pour une expression d'amitié. Nous jetâmes à ces insulaires un présent en clous, de verroterie et de médailles; et ils nous offrirent en retour une grande tige de plantain, c'est-à-dire un symbole de paix, et ils désirèrent qu'on l'exposât dans la partie la plus visible du vaisseau. On le mit en effet sur les haubans du grand mât, et alors les deux ambassadeurs retournèrent à l'instant vers la terre.

Bientôt nous découvrîmes une foule de peuple qui nous regardait des bords de la côte, tandis que d'autres, d'après ce traité de paix, montaient leurs pirogues et les chargeaient des différentes productions de leur pays. En moins d'une heure, nous fûmes environnés de cent canots, portant chacun, deux, trois, et quelquefois quatre personnes qui nous montraient une parfaite confiance, et qui n'avaient aucune arme. Le son amical de tayo retentissait de toutes parts, et nous le répétions de bon cœur et avec un extrême degré de plaisir. Nous achetâmes des noix de coco, des plantains (2), des fruits à pain, et d'autres végétaux; du poisson, des pièces d'étoffe, des hameçons, des haches de pierre, etc., etc. : et les pirogues, remplissant l'intervalle qui se trouvait entre notre bâtiment et la côte, présentaient le tableau d'une nouvelle espèce de foire.

La bonté était peinte sur les traits des Taïtiens qui nous entouraient. Leur maintien était agréable et leur teint d'un brun pâle; leur taille ne surpassait pas la nôtre : ils avaient de beaux cheveux et de beaux yeux noirs. Nous remarquâmes plusieurs femmes assez jolies pour attirer notre attention. Leur vêtement était une pièce d'étoffe avec un trou au milieu où elles passaient leur tête, de manière que les deux bords pendaient devant et derrière jusqu'aux genoux. Une jolie toile blanche, pareille à une mousseline, formait différents plis autour de leur corps, un peu au-dessous de la poitrine, l'une des extrémités retombait avec grâce par-dessus l'épaule. Si cet habit n'a pas la forme parfaite qu'on admire avec tant de raison dans les draperies des anciennes statues grecques, il est plus joli que je ne l'imaginais, et plus avantageux à la taille et à la figure qu'aucune des robes européennes que nous connaissons. Les deux sexes étaient embellis ou plutôt défigurés par ces singulières taches noires (3) dont parlent les premiers voyageurs. On en voyait particulièrement sur les fesses des hommes.

Ils ne tardèrent pas à venir à bord. La douceur singulière de leur caractère se montrait dans leurs regards et dans toutes leurs actions. Ils nous prodiguaient les marques de tendresse et d'affection; ils nous prenaient les mains; ils s'appuyaient sur nos épaules, ou ils nous embrassaient. Ils admiraient la blancheur de nos corps, et souvent ils écartaient nos habits de dessus notre poitrine, comme pour se convaincre que nous étions faits comme eux.

Plusieurs, voyant que nous désirions parler leur langage, puisque nous demandions les noms des différents objets, ou que nous répétions ceux qui se trouvent dans les vocabulaires des premiers voyageurs, se donnèrent beaucoup de peine pour nous l'enseigner : ils semblaient charmés quand nous rendions exactement la prononciation du mot. Aucune langue ne me paraît plus aisée à apprendre que celle-ci : toutes les articulations aigres et sifflantes en sont bannies, et presque tous les mots finissent par une voyelle. Il faut seulement une oreille délicate pour distinguer les modifications nombreuses de leurs sons, qui donnent une grande délicatesse à l'expression. Parmi plusieurs autres observations, nous reconnûmes que l'*o* et l'*e*, qui commencent la plupart des noms et des mots qui se trouvent dans mon premier voyage, sont l'article que les langues orientales mettent devant la plus grande partie de leurs substantifs, et que M. de Bougainville avait saisi heureusement le nom de l'île sans l'*O*, en disant *Taïti* au lieu de *O-Taïti*.

Le 17, nous mouillâmes dans une baie où les insulaires nous apportèrent des noix de coco, des plantains, des bananes, des pommes, des ignames et d'autres racines, qu'ils échangèrent contre des clous et des verroteries. Les cris de ces insulaires nous étourdissaient; leurs pirogues chaviraient souvent; mais ces accidents ne les déconcertaient point, car les hommes et les femmes sont d'habiles nageurs. En montant sur nos ponts, ils avaient volé différentes bagatelles; quelques-uns même rejetaient secrètement du haut de nos vaisseaux les noix de coco que nous avions déjà achetées une fois à leurs camarades qui étaient dans leurs pirogues, et qui venaient sur-le-champ nous les revendre une seconde fois. Nous étions charmés de remplacer un biscuit mangé de vers par des fruits à pain et des ignames; et l'é-vée (1) nous fournissait un dessert délicieux : nous désirions seulement acheter des cochons et des volailles.

L'après-midi je débarquai avec le capitaine Furneaux, afin d'examiner l'aiguade et de sonder les dispositions des Taïtiens. Il ne nous restait presque plus d'eau à bord, et une chaloupe alla tout de suite en remplir quelques futailles. Nous trouvâmes une aiguade aussi convenable que je pouvais l'espérer, et les naturels nous traitèrent fort bien.

Durant cette petite expédition, les ponts furent remplis de Taïtiens, et entre autres de plusieurs femmes, qui se livraient aisément aux sollicitations pressantes des matelots : quelques-unes, qui semblaient être venues à bord pour faire ce commerce, ne paraissaient pas avoir plus de neuf ou dix ans, et l'on ne voyait en elles aucune marque de puberté. Un libertinage si prématuré doit avoir des suites funestes sur la nation en général, et je fus frappé d'abord de la petite stature de la classe inférieure du peuple, à laquelle appartiennent toutes les prostituées. Nous y avons remarqué peu d'individus au-dessus d'une taille moyenne; un grand nombre étaient au-dessous : observation qui confirme ce que M. Buffon a dit si judicieusement sur l'union prématurée des deux sexes. En général, leurs traits n'avaient rien de régulier ni de distingué, si l'on en excepte les yeux toujours grands et pleins de vivacité : mais un sourire naturel et un désir constant de plaire suppléaient tellement à la beauté, que l'amour ôtait la raison à nos matelots, et ils donnaient imprudemment leurs chemises et leurs habits à leurs maîtresses. La simplicité d'un vêtement qui exposait à la vue un sein bien formé et des bras charmants contribuait d'ailleurs à exciter leur flamme amoureuse, et enfin le spectacle de plusieurs de ces nymphes, qui nageaient avec grâce toutes nues, aux environs de nos vaisseaux, aurait suffi seul pour détruire le peu de force qu'un marin oppose à ses passions.

Une circonstance très minutieuse les engagea à se jeter à l'eau. Un des officiers, placé sur le gaillard d'arrière, voulant donner des grains de verre à un enfant de six ans, qui était sur une pirogue, les laissa tomber dans la mer : l'enfant se précipita au même instant à l'eau, et il plongea jusqu'à ce qu'il les eût rapportés du fond. Afin de récompenser son adresse, nous lui jetâmes d'autres bagatelles, et cette générosité tenta une foule d'hommes et de femmes, qui nous amusèrent par des tours surprenants d'agilité au milieu des flots, et qui non-seulement repêchaient des grains de verre, répandus par nous sur les vagues, mais même de grands clous, qui, par leur poids, descendaient promptement à une profondeur considérable. Quelques-uns restaient longtemps sous l'eau, et nous

(1) Voyez le voyage de Bougainville. A. M.

(2) C'est une espèce particulière de bananes. A. M.

(3) Ils se piquent la peau, et ils mettent une couleur noire dans les piqûres. A. M.

(1) L'é-vée est un fruit de la forme d'une pomme. A. M.

ne revenions point de la prestesse avec laquelle ils plongeaient. Les ablutions fréquentes de ce peuple rendent l'art de nager familier dès la plus tendre enfance. A voir leur position aisée dans l'eau, et la souplesse de leurs membres, nous les regardions presque comme des animaux amphibies.

Le 18 août, ayant commencé nos excursions dès le grand matin, nous contemplâmes avec ravissement la scène charmante qui s'offrait à nos yeux. Le hâvre où mouillaient les vaisseaux était très petit, et il ne pouvait pas contenir d'autres navires. L'eau y était aussi unie qu'un miroir, tandis qu'en dehors du récif la mer jetait une écume blanche. La plaine au pied des collines, resserrée en cet endroit, présentait l'image de la fertilité, de l'abondance et du bonheur ; elle se partageait devant nous entre les collines, et formait une longue vallée étroite, couverte de plantations, entremêlées de maisons. Les pentes des collines, revêtues de bois, se coupaient les unes les autres des deux côtés ; et derrière la vallée nous apercevions les montagnes de l'intérieur du pays séparées en différents pics, et entre autres une pointe remarquable dont le sommet, courbé d'une manière effrayante, semblait à chaque instant sur le point de tomber. La sérénité du ciel, la douce chaleur de l'air, la beauté du paysage, tout enchantait notre imagination, et nous inspirait la gaîté.

Plus nous avancions, plus nous reconnaissions la fidélité d'un tableau du pays que M. Bougainville a comparé à l'Elysée. Entrant au milieu d'un bosquet d'arbres à pain, sur la plupart desquels nous ne vîmes point de fruit à cette saison de l'hiver, nous suivîmes un sentier propre, mais serré, qui nous conduisit à plusieurs habitations à demi cachées sous des arbrisseaux. Les grands palmiers s'élevaient sur le reste des arbres ; les bananiers déployaient leur large feuillage, et l'on apercevait çà et là quelques bananes à manger. D'autres arbres, couverts de branches d'un vert sombre, portaient des pommes d'or, qui, par le jus et la saveur, ressemblaient à l'ananas. Les espaces intermédiaires étaient remplis de petits mûriers, dont les insulaires employaient l'écorce à fabriquer des étoffes, et de différentes espèces de petits mûriers, d'ignames et de cannes à sucre.

Les cabanes des naturels, placées à l'ombre des arbres fruitiers, sont peu éloignées les unes des autres, et entourées d'arbrisseaux odorants, tels que le gardenia, la guettarda et le calophyllum. Nous ne fûmes pas moins charmés de la simplicité élégante de leur structure que de la beauté naturelle des bocages qui les environnaient. Les longues feuilles du padang ou palmier servaient de couverture à ces édifices, et l'arbre à pain en faisait les colonnes. Comme un simple toit suffit pour mettre les Taïtiens à l'abri des pluies et des rosées de la nuit, et que le climat de cette île est peut-être un des plus délicieux de la terre, les maisons sont ouvertes sur les côtés : quelques-unes cependant, destinées aux opérations secrètes, étaient entièrement fermées avec des bambous réunis par des pièces transversales de bois, de manière à donner l'idée d'une vaste cage. Celles-là ont communément un trou par où l'on entre ; ce trou est fermé par une planche.

Nous observâmes devant chaque hutte des groupes d'habitants couchés ou assis, comme les Orientaux, sur un vert gazon ou sur une herbe sèche, et passant ainsi des heures fortunées dans la conversation ou dans le repos. Les uns se levaient à notre approche, se joignaient à la foule et nous suivaient ; mais le plus grand nombre, et surtout ceux d'un âge mûr, restant dans la même attitude, se contentaient de prononcer *tayo* lorsque nous passions près d'eux. Ceux qui nous voyaient rassembler des plantes s'empressèrent d'en cueillir de pareilles, qu'ils vinrent nous offrir.

Les bocages d'arbres à pain étaient remplis de petits oiseaux dont le chant était très agréable, quoiqu'on dise communément en Europe, je ne sais pourquoi, que les oiseaux des climats chauds sont privés du talent de l'harmonie. De très petits perroquets, d'un joli bleu de saphir, habitaient la cime des cocotiers les plus élevés ; tandis que d'autres, d'une couleur verdâtre, tachetée de rouge, se montraient plus ordinairement parmi les bananes, et souvent dans les habitations des naturels, qui les apprivoisent, et qui estiment beaucoup leurs plumes rouges. Un martin-pêcheur, d'un vert sombre, avec un collier de la même couleur sur son cou blanc ; un gros coucou, et plusieurs sortes de pigeons ou de tourterelles se juchaient d'une branche à l'autre, tandis qu'un héron bleuâtre se promenait gravement sur le bord de la mer, mangeant des poissons à coquilles et des vers.

Un beau ruisseau, qui roulait ses ondes argentées sur un lit de cailloux, descendait d'une vallée étroite, et, à son embouchure dans la mer, offrait ses eaux à ceux de nos gens qui étaient à terre pour remplir les futailles. J'en remontai le courant jusqu'à l'endroit où je rencontrai une troupe de Taïtiens qui suivaient trois hommes revêtus de différentes étoffes jaunes et rouges, avec de jolis turbans des mêmes couleurs. Chacun d'eux portait à la main un long bâton ou une baguette, et le premier était accompagné d'une femme qu'on nous dit être son épouse. Je demandai qui ils étaient, et l'on me répondit que c'étaient les te-aponnées ; mais, remarquant que je n'entendais pas assez leur langue pour comprendre ce terme, ils ajoutèrent que c'étaient des tata-no-t'eatooa, des ministres de Dieu et du moraï ou du temple. Je m'arrêtai quelque temps parmi eux, et comme ils ne firent aucune cérémonie religieuse, je les quittai.

Le peu d'étendue de l'île et son vaste éloignement du continent oriental et du continent ouest ne comportent pas une grande variété d'animaux. Nous n'y avons vu en quadrupèdes que des cochons, des chiens domestiques et des quantités incroyables de rats que les naturels laissent courir en liberté, sans jamais essayer de les détruire. Il y a cependant assez d'oiseaux ; et quand les insulaires se donnaient la peine de pêcher, ils nous vendaient toute sorte de différents poissons, parce que cette classe d'animaux court plus aisément d'une partie de l'Océan à l'autre, et surtout dans la zône torride, où certaines espèces sont communes tout autour du monde.

Le 20, à midi, je fis avec plusieurs officiers une promenade à la pointe orientale du hâvre. Arrivés à un petit ruisseau assez large et assez profond pour porter une pirogue, nous passâmes de l'autre côté, et nous aperçûmes parmi des arbrisseaux une maison assez vaste. Nous vîmes, devant, une grande quantité des plus belles étoffes de Taïti étendues sur l'herbe, et les naturels du pays nous dirent qu'on venait de les laver dans la rivière. Près de l'habitation je remarquai un bouclier de forme demi-ronde, d'osier et de filasse de noix de coco, suspendu à un bâton : il était couvert de plumes éclatantes gris-bleu d'une espèce de pigeon, et orné de dents de goulu, déployées en trois cercles concentriques. Je demandai si l'on voulait le vendre ; mais on me répondit que non, et j'en conclus qu'on l'avait exposé à l'air, ainsi que nous exposons de temps en temps les choses que nous tenons dans des boîtes fermées. Un homme d'un âge mûr, couché fort à son aise au milieu de la hutte, nous invita à nous asseoir près de lui, et il examina avec curiosité mon habillement. Les ongles de ses doigts étaient très longs, et il en paraissait fier : c'est une marque de distinction parmi eux, parce que, pour les laisser croître de cette longueur, il ne faut pas être obligé de travailler. Les Chinois ont la même coutume : il est peut-être difficile de déterminer si les Taïtiens l'ont tirée de l'extrémité de l'Asie, ou si le hasard les a conduits à la même idée. En différents coins de la hutte, des hommes et des femmes mangeaient du fruit à pain et des bananes, et tous à notre approche nous invitèrent à partager leur dîner.

En quittant cette habitation nous nous rendîmes, à

travers des arbrisseaux odoriférants, à une seconde maison, où nous trouvâmes O-Taï, sa femme, ses enfants et ses sœurs, Maroya et Maroraï. L'officier qui avait perdu les draps de son lit était avec nous; mais, ne jugeant pas à propos de les redemander, il essaya plutôt de gagner les bonnes grâces de la belle. Elle accepta les grains de verre, les clous, etc., qu'on lui offrit, mais elle fut inexorable aux sollicitations passionnées de son amant. Il est probable qu'ayant obtenu les draps qu'elle désirait, et pour lesquels seuls elle avait pu se soumettre à une prostitution, rien ne l'excitait à supporter les embrassements volages d'un étranger. Cette idée nous semblait encore plus vraisemblable quand nous considérions que sa famille jouissait d'un certain rang, et que, durant mon long séjour lors de mon premier voyage, il n'y avait eu que très peu d'exemples de ce libertinage chez les femmes qualifiées.

Un chef qui vint me voir le matin m'offrit une grande quantité de fruits, et entre autres des noix de coco, dont on avait ôté l'eau. Il avait rassemblé celles-ci, et en avait fait des paquets avec tant d'art, que nous n'aperçûmes pas d'abord la tromperie. Quand on lui en parla il ne parut ému en aucune manière; et comme s'il n'eût pas su ce qu'on voulait lui dire, il en ouvrit lui-même deux ou trois. Il nous déclara alors que nous avions raison, et il alla ensuite à terre, d'où il nous envoya des plantains et des bananes.

Dans une de nos promenades un peu lointaines, nous rencontrâmes des hommes bien faits et des nymphes sans art, en qui la jeunesse suppléait à la beauté, qui entouraient le patriarche, et nous jugeâmes, en arrivant, qu'ils conversaient ensemble après un repas frugal. Ils nous prièrent de nous asseoir sur leurs nattes au milieu d'eux, et nous ne leur donnâmes pas la peine de réitérer leur invitation.

Comme ils n'avaient peut-être jamais vu d'étrangers, ils examinaient nos vêtements et nos armes, sans cependant s'arrêter plus d'un moment sur chaque objet. Ils admiraient la couleur de notre teint; ils serraient nos mains, et ils paraissaient étonnés de ce que nous n'étions pas *tatoués* (1), et de ce que nous n'avions pas de grands ongles à nos doigts. Ils demandaient nos noms d'un air empressé, et quand ils les avaient appris ils les répétaient avec un grand plaisir. Ces noms, prononcés à leur manière, différaient tellement des originaux, qu'un étymologiste aurait eu peine à les reconnaître; mais, en revanche, ils étaient plus harmonieux et plus faciles à retenir.

Nous retrouvâmes partout l'hospitalité des anciens patriarches. On nous offrit des noix de coco et des é-vées pour étancher notre soif. Un des jeunes hommes avait une flûte de bambou à trois trous : il en joua en soufflant avec le nez tandis qu'un autre l'accompagna de sa voix. Toute la musique vocale et instrumentale consistait en trois ou quatre notes, entre les demi-notes et les quarts de note; car ce n'étaient ni des tons entiers ni des demi-tons. Ces notes, sans variété ou sans ordre, produisaient seulement une espèce de bourdonnement léthargique, qui ne blessait pas l'oreille par des sons discordants, mais qui ne faisait aucune impression agréable sur notre esprit. Il est surprenant que le goût de la musique soit si général sur toute la terre, tandis que les idées de l'harmonie sont si différentes parmi les nations diverses.

Récit de plusieurs visites que nous fit le roi O-Too, et que nous lui rendîmes. Incidents survenus tandis que les vaisseaux mouillaient dans la baie de Matavaï.

Nos ponts étaient remplis de Taïtiens avant d'avoir jeté l'ancre; j'en connaissais la plus grande partie, et ils me connaissaient presque tous. Une autre foule nombreuse était rassemblée sur la côte : le roi O-Too se trouvait parmi ceux-ci. J'allais lui faire une visite quand on m'avertit qu'il venait de se retirer à Opparée. Comme chacun semblait charmé de me revoir, je ne pouvais pas concevoir la cause de sa fuite ni de sa frayeur. Un chef, nommé *Maritata*, qui était alors à bord, me conseilla de différer l'entrevue jusqu'au lendemain matin : il promit de m'accompagner, et il tint sa parole.

Après avoir donné ordre de dresser des tentes pour les malades, les tonneliers, les voiliers et la garde, je partis le 26, afin de me rendre à Opparée : le capitaine Furneaux, M. Forster et d'autres, Maritata et sa femme, charmés de ce qu'on les avait admis dans nos chambres, tandis que leurs compatriotes demeuraient dehors, m'accompagnèrent.

Dès que nous fûmes dans la pinasse, Maritata et sa femme y entrèrent sans aucune cérémonie, et se mirent aux meilleures places de l'arrière. Ils furent suivis d'une foule de leurs compatriotes; mais, comme ils remplissaient tellement le bateau que nos matelots ne pouvaient pas manier leurs rames, il fallut en chasser la plus grande partie : ceux qu'on mit ainsi dehors n'étaient pas trop contents; car ils avaient paru très fiers de s'asseoir sur notre petit bâtiment, qui était nouvellement peint, et qui avait un très joli abri vert pour nous préserver du soleil. Nous traversâmes la baie, et nous approchâmes de la côte près d'une pointe où de petits arbrisseaux environnaient un moraï de pierre, tel que nous en avions déjà observé à Oaiti-Piha. Je connaissais ce cimetière et ce temple sous le nom de moraï de Tootahah; mais quand je l'appelai par ce nom, Maritata m'interrompit, en m'avertissant que, depuis la mort de Tootahah, on l'appelait moraï d'O-Too. Belle leçon pour les princes, qu'on fait souvenir ainsi pendant leur vie qu'ils sont mortels, et qu'après leur mort le terrain qu'occupera le cadavre ne sera pas même à eux! Le chef et sa femme ôtèrent en passant leurs vêtements de dessus leurs épaules, marque de respect que donnent les insulaires de tous les rangs devant un moraï, et qui semble attacher à ces lieux une idée particulière de sainteté. Peut-être suppose-t-on qu'ils sont honorés de la présence immédiate de la divinité, suivant l'opinion qu'on a eue des temples, dans tous les temps, et chez toutes les nations.

Au-delà du moraï, nous côtoyâmes de près un des plus beaux districts de Taïti, où les plaines paraissaient très spacieuses, et où les montagnes se prolongeaient par une douce pente, jusqu'à une longue pointe. Un nombre prodigieux d'habitants bordait les côtes couvertes d'herbes et de palmiers jusqu'aux bords de l'eau. La multitude nous reçut avec des acclamations de joie, et l'on nous conduisit à un groupe de maisons cachées sous des arbres.

On nous mena ensuite à O-Too : il était assis à terre, les jambes croisées à l'ombre d'un arbre, et une immense troupe de ses sujets formait un cercle autour de lui. Ayant fini les premiers compliments, je lui offris tout ce qui me parut avoir plus de prix à ses yeux : je sentais combien il était important de gagner l'amitié de cet homme. Je fis d'autres présents à plusieurs personnes de sa suite, et en retour, on me présenta une étoffe que je refusai d'accepter, en disant que nos dons provenaient de *tayo* (de pure amitié).

Les Taïtiennes portent en général leurs cheveux courts : il était donc extraordinaire de voir tant de cheveux sur les têtes de celles qui se trouvaient à l'entrevue, et sans doute c'est un privilége réservé aux princesses du sang royal. Leur rang cependant ne les dispense pas de l'étiquette générale de découvrir leurs épaules en présence du roi : cérémonie qui procurait aux femmes des occasions sans nombre de montrer toute l'élégance de leurs formes. Pour leur commodité, elles arrangent de cent manières différentes, suivant leurs talents et leur bon goût, la simple draperie d'une longue étoffe blanche : il n'y a point parmi elles de modes qui les forcent à se défigurer comme en Europe,

(1) Ce mot exprime les petits trous peints qu'ils se font sur la peau avec des pointes de bois. A. M.

L'explosion les effraya tellement que, malgré nos caresses et nos soins, ils s'enfuirent...

mais une grâce naturelle accompagne leur simplicité. Le seul qui ne se découvrît pas devant le monarque, était l'hoa (1) de sa personne, l'un de ses officiers, qu'on peut comparer à nos gentilshommes de la chambre : on nous dit qu'il y en a douze qui servent par tour. Le nombre des oncles, des tantes, des cousins et des autres parents de Sa Majesté, parmi lesquels nous étions assis, s'empressaient à l'envi de jeter sur nous des regards de tendresse, de nous faire des démonstrations d'amitié, et de nous demander des grains de verre et des clous. Ils prenaient divers moyens pour obtenir nos richesses, et ils ne réussissaient pas toujours. Quand nous distribuions des présents à un groupe de peuple, des jeunes gens ne craignaient pas d'insinuer quelquefois leurs mains au milieu de celles des autres, et ils demandaient leur part, comme si ce n'eût pas été une pure libéralité. Les jeunes femmes gagnaient notre affection en nous appelant du tendre nom de *frères* : la plupart étaient belles, et elles faisaient toutes des efforts continus pour nous plaire.

Nous fûmes bientôt récompensés de nos présents, surtout de la part des femmes, qui envoyèrent à l'instant leurs domestiques chercher de grandes pièces de leurs plus belles étoffes teintes en écarlate, en couleur de rose ou de paille, et parfumées de leur huile la plus odorante. Elles les mirent sur nos premiers habits, et elles nous en chargèrent si bien, qu'il nous était difficile de remuer.

(1) L'ami. A. M.

A mon retour d'Opparée, je trouvai les tentes dressées, ainsi que les observatoires de l'astronome, à la même place où nous observâmes le passage de Vénus en 1769. L'après-midi on mit les malades à terre.

Le 27, dès le grand matin, O-Too, avec une suite nombreuse, vint me voir. Il envoya d'abord dans le vaisseau une grande quantité d'étoffes, de fruits, un cochon et deux gros poissons. Je priai Sa Majesté d'entrer ; mais le prince ne se remua de dessus son siége qu'après que j'eus été enveloppé d'une quantité prodigieuse des plus belles étoffes du pays, qui me donnèrent une grosseur monstrueuse. Enfin il monta à bord lui-même, ainsi que sa sœur, un frère plus jeune que lui, et un cortége de plusieurs Taïtiens. Je leur fis à tous des présents.

Sa Majesté fut accompagnée dans la grand'chambre par tous les insulaires de sa suite, qui avaient à peine assez de place pour se remuer. Chacun d'eux choisit parmi nous un ami particulier, et des présents réciproques furent le sceau de cette nouvelle liaison. Quand il fallut s'asseoir pour déjeuner, ils furent frappés de la nouveauté et de la commodité de nos chaises. Le roi fit beaucoup d'attention à notre déjeuner. Il

J'ai assisté au débarquement d'une petite peuplade et à la construction d'un de ces villages...

était fort étonné de nous voir boire de l'eau chaude (1), et manger du fruit à pain avec de l'huile (2). Il ne voulut goûter d'aucun de nos mets : ses sujets ne furent pas si réservés.

Dès qu'on eut déjeuné, je pris dans ma chaloupe le roi, sa sœur et autant d'autres qu'il put y en entrer, et je les ramenai à Opparée. Le capitaine Fourneaux offrit au roi deux chèvres, un mâle et une femelle. On avait fait comprendre à O-Too le prix des chèvres ; mais, pendant le passage, il proposa beaucoup de questions sur ces animaux, qui absorbaient toute son attention. On lui répéta souvent de quoi ils se nourrissaient, et comment il fallait les soigner. Dès que nous fûmes à terre, on lui montra un coin de terre couvert de gramens, à l'ombre de quelques arbres à pin, et on l'avertit de les laisser toujours dans de pareils endroits. La côte était remplie, à notre débarquement, d'une foule d'insulaires, qui témoignèrent par des acclamations leur joie de revoir leur souverain.

Nous retournâmes dîner à bord. Les ponts furent bientôt remplis de Taïtiens des deux sexes, qui furetaient partout, et qui commettaient des vols dès qu'ils en trouvaient l'occasion. Le soir, un grand nombre de femmes du peuple, retenues d'avance par nos matelots, restèrent à bord, au coucher du soleil, après le départ de leurs compatriotes. Nous avions vu des exemples de prostitution parmi les femmes d'Otaïti-Piha ; mais, quelles que fussent leurs faiblesses pendant le jour, elles ne s'avisaient point de passer la nuit sur le vaisseau. Celles de Matavaï connaissaient mieux le caractère des matelots anglais ; elles savaient bien qu'en se fiant à eux elles emporteraient les grains de verre, les clous, les haches, et même les chemises de leurs amants. Avant qu'il fût parfaitement nuit, elles s'assemblèrent sur le gaillard, et l'une d'elles jouant de la flûte avec son nez, les autres exécutèrent toutes sortes de danses du pays, et plusieurs fort indécentes. Comme la simplicité de leur éducation et de leur vêtement donne un caractère d'innocence à des actions qui sont blâmables en Europe, on ne peut pas les accuser de cette licence effrénée qu'on reproche aux femmes publiques des nations polies. Enfin elles se retirèrent sous les ponts, et celles dont les amants purent les régaler de porc frais soupèrent sans réserve, quoiqu'elles eussent refusé auparavant de manger en présence de leurs compatriotes.

Dans une dernière excursion sur les collines, M. Forster découvrit un des plus beaux arbres du monde, qu'il appela *barringtonia*. Il avait une grande abondance de fleurs plus larges que des lis, et parfaitement blanches, excepté la pointe de leurs nombreux filets,

(1) Du thé. A. M.
(2) Du beurre. A. M.

d'un cramoisi brillant : il était déjà tombé une si prodigieuse quantité de ces fleurs que la terre en était toute jonchée. Les naturels, qui donnent à l'arbre le nom d'*huddoo*, assurèrent que, si on brise le fruit, qui est une grosse noix, et qu'après l'avoir mêlé avec des poissons à coquilles, on le répande sur la mer, il enchante ou enivre les poissons pendant quelque temps, de manière qu'ils viennent à la surface de l'eau, et qu'ils se laissent prendre à la main. Il est singulier que diverses plantes maritimes des climats du tropique aient cette propriété. Les *cocculi indici*, en particulier, sont très connus, et on les emploie pour cela aux Indes orientales. Ne voulant pas différer l'examen d'une plante si remarquable, M. Forster se retira dans une petite maison construite de roseaux, et entourée d'arbrisseaux odoriférants et de très jolis cocotiers. Le propriétaire fit monter un jeune homme sur un des plus grands palmiers, afin de cueillir des noix ; et l'opération se fit avec une agilité surprenante. Il attacha à ses deux pieds l'écorce dure d'une tige de bananier, de manière qu'il environnait l'arbre des deux côtés. Ce morceau d'écorce servait d'escalier ou de point d'appui, tandis qu'il s'élevait plus haut avec ses mains. L'excroissance naturelle du palmier, qui forme annuellement une espèce d'écorce gonflée sur la tige, aidait le Taïtien ; mais la promptitude et l'aisance avec laquelle il se remuait le long de l'arbre étaient vraiment admirables.

Dans une autre promenade au fond d'une vallée, M. Forster fut salué par une troupe d'insulaires, et un homme d'une physionomie heureuse, accompagné de ses filles, âgées d'environ seize ans, l'invita à dîner dans sa maison, ce qui fut accepté. La rivière Matavaï formait divers détours dans la vallée d'un bord à l'autre ; et, comme il fallut la passer plusieurs fois, le nouvel hôte et son domestique voulurent toujours porter sur leur dos les conviés jusqu'à son habitation, placée au haut d'une petite éminence, où un ruisseau murmurait doucement sur un lit de cailloux. Dans un coin de la cabane fermée partout de roseaux, on étendit pour eux une très belle natte par-dessus l'herbe sèche. Un grand nombre de parents s'assirent à l'instant près des Européens ; et sa fille, qui, par l'élégance de ses formes, la blancheur de son teint et l'agrément de ses traits, égalait et surpassait peut-être toutes les beautés qu'ils avaient vues jusqu'alors à Taïti, souriait amicalement en les regardant, et fit beaucoup d'efforts, ainsi que ses jeunes compagnes, pour leur être utiles, surtout en leur frottant toutes les parties du corps, pour rendre l'élasticité aux muscles fatigués. Le capitaine Wallis, qui avait éprouvé le même remède, parle aussi de son excellence, ainsi que de la bonté généreuse des Taïtiens. Osbeck, dans son voyage à la Chine, dit que ce frottement est commun parmi les barbiers chinois qui s'en acquittent avec beaucoup d'habileté. M. Grose, dans son voyage aux Indes orientales, fait aussi une description très détaillée de l'art de pétrir les membres, qui semble être un raffinement de volupté ajouté à cet agréable restaurant. On peut remarquer ici que cet auteur ingénieux rapporte des citations de Martial et de Sénèque, qui prouvent que les Romains connaissaient cet usage (1).

Après avoir passé environ deux heures avec cette famille hospitalière, et distribué, pendant cet intervalle, la plus grande partie des grains de verre, des clous et des couteaux apportés du vaisseau, on se remit en marche à trois heures, et l'on traversa divers hameaux, dont les habitants jouissaient en troupe de la beauté de l'après-dînée à l'ombre de leurs arbres fruitiers. Dans l'une des maisons un homme préparait une teinture rouge pour une étoffe d'écorce de mûrier à papier, appelé communément l'*arbre d'étoffe*. En recherchant de quels matériaux il faisait usage, on apprit que le suc jaune d'une petite espèce de figue, qu'ils nomment *mattée*, et le suc jaunâtre d'une sorte de fougère, de liane, ou de plusieurs autres plantes, simplement mêlées ensemble, forment un cramoisi brillant que les femmes répandent avec leurs mains, si toute la pièce doit être de la même couleur ; si elle doit être bariolée ou tachetée, la couleur s'applique avec un roseau de bambou. Cette couleur se flétrit bientôt, et devient d'un rouge sale, sujette d'ailleurs à être enlevée par la pluie. Cependant les Taïtiens estimaient infiniment l'étoffe ainsi teinte, ou plutôt ainsi enduite, et elle n'est portée que par les principaux du pays. Arrivés enfin à leurs tentes, les voyageurs se rembarquèrent sur des pirogues, et pour deux grains de verre on les remit sains et saufs à bord.

Les malades avaient assez bien recouvré leur santé ; les futailles étaient réparées ; nous avions fait assez d'eau ; enfin tout était prêt à remettre en mer, et je résolus de ne pas différer plus longtemps. Le 1er septembre 1773, je fis enlever tout ce qui se trouvait sur la côte, et préparer les vaisseaux à démarrer. Ce travail employa toute la journée. L'après-midi, M. Pickersgill revint d'Attahourou : je l'y avais envoyé deux jours auparavant, afin qu'il rapportât les cochons qu'on lui avait promis. Pottatow, mon vieil ami, le chef de ce canton, sa femme ou sa maîtresse (je ne sais laquelle des deux), et quelques-uns de ses amis, accompagnèrent M. Pickersgill et vinrent me faire visite. Ils m'offrirent en présent deux cochons et du poisson, et M. Pickersgill obtint d'Oamo deux autres cochons par échange. Il était allé dans la chaloupe jusqu'à Paparra, où il vit la vieille Oberea (1). Elle semblait avoir perdu ses dignités depuis le départ du capitaine Wallis : elle était pauvre et de peu d'importance. Les premiers mots qu'elle adressa à M. Pickersgill furent : *Earee, mataou, ina boa* (l'éarée a peur, vous ne pouvez pas avoir de cochons) : d'où l'on peut conclure qu'elle n'avait point de propriété, ou qu'elle était peu riche et soumise à l'éarée.

Quelques heures avant de mettre à la voile, un jeune homme, appelé *Poréo*, vint me prier de l'embarquer avec nous. J'y consentis, parce que j'espérais que, dans l'occasion, il nous serait utile. Plusieurs autres s'offrirent de même ; mais je refusai de les prendre. Ce jeune homme me demanda une hache et un clou de fiche pour son père qui était alors à bord : je les lui donnai.

Nous quittâmes avec beaucoup de regret cette île délicieuse, au moment où nous venions de renouveler connaissance avec ses heureux habitants. La brise qui nous portait était si modérée que nous restâmes près de la côte toute la soirée, et nous eûmes encore une occasion de remarquer la fertilité charmante de la plaine, assez belle même pendant l'hiver pour le disputer aux plus riches paysages qu'avait répandus la nature sur les diverses parties du globe. La douceur du climat et la bonté du sol qui produit presque sans culture toutes sortes de végétaux nourrissants assurent la félicité des naturels. En examinant ce qu'est le bonheur dans ce monde, je ne crois pas qu'il y ait des nations dont l'état soit si désirable. Lorsque les moyens de subsister sont si faciles, et les besoins en si petit nombre, il est naturel que le mariage n'entraîne pas cette multitude effroyable de misères qui accompagnent l'union conjugale dans les pays civilisés. On suit alors sans crainte les impulsions de la nature ; et voilà pourquoi il y a une grande population, en proportion des cantons de l'île qui sont cultivés. Les plaines et les vallées étroites sont les seules parties habitées, quoique la plupart des collines soient très propres à la culture, et capables de nourrir un nombre infini d'hommes. Peut-être dans la suite, si la population s'accroissait considérablement, les naturels mettraient-

(1) Percurrit agili corpus arte tactatrix,
Manumque doctam spargit omnibus membris.
MARTIAL.

(1) On voit, dans le voyage du capitaine Wallis, le rôle que jouait cette femme, son attachement pour le navigateur anglais, et les adieux touchants qu'elle lui fit. A. M.

ils en culture les districts qui leur sont maintenant inutiles et superflus.

La distinction trop manifeste des rangs qui subsiste à Taïti n'affecte pas autant la félicité du peuple qu'on serait porté à le croire. Il y a un souverain général et différentes classes de sujets, telles que celles d'éarée, de manahouna et de towtow, qui ont quelque rapport éloigné avec celles du gouvernement féodal. La simplicité de leur manière de vivre tempère ces distinctions et ramène à l'égalité.

Dans une contrée où le climat et la coutume n'exigent pas un vêtement complet, où il est aisé de cueillir à chaque pas assez de plantes pour en former une habitation décente et pareille à celles de tout le monde; où, avec peu de travail, chaque individu se procure tout ce qui est nécessaire à la vie, on ne doit pas beaucoup connaître l'ambition ni l'envie. Il est vrai que les premières familles possèdent presque exclusivement quelques articles de luxe, les cochons, le poisson, la volaille et les étoffes; mais le désir de satisfaire son appétit peut tout au plus rendre malheureux les individus, mais non pas les nations.

La populace de quelques États policés est infortunée, parce qu'elle manque de tout; et elle manque de tout, parce que les riches ne mettent aucun frein à leurs plaisirs. L'affection des insulaires pour les éarées nous donne lieu de supposer qu'ils se regardent comme une seule famille, et qu'ils respectent leurs vieillards dans les personnes de leurs chefs. L'origine de ce gouvernement est patriarcale, et avant que la constitution eût pris la forme actuelle, la vertu élevait peut-être seule au titre de *père du peuple*. La familiarité qui règne entre le souverain et le sujet offre encore des restes de la simplicité antique. Le dernier homme de la nation parle aussi librement au roi qu'à son égal, et il a le plaisir de le voir aussi souvent qu'il le désire. Le prince s'amuse quelquefois à faire les mêmes travaux que ses sujets, et n'étant pas encore dépravé par de fausses idées de noblesse et de grandeur, il rame souvent sur sa pirogue sans croire qu'il déroge à sa dignité.

Réception qu'on nous fit à Huaheine. Incidents survenus tandis que les vaisseaux y mouillaient.

Dès que nous fûmes hors de la baie, et qu'on eut repris les chaloupes à bord, je fis route vers l'île d'Huaheine, éloignée d'environ vingt-cinq lieues, où je me proposais de toucher. Plusieurs personnes de l'équipage se plaignaient déjà des femmes de la baie de Matavaï, et avaient des symptômes de la maladie vénérienne, mais ils étaient peu considérables.

Nous aperçûmes Huaheine le 3 au matin, et nous courûmes sur le hâvre d'Owharre, où *la Résolution* mouilla. Dès que nos bâtiments furent en sûreté, je débarquai avec le capitaine Furneaux, et les insulaires nous reçurent d'une manière très cordiale. Je leur distribuai quelques présents, et bientôt après ils nous amenèrent des cochons, des volailles, des chiens et des fruits, qu'ils échangèrent contre des haches, des clous, des verroteries. On ouvrit aussi la même branche de commerce à bord des vaisseaux, de sorte que nous espérions être abondamment pourvus de porc frais et de volaille, et cette perspective était très agréable dans la position où nous étions. J'appris que mon vieil ami Oréo, le chef de l'île, vivait toujours, et qu'il s'avançait en hâte vers nous afin de me voir.

Un golfe profond sépare Huaheine en deux péninsules, réunies par un isthme entièrement inondé à la marée haute. Ses collines sont moins élevées que celles de Taïti, mais leur aspect annonce des restes de volcan. Le sommet de l'une d'elles ressemblait beaucoup à un cratère; et l'on voyait sur un de ses côtés un rocher noirâtre et spongieux qui paraissait être de la lave. Au lever du soleil nous contemplâmes quelques autres des îles de la Société, O-Raréléa (Uliétéa), O-Taha et Borabora (Bolabola). La dernière forme un pic pareil à Maitéa, mais beaucoup plus élevé et plus considérable, au sommet duquel on apercevait aussi le cratère d'un volcan.

L'aspect du pays est le même que celui de Taïti, mais en petit. La circonférence de toute l'île n'a que sept ou huit lieues. Les plaines sont peu grandes, et il y a à peine quelques collines entre elles et les montagnes les plus hautes qui s'élèvent immédiatement des bords de la plaine : la contrée offrait cependant d'agréables points de vue.

Le bon vieux chef de l'île vint me voir le lendemain, 5, dès le grand matin, avec un jeune enfant d'environ onze ans : il m'amena un cochon et des fruits; et, de mon côté, je ne manquai pas de lui faire de nouveaux présents. Il porta son amitié si loin, qu'il m'envoyait régulièrement chaque jour, pour ma table, les meilleurs de ses fruits, avec des racines apprêtées, et il n'épargnait pas la quantité. Je chargeai le lieutenant Pickersgill de prendre deux bateaux, et d'aller de nouveau chercher des cochons; et le soir il en ramena vingt-huit, et on en acheta environ cent dix à terre et le long des vaisseaux.

Dans une de nos promenades nous fûmes témoins d'un exemple remarquable d'attachement : nous vîmes une femme, peu âgée, présenter ses mamelles pleines de lait à un petit chien accoutumé à la téter. Ce spectacle nous surprit tellement, que nous ne pûmes pas nous empêcher de témoigner notre dégoût; mais elle sourit, et elle nous apprit qu'elle se laissait téter par de petits cochons. Nous reconnûmes ensuite qu'elle avait perdu ses enfants, et que cet expédient, très innocent, était pratiqué jadis en Europe (1). Les chiens de toutes ces îles sont courts, et leur grosseur varie depuis celle d'un bichon jusqu'à celle d'un grand épagneul. Ils ont la tête large, le museau pointu, les yeux très petits, les oreilles droites, les poils un peu longs, lisses, durs et de différentes couleurs, mais plus communément blancs et bruns. Ils aboyaient rarement, mais ils hurlaient quelquefois, et ils montraient beaucoup d'aversion pour les étrangers.

Le 7, de grand matin, tandis que les vaisseaux démarraient, j'allai faire ma visite d'adieu à Oréo, accompagné du capitaine Furneaux et de M. Forster. Nous lui portâmes en présent des choses utiles. Je lui laissai aussi la première inscription qu'il avait déjà si bien gardée, et j'y ajoutai une autre petite planche de cuivre, sur laquelle sont gravés ces mots : Les vaisseaux de Sa Majesté Britannique, *la Résolution* et *l'Aventure*, mouillèrent ici en septembre 1773; et quelques médailles. Je renfermai le tout dans un sac. Il me promit d'en prendre soin, et de le montrer aux premiers vaisseaux qui arriveraient. Il me donna ensuite un cochon, et, après en avoir obtenu six ou huit autres par des échanges, nous prîmes congé. Ce bon vieillard m'embrassa les larmes aux yeux.

Avant de quitter cette île, le capitaine Furneaux consentit à recevoir à son bord un jeune homme nommé O-Maï, natif d'Uliétéa, où il avait eu quelques biens, dont les insulaires de Bolabola venaient de le déposséder. Je m'étonnai d'abord qu'il se chargeât de cet Indien, qui, n'étant distingué ni par sa naissance ni par son rang, ni remarquable par sa taille, sa figure ou son teint, ne pouvait, suivant moi, donner une idée juste des habitants de ces îles heureuses; car les naturels du premier rang sont beaucoup plus beaux et plus intelligents : ils ont communément un meilleur maintien que les classes moyennes du peuple. Cependant, depuis mon arrivée en Angleterre, j'ai été convaincu de mon erreur; car, excepté son teint, qui est d'une couleur plus foncée que celle des éarées et des bourgeois, menant une vie plus voluptueuse, et moins exposés à la chaleur du so-

(1) Les Américaines, qui ont beaucoup de lait, recourent souvent à cet expédient pour dessécher leurs mamelles. Voyez les *Recherches philosophiques sur les Américains*, vol 1. A. M.

leil, je ne sais pas si aucun autre naturel aurait donné, par sa conduite, une satisfaction plus générale : son maintien intéressant le rendait agréable à la meilleure compagnie, et un noble sentiment d'orgueil lui apprenait à éviter la société des personnes d'un rang inférieur.

Immédiatement après son arrivée à Londres, le comte de Sandwich, premier lord de l'amirauté, le présenta au roi, qui l'accueillit très bien. Il conçut dès lors un sentiment profond de reconnaissance et de respect pour cet aimable prince, et je suis sûr qu'il le conservera jusqu'à la fin de sa vie. Il a été caressé par la première noblesse d'Angleterre, et on n'a pas eu la plus légère occasion d'avoir moins d'estime pour lui. On observera que, quoique O-Maï ait toujours vécu dans les amusements en Europe, son retour dans sa patrie n'est jamais sorti de son esprit : il n'était pas impatient de partir, mais il témoignait du contentement à mesure que le moment approchait. Il s'est embarqué avec moi sur *la Résolution* (qui a entrepris un autre voyage autour du monde, et vers le pôle austral), chargé de présents, pénétré de reconnaissance des bontés et de l'amitié qu'on a eues pour lui, et après avoir subi heureusement l'inoculation de la petite vérole (1).

Relâche des vaisseaux à Uliétéa. Départ. Récit de ce qui nous y est arrivé. OEdidée, un des naturels du pays, s'embarque avec moi sur *la Résolution*.

Dès que le chef fut parti, nous fîmes voile pour Uliétéa, où je projetais de rester quelques jours. Nous arrivâmes en travers du hâvre d'Ohamanéno, à la fin du jour.

Quand les naturels du pays nous virent mouillés, nous fûmes entourés par une foule de leurs pirogues, chargées de cochons et de fruits. Ils échangèrent les fruits contre des clous et des grains de verre ; mais nous refusâmes les cochons, car nous en avions déjà plus que ne pouvaient en contenir les vaisseaux. Il fallut cependant en accepter plusieurs, parce que les naturels les plus distingués, qui en avaient amené de petits, avec du poivre, ou de la racine d'éavoa et de jeunes bananiers, les montaient de force dans *la Résolution*, ou les mettaient dans les chaloupes qui étaient sur les côtés, si nous ne voulions pas les prendre à bord. C'est ainsi que ce bon peuple nous accueillait.

Cette île est appelée *O-Raiétéa* par tous les Taïtiens, et dans toutes les îles de la Société ; mais les navigateurs l'ont nommée *Uliétéa*. Par son aspect, elle ressemble beaucoup à celle de Taïti : elle est environ trois fois plus grande que Huaheine; ses plaines sont beaucoup plus larges, et ses collines plus élevées.

Nous fîmes une visite en forme à Oréo, chef de cette partie de l'île : nous portions avec nous des présents convenables. On ne nous assujétit à aucune cérémonie au débarquement; on nous mena tout de suite près de lui. Il était assis dans sa maison au bord de l'eau : il nous y reçut, ainsi que ses amis, avec une extrême cordialité. Il témoigna beaucoup de joie de me revoir: il me demanda la permission de changer de nom, et j'y consentis. Je pense que c'est la plus grande marque d'amitié qu'ils puissent donner à un étranger.

Oréo était d'une taille moyenne, mais très gras; il avait une physionomie pleine d'expression et d'esprit, une barbe clair-semée, d'un brun rougeâtre. Bannissant la cérémonie et l'affectation, il badinait et riait avec nous de très bon cœur. Sa femme était âgée, mais son fils et sa fille ne paraissaient avoir que douze ou quatorze ans : la fille était très blanche; ses traits, et en particulier ses yeux, assez pareils à ceux des Chinois, et son nez très bien fait, ne ressemblaient pas à ceux du reste de la nation : elle était petite, mais toutes les formes de son corps, et en particulier ses mains, avaient de l'élégance et de la grâce. Rien de si engageant que ses manières ; et, quand elle sollicitait quelque chose, il n'était pas possible de rien refuser à sa voix douce et agréable.

Le 10 septembre, après déjeuner, nous fîmes, le capitaine Furneaux et moi, une visite au chef, et il ordonna de jouer pour nous une comédie ou *héava* dramatique. Trois tambours composaient la musique : il y avait sept acteurs et une femme, fille du chef. La seule partie amusante de la pièce fut un vol commis par un larron et son complice, d'une manière très adroite, qui montrait assez le génie du peuple pour ce vice. Le vol se découvre avant que le voleur ait le temps d'enlever ce qu'il a pris, il y a ensuite un combat avec des gardes, qui, quoique quatre contre deux, sont chassés de dessus le théâtre, tandis que le voleur et son complice emportent le butin en triomphe. Je fis une grande attention à toute cette partie du drame, et je m'attendais qu'il finirait d'une manière très différente; car on m'avait dit auparavant qu'on devait jouer *teto* (c'est-à-dire le voleur), et j'avais compris que le vol serait puni de mort ou d'une bonne bastonnade ; châtiment, à ce que j'ai appris, qu'ils infligent à ceux qui en sont coupables. Quoi qu'il en soit, les étrangers ne partagent certainement pas les avantages de cette loi, car on les vole avec impunité dans toutes les occasions. Après la pièce nous allâmes dîner à bord, et durant la fraîcheur du soir nous fîmes une nouvelle promenade à terre, et nous apprîmes d'un des insulaires que neuf petites îles, dont deux sont inhabitées, gisent à l'ouest, à peu de distance de là. — Des femmes du peuple restèrent cependant sur nos ponts, et elles ne furent pas moins complaisantes pour les matelots que les Taïtiennes dont on a parlé.

Chose remarquable, ces prostituées ne manquaient pas de vanité : elles ne se donnaient jamais d'autre nom que celui de *tedua* (lady), titre de leurs femmes nobles, et qui s'applique surtout par excellence aux princesses de ces îles. Si la sœur du roi venait à passer tandis que nous étions assis dans une maison à Taïti, les naturels qui nous entouraient étaient avertis de découvrir leurs épaules, par des hommes qui, l'épiant de loin, disaient simplement *tedua harremaï* (la lady vient ici), ou bien *arée :* ce qui, en pareille occasion, dénote toujours quelqu'un de la famille royale. Nos matelots, qui n'entendaient pas la langue, croyaient que leurs dulcinées s'appelaient toutes du même nom : ce qui occasionna de plaisantes méprises.

En arrivant à la maison du chef, nous aperçûmes la nappe mise, c'est-à-dire le plancher couvert de feuilles vertes. Nous nous assîmes tout autour. Un homme du peuple apporta bientôt, sur ses épaules, un cochon fumant; il le jeta sur les feuilles et ensuite on apporta l'autre : ils étaient tous les deux si chauds, qu'on pouvait à peine les toucher. La table était garnie d'ailleurs de fruits à pain chauds, de plantains et d'une grande quantité de noix de coco, destinées à servir de verre. Chacun étant prêt, on se mit à manger sans cérémonie ; et, il faut avouer, en faveur de leur cuisine, que jamais on n'a rien mangé de plus propre ni de mieux apprêté. Quoiqu'on servît les cochons entiers et que l'un pesât cinquante ou soixante livres, et l'autre le double, toutes les parties étaient également bien cuites, et avaient meilleur goût que s'ils avaient été apprêtés dans la plus célèbre cuisine d'Europe. Le chef et son fils et quelques-uns de ses amis mangèrent avec nous, et on envoyait des morceaux à d'autres assis par derrière; car nous avions une foule autour de nous, et l'on peut dire que nous dînâmes en public.

Les gens du peuple nous demandaient des morceaux d'un ton très suppliant. Les hommes mangeaient de très bon appétit ce qu'on leur donnait ; mais les femmes enveloppaient soigneusement leurs tranches, et elles ne les mettaient à leur bouche que quand elles

(1) Cette maladie fut fatale à Aotourou, le Taïtien que M. de Bougainville avait amené en France, et qui reçut à peu près la même éducation qu'O-Maï. A. M.

étaient seules. Leur empressement à répéter les mêmes demandes, et les regards envieux que jetaient les chefs si les Indiennes obtenaient quelque chose, nous convainquirent que ces aliments sont destinés aux riches. Le chef ne manqua pas de boire son verre de madère à son tour. Il fit de même toutes les autres fois qu'il dîna avec nous, et il n'en fut jamais malade. Les matelots de la chaloupe prirent le reste de notre dîner, et, aidés des naturels qui nous environnaient, ils mangèrent tout. Quand nous nous levâmes, le bas peuple se précipita, afin de recueillir les petits morceaux qui étaient tombés, et pour cela il fouilla toutes les feuilles avec le plus grand soin : d'où je suis porté à croire que, quoiqu'il y ait beaucoup de cochons dans ces îles, ils en mangent fort peu.

Dès que nous eûmes dîné, la foule, qui nous avait demandé quelques morceaux, sollicita les matelots et les domestiques, qui prirent alors nos places ; mais les matelots ne furent généreux que pour le beau sexe, et, se livrant à toute l'indécence de leur caractère, pour chaque morceau de cochon ils firent mettre les femmes entièrement nues.

L'après-midi, on représenta encore une pièce. On avait joué de ces comédies presque tous les jours depuis notre arrivée. On nous admit derrière la scène, et nous vîmes les actrices s'habiller. Elles obtinrent de nous des grains de verre, et nous imaginâmes de les placer nous-mêmes : nous les arrangions avec coquetterie et avec grâce, et elles furent enchantées de nos soins.

Parmi les spectateurs se trouvaient les plus jolies femmes du pays : l'une d'elles était remarquable par le teint le plus blanc que j'aie aperçu sur ces îles. La couleur de son visage ressemblait à celle d'une cire blanche un peu ternie ; mais elle paraissait en parfaite santé, et ses beaux yeux et ses cheveux noirs formaient un si charmant contraste, qu'elle excita notre admiration. Elle reçut d'abord un grand nombre de présents, hommage qu'on rendait à sa beauté; ce qui ne fit qu'accroître davantage l'amour de nos colifichets, et elle ne cessa pas de nous importuner tant qu'elle crut qu'il nous restait une seule babiole : un de nos messieurs tenant à sa main un petit cadenas, elle le lui demanda tout de suite. Après l'avoir refusé pendant quelque temps, il consentit à le lui donner, et le mit à son oreille, en l'assurant que c'était là sa véritable place. Elle en fut joyeuse pendant quelques minutes ; mais, le trouvant trop pesant, elle le pria de l'ouvrir et de l'ôter. Il jeta la clef au loin, en lui faisant comprendre que, lui ayant accordé ce qu'elle désirait, si elle en était embarrassée, elle devait supporter cette peine comme un châtiment de son importunité. Elle devint inconsolable, et, pleurant amèrement, elle s'adressa à nous tous en particulier, et elle nous conjura d'ouvrir le cadenas. Quand nous l'aurions voulu, nous ne le pouvions pas. Elle recourut alors au chef, qui, ainsi que sa femme, son fils et sa fille, joignirent leurs prières aux siennes. Enfin on trouva une petite clef pour ouvrir, ce qui termina les lamentations de la pauvre Indienne, et rétablit la paix et la tranquillité parmi tous ses amis. Cette malice, de notre part, produisit un bon effet, car elle guérit les femmes de l'île de la vile habitude de mendier.

Ayant pris beaucoup de rafraîchissements à bord, je me décidai, le 17 septembre, à remettre en mer, et j'en informai le chef, qui me promit de me voir encore avant mon départ. A quatre heures nous commençâmes à démarrer; et, dès qu'il fit jour, Oréo, son fils et quelques-uns de ses amis, vinrent à bord avec plusieurs pirogues chargées de fruits et de cochons. Les Indiens nous disaient : *Tayo, boa atoi :* Je suis votre ami, prenez mon cochon et donnez-moi une hache. Mais nos ponts étaient déjà si remplis, que nous pouvions à peine nous remuer : nous avions à bord des deux vaisseaux entre trois et quatre cents cochons. On nous en fournit plus de quatre cents à cette île. Les uns pesaient cent livres et davantage; mais les autres pesaient, en général, de quarante à soixante livres. Il n'est pas aisé de dire combien nous en aurions acheté, si nous avions eu de la place pour tous ceux qu'on nous offrit.

Le chef et ses amis ne nous quittèrent que quand nous fûmes sous voile ; et, avant de m'embrasser, il me demanda avec instance si je ne reviendrais pas, et si je pensais à retourner, dans quel temps j'exécuterais mon projet : question que me faisaient journellement plusieurs des insulaires.

Le départ de mon jeune Taïtien ne me laissa pas de regrets, car un grand nombre d'insulaires d'Ulïétéa s'offrirent d'eux-mêmes à me suivre. Je jugeai à propos d'en prendre un à bord, âgé de dix-sept ou dix-huit ans. Il s'appelait Œdidée, il était natif de Bolabola, et proche parent d'Opoony, chef de cette île. Je ne le crus pas d'abord capable de renoncer à la vie douce que mènent sur ces îles les personnes de son rang, et, souriant à sa proposition, je lui peignis les fatigues et les peines auxquelles il s'exposait en quittant son pays : j'eus soin de lui parler de la rigueur du climat, de la mauvaise qualité des aliments ; mais rien ne put changer sa résolution, et ses amis se joignirent à lui pour me prier de l'emmener. Ceux-ci, au moment où il s'embarqua, vinrent lui faire leurs derniers adieux, et ils lui donnèrent des étoffes, et, pour ses provisions de mer, du fruit fermenté, qu'ils aiment passionnément, et qui est une substance extrêmement nourrissante.

Vaisseau espagnol qui relâche à Taïti. État présent des îles. Observations sur les maladies et les coutumes des habitants.

Je devrais faire une description plus particulière de ces îles : quoique j'aie raconté, avec assez de détail, ce qui nous y est arrivé jour par jour, j'ai cependant omis des particularités encore plus intéressantes.

Ceux qui ont représenté les femmes de Taïti et des îles de la Société comme prêtes à accorder les dernières faveurs à tous ceux qui veulent les payer ont été très injustes envers elles : c'est une erreur. Il est aussi difficile dans ce pays que dans aucun autre d'avoir des privautés avec les femmes mariées et avec celles qui ne le sont pas, si on en excepte toutefois les filles du peuple ; et même, parmi ces dernières, il y en a beaucoup qui sont chastes. Il est très vrai qu'il y a des prostituées, ainsi que partout ailleurs : le nombre en est peut-être encore plus grand ; et telles étaient les femmes qui venaient à bord de nos vaisseaux, ou dans le camp que nous avions sur la côte. En les voyant fréquenter indifféremment les femmes chastes et les femmes du premier rang, on est d'abord porté à croire qu'elles ont toutes la même conduite, et qu'il n'y a entre elles d'autre différence que celle du prix. Il faut avouer qu'une prostituée ne leur paraît pas commettre des crimes assez noirs pour perdre l'estime et la société de compatriotes. Enfin un étranger qui arrive en Angleterre pourrait, avec autant de justice, accuser d'incontinence toutes nos femmes, s'il les jugeait d'après celles qu'il voit à bord des vaisseaux dans un de nos ports, ou dans les couloirs de Covent-Garden ou de Drury-Lane. Je conviens qu'elles sont toutes fort versées dans l'art de la coquetterie, et qu'elles se permettent toutes sortes de libertés dans leurs propos : il n'est donc pas étonnant qu'on les ait accusées de libertinage.

SECONDE SECTION.

Depuis notre départ des îles de la Société jusqu'à notre retour dans ces îles et notre départ pour la seconde fois.

Passage d'Ulićtéa aux îles des Amis. Découverte de l'île d'Hervey, et récit des incidents survenus à Middelbourg.

En quittant Ulićtéa, je portai le cap à l'ouest un peu au sud, afin de sortir de la route des premiers navigateurs, et d'entrer dans le parallèle des îles de Middelbourg et d'Amsterdam ; car je me proposais de marcher vers ces îles, et d'y toucher, si je le trouvais convenable, avant de me rendre à la Nouvelle-Zélande. En général je mis en panne toutes les nuits de peur de passer quelques terres sans les voir.

Après un mois de séjour à Taïti, nous ne ressentions plus aucun effet de notre première campagne, qui avait été si pénible. Nous étions tous forts, bien portants et pleins de courage, et il n'y avait pas un seul scorbutique sur les deux vaisseaux. Les volailles, les chiens, les bananes et les autres fruits que nous emportions nous promettaient la santé pour un long temps.

Œdidée, le jeune insulaire que nous avions pris sur notre bord, fut très attaqué du mal de mer dès que nous fûmes au large ; cependant, comme nous regardions le pic élevé de Bolabola, il eut assez de force pour nous dire : Je suis né sur cette île, et je suis proche parent d'O-Poonée, le grand roi qui a conquis O-Tahah et Ulićtéa. Il nous avertit en même temps que son véritable nom était Mahine, mais qu'il l'avait changé pour celui d'Œdidée, avec un chef d'Eiméo ; usage commun dans toutes ces îles, ainsi qu'on l'a remarqué ailleurs.

Le 23, à dix heures du matin, on vit du haut des mâts une terre composée de trois ou quatre petits îlots réunis par des brisants comme la plupart des îles basses. Ils ont une forme triangulaire et environ six lieues de circuit. Ils sont couverts de bois, parmi lesquels on remarque plusieurs cocotiers. A l'aide de nos lunettes nous observâmes que la côte était sablonneuse, mais revêtue çà et là de verdure, et probablement de lianes, communes à ces climats.

Rien n'annonçait des habitants, et j'ai lieu de croire qu'il n'y en a point. La position de cette île, qui gît par 19° 18" de latitude sud, et 158° 54" de longitude ouest, ne diffère pas beaucoup de celle que M. Dalrymple assigne à la Dezana. Mais, comme il n'est pas aisé de reconnaître si c'est la même, je l'ai nommée *île d'Hervey*, en l'honneur du capitaine Hervey, un des lords de l'amirauté.

Le 1er octobre, nous vîmes l'île de Middelbourg, à la distance de quatre lieues : nous apercevions en même temps une autre terre dans le nord-ouest. Le lendemain, à la pointe du jour, nous arrivâmes sur le côté sud-ouest de Middelbourg ; et, marchant entre ce côté et une petite île, nous trouvâmes un canal net et large de deux milles.

Cette île nous donna l'idée des bosquets enchantés sur lesquels les romanciers répandent toutes les beautés imaginables. Il ne serait pas possible en effet de trouver un coin de terre plus favorable à la retraite, s'il y avait une fontaine limpide ou un ruisseau ; mais malheureusement l'eau est la seule chose qui manque à cette île agréable. Je découvris, dans une excursion, une promenade couverte qui menait à une prairie, au fond de laquelle nous aperçûmes une petite montagne et deux huttes par-dessus. Des bambous, plantés en terre à la distance d'un pied les uns des autres, environnaient la colline, et l'on voyait sur le devant plusieurs casuarinas. Les naturels qui nous accompagnèrent ne voulaient point en approcher. Après nous être avancés seuls, nous regardâmes avec beaucoup de peine dans les huttes, parce que l'extrémité du toit n'était pas à plus d'un palme du terrain. L'une renfermait un cadavre qu'on y avait déposé depuis peu ; mais l'autre était vide. Ainsi le casuarina ou le bois de massue (*toà*) annonce les cimetières à Middelbourg comme aux îles de la Société. Sa couleur gris-brun, ses branches longues et touffues, dont les feuilles clair-semées se penchent tristement vers la terre, conviennent à ces lieux mélancoliques autant que le cyprès. Il est donc probable que les mêmes idées, qui ont consacré le dernier arbre sur la tombe des morts dans une partie du monde, engagent les habitants de ces régions à employer les premiers au même usage.

Arrivée des vaisseaux à Amsterdam. Incidents survenus durant notre relâche sur cette île.

Dès que je fus à bord, je mis le cap sur l'île d'Amsterdam. Les insulaires étaient si peu effrayés de nous, que trois pirogues vinrent à notre rencontre jusqu'au milieu du chemin entre les deux îles. Ils firent inutilement tous leurs efforts pour monter sur *la Résolution ;* mais nous ne diminuâmes pas de voiles, et la corde que nous leur jetâmes s'étant brisée, ils tentèrent de monter sur *l'Aventure*. Leur entreprise cependant n'eut pas un meilleur succès. Nous rangeâmes la côte sud-ouest d'Amsterdam, à un demi-mille du rivage, sur lequel brisait une houle très grosse. Nous examinâmes, à l'aide de nos lunettes, l'aspect de l'île, dont chaque partie semblait couverte de plantations. La plus haute élévation au-dessus du niveau de la mer ne semblait pas être de plus de six ou sept verges perpendiculaires. Nous aperçûmes quatre naturels courant le long de la grève, et déployant de petits pavillons blancs, que nous prîmes pour des symboles de paix, et nous leur répondîmes en hissant le drapeau de saint George. Trois insulaires de Middelbourg, qu'on avait laissés, je ne sais comment, à bord, nous quittèrent alors, et allèrent à la nage sur la côte : ils ne savaient pas que je voulais m'arrêter à cette île, et ils n'avaient point envie, comme on peut le croire, de s'embarquer avec nous.

Dès que nous eûmes découvert la côte occidentale, plusieurs pirogues, montées chacune par trois hommes, vinrent à notre rencontre. Les Indiens s'avancèrent hardiment sous les flancs des vaisseaux ; ils nous présentèrent quelques racines d'éava, et montèrent ensuite à bord sans autre cérémonie. Ils nous invitaient, par tous les signes d'amitié qu'ils purent imaginer, d'aller dans leur île ; ils nous indiquaient un mouillage, et nous mouillâmes en effet dans la rade Van-Diémen. Ils remplissaient alors nos bâtiments : les uns étaient venus en pirogues ; d'autres accouraient à la nage ; mais, ainsi que ceux de l'île de Middelbourg, ils apportèrent des étoffes, des nattes, des outils, des armes et des ornements, que nos matelots achetèrent avec leurs propres habits. Comme l'équipage se fût ressenti bientôt de ce trafic, je défendis d'acheter aucune curiosité.

Cet ordre produisit un bon effet ; car les naturels, voyant que nous ne voulions absolument que des comestibles, nous apportèrent des bananes et des noix de coco en abondance, des volailles et des cochons, et ils les échangèrent contre de petits clous et des étoffes d'Europe : ils donnaient un cochon ou une volaille pour les plus mauvaises guenilles. M. Forster acheta plusieurs jolis perroquets, des pigeons et des tourterelles très bien apprivoisés. Œdidée, de son côté, fit emplette de plumes rouges, qui, à ce qu'il nous assura, auraient une valeur extraordinaire à Taïti et aux îles de la Société : elles étaient communément attachées à leurs tabliers de danse, ou à des diadèmes de feuilles de bananes. Il nous montra, avec un air d'extase tout-à-fait admirable, que la plus petite de ces plumes, large de deux ou trois doigts, suffirait pour payer le plus gros cochon de son île.

Nous avions déjà remarqué à Taïti, aux îles de la Société, et même à Middelbourg, que partout où l'on trouve un casuarina, il y a un cimetière aux environs. à la vue de cet arbre vénérable, et chargé d'oiseaux de mauvais présage, je conjecturai, en descendant à terre, que nous allions en rencontrer un, ou un temple, et l'événement montra que je ne m'étais pas trompé. Nous arrivâmes au milieu d'une plaine verdoyante, enfermée de tous côtés par des arbres et des arbrisseaux touffus, et surtout par des casuarinas, des pendanges, et des palmiers-sagous sauvages. Une allée de barringtonias en fleurs, aussi gros que les chênes les plus élevés, formait un des bords. Par l'intérieur et la dimension, ce temple ou cimetière était pareil à celui qu'on a décrit plus haut. Un naturel, qui y entra avec nous, nous dit qu'un de ses compatriotes y était enterré; et, nous indiquant l'endroit où son petit doigt avait jadis été coupé, il nous dit clairement qu'à la mort de leurs maduas ou parents, ils mutilent leurs mains. Ces cimetières sont toujours placés délicieusement sur de vertes prairies, et entourés des plus beaux bocages.

Prolongeant ensuite notre promenade à travers les plantations, nous rencontrâmes peu d'habitants. Ni la curiosité, ni la défiance, ni la jalousie ne les excitèrent à nous arrêter: au contraire, ils nous parlèrent avec le ton de l'amitié. La plupart des maisons que nous examinâmes étaient vides, mais toutes nattées, et situées parmi des arbrisseaux odorants. Quelquefois une petite haie, dans laquelle il y avait une porte semblable à celle de Middelbourg, les séparait des plantations. Une marche de trois milles nous mena à la côte orientale d'Amsterdam, où le rivage forme un angle profond, appelé par Tasman *baie Maria*. La pente du terrain diminue imperceptiblement jusque sur la grève sablonneuse; mais, en allant du côté de la pointe septentrionale, il s'élève perpendiculairement, et en quelques endroits il est excavé et suspendu en l'air. C'est partout du corail, preuve qu'il y a eu de grands changements sur notre globe, car ce rocher ne peut se former que sous l'eau.

Nous ne revînmes à bord qu'au coucher du soleil : les vaisseaux étaient entourés de pirogues, et les naturels nageaient tout autour en faisant grand bruit. Une quantité considérable de femmes jouaient dans l'eau comme des animaux amphibies : on leur persuada aisément de monter à bord toutes nues; et elles ne montrèrent pas une plus grande chasteté que les prostituées de Taïti et des îles de la Société : les matelots profitèrent de ces dispositions, et renouvelèrent à nos yeux les scènes des temples de Chypre. Ces habitantes d'Amsterdam se vendaient sans honte pour une chemise, un petit morceau d'étoffe, ou quelques grains de verre. Leur lubricité cependant n'était point générale, et nous avons lieu de croire qu'il n'y eut pas une seule femme mariée qui se rendît coupable d'infidélité. Si nous avions connu la distinction des rangs comme à Taïti, il est probable que nous n'aurions observé des prostituées que dans la dernière classe du peuple. Mais on ne conçoit pas que tant de nations permettent aux femmes qui ne sont pas mariées de se livrer indifféremment aux désirs d'une multitude d'amants. Les opinions sur le sexe en particulier ont été très variées dans tous les âges et dans tous les pays. En quelques parties de l'Inde, les hommes d'un rang distingué croiraient s'avilir s'ils épousaient une vierge. Les Turcs, les Arabes, les Tartares et les Russes, attachent une grande importance à la virginité des femmes, tandis que les habitants de la côte de Malabar l'offrent à leur idole.

La réception amicale qu'on a faite presque constamment aux étrangers, sur toutes les îles dépendant de ce groupe, nous ont engagés à donner aux découvertes de Schouten et de Tasman le nom d'*îles des Amis*. Les chaloupes de Schouten furent attaquées, il est vrai, aux îles des Cocos, des Traîtres, de l'Espérance et de Horn; mais ces attaques furent peu considérables, quoique sévèrement punies par le navigateur Hollandais, qui, après le premier trouble à l'île de Horn, y passa cependant neuf jours en parfaite intelligence avec les naturels du pays. Tasman, vingt-sept ans après, découvrit plusieurs îles à 6° au sud de celles qu'avait visitées Schouten, et il y fut reçu avec toutes sortes de démonstrations de paix et de bienveillance. Je ne sais pas si c'est parce que les naturels d'Amsterdam et de Rotterdam avaient appris des insulaires des Cocos, de l'Espérance et de Horn, la force supérieure des étrangers et leurs ravages, ou si c'était une suite de leur caractère pacifique : je serais porté à adopter la première opinion. Les îles vues par le capitaine Wallis, en 1767, et qu'il a nommées îles de *Boscawen* et de *Keppel*, sont probablement les îles des Cocos et des Traîtres; mais son équipage ne fit d'autre mal aux naturels que de les effrayer par l'explosion d'un seul coup de fusil. M. de Bougainville vit quelques-unes des îles les plus nord-est de ce groupe, et, en général, il y reconnut le même caractère. Il leur donna, avec assez de raison, le nom d'*archipel des Navigateurs*, puisque plusieurs vaisseaux les avaient rencontrées. Depuis le voyage de Tasman, aucun autre Européen n'avait abordé à l'île d'Amsterdam. Durant un espace de cent trente ans, ces peuples n'ont donc pas changé de mœurs, d'habillements, de manière de vivre et de caractère.

Nous pouvons assurer, comme Schouten, Tasman et M. de Bougainville, que les naturels commettent des vols avec beaucoup de dextérité. Tasman et le capitaine Wallis ont aussi remarqué l'usage de se couper le petit doigt; et, suivant les relations circonstanciées de Schouten et de Le Maire, les naturels de l'île de Horn avaient autant de soumission pour leur roi que ceux de Tonga-Tabou.

Dans une de nos promenades à terre, je vis une jeune fille qui avait les traits d'une régularité particulière, les yeux étincelants de feu, le corps bien proportionné, et, ce qui est le plus remarquable, de longs cheveux noirs et bouclés tombant avec grâce sur ses épaules. Elle jouait avec cinq gourdes, de la grosseur d'une petite pomme, parfaitement rondes; elle les jetait sans cesse en l'air l'une après l'autre, et elle y mit tant de dextérité que, pendant un quart d'heure, elle ne manqua pas une seule fois de les ressaisir. Les musiciennes chantèrent sur le même ton que nous avions déjà entendu à Middelbourg : chaque voix formait une harmonie agréable, et elles se réunissaient quelquefois en chœur.

Nous cherchâmes en vain de l'eau douce dans l'île. Le maître, qui avait été envoyé à l'est reconnaître la baie Maria et les îles basses qui abritent ce hâvre, trouva la position de ces îles telle qu'elle est marquée dans les cartes de Tasman, navigateur très exact; et, sur l'une de ces îles où il débarqua, il vit un nombre étonnant de serpents d'eau tachetés, à queues plates, et qui ne font point de mal.

Je me procurai à cette île environ cent cinquante petits cochons, deux fois autant de volailles, des ignames et autant de bananes et de noix de coco que nous eûmes d'emplacement. Si notre séjour avait été plus long, sans doute j'en aurais acheté davantage : ce qui montre la fertilité de l'île dont je vais faire une description particulière, ainsi que de celle de Middelbourg, qui en est voisine.

Description des îles d'Amsterdam et de Middelbourg. Productions, culture, maisons, pirogues, navigation, manufactures, armes, coutumes, gouvernement, religion et langage des habitants.

Tasman découvrit le premier ces îles, en 1642-3, et il les appela *Amsterdam* et *Middelbourg* : mais les naturels du pays donnent à la première le nom de *Tonga-Tabou*, et à la seconde celui d'*Eaoowée*. Elles sont situées par 21° 3' de latitude sud; et, d'après des observations faites sur les lieux, entre 174° 40', et 175° 15' de longitude ouest.

Middelbourg ou Eaoowée, la plus méridionale, a en-

Le moqueur.

viron dix lieues de tour, et elle est assez haute pour qu'on la voie à douze lieues. La plus grande partie des bords de cette île est couverte de plantations. L'intérieur est peu cultivé, quoique très propre à l'être. Ces campagnes, en friche, accroissent cependant la beauté du pays; car on y voit un mélange agréable de cocotiers et d'autres arbres, des prairies revêtues d'une herbe épaisse; çà et là des plantations et des chemins qui conduisent à chaque partie de l'île, dans un si joli désordre que l'œil aime à se reposer sur ces points de vue.

Le mouillage que j'ai nommé *la rade Anglaise*, parce que *la Résolution* et *l'Aventure* ont été les premiers vaisseaux qui y aient été, gît au côté nord-ouest. La rive est d'un sable grossier : elle s'étend à deux milles de la terre. La marée, dans cette île, ainsi que dans les autres, s'élève à quatre ou cinq pieds. Tonga-Tabou a la forme d'un triangle isocèle, dont les plus longs côtés sont de sept lieues, et les plus courts de quatre. Elle est presque partout d'une hauteur égale, un peu basse, et elle n'a pas plus de soixante à quatre-vingts pieds au-dessus du niveau de la mer. Un récif de rochers de corail qui s'étend hors de la côte, à environ cent brasses plus ou moins, la met, ainsi qu'Eaoowée, à l'abri de la mer. La force des vagues se brise sur ce rocher avant qu'elles atteignent la terre. Telle est en quelque sorte la position de toutes les îles du tropique que je connais dans cette mer : c'est ainsi que la nature les a soustraites aux usurpations des flots, quoique la plupart ne soient que des points en comparaison du vaste Océan.

L'île d'Amsterdam ou de Tonga-Tabou est toute remplie de plantations : la nature y étale ses plus riches trésors, tels que les arbres à pain, les cocotiers, les plantains, les bananiers, les shaddecks, les ignames, et quelques autres racines, la canne à sucre et un fruit semblable au brugnon : en un mot, on y compte la plupart des productions des îles de la Société, et plusieurs particulières à ces deux-ci. J'ai probablement accru la quantité de leurs végétaux, en y laissant toutes les graines de nos jardins.

Les productions et la culture de Middelbourg sont les mêmes qu'à Amsterdam, avec cette différence qu'une partie seulement de la première est cultivée, et que la seconde l'est en entier. Les sentiers et les chemins nécessaires aux voyageurs sont coupés d'une manière si judicieuse, qu'il y a une communication libre et aisée d'une partie de l'île à l'autre. On ne voit ni bourgs, ni villages : la plupart des maisons sont bâties dans les plantations, sans autre ordre que celui qui est prescrit par la convenance. Les édifices sont faits avec dextérité, mais sur le même plan que ceux des autres îles, et composés de semblables matériaux : il y a seulement une petite différence dans la disposition de la char-

1797

La famine et la fatigue détruisirent peu à peu ce petit équipage.

pente. Le plancher est un peu élevé et couvert de nattes épaisses et fortes : d'autres nattes de la même espèce les ferment du côté du vent, et le reste est ouvert. On voit communément devant la plupart de ces habitations un terrain entouré d'arbres ou de buissons en fleurs, qui parfument l'air qu'on y respire. Des vases de bois, des coquilles de noix de coco, des coussins de bois, de la forme des escabeaux à quatre pieds : voilà tous les meubles de leur ménage. Le vêtement qu'ils portent et une natte leur servent de lit. Nous achetâmes deux ou trois vases de terre, les seuls que nous ayons aperçus parmi eux.

Les cochons et les volailles sont les seuls animaux domestiques que nous ayons observés. Les cochons sont de l'espèce de ceux des autres îles de cette mer ; mais les volailles sont beaucoup meilleures, de la grosseur des plus belles que nous ayons en Europe, et leur chair est au moins aussi bonne.

Les hommes et les femmes sont de la même taille que les Européens ; leur teint est d'une légère couleur du cuivre, et il est plus égal que parmi les habitants de Taïti et des îles de la Société. Leur taille est bien prise; ils ont des traits réguliers ; ils sont vifs, gais et animés. Je n'ai rencontré nulle part des femmes si joyeuses : elles venaient babiller à nos côtés sans la moindre invitation. Dès que l'un de nous semblait les écouter, elles ne s'embarrassaient pas si l'on comprenait ce qu'elles disaient. En général, elles paraissaient avoir de la modestie, quoiqu'un grand nombre fussent très libres; et, comme il y avait encore des vénériens à bord, je pris toutes les précautions possibles pour que l'île ne nous reprochât pas de lui avoir porté le mal de Naples. Les naturels ont montré dans toutes les occasions une sorte de propension au vol, et ils sont presque aussi habiles filous que les Taïtiens.

La méthode ordinaire de se saluer est de toucher ou de frotter avec son nez celui de la personne qu'on aborde, comme à la Nouvelle-Zélande. Ils déploient un pavillon blanc en signe de paix à l'égard des étrangers. Mais les insulaires qui vinrent les premiers à bord apportèrent quelques plantes de poivre, et avant de monter ils les envoyèrent dans le vaisseau, témoignage de bienveillance encore plus solennel.

Ils observent un singulier usage : ils mettent sur leur tête tout ce que vous leur donnez. Nous pensâmes que c'est une manière de remercier. On les exerce à cette politesse dès l'enfance ; car, lorsque nous offrions quelque chose aux petits enfants, la mère élevait la main de l'enfant au-dessus de sa tête. Ils suivaient même cette coutume dans leurs échanges avec nous : ils portaient toujours à leur tête ce que nous leur vendions, comme si nous le leur eussions accordé pour rien ; quelquefois ils examinaient nos marchandises, et ils les rendaient si elles ne leur convenaient pas ;

mais quand ils les portaient à leur tête le marché était irrévocablement conclu. Très souvent les femmes me prenaient la main, la baisaient et l'élevaient au-dessus de leur tête. Il suit de là que cette habitude, qu'ils appellent *fagafatée*, a différents objets, suivant les circonstances, mais que c'est toujours une marque de politesse.

Voici une autre coutume plus singulière : nous avons reconnu que la plus grande partie des hommes et des femmes manquent d'un petit doigt, et souvent des deux. Cette mutilation est commune à tous les rangs, à tous les âges et à tous les sexes. Elle n'a pas lieu non plus à un certain temps de la vie, car j'ai vu des jeunes et des vieux à qui on venait de la faire, et, excepté quelques très petits enfants, j'ai trouvé très peu d'insulaires qui eussent les mains entières : elle est plus universelle cependant parmi les vieillards que parmi les jeunes gens. Comme on avait déjà coupé le petit doigt aux enfants que nous voyions courir nus, nous demandâmes à connaître la cause de cette mutilation. Nous apprîmes qu'elle se fait à la mort de leurs parents et de leurs amis, ainsi que chez les Hottentots, les Guaranis du Paraguay, et les Californiens.

Ils se brûlent et se font en outre des incisions près de l'os de la joue : les uns avaient encore une croûte ou du pus sur la plaie, et chez d'autres on apercevait des cicatrices et une peau brûlée. Nous n'avons jamais pu connaître comment et pourquoi ils se brûlent ainsi ; mais nous supposâmes que c'est un remède, comme le moxa des Japonais, contre différentes maladies.

Je n'ai remarqué parmi eux ni malades, ni boiteux, ni estropiés : ils paraissaient tous sains, forts et vigoureux, preuve de la bonté du climat qu'ils habitent.

La langue est ici à très peu de chose près la même que celle de Taïti et des îles de la Société. Les dialectes ne sont pas plus différents que ceux des provinces septentrionales et méridionales de l'Angleterre.

Passage d'Amsterdam au détroit de la Reine Charlotte. Entrevue avec les insulaires.

Au moment où nous allions appareiller, nous eûmes la visite d'une pirogue montée par quatre hommes qui amenaient avec eux un des tambours dont nous avons fait mention, et sur lequel un des Indiens battait continuellement, dans le dessein sans doute de nous charmer par cette musique. Dès que nous eûmes congédié cette pirogue, nous cinglâmes au sud. Mon intention était de marcher directement vers la Nouvelle-Zélande, et de renouveler, dans le détroit de la Reine Charlotte, notre provision d'eau et de bois, pour tenter ensuite de nouvelles découvertes au sud et à l'est.

L'après-midi du 8 octobre 1773, nous eûmes connaissance de l'île de Pilstart. Cette île, déjà découverte par Tasman, située par 22° 26' de latitude sud, et 147° 59' de longitude ouest, à trente-deux lieues de distance de Middelbourg, est plus remarquable par sa hauteur que par son circuit ; car elle renferme deux montagnes d'une grande élévation, et qui semblent séparer une vallée profonde. Ce nom de *Pylstaert* lui a été donné à cause des oiseaux qu'y virent les navigateurs hollandais, et qui, suivant toute apparence, étaient des oiseaux du tropique. Pylstaert signifie littéralement *flèche en queue :* cet oiseau a effectivement deux longues plumes à la queue, et c'est de là que lui vient son nom français de *paille-en-queue* (1).

Le 10, nous dîmes adieu aux îles du tropique, et nous fîmes route une seconde fois vers la Nouvelle-Zélande. Quatre mois s'étaient écoulés depuis notre départ de cette île, et, dans cet intervalle, nous avions traversé la mer du Sud par des latitudes moyennes, au milieu de l'hiver ; nous avions examiné un espace de plus de 40° de longitude entre les tropiques, et rafraîchi les équipages à Taïti, aux îles de la Société et aux îles des Amis pendant trente-un jours. La saison de continuer nos découvertes dans les hautes latitudes méridionales s'avançait, et les rochers sauvages de la Nouvelle-Zélande devaient nous prêter une seconde fois un asile.

(1) Dans la collection de Dalrymple, ces oiseaux sont appelés *canards sauvages*. A. M.

Dès que nous eûmes quitté la zône torride, des troupes d'oiseaux de mer suivirent les vaisseaux et voltigèrent sur les flots autour de nous. Le 12, nous aperçûmes un albatros : ces oiseaux, qui n'osent jamais passer le tropique, rôdent de là jusqu'au cercle polaire. La nuit du 16, plusieurs méduses passèrent près du vaisseau : nous les reconnûmes à leur lueur phosphorique. Elles étaient si lumineuses, que le fond de la mer semblait contenir des étoiles plus brillantes que le firmament.

Le 21, nous eûmes vue de la Nouvelle-Zélande : il y avait quatre mois que nous l'avions quittée. Nous découvrions les huttes et les forteresses des naturels, semblables aux nids des aigles, placés sur le sommet des rochers. Dès que nous eûmes rallié *l'Aventure*, nous fîmes voile pour le cap Ridnappers, que nous doublâmes à cinq heures du matin, et nous continuâmes de côtoyer le rivage jusqu'à neuf heures.

Nous parvînmes à gouverner vers la terre, dont la tempête nous avait écartés. Mais *l'Aventure* se trouvait en arrière, et nous ne la revîmes point. Nous allâmes à sa recherche jusqu'au 3 novembre, et, pensant alors qu'elle était entrée dans le détroit, nous résolûmes d'aller relâcher dans l'anse du Vaisseau, où nous avions mouillé la dernière fois, et d'où nous étions partis le 7 juin, près de cinq mois auparavant.

Relâche dans le détroit de la Reine Charlotte. Détails sur ses habitants anthropophages. Divers incidents. Départ du détroit.

Aussitôt que nous eûmes mouillé, nous eûmes la visite des habitants, parmi lesquels j'en reconnus plusieurs que j'avais vus en 1770, et particulièrement un vieillard nommé Goubiah.

Chacun de son côté renouvela les connaissances qu'il avait faites pendant la première relâche. Nous les appelâmes par leurs noms, ce qui leur causa une grande joie : sans doute ils crurent que nous nous intéressions à eux, puisque nous les portions dans notre pensée. Le temps était beau et l'air chaud pour la saison ; mais ces Indiens étaient tous couverts de ces manteaux déguenillés dont ils se vêtent pendant l'hiver.

Nous allâmes à terre le matin et l'après-midi, et nous nous ouvrîmes un passage à travers un labyrinthe de lianes entrelacées d'un arbre à l'autre. Œdidée, qui était avec nous, erra, de son côté, au milieu de ces forêts touffues, et il fut fort surpris d'y trouver un grand nombre de différents oiseaux, dont le chant était agréable et le plumage très joli. Une quantité prodigieuse d'autres oiseaux suçaient les fleurs et quelquefois arrachaient la tige des radis et des turneps dans un de nos jardins.

Que les habitants de la Nouvelle-Zélande soient anthropophages, c'est un fait qu'il n'est pas permis de révoquer en doute. J'avais cité dans mon premier voyage des détails assez démonstratifs de cette coutume ; mais j'ai appris depuis qu'ils ont été décrédités par plusieurs personnes, qui, sans doute, n'ont jamais sérieusement réfléchi sur l'état naturel de l'homme sauvage, ou même de l'homme un peu civilisé. Les Nouveaux-Zélandais ne sont plus dans la première barbarie. Leur conduite envers nous était courageuse et honnête ; ils montraient de l'empressement à nous obliger dans toutes les occasions. Il y a, parmi eux, des arts qui supposent beaucoup de jugement et une patience infatigable, et ils ont généralement moins de penchant pour le vol que les autres insulaires de la mer Pacifique. Je crois que ceux d'une même tribu, ainsi que les tribus qui sont en paix, se comportent honnêtement entre eux, et vivent en bonne intelligence. La coutume de manger leurs ennemis tués dans un combat (car je suis persuadé qu'ils n'en mangent point d'autres) est indubitablement de toute antiquité; et chacun sait que ce n'est pas une chose aisée que de faire renoncer une nation à ses anciens usages, quelque atroces et quelque sauvages qu'ils puissent être, particulièrement si cette nation n'a aucun commerce avec d'autres peuples. Ce n'est que par les communications que la plus grande partie du genre humain s'est civilisée; et les habitants de la Nouvelle-Zélande sont privés de ces avantages par leur position.

Avant de faire voile, j'écrivis un billet où je marquai le temps de notre dernière arrivée dans le détroit, le jour de notre départ, la route que je me proposais de tenir, et quelques autres instructions que je jugeai nécessaires pour le capitaine Furneaux, en cas qu'il vînt relâcher ici. Je mis ce papier dans une bouteille, que j'enterrai au pied d'un arbre, au milieu du jardin qui est au fond de l'anse, de manière qu'il pût être trouvé par cet officier, ou par quelque autre Européen. Néanmoins je ne pouvais guère espérer qu'il tombât entre les mains de la personne pour qui je l'écrivais, et je ne pus me résoudre à quitter la côte avant de faire de nouvelles recherches. Dans cette vue, je cinglai vers le cap Teirawhitte, et parcourus les divers points jusqu'au cap Palliser; mais tous nos soins furent sans succès.

Départ de la Nouvelle-Zélande. Route du vaisseau dans la recherche d'un continent. Récit des différents obstacles qu'a opposés la glace.

La disparition de *l'Aventure* ne découragea heureusement personne.

Le 26, à huit heures du soir, je pris mon point de départ du cap Palliser, et je gouvernai au sud un peu à l'est. Les passe-pierre, les veaux marins, les poules du Port-Egmont, les albatros, les pintades et autres pétrels environnaient chaque jour notre vaisseau. Le 2 décembre, par 48° 23' de latitude sud, et 170° 16' de longitude ouest, nous aperçûmes plusieurs pinguins au bec rouge, qui demeurèrent autour de nous le lendemain. Le 6, nous étions aux antipodes de nos amis de Londres, et par conséquent à la plus grande distance possible d'eux. Chacun donna au souvenir de sa patrie un tendre et légitime soupir.

Nous rencontrâmes plusieurs grandes îles le 14, et à midi des glaces flottantes, à travers lesquelles je m'ouvris un passage par 64° 55' de latitude sud, et 163° 20' de longitude ouest. Nous voyions des albatros gris, des pétrels bleus, des pintades et des hirondelles de mer. En avançant au sud-est, le nombre des îles de glace s'accroissait prodigieusement autour de nous. Depuis midi jusqu'à huit heures du soir, nous n'en vîmes que deux; mais, avant quatre heures du matin du 15, nous en avions dépassé dix-sept, outre beaucoup de glaces flottantes au milieu desquelles nous avions navigué. A six heures je fus obligé de marcher au nord-est, afin d'éviter une immense plaine au sud et au sud-est. Les glaces, dans la plupart des endroits, étaient empilées; en d'autres on voyait des coupures dans la plaine, et au-delà une mer nette. Je crus qu'il serait dangereux de la traverser, parce que le vent ne nous aurait pas permis de retourner par le chemin où nous aurions passé : le temps étant d'ailleurs extrêmement brumeux par intervalles, je fus contraint de sortir promptement de ces glaces flottantes, qui sont encore plus périlleuses que les grandes îles.

Nous eûmes à peine vogué au nord-est, que nous fûmes enfermés et obligés de revirer en faisant force de voile au sud-ouest, ayant au sud une plaine ou des glaces flottantes, et au nord plusieurs îles d'une grosseur énorme. Après avoir marché deux heures sur ce bord, le vent tournant heureusement à l'ouest, nous revirâmes, pour forcer de voiles au nord, et nous sortîmes bientôt des glaces flottantes, mais non pas sans recevoir des coups très violents des morceaux les plus gros, qu'avec tous nos soins nous ne pouvions pas éviter. En sortant d'un danger nous rentrions dans un autre : le temps était brumeux, et plusieurs grandes îles embarrassaient notre route. Nous fûmes sur le point de nous briser sur une de celles-ci, et si cela était arrivé, le vaisseau et tous les hommes de l'équipage, sans aucune exception, auraient péri. Ces obstacles, joints au peu de probabilité de trouver terre plus loin au sud, et à l'impossibilité de la reconnaître à cause de la glace, en supposant qu'on en découvrît une, me déterminèrent à remettre le cap au nord. Quand nous revirâmes la dernière fois, nous étions par 159° 20' de longitude ouest, et 66° de latitude sud. Nous vîmes plusieurs pinguins sur les îles de glace et quelques pétrels antarctiques dans l'air.

Nous continuâmes à marcher au nord. Le 17, nous étions par 64° 49' de latitude sud, et 149° 19' de longitude ouest. Le 23, par 67° 20' de latitude, et 137° de longitude, nous rencontrâmes une quantité si prodigieuse de glaces flottantes, qu'elles couvraient la mer dans toute l'étendue du sud à l'est, et elles étaient si épaisses et si serrées, qu'elles obstruaient entièrement notre passage. Le froid était si vif, que nos bateaux restèrent jusqu'à huit heures pour faire de l'eau douce. Nos cordages étaient aussi durs que du fil d'archal, et les voiles comme des planches de bois ou des plateaux de métail. Les manœuvres étaient impraticables.

Dans une position aussi défavorable, il était naturel de penser à retourner au nord, puisqu'il n'y avait point de probabilité de trouver une terre en ces parages, et qu'il ne paraissait pas possible de s'avancer plus loin au sud. J'aurais eu tort de m'avancer à l'est dans cette latitude, non-seulement à cause de la glace, mais, parce que j'aurais laissé au nord, sans le reconnaître, un espace de mer de 24° de latitude, où il pouvais y avoir une grande terre.

Plusieurs personnes étaient affligées de rhumatismes violents, de maux de tête; d'autres avaient les glandes enflées et des fièvres de catarrhe qu'on attribuait à l'usage de la glace. Le 24, par 67° de latitude et 138° 15' de longitude, comme nous avancions au nord-est avec un bon vent du nord-ouest, nous nous vîmes environnés de près de cent îles de glace. C'est ainsi que nous passâmes le soir de Noël, à peu près de la même manière que l'année précédente. Heureusement il n'y avait point de nuit, et le temps était clair; car avec la brume des derniers jours, il aurait fallu un miracle pour conserver le vaisseau. On donna aux matelots une double portion de pondding, et ils burent l'eau-de-vie de leur ration, qu'ils avaient épargnée quelques mois d'avance pour cette solennité. La vue d'une quantité innombrable d'îles de glace, au milieu desquelles nous dérivions à la merci du courant, au risque de faire naufrage à chaque moment contre une de ces masses, ne les empêcha pas de se livrer à leurs amusements favoris; et, tant qu'il leur resta de l'eau-de-vie, ils firent Noël en bons chrétiens. La longue habitude de la mer leur inspire du mépris pour les périls; et la fatigue et l'inclémence du ciel, durcissant leurs muscles et leurs nerfs, les rendent insensibles : du moins ils se consolent en s'enivrant.

Tant que nous restâmes sous la zône torride, nous n'eûmes presque point de nuit, et nous pûmes écrire à minuit, à la lueur du soleil. Cet astre était si peu de temps au-dessous de l'horizon, qu'un crépuscule très fort ne cessa pas de nous éclairer. Ce phénomène frappa d'étonnement Œdidée, qui voulait à peine en croire ses sens. Nous fîmes en vain des efforts pour le lui expliquer, et il nous assura que ses compatriotes le traiteraient de menteur quand il leur parlerait de la pluie pétrifiée, et du jour perpétuel. Les premiers Vénitiens qui reconnurent l'extrémité septentrionale du continent de l'Europe ne furent pas moins surpris de ce que le soleil ne quittait point l'horizon, et ils racontent qu'ils ne pouvaient distinguer le jour de la nuit que par l'instinct d'un oiseau de mer qui allait se jucher sur la côte pendant quatre heures (1). Comme nous étions probablement fort éloignés de terre, cette indication nous manqua.

Le 26 au matin, toute la mer était couverte de glaces; dans l'étendue d'un horizon de quatre ou cinq milles, nous vîmes plus de deux cents grandes îles, outre une quantité innombrable de petits morceaux. Cette scène ressemblait aux débris d'un monde fracassé : au milieu de ce bouleversement, on entendait de toutes parts les imprécations et les jurements des matelots, qui n'étaient pas encore sortis de leur ivresse.

Notre latitude, à midi, était de 66° 15', notre longitude de 134° 22'. Je marchai au nord avec une bonne brise de l'ouest, accompagnée d'un temps clair, jusqu'à quatre heures du lendemain au matin, 27 : rencontrant alors des glaces flottantes, je mis à la cape, et on en prit assez à bord pour remplir nos futailles vides. Notre latitude était de 65° 53' sud, et la longitude de 132° 42' ouest : il n'y avait pas la moitié autant de glaces qu'auparavant.

Nous passâmes près de cinq semaines dans cette perplexité, et notre voyage ne saurait être comparé à aucun autre pour les fatigues et les maux qui l'accompagnèrent. Les navigateurs qui ont parcouru la mer du Sud avant nous naviguaient en dedans du tropique, ou du moins sous la zône tempérée. Ils jouissaient presque toujours d'un ciel doux et serein, et ils marchaient à la vue des terres qui leur fournissaient des rafraîchissements. De pareilles campagnes sont des parties de plaisir à côté des nôtres. Les objets nouveaux et attrayants soulagent l'esprit, égaient la conversation et raniment le corps; mais les mêmes points de vue frappaient sans cesse nos regards : la glace, la brume, les tempêtes et la surface ridée de la mer formaient une scène lugubre que n'égayaient jamais les rayons du soleil; enfin le climat était froid, et nous mangions des aliments détestables : en un mot, il semblait que tout notre être se desséchait, et nous devenions indifférents à tout ce qui anime la vie en d'autres temps. Nous sacrifiions notre santé, nos sentiments, nos jouissances, à la gloire de naviguer dans des parages inconnus jusqu'alors.

Le 30 janvier 1774, nous observâmes au sud que les nuages au-dessus de l'horizon étaient d'une blancheur de neige ordinairement brillante. C'était le signe ordinaire d'une plaine de glace : bientôt on la découvrit du haut des mâts; et, à huit heures, nous étions près de ses bords. Elle s'étendait à l'est et à l'ouest, fort au-delà de la portée de notre vue, et la moitié de l'horizon était éclairée par les rayons de lumière qu'elle réfléchissait jusqu'à une hauteur considérable. Je comptai distinctement en dedans de la plaine quatre-vingt-dix-sept collines de glace, outre celles qui étaient sur les bords, la plupart très larges, et ressemblant à une chaîne de montagnes s'élevant les unes sur les autres, et se perdant dans les nuages.

En approchant, nous entendîmes des pinguins, mais nous n'en vîmes point; et nous n'aperçûmes qu'un petit nombre d'autres oiseaux qui nous donnassent lieu d'en conclure la proximité d'une terre. Je crois cependant qu'il doit y en avoir une au sud de cette glace; et, dans ce cas, les oiseaux et les autres animaux ne peuvent habiter que sur la glace elle-même, dont elle doit être entièrement couverte. Comme j'avais l'ambition d'aller plus loin qu'aucun des premiers navigateurs, et aussi loin qu'il est possible à un homme de s'avancer, je ne fus pas fâché de rencontrer cet obstacle qui abrégeait les dangers et la fatigue inséparable de la navigation des parages du pôle austral. Il ne me restait plus aucun moyen de marcher un pouce plus avant au sud, et je revirai au nord : nous étions alors par 71° 10' de latitude sud, et 106° 54' de longitude ouest.

(1) Pietro Quirino fit voile en avril 1431, et fit naufrage à l'île de Roest ou de Rusten, sur la côte de Norwége, sous le cercle polaire, en janvier 1432. A. M.

Heureusement, le temps étant clair quand nous rencontrâmes cette glace, nous la découvrîmes assez tôt; car, dès que j'eus reviré, une brume épaisse nous enveloppa. Le 4, nous étions par 65° 42' de latitude sud, et 99° 44' de longitude. Le lendemain, la force et la position du vent varièrent beaucoup, et il y eut de la neige et de la pluie neigeuse. Enfin, le 6, après un calme de quelques heures, nous atteignîmes une brise du sud.

Je formai alors la résolution de marcher au nord, et de passer l'hiver suivant en dedans du tropique, si je ne découvrais point de terre avant d'y arriver. J'étais bien persuadé qu'il n'y a point de continent dans cette mer, à moins qu'il ne soit si loin au sud que les glaces le rendent inaccessible.

Le 15, je traversai la ligne de route que j'avais suivie en allant à Taïti, en 1769. Je projetai de me tenir un peu plus à l'ouest; mais les vents forts qui soufflèrent de ce rumb m'en empêchèrent.

Comme nous avancions au nord, le changement de l'air nous affecta d'une manière plus sensible. Le 20 à midi, nous étions par 39° 58' de latitude sud, et 94° 37' de longitude ouest. Le ciel était clair et agréable, et je puis dire que ce fut le seul jour d'été que nous ayons eu depuis notre départ de la Nouvelle-Zélande. Le mercure dans le thermomètre s'éleva à 66°. Nous continuâmes à gouverner au nord, et le 21 nous étions à 37° 54' de latitude sud, c'est-à-dire dans le parallèle où l'on place l'île découverte par Juan Fernandez. Rien cependant n'annonçait une terre dans notre voisinage. Le vent ayant changé, j'abandonnai mes recherches, et je portai au nord afin d'atteindre la latitude de l'île de Pâques. Nous étions alors par 37° 52' de latitude, et 101° 10' ouest de longitude.

Le 28, par 33° 7' de latitude sud, et 102° 33' de longitude ouest, nous commençâmes à voir des poissons volants, des oiseaux d'œufs et des noddies, qui, à ce qu'on dit, ne vont pas à plus de soixante ou quatre-vingts lieues de terre, mais on n'est pas assuré de cela. Personne ne sait à quelle distance s'écartent des côtes les oiseaux de mer : pour moi, je ne crois point qu'il y en ait un seul sur lequel on puisse compter pour annoncer, avec certitude, le voisinage de la terre.

Suite du passage de la Nouvelle-Zélande à l'île de Pâques. Relâche et incidents à l'île de Pâques. Description de quelques-unes des statues gigantesques, les plus surprenantes qu'on y trouve.

Le 11 mars, à huit heures du matin, on vit du haut des mâts une terre dans l'ouest. Il est difficile de décrire la joie que ressentit l'équipage. Nous avions passé trois mois et demi sans voir terre, et les tempêtes, les dangers, les changements de climat, la mauvaise nourriture et les fatigues de toute espèce avaient affaibli tout le monde. Chacun reprenait son courage et sa gaîté : nous croyions être parvenus à la fin de nos maux, et, d'après la description du navigateur hollandais, nous comptions trouver des volailles et des fruits en abondance.

Je ne doutai point que ce ne fût la terre de Davis ou l'île de Pâques; car son aspect, du point où nous étions, correspondait parfaitement à ce qu'en dit Wafer. Je m'attendais à découvrir l'île basse sablonneuse que rencontra Davis, ce qui aurait confirmé mon opinion; mais je fus trompé. Le lendemain, à l'aide de nos lunettes, nous découvrîmes des habitants et quelques-unes de ces statues colossales dont parlent les auteurs du Voyage de Roggewin.

A mesure que nous avancions, la terre semblait peu fertile : il y avait peu de verdure, et on y voyait à peine quelques buissons; mais, dans notre situation, le rocher le plus stérile était un charmant spectacle. Ce qui attirait davantage nos regards, c'étaient les statues que l'équipage de Roggewin prit pour des idoles; mais nous conjecturâmes dès lors que ce sont des monuments érigés en l'honneur des morts, tels que les Taïtiens et les autres insulaires de la mer du Sud en érigent près de leurs cimetières, et qu'ils appellent *etee*. Nous vîmes bientôt une plus grande quantité de feux aux environs de ces colonnes; les Hollandais, qui en observèrent aussi, les prirent pour des sacrifices aux idoles; mais il est plus probable que les naturels les avaient allumés afin d'y apprêter leurs aliments.

Bientôt une pirogue, montée par deux hommes, s'approcha de nous. Ils apportèrent des plantains, qu'ils montèrent dans notre vaisseau à l'aide d'une corde, et ils retournèrent ensuite à terre, ce qui nous donna une bonne opinion des insulaires, et nous fit espérer de trouver ici les rafraîchissements dont nous avions besoin.

L'action trop forte du soleil sur leur tête a contraint ces naturels d'imaginer différents moyens de s'en garantir. La plupart des hommes portent un cercle d'environ deux pouces d'épaisseur, tressé avec de l'herbe d'un bord à l'autre, et couvert d'une grande quantité de ces longues plumes noires qui décorent le cou des frégates. D'autres ont d'énormes chapeaux de plumes de goëland brun, presque aussi larges que les vastes perruques des jurisconsultes européens; et plusieurs enfin un simple cerceau de bois entouré de plumes blanches de mouette, qui se balancent dans l'air. Les femmes mettent un grand et large chapeau d'une natte très propre, qui forme une pointe en avant, un faîte le long du sommet, et deux gros lobes derrière chaque côté. Nous ne vîmes d'autres ornements que des morceaux d'os en forme de langue, et des colliers ou des pendants d'oreilles de coquillage.

Après avoir passé quelque temps sur la grève, parmi les naturels du pays, nous pénétrâmes dans l'intérieur des terres. Toute la campagne était couverte de rochers et de pierres de différentes grandeurs qui, par leur couleur noirâtre et leur aspect poreux, semblaient avoir été exposés à un grand feu. Deux ou trois espèces d'herbes ridées croissaient au milieu de ces pierres, ce qui donnait un air de vie à ce pays d'ailleurs inanimé.

En nous promenant le long de la côte de la mer, nous découvrîmes la même espèce de céleri qui abonde sur les grèves de la Nouvelle-Zélande, et deux autres petites plantes communes à cette contrée; nous trouvâmes aussi une plantation d'ignames. Les traits, les coutumes et la langue du peuple de l'île de Pâques ayant beaucoup d'affinité avec ce qu'on observe aux îles de la mer du Sud, nous espérions y voir les animaux domestiques de Taïti et de la Nouvelle-Zélande; mais, après les recherches les plus soigneuses, je n'y ai remarqué que des volailles ordinaires, très petites et d'un plumage peu fourni; deux ou trois noddies, si apprivoisés qu'ils se plaçaient sur les épaules des naturels, frappèrent aussi nos regards; mais on ne peut pas en conclure qu'ils aient un grand nombre de ces oiseaux.

A l'ouest de l'anse, il y avait trois colonnes placées en ligne sur une plate-forme ou piédestal très large et très élevé. Les naturels donnaient à cette rangée le nom d'*Hangaroa*, et à la colonne seule celui d'*Obéena*. Dix ou douze Indiens étaient assis à peu de distance de la dernière, autour d'un petit feu dans lequel ils grillaient des patates. Ils nous offrirent une partie de leur souper. Cette hospitalité nous surprit dans un pays si pauvre, et nous pensâmes aux peuples civilisés qui, en pareil cas, n'ont presque plus de commisération pour les besoins de leurs semblables. Nous retournâmes alors à bord avec une petite quantité de patates, et environ six ou sept plantes communes que nous avions rassemblées. L'air de la côte fit un très grand bien aux scorbutiques. J'étais parti le matin avec les jambes excessivement enflées : à mon retour l'enflure avait diminué, et ma douleur s'était dissipée. Je ne pouvais attribuer cette guérison subite qu'à l'exercice que j'avais pris, et peut-être à ces émanations salutaires qui, dit-on, suffisent seules pour rendre la santé à ceux qui ont contracté le scorbut en mer.

Nous fûmes reçus au débarquement par deux cents naturels assemblés, parmi lesquels je ne comptai que quatorze ou quinze femmes, et très peu d'enfants. Comme ces femmes prodiguaient leurs faveurs, je conjecturai que celles qui étaient mariées et qui étaient sages avaient été forcées par les hommes de se tenir à leurs habitations, dans les parties éloignées de l'île. On n'a peut-être jamais vu, dans aucune contrée, des courtisanes aussi lubriques. Les matelots renoncèrent à toute pudeur, et ils ne rougirent pas de se livrer à la débauche, sans chercher à la couvrir autrement que par l'ombre des statues gigantesques.

Revenus à la place du débarquement, nous fîmes divers échanges avec des naturels qui nous trompaient en nous vendant des paniers remplis, en apparence, de bananes, tandis qu'au fond il y avait des pierres. Après les noix de coco, auxquelles ils donnaient la préférence, ils aimaient beaucoup les étoffes de Taïti et d'Europe, qu'ils estimaient suivant la grandeur des pièces. Ils mettaient un prix inférieur aux ouvrages de fer. Quand le marché était honnêtement conclu, la plupart s'enfuyaient avec l'étoffe, la noix de coco ou le clou qu'ils venaient d'acquérir, comme s'ils eussent eu peur d'un dédit de notre part.

Nous trouvâmes à bord plusieurs insulaires, qui étaient venus à la nage, quoique le vaisseau fût à trois quarts de mille de la côte. Ils témoignèrent l'admiration la plus extraordinaire pour tout ce qu'ils voyaient. Chacun d'eux mesura, avec les bras tendus, la longueur du bâtiment de l'avant à l'arrière. Des masses si énormes de bois étonnaient d'autant plus ce peuple, que ses pirogues sont faites de petits morceaux. Il y avait parmi eux une femme qui était aussi venue à la nage, et qui trafiqua de ses charmes avec une grande impudence. Elle s'adressa d'abord à plusieurs des bas-officiers, et ensuite aux matelots : elle égala réellement les fameux exploits de Messaline (1). Enfin un de ses compatriotes l'emmena dans une de ses pirogues, et, pour prix de sa lasciveté, elle remporta quelques guenilles et quelques morceaux d'étoffe de Taïti. Une autre des femmes de l'île, qui s'était rendue au vaisseau la veille, n'avait pas été moins libertine. L'ardeur insatiable de leurs désirs, et le succès de leurs agaceries au milieu d'un équipage malade, nous surprenaient également.

Description de l'île de Pâques, de ses productions, de sa situation, de ses habitants, de leurs mœurs et de leurs usages. Conjectures sur leur gouvernement, leur religion, et sur d'autres sujets. Description plus particulière des statues gigantesques.

Je vais parler plus en détail de cette île, qui est sûrement celle où relâcha l'amiral Roggewin en avril 1722, quoique les descriptions de son voyage ne soient plus d'accord avec l'état actuel du pays; c'est peut-être aussi celle que vit le capitaine Davis en 1686, car quand on l'aperçoit de l'est, elle répond parfaitement à ce qu'en dit Waser.

Aucune nation ne doit prétendre à l'honneur de la découverte de cette île, car il n'y a pas de contrée qui soit d'une moindre ressource aux marins : il n'y a point de mouillage sûr, point de bois à brûler, point d'eau douce dont on puisse remplir les futailles. La nature a répandu ses faveurs avec bien de la réserve sur ce coin de terre. Puisque rien n'y croît qu'à force de travail, on ne peut pas supposer que les insulaires fassent des plantations au-delà de ce qui leur est nécessaire; et, leur population étant peu considérable, ils sont incapables de fournir aux besoins des navigateurs.

Elle produit des patates douces, des ignames, des racines de tata-oreddy, des plantains et des cannes à sucre. Ces fruits sont assez bons, et surtout les patates, les meilleures que j'aie jamais mangées. Ils ont aussi

(1) Lassata viris, necdum satiata recessit. A. M.

des citrouilles, mais en si petit nombre, que rien n'était, dans leur opinion, si précieux que la coque d'une noix de coco. On voit parmi eux des volailles apprivoisées, telles que des coqs et des poules, petites, mais d'une bonne saveur; des rats, qu'ils semblent manger, car j'ai rencontré un homme qui en tenait de morts à la main : il ne voulut pas me les donner, et me fit entendre qu'il se proposait de s'en nourrir. A peine trouve-t-on quelques oiseaux de terre, et ceux de mer sont en petit nombre. J'y ai compté des frégates, des oiseaux du tropique, des oiseaux d'œufs, des noddies, des hirondelles, etc. La côte ne paraît point abonder en poisson, du moins nous n'en avons pas pris un seul à l'hameçon ni à la ligne, et nous en avons aperçu bien peu parmi les naturels.

L'île de Pâques, ou la terre de Davis, gît par 27° 5' 30" de latitude sud, et 109° 46' 20" de longitude ouest. Sa circonférence est d'environ dix ou douze lieues. Elle a une surface montueuse et pierreuse, et une côte ferme. Les collines sont si élevées, qu'on les voit à quinze ou seize lieues. En travers de l'extrémité méridionale, il y a deux îlots gisant près du rivage. Les pointes nord et est de l'île s'élèvent directement de la mer à une hauteur considérable. Entre ces deux pointes, sur la partie sud-est, la côte forme une baie ouverte, dans laquelle, je crois, les Hollandais mouillèrent. Je jetai l'ancre à l'ouest de l'île, trois milles au nord de la pointe méridionale. Cette rade est très bonne avec les vents d'est, mais dangereuse avec ceux de l'ouest, ainsi que l'autre, sur la côte sud-est, doit être périlleuse par les vents d'est.

L'île est si stérile, qu'on n'y trouve pas plus de vingt espèces différentes de plantes, et la plus grande partie ne croîtrait pas sans culture. L'espace qu'occupent les plantations est peu considérable en comparaison de celui qui est en friche. Enfin le sol est pierreux et partout brûlé par le soleil.

Quand on considère la misère de ces insulaires, on est étonné qu'ils vendent des provisions dont la culture a dû leur coûter beaucoup de peine et de travail. La mauvaise qualité du sol, la privation d'animaux domestiques, de bateaux et d'ustensiles propres à la pêche, rendent leur subsistance très difficile et très précaire; mais le désir de posséder les joujoux et les curiosités que nous apportions parmi eux, donnant à leurs désirs une force irrésistible, les empêchait de réfléchir sur les besoins pressants que bientôt ils éprouveraient.

Les habitants de cette île ne semblaient pas être plus de six ou sept cents. Ils n'ont que peu de femmes parmi eux, ou bien ils ne leur permirent point, durant notre relâche, de se montrer. Nous n'avons cependant remarqué aucun indice de jalousie chez les hommes, ou de crainte de paraître en public chez les femmes.

A juger du teint, des traits et de la langue des insulaires, ils semblent avoir tant d'affinité avec les habitants des îles plus occidentales, que chacun leur attribuera une origine commune. Il est extraordinaire que la même nation se soit répandue sur toutes les îles, dans ce vaste océan, depuis la Nouvelle-Zélande jusqu'à l'île de Pâques, c'est-à-dire sur presque un quart de la circonférence du globe. La plupart de ces insulaires ne se connaissent que par de vieilles traditions; et le laps du temps a rendu ces nations en quelque sorte étrangères : chacune a adopté des coutumes, des manières particulières, etc. Un observateur intelligent y aperçoit cependant encore de la ressemblance.

En général, le peuple de cette île est d'une race faible. Je n'ai pas vu un homme de six pieds (1), et ces insulaires sont loin d'être des géants, comme l'assure un des auteurs du Voyage de Roggewin. Ils sont vifs et actifs, d'une physionomie assez heureuse, et d'un maintien qui n'est pas désagréable. Ils ont de l'amitié et de l'hospitalité pour les étrangers; mais ils sont aussi portés au vol que les habitants des îles de la Société.

Les hommes sont couverts depuis les pieds jusqu'à la tête de figures toutes à peu près pareilles; ils leur donnent seulement une direction différente, suivant les caprices de leur imagination. Les femmes sont peu tatouées; elles se peignent de rouge et de blanc, ainsi que les hommes.

Les statues, ou du moins la plupart, occupent des plates-formes qui leur servent de base : elles sont, autant que nous avons pu en juger, à peu près à mi-corps, et le bas se termine par un tronc. L'exécution en est grossière, mais pas mauvaise. Les traits du visage, et en particulier le nez et le menton, ne sont point mal formés; mais les oreilles ont une longueur disproportionnée; et, quant au corps, on a peine à y trouver de la ressemblance avec celui d'un homme.

Ces monuments singuliers, étant au-dessus des forces actuelles de la nation, sont vraisemblablement des restes d'un temps plus fortuné. Sept cents insulaires, privés d'outils, d'habitations et de vêtements, tout occupés du soin de trouver des aliments et de pourvoir à leurs premiers besoins, n'ont pu, je le répète, construire des plates-formes qui demandaient des siècles de travail. En effet, nous n'avons pas remarqué dans nos excursions un seul instrument qui soit du moindre usage dans la maçonnerie ou la sculpture.

Toutes les femmes que nous avons vues dans les différentes parties de l'île ne montent pas à trente, quoique nous l'ayons traversée presque d'un bout à l'autre, et il n'est point du tout probable qu'elles se fussent retirées dans quelques lieux cachés. Si réellement il n'y a pas plus de trente ou quarante femmes pour six ou sept cents hommes, la nation doit s'éteindre en très peu de temps, à moins que nos principes de physique sur la pluralité des maris ne soient erronés. La plupart de ces femmes ne nous ont pas donné lieu de croire qu'elles ne fréquentent qu'un seul époux : au contraire, elles semblaient aussi débauchées que Messaline et Cléopâtre. Mais cette disproportion est un phénomène si singulier qu'on a peine à le croire, et je ne serais pas éloigné de penser que réellement les deux sexes sont en nombre égal. Quoique personne de notre équipage n'ait observé de vallées ou de retraites où les femmes aient pu se soustraire à nos regards pendant notre séjour, le lecteur se rappellera cependant les cavernes dont il a été question plus haut, et dont les naturels nous refusèrent l'entrée. Les cavernes d'Islande sont assez vastes pour contenir plusieurs milliers d'habitants, et il est probable que, dans une île également volcanique, telle que celle de Pâques, de pareilles cavernes pourraient servir d'asile à un grand nombre de naturels. Nous ne savons pas pourquoi les habitants de l'île de Pâques sont plus jaloux de leurs femmes que les Taïtiens. Leurs craintes à notre égard n'étaient pas mal fondées, car la conduite des matelots est insolente et immodeste, partout où ils jouissent de quelque supériorité sur les peuples sauvages.

Passage de l'île de Pâques aux îles des Marquises. Événements survenus tandis que le vaisseau mouillait dans la baie de la Madre de Dios ou de la Résolution, sur l'île Sainte-Christine.

En quittant l'île de Pâques, je projetais de toucher aux Marquises, si je ne rencontrais aucune terre avant d'y arriver. Je cinglai à l'ouest jusqu'au 6 où, par 9° 20' de latitude et 138° 14' de longitude ouest, nous découvrîmes une île qui nous restait à la distance d'environ trois lieues. Nous en vîmes une seconde qui semblait plus étendue que la première. J'arrivai sur celle-ci, et le lendemain au matin, à six heures, la première île nous restait au nord-ouest, la seconde au sud-ouest, et une troisième à l'ouest. Je donnai ordre

(1) On se souviendra que le pied anglais est moins long que le pied de France. A. M.

de gouverner entre les deux dernières : bientôt après nous en aperçûmes une quatrième encore plus à l'ouest. Nous étions alors bien assurés que c'étaient les Marquises, découvertes par Mendana, en 1595. La première île était une nouvelle découverte, et je la nommai *île de Hood*, d'après le jeune volontaire qui la montra le premier ; la seconde était celle de San-Pedro ; la troisième la Dominica, et la quatrième Sainte-Christine.

La Dominica, la plus voisine de nous, paraissait montueuse, et hérissée et stérile à la pointe nord-ouest ; mais, plus loin, au nord, nous observâmes des vallées remplies d'arbres, et par-ci par-là quelques huttes.

Départ des Marquises. Situation, étendue, forme et aspect des différentes îles. Description des habitants, de leurs coutumes, habillements, habitations, aliments, armes et pirogues. Recherches sur leur bonheur et leur population.

On leva l'ancre le 12 avril 1774, et je portai sur la Dominica, afin de connaître le côté occidental de cette île ; mais, comme le soleil était couché avant que j'y arrivasse, la nuit se passa à louvoyer entre les deux terres. Le lendemain, au matin, nous vîmes à découvert la pointe sud-ouest, d'où la côte court nord-est.

Il est à propos de revenir aux Marquises, reconnues pour la première fois, comme je l'ai déjà fait observer, par l'Espagnol Mendana, qui leur a donné le nom général et le nom particulier qu'elles portent.

Les Marquises sont au nombre de cinq : la Magdalena, San-Pedro, la Dominica, Sainte-Christine et l'île de Hood. Celle-ci, la plus septentrionale, gît à cinq lieues et demie de la pointe est de la Dominica, qui est la plus grande de toutes les îles, et qui s'étend à l'est et à l'ouest l'espace de six lieues. Elle a une largeur inégale, et environ quinze ou seize lieues de tour. Elle est remplie de collines escarpées qui s'élèvent en chaînes directement hors de la mer. Ces chaînes sont séparées par des vallées profondes, revêtues de bois, ainsi que les côtés de quelques-unes des collines. Son aspect est stérile, mais elle est habitée. Sa latitude est 9° 44' 30". San-Pedro, qui a environ trois lieues de tour, et qui est assez haute, gît au sud, à quatre lieues et demie de l'extrémité orientale de la Dominica. Nous ne savons pas si elle est déserte. La nature n'y a pas répandu ses largesses avec trop de profusion. Sainte-Christine gît sous le même parallèle, trois ou quatre lieues plus à l'ouest. Cette île, qui court nord et sud, a neuf milles de long dans cette direction, et environ sept lieues de circonférence. Une chaîne étroite de collines, d'une élévation considérable, se prolonge dans toute la longueur de l'île. D'autres chaînes sortent de la mer et se joignent à celles-ci, dont elles égalent la hauteur. Des vallées resserrées et profondes, fertiles, ornées d'arbres fruitiers, et arrosées par de jolis ruisseaux d'une eau excellente, coupent ces montagnes. Nous n'avons vu que de loin la Magdalena : sa position doit être à peu près 10° 25' de latitude, et 138° 50' de longitude ouest. Ces îles occupent l'espace d'un degré en latitude, et à peu près un demi-degré en longitude, savoir : du 138e degré 47' au 139e degré 13' ouest, longitude de l'extrémité occidentale de la Dominica.

En général les habitants des Marquises sont la plus belle race des habitants de cette mer. Ils paraissent surpasser toutes les autres nations par la régularité de leur taille et de leurs traits. Cependant la ressemblance de leur langage à celui que parlent les naturels de Taïti et des îles de la Société prouve qu'ils ont une même origine.

Les hommes sont tatoués de la tête aux pieds : ils portent différentes figures, arrangées suivant les caprices de leur imagination plutôt que suivant la coutume. Ces piqûres leur donnent un regard sombre. Mais les femmes, qui en ont peu, les jeunes gens et les enfants, qui n'en ont point du tout, ont le teint aussi blanc que celui de quelques Européens. La taille des hommes est ordinairement de cinq pieds dix pouces à six pieds ; mais je n'en ai vu aucun d'aussi gras et aussi fort que les éarées de Taïti ; d'un autre côté, je n'en ai point aperçu de maigres. Leurs dents sont moins bonnes, et leurs yeux moins vifs et moins animés que ceux des habitants des autres nations. La couleur de leurs cheveux varie comme parmi nous : cependant je n'en ai point trouvé de rouges. Quelques-uns les portent longs ; mais en général ils les ont courts, et ils laissent seulement de chaque côté de la tête deux touffes relevées par un nœud. Ils disposent de différentes manières leur barbe, qui est communément longue. Les uns la partagent et l'attachent en deux touffes au-dessous du menton ; d'autres la tressent ; ceux-ci la laissent flotter, et ceux-là la coupent à une certaine hauteur.

Leur vêtement, le même qu'à Taïti, est composé également d'écorce d'arbre ; mais ils n'ont pas une aussi grande quantité d'étoffes, et elles ne sont pas aussi bonnes. La plupart des hommes seraient entièrement nus sans le morra, comme on l'appelle à Taïti, c'est-à-dire sans une bande de toile qui passe autour de la ceinture, et tombe entre les jambes. Ce simple vêtement suffit au climat, et satisfait la modestie. Les femmes sont vêtues d'une pièce d'étoffe qui enveloppe leurs reins en forme de jupon, descend au-dessous du milieu de la jambe ; et un manteau flottant couvre leurs épaules. Leur principale parure de tête, et leur premier ornement, est une sorte de large diadème artistement fait de fibres de la gousse d'une noix de coco.

Leurs habitations sont placées dans les vallées, sur les côtés des collines, et près de leurs plantations : elles sont construites de la même manière qu'à Taïti ; mais elles sont beaucoup moins bonnes ; et seulement couvertes de feuilles d'arbre à pain. La plupart sont bâties sur un pavé de pierres, carré ou oblong, élevé un peu au-dessus du niveau du terrain. Il y a aussi de semblables pavés près de leurs maisons, et ils vont s'y asseoir et s'y récréer.

Je n'ai trouvé nulle part de fruits à pain aussi gros et aussi délicieux que les leurs : nous en achetâmes plusieurs parfaitement mûrs, qui étaient tendres comme des flancs, mais un peu trop sucrés. Excepté la pomme *spondias*, ils mangent les mêmes fruits et les mêmes racines qu'à Taïti : ils se nourrissent principalement de végétaux, quoiqu'ils aient des cochons et des volailles, et qu'ils prennent quantité de poissons en certains temps. Ils ne boivent que de l'eau, car les noix de coco sont rares, du moins dans les cantons que nous avons parcourus. Je crois cependant que, puisqu'ils ont la racine de poivre, et qu'ils s'en servent comme d'un signe de paix, ainsi que les autres insulaires, ils en tirent aussi un breuvage enivrant.

Le nombre des habitants des Marquises ne peut pas être fort considérable, car ces îles sont très petites. Waï-Tahoo, ou Sainte-Christine, a environ huit lieues de tour ; O-Heeva-Roa, ou Dominica, quinze ; Onateyo, ou San-Pedro, trois ; et Magdalena, que nous vîmes seulement de loin, cinq, suivant ce que disent les Espagnols. La Dominica, la plus grande des Marquises, est si escarpée et si hérissée de roches dans la plupart des cantons que, proportionnellement à son étendue, elle ne peut pas avoir autant d'habitants que Sainte-Christine. Les terrains propres à la culture sont très peuplés sur ces îles ; mais, comme elles sont toutes remplies de montagnes et de landes stériles, il est douteux que ce groupe de terre contienne cinquante mille âmes.

Description de plusieurs îles découvertes dans la traversée des Marquises à Taïti.

Avec un bon vent de l'est, je gouvernai sud-ouest.

Le palmier *beuo*.

Pour plus de sûreté nous mettions en panne chaque nuit, car nous étions très proches de l'archipel des îles basses, qui a toujours passé pour fort dangereux. Les navigateurs hollandais en particulier en donnent une idée défavorable : Schouten l'appelle la *mer mauvaise*, et Roggewin le *labyrinthe*. Le dernier perdit un de ses vaisseaux, la galère africaine, sur une de ces îles, qu'il appelle *île Pernicieuse*.

Le 17 avril, on vit une terre restant à l'ouest, que nous reconnûmes ensuite pour être une ceinture de petites îles basses, réunies par un récif de corail. Je rangeai la côte nord-ouest, à la distance d'un mille, jusqu'aux trois quarts de sa longueur, qui est de près de quatre lieues : nous arrivâmes ensuite à une crique ou goulet, qui semblait ouvrir une communication dans le lac situé au milieu de l'île. Comme je voulais acquérir quelques connaissances sur les productions de ces îles à moitié submergées, nous mîmes à la cape, et j'envoyai le maître sonder : en dehors, il ne trouva point de fond.

Nous voyions le terrain couvert, d'espace en espace, de cocotiers d'un aspect agréable ; des arbres et des arbrisseaux en cachaient quelquefois les tiges, mais leur belle tête s'élevait toujours au-dessus des autres. Les intervalles, entre ces cantons verdoyants, étaient si bas que les flots de la mer se précipitaient pardessus, et atteignaient l'intérieur de la lagune : la tranquillité de l'eau, resserrée par son banc de rochers, et sa couleur de lait dans les endroits peu profonds, contrastaient avec la surface bouclée des vagues couleur de béryl de l'Océan.

Cette île, que les naturels appellent *Tiookéa*, fut découverte et reconnue par le commodore Byron : sa forme est un peu ovale ; elle a environ dix lieues de tour, et elle gît par 14° 27' 30" de latitude sud, et 144° 56' de longitude ouest. Les habitants, et peut-être ceux de toutes les îles basses sont d'une couleur beaucoup plus brune que ceux des îles plus élevées, et leur caractère semble plus farouche. Cette différence provient peut-être de leur position. La nature n'y ayant pas répandu ses faveurs avec autant de profusion que sur les autres, les hommes y recourent surtout à la mer pour leur subsistance : ils sont par conséquent plus exposés au soleil et aux rigueurs du temps, et ils deviennent ainsi plus noirs, plus forts et plus robustes ; car certainement ils ont une origine commune. Nos gens débarqués sur un autre point n'observèrent que des hommes vigoureux, bien faits, et qui avaient sur leur corps la figure d'un poisson, emblème de ce qui occupe leur loisir.

Les insulaires n'avaient d'autre vêtement qu'un très petit morceau d'étoffe autour des reins. Leurs femmes ne s'approchèrent pas de nous ; mais celles que nous vîmes de loin étaient du même teint que les hommes :

L'un des prêtres, qui se tint debout aux pieds du corps, fit une longue prière.....

elles portaient un morceau d'étoffe un peu plus large en forme de tablier. Les cheveux et la barbe des hommes étaient ordinairement noirs et bouclés, et coupés quelquefois.

Le sol est extrêmement maigre : des bancs de corail, très peu élevés au-dessus de la surface de l'eau, servent de fondement : ils sont revêtus d'un sable grossier blanc, mêlé de débris de corail et de coquillages, et d'une couche de terreau.

Le 18, j'arrivai sur une autre île que nous voyions à l'ouest. Nous la trouvâmes pareille en tout à celle que nous venions de quitter. Elle présente des bouquets nombreux d'arbrisseaux et d'arbres, et elle est ornée de beaucoup de palmiers. Elle s'étend nord-est et sud-ouest, l'espace de près de quatre lieues, et elle a de trois à cinq milles de large. Elle gît à la distance de deux lieues de l'extrémité occidentale de Tiookéa ; et le milieu est par 14° 27' de latitude sud, et 145° 10' de longitude ouest. Ces îles doivent être les mêmes auxquelles le commodore Byron a donné le nom d'*îles de George*.

Le 19, j'arrivai sur une autre de ces îles submergées ou à moitié inondées, si communes dans cette partie de l'Océan, ceinture de petites îles jointes ensemble par un récif de rocher de corail. En général, l'Océan est partout incommensurable en dehors de la bordure : tout l'intérieur est couvert d'eau, et l'on m'a dit qu'il y a beaucoup de poissons et de tortues dont se nourrissent les naturels. Ceux qui habitent les parties basses donnent quelquefois des tortues aux habitants des parties hautes pour des étoffes. Ces golfes seraient d'excellents hâvres, si les bâtiments pouvaient y aborder. Si l'on en croit les habitants des autres îles, on peut entrer dans quelques-uns. Les Européens n'ont pas fait sur cela des recherches assez exactes ; le peu d'espérance d'y trouver de l'eau douce a communément découragé toutes leurs tentatives. J'en ai vu un grand nombre, mais je n'y ai pas aperçu une seule passe.

Une foule d'insulaires couraient le long du rivage, tenant des piques à la main. La lagune du milieu paraissait très spacieuse, et plusieurs pirogues y marchaient à la voile. Il me paraît que les cantons les plus élevés et les plus fertiles sur les rochers de corail sont ordinairement sous le vent à l'abri de la violence de la houle. Mais il y a rarement dans cette mer des tempêtes assez fortes pour que l'habitation de ces îles soit dangereuse ; et, lorsque le temps est beau, il doit être agréable de naviguer sur les vapeurs tranquilles de la lagune, tandis qu'en dehors l'Océan est agité d'une manière désagréable.

Cette île gît par 15° 26' de latitude, et 146° 20' de longitude : elle a huit lieues de long, sa largeur est d'environ trois lieues. En approchant de l'extrémité méridionale, on découvrit, du haut des mâts, une île basse au sud-est, à environ quatre ou cinq lieues ; mais, comme elle était au-dessus du vent, je ne pus pas l'atteindre. Bientôt après une troisième parut au sud-ouest par 15° 47' de latitude sud, et 146° 30' de longitude ouest. Elle est longue de sept lieues et large de deux. Elle ressemble, à tous égards, aux autres. Seulement il y a un peu moins d'îlots, et la terre, sur le récif qui enferme le lac, est un peu moins ferme. En rangeant la côte nord à la distance d'un demi-mille, nous vîmes des insulaires, des huttes, des pirogues et des espèces d'échafauds, construits, à ce qu'il nous parut, pour faire sécher du poisson. Les naturels paraissent de la même race qu'à Tiookéa, et ils étaient armés de longues piques comme eux. En serrant l'extrémité ouest nous découvrîmes une quatrième île au nord-est. Elle semblait basse comme les autres, et elle gît à l'ouest de la première île, à la distance de six lieues. J'ai donné à ces quatre îles le nom de *Palliser*, en honneur de mon digne ami sir Hugues Palliser, contrôleur de la marine.

Il n'est pas possible de décrire la joie que ressentit l'équipage lorsqu'on porta le cap sur Taïti : assurés de la bienveillance des insulaires, nous regardions cette île comme une seconde patrie. Nos malades comptaient rétablir leur santé en se promenant ou en se reposant à l'ombre de ses bocages frais, et en partageant les mets délicieux des naturels. Ceux qui étaient bien portants espéraient y acquérir une nouvelle vigueur et faire une provision de forces capables d'affronter les périls et les fatigues qui nous attendaient. J'étais sûr d'y trouver assez de rafraîchissements pour achever heureusement mon expédition.

Nous découvrîmes la haute terre de Taïti, le 21 avril, et à midi nous nous trouvions à environ treize lieues à l'est de la Pointe-Vénus, sur laquelle je gouvernai. Chacun dans son ivresse contemplait la métropole des îles du tropique : elle était infiniment plus belle alors que huit mois auparavant. Les forêts, sur les montagnes, revêtues d'un nouveau feuillage, semblaient étaler avec complaisance la variété de leurs couleurs : on apercevait des cantons agréables sur les collines inférieures, parées d'une robe de verdure. Mais les plaines surtout brillaient par l'éclat de leurs couleurs : les teintes les plus vives embellissaient ces fertiles bocages : en un mot, tout rappelait à notre esprit l'île enchantée de Calypso.

L'imagination et les yeux revolaient sans cesse vers ce délicieux paysage ; et, ce qui accroissait nos plaisirs, en longeant la côte nous découvrîmes des lieux que nous avions déjà parcourus.

Quand les insulaires nous aperçurent, ils mirent leurs pirogues en mer et nous apportèrent des présents de fruits. Parmi les premiers qui vinrent à bord il y avait deux jeunes gens d'un certain rang, que nous fîmes entrer dans la chambre du capitaine, où on leur présenta Œdidée. La politesse de la nation voulait qu'ils lui offrissent en don des vêtements, et à l'instant ils ôtèrent les leurs, qui étaient d'une étoffe fine, et ils les mirent sur ses épaules. Pour les remercier, il leur montra tous ses trésors, et il leur donna quelques plumes rouges auxquelles ils attachaient un grand prix.

Dès le premier soir les matelots appelèrent des femmes à bord, et les excès de débauche qui s'y passèrent sont incroyables. J'ai déjà remarqué que les Taïtiennes qui se prostituent sont d'une classe commune, ou même de la dernière : j'ajouterai que c'étaient les mêmes qui avaient si souvent vendu leur pudeur lors de la première relâche. Il est donc clair que ces filles de débauche forment une classe parmi leurs compatriotes, et que l'impudicité est loin d'être universelle, comme on l'a assuré. O-Maï dira peut-être, dans sa patrie, qu'il ne connaît pas la chasteté en Angleterre, parce qu'il n'a point trouvé de cruelles sur les trottoirs du Strand (1). La nuit fut très belle et la lune charmante ; et, comme nous célébrions la fête de saint George, patron de la Grande-Bretagne, les matelots mêlèrent ainsi les plaisirs de Vénus aux orgies de ces anniversaires.

J'étais décidé à ne relâcher sur cette île que peu de jours ; je croyais que nous n'y aurions pas plus de succès que l'année précédente ; mais la manière dont on nous recevait, et les excursions que nous fîmes dans les plaines de Matavaï et d'O-Parrée me convainquirent de mon erreur : nous trouvâmes qu'on venait de construire et que l'on construisait encore dans ces deux places une grande quantité de grosses pirogues et de maisons de toute espèce ; que le même peuple qui, huit mois auparavant, n'avait pas d'asile pour s'y mettre à l'abri, vivait alors dans des habitations spacieuses ; plusieurs gros cochons rôdaient autour des cases, et l'on apercevait d'ailleurs la prospérité d'un État naissant.

D'après ces favorables circonstances, je jugeai que je ne gagnerais pas à me retirer sur une autre île : je résolus d'y faire un plus long séjour, et d'ordonner que l'on commençât le radoub du vaisseau. En conséquence, on porta à terre les futailles vides et les voiles pour les réparer ; on calfata le bâtiment, on raccommoda les agrès : les hautes latitudes méridionales avaient rendu indispensables tous ces travaux.

Le nombre des prostituées était fort augmenté sur notre bord depuis que nous avions montré les plumes rouges, et chaque nuit plusieurs rôdaient autour des ponts, cherchant des amoureux. Le porc frais les attirait aussi, car, privées chez elles de ce mets exquis, elles tâchaient d'en obtenir de nous ; et, quand elles en venaient à bout, elles en consommaient une quantité incroyable. La digestion les exposait ensuite à de grands embarras, et elles troublaient souvent les matelots, qui voulaient dormir après les fatigues de la journée. Dans certaines occasions pressantes, elles désiraient être accompagnées de leurs amants ; mais, comme ceux-ci n'y consentaient pas toujours, les entre-ponts se remplissaient d'ordures. Tous les soirs ces femmes se divisaient en différentes troupes, qui dansaient sur les gaillards d'arrière et d'avant, et sur le grand pont : leur gaîté était tumultueuse, et approchait quelquefois de l'extravagance ; d'autres fois, l'originalité et la bizarrerie de leurs idées nous amusaient. Un de nos scorbutiques, à qui leurs aliments végétaux avaient rendu un peu de forces, excité par l'exemple de ses camarades, fit sa cour à une Taïtienne, la mena vers le soir à son poste, et alluma une chandelle. L'Indienne regarda son amant en face, et, s'apercevant qu'il avait perdu un œil, elle le prit par la main et le conduisit sur le pont, auprès d'une fille qui avait éprouvé le même accident, et elle lui dit : *Celle-ci vous convient, mais, pour moi, je n'aurai pas de privautés avec un borgne.*

Le 31 avril, j'eus occasion de voir les équipages de dix pirogues de guerre exécuter une partie de leurs manœuvres. Elles étaient venues de la côte avant que j'en fusse informé, de sorte que je n'assistai qu'à leur débarquement. Les Indiens avaient tout leur équipement de combat : les guerriers portaient leurs armes et leurs vêtements militaires. J'observai que, au moment où la pirogue touchait à terre, les rameurs sautaient dehors, et que, à l'aide de ceux qui se trouvaient sur la côte, ils traînaient le bâtiment à un endroit convenable ; et qu'ensuite chacun s'en allait avec sa pagaie. Tout cela se fait avec tant de promptitude, que cinq minutes après leur débarquement il ne semble pas qu'il se soit rien passé de pareil.

Les insulaires guettaient sans cesse les occasions de nous voler. Les chefs les encourageaient, ou ils manquaient d'autorité pour les empêcher ; mais il est plus probable qu'ils connivaient à ces vols, puisqu'ils aidaient toujours le coupable à se cacher. Les vols audacieux qu'ils commettaient étaient d'autant plus extraordinaires, qu'ils couraient souvent risque d'être fusillés ; et, si ce qu'on nous dérobait était de quel-

(1) Rue de Londres. A. M.

que valeur, ils savaient bien qu'on les obligerait à le rendre. Dans ce dernier cas, le bruit s'en répandait comme le vent sur tout le voisinage. Ils jugeaient, d'après nos démarches, du prix de ce qu'ils avaient dérobé : si c'était une bagatelle, ou une chose pareille à celles que nous leur donnions ordinairement, nous y faisions peu ou point d'attention ; mais quand la chose volée était importante, tout le monde prenait l'alarme et s'enfuyait en toute hâte avec ses richesses. Le chef alors était mataoued : il ordonnait de ne nous plus fournir de provisions, et il se retirait dans un canton éloigné. Tout cela se faisait si subitement, que leur fuite nous donnait la première nouvelle d'un vol. Soit qu'on les obligeât ou qu'on ne les obligeât pas à une restitution, il fallait se réconcilier avec le chef avant qu'il fût permis aux sujets de nous rien vendre. Ils savaient très bien que, sans leur consentement, nous ne pouvions rien acheter, et ils ne manquaient jamais d'observer strictement cette règle, sans considérer que toutes leurs pirogues de guerre, d'où dépend la force de la nation, leurs habitations, et même ces fruits qu'ils refusaient d'échanger, étaient en notre pouvoir.

Un des aides du canonnier fut si enchanté de la beauté de l'île et du caractère de ses habitants, qu'il forma le projet d'y rester. Sachant bien qu'il ne pouvait pas l'exécuter tant que nous serions dans la baie, dès que nous en fûmes dehors et qu'on eut rentré les chaloupes et déployé les voiles, il se jeta à l'eau. Il était bon nageur, mais on le découvrit bientôt; un bateau le poursuivit sur la chaloupe et le reprit. On observa à mi-chemin, entre *la Résolution* et le rivage, une pirogue qui semblait nous suivre, mais qui était destinée à le prendre à bord. Dès que les Taïtiens qui la montaient aperçurent notre bateau, ils se tinrent éloignés ; notre déserteur avait concerté son plan avec eux, et O-Too, qui en fut instruit, l'avait encouragé. Ils espéraient, avec raison, qu'un Européen leur procurerait de grands avantages.

Les éowas et les whannos mangent toujours avec le roi de Taïti : excepté les toutous, je ne sache pas qu'aucun insulaire soit excepté de ce privilége; mais il n'est point ici question des femmes, qui ne mangent jamais avec les hommes, de quelque rang qu'elles soient.

Malgré cette espèce d'établissement monarchique, la personne ou la cour d'O-Too n'avait rien qui pût, aux yeux d'un étranger, distinguer le roi de ses sujets: je ne l'ai jamais vu vêtu que d'une pièce commune d'étoffe, enveloppée autour de ses reins ; de manière qu'il semblait fuir toute pompe inutile, et il mettait plus de simplicité dans ses actions qu'aucun autre des éarées. Je l'ai observé pagayant avec les autres rameurs, quand il venait au vaisseau, ou qu'il s'en retournait, et même lorsque quelques-uns de ses toutous assis le regardaient et ne faisaient rien. Tous ses sujets l'abordent et lui parlent librement, et sans la moindre cérémonie, partout où ils le rencontrent. J'ai remarqué que les chefs de ces îles sont plus aimés que craints par le peuple : ne peut-on pas en conclure qu'ils gouvernent avec douceur et équité?

C'est un usage parmi les éarées et les autres insulaires d'un rang distingué, de ne jamais se marier avec les toutous, ou dans des classes inférieures à la leur. Ce préjugé est probablement une des grandes causes qui produisent les sociétés appelées *éarréoys* (1). Il est sûr que ces sociétés empêchent beaucoup l'accroissement des classes supérieures, dont elles sont uniquement composées ; car je n'ai jamais ouï dire qu'un toutou fut éarréoy, ni qu'il pût sortir de la classe dans laquelle il est né.

J'ai déjà eu occasion de parler de la passion extraordinaire des Taïtiens pour les plumes rouges : ils les nomment *oora*, et celles qu'ils appellent *ooravine*, et croissent sur la tête d'un perroquet vert, sont aussi précieuses à leurs yeux que les diamants le sont en Europe. Ils mettent un grand prix à toutes les plumes rouges; mais ils en mettent un particulier à celles-ci, et ils savent très bien distinguer les unes des autres.

(1) Dans ces sociétés singulières un grand nombre d'hommes et de femmes se réunissent en corps, et mettent, dit-on, en commun leurs épouses et leurs maris. A. M.

Arrivée du vaisseau à l'île d'Huaheine. Plusieurs incidents survenus pendant notre relâche.

Un vent frais nous éloignait de Taïti : nous regardions toujours cette île charmante lorsqu'un autre spectacle attira nos regards sur les ponts ; c'était une des plus belles femmes de l'île qui avait résolu de venir avec nous à Uliétéa, sa patrie. Ses parents, qu'elle avait quittés quelques années auparavant pour s'enfuir avec son amant, vivaient encore, et sa tendresse filiale la portait à les revoir. Elle ne craignait point leur colère, au contraire elle s'attendait à être bien reçue : en effet, ces insulaires pardonnent aisément les fautes de jeunesse. Comme O-Too avait défendu expressément à aucune de ses sujettes de nous suivre, elle s'était cachée à bord durant la dernière visite de ce prince ; mais, se voyant alors en pleine mer, elle ne craignit point de se montrer. Le frère d'Œdidée, son domestique et deux autres naturels de Balabola nous accompagnèrent aussi : ils se fiaient à des étrangers qui avaient ramené si fidèlement un de leurs compatriotes, et qui s'efforçaient de leur donner toutes sortes de marques d'amitié. Leur compagnie anima notre conversation et abrégea en quelque sorte notre passage à Huaheine. La Taïtienne portait l'habit complet d'un de mes officiers, et elle était si charmée de son nouveau vêtement, qu'elle descendit à terre ainsi vêtue dès qu'on eut abordé. Elle dîna avec nous sans le moindre scrupule, et elle rit des préjugés de ses compatriotes, avec toute la grâce des femmes du monde. Si son éducation avait été soignée, elle aurait brillé par son esprit, même en Europe, puisque son extrême vivacité, jointe à des manières très polies, la rendait déjà supportable.

Nous marchâmes toute la nuit, et le 15 au matin nous découvrîmes Huaheine. Je mouillai à l'entrée septentrionale du hâvre d'O-Wharre : les chaloupes mises en mer remorquèrent le vaisseau dans un lieu convenable. Ceux des Indiens qui vinrent nous visiter nous demandèrent des haches; mais parce qu'il nous en restait peu, nous les gardâmes pour les grandes occasions. Le soir, il y eut un calme parfait; et nous fûmes enchantés de voir et d'entendre les insulaires assis dans leurs maisons, le long de la côte, autour de leurs flambeaux, qui sont des noix huileuses, enfilées à un mince bâton.

Le 16, ils commencèrent à nous apporter des fruits. Je rendis la visite d'Orée, et je lui fis mes présents. Je lui donnai, entre autres choses, des plumes rouges. Il en prit deux ou trois dans sa main droite, et, les mettant ensuite entre l'index et le pouce, il dit une prière à laquelle il me parut que les spectateurs faisaient peu d'attention. On déposa bientôt après deux cochons dans ma chaloupe, et Orée et plusieurs de ses amis vinrent dîner à bord avec nous. Après dîner, il m'exposa quels présents seraient plus agréables à lui et à ses amis, et il mit les haches et les clous au premier rang. En conséquence, je lui accordai ce qu'il demandait : il voulut absolument distribuer mes dons aux autres, et il s'en acquitta à la satisfaction de tout le monde. Un jeune homme d'environ dix ou douze ans, son fils ou son petit-fils, semblait être le personnage le plus considérable, et il eut la plus grande part à ses libéralités. Quand cette distribution fut finie, ils retournèrent tous à terre.

Le 21, nous aperçûmes plus de soixante pirogues sous voiles qui sortaient du hâvre, et qui marchaient vers Uliétéa. En demandant la destination de cette flotte, on nous dit qu'elle était montée par des éarréoys (1), et qu'ils allaient faire une visite à leurs confrères des îles voisines. On peut presque les comparer aux francs-maçons. On nous assura qu'ils se secourent les uns les autres quand ils sont dans le besoin. Ils semblent pratiquer des usages qu'ils ne veulent point ou qu'ils ne peuvent pas expliquer. Œdidée nous apprit qu'il en était, Tupia en était aussi, et ni l'un ni l'autre n'ont consenti à me donner une idée nette de ces établissements. Œdidée nie qu'on mette à mort les enfants qu'ils ont de leurs maîtresses, ainsi que Tupia et plusieurs Taïtiens nous l'avaient protesté. J'ai eu différentes conversations avec Omaï sur cette matière, et il m'a confirmé tout ce qu'on raconte dans mon premier Voyage.

Arrivée à Uliétéa. Réception qu'on nous fit. Divers incidents survenus pendant notre relâche. On nous apprend que deux vaisseaux ont été à Huaheine. Préparatifs pour quitter Uliétéa : regret des insulaires à cette occasion. Caractère d'Œdidée. Observations générales sur ces îles.

Dès que nous eûmes débouqué le hâvre, je fis voile et je portai sur l'extrémité méridionale d'Uliétéa. Le 25 mai, j'allai à terre avec les officiers rendre une visite au chef, et lui offrir les présents accoutumés. En entrant dans sa maison, nous fûmes reçus par quatre ou cinq vieilles femmes qui pleuraient et se lamentaient, et qui, en même temps, se découpaient la tête avec des instruments de dents de goulu : le sang inondait leurs visages et leurs épaules. Ce qu'il y eut de plus fâcheux, c'est qu'il fallut essuyer les embrassements de ces vieilles furies, dont la face nous couvrit de sang. Cette cérémonie achevée, elles sortirent, se lavèrent, et revinrent bientôt aussi joyeuses que le reste de leurs compatriotes. Oréo parut enchanté de notre retour. La présence d'Œdidée et de l'ambassadeur que nous amenions affermit sans doute la bonne opinion qu'il avait de nous, et inspira de la confiance à tout son peuple. Le chef et ses amis mirent un cochon et des fruits dans ma chaloupe, et vinrent dîner à bord avec nous.

La société des arréoys, célibataires et guerriers, est toujours florissante dans l'île : ce sont assurément aujourd'hui les insulaires les plus voluptueux. Chaque femme est commune à tous les hommes de cette société, et ils paraissent, ainsi qu'elles, enchantés de ce commerce (2). Quelques arréoys sont mariés à une femme; mais d'autres ont une maîtresse passagère : la plupart connaissent sans doute les prostituées, communes sur toutes les îles.

Quand on considère le caractère doux, généreux et tendre des Taïtiens, on ne conçoit pas comment ils peuvent massacrer leurs enfants : on est révolté de la barbarie farouche du père, et surtout de la dureté impitoyable de la mère, qui étouffe la voix et l'instinct de la nature; mais la coutume éteint tous les sentiments et tous les remords. Au reste, les arréoys ont très rarement des enfants. Comme ils choisissent vraisemblablement leurs femmes et leurs maîtresses parmi les prostituées, et comme d'ailleurs ils portent la volupté à un point extrême, ils n'ont pas beaucoup à craindre d'engendrer.

M. Forster, dans ses excursions de botanique, trouva l'hospitalité dans toutes les cabanes, et il vit un cimetière de chiens que les naturels appelaient *maraï no te oore* (3); mais je crois que ce n'est pas parmi eux une coutume générale, puisque peu de chiens y meurent de mort naturelle : communément ils les tuent et ils les mangent, ou ils les offrent à leurs dieux. C'était probablement un maraï ou autel, sur lequel on avait mis une offrande de cette espèce, ou peut-être quelque insulaire avait, par fantaisie, enterré son chien favori de cette manière. Quoi qu'il en soit, je ne puis croire que ce soit un usage universel; et, quant à moi, je n'avais rien vu jusqu'alors, ni rien entendu dire de pareil.

Tout dans ces environs respirait la joie, et l'assemblée des arréoys occasionna sans doute des spectacles plus fréquents : leur présence égayait la contrée, et chacun goûtait alors des plaisirs tumultueux. Ils ôtaient souvent leurs vêtements : ils passaient leur temps dans une oisiveté voluptueuse; ils parfumaient leurs cheveux d'huiles odorantes; ils chantaient et jouaient de la flûte; ils ne quittaient un divertissement que pour se livrer à un autre.

A Taïti, les femmes ne mangent pas des mets apprêtés pour les hommes. D'autres peuples ne mangent pas avec les femmes; plusieurs des nations nègres et même les naturels du pays de Labrador suivent le même usage. Dans les tribus des Africains et des Esquimaux, l'extrême mépris des hommes pour le sexe en est la cause; mais comme les Taïtiennes sont traitées amicalement et avec estime, cette coutume doit avoir une autre origine, et peut-être que des observations exactes la découvriront dans la suite.

Les insulaires, sachant que nous mettrions bientôt à la voile, nous apportèrent, le 31, plus de fruits qu'à l'ordinaire. Parmi ceux qui vinrent à bord, il y avait un jeune homme de six pieds quatre pouces, et sa sœur, plus jeune que lui, avait cinq pieds dix pouces et demi. Nous achetâmes beaucoup de cochons et de fruits.

Nous fîmes différentes excursions sur les collines, où nous recueillîmes des plantes que nous ne connaissions pas encore. Ces collines ressemblaient exactement à celles de Taïti, mais elles étaient un peu plus basses. Nous trouvâmes une vallée très pittoresque environnée d'une forêt d'arbres et d'arbustes, et arrosée par un joli ruisseau qui tombait en plusieurs cascades sur des rochers brisés et sur des précipices.

Parmi les naturels des îles de la Société, il y a un petit nombre d'hommes instruits des traditions nationales et des idées de mythologie et d'astronomie répandues dans le pays. Œdidée, tandis que nous étions en mer, nous avait souvent parlé d'eux, comme des plus savants de ses compatriotes, et il les nommait *tata-o-rerro*, terme qu'on peut rendre par celui de *maître*. Après beaucoup de recherches, nous trouvâmes dans le district d'Hamaméno un chef nommé Tootavaï, qui portait ce titre : nous regrettâmes de ne l'avoir pas connu plus tôt.

Le nom de Tahowa, que les Taïtiens donnent aux prêtres, ne leur est pas particulier : ils le donnent aussi aux personnes qui connaissent la propriété du petit nombre de plantes qu'ils emploient comme les remèdes de différentes maladies. La quantité de leurs remèdes n'est pas considérable, et leur médecine est très simple; mais ils n'ont pas beaucoup de maladies, et elles ne sont point compliquées.

Le 4 juin 1774, j'ordonnai de tout apprêter pour l'appareillage. Oréo, le chef et toute sa famille, vinrent à bord nous dire adieu pour la dernière fois : ils étaient accompagnés de plusieurs de leurs amis. Ils nous apportèrent tous des présents. Je leur donnai tout ce qui me restait de marchandises et de meubles. L'hospitalité avec laquelle ce peuple m'avait accueilli me rendait chère toute la nation, et ils méritaient bien d'obtenir de moi tout ce qu'il était en mon pouvoir de leur accorder. Je leur proposai des questions sur les vaisseaux qu'on disait être venus à Huaheine, et, sans exception,

(1) Des membres de ces sociétés de débauche, où, comme nous l'avons déjà dit, toutes les femmes et tous les hommes sont en commun. A. M.

(2) Voilà donc le saint-simonisme en pleine vigueur dans la mer du Sud bien longtemps avant que le père Enfantin eût proclamé le sien aux bonnes âmes de Paris! *Nil sub sole novi*. A. M.

(3) On a donné quelquefois dans cette traduction le nom de *moraï* à ces temples ou cimetières; mais Forster les appelle toujours *maraï*, et Cook lui-même les nomme ainsi de temps en temps. A. M.

ils nièrent tous le fait. Pendant qu'ils restèrent à bord, ils ne cessèrent pas de me conjurer de retourner les voir. Le chef, sa femme et sa fille, et surtout les deux femmes, pleurèrent presque sans relâche. Je ne sais pas si leur chagrin était réel ou simulé : peut-être y avait-il quelque chose de factice; mais je le crus réel. Enfin, quand il fallut lever l'ancre, ils prirent congé de nous d'une manière très affectueuse et très tendre. La dernière prière d'Orée fut encore pour m'engager à retourner. Quand il vit que je ne voulais pas le lui promettre, il demanda le nom de mon moraï, du lieu où l'on m'enterrerait.

Dans nos excursions, les insulaires d'Huaheine nous offraient leurs habitations pour nous y reposer, et ils nous offraient leurs meilleures provisions : ces hôtes généreux se tenaient même un peu loin de nous, et ne touchaient jamais à aucun mets avant d'en être priés; et, sur ces entrefaites, quelques personnes de la famille s'occupaient à nous donner de l'air avec une feuille, ou avec la branche d'un arbre. Avant de quitter la maison, ils nous adoptaient communément suivant nos différents âges, en qualité de pères, de frères ou de fils. Ils nous croyaient tous parents. Les chefs de toutes les îles de la Société descendent de la même famille : ils regardaient comme parents tous les officiers de l'équipage, et ceux qui mangeaient ensemble; ils sont mauvais physionomistes. En général, leur hospitalité à notre égard était absolument désintéressée, et, comme ils sont généreux sans s'en apercevoir, nous eûmes une très bonne opinion de leur conduite entre eux.

Imitant la libéralité de la nature, ils fournissent de bon cœur, et sans épargne, aux besoins des navigateurs. Durant les six semaines que nous y passâmes, nous eûmes, dans la plus grande abondance, du porc frais, et tous les fruits qui étaient de saison, outre du poisson à Taïti et des volailles sur les autres îles. Nous donnâmes en retour des haches, des clous, des ciseaux, des goujets, des étoffes, des plumes rouges, des grains de rassade, des couteaux, des miroirs, qui y auront toujours du prix. Je ne dois pas oublier les chemises, article essentiel quand on a des présents à faire, surtout pour ceux qui veulent fréquenter le beau sexe; car alors une chemise tient lieu ici d'une pièce d'or en Angleterre. Les femmes de Taïti, après avoir dépouillé leurs amants de leurs chemises, trouvèrent une méthode de se procurer leurs habits. Elles avaient coutume d'aller à terre chaque matin, et de revenir à bord le soir, ordinairement couvertes de guenilles : elles se servaient de ce prétexte pour demander avec importunité à leurs amants de meilleurs habits; quand l'amant ne pouvait plus leur donner les siens, il fallait qu'il les revêtît d'une étoffe du pays. Ces honnêtes courtisanes portaient à terre ces vêtements; elles revenaient encore en guenilles, et il fallait les habiller de nouveau. Ainsi, le même vêtement passait peut-être dans vingt mains différentes, et il était vendu, acheté et donné vingt fois.

Passage d'Uliétéa aux îles des Amis. Description de plusieurs îles découvertes dans cette traversée. Variété d'incidents.

Les six semaines que nous venions de passer à Taïti et aux îles de la Société avaient dissipé toutes les maladies bilieuses et scorbutiques; mais la moitié de l'équipage était attaquée du mal vénérien, d'une espèce moins mauvaise cependant qu'en Europe.

L'après-midi du 4, nous dépassâmes l'île de Mowrua, et nous cinglâmes à l'ouest. Le 6, second jour du départ d'Uliétéa, nous reconnûmes un récif à fleur d'eau, d'environ quatre lieues de tour et d'une forme circulaire. Cette île est composée de plusieurs petites langues de terre, unies ensemble par des brisants; elle a été découverte par le capitaine Wallis, qui l'a nommée l'*île Howe*. Elle est coupée par un canal en dedans du récif. Les Indiens d'Uliétéa nous parlèrent d'une île inhabitée dans ce même passage, qu'ils appellent *Mopeha*, et où, dans de certaines saisons, ils vont à la pêche de la tortue. Je suis d'autant plus porté à croire que c'est la même île, que rien n'annonçait qu'elle eût des habitants : elle gît par les 16° 46' de latitude australe, et par 154° 8' de longitude ouest.

Depuis le 6 jusqu'au 16 nous courûmes à l'ouest, un peu au sud. On découvrit un groupe de cinq ou six îlots couverts de bois, liés ensemble par des bancs de sable et des brisants, entourés d'un récif qui n'offrait aucune passe. Nous rangeâmes les côtes de l'ouest et du nord-ouest, depuis la pointe méridionale jusqu'à l'extrémité septentrionale, l'espace d'environ deux lieues; nous nous approchions si près du rivage, que nous vîmes quelquefois les roches sous le vaisseau; cependant nous ne trouvâmes pas un lieu propre à l'ancrage, et l'on n'apercevait aucun vestige d'habitants. Il y a une grande quantité de divers oiseaux, et la côte paraît être fort poissonneuse. Cette île m'a paru être une nouvelle découverte, et je l'ai nommée l'*île Palmerston*, en l'honneur du lord Palmerston, un des lords de l'amirauté : elle est située par 18° 4' de latitude sud, et par 163° 10' de longitude ouest.

Le 20, nous découvrîmes une île escarpée et remplie de roches; on voyait seulement par-ci par-là une grève sablonneuse étroite : elle était presque de niveau partout, et sa plus grande hauteur ne surpassait pas quarante pieds, mais au sommet elle était couverte de grands bois et d'arbrisseaux. Nous aperçûmes sur le rivage sept ou huit Indiens nus, et qui paraissaient d'une couleur noirâtre; quelque chose de blanc enveloppait leur tête et leurs reins, et chacun d'eux avait une pique, une massue ou une pagaie à la main. Nous observâmes des pirogues dans les fentes, entre les rochers, et des cocotiers peu élevés.

La conduite et l'air farouche des habitants de cette terre m'engagèrent à la nommer l'*île Sauvage*. Sa position est par les 19° 1' de latitude sud, et par les 169° 37' de longitude à l'ouest. Elle a environ onze lieues de tour : sa forme est circulaire, ses terres sont fort élevées, et la mer, près du rivage, a beaucoup de profondeur. Toute la côte est entièrement couverte d'arbres et d'arbustes, entre lesquels s'élèvent quelques cocotiers; mais nous n'avons pas été à portée de reconnaître les productions de l'intérieur. Elles ne doivent pas être fort considérables, à en juger par ce que nous vîmes sur les bords; car nous n'y aperçûmes que des rochers de corail remplis d'arbres et d'arbustes. On n'y voit pas un seul coin de terre, et les arbres pompent dans l'intérieur des rochers l'humidité qui leur est nécessaire.

Je ne puis dire d'ailleurs que très peu de chose des habitants, qui, je crois, ne sont pas nombreux : ils paraissent agiles, dispos, et d'une assez belle stature. Tous vont nus, à l'exception d'une ceinture qu'ils portent autour des reins. Quelques-uns d'entre eux avaient le visage, la poitrine et les cuisses peints d'un bleu foncé. Les pirogues que nous observâmes, construites comme celles d'Amsterdam, avaient de plus une espèce de plat-bord qui s'élevait un peu de chaque côté; et les bas-reliefs dont elles étaient décorées annoncent que ces peuples ne sont pas sans industrie. L'aspect de ces insulaires et de leurs pirogues s'accorde assez avec la description que nous a donnée M. de Bougainville de l'île des Navigateurs, située à peu près sous le même parallèle.

Après avoir quitté l'île Sauvage, nous continuâmes de gouverner à l'ouest-sud-ouest, avec les vents alizés est, très favorables. Nous suivîmes cette direction jusqu'au 24, où nous vîmes plusieurs îles, par la latitude de 20° 23', et 174° 6' de longitude ouest. Ces îles, un peu plus élevées que les îles de corail ordinaire, étaient couvertes de bosquets et de touffes d'arbres qui leur donnaient un aspect enchanteur.

—

Réception à Anamocka. Divers incidents. Départ de l'île. Observations sur la navigation de ces insulaires. Description de l'île et de celles qui sont dans les environs, avec des détails sur les habitants.

Le vaisseau était à peine assuré sur ses ancres que nous vîmes arriver des pirogues de toutes les parties de l'île : elles apportaient des ignames et du poisson, qu'elles échangèrent pour de petits clous et de vieux morceaux d'étoffe. Les Indiens nous vendirent des poules d'eau, couleur de pourpre, en vie, un très beau sparus tout apprêté, et servi sur des feuilles, et une racine bouillie qui enfermait une poule très nourrissante, aussi douce que si elle avait été cuite dans du sucre.

Dès le matin, je m'embarquai avec M. Gilbert, dans le dessein de reconnaître un lieu commode pour l'aiguade. Nous descendîmes dans une petite anse, et les insulaires nous reçurent avec les marques de la plus vive joie. Leur ayant distribué quelques présents, je m'informai de l'endroit où nous pourrions faire de l'eau, et on me conduisit au même étang qu'a décrit Tasman, et dont l'eau était saumâtre.

Entre autres marques d'hospitalité qu'on me prodigua, une des plus belles femmes de l'île me fit une offre, que je n'acceptai pas. On défendit aux personnes infectées ou guéries depuis peu de la maladie vénérienne d'aller à terre; on défendit aussi d'admettre aucune femme dans le vaisseau. Un grand nombre d'Indiennes, qui vinrent sur plusieurs pirogues, semblaient fort empressées de faire connaissance avec les matelots; mais, après avoir pagayé quelque temps autour du vaisseau, comme on ne voulut pas les recevoir, elles s'en retournèrent très mécontentes.

Les insulaires se montrèrent aussi affables qu'obligeants, et si nous eussions fait dans cette île un plus long séjour, probablement nous n'aurions pas eu à nous plaindre de leur conduite. Tandis que j'étais sur le rivage, j'appris les noms de vingt îles situées entre le nord-ouest et le nord-est, et dont quelques-unes étaient en vue. Deux de celles qui sont le plus à l'ouest, savoir : Amattafoa et Oghao, sont remarquables par la grande élévation de leurs terres. Nous conjecturâmes qu'il y avait un volcan dans Amattafoa, la plus occidentale des deux; et cela par les colonnes de fumée que nous voyions continuellement s'élever du milieu. Au nord de celles-ci nous en aperçûmes treize autres.

Le 30, dès la pointe du jour, nous dirigeâmes notre route sur Amattafoa; nous passâmes entre cette île et Oghao. Le canal qui les sépare est d'environ deux milles de largeur : on n'y trouve point de fond, et la navigation y est sûre. Dans ce passage nous eûmes très peu de vent et des calmes. Une grande double pirogue qui allait à la voile, et plusieurs autres à rames qui nous avaient suivis tout le jour, joignirent le vaisseau.

Durant cette journée le sommet d'Amattafoa fut caché dans les nuages, de sorte que nous ne pûmes pas encore déterminer avec certitude s'il s'y trouve un volcan; mais tout semblait en confirmer l'existence. L'île a environ cinq lieues de tour. Oghao a moins d'étendue, mais elle est plus ronde, et sa forme est celle d'un pain de sucre.

Les deux îles d'Amattafoa et d'Oghao sont à douze lieues d'Anamocka, située par 20° 15' de latitude sud, et 174° 31' de longitude à l'ouest. Tasman, qui, le premier, fit la découverte de cette dernière île, lui donna le nom de *Rotterdam*. Elle est d'une forme triangulaire, et chacun de ses côtés a trois à quatre milles de longueur. Un lac qui est dans l'île occupe une grande partie de sa surface, et coupe, en quelque façon, l'angle du sud-est.

C'est la plus considérable du groupe. Toutes ces îles sont situées sur une espèce de banc de sable, où il y a de neuf à soixante ou soixante-dix brasses d'eau, et le sol est probablement le même sur chacune. Anamocka est composée, comme Tonga-Tabou, d'un rocher de corail couvert d'un bon terreau. Nous n'avons par eu occasion d'examiner le mondrain du centre, qui semble avoir eu une origine différente, et qui, peut-être, est volcanique. Il est maintenant couvert de fertiles bocages, comme le reste de l'île. L'eau douce que fournit l'étang à ces insulaires est un avantage dont sont privés ceux de Tonga-Tabou; mais il ne paraît pas qu'ils se baignent aussi souvent que les Taïtiens, peut-être parce que l'eau stagnante invite peu à s'y plonger. Ils paraissent en connaître le prix; car les naturels nous en apportaient au vaisseau des calebasses pleines, et ils en donnèrent aussi à Tasman.

Il y a plus de fruits à pain et de pimplemouses, et tous les végétaux y viennent mieux qu'à l'île d'Amsterdam : voilà pourquoi les terrains ne sont pas entourés de haies aussi nombreuses, aussi régulières et aussi soigneusement faites. Les longues allées d'arbres fruitiers et la délicieuse verdure qui est au-dessous pourraient se comparer aux plus charmantes retraites de l'île de Middelbourg. Les berceaux touffus qui couvrent les chemins étalent de belles fleurs, qui embaument l'air de parfums. Les sites multipliés, que forment les petites élévations et les différents groupes des maisons et des arbres contribuent encore à l'ornement de cette terre. Les volailles et les cochons qui rôdaient autour de chaque case, la quantité prodigieuse de pimplemouses qu'on voyait au-dessous des arbres et auxquels les naturels ne paraissaient pas faire attention, offraient le spectacle de l'abondance, spectacle qui procure à l'homme une satisfaction inexprimable; car l'âme la plus abattue se livre alors à la bonne humeur et au contentement. Ces scènes de plaisir, remplaçant les scènes si tristes qui frappèrent nos regards pendant un si long voyage, produisaient un contraste qui charmait tout le monde.

Ces îles, y compris Middelbourg ou Eeaoowée et Amsterdam ou Tonga-Tabou et Pilstart, forment un groupe qui embrasse environ 3° en latitude et 2 en longitude. L'amitié et l'alliance étroites qui semblent subsister entre leurs habitants, et leur conduite affable et honnête envers les étrangers, m'ont engagé à les nommer l'*archipel* ou les *îles des Amis*. Nous pourrions peut-être porter plus loin cet archipel, et y comprendre les îles Boscawen et Keppel, découvertes par le capitaine Wallis, situées à peu près sous le même méridien, à la latitude 15° 53'.

Les habitants, les productions de Rotterdam et des îles voisines, sont à peu près les mêmes qu'à Amsterdam. Les cochons et les volailles n'y sont pas moins rares. Nous ne pûmes nous y procurer que six cochons et très peu de volailles. Nous en tirâmes des ignames et des pimplemouses en abondance; mais il n'était pas si facile d'y avoir d'autres fruits. Il n'y a pas plus de la moitié de l'île qui soit, comme à Amsterdam, en plantations closes. Il est vrai que le terrain ouvert y est cultivé et fertile. Cependant on rencontre plus de landes dans cette île, eu égard à son étendue, que dans l'autre. Les habitants paraissent aussi plus pauvres, c'est-à-dire qu'on y voit moins d'étoffes, moins de nattes, moins d'ornements, ce qui constitue la majeure partie des richesses des habitants de la mer Pacifique.

Les naturels de Rotterdam semblent plus sujets à la lèpre ou d'autres maladies de la peau que partout ailleurs : leur visage est beaucoup plus affecté que le reste du corps.

Nous ne vîmes, dans cette île, ni roi, ni principal chef : aucun des insulaires ne nous parut avoir une autorité absolue sur les autres.

L'archipel des Amis semble habité par une race de peuples qui parlent le dialecte de la mer du Sud, et qui ont tous le même caractère. En général ces terres sont bien peuplées. Amsterdam est presque un jardin continu, Middelbourg, Anamocka et les îles adjacentes paraissent les plus fertiles; et nous serons très modérés dans nos calculs si nous comptons deux cent mille âmes sur toutes ces îles. La salubrité du climat et des productions les préservent de ces maladies intérieures sans nombre dont nous sommes les victimes, et ils n'ont aucun besoin qu'ils ne puissent satisfaire, parce qu'ils ont fait dans les arts et dans la musique plus de progrès que les autres nations de la mer du Sud ; ils passent leur temps d'une manière agréable, et ils se recherchent les uns les autres. Ils sont actifs et industrieux ; mais, à l'égard des étrangers, ils ont plus de politesse que de cordialité.

Passage des îles des Amis aux Nouvelles-Hébrides. Ile de la Tortue. Variété d'incidents avant et après l'arrivée du vaisseau dans le port de Sandwich de l'île de Mallicollo. Description du hâvre et de la contrée adjacente, de ses habitants. Plusieurs autres particularités.

Le 1er juillet, au coucher du soleil, nous avions encore la vue d'Amattafoa, qui nous restait est-nord-est, à la distance de vingt lieues. Je gouvernai à l'ouest, et après avoir vu l'île des Lépreux et l'île Aurore, nous arrivâmes le 21 devant le canal qui sépare l'île de la Pentecôte de la terre méridionale, et qui a environ deux lieues de large.

Tout en approchant du rivage, nous remarquâmes une crique, formée par une pointe basse, ou péninsule qui s'avançait au nord. Sur cette pointe étaient des habitants qui paraissaient nous inviter à descendre à terre ; et vraisemblablement ce n'était pas à bonne intention, car ils étaient presque tous armés d'arcs et de flèches. Dans la vue de gagner du terrain et le temps nécessaire pour équiper et mettre dehors les bateaux, je revirai de bord et courus une bordée, ce qui nous occasionna la découverte d'un autre hâvre, une lieue environ plus au sud, où je laissai tomber l'ancre.

Ils ne cessèrent de parler autour du bâtiment d'un ton très élevé ; mais, en même temps, ils mirent tant de bonne humeur dans leurs propos, qu'ils nous amusèrent : dès que nous jetions les yeux sur l'un d'eux, il babillait sans aucune réserve. D'après leurs manières, leurs figures et leur loquacité, nous les comparions à des singes.

Le 22, une nouvelle foule d'Indiens arrivèrent au vaisseau, les uns en pirogues, les autres à la nage : le mot *tomarr* (1) se trouvait dans leurs bruyants propos. J'en engageai bientôt un à monter à bord, et il fut à l'instant suivi d'un plus grand nombre que je ne l'aurais désiré, de sorte que non-seulement le pont, mais presque tout le vaisseau en était rempli. J'en conduisis quatre dans ma chambre, et je leur fis des présents, qu'ils montraient à ceux qui étaient dans les pirogues. Ils semblaient enchantés de notre accueil.

Ces insulaires désiraient tout ce qu'ils voyaient ; mais ils ne murmuraient point quand on ne leur accordait pas. Ils admiraient beaucoup les miroirs, et ils prenaient un extrême plaisir à s'y regarder : ce peuple laid nous semblait plus entiché de sa figure que la belle nation de Taïti et des îles de la Société.

Ils avaient les oreilles percées, et un trou dans le nez, où ils portaient un morceau de bâton, ou deux petits cailloux de sélénite ou d'albâtre, joints ensemble de manière qu'ils formaient un angle obtus ; des bracelets proprement travaillés, de petites coquilles noires et blanches ornaient la partie supérieure de leurs bras : ces bracelets les serraient si fortement, qu'ils avaient sans doute été mis dans le bas âge. Leur corps n'était point tatoué.

Nous ne tardâmes pas à découvrir les îles qui sont au sud-est. Nous apprîmes alors les noms de ces îles et de celle où nous étions, qu'ils appellent Mallicollo (2). Celle qui est au-dessus de la pointe méridionale d'Ambryn reçoit le nom d'Apée ; et l'autre, sur laquelle s'élève un pic, est appelée Apoum. Nous trouvâmes sur la plage un fruit ressemblant à une orange, que les insulaires nomment abbi-mora.

Le 23, je fis lever l'ancre. Les Indiens, nous voyant sous voile, arrivèrent dans leurs pirogues. Les échanges se firent avec plus de confiance qu'auparavant, et ils nous donnèrent des preuves si extraordinaires de leur loyauté, que nous en fûmes surpris. Comme le vaisseau marcha d'abord fort vite, nous laissâmes en arrière plusieurs de leurs canots, qui avaient reçu nos marchandises sans avoir eu le temps de donner les leurs en échange. Au lieu de profiter de cette occasion pour se les approprier, comme auraient fait nos amis des îles de la Société, ils employèrent tous leurs efforts pour nous atteindre, et nous remettre ce dont ils avaient reçu le prix.

Nous vîmes peu de femmes, et elles n'étaient pas moins hideuses que les hommes, qui du reste vont tous nus. Elles se peignent de rouge la tête, le visage et les épaules. Elles portent une espèce de jupe. Quelques-unes avaient sur le dos une sorte d'écharpe, où elles placent leurs enfants. Il n'en vint aucune à bord, et quand nous étions à terre elles se tinrent toujours à une certaine distance. Leurs parures sont des pendants d'oreilles d'écaille de tortue, et des bracelets.

En signe d'amitié, ils présentent un rameau vert, et se jettent avec la main un peu d'eau sur la tête.

Leurs armes sont la massue, la lance, l'arc et la flèche. Les deux premières sont de bois de fer. Leurs arcs, d'environ quatre pieds de longueur, sont un bâton fendu vers le milieu.

Les habitants de Mallicollo paraissent être une nation absolument différente de toutes celles que nous avons vues jusqu'à présent. D'environ quatre-vingts mots de leur langue, que M. Forster a rassemblés, à peine s'en trouve-t-il un qui ait quelque affinité avec les langues des autres îles où nous avons relâché. Ils emploient la lettre *r* dans beaucoup de leurs mots, et fréquemment il s'en rencontre deux ou trois ensemble, ce qui en rend la prononciation très difficile. Ils prononçaient sans aucune peine la plupart des termes anglais. Ils expriment leur admiration par un sifflement assez semblable à celui d'une oie.

Mallicollo a environ vingt lieues de long du nord au sud. Ses montagnes intérieures sont très élevées, couvertes de forêts, et contiennent sans doute de belles sources d'eau douce, quoique nous n'ayons pas pu les découvrir entre les arbres. Le sol, autant que nous l'avons examiné, est riche et fertile, comme celui des plaines des îles de la Société ; et le voisinage du volcan d'Ambryn nous donne lieu de supposer qu'elle en a un aussi.

Les cochons et les volailles sont ici les seuls animaux domestiques. Nous y avons ajouté des chiens en leur donnant un mâle et une femelle, que les Indiens reçurent avec un extrême plaisir.

Le climat de Mallicollo et des îles des environs est très chaud : peut-être qu'il y a des temps où il est moins tempéré qu'à Taïti, parce que l'île est infiniment plus étendue... Nous n'y avons pas éprouvé de chaleur extraordinaire. Le thermomètre de Fahrenheit était à 76 et 78° c'est-à-dire à un point très modéré pour la zône torride. Le vêtement, dans une pareille contrée, est un objet de luxe, et on ne peut pas le mettre au rang des premiers besoins. Sous leurs bocages touffus, les naturels ne sentent pas les rayons brûlants du soleil, et ils ne connaissent point la rigueur du froid. Les arbrisseaux et les ronces les obligent cependant à quelques précautions ; et les impulsions de la nature pour la propagation de l'espèce leur ont suggéré les moyens les plus simples de conserver leurs organes et de les empêcher d'être déchirés (1).

(1) Mot qui veut dire *ami*. A. M.

(2) Dumont d'Urville a restitué à une autre île Mallicollo, située plus au nord, son véritable nom de *Vanikoro*, tel qu'il lui est donné par les indigènes. A. M.

(1) Ils mettent pour cela une espèce de ceinture qui ne cache rien, mais qui préserve les parties naturelles. A. M.

L'assemblée entière se dispersa au moment où elles partirent.. ..

Ils paraissent se nourrir principalement de végétaux, et ils s'appliquent à l'agriculture. De temps en temps ils se régalent de porc et de volaille ; et quoique nous n'ayons pas eu occasion d'observer beaucoup d'ustensiles de pêche, puisqu'ils ont des pirogues, on peut supposer que l'Océan fournit aussi à leur subsistance. Comme leur île est entièrement couverte de forêts, il leur faut un grand travail pour cultiver une quantité de terre suffisante à leur entretien. Nous avons jugé la contrée fertile ; mais les végétaux sauvages, qui croissent spontanément de toutes parts, détruisent les bourgeons plus faibles de ceux qu'on plante.

Les Mallicollois donnent bien des moments à la musique et à la danse. Leurs instruments sont très simples ; nous n'avons entendu que des tambours : les tambours, les sifflets et les flûtes sont très aisés à inventer ; les événements ordinaires de la vie domestique sont si paisibles et si réguliers, que la nature humaine paraît avoir besoin de quelque mouvement étranger qui l'anime.

Les Mallicollois nous parurent quelquefois défiants ; et, en effet, dispersés en petites tribus qui ont des causes fréquentes de dispute, il n'est pas étonnant qu'ils soient d'un pareil caractère. Leur conduite d'ailleurs n'annonçait aucun désir de nous intenter une querelle ; et ils témoignèrent du mécontentement à ceux qui entreprenaient de rompre la paix. On a déjà parlé des cérémonies qu'ils observent en signe d'amitié : j'ajouterai que l'usage de verser de l'eau sur leurs têtes confirme la ressemblance que je leur attribue avec le peuple de la Nouvelle-Guinée ; Dampierre observa la même coutume à Pulo-Sabuda, sur la côte occidentale de la Nouvelle-Guinée.

Le hâvre, situé sur la côte nord-est de Mallicollo, à très peu de distance de la pointe du sud-est, par les 16° 25' 20" de latitude sud, et 167° 57' 23" de longitude à l'est, reçut le nom de port Sandwich. Il a environ une lieue de profondeur au sud-ouest, et sa largeur est d'un tiers de lieue.

Découverte de plusieurs îles. Entrevue et escarmouche avec les habitants. Arrivée du vaisseau à Tanna. Réception que nous font les insulaires.

Aussitôt que nous eûmes remis en mer, nous eûmes une brise de l'est-sud-est qui nous permit de gouverner sur Ambrym.

Ambryn, qui contient un volcan, paraît avoir plus de vingt lieues de tour. Paoum, le pic élevé qui est au sud, est peu étendu ; mais nous ne découvrîmes point si la terre que nous avions vue auparavant à son ouest lui est jointe : en supposant que ces deux parties ne forment qu'une seule île, la circonférence n'est pas de plus de cinq lieues.

BIBLIOTHÈQUE IMPÉRIALE

Ils donnent à cette espèce d'autel le nom de herairemy.

Le 24, nous fîmes voile au sud-est, dans le dessein de serrer le vent à l'est, en prolongeant la côte méridionale d'Apée. Cette île, d'environ quatre lieues de tour, est remarquable par trois collines qui forment trois pics, circonstance qui lui a fait donner ce nom. Un récif très étendu sort de la pointe méridionale de l'île. Elle est fort boisée et probablement bien peuplée ; car nous vîmes sur la côte plusieurs des naturels qui ressemblaient à ceux de Mallicollo, et qui étaient comme eux armés d'arcs et de traits.

Nous portâmes sur un groupe de petites îles qui sont au sud-est de la pointe d'Apée. Je les nommai *les îles de Shepherd*, en l'honneur de mon digne ami, le docteur Shepherd, professeur d'astronomie à Cambridge. La plupart des îles qui nous entouraient étaient habitées; nous en fûmes du moins assurés le soir, en voyant des feux, même sur celles que nous avions jugées désertes pendant le jour.

Au point du jour, le 25, nous courûmes à l'est des îles Shepherd, et gouvernâmes sur une île que nous avions aperçue dans le sud. Nous passâmes à l'est de Trois-Collines, et d'une île rase qui est à son sud-est, entre un rocher remarquable par sa forme pyramidale, que nous nommâmes *le Monument*, et une petite île appelée *Deux-Collines*, à cause de ses deux collines taillées en pic et séparées par un isthme étroit et bas. Le canal, entre cette île et le Monument, a près d'un mille de largeur.

Le 26, je gouvernai sud-est entre l'île Montagu et la pointe nord de l'île Sandwich. A midi, nous étions au milieu du canal, et nous y observâmes 17° 31' de latitude australe. La distance d'une île à l'autre est de quatre à cinq milles environ ; mais le canal, qui est resserré par des brisants, n'a pas à beaucoup près cette largeur.

Comme nous doublions l'île Montagu, plusieurs Indiens s'avancèrent sur le rivage, et par leurs signes, parurent nous inviter à descendre à terre. Nous aperçûmes aussi des habitants sur l'île Sandwich, dont l'aspect est très riant : des plaines, des bosquets en diversifient agréablement le terrain ; du pied des montagnes, qui sont d'une médiocre hauteur, il y a une pente douce jusqu'au bord de la mer, défendue par une chaîne de brisants qui rendent l'île inaccessible de ce côté. Plus à l'ouest, au-delà de l'île Hinchinbrook, la côte semble se replier pour former une baie à l'abri des vents régnants.

En avançant nous aperçûmes des cocotiers, des palmiers et différents autres arbres, parmi lesquels on découvrait de petites huttes et des pirogues échouées sur la grève. Nous admirions ailleurs des bocages touffus et des espaces considérables de terrain défriché, qui, par leur couleur jaunâtre, ressemblaient exactement

I. PARIS. — Imp. LACOUR et Cᵉ, rue Soufflot, 16

aux champs de blé d'Europe. Nous convînmes tous que cette île est une des plus belles de ce nouveau groupe, et elle paraît très bien située pour y faire un établissement européen. A en juger de la distance d'où nous la vîmes, elle nous parut moins habitée que celles que nous avions laissées au nord; ce qui faciliterait encore l'établissement d'une colonie. D'après ce que nous avons observé à Mallicollo, cette race d'insulaires est très intelligente, et recevrait avec empressement les avantages de la civilisation.

Le 3, nous parvînmes jusqu'au travers d'un grand cap, sur la côte sud-est de l'île, à la distance d'environ trois lieues. Ensuite nous portâmes dans une baie de plus de huit milles de large et seulement deux de profondeur. La selle qui forme une sorte de péninsule gît sur son côté est, et la met à l'abri du vent alizé : elle est très escarpée vers la pointe, mais elle dégénère insensiblement en collines plus petites vers le fond. Chaque partie de la côte était bien cultivée parmi les bocages, et toutes les plantations paraissaient enfermées de belles haies de roseaux, exactement pareilles à celles des îles des Amis.

Ces insulaires sont d'une médiocre stature, mais bien pris dans leur taille, et leurs traits ne sont point désagréables; leur teint est très bronzé, et ils se peignent le visage, les uns de noir, et d'autres de rouge : leurs cheveux sont bouclés et un peu laineux. Le peu de femmes que j'ai aperçues semblaient être fort laides : elles portent une espèce de jupe de feuilles de palmier, ou de quelque autre plante semblable; mais les hommes, comme les habitants de Mallicollo, vont nus, et ils n'ont autour des reins qu'une corde. Je n'ai vu de pirogues en aucun endroit de la côte. Ils vivent dans des maisons couvertes de feuilles de palmier, et leurs plantations sont alignées et entourées d'une haie de roseaux. J'appelai cette pointe le *cap des Traîtres*, à cause de la perfidie de ses habitants. Ce cap, qui est la pointe nord-est de l'île, gît par 18° 43' de latitude sud, et 169° 28' de longitude est; il aboutit à une montagne assez haute pour être aperçue de seize ou dix-huit lieues.

Le 5, au lever du soleil, nous découvrîmes une autre île, dont les terres hautes se présentaient sous la forme d'une table. Nous avions vu pendant la nuit une lumière que nous reconnûmes alors provenir d'un volcan : il exhalait encore beaucoup de feu et de fumée, avec un bruit sourd qui se faisait entendre à une grande distance.

Ces insulaires étaient d'une moyenne stature, mais infiniment plus forts et mieux proportionnés que les habitants de Mallicollo, et, comme ceux-ci, entièrement nus; seulement ils portaient autour du ventre une corde qui ne coupait pas leur corps d'une manière aussi choquante que celle des insulaires dont on a parlé ailleurs. Quelques femmes, que nous vîmes de loin, me paraissaient moins laides que celles de Mallicollo : deux filles tenaient chacune une longue pique dans leurs mains.

Commerce avec les insulaires. Description de l'île de Tanna. Divers incidents survenus durant le séjour du vaisseau.

Comme nous avions besoin de faire une grande quantité de bois et d'eau, et que j'avais observé à terre qu'on pouvait approcher davantage le vaisseau de l'endroit du débarquement, ce qui faciliterait considérablement les travaux, puisque nous serions en état de couvrir, de protéger les travailleurs et de contenir les insulaires par la crainte, le 6, on toua le vaisseau à la place désignée pour le nouveau mouillage.

Tandis qu'on remorquait le bâtiment, les insulaires arrivaient de tous les côtés de l'île, et, formant deux corps séparés, ils se rangèrent de chaque côté du débarquement, comme ils avaient fait le jour précédent; ils portaient tous les mêmes armes. Une pirogue, montée par un seul homme, et quelquefois par deux ou trois, venait de temps à autre au vaisseau : elle était chargée de noix de coco ou de bananes qu'elle offrait sans rien demander en retour; mais j'avais soin qu'on lui fît toujours des présents. Le chef parut nous inviter à descendre à terre. Le vieillard, qui avait si bien su se concilier notre amitié, fut du nombre de ceux qui se rendirent au vaisseau : je lui fis entendre par signes qu'ils devaient mettre bas leurs armes. Il commença par prendre celles qui étaient dans sa pirogue, et les jeta dans la mer; je lui donnai une grande pièce d'étoffe rouge; je ne pouvais pas douter qu'il ne m'eût compris, et il porta ma requête à ses compatriotes; car, dès qu'il fut à terre, nous le vîmes passer successivement de l'un à l'autre corps, et conférer avec les insulaires, et depuis il ne reparut plus avec des armes. L'instant d'après, une pirogue, où étaient trois Indiens, s'approcha de l'arrière; l'un d'eux, branlant sa massue d'un air arrogant, en frappa le côté du vaisseau et commit divers autres actes de violence; mais il offrit enfin de l'échanger pour un rang de grains de rassade et d'autres bagatelles. On les lui descendit du vaisseau avec une corde; mais, au moment qu'il les eut en possession, il se retira avec ses compagnons, en forçant de rames, sans vouloir livrer sa massue ou quelque autre chose en retour. C'était là ce que j'attendais, et je n'étais pas fâché d'avoir une occasion de convaincre la multitude qui bordait le rivage de l'effet de nos armes à feu, en ne leur faisant que le moins de mal possible. J'avais un fusil de chasse chargé à dragées que je tirai; et, quand ils furent hors de la portée du mousquet, on lâcha quelques coups de mousqueton. A ce bruit, ils sautèrent par-dessus le bord, se couvrant de leur pirogue, et nageant avec elle jusqu'au rivage. Cette mousquetade ne produisit que peu ou point d'impression sur ces insulaires; ils n'en parurent que plus insolents, et commencèrent à faire des cris et des huées.

On me confirma les noms des îles tels que Whaagou nous les avait dits. De Tanna on voit Erromango, Erronam ou Footona, et Annamatom.

Ces insulaires me firent entendre, d'une manière qui me parut fort claire, qu'ils mangent de la chair humaine, et que la circoncision est pratiquée parmi eux. Ils entamèrent les premiers cette matière, en me demandant si nous mangions de cette chair; sans cela je n'aurais pas songé à leur proposer cette question. J'ai vu des personnes prétendre que la faim seule peut rendre une nation anthropophage, et rapporter ainsi cet usage à la nécessité. Les habitants de cette île forment au moins une exception à ce système, car ils ont des cochons, des poules, des racines et des fruits en abondance.

Le 15 août, nous descendîmes sur la côte orientale pour reconnaître la position des îles Annatom et Erronam ou Tooloona. L'horizon se trouva si embrumé qu'il était impossible de les découvrir; mais un des habitants me donna, comme je le vérifiai après, la vraie direction de ces terres. Nous observâmes que dans presque toutes leurs plantations de cannes à sucre, ils creusaient des fosses de quatre pieds de profondeur, et de cinq ou six de diamètre, pour prendre les rats qui, étant en très grand nombre, ravageraient ces plantations. Les cannes sont plantées aussi près les unes des autres qu'il est possible sur les bords de ces fosses; et les rats, en voulant saisir ces cannes, ne manquent guère de s'y précipiter.

Le 16, j'allai rendre visite au chef de l'île, homme bigarré de noir et de rouge. Les habitants s'étaient rassemblés en grand nombre sur le rivage, et la plupart étaient venus des parties les plus éloignées. Leur conduite fut pacifique dans les uns, turbulente et audacieuse dans les autres; mais, étant sur notre départ, je crus devoir dissimuler.

Nos gens pénétrèrent dans les bois sur la plaine, et y virent beaucoup de gros perroquets d'un plumage noir, rouge et jaune, juchés au sommet des figuiers les plus élevés, où un feuillage épais les mettait à l'abri de la dragée. Le lecteur aura peine à imaginer la grosseur de ces arbres : leurs racines croissent au-dessus de terre dans la partie la plus considérable de leur longueur, et forment une tige énorme d'environ dix ou douze pieds au-dessus de la surface. Cette tige, qui souvent n'a pas moins de trois verges de diamètre, paraît composer plusieurs arbres qui ont crû ensemble, et qui se projettent en angles aigus et longitudinaux à plus de trois pieds de la grande flèche; aussi elle s'élève de trente ou quarante pieds avant de se diviser en branches : ces branches ont plus d'une verge de diamètre, filent à peu près à la même hauteur sans se partager, et le sommet de l'arbre a au moins cent cinquante pieds d'élévation.

Nous fîmes de nouvelles courses dans les bois, espérant y trouver par hasard la muscade. Nous traversâmes une belle plantation de bananes, près de la partie occidentale de la grève, où un grand nombre de perroquets détruisaient les fruits; mais ils étaient si sauvages que nous entreprîmes en vain d'en approcher. Après une longue promenade, durant laquelle nous nous séparâmes souvent les uns des autres, parce que nous n'avions rien à craindre de la part des habitants, nous retournâmes au rivage.

Nous allâmes examiner les sources chaudes que nous avions découvertes le 9. Nous prîmes pour cela un thermomètre qui se tenait à 78° à bord du vaisseau, et qui monta à 83°, tandis qu'on le portait près de la ceinture. Plongeant la boule au milieu de la source, le mercure s'éleva à 191° dans l'espace de cinq minutes. Nous ôtâmes ensuite le sable et les pierres à travers lesquelles l'eau coulait doucement dans la mer, et nous y replaçâmes le thermomètre, de manière qu'il enfonçait au-dessus de la boule ; et alors il monta de rechef à 191°, et il y resta pendant plus de dix minutes.

Tous les endroits où la terre est échauffée, et dont nous avons fait mention, sont élevés perpendiculairement de trois ou quatre cents pieds au-dessus de ces sources, et sur la pente de la chaîne de collines où se trouve le volcan ; ainsi, il n'y a entre eux d'autres vallées que celles qui sont dans la pente même de cette chaîne ; et ce n'est pas non plus sur le sommet de la montagne qu'est situé le volcan, mais sur le côté du sud-est.

Dans une promenade derrière l'aiguade, les naturels nous offrirent des filles avec des gestes qui n'étaient point équivoques. Dès que les femmes s'aperçurent de la bassesse des hommes, elles s'enfuirent très loin, fort effrayées en apparence, et choquées de leur grossièreté. Soit pour jouir du plaisir de les voir épouvantées, soit par un autre motif, les Indiens, et surtout les jeunes, désiraient beaucoup que nous courussions après elles.

Comme nous n'attendions qu'un vent favorable pour partir, nous cherchâmes à bien employer le reste du temps. Un parti nombreux descendit à terre ; mais chacun se sépara et alla de son côté. Je rencontrai beaucoup d'Indiens qui se rendaient au rivage. La perspective dont je jouissais approchait de celle de Taïti ; elle avait même un avantage, c'est que tout le pays, à une distance considérable autour de moi, présentait de petits monticules et des vallées spacieuses, toutes capables de culture ; au lieu qu'à Taïti des montagnes escarpées et sauvages s'élèvent tout-à-coup du milieu de la plaine, qui n'a nulle part deux milles de largeur. La plupart des plantations de Tanna sont d'ignamiers, de bananiers, d'eddoës et de cannes à sucre, qui, étant tous fort bas (1), permettent à l'œil d'embrasser une grande étendue de terrain. Des arbres touffus occupent çà et là des espaces solitaires, et produisent des scènes très pittoresques. Le sommet de la colline plate, qui borde une partie de l'horizon, paraît festonné de petits bosquets, où les palmiers élèvent leurs têtes par-dessus les autres arbres.

(1) Le plus grand bananier n'excède pas dix pieds, et en général ils n'ont que six pieds de hauteur. A. M.

Ceux qui savent jouir des beautés de la nature concevront le plaisir qu'on goûte à la vue de chaque petit objet, minutieux en lui-même, mais important au moment où le cœur s'épanouit et qu'une espèce d'extase transporte les sens. On contemple alors avec ravissement la face sombre des terres préparées pour la culture, la verdure uniforme des prairies, les teintes différentes et la variété infinie des feuillages. Un pareil spectacle, dans toute sa perfection, était ici étalé à mes regards. Quelques arbres réfléchissaient mille rayons ondoyants, tandis que d'autres formaient de grandes masses d'ombrage en contraste avec les flots de lumière qui couvraient tout le reste. Les nombreux tourbillons de fumée qui jaillissaient de chaque bocage offraient l'idée de la vie domestique : mes pensées se portèrent naturellement sur l'amitié et le bonheur de ce peuple, en considérant ces vastes champs de plantains qui m'environnaient de toutes parts, et qui, par leurs fruits, me paraissaient avoir été choisis avec raison pour les emblèmes de la richesse et de la paix. Le paysage, à l'ouest, n'était pas moins admirable que celui dont je viens de parler : la plaine y était entourée d'un grand nombre de collines fertiles, revêtues de bois entremêlés de plantations ; et par-derrière s'élevait une chaîne de hautes montagnes, qui ne sont pas inférieures à celles des îles de la Société, quoiqu'elles semblent être d'une pente plus aisée. J'examinai cette scène champêtre du milieu d'un groupe d'arbres, que les liserons et les plantes enlaçaient de leurs fleurs odorantes.

La richesse du sol est prodigieuse, car des palmiers, déracinés par les vents (1), et couchés à terre, avaient poussé de nouveaux branchages. Du milieu du feuillage, différents oiseaux, ornés des plus belles couleurs, m'égayaient par leurs chants. La sérénité de l'air et la fraîcheur de la brise contribuèrent d'ailleurs à l'agrément de ma situation. Mon esprit, entraîné par cette suite d'idées douces, se livrait à des illusions qui augmentaient mon plaisir, en me représentant le genre humain sous un point de vue favorable. Nous venions de passer une quinzaine de jours au milieu d'un peuple qui nous avait accueillis avec beaucoup de défiance, et qui s'était préparé à repousser courageusement toute espèce d'hostilité : l'honnêteté de notre conduite, notre modération, avaient dissipé leur frayeur inquiète. Ces insulaires, qui, suivant toute apparence, n'avaient jamais connu d'hommes aussi bons, aussi paisibles, et pourtant aussi redoutables que nous ; qui étaient accoutumés à voir dans chaque étranger un ennemi lâche et perfide, conçurent alors des sentiments plus nobles de notre espèce : ils partagèrent avec nous des productions qu'ils ne craignaient plus qu'on leur enlevât par force ; ils nous permirent de visiter leurs charmantes retraites, et nous fûmes témoins de leur félicité domestique. Bientôt ils commencèrent à aimer notre conversation, et ils conçurent de l'amitié pour nous.

Départ de Tanna. Description de ses habitants, de leurs mœurs et de leurs arts.

Le 20, nous démarrâmes et nous reprîmes la mer. Je ne puis dire pourquoi ces insulaires s'opposèrent si constamment à notre entrée dans l'intérieur de l'île : peut-être était-ce un effet de leur caractère, naturellement ombrageux ; peut-être aussi cela provenait-il, comme je l'ai insinué plus haut, de ce qu'ils sont accoutumés à des hostilités de la part de leurs voisins, ou à des querelles intestines. Tout semble annoncer qu'ils sont souvent exposés à de pareils désordres, car nous

(1) Les racines des cocotiers sont naturellement très courtes et composées d'une quantité innombrable de fibres ; mais à Tanna le sol, quoique fertile, est si peu compacte qu'il ne faut pas un grand ouragan pour renverser les arbres qui y croissent. A. M.

observâmes qu'ils étaient très habitués aux armes et très adroits à s'en servir. Quelque part qu'ils aillent, il est rare qu'ils sortent sans elles.

Les productions de l'île sont le fruit à pain, les noix de coco, un fruit ressemblant à la pêche, qu'on nomme pavie, l'igname, la patate, la figue sauvage, un fruit pareil à l'orange, qui n'est pas mangeable, et quelques autres dont je ne sais pas le nom. Je ne puis douter que la noix muscade, dont j'ai parlé, n'y croisse. Les fruits à pain, les noix de coco et les bananes n'y sont pas aussi abondants ni aussi bons qu'à Taïti; mais les cannes à sucre et les ignames s'y trouvent en plus grande quantité, plus grosses et meilleures: une de ces ignames pesait cinquante-six livres. Les cochons ne parurent point rares; mais nous ne vîmes pas beaucoup de poules: ce sont là les seuls animaux domestiques qu'aient les habitants. Les oiseaux de terre n'y sont pas à beaucoup près si nombreux qu'aux îles de la Société; mais on y trouve de petits oiseaux du plus joli plumage, et dont l'espèce nous était inconnue. Les arbres et les plantes qui croissent sur cette terre sont aussi variés dans leurs espèces que dans aucune des îles où nos botanistes ont eu le temps d'herboriser.

Je crois que ces insulaires vivent principalement du produit de la terre, et que la mer contribue peu à leur subsistance.

Ces insulaires sont d'une médiocre stature, minces de taille; il en est beaucoup de petits; on en voit peu de gros ou de robustes; ils ont un air agréable, mais on remarque rarement à Tanna ces beaux traits, si communs parmi les insulaires des îles de la Société, des Amis et des Marquises. Je n'ai pas trouvé un seul homme corpulent; ils sont tous pleins de vivacité et de feu, ils ont le nez large, les yeux pleins et doux. La physionomie de la plupart est ouverte, mâle et honnête; quelques-uns cependant l'ont mauvaise. Ils sont, comme les peuples des tropiques, agiles et dispos; ils excellent à manier leurs armes, et montrent de l'aversion pour le travail.

Je ne dirai pas que les femmes de cette contrée sont belles, mais je pense qu'elles sont assez jolies pour les habitants, et qu'elles le sont trop pour l'usage qu'ils en font: elles ne portent qu'une corde autour des reins, et quelques brins de paille qui y sont attachés devant et derrière. Les deux sexes sont d'une couleur très bronzée, mais non pas noire; ils n'ont même aucun trait des nègres; ils paraissent plus bruns qu'ils ne le sont naturellement, parce qu'ils se peignent le visage avec un fard de noir de plomb; ils usent aussi d'un fard rouge, et d'une troisième sorte brunâtre, ou d'une couleur entre le rouge et le noir. Ils se mettent de larges couches de tous ces fards, non-seulement sur le visage, mais encore sur le cou, les épaules et la poitrine. Pour mettre ces peintures, ils se servent d'huile de noix de coco; ils se font des barres obliques de deux ou trois pouces de large; ils emploient rarement la couleur blanche, mais ils se couvrent quelquefois une moitié du visage de rouge, et l'autre moitié de noir.

Ils se font des incisions, surtout au haut du bras et sur le ventre; elles tiennent lieu des piqûres en usage parmi les insulaires d'un teint plus clair qui habitent les îles des Amis et de la Société, la Nouvelle-Zélande, l'île de Pâques et les Marquises. Ils enlèvent la chair avec un bambou ou une coquille aiguë, et ils y appliquent une plante particulière, qui forme une cicatrice élevée sur la surface de la peau après que la blessure est guérie. Ils ont soin de donner à ces cicatrices la forme de fleurs et d'autres figures, ce qui est d'une grande beauté dans le pays. Nous n'avons aperçu qu'un seul homme qui fût tatoué sur la poitrine; on a déjà remarqué que la piqûre semblait avoir été faite de la même manière qu'à Taïti.

Les hommes n'ont d'autre vêtement qu'une ceinture et une pagne, qu'ils placent d'une manière aussi indécente que les habitants de Mallicollo. Les femmes l'enveloppent d'une pièce d'étoffe qui les couvre de la ceinture aux genoux, en forme de jupe, et cette étoffe est de fibres de bananiers. Les enfants prennent ces feuilles à l'âge de six ans. Je ne puis m'empêcher de répéter encore ici qu'ils ne se servent pas de cette couverture par des motifs de décence. Au reste, elle produit un effet si contraire que chaque insulaire de Tanna ou de Mallicollo ressemble à cette divinité fameuse qui protégeait les vergers et les jardins des anciens.

Le cartilage entre les narines est communément troué et orné d'une pierre cylindrique, ou d'un morceau de bambou d'un demi-pouce d'épaisseur.

Les deux sexes sont chargés également de bracelets, de colliers, de pendants d'oreilles et d'amulettes. Les bracelets sont surtout portés par les hommes: il y en a de coquillages et d'autres de cocos. Les hommes aiment aussi à se parer d'amulettes; ils attachent un grand prix à celles qui sont d'une pierre verdâtre, et c'est par cette raison qu'ils échangeaient volontiers les fruits de leur pays pour des morceaux de talc vert de la Nouvelle-Zélande. Ils placent souvent à la partie supérieure du bras gauche un morceau de noix de coco bien sculpté, ou simple et poli, qu'ils relèvent par diverses plantes.

En général, les jeunes gens se servent de frondes et d'arcs, et les hommes d'un âge plus avancé, de massues ou de dards. Les arcs sont du meilleur bois de massue (*casuarina*), très fort et très élastique; ils le polissent beaucoup, et peut-être qu'ils le frottent d'huile de temps en temps pour entretenir la souplesse. Leurs traits de bambou ont près de quatre pieds de long; les dards ou les piques neuf à dix, et seulement un demi-pouce de diamètre. Comme ils craignent de briser leurs arcs, ils ne les courbent pas extrêmement, et, à vingt-cinq ou trente verges, on a peu à craindre de leurs flèches.

Les insulaires de Tanna ne sont pas nombreux en proportion de l'étendue de leur pays. Il paraît que ce peuple vit dispersé en petits villages, composés de quelques familles; et l'usage constant où ils sont de marcher armés est un signe assuré qu'ils avaient autrefois, et que probablement ils ont encore, des guerres avec leurs voisins ou des divisions entre eux.

La vie domestique du peuple de Tanna n'est pas privée de tout amusement. Ils sont d'un caractère plus sérieux que les nations les plus civilisées des îles des Amis et de la Société, et que les habitants, plus sauvages, de Mallicollo; mais, d'un autre côté, leur musique est plus parfaite que celle du reste des naturels de la mer du Sud, et le goût de l'harmonie, qui suppose une grande sensibilité d'organes, est une disposition excellente à la civilisation.

Nous ne connaissons rien de leur religion, si ce n'est le chant solennel que nous entendîmes sur la pointe orientale de la baie, presque chaque matin, d'où nous conjecturâmes qu'ils vont rendre un culte dans les bois des environs. Leurs soins pour nous empêcher d'aborder à cet endroit confirment cette conjecture.

Le hâvre où mouilla le vaisseau fut nommé *port de la Résolution*, du nom du vaisseau qui est le premier qui y soit jamais entré. Il est situé sur le côté nord de la pointe la plus orientale de l'île par les 19° 32' 24" et demie de latitude sud, et les 169° 44' 35" de longitude à l'est. Ce mouillage n'est proprement qu'une crique qui court dans le sud-ouest l'espace de trois quarts de mille sur un demi-mille environ de largeur. Un banc de sable et des roches du côté de l'est le rendent encore plus étroit. La profondeur de l'eau, dans le port, est de six à trois brasses, fond de sable et de vase. Si l'on veut faire de l'eau et du bois, on ne peut désirer un endroit plus commode; ces deux articles s'y trouvent pour ainsi dire sous la main. L'eau prit un mauvais goût après avoir été quelques jours à bord; mais ensuite elle redevint douce.

Reconnaissance des îles voisines. Description de ces terres.

Dès qu'on eut repris à bord nos bâtiments à rames,

nous fîmes voile à l'est, dans le dessein d'avoir une vue plus distincte d'Erronma, et de reconnaître s'il n'existait pas quelque autre terre en son voisinage. C'était le 20 août 1774. Le 21, nous aperçûmes par-dessus l'extrémité occidentale de Tanna les hautes terres d'Erromango au nord-ouest, nous doublâmes cette île, et nous fîmes voile au nord-nord-ouest, voulant rallier l'île Sandwich pour en achever la reconnaissance, et celle des îles situées au nord-ouest. Le 22, nous vîmes trois ou quatre îlots, derrière lesquels il sembla qu'on pourrait mouiller en sûreté. Mais, n'imaginant pas que j'eusse du temps à sacrifier à la visite de cette belle terre, je continuai de longer la côte jusqu'à son extrémité occidentale, et portant au nord-ouest pour gagner la pointe sud-est de Mallicollo, je ne tardai pas à découvrir les îles Apée, Paoom et Ambrym. Les terres que nous avions cru ne former que la seule île de Paoom parurent alors être deux îles : on voyait du moins une espèce de séparation entre la montagne et la terre qui est à l'ouest. Nous côtoyâmes la bande sud-ouest de Mallicollo à une demi-lieue du rivage. De la pointe sud-est la terre court à l'ouest, un peu vers le sud, dans une étendue de six ou sept lieues; elle se fait ensuite nord-ouest l'espace de trois lieues, où elle se termine en un cap, situé par la latitude de 16° 29', et que j'appelai *le cap Sud-Ouest*. La côte, qui est basse, semblait hachée par plusieurs criques et autant de pointes : peut-être que ces pointes sont de petites îles qui bordent le rivage; car nous sommes assurés que celle qui est à l'est du cap, à la distance de deux ou trois lieues, est une île. Près du côté occidental ou de la pointe du cap, est un rocher ou îlot de forme circulaire, qui lui est uni par des brisants, et qui met à l'abri des vents régnants une belle baie formée par un coude dans la côte.

Les insulaires parurent en troupes sur plusieurs endroits de la plage, et quelques-uns semblaient vouloir lancer leurs pirogues en mer pour reconnaître le navire; mais ils ne le firent pas, par la raison, sans doute, que nous ne diminuâmes point de voiles.

La côte méridionale de Mallicollo, de l'extrémité du sud-est au cap sud-ouest, est entièrement couverte d'arbres et d'autres productions naturelles, du rivage au sommet des montagnes. Au nord-ouest du cap, la contrée est moins boisée, mais beaucoup plus agréablement diversifiée par des plaines, dont quelques-unes semblaient cultivées. Les croupes des montagnes paraissent montrer partout la nudité du roc. Les plus élevées sont entre le port Sandwich et le cap Sud-Ouest. Plus au nord la terre s'abaisse insensiblement, et elle est moins revêtue d'arbres; je crois que ce canton est d'une grande fécondité, et qu'il a de nombreux habitants; car, le jour, on voit des fumées s'élever, et, la nuit, des feux briller dans toutes les parties de la contrée. La côte septentrionale, que nous avions crue continue, est un amas d'îles dont les terres boisées ont peu d'élévation, et qui, pour la plupart, sont d'une petite étendue, la plus méridionale exceptée, que nous appelâmes Saint-Barthélemy, du nom du jour; elle a six ou sept lieues de circonférence, et fait la pointe nord-ouest du passage de Bougainville.

Le 25, au point du jour, nous étions sur la bande du nord de l'île, laquelle est d'une médiocre élévation, et de trois lieues de circuit, et nous gouvernâmes vers le gros cap, le long de la terre basse. A midi, nous découvrîmes une grande côte qui s'étendait au nord, jusqu'au nord-ouest. Après avoir doublé le cap, la terre courait au sud, un peu à l'est, et formait une grande et profonde baie, dont l'entrée n'avait pas moins de cinq lieues de large.

Tout conspirait à nous faire croire que cette baie était la baie de Saint-Philippe et de Saint-Jacques, découverte, en 1606, par Quiros, sur la terre australe du Saint-Esprit. Pour déterminer ce point, il fallait pénétrer plus avant, car alors rien ne la bornait à nos yeux. Notre latitude se trouva de 14° 55' 30" sud, et notre longitude de 167° 3' à l'est. Les habitants étaient rassemblés en très grand nombre. Deux pirogues s'en détachèrent, mais tous les signes possibles d'amitié ne purent inspirer assez de confiance aux Indiens pour s'approcher de notre bord, et y recevoir nos présents; enfin, saisis d'une frayeur subite, ils ramèrent à terre. Ces Indiens étaient nus; ils ne portent qu'une ceinture, à laquelle ils attachent de larges feuilles qui les couvrent presque jusqu'aux genoux, devant et derrière; ils sont de la couleur des nègres, et leurs cheveux sont cotonnés ou coupés très court; leurs pirogues sont petites et à balancier.

Quelques-uns des habitants de ces parages avaient les cheveux noirs, courts et frisés, comme les naturels de Mallicollo; mais d'autres les avaient longs et relevés sur le sommet de la tête, et ornés de plumes, à la manière des habitants de la Nouvelle-Zélande : leur parure consistait en bracelets et en colliers. L'un d'eux avait une coquille blanche attachée sur le front, et d'autres étaient peints d'un fard noirâtre. Je ne leur ai pas vu d'autres armes que des dards et des harpons, avec lesquels ils dardent le poisson : leurs pirogues, semblables à celles de Tanna, naviguent de la même façon ou à peu près. Ils ne balancèrent point à nous donner les noms des endroits que nous leur montrâmes; mais nous ne pûmes jamais en obtenir celui de l'île. Nous lui avons conservé celui de terre du Saint-Esprit, que Quiros lui avait donné. Nous leur offrîmes des médailles, des clous, des étoffes de Taïti et de la serge rouge; mais nous remarquâmes qu'ils se saisissaient des clous avec un empressement particulier. Quiros laissa peut-être sur l'île des ouvrages de fer qui par-là sont devenus précieux. Ils attachèrent une branche de plante de poivre à la même corde avec laquelle nous leur avions tendu des clous, et il paraît qu'ils ne pouvaient nous offrir que cet emblème d'amitié.

La baie a vingt lieues de côté : six du côté oriental, deux au fond, et douze sur la rive occidentale. Elle est partout sûre et sans fond, excepté près du rivage qui est très peu élevé. Néanmoins il ne se trouve qu'une lisière assez étroite entre le bord de la mer et le pied des montagnes; car la baie, ainsi que le terrain uni qui s'étend au fond, est bornée de chaque côté par deux chaînes de montagnes, dont celle qui est à l'ouest s'élève en amphithéâtre et traverse toute la longueur de l'île. La contrée offre partout une végétation très animée. Les deux côtés des montagnes sont entièrement couverts de plantations d'espèces très variées; et chaque vallée est embellie par un ruisseau dont les eaux fertilisent les terres qu'elles arrosent. De toutes les productions de la nature qui enrichissent cette contrée, le cocotier est celle qui se fait le plus remarquer. Les colonnes de fumée qui, le jour, jaillissaient de toutes les parties de l'île, et les feux qui y brillaient dans la nuit, annoncent une terre riche et peuplée de beaucoup d'habitants. La pointe orientale de cette baie, que j'ai nommée *le cap de Quiros*, en mémoire de cet illustre navigateur, qui le premier l'a découverte, gît par les 16° 44' de latitude australe, et par les 167° 13' de longitude à l'est. La pointe nord-ouest, que j'appelai *le cap de Cumberland*, en l'honneur de son altesse royale le duc de Cumberland, est par les 14° 38' 45" de latitude sud, et 166° 49' et demie de longitude à l'est : ce cap est l'extrémité nord-ouest de cet archipel.

Ayant ainsi reconnu les différentes îles qui composent ce même archipel, la saison de l'année m'obligeait à retourner dans le sud, tandis que je pouvais encore employer quelque temps à la découverte des terres qui se rencontraient entre ce lieu et la Nouvelle-Zélande, où je me proposais de toucher, afin de rafraîchir mon équipage, et faire assez d'eau et de bois pour une nouvelle course du côté du pôle. Dans cette vue nous virâmes de bord et portâmes le cap au sud.

Ce qu'on vient de dire de ces îles dans l'ordre qu'elles ont été découvertes n'étant point assez détaillé, soit par rapport à leur gisement, soit par rapport à leur description, il est, je pense, à propos d'en faire une récapitulation.

Les îles septentrionales de cet archipel furent découvertes en 1606, pour la première fois, par Quiros, navigateur célèbre; et ce n'est pas sans raison qu'on les considérait comme faisant partie du continent méridional, qu'alors, et jusqu'à ces derniers temps, on supposait exister. Elles furent ensuite reconnues par M. de Bougainville en 1768; et ce navigateur, qui débarqua sur l'île des Lépreux, borna ses découvertes à trouver que la terre n'était point continue, mais un amas d'îles qu'il nomma l'*archipel des grandes Cyclades*. Comme nous avons déterminé non-seulement l'étendue et la position de ces îles, mais encore fait la découverte de plusieurs autres qui étaient restées inconnues, et que nous en avons pris tous les relèvements, je crois avoir obtenu le droit de les nommer; et dans la suite je les désignerai sous le nom de *Nouvelles-Hébrides*. Elles sont situées entre 14° 29' et 20° 4' de latitude sud, et entre 166° 41' et 170° 21' de longitude orientale. Elles s'étendent, l'espace de cent vingt-cinq lieues, dans la direction du nord-nord-ouest et du sud-sud-est.

L'île la plus septentrionale est appelée par M. de Bougainville le *Pic de l'Étoile*, et il la place par 14° 29' de latitude sud et 168° 9' de longitude, et au nord-quart-nord-ouest, à la distance de huit lieues de l'île Aurore.

L'île qui ensuite s'avance plus au nord est la terre du Saint-Esprit. Elle est la plus occidentale et la plus grande de toutes les Hébrides; car elle a vingt-deux lieues de longueur dans la direction du nord-nord-ouest et du sud-sud-est, sur une largeur de douze lieues et soixante de circuit. Ces terres, surtout celles du côté ouest, sont d'une élévation extraordinaire, et forment une chaîne suivie de montagnes qui, en quelques endroits, s'élèvent directement des bords de la mer. L'île entière, à l'exception des plages et de quelques escarpements où le roc se montre à nu, est couverte de bois et de diverses plantations. Les îles qui gisent le long des côtes méridionales et orientales doivent vraisemblablement former des baies et des ports, aussi bien abrités que la grande baie dite de Saint-Jacques et de Saint-Philippe.

Après la terre du Saint-Esprit, l'île la plus considérable est Mallicollo. Au sud-est elle s'étend nord-ouest et sud-est, et elle a dix-huit lieues de longueur. Sa plus grande largeur, qui est à l'extrémité sud-est, est de huit lieues. L'extrémité nord-ouest n'a guère que les deux tiers de cette largeur, qui diminue encore d'un tiers vers le milieu. Ce rétrécissement est occasionné par une vaste et profonde baie sur la bande du sud-est. A juger de cette île d'après ce que nous en avons vu, son sol doit être très fertile et rempli d'habitants. Ses terres, médiocrement hautes, s'élèvent doucement en pente du rivage au pied des montagnes qui occupent le milieu de l'île.

Saint-Barthélemy est située entre l'extrémité sud-est de la terre du Saint-Esprit, et l'extrémité nord de Mallicollo. Elle est éloignée de cette dernière de huit milles, et c'est entre ces deux îles qu'est le passage Bougainville, et dont le milieu gît par 15° 48' de latitude sud.

L'île des Lépreux se trouve entre la terre du Saint-Esprit et l'île Aurore, à huit lieues de la première et à trois lieues de la seconde par la latitude de 15° 22' et presque sous le même méridien que la pointe sud-est de Mallicollo. Elle a à peu près la figure d'un œuf; ses terres sont hautes et son circuit est de dix-huit ou vingt lieues.

Les îles Aurore, la Pentecôte, Ambrym, Paoom, et les îles voisines Apée, Trois-Collines et Sandwich, gisent presque toutes sous le méridien de 167° 29 ou 30' à l'est, et s'étendent du 14° 51' 30" au 17e degré 53' 30" de latitude.

L'île Aurore gît nord-nord-ouest et sud-sud-est, et s'étend l'espace de onze lieues dans cette direction; mais je ne crois pas qu'elle ait plus de deux lieues ou deux lieues et demie de largeur. Ses terres sont d'une bonne hauteur; la surface en est montueuse, et presque partout boisée aux endroits que les insulaires habitent et cultivent.

L'île de la Pentecôte, qui est à une lieue et demie au sud de l'île Aurore, a la même longueur, et gît dans la direction nord et sud; mais elle est un peu plus large que celle-ci. Elle est d'une hauteur considérable, et couverte de bois, à l'exception des espaces de terrain cultivé qui paraissent en grand nombre.

De l'extrémité méridionale de l'île de la Pentecôte au côté septentrional de l'île d'Ambrym, la distance est de deux lieues et demie. Cette dernière a sept lieues environ de circonférence. La terre est basse sur les bords de la mer, d'où elle s'élève inégalement pour former, dans le milieu de l'île, une montagne d'une médiocre hauteur.

L'île d'Apée n'a pas moins de vingt lieues de tour; son plus grand côté est d'environ huit lieues au nord-ouest et sud-est. Cette terre est très haute, montueuse, et entrecoupée de plaines et de bois, du moins dans les parties occidentales et méridionales; et nous n'avons point vu les autres.

Les îles Shepherd forment un groupe de petites îles d'inégale grandeur, et qui, de la pointe du sud-est d'Apée, s'étendent dans le sud-est l'espace de cinq lieues.

L'île Trois-Collines est située au sud et à quatre lieues de la côte d'Apée, et au sud-est, à dix-sept lieues du port Sandwich. J'ajouterai à tout ce que j'ai déjà dit de cette île, qu'à l'ouest-nord-ouest, à cinq mille de la pointe occidentale, est une chaîne de récifs sur laquelle la mer se brise continuellement.

Dans la direction du sud, à neuf lieues de l'île Trois-Collines, gît l'île Sandwich. Les îles Deux-Collines, le Monument et Montagu sont à l'est de cette ligne, Hinchinbrook à l'ouest, ainsi que deux ou trois autres petites îles qui se trouvent entre elle et l'île Sandwich, à laquelle elles sont liées par des brisants.

L'île Sandwich a vingt-cinq lieues de tour; sa plus grande étendue est de dix lieues. Elle court nord-ouest et sud-est. La distance de l'extrémité sud de Mallicollo, jusqu'à l'extrémité nord-ouest de l'île Sandwich, est de vingt-deux lieues dans la direction du sud-sud-est.

Dans la même direction gisent Erromango, Tanna, et Annatom. La première est à dix-huit lieues de l'île Sandwich, et elle a de vingt-quatre à vingt-cinq lieues de tour. Son milieu est par 18° 54' de latitude sud, et 169° 19' de longitude à l'est. Ses terres sont passablement élevées, autant qu'on peut en juger de la distance où nous les découvrîmes pour la première fois.

Tanna, située à six lieues de la côte méridionale d'Erromango, court sud-est et nord-ouest. Elle s'étend environ huit lieues dans cette direction, et, sur toute sa longueur, elle a trois ou quatre lieues de large.

L'île d'Immer, qui gît nord-nord-est, est à quatre lieues du port de la Résolution de Tanna; et l'île d'Erronam ou Tootoona se trouve à l'est dans la même direction, à onze lieues de distance. Cette dernière, la plus orientale de toutes les Hébrides, n'a pas plus de cinq lieues de tour, mais elle est très haute et unie à son sommet. Du côté nord-est est un petit pic qui paraît détaché de l'île, mais nous le crûmes lié par une terre basse.

Annatom, qui est l'île la plus méridionale, gît par 20° 3' de latitude sud, et 170° 4' de longitude. Elle est au sud-est à onze ou douze lieues du port de la Résolution. Ses terres sont hautes et montueuses.

Découverte de la Nouvelle-Calédonie. Relâche du vaisseau à la Balade.

Au lever du soleil, le 1er septembre, après avoir couru la nuit au sud-ouest, nous perdîmes toute terre de vue. Le vent continuant de régner dans la partie sud-est, nous poursuivîmes notre route sud-ouest.

Nous nous préparions à traverser la mer du Sud dans sa plus grande largeur, du côté de l'extrémité de l'Amérique. Après trois jours de navigation, nous découvrîmes une grande terre où aucun navigateur européen n'avait encore abordé.

Le 5, au lever du soleil, l'horizon étant transparent, nous eûmes la vue distincte d'une côte qui s'étendait au sud-est du cap de Colnelt, et une chaîne de brisants paraissait défendre toute cette côte. Nous reconnûmes bientôt que ce que nous avions pris pour des ouvertures dans la côte même n'était qu'une terre basse sans interruption. On peut en excepter l'extrémité occidentale qui formait une île, connue sous le nom de *Balabéa*, ainsi que nous l'apprîmes après.

Le pays devenait plus stérile à mesure que nous en approchions, et il était couvert d'une herbe sèche, blanchâtre. Les arbres, très clair-semés sur les montagnes, paraissent tous avoir des tiges blanches et ils ressemblaient à des saules : on n'y voyait aucune espèce d'arbrisseaux ou de sous-bois. Plus près nous découvrîmes une petite bordure de terre plate au pied des collines, revêtue d'arbres et de buissons verts et touffus, parmi lesquels nous remarquions de temps en temps un cocotier et un bananier. Nous observions aussi des maisons qui avaient la forme de ruches d'abeilles, rondes ou coniques, et un trou pour entrée : elles étaient exactement pareilles à celles de l'île des Cocos et de Horn, qui sont représentées dans le voyage de Le Maire et de Schouten.

Nous débarquâmes en présence d'un grand nombre d'habitants qui s'étaient rassemblés pour nous voir; aussi nous reçurent-ils avec des démonstrations de joie, et cette surprise naturelle à un peuple qui voit des hommes et des objets dont il n'a pas encore d'idée. Plusieurs qui paraissaient affectés d'une espèce de lèpre avaient des jambes et des bras prodigieusement gros : ils étaient absolument nus, si on excepte un cordon qu'ils portaient autour de leur ceinture, et un second autour de leur cou. Le petit morceau d'étoffe d'écorce de figuier, qu'ils replient quelquefois autour de la ceinture ou qu'ils laissent flotter mérite à peine le nom d'une couverture ; il ne sert pas plus de voile que celui des Mallicollois, et, aux yeux des Européens, il était plutôt malhonnête que décent. Chaque habitant de cette île, ainsi que les naturels de Tanna et de Mallicollo, était une figure ambulante du dieu Priape. Les idées de modestie sont différentes dans chaque pays et changent aux différentes époques de la civilisation. Lorsque tous les hommes vont nus, comme à la Nouvelle-Hollande, on se regarde avec autant de simplicité que si on était vêtu. Les habits à la mode et les armures des quinzième et seizième siècles, dans toutes les cours d'Europe, passeraient à présent pour fort indécents.

Cette même pièce d'étoffe, que les habitants de la Nouvelle-Calédonie contournent d'une manière si indécente, est souvent d'une telle longueur, qu'ils en attachent l'extrémité à la corde qui est autour de leur cou : plusieurs portaient à cette corde de petits grains d'une pierre néphrétique d'un vert pâle, qui est de la même espèce que celle de Tanna, et presque semblable à celle de la Nouvelle-Zélande. Quelques-uns avaient sur leur tête des chapeaux cylindriques noirs, d'une natte très grossière, entièrement ouverts aux deux extrémités, et de la forme d'un bonnet de hussard : ceux des chefs étaient ornés de petites plumes rouges, et de longues plumes noires de coq en décoraient la pointe. A leurs oreilles, dont l'extrémité est étendue jusqu'à une longueur prodigieuse, et dont tout le cartilage est coupé en deux, comme à l'île de Pâques, ils suspendent une grande quantité d'anneaux d'écaille de tortue, ainsi que les insulaires de Tanna ; ou bien ils mettent, dans le trou, un rouleau de feuilles de cannes à sucre.

La latitude de l'île est de 20° 17' 39" sud, la longitude de 164° 41' 21" à l'est.

Le 6, j'allai voir l'aiguade au fond d'une petite crique : c'était un beau ruisseau qui descendait des montagnes. Il fallait avoir un petit canot pour débarquer les futailles sur la plage, où elles étaient roulées, et pour les charger ensuite sur la chaloupe; car un petit canot pouvait seul entrer dans la crique, encore n'était-ce que pendant le flot. Nous aurions pu nous procurer ici d'excellent bois de chauffage avec plus de facilité que de l'eau, mais nous n'en avions pas besoin.

Il y avait à l'aiguade un nombre considérable de naturels. Quelques-uns, pour un petit morceau d'étoffe de Taïti, nous portèrent en sortant de la chaloupe ou en y entrant, l'espace de quarante verges, parce que l'eau était trop basse pour que les bateaux vinssent jusque sur le rivage. Nous y aperçûmes des femmes qui, sans craindre les hommes, se mettaient au milieu de la foule, et s'amusaient à répondre aux caresses et aux avances des matelots. Elles les invitaient communément derrière des buissons; mais dès que les amants les suivaient, elles s'enfuyaient avec tant d'agilité qu'on ne pouvait pas les attraper. Elles prenaient ainsi plaisir à déconcerter leurs adorateurs, et elles riaient de bon cœur toutes les fois qu'elles jouaient ce rôle.

Description de la Nouvelle-Calédonie. Mœurs, coutumes et arts de ses habitants.

Sur cette côte nous avons trouvé les hommes forts, robustes, actifs, bien faits, civils et paisibles; et nous leur avons reconnu une qualité rare parmi les nations de cette mer, c'est qu'ils n'ont pas le plus léger penchant au vol. Ils sont presque de la même couleur que les habitants de Tanna, mais ils ont des traits plus réguliers, un air plus agréable; ils sont plus robustes et de plus haute taille : quelques-uns ont six pieds quatre pouces. Il en est qui ont les lèvres épaisses, le nez plat, les traits et la mine des nègres. Deux choses contribuaient à former ce rapprochement dans notre esprit : leur tête moutonnée, et l'usage de se frotter le visage avec une espèce de fard d'un noir luisant. En général la couleur de leurs cheveux et de leur barbe est noire. Leurs cheveux, naturellement bouclés, paraissent, à la première vue, ne pas différer de ceux des nègres, et cependant ils sont d'une tout autre nature, et plus rudes et plus forts que les nôtres. Plusieurs les laissent croître et les relèvent sur le sommet de la tête ; d'autres n'en conservent qu'une touffe de chaque côté, qu'ils nouent avec beaucoup de soin, et il y en a qui, comme toutes les femmes, les portent courts.

Des cheveux de cette rudesse demandent à être souvent peignés, et, à cet effet, ils ont un instrument très convenable; c'est une espèce de peigne, dont les dents sont de petits bâtons d'un bois dur, de la grosseur des aiguilles à faire les bas, et de la longueur de sept à neuf ou dix pouces. Ces brochettes, dont le nombre est de vingt, mais plus souvent au-dessous, sont liées ensemble par un bout, et parallèlement à la distance d'un dixième de pouce l'une à l'autre. Les autres extrémités, qui sont un peu pointues, s'ouvrent comme les branches d'un éventail. Ce peigne, dont ils se servent pour se gratter et faire tomber leurs poux, est toujours attaché à leurs cheveux d'un côté de la tête. Les habitants de Tanna ont un instrument pareil pour le même usage, mais les dents en sont fourchues, et le peigne ne contient pas plus de trois ou quatre dents; ce n'est quelquefois qu'un petit bâton pointu.

Leur barbe est de la nature de leurs cheveux, et la plupart la portent courte. Ils ont assez communément des ulcères aux pieds et aux jambes, et nous avons remarqué que presque tous ont le scrotum enflé. Je ne dirai pas si ce gonflement est occasionné par quelque maladie, ou s'il est causé par la pagne, qu'ils portent comme à Tanna et à Mallicollo. Cette pagne, leur seul vêtement, est ordinairement d'écorce d'arbre ou de feuilles. Ils employaient à cela les petites pièces d'étoffe et les feuilles de papier que nous leur donnions. Nous leur avons vu des vêtements grossiers d'une espèce de

Dans cet attirail, ils ont une mine vraiment sauvage et vraiment grotesque.....

natte, mais il ne paraît pas qu'ils les portent jamais. Quelques-uns avaient sur la tête un grand bonnet noir de forme cylindrique, et cet ornement, très considéré parmi eux, semble réservé aux chefs et aux guerriers. Quand, dans les échanges, nous leur donnâmes des feuilles de gros papier, ils en firent tout de suite de ces bonnets.

Le vêtement des femmes est une jupe courte, de fibres de bananiers, attachée à un cordon qu'elles nouent autour des reins. L'épaisseur est au moins de six ou huit pouces, mais la longueur n'est pas plus considérable qu'il le faut pour l'usage auquel elle est destinée. Les filaments extérieurs sont teints de noir, et la plupart garnis de nacre de perles sur le côté droit. Les deux sexes se parent également de pendants d'oreilles d'écaille de tortue, de bracelets ou d'amulettes, les uns et les autres de coquillages et de pierres : les bracelets se portent au-dessus du coude. En divers endroits du corps ils se tatouent la peau, mais ces piqûres ne sont point noires, comme dans d'autres îles. Les habitants de Tanna s'impriment beaucoup de ces mêmes traits.

Les naturels ne se nourrissent que de racines, de poissons, et de l'écorce d'un arbre qu'on dit croître aux Indes occidentales : ils grillent cette écorce, et ils en mâchent continuellement des morceaux ; elle a un goût douceâtre, insipide, et quelques personnes de l'équipage en mâchèrent avec plaisir. L'eau est leur unique boisson, du moins je n'en ai pas remarqué d'autre.

Les bananes et les cannes à sucre ne s'y trouvent pas en abondance ; le fruit à pain est rare, et les cocotiers n'y poussent pas des tiges aussi vigoureuses que dans les autres îles. Tous ces arbres ne produisent d'ailleurs qu'une médiocre quantité de fruits.

Les femmes de cette contrée, ainsi que celles de Tanna, sont, autant que j'ai pu en juger, beaucoup plus chastes que celles des îles situées plus à l'est. Je n'ai pas entendu dire que quelqu'un de l'équipage ait obtenu la plus légère faveur d'une seule d'entre elles. J'ai appris que ces Indiennes s'étaient diverties souvent aux dépens de ceux qui les agaçaient, en se retirant avec eux dans quelques bosquets, en feignant de se rendre à leurs sollicitations ; et qu'à peine elles y étaient entrées, elles prenaient la fuite en jetant de grands éclats de rire : je ne sais si c'était par chasteté ou par coquetterie.

Suite de la navigation le long de la côte de la Nouvelle-Calédonie. Réflexions sur l'état de l'île et des habitants. Observations géographiques.

Tout était disposé pour remettre en mer, et le 13 de septembre 1774, nous levâmes l'ancre et sortîmes du canal par où le vaisseau était entré.

Le morse ou cheval marin.

Nous avions passé sept jours et demi dans ce hâvre. Nous quittâmes ainsi une île située dans la partie la plus occidentale de la mer du Sud, éloignée seulement de 12° de la côte de la Nouvelle-Hollande, et habitée par une race d'hommes très différents de ceux que nous avions vus jusqu'alors.

Après avoir rangé toute la bande septentrionale de la Nouvelle-Calédonie, nous avons jugé qu'il n'y a pas plus de cinquante mille âmes sur une côte de mer de près de deux cents lieues. Le pays ne paraît pas propre à la culture dans la plupart des cantons : la plaine étroite qui l'environne est remplie de marais jusqu'au rivage, et couverte de mangliers ; il est difficile de dessécher cette partie avec des canaux ; le reste de la plaine est un peu plus élevé, mais d'un sol si mauvais qu'il faut l'arroser par des rigoles. Derrière, s'élèvent plusieurs collines revêtues d'une terre sèche et brûlée, où croissent çà et là quelques espèces de gramens ridés, le cayputy et des arbrisseaux. De là, vers le centre de l'île, les montagnes intérieures, presque entièrement dépouillées de terre végétale, n'offrent qu'un mica rouge et brillant, et de gros morceaux de quartz. Ce sol ne peut pas produire beaucoup de végétaux ; il est même surprenant qu'il en produise autant qu'on y en voit. Les bois, en différentes parties de la plaine, sont remplis de buissons, de liserons, de fleurs et d'arbres touffus. Nous étions frappés de ce contraste entre la Nouvelle-Calédonie et les Nouvelles-Hébrides, où le règne végétal brille dans toute sa perfection ; la diversité du caractère des deux peuples ne nous étonna pas moins. Tous les naturels des îles de la mer du Sud, si on excepte ceux que Tasman trouva à Tonga-Tabou et à Anamoka, essaient de chasser les étrangers qui abordent sur leur côte. Ceux de la Nouvelle-Calédonie, au contraire, nous reçurent comme amis : dès la première entrevue, ils montèrent sur notre vaisseau, sans la moindre marque de défiance ou de crainte, et ils nous permirent d'errer librement dans leur pays. Par leur teint et leurs cheveux laineux, ils ont du rapport avec les habitants de Tanna ; mais ils ont une taille supérieure, des membres plus robustes, des traits plus doux et plus ouverts.

Nous remarquâmes beaucoup d'autres dissemblances avec les peuples de Tanna ; mais il est inutile de les rapporter. Ceux-ci, qui tirent de leurs plantations une grande quantité de végétaux, et dont les bois, sur la côte de la mer, sont remplis de cocotiers qui, au besoin, offrent leurs fruits, sont beaucoup plus riches que ceux de la Nouvelle-Calédonie, où les plantations rapportent peu, et où la contrée, abandonnée à elle-même, ne produit pas un seul fruit utile. D'un autre côté, les habitants de la Nouvelle-Calédonie paraissent être d'habiles pêcheurs, et les récifs qui entourent leur île ont dû leur donner ce genre d'industrie.

Comme la nature a répandu ses faveurs avec réserve sur cette île, il est très étonnant que les habitants, au lieu d'être sauvages, défiants et guerriers comme à Tanna, se trouvent paisibles, bienveillants et peu soupçonneux. Ce qui n'est pas moins remarquable, en dépit de la stérilité de tout le pays et du peu de secours qu'ils tirent des végétaux, ils sont plus gros et plus grands, et leur corps est plus nerveux; peut-être qu'il ne faut pas chercher uniquement dans la diversité des nourritures les causes de la différence de stature et de taille des nations. La race primitive d'où descend ce peuple peut y avoir contribué.

Les Calédoniens ne se livrent jamais à ces petites récréations qui contribuent tant au bien-être des hommes, et qui répandent la gaîté et la vivacité sur les îles de la Société et des Amis. Excepté le sifflet dont il a été question plus haut, nous n'avons remarqué aucun instrument de musique à la Nouvelle-Calédonie. Nous ne savons pas non plus s'ils ont des danses et des chansons; mais nous avons lieu de supposer qu'ils ne rient presque jamais. Ils parlent aussi très peu, et très peu d'individus prenaient plaisir à converser avec nous. Leur langue paraît informe, et leur prononciation est très confuse.

On ne sait pas si les insulaires vivent longtemps, ni quelles maladies sont funestes dans cette île. Nous n'y avons remarqué que l'éléphantiasis, qu'on a déjà dit y être fort commune; mais je ne l'ai jamais vue assez dangereuse pour que le malade risquât de perdre la vie. Les cheveux blancs et les rides de quelques naturels annonçaient une grande vieillesse; mais, en supposant qu'ils se donnent la peine de compter leurs années, il eût été difficile de causer avec eux sur une idée aussi abstraite que l'âge. Nous n'avons jamais pu nous faire comprendre des Taïtiens, lorsque nous leur avons proposé de pareilles questions, quoique notre connaissance de leur langue fût très étendue, comparée au petit nombre de mots que nous avions rassemblés en hâte à la Nouvelle-Calédonie.

Après avoir franchi le passage, nous étions, le 14 septembre, par la latitude sud de 19° 28'. Nous avions alors perdu de vue l'île de Balabéa, et l'autre terre, qui en est la partie nord-ouest, nous restait à l'ouest; mais nous n'étions pas assurés si la côte était continue ou divisée en plusieurs îles : on pouvait la croire divisée, à cause des séparations qui se montraient d'espace en espace; mais une multitude d'écueils en rendait l'approche excessivement dangereuse, pour ne pas dire impraticable. Nous passâmes à la vue d'une île basse de sable, située au bord extérieur d'un récif, par la latitude de 19° 25', et au nord-est de la terre la plus nord-ouest, à la distance de six ou sept lieues. Tout ce que nous pouvions apercevoir de ce parage était parsemé d'écueils, qui paraissaient comme détachés les uns des autres; et le canal qu'ils formaient semblait être sur le côté sud-est de l'île, du moins y avait-il un espace où la mer paraissait ne pas briser.

Le 23, nous découvrîmes derrière le cap du Couronnement une pointe élevée dans le sud-est. Elle fut reconnue pour l'extrémité sud-est de la côte, et nous l'appelâmes le *promontoire de la Reine Charlotte*. La latitude était de 167° 14' à l'est. A mesure que nous nous approchions du cap du Couronnement, nous vîmes dans une vallée au sud un grand nombre de pointes élevées, et des terres basses sous le promontoire en étaient entièrement couvertes.

Le 27, nous découvrîmes une île dont les bords étaient couverts de ces élévations dont on a parlé tant de fois. Elles avaient l'apparence de gros pins, ce qui fut cause que l'île en reçut le nom. La montagne ronde qui se trouve du côté sud-ouest est d'une telle hauteur qu'elle peut être aperçue de quatorze ou même de seize lieues. L'île, qui n'a guère qu'un mille de circuit, est située par 22° 38' de latitude sud, et 167° 40' de longitude est. Après avoir fait encore deux tentatives pour doubler l'île des Pins, sans mieux réussir, je résolus de m'en éloigner.

Après avoir évité bien des récifs, nous atteignîmes une île basse, dont nous trouvâmes que les arbres étaient une espèce de pin de Prusse, très propre pour des espars dont nous avions besoin. Leurs branches croissaient autour de la tige, formant de petites touffes, mais elles surpassaient rarement la longueur de dix pieds, et elles étaient minces en proportion. Nous nommâmes la pointe de cette île le *cap du Prince de Galles*. Son gisement est par 22° 29' de latitude sud, et par 166° de longitude est. Ce cap est d'une hauteur considérable, et quand on commence à le découvrir sur l'horizon, il se présente comme une île.

La petite île sur laquelle nous débarquâmes n'est proprement qu'un banc de sable qui n'a pas plus de trois quarts de mille de tour. Elle produit, outre les pins, l'arbre que les Taïtiens nomment *étos*, et beaucoup d'autres, ainsi que des arbustes et des plantes. Nos botanistes ne manquèrent pas d'occupations, et c'est ce qui me la fit appeler l'*île de la Botanique*. On y compte trente espèces de plantes et plusieurs nouvelles. Le sol est très sablonneux sur les côtes, mais il est mêlé, dans l'intérieur, de terre végétale; c'est l'effet des arbres et des plantes qui y tombent continuellement en pourriture.

La nécessité nous contraignit de quitter une côte que j'avais découverte, sans l'avoir entièrement reconnue. Je la nommai *la Nouvelle-Calédonie*, et elle est peut-être, la Nouvelle-Zélande exceptée, la plus grande île de la mer Pacifique, car elle s'étend du 19e degré 37' au 22e degré 30' de latitude sud, et du 163e degré 37' jusqu'au 176e degré 14' de longitude est. Son gisement est presque nord-ouest-demi-ouest et sud-est-demi-est, et elle a environ quatre-vingt-sept lieues dans cette direction; mais sa largeur n'est pas considérable, et rarement elle excède dix lieues. C'est une contrée tout entrecoupée de montagnes de différentes hauteurs, qui laissent entre elles des vallées plus ou moins profondes. De ces montagnes, s'il est permis de juger du tout par les parties que nous avons vues, sortent une infinité de sources dont les eaux, qui serpentent dans les plaines, portent partout la fertilité et fournissent aux besoins des habitants. Les sommets de la plupart de ces montagnes semblent stériles, quoique les flancs soient couverts de bois par-ci par-là, comme le sont les vallées et les plaines. La terre étant ainsi coupée de montagnes, plusieurs parties de la côte, vues dans l'éloignement, paraissent dentelées : on croirait qu'il y a de grandes ouvertures entre les montagnes; mais, en serrant le rivage, nous avons toujours trouvé que la terre est continue, mais basse, et formant une lisière qui règne le long de la côte, entre le rivage et le pied des montagnes. C'est du moins ce que nous observâmes partout où nous approchâmes de la grève, et il est probable qu'il en est de même sur toute la côte. Je la crois encore entièrement, ou pour la plus grande partie, défendue par des récifs, des basses et des brisants, qui en rendent l'accès très difficile et très périlleux, mais qui servent à la mettre à l'abri de la violence des vents et de la fureur des flots, à assurer aux pirogues une navigation aisée et une pêche abondante, et à former probablement de bons ports pour le mouillage des vaisseaux. La majeure partie de la côte, sinon le tout, est habitée, sans en excepter l'île des Pins; car de jour nous y vîmes de la fumée, et la nuit des feux de tous les côtés.

Le côté méridional de la Nouvelle-Calédonie n'a point encore été reconnu. Nous avons suivi la direction de sa bande nord; mais ses productions annuelles, végétales et minérales, sont encore ignorées, et offrent un vaste champ au naturaliste. L'aspect des pins, dans la partie de l'est, semble prouver que la nature du sol et les minéraux y sont absolument différents de ceux de Balade, que nous avions examinés en courant : et, d'après ce que nous avons vu sur la petite île sablonneuse de la Botanique, de nouvelles plantes doivent y couvrir la terre, et de nouveaux oiseaux habiter les bois. Ainsi, les navigateurs pourront un jour terminer nos découvertes, et employer plus de temps à examiner les richesses de cette contrée.

Suite de la navigation de la Nouvelle-Calédonie à la Nouvelle-Zélande. Découverte de l'île de Norfolk. Incidents survenus dans le canal de la Reine Charlotte.

Nous cinglâmes, toutes voiles dehors, à l'ouest-sud-ouest, et le 7 octobre, à midi, nous étions par 28° 25' de latitude sud, et 170° 26' de longitude à l'est. Le 10, nous eûmes la vue de la terre dans le sud-ouest, que nous reconnûmes en l'approchant pour être une île passablement haute, et de cinq lieues de circuit. Je l'appelai *l'île de Norfolk*, en l'honneur de la famille de Howard. Elle gît par les 29° 2' 30" de latitude sud; 163° 16' de longitude est.

L'île était inhabitée, et notre descente sur cette nouvelle terre était indubitablement la première qu'on y eût jamais faite.

Nous trouvâmes la même espèce de pigeons, de perruches, de perroquets qu'à la Nouvelle-Zélande, des râles et des petits oiseaux. On y voyait des poules d'eau, des boubies blancs, des mouettes, etc., qui se multiplient et vivent dans un doux repos sur les rivages de la mer et sur les rochers. Ces oiseaux produisaient un concert charmant dans ce coin de terre désert.

Cette île a des sources d'eau douce; le sol y produit en abondance des choux-palmistes, de l'oseille sauvage, du laiteron, du bacille ou fenouil marin; toutes ces plantes croissent en quantité sur le rivage : nous rapportâmes à bord toutes celles que le temps nous permit de cueillir. Les palmistes ne sont pas plus gros que la jambe d'un homme, et n'ont guère que de dix à vingt pieds d'élévation. Ils sont de la classe du cocotier; comme lui, ils ont de grandes feuilles empennées : c'est le même palmier que celui de la seconde sorte trouvée dans la partie septentrionale de la Nouvelle-Galles méridionale.

Le chou est, à proprement parler, le bourgeon de l'arbre, et chaque arbre n'en produit qu'un; il sort du sommet où il pousse ses feuilles. La coupe du chou détruit l'arbre, de sorte qu'on ne peut jamais avoir qu'un chou de la même tige; le cocotier et quelques autres espèces de palmiers produisent le chou comme celui-ci. Ce végétal est non-seulement salubre, mais encore d'un bon goût; et il nous procura un des plus agréables repas que nous eussions faits depuis quelque temps.

En quittant l'île de Norfolk, je fis route pour la Nouvelle-Zélande, mon intention étant de toucher au canal de la Reine Charlotte pour rafraîchir l'équipage, et mettre le vaisseau en état de soutenir la navigation des hautes latitudes méridionales.

Le 17, au point du jour, nous eûmes la vue du mont Egmont, couvert d'une neige éternelle: il nous restait au sud-est. Nous étions à la distance d'environ huit lieues du rivage. L'aspect de cette montagne est majestueux, et les collines voisines ressemblent à des mondrains. La base s'aplatit peu à peu, et forme enfin de tous côtés une plaine étendue, et son sommet se termine en une petite pointe. D'après l'espace qu'occupe la neige, on suppose que sa hauteur n'est guère inférieure à celle du pic de Ténériffe.

Nous gouvernâmes au sud-sud-est sur le canal de la Reine Charlotte dans le dessein d'atterrir près du cap Stephens. A midi, le cap Egmont nous restait à l'est-nord-est, à trois ou quatre lieues; et quoique les nuages cachassent la montagne, nous jugeâmes qu'elle devait être dans la même direction que le cap. La latitude observée fut de 39° 24'.

Le 18, nous laissâmes tomber l'ancre à l'entrée de l'anse du vaisseau, les grains violents qui venaient de terre ne nous permettant pas d'entrer dans l'anse.

C'était la troisième fois que nous mouillions dans cette anse, dont nous étions partis onze mois auparavant. La vue des différents objets qui avaient déjà frappé nos regards nous causait une sensation agréable, malgré l'aspect sauvage de la contrée; et l'espoir de rétablir notre santé et de réparer nos forces nous inspirait une gaîté extraordinaire : quoique des pluies fréquentes et des coups de vent nous fatiguassent sur nos amarres, nous nous trouvions heureux d'être sur les côtes de la Nouvelle-Zélande. La saison n'était pas avancée dans ce climat rigoureux; rien n'annonçait encore la verdure du printemps.

Comme cette anse a ses côtes riches en céleri et cochléaria, j'eus grand soin d'en pourvoir le vaisseau. Dans la course que nous y fîmes au milieu des bois, nous trouvâmes un véritable chou-palmiste, pareil à celui que nous avions remarqué à l'île Norfolk. Nous fûmes surpris de le rencontrer à cette haute latitude; et cela semble prouver que cette espèce est plus vivace et plus forte que les autres de la même classe.

Les dernières couvées d'oiseaux ne connaissant pas les armes perfides des Européens, nous en approchions assez pour les tirer à bout portant. Les grimpereaux et d'autres espèces plus petites étaient presque aussi bons à manger que les ortolans. Chaque oiseau de terre de cette partie de la Nouvelle-Zélande, ceux de proie exceptés, seraient estimés sur les meilleures tables.

Le ciel se leva, le 22, dans toute sa splendeur; nous entendîmes, pour la première fois depuis notre arrivée, le concert des oiseaux; tout annonçait des jours de printemps et nous invitait à aller dans les bois; la plupart des officiers profitèrent du beau temps pour descendre à terre, et je longeai les côtes vers la pointe Jackson, débarquant de temps en temps dans les anses qui étaient sur notre route.

L'après-midi, j'allai avec les botanistes visiter nos jardins de Motuara, que nous trouvâmes presque en friche; ils avaient été entièrement négligés par les habitants. Néanmoins, plusieurs plantes qui croissaient vigoureusement faisaient assez voir qu'elles se complaisaient sur le sol qu'elles occupaient. Les insulaires ne s'étant pas encore montrés, nous allumâmes un feu sur la pointe de l'île : je ne doutais pas qu'à la vue de la fumée ils ne vinssent bientôt nous visiter.

Les chasseurs revinrent le soir, chargés d'oiseaux; les équipages des différents bateaux avaient cueilli des herbages et pris du poisson. Il y eut sur le vaisseau un régal général.

Il ne se passa rien de remarquable jusqu'au 24, où l'on vit dans la matinée deux pirogues descendre le canal; mais dès qu'elles aperçurent le vaisseau, elles se retirèrent derrière une pointe sur le côté occidental. Après le déjeuner, je me mis dans un bateau pour les aborder; et, tout en côtoyant le rivage, nous tirâmes plusieurs oiseaux. Le bruit des mousquets annonça notre arrivée : les insulaires parurent dans l'anse des Nigauds et nous hélèrent. Mais à mesure que nous approchâmes de leurs habitations, ils se retirèrent tous dans les bois, à l'exception de deux ou trois qui restèrent sur une éminence, près du rivage, les armes à la main. Au moment de la descente, ils nous reconnurent. La joie prit alors la place de la crainte et les autres insulaires accoururent du bois, nous embrassèrent en frottant leurs nez contre les nôtres, selon la coutume du pays, et ils sautèrent et dansèrent autour de nous de la manière la plus extravagante; mais j'observai qu'ils ne permirent pas à des femmes que nous voyions dans l'éloignement de venir près de nous. On leur fit présent de haches, de couteaux, de clous, des étoffes de Taïti, que nous avions dans le bateau. Ils nous donnèrent en retour une grande quantité de poisson.

Je remarquerai ici que les Zélandais ont été des ennemis très dangereux pour tous les vaisseaux qui ont abordé sur leurs côtes. Tasman, qui découvrit le premier cette contrée, perdit quatre hommes dans la baie des Assassins, qui semble être celle que j'ai appelée *baie Aveugle* ou *baie Dusky*; les naturels emportèrent un des morts sur leurs pirogues, et sans doute ils mangeaient déjà de la chair humaine alors (en 1642). Ils ont tué dix hommes à *l'Aventure* en 1772. L'année d'auparavant ils avaient assassiné M. Marion et vingt-huit personnes de son équipage.

Un peu en dedans de l'entrée de ce bras, sur le côté du sud-est, nous nous trouvâmes devant un grand village appelé *Kotieghenooee*. Ses habitants, dont nous reconnûmes plusieurs qui s'étaient rendus dernièrement à bord, nous firent l'accueil le plus obligeant, et nous baisèrent le nez, suivant l'usage.

Après avoir resté environ un quart d'heure avec eux, la plupart des naturels qui arrivèrent les derniers apportant leurs armes, et toute la foule montant à plus de deux cents, nous jugeâmes qu'il était prudent de les quitter : nous n'avions pas cru que le canal contînt autant de monde, et nous n'y avions jamais vu une foule aussi considérable rassemblée.

La population paraissait très considérable sur toute cette partie de la contrée. Les indications de ces insulaires nous encouragèrent à poursuivre l'objet que nous avions en vue. En conséquence, nous continuâmes à descendre ce bras qui court est-nord-est. Nous aperçûmes de très belles anses des deux côtés du rivage. J'arrivai enfin à son débouquement dans le détroit, par un canal d'un mille environ de large, et où le flot verse en un fort et rapide courant: nous avions observé qu'un autre courant descendit le bras pendant tout le temps que nous y avions été. Il était alors près de quatre heures après midi ; et en moins d'une heure le flot cessa, et le jusant commença à reverser avec la même force.

Dans les trois relâches que nous fîmes à la Nouvelle-Zélande, le pays nous fournit des rafraîchissements qui dissipèrent tous les symptômes de scorbut, et nous donnèrent des forces. Le poisson fut pour nous un aussi bon restaurant que les plantes anti-scorbutiques. L'air vif qu'on y ressent, les beaux jours, ne contribuèrent pas peu à raffermir nos fibres relâchées par une longue campagne dans des pays plus chauds ; et l'exercice que nous y fîmes nous fut d'ailleurs avantageux à plusieurs égards. Nous arrivions sur cette côte pâles et défaits, puis la santé reparaissait bientôt sur nos visages, et nous retournions au sud aussi forts et aussi sains que jamais. Si les naturels ont une grande stature, s'ils sont nerveux et bien proportionnés, il faut l'attribuer en partie à la pureté de l'air, et à la simplicité de leurs aliments, qui sont faciles à digérer. Plusieurs circonstances semblent prouver que le poisson est assez abondant sur leurs côtes pour les nourrir toute l'année; car nous avons observé des amas prodigieux de poissons secs pour l'hiver.

—

QUATRIÈME SECTION.

Depuis notre départ de la Nouvelle-Zélande jusqu'à notre retour en Angleterre.

Traversée de la Nouvelle-Zélande à la Terre de Feu. Traversée du cap Déséada au canal de Noël, et description de cette partie de la côte.

Le 10 novembre, nous levâmes l'ancre, et nous sortîmes du canal de la Reine Charlotte pour cingler vers le sud. Cinq semaines s'écoulèrent sans que notre navigation offrît rien de remarquable. Nous avions perdu la Nouvelle-Zélande de vue. Comme aucune terre ne semblait devoir arrêter notre marche, nous naviguions avec plus de gaîté que durant la dernière campagne que nous venions de faire au sud. D'ailleurs les vents d'ouest, qui dominent dans ces latitudes, étaient en notre faveur, et nous savions que les travaux et les fatigues de notre long voyage approchaient de leur fin. Nous nous croyions déjà hors de tout danger, et l'espérance de revoir l'Europe, après tant de périls et de peines, semblait nous inspirer une nouvelle ardeur.

Le 17 décembre, nous vîmes terre à la distance d'environ six lieues : ce ne pouvait être que la côte occidentale de la Terre de Feu, près de l'entrée ouest du détroit de Magellan. C'était la première route qu'on eût faite directement à travers cette mer, dans une haute latitude méridionale ; au moins je le pensais alors, ne sachant pas que *l'Aventure* avait tenu la même direction. Je n'ai jamais fait nulle part une traversée si longue, et même beaucoup moindre, où j'aie remarqué si peu de circonstances intéressantes ; car, si j'en excepte la déclinaison de l'aimant, je ne sache rien qui vaille la peine d'être conservé. Quoique *la Résolution* fût un lourd voilier, nous fîmes plus de quarante lieues par jour. Le temps n'avait été ni extrêmement orageux ni extrêmement froid. Avant d'atteindre le 50e degré de latitude, le mercure du thermomètre tomba peu à peu de 60 à 50 ; et, après que nous eûmes gagné le 55e parallèle, il se tint ordinairement entre 47 et 45 : une fois ou deux il tomba à 43. Telles furent toutes nos observations.

Je n'ai plus rien à dire de la mer du Sud, et je me flatte de l'avoir assez reconnue.

Le 18, nous fîmes de la voile avec un vent frais du nord-ouest, et on gouverna le long de la côte du cap Déséada, qui nous restait au nord-est ; elle s'étendait à l'est-sud est ; nous avions au nord-est, à quatre lieues, une île hachée assez haute, qui gît à près d'une lieue de la grande terre, et au sud-est, à six lieues du cap Déséada. Je lui donnai le nom de *Landfall* (atterrage). A quatre heures, nous étions au nord et puis au sud de la haute terre du cap Déséada, éloigné d'environ neuf lieues, de sorte que nous ne vîmes aucun des rochers bas qu'on dit être par son travers. La latitude de ce cap est d'environ 53° sud, et sa longitude 74° 40' ouest.

La partie de l'Amérique qui frappait nos regards était d'un aspect fort triste ; elle semblait découpée en petites îles, qui, quoiqu'un peu hautes, étaient cependant très noires, et presque entièrement stériles. Par-derrière, nous apercevions de hautes terres hachées, et couvertes de neige presque jusqu'au bord de l'eau ; mais de grosses troupes de nigauds, de fauchets, etc., nous faisaient espérer de prendre des rafraîchissements, si nous pouvions trouver un hâvre.

Je continuai à ranger la côte à environ deux lieues au large, et à deux heures nous dépassâmes une pointe avancée, que j'appelai le *cap Gloucester*. Il présente une surface ronde d'une hauteur considérable, et il ressemble beaucoup à une île : il gît au sud-sud-est, à dix-sept lieues de l'île de Landfall. La côte, entre les deux terres, forme deux baies jonchées d'îlots, de roches, de rochers et de brisants. La côte paraissait être brisée par plusieurs goulets, ou plutôt elle semblait composée d'un grand nombre d'îles. La terre est très montueuse, remplie de rochers, stérile, et parsemée çà et là de quelques touffes de bois et de cercles de neige. Après avoir dépassé le cap Noir, rocher escarpé d'une hauteur considérable, et la pointe sud-ouest d'une grande île, qui paraissait détachée à une lieue ou une lieue et demie de la grande terre, nous traversâmes un grand espace de mer. C'est peut-être le canal de Sainte-Barbe, qui débouche dans le détroit de Magellan, comme le dit Frézier. Le cap répond très bien à sa description, ce qui prouve qu'il a donné les positions du canal d'après de bons mémoires. Cette extrémité de la Terre de Feu est marquée avec exactitude dans les cartes des Espagnols : leurs premiers navigateurs ont reconnu et nommé en particulier les différentes îles et canaux qui la composent.

Le 19, nous dépassâmes la pointe sud-est de la baie de Sainte-Barbe, que je nommai le *cap Désolation*, parce que c'est dans ces environs que commence le pays le plus stérile et le plus affreux que j'aie jamais vu. Il gît par 54° 55' de latitude sud, et 72° 12' de longitude ouest. A environ quatre lieues à l'est de ce cap, est un goulet profond, à l'entrée duquel se trouve une assez grande île, et d'autres moindres. Nous avançâmes à environ trois lieues de la côte la plus proche, qui était une île : je l'appelai *île Gilbert*, d'après le nom de mon maître d'équipage ; elle est de la même élévation que le reste de la côte, et elle présente une surface composée de plusieurs rochers à pic de hauteurs inégales. Un peu au sud, il y a des îles plus petites, et, en dehors de ces îles, des brisants.

Je portai sur la terre : la pointe la plus avancée qui fût dans notre horizon nous restait à l'est, à dix lieues de distance. C'est un promontoire élevé, qui court est-sud-est, à dix-neuf lieues de l'île Gilbert, et qui gît par 55° 26' de latitude sud, et 70° 25' de longitude ouest. De l'endroit où nous étions, il semblait se terminer en deux hautes tours, et en dedans il paraissait y avoir une colline en forme de pain de sucre : je donnai pour cela le nom de *Cathédrale d'York* à ce rocher.

Je rangeai le côté oriental de la terre qui séparait les deux bras, et, voyant une petite anse en avant, j'envoyai une chaloupe pour sonder, et nous nous tînmes aussi près de la côte que le permirent les coups de vent qui venaient de la terre, afin de pouvoir gagner tout de suite le mouillage si on en trouvait un. La chaloupe revint bientôt, et j'appris qu'il y avait trente et trente-cinq basses d'eau à une encâblure du rivage. Nous jetâmes ensuite l'ancre par trente brasses, fond de sable et coquilles brisées, et on plaça une ancre de toue et une ansière pour assurer le vaisseau pendant la nuit. Depuis notre départ de la Nouvelle-Zélande, c'est-à-dire depuis quarante-un jours, nous n'avions pas mouillé.

Relâche dans le canal de Noël. Description du pays.

Le temps étant beau et agréable, le 23, j'envoyai le lieutenant Pickersgill sur le canot pour reconnaître le côté occidental du canal ; et, montant la pinasse, je me rendis du côté de l'ouest, dans le dessein de doubler l'île sous laquelle nous mouillions, et que je distinguerai par le nom d'*île Shagg* ou *île des Nigauds*, afin d'examiner le passage qui menait au hâvre découvert par M. Pickersgill la veille. En faisant le tour de l'extrémité méridionale de l'île de Shagg, je remarquai qu'une grande quantité de nigauds font leurs nids dans les fentes des rochers. Nous en tuâmes plusieurs de vieux, mais nous ne pûmes pas approcher des jeunes, dont la chair est beaucoup meilleure.

Mille de ces oiseaux construisent leurs nids tout près les uns des autres, et l'instinct leur a appris à choisir pour cela les endroits où les rochers se projettent sur la mer, ou bien les côtés perpendiculaires de ces rochers, afin que si les petits tombent ils ne se blessent point en tombant sur l'eau. L'ardoise dont le rocher est composé dans cette partie de l'île n'est pas très dure ; il est cependant surprenant que ces oiseaux aient pu y faire des trous et en agrandir assez les cavités naturelles pour que leurs petits y aient des places suffisantes. Ces nigauds retournaient toujours à leurs nids immédiatement après nos coups de fusil, et ils s'envolaient si pesamment, que nous ne trouvions pas beaucoup de difficulté à les tirer au vol. Les Français les ont appelés, aux îles Falkland, *nigauds*, à cause de leur stupidité, qui paraît si grande qu'ils ne peuvent pas apprendre à éviter la mort.

Sur le côté est de l'île nous aperçûmes des oies, et après avoir débarqué avec peine nous en tuâmes trois, qui nous procurèrent un bon régal. Elles étaient remarquables par la différence de leur couleur entre le mâle et la femelle. Le jars était un peu moindre qu'une oie ordinaire apprivoisée, et parfaitement blanc, excepté les pieds qui étaient jaunes, et le bec qui était noir. La femelle, au contraire, était noire, avec des barres blanches en travers : une tête grise, quelques plumes vertes et d'autres blanches. Il paraît que cette différence est heureuse, car la femelle étant obligée de conduire les petits, sa couleur plus brune la cache mieux aux faucons et aux autres oiseaux de proie.

Les navigateurs hollandais, et surtout Jacques Lhermite, qui conduisit la flotte Nassau dans la mer du Sud, en 1624, disent que les naturels de l'extrémité méridionale de la Terre de Feu sont cannibales, et se tuent les uns les autres pour se manger. Si jamais le besoin de nourriture a pu suggérer un pareil usage, il faut convenir que cela dut être parmi un petit nombre d'individus privés de tout, chassés d'un canton plus doux à cette extrémité stérile du globe ; et, dans ce cas, une pareille tribu doit se détruire bientôt.

Ils se retirèrent tous avant dîner, et ils ne partagèrent pas notre régal de Noël : je crois que nul ne les y invita, car la saleté et la puanteur de leurs personnes suffisaient pour ôter l'appétit à l'Européen le plus vorace : c'eût été dommage de ne pas profiter des nourritures fraîches que nous avait fournies le hasard. On servit donc des oies rôties et bouillies, des pâtés d'oies. Il nous restait encore quelques bouteilles de vin de Madère, le seul article de nos provisions qui se fût amélioré en mer, de sorte que nos amis d'Angleterre ne firent peut-être pas Noël plus gaîment.

J'ai donné à ce canal le nom de *Noël*, à cause de la fête que nous y célébrâmes. L'entrée, qui a trois lieues de large, gît par 55° 27' de latitude sud, et 70° 16' de longitude ouest, dans la direction du nord-ouest des îles de Saint-Ildefonse, à dix lieues. Ces îles sont le meilleur indice pour le trouver. La cathédrale d'York, qui est la seule terre remarquable des environs, peut difficilement être reconnue d'après la description qu'on en donnerait, parce qu'elle change d'aspect suivant les différentes positions d'où on la voit. Outre le rocher noir qui gît en travers l'extrémité de l'île Shagg ou des Nigauds, il y en a un autre à peu près à moitié chemin, entre cette île et la côte orientale. Toutes les anses et tous les hâvres offrent du bois et de l'eau douce.

Quelque stérile que soit la contrée, elle est remplie de diverses plantes inconnues ; l'arbre qui donne l'écorce de Winter se trouve ici dans les bois, ainsi que l'épine-vinette, et quelques autres sortes que je ne connais pas, mais que je crois communes dans le détroit de Magellan. Nous y vîmes en abondance une petite mûre qui croît sur une plante touffue : elle a un goût amer et un peu insipide, mais on peut la manger ou crue ou en tarte, et elle sert de nourriture aux habitants.

Navigation du canal de Noël, autour du cap Horn, à travers le détroit de Le Maire, et autour de la terre des Etats. Découverte d'un hâvre sur cette île, et description des côtes.

Le 28 décembre on appareilla, et je portai en mer avec une brise légère du nord-ouest. Nous passâmes en travers du goulet qui gît est-sud-est, à environ sept lieues du canal ; il y a quelques îles en dehors de cette direction. A la pointe ouest du goulet sont deux collines élevées et en forme de pic, et au-dessous, à l'est, deux collines rondes ou îles situées au nord-est et au sud-ouest l'une de l'autre : une île ou du moins une terre qui semblait être une île se trouve à l'entrée, et un autre goulet plus petit se montrait à l'ouest de celui-ci : la côte paraissait dentelée et brisée comme à l'ordinaire.

Le soir le temps s'éclaircit, et nous vîmes très bien les îles Saint-Ildefonse : elles forment un groupe proche de quelques rochers au-dessus de l'eau ; elles gisent à environ six lieues de la grande terre, par 55° 53' de latitude sud, et 69° 41' de longitude ouest. Nous passâmes devant une pointe que je jugeai être la pointe occidentale de la baie de Nassau, découverte par la flotte hollandaise que commandait l'amiral Lhermite en 1624. Dans quelques cartes cette pointe est appelée *le faux cap Horn*, comme formant la pointe méridionale de la Terre de Feu : elle est par 55° 39' de latitude sud.

Nous aperçûmes bientôt le cap Horn sur lequel nous marchions : on le reconnaît de loin à une colline élevée et ronde qu'il porte. Nous dépassâmes ce fameux cap, et nous entrâmes dans l'océan Atlantique méridional. C'est la même pointe de terre que je pris pour le cap, sans en être sûr, dans ma route de 1769 : il forme l'extrémité la plus méridionale d'un groupe d'îles d'inégale étendue qui gisent devant la baie Nassau et qu'on connaît sous le nom d'*îles de Lhermite* : il gît par 55° 58' de latitude sud et 68° 13' de longitude ouest. Au côté nord-ouest du cap, il y a deux rochers en forme de pain de sucre. Quelques autres rochers bas se trouvent çà et là à l'ouest du même cap : il y en a un au sud ; mais ils sont tous près de la côte. Du canal de Noël au cap Horn, la route est est-sud-est, et la distance trente-une lieues dans la direction de l'est-nord-est. A trois lieues du cap Horn, on voit une pointe de rocher que j'appelai *cap Mistaken* ou *de Méprise* : c'est la pointe sud de la plus orientale des îles de Lhermite.

Du cap Horn je gouvernai est-nord-est vers la baie de Bon-Succès, aidé des courants qui portaient au nord. Nous avions déjà arboré notre pavillon et tiré deux coups de canon : nous vîmes bientôt de la fumée sortir des bois au-dessus de la pointe méridionale de la baie. Je jugeai que les naturels avaient allumé ces feux, comme ils en allumèrent pendant ma relâche, en 1769. Plus de trente grosses baleines et des centaines de veaux marins jouaient dans l'eau autour de nous.

Le 31 décembre, à trois heures, je marchai sur l'extrémité orientale de la Terre des Etats, qui, à quatre heures et demie, nous restait au sud-est. Bientôt nous vîmes le cap Saint-Jean, ou l'extrémité de la Terre des Etats qui nous restait au sud.

Le 3 janvier, je portai sur le cap Saint-Jean, pointe orientale de la Terre des Etats : c'est un rocher d'une élévation considérable, situé par 54° 46' de latitude sud, et 64° 7' de longitude ouest.

Après avoir doublé le cap, je serrai la côte méridionale, et je gouvernai sud-est, dans le dessein de quitter la terre : je crus l'avoir assez reconnue pour ce qui intéresse en général la navigation et la géographie.

Description des îles près de la Terre des États, et des animaux qu'on y trouve.

La Terre des Etats a dix lieues de long ; sa largeur n'est nulle part de plus de trois ou quatre lieues. La côte est de roche, fort dentelée, et elle paraît former plusieurs baies ou goulets. Elle présente une surface de collines escarpées, qui s'élèvent à une hauteur considérable, surtout près de l'extrémité occidentale : excepté les sommets de ces collines, la plus grande partie était couverte d'arbres et d'arbrisseaux ou d'herbages, et il y avait peu ou point de neige. Les courants entre le cap Déséada et le cap Horn, portent de l'ouest à l'est, c'est-à-dire dans la même direction que la côte, mais ils sont petits.

En général les îles du Nouvel-An sont si différentes de la Terre des Etats, qu'elles méritent une description particulière. Celle où nous débarquâmes présente une surface d'une hauteur égale, et élevée d'environ trente à quarante pieds au-dessus de la mer, dont elle est défendue par une côte de roches ; l'intérieur est couvert d'une sorte de glaïeul très vert et fort long ; comme on l'a déjà dit, il croît sur de petits mondrains de deux ou trois pieds de diamètre, et d'environ autant d'élévation, en grosses touffes, qui paraissent composées de racines de la plante nattées ensemble : parmi ces mondrains, il y a beaucoup de sentiers tracés par les pinguins qui se retirent au centre de l'île. Le marcher est cependant extrêmement mauvais, car ces chemins sont si sales qu'on est quelquefois dans la boue jusqu'au genou. Outre cette plante, nous y remarquâmes d'autres gramens, une espèce de bruyère et du céleri. Toute la surface est humide et mouillée, et sur la côte on voit plusieurs courants d'eau. L'herbe qui fut surnommée *glaïeul*, semble être la même qui croît aux îles Falkland, et dont parle M. de Bougainville.

Nous avons remarqué sur cette petite terre, en animaux, des lions, des ours de mer, divers oiseaux de mer, et quelques-uns de terre. La longueur des plus grands lions de mer n'était pas de plus de douze ou quatorze pieds, et leur circonférence peut être de huit ou dix. Comme c'était le temps des amours et des accouchements, nous avons vu un mâle entouré de vingt ou trente femelles, très occupé à les retenir toutes près de lui, et écartant pour cela, à force de coups, les autres mâles qui voulaient se mêler dans son harem. Plusieurs avaient une moindre quantité de lionnes : quelques-uns n'en avaient qu'une ou deux ; et nous en observions çà et là un couché seul, et grondant dans un lieu écarté, sans souffrir que les mâles ni les femelles se tinssent dans les environs : nous jugeâmes que ceux-là étaient vieux et accablés par l'âge.

Les ours de mer ne sont pas, à beaucoup près, aussi gros que les lions, mais ils le sont un peu plus que les veaux marins. Ils n'ont point ce long poil qui distingue le lion ; le leur est partout d'une longueur égale, et plus beau que celui du lion : il ressemble à celui de la loutre, et, en général, il est gris de fer. C'est l'espèce que les Français appellent *loups de mer*, et les Anglais *veaux marins* : ils diffèrent cependant des veaux marins de l'Europe et de l'Amérique septentrionale. Les lions peuvent aussi, sans impropriété, être appelés des veaux marins qui ont pris toute leur croissance : ils sont, les uns et les autres, de la même espèce. Il n'était pas dangereux de marcher au milieu d'eux, car ils s'enfuyaient alors ou ils restaient tranquilles. On courait seulement des risques à se placer entre eux et la mer : si quelque chose les épouvante, ils se précipitent dans les flots en si grand nombre, que, si vous ne sortez pas de leur chemin, vous serez terrassé. Quelquefois, lorsque nous les surprenions tout-à-coup, ou que nous les éveillions, car ils dorment beaucoup et ils sont très stupides, ils élevaient leurs têtes, ils ronflaient et montraient les dents d'un air si farouche qu'ils semblaient vouloir nous dévorer ; mais dès que nous avancions sur eux ils s'enfuyaient.

Le pinguin est un oiseau amphibie très connu, et il y en a des quantités prodigieuses, de sorte que nous en assommions autant qu'il nous plaisait avec un bâton. Je ne puis pas dire qu'ils soient bons à manger ; souvent, dans la disette, nous les trouvions excellents, mais c'était faute d'autres aliments frais. Ils ne pondent pas ici, ou bien ce n'était pas la saison, car nous n'aperçûmes ni œufs ni petits.

Les nigauds pullulent aussi en grand nombre, et nous en emportâmes beaucoup à bord, parce qu'ils sont bons à manger. Ils s'approprient certains cantons, et ils y construisent leurs nids près du bord des rochers, sur les petits mondrains où croît le glaïeul. Il y a une autre espèce plus petite que celle-ci, qui pond dans les crevasses des rochers.

Les oies sont de l'espèce que nous trouvâmes au canal de Noël : nous en aperçûmes peu ; quelques-unes avaient des petits. M. Forster en tua une différente de celles-ci, en ce qu'elle était plus grosse, qu'elle avait un plumage gris et des pieds noirs. Les autres faisaient un bruit exactement pareil à celui du canard. Il y a des canards, mais en petit nombre, et quelques-uns de ceux que nous avons appelés chevaux de course. Ceux que nous tuâmes pesaient de vingt-neuf à trente livres, et ils étaient assez bons.

Nous comptâmes, en oiseaux de mer, des mouettes, des hirondelles, des poules du port d'Egmont, et un grand oiseau brun de la grosseur d'un albatros, que Pernetty appelle *quebrantahuesos*, ou *briseur d'os* : nous lui donnâmes le nom de la *mère Carey*, et nous le trouvâmes assez bon.

—

Navigation après le départ de la Terre des États. Découverte de la Géorgie, et description de cette île.

Après avoir quitté la Terre des Etats, le 3 janvier 1775, je mis le cap au sud-est. Le 14, par 54° 25' de latitude sud, et 38° 18' de longitude ouest, nous découvrîmes une île, que j'appelai *Willis*, du nom de celui qui la vit le premier. C'est un rocher élevé, peu étendu, près duquel il y a des îlots de rocher. Elle gît par 54° de latitude sud, et 38° 23' de longitude ouest. A l'est nous vîmes une autre île, que je nommai l'*île Bird*, ou *de l'Oiseau*, à cause du grand nombre d'oiseaux dont elle était remplie. Elle est beaucoup plus étendue, et tout près de la pointe nord-est de la grande terre, que j'appelai le *cap Nord*.

Je débarquai en trois différents endroits, je déployai notre pavillon, et je pris possession du pays, au nom du roi d'Angleterre, en faisant une décharge de mousqueterie. J'appelai alors cette baie la *baie de Possession*.

L'intérieur du pays n'était ni moins sauvage, ni moins affreux que le Spitzberg : les rochers perdaient leurs hautes cimes dans les nues, et les vallées étaient couvertes d'une neige éternelle. On ne voyait pas un arbre, et il n'y avait pas le plus petit arbrisseau ; les seuls végétaux que nous y remarquâmes furent une sorte de gramen grossier, dont le tuyau était fort, et qui croissait en touffes, le même qui est si abondant aux îles du Nouvel-An ; la pimprenelle des bois, et une plante, pareille à la mousse, qui sortait des rochers.

La *baie de Possession* gît par 54° 5' de latitude sud, et 37° 18' de longitude ouest, et à onze lieues à l'est du cap Nord. A quelques milles à l'ouest de la baie de Possession, entre cette baie et le cap Buller, se trouve la baie des Iles, que j'ai ainsi appelée à cause de plusieurs petites îles qui gisent par son travers et dans son intérieur.

Dès que la chaloupe fut remontée, nous fîmes voile le long de la côte à l'est. Du cap Buller, la côte court sud-est, l'espace de onze ou douze lieues, jusqu'à une pointe avancée, qui a obtenu le nom de *cap Saunders*. Au-delà de ce cap il y a une baie assez large, que j'ai nommée *baie Cumberland*. En plusieurs endroits du fond de cette baie, ainsi que dans quelques autres baies de moindre étendue qui gisent entre le cap Saunders et la baie de Possession, il y avait de grandes traînées de neige glacée ou de glace solide.

Le 18, par la latitude de 54° 30' sud, à environ deux ou trois lieues de la côte qui s'étendait du nord-ouest au sud-ouest, nous trouvâmes une île qui paraissait former l'extrémité de la côte à l'est. La terre la plus proche de nous, une pointe en saillie qui se terminait par un mondrain rond, fut nommée *cap Charlotte*. Au côté ouest du cap Charlotte il y a une baie qui obtint le nom de *baie Royale*, et sa pointe occidentale fut nommée le *cap George* : c'est la pointe est de la baie de Cumberland. L'île dont je viens de parler fut appelée *île Cooper*, d'après mon premier lieutenant ; elle est éloignée de huit lieues du cap Charlotte. La côte, dans l'intervalle, forme une grande baie, à laquelle je donnai le nom de *Sandwich*.

Le 19, nous découvrîmes une nouvelle terre : elle se montra d'abord en une seule colline, pareille à un pain de sucre ; quelque temps après, d'autres cantons détachés parurent au-dessus de l'horizon, près de la colline. La latitude observée fut de 54° 42' 30" sud ; nous avions le cap Charlotte au nord-ouest, à quatre lieues, et l'île Cooper au sud-ouest. Dans cette position, un rocher caché, qui gît en travers de la baie Sandwich, à cinq milles de la terre, nous restait à l'ouest. Nous vîmes une chaîne de montagnes derrière la baie Sandwich ; leurs sommets glacés s'élevaient au-dessus des nuages.

Le 20, nous fîmes voile au sud-ouest, autour de l'île de Cooper : c'est un rocher d'une hauteur considérable, d'environ cinq milles de tour, et situé à un mille de la grande terre. A cette île la côte de la grande terre prend une direction sud ouest, l'espace de quatre ou cinq lieues, jusqu'à une pointe, que j'appelai *cap Désappointement*. En travers de ce cap il y a trois petites îles, dont la plus méridionale est verte, basse et plate, et gît à une lieue de la côte.

Comme nous avancions au sud-ouest, la côte s'ouvrit en travers de cette pointe, à neuf lieues au-delà : c'était une île entièrement détachée de la grande terre, et elle fut appelée *île Pickersgill*, du nom de mon troisième lieutenant.

Qui aurait jamais pensé qu'une île aussi peu étendue que celle-ci, située entre le 54e et le 55e parallèle, fût, au milieu de l'été, couverte presqu'en entier à plusieurs brasses de profondeur, d'une neige glacée, et surtout dans sa partie du sud-ouest ? Les flancs eux-mêmes et les sommets escarpés des hautes montagnes étaient enfermés par la neige et la glace ; mais la quantité qui se trouva dans les vallées est incroyable ; et au fond des baies la côte aboutissait à une muraille de glace d'une élévation considérable.

Je donnai à cette terre le nom d'*île de Géorgie*, en l'honneur de Sa Majesté Georges III : elle gît entre 53° 57' et 54° 57' de latitude sud, et entre 38° 13' et 35° 34' de longitude ouest ; elle s'étend sud est-quart-est et nord-ouest-quart-ouest ; elle a trente-une lieues de long dans cette direction, et sa plus grande largeur est d'environ dix lieues. Elle paraît remplie de baies et de hâvres, surtout au côté du nord-est, mais la prodigieuse quantité de glaces doit la rendre inaccessible la plus grande partie de l'année, ou du moins il doit être dangereux d'y mouiller, à cause de la dissolution des rochers de glace. Il faut remarquer que, sur toute la côte, nous ne vîmes pas une rivière ou un courant d'eau douce. Il est très probable que les sources y tarissent quelquefois ; et que l'intérieur, étant fort élevé, ne jouit jamais d'assez de chaleur pour fondre toute la neige qui serait nécessaire à la formation d'une rivière ou d'un courant d'eau. La côte seule reçoit une chaleur suffisante pour fondre la neige, et cela arrive seulement sur la partie nord-est ; car l autre, se trouvant exposée aux vents froids du sud, est un peu privée des rayons du soleil par la hauteur extraordinaire des montagnes.

On a supposé que toutes les parties de ce globe, même celles qui sont les plus affreuses et les plus stériles, sont propres à être habitées par des hommes. Avant d'aborder sur l'île de la Géorgie, nous n'étions pas éloignés d'adopter cette opinion, puisque les roches sauvages de la Terre de Feu sont peuplées ; mais le climat de la Terre de Feu est doux en comparaison de celui de la Géorgie ; car le thermomètre était ici d'au moins dix degrés plus bas : l'extrémité sud de l'Amérique a d'ailleurs l'avantage de produire assez d'arbrisseaux et de bois pour fournir aux besoins des naturels, qui peuvent se garantir de la rigueur du froid, et rendre, par la cuisson, leurs aliments plus sains. Comme il n'y a aucun bois à la Nouvelle-Géorgie, ni rien de combustible qui puisse en tenir lieu, je crois qu'il serait impossible à une race d'hommes de s'y perpétuer, lors même qu'à la place de la stupidité des Pesserays ils auraient toute l'industrie des Européens. Les étés de cette nouvelle île sont très froids : le thermomètre (1) n'a jamais monté à plus de dix degrés au-dessus du point de congélation pendant notre séjour sur la côte ; et, quoique nous ayons lieu de croire que les hivers n'y sont pas aussi froids en proportion que dans notre hémisphère, il est probable qu'il y a au moins entre les deux saisons une différence de vingt ou trente degrés. Je pense que cela suffirait pour tuer tout homme qui aurait survécu aux rigueurs de l'été, surtout s'il n'avait pas, contre la dureté des éléments, d'autres préservatifs que ceux que fournit le pays ; mais outre que la Géorgie australe est inhabitable, elle ne paraît pas contenir de productions qui puissent y attirer de temps en temps les vaisseaux européens.

(1) Il s'agit du thermomètre de Fahrenheit. A. M.

Et le vainqueur annonçait son triomphe par une multitude de gestes.....

Navigation après notre départ de la Géorgie. Découverte de la terre de Sandwich. Raisons qui semblent prouver qu'il y a une terre aux environs du pôle austral.

Le 25 janvier, nous gouvernâmes est-sud-est. Voyant, le 26, une terre à l'est, j'ordonnai de gouverner sud : nous étions par 56° 33' de latitude sud, et 31° 10' de longitude ouest. Le 27 nous continuâmes de porter le cap au sud, et nous atteignîmes le 60e degré de latitude.

Le 30, je fis voile à travers beaucoup de glaces flottantes, et je dépassai deux grandes îles. Le ciel fut continuellement brumeux, accompagné de pluie neigeuse ou de neige. Nous étions par 59° 30' de latitude sud, et 29° 24' de longitude ouest.

Le 31, nous reconnûmes trois îlots de roche d'une hauteur considérable, noirs, caverneux et perpendiculaires, habités par des troupes de nigauds, et battus par des houles terribles : des brouillards épais voilaient la partie supérieure des montagnes. Le plus extérieur des îlots se terminait en un pic élevé, pareil à un pain de sucre, et il fut appelé *pic de Freeze-Land*, du nom de celui qui le découvrit le premier. Tout le monde crut que la hauteur perpendiculaire de ce pic n'était guère moins de deux milles. Notre latitude était de 59° sud, et notre longitude de 27° ouest. Derrière, et à l'ouest de ce pic, se montrait une côte élevée, dont les sommets couverts de neige se voyaient au-dessus des nuages : je la nommai *cap Bristol*, en l'honneur de la noble famille d'Hervey. Nous apercevions au sud-est une autre côte élevée par 59° 13' 30" sud, et 27° 45' longitude ouest. J'appelai cette terre *Thulé australe*, parce que c'est la terre la plus méridionale qu'on ait encore découverte (1) : elle présente une surface très haute, et elle est partout couverte de neige. Quelques personnes de l'équipage crurent voir terre dans l'espace qui est entre Thulé et le cap Bristol : il est plus que probable que ces deux terres sont liées, et que cet intervalle est une baie profonde, que j'ai appelée *baie Forster*.

A une heure, comme nous ne pouvions pas doubler Thulé, nous revirâmes pour porter au nord, et à quatre heures le pic de Freeze-Land nous restait à l'est à trois ou quatre lieues. Bientôt après il n'y eut que peu de vent, et nous fûmes abandonnés à la merci d'une grosse houle de l'ouest qui portait directement sur la côte.

Le sommet des hautes montagnes étant enveloppé de brouillards, et les flancs d'une neige qui se prolon-

(1) On sait que Weddell, en 1823, a dépassé le 74e degré de latitude sud, et que le capitaine Biscoe, en 1831 et 1832, a découvert une grande île (celle d'Enderby) par le 66e degré, c'est-à-dire à plus de 6 degrés au-delà de la Thulé australe ou terre de Sandwich, de Cook. A. M.

1877

BIBLIOTHÈQUE IMPÉRIALE

Mort du capitaine Cook.

geait jusqu'au bord de l'eau, il aurait été difficile de prononcer si nous voyions une terre ou une île de glace, si des rochers creux n'avaient montré en quelques endroits leurs cavernes noires.

Le 1er février 1775, nous découvrîmes une nouvelle côte ; c'était un promontoire que je nommai *cap Montagu* : il gît par 58° 27' de latitude sud, et 26° 44' de longitude ouest, et à sept ou huit lieues du cap Bristol.

Le 3 nous aperçumes alors la terre que nous cherchions, et que nous reconnûmes ensuite pour être deux îles. Je les appelai *îles de la Chandeleur*, à cause du jour où on les a découvertes : elles gisent par 57° 11' de latitude sud, et 27° 6' de longitude ouest. Elles ne sont pas d'une grande étendue, mais d'une élévation considérable, et une neige en couvrait partout la surface. Nous vîmes un petit rocher entre elles, et peut-être qu'il y en a plusieurs autres, car le temps était si brumeux, que nous perdîmes bientôt les îles de vue, et nous ne les revîmes pas jusqu'à midi : elles nous restaient alors à l'ouest, à la distance de trois ou quatre lieues.

Le 6, par 57° 8' latitude sud, et 23° 34' longitude ouest, nous vîmes une terre que je nommai *Terre de Sandwich*. C'est un groupe d'îles, ou une pointe du continent ; car je crois fermement qu'il y a près du pôle une étendue de terre où se forment la plupart des glaces répandues sur ce vaste océan méridional (1).

Je mis le cap à l'est avec un vent très fort du nord, accompagné de neige qui tombait en gros flocons. La quantité qui remplissait nos voiles était si grande que nous étions souvent obligés de jeter le vaisseau dans le milieu du vent pour les en débarrasser : sans cette précaution, la voilure et le bâtiment n'auraient pas pu en supporter le poids.

Le 21 nous avions fait treize degrés de longitude dans le parallèle où l'on place la terre de Bouvet (2) : j'étais donc bien assuré que ce qu'il avait vu ne pouvait être qu'une île de glace ; car s'il avait vu une terre, quelque petite qu'elle fût, il serait difficile que nous l'eussions manquée.

(1) Forster est d'un avis différent de celui de Cook. Il fait à cette occasion une remarque fort raisonnable. On a prouvé que l'eau de la mer se gèle, et que la glace ainsi formée ne contient aucune particule de sel, excepté aux endroits où elle touche l'eau de la mer, qui alors s'introduit dans ses pores et ses interstices. A.-M.

(1) Le capitaine Furneaux, après avoir reconnu l'espace où les cartes placent le golfe Saint-Sébastien, et passé entre les deux terres de la Géorgie et de Sandwich, traversa le méridien du cap de la Circoncision sans rencontrer de terre. A.-M.

Récapitulation de ce qui a été fait pendant ce voyage. Conjectures sur la formation des îles de glace. Suite de notre navigation jusqu'à notre arrivée au cap de Bonne-Espérance.

J'ai fait le tour de l'hémisphère austral dans une haute latitude, et je l'ai traversé de manière à prouver, sans réplique, qu'il n'y a point de continent, à moins qu'il ne soit près du pôle et hors de la portée des navigateurs. En parcourant deux fois la mer du tropique, j'ai déterminé la position de quelques terres anciennement découvertes, et j'en ai découvert un grand nombre de nouvelles : je crois que j'ai laissé peu de chose à faire en ce genre dans cette partie du globe ; je me flatte aussi que l'objet de l'expédition a été, à tous égards, parfaitement rempli, l'hémisphère austral assez reconnu, et qu'après cette relation on ne parlera plus du continent austral, qui a occupé l'attention de quelques-unes des puissances maritimes dans un intervalle de près de deux siècles, et exercé les spéculations des géographes de tous les âges.

Sans doute il peut y avoir un continent, ou une grande étendue de terre près du pôle ; je pense même qu'il y en a véritablement un, et il est probable que nous en avons vu une partie. Le froid excessif, le grand nombre d'îles, et les vastes radeaux de glace, tout tend à prouver qu'il y a une terre au sud ; je suis persuadé aussi que cette terre australe doit être située, ou s'étendre plus loin au nord, vis-à-vis la mer Atlantique australe et vis-à-vis la mer de l'Inde ; le degré de froid que nous avons éprouvé, plus considérable dans ces mers que dans la mer Pacifique du sud sous les mêmes parallèles, en est une preuve (1).

La nature condamne ces contrées à un froid perpétuel ; elles ne sentent jamais la chaleur des rayons du soleil, et je ne connais point, dans notre langue, de termes qui puissent exprimer combien leur aspect est horrible et sauvage (2). Si telles sont les terres que nous avons découvertes, que peut-on attendre de celles qui gisent encore plus loin au sud ? car il y a apparence que nous avons vu les plus belles, puisqu'elles sont situées plus au nord. Si quelque navigateur avait assez de constance et d'intrépidité pour éclaircir ce point, en s'avançant au sud plus loin que moi, je ne lui envierais pas l'honneur de ces découvertes ; mais j'ose dire que le public n'en retirera aucun avantage.

Une foule de considérations me déterminèrent à ne pas rechercher davantage les découvertes des Français, et à gouverner sur le cap de Bonne-Espérance ; je voulais cependant retrouver les îles de Denia et de Marsevenn, marquées, dans la carte de variation du docteur Halley, par 41° et demi de latitude sud, et environ 4° de longitude à l'est du méridien du cap de Bonne-Espérance. Je gouvernai donc nord-est, et le 26, à midi, nous vîmes la dernière île de glace par 52° 42' de latitude sud, et 26° 31' de longitude est.

Le 22 mars nous aperçûmes la montagne de la Table au-dessus de la ville du Cap. Ce jour, qui était pour nous le mercredi 22, mais pour les habitants du Cap le mardi 21, nous jetâmes l'ancre dans la baie de la Table, où mouillaient plusieurs vaisseaux hollandais, français et anglais.

J'appris alors que l'*Aventure* avait relâché au Cap en retournant en Angleterre, et j'y trouvai une lettre du capitaine Furneaux, qui m'avertissait de la perte de sa chaloupe et de dix de ses meilleurs hommes dans le canal de la Reine Charlotte ; il m'a communiqué ensuite, à mon arrivée en Angleterre, une narration complète de sa marche et de son voyage depuis le moment de notre séparation.

(1) Les conjectures du capitaine Cook se sont en quelque sorte réalisées dans la découverte de la Terre d'Enderby, en 1831, par le capitaine Biscoe. A. M.

(2) La Terre d'Enderby, découverte en 1831, est dans ce cas : elle ne présente ni êtres vivants ni végétation d'aucune sorte. A. M.

Dernière relâche au cap de Bonne-Espérance. Récit de quelques découvertes faites par les Français, et arrivée du vaisseau à Sainte-Hélène.

Nous eûmes un plaisir inexprimable de recevoir des nouvelles de nos amis d'Angleterre : nous nous sentions renaître en conversant avec les Européens. Nous apprîmes ce qui était arrivé pendant notre absence : la révolution du gouvernement de Suède, opérée par un jeune prince, l'émule de Gustave Vasa ; une héroïne qui achevait de créer et de policer l'empire de Russie, et qui triomphait du superbe Ottoman ; le partage de la Pologne par trois grandes puissances, et beaucoup d'autres événements moins considérables s'offrirent tout-à-coup à notre imagination.

Nous appareillâmes le 27 mars ; et le 15 mai nous découvrîmes Sainte-Hélène. Nous mouillâmes dans la rade devant la ville, au côté nord-ouest de l'île.

La ville est enfermée de chaque côté par une montagne escarpée, qui paraît d'abord plus brûlée et plus sauvage que l'île de Pâques. Cependant, au fond de la vallée, nous aperçûmes d'autres collines revêtues de verdure.

On a construit sur le bord de la mer des escaliers par où on débarque ; ils étaient nécessaires, car la houle brise avec beaucoup de violence sur toutes les parties de la côte. Il y a plusieurs portes à pont-levis et une batterie considérable, qui fait face à l'esplanade ornée d'une belle promenade de bananiers.

De Sainte-Hélène, nous partîmes pour l'île de l'Ascension, et de là pour les côtes de Brésil et les Açores.

Enfin, le 29, nous découvrîmes terre près de Plymouth. Le lendemain au matin nous mouillâmes à Spithead ; le même jour je débarquai à Portsmouth, et je partis pour Londres.

Il s'était écoulé trois ans et dix-huit jours depuis notre départ d'Angleterre, et dans une navigation si longue par tous les climats, je ne perdis que quatre hommes : un seul mourut de maladie.

TROISIÈME VOYAGE.

(1776-1779.)

PRÉLIMINAIRE.

Les deux premiers voyages de Cook avaient ouvert de nouvelles routes à la navigation dans la mer du Sud et vers les régions australes. Le troisième devait en chercher aux régions boréales, où son objet était de reconnaître et de déterminer les bornes de l'Asie et de l'Amérique, et de pénétrer dans la mer du Nord par le cap nord-est de l'Asie. On comprenait que, s'il était possible de découvrir un passage praticable, on abrégerait beaucoup les voyages au Japon et à la Chine, comme aux Indes en général, en renonçant au long et ennuyeux détour du cap de Bonne-Espérance. Nous aurons plus tard occasion de revenir sur ce passage nord-ouest, qui rentre également dans la sphère des voyages autour du monde ; c'est alors que nous rappellerons les tentatives antérieures et postérieures à celles de Cook : ici nous n'avons à nous occuper que de ces dernières, et elles sont toutes dans son troisième voyage.

PREMIÈRE SECTION.

Premières opérations du voyage jusqu'à notre départ de la Nouvelle-Zélande.

Préparatifs du voyage. Traversée de *la Résolution* de Deptfort à Plymouth.

Je reçus, le 9 février 1776, une commission qui me nommait commandant de la corvette de Sa Majesté *la Résolution*. Je me rendis à bord le lendemain. L'amirauté acheta en même temps *la Découverte*, vaisseau de trois cents tonneaux, et elle en donna le commandement au capitaine Clerke, qui avait été mon second lieutenant durant mon second voyage autour du monde.

Nos préparatifs étant achevés, on m'ordonna de me rendre à Plymouth, et de prendre *la Découverte* sous mon commandement. Je donnai deux ordres au capitaine Clerke, l'un de me reconnaître pour le commandant en chef, et l'autre de conduire son vaisseau à Plymouth.

Le 30 juin nous mouillâmes dans le canal de Plymouth, où *la Découverte* n'était arrivée que trois jours auparavant.

La Résolution avait le même nombre d'officiers, de matelots et de soldats de marine que dans son premier voyage (1). Le complément de *la Découverte* était aussi le même que celui de *l'Aventure*, excepté seulement que six soldats de marine qu'elle avait à bord s'y trouvaient sans officier. Nous devions prendre à Plymouth les hommes qui nous manquaient, et le 9 nous reçûmes le détachement de soldats de marine que nous donnait l'amirauté. Le colonel Bell, qui commandait la division de ce port, me choisit des hommes sains, courageux et robustes, dont je fus très satisfait.

Le 12 juillet nous mîmes à la voile, et nous dépassâmes tous les vaisseaux qui étaient dans le canal; nous en sortîmes avec une jolie brise du nord-ouest.

Traversée d'Angleterre à Ténériffe. Relâche. Quelques détails sur l'île de Ténériffe.

Le 17 et le 18 nous étions par le travers d'Ouessant. Le 22, nous portâmes le cap à l'ouest, et nous découvrîmes le cap Ortégal; nous étions alors par 44° 6' de latitude nord, et la montre marine établissait notre longitude à 8° 23' ouest. Après deux jours de calme nous dépassâmes le cap Finistère, et le 1er août nous doublâmes la pointe orientale de Ténériffe, et nous mouillâmes au côté sud-est dans la rade de Sainte-Croix.

La rade de Sainte Croix est placée devant la ville du même nom, au côté sud-est de l'île. On m'a dit que c'est la meilleure de Ténériffe : elle est bien abritée, elle est vaste, et son fond est de bonne tenue. Elle se trouve entièrement ouverte aux vents du sud-est et du sud; mais ces vents ne sont jamais de longue durée.

On nous vendit une quantité considérable de provisions.

La ville de Laguna (2), qui a pris son nom d'un lac voisin, et qui est éloignée de Sainte-Croix d'environ quatre milles, est assez vaste, mais mérite à peine le nom de ville. La disposition de ses rues est très irrégulière; cependant quelques-unes sont d'une largeur passable, et on y voit des maisons assez propres. En général, cependant, Sainte-Croix, quoique beaucoup plus petite, offre un aspect bien supérieur.

La race trouvée dans l'île par les Espagnols lors de la découverte des Canaries ne forme plus une peuplade séparée (1); les mariages ont confondu les naturels et les colons, mais on reconnaît les descendants des premiers; ils sont d'une grande taille, leur stature est forte, et ils ont des os d'une grosseur remarquable; le teint des hommes en général est basané; le visage des femmes offre de la pâleur, et on n'y voit point cette teinte vermeille qui distingue nos beautés des pays du Nord. Elles portent des habits noirs comme en Espagne; les hommes paraissent moins asservis à cet usage, et ils ont des vêtements de toutes sortes de couleur, à l'exemple des Français, dont ils imitent d'ailleurs les modes.

Départ de Ténériffe. Arrivée au cap de Bonne-Espérance. Relâche au Cap. Jonction de *la Découverte*.

Après avoir rempli nos futailles, embarqué toutes les autres choses dont nous avions besoin, nous appareillâmes de Ténériffe le 4 août, et nous continuâmes notre route avec un bon vent du nord-est.

Le 10, à neuf heures du soir, nous vîmes l'île de Bonavista dans le sud. Le 13, nous étions à l'entrée du port Praya, île Saint-Iago; comme *la Découverte* n'y était pas et que nous avions consommé peu d'eau depuis notre départ de Ténériffe, je ne crus pas devoir relâcher, et je cinglai au sud.

Le lendemain du jour où nous quittâmes les îles du Cap-Vert, nous perdîmes le vent alisé nord-est, et nous n'atteignîmes que le 30 celui qui souffle de la partie du sud-est; le 30, nous étions par 2° de latitude nord, et au 25e degré de longitude ouest.

Le 1er septembre nous coupâmes l'équateur par 27° 38' de longitude ouest. Nous avions un bon vent sud est-quart-sud. Le 8, nous étions par 8° 57' de latitude sud, c'est-à-dire un peu au sud du cap Saint-Augustin, partie de la côte du Brésil : notre longitude se trouvait de 34° 16' ouest.

Le 17, nous découvrîmes le cap de Bonne-Espérance, et le lendemain nous mouillâmes dans la baie de la Table. *La Découverte* n'y arriva que le 10 novembre.

Les deux vaisseaux appareillent du cap de Bonne-Espérance. Vue de deux îles que j'ai nommées *Iles du Prince Edouard*. Leur aspect. Reconnaissance de la terre de Kuerguelen. Arrivée au hâvre de Noël.

Ayant donné au capitaine Clerke une copie de mes instructions et un ordre particulier sur ce qu'il devait faire si les vaisseaux se séparaient, nous nous rendîmes à bord le 30 novembre, et le 3 décembre nous nous éloignâmes de la terre en gouvernant au sud-est.

Le 12, nous découvrîmes deux îles, ainsi que quatre autres situées de 9 à 12° de longitude plus à l'est, et à peu près à la même latitude, découvertes au mois de janvier 1772, par les capitaines François Marion, Dufresne et Crozat, qui allaient du cap de Bonne-Espérance aux Philippines. Elles n'ont point de nom dans la carte de l'hémisphère austral que me donna M. Crozat en 1775; et j'appellerai les deux que nous vîmes *îles du Prince Edouard*, nom du quatrième fils de Sa Majesté. J'ai laissé aux quatre autres ceux *d'îles de Marion* et *d'îles de Crozat*, afin de rappeler le souvenir des navigateurs qui les ont découvertes.

La rigueur du climat ne me découragea point, et, après avoir dépassé le travers des îles du Prince Edouard, je changeai de route, afin d'aller au sud des autres îles,

(1) Le premier voyage de *la Résolution* fut le second du capitaine Cook. A. M.

(2) Son nom espagnol est *Saint-Christobal de la Laguna*; elle passe pour la capitale de l'île. Les gens de loi et ceux des habitants qui vivent noblement y résident. Cependant le gouverneur-général des îles Canaries réside à Sainte-Croix, qui est le centre du commerce avec l'Europe et l'Amérique. A. M.

(1) Lorsque Glas parcourut l'île de Ténériffe, il y avait encore quelques familles de Guanches dont le sang ne s'était pas mêlé avec celui des Espagnols. A. M.

et d'atteindre la latitude de la terre découverte par M. Kerguelen.

On me recommandait dans mes instructions de la reconnaître et d'y chercher un bon hâvre : je m'efforçai de remplir les vues de l'amirauté. Le 16, par 48° 45' de latitude, et 52° de longitude orientale, nous aperçûmes des manchots, des plongeons et des algues de rochers (1) qui flottaient sur les vagues. A mesure que nous avançâmes à l'est nous en trouvâmes plus ou moins tous les jours ; et le 21, par 48° 27' de latitude sud, et 65° de longitude orientale, nous vîmes un gros veau marin. Le ciel était très brumeux, et comme je comptais à chaque moment rencontrer la terre, notre navigation devint pénible et dangereuse.

Le 24, à six heures du matin, nous marchions à l'est; la brume s'éclaircit un peu, et nous découvrîmes une terre (2) dans le sud-sud-est. Lorsque nous en fûmes plus près nous reconnûmes que c'était une île d'une hauteur considérable et d'envion trois lieues de tour (3). Bientôt après nous en découvrîmes une seconde, de la même grandeur, à une lieue à l'est de la première (4), et d'autres plus petites qui gisent entre les deux dans la direction du sud-est. Nous aperçûmes une troisième île haute (5) au sud-quart-sud-est. Au milieu des éclaircies de la brume il semblait que nous pourrions débarquer sur les petites îles : je fis quelques manœuvres pour cela, et je voulus pénétrer dans leur intervalle ; mais lorsque nous nous trouvâmes plus près des côtes je sentis que cette entreprise serait dangereuse.

Nous venions de passer au vent de la dernière île ; c'est un rocher élevé et de forme ronde, que j'ai nommé *cap Bligh :* c'est peut-être la terre que M. de Kerguelen a appelée *île du Rendez-vous*. Mais il me semble qu'elle ne peut servir de rendez-vous qu'aux oiseaux, et il ne doit pas y avoir d'autre animal.

Départ du hâvre de Noël. Navigation le long de la côte, afin de découvrir sa position et son étendue. Description de plusieurs promontoires et baies, et d'une péninsule, auxquels j'ai donné des noms. Dangers des bas-fonds. Un autre hâvre et un canal. Productions naturelles, etc., de la terre de Kerguelen.

Dès que les vaisseaux furent hors du hâvre de Noël où nous venions de mouiller, nous mîmes le cap au sud-est le long de la côte, avec une jolie brise du nord-nord-ouest et un ciel serein. Cette dernière circonstance était d'autant plus heureuse que, depuis quelque temps, nous avions eu chaque jour des brumes plus ou moins épaisses : si l'atmosphère eût toujours été nébuleuse, je n'aurais pu achever la reconnaissance de la terre de Kerguelen.

A sept ou huit heures, nous étions en travers d'un cap que j'ai appelé *cap Cumberland;* il est situé à une lieue et demie au sud-est de la pointe méridionale du hâvre de Noël.

Nous avions tenu à babord la terre que nous avions vue, du cap Saint-Louis (6), se prolonger au sud-est ; j'avais cru que c'était une île, et que nous trouverions un passage entre cette île et la grande terre. Je reconnus alors mon erreur : c'est une péninsule jointe au reste de la côte par un isthme peu élevé. J'ai appelé *baie Repulse* la baie que forme cette péninsule : l'une de ses branches me parut courir assez avant au sud-ouest : je gouvernai ensuite vers la pointe septentrionale de la péninsule, que j'ai nommée *pointe Howe*, en l'honneur de l'amiral Howe.

Notre latitude observée était alors de 48° 51' sud : nous avions fait vingt-six milles de longitude à l'est du cap Saint-Louis.

Je débarquai sur la pointe septentrionale, et découvris un hâvre auquel je donnai le nom de *port Palliser*, en l'honneur de mon digne ami, l'amiral sir Hugh Palliser. Il gît par 49° 3' de latitude sud et 69° 37' de longitude est, à cinq lieues de la pointe de Howe, dans la direction du sud-est : on trouve, en dedans et en dehors de l'entrée de plusieurs îles, rochers et brisants.

Au moment où nous venions d'achever de prendre les relèvements, vous vîmes le terrain bas se prolonger au sud-est, l'espace d'environ huit milles. Je reconnus que cette nouvelle pointe forme l'extrémité orientale de la terre de Kerguelen, et je la nommai le cap *Digby:* elle gît par 49° 23' de latitude sud, et 70° 34' de longitude est.

Du cap Digby la côte court sud-ouest-quart-sud l'espace d'environ quatre ou cinq lieues, jusqu'à une pointe basse, à laquelle j'ai donné le nom de *pointe Charlotte*, en l'honneur de la reine d'Angleterre. Cette pointe est la plus méridionale de celles qu'on trouve sur les terres basses.

A six lieues au sud-ouest la côte offre une pointe assez élevée, que j'ai appelée *pointe du Prince de Galles*. La pointe la plus méridionale de la terre de Kerguelen, que j'ai distinguée sous le nom de *cap George*, en honneur du roi, gît six lieues au-delà dans la même direction, par 49° 54' de latitude sud, et 70° 13' de longitude est.

Une espèce qui est la plus grande de tous les pétrels, et que les matelots nommaient l'*oie de la mère Carey* (1), était plus abondante, et si peu sauvage, que nous la tuâmes d'abord sur la grève à coups de bâton. Ce pétrel est de la grosseur d'un albatros, et carnivore, car il mangeait des phoques ou des oiseaux morts que nous jetions dans la mer. Sa couleur est brune ; il a le bec et les pieds verdâtres.

Après avoir quitté la terre de Kerguelen, je mis le cap à l'est sur nord et me rendis à la terre Van-Diémen, laquelle reçut ce nom de Tasman, qui la découvrit au mois de novembre 1642. Elle n'a vu aucun navigateur européen jusqu'au mois de mars 1773, époque où le capitaine Furneaux y toucha. Je n'ai pas besoin de dire que c'est la pointe la plus méridionale de la Nouvelle-Hollande ; qu'elle forme, non un continent, mais la plus grande île du monde connu (2).

De la terre de Van-Diémen, je fis voile, le 30 janvier 1777, pour la Nouvelle-Zélande, et je gagnai le canal de la Reine Charlotte, pour en repartir bientôt et nous rendre à l'île Mangia, puis aux îles de la Société, afin de relâcher de nouveau à Taïti, après avoir touché à l'île d'Amsterdam ou de Tonga-Tabou, la principale des îles des Amis.

Je repartis de Taïti le 30 septembre, pour visiter l'île d'Eiméo, puis celle d'Huaheine, où j'étais rendu le 12 octobre. Nous passâmes ensuite à Uliétéa, autre île du groupe de la Société, et de ce point je pris la route de Bolabola, petite île de huit lieues de tour.

Le 2 janvier 1778, nous reprîmes la route du nord, et, le 29, nous atteignîmes un archipel que j'appelai *îles Sandwich*, en l'honneur du comte de Sandwich.

(1) M. Cook parle de deux espèces d'algues dans son journal : il donne à l'une le nom ordinaire de *sea weed*, que nous rendons par le terme d'*algues*, et à l'autre celui de *rock weed*, que nous traduisons par *algues de rochers*. A. M.

(2) Kerguelen a appelé celle-ci *Croy* ou *Cruy*. A. M.

(3) Kerguelen l'a appelée *Ile Roland*, du nom de son vaisseau. A. M.

(4) D'après la position de l'île de Clugny dans la carte de Kerguelen, on voit que c'est la troisième île élevée vue par le capitaine Cook. A. M.

(5) On avait découvert avant le capitaine Cook ces petites îles, au milieu desquelles il se trouvait alors. Il est sûr que Kerguelen les vit. A. M.

(6) Le cap François. A. M.

(1) Mother Carey's goose. A. M.

(2) La Nouvelle-Hollande, oui ; mais la terre de Van-Diémen, non : car Bornéo est la plus grande île du globe. Aujourd'hui la Nouvelle Hollande forme une cinquième partie du monde, sous le nom d'*Océanie*, avec les îles de la mer Pacifique et l'Archipel asiatique. A. M.

Position des îles Sandwich. Noms que leur donnent les insulaires. Description d'Atooi. Remarques sur le sol, le climat, les productions végétales, les oiseaux, les poissons, les animaux domestiques, la personne des naturels, leur caractère, leurs habits, leurs ornements, etc.

Les îles de l'océan Pacifique que nos derniers voyages ont ajoutées à la géographie sont en général disposées en groupe, et cette observation est digne de remarque : les terres détachées qu'on a découvertes dans l'intervalle des différents groupes sont peu nombreuses en proportion de celles que forment les archipels, quoiqu'il en reste, selon toute apparence, beaucoup d'autres également solitaires que les navigateurs n'ont point encore aperçues. Il faut laisser aux vaisseaux qui nous suivront le soin de déterminer le nombre des îles qui composent le groupe qui fait la matière de ce chapitre (1). Nous en avons vu cinq ; voici les noms que leur donnent les naturels : *Woahou*, *Atooi*, *Oneeheow*, *Oreehoua* et *Tahoora*. La dernière est petite, mais élevée ; elle gît à quatre ou cinq lieues de la pointe sud-est de Oneeheow, dans la direction du sud-ouest : on nous a dit qu'elle est remplie d'oiseaux, mais qu'elle est déserte d'ailleurs ; on nous parla aussi d'une île basse et déserte située aux environs de Tahoora, et appelée *Tammata-Pappa*. Indépendamment de ces six terres, les insulaires avec lesquels nous eûmes des entretiens nous parurent connaître d'autres îles à l'est et à l'ouest. J'ai donné au groupe entier le nom d'îles *Sandwich*, en l'honneur du comte de Sandwich, ainsi que je l'ai déjà dit. Celles que j'ai aperçues gisent entre le 21e degré 30', et le 22e degré 15' de latitude nord, et entre le 199e degré 20', et le 201e degré 30' de longitude est.

Woahou, la plus orientale, gît par 21° 36', et nous n'avons rien appris sur cette terre, sinon qu'elle est élevée et habitée.

Atooi est la plus étendue ; elle a au moins dix lieues de longueur de l'est à l'ouest, et l'on peut de là évaluer sa circonférence par approximation ; au reste, elle semble être beaucoup moins large à la pointe occidentale qu'à la pointe orientale, où l'on voit une double rangée de collines.

L'aspect général de cette terre ne ressemble point du tout aux îles que nous avions aperçues jusqu'alors en dedans du tropique, au côté méridional de l'équateur : j'en excepte toutefois les collines situées près du centre, qui sont élevées, mais qui s'abaissent peu à peu jusqu'à la mer ou jusqu'aux terrains bas.

La hauteur du sol dans l'intérieur de l'île, et la multitude de nuages qui, durant notre relâche, la couvraient au centre, et souvent dans les autres parties, semblent prouver d'une manière incontestable qu'elle renferme une quantité suffisante d'eau douce : je pense qu'il y a surtout dans les vallées profondes, à l'entrée desquelles les villages sont bâtis pour l'ordinaire, des ruisseaux que nous n'aperçûmes pas (2). Depuis la partie boisée jusqu'à la mer, elle est revêtue d'une herbe d'une excellente qualité : cette herbe a environ deux pieds de hauteur ; elle croît quelquefois en touffes, et quoiqu'elle ne fût pas très épaisse à l'endroit où nous étions, il nous parut qu'on pourrait y faire des récoltes abondantes d'un très beau foin ; mais il ne vient pas naturellement un arbrisseau sur cet espace étendu.

La chaleur était très modérée, et on doit éprouver ici peu des incommodités auxquelles la chaleur et l'humidité rendent sujettes la plupart des terres du tropique. Les habitations des naturels sont très près les unes des autres, et ils salent du poisson et du porc qui se gardent très bien, ce qui n'arrive pas ordinairement lorsqu'on fait cette salaison dans les climats chauds. Nous n'y trouvâmes pas de fortes rosées, peut-être parce que la partie basse de l'île est dénuée d'arbres.

Indépendamment des végétaux que nous achetâmes, et parmi lesquels il y avait au moins cinq ou six espèces de bananes, l'île produit du fruit à pain : au reste, ce dernier fruit paraît rare, car nous n'aperçûmes qu'un arbre qui en portât. On y trouve de plus un petit nombre de cocotiers, des ignames ; le kappa des îles des Amis, ou l'*arum* de Virginie ; l'arbre appelé *etooa*, et la *gardenia* parfumée ou le jasmin du Cap. Nous rencontrâmes plusieurs arbres appelés *dooe-dooe*, si utiles à Taïti, parce qu'ils donnent des noix huileuses qu'on embroche à une espèce de baguette, et qui tiennent lieu de chandelles.

Les cochons, les chiens et les volailles, les seuls animaux domestiques dont nous ayons eu connaissance, sont de la même espèce que sur les îles de la mer Pacifique du sud : nous vîmes aussi de petits lézards et des rats semblables à ceux qu'on rencontre sur chacune des îles où nous étions descendus.

La taille des naturels du pays est moyenne et leur stature robuste : en général ils ne sont pas remarquables par la beauté de leurs formes ou par le caractère de leur physionomie. Leurs traits annoncent de la franchise et de la bonté, plutôt que de la vivacité et de l'intelligence : leur visage, surtout celui des femmes, est souvent rond, mais il est presque aussi fréquemment allongé, et on ne peut pas dire qu'une coupe particulière dans la face distingue la peuplade. Leur teint est presque d'un brun de noix, et cette couleur ayant des nuances diverses, il est difficile d'employer une comparaison plus exacte : celui de quelques individus est plus foncé. Les femmes présentent des formes un peu plus délicates que les hommes.

L'art de nager leur est très familier ; ils fendent l'onde avec une vigueur, une légèreté et une habileté extraordinaires. La cause la plus légère les détermine à abandonner leurs pirogues ; ils plongent par-dessous, et ils se rendent sur d'autres embarcations très éloignées. Nous vîmes souvent des femmes qui portaient des enfants à la mamelle se jeter au milieu des flots lorsque le ressac était si fort qu'elles ne pouvaient atteindre le rivage sur leurs pirogues, et traverser un espace de mer effrayant sans faire de mal à leurs nourrissons.

Ils paraissent doués d'un caractère franc et joyeux ; et si je voulais établir des comparaisons, je dirais qu'ils n'ont ni la légèreté inconstante des Taïtiens, ni la gravité tranquille des habitants de Tonga-Tabou. Nous jugeâmes qu'ils vivent entre eux d'une manière très sociable, et, excepté la disposition au vol, qui semble naturelle à la plupart des insulaires que nous avons fréquentés sur cet océan, ils nous prodiguèrent les marques de la plus grande amitié. Ce qui donne une bonne opinion de leur intelligence, et ce qui ne doit pas trop nous enorgueillir, lorsqu'ils virent les différents articles de nos manufactures européennes, ils témoignèrent leur surprise avec un mélange de joie et d'intérêt où l'on apercevait les réflexions humiliantes qu'ils faisaient sur l'imperfection de leurs ouvrages. Dans toutes les occasions, nous les trouvâmes pénétrés du sentiment de leur infériorité ; cette manière de se rendre justice est d'autant plus estimable que chacun connaît l'orgueil déplacé du Japonais civilisé ou du sauvage Groënlandais. Nous eûmes beaucoup de plaisir à observer avec quelle tendresse les mères soignaient leurs enfants, et avec quel empressement les hommes les aidaient dans ces aimables soins ; ils sont donc à

(1) La reconnaissance dont parle ici Cook a été achevée après sa mort. A. M.

(2) Les îles Sandwich, de même que la plupart de celles du grand Océan, sont comme entourées d'une ceinture de corail qui en défend l'approche. Entre la terre et le récif, il y a ordinairement un espace libre et souvent beaucoup d'eau. En outre, partout où un ruisseau d'eau douce vient se décharger à la mer, il y a toujours en face une ouverture dans le récif, ce qui permet alors au navire d'entrer entre celui-ci et la terre. C'est une ouverture de ce genre qui forme l'excellent port de Wahou, et du haut des montagnes on en aperçoit beaucoup d'autres, toujours en face des vallées, et par conséquent des ruisseaux. A. M.

cet égard bien supérieurs aux peuplades grossières qui regardent les femmes et les enfants comme des choses plus nécessaires que désirables ou dignes d'attention.

D'après le nombre d'habitants que nous aperçûmes dans toutes les bourgades en longeant la côte, la population doit être considérable : nos calculs ne peuvent être fondés que sur des conjectures; mais s'il faut donner un résultat quelconque, je dirai que, y compris les chaumières écartées, il peut y avoir dans l'île entière soixante villages pareils à celui devant lequel nous mouillâmes; que, en admettant cinq personnes pour chaque maison, chaque village contient cinq cents habitants, et que le nombre total est de trente mille (1). Ce calcul n'est sûrement point exagéré, car trois mille personnes au moins se rassemblèrent quelquefois sur la grève autour de nous, et l'on ne doit pas croire qu'il y eût alors plus de la dixième partie des insulaires.

Les femmes portent souvent une grande quantité d'étoffes, qui commencent à couvrir la poitrine et qui descendent jusqu'au genou ou même plus bas. Nous en vîmes plusieurs qui avaient des pièces de la même étoffe jetées négligemment sur leurs épaules et enveloppant la plus grande partie de leur corps. Les enfants sont absolument nus. Les deux sexes ne mettent rien sur leur tête, mais leur chevelure est taillée de différentes manières : la mode générale, surtout parmi les femmes, est de l'avoir longue sur le devant et courte par-derrière; celle des hommes est souvent coupée ou rasée de chaque côté, de façon que ce qui en reste ressemble, à quelques égards, à la crête de leurs chapeaux et de leurs casques, dont j'ai déjà parlé. Les hommes et les femmes paraissent d'ailleurs négliger beaucoup leurs cheveux; ils ne possèdent aucun instrument qui leur tienne lieu de peigne. Quelques hommes avaient une multitude de queues, chacune de l'épaisseur d'un doigt, qui étaient fort longues; mais nous nous aperçûmes que la plupart de ces queues étaient postiches (2).

Il faut observer que les naturels des îles Sandwich n'ont pas les oreilles trouées, et qu'ils ne songent jamais à y mettre des ornements, contre l'usage universel des peuplades que nous avions découvertes jusqu'ici dans l'océan Pacifique. Les deux sexes néanmoins portent des colliers composés de faisceaux d'une petite corde noire, pareille à nos cordons de chapeau : il y a souvent plus de cent cordes dans ces colliers, qui ressemblent exactement à ceux de Wateeoo; seulement, au lieu des deux petites boules, les naturels d'Atooi placent au milieu de leurs colliers un morceau de bois, de pierre ou de coquillage d'environ deux pouces de longueur, et un hameçon large et poli dont la pointe est tournée en avant. Des rangées de petits coquillages ou des guirlandes de fleurs sèches de mauve de l'Inde leur servent aussi de colliers, et quelquefois une petite figure d'homme travaillée en os, d'environ trois pouces de longueur, et bien polie, est suspendue à leur cou.

Les hommes sont ordinairement piquetés, mais ils ne forment pas ces piquetures dans un endroit particulier, comme les Taïtiens et les habitants de Tonga-Tabou; ils en ont quelquefois sur les bras et près des aines; souvent aussi leur corps entier n'en offre pas une seule. Nous rencontrâmes un petit nombre d'individus qui en avaient plus que nous n'en avions jamais aperçu sur la peau des autres peuplades; leurs bras et le devant de leur corps offraient une multitude de lignes et de figures diverses; le devant du corps de plusieurs de ceux-ci représentait le taama ou la cuirasse des Taïtiens, que nous n'avions jamais vue ainsi piquetée. A Taïti, ils ne fendent ni ne coupent une partie de leur prépuce, ce qui est contraire à l'usage des naturels des îles de la Société et des Amis; mais ils le retirent toujours sur le gland, et ils l'attachent à une corde, selon la coutume de quelques habitants de la Nouvelle-Zélande.

Quoiqu'ils paraissent vivre en bourgades, les environs de ces bourgades n'offrent rien qui ressemble à des remparts ou à des fortifications, et les maisons sont disposées sans aucun ordre, relativement à leur distance respective ou à leur position particulière. Leur grandeur n'est pas non plus uniforme; il y en a de vastes et de commodes, de quarante à cinquante pieds de long et de vingt ou trente de large, tandis que d'autres sont de misérables chaumières. Leur forme approche un peu de celle d'une meule oblongue de blé ou de foin : on s'en formera peut-être une idée plus exacte en supposant le toit d'une grange, placé de manière à produire un faîte élevé et aigu avec deux côtés très bas, et qu'il soit à peine possible de distinguer de loin; le bord du faîte correspondant aux deux extrémités rend ces habitations parfaitement closes dans le pourtour.

Si l'on juge d'après les productions que nous vîmes sur pied, et d'après celles que les insulaires apportèrent à notre marché, il paraît sûr que les patates douces, le taro et les bananes forment la plus grande partie de leurs nourritures végétales, et que le fruit à pain et les ignames sont pour eux des friandises. Ils ne doivent pas manquer de nourritures animales, car ils ont une multitude de cochons qui rôdent en liberté autour des maisons; et s'ils mangent des chiens, ce qui est assez vraisemblable, leur fonds, sur ce point, se trouve plus riche encore. Nous aperçûmes une grande quantité d'hameçons, d'où il résulte que la mer leur fournit un supplément considérable de nourriture animale; mais on est tenté de croire, vu leur habitude de saler du poisson, que l'ouverture de la côte ne leur permet pas toujours de pêcher; car il est naturel de supposer qu'une peuplade ne songera jamais à garder des vivres artificiellement, si elle peut compter chaque jour sur un supplément régulier de nourriture fraîche.

Au reste, on doit expliquer d'une autre manière leur coutume de saler du porc; ils conservent dans des citrouilles le porc et le poisson salé. Le sel dont ils font une consommation prodigieuse pour cet usage est rouge, et il n'est pas trop grossier; il paraît être de la nature de celui que nos traîneurs rencontrèrent à l'île de Noël. Sa couleur lui vient sans doute de ce qu'il se mêle à la vase dans l'endroit où il se forme; car, nous en vîmes des échantillons qu'on avait tirés en blocs du fond des marais salants et qui avaient assez de blancheur et de pureté.

Ils cuisent leurs végétaux entre des pierres chaudes, comme aux îles de la mer du Sud situées vers l'autre tropique; d'après la quantité considérable que nous en vîmes apprêter à la fois, nous jugeâmes que le village

(1) Les Anglais, ayant relâché une seconde fois aux îles Sandwich après leur première campagne au nord, ont pu recueillir d'autres détails sur la population de l'île d'Atoo et des terres voisines.

Au surplus, les îles Sandwich ont été bien souvent visitées depuis Cook, et nous avons sur elles des détails bien récents que nous donnerons plus tard et à leur date respective. En attendant, nous pouvons dire que la population des îles Sandwich s'est considérablement affaiblie par les guerres, au point que de 400,000 âmes à laquelle le capitaine Cook l'évaluait en 1778, le missionnaire américain Stewart ne la trouva plus que d'environ 50,000 indigènes. Cependant la civilisation y avait fait de grands progrès : l'anthropophagie y était devenue rare; le tabou (interdiction arbitraire de l'usage de certaines choses) était abrogé; les arts d'Europe étaient en honneur; on avait construit de grandes routes, creusé des ports et des canaux; des villes régulièrement bâties s'élevaient; de sages lois avaient en grande partie remplacé le bon plaisir des prêtres et des chefs.

Il ne reste plus qu'à généraliser l'application de ces lois, car toutes les îles du groupe ne les ont pas encore adoptées. Dans celle de Woahou, par exemple, le tabou est toujours en vigueur et la féodalité règne partout, au profit des classes supérieures, surtout depuis que Tameahmea, le Bonaparte des îles Sandwich, les a toutes réunies sous sa domination. A. M.

(2) Dans l'île de Horn, suivant Le Maire et Schouten, quelques-uns des naturels avaient de longues queues semblables à celles que Cook vient de décrire. A. M.

entier, ou du moins un grand nombre d'habitants, se sert du même four.

Leurs amusements paraissent assez variés; car nous en remarquâmes plusieurs durant notre relâche : nous n'assistâmes à aucune de ces danses où ils font usage de leurs manteaux et de leurs bonnets de plumes; mais, d'après les mouvements de mains dont ils accompagnaient leurs chants, il y a lieu de penser qu'elles ressemblent, à quelques égards, à celles que nous avions vues aux îles méridionales, mais que l'exécution n'en est pas aussi adroite.

Tous les ouvrages mécaniques de cette peuplade annoncent une grâce et une adresse peu communes. Leur principale manufacture est celle d'étoffes : ils tirent leurs étoffes du morus-papyrifera, sans doute, selon le procédé qu'on suit à Taïti et à Tonga-Tabou, car nous achetâmes quelques-uns des morceaux de bois sillonnés dont ils se servent pour battre cette plante. Le tissu de l'étoffe, quoique plus épais, est inférieur à celui des étoffes des îles de la Société ou des îles des Amis; mais les insulaires d'Atooi développent une supériorité de goût dans l'application des couleurs et des peintures, et ils en varient les dessins avec une richesse d'imagination surprenante. En voyant un certain nombre de pièces de ces étoffes, on supposerait qu'ils ont pris leurs modèles dans une boutique remplie des plus jolies toiles de la Chine et de l'Europe; ils ont d'ailleurs des dessins qui leur sont particuliers. Au reste, excepté le rouge, leurs couleurs ne sont pas brillantes; mais on est étonné de la régularité des figures et des rayures; et, si j'en juge d'après ce que nous avons remarqué, ils ne paraissent pas avoir de formes d'empreinte.

Ils fabriquent une multitude de nattes blanches qui sont très fortes, souvent assez étendues, et qui offrent un grand nombre de rayures rouges et de losanges entrelacés; il est vraisemblable qu'elles leur servent quelquefois d'habits, car ils les mettaient sur leur dos lorsqu'ils les proposaient en vente. Ils en font d'autres plus grossières, unies et également fortes; ils les posent sur le plancher et elles leur tiennent lieu de lits.

Les naturels de Tonga Taï ou enterrent leurs morts d'une manière très décente, et ils enterrent aussi les victimes humaines qu'ils sacrifient aux dieux. Je ne sache pas qu'ils offrent à la divinité ou qu'ils posent sur les autels aucun animal, non plus que des végétaux. Les Taïtiens n'enterrent point leurs morts; ils les laissent en plein air, où le temps et la putréfaction les consument; mais ils déposent ensuite les ossements dans une fosse, et ils enterrent les corps entiers des victimes humaines. Ils offrent d'ailleurs à leurs dieux des animaux et des végétaux, mais ils ne soignent point du tout les lieux où se font leurs offrandes et ces sacrifices : la plupart de leurs moraïs tombent en ruine, et annoncent une extrême négligence. Les naturels d'Atooi enterrent, ainsi qu'à Tonga-Tabou, ceux qui meurent de mort naturelle et ceux qu'on sacrifie aux dieux; mais leurs temples sont sales, et ils offrent des végétaux et des animaux à leurs dieux comme à Taïti.

Le tabou est connu à Atooi dans toute son étendue : il paraît même qu'il y est encore plus rigoureux qu'à Tonga-Tabou, car les gens du pays nous demandaient toujours avec empressement, et d'un ton qui annonçait la crainte de nous offenser, si ce qu'ils désiraient de voir, et que nous ne voulions pas leur montrer était tabou, ou, comme ils prononçaient ce mot, tafoo. Aux îles de la société on donne le nom de *maia raa* aux choses dont l'usage est interdit; mais les insulaires d'Atooi ne paraissent pas aussi scrupuleux sur le tabou que le sont les Taïtiens sur le maia raa; j'en excepte toutefois ce qui regarde les morts, article sur lequel nous les jugeâmes plus superstitieux que les autres peuplades.

Si les mœurs des insulaires d'Atooi ressemblent à celles de Taïti, la conformité du langage est encore plus frappante. En effet, on peut dire que les idiomes des deux îles sont presque mot à mot les mêmes. Nous remarquâmes aussi des mots prononcés absolument de la même manière qu'à la Nouvelle-Zélande et aux îles des Amis; mais quoique les quatre dialectes soient incontestablement les mêmes, les naturels d'Atooi en général n'ont ni l'articulation forte et gutturale des Zélandais, ni l'articulation un peu moins rude des habitants de Tonga-Tabou et des terres voisines : non-seulement ils ont adopté la prononciation plus douce des Taïtiens, qu'ils imitent d'ailleurs, en évitant les sons âpres, mais encore l'idiome entier. Ils donnent à leurs mots les mêmes affixes, et les mêmes suffixes, et leurs chants offrent la même mesure et la même cadence, quoique d'une manière un peu moins agréable.

Arrivée à la côte d'Amérique. Aspect du pays.

Dès que *la Découverte* nous eut rejoints, nous marchâmes au nord. Le 7 février 1778, par 29° de longitude nord, et 200° de longitude orientale, nous gouvernâmes nord-est et est; et nous continuâmes cette route jusqu'au 12. Le 12, je cinglai au nord : notre latitude était de 30° nord, et notre longitude de 206° 15' est.

Le 7 mars, nous découvrîmes la côte si désirée de la Nouvelle-Albion (1). Notre latitude était de 44° 33' nord, et notre longitude de 235° 20' est, et la terre s'étendait du nord-est au sud-est, à environ huit lieues. La terre paraissait d'une hauteur médiocre; des collines et des vallées en variaient la surface, et elle se montrait couverte de bois presque partout : nous n'y remarquâmes rien de frappant, si j'en excepte une colline dont le sommet élevé était plat. A midi, cette colline nous restait dans l'est : la terre formait à l'extrémité septentrionale une pointe, que j'appelai *cap Foulweather* ou *gros temps*, à cause du mauvais temps que nous eûmes bientôt après l'avoir découverte.

DEUXIÈME SECTION.

Opérations parmi les naturels de l'Amérique septentrionale. Découvertes faites le long de cette côte et à l'extrémité orientale de l'Asie jusqu'au cap de Glacé, c'est-à-dire jusqu'au point où nous fûmes arrêtés par les glaces. Retour aux îles Sandwich.

Les vaisseaux gagnent une entrée sur la côte d'Amérique, et ils amarrent dans un hâvre.

Les vaisseaux ayant trouvé un excellent abri dans une entrée dont les côtes paraissaient habitées par une peuplade douce et paisible, qui nous donnait lieu d'espérer un commerce amical, je cherchai dès le lendemain du jour où nous mouillâmes, le 30 mars 1778, un hâvre commode où nous pussions nous établir durant notre relâche.

Les vaisseaux étant bien amarrés, nous nous occupâmes de quelques ouvrages indispensables. On débarqua les observatoires et on les établit sur un rocher élevé, à l'un des côtés de l'anse, près de *la Résolution*. Un détachement, commandé par un officier, alla couper du bois et nettoyer les environs de l'aiguade. Nous trouvâmes ici des pins en abondance, et nous fîmes de la bière.

Les naturels venaient nous voir en foule, et nous apercevions tous les jours de nouvelles figures. Ils se présentaient d'une manière singulière : ils faisaient d'abord en pirogue le tour de *la Résolution* et de *la*

(1) Cette partie de la côte ouest de l'Amérique septentrionale fut ainsi nommée par Drake. A. M.

Nos gens tirèrent sur plusieurs des naturels qui essayaient de se sauver du milieu des flammes....

Découverte, et durant cet intervalle un chef ou un de leurs grands personnages se tenait debout sur son embarcation, une pique ou une arme quelconque à la main, et il ne cessait de parler ou plutôt de crier. L'orateur avait quelquefois le visage couvert d'un masque qui offrait la figure d'un homme ou celle d'un animal, et au lieu d'une arme il avait à la main un grelot. Après avoir décrit un cercle autour de nous, ils arrivaient à la hanche des vaisseaux, et ils commençaient les échanges sans autres cérémonies; très souvent néanmoins ils nous régalaient d'une chanson, à laquelle l'équipage entier d'une pirogue prenait part, ce qui produisait une harmonie d'un heureux effet.

Tout étant prêt le 26 pour remettre en mer, je donnai le signal de départ; nous démarrâmes, et les bateaux remorquèrent *la Résolution* et *la Découverte* hors de l'anse. Les naturels, les uns à bord de nos vaisseaux, et les autres sur leurs pirogues, nous suivirent jusqu'en dehors de l'entrée; l'un d'eux, qui avait conçu de l'attachement pour moi, fut au nombre des derniers qui nous quittèrent : je lui fis un petit présent, et il me donna, de son côté, une peau de bièvre d'une beaucoup plus grande valeur. Je tâchai d'être aussi libéral que lui, et j'ajoutai à ce qu'il avait déjà reçu des choses qui lui causèrent un extrême plaisir; il me força alors d'accepter le manteau de bièvre qu'il portait, et pour lequel je lui connaissais un goût particulier. Sensible à ce trait de générosité, et ne voulant pas qu'il fût la dupe de son amitié, je lui offris un grand sabre à poignée de cuivre qui le rendit complétement heureux. Il me pressa vivement, ainsi qu'une foule de ses compatriotes, de revenir sur cette partie de la côte, et afin de m'y exciter, il me promit à mon retour une quantité considérable de peaux.

Nom de l'entrée, et observations sur la route qu'on doit suivre pour y arriver. Description du pays adjacent. Remarques sur les habitants.

Lorsque j'abordai à cette contrée, je lui donnai le nom d'*entrée du roi George;* mais je reconnus ensuite que les naturels du pays l'appellent *Nootka*. Son ouverture se trouve au coin oriental de la baie de l'Espérance, par 49° 33' de latitude nord, et 233° 12' de longitude est; une chaîne de rochers submergés qui paraissent s'étendre à quelque distance du rivage couvre la bande est de cette baie dans l'espace entier qu'on traverse, depuis la pointe des brisants jusqu'à l'ouverture de l'entrée; et il y a près de l'entrée des îles et des rochers qui se montrent au-dessus de l'eau.

Le climat, autant que nous avons pu le juger, est infiniment plus doux que celui de la côte orientale d'Amérique au même degré de latitude. On trouve dans les bois le pin du Canada, le cyprès blanc, le

Et s'étant placé sur un rocher, il nous fit signe de lui envoyer un canot ....

pin sauvage et deux ou trois autres espèces de pins non moins communes.

La taille de ces sauvages est au-dessous de la taille ordinaire, mais ils ne sont pas minces en proportion de leur petitesse : ils ont le corps bien arrondi, sans être musculeux. Leurs membres potelés ne paraissent jamais acquérir trop d'embonpoint. Les vieillards sont un peu maigres; le visage de la plupart est rond et plein, il est large quelquefois, et il offre des joues proéminentes; il est souvent très comprimé au-dessus des joues, où il semble s'abaisser brusquement entre les tempes; leur nez, aplati à la base, présente de larges narines et une pointe arrondie; ils ont le front bas, les yeux petits, noirs, et plus remplis de langueur que de vivacité; les lèvres larges, épaisses et arrondies, les dents assez égales et bien rangées, quoiqu'elles ne soient pas d'une blancheur remarquable. En général ils manquaient absolument de barbe, ou ils en avaient une petite touffe peu fournie sur la pointe du menton; ce qui ne provient d'aucune défectuosité naturelle, mais de ce qu'ils l'arrachent plus ou moins, car quelques-uns d'entre eux, et particulièrement les vieillards, portaient une barbe épaisse sur tout le menton, et même des moustaches sur la lèvre supérieure, lesquelles descendaient obliquement vers la mandibule inférieure. Leurs sourcils sont peu fournis et toujours étroits, mais ils ont une quantité considérable de cheveux très durs, très forts, et, sans aucune exception, noirs, lisses et flottants sur les épaules. Leur cou est court. La forme de leurs bras et de leur corps n'a rien d'agréable ou d'élégant; elle est même un peu grossière. Leurs membres, en général petits en proportion des autres parties, sont courbés et mal faits; ils ont de grands pieds d'une vilaine forme, et les chevilles du pied trop saillantes: ce défaut semble provenir de ce qu'ils s'asseient beaucoup sur leurs jarrets dans leurs pirogues et dans leurs maisons.

Nous n'avons pu deviner précisément la couleur de leur teint, parce que leur corps est incrusté de peintures et de saletés; toutefois nous engageâmes quelques individus à se bien nettoyer, et la blancheur de la peau de ceux-ci égalait presque la blancheur de la peau des Européens, mais elle offrait la nuance pâle des peuples du midi de l'Europe. Leurs enfants, dont la peau n'avait jamais été couverte de peintures, égalaient les nôtres en blancheur. Quelques-uns des jeunes gens, comparés au gros du peuple, ont la physionomie assez agréable, mais il paraît que c'est uniquement l'effet de cette teinte vermeille, naturelle à la jeunesse, et lorsqu'ils sont arrivés à un certain âge leur visage n'offre plus rien de particulier. En tout, l'uniformité de la physionomie des individus de la nation entière est très remarquable; elle manque toujours d'expression, et elle annonce des esprits lourds et flegmatiques.

Les femmes ont à peu près la même taille, le même teint et les mêmes proportions que les hommes. Il n'est pas aisé de les reconnaître, car on ne leur trouve pas cette délicatesse de traits qui distingue le sexe dans la plupart des contrées, et à peine en vîmes-nous une seule parmi les jeunes qui pût avoir la moindre prétention à la beauté.

Leur vêtement ordinaire est un habit ou un manteau de lin, garni à l'extrémité supérieure d'une bande étroite de fourrure, et à l'extrémité inférieure de franges ou de glands. Il passe sous le bras gauche, et il est attaché sur le devant de l'épaule droite avec un cordon; un autre cordon l'assujétit par-derrière · ainsi les deux bras sont en liberté; il couvre le côté gauche, et, si j'en excepte les parties flottantes des bordures, il laisse le côté droit ouvert, à moins qu'une ceinture (d'une natte grossière ou de poil) ne le serre autour des reins, ce qui arrive souvent. Par-dessus ce premier manteau, qui dépasse le genou, ils portent un autre petit manteau de la même substance, également garni de franges à la partie inférieure. Celui-ci ressemble à un plat rond couvert; il offre dans le milieu un trou de la grandeur nécessaire pour recevoir la tête, et, reposant sur les épaules, il cache les bras jusqu'aux coudes, et le corps jusqu'à la chute des reins. Leur tête est couverte d un chapeau de la forme d'un cône tronqué, ou de celle d un pot de fleur; ce chapeau est d'une belle natte : une houppe arrondie et quelquefois en pointe, ou une touffe de glands de cuir, le décore fréquemment au sommet, et on l'attache sous le menton, afin que le vent ne l'emporte pas.

Outre le vêtement que je viens de décrire, et qui est commun aux deux sexes, les hommes portent souvent une peau d'ours, de loup ou de loutre de mer, dont les poils sont en dehors; ils l'attachent comme un manteau, près de la partie supérieure, et ils la placent quelquefois sur le devant de leur corps, et d'autres fois sur le derrière. Lorsque le ciel est pluvieux, ils jettent une natte grossière sur leurs épaules. Ils ont aussi des vêtements de poils, dont néanmoins ils se servent peu. En général ils laissent flotter leurs cheveux; mais, lorsqu'ils n'ont point de chapeau, plusieurs d'entre eux les nouent en touffe au sommet de la tête. En tout, leur vêtement est commode, et il ne manquerait pas d'élégance s'ils le tenaient propre; mais comme ils barbouillent sans cesse leur corps d'une peinture rouge tirée d'une substance grossière de la nature de l'argile ou de l'ocre, mêlée avec de l'huile, leur habit a une odeur rance très désagréable, et il se graisse extrêmement. Il annonce la saleté et la misère, et, ce qui dégoûte encore davantage, leur tête et leurs vêtements sont pleins de poux, qu'ils prennent et qu'ils mangent avec beaucoup de tranquillité.

Quoique leurs corps soient toujours couverts d'une peinture rouge, ils se barbouillent fréquemment le visage d'une substance noire, rouge et blanche, afin que leur figure produise plus d'effet. Quand ils ont cette dernière enluminure, leur mine est pâle et affreuse, et on a de la peine à les regarder. Ils parsèment cette peinture d'un mica brun, qui la rend plus éclatante. Le lobe des oreilles de la plupart d'entre eux est percé d'un assez grand trou et de deux autres plus petits; ils y suspendent des morceaux d'os, des plumes montées sur une bande de cuir, de petits coquillages, des faisceaux de glands de poil ou des morceaux de cuivre, que nos grains de verre ne purent jamais supplanter. La cloison du nez de plusieurs offre un trou, dans lequel ils passent une petite corde; d'autres y placent des morceaux de fer, d'airain ou de cuivre, qui ont presque la forme d'un fer à cheval, mais dont l'ouverture est si étroite qu'elle presse doucement la cloison de ses deux pointes : cet ornement tombe ainsi sur la lèvre supérieure. Ils employaient à cet usage les anneaux de nos boutons de cuivre qu'ils achetaient avec empressement. Leurs poignets sont garnis de bracelets ou de grains blancs, qu'ils tirent d'une espèce de coquillage, de petites lanières de cuir ornées de glands, ou d'un large bracelet d'une seule pièce et d'une matière noire et luisante de la nature de la corne. La cheville de leurs pieds est souvent couverte d'une multitude de petites bandes de cuir et de nerfs d'animaux qui la grossissent beaucoup.

Tempête après notre appareillage de l'entrée de Nootka. Baie de Behring. Ile de Kaye. Description de cette île. Les vaisseaux arrivent à un mouillage.

Nous remîmes en mer le 20 avril 1778. Des indices frappants annonçaient une tempête : ces indices ne nous trompèrent pas. Nous fûmes à peine hors de l'entrée, que des vents violents nous assaillirent.

Le 1er mai 1778, n'apercevant point la terre, je gouvernai au nord-est. Notre latitude à midi fut de 54° 43', et notre longitude de 224° 44'. A sept heures du soir, par 55° 20' de latitude, nous vîmes la terre se prolonger du nord-ouest à l'est, et le lendemain nous étions à environ six lieues de la partie la moins éloignée (1).

La pointe septentrionale d'une entrée, ou d'une ouverture qui ressemblait à une entrée, nous restait alors à l'est-quart-sud-est; elle gît par 56° de latitude. La côte paraissait très rompue vers le nord et elle semblait offrir des baies et des hâvres, éloignés seulement de deux ou trois lieues. Nous dépassâmes, entre onze heures et midi, un groupe de petites îles situées au-dessous de la grande terre à 56° 48' de latitude, et, par le travers ou un peu au nord de ces petites îles, la pointe méridionale d'une grande baie. Un bras qui se trouve dans la partie septentrionale de la baie semblait se prolonger vers le nord, derrière une montagne élevée et arrondie, qui se montre entre cette baie et la mer. J'ai appelé la montagne le *mont Edgecumbe*, et j'ai donné le nom de *cap Edgecumbe* à la pointe de terre qui en sort. Le cap Edgecumbe gît par 57° 3', et 224° 7' de longitude.

La terre, excepté en quelques endroits près de la mer, est partout montueuse et d'une élévation considérable; mais le mont Edgecumbe est beaucoup plus élevé que toutes les autres collines. Il était entièrement couvert de neige ainsi que chacun des monticules élevés; mais les collines plus basses et les terrains aplatis qui avoisinent la mer n'en offraient point, et ils étaient revêtus de bois.

En nous avançant au nord, nous vîmes que depuis le cap Edgecumbe la côte porte au nord et au nord-est, l'espace de six ou sept lieues, et qu'elle forme une grande baie dans cette partie. On trouve quelques îles à l'entrée de cette baie, et je l'ai appelée la *baie des Iles :* elle gît par 57° 20' de latitude (2); elle paraît se diviser en plusieurs bras, dont l'un tourne au sud, communique peut-être avec la baie située au côté oriental du cap Edgecumbe, et fait une île de la terre de ce cap.

Le 3, nous découvrîmes une très haute montagne à pic, à laquelle j'ai donné le nom de *mont Fair Weather* ou *de Beau-Temps :* j'ai appelé l'entrée *sonde* ou *canal de Cross* ou *de la Croix*, parce que le jour où nous la vîmes est marqué par une croix dans notre calendrier: elle me parut se diviser en plusieurs bras, dont le plus grand tournait au nord. La pointe sud-est de ce canal est un promontoire élevé, auquel j'ai donné le nom de *cap de la Croix :* il gît par 57° 57' de latitude, et 223° 21' de longitude.

Le 4, le mont Beau-Temps et la montagne à pic qui surmonte le cap du même nom nous restaient au nord-

(1) Ce doit être près d'ici que Tscherikow mouilla en 1741, car Muller place son mouillage à 56 degrés de latitude. Si ce navigateur russe avait eu le bonheur de s'avancer un peu plus loin au nord, il aurait trouvé des baies, des hâvres et des îles où son vaisseau eût été à l'abri, et où il aurait pu protéger le débarquement de son équipage. A. M.

(2) Il paraît que les Espagnols, en 1775, trouvèrent dans cette baie le port auquel ils ont donné le nom de *los Remedios*. A. M.

est, et la côte qui est au-dessous se trouvait à douze lieues de distance. Cette montagne, située par 58° 52' de latitude, par 222° de longitude, et à cinq lieues dans l'intérieur des terres, est la plus haute d'une chaîne ou plutôt d'une rangée de montagnes qui s'élèvent à l'entrée nord-ouest de la sonde de la Croix et qui se prolongent au nord-ouest, dans une direction parallèle à celle de la côte. Ces montagnes étaient entièrement couvertes de neige. A cinq heures du soir, notre latitude était de 58° 53', et notre longitude de 220° 52'; le sommet d'une montagne élevée se montrait au-dessus de l'horizon, au nord-ouest, et, ainsi que nous le reconnûmes ensuite, à la distance de quarante lieues. Nous supposâmes que c'était le mont Saint-Elie de Behring, et il conserve ce nom dans ma carte.

Le 6, à midi, nous étions par 59° 8' de latitude, et 220° 19' minutes de longitude Le mont Beau-Temps nous restait au sud-est, le mont Saint-Elie au nord-ouest, et la terre la plus voisine de nous se trouvait à huit lieues de distance. Il semblait y avoir une baie au nord est de la place qu'occupaient les vaisseaux, et nous crûmes apercevoir une île couverte de bois en travers de la pointe méridionale de cette baie. Je présume que le commodore Behring mouilla ici : la latitude de 59° 18' est assez d'accord avec la carte du voyage de ce navigateur, et la longitude est de 221° est. Derrière la baie, que je désignerai par le nom de *baie de Behring*, en l'honneur de celui qui l'a découverte, ou plutôt au sud de cette baie, la chaîne des montagnes est interrompue par une plaine de peu de lieues.

Le 10, nous n'étions pas à plus de trois lieues de la côte d Amérique. Je découvris une île qui s'étendait du nord-ouest au sud-ouest, à six lieues de distance. Il sort du continent, vers l'extrémité nord-est de l'île, une pointe qui nous restait alors au nord 30° ouest, à cinq ou six lieues; je donnai à cette île le nom du docteur Kaye (1), comme une marque de mon estime et de ma reconnaissance.

Elle a onze ou douze lieues de longueur, dans la direction du nord-est et du sud-ouest; mais sa plus grande largeur n'est pas de plus d'une lieue ou d'une lieue et demie. La pointe sud-ouest, qui gît par 59° 49' de latitude, et 216° 53' de longitude, est très remarquable, car c'est un rocher nu, très élevé au-dessus des terrains qui se montrent par-derrière. On distingue aussi, par le travers de cette pointe sud-ouest, un rocher élevé qui ressemble à un château ruiné lorsqu'on regarde de certains endroits.

Le 16 mai, le ciel s'éclaircit, et nous vîmes que la terre nous environnait de tous côtés. Nous étions à l'ancre, au côté septentrional de l'entrée, dans un endroit que j'appelai *Snug Coorner bay* ou *baie du réduit fermé*.

Le 18, nous découvrîmes une sortie, puis une île à laquelle je donnai le nom de *Montagu*.

J'appelai du nom d'*entrée du Prince Guillaume* l'entrée que nous venions de quitter. Elle occupe au moins un degré et demi de latitude et deux de longitude, sans parler des bras ou des branches dont nous ne connaissons pas l'étendue.

La taille des naturels qui vinrent nous faire plusieurs visites, tandis que nous mouillions dans l'entrée, n'était pas communément au-dessus de la taille ordinaire, et celle d'un grand nombre d'entre eux se trouvait même au-dessous. Ils avaient les épaules carrées, de larges poitrines, le cou épais et court, la face large et aplatie; la partie la plus disproportionnée de leur corps paraissait être leur tête, laquelle était fort grosse. Quoique leurs yeux ne fussent pas petits, ils ne semblaient pas assez grands pour leur visage, et leur nez offrait une pointe pleine, arrondie, crochue et tournée en haut à l'extrémité Ils avaient les dents larges, blanches, égales et bien rangées; les cheveux noirs, épais, lisses et forts, et en général peu ou point de barbe; les poils de ceux qui en avaient autour des lèvres étaient raides ou hérissés, et souvent de couleur brune : plusieurs des vieillards offraient de larges barbes, épaisses, mais lisses.

Les hommes, les femmes et les enfants s'habillent de la même manière. Leur vêtement ordinaire est une espèce de souquenille, ou plutôt de robe, qui, en général, tombe jusqu'à la cheville du pied, et quelquefois jusqu'aux genoux seulement. Elle offre dans la partie supérieure un trou, de la grandeur précisément nécessaire pour recevoir la tête, et elle a des manches qui descendent jusqu'au poignet. Ces souquenilles sont composées de fourrures de divers animaux; les plus communes sont celles de loutres de mer, de renards gris, de ratons et de martres de pin; ils emploient aussi beaucoup la peau du veau de mer, et en général ils portent toutes ces fourrures le poil en dehors. Il y a des souquenilles de robes d'oiseaux, dont il ne reste que le duvet; ils collent aussi ce duvet sur d'autres substances. Nous vîmes deux ou trois habits de Nootka. Les coutures ou les points de réunion des différentes peaux sont ornés en général de glands ou de franges de bandes de cuir étroites, tirées des mêmes fourrures. Un petit nombre d'entre eux portent une espèce de chaperon ou de collet; quelques-uns ont un capuchon, mais ils ont plus souvent des chapeaux : tel est leur vêtement complet lorsque le ciel est beau. Quand il pleut, ils mettent par-dessus la première souquenille une seconde robe de boyaux de baleine, ou d un autre gros animal, disposés d'une manière adroite, et préparés si habilement qu'ils ressemblent presque à la feuille de nos batteurs d'or. Cette seconde robe serre le cou; les manches descendent jusqu'au poignet, autour duquel elles sont attachées avec une corde, et, lorsqu'ils occupent leurs canots, ces pans sont relevés par-dessus le trou dans lequel ils se trouvent assis, en sorte que leurs pirogues ne peuvent point embarquer de vagues : elle garantit en même temps de la pluie la partie de leur corps qui est exposée à l'air, car elle est aussi impénétrable à l'eau qu'une vessie. Il faut la tenir toujours humide ou mouillée, sans quoi elle a de la disposition à éclater ou à se rompre. Elle est, ainsi que la souquenille ordinaire, composée de peaux, et ressemble beaucoup au vêtement des Groënlandais, tel qu'il est décrit par Crantz (1).

En général, ils ne se couvrent ni les jambes ni les pieds; mais un petit nombre d'entre eux portent des espèces de bas de peau, qui montent jusqu'à mi-cuisse, et il est rare d'en trouver un qui n'ait pas des mitaines de pattes d'ours. Ceux qui portaient quelque chose sur leur tête ressemblaient à cet égard à nos amis de Nootka : ils avaient des chapeaux élevés, de paille ou de bois, qui étaient en forme de cône tronqué, et qu'on pouvait prendre pour une tête de veau marin peinte.

Les hommes coupent ordinairement leurs cheveux autour du cou et du front; mais les femmes les laissent dans toute leur longueur : la plupart les disposent en touffe sur le sommet de la tête, et un petit nombre les nouent comme nous par-derrière. Les deux sexes ont les oreilles percées de plusieurs trous, dans le bord supérieur et dans le bord inférieur : ils y suspendent des paquets de coquilles tubuleuses, dont les habitants de Nootka se servent pour le même usage. La cloison du nez est trouée aussi : ils y placent fréquemment des tuyaux de plumes, ou des ornements un peu convexes, tirés des coquillages dont je parlais tout à l'heure, enfilés à un cordon ou à une corde raide de trois ou quatre pouces de longueur, ce qui leur donne une mine vraiment grotesque; mais quelques individus des deux sexes ont une parure plus extraordinaire et plus bi-

(1) Il était alors sous-aumônier et chapelain de Sa Majesté britannique. A. M.

(1) Le vêtement de la peuplade de l'entrée du Prince Guillaume, tel que le décrit le capitaine Cook, ressemble aussi à celui des habitants des îles Schumagin, découvertes en 1741 par Behring. Voici le passage de Muller : « Leur habillement était de boyaux de baleine par le haut du « corps, et de peaux de chiens marins par le bas. » A. M.

zarre. Leur lèvre inférieure est fendue ou coupée dans la direction de la bouche, un peu au-dessous de la partie renflée : cette incision, qu'on fait aux enfants à l'époque où il tettent encore, a souvent plus de deux pouces de longueur, et, par sa contraction naturelle, lorsque la plaie est fraîche, ou par une répétition de quelques mouvements particuliers, elle prend la forme des lèvres, et elle devient assez considérable pour que la langue la traverse.

Telle était celle du premier individu que vit un de nos matelots : il s'écria que le sauvage avait deux bouches, et on l'eût cru en effet. Ils attachent dans cette bouche artificielle un ornement plat et étroit, tiré en grande partie d'un coquillage solide ou d'un os découpé en pièces semblables à de petites dents, qui descendent presque jusqu'à la base ou la partie la plus épaisse, et qui ont à chaque extrémité une saillie par où elles se soutiennent : la partie découpée en dents est la seule qui se voie. D'autres ont seulement la lèvre inférieure percée de différents trous : ils y mettent alors des coquillages en forme de clous, dont les pointes se montrent en dehors, et dont les têtes paraissent en dedans de la lèvre, comme une autre rangée de dents placées immédiatement au-dessous de la mandibule inférieure.

Le 18, notre latitude étant par 70° 44', nous gouvernâmes vers l'extrémité orientale qui forme une pointe qui était très embarrassée de glaces, c'est pour cela que je lui ai donné le nom de *cap Glacé* : il gît par 70° 29' de latitude, et 198° 20' de longitude. L'autre extrémité se perdait dans l'horizon : il paraît ainsi hors de doute que c'est une suite du continent d'Amérique.

Nous quittâmes enfin les parages d'Amérique pour revenir vers les côtes d'Asie et regagner les îles Sandwich.

Le 1er décembre 1778, à huit heures du matin, l'île Owhyhée se prolongeait du sud-est au sud-ouest, et Mowée du nord au nord-ouest. Je portai dessus, lorsque je me fus aperçu que nous ne pourrions atteindre Owhyhée ; et les insulaires de Mowée qui étaient sur mon bord ne voulant pas m'accompagner, ils s'embarquèrent sur leur double pirogue, et retournèrent à terre. A sept heures du soir, nous étions près de la bande septentrionale d'Owhyhée, et nous louvoyâmes en attendant le jour.

Les deux vaisseaux s'étant rejoints, nous mouillâmes, le 17 janvier 1779, dans la baie à laquelle les naturels du pays donnent le nom de *Karakakooa*, à environ un quart de mille de la côte nord-est. Les vaisseaux continuèrent à être remplis de naturels, et nous fûmes environnés d'une multitude de pirogues. Je n'avais jamais vu dans le cours de mes voyages une foule si nombreuse rassemblée au même endroit, car, indépendamment de ceux qui arrivèrent en canots, le rivage de la baie était couvert de spectateurs ; d'autres nageaient autour de nous en troupes de plusieurs centaines, et on les eût pris pour des radeaux de poissons. La singularité de cette scène nous frappa beaucoup, et il se trouva peu de personnes à bord qui regrettassent de m'avoir vu échouer dans mes tentatives pour trouver un passage au nord ; car, si elles avaient réussi, nous n'aurions pas eu occasion de relâcher aux îles Sandwich, et d'enrichir notre voyage d'une découverte qui, à bien des égards, paraît devoir être la plus importante qu'aient jusqu'ici faite les Européens dans la vaste étendue de l'océan Pacifique (1).

(1) Le journal du capitaine Cook se termine ici. Le capitaine King a écrit la suite du voyage. A. M.

—

TROISIÈME SECTION.

Récit de nos opérations aux îles Sandwich, par le capitaine King.

Description de la baie de Karakakooa. Foule immense de naturels du pays. Autorité des chefs sur le bas peuple.

La baie de Karakakooa est située au côté occidental de l'île d'Owhyhée, dans un district appelé *Akona* ; elle a environ un mille de profondeur ; elle se trouve bornée par deux pointes de terre basses, éloignées l'une de l'autre d'une lieue et demie au sud-est et au nord-ouest. Le village de Kowrowa occupe la pointe septentrionale, qui est plate et stérile, et il y a au fond de la baie, près d'un bocage de grands cocotiers, une autre bourgade, d'une étendue peu considérable, appelée *Kakooa*. L'intervalle qui les sépare est rempli par une haute montagne de roche, inaccessible du côté de la mer. Le côté de la bande sud paraît très inégal jusqu'à un mille dans l'intérieur des terres ; par-delà le sol s'élève peu à peu, et il est semé de champs cultivés et enclos, et de bocages de cocotiers parmi lesquels les habitations des insulaires sont répandues en grand nombre. Le rivage qui environne la baie est un rocher de corail noir, et le débarquement est très dangereux par un gros temps : j'excepte néanmoins le village de Kakooa, où il y a une belle grève de sable qui offre à l'une de ses extrémités un moraï ou un cimetière, et à l'autre un petit puits d'eau douce. Le capitaine Cook ayant jugé qu'on pouvait radouber ici les vaisseaux, et y embarquer de l'eau et des vivres, nous amarrâmes au côté septentrional, à environ un quart de mille du rivage.

Dès que les habitants s'aperçurent que nous voulions mouiller dans la baie, ils vinrent près de nous. La foule était immense ; ils témoignèrent leur joie par des chants et des cris, et ils firent toutes sortes de gestes bizarres et extravagants. Ils ne tardèrent pas à couvrir les flancs, les ponts et les agrès des deux vaisseaux, et une multitude de femmes et de petits garçons qui n'avaient pu se procurer des pirogues, arrivèrent à la nage : ceux-ci formaient sur la surface de la mer de vastes radeaux ; la plupart, ne trouvant point de place à bord, passèrent la journée entière à se jouer au milieu des vagues.

L'affreux malheur qui nous arriva ici devant inspirer beaucoup d'intérêt au lecteur sur tout ce qui est relatif au caractère et à la conduite de cette peuplade, il est bon d'avertir que nous n'avions pas lieu d'être aussi contents des chefs guerriers ou des earees que des prêtres. Nous jugeâmes, dans toutes les occasions, que les premiers s'occupaient de leurs propres intérêts, et, outre les vols habituels qu'ils se permettaient et qu'on peut excuser en quelque sorte, vu l'universalité de ce défaut parmi les insulaires de l'océan Pacifique, nous les trouvâmes coupables de quelques artifices aussi déshonorants.

Nos affaires furent, jusqu'au 24, dans la position que je viens de décrire : nous fûmes très surpris, ce jour-là, de voir qu'on ne permettait à aucune embarcation de partir de la côte, et que les naturels se tenaient près de leurs cabanes. Il se passa quelques heures avant que nous puissions en expliquer la cause : nous apprîmes enfin, que l'arrivée de Terreeoboo avait fait tabouer la baie, et défendre toute espèce de communication avec nous. Nous n'avions pas prévu les incidents de cette espèce, et les équipages de *la Résolution* et de *la Découverte* n'eurent pas, ce jour-là, les végétaux qu'on leur servait ordinairement. Nos gens employèrent le lendemain les menaces et les promesses, afin de déterminer les naturels du pays à venir à la hanche des vaisseaux : quelques-uns des insulaires eurent enfin la hardiesse de s'éloigner de la côte ;

mais nous aperçûmes un chef qui s'y opposa, et qui entreprit de les ramener à terre. Ne voulant pas qu'il exécutât son projet, nous tirâmes tout de suite un coup de fusil, qui produisit l'effet que nous en espérions, et bientôt après nous pûmes acheter des rafraîchissements. Nous reçûmes, l'après-midi, la visite de Terreeoboo. Il vint sans appareil examiner nos bâtiments : il n'avait avec lui qu'une pirogue, dans laquelle se trouvaient sa femme et ses enfants. Il demeura à bord jusqu'à près de dix heures, et il retourna au village de Kowrowa.

Dès que je vis approcher, j'ordonnai à ma petite troupe de recevoir le roi : le capitaine Cook, ayant remarqué que ce prince venait à terre, le suivit, et il arriva presque au même instant. Nous les conduisîmes dans la tente : ils y furent à peine assis, que le prince se leva, jeta d'une manière gracieuse, sur les épaules de notre commandant, le manteau qu'il portait : il mit de plus un casque de plumes sur la tête, et un évantail curieux dans les mains de M. Cook, aux pieds duquel il étendit ensuite cinq ou six manteaux très jolis et d'une grande valeur. Les gens de son cortége apportèrent alors quatre gros cochons, des cannes à sucre, des noix de coco et du fruit à pain. Le roi termina cette partie de la cérémonie en changeant de nom avec le capitaine Cook, chose qui, parmi tous les insulaires de l'océan Pacifique, est réputée le témoignage d'amitié le plus fort que l'on puisse donner. Une procession de prêtres, menée par un vieux personnage d'une physionomie vénérable, parut : elle était suivie d'une longue file d'hommes qui amenaient de gros cochons en vie et d'autres qui portaient des bananes, des patates, etc.

Dès que le cérémonial de l'entrevue fut terminé, le capitaine Cook conduisit à bord de *la Résolution* Terreeoboo, et autant de chefs que la pinasse put en contenir. Ils y furent reçus avec tous les égards possibles, et notre commandant, en retour d'un manteau de plumes qu'on lui avait donné, revêtit le roi d'une chemise, et il l'arma de sa propre épée. Kaoo et environ six autres des vieux chefs demeurèrent sur la côte, et ils se logèrent dans les maisons des prêtres. Durant tout cet intervalle, nous n'aperçûmes pas une pirogue dans la baie, et les naturels se tinrent dans leurs cabanes, ou la face prosternée contre terre. Le roi, avant de quitter *la Résolution*, permit aux habitants de l'île de venir aux vaisseaux et d'y faire des échanges ; mais les femmes, par des raisons que nous ne pûmes découvrir, demeurèrent soumises au tabou, c'est-à-dire qu'il leur fut toujours défendu de sortir de leurs habitations et de nous fréquenter.

Nos vaisseaux ayant un grand besoin de bois à brûler, M. Cook me chargea, le 2 février 1779, de négocier avec les prêtres l'achat de la balustrade qui environnait le sommet d'un moraï. Je dois avouer que j'eus d'abord quelque doute sur la décence de cette proposition : je craignais qu'un seul mot sur cette matière ne fût regardé par eux comme un trait d'impiété révoltant. Je me trompais néanmoins. La demande ne leur causa pas la plus légère surprise ! ils y souscrivirent très volontiers, et il ne fut pas question de ce que je leur donnerais en retour.

Le jour de notre départ étant fixé au 4 février, Terreeoboo pria, le 3, le capitaine Cook et moi de l'accompagner à la résidence de Kaoo. En y arrivant, nous trouvâmes le terrain couvert de paquets d'étoffe ; d'une quantité considérable de plumes jaunes et rouges, attachées à des fibres tirées de la gousse des noix de coco ; d'un grand nombre de haches, et d'autres ouvrages de fer que les naturels du pays avaient obtenus de nous. Il y avait, à peu de distance, des monceaux énormes de végétaux de toute espèce, et près des végétaux un troupeau de cochons. Nous crûmes d'abord qu'on voulait nous faire présent de tant de choses, mais Kaireekeea m'apprit que c'était un don gratuit, ou un tribut payé au roi par les habitants de ce district. En effet, dès que nous fûmes assis, les naturels apportèrent les différents paquets, et ils les déposèrent aux pieds du roi l'un après l'autre : ils étendirent les pièces d'étoffe, et ils éparpillèrent les plumes et les ouvrages de fer. Le prince parut très charmé de cette marque de soumission : il choisit à peu près le tiers des ouvrages de fer, le tiers des plumes, et quelques pièces d'étoffe qu'il mit lui-même de côté, et on offrit ensuite au capitaine Cook et à moi le reste des étoffes avec tous les cochons et les végétaux. Nous fûmes étonnés de la valeur et de la magnificence de ce présent, qui surpassait de beaucoup tous ceux que nous avions reçus aux îles des Amis, ou aux îles de la Société. Nous fîmes sur-le-champ venir des canots, afin d'envoyer le tout à bord : on sépara les gros cochons que nous voulions embarquer et saler, et on distribua aux équipages au moins trente cochons plus petits, ainsi que les végétaux.

Nous démarrâmes le 4, dès le grand matin, et nous sortîmes de la baie ; *la Découverte* en sortit également, et une multitude de pirogues nous suivirent. M. Cook se proposait d'achever la reconnaissance de l'île d'Owhyhée avant d'aborder aux autres îles de ce groupe ; il espérait rencontrer une rade mieux abritée que celle de Karakokoa, et, s'il n'en découvrait point, il désirait reconnaître la partie sud-est de Mowée, où l'on nous avait annoncé un hâvre excellent.

Le 6, ayant dépassé la pointe la plus occidentale de l'île, nous nous trouvâmes en travers d'une baie profonde appelée *Toe-yah-yah* par les naturels : nous espérâmes que cette baie nous offrirait un hâvre sûr et commode ; nous en fûmes d'autant plus charmés, que nous apercevions au nord-est plusieurs courants d'une eau douce très belle, et qu'elle paraissait bien abritée partout. Ces observations étant d'accord avec les instructions de Koah, qui accompagnait le capitaine Cook, et qui, par politesse, avait changé son nom en celui de *Britannee*, on mit en mer la pinasse, et le master, conduit par Britannee, alla examiner la baie, tandis que les vaisseaux louvoyaient pour y arriver.

Nous employâmes la journée du 11 février, et une partie de celle du 12, à déplacer le mât de misaine et à l'envoyer à terre avec les charpentiers. Quand les vaisseaux furent à l'ancre, nous nous aperçûmes avec étonnement que les insulaires n'étaient plus les mêmes à notre égard : nous n'entendions point de cris de joie ; il n'y avait ni bruit ni foule autour de nous ; la baie se trouvait déserte et tranquille ; nous voyions seulement çà et là une embarcation qui s'échappait le long de la côte.

Quand le capitaine Cook fut informé de vols et de pillages commis par les insulaires sur une de nos pinasses, il montra beaucoup de chagrin ; et tandis que nous retournions à bord, il me dit : « Je crains bien que les insulaires ne me forcent à des mesures violentes, car, ajouta-t-il, il ne faut pas leur laisser croire qu'ils ont eu de l'avantage sur nous. »

Le lendemain, à la pointe du jour, j'allai sur *la Résolution* pour examiner le garde-temps : je fus hélé sur ma route par *la Découverte*, et j'appris que, durant la nuit, les insulaires avaient volé la chaloupe de ce vaisseau, en coupant la bouée à laquelle elle se trouvait amarrée.

Au moment où j'arrivai à bord, les soldats de marine s'armaient, et le capitaine Cook chargeait son fusil à deux coups. Tandis que je lui racontais ce qui nous était arrivé pendant la nuit, il m'interrompit d'un air animé : il me dit qu'on avait volé la chaloupe de *la Découverte*, et il m'instruisit de ses préparatifs pour la recouvrer. Il était dans l'usage, lorsque nous avions perdu des choses importantes sur quelques-unes des îles de cette mer, d'amener à bord le roi, ou plusieurs des principaux earees, et de les y détenir en otages jusqu'à ce qu'on nous eût rendu ce qu'on nous avait pris. Il songeait à employer cet expédient, qui lui avait toujours réussi : il venait de donner des ordres d'arrêter toutes les pirogues qui essaieraient de sortir de la baie, et il avait le projet de les détruire si des moyens plus paisibles ne suffisaient pas pour recouvrer la chaloupe. Il plaça, en effet, en travers de la baie, les petites embarcations de *la Résolution* et de *la Découverte* bien équipées et bien armées, et, avant que je reprisse le chemin de la côte, on avait tiré quelques coups de canon sur deux grandes pirogues qui tâchaient de se sauver.

Nous quittâmes le vaisseau, M. Cook et moi, entre sept et huit heures : M. Cook montait la pinasse, et il avait avec lui M. Philipps et neuf soldats de marine, et je m'embarquai sur le petit canot. Les derniers ordres que je reçus de lui furent de calmer l'esprit des naturels en les assurant qu'on ne leur ferait point de mal, de ne pas diviser ma petite troupe et de me tenir sur mes gardes. Nous nous séparâmes ensuite ; M. Cook marcha vers le village de Kowrowa, résidence du roi, et moi du côté de l'observatoire. Mon premier soin, en arrivant à terre, fut d'enjoindre aux soldats de marine, de la manière la plus rigoureuse, de ne pas sortir de la tente, de charger leurs fusils à balle et de ne pas les quitter. J'allai me promener vers les cabanes du vieux Kaoo et des prêtres, et je leur expliquai, le mieux qu'il me fut possible, l'objet de nos préparatifs d'hostilité qui leur causaient une vive alarme. Je vis qu'ils avaient déjà ouï parler du vol de la chaloupe de *la Découverte*, et je leur protestai que nous étions décidés à recouvrer cette embarcation et à punir les coupables ; mais que la communauté des prêtres et les habitants du village, du côté de la baie où nous étions, ne devaient pas avoir la plus légère crainte. Je les priai d'expliquer ma réponse au peuple, de le rassurer et de l'exhorter à demeurer tranquille. Kaoo me demanda, avec beaucoup d'inquiétude, si on ferait du mal à Terreeoboo : je l'assurai que non, et il parut, ainsi que ses confrères, enchanté de ma promesse.

Le capitaine Cook appela sur ces entrefaites la chaloupe de *la Résolution*, qui était en station à la pointe septentrionale de la baie : l'ayant prise avec lui, il continua sa route vers Kowrowa, et il débarqua, ainsi que le lieutenant et les neuf soldats de marine. Il marcha tout de suite au village, où il reçut les marques de respect qu'on avait coutume de lui rendre : les habitants se prosternèrent devant lui, et lui offrirent de petits cochons selon leur usage. S'apercevant qu'on ne soupçonnait en aucune manière ses desseins, il demanda où étaient Terreeoboo et les deux fils de ce prince qui avaient si longtemps mangé à notre table sur *la Résolution*. Les deux jeunes princes ne tardèrent pas à arriver avec les insulaires qu'on avait envoyés après eux, et sur-le-champ ils conduisirent le capitaine Cook à la maison où leur père était couché. Ils trouvèrent le vieux roi à moitié endormi, et M. Cook ayant dit quelques mots sur le vol de la chaloupe, dont il ne le supposait point du tout complice, il l'invita à venir aux vaisseaux et à passer la journée à bord de *la Résolution*. Le roi accepta la proposition sans balancer, et il se leva à l'instant même afin d'accompagner M. Cook.

Nos affaires prenaient cette heureuse tournure, les deux fils du roi étaient déjà dans la pinasse, et le reste de la petite troupe se trouvait au bord de l'eau, lorsqu'une vieille femme appela à haute voix Kanee Kabareea, la mère des deux princes, et l'une des épouses favorites de Terreeoboo ; elle s'approcha du roi, elle employa les larmes et les prières les plus ardentes pour l'empêcher de venir aux vaisseaux. En même temps deux chefs qui étaient avec elle retinrent le roi, en l'avertissant de nouveau qu'il ne devait pas aller plus loin, et ils le contraignirent à s'asseoir. Les insulaires, qui se rassemblaient le long du rivage, où ils formaient des groupes sans nombre, et qui vraisemblablement étaient effrayés du bruit des canons et des préparatifs d'hostilité qu'ils apercevaient dans la baie, commencèrent à se précipiter en foule autour du capitaine Cook et de leur roi. Le lieutenant des soldats de marine, qui vit ses gens très pressés par la multitude et hors d'état de se servir de leurs armes s'il fallait y avoir recours, proposa à M. Cook de les mettre en bataille le long des rochers près du bord de la mer, et la populace leur ayant ouvert sans difficulté un chemin, ils se postèrent à environ trente verges de l'endroit où Terreeoboo était assis.

Durant tout cet intervalle, le vieux roi fut assis par terre : la frayeur et l'abattement étaient peints sur son visage. M. Cook, ne voulant pas renoncer à son projet, continuait à le presser vivement de s'embarquer ; et, lorsque le prince sembla disposé à le suivre, les chefs qui l'environnaient l'en détournèrent d'abord par des prières et des supplications ; ils eurent ensuite recours à la force et à la violence, et ils insistèrent pour qu'il demeurât où il était. M. Cook, voyant que l'alarme était devenue trop générale, et qu'il n'était plus possible d'emmener le roi sans verser du sang, abandonna sa première résolution : il fit observer à M. Philipps que, s'il s'opiniâtrait à vouloir conduire le prince à bord, il courrait risque de tuer un grand nombre d'insulaires.

Quoique l'entreprise qui avait amené M. Cook à terre eût manqué, et qu'il ne songeât plus à la suivre, il paraît que sa personne ne courut de dangers qu'après un incident qui donna à cette dispute la tournure la plus fatale. Nos canots, placés en travers de la baie, ayant tiré sur des pirogues qui essayaient de s'échapper, tuèrent par malheur un chef de premier rang. Les nouvelles de sa mort arrivèrent au village où se trouvait M. Cook, au moment où il venait de quitter le roi, et où il marchait tranquillement vers le rivage : la rumeur et la fermentation qu'elle excita furent très sensibles. Les hommes renvoyèrent tout de suite les femmes et les enfants ; ils se revêtirent de leurs nattes de combat, et ils s'armèrent de piques et de pierres. L'un d'eux, qui tenait une pierre et un long poignard de fer appelé *pahoou*, nom d'une dague de bois qui fait partie de leur attirail de guerre, s'approcha de notre commandant : il se mit à le défier en brandissant son arme, et il le menaça de lui lancer la pierre. M. Cook lui conseilla de cesser ses menaces ; mais l'insolence de son ennemi ayant augmenté, il fut irrité et il lui tira un coup de petit plomb. L'insulaire était revêtu d'une natte que le plomb ne put pénétrer, et lorsqu'il vit qu'il n'était point blessé, il n'en fut que plus audacieux. On jeta plusieurs pierres aux soldats de marine, et l'un des earees essaya de poignarder M. Philipps, mais il n'en vint pas à bout, et il reçut un coup de crosse de fusil. M. Cook tira alors le second coup de son fusil double chargé à balle, et il tua celui des naturels qui était le plus avancé. Immédiatement après ce meurtre, les gens du pays formèrent une attaque générale à coups de pierres, et les soldats de marine et ceux de nos matelots qui occupaient les canots leur répondirent par une décharge de mousqueterie. Ce qui surprit tout le monde, les insulaires soutinrent le feu avec beaucoup de fermeté, et ils se précipitèrent sur notre détachement, en poussant des cris et des hurlements terribles, avant que les soldats de marine eussent le temps de recharger. On vit alors une scène d'horreur et de confusion.

Quatre des soldats de marine furent arrêtés sur les rochers au moment où ils se retiraient, et immolés à la fureur de l'ennemi. Trois autres furent blessés d'une manière dangereuse : le lieutenant, blessé aussi entre les deux épaules d'un coup de pahooa, avait par bonheur réservé son feu, et il tua l'homme qui venait de le blesser, lorsque celui-ci se disposait à lui porter un second coup. Notre malheureux commandant se trouvait au bord de la mer la dernière fois qu'on l'aperçut d'une manière distincte : il criait aux canots de cesser leur feu et d'approcher du rivage afin d'embarquer notre petite troupe. S'il est vrai que les soldats de marine et les équipages des canots avaient tiré sans son ordre, et qu'il voulait prévenir une nouvelle effusion de sang, comme quelques-uns de ceux qui furent de l'action l'ont cru, il est probable qu'il fut la victime de son humanité. On observa en effet que, tandis qu'il